PETER-FERDINAND KOCH

DER FUND

DIE SKANDALE DES STERN
GERD HEIDEMANN
UND DIE HITLER-TAGEBÜCHER

FACTA

CIP-Titelaufnahme der Deutschen Bibliothek

Koch, Peter-Ferdinand:
Der Fund: die Skandale des »Stern«,
Gerd Heidemann und die Hitler-Tagebücher / Peter-Ferdinand Koch.
Mit e. Nachw. von Gerd Heidemann.
Hamburg: Facta, 1990
ISBN 3-926827-24-6

Umschlaggestaltung: Anja Ristow
Lektorat: Susanne Bilau
Photos: Gerd Heidemann, dpa, Verlagsarchiv
Gesamtherstellung: Verlag Facta Oblita GmbH
Printed in Germany

INHALT

VORWORT

DER JOURNALIST GERD HEIDEMANN

DIE STERN-STASI-CONNECTION

DER STERN SETZT AUF DIE TAGEBÜCHER DES ADOLF HITLER

DIE TAGEBÜCHER DES STERN WIRKEN

DER STERN JAGT GERD HEIDEMANN

DIE TOTENGRÄBER DES STERN

GERD HEIDEMANN:

ANHANG

Tagebuch-Regisseur Thomas Walde und Tagebuch-Beschaffer Gerd Heidemann *(beim Tagebuch-Studium): Ungeklärte Rolle gespielt*

»SO ODER SO WIRD MAN VON HITLERS TAGEBÜCHERN NOCH HÖREN. EINER WIRD ES EINES TAGES GEWISS ERZÄHLEN, WIE ES WIRKLICH WAR.«

GERHARD MAUZ 1985 IM SPIEGEL

GERD HEIDEMANN?

Gerd Heidemann war einmalig. Er übte die Position eines Journalisten aus. Er amtierte als Reporter. Er funktionierte als Rechercheur. Seine Photos füllten seitenweise den STERN. Er war seine eigene Sekretärin. Achtundzwanzig STERN-Jahre. Dann ließ er sich, von 1981 bis 1983, zum Tagebuch-Laufburschen degradieren.

Der Verlag Gruner + Jahr brachte Gerd Heidemann auf Tagebuch-Touren, die Chefredaktion des STERN drängte Gerd Heidemann zur Tagebuch-Eile, Gerd Heidemanns Ressortleiter beherrschte die Klaviatur des Tagebuch-Terrors. Sie alle hatten Gerd Heidemann nicht nur eine Tagebuch-Verpflichtung auferlegt, sondern Gerd Heidemann sogar bis in seinen Urlaub hinein mit ihrer Tagebuch-Tyrannei verfolgt. Längst war dem STERN die Tagebuch-Kontrolle entglitten, längst hatte die Tagebuch-Eigendynamik den STERN und Gruner + Jahr noch vor der Tagebuch-Veröffentlichung niedergerungen. Das Fiasko war vorprogrammiert.

Die Chefredakteure Peter Koch und Felix Schmidt mußten abdanken. Die Nachwehen der Tagebuch-Pleite vertrieben Rolf Gillhausen, Peter Scholl-Latour, Rolf Winter, Heiner Bremer, Klaus Liedtke, Herbert Riehl-Heyse, schließlich Michael Jürgs. In weniger als sieben Jahren scheiterten neun Redaktionsleiter. Als Peter Koch starb, erinnerte der STERN in seinem Nachruf auch an Gerd Heidemann: Immer habe der einstige Chefredakteur sich auf Gerd Heidemann verlassen können, bis Koch — nach dem Tagebuch-Desaster — meinte, »von einem Freund hinters Licht geführt« worden zu sein.

Gerd Heidemann?

»Der Reporter ist immer nur so gut wie seine letzte Geschichte«, erklärte Gerd Heidemann und spielte auf die banalen Führer-Worte an, die sich der Hochstapler Konrad Kujau ausgedacht hatte. Zwar sollten sich die Tagebücher tatsächlich als Heidemanns letzter STERN-Beitrag erweisen, in Wahrheit jedoch waren sie von Gruner + Jahrs STERN geschrieben worden: von dem Vorstandsvorsitzenden Manfred Fischer, von dessen Nachfolger Gerd Schulte-Hillen, von den STERN-Oberen Peter Koch und Felix Schmidt, besonders von Heidemanns Vorgesetztem Thomas Walde, den die Gruner + Jahr-eigene HAMBURGER MORGENPOST über eine unerwartet häßliche Meldung quasi aufzufordern schien, nun endlich, nach sieben Jahren, seine Kündigung bei Radio Hamburg einzureichen, wo Gerd Schulte-Hillen ebenfalls mitbestimmen kann. Ist dem Konzern plötzlich daran gelegen, sich von Gerd Heidemanns einstigem Tagebuch-Wegweiser vor Erscheinen des »Fundes« zu befreien?

DR. THOMAS WALDE

Bundeskanzleramt
Abt. 6
z.H. Herrn MinDirig. Dr. Hermann Jung
Adenauer Allee 139-141

5300 Bonn 1

Bundesnachrichtendienst
Herrn Präs. Dr. Hans-Georg Wieck
Heilmannstr. 30

8023 Pullach

Amt für den Militärischen Abschirmdienst
Herrn GenMaj. Winfried Schwenke
Postfach 10 01 06

5000 Köln 1

Bundesbeauftragter für den Datenschutz
Herrn Dr. Alfred Einwag
Stephan-Lochner-Str. 2

5300 Bonn 2

Hamburg, 13.07.89
Dr.W/Br-406

Nachr.: Herrn RA Dr. Heinrich Senft
Schlüterstr. 6

2000 Hamburg 13

Betr.: Geplante Veröffentlichung meiner beim ASBW bzw. BND geführten Sicherheitsakte

Sehr geehrte Herren,

für den kommenden Frühherbst plant der Hamburger Verlag Facta Oblita, Elbchaussee 342, 2000 Hamburg 52, die Veröffentlichung eines Buches über die Affäre um die sogenannten Hitler-Tagebücher. Als damaliger Ressortleiter Zeitgeschichte beim Magazin "Stern" war ich an dem Projekt "Hitler-Tagebücher" beteiligt. Deshalb wird die jetzige Buchveröffentlichung auch mich betreffen, wie mir der Geschäftsführer des Verlages Facta Oblita, Peter-Ferdinand Koch, der zugleich auch der Buchautor ist, mitgeteilt hat. Ein Teil seiner geplanten Darstellung wird sich im wesentlichen auf umfangreiche Teile der beim ASBW, aber offenbar auch beim BND über mich geführten Sicherheitsakten stützen. Dies hat mir Herr Koch angekündigt und mir zugleich telefonisch diverse Vorhalte aus diesen Sicherheitsakten gemacht. Nach Herrn Kochs Darstellung handelt es sich vor allem um Akten des BND wie etwa:

...

CURSLACKER DEICH 288 · 2050 HAMBURG 80 · TELEFON (040) 7 23 22 48

Hilferuf von Thomas Walde *(Brief an Geheimdienste und Bundeskanzleramt): Auf grobe Fehler des BND hingewiesen*

Thomas Walde hatte Gerd Heidemann auf die Tagebücher gehetzt, ihn obendrein den toten Martin Bormann suchen lassen, ihn vergeblich auch zu überreden versucht, den Spuren einer wiederauferstandenen Eva Braun nachzugehen. Diesmal aber lehnte Gerd Heidemann ab.

Gerd Heidemann vertraute seinem Ex-Ressortleiter, hatte dieser doch — nach Lektüre des Tagebuch-Urteils — das Gericht mit massiver Kritik bedacht. Staatsanwaltschaft und STERN entlarvte Walde in einem Brief an Gerd Heidemann: Er wünsche »uns allen, daß noch so mancher Sachverhalt richtig geklärt wird, wie es eigentlich schon bei Gericht hatte passieren müssen«. Walde: »Vielleicht erfahren wir ja auch noch mal, welche gemeinsamen Interessen das bis heute verhindert haben«, denn »aus der Urteilslektüre, aus vielen Diskussionen und Fragen ist mir klar geworden, daß da erheblicher Nachholbedarf an Aufklärung besteht, und ich frage mich auch, warum ich in ganz bestimmten Punkten bei Gericht gar nicht gehört worden bin«.

Der Skandal ist perfekt.

Die Tagebuch-Recherchen in der DDR wurden durch Thomas Walde ermöglicht. Er verfügte über die STERN-klaren Kontakte zum ehemaligen Ministerium für Staatssicherheit. Waldes Engagement, Waldes Tagebuch-Regie sind leicht erklärbar: Vorübergehend wurde ihm ein Tagebuch-Salär von weit über einer Million Mark in Aussicht gestellt. Für diese Zusatzeinnahme hätten andere gleichfalls gern an die Echtheit des vermeintlichen Testaments des NS-Diktators glauben wollen. Konnte Thomas Walde daran interessiert sein, daß auch dieser Tatbestand publik wird?

Der Autor hat sich nicht nur mit Gerd Heidemann zusammengesetzt, sondern ist ebenfalls auf Thomas Walde zugegangen, damit dieser seine Tagebuch-Rolle erkläre sowie seinen Umgang mit dem Geheimdienst der DDR definiere. Thomas Walde hat darauf nicht offen reagiert, sondern so, wie es Übung im Metier der Nachrichtendienstler ist — hinterrücks.

Der einstige Tagebuch-Akteur und Reserveoffizier, über den inzwischen auch Gruner + Jahr in Umlauf setzt, daß er »gern austeilt«, aber »ungern einsteckt«, versuchte nun, vor allem die »geplante Veröffentlichung meiner ... Sicherheitsakte« zu verhindern, indem er das Bundeskanzleramt um Hilfe nachsuchte, den Bundesnachrichtendienst und Militärischen Abschirmdienst sowie den Bundesbeauftragten für den Datenschutz zur Intervention aufforderte. Ein Walde-unterstützendes Echo konnte der Autor nicht ausmachen. Daraufhin sondierte Thomas Walde die juristischen Aspekte. Nach zwei Gerichtsinstanzen verfehlte er auch hier sein Ziel. Die Furcht, an die Tagebücher des Adolf Hitler erinnert zu werden, läßt sich nicht nur bei Thomas Walde finden.

Erich Kuby beschwor den Autor, daß er »mit dieser Affaire nichts zu tun« habe, solle er doch in dem »Fund« auf »negative Weise vorkommen«. Gerd Heidemann, so Erich Kuby plötzlich, habe er stets für einen loyalen Kollegen gehalten und diesem niemals Anlaß gegeben, »an meiner Loyalitaet zu zweifeln«. Kuby: » Ich wuerde bedauern, mir sagen zu muessen, ich

Seite 2 des Walde-Briefes:
Umfangreiche Befragungsprotokolle

\- 2 -

- Unterlagen über eine angebliche Selbstbewerbung von mir beim BND,

- Aufzeichnungen über Anfragen und Kontakte, die ich als Stern-Redakteur im Auftrage der Redaktion mit dem BND hatte,

- umfangreiche Befragungsprotokolle sowie deren Auswertung, die aufgrund meiner Sicherheitsüberprüfung bei der Bundeswehr sowohl vom MAD als auch in Amtshilfe vom Hamburger LfV gefertigt wurden;

- Aufzeichnungen über mit mir verwandte oder bekannte Personen in der DDR, in der CSSR und in Ungarn.

Ich habe Herrn Koch gebeten, auf die Veröffentlichung der Sicherheitsakte bzw. ihrer Teile zu verzichten, mindestens jedoch aber jeglichen Hinweis auf Personen in der DDR, in der CSSR oder in Ungarn zu unterlassen. Auf grobe Fehler beispielsweise in Darstellungen des BND habe ich Herrn Koch hingewiesen.

Ich habe dem BND anläßlich einer vom BND ausgehenden Einstellungsüberprüfung noch während meines Studiums und davor wie auch danach dem MAD in diversen Befragungen Auskünfte zu meinem persönlichen Lebensbereich gegeben sowie, soweit das die Sicherheitsüberprüfungen erforderten, auch über Personen, mit denen ich in der DDR, in der CSSR und in Ungarn Kontakt hatte. Diese Auskünfte habe ich im Vertrauen darauf gegeben, daß sie vom BND wie auch vom MAD bzw. dem hiesigen LfV ausschließlich im Sinne des Auskunftzweckes verwendet werden. Da meine Sicherheitsakten entweder von BND-Mitarbeitern oder von MAD-Angehörigen an Dritte gegeben worden sind (wie bereits einmal in 1982/83 an den damaligen Welt-Redakteur Manfred Schell), ist es nun wohl Sache der aktenführenden Behörden, das Erforderliche zu veranlassen, daß dieser Vertrauensschutz gewährleistet bleibt.

Mit freundlichen Grüßen

Dr. Thomas Walde

haette mich in ihm getaeuscht.« Nicht Erich Kuby hatte sich geirrt, sondern Gerd Heidemann. Die Folgen dieses Fehlurteils sollen im »Fund« nicht verschwiegen werden.

Auch Manfred Bissinger konnte sich »nicht vorstellen, daß Sie über mich schreiben, ohne vorher mit mir geredet zu haben«. Damit muß Manfred Bissinger aber leben, denn bei wem immer der Autor wegen Gerd Heidemann vorstellig wurde, stieß er auf eine Mauer des Schweigens, oder ihm wurde wegen angeblich fehlender Kompetenz eine Antwort vorenthalten. Der Tagebuch-gekränkte Konzern Gruner + Jahr erwies sich beispielsweise nicht ohne Phantasie:

Der Autor rief das Vorstandsmitglied Peter Kühsel an, das sich in diesem Augenblick auf einer wichtigen Sitzung befand. Peter Kühsel unterrichtete Andreas Ruppert von der Rechtsabteilung. Andreas Ruppert meldete sich beim Autor, versprach, eine Klärung bestimmter Tagebuch-Punkte herbeizuführen. Rückäußerungen Andreas Rupperts sind beim Autor nicht eingetroffen.

Christoph Keese, der Pressesprecher von Gruner + Jahr, wollte sich daraufhin ins Bild setzen. Das hätte der Autor akzeptiert, aber nur unter einer Bedingung: Christoph Keese könne erst dann Teile des Manuskriptes lesen, wenn die bis dahin verweigerten Antworten nachgeliefert würden. Christoph Keese blieb stumm. Erst Pressemeldungen über den »Fund« zwangen Gruner + Jahr zu einer Reaktion:

Ausgerechnet der im Auftrage des STERN Heidemann verfolgende Michael Seufert warf dem Autor im Vorfeld der Auseinandersetzungen vor, daß »er viel Vertrauen zu seiner Recherche« nicht haben könne, denn »sonst hätte er sich wohl nicht gescheut, nach gutem alten Journalistenbrauch die Gegenseite zu hören«. Seufert: »Man muß die Tatsache schon reichlich hinbiegen, um aus einem rechtskräftig verurteilten Betrüger (sprich: Gerd Heidemann) ein unschuldiges Opfer zu machen.«

Nun versuchte es der Autor ein weiteres Mal, mit den Tagebuch-Notaren Verbindung aufzunehmen, dem jetzigen stellvertretenden Chefredakteur des STERN wurde ein Fragenkatalog eingereicht. Wider Erwarten reagierte Michael Seufert prompt — er ließ kaum eine Antwort aus. Darum wird Michael Seufert auch ein Kapitel im »Fund« gewidmet.

Der STERN und Gruner + Jahr haben Gerd Heidemann allein im Tagebuch-Regen stehenlassen, wandten sich einfach von ihm ab. Nur wenige Ausnahmen stachen hervor, beispielsweise Uwe Siemon-Netto, der sich hellseherisch bereits einen Tag nach dem Fälschungs-Testat der Tagebücher »richtig vorstellen (konnte), was die linken Nazis vom STERN mit (Gerd Heidemann) anstellen werden«: »Die Lumpen haben's ja verdient, aber die Keile«, die werde ausschließlich Gerd Heidemann beziehen.

Der Photograph Helmut Jabusch hielt unerschütterlich zu Gerd Heidemann, spendete nicht nur Trost, sondern bot ihm — als einziger — einen Job an. Auch Heidemanns ehemaliger STERN-Kollege, Randolph Braumann, dem der Reporter einst das Leben gerettet hatte, ließ ihn nicht im Stich, und Ulrich Horn, ein Mitarbeiter Gruner + Jahrs, steuerte regelmäßig Geld zur Miete bei.

Zwar verließ ihn die Ehefrau nach der Verurteilung, die Ehe wurde geschieden, doch unbeirrt hielten Heidemanns Eltern und Kinder zu ihm. Sohn Ronald ermöglichte seinem Vater mit seinem Spargeld sogar das Revisionsverfahren. Und die neue Lebensgefährtin Marianne gab dem deprimierten Heidemann neuen Lebensmut.

Der exklusive BILD-Autor Will Tremper, der mit Gerd Heidemann lange zusammengearbeitet hatte, stellte den Reporter in zwei BILD-Serien erst als totalen Tagebuch-Idioten dar. Dann lud er ihn nach München zu seinem sechzigsten Geburtstag ein und versprach, sobald er eine neue Publikation auf die Beine stellen würde, Gerd Heidemann sofort wieder als Reporter zu beschäftigen. Hatte Tremper etwa das schlechte Gewissen übermannt?

Gerd Heidemann wurde von Henri Nannen großgemacht. Henri Nannen wußte genau, warum er dies tat. Auf Gerd Heidemann war Verlaß. Als Gerd Heidemann die menschliche Unterstützung seines Ziehvaters be-

Konrad Kujau packt ein angeblich aus der DDR beschafftes Tagebuch aus *(Minox-Photo, aufgenommen in Stuttgart): »Rien n'est beau que le vrai«*

***Freigänger Gerd Heidemann gratuliert Will Tremper zum Geburtstag** (1988): Job als Reporter versprochen*

nötigte, da konnte der Reporter sich voll auf seinen Mentor verlassen — Henri Nannen versetzte, zuverlässig wie eine Sonnenuhr, Gerd Heidemann mit seiner sehr wohlüberlegten Strafanzeige den Todesstoß, offenbarte seine Charaktereigenschaften und richtete damit sich selbst und den STERN zugleich hin. Wieder einmal hatte Henri Nannen bewiesen, welcher Leistungen er fähig ist.

Der »Fund« ist ungewöhnlich umfangreich, dennoch konnten wichtige Fakten und Hintergründe nicht erörtert werden, da sie den Rahmen dieses Buches gesprengt hätten. So ist weder die peinliche Tagebuch-Beteiligung des Bundesarchivs in Koblenz noch der unangenehme Tagebuch-Glaube des Stuttgarter Historikers Eberhard Jäckel behandelt worden. Die strebsame Teilnahme des Bundesarchivs sowie die Eberhard Jäckels hat sich bereits in anderen Publikationen niedergeschlagen. Es ist lediglich anzumerken, daß der haarsträubende Vertrag, der wegen der Hitler-Tagebücher zwischen Gerd Heidemann und dem Bundesarchiv geschlossen worden war, bis heute seine volle Rechtsgültigkeit hat. Dieses Tagebuch-Ereignis ist also immer noch nicht aus der Welt.

Ebenso hätte in den »Fund« die Schilderung der Art und Weise gehört, in der Gruner + Jahr mit seinem ehemaligen Mitarbeiter nach der fristlosen Kündigung verfahren ist und nach wie vor verfährt. Zu nennen sind Gerd Heidemanns Honoraransprüche für veröffentlichte Photos, zu nennen Heidemanns Beteiligung an der Gruner + Jahr-eigenen Genußrechtsverwaltungsgesellschaft, zu nennen Heidemanns Rentenanspruch, Leistungen, auf die der Reporter ein Anrecht hat. Mit juristisch-legalen Tricks soll

Gerd Heidemann *(nach Haftverbüßung): Die Tagebuch-Vergangeheit holt den STERN jetzt wieder ein*

Gerd Heidemann sogar noch um seine einzige Altersversorgung gebracht werden.

Bemerkenswert an der Affäre um die Tagebücher aber ist nicht, daß der STERN getäuscht wurde. Der STERN sammelte vielmehr die typischen Erfahrungen desjenigen, der sich mit der Veröffentlichung nichteigener Darstellungen befaßt. Auch der Autor hat in seiner Tätigkeit als Journalist (und Verleger) — Jahre nach den Tagebüchern — erfahren müssen, mit welch nahezu krimineller Energie und welchem Geschick jemand getäuscht werden kann.

Allen Kassandra-Rufen seines wachen Mißtrauens zum Trotz hat er sich von gefälligen und plausiblen Schilderungen eines ehemaligen Angehörigen eines nahöstlichen Geheimdienstes einfangen lassen. Darum muß sich auch der Autor nun die Frage gefallen lassen, warum er — gefangen von der Brisanz des Themas, fasziniert von unerhörten Details — nicht noch mehr gegenrecherchiert hat.

Es gilt zu überdenken, warum ausgerechnet der einst so einflußreiche STERN samt seinem aufgeblähten Journalisten-Apparat hatte dermaßen getäuscht werden können und — wie er darauf reagierte. Hat die Täuschung nur gegenüber dem von Affären nicht verschonten STERN gelingen können? Liegt der Erfolg der Täuschung in der Struktur dieser sich von einem Lustblatt unentwegt zum politischen Magazin wenden wollenden Druckschrift?

Entwicklung und Geschichte des STERN zeigen immer wieder erschreckende Entgleisungen. Mangelnde Sensibilität gegenüber Menschen und Fakten, nicht erkennbarer Respekt vor moralischen und gesetzlichen Hürden — beim STERN sind sie bestimmend, wie die üble Kampagne gegen Walter Kempowski belegt. Das STERN-Photo eines toten Uwe Barschel in der Badewanne dokumentiert das menschenverachtende Konzept des überheblichen, Selbstkritik vermeidenden STERN-Habitus. Menschenverachtend auch das Verhalten Gruner + Jahrs gegenüber Gerd Heidemann.

»Rien n'est beau que le vrai« — »Nichts ist so schön wie das Wahre«, hinterließ der französische Dramatiker Boileau-Despreaux. War dies der Leitsatz des STERN jederzeit? Ist es in Ermangelung spektakulärer Wahrheiten gerechtfertigt, als »agent provocateur« Wahrheiten zu schaffen — durch Eingriffe in politische Entwicklungen, durch Eingriffe in die Wahrheitsfindung einer gegen Heidemann auftretenden Staatsanwaltschaft?

Der Autor hat mit STERN-Eingeweihten gesprochen, sehr engagiert, aufmerksam und hellhörig bei Institutionen in der Bundesrepublik und in der DDR recherchiert.

Nach zwei Jahren ist er zu dem einzig möglichen Ergebnis gekommen: Gerd Heidemann ist verheizt worden.

Die Tagebuch-Vergangenheit hat den STERN jetzt wieder eingeholt.

PETER-FERDINAND KOCH

PRESSEAUSWEIS

Die Redaktion der Großen Illustrierten DER STERN bittet, die Aufgaben des Inhabers dieses Ausweißes in jeder Weise zu erleichtern und ihm bei der Durchführung seines Auftrages behilflich zu sein.

Herr/Frau/Fräulein ~~Gerd Heidemann~~

geboren am 4.12.31

wohnhaft in ~~Hamburg~~

ist in unserem Auftrag als Reporter tätig.

Dieser Ausweis gilt für die Zeit vom ---- bis ---- und ist nur in Verbindung mit einem amtlichen Personalausweis und dem Hausabzeichen des STERN Nr. — gültig.

Stempel — Unterschrift (Chefredakteur)

STATION BUDAPEST

GONG-Reporter Gerd Heidemann schlug Ungarns Polizei ein Schnippchen

Auf der Rückfahrt von Bukarest hatte der D-Zug nach Berlin-Ost längeren Aufenthalt in Budapest. Es war nicht möglich, offiziell den Bahnhof zu verlassen, Polizei und Militärpatrouillen sicherten die Ausgänge. Gerd Heidemann jedoch ließ sich nicht bluffen. Er stieg auf der verkehrten Seite des Zuges aus, schlüpfte durch einen Nebenausgang auf den Bahnhofsvorplatz und schoß, was sich ihm bot. So konnte natürlich kein vollständiges Bild vom Leben in dieser Stadt entstehen, die einmal zu den schönsten der Welt zählte. Aber die kurze Zeit reichte aus, um das „Einmal" klar zu erkennen.

Presseausweis

040

Herr Heidemann

vom ~~Keystone~~

erhält hiermit die Genehmigung am 4. September 1951 anläßlich der Vermählung S. K. H. des Prinzen Ernst August von Hannover mit I. H. Prinzessin Ortrud von Schleswig-Holstein zum Zwecke der Berichterstattung während der Dauer der Feierlichkeiten in der Marktkirche und ... Orangeriegebäude und sowie innerhalb der

Bereits mit einundzwanzig Jahren Reporter
(1953 für GONG und STERN im Ostblock, Pfeile)

Sternreporter G. Heidemann erlebte den grauen Alltag der „fortschrittlichen Volksdemokratien"

1949 bis 1983:
DER JOURNALIST GERD HEIDEMANN

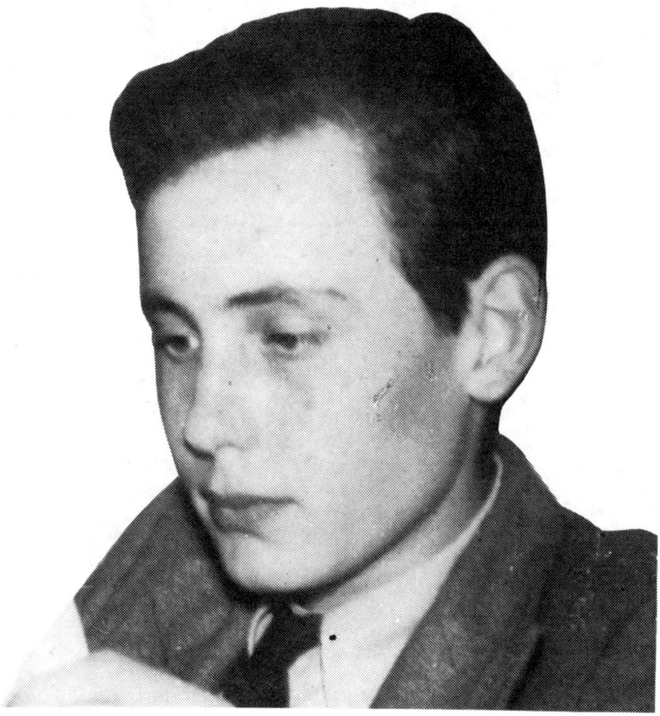

Junger Gerd Heidemann *(als Sechzehnjähriger): »Politisch unbelastet«*

»MORGEN, MEINE HERREN« oder: Gerd Heidemann wird Reporter

Es war kalt. Es regnete und schneite. Durch die Hamburger Ruinenlandschaft stapfte ein junger Mann, sechzehn Jahre alt. Soeben hatte er das Abgangszeugnis einer Volksschule in Hamburg-Altona in Empfang genommen. Rechtschreibung »gut«, Geschichte und Erdkunde ebenfalls »gut«. Nur im Fach Musik stand ein »befriedigend«. Anfang 1948, die britische Besatzungsmacht herrschte über die Freie und Hansestadt Hamburg, klopfte der Schulabgänger bei Photographen an die Tür. Er wollte »Lehrjunge« werden, doch niemand mochte ihn einstellen. Die zehnte Absage brachte ihn aber dennoch einen Schritt weiter: er solle bei der Photographeninnung vorsprechen. Dort angekommen, wurde ihm aufgetragen, einen Lebenslauf zu verfassen. Einige Tage später brachte er die Vita, in Schönschrift geschrieben, vorbei. Er hatte getan, was ihm aufgetragen worden war.(1)

Gerd Heidemann, so der Name des hoffnungsvollen Anwärters, wurde unehelich geboren. Martha Eiternick gebar ihren ersten Sohn als Einundzwanzigjährige am 4. Dezember 1931 in der Großen Bergstraße in Altona, das noch nicht zu Hamburg gehörte, sondern preußisches Staatsgebiet war. Zwei Jahre vor Hitlers Machtergreifung hatten fünf Millionen Arbeitslose längst resigniert, in Kiel lief der Panzerkreuzer »Deutschland« vom Stapel, das Unternehmen Borsig stellte die Zahlungen ein, die Großbank Danat ging in Konkurs, eine von insgesamt 13.783 Firmen in Deutschland in diesem Jahr. Der Vater, Johannes Schurbohm, war kaufmännischer Lehrling. Er machte später Karriere bei der ESSO. Monatlich steuerte er dreißig Mark »Unterhaltssatz« bei. Das Altonaer Jugendamt achtete streng darauf, daß das Geld pünktlich eintraf. Im Juli 1935 heiratete die Mutter Rolf Heidemann, einen Beamten der Wasserschutzpolizei. Gerd Eiternick wurde adoptiert und hieß fortan Gerd Heidemann.(2)

In der Schule gehörte Gerd Heidemann zu den Besten. Schularbeiten machte er nur im Notfall, statt dessen las er die Abenteuer »Rolf Torring's«, die wöchentlich in einer Heftromanreihe erschienen und für vierzig Pfennige zu kaufen waren. Der Held inspirierte den Jüngling: Heidemann wollte ebenso in ferne Länder reisen, dieselben Abenteuer erleben. In seinem kleinen Zimmer malte er Landschaften, entwickelte Kreuzwort- und Silbenrätsel, schließlich sammelte er Autogramme. Seine erste Liebe war ein Mädchen aus der Nachbarschaft. Die Eltern der Kinder zerstörten das junge Glück. Das Mädchen sollte mit einem reichen Reederssohn spielen. Das konnten Vater und Mutter Heidemann nicht bieten. Das Verbot hatte Heidemann getroffen, denn er war sensibel.(3) Dann brach das Inferno über die Metropole an Elbe und Alster herein.

Britische Bomberstaffeln brachten am 24. Juli 1943 Tod und Verderben. Welle auf Welle flog über die Hansestadt hinweg. Diese Apokalypse hatte der elfjährige Heidemann nicht miterleben müssen, das Dritte Reich ihn im Zuge der Kinderlandverschickung aus der Gefahrenzone herausgeholt. Der großdeutsche Nachwuchs sollte für die Wehrmacht an der Front zugrunde gehen, nicht in der Heimat. Als Neunjähriger ging Heidemann auf Reisen: 1941 nach Wien, 1943 nach Schwandorf in Bayern. Einige Wochen nach der Bombardierung sah Heidemann seine Eltern zufällig wieder: sie erhielten in der Nähe Schwandorfs, in Nabburg, ihr Notquartier zugewiesen. Dort traf er auch seine Großmutter Frieda wieder, die

Junger Gerd Heidemann
(als Siebzehnjähriger): »Schnell Fortschritte gemacht

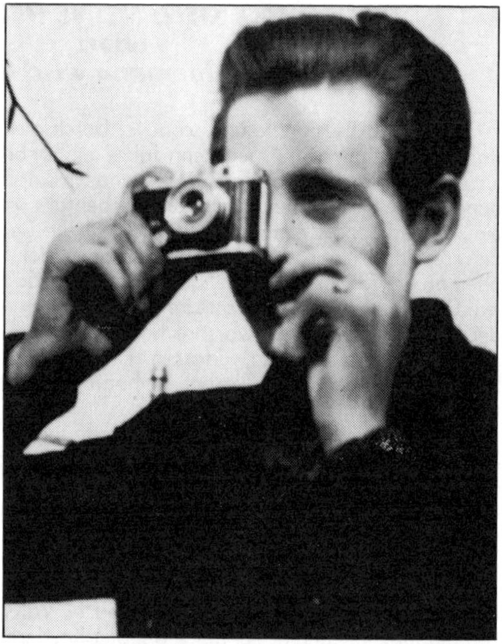

ihren Enkel in ihre Obhut nahm. Ein Jahr vor der Kapitulation verfügte der NS-Staat, die Familie Heidemann müsse in die Lüneburger Heide, nach Dorfmark, übersiedeln. Mit der Großmutter machte Heidemann einen Abstecher nach Hamburg. Die Kraterlandschaft dort hatte einen schmerzlichen Eindruck auf ihn hinterlassen. Der nun dreizehnjährige Heidemann dichtete, im Mai 1944, von Heimweh geplagt:

HAMBURG
Einst stand da eine stolze Stadt,
jetzt liegt sie da so trüb und matt.
Einst standen Häuser groß und schön,
jetzt kann man nur noch Trümmer seh'n.
Und überall, wohin man schaut,
es ist vernichtet, was erbaut.
Doch bald da kommt die Zeit heran,
wo wir dir helfen, Mann für Mann.
Und so wie einst wirst du dann steh'n.
Als stolze Stadt werden wir dich wiederseh'n.

In Fallingbostel besuchte Gerd Heidemann die Mittelschule. Jeden Tag hatte er zwölf Kilometer zu absolvieren. Sechs hin, sechs zurück. Heidemann fuhr, als die Engländer einmarschiert waren, zumeist per Anhalter — auf Militärlastwagen. Anfang 1946 zogen die Heidemanns in eine Zweieinhalbzimmerwohnung in die Altonaer Schumacherstraße. Um die Mittlere Reife zu erlangen, hätte Heidemann noch drei weitere Jahre zur Schule gehen, aber sein Vater dafür monatlich Schulgeld zahlen müssen. Geld war knapp, damals. Der junge Heidemann nahm seinem Vater die Entscheidung ab: Er habe ohnehin keine Lust zu büffeln, statt dessen wolle er nur noch ein Jahr die Schulbank drücken, ein Volksschulabschluß würde ihm voll genügen. Einen Job, so dünkte es Heidemann, werde er alsbald bekommen. Doch so einfach war das auch damals schon nicht.(4)

Gerd Heidemann wollte Kameramann werden, aber er war sich nicht sicher, ob er das Zeug dazu hatte. Deshalb meldete er sich bei der Berufsberatung. Die Pädagogen ließen ihn, wie fünfzehn andere, Rechenaufgaben lösen, Fragenkataloge beantworten und Bauklötzer zusammenbauen. Eine Arbeit schrieb er beim Nachbarn ab; die mündliche Prüfung interessierte ihn ebenfalls nicht. Schließlich erfuhr Gerd Heidemann: für einen Kameramann fehle ihm vieles, vor allem Kreativität; seine Unkonzentriertheit spreche ebenfalls gegen seinen Berufswunsch. Heidemann möge sich eine Lehrstelle als Dekorateur besorgen, lautete die Empfehlung. Freunde rieten ihm, sich zuerst Grundkenntnisse in der Photographie zu verschaffen.(5) So landete Heidemann bei der Photographeninnung.

Da der siebzehnjährige Heidemann nichts mehr von dem Verband hörte, machte er sich »wieder auf den Weg und versuchte es bei Photographen«. Endlich hatte er bei einem Glück: Er könne sofort als Bildberichter anfangen, auch im Atelier aushelfen, aber er müsse eine Genehmigung des Berufsverbandes vorlegen. Die wurde aber nicht unterschrieben. Heidemann notierte in seinem Tagebuch: »Also wieder eine Pleite.« Heidemann hatte nunmehr den Mut verloren. Er wollte es in einigen Jahren wieder versuchen. Irgendeinen Job mußte er aber haben. Er sah sich um und fand ihn: als Filmroller im Altonaer »Kinopalast«. Am 2. April 1948 fing er dort an.(6)

Der Filmvorführer war während des Dritten Reiches Kameramann gewesen. Er hatte auch für die »Deutsche Wochenschau« gearbeitet. Seinem Helfer gab er folgenden Rat: Heidemann möge seine Zeit nicht mit Hilfsjobs verplempern, sondern auf jeden Fall eine Lehre beginnen, für die Zukunft werde ihm das sehr nützlich sein können. Er solle einmal versuchen, Elektrotechniker zu werden. Eine Alternative fiel Heidemann nicht ein. Am 27. April 1948 fing er in Groß-Flottbek bei Karl Teichmann an. Es sollten Wochen des Horrors werden.[7]

Heidemanns Meister »war ein widerlicher Kerl, der den ganzen Tag mit seinen Lehrjungen rumschnauzte und jeden von uns, wir waren vier Lehrlinge, nach allen Regeln schikanierte«. Im September kam ihm sodann ein Zufall zur Hilfe: Heidemann erhielt die Chance, bei den »Cineta Amateur Studios« in Rahlstedt, dem heutigen Sitz des Studio Hamburg, als Kameraassistent anzufangen. Nun versuchte er, den Lehrvertrag zu lösen. Aber der Elektromeister benötigte dringend Arbeitskräfte, hatte sich Heidemann doch als aufgeweckter und ausgesprochen billiger Mitarbeiter herausgestellt, so daß der Chef seinen Lehrling immer häufiger alleine losschicken konnte. Heidemann indes hatte mit der Lehre innerlich schon abgeschlossen: Er meldete sich krank, lag aber nicht im Bett, sondern stand fortan hinter der Kamera. Am 28. November 1948 erhielt der »Arbeitsbursche« Heidemann eine »Arbeitsbescheinigung«. Der Lehrvertrag war endlich auch offiziell aufgehoben.[8] Nun ging es bergauf, obwohl es zunächst nicht danach aussah.

Das Unternehmen, das Gerd Heidemann die Photozunft eröffnet hatte, geriet — nach der Währungsreform — in wirtschaftliche Schwierigkeiten. Heidemann stand erneut auf der Straße. Jetzt versuchte er, bei der HAMBURGER FREIEN PRESSE am Hamburger Gänsemarkt wenigstens als Redaktionsbote unterzuschlüpfen. Die Zeitung setzte täglich 95.000 Exemplare ab, war eine von sechs, die in der Hansestadt erschienen und der renommierte Alfred Frankenfeld der stellvertretende Chefredakteur. Heidemann wurde nicht eingestellt, statt dessen druckte das Blatt ein Jahr später regelmäßig Heidemann-Photos.[9] Aber er ließ den Kopf nicht hängen. Als er den negativen Bescheid zur Kenntnis nahm, lief er vom Gänsemarkt in die Rothenbaumchaussee. Dort residierte der DEUTSCHE PRESSE-DIENST Fritz Sängers, die spätere DEUTSCHE PRESSE-AGENTUR. Gerd Heidemann fragte an, ob die Agentur ihn zum Pressephotographen ausbilden würde.[10]

Da käme er zu spät, es sei vor einigen Tagen gerade jemand eingestellt worden. Aber wenn Gerd Heidemann gern photographieren wolle, dann möge er das tun und die Bilder der Agentur anbieten. Wenn die Motive gut seien, könne er für ein Photo zwanzig Mark Honorar erhalten. Heidemann hatte aber keinen Photoapparat. Er erkundigte sich, ob er sich einen leihen könne. Heidemanns Gesprächspartner sagte zwar zu, aber dennoch wurde aus dem Handel nichts.[11] Erneut ging Heidemann auf Jobsuche. »Den ganzen Tag war ich unterwegs, um als Bildberichter unterzukommen«, notierte Gerd Heidemann im Dezember 1948 in seinem Tagebuch. Eine Woche vor Weihnachten hatte er Glück: der bekannte Photograph Konrad Weidenbaum, im Nordwestdeutschen Rundfunk (NWDR) zuständig für die Photos, stellte Gerd Heidemann als »Assistent für Bildreportagen« ein. Gleichzeitig hatte er im Labor Negative zu entwickeln und Vergrößerungen herzustellen.[12]

Gerd Heidemann befand sich in seinem Element: Er war fleißig, nicht ein einziges Mal unpünktlich. Unverdrossen arbeitete er auch nachts, wurde schließlich für Weidenbaum unentbehrlich. Heidemanns Emsigkeit und Engagement sprachen sich alsbald herum, so erhielt er Ende 1949 das erste Angebot: von der CONTIPRESS im Hamburger Pressehaus. Weidenbaum ließ Heidemann nur ungern ziehen, aber die Möglichkeiten, die der Konkurrent seinem aufgeschlossenen Mitarbeiter bieten konnte, blieben Heidemanns erstem Arbeitgeber versagt. Weidenbaum schrieb Heidemann ein erstklassiges »Arbeitszeugnis«:

Der 18jährige habe »auf Grund seines Interesses für die Arbeit schnell Fortschritte gemacht«, besuchte die Fachkurse der Gewerbeschule, nach der »Anschaffung eines eigenen Apparates mit Synchronblitz hatte er Gelegenheit, neben seiner Tätigkeit auf Grund von Sonderabmachungen ... (Bilder) zu veröffentlichen«. Dann habe Gerd Heidemann »aus eigenem Antrieb Reportagen und Berichte gemacht, die veröffentlicht wurden«, schließlich: »Seine Stärke liegt in seinem Fanatismus nach Aktualität und in seiner Hemmungslosigkeit, sein Ziel zu erreichen.«[13] Diese Qualifikation, Heidemanns Talent, intuitiv zu agieren, wurde dreiunddreißig Jahre später vom angeschlagenen STERN ins Gegenteil verkehrt. Erfolge zählten 1983 nicht, sondern Heidemanns Verbissenheit wurde negativ in den Mittelpunkt gerückt.

In der Tat hatte Heidemanns Tüchtigkeit eine imponierende Photo-Bilanz zutage gefördert, der bis dahin unbekannte Photograph einen Coup nach dem anderen gelandet. Heidemann-Photos veröffentlichten die HÖR ZU, die FRAU IM SPIEGEL, die LÜBECKER NACHRICHTEN, die HAMBURGER MORGENPOST, die HAMBURGER FREIE PRESSE, die SCHWÄBISCHE ILLUSTRIERTE, das HAMBURGER ABENDBLATT, die WELT, der GONG, das HAMBURGER ECHO und die ALLGEMEINE, das NEUE BLATT, die BREMER NACHRICHTEN, selbst die kommunistische HAMBURGER VOLKSZEITUNG und die Ost-Berliner NEUE BERLINER ILLUSTRIERTE überwiesen Honorare. Auf Heidemanns Photo-Exklusivität griffen ZEIT und SPIEGEL zurück.[14] Jetzt stieg er auf, der Vertrag mit der CONTI-PRESS am 15. Februar 1950 garantierte ihm immerhin ein »monatliches Entgelt« in Höhe von 60,- DM und zehn Prozent der Verkaufserlöse.[15] Da kam einiges zusammen.

Gerd Heidemann spazierte exklusiv mit Lale Andersen, der »Lili Marleen«, durch Hamburg. Er war als einziger dabei, als die rechte Sozialistische Reichspartei bei einer konspirativen Kranzniederlegung am Grabmal des unbekannten Soldaten auf dem Ohlsdorfer Friedhof in Hamburg das Dritte Reich wieder auferstehen ließ, er photographierte eine Kohlenklau-Aktion, hielt die Trapp-Familie im Bild fest, den damaligen finnischen Ministerpräsidenten Väinö Tanner, Johannes Heesters stand ausschließlich vor Heidemanns Kamera und — Josephine Baker, die er auf das Dach des Hotels Atlantic schickte, um sie dort abzulichten. Die Baker ließ sich von keinem anderen photographieren. Heidemann hatte sich nun einen Namen gemacht. Das erste Farbphoto, ein Bild vom Hamburger Hafen, veröffentlicht in der ersten »deutschen Farb-Illustrierten« DAS UFER, war eine Novität. Erst dann folgten die Kollegen, die immer häufiger Heidemanns Ideen kopierten.[16]

Gerd Heidemann photographierte nicht nur, sondern formulierte zu jedem Bild auch einen Text. Und wenn er eine Reportage »im Kasten« hatte, dann setzte er sich hin und schrieb die Geschichte dazu mit auf. Jetzt verdiente er mehr, als er brauchte. Für fünf Photos zahlte die WELT 100,- DM, die höchsten Honorare aber schon damals der STERN: einmal 800,- DM, ein anderes Mal 600,-DM.

Am 12. August 1951 publizierte der STERN einen Bericht über die »Grüne Grenze«: Heidemann hatte sich an die niedersächsische Zonengrenze begeben und die Jagd der bundesdeutschen Grenzschützer »auf FDJ-Führer« verfolgt, die im Westen angeblich »Sabotage-Anschläge« verübten (STERN). Der Text und die fünf Photos von Heidemann waren dem STERN immerhin eine Ankündigung auf

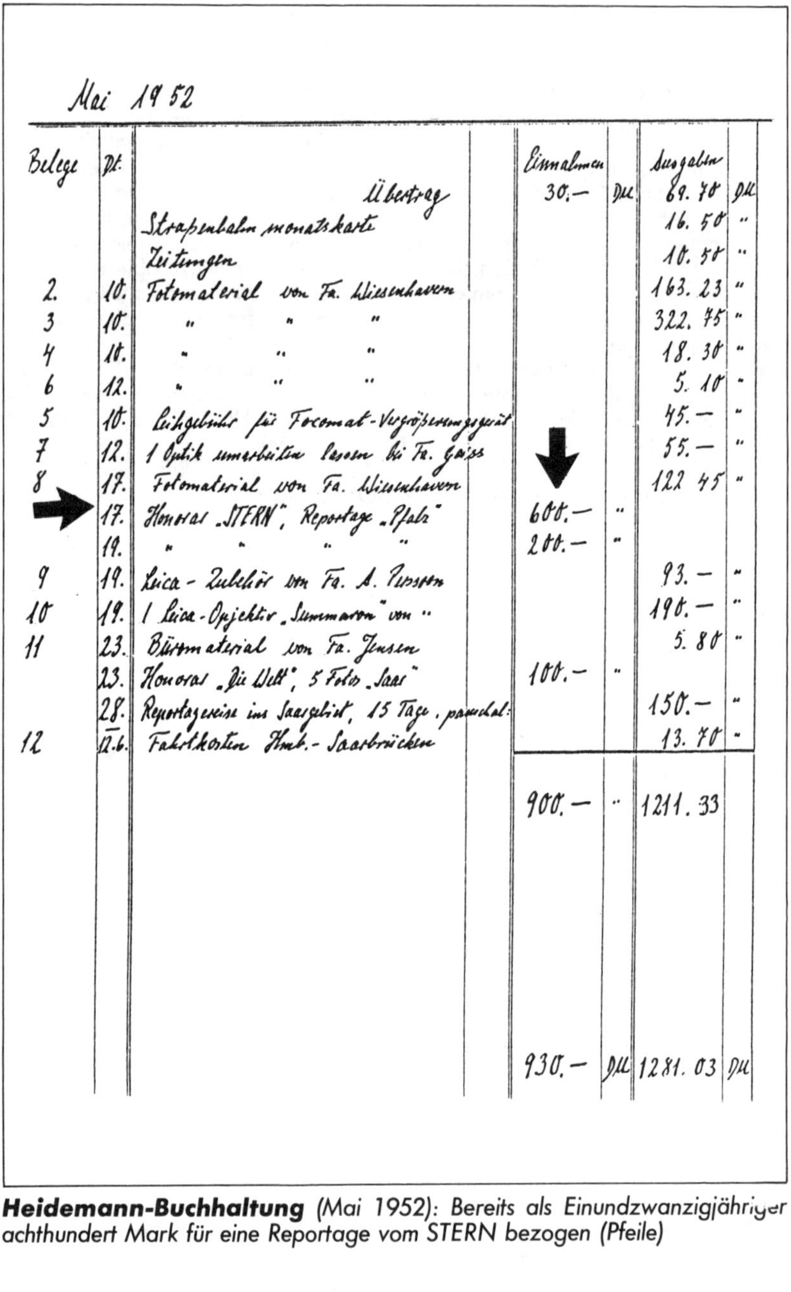

Mai 1952

Belege	Dt.		Einnahmen		Ausgaben	
		Übertrag	30.–	DM	69.70	DM
		Straßenbahn monatskarte			16.50	"
		Zeitungen			10.50	"
2	10.	Fotomaterial von Fa. Wiesenhavern			163.23	"
3	10.	" " "			322.75	"
4	10.	" " "			18.30	"
6	12.	" " "			5.10	"
5	10.	Leihgebühr für Focomat-Vergrößerungsgerät			45.–	"
7	12.	1 Optik umarbeiten lassen bei Fa. Geiss			55.–	"
8	17.	Fotomaterial von Fa. Wiesenhavern			122.45	"
	17.	Honorar „STERN", Reportage „Pfalz"	600.–	"		
	19.	" " " "	200.–	"		
9	19.	Leica-Zubehör von Fa. A. Persson			93.–	"
10	19.	1 Leica-Objektiv „Summaron" von "			190.–	"
11	23.	Büromaterial von Fa. Jensen			5.80	"
	23.	Honorar „Die Welt", 5 Fotos „Saar"	100.–	"		
	28.	Reportagereise ins Saargebiet, 15 Tage, pauschal:			150.–	"
12	12.6.	Fahrtkosten Hmb.-Saarbrücken			13.70	"
			900.–	"	1211.33	
			930.–	DM	1281.03	DM

Heidemann-Buchhaltung *(Mai 1952): Bereits als Einundzwanzigjähriger achthundert Mark für eine Reportage vom STERN bezogen (Pfeile)* der Titelseite wert.[17] Dann nahm der STERN seinem späteren Reporter eine sensationelle Story über ein alliiertes Nachschubzentrum in der Pfalz ab, in das Heidemann unbeabsichtigt geraten war. Diesmal druckte der STERN elf Photos von Heidemann.[18] Bereits eine Woche später erschien im STERN ein weiterer Beitrag: über das »Kohlenland Saar zwischen Deutschland, Frankreich und Europa«. Diesmal plazierte der STERN zehn Heidemann-Bilder.[19] Bereits in den frühen fünfziger Jahren war Gerd Heidemann zum heimlichen Reporter-Helden Henri Nannens aufgerückt.

Heidemann hatte sich längst selbständig gemacht, bereits mit neunzehn Jahren seine eigene Presseagentur gegründet. Nun machte er seinem ehemaligen Arbeitgeber, der CONTI-PRESS, mit seiner TORNA-PRESS Konkurrenz, beim Gewerbeamt hatte er seine Firma bereits angemeldet. Die Beamten merkten nicht, daß Heidemann noch nicht volljährig war. Erst Monate später fiel das irgendeinem Beamten auf. Und wieder schaffte es Heidemann — vor Ablauf des einundzwanzigsten Geburtstages wurde er tatsächlich volljährig, amtlich, mit Behördenstempel. Längst war er auch entnazifiziert: Der »Staatskommissar der Hansestadt Hamburg für die Entnazifizierung« stufte den neunzehn Jahre alten Photographen als NS-»politisch unbelastet« ein.[20] Als das NS-Gebilde kapituliert hatte, war Gerd Heidemann gerade ganze dreizehn Jahre alt.

Gerd Heidemann war kein Mann für den Schreibtisch. Ihn zogen immer mehr fremde Städte, unbekannte Länder an. Im April 1952 hatte er sich in den Kopf gesetzt, nach Kanada zu ziehen. Die »Reichsfluchtsteuerstelle« des Finanzamtes in Hamburg-Blankenese stellte ihm eine »Unbedenklichkeitsbescheinigung für Zwecke der Auswanderung« aus.[21] Doch als der Termin dann näherrückte, schreckte Heidemann plötzlich zurück, hing er doch zu sehr an Hamburg, wollte er auf seinen Freundeskreis nicht verzichten. Er blieb im Geranienweg 52 wohnen und reiste statt dessen quer durch Deutschland. In Bremerhaven gelang ihm dann ein Meisterstreich.

Die Berliner Freiheitsglocke, gegossen in Großbritannien, gestiftet von dem US-»Komitee für ein freies Europa«, wurde im Herbst 1950 in der unter US-Hoheit stehenden Hafenstadt aus dem Bauch eines Frachters gehievt. Die Amerikaner befürchteten, sowjetische Sabotagetrupps könnten dieses Symbol — »durch das vorzeitige Bekanntwerden« — zerstören. Bis an die Zähne bewaffnete US-Soldaten kontrollierten den Glocken-Abtransport. Heidemann aber hatte nicht nur Tag und Stunde der Glocken-Ankunft in Erfahrung bringen können, sondern zugleich für erste Photos gesorgt, die sodann um die Welt gingen.

Er tarnte sich mit Kopftuch und Schürze, so daß er als »harmlose Hausfrau« erkennbar war, postierte hinter sich einen Kameramann, der durch Heidemanns gewinkelten Arm hindurch die Glocken-Ankunft filmte. Auf dieselbe Art gelangen ebenfalls die Photos. Veröffentlicht wurden diese Bilder von der STRASSE, einer Illustrierten, die im Hamburger Pressehaus residierte und von dem späteren stellvertretenden Chefredakteur des STERN, Victor Schuller, geleitet wurde und in deren Räume, nach der STRASSEN-Pleite, Henri Nannens STERN einzog.[22] Heidemann war ein gefragter Mann. Vor allem der STERN riß sich um seine einfallsreichen Reportagen.

Gerd Heidemann machte, im Juli 1953, mit seiner Freundin Irene eine Woche Urlaub in Berlin. Der Volksaufstand in Mitteldeutschland hatte sechs Wochen zuvor ein jähes Ende gefunden. Er war unter den Ketten sowjetischer Panzer buchstäblich zusammengebrochen. Das Paar pendelte zwischen West- und Ost-Berlin hin und her: im Westen wohnte es, im Osten »füllten unsere Mägen HO-Speisen«,

»das ostzonale Porter-Bier brachte uns abends in die richtige Stimmung«. Heidemann deckte sich täglich mit Ost-Berliner Zeitungen und Zeitschriften ein. In der NEUEN BERLINER ILLUSTRIERTEN, die unentwegt Heidemann-Bilder veröffentlichte, entdeckte er eine Überschrift: »Parole: Bukarest.« Dort wurde für die Weltjugendspiele in Bukarest geworben, die am 2. August vierzehn Tage lang die kommunistische Welt in Jubel versetzen sollten.(23) Heidemann faßte einen Entschluß: an diesem Ereignis werde er teilnehmen. Rumänien, so wußte er, war photographisch noch ein weißer Fleck. Westlichen Reportern hatte dieser Staat die Einreise bislang noch nicht genehmigt. Wieder einmal hatte Heidemann die richtige Eingebung. Nach seiner Rückkehr sollte das rumänische Abenteuer nicht nur weltweit abgedruckt werden, sondern obendrein Furore machen. Einundzwanzig Jahre alt war Gerd Heidemann jetzt.

Gerd Heidemann sprach beim Zentralrat der FDJ Unter den Linden vor. Sein Reisewunsch wurde positiv aufgenommen. Heidemann: »Ein FDJler begleitete mich zum Hotel Albrechtshof, kurz hinter dem S-Bahnhof Friedrichstraße, wo die Reiseleitung ihr Quartier bezogen hatte.« Er füllte einige Anträge aus, wies sich als Mitarbeiter der NEUEN BERLINER ILLUSTRIERTEN und Inhaber seiner TORNAPRESS aus, wies auf seine Tätigkeit für den STERN hin. Ein derartiger Reporter war den FDJ-Funktionären noch nicht untergekommen: da arbeitete doch tatsächlich einer für Ost- und West-Publikationen. Heidemann wurde umgehend ein VIP: kostenlose Übernachtung im Hotel, Essenbons für ein HO-Restaurant. Lediglich den Ost-Berliner Photographen, der Paßbilder für die Ausweise machen mußte, zahlte Heidemann aus eigener Tasche. Die FDJ besorgte: ein Visum für die Tschechoslowakei, eins für Ungarn und eins für Rumänien.(24) Am 30. Juli 1953 fuhr der Zug ab, um 22.55 Uhr.

Heidemanns Mitreisende stellten sich als »Vertreter fortschrittlicher Zeitungen und Zeitschriften« heraus: der Sohn des Verlegers Wilhelm Schoppmann, Rudolf Alexander, der in Köln die OFFENEN WORTE herausgab; Friedrich Stempel von der FULDAER VOLKSZEITUNG; von der Düsseldorfer STIMME DES FRIEDENS Rolf Steinert. Eigentlich paßte Gerd Heidemann nicht in die Runde, politisch trennten sie Welten. Doch im Laufe der Stunden kamen sich die Berichterstatter näher.(25)

Fünf Stunden nach der Abfahrt erreichte der Sonderzug der DDR-eigenen Deutschen Reichsbahn Bad Schandau. Zwei Stunden Aufenthalt. Die DDR-Grenzpolizei kontrollierte. Zuvor erhielt jeder Reisende eine Papiertüte mit Brot, Wurst und Butter. Die Grenze zur Tschechoslowakei wurde gegen 6.15 Uhr passiert. Die CSR-Grenzer blieben im Zug, sie prüften die Papiere bis zur ungarischen Grenze. Dort angelangt, erhielten die Reisenden abermals eine Verpflegungstüte. In Prag waren Kommunisten aus Großbritannien zugestiegen, die aus London eingeflogen worden waren. Heidemann wurde von einem tschechischen Zivilisten, in dessen Begleitung sich ein Grenzer befand, darauf hingewiesen, daß Photographieren aus dem Zug verboten sei. Doch der Reporter ignorierte diesen Hinweis, die Strafandrohung machte ihm keine Angst.(26)

An der Grenzstation zu Ungarn hatte die FDJ zum Abendessen im Bahnhofsrestaurant eingeladen. Heidemann kam mit einem beleibten Herrn ins Gespräch. Sie unterhielten sich über Deutsch-Deutsches. Schließlich stellte sich Heidemanns Gesprächspartner vor: Friedrich Ebert, Sohn des Reichspräsidenten der Weimarer Republik und Oberbürgermeister »Groß-Berlins«, des Ostteils der Stadt. Heidemann erbat ein Autogramm. Friedrich Ebert schrieb seinen Namen auf eine Serviette.(27) Am 1. August 1953 überquerte der Zug die Grenze zu Rumänien.

Gerd Heidemann *(1954 als Zweiundzwanzigjähriger in Ost-Berlin): »Hochwürden darf nicht sprechen«*

Rumänischer Staatspräsident Petru Groza *(1953 mit Gerd Heidemann): Vom STERN 1983 zum »Aushilfslaboranten« degradiert*

Langsam rollte die Lokomotive auf einen Grenzstein zu. Rumänische Soldaten sprangen auf die Trittbretter und fuhren bis zur Grenzstation mit. Sie sahen düster aus, vor ihrer Brust baumelten entsicherte Maschinenpistolen. Heidemann zählte etwa dreißig »kriegerisch aussehende Soldaten«. Die Paßkontrolle zog sich über drei Stunden hin.(28)

Heidemann photographierte, »was das Zeug hielt«, bis gegen ein Uhr nachts das Ziel erreicht war: Sofia. Friedrich Ebert begrüßte seinen Kollegen. Die westlichen Pressevertreter erhielten Gelegenheit, die kommunistischen Persönlichkeiten kennenzulernen. Heidemann verknipste einen ganzen Film und entdeckte an jeder Ecke Armee-Angehörige, er kam sich vor wie in einem Heerlager. In Rumänien blieb er vierzehn Tage. Als er, mit rund vierzig belichteten Filmen, wieder nach Hamburg zurückkehrte, konnte er die nächsten Monate von der Ausbeute leben, selbst Jahre später druckten Zeitungen und Illustrierte Heidemanns Reportage und Photos.(29) Vor allem der STERN riß sich um den Heidemann-Stoff.

Unter der Überschrift »Blick hinter die Fassaden« veröffentlichte der STERN bereits am 13. September 1953 eine Photoreportage über das unbekannte Land Rumänien. Und obwohl Gerd Heidemann nicht der Redaktion angehörte, wies Henri Nannen den erst 21jährigen bereits als »Sternreporter« aus, der nun plötzlich im Auftrag des STERN »den grauen Alltag der 'fortschrittlichen Volksdemokratien'« erlebt haben sollte.(30) Dreißig Jahre später — Hitlers Tagebücher brachten den STERN zu Fall, auf Kosten Gerd Heidemanns wollte sich das Bilderblatt vor der endgültigen Kapitulation retten — wurde der Reporter nicht nur kriminalisiert, sondern vor allem als leistungsmäßiger Fehlschlag einer feixenden Öffentlichkeit präsentiert. Heidemann habe lediglich »Elektriker« gelernt, sei 1951 nur »Aushilfskraft« im STERN-Labor geworden und als »Aushilfslaborant« sei er »gelegentlich durch kleine Photoreportagen aufgefallen«, die »Texte dazu mußte stets irgendein Redakteur schreiben«, denn »der Aushilfslaborant konnte zwar Filme entwickeln und Vergrößerungen herstellen, er konnte auch Bilder knipsen und erzählen, was er bei seinen Foto-Exkursionen erlebt hatte«, aber »druckbare Texte — das war nie sein Fach«.(31) STERN-Redakteur Jürgen Steinhoff, von seinem Ressort-Chef Michael Seufert zum biographischen Rufmord getrieben, hätte es besser wissen müssen. Doch ein erfolgreicher Heidemann hätte den waidwunden STERN endgültig ins Chaos gestürzt. Einfallslose Heidemann-Fallgruben wurden sich im STERN ausgedacht, zur Disposition ein kindlicher Schwachkopf gestellt. Dabei hätten die Heidemann-Jäger des STERN nur ins Archiv gehen müssen und dort umwerfende Entdeckungen machen können. Der als »Aushilfslaborant« geschmähte Heidemann war lange vor seiner Rumänien-Reportage im STERN vom STERN gefeiert worden:

Im Juni 1952 reiste Gerd Heidemann nach Sardinien. Er hatte gehört, daß dort ein Bandenkrieg ausgebrochen sei. Mit den italienischen Carabinieri robbte er durch die Berge, setzte sich dann aber von ihnen ab, um mit den Banditen selbst ins Gespräch zu kommen. Gerd Heidemann photographierte und schrieb auf. Henri Nannens STERN druckte: zwölf Photos von Heidemann und — seine Texte. Bereits damals stand, unter der Überschrift »Hochwürden darf nicht sprechen...«, der Autor: ein Bericht »unseres STERN-Reporters Hagemann«.(32) Auf diesem Pseudonym hatte Heidemann ausdrücklich bestanden, denn er wollte sein Sardinien-Abenteuer als Heidemann noch woanders unterbringen.

Der HAMBURGER ANZEIGER druckte Heidemanns Bericht (»Blutiges Feme-Regiment auf Sardinien«), BILD sogar zweimal (»Großangriff gegen sardische Teufel« und »Bandit Floris zur Strecke gebracht«), doppelt auch das HAMBUR-

Henri Nannen *(noch bescheiden in den 50er Jahren mit Pitt Severin): »Ich brauche dringend einen erhängten Jungen«*

GER ECHO (»Da stand Francisco Floris vor uns...« sowie »Ich lebte drei Tage unter Banditen«). Noch Jahre später — Heidemann hatte sich inzwischen von Nannen überreden lassen, als freier, fester Mitarbeiter für den STERN zu arbeiten — wurde die Banditen-Botschaft publiziert, so in der italienischen EPOCA. »Soviel«, erinnerte sich Heidemann, »hatte ich noch niemals verdient.«(33) Fast 20.000,- DM. Gerd Heidemann blieb auf seinen Photos nicht sitzen, auch seine Texte fanden nicht unbedingt das Mißfallen der Redaktionen, manch Redakteur war vielmehr froh, sich keine Arbeit machen zu müssen, zumal: honoriert wurden zumeist Heidemann-Bilder, die von ihm beigesteuerten Artikel gab es als »Zugabe« (Heidemann), eine Heidemann-typische Verkaufstechnik. Gerd Heidemann imponierte, er machte eine steile journalistische Karriere, denn was er anbot, waren in der Tat exklusive Geschichten.

HÖREN UND SEHEN veröffentlichte eine Reportage über die Prozesse von Bundesbürgern gegen die Finanzämter. Resümee: drei von sechs Steuerbehörden verloren vor Gericht. Text und Photos: Gerd Heidemann.(34) Im Universitätskrankenhaus in Hamburg-Eppendorf lebten, im Juli 1954, drei leprakranke Männer. Der selbständige Reporter konnte dieses strenggehütete Geheimnis lüften, photographierte einen fünfundzwanzigjährigen Balten, einen gleichaltrigen Chinesen sowie einen neunundzwanzig Jahre alten Brasiliendeutschen. Er interviewte sie, ließ sich ihre Lebensgeschichte erzählen. Dann bot er diese damals sensationellen Informationen Henri Nannen an. Doch der lehnte ab, die Lepra-Nachricht fand er uninteressant, sie schien ihm zu unästhetisch. Heidemann wollte die Story aber veröffentlicht haben. Er wandte sich an Kurt Zentner von der MÜNCHNER ILLUSTRIERTEN. Der war froh, daß seinem Hamburger Kollegen wieder einmal das Fingerspitzengefühl fehlte und plazierte umgehend die »Lepra-Insel mitten in Hamburg«.(35) Daraufhin war Nannen, wie sich Heidemann erinnerte, »sauer«. Wenn er, so hatte Heidemann von Nannen zu vernehmen, eine Meldung ablehne, dann sei dieser Bescheid noch lange nicht endgültig: In Zukunft möge sich Heidemann durchsetzen.(36) Als dieser das erneut versuchte, gab ihm Nannen abermals einen Korb. Diesmal publizierte statt dessen die Düsseldorfer ILLUSTRIERTE WOCHE. Anschließend wurde Heidemann von Nannen wieder angepöbelt:

Lore Staimer, Tochter des DDR-Präsidenten Wilhelm Pieck, verheiratet mit dem stellvertretenden Verkehrsminister der DDR, Richard Staimer, ließ sich beim »Schmuggeln« erwischen. Das Prominenten-Kind, stellvertretende Ministerin für Außenhandel und innerdeutschen Handel, hatte bereits damals die dringend benötigten Devisen für Ost-Berlin zu besorgen. Im Sommer 1954 kam Gerd Heidemann — soeben hatte er die Lepra-Geschichte beendet — ihren »krummen Geschäften« auf die Spur, deckte er den offiziell illegalen Handel mit Konsumgütern auf:

Hinter Zäunen lauernd und auf Dächern liegend, so löste Heidemann mit einem Teleobjektiv das Rätsel der Devisenbeschaffung. Schließlich drang er in die Schmugglerzentrale in der Lichtenberger Straße ein, machte ein geheimes Lager in der Schlegelstraße aus, ein weiteres entdeckte er in der Storkower Straße. Und wenn gelegentlich Ost-Berliner Stasi-Geheime die unfeinen Geschäfte sicherten, die Transporte begleiteten, dann tat Heidemann so, als ob er dazugehöre. Als die Enthüllungsstory in der ILLUSTRIERTEN WOCHE stand, als herauskam, daß Ost-Berlin Kaffee und Alkohol von Ost nach West über Sektoren- und Zonengrenze bereits in den fünfziger Jahren verschoben hatte, da war der Staat Walter Ulbrichts augenblicklich demaskiert, der »Zonenvogt« entblößt. Heidemanns Nachricht wurde übernommen — von den Nachrichtenagenturen.(37) Aus optischen

Gründen zog das Ost-Berliner Regime nach dem Wirbel in den westlichen Medien Konsequenzen: Piecks Tochter wurde später als Botschafterin der DDR nach Jugoslawien abgeschoben, ihr Mann Richard Staimer mit dem Posten des ersten Sekretärs der Gesellschaft für Sport und Technik abgefunden. Über die Schmuggelquerelen, innerhalb der SED waren ihretwegen heftige Auseinandersetzungen geführt worden, zerbrach schließlich auch die 1948 geschlossene Ehe. Nachfolger wurde Alexander Schalck-Golodkowski, das Ehepaar Staimer wurde das erste »Opfer« des begabten Reporters Gerd Heidemann. Und Henri Nannen mußte erleben, daß sein freier Mitarbeiter in nur einem Monat, im November 1954, der Konkurrenz zwei spektakuläre Geschichten verkauft hatte. Ein drittes Mal wollte er das nicht mehr zulassen. Doch die Chance dazu gab ihm Gerd Heidemann vorerst nicht. Der war der Diskussionen mit dem STERN-Chefredakteur überdrüssig. Von Heidemann erhielt Nannen nun nichts mehr angeboten, denn bundesweit war er bei den Redaktionen längst ein gefragter Reporter.

Die FRAU IM SPIEGEL veröffentlichte einen Hintergrundbericht über den späteren TV-Star Lou van Burg, der bereits 1954 die Idee hatte, Pausen im Programm des Deutschen Fernsehens mit Hilfe von Videoclips, kurzen Musikfilmchen, zu überbrücken.[38]

Heidemanns Photos von der Außenminister-Konferenz in Genf wollte Nannen ebenfalls nicht haben, dann aber kaufte er sie doch — ohne zu wissen, daß Heidemann sie aufgenommen hatte: für ein Pauschalhonorar brachte dieser seine Bilder bei der Agentur UPI unter.[39] Und als das HAMBURGER ECHO und die MÜNCHNER ILLUSTRIERTE ein von Heidemann ausgegrabenes Dokument veröffentlichten, über das Archiv eines Sammlers berichteten, der die Todesurteile nationalsozialistischer Volksgerichtshöfe minuziös zusammengestellt hatte und der STERN wieder einmal das Nachsehen hatte, da wollte Henri Nannen Gerd Heidemann erneut exklusiv für den STERN einkaufen. Aber Heidemann mochte sich mittlerweile nicht mehr festlegen und hielt Nannen hin. Erst im Oktober 1955 unterzeichnete der Reporter einen Vertrag mit dem STERN. In dem legte sich Heidemann fest: »Sämtliche Themen, die er als freiberuflicher Bildreporter recherchiert« habe, müsse er zunächst dem STERN anbieten. Erst wenn Nannen das Thema nicht haben wolle, könne er zur Konkurrenz laufen.[40] Nannen konnte auf Heidemann nicht verzichten. Zu oft hatte dieser ihn aus Kalamitäten befreit.

Gerd Heidemann holte sich im Juli 1955 wieder einmal ein Honorar bei der STERN-Kasse ab, als ihm Nannen über den Weg lief: »Ich brauche dringend einen erhängten Jungen.« Heidemann verstand nicht. Nannen erklärte: Ein dreizehnjähriger Knabe habe sich aufgehängt, weil er vor einer Neueinschulung Angst gehabt hatte. Seine Eltern waren von Süd- nach Norddeutschland gezogen. Der Artikel sei bereits geschrieben, nur der dokumentarische Beweis in Form eines Photos fehle. Heidemann legte einen Film in seine Kamera:

Seinen elfjährigen Bruder Rainer stellte er in der Küche auf einen Stuhl, knüpfte am oberen Küchenfenster ein Tau fest und ließ ihn »hängen«, allerdings auf dem Stuhl stehend. Nannen fand das Photo vor, wollte nun wissen, wie Heidemann das geschafft habe. Heidemann erzählte, daß sein Bruder von ihm fünf Mark »Honorar« erhalten habe. Nannen schmunzelte. Am 14. August 1955 publizierte der STERN wieder einmal eine Fälschung.[41] Heidemanns Familie war jetzt häufig im STERN abgebildet, daß nächste Mal bereits vier Monate später, und auch der »aufgeknüpfte« Heidemann-Bruder fehlte nicht.

Der STERN startete eine Aktion: »Alle Kinder brauchen Liebe.« Nannen hatte sich diesen PR-Gag (Waisenkinder suchen Adoptiveltern) wieder einmal spontan

Junger Journalist Gerd Heidemann
(in Genf, rechts, Oberammergau, unten): »Sämtliche Themen bieten Sie bitte zuerst dem STERN an«

Heidemann-Clou:
Lina Heydrich auf Fehmarn entdeckt (Mitte, Töchter)

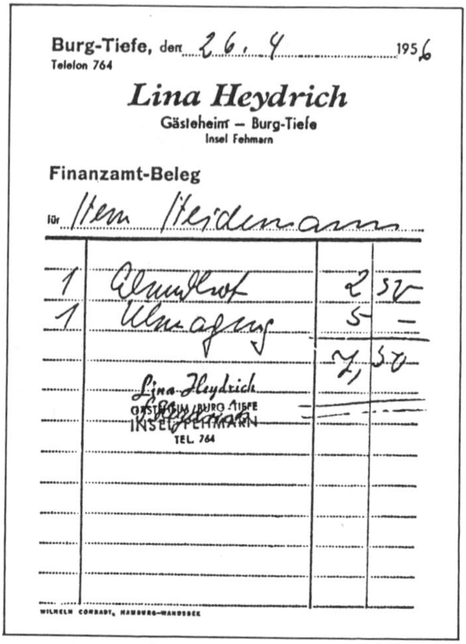

Burg-Tiefe, den 26. 4 1956
Telefon 764

Lina Heydrich
Gästeheim – Burg-Tiefe
Insel Fehmarn

Finanzamt-Beleg

für Herrn Heidemann

1	Abendbrot	2	50
1	Übernachtung	5	–
		7,	50

Lina Heydrich
GÄSTEHEIM / BURG-TIEFE
INSEL FEHMARN
TEL. 764

WILHELM CONRADT, HAMBURG-WANDSBEK

ausgedacht, der Text dazu war schnell verfaßt, aber Photo-Beiwerk nicht aufzutreiben. Heidemann hatte auszuhelfen, die Motive umgehend herbeizuschaffen. Heidemann funktionierte: er plazierte Schwester Christa, Bruder Rainer, Großmutter Frieda und Mutter Martha im Wohnzimmer und erfand die von Nannen befohlene »Patenschaft«. Die übrigen Photos »machte ich im Vorbeigehen« (Heidemann).[42]

Heidemann war dabei, als die letzten sowjetischen Kriegsgefangenen in Friedland eintrafen. Der STERN druckte Photos und Heidemanns Bildunterschriften.[43] An der deutsch-holländischen Grenze fielen Heidemann holländische Grenzbarrieren, ähnlich wie an der Zonengrenze, auf. Der STERN rückte Heidemanns Fund sofort ins Blatt.[44] Dann flog der vom STERN im STERN längst als »Sternreporter« ausgewiesene Gerd Heidemann kurzentschlossen für einige Tage nach Portugal. Am 8. November 1955, einem Dienstag, landete er in Lissabon. Am Montag, den 14. November, war er wieder in Hamburg. Drei Wochen später hatte sich Heidemanns Ausflug bereits im STERN niedergeschlagen: eine der ersten »Photostraßen« des STERN mit zwanzig Heidemann-Bildern kündete von einer neuen Illustrierten-Generation: je größer das Photo, desto besser der STERN.[45] Heidemann war erst seit einigen Monaten STERN-Reporter, da füllten seine Geschichten wie selbstverständlich den STERN.

Der STERN deckte unter anderem ein im Februar 1956 neunundzwanzig Jahre zurückliegendes Fehlurteil auf. Den verspäteten Freispruch hatte Gerd Heidemann zustande gebracht.[46] Zwei STERN-Ausgaben zuvor überführte der Reporter den einstigen Oberreichsanwalt Ernst Lautz, der sich besonders bei den 20.-Juli-Prozessen hervorgetan hatte und bislang ungeschoren geblieben war. Heidemanns Recherchen kosteten den NS-Juristen ein Drittel seiner Pension.[47] Dann erfuhr Gerd Heidemann von der Existenz einer gewissen Lina Heydrich, der Gattin des Chefs des Reichssicherheitshauptamtes und berüchtigten Organisators der »Endlösung der Judenfrage«. Heidemann reiste am 26. April 1956 nach Fehmarn, wo Lina Heydrich das »Gästeheim Burgtiefe« unterhielt. Bei dieser Gelegenheit machte der Reporter wiederum eine unheimliche Entdeckung.

Das reetgedeckte Haus verfügte nur über einige Zimmer. Von den Einnahmen aus der Pension allein konnte Lina Heydrich nicht leben. Zwar waren Haus und Grundstück ihr Eigentum, aber ein Cognac kostete nur achtzig Pfennig, ein üppiges Mittagessen zwei Mark, das Abendbrot fünfzig Pfennig weniger. Heidemann wollte nun wissen, wie diese Frau mit der Vergangenheit fertig geworden sei. Der Reporter erfuhr: gelegentlich gaben sich alte SS-Kameraden ihres Mannes die Klinke in die Hand, und zu diesem Zeitpunkt klagte sie ihre Rente ein. Am 12. Mai 1956 stand diese merkwürdige Geschichte im STERN und erregte zwangsläufig ungeheures Aufsehen.[48] Daß Lina Heydrich unentdeckt in der Bundesrepublik lebte, war selbst den Agitatoren in Ost-Berlin nicht bekannt gewesen. DDR-Publikationen kupferten Heidemanns Heydrich-Photo aus dem STERN ab und berichteten jetzt ebenfalls über »die SS-Witwe des Nazi-Henkers«.[49]

Einige Wochen zuvor war Gerd Heidemann von Henri Nannen zur Miß Germany 1956 geschickt worden. Margit Nünke hieß sie und erhielt vom Chefredakteur des STERN sogar dessen 300er Daimler-Cabrio zur Verfügung gestellt. Mit der Schönheitskönigin und Nannens teurem Auto reiste Heidemann tagelang durch die Bundesrepublik. In mehreren STERN-Ausgaben wurde die Nünke, »die für den STERN durch 30 Städte geht«, aufgebaut. Die PR-Tour war, so hatte Heidemann alsbald zur Kenntnis zu nehmen, ein ganz persönliches Anliegen Henri Nannens. Dessen Freund Hans Weidemann (im Dritten Reich SS-

Gerd Heidemann in Aktion:
(auf dem Turmgerüst des Hamburger Rathauses, links; auf Seilen auf dem Heiligengeistfeld, rechts): Üppige STERN-Honorare kassiert

Obersturmbannführer und in den siebziger Jahren darum in einen Skandal verwickelt) diente der Strumpffirma Opal. Diese Firma wiederum sponserte Schönheitswettbewerbe. Wer den Nannen-Protegé begleitet hatte, blieb aber kein Geheimnis. Der STERN gab den Autor preis: »Reportage: Gerd Heidemann.«(50) Warum hatte Henri Nannen den erst vierundzwanzigjährigen freiberuflichen Reporter auf diese intime Reise geschickt?

Die STERN-Mannschaft war noch nicht so aufgebläht. Dreizehn Redakteure standen im Impressum, fünf Korrespondenten in der Bundesrepublik arbeiteten für die Illustrierte, sieben Vertreter lieferten aus dem Ausland zu. Nannen beschäftigte ein Heer von freien Mitarbeitern. Dazu zählte Heidemann, der engagiert für den STERN herumreiste, keinen Sonntag kannte, selbst Weihnachten mit der Kamera unterwegs war. Auf Heidemann konnte sich Nannen verlassen: so gut wie immer pünktlich fand der STERN-Chef die vergrößerten Photos vor, auch die Texte fehlten nicht. Nannen hätte beispielsweise statt Heidemann seinen Chefreporter Pitt Severin nach Algier schicken können, wo ein deutscher Schiffskapitän sieben geflüchtete deutsche Fremdenlegionäre gezwungen hatte, über Bord zu springen. Doch diese tragische Geschichte erhellte Heidemann.(51) Das erste U-Boot der Bundesmarine, das während des Zweiten Weltkrieges gesunkene großdeutsche U 2365, wurde im Juni 1956 im Kattegat gehoben. Von dem streng geheimgehaltenen Bergungsmanöver hatte nur Heidemann Wind bekommen. Er war dabei und als einer der ersten im Maschinenraum, wo er ein Bild des Großadmirals Dönitz fand. Der STERN war stolz auf diesen Coup, aber auch der Journalist. »Reportage: Heidemann«, setzte Nannen unter die Überschrift »U1 — das erste U-Boot der neuen Marine wurde aus der Ostsee gefischt«.(52)

Da überführte Gerd Heidemann den randalierenden Bürgermeister von Kassel als Alkoholiker,(53) einen römischen Gangster der Geschäfte mit einem Franziskanermönch,(54) schließlich einen SS-Arzt: Professor Carl Clauberg, der in Auschwitz Versuche an jungen Mädchen gemacht hatte, 1955 tatsächlich aus sowjetischer Kriegsgefangenschaft entlassen worden war und im Bundesgebiet durch eine Stellenanzeige aufgefallen war: der einstige SS-Obersturmbannführer suchte »Schreibkräfte« für seine soeben eröffnete Klinik. Clauberg wurde daraufhin verhaftet. Heidemann gelang es nicht nur innerhalb eines Tages, die 107-Seiten-Anklageschrift zu besorgen, sondern er drang sogar heimlich ins Kieler Untersuchungsgefängnis ein. Dort photographierte er den nur 154 Zentimeter großen »Zwerg«. Das Bild erschien im STERN — über eine ganze Seite. Gerd Heidemann schrieb auch den Enthüllungsartikel. Nannen änderte ihn nicht, Heidemanns Clauberg-Recherchen gerieten ohne redaktionelle Korrektur an die Öffentlichkeit.(55) Fortan wurde sein Name immer häufiger genannt, selbst ein angestrengtes Ermittlungsverfahren der Justizbehörden gegen die Gefängniswärter brachte nicht an den Tag, wie Heidemann hineingelangt war. Er kam auf demselben Weg, auf dem Häftlinge sonst gelegentlich entfliehen: mit einem Wäschewagen.(56)

Ohne Heidemann-Stoffe schien der STERN nicht mehr auskommen zu können: Der Spur Raoul Wallenbergs, jenes schwedischen Diplomaten, der 1944 in Budapest Juden vor den Gaskammern der SS rettete und der im Jahr der deutschen Kapitulation von der Roten Armee in die Sowjet-Union verschleppt wurde und bis heute nicht wieder aufgetaucht ist, ging Heidemann nach.(57) Er lüftete die Vergangenheit eines Mannes ohne Gedächtnis,(58) als einziger deutscher Journalist war er dabei, als 1957 Aga Khan in Ägypten beigesetzt worden war und sein Sarg sich beim Niederlassen verklemmte, lichtete die daraufhin in Tränen ausbre-

Leser-Werbung des STERN *(mit Heidemann-Reportage): »Heute Frösche! Und morgen?«*

chende Begum ab (STERN: »Diese Reportage photographierte STERN-Reporter Gerd Heidemann«). Weltweit wurden die erschütternden Photos angekauft.[59] Dann rekapitulierte er die brutale Vergewaltigung einer Deutschen durch einen angeblich geistesgestörten britischen Soldaten.[60]

Gerd Heidemann war beim STERN nicht angestellt, statt eines Gehaltes wurden ihm Honorare überwiesen, vertraglich war er an die Verlag Henri Nannen GmbH als »freier, fester Mitarbeiter« gebunden, trotzdem stand er — neben dem späteren Chefredakteur Rolf Gillhausen — bereits 1957 — im Impressum des STERN: in der Position eines gewichtigen »STERN-Reporters«.[61] Dort glänzte Heidemann nicht grundlos:

In Bünde/Westfalen residierte die sowjetische Militärmission, bestehend aus acht Russen. Im Gegenzug unterhielten Amerikaner und Engländer eine Dependance in Potsdam. Im August 1957 bezogen die Sowjet-Armisten neue Häuser. Um ihre Behausungen zogen sie einen Zaun, verkleidet mit Sackleinen. Die Bürger empfanden diese Optik als Ärgernis und tauften das Sowjet-Areal »Klein-Moskau«. Der STERN, so der STERN, »beauftragte seinen Reporter Gerd Heidemann, hinter das 'Eiserne Gardinchen' zu gucken«. Der häßliche Vorhang fiel, der Bürgermeister bedankte sich. Heidemann fuhr den Russen nicht nur hinterher, sondern ihm gelang ebenfalls der Einblick in das abgeschirmte Sowjet-Reich.[62] In derselben Nummer druckte der STERN auch sein erstes Umwelt-Thema — zusammengestellt von Gerd Heidemann.

Das Zoologische Museum in Amsterdam erhielt einen anonymen Anruf: da sei ein Frosch mit fünf verkrüppelten Hinterbeinen entdeckt, seien ekelhafte Geschwülste an dem Tier festgestellt worden. Heidemann war schon unterwegs und recherchierte: In einen Wassergraben floß radioaktives Abwasser aus einem Forschungslabor. Hier spielte sich eine Froschtragödie ab: 50 Exemplare, alle mit entsetzlichen Mißbildungen, wurden gefunden. Warnend publizierte der STERN: »Heute Frösche — und morgen?«[63]

Heidemann ging auf Haifischjagd vor Helgoland,[64] in Dar-es-Salaam photographierte der »Sternreporter Gerd Heidemann« die feierliche Inthronisierung des neuen Aga Khan,[65] er sprach mit den letzten sechs Überlebenden des gesunkenen Schulschiffes »Pamir«,[66] schmuggelte sich in das Kalmarer Königsschloß ein, um die Trauung von Adenauers jüngstem Sohn Georg mit der Schwedin Ulla-Britta Jeansson miterleben zu können[67] und bekam selbst das Schlafzimmer Konrad Adenauers vor die Linse, der sich die Eheschließung seines Sohnes nicht entgehen lassen wollte. Diese Motiv veröffentlichte aber nicht der STERN, sondern die FRAU IM SPIEGEL.[68] Dann hörte Gerd Heidemann einem Russen zu: Chruschtschows Stellvertreter Anastas Mikojan, der hinter verschlossenen Türen harte Worte über die Wiedervereinigung und die Atombewaffnung sprach. Gerd Heidemann stand in seiner Nähe, irrtümlich wurde er mit einem Kellner verwechselt — und rollte mit dem Prominenten im Zug durch Nordrhein-Westfalen. Die überraschende Begegnung Mikojans mit dem ihm verhaßten Franz-Josef Strauß, dem damaligen Bundesverteidigungsminister, war eine politische Sensation. Dank Gerd Heidemann konnte Henri Nannen diese Geschichte in seinem STERN ganz vorn plazieren.[69] Und daß schließlich Gerd Heidemann an der »Lex Soraya« schuldig war, hatte nach dem Tagebuch-Desaster schleunigst vergessen werden müssen:

Hans Wehrle und Gerd Heidemann »sprachen in Teheran mit Amir Reza Atabay, dem Vetter des Schah«, so daß der STERN »aus erster Hand (erfuhr), warum ... der Schah gezwungen (wurde), sich von Kaiserin Soraya zu trennen«, weil Soraya ihrem Gatten keinen Thronfolger gebären konnte. Bundesaußenminister Heinrich von Brentano, »der sein Versagen in der Außenpolitik durch innenpolitische Kraftmeierei auszugleichen sucht« (STERN), vom persischen Botschafter um Intervention gebeten, zeigte den STERN wegen der angeblichen Verleumdungen an. Nannen: »Der STERN sollte wieder einmal auf dem Altar der Bonner Wichtigtuer geopfert werden.« Der Hamburger Generalstaatsanwalt Horst Buchholz indes machte dieses politische Ränkespiel nicht mit. Als Gerd Heidemann dem Juristen wegen einer anderen Geschichte gegenübersaß, machte dieser seine Schreibtischschublade auf und holte das Brentano-Schreiben hervor. Mit einer Formalie habe er das Bonner Begehren abgeschmettert:

Heinrich von Brentano hatte, auf dem Briefkopf des Auswärtigen Amtes, als Privatperson Heinrich von Brentano Strafanzeige gegen Gerd Heidemann sowie Hans Wehrle erstattet. So aber hätte er es nicht tun dürfen, sondern der CDU-Politiker statt dessen auf einem privaten Briefkopf als von Brentano auftreten oder aber sein Leid im Namen der Bundesregierung klagen müssen. Buchholz war dem STERN gewogen und ließ die Frist, nach zwei Jahren, verstreichen. Das Ermittlungsverfahren war noch nicht einmal in Gang gekommen. Diese Neuigkeit erzählte Heidemann Henri Nannen, und dieser ließ sie sich einige Tage später auf dem Bundespresseball in Bad Godesberg bestätigen. Brentano war auch anwesend und an diesem Abend nicht bei guter Laune.(70)

Gerd Heidemann war wohlgelitten. Selbst die betriebseigene PAPIERSCHLANGE, eine hausgemachte Blödelzeitung, anläßlich eines bevorstehenden Ausfluges am 18. Juli 1958 nach Colmar produziert, beschäftigte sich mit dem erfolgreichen Journalisten. Heidemann hieß darin »Mike Hammer«, nach dem damals populärsten Romandetektiv in den USA, und wurde mit dem stolzen Etikett »Welt-Exklusiv-Photo-Reporter« versehen.(71) In Colmar sollte er, zusammen mit Rolf Gillhausen, Fußball spielen: Redaktion gegen Vertrieb.(72) Heidemann zog sich beim Training eine Zerrung zu.

1958 war das Jahr, das Heidemann und dem STERN zum Durchbruch verhalf. Henri Nannen setzte auf die Serie, eine Idee, die sich in der Tat als guter Einfall herausstellen sollte, denn die Auflage des STERN stieg stetig dadurch. Noch einen Effekt brachte dieses neue Ressort hervor. Nannens Eitelkeit wurde befriedigt: Der STERN wurde immer häufiger zitiert, in der Bundeshauptstadt die Illustrierte endlich ernst genommen. Entscheidenden Anteil an diesem Erfolg hatte Gerd Heidemann. Er recherchierte, er photographierte, unentwegt befand er sich auf Achse. Zum Schreiben blieb ihm jetzt nicht mehr viel Zeit. Nun rückte die Teamarbeit in den Mittelpunkt, nach und nach verschwand der journalistische Einzelgänger, Individualisten hatten sich unterzuordnen. Das neue Konzept ging auf: der »Dokumentarbericht« machte Furore.

Ein blutjunges Mädchen spielte Lockvogel: am 19. Dezember 1956 wurde Heinrich Bick erschossen, drei Wochen später Heinz Engels. Die Opfer wurden ausgeraubt, angelockt hatte sie Inge Marchlowitz, in dem sie vorgab, eine Liebesnacht mit ihnen verbringen zu wollen. Ihr Freund, Gerhard Popp, hatte die Freier seiner Geliebten sodann getötet. Dieser Fall machte Schlagzeilen. Und noch lange vor dem Prozeß setzte sich beim STERN ein erstes Mal ein Team in Bewegung: Will Tremper, Wolfgang Löhde und Gerd Heidemann. Über Wochen lief der »Fall Inge Marchlowitz« im STERN. Lebensgeschichte und Tötungsaugenblicke — das wollte der Bundesbürger nun lesen. Diese Details erfuhr Heidemann.(73) Während Tremper noch schrieb, war Gerd Heidemann längst an einem anderen Thema dran: er rollte seinen ersten Spionagefall auf, nebenbei photographierte

Leser-Werbung des STERN *(mit Heidemann-Reportage): Als einziger verpatzte Beerdigung photographiert*

Telefonate mit Graf Neyhaus am Sonnabend, dem 1. 11. und Sontag, dem 2. 11.

Zwei Bedingungen:

1. Nicht den MAD in die Pfanne hauen.
2. Nicht brüsten mit dem Plan, sondern ihn stillschweigend zurückschicken.

An einem Dienstag, dem 26. August fand sich bei der westberliner Politischen Polizei ein Überläufer aus der DDR ein. Ein Angehöriger des Ministeriums für Staatssicherheit von der Bezirksverwaltung in Erfurt

Der Mann erkaufte sich seinen Übertritt in den Westen mit einigen Informationen. Unter anderem erklärte er, daß "ein Offizier mamens Ludwig von der Bundeswehr für den Osten arbeite". Er wisse nicht, ob Ludwig der Vor- oder Nachname sei. Er wisse nur noch, daß dieser Ludwig eine Schwester in Mannheim habe, die ebenfalls für den SSD arbeite.

Die Poliztiscne Polizei sandte am gleichen Tag eine Abschrift dieserAussage an das westberliner L
schutz.

Dort blieb die Abschrift rund vier
erst am 26. Sept. an das Amt für S
(ASBW) überstellt. DiesesAmt, die
tärischen Abwehrdienstes, (MAD) mi
ministerium.DEr Chef des Amtes is

Das ASBW wurde sofort unerhört akt
fest, daß Ludwig identisch war mit
Ludwig, der eine Schwester Hanni,
Marschall, in Mannheim hat.

Der Überläufer wurde nach Stuttga
Haftbefehle für Ludwig, seine Sch
Obermaat Briesemeister ausgestell

ERMITTLUNGSBERICHT

von: Cord Heidemann

an: Herrn v.Pritzen u. Herrn Tremper

Thema: Tatsachenbericht "Affäre Ludwig"
(Gespräch mit Korv.Kapitän Horst G.König)

Angefangen am: 16.11.58 Ort: Bremerhaven

Beendet am: 16.11.58 Ort:

Hamburg, den 17.11. 1958

Anmerkung:
Der Inhalt dieses Berichtes unterliegt dem Redaktionsgeheimnis

Heidemann-Recherchen
(Deal mit dem MAD, Pfeil oben; »Ermittlungsbericht«): »Der Inhalt unterliegt dem Redaktionsgeheimnis«

er das Hamburger Börsenviertel. Die ZEIT veröffentlichte eine Heidemann-Doppelseite.(74)

Am 26. August 1958 meldete sich ein Angehöriger der Bezirksverwaltung Erfurt des DDR-Ministeriums für Staatssicherheit bei der West-Berliner Polizei. Der Geheimnisträger war übergelaufen. Dann gab er preis: »Ein Marineflieger-Offizier arbeitet für den Osten.« Der Denunziant kannte keinen Vornamen, auch nicht den Wohnort, er habe es von einer Schwester gehört, die irgendwo bei Mannheim lebe und gleichfalls für die DDR spioniere. Noch am selben Tag meldete die Polizei diese Nachricht dem Berliner Landesamt für Verfassungsschutz. Dort interessierte sich aber keiner für den Fall. Vier Wochen lang blieb die Akte liegen, erst am 26. September wurde sie an den MAD weitergeleitet, wo der Abwehr-Chef Gerhard Wessel, der spätere Präsident des Bundesnachrichtendienstes, umgehend aktiv wurde. Seine schlafenden Verfassungsschutz-Kollegen in West-Berlin bedachte er lange mit Flüchen, wohl einer der Gründe, warum er diesem Apparat bis zu seiner Pensionierung mißtraute.

In nur zwei Tagen stellte der MAD fest: Kapitänleutnant Horst Ludwig, eine Schwester namens Hanni, verheiratete Jäger, geschiedene Marschall, lebte tatsächlich in Mannheim. Ludwig wurde am 3. Oktober verhaftet.(75)

Die Spionage-Affäre wäre ohne Bedeutung geblieben, nicht auf die Titelseiten bundesdeutscher Zeitungen geraten, hätte sich nicht Heidemann für Ludwig interessiert. Bemerkenswert war Horst Ludwigs Agententätigkeit nicht, sondern folgenschwer wurde die Angelegenheit erst, als Gerd Heidemann Schlampereien im Sicherheitsbereich aufdeckte. Dieses Ereignis aber durfte nicht im STERN stehen. Ein Gegenseitigkeitsgeschäft mit dem MAD hatte diese Veröffentlichung verhindert.

Für sensible Recherchen hatte STERN-Redakteur Wolfgang Löhde »Ermittlungsberichte« entworfen und drucken lassen, quasi mit einem Geheimstempel des STERN versehen (»Der Inhalt dieses Berichtes unterliegt dem Redaktionsgeheimnis«). Auf diesem diskreten Papier schrieb Gerd Heidemann das nieder, was er über den konspirativen Mitarbeiter des Ost-Berliner Geheimdienstes herausgefunden hatte. Er hatte ein Auge für das Wesentliche:

Heidemann ermittelte die Freundinnen des in Untersuchungshaft Einsitzenden, die Hotels, in denen der Spion abgestiegen war, bisherige Wohnorte sowie die Eltern des Offiziers, die in Mitteldeutschland lebten. Routine als Handwerk. Freunde, Bankverbindungen, Urlaubsziele und Schuldenberg, nichts war ihm entgangen. Dann drang Heidemann in aller Stille dort ein, wo der Kapitänleutnant Horst Ludwig seinen Dienst schob: in den Marineflugplatz Jagel bei Schleswig. Das war ungeheuer einfach, denn auf dem Gelände wurde fleißig gebaut.

Gerd Heidemann fragte sich nach dem Stammlokal der Bauarbeiter durch. Dort setzte er sich hin, trank ein Bier und aß eine Bockwurst. An seinem Tisch verspeiste ein Ingenieur, der für den Startbahn-Ausbau verantwortlich zeichnete, sein Abendessen. Er erwähnte nebenbei, daß die Zivilisten bald einen Sonderausweis zum Betreten des Bundeswehrgeländes erhalten würden. Zu dieser Aktion hätten sich die Militärs aus Furcht vor Spionage kurzfristig entschlossen, zumal sie einen Photographen des HAMBURGER ABENDBLATTES erwischt hätten. Heidemann erhielt einen Tip: Wenn er morgens gegen 7.30 Uhr in die Sperrzone wolle, müsse er an der Wache lediglich ein »Morgen, meine Herren, örtliche Baubehörde!« rufen und in der Hand eine Zeichenrolle halten, die als Legitimation völlig ausreichen würde. Dieses Utensil erhielt Heidemann von seinem Tischnachbarn nach der Mahlzeit. Am nächsten Tag befand sich der Mann vom STERN auf dem Gelände. Zuvor hatte er seine Leica-Kamera in die Röhre plumpsen lassen.(76)

stern DIE GROSSE ILLUSTRIERTE

Hamburg 1 · Pressehaus · Telefon: Sa.-Nr. 321091 · Fernschreiber 0211183

Verlag Henri Nannen GmbH

Telegramm-Adr.: Sternillus Hamburg

Herrn
Gerd Heidemann

Hamburg-Altona
Langenfelder Str. 57

Unser Zeichen vR/Dl
Datum 27. Juni 1960

Sehr geehrter Herr Heidemann!

Wir haben erfahren, dass Sie geheiratet haben.

Ihrer Gattin und Ihnen wünschen wir für diesen neuen Lebensabschnitt alles Gute.

Mit freundlichen Grüssen
Verlag Henri Nannen GmbH
Verlagsleitung

(Dr. G. Bucerius) (v. Rechenberg)

Anlage
1 Kassenzettel
über DM 100,--

Postscheck: Hamburg 8480 · Banken: Brinckmann, Wirtz & Co., Hamburg · Conrad Hinrich Donner, Hamburg, sämtlich unter Verlag Henri Nannen GmbH

Großzügiger Gerd Bucerius: *Tatsächlich Einhundert-Mark-Kassenzettel für Eheschließung erhalten (Pfeil)*

Notizen und Photos, mit Akribie durchforstete Gerd Heidemann den abgeriegelten Flugplatz. Das Zimmer, in dem Ludwig bis zu seiner Verhaftung gearbeitet hatte, öffnete eine zufällig anwesende Reinmachefrau, die zu allen Räumen einen Schlüssel hatte. Dann stand er plötzlich im Planungsraum der Bauleitung. Anwesend: der Ingenieur vom Vortag. An der Wand hing der Plan des Airports. Heidemann solle ihn ruhig mitnehmen, sagte der Zivilist. Aber der Reporter antwortete: »Ich klau' nicht.« Daraufhin löste der neue Bekannte die Karte, rollte sie zusammen und steckte sie in jene Rolle, die er zuvor Heidemann »ausgeliehen« hatte. Eigentlich hätte Heidemann die Skizze in dem Zimmer photographieren wollen, jedoch dazu benötigte er einen hochempfindlichen Film. Da der Plan teilweise mit Bleistift auf Pergament gezeichnet war, mußte das wertvolle Dokument unter eine Reprokamera gelegt werden. Und die gab es in Hamburg nur beim STERN. Als er das Mitbringsel in der Redaktion vorlegte, faßten sich die leitenden STERN-Macher an den Kopf: eine derartige Lotterwirtschaft war ihnen bislang noch nicht untergekommen.[77] Was war zu tun? Veröffentlichung oder nicht? Die liederliche Nachlässigkeit bei der Bundeswehr wurde unterschlagen.

Henri Nannen wollte den Fall Ludwig im Blatt ganz groß herausbringen. Die Recherchen Heidemanns hätten ausgereicht, aber keiner wußte, was der Agent verraten hatte. Da kam einer auf den rettenden Einfall: Wenn der MAD über den Kartenfund unterrichtet werde, würde er mehr daran interessiert sein, wenn die Panne nicht an die Öffentlichkeit dringen würde. Wenn der STERN die Plan-Affäre also unter den Teppich kehre, müßte der MAD Details in Sachen Ludwig herausrücken, beispielsweise die Personalakte. Der Dienst akzeptierte, unter der Voraussetzung, die Karte würde »stillschweigend zurückgeschickt«.[78] Der STERN hatte seine Sensation, »Die Affäre Ludwig« ging über Wochen an den Kiosk, sehr zum Leidwesen des Oberstaatsanwaltes Erwin Fischer, der beim Bundesgerichtshof in Karlsruhe die Anklage gegen Ludwig vorbereitete. Informationen aus erster Hand konnte er nunmehr der Illustrierten entnehmen, was dem Chefredakteur Nannen nicht verborgen blieb. Heidemann erhielt einen neuen Auftrag: Er möge Fischer bei der Lektüre des STERN ablichten. Der Reporter fuhr nach Karlsruhe, in Begleitung seiner Frau.

Heidemann lieh sich ein unverdächtiges Fahrzeug beim Karlsruher Lesering aus, organisierte sich eine Chauffeursmütze und postierte sich vor den Wohnblock, in dem der Staatsanwalt Erwin Fischer wohnte. Persönlich kannte er ihn nicht. Seine Frau stand vor dem Hauseingang, über der Schulter eine Umhängetasche mit einigen Exemplaren des STERN. Sie wies sich als Studentin aus, die im Auftrag der Illustrierten eine Werbeaktion starte. Gegen 9.30 Uhr kam ein Mann auf sie zu, der sich einen STERN in die Hand drücken ließ. Es war, wie Heidemann sich noch heute erinnert, »ein Dicker mit einer Zigarre«. Der nun war auf dem Film festgehalten. Um herauszufinden, ob er der richtige war, fuhr Heidemann anschließend in den Bundesgerichtshof und wollte Fischer sprechen, um ihm Fragen zum Fall Ludwig zu stellen.[79]

Die Serie über Horst Ludwig erschien ohne Autorenzeile, drei Sternchen verbreiteten vielmehr den Ruch einer rätselhaften Geheimhaltung. Kenner sollten den Eindruck gewinnen, die Ludwig-Informanten des STERN säßen in abgeschirmten Bundesbehörden. Fischer erkundigte sich, wer denn nun hinter den drei Sternen stünde. Heidemann lachte: »Der dritte, das bin ich.« Schließlich scherzte der Reporter: Der STERN würde allzugern ein Fischer-Photo veröffentlichen, mit einem STERN in der Hand. Der Oberstaatsanwalt lehnte ab: Das käme gar nicht in Frage, das Exemplar, das er sich bereits heute morgen besorgt habe, werde er nach

Feierabend lesen, niemand ihn dabei beobachten. Heidemann schlug etwas unfair vor: »Ich wette mit Ihnen um eine Flasche Whisky, daß Sie genau mit diesem Heft im nächsten STERN abgebildet sind.« Eine Fischer-Kollegin, die mit im Zimmer saß, hörte mit.(80) Eine Woche später saß Heidemann erneut bei Fischer, mitgebracht hatte er den STERN — mit dem Photo Fischers.

Gerade wollte Gerd Heidemann dem Oberstaatsanwalt schmunzelnd den STERN zeigen, da betrat vollkommen aufgelöst ein Fischer-Kollege den Raum, blätterte schadenfroh in der Illustrierten und schob das aufgeschlagene Heft über den Schreibtisch. In Nannens Rubrik »Lieber Sternleser!« war ein Bild eingeklinkt, auf dem der Jurist den von Heidemanns Frau verteilten Werbe-STERN aufgeschlagen vor sich hielt. Dann machte sich der Chefredakteur des STERN im STERN über die so gefoppte Bundesanwaltschaft lustig:

»Wenn der Oberstaatsanwalt Erwin Fischer in Karlsruhe diese Zeilen liest, wird er wissen, daß er eine Wette verloren hat«, stand stolz in dem Editorial. Und der Mann, »mit dem (Fischer) die Wette einging, heißt Gerd Heidemann«: »Gerd Heidemann ist bei uns sozusagen das, was ein Staatsanwalt bei der Justiz ist: Spurensucher, Beweiserheber, Kriminalist und Reporter in einer Person. Und er ist auch auf den 'Fall Ludwig' angesetzt.« Die Verpflichtung aus dem Glücksspiel mit Heidemann wollte Fischer nicht einhalten, möglicherweise hatte er ohnehin etwas ganz anderes im Kopf: noch fehlten ihm die Beweise gegen Ludwig. Über die verfügte statt dessen Gerd Heidemann:

Ludwigs Schwager Werner Jäger war ebenfalls Spion. Er arbeitete aber nicht für Ost-Berlin, sondern diente dem sowjetischen Geheimdienst. Mit Ludwig wurde auch er verhaftet, Ludwigs Schwester Hanni kam nach einigen Tagen wieder auf freien Fuß. Inzwischen hatte die Bundesanwaltschaft die Mannheimer Wohnung des Ehepaares Jäger leergeräumt: Schränke, Betten, Tische, Kleidung, der Oberstaatsanwalt Fischer aber hatte die Gegenstände nach dem nicht unberechtigten Einwand der Freigelassenen (»Wo soll ich schlafen?«) umgehend zurückgeschickt. In der Schlafcouch fand Hanni Jäger sodann das Tagebuch ihres Bruders, sechs Schnellhefter mit Durchschlägen, verräterisches Material, das Ludwig einwandfrei als Nachrichtendienstler ausgewiesen hätte. Aber nicht Fischer erhielt einen Hinweis, sondern Gerd Heidemann. Auf seinen Rat hin wurden die Papiere in einem Kartoffelhaufen versteckt.(87) Nannen triumphierte, mit dem Spionagejäger Erwin Fischer ging er ins Gericht: »Soll ich Ihnen den Sternreporter einmal ausleihen?« feixte er in seinem Leitartikel und verriet das Versteck im Kartoffelkeller. Noch am selben Tag rückte der Staatsschutz aus.(88) Den Reporter sollte Erwin Fischer bereits vier Wochen später wiedersehen. In Karlsruhe wurde gegen einen »roten Casanova« (mit einem Funkgerät im Auto) wegen Landesverrat verhandelt. Der Spezialist Gerd Heidemann sollte ihn überreden, seine Memoiren zu schreiben, damit der STERN sie veröffentlichen könne, denn nach dem Erfolg der Ludwig-Serie war Henri Nannen »ganz wild auf Spionagethemen« (Heidemann).

Der Prozeß begann um neun Uhr am 16. Februar 1959 im Sitzungssaal 131. Der Staatsanwalt Erwin Fischer betrat in seiner roten Robe den Raum, entdeckte Heidemann, der in der letzten Reihe saß und schritt auf ihn zu. Der STERN-Journalist glaubte, nun werde er wegen des Photos aus dem Saal gewiesen. Doch das Gegenteil war der Fall: Wenn er Fragen habe, könne er sich vertrauensvoll nach der Sitzung an ihn wenden. Heidemann dachte, das schlechte Gewissen wegen der nicht eingelösten Wette sei bei dem Staatsdiener durchgebrochen.

Der Angeklagte hieß Carl Helfmann, der im Raum Bonn einige seiner zahlreichen Gespielinnen plazierte, mit deren Hilfe er ein kleines Agentennetz aufbaute.

Henri Nannen
(beim Pflichttanz mit Frau Bucerius): »Der Dritte, das bin ich«

Eine saß im Auswärtigen Amt, eine andere war Sekretärin in einer Rüstungsfirma. Eigentlich schien Helfmann kein Frauentyp zu sein, aber da er beispielsweise den WELT-Journalisten Hans Seiter an Hans Albers erinnerte, wird er auf die Damenwelt wohl doch gewirkt haben. Wie groß die geheimdienstliche Ausbeute war, ließ sich damals nicht genau feststellen, hingegen der Verratslohn: rund 40.000,- DM seien der DDR-Staatssicherheit Helfmanns Einsätze wert gewesen.[89]

Jetzt fand auch Gerd Heidemann, die Erlebnisse Helfmanns würden in den stets aggressiver werdenden STERN hineinpassen. Sogleich kam er auf das Angebot Erwin Fischers zurück, ihm jederzeit hilfreich zur Seite zu stehen. Heidemann fragte also an, ob er den Untersuchungshäftling sprechen dürfe, denn der solle in der Zelle niederschreiben, was er für den Osten so alles gemacht habe. Fischer eskortierte Heidemann in die Gefängniszelle, die im BGH-Keller lag, und ließ ihn mit dem soeben zu 54 Monaten verurteilten Ost-Agenten allein diskutieren.

Helfmann fand die Idee im Prinzip gut, übertraf die Honorarzusage des STERN doch bei weitem jenen Betrag, den er zuvor aus Ost-Berlin erhalten hatte. Aber einige Wochen später lehnte der hoffnungsträchtige STERN-Autor überraschend ab: Er wolle seine Ruhe haben. Möglicherweise war Helfmann ein Schreibverbot erteilt worden — von seinem Führungsoffizier.[90] An anderer Stelle holte sich Heidemann noch einen weiteren Korb, im Frankfurter US-Hauptquartier. Dorthin war er wegen Unterschlagungen in Millionenhöhe mit seinem Kollegen Donald Ahrens gereist.

Deutsche Zivilangestellte begrüßten die Reporter auf dem Gelände des US-

STERN-Autor Will Tremper *(während der Recherche): »Die versuchten, mich besoffen zu machen«*

Instandsetzungsamtes mit Fäusten. »Schlagt sie tot«, riefen die Arbeiter, die in diesen Skandal verwickelt waren und die Männer des STERN mit örtlichen Journalisten verwechselten, die bislang falsch berichtet hatten. Heidemann wurde die Kamera vom Hals gerissen, im Gesicht verspürte er eine Faust. Die RHEINPFALZ meldete daraufhin, daß die Hamburger Journalisten »schlecht empfangen« wurden, die PFÄLZISCHE VOLKSZEITUNG: »Reporter von wütender Menge mißhandelt.«[91] Heidemann stellte Strafanzeige, nahm sie aber zurück, als Georg Schön, der Heidemann malträtiert hatte, sich offiziell entschuldigte.[92] Heidemann verkehrte aber nicht nur in Kreisen solcher Art, sondern zwei Jahre lang pflegte er auch Kontakte zur »High-Society«. Heidemann verantwortete die bislang längste Serie im STERN mit: »Deutschland Deine Sternchen.« Sechsundfünfzig Wochen lang zog Henri Nannen dieses Klatschthema in die Länge, weil die Auflage kontinuierlich in die Höhe schnellte. Als das »Sternchen«-Thema absolut nichts mehr hergab, folgte »Deutschland Deine Stimmchen«, Skandälchen und Tratsch aus der Schlagerbranche wurde genüßlich öffentlich ausgebreitet. Die Kioske mußten nachbestellen, die Auflage boomte. Doch auch dieses Sujet hatte alsbald seine Grenzen erreicht, »ausgelutscht« war es erst nach einem dreiviertel Jahr. Rasch schuf Nannen Ersatz: »Deutschland Deine Mode« folgte sogleich als dritte Serie. Alle drei Themen hatte Heidemann an vorderster Front mitrecherchiert.

»PFUI, PFUI, PFUI« oder: Gerd Heidemann steigert die Auflage des STERN

Will Tremper, der unter dem Pseudonym »Petronius« die Heidemann-Erkenntnisse zu Papier brachte, wäre ohne ihn aufgeschmissen gewesen. Heidemann hatte anfangs »sehr viel Spaß« bei den Recherchen, später schlief er während der Interviews unentdeckt ein, zumal ihm von der Chefredaktion die Spesenabrechnung gelegentlich vor die Nase gehalten wurde: »Muß es Ballentine sein, wenn Sie eine Flasche Whisky kaufen?« fragte Nannens Vize Reinhart Holl in einer Hausmitteilung.[93] Es mußte, denn es war Heidemanns Lieblingsmarke.

Die Adressen waren schnell beschafft, Agenten und Agenturen zeigten sich ausgesprochen hilfsbereit, sie rückten die Wohnsitze nur allzugern heraus, wähnten sie doch kostenlose Werbung für ihre Klientel. Das hätten sie lieber unterlassen sollen, denn das war nicht die Absicht Will Trempers, auch nicht die Gerd Heidemanns. Nicht die Glimmerwelt sollte im STERN stehen, sondern vor allem die amourösen Abenteuer der Stars und Sternchen sollten den STERN-Leser animieren. Maria Perschy, die Heidemann im April 1959 in einer Münchner Pension interviewte, war so ein trauriges Beispiel unerwiderter Liebe.

»Der Horst Buchholz«, seufzte das Sternchen, »der wollte mich heiraten. Aber dann hat er doch eine andere geheiratet« — Miriam Bru, die er »wirklich nicht ausstehen« konnte. Perschy: »Das ist wirklich keine Frau mehr, das ist ein kaltes Wesen.« Kennengelernt hatte Perschy Buchholz während der Dreharbeiten zu dem Film »Nasser Asphalt«. Das Drehbuch hatte Tremper geschrieben, weshalb er im STERN Hintergründe leicht ausmalen konnte. Die Gage in Höhe von 6.000,- DM war alsbald ausgegeben, Buchholz war vergessen (Perschy: Buchholz »ist ein Mensch, der immer die Frau, die er um sich hatte, geliebt hat«), da lief ihr Peter Frankenfeld über den Weg, der immer »mit mir tanzen wollte«, »ich habe aber mit ihm nicht getanzt«. Schließlich sei der Unterhaltungskünstler darüber derart wü-

STERN-Reporter Gerd Heidemann *(mit Margit Nünke und Ray Milland): »Mäch'en! Du hast'n Körper, aba keen Kopp«*

tend geworden, laut schreiend in die Küche gestürzt, habe den Kühlschrank ausgeräumt und randalierend nach einer anderen Frau Ausschau gehalten: »Ich will ins Puff.« Darüber aber schrieb Tremper nicht, auch behielt er für sich, was Maria Perschy Gerd Heidemann über »Petronius« erzählte:

Tremper holte Maria Perschy eines Tages nach Probeaufnahmen ab. »Das muß gefeiert werden«, begrüßte er die Mimin freudestrahlend und hoffnungsfroh. Sie ging mit in eine Wohnung. Mit auf der Party: ein Kamera- und ein Regieassistent. Es gab Schnaps, was sonst. Perschy: »Die versuchten, mich besoffen zu machen.« Dann sollte sie sich photographieren lassen. Und als Tremper ihr zu nahe trat, »habe ich dem Will eine geklebt«. Auch der Regisseur Kurt Wilhelm (Perschy: »Das ist ein Mensch, der danach besetzt, wie seine Chancen stehen«) wollte sie ins Bett zerren, doch dazu sei es — »Gott sei Dank« — nicht gekommen. Fortan habe er sie nur noch »angebrüllt«.(94)

Als Heidemann Tremper das Perschy-Material abgeliefert hatte, genügte ihm die Ausbeute nicht: Das könne er sich gar nicht vorstellen, daß die Perschy nur die eine Liebe zu Horst Buchholz pflegte. Da müßten doch noch andere Männer eine Rolle spielen, meinte der von der Schauspielerin abgewiesene »Petronius« ärgerlich. Heidemann überredete Perschy, eine weitere Liaison preiszugeben: die zu Norman Granz, seinerzeit einer der größten Konzertveranstalter der Welt.(95)

Zehn Monate später besuchte Gerd Heidemann die Eltern von Grit Böttcher, die eigentlich Margit heißt. Entdeckt hatte sie der Regisseur Rolf Thiele auf einer Modenschau, sie zu einer Party bei Käthe Dorsch eingeladen und ihr erzählt, sie solle unbedingt Schauspielerin werden. Das wollte auch Grit Böttcher bereits seit langem, weshalb sie die Nachwuchsschule der Ufa anrufen, sich mit Else Bongers verbinden lassen und sich auf ihn beziehen solle. Grit Böttcher tat dies umgehend. Am 1. Oktober 1957 wurde ein zweijähriger Ausbildungsvertrag geschlossen. Heidemann deckte einen Skandal auf:

Die einstige »Miß Westerland« lernte begierig und fleißig die Schauspielkunst. Als der Unterricht beendet war, machte die Ufa Kasse. Vater Gerhard Böttcher, Zollinspektor, enthüllte Heidemann: Da habe ihn der Advokat der Ufa aufgesucht und ihm bedeutet, es seien noch 13.000,- DM Ausbildungskosten zu zahlen (»Dabei hat Grit schon ungefähr die Hälfte der Schuld abgetragen«). Diese Methode schien Will Tremper auch noch nicht gekannt zu haben. Sie stand im STERN. Zuvor bekam Grit Böttcher wegen der Schulden noch einen Nervenzusammenbruch, dann lief ihr Victor de Kowa über den Weg. Tremper brachte es an den Tag: »Man sprach von einer 'heftigen Passion' de Kowas zu dem Sternchen, das den großen Mimen anhimmelte.«(96) Wer mit wem, das interessierte nicht nur Tremper, sondern die gesamte Filmbranche.

Christiane Maybach, die als einfache Uschi Müller zur Welt kam (Tremper: »Sie erfand einen neuen Vornamen 'Christiane', und beim Nachdenken über einen neuen Familiennamen fiel ihr ein, daß ihr Großvater immer von einem tollen Wagen Marke 'Maybach' geschwärmt hatte«), begann im Berliner Kabarett »Stachelschweine«. Dort machte sie der Produzent Richard Eichberg aus (»Tiger von Eschnapur«), der bereits Lilian Harvey entdeckt hatte. Tremper: »Richard verschlang Uschi Müller mit den Augen.« Im Laufe der Zeit änderte sich der Ton: »Mä'chen! Du hast'n Körper, aba keen Kopp.« Selbst Tremper wunderte sich »über die Naivität, mit der ein Sternchen, das sich solchen Situationen aussetzt, ... um seinen guten Ruf jammert«. Als sie in Celle Theater spielte, hatte sie sich tagsüber am Fenster gesonnt. Daraufhin beschwerte sich ein angeblich braver Bürger bei dem Intendanten, der den Protest gern an seine Mimin weitergab, denn »obwohl der eine Frau und Kinder plus Freundin hatte«, war auch der »hinter mir her«.[97] Elke Sommer hatte gleichfalls unzählige Verehrer. »Von Elke Schletz weiß Petronius«, schrieb Will Tremper im STERN, »daß sie einmal dem Dienstmädchen aus dem Arm und mit dem Kopf auf eine harte Kellertreppe gefallen ist«, »von manchen anderen Filmmädchen ist dies nur zu vermuten«. Unter »uns Pastorentöchtern« prognostizierte Tremper hellseherisch: Er gebe »Elke Sommer mehr Chancen als jedem anderen deutschen Sternchen, das ... auf dem dornenvollen Weg zum Gipfel ist«. Der Weg dorthin war auch für Elke nicht ganz einfach.

Nach dem Tod ihres Mannes unternahm die Mutter Schletz einen Selbstmordversuch. Die dreizehnjährige Elke fand sie morgens im Bett. Mit fünfzehn liebte Elke einen Physik-, mit siebzehn einen Medizinstudenten. Sie selbst wollte Dolmetscherin werden. Wo aber konnte dieser Beruf erlernt werden, ohne Geld? Als Hausgehilfin in England. Sie diente einem Fischhändler (Elke hatte 64 Windeln und 37 Oberhemden zu waschen, erfuhr der neugierige Tremper), hielt dort aber nur acht Monate aus. Dann flüchtete sie zu einem Rentner. Der war zwar über siebzig, aber zum Entsetzen von Elke immer noch rüstig. Erneut rückte sie aus, schnurstracks in eine Bar. Dort klagte sie dem Inhaber, der dem deutschen Mädchen umgehend helfen wollte, ihr Leid: als Sängerin stand sie nun täglich für zwei Stunden auf dem Podium und trällerte. Tremper: »Viel Zeit füllte Elke nur mit Hüftewackeln aus, viel Zeit (brauchte das Publikum), um zu applaudieren.« Dann lief ihr »Joe« über den Weg, ein Amerikaner, der Elke sagte, er habe einen Freund, der sei beim Film. Den nannte Tremper »Jim«. »Joe« wollte mit Elke die »Filmkarriere« besprechen, auf »Jims« Bude, versteht sich. Es gab Whisky pur. »Joe« riß am Kleid, die ersten Knöpfe fielen, sie biß, sie kratzte, sie trat. Elke konnte sich in die Küche retten und ergriff ein Brotmesser. »Geht mir vom Leibe, oder es fließt Blut«, drohte sie. Dann hetzte sie, als sie sich endgültig befreien konnte, direkt in ihre Bar, wo sie auf »Billy« stieß, der einen Narren an dem unschuldigen Mädchen gefressen hatte. Der hörte sich ihr Leid an. Daraufhin pfiff er kurz. Zwei Minuten später »hatte er eine Herde von sechs getreuen Bullen um sich versammelt«, erzählte Elke. Anschließend sollen die Amerikaner herzergreifend um Hilfe geschrieen haben.

Nach den schauerlichen Erlebnissen in Großbritannien war sie reif für Italien. Da lag sie nun am Strand, ließ sich von der Sonne verführen. In diesem Augenblick machte Tremper »300 braungebrannte Knaben« aus, die ihr fast den Badeanzug in Stücke rissen. Die Ortszeitung plazierte das deutsche Wunder auf der Titelseite. Ein TV-Regisseur sah sie abgedruckt und nahm Kontakt auf. In einer römischen Publikation wurde die Elke als »Sommer-Zyklon« vorgestellt. Fortan nannte sich Elke Schletz Elke Sommer. Auch Vittorio de Sica hatte ein Auge auf Elke Sommer geworfen, ihr eine Rolle angetragen. 450.000 Lire war ihm die Bekanntschaft wert. Elke zahlte eine Wohnung an und blieb in Rom wohnen. Ein Photograph der Berliner BZ traf auf Elke Sommer, machte eine Photoserie, die sogar erschien. Diese Bilder wiederum entdeckten Arthur Brauner und Elli Silman von der Ufa. Von nun an wurde Elke mit Angeboten überrollt. Während der Dreharbeiten zum »Totenschiff« lernte sie Horst Buchholz kennen, den Tremper sofort als ihren »Liebhaber« ausmachte: Dieser kam der verwöhnten Elke Sommer »wahrscheinlich ziemlich lahm vor«.[98]

Corny Collins, die eigentlich Gisela Szymanski heißt, wollte sich das Leben nehmen, verliebte sich aber statt dessen lieber in Günter Pfitzmann, der Heidemann seine Freundin ausspannte, nicht ahnend, daß der STERN-Reporter es inzwischen mit Pfitzmanns Gespielin trieb. Collins trug Kleider von Heinz Oestergaard und

Titelheld Gerd Heidemann *(auf rororo-Taschenbuch): Sie biß, sie kratzte, sie trat*

war liiert mit dem Regisseur Wolfgang Becker. Aus der Anfängerin und dem Profi wurde ein leidenschaftliches Liebespaar, das zwei Jahre lang die Branche in Atem hielt, nicht nur wegen der permanenten Eifersuchtsszenen.(99) Ein ähnliches Schicksal durchlitt auch Marion Michael, die auf den Produzenten Gero Wecker hereinfiel, den Will Tremper wohl auch deshalb nicht ausstehen konnte.

Wecker war Panzeroffizier und, wie »Petronius« hämisch formulierte, mit »Begeisterung für Führer und Vaterland« an der Front gewesen. Mit einem Kredit von fast einer halben Million Mark machte er sich selbständig, »aus dieser Gesellschaft stieg (er) aus, bevor die Staatsanwaltschaft sich einzumischen begann«, stand im STERN. Für ein Spottgeld kaufte er die deutschen Rechte des Films »Sie tanzte nur einen Sommer« mit Ulla Jacobsen. Das Geld strömte in die Kassen, nur wegen einer Szene, in der die Hauptdarstellerin nackt ins Wasser ging. Danach wurde so mancher neidisch. Wecker rechnete sich aus, daß auch andere Filme mit Unbekleideten Gewinne bescheren würden. Da lag er, in den fünfziger Jahren, goldrichtig.

Ein »Groschenblatt« (Tremper), die BILD, veröffentlichte einen Fortsetzungsroman mit dem Titel »Liane, das Mädchen aus dem Urwald«. Da hopste eine süße Jungfrau ungezwungen durch die Büsche, sprang lebenslustig von Baum zu Baum. Das wichtigste jedoch war: sie tat es nackt, nur die Schamhaare waren bedeckt. Wecker setzte sich mit der Chefredaktion in Verbindung: Ob die BILD ihm bei der Suche nach der Schauspielerin nicht hilfreich unter die Arme greifen könne, fragte er an. Fast 12.000 Teenager bewarben sich. Die Wahl fiel auf Marion Ilonka Michaela Delonge. Zwar war der Name Marion Delonge ausgesprochen zugkräftig, aber nicht die Vergangenheit des Teenies, hatte ihr Vater doch eine schwangere Frau zerstückelt, die Leichenteile in Säcke eingenäht und dann in einem Park vergraben. Zuvor hatte er bereits einen Filmvorführer zersägt. Marion wuchs also in einem beschränkten Elternhaus auf.

Karl Delonge war Arzt. Weil er nicht ganz richtig im Kopf war, verurteilte ihn das Moabiter Schwurgericht in West-Berlin zu lediglich achtzehn Monaten Gefängnis. »Vati ist wieder da«, jubelte die kleine Marion, als er entlassen wurde und zu Hause klingelte. In West-Berlin konnte das »Ungeheuer«, so die Lokalpresse, nicht mehr praktizieren. So siedelte er nach Ost-Berlin über. Dort kam er dann alsbald für zweieinhalb Jahre ins Gefängnis, wegen einer verhängnisvollen Schwangerschaftsunterbrechung. Diese arme Tochter, so wollte es Wecker, sollte die Liane werden, aber niemand von der Presse durfte auf den mordenden Vater stoßen, weshalb Delonge bei Marion verschwinden mußte. Marion Michael klang doch auch ganz hübsch. Tremper: »Bevor sie sich ausziehen mußte, war es freilich notwendig, sie erst einmal anzuziehen.« Das besorgte der besorgte Gero Wecker.

Hardy Krüger konnte für die männliche Hauptrolle gewonnen werden. Der Streifen wurde ein unglaublicher Erfolg. Weitere Filme mit der ehemaligen Liane, die nunmehr nur noch angezogen auf der Leinwand herumspazierte, blieben zwangsläufig Mißerfolge. Als Marion Michael achtzehn wurde, schenkte Wecker ihr einen schneeweißen Sportwagen der Marke MG, den sie bereits am nächsten Tag gegen einen Berliner Autobus steuerte. Fortan saß sie wieder auf dem Fahrrad. Gero Wecker hatte nun das Interesse an seinem Star auch aus diesem Grund verloren: das Mädchen, das durch Wecker mehr und mehr in menschliche Kalamitäten geriet, wurde unkalkulierbar. Statt auf Marion setzte er darum auf eine Unbekannte namens Carola. Der eingeweihte Tremper wußte wohl, warum: »Ein Mädchen, daß Weckers Frau ... verblüffend ähnlich sieht.«(100)

HAUSMITTEILUNG

AN Herrn Heidemann

VON Reinhart Holl

AM 5.4.1961 / Sz

Lieber Herr Heidemann,

zur Spesenabrechnung für Ihre Berliner Recherchen zum Tatsachenbericht "Nachtleben":

Muß es Ballantine sein, wenn Sie eine Flasche Whisky kaufen?

Freundlichen Gruß

(Reinhart Holl)

Die glitzernde Welt des Films in eine lästerliche Serie zu verpacken, Roß und Reiter zu nennen, gerade die Intimsphäre ihrer Protagonisten detailliert auszubreiten — ja, das war ganz der Geschmack Henri Nannens. Von Woche zu Woche wurde »Deutschland Deine Sternchen« mehr und mehr zum Hauptgesprächsstoff nicht nur in den Ateliers, sondern die Leute rannten plötzlich ins Kino und sahen sich Filme beispielsweise mit Barbara Valentin an, die bis zur STERN-Veröffentlichung so gut wie unbekannt war. Es wurde gelästert, gelacht, Mitleid geheuchelt. Ob Kumpel von der Ruhr, Arzt am Bodensee oder hanseatischer Kaufmann — gierig konsumierten die »Sternchen«-Abonnenten vor allem die Tiefschläge unterhalb der Gürtellinie. Vielschreiber Will Tremper hatte es geschafft; mit Hilfe der Denunziation durchs Schlüsselloch zu gucken, und das angeblich alles im Namen des STERN-Lesers. Doch in Wahrheit amüsierte er sich vor allem selbst. Die Barbara Valentin stieß besonders auf Trempers Interesse — er hatte sie

Gerd Heidemann *(in Lissabon): »Bevor sie sich ausziehen mußte, mußte sie sich anziehen«. Oben:* ***Spesen-Maßregelung*** *durch Chefredaktion*

STERN-Opfer Barbara Valentin: *»Komm', jetzt zeig' ich Dir 'n Puff«*

nicht in einer, sondern sogleich in zwei Folgen beschrieben, wobei sie ihm die günstige Gelegenheit geboten hatte, mit einem Mann abzurechnen, den Tremper wohl seit langem auf dem Kieker hatte — dem Produzenten Wolfgang Hartwig, den er einen »Sexualfilmer« nannte. Tagelang horchte Heidemann sie aus.

Barbara Valentin heißt eigentlich Uschi Ledersteiger und ist die Tochter eines Wiener Filmarchitekten. Mutter Irmgard war vorher mit einem Großindustriellen verheiratet, nach der Ehe mit Ledersteiger nahm sie einen ehemaligen kaiserlichen Marinearzt zum Mann, Erwin Valentin. Barbara ging auf ein Gymnasium, auf dem sie angeblich das einzige Mädchen war, dort sei sie auch »die Königin gewesen«. Gegenüber vom Elternhaus lag ein Gefängnis, das berühmt-berüchtigte Zuchthaus von Bruchsal. Für fünf Mark hatten die »Schwerverbrecher« im Garten gearbeitet und der Barbara auf Toilettenpapier regelmäßig Liebesbriefe geschrieben.

Vater Valentin nahm seine Tochter vom Gymnasium, nachdem empörte Eltern um die Moral ihrer wild gewordenen Söhne fürchten mußten, schickte sie auf eine Waldorf-Schule. Dort aber sei der Unterricht noch »zwangloser« gewesen, wurden die Lehrer statt dessen verhauen. Da sie ahnte, daß sie durchs Abitur fallen würde, wollte Barbara das Handwerk einer Kosmetikerin erlernen. Hier machte sie die Bekanntschaft eines dreiundzwanzig Jahre älteren Mannes. Barbara war jetzt siebzehn und bezog ihre erste Prügel, schließlich mußte sie sogar die Polizei aus den Fängen ihres jähzornigen Geliebten befreien. Sie stieß auf einen Reiseleiter, war nun gleichzeitig mit zwei Männern eng liiert. Ohnmachtsanfälle und ein fast perfekter Selbstmordversuch folgten.

Barbara Valentin lag im Leichenschauhaus. Ihr Vater, ein Arzt, hatte bereits Tränen in den Augen, als er sie identifizieren mußte, da wachte die vermeintliche Tote plötzlich wieder auf. Auch Will Tremper war sichtlich verlegen, als er die Valentin später in München »ganz normal angezogen« sah: der STERN-Schreiber konnte sich doch tatsächlich »ganz ernsthaft« mit ihr unterhalten. Sein Traum, »daß das Monstrum sich ... ausziehen und auf dem Tisch tanzen würde«, erfüllte sich nicht. In diesen Genuß kam vielmehr »Sexschauerproduzent« Wolfgang Hartwig.

Die Rollen, die Valentin für Hartwig spielte, waren in den Augen Trempers, um aus der Haut zu fahren. Tremper schreckte nicht einmal davor zurück, die Kirche als Kronzeugen zu bemühen: »Im Filmdienst der katholischen Kirche steht jeder Hartwig-Film auf dem Index. Die evangelische Kirche lehnt seine Machwerke ebenfalls ab. Die Film-Selbstkontrolle entläßt jeden Hartwig-Film nur nach gewaltigen Schnitten und unter schweren moralischen Blähungen in die Öffentlichkeit. Jeder Filmredakteur einer Zeitung, ja jeder Pastor hätte dem ahnungslosen Erziehungsberechtigten gern mit einem kleinen Rat zur Seite gestanden.« Aber Hartwig verdiente, wurde reicher und reicher.

Hartwig, der laut Tremper während des Zweiten Weltkrieges »ausgerechnet der Sittenpolizei in Paris zugeteilt war«, sei für jeden Horror zu haben gewesen, da wo bühnenreife »Auspeitschungen« stattfanden, »Köpfe rollen und Ströme von Blut vergossen werden«, fühlte sich Hartwig besonders gut aufgehoben. Barbara Valentin: »Hinterher war er wie verrückt und hat, erst aus Spaß und dann ganz ernst, ... mit einer Latte auf mir herumgeprügelt.«[101] Die Valentin hatte aber auch reichlich mitgemacht. Im Dezember 1959 lud sie Gerd Heidemann zu ihrem Geburtstag nach München ein. Im Vertrauen plauderte sie über das Verhältnis von Curd und Simone Jürgens. Das beispielhafte Paar hatte sie in Paris getroffen.

»Komm Barbara, jetzt zeig' ich Dir ein Puff«, flüsterte Curd Jürgens. Er zog sich

Petra Schürmann *(beim Photo-Verbrennen): »Da gehen sie hin und morden den guten Ruf der Presse, die Herren vom STERN«*

den Mantelkragen hoch, »damit man ihn nicht erkannte«, verriet Valentin dem Reporter. Dann ging die Orgie los, mit von der Partie: eine noch heute tätige Münchner Agentin. Ein riesiges Doppelbett stand da (Valentin: »Viel größer als meines«), auf dem sich schließlich die hübschesten Mädchen tummelten, »die machten es dann untereinander«, bemerkte Barbara Valentin: »Die Mädchen bearbeiteten auf dem Bett Curd und die Simone.« Auf der Valentin lag ein Blonder, der sich verzweifelt abmühte, aber Barbara Valentin »war so müde und hatte keine Lust«. Schließlich versuchten es drei Mädchen. »Ich kann Dir sagen, was die alles gemacht haben«, verriet sie Gerd Heidemann, »gestreichelt, geleckt, die tollsten Dinge.« Valentin: »Das war mein erster Abend mit Curd in Paris.«(102) Als Will Tremper das las, brüllte er laut los. Heidemann erinnerte sich an ein respektvolles »Donnerwetter«. Auch Henri Nannen war neugierig geworden, zwar nicht auf die Valentin, aber auf die einstige »Miss World«, die zierliche Petra Schürmann.

Im März 1960 saß Gerd Heidemann in München bei der Schönheitskönigin. Zuvor hatte er, im Ruhrgebiet, einen ehemaligen Freund von ihr gesprochen, der dem STERN-Reporter für nur 200,- DM ein Intimphoto andrehte, auf der Petra Schürmann in spielerischer Pose klar zu erkennen war. Schürmann bat Heidemann, das kompromittierende Bild nicht zu veröffentlichen. Heidemann willigte ein. Petra Schürmann verbrannte das exklusive Photo — diesen Akt hielt Heidemann mit der Kamera fest.

Petra Schürmann wollte Journalistin werden. Heidemann vermittelte ein Gespräch mit Henri Nannen, der für Mädchen solcher Couleur ohnehin ein großes Herz hatte. Heidemann forderte die Auslagen für den exklusiven Photoeinkauf über die Spesenabrechnung zurück. Über diesen Weg erhielt Nannen Kenntnis von dem Schürmann-Bild. Er war ganz versessen darauf, die unbekleidete Schürmann anzusehen. Heidemann aber lehnte ab: »Ich habe versprochen, das beim STERN keinem zu zeigen, im übrigen ist es verbrannt.« Er sei der Chef, mokierte sich Nannen, und Heidemann habe ihm das Photo auszuhändigen. An das verkohlte Bild mochte Nannen nicht glauben. Schließlich gab Nannen Ruhe, einen endgültigen Krach mit dem flinken Reporter wollte er nicht riskieren.(103)

Als, nach einem Jahr und zwei Wochen, endlich die Angst vor Enthüllungen in der Film- und Fernsehwelt ein Ende hatte (STERN: »Ganz Deutschland las diese Serie«), da hatte Will Tremper bereits die ersten Attacken verarbeitet (Gero Wecker: »Wenn ich diesen Petronius treffe, schlage ich ihn zusammen«). Wolfgang Hartwig, der aufgeschlossene »Sexfilmhersteller«, drohte Tremper gar mit seinen Beziehungen zur Unterwelt, und die FILM-REVUE fiel über Nannen her: »Da gehen sie hin und morden den guten Ruf der deutschen Presse, die Herren vom STERN, um sich durch Schmutz und Schund die Taschen zu füllen.« Deutliches Resümee: »Pfui, pfui, pfui.« Tremper hatte für derartige Emotionen nur beißenden Spott übrig: »Es geht dabei nicht um die Tatsache, daß die erotischen Eskapaden einer Barbara Valentin vergleichsweise harmlos sind«, sondern »gemessen an bekannteren Persönlichkeiten, die ihre Ausschweifungen im Dunkeln zu halten verstehen«, sei das verlotterte Metier eigentlich nur so zu umschreiben: statt »Deutschland Deine Sternchen« müsse es eigentlich »Deutschland Deine Wahnsinnigen« heißen.(103a)

Eine Woche später holte der STERN bereits zu seinem zweiten Tiefschlag aus: »Deutschland Deine Stimmchen.« Nicht der zynische Will Tremper enthüllte; den Auftrag, das überschätzte Schlagerfach zu entdecken und anschließend bloßzulegen, erhielt Dieter Bochow, der im Impressum als »Vertragsautor« firmierte: »Nun werden Sie erfahren, wie die Solisten der deutschen Sehnsucht wirklich leben.« Niemand anderer als Gerd Heidemann hatte auch diese Serie zum Erfolg geführt, hatte Geständnisse und Bekenntnisse eingesammelt. Der erste, der daran glauben mußte, nannte sich René Carol, den »Petronius« — dieses inzwischen gefürchtete Pseudonym behielt auch Dieter Bochow bei — verächtlich »Gefühlsmasseur« titulierte: der Tingeltangel-Racker werde vom Finanzamt wegen 250.000,- DM Schulden gejagt und sei wegen Fahrerflucht ins Gefängnis gesteckt worden.

Carol, einst gitarrespielender Angehöriger in Görings Luftwaffe, heißt in Wahrheit Gerhard Tschierschnitz, hatte nur Verbindlichkeiten und ließ sich von einer »Madame P.«, Inhaberin einer anrüchigen Bar mit Peitschenauftritten bei Rotlicht, eine Wohnung einrichten. In seinen Glanzzeiten verkaufte er über eine Million Platten, als es mit ihm schließlich immer mehr bergab ging, waren es immerhin noch zehntausend. Genüßlich breitete Autor Dieter Bochow den mysteriösen Lebenslauf von Carol aus, schadenfroh hatte er auch seinen Karriereknick in Kurzform gebracht: »Was ihn zu Fall brachte, war weniger der unausbleibliche Größenwahn, ... als sein naives Wesen, durchtränkt mit ein bißchen Alkohol.«(104)

Angele Durand heiße, so kolportierte der neue »Petronius«, »in Wirklichkeit ganz anders, und auch die Geschichte ihrer Herkunft sei eine ganz andere, als sie von ihr erzählt wird«, »bestenfalls stamme sie von einem Kohlenhändler« ab, um sogleich hinzuzufügen, daß sie zwar »etwas verrucht aussieht«, aber tatsächlich die war, die sie sein wollte: Angèle Durand.(105) Die Schreibe hatte Methode: die beißende Prominentenschelte wurde abgeschwächt. Beispiel zwei: Durand »ist kein Spitzenstar der Schallplattenindustrie geworden und ist auch privat keine glückliche Frau«, aber »sie hatte gelernt, wie man die Schlagerfans nüchtern als zahlende Kundschaft einzustufen hat«.(106)

Fred Bertelmann, so fand Dieter Bochow, war von seinem Produzenten »vergewaltigt« worden, den »lachenden Vagabunden« nahm er gegen seinen Willen auf, in nur vier Wochen konnte die Scheibe über eine Million mal verkauft werden.(107) Während Bertelmann verhältnismäßig ungeschoren davonkam, versank Bibi Johns erst einmal »im Sumpf und landet schließlich in einem dieser fabelhaften Film-Freudenhäuser« — »alles nur, um aus ihren Schulden herauszukommen«. Zwar sah sie »anfangs wie ein Landei aus«, hielt »Petronius« fest, aber »ein Herr mit schmalem Bärtchen auf der Oberlippe« küßte der »dummen Landpomeranze« eines Tages die Hand und führte sie in die »große Welt« ein — Monate später weinte sich das »Dummchen die hübschen Augen aus«.(108) Da heiratete sie Michael Pfleghar, »die Affäre mit Peer Schmidt war schon etwas heikler«, auch »die heimliche Liebe« zu Horst Jankowski, dem damaligen Pianisten, spielte eine Rolle.(109)

Auf Peter Kraus war der scheinbar neidische »Petronius« gar nicht gut zu sprechen. Kraus, der sich mit den Zwilligen Alice und Ellen Kessler zwar näherkam, wobei die Damen indes »ihr strahlendes Lachen verloren« hätten. Dann sei der unersättliche Peter noch mit Vera Tschechowa »sehr flott gefahren«, auch sie verlernte daraufhin das Lachen.(110) Freddy Quinn urteilte über Kraus: »Der fährt Wasserski, das ist auch alles.« Kollegin Mady Rahl konnte nicht »achtlos (an Peter Kraus) vorübergehen«, tat er es Barbara Rütting an (»Petronius« hämisch: »Daß kein reines Glück aus dieser Begegnung wurde, hatten die jungen Menschen der Tatsache zu verdanken, daß Barbara verheiratet war« — »mit dem kummergewohnten Graf Einsiedel«), griff Kraus regelmäßig zum Glas Milch, fand Corny Collins anfangs »furchtbar«, kam erst später »auf den Geschmack«. In dem Film »Die Frühreifen« mußte Peter Kraus Sabine Sinjen auf den Mund küssen, »es wurde das schrecklichste Erlebnis in Sabinchens jungfräulichem Dasein«, »bei der Erwähnung seine Namens«, wußte »Petronius« angewidert zu berichten, hätte sie noch 1960 »eine Gänsehaut« bekommen.

Die Vivi Bach entdeckte Peter Kraus auf einer seiner gefürchteten »Treibjagden« im »Bayerischen Hof«: »Die machte einen herrenlosen Eindruck, dabei ist die mit Rex Gildo befreundet.« Am nächsten Tag zog die Dänin zu Kraus. Nach drei Monaten hatte er die Nase voll, denn der scheußliche Gedanke, ihr noch länger treu sein zu müssen, war Peter Kraus ein Greuel.(111)

Lys Assia soll es, laut STERN, in Kairo mit dem ägyptischen König Faruk getrieben haben. Sie erhielt »irrsinnig wertvollen Schmuck« dafür, der ihr aber aus dem Auto gestohlen worden sein soll. Angeblich soll das Liebesgeschenk eine Million Schweizer Franken wert gewesen sein, Lys Assia begnügte sich indes erst einmal mit hunderttausend, die die Versicherung als Entschädigung zahlte. Sie sei es gewohnt, so schwärzte »Petronius« die populäre Sängerin ausgesprochen plump an, »daß Herren aus ihrem Bekanntenkreis plötzlich finanziell geschwächt dastehen«. So auch Kurt Zobel, der letzte Chef des Allianz-Filmverleihs, der Herz und Nerz verschenkte. Da die Assia bereits einige Pelze hatte, »verwandelte sie den flugs in bares Geld«. Die erfindungsreiche Assia hatte dann noch die überdrehte Idee, eine Film über sich drehen zu lassen. Darauf war »Petronius« bereits sehr gespannt: »Da könnte man Szenen erleben, wie sie der deutsche Film selten zu bieten hat.« Der Streifen, so formulierte STERN-Autor Bochow spitz, müßte »Breitwandformat« haben, denn Lys Assia »kann die Leinwand gar nicht groß genug sein. Man brauchte Platz für die vielen Prominenten, mit denen sich die Künstlerin zu befreunden wußte«.(112)

Im Frühling 1961 war das »Petronius«-Trommelfeuer vorüber. Nun atmete auch die Schlagerbranche durch. Die nächsten Opfer des STERN aber standen bereits fest. Jetzt ging es den Modeschöpfern an den Kragen, und abermals war — Gerd Heidemann auserkoren, den Hintergrund auszuleuchten. Er lockte die feinsten Details aus seinen Gesprächspartnern heraus, besuchte Ehemänner und Ehefrauen nacheinander, befragte sie niemals zusammen. Er suchte Freunde auf, ließ vor allem nachtragende Liebhaber nicht aus. Doch Gerd Heidemann, der nunmehr über Jahre in diesen merkwürdigen Kreisen verkehrte, hatte mit dem Intimleben der Modegewaltigen nicht mehr viel im Sinn, wurde er doch gelegentlich als der eigentliche Serien-Bösewicht des STERN apostrophiert, der immer dann seinen Kopf hinhalten mußte, wenn das »Petronius«-Duo nach lautstarken Protesten der Niedergemachten entschuldigend nach Ausreden suchte: das Material sei schließlich von Gerd Heidemann vorgelegt, brisante Geschichten ohnehin lediglich entschärft im STERN wiedergegeben worden, entlarvende Details erst gar nicht in der Illustrierten erschienen.

Die »Sternchen«-, »Stimmchen«- und »Mode«-Sensationen wurden zu einem unglaublichen Erfolg des STERN. Sogar das bundesdeutsche Fernsehen ließ sich inspirieren: es drehte einen Film über den STERN, nachdem es dem »Petronius«-Gespann gelungen war, Nannens entweihende Gazette populär zu machen, als Skandalblättchen. Die Hauptrolle in dieser abends nach der »Tagesschau« ausgestrahlten TV-Dokumentation spielte, auf Veranlassung Henri Nannens, Gerd Heidemann, der die Geheimnisse des Recherchierens nunmehr einem breiten Publikum bekannt zu machen hatte und dem STERN somit eine zusätzliche unglaubliche Werbung bescherte. Nannen begnügte sich in diesem Beitrag — wider Erwarten — mit einer Statistenrolle.(113)

Heidemanns Fähigkeit, sich in seine Interviewpartner nicht nur hineinzudenken, sondern sie stets auch zum Sprechen zu animieren, besaß in der Redaktion des STERN kein zweiter. Immer dann, wenn es kompliziert zu werden drohte, wenn die STERN-Journalisten wieder einmal nicht so recht weiterkamen, dann fiel Henri Nannen nur ein Reporter ein, »der den Karren aus dem Dreck« ziehen konnte: der Trophäensammler Heidemann werde »es schon richten«. Mitgemacht hatte er auch bei der »Chronik einer besessenen Familie«, die der STERN unter dem Titel »Die Super Schells« Ende 1963 druckte. Unter dem bangemachenden Kürzel »Petronius« wurde das Privatleben der bislang zurückgezogen lebenden Schells einen ganzen Monat lang veröffentlicht. Autor war wieder Dieter Bochow, schreiben sollte die Klatschserie aber eigentlich Curt Riess. Der hatte sich indes verheddert, verschlampte ihm zugänglich gemachte Interviews, konnte wohl den Mund nicht halten, so daß die große Schell-Familie vom Vorhaben des STERN alsbald Wind bekam. Der renommierte Riess stand somit nicht als Autor im Blatt, sondern er kassierte nur ein Ausfallhonorar.(114)

Der Erfinder des »Petronius«-Pseudonyms, Will Tremper, und Gerd Heidemann arbeiteten über Jahre ausgesprochen wirksam zusammen, so auch in St. Moritz, wo das Team im Auftrag Henri Nannens die Jahreswechsel-Party 1959/60 aufzusuchen hatte, um von den Silvester-Spielarten der High-Society zu berichten. Dorthin zu gelangen war nicht schwierig, es fehlte beiden lediglich der Smoking. Nannen: »Habt Ihr die?« Tremper entrüstet: »Wie können Sie so etwas fragen, Herr Nannen.« Heidemann: »Ich habe keinen. Den muß ich mir leihen.« Nannen versprach, die Kosten zu übernehmen. Anschließend gestand Tremper seinem Kollegen Heidemann, er habe nicht die Wahrheit gesagt: »Ich hab' doch keinen Smoking.« Heidemann nahm ihn mit zum Hamburger Steindamm, wo sich jedermann in einem Spezialgeschäft solch hübsche Ausrüstungen leihen konnte. Tremper aber hatte zu kurze Beine. Er fand nichts Passendes. Sein Smoking mußte also auf seine Figur hin umgearbeitet werden. Da Nannens Auftrag wieder einmal, wie gehabt, in der letzte Minute erfolgte, breitete sich zwangsläufig Hektik aus. Die beiden Smokings, jeder schön einzeln verpackt, holte Heidemann kurz vor dem Abflug ab. In der Schweiz hatten die STERN-Reporter sich dann umgezogen. Tremper stellte entsetzt fest, daß sein Smoking nun zu lang war, Heidemann registrierte: seiner war zu kurz. Während Tremper die Hosen hochkrempelte, hatte Gerd Heidemann unter der zu weiten Jacke viel Platz für seine Kamera, in die Hosentaschen stopfte er die Objetive, so daß die kurze Hose rutschte und wieder »paßte«. Erst viel später dämmerte es ihnen, daß die Namensschilder auf den Smoking-Paketen vertauscht wurden: auf Trempers Anzug standt »Heidemann« und umgekehrt. Während Heidemann fast unentdeckt munter drauflosphotographierte, verbrachte Tremper die meiste Zeit auf der Herren-Toilette. Während der Pinkelpausen, so wußte er, würden sich die hohen Herren am freiesten unterhalten — über die Frauen. Die Bilanz war denn in der Tat umwerfend. Doch der Artikel (Arbeitstitel: »Das große Juchhe der High-Snobiety«) ist niemals im STERN erschienen. »Einer im STERN«, so erinnert sich Gerd Heidemann, »hatte blockiert.« Der hieß Karl Beckmeier, zu seinem Freundeskreis gehörte der Hotelier in St. Moritz, der die denkwürdige Silvester-Andacht ausrichtete. Als stellvertretender Chefredakteur konnte er Einfluß ausüben. Zuvor allerdings mußte er Henri Nannen überzeugen...(115)

Im STERN ging es hin und wieder aber auch fröhlich zu, oft auf Kosten des autoritären Oberhauptes, das in den Spalten des STERN gern Tränen vergoß, intern indessen Kritik unsachlich vortrug, dem einen oder anderen Redakteur streitsüchtig das Wort abschnitt. Ihm jedoch sollte so leicht niemand zu nahe treten. Gera-

Heidemann-Photo *(Romy Schneider und Papa Blatzheim 1959/60 in St. Moritz): Zu kurze Beine*

de deshalb wurde über Henri Nannen oft herzlich gelacht, nicht, weil er etwa eine Pointe zum besten gegeben hätte, sondern weil er sich nur allzu gern selbst in peinliche Situationen hineinmanövrierte:

In der Nacht vom 6. zum 7. August 1962 brachen zwei Bösewichte in die Wallfahrtskirche von Volkach nahe von Würzburg ein und stiebitzten die zwei Meter achtzig große »Madonna im Rosenkranz«, ein Meisterwerk Tilman Riemenschneiders, das der Künstler vor rund vierhundert Jahren geschnitzt hatte. Kunstbesessen war Henri Nannen damals schon, weshalb er umgehend eine Belohnung in Höhe von 100.000,- DM für die Wiederbeschaffung der Madonna aussetzte (Nannen: »Der STERN (ist) ein großes kapitalkräftiges Unternehmen«). Kaum war der hohe Betrag ausgelobt, standen im STERN die Telephone nicht mehr still. Auch zwei Homosexuelle hatten sich gemeldet und dem STERN-Chefredakteur signalisiert, sie wüßten etwas. Umgehend empfing Nannen sie. Anschließend verlangte er nach Gerd Heidemann.(116)

Soeben habe er von einer heißen Madonna-Spur gehört, der Reporter möge dieser sofort nachgehen. Heidemann vernahm: In Cannes befinde sich das Prominentenhotel »Majestic«, vor der Herberge, in der Nähe des Strandes, öffentliche Toiletten. Dort triebe sich regelmäßig ein Stricher herum, der mit der Madonna etwas zu tun haben solle. Zwar kenne er, Nannen, keine Namen, aber seine Gesprächspartner hätten ihm eine Beschreibung gegeben. Der Steckbrief, den Heidemann nun zu Papier brachte, skizzierte das Gesicht des Gesuchten. Wie sich später herausstellen sollte, hatte Nannen bei der Personenschilderung nicht ganz richtig zugehört. Der Reporter eilte befehlsgemäß an die französische Mittelmeerküste. In Cannes quartierte er sich im »Majestic« ein.(117)

Das Wetter war herrlich und das Essen gut. Heidemann bewohnte ein Zimmer im obersten Stockwerk. Von dort guckte er hinunter, das Fernglas zielte auf das Toiletten-Areal, auf das Strandleben. Doch den Mann, den Nannen ihm so aufgeregt beschrieben hatte, machte er nicht aus. Heidemann gab sich einen Ruck und erfragte an der Rezeption die Adressen nach Schwulen-Kneipen. Der Portier war einiges gewohnt...

Einige Lokale hatte Gerd Heidemann bereits kennengelernt, in der vierten oder fünften Kneipe schließlich nahm er jemanden wahr, der der hätte sein können, den er suchte. Und tatsächlich: Es war der Gesuchte. Der Reporter sagte ihm nicht, daß er vom STERN käme, sondern hörte sich erst einmal die Probleme des jungen Mannes an, der händeringend versuchte, einen falschen Paß zu bekommen. Für Heidemann gehörte das natürlich zu den leichtesten Übungen, konnte er doch dabei gleichzeitig den Jüngling aushorchen. Also nahm er ihn mit auf sein Hotelzimmer und photographierte ihn erst einmal durch — schließlich brauchte der Homosexuelle ein Paßbild für das Falsifikat. Dann gab sich Heidemann als STERN-Reporter zu erkennen, sein Gesprächspartner erzählte seinen Werdegang. Zwei Tage später reiste Heidemann zurück nach Hamburg. Inzwischen hatte er die Angaben überprüft und festgestellt, daß der Homosexuelle in der Tat ein kleiner Gauner war und mit dem Madonna-Klau aber auch gar nichts zu tun hatte. Gerade deshalb tobte Nannen, als Heidemann ihm Bericht erstatten wollte:

»Immer, wenn ich Sie brauche, sind Sie nicht da.« Heidemann: »Aber Sie haben mich doch selbst nach Cannes geschickt.« Nannen: »Sie hätten doch gleich merken müssen, daß das die falsche Spur ist. Ich habe jetzt die richtige.« Was hatte den Chefredakteur so sicher gemacht? Was war vorgefallen?

Henri Nannen erreichte, einen Tag zuvor, ein anonymer Anruf. Der Fremde erzählte ihm mit ausgesprochen ruhiger Stimme, er sei im Besitz der Madonna. In

Freizeitler Henri Nannen *(als Kavalier mit Margot Hielscher auf dem Ufa-Ball 1958): »Nur Kennern ist die bekannt«*

München wolle er über die Rückgabe verhandeln. Aber nur mit Gerd Heidemann. Nannen: »Er hat mir die Rückseite der Madonna beschreiben können; nur Kennern ist die bekannt.« Weil Heidemann unauffindbar gewesen sei, habe er Fred Ihrt, der vor Heidemann als Reporter im Impressum stand, in die bayerische Metropole entsenden müssen. Nannen: »Da sitzt der jetzt noch immer.« Heidemann versprach, sich am nächsten Morgen um die Angelegenheit zu kümmern. Jetzt müsse er erst einmal nach Hause und sich ausschlafen. Fred Ihrt müsse sich halt gedulden.(118)

Kaum ließ Heidemann sich in sein Bett fallen, klingelte das Telephon. Am Apparat war der ehemalige Münchner STERN-Korrespondent Donald Ahrens, der nun für die QUICK arbeitete. »Du Arsch«, raunzte Ahrens, als sich der erschöpfte Heidemann meldete, »wo warst Du? Wir wollten mit Dir einen Saufabend in Mittenwald machen.« Dann erfuhr Heidemann: Der Kollege Eugen Vogel, bei der QUICK zuständig für das Layout, habe Nannen angewählt, sich als Madonna-Halunke vorgestellt und barsch nach Heidemann verlangt, mit dem er in einem Münchner Hotel über das weitere Madonnen-Schicksal verhandeln wolle. Wenn Vogel getrunken hatte, wirkte er, wie auch Nannen hat feststellen müssen, streng seriös, sprach betont langsam, hinterließ den Eindruck von Aufrichtigkeit. Und als Nannen ihm die Frage stellte, wie die Madonna von hinten aussehe, da konnte er die Frage zu Nannens Zufriedenheit beantworten — Vogel hatte für die QUICK die Photos der Madonna-Geschichte in die QUICK eingespiegelt und konnte sie somit auch von hinten beschreiben. Der QUICK-Artikel wurde von Donald Ahrens geschrieben.

Das Gespräch sei auf Band mitgeschnitten worden, erfuhr Heidemann. Er werde es morgen per Post erhalten. Damit könne er zu Nannen gehen. Es wurde herzergreifend gelacht. Die mittagliche Redaktionskonferenz des STERN am nächsten Tag ging dann voll auf Kosten Nannens.

Wie gedenke Gerd Heidemann wohl weiterzumachen, denn der Kollege Fred Ihrt habe noch immer keinen Kontakt mit dem Madonnen-Räuber aufnehmen können, insistierte Henri Nannen verunsichert bei dem anwesenden Heidemann. Das sei bereits erledigt, freute sich der Reporter: »Hier ist ein Band mit dem Gespräch zwischen Ihnen und dem vermeintlichen Madonnen-Dieb.« Es durfte gelacht werden. Auffällig aber mochte das niemand in Anwesenheit Nannens tun. Der Chefredakteur des STERN wäre wohl am liebsten im Boden versunken, denn die für ihn unangenehme Lustigkeit sprach sich wie ein Lauffeuer in den Redaktionen bundesweit herum. Da flossen unzählige schadenfrohe Lachtränen. Nannen hingegen fand den hämischen Jubel gar nicht komisch. Im STERN versuchte er, die gelungene Gaudi genierlich herunterzuspielen: »Kollegen, die sich einen Scherz machen wollten, hatten nächtliche Volkach-Gespräche mit mir auf Tonband aufgenommen und mir später zugeschickt.«(119) Das Band aber überreichte Heidemann...

Vor dem »Oase«-Kino auf der Hamburger Reeperbahn händigte Nannen-Vize Reinhart Holl die »Belohnung« aus, die seltene Madonna war gerettet. Diesen Tag zählte der STERN-Chef theatralisch prompt »zu den glücklichsten meines Lebens«, was auch dem Leser des STERN nicht verborgen bleiben sollte: in seiner Illustrierten berichtete er auf zwölf Seiten, »wie die geraubte Madonna zurückgeholt wurde«. Photos mit Nannens interessantem Kopf fehlten ebenfalls nicht: gleich dreimal glänzte der Chefredakteur. Er hatte es — wieder einmal — verdient, sich feiern zu lassen.(120)

»ICH MUSSTE AUCH EINEN TRINKEN« oder: Gerd Heidemann blickt durch

Henri Nannen war mit sich nicht unzufrieden. Er konnte sich auf einen Teil seiner Redaktion verlassen. Die Deutschfehler im STERN wurden seltener, die Auflage war in den schwarzen Zahlen, und auch die Zahl der Anzeigenkunden nahm zu. Doch der richtige Pfiff, der war seit einiger Zeit aus den Spalten des STERN entschwunden. Es war nicht mehr viel los, selbst die Rechtsabteilung nur mäßig mit der Abwehr von im STERN Schlechtbehandelten beschäftigt. Da mag sich der Chefredakteur an die Vergangenheit erinnert haben: die verblüffend erfolgreichen Serien über Sänger und Schauspieler, die Neigungen von Mannequins und Modeschöpfern. Ja, diese einsamen Klatsch-Höchstleistungen, diese Wertarbeit fehle dem STERN. Wann würden wieder unzählige Leserbriefe eintreffen, die Beschwerden zunehmen, die mißgünstige Konkurrenz ohnmächtig auf Deutschlands größte Illustrierte gaffen? Augenblicklich müsse Gerd Heidemann her. Wer sonst.

Nannen: »Wir wollen eine 'Musen'-Serie machen.« Der Reporter ließ sich die näher erläutern: Erotische Neigungen, abgrundtiefen Haß, sexuelle Hörigkeit wollte der STERN erneut publizieren — von Ruth Leuwerik über Liselotte Pulver, von Karin Hübner zu Heidi Brühl, von Anneliese Rothenberger bis zu Rita Streich. Wiederum wollte der STERN durchs Schlüsselloch gucken, Intimes einer gierigen Leserschaft in den Kiosk-Trog werfen. Es sollten nicht verschont bleiben: Peter Alexander, Klaus Kinski, Herbert von Karajan, O.W. Fischer, Thomas Fritsch, Rex Gildo, Heinrich Böll und Günter Grass. Heidemann möge sich fortan in diesen Kreisen tummeln und sich mit Dieter Bochow absprechen, der den Stoff zu verarbeiten habe. Heidemann war schon unterwegs. Im Frühjahr 1964 ging er wochenlang auf Tour.[121]

Gerd Heidmann war, niemand wußte es besser als Henri Nannen, einfühlsam. Aufgeschlossen, aber vorsichtig stellte er seine Fragen. Niemals provozierend, sondern immer mit Takt. Es dauerte nicht lange, da hatte die von Heidemann ausgehende Wärme seine Gesprächspartner angeregt: sie plauderten und plauderten. Was Prominente in der Vergangenheit bislang erfolgreich verschwiegen hatten, das gelangte nun plötzlich — über Heidemann — zum STERN. Dieses machte die Geschichten des STERN nicht nur ausgesprochen stark an Fakten, sondern manche Enthüllung war — dank dieser Heidemann-Methode — juristisch sicher.

Wenn der Reporter die anfänglichen Barrieren durchbrochen, sein Gegenüber die Zurückhaltung aufgegeben hatte, dann hatte die Geheimniskrämerei ein Ende. Stets horchte er nicht allein die Hauptperson aus, sondern er fragte sich nach Nachbarn durch, suchte ebenso den Gärtner wie den Chauffeur auf. Zwar erzählte jeder etwas anderes, alle meinten sie aber ein und dieselbe Person. O.W. Fischer beispielsweise, den Heidemann im März 1964 besucht hatte, gefiel sich in der Rolle des Vortragenden. Der Schauspieler, der ähnlich wie Hans Moser die Sprechrollen zum Verdruß der Regie und des Tones nuschelnd und falsch betont umsetzte, hatte sich als Philosoph zu erkennen gegeben. Heidemann gegenüber saß nicht der Mensch O.W. Fischer, der Reporter blickte auf einen Grübler, der eine imaginäre Wahrheit suchte und vor sich hin meditierte.[122] Den wahren O.W. Fischer lernte er erst bei dem einstigen Presseschef des Gloria-Films, Fred E. Uetrecht, kennen.

Da zerriß Fischer einmal das Photo, das ihn zusammen mit Maria Schell zeigte, weil es ihm nicht gefiel, nannte das Konterfei, das Hans Hubmann von der QUICK

Ohnsorg-Star Herma Koehn *(1964): »Ich hätte längst etwas mit Männern anfangen müssen«*

aufgenommen hatte, »Mistbild«. Als Fischer entgegnet wurde, Hubmann sei ein Photograph von Rang, polterte der Mime, Hubmann wolle »nur meinen Weg zum Starruhm verhindern«. Uetrecht nannte Fischer in Fischers Gegenwart daraufhin einen »hergelaufenen Österreicher«, der »aus der Höhe Ihres eingebildeten Ruhmes herunterklatschte«, Fischer hatte er als »Fettfleck« in Erinnerung.(123) Und als Geizhals.

Kleidung, die Fischer von den Produktionsfirmen für seine diversen Rollen leihweise überlassen wurde, mochte er nicht mehr zurückgeben. Er ließ sich hemmungslos Zigaretten kommen (»Immer und immer wieder«), schnorrte nicht nur Getränke am laufenden Band, auch Zeitungen mochte er nicht bezahlen. Berappen mußte stets O.W. Fischers Begleitung, denn »Ich hab' jetzt kein Geld« war seine ständige Ausrede. Fast wäre es zwischen Uetrecht und Fischer zu einer Schlägerei gekommen, nachdem der Schauspieler Uetrecht herausgefordert hatte. Der PR-Mann aber ging der Auseinandersetzung aus dem Weg: »Ich brauche nämlich nur die Tür aufzumachen, dort sitzt Herr (Johannes K.) Engel vom SPIEGEL (der spätere Chefredakteur). Den wird das doch interessieren.«(124) Fischer kniff.

O.W. Fischer sei ein »großer Charmeur« gewesen, aber nur dann, »wenn er in einem Kreis ist, in dem er sich beachtet glaubt«, so nach dem Motto: »Herr Fischer, wie hat Ihnen die gestrige Premiere gefallen?« — »Oh, sehr gut. Ohne mich hätte ich mich gelangweilt.« Es störte ihn überhaupt nicht, »sich mit Goethe oder Friedrich dem Großen oder Napoleon zu vergleichen«, seine »entsetzliche Arroganz«, die ließ einen »zu Eis werden«. Das gesamte Atelier hatte sich ihm »unterzuordnen«, war er genau das Gegenteil von Curd Jürgens: »Er ist kein Darsteller«, »er ist im wahrsten Sinne des Wortes ein Schau-spieler«. Für O.W. Fischer galt: »Erster Klasse, Luxus, bestes Hotel, bestes Zimmer.« Gut sei er nur zu seiner Katze gewesen:

O.W. Fischer war im Gästehaus des Göttinger Ateliers untergebracht. Damit sein »Lieblingsviech nicht ausbüxte, mußten die Fenster erst einmal mit Fliegendraht versehen werden«. Dann war die Katze aber trotzdem weg. Fischer raste umher, stolperte schließlich ins Atelier und schrie: »Ich drehe nicht, bevor die Katze nicht wieder da ist.« Die Produktion dachte an die Kosten und schickte Kinder durch die Universitätsstadt. Sie trugen Schilder, auf denen zu lesen war: »O.W. Fischers Katze ist weg. Der Finder wird gebeten...«

Uetrecht: »Nun kamen die Leute mit Katzen, mit allen möglichen Katzen, bloß seine Katze war nicht dabei.« Daraufhin besorgte sich Fischer Teller und die Lieblingskost des Tieres, Schabefleisch, und stellte »auf die umliegenden Felder überall diese Teller mit dem Fleisch hin«. Der Erfolg war, »daß das Fleisch über Nacht von Ratten und Mäusen aufgefressen wurde«. Fischers Laune sei immer schlimmer geworden: »Jetzt wurde ein pensionierter Oberförster aus Göttingen beauftragt, diese Katzenaktion voranzutreiben.« Wie, so Uetrecht, blieb im dunkeln. Inzwischen war Fischer nach Berlin geflogen, um sich bei einer Wahrsagerin Rat zu holen. Die prognostizierte, die Katze werde zurückkommen. Das gesuchte Tier wurde endlich in Fischers Gästezimmer gefunden — unter einem Dielenbrett. Damals seien wegen des vielen Lachens »Tränen vergossen worden«.(125) Über wen konnte sich Gerd Heidemann noch amüsieren? Über Thomas Fritsch.

Herma Koehn, nach Heidi Kabel heute die zweite Attraktion im Hamburger Ohnsorg-Theater, ging mit Thomas Fritsch zur Schule. Sie hatte ihn viele Jahre lang begleitet, seinen Aufstieg zum Filmstar hautnah miterlebt. Herma lebte mit ihren Zwillingsschwestern und Eltern in einer bescheidenen Zweizimmerwohnung, während Thomas in der Villa seines berühmten Vaters ein gemütliches Leben führte. Noch war ihm Standesdünkel fremd. Als Heidemann Herma Koehn im Mai 1964 aufsuchte, arbeitete sie noch bei der Hamburger Sparkasse. Nach Feierabend bereitete sie sich auf die Schauspielerei vor. Thomas Fritsch brauchte das nicht. Ihn mitgerissen und die Karriere geebnet hatte Vater Willy Fritsch.

Thomas sei einmal »sitzengeblieben«, was nicht verwunderlich gewesen sei, da er »in all den Fächern, wo es auf Fleiß ankam, schlecht (gewesen sei): in Geschichte, Mathematik, Algebra, Raumlehre«. Thomas weinte sich über sein Elternhaus aus (»Er hatte viel Streit mit seinem Vater«, »versteht sich ja auch nicht besonders mit seinem Bruder Michael«): »Wenn ich meine Mutti nicht hätte, möchte ich deine haben.« Dann hatte Thomas seine Freundin immer nur angerufen, »wenn großer Jubel oder er traurig ist«.(126)

Je älter Thomas Fritsch wurde, desto arroganter sein Auftreten. »Sämtliche Muttis möchten ihn als Schwiegersohn haben«, erklärte Herma, obwohl er »viel Brot mit von zu Hause kriegte«, weil er so »spittelig« gewesen sei und »unbedingt zunehmen« sollte. Eines Tages habe er »zwei kleine Flaschen Cognac mitgebracht« (»Ich mußte auch eine trinken«), dann konnte er »besonders toll tanzen«. Doch der kleine Thomas, der nun größer wurde, hatte mit der noch unbekannten Herma alsbald nicht mehr viel im Sinn. Thomas Fritsch traf auf die Sängerin Daliah (»Sie ist eine viel zu große Konkurrenz für mich«). Herma Koehn wehmütig: Die sei Thomas vorgestellt worden, »die führten (ihn) in einen Raum, in dem die Daliah angeblich eine Anprobe machte. Die Daliah stand da mit nichts als mit einem Handtuch bekleidet. Und da führten sie den Jungen rein. Daß sich dem erst einmal alles gedreht hat, ist doch ganz klar«. Dies sei eine »Verführung« gewesen, in diesem Augenblick habe Thomas Fritsch »den Verstand verloren«, sei Daliah ohnehin »während der (Film-)Aufnahmen mehr nackt als angezogen herumgelaufen«.(127) Hermas große Liebe entrückte mehr und mehr.

Thomas spielte in Heidelberg Theater. Plötzlich sehnte er sich nach seiner Herma. Er rief sie in Hamburg an und bat, daß sie ihn besuche. Herma freute sich. Doch Thomas meldete sich nicht wieder. Erst drei Wochen später stand er überraschend vor ihrer Tür: mit dem Zug sollte sie mit ihm nach Süddeutschland fahren. Im »Bayerischen Hof« hatte Thomas das teuerste Zimmer gemietet. Bezahlen aber mußte Hermas nicht so reiche Mutter: »Die Reise hat insgesamt 400,- DM gekostet.« Als Heidemann Herma Koehn interviewte, war sie über diese »Einladung« immer noch verärgert.(128) Statt Herma pflegte Thomas einen Pekinesen, »Chichi« nannte er den Vierbeiner. Aber schönschminken wollte er sich Herma trotzdem.

»Meine Lidstriche könnte ich dicker machen«, habe ihr der schöne Thomas geraten, »mein Gang sei nichts«, überhaupt sei »ich zu klein«, sollte »die Haare tönen«, »der Lippenstift sei zu rot« und »meine breite Nase (müsse ich) abdecken«. Im übrigen habe ihr Thomas Fritsch vorgehalten, daß sie »ja schon längst etwas mit Männern (hätte) anfangen müssen«. Jungfrau, nein, dies sei ja bereits »peinlich«, in den Augen von Thomas sei sie »gefühlskalt« gewesen. Warum diese Aggressionen? Da habe ihm der Regisseur Alfred Weidenmann »nachgestellt«, Thomas ihm aber später »klipp und klar die Meinung gesagt«. Thomas ganz der Vater? Herma Koehn: Willy Fritsch sei »arbeitsscheu (gewesen), der freut sich, wenn er im Lehnstuhl sitzen, einen Kriminalroman lesen oder fernsehen kann«: »Er war immer nur ein Star. Niemals ein Schauspieler.«(129) Günter Pfitzmann, der in der »Praxis Bülowbogen« einen aufopfernden Arzt-Recken mimt, sei in Wahrheit ganz anders. Enthüllt hatte diesmal Karin Hübner, die einstige »My fair Lady« vom Dienst (800 Auftritte).

Zuerst sei sie mit Peter Beauvais verheiratet gewesen. Über diese Ehe gab es nicht viel zu berichten. Dann lief ihr Pfitzmann über den Weg, der »im Grunde vor lauter Komplexen gar nicht weiter weiß«, der sich »dauernd bestätigt fühlen« müsse, der immer »spüren (wolle), daß Frauen eben sofort bereit sind, alles mit ihm zu teilen«. Doch dies fand Karin Hübner erst später heraus. Drei Tage nach der Hochzeitsnacht, erzählte sie Gerd Heidemann, habe sie ihr Gatte bereits betrogen. Sie sei nicht im Hause gewesen, aber ihre Putzfrau. Sie »war Zeugin für diesen Betrug«, der im Ehebett stattfand, weshalb »diese Ehe oder diese Gemeinschaft heute so unwirklich« sei. Sogleich habe sie die Scheidung eingereicht, denn das »Betrügenmüssen« sei »eine sehr unglückliche Veranlagung bei ihm«. Pfitzmann sei, laut Karin Hübner, »ein wirklich armer Mensch«, er käme »aus dem Milieu, in dem er geboren ist, nicht raus«. Hübner: »Ich habe einen irrsinnigen Fehler mit einem Wahnsinnsmenschen begangen.« Niemals hätte sie Pfitzmann geheiratet, »wenn er nicht plötzlich eine linksseitige Nervenlähmung ... gehabt hätte«. Eigentlich, schloß Karin Hübner das Interview mit Gerd Heidemann, wollte sie das alles gar nicht erzählen. Daß sie es dennoch tat, lag sicherlich nicht am STERN, sondern ausschließlich an Gerd Heidemann.(130) Die NDR-Ansagerin Lilo Katzke kam bei Gerd Heidemann ebenfalls in Schwung.

Da habe es der Sendeleiter Martin S. Svoboda auf die Kollegin Victoria Voncampe abgesehen; er sei »ein sadistischer, brutaler Kerl« gewesen, der »von Frauen überhaupt keine Ahnung« gehabt habe, sie sollen im Gegenteil »ein Stück Dreck« für ihn gewesen sein. Die Fernsehansagerinnen erschienen oft nach seiner persönlichen Gefälligkeitsskala auf dem Bildschirm. Daraufhin flüchtete die Voncampe zum ZDF. Als der so abgewiesene, verheiratete NDR-Gemütsmensch diesen Korb hatte zur Kenntnis nehmen müssen, telexte Svoboda ausgesprochen gekränkt nach Mainz, daß er zu der Personalentscheidung höflich gratuliere, »abgelegte Ansagerinnen« einzustellen.(131)

Mit einem unbeschreiblichen Einfühlungsvermögen quetschte Gerd Heidemann die Prominenz aus. Peinliche Details waren sein Fang, so daß der Autor Dieter Bochow gar nicht mehr wußte, was er wie lang schreiben sollte, waren doch Heidemanns Intimtreffer allzu schön. Erneut hätte dieses peinliche Material Stoff für eine STERN-Serie sein können, die über ein ganzes langes Jahr hätte gedruckt werden können. Aber Henri Nannen wurde plötzlich anderen Sinnes.

Nachdem Bochow die erste Folge zu Papier gebracht und dem STERN-Chefredakteur zum Lesen gegeben hatte, schüttelte dieser nur noch mit dem Kopf. Er traf seine berühmt-berüchtigten Entscheidungen aus dem hohlen Bauch: »Es liest sich so, als ob ein Verrückter über Verrückte schreibt.« Weil dies Nannens Meinung war, konnten die »Musen« fortan weiterhin ruhig schlafen. Der STERN störte ihr Privatleben nun nicht mehr.(132) Oder hatte Henri Nannen inzwischen mit einer der vom STERN als Opfer Auserkorenen verkehrt? In einem anderen Fall stornierte Nannen einen Heidemann erteilten Auftrag nicht. Die Enttarnung des mysteriösen Bestseller-Autors B. Traven. Die war Heidemann minuziös gelungen. Und im STERN stand, wie B. Traven in Wahrheit hieß.

Gerd Heidemann *(bei Traven-Recherchen im Münchner Kriegsarchiv): »Ich bin völlig harmlos«*

»KENNEN SIE B. TRAVEN?« oder: Gerd Heidemann macht STERN-Geschichte

Gerd Heidemann hatte soeben die Recherchen zur FIBAG-Affäre beendet, die Erich Kuby für den STERN zubereiten sollte. Heidemann hatte Urlaub und vertrieb sich die Zeit zu Hause. Er war kein Typ, der auf den Kanarischen Inseln in der Sonne liegen konnte, sondern wollte seine Ruhe haben, lesen, ausschlafen, durch Hamburg spazieren und endlich — einmal nicht reisen. Doch in diese Idylle klingelte das Telephon. Wieder einmal war Henri Nannen dran. Heidemann möge umgehend in die Redaktion eilen, er habe einen Auftrag für ihn. Dem Reporter war das schon häufig passiert: Immer dann, wenn Nannen ein problematisches Thema ins Auge faßte, griff er ausschließlich auf Heidemann zurück. Nur Heidemann war in der Lage, Unübersichtliches zu entwirren, nur er konnte an schwer zugängliche Quellen herankommen, Verflochtenes entknoten. An einem Montag, dem 27. August 1962, hatte Nannens Sekretärin das Kommen des im Prinzip lustlosen STERN-Journalisten ihrem Chef gemeldet. Nannen war, wie sich Heidemann erinnerte, »ausnahmsweise allein«: »Er stand am Schreibtisch und blätterte in irgendwelchen Papieren herum.« Dann blickte er auf.[133]

»Kennen Sie Traven?« Heidemann mußte nicht lange nachdenken, selbstverständlich kannte er ihn, soeben hatte er das Fischer-Traven-Taschenbuch »Der Banditendoktor«, seine Ferienlektüre, aus der Hand gelegt. Ganze Reportergenerationen seien vergeblich hinter dem Schriftsteller her gewesen, den niemand bis heute kannte, antwortete Heidemann. Er soll sich in Mexiko versteckt halten. »Genau. Den mein' ich«, erwiderte Nannen. »Soll ich ihn suchen?« erkundigte sich Heidemann. »Sie sollen nicht gleich in den mexikanischen Busch jetten«, belehrte der STERN-Chef, »sondern erst einmal nach Iserbrook fahren. Vorhin war ein Mann hier, der hat behauptet, seine frühere Zimmerwirtin sei die geschiedene Frau Travens. Diese Frau heißt heute Hedwig Meier. Hören Sie sich an, was an der Geschichte dran ist.«[134]

Gerd Heidemann benötigte, wenn alles glatt lief, für eine Reportage vier Wochen. Doch einen »Mann ohne Gesicht« aufzustöbern, so dachte er sich bereits damals, werde wohl etwas mehr Zeit in Anspruch nehmen, denn in der bürokratisierten Welt verschwindet niemand, in irgendeinem Karteikasten werde schon das Pseudonym Traven notiert sein, das auf seinen wahren Namen hinweisen würde. Die Unterhaltung hatte nur zehn Minuten gedauert, nach über fünf Jahren sollte Heidemann das Traven-Rätsel gelöst haben. Heidemanns erster Weg führte ihn in ein Antiquariat, zu Paul Hennings, ganz in der Nähe des Hamburger Pressehauses. Von ihm wollte Heidemann mehr über Traven hören. Bei Hennings war Heidemann kein Unbekannter. »Da brauchen Sie erst gar nicht anzufangen zu suchen«, sagte Hennings zu dem STERN-Reporter, »an dem Fall haben sich schon ganz andere die Zähne ausgebissen.« TIME-, LIFE-Rechercheure, die Steuerfahnder, eine Unzahl von Detektiven. Es gebe Leute, die schwören darauf, daß er ein Neger oder ein Leprakranker oder ein alter Stalinagent oder ein übersehener Hohenzollernprinz gewesen sei, resümierte der Antiquar. Er selbst, meinte Hennings, halte es mit Egon Kisch, der behauptete, bei Traven handele es sich in Wahrheit um den Anarchisten Ret Marut.[135] Anschließend saß Heidemann bei Hedwig Meier, der Frau, die mit dem ominösen Traven verheiratet gewesen sein wollte.

Sie trug eine Krankenkassenbrille, ihre fleischige Nase war nicht zu übersehen. Sie hatte Kaffee gemacht und Heidemann alles erzählt, was sie über Traven wußte: August Bibeljé soll sein Name gewesen sein, und er sei im mecklenburgischen Grabow als Sohn eines Zigarrenfabrikanten geboren. Hedwig Meier: Er habe über »bedenkliche Charaktereigenschaften« verfügt, »kein Mädchen war vor ihm sicher«. Dann saß Traven/Bibeljé eines Tages ihrer Chefin gegenüber — Hedwig Meier führte den Haushalt einer Hamburger Dame. Diese machte sie mit dem jungen Mann bekannt. Der wollte nach Brasilien auswandern und suchte eine Frau, Hedwig — so schlug ihre Herrin vor — solle ihn als seine Frau nach Südamerika begleiten. August versuchte sie zu küssen, Hedwig antwortete mit einer Ohrfeige. Schließlich hatte sie sich aber entschlossen, den Auswanderer zu begleiten, hatte er sie doch von dem in Brasilien zu erwartenden Reichtum überzeugt.[136]

August Bibeljé habe »auffallend schlechte, faulige Zähne« gehabt und sei mit einem »besonders hohen Kragen« herumgelaufen, der eine »Menge kleiner Furunkelnarben im Nacken« verdecken sollte. Auf dem Standesamt habe ihr zukünftiger Mann eine falsche Adresse angegeben, was der Braut sofort aufgefallen sei. Bibeljé aber beruhigte sie, habe doch ihr Mann ihr von einem Freund vorgeschwärmt, der ihn protegieren und ihm die Stelle eines Verwalters bei einem Großgrundbesitzer verschaffen wolle. Aber statt auf dem Dampfer saß Hedwig Bibeljé zumeist zur Untermiete in ungeheizten Zimmern und auf der Straße. Ein Jahr nach der Hochzeit, 1913, verschwand August Bibeljé spurlos. Seitdem habe sie ihn nie wiedergesehen. Sie besaß kein Photo, keinen Brief, habe aber Travens »Totenschiff« gelesen und dabei sei ihr der Gedanke gekommen, daß Traven Bibeljé gewesen sein müsse, denn viele Szenen in dem Buch hatten sich einst in ihrer Vergangenheit abgespielt.[137]

Einmal nur, so informierte Hedwig Meier, die ein zweites Mal geheiratet hatte, habe sie ihm über den Verlag einen Brief gesandt und um Geld gebeten (»Ich bin herzkrank und fast blind. Ich kriege eine Rente von 178 Mark im Monat«). Das sei 1951 gewesen. Eine Antwort habe sie nur von Travens Agenten Josef Wieder in Zürich erhalten: der Autor könne nicht schreiben, läge schwerkrank in einem Schweizer Sanatorium.[138] Heidemann kaufte sich Traven-Werke. Vor allem das »Totenschiff« hatte es ihm angetan.

Ging aus Travens Geschichten hervor, daß er deutscher Abstammung war? Möglicherweise der verschollene August Bibeljé? Auch das STERN-Archiv hatte Material anzubieten. Mehr als einmal hatte Traven dementieren lassen, jemals in Deutschland gewohnt zu haben, seine Jugend wollte er statt dessen einmal in den USA, ein anderes Mal in Kanada verbracht haben. In seinen Büchern, das fand Heidemann sehr schnell heraus, bezog er sich regelmäßig auf die preußische Beamtenseele und das Schulwesen, zitierte Landarbeiter aus Pommern, beschrieb Waldarbeiter im Fichtelgebirge. Und in dem Buch »Die Baumwollpflücker« konnte er »sogar zwischen Hochdeutsch und dem Deutsch eines ungarischen Kellners unterscheiden« (Heidemann). Die Akteure im »Totenschiff« waren paß- und staatenlos, eine Situation, die ohne Frage auf Bibeljé zutreffen konnte. Das »Totenschiff« erschien in einem SPD-Verlag. Bibeljé war Mitglied dieser Partei. Heidemann: »Eine verständliche Wahl?« Der Roman »Totenschiff« spielte auf dem Schiff »Yorikke«. Bibeljé fuhr auf der »Ypiranga«. Heidemann: »Zufälle?« Ihm fiel aber noch weiter auf, daß Traven bei den mexikanischen Tzotzil-Indianern Kopftücher ausmachte, die stets »spick und span rein«-gewaschen wurden. Heidemann: »Das klingt doch ganz schön nach Grabow und Schwerin.«[139] Erklärungen lieferte ihm das »Mecklenburgische Wörterbuch«, das er aus der DDR bezog. Noch aber war Heidemann auf den Anarchisten namens Ret Marut fixiert. Dessen Biographie war alsbald offengelegt.

Marut ließ sich im November 1915 — der Erste Weltkrieg war soeben ein Jahr alt geworden — in München von der Meldestelle registrieren, und zwar als Amerikaner. So umging er den Weg, als »kriegsführende Partei« interniert zu werden. Marut war als Engländer ausgewiesen. Als es ihm gelang, seine Staatsbürgerschaft zu tauschen, sprach er Hochdeutsch. Aus den Papieren ging auch sein Beruf hervor: Schauspieler. Marut versuchte, als Autor beim SIMPLICISSIMUS unterzuschlüpfen. Das allerdings mißlang. Er war mit einer Frau zusammen, die Irene Mermet hieß. Ihr gehörte ein Kleinverlag, der Maruts Schriften publizierte. Am 1. September 1915 gab sie den ZIEGELBRENNER heraus. Marut wollte, so Heidemann, »Ruhm, indem er Ruhm ablehnt«, aus irgendwelchen Gründen sollte niemand erfahren, wer er sei.(140) Marut selbst begründete die von ihm erwählte Anonymität so: »Ich bin ... völlig namenlos ... Ich will nichts anderes sein als: (nur ein) Wort!« Seine Briefe unterzeichnete er nicht, sondern er ließ sich einen Stempel machen mit den Kürzeln »M« und »Z«. »M« stand für Marut, »Z« für ZIEGELBRENNER. Marut agierte gegen die Regierung, schimpfte auf die Kirche, polemisierte gegen das Kapital. Doch gegen den Krieg schrieb er am heftigsten. Rücksichtslos drosch er auf den Feldherrn Paul von Hindenburg ein, nahm selbst das Fliegeridol Manfred von Richthofen nicht von seiner Schelte aus. Die Obrigkeit kochte.(141) Heidemann brachte alte Gerüchte zu Papier: »Man munkelte, Marut sei ein illegitimer Sproß des Kaiserhauses.«(142) Ein Grund, daß ihn die kaiserlichen Behörden nicht inhaftierten?

Den Ersten Weltkrieg hatte das deutsche Kaiserreich verloren, Revolutionen breiteten sich aus. In diesen politischen Wirren stieg die Auflage des ZIEGELBRENNER. Heidemann fand, in den MÜNCHNER NEUESTEN NACHRICHTEN, ein Stellengesuch Maruts: »Schriftsteller sucht Sekretärin.« Die achtzehnjährige Marta Haecker, klein, zierlich und blauäugig, bekam den Job. Schließlich propagierte Marut die »Weltrevolution«. Eine kleine Kostprobe davon erhielt er bald darauf: Der einstige Chefredakteur des SPD-VORWÄRTS, Kurt Eisner, rief in München die Republik aus. Travens »Totenschiff« sollte, Jahre später, eben jener VORWÄRTS exklusiv abdrucken. Der Schriftsteller Ernst Toller, Autor der »Masse Mensch« sowie des Buches »Die Maschinenstürmer«, übernahm das Regiment, Marut sollte der oberste Zensor werden. Marut wollte jedoch nicht, sondern begnügte sich damit, die MÜNCHEN-AUGSBURGER ABEND-ZEITUNG zu kontrollieren. Der Untergang der bayerischen Philosophen-Republik war nicht mehr aufzuhalten. Freikorps' jagten die naiven Polit-Theoretiker ins Gefängnis oder stellten sie an die Wand. Marut gelang der »erneute Rückzug ins Postfachleben« (Heidemann). Zuvor war er um Haaresbreite einem Erschießungskommando entkommen. »Hatten das vielleicht kaisertreue Offiziere ermöglicht?« überlegte der Reporter des STERN.(143)

Heidemann suchte Maruts Münchner Wohnhaus. Er fand nicht nur das, sondern stöberte sogar den Hausmeister noch auf (»Er lebte noch, gerade eben«). Dabei geriet er an die Marut-Sekretärin Marta Haecker, die in der Nähe von Garmisch-Partenkirchen wohnte. Zu Hause ging Heidemann daraufhin nochmals sämtliche Recherchen durch. Plötzlich verharrte er beim Jahr 1951, in dem Traven in der Schweiz gekurt hatte. Noch etwas fiel ihm auf: In dieser Zeit schnellten Traven-Bekenntnisse ruckartig an, plötzlich erschienen B.T. MITTEILUNGEN, herausgegeben vom Literaturagenten Josef Wieder. Heidemann flog nach Zürich. Wieder aber war bereits tot, seine Frau über Heidemanns Besuchsankündigung ungehalten, ließ sich verleugnen. Nun machte er sich auf die Suche nach dem Sanatorium.(144)

Traven-Bücher *und* **Humphrey Bogart** *(im Traven-Film »Der Schatz der Sierra Madre): »Rückzug ins Postfachleben«*

Aber er jagte einem Phantom hinterher und die Ausbeute war entsprechend mager. Da kam ihm eine Idee: Travens erste Bücher verlegte der Gewerkschaftsverlag »Büchergilde Gutenberg«. In Zürich verfügte das Unternehmen über eine Filiale. Dort hatte nun der tote Literaturmanager Josef Wieder 1939 den Genossen Traven abgeworben. Heidemann fragte nach. Ja, erst vor kurzem sei die Korrespondenz vernichtet worden, erklärten die Buch-Macher. Aber in Luzern lebe noch ein Richter, der über einen Teil der Traven-Briefe verfüge. Die Adresse war schnell gefunden. Ebenso eilig hatte es Heidemann, den Juristen zu überzeugen. Als der STERN-Reporter sich verabschiedete, hielt er einhundertfünfzig kostbare Schreiben in der Hand.[145]

Heidemann las die Post einmal, zweimal, ein drittes Mal. Er machte sich Notizen, dann wußte er: das Rätsel Traven war zu lösen. Ein banaler Lapsus Travens hatte Heidemann sicher werden lassen, daß Traven in Mexiko lebte: Er, so schrieb Traven an die »Büchergilde«, hoffe, daß der Verlag ihm bald »ein paar Pesos« schicken würde.[146] Einem anderen Dokument entnahm Heidemann, daß Traven die Honorarzahlungen der »Büchergilde« über die Deutsch-Südamerikanische Bank abwickelte. Er fand eine Ausgabe der Zeitschrift FANAL, die von Erich Mühsam herausgegeben wurde, der in den aufregenden Revolutionsjahren ein Mitstreiter Maruts gewesen war. Mühsam hatte im FANAL einen offenen Brief an Marut diktiert. Marut möge sich bitte melden. Die FANAL-Ausgabe adressierte Mühsam nach Mexiko, an das Postfach 1208 in Tampico. Nun wußte Heidemann auch dieses Detail.[147]

In der STERN-Redaktion wurde Heidemanns Traven-Hartnäckigkeit bewundert. Noch keiner seiner Kollegen hatte so lange an einem Thema gearbeitet. Wer von den Recherchen wußte, der hatte Gerd Heidemann die Daumen gedrückt, ihm aber auch praktisch beigestanden. STERN-Photograph Robert Lebeck zum Beispiel sprach Heidemann an: »Du hast mir mal von einer Frau erzählt, die mit Traven zusammen war — Mermet, ist das richtig?« Heidemann nickte. »Komisch«, grübelte Lebeck, »ich hab' mal in den Staaten studiert. Ich hatte eine Freundin, deren Mutter Deutsche war. Wenn ich mich nicht täusche, hieß die Mermet.« Heidemann war augenblicklich wie elektrisiert: »Wo ist die jetzt?« Lebeck: »Die ist mit einem Südtiroler Grafen verheiratet. Die haben Wohnungen in New York, Neapel, eine Burg in Meran.« Und in Meran traf er endlich Lebecks ehemalige Bekannte, Tochter von Irene Mermet, Travens einstiger Freundin.[148]

Die Mermet-Tochter und jetzige Gräfin wußte über die Verbindung ihrer Mutter zu Marut und/oder Traven genau Bescheid. Ihre Mutter habe Marut noch Geld nach Mexiko geschickt, als er bereits unter dem Pseudonym Traven Kurzgeschichten schrieb. Heidemann konnte aufgehobenes Marut-Material sichten, reproduzieren und einen 286seitigen Roman mit dem Titel »Der Mann Site und die grünglitzernde Frau« in der Hand halten. Als schließlich ihr Mann, der Graf, heimkehrte, gab er sich ausgesprochen ungehalten: Über Traven werde Heidemann nicht mehr erfahren. Dann kehrte er nach Hamburg zurück.[149]

1959 verfilmte die Ufa das »Totenschiff« mit Horst Buchholz und Mario Adorf in den Hauptrollen. Elke Sommer hatte ihr Debüt als Filmstar in diesem Streifen. Ret Marut alias B. Traven kontrollierte als Hal Croves das Drehbuch und die Endabnahme des Films. Die Produktion zahlte die Suite im West-Berliner Hilton, Heidemann besorgte sich die Photokopie der Anmeldung und die Liste der vom Hotel aus geführten Telephongespräche. Croves, der nicht als Traven erkannt oder als Marut ausgemacht werden wollte, gab als Adresse Mexiko City (Calle de Duran-

Gerd Heidemann *(bei Traven-Recherchen mit STERN-TV, unten: mit Regisseur Jürgen Goslar): »Gut ausgedacht, alter Gauner«*

go 353) an. Schließlich eiste Heidemann von der Ufa den Briefwechsel mit Croves alias Traven alias Marut los.(150)

Heidemann reiste nach Mittelamerika, hörte sich dort bei Detekteien und Banken um, schließlich konnte er sogar Travens Einwanderungskarte aus dem Jahr 1930 aufstöbern. Aber es war ein von Traven manipuliertes Ablenkungsmanöver. Heidemann kam schnell dahinter, daß er abermals Spuren verwischen wollte und gestand ihm zu: »Gut ausgedacht, alter Gauner.« Selbst der Schreibmaschinentyp Travens interessierte, es war eine Remington. Die, so spekulierte der STERN-Reporter, werde Traven möglicherweise im mexikanischen Tampico erworben haben. Der Remington-Vertreter aber hatte sich kurz vor Heidemanns Besuch umgebracht, weil er in ein skurriles Geschäft verwickelt gewesen war. Die Kundenkartei konnte nicht aufgetrieben werden.(151)

Gerd Heidemann quälte sich durch jene Landschaft, die Traven zu seinem Buch »Weiße Rose« inspiriert hatte. Würde er etwas entdecken? Außer einem Fast-Biß durch einen Skorpion brachte dieser strapaziöse Ausflug nichts Aufregendes. Dann besuchte er Karteien in Chikago und San Antonio in den USA, wo er die von Traven erfundenen Einwanderungsdaten überprüfen wollte. Und tatsächlich: Traven hatte gekonnt konstruiert. Die Gewißheit entnahm Heidemann der Tatsache, in die Bücher von neunundsiebzig Kirchen geschaut und auch Rekrutierungsbüros und Wahlämter nicht vergessen zu haben.(152)

Heidemann machte die Frau ausfindig, die B. Traven in Mexiko versteckt gehalten hatte und fand ein altes Zeitungsphoto (Heidemann: »Er sieht aus wie ein kranker Raubvogel in einem Zoo«). Erneut tauchte während der Recherchen der Name August Bibeljé auf, im Zusammenhang mit dem spanischen Bürgerkrieg. War Bibeljé etwa in die Rolle des Revolutionärs Ret Marut geschlüpft? Heidemann reiste durch halb Europa, er erkundigte sich in der DDR und konnte sogar in Ost-Berlin mit Hilfe der Volkspolizei die Adresse der Frau ausmachen, die die uneheliche Tocher B. Travens sein wollte. Heidemann ließ sich ein Vaterschaftsgutachten anfertigen — mit der Gewißheit, daß die Frau in der Tat ein Kind Travens war. Heidemann machte sich daran, den Punkt zu finden, an dem Bibeljé und Travens Lebenslinien sich gekreuzt hatten.(153) In Brasilien wurde er fündig.

Ret Marut und August Bibeljé fuhren gemeinsam von Europa nach Amerika. Travens »Totenschiff«-Geschichte war in Wahrheit die Geschichte Bibeljés, niedergeschrieben von Ret Marut. Dann der Höhepunkt: Travens Frau empfing den Reporter des STERN. Zuvor war er siebzigtausend Kilometer in der Welt herumgereist, hatte neunzig Orte aufgesucht, auf drei Kontinenten Archive durchstöbert, einige Zentner Akten gesichtet — oft auf eigene Kosten und während seiner Urlaubszeit. Und nun saß er Travens Frau gegenüber. Nichts genutzt hatte es dem Schriftsteller, daß er fünfmal sein Geburtsdatum geändert hatte, dreimal seinen Geburtsort und mehr als ein dutzendmal seine Biographie. Der Mann, der sich zeitlebens auf der Flucht befand, dieser Mann wurde von Gerd Heidemann enttarnt.(154) Doch noch ein einziges Mal sollte Heidemanns Traven-Bild ins Wanken geraten. Traven, so enthüllte dessen mexikanische Ehefrau, sei der uneheliche Sohn des deutschen Kaisers Wilhelm II.

Photovergleiche untermauerten diese Version, doch mit Hilfe eines Abstammungsgutachtens konnte Heidemann nachweisen: Traven war — trotz der Ähnlichkeit — kein Sprößling des Regenten. Als die Sachverständigen die Hitler-Tagebücher als Fälschungen entlarvten, kamen Heidemanns angeblich peinlichen Traven-Recherchen zum Vorschein: die Mär vom illegitimen Kaiserkind wurde vom STERN in Umlauf gesetzt. Dabei hätte die Illustrierte es besser wissen müssen:

Heidemann-Ergebnisse *(oben: Traven mit Tocher in Mexiko; unten: Traven-Fernsehdiskussion): Traven-Erfolge vom STERN 1983 in Traven-Pleiten umfunktioniert*

Jürgen Steinhoff, der wohl mit Abstand überflüssigste Journalist in der konkursreifen Redaktion des STERN, mußte auf die verzweifelte Suche nach dem Schuldigen an dem Tagebuch-Debakel gehen und Heidemann als Täter präsentieren. Dabei kam Steinhoff der ausgesprochen günstige Umstand zugute, daß er vor allem nicht lesen konnte. Heidemanns Traven-Story hatte er sich als einen der schauerlichen Höhepunkte der Unfähigkeit Heidemanns ausgeguckt, dessen Traven-Ergebnisse der Inbegriff mangelnder Intelligenz gewesen seien. Ein in der Tat düsteres Heidemann-Finale wollte der Hilfssheriff des STERN ungestraft 1983 seinem wegen der Tagebuch-Pleite daniederliegenden Arbeitgeber Gruner + Jahr bescheren. Nur einem Jürgen Steinhoff konnte gelingen, was einem Heidemann niemals widerfahren wäre: all das zu entstellen, was sich nur verdrehen ließ. Verzweifelt zog Steinhoff an den Haaren herbei, verfärbte Heidemanns Traven. Der Schreibtischtäter Steinhoff rechnete wohl damit, daß sich niemand mit seinen haarsträubenden STERN-Aufsätzen beschäftigen würde.

Als die Traven-Enthüllung im Mai 1967 unter dem Titel »Das Rätsel Traven gelöst« im STERN erschien, stand Heidemann im STERN-Impressum in der Rubrik »Redakteure«, was den mit Vorurteilen behafteten Steinhoff aber keineswegs daran hinderte, aus Heidemann abwertend erst einmal einen ausschließlichen »Gelegenheitsreporter« zu machen und ihn wider besseres Wissen zum »Aushilfslaboranten« zu degradieren. Veröffentlicht wurde damals im STERN, daß Gerd Heidemann eben »keinen Beweis« gefunden habe, daß Traven in irgendeiner Weise mit dem Clan der Hohenzollern hätte in Verbindung gebracht werden können, denn Heidemann überprüfte die Wilhelm-II.-Angaben von Travens Ehefrau nicht nur in Deutschland, sondern auch in Norwegen.(155) Steinhoff trotzdem: Traven sei — laut Heidemann — »ein unehelicher Sohn von Kaiser Wilhelm II.« gewesen. Überhaupt hätte Heidemann für diese Falschmeldung drei Jahre benötigt, von 1964 bis 1966.(156) Doch für die richtige Traven-Nachricht recherchierte Gerd Heidemann von August 1962 bis Mai 1967. 1967 war auch das Jahr, in dem der STERN Heidemanns Traven-Sensation publizierte: Traven sei nicht ein Sohn des Kaisers stand da unmißverständlich klar und eindeutig gedruckt. Steinhoff hatte sich nicht nur hier um zwei ärgerliche Jahre vertan, sondern er machte zudem noch ein imaginäres Verbot Henri Nannens aus, der Heidemann weitere Traven-Recherchen untersagt haben wollte. Warum aber druckte Nannens STERN dann Heidemanns Traven? Auch der Untersuchungsausschuß des STERN befand sich voll auf der Linie des verfälschenden Jürgen Steinhoff:

»Aus der Entdeckung, daß Wilhelm II. seine Reiterausbildung in Travenort erhalten hatte«, fabulierten die weltfremden Autoren des STERN-Untersuchungsausschusses im Kapitel »Einzelberichte«, »entstand die Feststellung, der Schriftsteller Traven sei ein unehelicher Sohn des Kaisers.«(157) Und der damalige Ressortchef im STERN (»Deutschland-Reportagen«), Wilfried Ahrens, hatte in einer Aufzählung von STERN-Skandalen (Buchtitel: »Herrn Nannens Gewerbe«) ebenfalls einen Traven-Schandfleck ausgemacht. Ahrens hinterhältig: Nannen hätte wissen müssen, daß Heidemanns Traven-»Großtat nicht viel mehr gewesen war als eine Mischung aus Irrtum und Hochstapelei«.(158) Auch in diesem Fall kam es ausschließlich auf übelwollende Tendenz an. Als Heidemann und Ahrens aber noch im STERN zusammengearbeitet, gemeinsam die Hintergründe um den Photohändler Hannsheinz Porst wegen dessen Spionage für die DDR aufzuhellen hatten, da verpflichtete der eitle Ahrens Heidemann, ihn bei dem Vater von Porst, den sie besuchen wollten, auf jeden Fall als einflußreichen Leiter einer STERN-Abteilung vorzustellen.(159) Da war er wieder, der selbstgefällige Ahrens, wie ihn nicht nur Gerd Heidemann bis heute in Erinnerung behalten hat.

Als Travens Geheimnis im STERN gelüftet wurde, liefen Heidemanns jahrelangen Traven-Recherchen als Film im Regionalprogramm bundesdeutscher Fernsehsender. Das Unternehmen STERN-TV hatte produziert: fünf Folgen à sechsundzwanzig Minuten. Dafür wurden Heidemann 18.000,- DM überwiesen und zweimal die Traven-Beiträge wiederholt. Aus diesem Erfolg fabrizierte Steinhoff nicht nur einen »Pausenfüller«, sondern disqualifizierte Heidemanns Traven-Recherchen obendrein als die eines Einzelkämpfers ab. Daß Henri Nannen Heidemann den Traven-Auftrag einst erteilt hatte, mochte der journalistische Konjunkturritter Steinhoff nicht preisgeben, was auch die bewußte Unterschlagung des Traven-Produzenten, STERN-TV, noch zusätzlich dokumentierte: Immerhin nahm STERN-TV für den fast dreistündigen Traven-Film rund eine halbe Million Mark ein.(160) Zehn Jahre später kassierte Gerd Heidemann dann abermals 25.000,- DM: der Bertelsmann-Verlag Blanvalet in München druckte »die abenteuerliche Suche nach B. Traven« unter dem Titel »Postlagernd Tampico«. Und während Heidemann wegen der Tagebücher in Untersuchungshaft einsaß, brachte Goldmann eilig eine Taschenbuch-Ausgabe von Heidemanns Traven auf den Markt.(161) Das Traven-Buch war Steinhoff gleichfalls keine Erwähnung wert.

Auf zwölf Seiten veröffentlichte 1967 der STERN Heidemanns Traven. In derselben Ausgabe stand in der Illustrierten noch eine andere Reportage: »Swetlana Stalin bricht ihr Schweigen.« Die Tochter des sowjetischen Diktators floh 1967 in die USA, wo die Amerikaner sie versteckten. Nannen schickte Heidemann auf die Suche. Der Reporter bereiste die Schweiz. Und als Swetlana endlich im STERN ihr Schweigen brach, stand sechsundzwanzig Seiten weiter die Traven-Enthüllung, auf der Seite 183 dann noch die Geschichte eines Flugzeugabsturzes auf Zypern, die Gerd Heidemann sogleich doppelt betraf:(162) Das anthropologisch-erbbiologische Abstammungsgutachten Travens besorgte der Professor Friedrich Keiter im Auftrag Gerd Heidemanns. Der Inhaber des »Gerichtsanthropologischen Laboratoriums« in Hamburg, eine anerkannte Kapazität, saß nun in jenem Flugzeug, das wegen Treibstoffmangel, von Thailand kommend, in der Nähe der zyprischen Hauptstadt Nikosia zwangsläufig vom Himmel fiel. Der Passagier Keiter, der mit seiner Frau aus dem Urlaub kam, war tot. Das aber wußte Gerd Heidemann bis dahin nicht, als Nannen ihn auf die Insel beorderte, um herauszufinden, ob sich zyprische Griechen als Leichenfledderer betätigten. Es kam überhaupt ganz anders.

Gerd Heidemann mußte, um auf die Insel zu gelangen, über Athen fliegen. Die Anschlußmaschine war längst gestartet. Erst am nächsten Morgen konnte er weiterreisen. Heidemann suchte sich eine Ecke in der Wartehalle und schlief gegen 1.30 Uhr ein. Als er zwei Stunden später wieder erwachte, war die zuvor mit übernächtigten Menschen überfüllte Halle leer. Noch schlaftrunken wankte er nach draußen und entdeckte grimmig aussehende Soldaten. Heidemann war in den griechischen Militärputsch von 1967 geraten und hatte — ihn verschlafen.(163)

Der STERN-Reporter machte Photos, meldete sich bei der deutschen Botschaft, wo er die Kollegen Thilo Koch und Norbert Brieger antraf, die gleichfalls nur zufällig die Etablierung der Diktatur hautnah miterlebten. Während in der STERN-Redaktion verzweifelt versucht wurde, einen Reporter nach Griechenland zu entsenden, kam niemandem die Idee, daß Heidemann längst in der Region aktiv geworden war. Selbst Henri Nannen hatte vorübergehend vergessen, wohin er Heidemann befohlen hatte. Erst nach einigen Tagen dämmerte es, Gerd Heidemann hatte — über die diplomatische Vertretung — telegraphiert, daß es ihm gutgehe und seine Bilderausbeute reichlich sei.(164) Es waren vor allem die Kriege, die den STERN weltweit bekannt machten. Die bewaffneten Auseinandersetzungen zogen den STERN an und die Kommando-Zentrale des STERN beförderte Gerd Heidemann zum Frontberichterstatter.

»ICH BIN DEUTSCHER« oder: Der STERN schickt Gerd Heidemann in den Kongo

In Kaschmir gab es religiöse Unruhen mit Hunderten von Toten. Niemand beim STERN fand das aufregend. Bürgerkriegsähnliche Zustände auch im Jemen. Beim STERN zuckten die leitenden Redakteure gelangweilt die Achseln. Auf der Karibik-Insel Haiti wurde massakriert. STERN-Journalisten gähnten um die Wette. Der Militärputsch in Honduras war dem Bilderblatt keine Reportage wert, auch nicht die Gefechte irakischer Regierungstruppen mit aufständischen Kurden. Überall auf der Welt wurde schließlich gemordet, geplündert, vergewaltigt. Bei derartigen Geschichten rutschte in der Redaktion des STERN keiner vom Stuhl, vor allem Henri Nannen nicht. Doch als dem Chefredakteur britische Tageszeitungen auf den Tisch kamen, witterte er augenblicklich einen Stoff für den STERN. Was hatte ihn so sicher gemacht? Der Kongo.

Dort traktierten weiße Landsknechte die Bevölkerung, deutsche Staatsangehörige machten, laut Meldungen aus London, Schwarze nieder — mit einem Eisernen Kreuz auf der Brust. Diese Auferstehung des Mittelalters im afrikanischen Busch schien Nannens Geschmack voll getroffen zu haben. Mordgier und Folter — abscheuliches Faustrecht sollte der Leser des STERN konsumieren. Aufgeregt rief Nannen zu einer Stabsbesprechung. Und da stand er dann, im Anzug und mit gebundener Krawatte, der Kommandant des STERN, der es während des Dritten Reiches immhin zum Propaganda-Helden gebracht hatte. Gerd Heidemann, eilig herbeizitiert, ahnte, was auf ihn zukommen würde. Und richtig. Henri Nannen beförderte ihn, im September 1964, ins Krisengebiet. Warum waren Söldner in die ehemalige Kolonie Belgiens eingefallen?

Der belgische König Leopold II. hatte — 1879 — mit vierhundert Häuptlingen Verträge, quasi private Vereinbarungen, schließen lassen, so daß der Kongo als sein persönliches Eigentum betrachtet werden konnte. Leopold II. stieg zum größten Grundstücksbesitzer der Welt auf und ist bis heute unübertroffen. Selbstverständlich war der Monarch nicht an den Menschen interessiert, sondern setzte auf die wirtschaftliche Ausbeute, Elfenbein beispielsweise.

Nach außen hin etikettierte er sein Hab und Gut als »Kongo-Freistaat«, doch im Inneren leisteten die Geschundenen heftigen Widerstand. Jahr für Jahr starben während des brutalen Regimes Leopolds II. rund eine halbe Million Menschen. Sie wurden verstümmelt, ausgehungert, ermordet wie wilde Tiere. Ein früher Ceaucescu hatte die Bühne der Weltgeschichte betreten. Erst 1908 konnte die menschenverachtende Diktatur — wegen der internationalen Proteste — beendet werden: Der belgische Staat kaufte seinem König doch tatsächlich für acht Millionen Goldmark die gigantische Immobilie ab.(165) Fortan raubte der Zwergstaat die Bodenschätze. Die Einheimischen aber wehrten sich weiterhin und der Kongo wurde schließlich zu einem Landstrich, in dem nur noch Blut fließen sollte. Vor allem seit der Unabhängigkeitserklärung Anfang 1960. Nun begann ein reines Schlachtfest:(166)

Nach den Wahlen wurde das Parlament aufgelöst, sowjetische Diplomaten wegen Spionage aus dem Land geworfen, der kongolesische Außenminister von Landsleuten verhaftet, schließlich eine »Volksrepublik Kongo« ausgerufen, die Südprovinz Katanga als unabhängiger Staat erklärt, der Präsident Patrice Lumumba abgesetzt, ermordet. In Katanga regierte der westlich orientierte Moise Tschombe, im restlichen Rumpfstaat der Staatschef Kasawubo. Dann putschte Oberst Mobutu, der noch heute am Ruder ist. Zwischendurch landeten UN-Truppen, zogen wieder ab. Schließlich nahmen Schwarze Weiße als Geiseln. Daraufhin landeten belgische Fallschirmjäger, die von US-Maschinen von Europa nach Afrika geflogen wurden.(167) Im Kongo herrschte kein Chaos, der Kongo war ein regelloser Irrgarten geworden. Und als die weißen Söldner auftauchten, ging es mit dem Kongo noch schneller bergab. In diese politische Wildnis schickte Henri Nannen nun gnadenlos drei STERN-Reporter: Dieter Heggemann, Ernst Petry und Gerd Heidemann. Warum riskierte Nannen gleich das Leben von dreien?

Der Kongo ist der elftgrößte Staat der Erde, mit fünfzehn Millionen Einwohnern unübersichtlich wie keiner seiner Nachbarn, die größte Stadt Léopoldville (heute: Kinshasa) beherbergte bereits damals eine Million Menschen. Auf diesem unüberschaubaren Terrain schossen sich nun einige Hundert Söldner durch den Busch. Ein einzelner würde es schwer haben, auf die gekauften Weißen zu treffen, spekulierte Nannen, aber wenn drei im Busch suchen, dann sei die Chance größer. Der STERN-Leser hatte es verdient, im Wohnzimmer gemütlich nachzulesen, welches Trauerspiel auf dem Schwarzen Kontinent ablief und den STERN-Chef faszinierte. Aber nur einer brachte Trophäen vom Schwarzen Kontinent mit — Gerd Heidemann.

Das Visum wurde in Paris ausgestellt, gestartet in Brüssel. Mit zwölf Stunden Verspätung waren die Männer des STERN am 19. September 1964 morgens gegen sieben Uhr in Léopoldville gelandet.(168) Bereits auf dem Flughafen erkannten die Reporter, wie einfach sich im Kongo bewegt werden konnte: Heidemann legte an der Zollkontrolle seine Kameratasche auf den Tisch. Ein Kongolese riß den Reißverschluß auf und überschüttete Heidemann mit einem Redeschwall. Zoll sollte der Gast aus Hamburg zahlen. Heidemann legte eine Tausend-Franc-Note hin, die der korrupte Beamte sogleich in der Hosentasche verschwinden ließ. Zehn Mark hatte Heidemann die problemlose Einreise gekostet. Auf dieselbe Weise wurde die sonst sehr zeitraubende Paßkontrolle verkürzt.(169)

Léopoldville war eine moderne und großzügig angelegte Stadt. Zwar bröckelte der Putz von den Häuserwänden, hielt Heidemann fest, unvorstellbare Mengen von Abfall stanken auf den Straßen, die Klimaanlagen funktionierten nur selten, da waren die Moskitonetze durchlöchert und die Bettwäsche klamm und schmutzig. Die Übernachtung im einst komfortablen Luxushotel »Memling« glich eher einer Gespensterunterkunft. Heidemann hoffte, in der Hauptstadt auf die ersten Söldner zu treffen. Doch ein amerikanischer Kollege machte ihn darauf aufmerksam, daß die inzwischen in den Osten des Landes gezogen seien. Mittlerweile war Heggemann nach Elisabethville geflogen, um in Tschombes Reich die wilden Weißen kennenzulernen. Dort ging er sogleich auf einen Empfang.(170) Mit einer Chartermaschine ließen sich Heidemann und Petry Tage später nach Coquilhatvil-

Nachdenklicher Gerd Heidemann *(im Kongo): Zwischendurch landeten belgische Fallschirmjäger*

le fliegen, einem Ort mit zirka 20.000 Einwohnern. Entfernung: sechshundert Kilometer.

Grimmige Soldaten umstellten die Maschine, fuchtelten mit italienischen Maschinenpistolen herum. Wurden die Reporter des STERN etwa für Spione der Rebellen gehalten? Doch als er den Photoapparat anhob, erlebte er ein Wunder: die Krieger wollten photographiert werden. Sie stellten sich in Position, bleckten die Zähne, rissen ihre Waffen hoch und zielten direkt auf das Objektiv. In dem winzigen Abfertigungsgebäude, heruntergekommen wie vieles im Kongo, wurde Gerd Heidemann das erste Mal hautnah mit dem Krieg konfrontiert: Auf einer Trage stöhnte eine Frau, ihre beiden Beine waren durchschossen. Die etwa zweijährige Tochter klammerte sich verzweifelt an den Arm ihrer verletzten Mutter. Plötzlich entdeckte Heidemann den ersten Söldner. Er hatte ihn gefunden, den gekauften Soldaten. Heidemann lief auf ihn zu, Kollege Petry im Schlepptau.(171) Unmittelbar danach tauchte bereits ein zweiter auf. »Fliegt Ihre Maschine zurück nach Léo(poldville)?« erkundigte sich der eine. »Ihr könnt mitfliegen«, versprach Petry, »aber erzählt uns erst einmal, wo eure Kameraden sind.« Fragend sahen sich die beiden an. Sie schüttelten mit dem Kopf, statt einer Antwort wurde dem STERN-Team ein gutgemeinter Rat erteilt: »Kehrt um. Unser Kommando besteht nur aus dreißig Mann.« Es war das »Commando 52«. Genau nach diesem Regiment ließ Henri Nannen Ausschau halten. Petry und Heidemann bekamen spitze Ohren: »Ein Teil unserer Kameraden hält sich in Ingende auf. Die anderen haben sich ein paar hundert Kilometer weiter irgendwo an der Straße nach Stanleyville verschanzt.« Anführer sei ein Deutscher namens Siegfried Müller, plauderte dann schließlich einer der Söldner aus und: »Wenn ihr zu dem wollt, müßt ihr sechshundert Kilomenter durch Rebellengebiet fahren.« Petry und Heidemann quartierten sich zunächst im Hotel »Ancion« ein, mehr eine »Art Bretterbude« (Petry). Die einzige Straße, die zum später gefürchteten »Kongo-Müller« führte, sei von der »schlechten Qualität eines schlechten deutschen Feldweges« (Heidemann).(172) Nannens Journalisten zogen sich in ihre Zimmer zurück. Sie überlegten, bis Heidemann eine kluge Strategie entwickelt hatte.

Er meldete sich beim »Stadtkommandanten« an und fragte, ob nicht irgendwann Nachschub an die Front herangeschafft werden müsse. »Ja«, nickte der, »in zehn bis vierzehn Tagen.« Da wollte Heidemann aber bereits wieder in Hamburg sein. Was tun? Heidemann hatte Whisky aus dem Flugzeug mitgebracht. Den stellte er nun auf den Tisch. Der Kongolese hatte seit Monaten so etwas nicht mehr getrunken. Während Heidemann fleißig nachschenkte, forderte Petry zum Poker-Wettstreit auf und ließ den Kommandanten haushoch verlieren. Damit stand der Kongolese tief in der Schuld des STERN. Um seine Spielschulden wettzumachen, stellte er dem STERN am nächsten Tag prompt einen LKW mit Lebensmitteln zur Verfügung. Fünfzig Kisten Bier ließen sich nun plötzlich auch noch heranschaffen. Passierscheine sowie ein kongolesischer Soldat als »Begleitschutz« kamen wegen der großzügig erlassenen Schulden noch hinzu. An das Steuer setzte sich Ernst Petry, Heidemann nahm in der Mitte Platz, der schwarze Aufpasser hockte auf dem Beifahrersitz und kaute unentwegt auf einem Stück Zuckerrohr. Heidemann: »Die Vorstellung, sechshundert Kilometer durch unbekanntes Gebiet zu fahren, ohne zu wissen, wer Freund und Feind ist, macht schon nachdenklich.«(173)

Das Gefährt rumpelte an hohen Urwaldbäumen vorüber, versank vorübergehend im Sumpf, überwältigte fast undurchdringliches Buschwerk, blieb im braunen Wasser stecken. Die Straße führte direkt über den Äquator. Und was auf der Landkarte als größerer Ort ausgemacht wurde, entpuppte sich in Wahrheit als

Nachdenklicher Gerd Heidemann *(im CIA-Flugzeug im Kongo): »Willst du es wirklich riskieren?«*

Kongo-Müller: *»So sind die Kaffern nun einmal«*

Dorf mit einer Poststation: Ingende war endlich erreicht. Auf der Terrasse des Postgebäudes lungerten Weiße herum, achtzehn Söldner. Ihre Gewehre und Maschinenpistolen standen in Griffnähe. Die Begrüßung fiel zunächst wortkarg aus.[174]

Heidemann und Petry versuchten ein Gespräch zu beginnen. Doch trotz mitgebrachter Verpflegung und trotz des Bieres nahm niemand so recht Notiz von den Reportern. Plötzlich flüsterte einer der Söldner: »Ich bin Deutscher!« Die STERN-Reporter erfuhren: Niemand dürfe etwas sagen, hier im Busch würde das sofort als Hochverrat ausgelegt werden. Gerichte gäbe es nicht, nur Erschießungskommandos. Der STERN aber wollte zu Siegfried Müller, dem legendären »Kongo-Müller«. Und wieder war es Heidemann, der Nannens Ziel näher kommen sollte.

Nach und nach kamen die hochdotierten Landser auf Heidemann zu. Immer mehr redeten auf ihn ein, immer mehr erfuhr er, denn die zurückliegenden grausamen Schlachten hatten aus den kriegsbegeisterten Jungen nachdenkliche Männer werden lassen, die jetzt an die Kinder und Ehefrauen dachten, die sich an Vater und Mutter erinnerten. Heidemanns alte Taktik erwies sich abermals mehr als hilfreich: Er schlüpfte in die Rolle eines Beichtvaters und hörte nur zu. So erfuhr er ihre Lebensgeschichte, schrieb auf oder stellte das Bandgerät an. Grauenhaftes kam da ans Tageslicht.

Da hätten die Schwarzen einmal ein ganzes Dorf ausgerottet, Frauen, Männer und Kinder niedergemetzelt. Einmal funktionierte eine rückstoßfreie Kanone nicht. Das Pulver war naß, als plötzlich eine Granate explodierte, Körper wurden auseinandergerissen, ein Überlebender wischte sich kleine Stücke blutigen Fleisches aus dem Gesicht. Heidemann überlegte: »Da liefen nun wochenlang Meldungen durch die Weltpresse, in denen von Heldentaten der abgebrühten, todesmutigen und skrupellosen weißen Söldner berichtet wurde« — und hier standen ihm jetzt kaputte Männer gegenüber, die vom Krieg die Nase voll hatten und sich von dem nervenstärkeren »Kongo-Müller« getrennt hatten. Dafür hatte man sie der Desertion verdächtigt.[175] Heidemann, inzwischen hatten die Söldner Vertrauen zu ihm gefaßt, erkundigte sich frech, wie der deutsche Hauptmann Siegfried Müller aussähe und malte sich in Gedanken aus, wie »Kongo-Müller« mit »zwölf Mann ein Haus verteidigt gegen tausend Rebellen«: »Ich sehe die Bildreportage förmlich vor mir.«[176] Dann beschrieb ihm einer der Soldaten den Weg zum Söldner Müller. Petry erkundigte sich verstört: »Willst du es wirklich riskieren, dreihundert Kilometer durch das Rebellengebiet zu fahren?« Heidemann nickte. »Der Scheiß-STERN ist es mir nicht wert«, erwiderte Petry, »daß ich für ihn leichtsinnig mein Leben riskiere.« Heidemann zeigte Verständnis. Schließlich könne er auch allein an die STERN-Front. Petry wurde es augenblicklich wohler zumute. Während Gerd Heidemann mit einigen Söldnern und zehn freiwilligen Kongolesen einen LKW bestieg, kehrte der Kollege Ernst Petry ins sichere Coquilhatville zurück. Heidemann war nun allein und geriet außer Atem.[177]

Der LKW stoppte nach wenigen Kilometern zwischen einigen Bambushütten. Ein kongolesischer Soldat trieb einen etwa fünfundzwanzigjährigen Dorfbewohner vor sich her. Der schwarze Soldat hob das Gewehr. Ein Schuß fiel. Die Kugel traf den Schreienden in den Rücken. Die zweite Patrone riß ihm die Schädeldecke weg. Heidemann wurde speiübel, er zitterte am ganzen Körper. Zum ersten Mal sah er einen Menschen auf diese Weise sterben. Er erkundigte sich bei einem südafrikanischen Söldner nach dem Grund des Blutbades. Der antwortete nur: »So sind die Kaffern nun einmal.«[178] Über die »Kaffern« wollte Heidemann mehr wissen und ließ deshalb den Söldner berichten:

Da sei er mit seinen Eltern jeden Sonntag in die Kirche gegangen, fünfzig Meilen vom elterlichen Bauernhof entfernt. Eines Tages sei seine achtzehnjährige Schwester krank geworden, »ein hübsches Ding«. Sie konnte nicht mit zum Beten kommen. »Als wir dann mittags nach Hause kamen«, sagte der Söldner, »war sie nicht mehr krank. Jetzt war sie tot. Von Kaffern vergewaltigt worden und — aufgeschlitzt.« Nicht Afrika sei unterentwickelt, endete der Weiße, sondern »die Gehirne dieser Burschen sind unterentwickelt. Das sind und bleiben Halbaffen«.(179) Deshalb also war der Söldner hier gelandet, dachte Heidemannn.

Nach einigen Tagen erreichte Heidemann Bekili. An einer Straßenkreuzung erkannte er Siegfried Müller, sofort stellte er sich vor. Anfangs blieb Müller mißtrauisch, doch als er hörte, daß die überraschend eingetroffene Verstärkung (sieben Weiße, zehn Kongolesen) den Überredungskünsten des STERN-Reporters zu verdanken war, umarmte er Heidemann und bat ihn in sein Haus. Den Raum erleuchteten zwei armselige Kerzen, die Decke hing herunter, drei Feldbetten standen an den feuchten Wänden. Das war Müllers Befehlszentrale.(180)

Müller war zu diesem Zeitpunkt vierundvierzig Jahre alt. Seinen Kopf hatte er sich kahlscheren lassen, an der linken Brusttasche trug er doch tatsächlich das Eiserne Kreuz 1. Klasse. Auch das Hakenkreuz darauf fehlte nicht. Heidemann stellte das Bandgerät auf den Boden. Müller sprach leise, unterstrich seine Worte gestikulierend. Während er mit Heidemann redete, ging er unablässig auf und ab. Der STERN sollte seine hübsche Geschichte bekommen.

Der Reporter möge unbedingt eine Uniform anziehen, »denn in Ihren hellen Hosen und blauem Hemd bieten Sie ein zu gutes Ziel. Und Sie müssen im Ernstfall schießen«. Heidemann war irritiert: »Etwa auf Menschen?« Müller lachte: »Kaninchen gibt es hier nicht.«(181) Dann weihte er Heidemann in die Kriegsführung ein: Wenn er sich in diesem rebellenverseuchten Gebiet schon einmal aufhalte, wäre es »ratsam«, wenn er sich wehren würde, denn: Die Aufständischen machen keine Gefangenen, »ein Presseausweis nutzt Ihnen nichts«, statt dessen würden die »Sie in Stücke schneiden, erst die Finger, dann die Arme, die Zehen, die Beine«, auch »die edelsten Teile« würden »mit Sicherheit nicht vergessen«. Heidemann griff nach einer Bierflasche, besonders wohl war ihm jetzt nicht mehr. Das Licht der Kerze warf Müllers Schatten groß an die Wand. Müller betrachtete sein Eisernes Kreuz. Er erzählte über seine Zeit als Soldat in der großdeutschen Wehrmacht. Heidemann merkte, daß Müller sich an diese Jahre besonders gern erinnerte.(182)

Er sei am 26. Oktober 1920 in Schlesien geboren, sein Vater, ein Oberst, im Zweiten Weltkrieg gefallen. Das Abitur habe er 1938 gemacht, anschließend sei er in den Arbeitsdienst eingerückt, habe Grenzbefestigungen bauen und Schützengräben ausheben müssen. Am ersten Mobilmachungstag, dem 26. August 1939, wurde er eingezogen, in das 59. Artillerie-Regiment in Glogau. Am 1. September lag er an der polnischen Grenze und kämpfte die »traurigen Polen« nieder. Weiter ging es an die Westfront. Siegfried Müller wurde Vermessungsmann. Den ersten »richtigen Toten« habe er aber erst in Luxemburg gesehen, als auf einer Wiese zwei englische Flugzeuge starten wollten. Müller: »Wir schossen mit dem Karabiner auf die Maschinen.« Ein Pilot erhielt während des Starts einen Kopfschuß, das Flugzeug stürzte ab. Die andere Maschine warf Bomben, traf die Deutschen aber nicht. Opfer wurde statt dessen ein »armseliger Luxemburger Bauer, der gerade mit seinem Pferd und Jauchewagen unterwegs war« (Müller). Und dann »kriegte ich als Vermessungs-Angehöriger plötzlich russische Karten. Man sagte uns, die Wehrmacht hätte mit der Roten Armee ein Abkommen und würde wahrscheinlich russisches Gebiet nach Iran hinuntermarschieren«, was jedoch eine

Heidemann-Kollege Ernst Petry *(im Kongo): »Der Scheiß-STERN ist es mir nicht wert«*

»Zwecklüge« war. Den Tag des Überfalls auf die Sowjet-Union erfuhr Siegfried Müller als einer der wenigen Auserwählten schon frühzeitig.(183)

»In den kurzen Nächten mußten wir an der polnisch-russischen Demarkationslinie Schützenlöcher ausheben«, erzählte Müller, »es durfte dabei aber nicht laut gesprochen oder etwa geraucht werden. Am Tage trugen wir Räuberzivil. Mit meinem Kommandeur lief ich als Bauer verkleidet am Grenzfluß entlang.« Schließlich war es soweit: »Am 21. Juni 1941, abends elf Uhr, versammelten sich die Truppen. Der Führerbefehl wurde verlesen.« Hitler wollte Stalin in die Knie zwingen, doch das war gar nicht so einfach: »Inzwischen wurde eine Brücke gebaut. Es stauten sich drei Divisionen, die über den Fluß wollten. Jeder wollte der erste in Rußland sein. Ein Chaos. Wirklich! Die Wehrmacht hat da etwas zustande gebracht, worüber ich mich nur gewundert habe.«(184) Das Eiserne Kreuz erhielt Müller nur durch Zufall: seine Artillerie schoß zwar ins Blaue, traf aber — aus Zufall — einen Trupp Rotarmisten.

Heidemann resümierte: »Siegfried Müller ist also ein Berufssoldat. Ein Berufsheld ist er aber nicht.« Nach der Kapitulation entwarf Müller Plakate, schlug sich als deutscher Wachmann in amerikanischen Kasernen durch, bildete Wachhunde aus. Er lernte ein begütertes Mädchen kennen, dessen Vater Besitzer einer Druckerei war. Müller versuchte sich in diesem Beruf. Aber nicht lange. Schließlich war er nach Nordafrika entwischt, wo er in der Sahara Ölvorratslager angelegt hatte. Doch als sein Schwiegervater plötzlich starb, trieb ihn das schlechte Gewissen nach Deutschland zurück. Seine Frau wollte er mit dem Unternehmen nicht allein lassen. Schließlich sei er im Kongo gelandet, zuvor habe er sich überall in der Welt herumgetrieben.

Müller war müde geworden, wie Heidemann. Das Zuhören hatte ebenso angestrengt wie das Geschichtenerzählen. Mitten in der Nacht wachte Heidemann auf. In der Ferne hörte er wildes Geschrei. Der inzwischen ebenfalls aufgewachte Müller informierte: »Jetzt tanzen die sich in Ekstase. Die Medizinmänner geben ihnen Palmenschnaps mit einem Rauschmittel vermischt. Sie werden sehen, morgen Vormittag greifen die an.« Tatsächlich: am nächsten Tag wollten »die« Müllers Stellung erobern.(185)

Es waren vielleicht sechshundert Mann, die stürmten und anderthalb Kilometer entfernt von der Kreuzung auftauchten. Mit wildem Geschrei und Maschinengewehren. Ein Söldner sprang auf den Jeep, auf dem ein MG angeschweißt war. Als die Rebellen dreihundert Meter entfernt waren, eröffnete er das Feuer. Heidemann ging neben einem Haus in Deckung. Innerhalb von nur wenigen Minuten war die Straße voll von toten Leibern, Verwundete versuchten, in den Busch zu kriechen. Die Söldner schossen und schossen. Nach einer halben Stunde war der Spuk vorbei. Gerd Heidemann hatte alles photographiert.(186)

Müller schickte einige Männer zu den Leichen. Wer noch verwundet war, wurde mit einem Kopfschuß getötet, Gefangene wurden nicht gemacht. Der Trupp sammelte Gewehre und Munition ein, beides konnten Müllers Söldner gut gebrauchen. Der Nachschub war lange ins Stocken geraten. Es war ruhig, »die schreienden Wilden« würden sich zurückhalten, meinte Siegfried Müller. Der erfahrene Landser hatte recht, die Aufständischen die Nase voll.(187) Doch die Ruhe täuschte.

Müller befahl ein Übungsschießen mit dem neuen Granatwerfer. Kaum war die dritte Granate verschossen, da setzte schweres Maschinengewehrfeuer ein. Heidemann: »Über uns hinweg zischten die Geschosse und zerplatzten mit hellem Knall.« Dann machte er einen Satz in die Böschung. Das Ausprobieren des Gra-

Gerd Heidemann und Kollege Dieter Heggemann *(in Holland): »Ein Chaos! Wirklich!«*

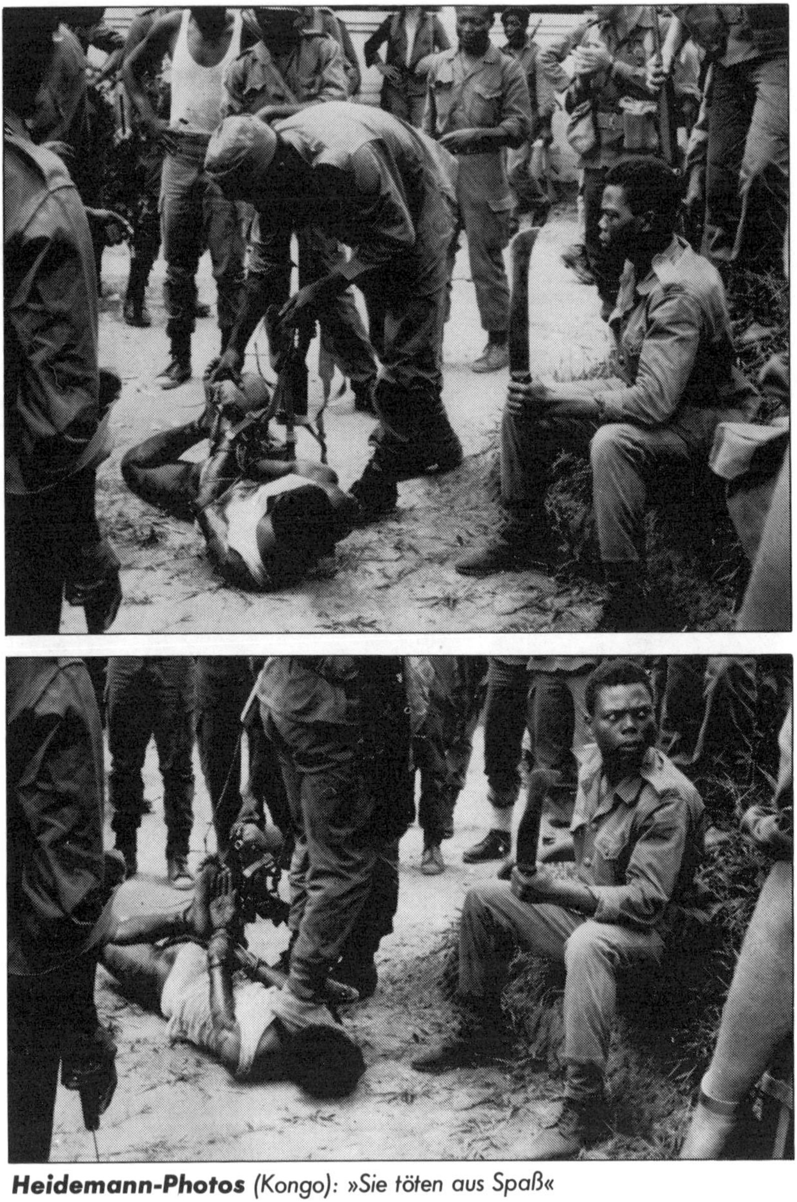

Heidemann-Photos *(Kongo): »Sie töten aus Spaß«*

natwerfers hatte den Söldnern und somit Heidemann möglicherweise das Leben gerettet, denn der Gegner fühlte sich fälschlicherweise ertappt, schoß zu früh. Erneut postierte sich der Jeep mit dem Maschinengewehr auf der Kreuzung. »Noch nicht schießen«, schrie Müller, »laßt sie erst auf zweihundert Meter herankommen.« Sie kamen. Hunderte. »Wie ein schwarzer Tausendfüßler wälzte sich die Menschenmasse auf die Weißen zu«, berichtete Heidemann später. Schließlich ratterten dreißig Schnellfeuergewehre gleichzeitig auf die Kongolesen los, das Maschinengewehr auf dem Jeep begann zu bellen. Die Angreifer brachen zusammen, andere taumelten weiter. Deutlich sah Heidemann die Einschüsse in den olivfarbenen Uniformen. Aber das gegnerische Feuer wurde stärker.

Ein Söldner urinierte im Liegen, Heidemann kroch auf einem Hügel herum, ein anderer Soldat verteilte Zigaretten. Heidemann rutschte auf einen zu, gab ihm Feuer. In diesem Augenblick schlug ein Geschoß dort ein, wo Heidemann Sekunden zuvor Schutz gesucht hatte. Er war nur knapp davongekommen. Als die Schlacht geschlagen war, zogen die Söldner Bilanz: Tote und Verwundete auf ihrer Seite, Leichenberge auf der anderen. Müller schickte ihm unterstehende Schwarze nach vorn. Die machten sich routiniert an die Arbeit:

Die Toten wurden durchsucht, Wertsachen aus den Taschen gerissen, Munition, Gewehre und Maschinenpistolen eingesammelt. Jeder der Niedergestreckten bekam einen Tritt ins Gesicht. Wer sich noch rührte, wurde erschossen. Heidemann fragte Müller, ob er das nicht verhindern könne. Ein anderer Söldner erklärte: »Du hast noch nicht gesehen, wie die sogar Kinder an den Beinen packen und gegen Bäume schlagen. Die Schwarzen sind schlimmer als wilde Tiere. Die töten aus Spaß.« Ein Aufständischer wurde entdeckt, der sich nur totgestellt hatte.

Müllers schwarze Hilfstrupps trieben den vor sich her. Dann prügelten sie ihn zu Boden, schnürten Hände und Füße fest. So lag er bäuchlings in der Sonne. Stundenlang. Einer der schwarzen Soldaten schüttete gelegentlich aus seiner Feldflasche Wasser auf die Handfesseln. Der Hanf schnürte sich immer mehr zusammen. Das Opfer schrie erbärmlich. Die Fleischwunde hatte entsetzliche Schmerzen verursacht. Er wurde getreten und geschlagen, schließlich stellte sich ein Sadist mit seinem ganzen Gewicht auf den Hals, so daß der Betroffene nun auch keine Luft mehr bekam. Umgehend wurde der Leidende ohnmächtig. Palmenschnaps und die Freude über den errungenen Sieg machten die schwarzen Soldaten des Siegfried Müller »überglücklich«. Als der Gefangene dann aber noch »verhört« werden sollte, wurde es einem Weißen zuviel. Er drängte seine schwarzen Kameraden zur Seite und erlöste den Unglücksvogel mit einem Schuß aus dem Gewehr von seinen Qualen.[188] Heidemann hatte die Nase voll, seine Kleinbildfilme waren ohnehin belichtet.

So einfach vergessen konnte Gerd Heidemann die dreiwöchigen Erlebnisse bei den Söldnern nicht. Der STERN-Reporter, der sich für Nannens STERN fast hätte umbringen lassen, wurde nach seiner Rückkehr gefeiert. In der Redaktion war Heidemann jetzt der Größte, eine STERN-Serie umgehend beschlossene Sache. In drei Folgen, auf insgesamt zweiundzwanzig Seiten, veröffentlichte Nannen die »Straße der Landsknechte«, mit dreiundzwanzig Kongo-Photos Heidemanns.[189] Wieder einmal konnte die Illustrierte einen sensationellen Erfolg verbuchen.

Der Kongo-Triumph wäre ohne Gerd Heidemann nicht möglich gewesen, denn die Schreckensbilder und Interviews waren allein sein Verdienst. Dennoch schmückten sich andere mit Heidemanns Volltreffer: Ernst Petry, der seinen Kollegen allein zu Siegfried Müller reisen ließ, und Dieter Heggemann, der sich bei kongolesischen Politikern in Katanga aufgehalten hatte. Der eine schrieb die Serie (Petry), der andere (Heggemann) reiste ohne Ausbeute nach Hamburg zurück. Die hektischen Kongo-Wochen Heidemanns schienen auch beim STERN Spuren hinterlassen zu haben:

Im ersten Kongo-Serienteil waren — in der Autorenzeile — die »Sternreporter Ernst Petry und Gerd Heidemann« noch gemeinsam unterwegs gewesen. Im zweiten Teil hatte der STERN nur noch Ernst Petry den Söldnerkrieg erleben lassen, Heidemann war zwar im Text erwähnt, in der Autorenzeile glänzte allerdings nur Petry mit seinem Namen. Auch in der dritten Folge ließ sich Petry allein feiern. Gerd Heidemann wurde erneut lediglich im Text genannt. Der Kongo-Reporter Heidemann entdeckte dann noch einen anderen »Karriereknick«: Laut Impressum war er nicht mehr Reporter oder Redakteur, sondern Mitarbeiter der STERN-Dokumentation. Arnim von Manikowsky beispielsweise, der im Tagebuch-Debakel eine wenig rühmliche Rolle spielen sollte, stand plötzlich ebenfalls in dieser Rubrik. Im Impressum kehrte Gerd Heidemann umgehend in seine alte Position als »Redakteur« des STERN zurück, selbst Nannen war dieser Irrtum aufgefallen. Während der Kongo im STERN lief, hatte Nannen sein journalistisches Paradepferd bereits wieder in den Kongo geschickt, erneut mit Heggemann und Petry als Beistand.(190) Und das kam so:

In den von Aufständischen kontrollierten Gebieten bangten rund eintausendsechshundert Europäer und Amerikaner um ihr Leben. Die belgische Regierung mußte endlich handeln, vor allem schon deshalb, weil Washington massiven Druck auf Brüssel ausübte. Zwölf Hercules-Transporter starteten am 16. November 1964 von Frankreich aus nach Belgien, wo sechshundert belgische Fallschirmjäger in die Rümpfe marschierten. Zweihundertfünfzig von ihnen stürmten eine Woche später den Flughafen von Stanleyville, eine Stadt, in der einmal einhunderttausend Menschen gewohnt hatten. Dreihundert Geiseln wurden von den Rebellen zum Teil grauenhaft hingemetzelt, die anderen kehrten unversehrt nach Europa zurück. Als in Brüssel die ersten Maschinen mit den Geretteten eintrafen, war die Reportage für den STERN eigentlich hinfällig geworden. Heidemann und Heggemann telephonierten mit einem total aufgelösten Nannen, der das Kongo-Chaos unbedingt im Blatt haben wollte. Trotz der von Nannen in den Hörer gebrüllten Befehle wußten Heidemann und Heggemann aber nicht so recht, wo sie im Kongo die Exklusiv-Geschichte hatten auftreiben sollen. Diese Unsicherheit verhalf dem gleichfalls verlegenen Nannen zu argem Bluthochdruck. Im Stundenrhythmus telephonierte er hinter den STERN-Reportern her, die jedoch längst in Brüssel waren, wo die ersten Kongo-Geretteten eintreffen sollten. Auf dem Flughafen interviewten Heidemann und Petry bereits eine Entflohene, die im Kongo ihren Mann verloren hatte.(191) Sie bat Heidemann, der auch ohne Nannens emotionalen Druck fest zum Reisen entschlossen war, in ihrer Villa nach ihrem Photoalbum zu suchen, ihr einziges Erinnerungsstück. Falls er heil die Villa finden werde, versprach Heidemann, werde er ihre Bitte erfüllen. Heidemann sollte schließlich Wort halten.(192)

Petry flog von Brüssel nach Hamburg zurück, Heidemann und Heggemann landeten problemlos in Léopoldville. Bei der Ankunft erfuhren sie, daß in wenigen Stunden weitere befreite Europäer über eine Luftbrücke erwartet würden. In aller Eile verstauten sie ihr Gepäck in einem Hotel und rasten zum Flugplatz zurück. Die ersten Maschinen waren bereits gelandet. Die Menschen, die ihnen entstiegen, boten für Heidemann ein »jammervolles Bild«: »Die Frauen in schmutzigen, zerfetzten Kleidern, die Männer in blutbefleckten Hemden und Hosen, die Kinder in

Heidemann-Photo *(Kongo): Von Ameisen zerfressen*

Gerd Heidemann im Busch
Gefangen die Kehle durchgeschnitten

Wolldecken gehüllt.«(193) Sie kamen aus Paulis, wo die Rebellen zuvor über viertausend Menschen hingerichtet hatten. Wer nicht ein Anhänger Lumumbas war, wer als sogenannter »Kultivierter« angesehen wurde, wer wegen persönlicher Streitigkeiten von seinem Widersacher denunziert wurde, mußte mit dem Leben bezahlen.(194)

Es waren jugendliche Henker, Burschen zwischen zehn und fünfzehn Jahren. Sie legten ihre Opfer auf den Rücken, prügelten sie entweder zu Tode oder durchstießen die Leiber mit Lanzen. Sie schnitten den Gefangenen die Kehlen durch, hackten mit Buschmessern Hände und Füße ab, rissen Geschlechtsteile heraus und zwangen die Gepeinigten, ihre Extremitäten zu essen, ihren eigenen Urin oder ihr eigenes Blut zu trinken, sie schütteten aber auch Benzin in den Mund ihrer Opfer. Da wurde der Bauch aufgeschnitten, der Mageninhalt in Brand gesteckt. Der Massenmord schockte die Welt.

Unter den von den Schwarzen gejagten Europäern befand sich der Sohn eines prominenten NS-Führers: Martin Bormann, dessen Vater im Dritten Reich der Sekretär Adolf Hitlers gewesen war und dessen Ende im Mai 1945 nach wie vor rätselhaft bleibt. Bormann, der die Vornamen Hitlers und seines Vaters trug, gehörte zu den Vermißten. Heidemann machte sich allein auf die Suche.(197)

Er fand Bormanns Sohn, der Missionar war, bei den Kirchenbehörden in Léopoldville, bei den deutsch-österreichischen Herz-Jesu-Missionaren. Ihre Station lag mitten im Aufstandsgebiet. Seit Jahren hatten sie das Evangelium gepredigt, Kinder unterrichtet, die Eingeborenen zu Handwerkern und Landwirten ausgebildet. Heidemann kam mit einem Pater ins Gespräch, der Bruder Bormann kannte. Zuvor aber rückte der Geistliche Heidemann das Tagebuch heraus. Das gespenstische Protokoll wurde Seite für Seite durchphotographiert. Der STERN sollte diesen Kongo-Stoff bekommen.(198) Als Heidemann den Pater Bormann dann selbst ansprach (der unerkannt und ungerührt neben ihm gesessen hatte, während Heidemann sich mit einem anderen Pater unterhielt), wollte er zuerst kein Interview geben, bis Heidemann ihn schließlich doch noch umstimmen konnte und Bormann erzählte:

Seit drei Jahren sei er im Kongo, und er habe die scheußlichsten Szenen erleben müssen. Dann wies er darauf hin, daß der Kongo in ein Leichenschauhaus verwandelt worden wäre, wäre der »Hauptmann Siegfried Müller mit seinen Söldnern« nicht aufgetaucht — er allein habe mit Hilfe seiner Truppe die Wende her-

Bormann-Sohn Adolf Martin *(oben: 1944 in der Reichshauptstadt; unten: im Kongo, zweiter von links): Der Massenmord schockte die Welt*

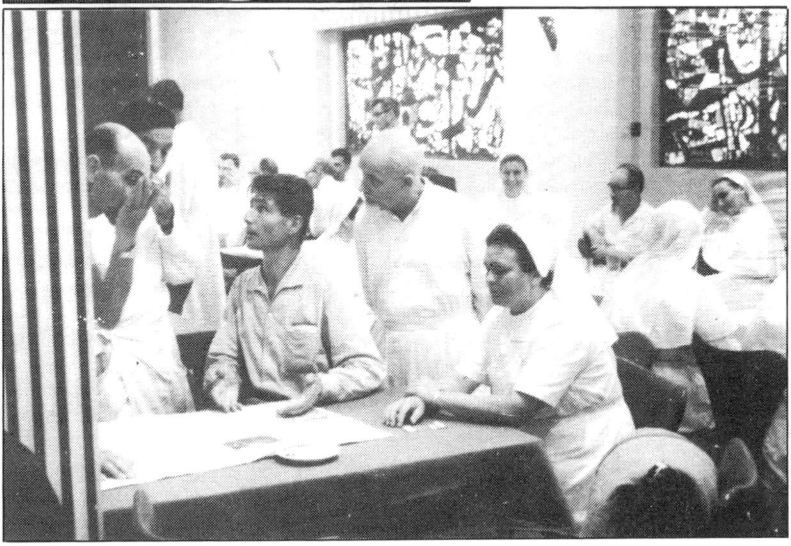

beigeführt.[199] Heidemann ging für den STERN aber auch in die Luft. In Stanleyville.

Auf dem Flughafen traf er deutsche Mechaniker an, die mit Amerikanern und Exilkubanern zusammenarbeiteten. Besoldet wurden sie von der Liechtensteiner Firma »WIGMO«, einem Tarnunternehmen des US-Geheimdienstes CIA, wie Heidemann schnell herausfand. Diese »WIGMO« finanzierte die kongolesische »Luftwaffe«, deren Piloten monatlich fast zehntausend Mark verdienten, wenn »Abschußprämien« dazukamen. Heidemann flog einen »Einsatz« mit. Er wolte für den STERN wieder einmal hautnah dabeisein.[201]

Zwei Stunden lang kreiste die Maschine über der Region von Stanleyville. Endlich entdeckte der Pilot, ein Kubaner, ein Ziel: auf einem Nebenfluß des Kongo schwamm eine Fähre. Der Pilot setzte zum Sturzflug an, die Schiffspassagiere sprangen entsetzt ins Wasser, Raketen lösten sich von der Tragfläche, verfehlten aber ihr Ziel. Zweiter Sturzflug, diesmal schoß das Maschinengewehr und traf einige der Schwimmenden. Auf dem Rückflug machte der Kubaner einen parkenden LKW aus. Erneuter Sturzflug. Die letzte Rakete wurde abgeschossen. Heidemann: »Raketen sind teuer. Und der Lastwagen sah so alt aus, daß er kaum noch benutzt werden konnte.« Eine Erklärung für diese überflüssigen Attacken lieferte der Pilot sofort:

Ihm käme es lediglich darauf an, mit leergeschossenen Magazinen zurückzukehren, um anschließend ohne Diskussion das zusätzliche »Stundenhonorar« abkassieren zu können, das immerhin zwanzig Dollar betrug. Das ist ja eine tolle Geschichte für den STERN, überlegte Heidemann, als er nach Deutschland zurückflog. In Hamburg präsentierte Heidemann seine sensationellen Photos Nannen, der gerade mit mehreren seiner Redakteure in seinem Zimmer palaverte.

Die brutalsten Motive lagen auf Nannens Schreibtisch. Ein ganzer Stapel. Er schob sie gelangweilt auf seinen Schoß. Nannen mochte keine Neger, schon gar keine toten. Er sah sich beim Blättern nur jedes zehnte Photo an, plauderte währenddessen ungezwungen mit den um ihn Herumstehenden weiter. Dann legte er den Stoß angewidert beiseite. Der STERN werde den Kongo und seine schwarzen Leichen nicht präsentieren, vor allem nicht vor Weihnachten. Keinem Leser könne so etwas Grauenhaftes zugemutet werden. Heidemann müsse — als guter Journalist — diese Entscheidung akzeptieren.[202] Inzwischen hatte sich aber weltweit herumgesprochen, daß Gerd Heidemann für den STERN exklusive Aufnahmen im Kongo gemacht hatte.

In Heidemanns Arbeitsvertrag stand, daß er fünfzig Prozent der Honorare erhalten sollte, wenn der STERN ein Bild von ihm verkaufen würde. Diese Regelung galt auch für den umgekehrten Fall. Heidemannn hatte mit Petry und Heggemann die Vereinbarung getroffen, diese fünfzig Prozent durch drei zu teilen, Heidemann teilte gern. So bescherte der Kongo-Ausflug noch anderen üppige Zusatzeinnahmen.[203] Es hätte aber noch mehr verdient werden können:

Am 10. Dezember 1965, ein Jahr nach Heidemanns zweiter Kongo-Reise, erhielt er aus Den Haag an seine Privatanschrift ein Telegramm: »Gratulieren. 1. Preis Bildreportage Worldpress 65. Brief folgt.« Die renommierte Photomedaille, für den STERN konnte bis heute als einziger Heidemann diese prestigeträchtige Auszeichnung einheimsen, erhielt er für die Sparte »Reportage« zuerkannt. Nannen schlug umgehend aus dieser Tatsache Kapital — für den STERN. Mit dem Namen Heidemann wollte sich der STERN werblich in den Vordergrund schieben.[204]

Für den STERN schrieb einst ein rühriger Journalist, der sich dann aber mit ei-

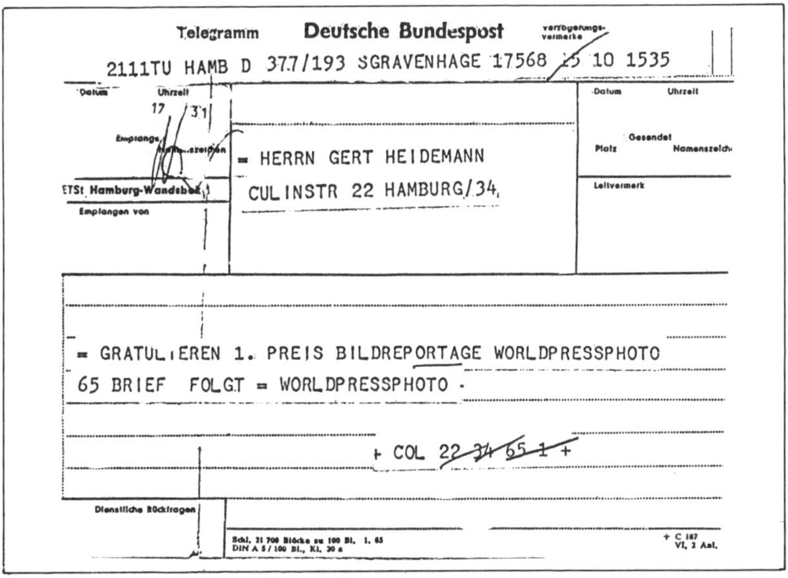
Telegramm Deutsche Bundespost

2111TU HAMB D 377/193 SGRAVENHAGE 17568 15 10 1535

Datum Uhrzeit 17 31

Empfangs- Namenszeichen

ETSt Hamburg-Wandsbek

Empfangen von

= HERRN GERT HEIDEMANN

CULINSTR 22 HAMBURG/34

Datum Uhrzeit Gesendet Platz Namenszeichen

Leitvermerk

= GRATULIEREN 1. PREIS BILDREPORTAGE WORLDPRESSPHOTO
65 BRIEF FOLGT = WORLDPRESSPHOTO .

+ COL 22 34 65 1 +

Dienstliche Rückfragen

Schl. 21 700 Blöcke zu 100 Bl. 1. 65
DIN A 5 / 100 Bl., Kl. 30 a

+ C 167
VI, 2 Anl.

Preisträger Gerd Heidemann *(Telegramm, Entgegennahme der Worldpress-Goldmedaille in Den Haag): »Ein teuer erkauftes Bild-Dokument«*

Sehr verehrter Ernst Petry!

In Ihrem Bericht im Stern Nr. 47 über den Kongo, den ich eifrig verfolge habe ich eine Frage.
Sie berichteten das Ministerpräsident Tschombé weiße Söldner in Dienst stellt.
Daher möchte ich Sie bitten, mir zu schreiben wo man sich für diesen Job zu bewerben hat.

Offenbach, 30.12.64.

Werter Herr!

Bitte sind Sie mir nicht böse, wenn Sie diesen Brief erhalten. Ich las Ihre Reportage über den Kongo. Vielleicht hätten Sie mich dort, bei den weißen Söldnern, angetroffen, wenn ich gewußt hätte, wo man sich dafür melden muß.
Sie wissen es sicher. Es gibt gewiß irgendwo eine Meldestelle, oder ein Werbebüro. Bitte teilen Sie mir mit, wo das ist, oder geben Sie mir einen Tip.
Keine Bedenken. Habe eine reine Weste, suche mir das Abenteuer.

---

h. Petry

Rubén Hernandéz
Florencia 36

M e x i c o 6 D.F.

den 29. Dezember 1964

am 17.3.65 beantwortet

An die Redaktion
"STERN"
2 H a m b u r g

Sehr geehrte Herren Redakteure,

In der Ausgabe Nr. 47 und 48 vom 29. November, las ich Ihre überaus spannende Reportage "Strassen der Landsknechte", Krieg im Kongo.

Ich schreibe heute an Sie mit der Bitte, mir die Möglichkeit bekannt zu geben, wie und wo man sich für Söldnerdienste einschreiben könnte.

Für Ihre baldige Antwort danke ich Ihnen zum voraus bestens und grüsse Sie

hochachtungsvoll

Hernández

Nannen-Manipulations-Anlaß *(Söldner-Bettelbriefe an den STERN): »Am 17.3.65 beantwortet« (Pfeil)* nem Pressedienst, dem UPS, selbständig machte. Dieser UPS schreckte die Redaktionen im Auftrag Nannens mit der Überschrift »Kongo — ein teuer erkauftes Bild-Dokument« auf: »Gerd Heidemann war 30 Tage lang von schwarzen Rebellen eingeschlossen«, ließ der Chefredakteur Nannen erneut übertreiben. Fünf Photobeispiele aus Heidemanns »Kampftagen« lagen zur honorarfreien Bedienung anbei.(205) Die Tageszeitungen veröffentlichten Heidemanns journalistische Glanzleistung, der KÖLNER STADT-ANZEIGER beispielsweise mit der knalligen Überschrift: »30 Tage dem Tod ins Auge geschaut.«(206) Überall wurden Heidemanns Bilder gedruckt. In Afrika. In Australien, in Süd- und Nordamerika, in ganz Europa. In der Hamburger KONKRET stand Heidemann als Autor und Photograph in einer zweiteiligen Serie dick über der Headline, in einem dazugehörigen Kasten lobte STERN-Redakteur Peter Grubbe seinen Kollegen über den Klee.(206a)

Aus dem Goldmedaillen-Feldzug des STERN bezog Gerd Heidemann keinen materiellen Gewinn. Nannen stellte sich auf den seltsamen Standpunkt, diese Abdruckflut sei so einmalig, daß sie als Imagepflege des STERN angesehen werden müsse. Der STERN feierte seinen Journalisten darum erst an zweiter Stelle, denn schließlich sei es der STERN gewesen, der seinen Starreporter Gerd Heidemann in die Gefahrenzone beordert habe.(207) Nannen überraschte aber auch als fabulierender Dichter:

»Sternreporter Gerd Heidemann ging im Kongo mit den weißen Söldnern des Hauptmanns Müller vor. ... Die Veröffentlichung dieser Reportage im STERN hat verhindert, daß die brutalen Söldner weiter Zulauf bekommen.«(208) In der Tat hatte Henri Nannen seinen STERN-gläubigen Lesern — wieder einmal — einen kräftigen Bären aufgebunden. Und was für einen:

Ein Gerhard Tillips aus Holzminden war »zusammen mit einem Freund ... auf der Suche nach einem wirklichen Abenteuer«, er würde in der »Tätigkeit als Söldner im Kongo (seinen) Wunsch erfüllt wissen«, deshalb gestatte er sich die Anfrage, ob ihm der STERN sagen würde, »wie ich dort hinkommen könnte«. Und Peter Grohm aus Pfullendorf bat, »mir zu schreiben, wo man sich für diesen Job zu bewerben hat«. Sepp Fill aus Ottenbach schließlich hatte nicht nur sämtliche Kongo-Reportagen gelesen, sondern der STERN hätte ihn fast »dort, bei den weißen Söldnern, angetroffen, wenn ich gewußt hätte, wo man sich da melden muß«. Selbst in Mexiko wurde der STERN gelesen. Rubé Hernandéz richtete an den STERN die Bitte, »mir die Möglichkeit bekanntzugeben, wie und wo man sich für Söldnerdienste einschreiben könnte«. Wie hatte der STERN darauf reagiert?

Die Adressen eines Teils der Interessierten erhielt »Kongo-Müller« direkt zugesandt, ein anderer Teil wurde der kongolesischen Botschaft in Bonn zur gefälligen Auswertung übereignet.(209) Der STERN verkam zum Rekrutierungsbüro, denn auch telephonische Anfragen blieben nicht ohne befriedigende Auskunft. »Kongo-Müller« hatte, dank des STERN, mit Sicherheit keine Nachwuchssorgen. Unzählige Briefe wurden an den STERN adressiert, unzählige Absender wollten als Söldner nach Afrika. Trotzdem täuschte der Chefredakteur des STERN in unglaublicher Weise: »Die Wahrheit berichten, heißt die Welt zum Besseren ändern.«(210)

Dazu ist es im STERN, auch dank Henri Nannen, nicht immer gekommen.

ПАСПОРТ

Действителен

по 26 января 1971 года

1. Фамилия, имя, отчество Сташинский
Богдан Николаевич

2. Время и место рождения 4 ноября 1931 года
с. Борщовичи Новоярычевского р-на, Львовской области

3. Национальность украинец

VII-CA № 501142

4. Подпись владельца паспорта

KGB-Dokument *(sowjetischer Paß Staschynskis): »Die hatten so kleine Peitschen in der Hand«*

»AM SCHLIMMSTEN WAREN DIE MONGOLEN« oder: Gerd Heidemann erfährt mehr als Geheimdienste

Henri Nannen hatte Zeitung gelesen. Das tat er jeden Morgen. Darum füllten zumeist Themen der Tagespresse die Spalten des STERN. Jetzt suchte er Gerd Heidemann. Doch erst gegen Mittag stand der Reporter seinem Chefredakteur gegenüber. Der frühe Morgen war nicht unbedingt Heidemanns Zeit. Unverzüglich, so diktierte Nannen, möge Heidemann nach der Ehefrau eines Mörders fahnden, den der sowjetische Geheimdienst, das KGB, in die Bundesrepublik Deutschland geschickt hatte, um unliebsame Gegner zu ermorden. Dieser Mann stand nun in Karlsruhe vor dem Bundesgerichtshof und sorgte in der Presse für Aufsehen. Er hatte zwei Emigranten in den Tod befördert. Sein Name: Bogdan Staschynski. Verheiratet war der politische Scharfrichter mit einer Deutschen, Inge Pohl. 20.000,- DM Honorar sollte sie erhalten, wenn der STERN ihre Lebensgeschichte abdrucken könnte. Im Spätsommer 1962 setzte sich Gerd Heidemann in Marsch. Weit mußte er nicht fahren.(211)

Bogdan Staschynski war Ukrainer. Die sowjetischen Nachrichtendienstler waren auf seinen Namen gestoßen, weil er — während der deutschen Besatzerjahre — die Sprache des Landes erlernt hatte, das Moskau zu seinem erklärten Feind auserkoren hatte: die Sprache der Republik des Konrad Adenauer. Staschynskis Ausbildungsfächer aber wurden nicht Geheimschrift oder Morsealphabet, sondern er sollte als Henker Karriere machen. Terror stand beim KGB in der Ära des Kalten Krieges ganz obenan: Die Abteilung »III«, zu der Staschynski fortan gehörte, hatte die Gegner der ruhmreichen Sowjet-Union zu liquidieren.(212) Das erste Staschynski-Opfer wurde ein Landsmann.

Am 12. Oktober 1957 betrat der mittellose Lev Rebet ein Haus am Münchner Karlsplatz 8. Auf der Treppe zur ersten Etage stellte sich ihm Staschynski in den Weg. Der KGB-Killer sprach Rebet an. Der Emigrant wollte antworten, machte seinen Mund auf — in diesem Augenblick drückte Staschynski auf den Auslöser seiner Giftpistole, Blausäure spritzte. Rebet war augenblicklich tot. Herzinfarkt, diagnostizierten die Ärzte.(213) In der Moskauer KGB-Zentrale konnte triumphiert werden. Zwei Jahre später reiste der Mörder wiederum in die Bundesrepublik. Diesmal traf es, abermals in der bayerischen Landeshauptstadt, Stefan Bandera, Ukrainer wie auch Staschynski.

Bandera hatte in der Ukraine eine Guerilla-Bewegung aufgebaut, die erst zwei Jahre nach Beendigung des Zweiten Weltkrieges mit großer Mühe von Stalin zerschlagen werden konnte. Mit einigen Gleichgesinnten setzte Bandera sich in den Westen ab. Von München aus traktierte er die Sowjet-Union, publizierte Enthüllungen, griffen vor allem westliche Geheimdienste auf Informationen zurück, die Bandera nach wie vor aus seiner Heimat reichlich zuflossen. Am 15. Oktober 1959 starb der Exilpolitiker, wie zuvor sein Kollege Rebet, durch Staschynskis Giftpistole. Herzinfarkt, brachte die Autopsie erneut an den Tag.(214)

Die »deutschen Nachrichtendienste gingen über den unsensationellen Tod zur Tagesordnung über«, registrierte der Journalist Heiner Emde.(215) Keinen Abwehr-Spezialisten dünkte es, Dienste des Ostblocks könnten hier nachgeholfen haben. Aber die Mauer in Ost-Berlin sollte erst noch gebaut werden. Stunden vor der endgültigen Teilung der ehemaligen Reichshauptstadt lief der KGB-Richter über und stellte sich, auf einem Polizeirevier in Berlin-Tempelhof, den Amerikanern. Die Mitarbeiter des US-Geheimdienstes CIA trauten anschließend ihren Ohren nicht: Rebet und Bandera hätte das KGB auf dem Gewissen. Er, Staschynski, habe sie hingerichtet. Niemand von der CIA hatte dem Überläufer anfangs geglaubt. Erst eine Woche später dämmerte es: Staschynski hatte die Wahrheit gesagt.(216)

In der Tat war Ungeheuerliches geschehen: Alexander N. Schelepin, Chef des KGB von 1958 bis 1961, hatte sich vorgenommen, die hartnäckigsten Widersacher aus dem Weg zu räumen, möglich schien ihm das Reinemachen nur mit gedungenen Attentätern. Schelepins Leichen-Ära wurde die blutigste in der Geschichte des KGB. Als er selbst für Moskau nicht mehr tragbar war, er statt das KGB den sowjetischen Gewerkschaftsverband beaufsichtigte, da hatte ihn der bundesdeutsche DGB-Vorsitzende Heinz Oskar Vetter später in Düsseldorf empfangen und den Schurken ausgesprochen herzlich begrüßt und bewirtet. Daß der prominente KGB-Totschläger seinen Untergebenen Staschynski einige Wochen nach dem Anschlag auf Bandera höchstpersönlich mit dem Orden des Roten Banners auszeichnete, kam nicht zur Sprache.(217)

Als Bogdan Staschynski während langwieriger Vernehmungen das Mordgeständnis ablegte, erfuhren die Dienste viel Neues. Doch sowohl CIA als auch der Bundesnachrichtendienst konzentrierten sich in erster Linie auf Bandera und Rebet. Dabei hätten sie die einmalige Chance erhalten, das KGB als einen mehr oder weniger desolaten Apparat kennenzulernen, denn was Staschynski auspackte, hatte Seltenheitswert. Aber die West-Geheimen standen dem enthüllenden Staschynski gleichgültig gegenüber, denn als dieser ihnen einen Teil der KGB-Hierarchie erklärte, Strukturen preisgab, werden die meisten wohl bereits an ihren Feierabend gedacht haben, das Geheimimperium des KGB blieb ihnen ein Buch mit kyrillischen Buchstaben. Zu Staschynski-Analysen war keiner fähig. Selbst der Gründer des BND, Reinhard Gehlen, erinnerte sich lediglich daran, daß Staschynski nur »durch seine Frau veranlaßt worden war, sein Gewissen zu erleichtern« und sich erst dann gen Westen absetzte.(218) Doch der mehr als einmal überschätzte Gehlen hatte sich auch hier geirrt. Er hätte statt auf wichtigtuerische Halbwelt-Geheime in seinem Dienst auf Gerd Heidemann setzen sollen, der sich schließlich die unter Verschluß stehenden Ermittlungsakten der Bundesanwaltschaft besorgte, der an die unzulänglichen Protokolle der Vernehmungen herankam sowie Staschynskis Vertraute, seine Frau Inge, zum Sprechen über Intimes überreden konnte. Dann spätestens wäre den Nachrichtendienstlern in der Bundesrepublik ein Licht aufgegangen. Beispielsweise dieses:

Lev Rebet lebte am Rande des Existenzminimums. Über Wasser halten konnte er sich nur mit kleinen Artikeln für die Emigranten-Zeitschriften im Format DIN-A5. Aus Mitleid, um Rebet den mühsamen Lebensunterhalt zu erleichtern, nahmen die winzigen Redaktionen ihm den einen oder anderen Beitrag ab. So konnte er sich ein bescheidenes Zubrot verdienen. In einer der Emigranten-Organisationen residierte aber ein Mann des KGB, der nicht viel erfahren konnte und darum — aus Selbsterhaltungstrieb — den armen Rebet zu einem einflußreichen Emigranten aufbauschte, ihn zu einem Superagenten zusammenfabulierte. Moskau redete sich daraufhin Rebet als einen der größten Gegenspieler ein. Daß er aber in Wahrheit ein armer Teufel war, der gelegentlich mit knurrendem Magen ins Bett gehen mußte, blieb selbst dem BND verborgen. Wenn die Russen einen solchen Mann ins Jenseits beförderten, hatten sich die Konkurrenten des KGB suggeriert, dann müsse er auch ein ganz gefährlicher Oppositioneller gewesen sein.(219)

Die Morde Staschynskis waren traurig genug, aber was Gerd Heidemann im

Staschynski-Fall zutage förderte, sprengte nicht nur die kühnsten Erwartungen, sondern hätte sich zu einer Affäre ausweiten können — wenn Nannen nur den richtigen Durchblick gehabt hätte: Geheimdienste klebten sich höchstpersönlich das Etikett der Stümperhaftigkeit an ihre Türen, eine Bundesanwaltschaft geriet ans Licht, die ermittlungsmäßig versagte und schludernd dahindilettierte. Gleichzeitig kam ein Bundesgerichtshof zum Vorschein, der es doch tatsächlich riskiert hatte, daß der abtrünnige Bogdan Staschynski von einem in die Bundesrepublik entsandten KGB-Exekutionskommando leicht zum Schweigen hätte gebracht werden können. Abermals stellte Gerd Heidemann unter Beweis, wie problemlos ein großes Geheimnis alsbald keines mehr war. Er reiste an die Quelle des Geschehens, nach Karlsruhe.

In der Nähe des Bundesgerichtshofes, einige hundert Meter entfernt, befand sich eine kleine Pension mit vorzüglicher Küche, die von einem Elsässer geführt wurde. In diesem Haus quartierte sich Gerd Heidemann immer dann ein, wenn er in der Stadt oder Umgebung zu tun hatte. Der Reporter war bei Gericht kein Unbekannter und hoffte, während des Prozesses auf die Gefährtin Staschynskis zu stoßen, ging davon aus, daß sie eines Tages als Zeugin würde aussagen müssen. Doch diesen Gefallen tat ihm der Bundesgerichtshof nicht. Die sensationelle Verhandlung war beendet, Heidemann wollte schon seine Koffer packen, als ihn der Hotelbesitzer ansprach, der inzwischen wußte, wen sein Gast suchte: »Wenn Sie nach Stuttgart fahren, finden Sie sie«, erfuhr Heidemann. Woher er sein Wissen habe, fragte der STERN-Reporter. Dies hätten Staatsanwälte des Bundesgerichtshofes enthüllt, die mittags regelmäßig zu ihm kämen: »Die Bundesanwälte haben munter drauflos gequatscht.« Heidemann dachte nach: Der Schlupfwinkel von Staschynskis Frau wurde absolut geheimgehalten, für sie immer wieder ein neues Zuhause gefunden, seit es dem Reporter des HAMBURGER ABENDBLATTES Erik Verg einmal gelungen war, die Versteckte in einem Treppenhaus der Böblinger Straße 96 in Stuttgart aufzustöbern. Die Kripo, für Staschynskis Gattin verantwortlich, wurde in Alarmbereitschaft versetzt.[220] Die Frau lebte seitdem in der Wohnung eines Kriminalbeamten.

Mit diesen Informationen hätte Gerd Heidemann einfach nach Stuttgart fahren können. Aber möglicherweise wäre ihm dasselbe wie auch seinem Kollegen Verg widerfahren: er hätte die Kripo auf dem Hals gehabt. Heidemann hatte während der Recherchen zu den Spionage-Fällen Ludwig und Helfmann ein relativ gutes Verhältnis zu dem Oberstaatsanwalt der Bundesanwaltschaft, Erwin Fischer, unterhalten. Wenn er diesen ansprechen würde, Fischer als Interview-Vermittler auftreten würde, bekäme die Geschichte einen offiziösen Charakter, und kein Polizist würde sich ihm mehr in den Weg stellen können.

Erwin Fischer hatte wohl nicht viel Möglichkeiten, Heidemanns Bitte auszuschlagen, denn auch er erfuhr die Quelle des Aufenthaltsortes der Staschynski-Gemahlin: Kollegen hätten die Adresse während der Eßpausen preisgegeben. Diese Peinlichkeit durfte nicht im STERN stehen. Da war das größere Übel das kleinere. Heidemann: »Auf Anweisung der Bundesanwaltschaft mußte das Gespräch im Hause des (Staschynski-Pflicht-)Verteidigers (Helmut Seydel) in seiner Kanzlei durchgeführt werden«, der zu dieser Zeit auch hauptverantwortlich den Schutz der Frau übernommen hatte. Hingebracht und abgeholt hatte sie Erwin Fischer. Am 2. November 1962, um elf Uhr, lernte Heidemann Inge Pohl kennen. Zuvor hatte Erwin Fischer noch auf sie eingewirkt: Sie könne dem STERN-Journalisten »alles offen erzählen«, müsse sich vor ihm »nicht fürchten«.[221]

Inge Staschynski, geborene Pohl, war 172 Zentimeter groß, schlank, aber kräf-

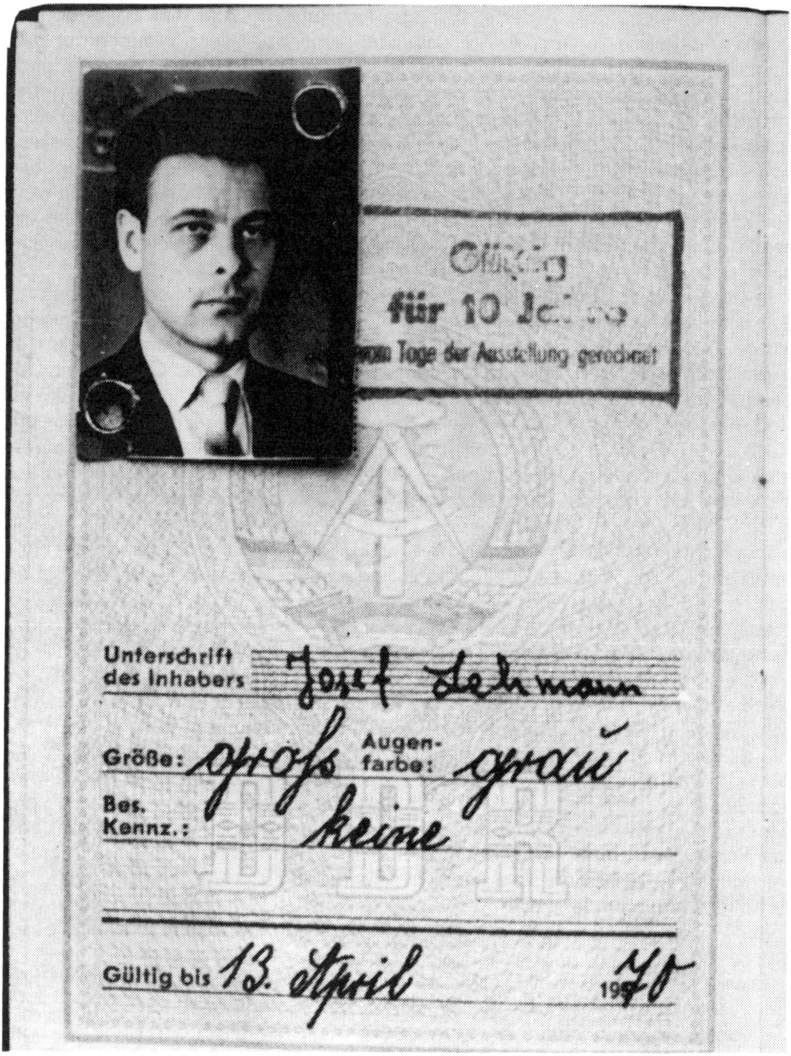

KGB-Dokument *(DDR-Personalausweis Staschynskis): »Das hat gut geschmeckt«*

tig. Ihre Beine waren »gut geformt«, das Gesicht »voll«, »obwohl die Nase auffallend lang und fast spitz wirkte«. Der Nasenrücken wies einen kleinen Höcker auf, der Mund sah »weich und fraulich aus«, als Augenfarbe machte Gerd Heidemann, der keine Details ausließ, »blau-grau« aus: »Beim Lächeln bilden sich kleine Grübchen in den Wangen, beim Ärger hingegen eine schräge Falte über der Nasenwurzel.« Sie war von »blasser« Hautfarbe und hatte »wuschelig frisiertes Haar«, »dunkelbraun mit leicht rötlichem Schimmer«. Henri Nannen wußte, warum er stets Gerd Heidemann losjagte: keiner außer ihm selbst interessierte sich so für Nebensächlichkeiten wie der rasende Reporter Heidemann.(222) Frau Staschynski hob an zu erzählen, und Heidemann stellte das Tonbandgerät an:

Am 4. November 1936 sei sie in Berlin-Spandau geboren, ihr Vater Fritz war Autoschlosser gewesen, die Ehe der Eltern nicht glücklich geworden, da sie wohl mehr unter Zwang geschlossen worden war: Inge war unterwegs. Ihre erste Liebe sei ein »heute ganz gefährlicher Bursche im Osten«, der durch die Tischlerprüfung flog, sich dann aber in der DDR als Lehrer und lokaler Leiter der DDR-Kinderorganisation »Junge Pioniere« durchzusetzen verstand. Ihr Bruder Fritz war acht Jahre jünger, 1945 geboren. Die Kapitulation in der Nähe des mecklenburgischen Feldberg erlebte sie als einen Horrorfilm.

Rotarmisten (»Am schlimmsten waren die Mongolen, die »trugen Kosakenmützen und hatten so kleine Peitschen in der Hand«) griffen sich jede deutsche Frau, ob Rentnerin oder noch ballspielendes Mädchen, und vergewaltigten sie. »Da ist keine Frau verschont geblieben«, »viele haben sich das Leben genommen«, erinnerte sich Inge Pohl. Auch ihre Mutter sei dreimal in die Hände der Sieger aus dem Osten gefallen.(223) Die Frau von Hans Fallada, die Falladas wohnten im selben Ort, soll ebenfalls ein Opfer geworden sein, als sich der Schriftsteller in Berlin befand. Inge Pohl: »Ich weiß noch, daß (Fallada) viel geraucht hat, er war ein Kettenraucher. Der hat sich eine Zigarette nach der anderen angesteckt. Er kam immer mit seiner Freundin aus Berlin und besuchte seine Frau und seine Kinder.« Fallada?

Der Schriftsteller lebte, als das Dritte Reich unterging, in Feldberg. Dort rasselte er mit dem Ortskommandanten, SS-Hauptsturmführer Max Horn, der für das SS-Wirtschafts-Verwaltungshauptamt des SS-Obergruppenführers Oswald Pohl die kommerzielle Judenvernichtung vorantrieb, zusammen. Horn zeichnete als Geschäftsführer der SS-eigenen Firma »Ostindustrie GmbH« mit Sitz in Lublin und vorübergehender Residenz bei Apollinaris in Bad Neuenahr.(224)

Horn befehligte in den letzten Hitler-Tagen rund 1.500 versprengte SS- und Wehrmachtsangehörige, »nur spärlich mit Waffen ausgerüstet und fast ohne Munition« (Horn). Fallada, der eigentlich Rudolf Ditzen hieß und den Heydrichs SD im Juli 1943 für frontuntauglich hielt (seine »Verwendung erscheint ... nicht tunlich«),(225) stand im letzten Volkssturmaufgebot. Horn: »Er sollte zusammen mit ein paar anderen Sprenglöcher für die Sprengung eines Dammes graben, der über den großen Luzin von Osten nach Feldberg führte.« Aber der Schriftsteller wollte nicht für den Führer sterben. Der SS-Offizier wurde barsch, Fallada gehorchte. Am Abend kam Fallada zurück und zeigte Horn einen roten Freistellungsschein des Reichspropagandaministeriums, »der besagte, daß Fallada von jeglicher Inanspruchnahme für irgendwelche Dienste zu befreien sei, daß er den Auftrag habe, einen 'Judenroman' zu schreiben« — »natürlich einen antisemitischen«, hielt Horn nach dem Krieg fest. »Judenromane«, so schrie ihn der SS-Mann daraufhin an, »werden erst dann wieder geschrieben, wenn wir diesen Krieg gewonnen haben.«(226)

Die Rote Armee setzte Fallada als Bürgermeister von Feldberg ein. Horn geriet, vorübergehend, in sowjetische Kriegsgefangenschaft, wurde 1947 entlassen und lebte jahrelang in Westdeutschland im Untergrund, stand er doch in den Fahndungslisten sowohl der östlichen als auch der westlichen Alliierten. Hätten die Russen gewußt, wer ihnen in die Arme gelaufen war, Max Horn, der Wirtschafts-»Endlöser«, wäre wohl erschossen worden. Statt dessen machte er wieder Karriere: diesmal als Unternehmensberater in Baden-Württemberg.(227)

Von Fallada habe sie einige Romane gelesen, erinnerte sich Inge Pohl. Am Abend vor Heiligabend 1945 kam ihr Vater aus britischer Kriegsgefangenschaft zurück (»Wir lagen alle schon im Bett«), 1946 lernte sie Gerhard Walder kennen, Chauffeur Hilde Benjamins, der Justizministerin der DDR und im mitteldeutschen Volksmund als »Frau Freisler« apostrophiert. Inge Pohl wohnte in Ost-Berlin und erlernte das Handwerk der Friseuse, verdient hatte sie in erster Linie West-Mark, im Salon Rechholz in der West-Berliner Siemensstadt.(228)

Das war 1955, ein Jahr später verzog die nun zwanzigjährige Inge nach Dallgow, westlich von Berlin. Nach Ost-Berlin fuhr sie nur noch zum Tanzen: ins »Casino«, hinter dem Friedrichstadt-Palast am S-Bahnhof Friedrichstraße. Dorthin ging später auch Gerd Heidemann, er wollte die Umgebung inspizieren, in der Inge Pohl ihren Bogdan kennengelernt hatte:(229)

Eine braune Treppe führte nach oben, die jeder passieren konnte, der zwei Mark Eintritt gezahlt hatte. Die Wände waren mit gelber Ölfarbe gestrichen, »überall sind Gipsstellen zu sehen«. Der Tanzsaal hatte eine Höhe von fünfzehn Metern, »die Säule in der Mitte und seine runde Form erwecken den Eindruck, als handele es sich um einen Tempel«. Heidemann erblickte eine etwa zehn Meter lange Bar, »links ein Podest für die Kapelle«. Die Sitze waren »mit gelbem und rotem Plastik überzogen«, an den Wänden hingen »exotische Masken«, eigentlich, so hielt der Reporter fest, »ist hier alles miefig«: »alte Tische mit Stühlen, deren zerschlissenen und schmierigen grüne Stoffbezüge manchmal aufgerissen herunterhängen und die Wandleuchten mit braunen Pappschirmchen, die teilweise eingerissen sind«.(230) Wodurch Bogdan Staschynski ihr aufgefallen sei, wollte Gerd Heidemann von Inge Pohl wissen.

Er habe »ein sehr gutes Auftreten gehabt und sah eigentlich sehr, sehr gut aus«: ganz schwarzes Haar — »mein Ideal«, schneeweiße Zähne, »war gut gekleidet und trug meistens dunkle Anzüge«. Als Staschynski Inge traf, stand er kurz vor seinem ersten Mord. Inge Pohl dachte, er sei Tscheche, aber der »Casino«-Portier machte ihn als Mitarbeiter der polnischen Botschaft in der DDR aus. Polen, so verriet Inge Pohl Gerd Heidemann, mochte sie überhaupt nicht. Bei dem Bogdan aber habe sie eine Ausnahme gemacht. Und als sich herausstellte, daß er gar kein Pole sei, da sei sie »sehr glücklich« gewesen (»Es war für mich herrlich, daß er nun ein Deutscher war«).(231)

Sie gingen ins Kino, spazierten durch West- und Ost-Berlin. Heidemann fragte, ob Staschynski West-Geld mit sich geführt habe. Inge: »Der hat immer West-Geld gehabt.« Er habe, erklärte sie, in der ersten Zeit behauptet, er sei aus Polen nach Mitteldeutschland übergesiedelt und für den DIA, den »Deutschen Innen- und Außenhandel«, tätig. Heidemann wußte sofort, daß Inge Pohl sich hier vertan hatte, sie vielmehr das Ministerium für Außenhandel und Innerdeutschen Handel gemeint hatte, in das nicht nur der DDR-Geheimdienst für West-Einsätze seine Leute schleuste, sondern auf das auch gern das sowjetische KGB zurückgriff.

Bogdan Staschynski stellte sich seiner neuen Bekannten Inge aber nicht mit seinem Klarnamen vor, sondern er nannte sich Joseph Lehmann. Inge Pohl war rettungslos verloren, sie liebte ihren Joseph mit Haut und Haaren. Der meldete sich erst mal für vier Wochen ab. Angeblich wollte ihr Geliebter zur Leipziger Messe. Tatsächlich aber reiste er nach München, um den harmlosen Lev Rebet zu töten. Als er — nach zwei Monaten — wieder zurückkam, fiel ihm eines Abends im »Casino« die Jacke herunter. Inge bückte sich, wollte die herausgerutschte Brieftasche aufheben, da wurde Staschynski wütend und riß seiner Freundin die Dokumente aus der Hand.(232)

So langsam stieg bei Inge Pohl der Verdacht auf, mit ihrem Joseph Lehmann könne etwas nicht stimmen, fiel ihr doch auch die unregelmäßige Arbeitszeit auf, zumal er nach den vielen Wochen braungebrannt bei ihr wieder auftauchte.(233) Sie wolle sich an seine Fersen heften, ihm von seinem Untermietzimmer in der Marienstraße bis zur Arbeitsstelle nachlaufen, um die Wahrheit zu erfahren, drohte sie.(234) Staschynski aber gelang es schnell, seine mißtrauisch gewordene Gefährtin zu beruhigen, indem er ihr einen Heiratsantrag machte.(235)

Die Ringe wurden am Gesundbrunnen gekauft, »weil die (hier) schöner und breiter sind«. Im Ost-Sektor gab es nur schmale zu kaufen. Im Mai 1959 wurde die Verlobung gefeiert. Fünf Monate später streckte der zukünftige Bräutigam Stefan Bandera hin. Im April 1960, ein halbes Jahr nach seinem zweiten Mord, wurde geheiratet.(236) Vom Moment des zweiten Mordes an veränderte sich Inges Mann.

Immer häufiger roch er nach Alkohol, »wenn er mich abends von der Arbeit abholte«. Schließlich weinte er sogar. Die Morde hatten ihm das Rückgrat gebrochen. Inge Pohl: »Und da erzählte er mir, wer er wirklich ist, daß er beim russischen Nachrichtendienst wäre«: »Jetzt sollte ich mit nach Rußland kommen und mir dort alles angucken.«(237) Dies Geständnis habe er vor der Eheschließung gemacht. An diesem Tag machte Staschynski seiner Inge einen Heiratsantrag, den sie sich freilich »nun mal wirklich anders vorgestellt hatte«.(238)

Inge Pohl wußte zwar jetzt, daß ihr zukünftiger Mann für das KGB arbeitete, aber von seinen Morden hatte sie noch keine Ahnung. Sie kündigte ihre Arbeitsstelle bei einem Friseur und reiste im Januar 1960 in eine fremde Welt: mit dem Zug über Frankfurt an der Oder, über Brest nach Moskau (»Als wir an den polnischen Bahnhöfen hielten, schallte es durch die Lautsprecher, diese Brocken, man versteht kein Wort, und die Umgebung — ich dachte, ich bin jetzt verraten und verkauft«): »In Rußland habe ich Angst bekommen. Es roch überall nach russischem Parfüm, die (Zug-)Wände waren so mit Kunststoffzeug ganz blau geklebt«, »die Kinder waren furchtbar angezogen«.(239)

In Moskau wurde das Paar von Staschynskis Führungsoffizier Alexander abgeholt, der es mit dem Taxi ins Hotel »Ukraine« brachte. Nun konnten die zwei ausruhen und ihr wohlverdientes Essen einnehmen. Inge Pohl verzehrte Hühnerkeulen, mit Butter gefüllt, »das hat gut geschmeckt«. Sie probierte gewürztes Hack, »das war nicht so gut«. Ihr fiel gleich auf, »daß die Russenfrauen so Hauben mit lauter Flitter dran trugen«, auch »das sah furchtbar aus«. Sie »hatten alle ihre Fingernägel rot lackiert, die Hälfte war aber abgebrochen, und damit haben (die Verkäuferinnen) die Wurst geschnitten«, unter den Fingernägeln »war dann auch meistens Schmutz« — »liederlich bis dorthinaus«. Überall Stereotypes: Wolkengardinen, auch die Ober im Hotel sahen »entsetzlich aus«, obwohl »die im Frack herumliefen«: »Da fehlten Knöpfe, da waren Löcher drin, die waren befleckt.« Auch dies »sah ganz entsetzlich aus«.(240) Schließlich fuhr Inge Pohl mit der Moskauer U-Bahn.

»Nun guck dir das an«, bestürmte sie Bogdan Staschynski, »diese wunderschö-

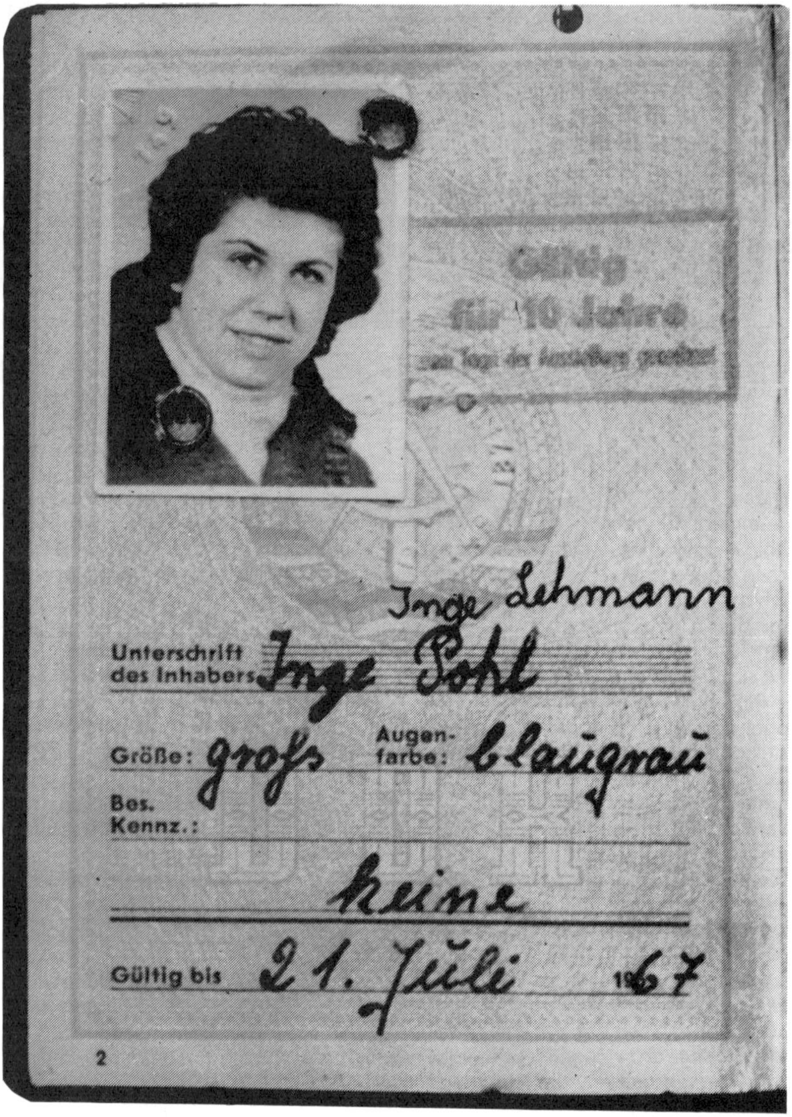

KGB-Dokument *(DDR-Personalausweis Inge Pohls): »Wie man die Toilette benutzt, wissen die nicht«*

nen Paläste, diese marmornen Metro-Stationen — und dann die Frauen mit Röcken aus Kattun und Filzstiefeln«, mit dicken Kopftüchern und einem »ganzen Sack voll Brot auf dem Rücken«. Das war ein Kontrast: Wunderschöne Prachtbauten aus der Zarenzeit, liebevoll restauriert und dann »diese in Lumpen gehüllten Menschen«.(241)

Inge Pohls Verwandtschaft durfte nicht erfahren, daß sie nunmehr in Moskau weilte. Aus Sicherheitsgründen mußte sie als vorübergehenden Aufenthaltsort die polnische Hauptstadt Warschau angeben. Bogdan Staschynski las das kommunistische Parteiorgan TRYBUNA LUDU, das KGB spendierte die Warschauer Postkarten. Was in der polnischen Zeitung stand, fand sich später auf den Grußkarten wieder.(242)

Je länger Inge Pohl in Moskau war, desto größer die Sehnsucht, nach Deutschland zurückzukehren. Der triste Alltag bescherte vor allem Betrunkene: »Einmal lag da einer im Schnee. Der taute, und der Mann lag halb im Wasser, halb im Schnee. Auch von den Dächern floß das Wasser auf ihn. In Moskau gibt es nämlich keine Dachrinnen.« Betrunkene hockten aber auch auf den U-Bahn-Stationen und in Hausfluren. Immer, wenn die Miliz auf die vom Kommunismus Vergessenen stieß, ließen diese lallend Chruschtschow hochleben. Inge Pohl litt an Depressionen.(243)

Die »Ostdeutschen« hätten sich so schlimm benommen, daß Inge Pohl meinte, sich für sie schämen zu müssen, auch der KGB-Mann Staschynski hatte für die in seinen Augen arrogante DDR-Mentalität nichts übrig. Manche Russen aber, die hätten sich so benommen, daß »einem schlecht geworden ist«: »Die Leute spucken einfach durch die Gegend. Ich hatte immer Angst gehabt, daß mir so einer mal auf die Hacken spuckt. Da haben die (in Moskau) so wunderschöne Papierkörbe aus Porzellan stehen, beinahe wie Vasen. Und die Dinger sind bespuckt von oben bis unten. Da muß man aufpassen, daß man da nicht mit dem Mantel rankommt.« Und die Toiletten? Ein »öffentliches Trauerspiel«:

»Im 'Haus des Kindes' ist eine. Alles ist naß. Wie man die Toilette benutzt, wissen die meisten wohl nicht. Dort haben die Toiletten auch ganz andere Formen. Da stellen die sich drauf. Manche Toiletten hatten nur ein Loch im Boden. Und kein Mensch macht das sauber. Die haben dann einfach Wellpappe hingelegt, die das aufsaugen sollte. Sie können sich gar nicht vorstellen, wie das gestunken hat. An die Toiletten darf ich gar nicht denken. Furchtbar.«(244)

Ein anderes Mal gingen Führungsoffizier Alexander und seine Frau mit Staschynski und Inge Pohl aus. Die Frau des Offiziers sei »eine komische Frau« gewesen, ein »Deutschenhasser-Typ«, eine »richtige Zimtziege«. Lehrerin soll sie gewesen sein. Im Hotel »Ukraine« wurde zu Abend gegessen, eine »wunderschöne Spezialplatte« kam auf den Tisch. Und dann ging es los: »Ach, das möchte ich nicht, das möchte ich nicht. Ja, da heißt es immer, die russischen Frauen essen so viel. Aber die essen ja gar nicht, obwohl sie so dick sind.« Es wurde aufgefahren, wie es Ceaucescu in Rumänien getan hatte: Roter Kaviar, Sekt von der Krim, Fisch, Fleisch. Doch an den Speisen hatten Alexander und Gattin »nur genippt«, »haben es verächtlich weggeschoben«. Alles sei stehengeblieben. »Wenn man zeigen wollte, wer man sei«, schloß Inge Pohl dieses unangenehme Kapitel, »dann wurde nur angegessen.«(245)

Bogdan Staschynski wußte, warum er Inge Pohl nach Moskau entführt hatte. Die geplante Hochzeit mußte genehmigt werden, das sowjetische KGB sich über die zukünftige Ehefrau seines Meistermörders im klaren werden. Könnte sie zum Sicherheitsrisiko werden? Mit Staschynski hatte Schelepin noch viel vor. Er sollte für ihn solange morden, bis er das Rentenalter erreicht hatte. Doch es sollte alles anders kommen, das KGB an der Naivität und den Instinkten einer deutschen Mutter scheitern.

Im März 1960 besuchte der Führungsoffizier Alexander unangemeldet Inge Pohl. Mitgebracht hatte er einen freundlichen älteren Herrn, der Inge Pohl einen Kasten Konfekt überreichte. Es war der sowjetische »Tag der Frau«. Sie habe ja sicherlich bereits erfahren, daß ihr Freund ein Kundschafter für den Frieden sei, an der vordersten Front für die ruhmreiche Sowjet-Union sein Leben einsetze. Er sei gekommen, um ihr die Entscheidung von höchster Stelle mitzuteilen, daß sie nunmehr bald heiraten könne.(246) Gefällt hatte die Entscheidung der KGB-Chef Schelepin.(247)

Die Ehe möge nicht kirchlich geschlossen werden, sagte der verbindliche Unbekannte. Die Vermählung sollte auch in Deutschland stattfinden, wobei offengelassen wurde, ob in der Bundesrepublik oder der DDR. Wenn er, der Unbekannte, ein zweites Mal zurückkehre, dann könne nach Berlin gereist werden, um dort zu heiraten. Ob in West- oder in Ost-Berlin — festgelegt wurde sich auch jetzt nicht. Der nette Mann verabschiedete sich mit einem Diener. Inge Pohl hoffte, schnell aus dem deprimierenden Moskau herauszukommen.(248) Doch bis dahin sollten noch Wochen vergehen. Das KGB wollte die von seinem wertvollen Mitarbeiter Staschynski Auserkorene in ein seelisches Tief stürzen, sie sollte trübsinnig werden, verdrossen und mutlos. Bogdan Staschynski sollte sich von seiner Geliebten innerlich entfernen, denn die sowjetischen Geheimdienstler hatten ihn nur als einsamen Massenmörder vorgesehen, solcherart qualifizierte Mitarbeiter wären durch ein häusliches Glück nur gefährdet. Doch die Rechnung ging nicht auf. Im Gegenteil.

Die Tage vergingen, die Wochen rannen dahin, aus ihnen wurden Monate. Der psychologische Terror verfehlte seine Wirkung nicht. Nur daß Bogdan Staschynski mit seiner Zukünftigen schließlich gemeinsam litt. Das konnte dem KGB nicht verborgen geblieben sein. Abermals unerwartet stand Alexander vor der Tür und überreichte die frohe Botschaft, Staschynski könne mit seiner Inge endlich nach Berlin fahren und sie dort zur Frau nehmen. Ohne Hiobsbotschaft aber ging es nicht: Nach der Vermählung müsse das Ehepaar nach Moskau zurückkehren, wo Bogdan Staschynski eine einjährige Ausbildung absolvieren müsse. Inge Pohl weinte.

In Berlin-Karlshorst, der deutschen KGB-Filiale, war bereits alles vorbereitet: Bogdan Staschynski sollte jetzt offiziell ein Deutscher werden. Beim sowjetischen Geheimdienst war wohl jemand inzwischen dahintergekommen, daß mit dieser legalen Legende am besten operiert werden konnte. Aus Bogdan Staschynski wurde nun Joseph Lehmann, aus Inge Pohl Inge Lehmann. Es fehlte nichts, selbst der Sozialversicherungsausweis lag vor, das für die DDR obligatorische Arbeitsbuch, eine Erfindung des Dritten Reiches, die die DDR wegen der Kontrollmöglichkeiten nur allzugern übernahm. Das Hochzeitskleid wurde in der Stalinallee gekauft. Die Vermählung fand am 23. April 1960 statt. An diesem Tag starb Inges Oma, »das haben meine Verwandten aber taktvollerweise erst einen Tag später telegraphiert«. Statt einer Hochzeitsreise ging es zurück nach Moskau, der »größte Alptraum« der jungen Frau Lehmann war nicht zu umgehen.(249) Am Bahnhof stand bereits Alexander, der seinen Nachfolger gebracht hatte, einen Mann namens Sergej. Alexander wurde nie wieder gesehen. Sergej nahm seinen Platz ein.

Eigentlich sei Sergej »ein umgänglicher Typ gewesen«, wenn der nur nicht so »eine blöde Gesinnung gehabt hätte, hätte man ganz gut mit ihm auskommen können«, zumal er besser deutsch sprach, was von einer Bekanntschaft zu einem

»westdeutschen Fabrikanten« herrührte, zu dem er ein »freundschaftliches Verhältnis« unterhielt. Hatte Sergej vielleicht, in der damaligen Position eines Agentenführers, einen Unternehmer im Ruhrgebiet zur Spionage überredet? Inge wurde von keinem Abwehrdienst befragt, weder von einem bundesdeutschen noch von einem amerikanischen.(250) Sergej hatte für das Ehepaar auftragsgemäß eine Wohnung gemietet. Inge Lehmann bekam einen Schreck:

»Die Küche war praktisch in der Stube«, zwar befand sich in der Kochnische eine »schicke Glastür«, »aber die ging nicht zu«. Parkettfußboden — »überall kam Teer raus«. Jeder Schrank wackelte, jeder Stuhl, jeder Tisch, »weil das alles uneben war«. Auf der Toilette — »mit Teer verschmierte Fliesen«. Das Toilettenrohr »hatte nicht gepaßt, da hatte man so ein langes Stück Holz dazwischen geklemmt«. An den Fenstern hingen rote Vorhänge, und die Tapeten — »die sahen entsetzlich aus«: »Tapeten sehen Sie in Rußland, da wird Ihnen ganz schwindelig.« Die Fenster gingen nicht zu, und wenn es regnete, »wurde auch die Decke am Fenster naß«. Die junge Frau war am Ende. Selbst beim Einkaufen drohten Ohnmachtsanfälle:

Es gab kein weißes Salz, sondern nur graues, »dreckig war das«. Beim Schlachter ging es so zu: »Da steht einer am Klotz und zerkloppt irgendein Stück, teilt es nach Gutdünken ein — für acht Rubel, für neun Rubel usw.« Daß »die mal ein Rumpsteak teilen, geht nicht, das wird auf dem Klotz vollkommen zerhauen«. Zwar hatte Inge Pohl den Mann ihres Lebens gefunden, der sie aber in die Apokalypse geführt:

Sie bewohnten eine Wohnung in einer Neubausiedlung. Keine Straße, kein Fußweg war geteert. Wenn es regnete, wurden Schuhe und Strümpfe, Mäntel und Kleider in Mitleidenschaft gezogen. Jeder hatte eine Katze im Haus, »die wurden nachts rausgelassen, dann ging das Konzert los«. An Schlafen war nicht mehr zu denken, auch die Nachbarn nahmen keine Rücksicht: »Wenn die feierten, wackelte die Lampe.« Im Hausflur lagen »Fischköpfe rum und Sonnenblumenkerne und Hühnerköpfe« — dreckig ist kein Ausdruck«. Selbstverständlich fühlte sich keiner der Bewohner verantwortlich für die Reinigung vor den Wohnungen oder im Treppenhaus. Solange Inge Lehmann dort wohnte, »ist nicht einmal der Hausflur gefegt oder gewischt worden«.(251)

Inge Lehmann, die nichts zu tun hatte, wurde auf Weisung des KGB herumgeführt. Sie lernte das prächtige Arbeiterleben in der Sowjet-Union kennen. In einer Renommier-Weberei entdeckte sie »nagelneue und schöne Maschinen«, das Gebäude aber, »das machte den Eindruck, als ob es jeden Augenblick zusammenzufallen drohte«.(252) Jeder Tag wurde für Inge Lehmann, geborene Pohl, zur Qual. Sie heulte morgens, sie wimmerte während der Teestunden, sie jammerte am Abend, sie vergoß auch nachts Tränen. Inge Lehmann ging zugrunde, Bogdan Staschynski litt mit, auch er begann immer häufiger laut zu lamentieren. Eine größere Wohnung sollte Abhilfe schaffen. Doch dazu war es zu spät. Das KGB hatte die Situation unterschätzt.

Sergej weihte ein: Joseph Lehmann, der Rebet- und Bandera-Killer, sollte Friseur werden, schließlich hatte seine Angetraute gleichfalls diesen Beruf ausgeübt. Doch Inge Lehmann lehnte ab. Daraufhin sollte als Tarnung die Tätigkeit als Schlosser ins Auge gefaßt werden. Staschynski lehnte ab. Er sollte in England oder der Schweiz eingesetzt werden. Staschynski entschied sich für die Eidgenossen. Nur raus aus dem sowjetischen Kerker, dachte Inge Lehmann, egal wohin. Ihr Mann hatte inzwischen ebenfalls Fluchtgedanken im Kopf.

In der zweiten Wohnung ging das Ehepaar erst einmal auf Wanzensuche. Es

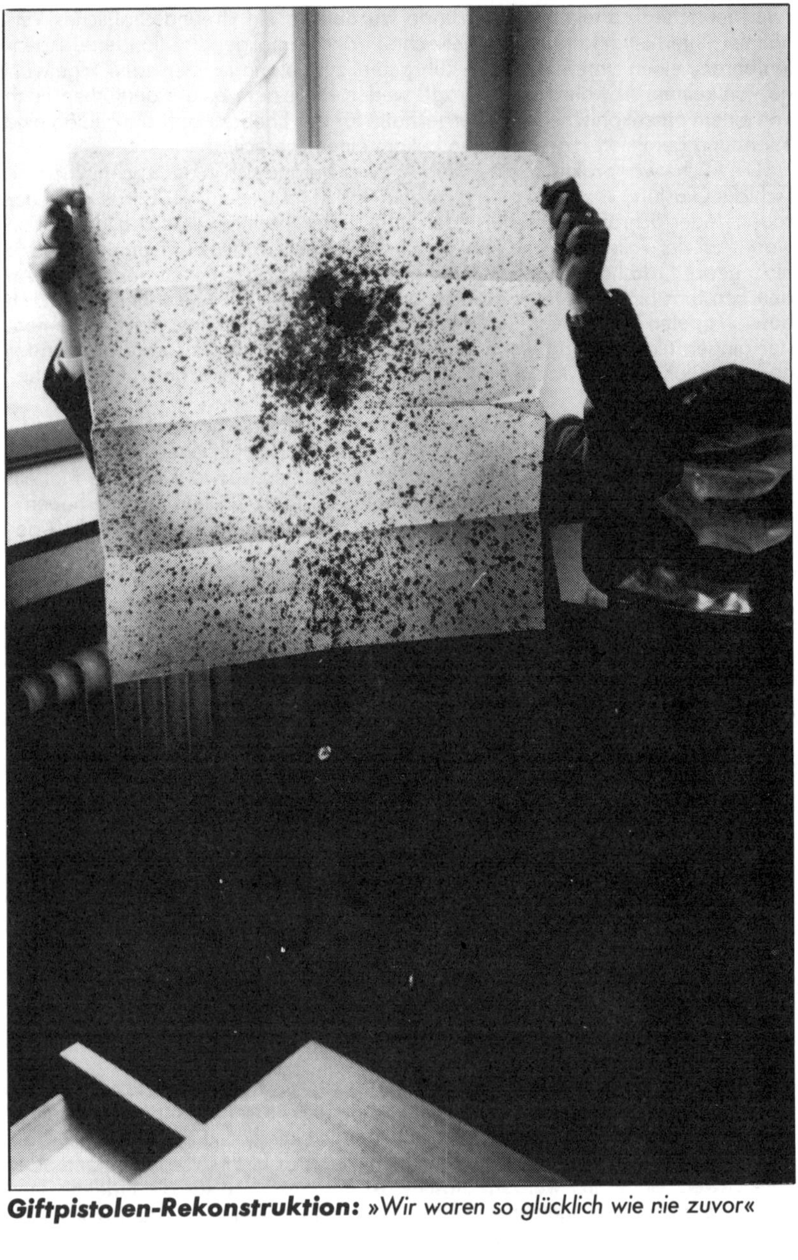

Giftpistolen-Rekonstruktion: *»Wir waren so glücklich wie nie zuvor«*

waren Tage der Plage, aber auch der Angst: bei der Fahndung nach dem Ungeziefer stieß Bogdan Staschynski auf eine andere Wanze, auf ein Abhörmikrophon. Inge fing wieder an zu heulen. Sergej, darauf angesprochen, konnte den »Irrtum« erklären. Hier habe vorher ein Feind des Volkes gewohnt, nach dessen Verhaftung sei nur vergessen worden, die Leitungen zu kappen. Staschynski wurde es schlecht, er wußte, was auf ihn zukommen konnte, denn diese Neubauwohnung bezog er als erster. Und Inge war schwanger, bereits im zweiten Monat. Sergej wollte ihr das Kind ausreden. Statt Kinderwagen schlug der Beauftragte des KGB eine Abtreibung vor. Inge brach zusammen, und Sergej rückte von seiner Anregung ab.(253) Als Entschädigung gab es eine noble Geste: 20.000 Rubel Prämie, für den Möbeleinkauf.

Das Geld zahlte Sergej dem nun mit seinem Schicksal wieder ausgesöhnten Ehepaar in einer Bank aus, die in der Nähe des KGB-Hauptquartiers lag. Gelegentlich nickte Sergej mit dem Kopf, was darauf schließen ließ, daß noch andere Geheimdienstler hier ihre Sparbücher deponiert hatten. Weder BND noch CIA aber stellten irgendwelche Nachfragen bei der Bank. Das tat nur Gerd Heidemann. Mit dem Geld war einer der wenigen Möbelläden aufgesucht worden. Und wieder das gleiche: Sergej grüßte, diesmal ungezwungener, abermals Kollegen. Also auch hier trafen sich die KGB-Angehörigen. Hatten BND oder CIA vielleicht hier nachgefragt? Mitnichten. Aber Gerd Heidemann hatte es auch diesmal nicht vergessen.(254)

Die nervliche Belastung war nicht mehr auszuhalten. Und als Staschynski seiner Frau, die inzwischen im sechsten Monat schwanger war, gestand, er habe den Mord an zwei Emigranten verübt, fiel sie in Ohnmacht. Kurz darauf konnte Inge Lehmann nach Ost-Berlin reisen, um dort ihr Kind zur Welt zu bringen. Im Januar 1960 saß sie im Flugzeug und als Peter zur Welt kam, »in der Nacht um zwölf, ein(en) Tag vor dem 1. April«, war sie »so glücklich wie nie zuvor«. Aber Peter wurde krank, Fieber. Vier Monate später, am 8. August 1960, starb das Baby. Inge schickte ein Telegramm nach Moskau. Bogdan Staschynski war am Boden zerstört. Und das KGB? Das dachte an einen hinterhältigen Mordanschlag der Amerikaner.(255)

Zwei Tage nach dem Tod seines Sohnes traf Bogdan Staschynski aus Moskau in Ost-Berlin ein. Er kam nicht allein, in seiner Begleitung befanden sich Aufsichtsbeamte des KGB. In Karlshorst bezogen Inge und Bogdan Lehmann eine Villa. Fortan konnten sie keinen Schritt ohne Aufseher tun. Solange die Todesursache nicht geklärt sei, müßtem sie unter Beobachtung stehen, denn gegnerische Geheimdienste hätten es auf die Staschynskis abgesehen. Nach Peters Beerdigung, so teilte Staschynski seiner Frau mit, würden sie nach Moskau zurückfliegen müssen: Flucht, jetzt oder nie. Eine solche Chance käme nie wieder, resümierte Bogdan Staschynski.(256)

Die Staschynskis bestiegen ein Taxi, um nach Falkensee zur Verwandtschaft zu fahren. Zwei KGB-Fahrzeuge folgten unauffällig. Die Bewacher parkten vor dem Haus. Inge und Bogdan schlichen, wenig später, durch den Garten. Sie hielten ein zufällig vorbeifahrendes Taxi an. Fahrtziel: Berlin. Plötzlich eine Straßensperre. Die Volkspolizei kontrollierte die Pässe. Nach Berlin, so wies der Wachtposten ab, könne nicht mehr eingereist werden. Staschynski aber machte auf seinen Wohnsitz aufmerksam: Berlin, stand in seinem Dokument. Die Kontrolleure mußten passieren lassen.

In den Wäldern waren bereits Panzer aufgefahren und Zelte aufgebaut. Die Nationale Volksarmee riegelte den Großraum Berlin ab. Es war der 12. August

1961. Inge dachte, »die hätten da ein Manöver gemacht«. In der Friedrichstraße stiegen die beiden aus. Von der KGB-Aufsicht keine Spur. Sie liefen um den S-Bahnhof herum, winkten erneut nach einem Taxi, das sie bis zur Schönhauser Allee kutschierte. Die Flüchtenden betraten den S-Bahnhof, »dort standen viele Polizisten herum«. Doch die ließen die Staschynskis ungeschoren in den ersten Waggon steigen. Sie erreichten den S-Bahnhof Gesundbrunnen. Jetzt waren sie in West-Berlin. Wenige Stunden später wurde Stacheldraht gezogen. Rettung in letzter Minute.(257)

Die Vernehmer des US-Geheimdienstes CIA waren sichtlich irritiert: Da stand ihnen ein Mann des KGB leibhaftig gegenüber, der in der Bundesrepublik Morde begangen haben wollte und — als Zugabe — über militärische Bewegungen in und um Berlin berichtete. Die Amerikaner glaubten anfangs weder das eine noch das andere. Erst Tage, Wochen, Monate später stand für die CIA fest: Staschynski war tatsächlich ein Überläufer, er hatte in der Tat ukrainische Emigranten im Auftrag Moskaus umgebracht.

Inge vermutete, daß sie eines Tages vom KGB umgebracht werden könnte. Heidemann stellte das Tonbandgerät ab. Alles war gesagt. Staschynskis Anwalt Helmut Seydel prognostizierte die Zukunft seines Mandanten:

Der Bundesanwalt Erwin Fischer »spricht davon, daß ich nach zweieinhalb bis drei Jahren einen Antrag stellen soll. Er sagte mir, der Senat (des Bundesgerichtshofes) hätte schon einen Beschluß in den Akten gemacht, den ich aber noch nicht gesehen habe, daß ein Drittel der Strafe erlassen würde«. Bogdan Staschynski wurde zu acht Jahren Gefängnis verurteilt.

Seydel: »Das sind sechsundneunzig Monate. Davon geht ein Drittel runter, das wären zweiunddreißig Monate. Es blieben noch vierundsechzig Monate übrig. Von den vierundsechzig Monaten gehen dreizehn Monate runter, die er (in der Untersuchungshaft) schon abgesessen hat. Es bleiben noch dreiundfünfzig Monate. Das wären vier Jahre und drei Monate, die er regulär noch hocken müßte. Nun wäre also die Frage, ob ihm ein Teil der Strafe erlassen wird.«(258) Bogdan Staschynski kam vorzeitig in Freiheit und reichte die Scheidung ein. Inge Lehmann, geborene Pohl, begab sich in psychiatrische Behandlung.

Gerd Heidemann hatte, an zwei Tagen, die Frau des sowjetischen Geheimdienstlers interviewt. 261 Seiten waren das Ergebnis. Er ging allen möglichen Spuren nach, suchte ihre Freunde auf, traf sich mit ihrem ehemaligen Arbeitgeber. Die Recherchen Gerd Heidemanns wurden zu einem Buch, das beim STERN freilich niemand lesen wollte. Der Präsident des 3. Strafsenats des Bundesgerichtshofes, Heinrich Jagusch, den Heidemann gut kannte, ermöglichte es ihm außerdem, in den Besitz wichtiger Papiere der Behörde zu gelangen.

Jagusch, der unter einem Pseudonym in der ZEIT schrieb, da ihm seine Position eine schriftstellerische Nebentätigkeit eigentlich verbot, erhielt Besuch. Ob er einmal in die Staschynski-Unterlagen sehen dürfe, bat Heidemann. Jagusch fragte den STERN-Reporter, ob er seine Frau schnell einmal in die Stadt fahren könne. Heidemann bejahte. Daraufhin sollte er am nächsten Tag in Jaguschs Büro kommen. Es war ein Sonnabend. Pünktlich stand Gerd Heidemann vor Jaguschs Schreibtisch, auf dem die Staschynski-Ermittlungen aufgestapelt waren. Heidemann schleppte den Packen auf die Fensterbank, breitete Seite für Seite aus und photographierte alles durch. An diesem Tag schien die Sonne.(259) Der Auftrag Henri Nannens war erfüllt.

Die Staschynski-Sensation sollte für den STERN Henry Kolarz schreiben. Der aber brach zusammen, als Heidemann ihm das Material heranschleppte. Kolarz war ohnehin voreingenommen: Staschynskis Opfer, Rebet und Bandera, glorifizierte er nicht als Helden, als Opfer, sondern sie waren in seinen Augen Banditen. Abfällig äußerte sich der Vertragsautor des STERN vor allem aber über Bandera. Das Thema Staschynski, das Heidemann mit erheblichem Aufwand recherchiert hatte, blieb liegen, hatte Kolarz sowieso vor dem erdrückenden Material kapituliert.

Da war einmal das Kapitel Hans Fallada. Inge Staschynskis Hinweis auf ihn hätte, nach weiteren Recherchen, eine STERN-Geschichte werden können. Doch Henri Nannen hatte sich nicht mehr dafür interessiert. Dann das Leben in Moskau, der Alltag der sowjetischen Hauptstadt schrie förmlich nach einer Reportage. Niemand im STERN, weder Kolarz noch Heidemanns Ressortleiter Joachim Heldt noch Nannen, waren begierig, dieses Thema ins Blatt zu heben. Auch die Fehler der westlichen Nachrichtendienste, die Unzulänglichkeiten des KGB — im STERN standen diese hanebüchenen Enthüllungen nicht. Es wäre möglicherweise dazu gekommen, wenn sich in der Redaktion jemand über das Heidemann-Material hergemacht hätte. Erst mit abenteuerlicher Verspätung flossen Heidemanns Recherchen in eine Spionage-Story mit ein: Wenige private Staschynski-Details, verpackt in einigen Absätzen, zusammengeholzt von Hans Nogly.

So zeigte ein Bild unter anderem Staschynski bei der Rekapitulation des Mordes an Bandera am Münchner Tatort. In der Nähe des KGB-Mannes stand ein Kripo-Mann. Jagusch hatte Heidemann gebeten, bei Veröffentlichung dieses Motivs einen Balken auf dem Gesicht des Beamten zu plazieren. Heidemann versprach es, mußte jedoch sein Ehrenwort zurücknehmen. Er wies Nannen darauf hin, was er mit Jagusch verabredet hatte. Doch der Chefredakteur antwortete, als es längst zu spät war: »Ich habe dem mein Wort nicht gegeben. Wenn Jagusch Sie fragt, dann sagen Sie, Sie wären in Urlaub gewesen, der 'Irrtum' sei während Ihrer Abwesenheit geschehen.«(260) Heidemann war tatsächlich nicht in der Hamburger Redaktion, als über diesen Fall im STERN berichtet wurde. Er recherchierte in Brasilien — und die mysteriöse Mordgeschichte erschien mit fast viereinhalbjähriger Verspätung, eingezwängt in die Serie »Spion in Bonn«.(260a)

Buchautoren, die in ihren Büchern den Fall Staschynski aufzählten, griffen nicht auf Inge Staschynski zurück — nur Gerd Heidemann kam an sie heran. So mußten die Verfasser auf falsche Zeitungsmeldungen zurückgreifen. Hätte sich einer der Schreiber mit Gerd Heidemann in Verbindung gesetzt, ihm wären Schnitzer beim Dichten erspart geblieben:

Der Amerikaner John Barron ließ sich beispielsweise über die »Arbeit und Organisation des sowjetischen Geheimdienstes in Ost und West« aus. Staschynski spielte bei Barron, der zumeist Unvollkommenes publizierte, eine gewichtige Rolle. Staschynskis erster Führungsoffizier war laut Barron nicht Alexander, sondern dessen Nachfolger Sergej gewesen. Aus der biederen Inge zauberte er »ein bemerkenswert intelligentes« Mädchen, das obendrein noch sehr »attraktiv« gewesen sein soll. Das KGB duldete die Beziehung, weil es nichts von »ihrer politischen Einstellung« wußte. Es war aber genau umgekehrt gewesen. Dann flohen sie nach West-Berlin mit der S-Bahn, sondern sie »krochen auf allen vieren an einer Hecke entlang in eine Seitenstraße«, »auf Straßen und Wegen, die Inge seit ihrer Kindheit vertraut waren«. Erst dann bestiegen sie ein Taxi und ließen sich — statt per S-Bahn — mit dem Wagen in den Westsektor Berlins fahren.(261) Auch der ehemalige tschechische Geheimdienstler Ladislav Bittmann war nicht auf dem laufenden: Staschynski rückte bei ihm — direkt aus der Sowjet-Union — nach West-Berlin aus.(262)

STERN-Verleger Gerd Bucerius *(auf Betriebsausflug): »Die bedenklichen Frauen so schildern, wie sie sind«*

»DER STERN IST EINE DEUTSCHE ILLUSTRIERTE« oder: Gerd Heidemann stellt richtig

Gerd Bucerius war noch Verleger des STERN, somit — auch juristisch — für ihn verantwortlich. Im Frühjahr 1964 hatte sich das Bilderblatt wieder einmal über die arme Soraya hergemacht. Dagegen begehrte die Vielpublizierte mit Hilfe von Advokaten energisch auf. Dem STERN ließen sie eine Streitschrift zukommen, die wiederum schickte Bucerius an Henri Nannen, ein Exemplar erhielt auch Wolfgang Löhde, eines fand Wilfried Achterfeld auf seinem Schreibtisch. »Die anliegende Klage der Soraya und Mutter«, teilte Bucerius in einer Hausmitteilung seinen Herren mit, »sollte uns Anlaß sein, diese bedenklichen Frauen so zu schildern wie sie sind«. Nicht nur eine schnelle »Prüfung« sollte herbeigeführt werden, sondern Bucerius forderte vor allem »Hilfe« für den anstehenden Prozeß an.[263] Dieser Ruf ereilte auch den West-Berliner STERN-Korrespondenten Harold Kosel. In seiner Stadt residierten vergessene Soraya-Verwandte. Aber Kosel machte sich nicht selbst auf den Weg, er blieb auf seinem Stuhl sitzen und beauftragte — wie später ein anderer im Fall Uwe Barschel auch — eine Detektei namens »Atlas«, die in ihrem Briefkopf zugleich gewichtig einen »Teilzahlungsdienst« im Angebot führte.

Das »Mitglied des Zentralverbandes der Auskunftei-, Detektei- und Inkassounternehmen« wies achtunddreißig bundesdeutsche Städte auf, in denen es angeblich »durch qualifizierte Kollegen für Sie tätig« werden könnte, Auslandseinsätze hingegen waren aber nur »nach besonderer Vereinbarung« möglich. Trotzdem griff der STERN auf das überschätzte Unternehmen zurück. Kosel, der nach der STERN-Laufbahn als Pressechef der West-Berliner PANAM doch noch Karriere machen sollte, hatte am 15. April 1964 den Soraya-Auftrag wohl nicht ohne Genehmigung der Chefredaktion erteilt. Das Ergebnis kam aber erst nach einer Woche, es war zudem ein umwerfendes:

Es »galt festzustellen, wo und wie Frau Eva Esfandiary aufgewachsen ist und die Ermittlungen über ihre frühe Vergangenheit waren anzustellen«. Über die Esfandiary »liegen meldetechnisch hier in Berlin keine Unterlagen vor«, aber: »Wir versuchen nun unter Vorwand, mit dem noch heute lebenden Bruder von Eva direkt Kontakt zu finden.«[264] Da der erste Gerichtstermin aber bereits für Mitte Mai angesetzt war, war Eile geboten, die Honorar antreibende »Atlas«-Drohung, weitere Recherchen würden noch »einige(r) Zeit« bedürfen, gar nicht im Sinne der Rechtsabteilung, die Wilfried Achterfeld »mit freundlichen Grüßen« höflich, aber bestimmt aufforderte, nun endlich einmal in die Hufe zu kommen: »Da in dieser Sache bald Termin ansteht, wären wir Ihnen dankbar, wenn Sie uns die gewünschten Informationen noch (vor)her ... herreichen könnten.«[265]

Das Soraya-Beispiel war ein wenig peinlich. Da verfügte Deutschlands größte Illustrierte über Auslandskorrespondenten, über Redaktionsbüros in der gesamten Bundesrepublik, in der Zentrale in Hamburg indes saßen in erster Linie mit sich selbst beschäftigte Redakteure. Und wenn der Verleger des STERN endlich einmal ihren Beistand benötigte, entpuppten sich die Hochbezahlten als unfähig. Nun konnte niemand in der Redaktion — wie heute bei Gerd Schulte-Hillen — Gerd Bucerius auf Dauer so einfach hinhalten, keiner der Soraya-Fahnder mochte durch ausschließliches Nichtstun auffallen, sondern im Gegenteil, dem wachen Bucerius wollten alle zeigen, daß er ihnen das schwerverdiente Gehalt nicht zu Unrecht überwies. Die Soraya-Gehetzten traten also nicht mehr lange auf der

Hausmitteilung

stern

An Herrn
An Achterfeld
An
An
Von Rechtsabteilung
Am 21.April 1964

Sehr geehrter Herr Achterfeld!

Herr Dr. Bucerius benötigt für einen Rechtsstreit mit Soraya Angaben über die Person Sorayas und ihrer Mutter. Insbesondere interessieren genauere Angaben über das Leben S.'s und ihrer Mutter in Berlin und den Umgang, den beide dort mit anderen Berliner... ten. Besonders wicht... sich etwas

...lichen Grüßen
Rechtsabteilung

(Feyer)

An : 1. Herrn Nannen
2. Herrn von Paczensky
3. Herrn Rechtsanwalt Holste (2x)
4. Herrn Löhde
5. Herrn Achterfeld
von : Dr. Bucerius
am : 9. April 1964

Die anliegende Klage der Soraya und Mutter sollte uns Anlaß sein, diese bedenklichen Frauen zu schildern wie sie sind. Ich bitte alle Herren um schnelle Prüfung und Hilfe.

gez. Bucerius

Anlagen:
1. Klageschrift
2. Meine Ausführungen vom 7.4.64

Soraya-Druck *(großer Kasten: Rechtsabteilung; kleiner Kasten: Bucerius): »Sie ist das Tollste vom Tollen«*

Stelle, schließlich hatten sie alle ihren Gerd Heidemann. Zwar stand Harold Kosel als Korrespondent des STERN im Impressum des STERN, konnte aber dem nun aus Hamburg eilig eingeflogenen Gerd Heidemann vor Ort nur eine Tasse Kaffee reichen. Während Kosel pflichtbewußt wenigstens die Kostennote der Auskunftei »Atlas« zum Bezahlen nach Hamburg sandte, deckte Heidemann in diesem Augenblick erst einmal das Intimleben der STERN-überdrüssigen Soraya auf:

Sorayas Bruder hieß Bijan Esfandiary. 1960 lernte er die siebzehnjährige Dagmar Hader auf Sylt kennen, die Heidemann als Einundzwanzigjährige verriet, daß sie mit Bijan vierzehn Tage lang »das Pärchen von Kampen« gewesen sei. Das Liebesleben Sorayas war denn auch für den Reporter etwas völlig Neues. Was Dagmar in Erinnerung behalten hatte, daran durften sich alsbald auch die Juristen beim STERN erfreuen:

Der einzige Mann, den Soraya nach dem Schah geliebt habe, sei ein sehr bekannter Hollywood-Schauspieler gewesen, in der Nähe des Gunther Sachs habe sich Soraya darum aufgehalten, um in den Schlagzeilen zu bleiben, die Liaison sei deshalb »eine Finte gewesen«. Eines Tages habe der Geliebte Bijan seine Dagmar gefragt, ob sie nicht »ein bißchen lesbisch sein« wolle. Angeblich, so erfuhr Heidemann, sei sie »doch der Typ dafür«. Ohne Partnerin ginge das aber nicht, weshalb Bijan ihr sogleich »eine tolle Frau« vorstellen wollte (»Sie ist das Tollste vom Tollen«). Den Namen verriet er nicht, aber Dagmar wußte sofort, daß er Soraya meinte: »Ich fand nämlich in einer Zeitschrift ein Bild von Soraya und einer jungen Perserin, mit der sie ... immer zusammen war.« Diese soll die Tochter eines bekannten persischen Verlegers gewesen sein. Bijan laut Dagmar: »Die ist noch eine Jungfrau. Und wenn Soraya die aufgerissen hat, dann kriege ich die.« Heidemann, der einiges gewohnt war, erfuhr auch das noch: Wenn Bijans Schwester »eine vorbereitet hat, dann kriege ich die oder umgekehrt — oder wir machen es zusammen«. Da Heidemann wußte, daß sich die Rechtsabteilung des STERN in Not befand, hatte er nach dem Interview mit Dagmar Hader eine Erklärung an Eides Statt unterzeichnen und Frau Hader ausdrücklich unterschreiben lassen, »daß ich einem Vertreter der Illustrierten STERN schon früher über meine Erlebnisse mit (Sorayas Bruder) berichtet habe«.[266] Weil Heidemann gerade in West-Berlin war, besuchte er auch gleich den Onkel der vom Schah wegen fehlender Mutterfreuden abgeschobenen Kaiserin, nach dem die Detektei »Atlas« bisher vergeblich gefahndet hatte. Auf fünf Seiten hielt er das Gespräch mit dem Bruder von Sorayas Mutter fest.[267] Es war zwar nichts zum Lachen darunter, aber viel sachlich Verwertbares.

Der materielle Soraya-Aufwand sollte sich später als kaufmännische Katastrophe herausstellen, die in keiner Relation zu der Ausbeute stand. Das Geld, das dem STERN durch zahlreiche Anzeigen zuströmte, wurde von der Redaktion mit vollen Händen wieder aus dem Fenster geworfen. Je besser es dem STERN ging, desto weiter konnten die Redakteure gelegentlich reisen. Wie war dem Einhalt zu gebieten? Ernsthafte Versuche hatte es zwar viele gegeben, aber die STERN-Verwöhnten fanden immer wieder Finanzierungslücken für ihr Schnorrerdasein. Wenn gutgemeinte, aber ernst vorgetragene Bitten nach Enthaltsamkeit nichts fruchteten, würde Sparsamkeit bei den Parasiten möglicherweise blödelnd durchgesetzt werden können. Der STERN, über den seit langem keiner mehr schmunzeln kann, versuchte es mit Humor. Die Geschäftsleitung erfand einen »Mathias Groschenklau«. Der nun sollte das Ruder herumreißen:

»Leichtsinn und Verschwendung haben unser Unternehmen an den Rand des Abgrundes geführt«, allein die »Portospesen ... eine Höhe erreicht, die es der

Atlas

INHABER: MANFRED DESSAU

DETEKTEI · AUSKUNFTEI · INKASSO

TELLZAHLUNGSDIENST

Zv

Mitglied des Zentralverbandes der Auskunftei-, Detektei- und Inkassounternehmen e.V.
der International Directory of Detective Agencies and World Secret Service Association, Inc.

1 BERLIN 19, NEERSTRASSE 2 · FERNRUF 94 07 21

Unter anderen können wir an folgenden Plätzen durch qualifizierte Kollegen für Sie tätig werden:

Aachen
Andernach
Bad Homburg v.d.H.
Bad Neuenahr
Berchtesgaden
Braunschweig
Bremen
Dortmund
Düsseldorf
Essen
Frankenthal/Pf.
Frankfurt/M.
Gummersbach
Hagen
Hamburg
Hannover
Heilbronn
Hof/Saale
Kaiserslautern
Karlsruhe
Köln
Lüneburg
Mainz
Minden
München
Nürnberg
Osnabrück
Ravensburg
St. Georgen/Schwarzw.
Selb/Bay.
Siegburg/Bonn
Stuttgart
Waltrop
Wiesbaden
Wilhelmshaven
Wolfsburg
Würzburg
Wuppertal

Im Ausland nach besonderer Vereinbarung

An die
STERN - Redaktion
1 Berlin 12
Wilmersdorfer Str. 42

22.4.64
D./E.

Herrn Kosel.

Betr.: Ermittlungssache Eva Esfandiary
Bezug: Ihr Auftrag vom 15.4.64

Sehr geehrter Herr Kosel !

Die Ermittlungen in obiger Sache sind noch nicht abgeschlossen. Immerhin möchten wir Ihnen vorab über das bisherige Ergebnis berichten.
Es galt festzustellen, wo und wie Frau Eva Esfandiary aufgewachsen ist und die Ermittlungen über ihre frühe Vergangenheit waren anzustellen.

Frau Eva Esfandiary ist eine geborene ' K a r l.' Ihr Vater Franz K a r l wurde 1874 geboren und war zuletzt hier in Berlin 31, Westfälische Str. 7o wohnhaft. Dieses Haus steht heute noch. Franz K a r l war verheiratet. Aus seiner ersten Ehe stammten 3 Kinder, nämlich Eva, noch eine Schwester, die jetzt in Amerika verheiratet ist, und ein Bruder namens Franz, der Vater von Eva war von Beruf selbständiger Kaufmann und hat in der Westfälischen S Nr. 7o noch bis in den 3oger Jahren gelebt. Nach dem Tode seiner ersten Frau, soll er nach Angaben eines heute noch lebenden Mieters des Hauses, eine zweite Ehe eingegangen se. und in der Gegend von Fürstenberg(Zone) verzogen sein. 1960 verstarb dann Franz K a r l.
Wie uns der Informant weiter mitteilte, soll die Familie K a r l in der Westfälischen Str. sehr angesehen gewesen sein. Finanziell hat die Familie in sehr guten Verhältnisse gelebt. Der Vater sei immer mit einem steifen Hut als alter Kavalier umhergelaufen und es heißt, dass seine Kinder es nicht nötig gehabt hätten, zu arbeiten. Den bisherigen Feststellungen nach jedenfalls war das Milieu der Fam.Karl nicht dergestalt, daß eine der Töchter als Bardame o.Ä. fungieren mußte. Auf jeden Fall ist jetzt schon zu erkennen, daß die Behauptung " K e l l e r k i n d " bei Eva gewiß nicht zutreffend sein kann.

- 2 -

Postscheckkonten: Berlin-West Nr. 277 88 · für Inkasso: Berlin-West Nr. 551 88
Bankkonten: Bank für Handel und Industrie, Berlin 19, Konto 18/1037 · Sparkasse der Stadt Berlin-West, Konto 74/1272
Geschäftszeit: Montag bis Donnerstag 8-17 Uhr · Freitag 8-19 Uhr

Privatdetektei arbeitet für den STERN: *»Mathias Groschenklau«*

Bundespost erlaubte, 24.000 deutsche Briefträger mit Mopeds auszustatten«, sei es nunmehr gelungen, »einen Waggon bulgarischer Brieftauben günstig zu erwerben«, sollten zukünftig »Reisen außerhalb des Bundesgebietes entfallen« (»STERN ist eine deutsche Illustrierte«), die »Spesenmacherei« fortan in »Jugendherbergen« gepflegt werden, statt Tagesspesen »ab sofort ... auf 'Chappi' oder 'Kitekat'« zurückgegriffen werden, statt Boten die Redakteure dann noch Rollschuhe erhalten.(268) Auch Gerd Heidemann hatte ein einziges Mal aus dem vollen geschöpft, inspiriert von dem als Hanseat verkleideten Rolf Winter, der bereits lange vor dem Tagebuch-Debakel Tagebuch-bezogen falsche Reisekosten-Abrechnungen vorlegte.

Winter und Gerd Heidemann hielten sich im Urwald von Peru auf. Winter, der es nach dem Tagebuch-Reinfall wohl mehr zufällig vorübergehend zum Chefredakteur des STERN gebracht hatte, schwärmte Heidemann etwas von New York vor. Heidemann hörte aufmerksam zu, gestand aber, bislang noch niemals dort gewesen zu sein. Umgehend buchte Winter für sich und Heidemann und zeigte seinem Kollegen zwei Tage lang die Stadt. Den teuren Ausflug ließ er sich selbstverständlich zurückerstatten. Heidemann: »Das war mein einziger Beschiß«.(269) Hofstaat-Allüren aber auch bei Rolf Gillhausen, der — wie Gerd Heidemann — als Photograph beim STERN anfing, es aber erst nach Heidemann zum Redakteur des STERN hatte bringen können.(270)

Gillhausen, der nach seinem einzigartigen Tagebuch-Layout, für das er zu Zeiten des durch den STERN auferstandenen Führers die alleinige Verantwortung trug, dann erst wieder durch seinen Weggang vom STERN aufgefallen war, der für den Verlag Axel Springer seit Jahren fleißig Nullnummern für Zukunftsobjekte zusammenklebt und der immer noch ganz fest an die alleinige Tagebuch-Schuld Gerd Heidemanns glaubt, dieser Gillhausen hatte sich in West-Berlin eines Tages zu dem Maler Friedrich Schröder-Sonnenstern verlaufen. Wie immer mit der Kamera über der Schulter. Gillhausen hatte, ebenso wie Rolf Winter, Nachholbedarf, nur jeder hatte ihn eben auf seine unverwechselbare Art. Gillhausen jedenfalls wollte bei dem kunstbesessenen Henri Nannen nicht unangenehm auffallen. Da kam ihm Schröder-Sonnenstern gerade recht.

Der scheinbar bedrückte Photograph des STERN bestellte bei Schröder-Sonnenstern Bilder für 7.500,- DM. Weil es dem Mann vom STERN nicht besonders gutging, die hohe Gehaltsklasse hatte Gillhausen noch lange nicht erreicht, zahlte er nur — aber immerhin — 150,- DM an und versprach, in vier bis sechs Wochen die restlichen 7.350,- DM vorbeizubringen und die Nannen interessierenden Bilder von Berlin nach Hamburg zu transportieren. Doch den Termin ließ Gillhausen verstreichen. Er kam nicht nach sechs Wochen, er ließ sich auch nicht nach zwei oder vier Monaten blicken, er guckte auch nicht nach einem halben Jahr vorbei — Gillhausen tauchte überhaupt nicht mehr auf. Schröder-Sonnenstern bombardierte den STERN-Photographen mit Mahnungen, schickte sie am Ende sogar per Einschreiben.(271) Gillhausen aber, so schien es, hatte Bares nicht zur Hand. In dieser illiquiden Phase stand Gerd Heidemann seinem Kollegen bei. Er glättete die Wogen, denn Schröder-Sonnenstern war zu allem entschlossen, er wollte sogar vor Gericht gehen.(272) Während einige STERN-Macher gern auf Kosten ihres Arbeitgebers ins Blaue fahren, zahlte Gerd Heidemann seinen Urlaub von seinem Gehalt oder seinen zahlreichen Nebenverdiensten. Erst nach seiner Rückkehr bot er dem STERN seine Alltagspause an. Im »Reise-Journal« hatte der STERN Heidemanns »STERN-Reise nach Tunesien« als »Ferien für Faule« angepriesen.(273) Das aber war Gerd Heidemann eben nicht.

STERN-Liebling Christine Kaufmann: *»Ich möchte den Büstenhalter wechseln«*

Als die Gattin Hazy Osterwalds, Katja, eines Tages plötzlich tot umfiel, bekam Gerd Heidemann heraus, daß der Musiker seiner Frau »Tage vorher die Affäre mit der Sängerin Ema Demia gebeichtet« hatte. Die Geliebte war wesentlich jünger, hatte noch weiße Zähne und prächtige Lippen. Frau Katja, so erinnerte sich Hazy, »entschwand, um sich die Nase zu pudern«. Hazy ging daraufhin in den Kursaal, »um sein Orchester zu begrüßen«. Dann war Katja nicht mehr am Leben, Vergiftung, diagnostizierten die Gerichtsmediziner. Heidemann fragte Hazy Osterwald: »Hat Ihre Frau jemals Selbstmordabsichten geäußert?« Die Antwort war traurig, aber überzeugend: »Ja.« Als der Reporter anschließend die Gespielin aufsuchte, verdrehte Ema Damia ihre wunderschönen großen Augen: »Ich liebe Hazy immer noch.« Gerd Heidemann photographierte, interviewte und schrieb für den STERN »die tragische Kurzschlußhandlung der Katja Osterwald«.(274) Gekürzt hatte Nannen Heidemanns Manuskript nicht. Akzeptiert wurde Gerd Heidemann auch von der Mutter einer berühmten Schauspielerin, der Mutter von Christine Kaufmann. Eva Kaufmann lebte auf Mallorca und plauderte mit dem STERN-Reporter so, als ob er ihr Ehemann gewesen sei. Selbst vor dem Kinderkriegen machte die prominente Mutter nicht halt.

Ihre Ehe mit dem Major der Bundeswehr, Johannes Kaufmann, »ist leider ... in die Brüche gegangen«; er ließ sich »wegen einer jüngeren Frau scheiden«, aber Eva hatte ihrem verlorenen Gemahl zuvor versprochen, »die Scheidung möglichst geheim«-zuhalten, »damit mein Mann keine Schwierigkeiten bei seinem General hat«. Und Heidemann möge darüber nicht soviel schreiben, sonst »wird es für meinen Mann sehr unangenehm«.(276)

Evas Mutter sei Gynäkologin »in einer eigenen Klinik« gewesen (»Meine Großmutter war auch Hebamme«) und habe »bestimmt 30. bis 40.000 Kindern zum Leben verholfen«. Weil ihre Mutter stets beschäftigt war, habe Eva ihre Erziehung in Internaten bekommen. Ihr Mann Johannes habe in der Luftwaffe gedient, sei daraufhin in englische Gefangenschaft geraten und habe schließlich auf Flugsicherung umgeschult. In dieser schweren Zeit pflegte ihre Mutter »Überlebende aus dem KZ Mauthausen und sortierte die Toten und Sterbenden aus dem KZ«. Eva Kaufmann: »Inzwischen war Christine geboren.«(276)

Eva Kaufmann verdiente ihren Lebensunterhalt mit Blutspenden, für das es jedes Mal dreißig Mark gab (»Wenn ich aus der Klinik kam, mußte ich immer vier bis fünf Straßenbahnen vorbeifahren lassen, weil ich einfach den Fuß nicht auf das Trittbrett bekam«), massierte die Frauen amerikanischer GIs (»Ich war die einzige, die dabei abgenommen hat«) und lernte den Beruf der Maskenbildnerin. Das brachte anfangs »noch kein Geld«, so daß sie nebenbei noch »Komparserie gemacht« habe. Dann wurde Tochter Christine entdeckt.(277) Von einem Russen. Nun kam auch endlich Geld ins Haus. Christine war ein schönes Kind, hatte Lust zu tanzen, benahm sich natürlich. Diese Kriterien zogen die Unterhaltungsbranche an. Die Mutter lieh ihre Tochter für Statistenrollen für eine Mark pro Tag aus. Eines Tages wollte Eva Christine in der Kantine abholen und brach zusammen, als es hieß: »Die ist mit einem Russen weg.« Eva dachte an eine Entführung, »und dazu auch noch mit einem Russen«. Die panische Angst vor Rotarmisten konnte sie sich, seit sie mehrere Monate in einem Lager hatte leben müssen, nicht abgewöhnen. Schnell erfuhr sie, daß es sich bei dem Russen um keinen »bösen Russen« handelte, sondern um einen, der einen Film drehte und lediglich Gefallen an Christine gefunden hatte. Sie sollte ein »Zirkuskind« spielen. Für diese erste Rolle gab es eintausend Mark, woraufhin Eva Kaufmann die Nacht nicht mehr hatte schlafen können. Aber so begann nun einmal die Karriere der Christine Kaufmann.(278)

Die erste Hauptrolle, »Rosen-Resli«, rettete den kurz vor dem Konkurs stehenden Constantin-Filmverleih. Christine Kaufmann bescherte dem Verleih vier Millionen Mark Einnahme. Christine war zu der Zeit neun Jahre alt. Mit dem Erfolg kam die Angst vor der Schule (»Mutti, ich möchte wieder zum Film; ich kann diese Schule nicht ausstehen«). Da hatte das Kind ohnehin viel besser hingepaßt: Als einer ihrer Vorderzähne wackelte, bat sie den Regisseur, den Film schnell zu Ende zu drehen, als die letzte Klappe fiel, folgte auch der Zahn.(279) Das nächste Problem des Kinderstars war die unvermeidliche Pubertät.

Christine sei frühzeitig aufgeklärt worden, schon Oma habe damit angefangen, stand das Haus »voller Bücher«, erzählte Mutter Eva der Christine von Kindern, »die mit zwei Köpfen zur Welt gekommen waren, von Kaiserschnitten«, so daß die darob verstörte Christine nichts mehr verstand: »Oma, warum den Bauch aufschneiden? Mutti hat mir doch eben gesagt, daß das da unten rauskommt.« Nicht ohne Grund bat Christine, als sie mehr und mehr zur Frau heranwuchs, die Mutter möge sich einen Moment umdrehen, denn »ich möchte den Büstenhalter wechseln«. Christine Kaufmann war — damals — ausgesprochen zurückhaltend, oft sogar verkrampft. »Scharfe Witze«, so klärte Eva Kaufmann Gerd Heidemann auf, mochte sie überhaupt nicht hören. Desorientiert war sie noch an anderer Mädchenfront:

Christine war bei dem renommierten Münchner Rechtsanwalt Till Burger eingeladen, der sich in seiner Freizeit mit der Untermenschen-Ideologie der Nationalsozialisten beschäftigte, Bücher und Photos zu diesem Thema sammelte. In diesem Kreis entdeckte Christine Kaufmann plötzlich, daß ihr viel fehlte: Sie wußte nichts über Beethoven, Dostojewski wurde ihr von ihrer Mutter gleichfalls vorenthalten. Christine verunsichert: »Mutti, ich verstehe überhaupt nichts davon. Kannst du mir darüber etwas erzählen?« Die Mutter konnte nicht und gestand, daß sie ihrer Tochter die Schule empfohlen habe.(280)

Christine Kaufmann kam viel herum, lernte jetzt aus eigenem Antrieb Sprachen, auch die Kunst interessierte sie fortan, sie las viel, meistens »schwere« Bücher. Von Seichtem wollte sie nichts wissen. Und als wieder einmal so »ein doofer Produzent« auftauchte, der »Sex mit Christine machen wollte«, antwortete Eva Kaufmann überlegen: »Nee, das machen wir nicht.« Das Mutter-Kind-Verhältnis hinterließ noch an anderer Stelle Spuren: Christine sollte, selbst im Teenageralter, stets die Kleine mimen. Das ging aber nur, wenn der üppige Busen »mit Binden rum weggedrückt« worden sei. Christine war das gar nicht recht. Eva Kaufmann setzte sich durch: »Nehmt sie, so wie sie ist — oder gar nicht.« Auf Christine wollte keiner verzichten.(281) Selbst die Kulisse mischte mit.

Schlecht gelaunt rief der Produzent Arthur Brauner bei Eva Kaufmann an, warf ihr vor, sie hätte »Haare auf den Zähnen«, weil sie es zugelassen habe, daß Christine nun ohne Gage einen Film drehen wollte. Da sei zu ihm ein junger Mann gekommen und habe behauptet: Wenn er, Brauner, ihm für einen Film die Regie gebe, dann würde die Christine Kaufmann seinetwegen auch umsonst filmen. Es handelte sich um einen Elektriker beim Fernsehen, der über diesen aufwendigen Umweg die Bekanntschaft seines Idols machen wollte.(282) Statt dessen kam ein anderer: Tony Curtis, der als Bernhard Schwartz auf die Welt gekommen und seit 1951 mit Janet Leigh verheiratet war.(283) Zuvor aber machte Peter Vogel Christine noch schnell einen Heiratsantrag.(284)

Der Tony sei zwar immer »großzügig« gewesen, dennoch war er für Eva Kaufmann — zumindest in der Anfangszeit — »das rote Tuch« gewesen.(285) Christine hatte ihn in München in dem Film »Wikinger« gesehen, dann sei sie ganz verzückt nach Hause gekommen. Als sie ihn irgendwann persönlich kennenlernte, bei Dreharbeiten in Argentinien, sei es um sie geschehen gewesen. In der Ehe von Curtis kriselte es zwangsläufig. Janet Leigh wehrte sich nach bewährtem amerikanischem Muster: »Dieses Kind von einem Nazi.«[286] Curtis zog daraufhin zu einem Freund und wartete auf Christine. Die kam, und es wurde geheiratet, Kirk Douglas wurde Trauzeuge, der es — laut Eva Kaufmann — zuvor bei ihrer Christine »auch nur zu gern probiert hätte«.[287]

Nur sehr langsam hatte sich Eva Kaufmann an ihren zukünftigen Schwiegersohn gewöhnt. Dazu beigetragen haben mag das Verhalten von Janet Leigh, die sich »unwahrscheinlich benahm«, so richtig »entsetzlich«. Was hatte sie getan? Ihre Schuhe während einer Party einfach weggeworfen und — getanzt, »in dem Alter«. Eva Kaufmann: »Die Frau ist doch vierzig. Das macht man doch nicht. Auch nicht, wenn man so gut aussieht. Sie macht es nur, um aufzufallen. Und laut ist sie, das ist unwahrscheinlich.« Zwar hätte Janet Leigh ein »Puppengesicht«, aber »von diesen Gesichtern kommen viele nach«, diese »faden Blondinen gibt es doch überall«.[288]

Christine hat einen Bruder, dem Mutter Eva für 100.000,- DM einen »Fotoladen mit Labor« eingerichtet hatte. Das Geld hatte sie von ihrer Tochter bekommen, denn die, so Eva Kaufmann, habe sie »großzügig abgefunden«: Tony und Christine »lassen mich nicht verhungern«. Deshalb konnte Eva Kaufmann auch auf die Insel Mallorca ziehen, wo noch »eine Putzfrau für 64 Mark im Monat zu haben war«.[289] Plötzlich aber schienen die Zahlungen mehr und mehr ausgeblieben zu sein; Eva Kaufmann wollte ihr Anwesen im Mittelmeer verkaufen: für 85.000,- DM bot sie Haus samt Grundstück und Inventar Heidemann an, dessen Kontostand zu diesem Zeitpunkt wieder einmal auf über 90.000,- DM angewachsen war.[289a] Der Auszug hing möglicherweise auch damit zusammen, daß Eva inzwischen Oma geworden war, denn Christine brachte eine Tochter zur Welt, die deshalb Alexandra getauft wurde, weil Christine da so einen »Russen-Tick« hatte, »einen großen Hang zur russischen Literatur und russischen Musik«.[290]

Das war Gerd Heidemann in seiner ganzen STERN-Laufbahn nur äußerst selten widerfahren: Ungehemmt entwarf Eva Kaufmann nicht nur ihr eigenes Psychogramm, sondern zugleich auch das ihrer Tochter. Die STERN-Serie »Mütter & Töchter« war etwas für die Seele. Autorin Eva Windmöller konnte auf Grund tiefblickender Heidemann-Erkenntnisse das Innenleben jener präsentieren, die von Kinoplakaten lächelten und in Frauen- und Fernsehzeitschriften schick und souverän Lebensphilosophien von sich gaben, nach denen sie im »wirklichen Leben« aber gar nicht handelten. Das jedenfalls behauptete der STERN.[291]

Ohne Heidemanns Instinkt, ohne seine Empfänglichkeit hätten die Prominenten mit ihren Wehwehchen nicht von Eva Windmöller im STERN entblättert werden können. Heidemann hatte sogar die Frau von Hardy Krüger zu dem Geständnis bewegen können, daß Tochter Christiane einst in einer Anstalt für schwer erziehbare Kinder gelandet sei, angeblich ohne Wissen der Eltern.

Renate Krüger trat gern unter ihrem Künstlernamen Renate Densow auf. Sie lernte Hardy, im November 1944, im Luftschutzkeller des Hotels »Monopol« in Breslau kennen, war acht Jahre älter als er. Nach der Kapitulation wurde sie Mutter. Hardy, den der Regisseur Alfred Weidenmann eine Rolle im Goebbels-Drama »Junge Adler« verschaffte, in dem er als Lehrling einer Flugzeug-Waffenschmiede mit überzeugenden NS-Durchhaltetexten debütierte,[292] erfuhr erst 1948, daß er Vater geworden war. Da blickte er durch Zufall auf sein Urlaubsabenteuer, das sich in Hamburg von einem Theaterplakat in seine Erinnerung rief.

Christiane und Renate Krüger *(Mutter): »Weisheit eines Fünfzigjährigen«*

Die Wiedersehensfreude der Eltern war groß, nur Tochter Christiane kam dabei zu kurz. Auf der Volksschule wurde Christiane Krüger »tyrannisiert«, ihren Mitschülerinnen war das viele Geld, das der Vater »ohne rot zu werden« nach Hause brachte, voller Neid aufgestoßen. Zwar verfügte Hardy Krüger laut Gattin bereits im jugendlichen Alter über »die Weisheit eines Fünfzigjährigen«, doch durch die zeitraubende Karriere, vor allem nach der Verfilmung der STERN-Serie »Einer kam durch«, bekam Christiane ihren Vater nur selten zu sehen und lief fortan zwangsläufig mit einer »Macke« über den Schulhof. Vater und Mutter also waren vielbeschäftigt, das Töchterlein wurde in Internate abgeschoben. In St. Peter-Ording spazierte das tapfere Mädchen schließlich mit selbstfabrizierten Löchern im Pulli einher, um von den gefüllten Bankkonten ihrer Eltern abzulenken. Dann brachten die Krügers Christiane in einer Herberge mit halbseidenen Pädagogen unter: in der Nähe von Davos in der Schweiz. Dort lernte die allein gelassene Christiane eine ihr bislang unbekannte Welt kennen.

»Es war ein Pensionat für schwer erziehbare Töchter aus reichsten Familien. Einige waren nymphomanisch veranlagt, andere lesbisch, andere kleptomanisch«, enthüllte Christiane Krüger dem überraschten Gerd Heidemann. Er wunderte sich noch an anderer Stelle: »Der Lehrer rauchte Marihuana.« Die Arme heulte und heulte, stieß alsbald — »Gott sei Dank« — auf »eine nette Lehrerin«, die daraufhin »aus der Wäschekammer« mit Telephonanschluß mit den angeblich unwissenden Eltern telephonierte, die von dem lustigen Treiben in Wasch- und Schlafräumen keine Ahnung gehabt haben wollten. Mutter Renate »schauderte«, »wenn sie noch heute daran denkt«. Wer die Adresse der Lasterhöhle herausgesucht, wer Christiane angemeldet und abgeliefert hatte, behielt sie für sich. Und Heidemann war taktvoll genug, sie nicht danach zu fragen.

Hardy Krüger lernte jüngere und schönere Frauen kennen, zog nach Afrika in die Nähe des Kilimandscharo, während Mutter Renate in West-Berlin eine abgedriftete Christiane traf, die inzwischen zu eienr Schauspielerin gezogen war, in deren Wohnung es kein Bettzeug gab, nichts zu essen, nur ein abgestelltes Telephon und die Klagen der Nachbarn, denen die Lotterwirtschaft nicht verborgen blieb und denen der Lärm auch noch nachts lautstark zu Ohren kam.(293) Das Material Heidemanns betitelte Eva Windmöller sodann auch nicht zu Unrecht als aus einem »Irrenhaus« stammend.

Sechs Wochen lang quälten zwei junge Mädchen eine wehrlose ältere Frau zu Tode. Das war 1965 und machte Schlagzeilen. Henri Nannen wünschte sich Hintergründe für den STERN. Gerd Heidemann hatte die Chronik zusammenzustellen, die er sich von einem in diesem Fall ermittelnden Kriminalbeamten aushändigen ließ. Der von Heidemann überredete Polizist tat es nicht ohne Beweggrund: Die von einer Sechzehn- und Siebzehnjährigen ausgeübte Brutalität an einer vierundfünfzigjährigen nervenkranken Rentnerin sollte als warnendes Beispiel an die Öffentlichkeit gebracht werden. Heidemann bot dem Kripo-Mann eine Zigarette an und überzeugte ihn von der Brisanz seines Anliegens. Daraufhin konnte er die Akten und Tatphotos mit der Kamera festhalten.(294) Als die geheimgehaltenen Ermittlungen im STERN groß herauskamen, wurde Heidemann verdächtigt, sich die Kripo-Dokumente mittels eines VWs erkauft zu haben. Die Justiz setzte daraufhin eine Untersuchungskommission ein, die den Informanten des STERN ausfindig machten sollte. Der aber ist bis heute nicht gefunden worden — jener Staatsdiener, der Heidemann das Material kostenlos herausrückte, avancierte zum Leiter der internen Fahndungsgruppe.(295)

Wo immer Gerd Heidemann auftauchte, wo immer er es verstand, jemanden zu einem längeren Gespräch zu überreden, immer dann auch waren Erfolge vorgezeichnet. Selbst Skandale in Bonn, für die eigentlich die dortige Redaktion des STERN zuständig war, waren ohne den Reporter gelegentlich nicht aufzuhellen:

So deckte er eine Korruption im Bundesverteidigungsministerium unter Kai-Uwe von Hassel auf, als leitende Bundeswehr-Einkäufer Ausschreibungen mit Hilfe von Tausendmarkscheinen der Lieferanten manipulierten.[296] Er besorgte Unterlagen über einen Spion, der in der Klemme saß, weil er für die eine oder andere Seite tätig wurde. Auf Grund dieser Unterlagen konnte STERN-Autor Hans Nogly, der unter dem Pseudonym Thomas Westa schrieb, teilweise Details offenbaren, die selbst der Karlsruher Bundesanwaltschaft bisher noch nicht bekannt waren.[297] Er lernte einen Blinden kennen, der bereits 1966 mit Hilfe einer endlosen Zahlenkombination Selbstwählgespräche mit Bürgern der DDR vom Westen aus führen konnte. Als diese abenteuerliche Geschichte im STERN stand, hatte die sonst so gefürchtete Staatssicherheit nicht nur einen großen Prestigeverlust zu beklagen, sondern auch der westdeutsche Bundesnachrichtendienst hatte sich darüber geärgert, daß er den Behinderten nicht vor Heidemann kennengelernt hatte.[298] Und als an bundesdeutschen Autobahnen drei ermordete Mädchen lagen, wollte Nannen den STERN berichten lassen, was die Polizei bei der Jagd nach den Verbrechern so alles angestellt hatte. Die über weite Strecken mehr als peinlichen Ermittlungen konnte er unter dem reißerischen Titel »Die nackten Toten und die Kripo« in zwei Folgen ins Blatt heben — Gerd Heidemann hatte seiner Illustrierten die Möglichkeit dazu verschafft.[299] Hilfsbereit war Gerd Heidemann immer. Nicht nur Nannen konnte sich auf ihn verlassen, sondern verzweifelt-überlastete Staatsanwälte mit ihm rechnen, sowie eine trauernde Mutter, die ihren vermißten Sohn selbst suchen mußte. Im Juli 1965 fuhr der einundzwanzigjährige Filius mit vierundvierzig Gleichaltrigen nach Kalabrien.

Die Verantwortung für die fünfzehn- bis vierundzwanzigjährigen Jugendlichen trug ein zweiundfünfzigjähriger Mittelschullehrer. Statt sich dieser Pflicht aber rund um die Uhr zu widmen, stellte er statt dessen einer jungen Kollegin namens Elke nach, beide vergnügten sich abseits des Lagers, immer im Schatten. In den Zelten der Jugendlichen konnte so ebenfalls hemmungslos gelebt und geliebt werden. Auch Helmut Neubert aus Hildesheim wäre gern dabeigewesen, hatte aber leider »selbst bei weniger prüden Mädchen keinen Erfolg«. So war er fast ausschließlich mit seiner Kamera unterwegs, knipste Landschaften, mittelalterliches Bauwerk, Dörfer und allerlei Getier. Von einer dieser Safaris kam er nicht zurück. Der verjüngten Aufsichtsperson bereitete das Wegbleiben des Zöglings keine Kopfschmerzen, er wähnte den Abhandengekommenen photographierend in der Umgebung. Die Polizei verständigte er nicht, erst am Tag der Abreise wurde das deutsche Konsulat in Rom der guten Ordnung halber informiert.

In Deutschland mußte sich der liebestolle Lehrer die unangenehme Frage der Mutter gefallen lassen: »Wo ist mein Sohn?« »Noch in Italien«, versuchte der Lehrkörper die Wogen zu glätten. Mutter Neubert wäre vor Schreck fast umgefallen und dachte sogleich an das Schlimmste: Mord. Diese bösen Gedanken schlugen sich später in der Todesanzeige nieder: »Helmut ... wurde durch Mörderhand getötet.« Diese ungewöhnliche Botschaft drang, zwangsläufig, zu Gerd Heidemann. Der Fall interessierte ihn. Zur Lösung benötigte er mehrere Wochen.

Helmut Neubert war nicht umgebracht worden, weder aus Eifersucht noch aus nieder Raubmotiven. Er war, während des Photographierens, einfach ausgerutscht umd vom Berg in eine Schlucht gestürzt. Zu diesem Ergebnis waren allerdings die deutschen und italienischen Polizisten eben noch nicht gekommen, weshalb sich die europäische Presse bis zum Auftauchen Gerd Heidemanns auch mit diesem Fall spekulativ beschäftigen mußte, die böse Mordthese immer mehr garnierte. Es hätte nicht viel gefehlt, der unglückliche Junge wäre zum unehelichen Sohn eines Mafia-Bosses gemacht worden.

Heidemann sprach mit fast allen deutschen Ferienteilnehmern, er interviewte die Bauern aus Kalabrien, ging jeder Spur der Kriminalpolizei nach, rekonstruierte schließlich das tragische Geschehen, indem er einen Mann sich an die Stelle legen ließ, auf die der Deutsche gefallen war. Die Mutter des Verunglückten und die Hildesheimer Kripo ließen sich von dem STERN-Reporter überzeugen: der Sohn war, einwandfrei, durch einen Unfall zu Tode gekommen. Den Kontakt mit Gerd Heidemann hatte die aus lauter Dankbarkeit zur STERN-Abonnentin gewordene Mutter nicht abgebrochen, denn der Reporter sollte ihr ein weiteres Mal hilfreich zur Seite stehen:

Dem lüsternen Lehrer habe sie für ihren Sohn sieben Mark für die Versicherungsprämie überwiesen. Vom Deutschen Ring habe sie nunmehr aber erfahren, daß der Name ihres toten Sohnes auf der Versicherungsliste nicht stand und es somit wegen des fehlenden Versicherungsschutzes auch keine Versicherungsleistung geben könne. Den verantwortungslosen Lehrer wollte sie »wegen grober Fahrlässigkeit« an den Pranger stellen.[300] Heidemann hätte auch hier gern wieder geholfen, doch er war längst anderweitig beschäftigt. Für den STERN versteht sich, denn die Kalabrien-Story war nicht im STERN erschienen. Hätte Heidemann einen Mord in die Redaktion geschleppt, nur dann wäre der im STERN ausgebreitet worden.

»DER SCHREIBT BÜCHER« oder: Der STERN ignoriert Gerd Heidemann

Der STERN war einst eine große Illustrierte, weltweit als solche anerkannt. Nur dem SPIEGEL hatte die Redaktion das Wasser niemals reichen können. Wer damals für den STERN schrieb, war angesehen. Dies wußten die Redakteure, schließlich stand ihr Name im Heft, mal dick unter der Überschrift, hin und wieder klein am Ende des Artikels. Der Ruhm des STERN färbte auf die Tagesform einiger Journalisten ab: Sie waren stolz auf eine gelungene Formulierung, winkten aber bescheiden ab, wenn sie ein kräftiges Lob wegen einer gelungenen Headline angeblich für nicht erwähnenswert hielten. So mancher Mann des STERN ruhte sich auf seinen Lorbeeren aus, mancher aber auch wollte regelmäßiger ins Blatt, beflügelt vom vermeintlich letzten journalistischen Erfolg.

Nicht immer kam die gute Geschichte allein am Schreibtisch zustande, sondern ab und an mußte sich der eine oder andere auf Reisen begeben. Diese Wanderschaft schien auszuufern. Henri Nannen verlor den Überblick über die Expeditionen seiner Mitarbeiter, und wenn er wegen einer plötzlichen Idee in personelle Kalamitäten geriet, weil der eine oder andere Redakteur telephonisch nicht zu erreichen war, geschweige denn in seinem Zimmer hockte, konnte der Prinzipal des STERN sehr unangenehm werden. Auch dann, wenn ihm später wieder einfiel, wohin er selbst seine Reporter geschickt hatte. Oder aber er fahndete nach ihnen in europäischen Luxusherbergen, während sie brav in der Redaktion in ihre Schreibmaschinen tippten. Die Aktivitäten seiner betriebsamen Untergebenen und

Gerd Heidemann in Mittelamerika (an der Grenze Guatemala/Mexiko):
Ein STERN-Reporter sollte zur gleichen Zeit in zwei Ländern sein

die der Daheimgebliebenen mochte Nannen nicht mehr länger tatenlos hinnehmen. Eines Tages hatte er die Nase voll und zitierte einen Schlußredakteur herbei, der im Ressort Chef vom Dienst die lockeren Redakteure bereits zu bändigen versuchte: Wolf Schneider, der — wenn es ihn nicht bereits gäbe — ihn spätestens jetzt erfunden hätte: den unbestechlichen Duden.

Schneider, heute mitverantwortlich für die schwierige Sparte der Beschaffung talentierten journalistischen Nachwuchses sowie humorloser Aushilfs-Talkmaster im norddeutschen Regionalfernsehen, hatte von Nannen die spannende Aufgabe übertragen bekommen, die dem STERN-Chefredakteur gelegentlich abhanden gekommenen STERN-Redakteure zu disziplinieren. Umgehend machte sich Schneider, der die Gewohnheiten der STERN-Journalisten so richtig noch nicht im Kopf hatte, an die Arbeit. Mit Hilfe einer originellen Hausmitteilung (»Betr.: Einsatz für Recherchen«) trat er im Namen Nannens an die Redaktion heran. Schneiders Korrektheit war von niemandem zu übertreffen, denn nur er führte, wie sonst nur ausgebuffte Beamte, über alle möglichen redaktionellen Vorgänge fleißig Buch. So erfuhren denn, im August 1967, die »lieben Kollegen«, was Henri Nannen so bewegte:

Alle STERN-Rechercheure und alle »mit Recherchen beauftragten Redakteure« sollten fortan der gesamten Redaktion zur Verfügung stehen, die in der Vergangenheit »praktizierte Spezialisierung auf bestimmte Arbeitsbereiche kann nur noch insoweit stattfinden, als andere Redaktionsinteressen dem nicht entgegenstehen«. Zwar ahnten die Empfänger, von Norbert Sakowski bis zu Gerd Heidemann, was Schneider da meinte, nur mit der klaren Ausdrucksweise schien es ausgerechnet bei ihm zu hapern, er wollte zwar »Ihren Einsatz koordinieren« und auf einer großen Weltkarte die »Positionsmeldungen« mit vielen bunten Reiterchen markieren, aber die bislang ausschließlich für den STERN Tätigen sollten sich nunmehr »ab sofort der gesamten Redaktion für Recherchen zur Verfügung« halten.[301] Als ob es jemals anders gewesen wäre.

Wenn also der Ermittler Jochen von Lang beispielsweise in Winsen an der Luhe von einem Informanten zu einem anderen Auskunftswilligen in einen Nachbarort geschickt worden wäre, dann hätte er, bei Schneiders Abwesenheit, trotzdem seiner Sekretärin eine Nachricht zukommen lassen müssen. Wenn Gerd Heidemann in Wien weilte, er nachts mit der letzten Maschine aber nach Salzburg hätte fliegen müssen, dann hätte er sich die Durchwahlnummer Schneiders einprägen müssen (»App. 668«) und die Standortveränderung umgehend melden sollen. Als Gerd Heidemann die wichtigen Schneider-Zeilen gelesen hatte, war ihm aufgefallen, daß er regelmäßig hinterlassen hatte, wo er zu erreichen war. Auch andere Kollegen, mit denen Heidemann über die mißverständliche Schneider-Überwachung gerätselt hatte, waren außerhalb des STERN für den STERN präsent. Wollte sich Schneider in die Position eines verständigen und unentbehrlichen Helfers Nannens drängen? Die Resonanz war denn STERN-spezifisch: es blieb alles beim alten. Nur Schneider ging. Der Redaktion des STERN war das nicht schlecht bekommen.

Wenn ein aktuelles und umfangreiches Thema Nannen zu einer STERN-Geschichte inspiriert hatte, wurden Redaktionsmitarbeiter angesetzt, die gerade frei waren, aber auch aus allen anderen Ressorts jene angefordert, die bei Verstand waren und den Stoff journalistisch bewältigen konnten. In diesen Fällen wurden Photographen an die Front geschickt, im Notfall auch auf Illustrierten-Neulinge zurückgegriffen, selbst Redakteure der Auslandsredaktion beschäftigt.

Auf Gerd Heidemann griffen sämtliche Ressortleiter nur allzugern zurück, weil sie nur zu genau wußten, daß er mit den Ermittlungen erst dann wieder aufhörte, wenn die Ergebnisse STERN-reif waren. Das hatte vor allem drei Gründe: einmal konnte Heidemann ein Tonbandgerät bedienen, einen Film in die Kamera einlegen und — Fragen stellen.

Wenn Heidemann auf ein Ziel zusteuerte, dann konnte er das allein, denn er blieb unabhängig, benötigte keine Zuarbeiter, im Ausland höchstens gelegentlich einen Dolmetscher. Derart unbelastet von fremdem Beistand verliefen Heidemanns Recherchen zumeist auch immer zügig. Er mußte keine umständlichen Rückfragen halten, wußte vielmehr, wen er gezielt anrufen mußte, wie er ängstliche STERN-Informanten beruhigen konnte. Gerd Heidemann ging selbstverantwortlich ans Werk.

Während sich Kollegen von Heidemann Schneiders Einmischung verbaten, konnte Heidemann davon ausgehen, daß — ausgerechnet — Nannen ihm den Rücken von dem nervenden Schneider freihalten würde. Genau das war schließlich eingetreten. Wäre Schneider beispielsweise zu Ohren gekommen, daß ein STERN-Reporter tagelang mit einem Mörder spazierengegangen war, Schneider wäre wohl auf der Stelle zusammengebrochen. Besagter Mörder konnte mit dreijähriger Verspätung als solcher erkannt werden. Den Hintergrund bildete der seinerzeit sensationelle Entführungsfall Timo Rinnelt.

Das Verschwinden des siebenjährigen Timo 1964 hatte die bis dahin größte Fahndungsaktion in der Geschichte der Kripo ausgelöst, die Polizei 573 mögliche Spuren verfolgt, den Täter aber nicht gefunden. Die Ermittlungsbehörde versuchte, von ihrem Fiasko abzulenken: »Die Öffentlichkeit wäre erschüttert, wenn sie wüßte, was das gekostet hat.« Drei Millionen sollen es gewesen sein. Dabei hatte die Wiesbadener Kriminalpolizei, Timo war in der hessischen Landeshauptstadt aufgewachsen, den Mörder bereits verhört und ein STERN-Reporter sich mit ihm getroffen.

Der Mann, der Timo Rinnelt umgebracht hatte, hieß Klaus Lehnert, war ein kranker Typ, photographierte gern, verkaufte Lokalzeitungen seine Bilder, heuerte bei der kurzlebigen Radau-ZEITUNG an, flog wegen Diebstahls raus, auch andere Jobs endeten auf dieselbe Art. Dieser Lehnert nahm Timo Rinnelt am 13. Februar 1964 mit in seine Kellerwohnung, die Eltern stellten Vermißtenanzeige. Die Polizei kapitulierte.

Der STERN entsandte Reporter nach Wiesbaden. Einer von ihnen lernte Lehnert kennen, besuchte mit ihm zusammen Timos Spielkameraden, die Schule, Plätze, auf denen der kleine Junge seine Freizeit verbracht hatte. Klaus Lehnert war stets über den Ermittlungsstand der Kripo durch den STERN bestens informiert; er konnte sich zu Recht sicher fühlen. Doch dann war er pleite und brauchte Geld. Timo lag bereits seit drei Jahren tot in einem Versteck. Ende April 1967 erhielt die QUICK einen anonymen Brief:

Der Absender bot, für fünfzehntausend Mark, »Informationen über Timo Rinnelt« an. Ein zweites Schreiben des großen Unbekannten führte die Kripo zu einem grausigen Fund: einem vermoderten Kinderstrumpf in einer Höhle außerhalb Wiesbadens. An dem Strumpf haftete etwas Leichengewebe. Und der Strumpf hatte das Muster jener Strümpfe, die Timo am Tage seiner Entführung getragen hatte. In einem dritten Brief wurde der Ort angegeben, an dem das Geld hinterlegt werden sollte. Lehnert war kein Profigangster, daher konnte er schnell festgenommen werden. Timos Überreste wurden in Lehnerts Keller gefunden.[302] In diesem Augenblick erinnerte sich der STERN an die Recherchenhilfe des Mörders, und die Chefetage der Gazette bekam einen großen Schreck. Bis heute ist die unglückliche Zusammenarbeit unentdeckt von Polizei und Öffentlichkeit geblieben.(303)

Mit einem unbeschreiblichen personellen Aufwand hatte die Illustrierte den Fall Timo Rinnelt zu klären versucht, mit gleicher Verschwendung wollte sie auch eine andere Affäre aufhellen: die des DDR-Spions Hannsheinz Porst, der 1967 ein zweites Mal Schlagzeilen verursacht hatte. Nannen entsandte Wilfried Ahrens und Gerd Heidemann, das Porst-Geheimnis zu lüften. Doch den Reportern war kein Erfolg beschieden. Dabei hätten sie eine bis heute übersehene und dramatische Familienchronik veröffentlichen können. Der STERN hatte, dank Ahrens, die einmalige Gelegenheit verpaßt, eine skandalträchtige Vita zu enthüllen. Was war dem STERN entgangen?

Ein Jahr nach Beendigung des Ersten Weltkrieges gründete Hanns Porst in Nürnberg ein kleines Photogeschäft. Aus diesem entwickelte er, sechs Jahre später, einen Versandhandel, der nach kurzer Zeit florierte, denn zum ersten Mal konnten Photoapparate per Teilzahlung erworben werden. Die Rechnung für Porst ging zwangsläufig auf, die erste Million Umsatz war bereits 1927 erreicht. Als das NS-Regime 1945 kapitulierte, stand Hanns Porst vor einem Scherbenhaufen: Seine Firma war durch alliierte Bomben restlos zerstört worden, und auch das Entnazifizierungsverfahren kam ihm ungelegen. Die amerikanischen Besatzer überführten Porst der Fragebogen-Manipulation und steckten ihn für zwanzig Monate ins Gefängnis.(304) Davon wußte der STERN-Ressortchef Ahrens nichts.

Die Währungsreform bescherte dem agilen Photohändler den erneuten Start, jetzt reihte er sich ein in die Gruppe der Industriekapitäne. Porst kaufte die Großdruckerei Maul & Co., bilanzierte 1960 einen Umsatz in Höhe von einhundertzwanzig Millionen Mark. In diesem Jahr überschrieb Hanns Porst seinem Sohn Hannsheinz mehrheitlich die Druckerei, in dieser Zeit schlitterte der auf Wachstum versessene Konzern aber auch in seine erste große Krise: Versandhäuser wie Quelle mauserten sich zu gewichtigen Konkurrenten, die Porst-Hausbanken, Bayerische Vereins- und Staatsbank, seit Jahrzehnten Geldgeber von Porst, bangten plötzlich um ihre Kredite. Da sprang die gewerkschaftseigene Bank für Gemeinwirtschaft ein, für dieses branchenüberraschende Engagement hatte Porst freilich zuvor einige Grundstücke opfern müssen.(305) Davon hatte Wilfried Ahrens nur teilweise gehört.

Die Bankumorientierung war ohne finanzielle Manöver wohl nicht zu bewerkstelligen. Porst geriet mit dem Gesetz in Konflikt: Der Junior wurde, wegen üppiger Steuerhinterziehung, 1964 verhaftet. Dasselbe Schicksal teilten zur selben Stunde Alfons Müller-Wipperfürth und Fritz Aurel Goergen. Der eine war Generaldirektior der Henschel-Werke, der andere Textil-Magnat. Hannsheinz Porst saß schon seit drei Wochen in Untersuchungshaft. Die Porst-Familie brachte eine Kaution in Millionenhöhe auf und einigte sich mit den Steuereintreibern auf 2,1 Millionen Nachzahlung.(306) Drei Jahre später, 1967, geriet der Porst-Betrieb erneut in Bedrängnis, abermals stand Hannsheinz Porst unerwartet im Mittelpunkt.

In Gegenwart des Porst-Finanzmanagers Franz Brandt wurde Filius Hannsheinz am 25. Oktober von »zwei gutaussehenden Herren« festgenommen, die »einen durchaus manierlichen Eindruck gemacht haben«, einer trug »einen Mantel mit Fischgrätmuster, der andere eine Kombination, helles Hemd und dunkle Hose«, erinnerte sich ein irritierter Porst-Angestellter.(307) Der Staatsschutz tauchte nicht ohne Grund auf: nach der Steuerhinterziehung lautete nun die Anklage auf landesverräterische Beziehung. Wilfried Ahrens und Gerd Heidemann eilten, wie unzählige Kollegen mit ihnen, nach Nürnberg. Bereitwillig stellte sich der Firmengründer der Journalistenmeute für ein Gespräch zur Verfügung, ließ er die Reporter bewirten, nicht ohne Charme führte er vor allem den STERN — und das allein war seine Absicht — in die Irre. Dabei hätte Ahrens, wenn er denn nur aufgepaßt hätte, eine ganze Serie über das Porst-Etablissement schreiben können. Den Anlaß dazu hatte Hanns Porst obendrein sogar noch selbst gegeben.

Die Verhaftung des Sohnes lag dem Senior, der in seiner Jugend dem Nürnberger Stadtrat als Stadtschreiber gedient hatte, schwer im Magen, denn der spektakuläre Fall bedrohte sein Imperium. Deshalb schimpfte er ein staatsanwaltschaftliches Mißverständnis herbei und empfing — bereits vierundzwanzig Stunden nach der Festnahme seines Erben — die Medienabgesandten, denen der Großkaufmann — erstaunlicherweise — umgehend Rede und Antwort stand. Hanns Porst wartete nicht die Ermittlungen ab, vielmehr überstürzt drängte er sich an die Öffentlichkeit, denn er hatte ein ausgesprochen schlechtes Gewissen. Ihn dünkte, nur so von seiner peinlichen Biographie ablenken, nur so ein dunkles Kapitel der Firmengeschichte weiterhin in der Gruft ruhen lassen zu können. Hanns Porst war auch deshalb am STERN interessiert, weil er den Journalisten Wilfried Ahrens auf Nebengleise umlenken konnte. Und tatsächlich: dieses halsbrecherische Kunststück war nicht mißlungen, Hanns Porst präsentierte sich dem STERN nicht nur als liebender Vater und verständiger Firmen-Patriarch — Hanns Porst log, er kämpfte ums Überleben.

Auch er, verriet er den STERN-Journalisten, habe — wie sein Sohn — bereits im Gefängnis gesessen: 1940, in einem der Gestapo. Dorthin will er »wegen angeblichen Landesverrats und Wirtschaftsverbrechens« gebracht worden sein, sich wochenlang in den Händen des Reichssicherheitshauptamtes befunden haben. Diesen Zwangsaufenthalt hätten ein entlassener Gärtner und der Vetter Karl Böhm herbeigeführt. Porst zum STERN: »Nach vier bis fünf Tagen hat (die Gestapo) mir gesagt, um was es sich handelt. Ich hätte Kohlen, die damals gelagert werden mußten, nicht gemeldet.« Er sei sodann mit einem seiner Direktoren sowie einem Prokuristen festgesetzt worden, alle »drei sind wir nach sechs Wochen wieder rausgekommen«.[(308)] Im STERN aber stand etwas ganz anderes, das Interview blieb unberücksichtigt, statt dessen wurde gedruckt, was Hanns Porst dem Fernsehen erzählt hatte:

Der Verwandte Karl Böhm habe über »kommunistische Neigungen« verfügt, von denen Porst — angeblich — »erstmals im Jahre 1933 (erfuhr): Wenige Monate nach Hitlers Machtergreifung klingelte an der Haustür die Gestapo.« Ahrens im STERN: »Sie verhafteten den Fotohändler, dessen Gärtner und den Vetter Karl Böhm. Der Grund: Der Gärtner und Böhm, beide Mitglieder der kommunistischen Partei, hatten im Keller des Hauses kommunistische Flugblätter versteckt. Porst senior, der davon nichts wußte, wurde nach wenigen Tagen wieder freigelassen.«[(309)] Diese Variante hatte Porst dem STERN verschwiegen, sie dem Fernseh-Magazin »Report« untergeschoben. Warum hatte Wilfried Ahrens nicht die Kohlenklau-Lesart im Kopf behalten, warum hatte er auf Porsts TV-Vorstellung zurückgegriffen?[(310)]

Böhm lebte als freier Schriftsteller in Ost-Berlin, sein Bruder Hans stand im Westen auf der Lohnliste bei Porst. Porst selber war ins Dritte Reich und in die DDR involviert. Er hatte sich unter den Nationalsozialisten nicht nur ein jüdisches Spielzeug angeeignet, sondern mußte jetzt obendrein verzweifelt versuchen, seine dubiosen Kontakte zum Staat Walter Ulbrichts herunterzuspielen.

Vor dem Zusammenbruch des Großdeutschen Reiches und auch noch danach

Hanns Porst
Jüdisches Unternehmen arisiert

Hannsheinz Porst *(mit Richard Stücklen): Mit DDR-Geheimdienstchef verkehrt und SED-Mitglied*

residierte der Photoversand in der Nürnberger Veilhofstraße. Das Unternehmen wurde am 1. Juni 1919 als Einzelfirma gegründet und sechs Jahre später im Handelsregister eingetragen. 1943 verfügte »Der Photo-Porst« über ein ungewöhnlich hohes Eigenkapital: drei Millionen Reichsmark. Die gleichfalls in Nürnberg ansässigen Zündapp-Werke brachten es lediglich auf die Hälfte Stammkapital. Auch die renommierte Bleistiftfabrik J.S. Staedtler in Porsts unmittelbarer Nachbarschaft konnte trotz der begehrten »Mars«-Füllhalter einen solchen Betrag nicht aufweisen. Woher hatte Hanns Porst das Geld?

Hanns Porst gehörte in Nürnberg zu den Honoratioren. In diesen Kreisen verkehrte auch Julius Streicher, der dort als STÜRMER-Herausgeber ein gernsehener Gesprächspartner war. In Nürnberg aber existierten bis zur nationalsozialistischen Machtübernahme jüdische Unternehmen, so beispielsweise in der Höfener Straße 87-91 die »Spaer-Spiele-Fabrik«, deren Hausbank, die Deutsche, das Geschäft meistbietend zur Arisierung anbot. In Nürnberg standen die Interessenten Schlange: die Unternehmer Karl Arnold, Ernst Berner, Anton und Heinz Berkenkamp, Heinz Huck, die Gebrüder Fleischmann, Heinrich Müller, aber auch der »Trix«-Modelleisenbahn-Fabrikant Ernst Voelk. Den Zuschlag erhielt schließlich Hanns Porst, der Spaers damals bekannte Kinderartikel unter diesem Namen weiterverkaufte, die lukrative Firma jedoch umgehend umfirmieren ließ: in »Porst-Spiel-Fabrik«. Mit seinem arisierten Spielzeug tätigte Porst 1943 einen Umsatz von 1,5 Millionen Reichsmark, die Kapitaldecke war übermäßig dick: eine Million.(311) Nur wenige wußten von dem Raub, weshalb Porst ein Bekanntwerden auch verhindern mußte.

Als sein Sohn in die peinliche Landesverrats-Geschichte hineinstolperte, da mußte der Senior nun aufpassen, daß er in der Öffentlichkeit nicht wegen seiner lästigen NS-Expansion in Mißkredit geriet. So nahm der STERN während des Interviews ungerührt zur Kenntnis, daß der alte Herr seinerzeit nur einen »ehemaligen jüdischen Betrieb« weitergeführt habe, bei dem er ohnehin nur alle vierzehn Tage nach dem Rechten gesehen habe. Ahrens bohrte hier wider Erwarten nicht nach. An dieser Arisierung, am 9. Dezember 1938 NS-amtlich vollzogen, wird in den frühen fünfziger Jahren der DDR-Geheimdienst nicht vorbeigesehen haben. Die ersten Informationen hatte ihm der in Ost-Berlin wohnende Porst-Neffe Karl Böhm zugetragen, dessen in Nürnberg lebender Bruder Hans im Jahr der Verhaftung von Hannsheinz Porst von seinem Arbeitgeber Hanns Porst in die wohlverdiente Rente geschickt wurde. Mit dem Ost-Böhm wollte Vater Porst nur über die Weihnachtszeit Verbindung gehalten haben, lediglich Festtagspäckchen hinübergeschickt haben. Porst: Mit dem DDR-»Sicherheitsdienst (habe Böhm) gar nichts zu tun« — »der schreibt Bücher«.(312) In der Tat verdiente der DDR-Schriftsteller damit sein Brot. Aber was zeichnete den Arbeiter- und Bauerndichter noch aus? Er agierte als Offizier des Ministeriums für Staatssicherheit.

Der DDR-Böhm war, am 5. März 1913, in Nürnberg zur Welt gekommen, saß von 1933 bis 1941 wegen seiner kommunistischen Neigungen im nationalsozialistischen Gefängnis, dann im KZ Dachau. Aus der SS-Zwingburg wurde er entlassen, als er sich »freiwillig« für den Endsieg des Führers zur Verfügung stellte, den er sich freilich an der Ostfront nicht herbeisehnte. In der DDR redigierte Böhm den gesellschaftswissenschaftlichen NEUEN WEG, der in Ost-Berlin vierzehntägig erschien und über Büros Am Werdischen Markt verfügte. Bis 1957 lenkte Böhm im Ministerium für Kultur das gesamte Verlagswesen der ostdeutschen Republik, wies sich einmal als »Werbeleiter« aus, ein anderes Mal gab er auf Fragebogen »Volkswirt« an. Vom Staatssicherheitsdienst, der längst im Bilde war, ließ er sich

***Henri Nannen** (1955 bei der Überreichung eines Geschenks durch Kapitän in seinem Arbeitszimmer): »Wenn mein Schwager getrunken hatte, hatte er mich immer verprügelt«*

vor dem Volksaufstand 1953 anwerben: daß der Bruder bei Porst einen attraktiven Job ausfüllte, war allseits bekannt. Der spätere DDR-Spionagechef Markus Wolf nahm sich Böhm damals persönlich vor. Das gute Zureden zeigte Wirkung: der Bruder West trug dem Bruder Ost Porst-Interna zu.(313)

Im Laufe der Jahre wurde Hanns Porst für die DDR-Spionage interessanter, hatte sich der Firmenchef doch nicht nur aus wirtschaftlichen Gründen für die FDP entschieden, arbeitete die Gattin eines Neffen des ehemaligen FDP-Vorsitzenden Thomas Dehler im Porst-Betrieb: als Sekretärin von Hannsheinz Porst. Während sich ihr Chef mit dem damaligen FDP-Vorsitzenden Mende duzte, verkehrte sie mit einem gewissen Alfred Pilny, der im Auftrag des DDR-Geheimdienstes nach Nürnberg übergewechselt war. Pilny will sich sodann auf eine Stellenanzeige hin bei Porst beworben haben, 1955 wurde er eingestellt.(314) Einige Tage vor Porst wurde Pilny verhaftet — zuvor war der KGB-Mann J. Runge zum Feind übergelaufen, der den Weg zu Pilny wies.

Pilny denunzierte Porst. Was sich da bei der Unternehmer-Familie auftat, war in der Tat der reinste Spionagesumpf. Doch Wilfried Ahrens hielt nach der Festnahme auch ein Bonner Debakel für möglich, an die Schuld von Porst glaubte er wohl erst nach dem Urteil.(315)

Hannsheinz Porst war ein hochkarätiger Einflußagent der DDR. Diesen Verdacht äußerte Gerd Heidemann gegenüber Wilfried Ahrens, der sich aber auf der Linie des Vaters Porst befand, der an der Mär vom unschuldigen Sohn festhielt. Zwar sah selbst Ahrens »Porst im Zwielicht«, aber als »Spion für Pankow« — nein, der hätte sich schließlich auch als »Blamage für Bonn« herausstellen können. Dabei ging Ahrens keineswegs lustlos an das Thema heran, einige Ungereimtheiten fielen ihm sogar auf, aber mit den Details hatte sich der eher mit sich selbst beschäftigte STERN-Journalist nicht auseinandergesetzt. Heidemann machte seinen Kollegen zwar auf die Widersprüchlichkeiten im Fall der Brüder Böhm aufmerksam, aber Ahrens tat die überdenkenswerten Fakten mit einer überheblichen Handbewegung ab. Nur so konnte es geschehen, daß den westdeutschen Spionagejägern vorübergehend eine Pleite statt eines Erfolges unterstellt worden war.(316)

Hannsheinz Porst entpuppte sich aber nicht nur als Mitglied der FDP, sondern zugleich führte er die Beiträge an die SED ab. Er unterhielt zu Markus Wolf in Ost-Berlin ein freundschaftliches Verhältnis, das er so beschrieb: »Der gleiche Jahrgang wie ich, gut geschnittene Anzüge, nicht ohne Humor.« Im Juli 1969 wurde Porst zu zwei Jahren und neun Monaten Gefängnis verurteilt.(317)

In den Filz um Böhm war nicht nur der Sohn, sondern ebenfalls der Vater Porst tief verwickelt. Fast wäre durch die Finanzamtsaffäre die kameradschaftliche Agententätigkeit des Hannsheinz drei Jahre früher bekanntgeworden, aber durch das Einlenken der Porst-Familie und das Bekenntnis, dem Staat nicht die gesamten Steuern abgeführt, sondern eine Nachzahlung akzeptiert zu haben, stocherte niemand mehr in der Biographie herum. Die Porst-Kaufherren waren noch einmal davongekommen: der Zusammenhang mit Böhm blieb im internen Kreis, die Arisierung konnte weiter verschleiert werden. Daß Karl Böhm ein unentbehrlicher und bedeutsamer DDR-Spion war, wurde durch sein zehn Jahre nach der Porst-Verhaftung unerwartetes Ableben unterstrichen: Im Mai 1977 wurde er auf dem Ehrenfriedhof der Sozialisten in Berlin-Friedrichsfelde beigesetzt. Hier befand er sich in prominenter Nachbarschaft, noch andere Führer der DDR haben dort ihre letzte Ruhestätte: Walter Ulbricht, Wilhelm Pieck, Otto Grotewohl.(318) Wäre Wilfried Ahrens mit nur ein bißchen mehr Bedacht und Verstand an diese Sache herangegangen, hätte er dem STERN eine brandheiße Story liefern können.

Gerd Heidemann hatte den Fall Hannsheinz Porst nur halbherzig zur Kenntnis genommen, die bedauerliche Porst-Interpretation von Ahrens mangels Kompetenz nicht verhindern können. Doch noch ein anderer STERN-Schreiber hatte so seine Probleme: Henry Kolarz, der — in einer anderen Spionageaffäre — auch nur Simples anbieten konnte:

Am 10. Oktober 1967, gegen Mitternacht, sprang auf dem West-Berliner Bahnhof Zoo ein untersetzter, kräftiger Mann aus der S-Bahn: Jewgenjewitsch Runge, ein Russe, der zwölf Jahre lang als Führungsoffizier des KGB in der Bundesrepublik Spione führte. Er hatte den amerikanischen CIA und damit bundesdeutsche Abwehr-Behörden auf die Spur eines Kellners gebracht, der auf Staatsempfängen jobbte, auf die eines Hausmeisters der französischen Botschaft in Bonn und schließlich auf die des Ehepaares Leonore und Heinz Sütterlin. Der Wolgadeutsche Runge sei hochkarätig gewesen, meldeten die Agenturen.(319) Doch in Wahrheit hatte er nicht viel zu bieten. Das war auch einer der Gründe, warum die Amerikaner zwei Jahre nach Runges Flucht dem STERN die Gelegenheit gaben, Runge zu interviewen, zumal der Sütterlin-Prozeß ins Haus stand. Die US-Geheimen signalisierten das exklusive Gespräch der Washingtoner STERN-Vertretung. Zuvor freilich informierten die Amerikaner die Deutschen, der geheimnisvolle Überläufer werde von sowjetischen Killerkommandos gejagt. Dies dramatische Aufwertung veranlaßte Henri Nannen, Henry Kolarz in die Staaten zu beordern.

»Zehn Tage besuchte er mich pünktlich um zehn Uhr früh im Hotel 'Adam' — ein Mann, dessen derzeitiger Name und Adresse in den USA wie ein Staatsgeheimnis gehütet werden«, schrieb der STERN-Autor.(320) Und dann ließ er Runge erzählen: Geburtsort, Eltern, Schulzeit, wie zum Geheimdienst gekommen, Einsätze in der Bundesrepublik, Umgang mit den Spionen, die Flucht. Während Kolarz sich die abenteuerliche Lebensgeschichte berichten ließ, reiste Gerd Heidemann in der Bundesrepublik umher, um nach Sütterlin-Gefährten Ausschau zu halten. Dabei deckte er auf, daß zumindest der KGB-Agent Sütterlin hätte bereits viel früher enttarnt werden können. Diese Demaskierung stand nicht im STERN,auch das versagende Bundesamt für Verfassungsschutz kam ungeschoren davon. Zwei Jahre nach der journalistischen Porst-Pleite nun ein erneute STERN-Debakel.

Heidemann hetzte durch Köln, eilte nach Berlin, zurück nach Köln, hastete nach Frankfurt und Metzingen.(321) In Bad Godesberg traf er den Gelegenheitskellner Martin Marggraf, der Gesprächsfetzen im Auftrage Runges von prominenten Politikern an Runge weitergegeben haben sollte. Der Thüringer bewohnte ein Einfamilienhaus und hatte eine schwere Gehirnoperation hinter sich, weshalb er in den Genuß einer Haftverschonung kam. Heidemann wollte Details über Marggrafs Schwager Leopold Pieschel erfahren, der gleichfalls, als Hausmeister der französischen Botschaft, Runge mit Informationen versorgte. Der STERN-Reporter notierte Familiäres:

»Wenn mein Schwager betrunken war, hat der mich immer verprügelt«, enthüllte Katharina Marggraf, und ihr Mann unkte: »Wissen Sie denn überhaupt, daß der (Runge) ... hier vielleicht jemanden an den Nagel liefern soll? Vielleicht wollte auch der Sütterlin nicht mehr mit ihm zusammenarbeiten, und da hat er sich gesund gemacht«: »Das, was er als Fluchtgrund angibt, wegen seinem Kind und so, das nimmt er als Vorwand.«(322)

Marggraf habe erst ab 1963 »so die richtigen festen Aushilfen gemacht bei der Bundesregierung«, mit Runge zuletzt gesprochen habe er 1959, trotzdem sei er dessentwegen verhaftet worden, »da war ich gerade die dritte Woche in der Parlamentarischen Gesellschaft als Kellner«. Die Sicherungsgruppe Bonn nahm ihn in der Küche fest. Abhörwanzen soll er installiert haben, so daß in einigen hundert Metern Entfernung ein sowjetisches Botschaftsauto sämtlichen Bonner Klatsch hatte auf Band nehmen können. Das alles habe der Runge erfunden.(323) So ganz von der Hand zu weisen waren Marggrafs Erklärungen nicht.

Runge wurde nach der Kapitulation mit der Wehrmacht aus seiner wolgadeutschen Heimat in die sowjetische Besatzungszone gespült, trat in die FDJ und SED ein. 1954 übernahm der sowjetische Geheimdienst Runge in seine Dienste und versah ihn mit dem Rang eines Unterleutnants. Mit Dokumenten der polnischen Kollegen verwandelte sich Runge in den Pommer Willi Gast. Anschließend schickten die Russen ihren Mann in die Bundesrepublik. Gerd Heidemann entdeckte eine Anneliese Lage, die mit dem Ehepaar Gast alias Runge (im Juni 1956 hatte Runge die KGB-Agentin Walentina Rusch geheiratet) verkehrte.(324)

Anneliese Lage wohnte in Frankfurt und schimpfte: Die Frau Runge »konnte überhaupt nicht nähen. Wenn bei ihrem Mann das Jakett ausgefranst war oder mal ein Knopf fehlte, habe ich das alles für ihn machen müssen.« Kochen hingegen, das habe sie wohl recht gut gekonnt: »Am liebsten mochte sie Hammelfleisch. Wenn es wahr war, hatte sie schon die Hälfte aufgegessen« — »sie hat sehr gern gegessen«. Und die Frauen? Runge habe mit Kellnerinnen »ein Gspusi gehabt«.(335) Das Interview mit einem Runge-Geschäftspartner, dem Frankfurter Wolfgang Hochrieser, war ergiebiger. Mit ihm zusammen hatte der KGB-Vertreter eine Münzautomaten-Firma aufgebaut. Das sei aber alles eine große Pleite geworden, weil Runge plötzlich nach Ost-Berlin verschwunden sei und er die Verbindlichkeiten in sechsstelliger Höhe einlösen mußte. Alle Gläubiger konnten indes nicht befriedigt werden.(336) Runge hatte noch einige Tausend Schulden.

Ein Frankfurter Unternehmen hatte gegen Willi Gast Klage eingereicht, nachdem der Zahlungsbefehl unwidersprochen geblieben war. Vor der Zivilkammer 17 des Frankfurter Landgerichts waren zwar die Kläger anwesend, der Angeklagte weilte unterdessen aber beim CIA. Während der Untersuchungsrichter des Bundesgerichtshofes Runge in Washington verhörte, fahndete der BUNDESANZEIGER nach einem »unbekannt verzogenen Willi Gast«. Runges Verbindlichkeiten trieben die um ihr Geld bangende Firma zu bühnenreifen Taten: Die Rechtsanwälte beauftragten einen Gerichtsvollzieher, die Runge-Schuld bei der deutschen Botschaft einzutreiben. Der Mann mußte freilich unverrichteter Dinge wieder abziehen.(337)

Am 24. April 1969 klingelte der STERN-Reporter bei der fünfzigjährigen Margarete Redlin. Sie war Kriegerwitwe und hatte Heinz Sütterlin 1946 kennengelernt. Über ihre Erlebnisse mit dem Spion wollte sie erst dann erzählen, als Heidemann ihr versicherte, daß ihr Name niemals im STERN stehen würde. Heidemann: »Da Sütterlin sie immer 'Gitta' (ge)nannt (hatte), schlug sie vor, diesen Namen auch im STERN zu benutzen.«(338)

Berlin-Schöneberg lag in Trümmern. In Kellern und Bretterbuden hatten sich »Volksgaststätten« etabliert, in denen es Erbsen- oder Kartoffelsuppe ohne Marken gab. Dort ließen sich aber auch ungefährdet Marken tauschen. Wer Zigaretten brauchte, tauschte gegen Zucker- oder Fleischmarken. Margarete Redlin suchte Fleisch, Heinz Sütterlin Zucker. So lernten sich die beiden kennen. Der Heinz sei ein »Typ wie Hardy Krüger gewesen«, mit blondem Schopf und höflichen Manieren. In dieser Zeit arbeitete Sütterlin im französischen Sektor in einem Photogeschäft. Erst tranken sie Kaffee, dann lud er sie zum Abendessen ein, in seine

Gerd Heidemann in Aktion *(telephonierend mit eingeschaltetem Bandgerät): »Am liebsten mochte sie Hammelfleisch«*

Wohnung. Sütterlins Mutter Maria brachte belegte Stullen auf den Tisch.(339)

Margarete Redlin liebte den sieben Jahre jüngeren Heinz »wirklich sehr«, »ich war ihm sogar etwas hörig«. Eifersüchtig sei sie gewesen, genauso wie die Mutter Sütterlin auf sie, Heinz hingegen niemals. Weihnachten 1947 wollte sie mit ihrem Geliebten gemeinsam verleben. Als sie deshalb in Sütterlins Wohnung kam, hatte ihr Heinz sich sehr geärgert, denn er war bereits mit einer anderen verabredet. In der folgenden Zeit kam es immer wieder zu Krächen und anschließenden Versöhnungen. Sie schlug auf ihn ein, er brüllte zurück, warf sie auf den Boden, hämmerte mit Fäusten auf ihren Körper. Sütterlin entpuppte sich als jähzorniger Geselle mit »verkorkstem Charakter«.(340)

Heinz Sütterlin, Jahrgang 1924, wurde in Freiburg geboren, 1935 zog er mit seiner Mutter nach Berlin, wo er sich als Photograph verdingte. 1956 ließ er sich durch den Staatssicherheitsdienst anwerben, ein Jahr später hatten die DDR-Geheimdienstler ihn an das sowjetische KGB abzutreten. Der Auftrag war wie zugeschnitten auf Sütterlin: Er habe in Bonn nach alleinstehenden Sekretärinnen Ausschau zu halten. Eine Adresse war dem KGB bereits bekannt: Leonore Heinz, Tochter eines Rechtsanwalts und Sekretärin im Auswärtigen Amt.

Mit einem Strauß roter Rosen begab sich Heinz Sütterlin im Sommer 1957 in die Wohnung von Leonore. Der Besucher erkundigte sich nach einer fremden Dame. Die Gesuchte, so bedauerte Leonore Heinz, sei ihr unbekannt. Über diesen Umweg des vermeintlichen Mißverständnisses wurde, am 12. Dezember 1960, die Ehe geschlossen. Die Sicherheitsbeauftragten überprüften zuvor Heinz Sütterlin, das Bundesamt für Verfassungsschutz hatte keinerlei Einwände.(341)

Die geheimdienstliche Unbedenklichkeitsbescheinigung war purer Leichtsinn, denn der West-Berliner Betonfabrikant Arsen Schweizer kannte den Heinz Sütterlin wie kein anderer. Schweizer hatte einige Jahre mit Sütterlins Mutter Maria zusammengelebt, die ganz versessen auf das Haus ihres Lebensgefährten war.

»Als 1945 der Umbruch war und die Russen kamen, hatte (Heinz Sütterlin) schon mit den Roten paktiert«, protokollierte Gerd Heidemann, als er Anfang Mai 1960 Arsen Schweizer zu einem Interview überredet hatte.« Er, Schweizer, sei 1932 in die SA eingetreten, habe NS-Korrespondenz in seinem Briefordner gehabt. Doch eines Tages tauchten nun die sensiblen Papiere bei den Besatzungsbehörden auf; Heinz Sütterlin habe sie photographiert und herumgereicht. Maria Sütterlin drohte, wenn er das Haus nicht ihrem Sohn überschreiben würde, ihn von den Russen abholen« zu lassen. Die kamen tatsächlich, ließen Schweizer aber wieder laufen, weil er ihnen als bastelnder Handwerker dienlich war. Und siehe da: Bereits 1945 habe sich Heinz Sütterlin bei einem Freund, einem Arzt, der von den Russen als Bürgermeister eingesetzt worden war, eine Bescheinigung ausstellen lassen, daß er kriegsversehrt sei, dabei sei er in Wahrheit an einer Stirnhöhlenvereiterung operiert worden. Schließlich prozessierten Schweizer und Sütterlin, bombardierten sich mit unzähligen Anzeigen, in denen der eine dem anderen vorwarf, im Dienste der Russen zu stehen. Die umfangreiche Akte konnte Gerd Heidemann loseisen. Aus ihr wäre hervorgegangen, wie sehr die Politische Polizei in West-Berlin geschlampt hatte. Doch die umwerfenden Dokumente fanden keinen Niederschlag im STERN.(342)

Heinz Sütterlin brachte es an den Tag: Der STERN war allein auf Runge fixiert. Was er aussagte, war für Henry Kolarz bindend. Die Heidemann-Recherchen waren zwar interessant, blieben aber ohne Gewicht. Die auffälligen Ungereimtheiten in der Affäre Runge/Sütterlin konnten Kolarz nicht beunruhigen. Erst vierzehn Jahre später wußte der vom CIA manipulierte Kolarz Bescheid, nach dem

Tagebuch-Reinfall. Im ZDF-Magazin zog er über Gerd Heidemann her:

Wenn er, Kolarz, gefragt worden wäre, hätte er sofort gesagt, die Tagebücher Adolf Hitlers müßten eine Fälschung sein, denn was von Heidemann komme, könne gar nicht echt sein. Warum hatte auch Kolarz Heidemann einen Stoß versetzt? Dieser hatte ihm Jahre zuvor eine Sekretärin von Gerd Bucerius ausgespannt. Das konnte der Schreiber des STERN dem STERN-Reporter nie verzeihen.(343)

»HURRA, DER KÖNIG IST WIEDER DA« oder: Der STERN honoriert einen Staatsstreich

Gerd Heidemann stand, soeben war er aus dem afrikanischen Ruanda zurückgekehrt, im Zimmer Henri Nannens. Der STERN-Chef plante wieder einmal eine Serie. Dieses Mal, so spekulierte er, würde die gesamte Republik lachen können. Heidemann mußte nicht zweimal fragen, Nannen nannte einen Namen, den jeder kannte: Hans Hermann Weyer, der »schöne Konsul«, sollte das neueste Opfer des STERN werden. Das, frohlockte Heidemann, sei endlich einmal ein witziges Thema, denn seit Jahren war es Weyer immer wieder gelungen, eitlen Bundesbürgern fünf- bis sechsstellige Beträge aus der Brieftasche zu ziehen, nur damit sie auf den Visitenkarten »Konsul« drucken lassen konnten, nur damit auf dem Frack ein Orden glänzte. Heidemann möge sich auf den Weg machen, so daß Erich Kuby den Stoff alsbald verarbeiten könne. Heidemann fand erneut mehr heraus, als Kuby verkraften konnte.

Hans Hermann Weyer ist der Sohn eines renommierten Wirtschaftsprüfers aus dem Berliner Nobelviertel Dahlem. Vaters Büro lag in der nicht weniger teuren Fasanenstraße. Weyer senior sei, protokollierte Heidemann, für Hans Hermann »der intelligenteste und klügste Mann (gewesen)«, allerdings habe er — »im Gegensatz zu mir« — »keine Lebensart«, was nicht ausschloß, daß er »mindestens ein so großer, wenn nicht viel größerer, Herzensbrecher« war, was vor allem der Wochenendsitz der Familie bezeugen konnte: der habe »Alt-Töblitz« geheißen, hinter vorgehaltener Hand sei er indes »Alt-Vöglitz« getauft worden.(344)

Bevor seine Mutter seinen Vater kennengelernt habe, sei sie mit einem Strafverteidiger verheiratet gewesen. Sein Vater erblickte sie ein erstes Mal auf einem Blumenkorso der Nationalsozialisten in Berlin. Es funkte auf beiden Seiten. Weyer: »Er bat sie, ... sich von dem Mann scheiden zu lassen. Sie sollte doch seine Frau werden. Zu diesem Zweck tat er etwas typisch Bayerisches. Er wartete erst gar nicht die Scheidung ab, sondern kaufte von wildfremden Leuten ein im Bau befindliches Haus, eine Villa, in Berlin-Dahlem, und setzte meine Mutter dort hinein.«(345)

Im Dritten Reich sei der Vater angeblich zum »juristisch-volkswirtschaftlichen« Berater Hermann Görings aufgestiegen. Zu Hause hätten sich zwei Kindermädchen um Hans Hermann gekümmert, aber auch »meine junge und sehr hübsche Mutter«. Bis zum Zusammenbruch habe es Vater Weyer zu einer »ordensgeschmückten Brust« gebracht, deshalb ging die Ehe aber nicht in die Brüche, sondern sie zerbrach, weil ein britischer Besatzungsoffizier Frau Weyer mit nach Äthiopien und Libyen nahm, wo er »sehr, sehr erfolgreich als Finanzberater tätig ist«.(346)

STERN-Mitarbeiter Hans Hermann Weyer: *»Ich habe Herrn Nannen erzählt, daß der König an mich herangetreten ist«*

Als Weyer im Laufe des Interviews über seine Zukunftspläne philosophierte, verschlug es selbst dem hartgesottenen Heidemann die Sprache: Er, Hans Hermann, habe den König Ntare V. von Burundi kennengelernt, der »ein gebündeltes Paket Diplomatenpässe, Urkunden und Orden über mich an den Mann« bringen wollte: »Die Pässe sollten auf den September 1966 ausgestellt werden. Zu dieser Zeit war der König noch im Amt. Weil Burundi zur Zeit (im Januar 1968) eine Republik ist ... habe ich den Handel mit Diplomatenpässen erst mal aufgeschoben.« Weyer verschwörerisch: »Was wir durch meine Hilfe in Kürze ändern werden.«(347)

Weyer beugte sich über seinen Schreibtisch, sah Gerd Heidemann ernst an und sagte leise: »Ich möchte den König von Burundi wieder auf seinen Thron zurückbringen. Die Vorgeschichte kennen Sie wohl.« Heidemann schwieg. »Mein Plan ist folgender«, enthüllte Weyer, »ich nehme Kontakt mit dem in Italien lebenden Exkönig von Burundi auf und lasse mir von ihm ein Schreiben an den Söldner-Oberst Schramme geben.« Heidemann hörte zu. »Wissen Sie, wer Schramme ist?« fragte Weyer. Heidemann grinste: »Und ob. Erst vor wenigen Wochen war ich bei ihm im Internierungscamp, das von Burundi gar nicht weit entfernt liegt.« Weyer staunte. Plötzlich wurde er aufgekratzt.

Weyer: »Der Schramme sitzt da unten mit seinen Leuten, in einer Teefabrik der EWG. In Ihrem Blatt habe ich gelesen, daß er über Waffen verfügt, so daß er nicht völlig von der Außenwelt abgeschnitten ist.« Da hatte Weyer doch tatsächlich einmal den STERN gelesen. Heidemann nickte: »Wenn der König ihn beauftragen würde, wäre er bestimmt bereit, die Macht für ihn zurückzuerobern.« Weyer wie umgewandelt: »Ich hole mir vom Exkönig ein Dekret, in dem er Schramme und seine Leute beauftragt, die jetzige Regierung in Burundi zu stürzen.«(348)

Heidemann wollte nun wissen, warum Weyer in die Politik gehen wollte. Seine »ganze Denkungsweise«, verkündete Weyer, sei »ja kommerziell ausgerichtet«: »Das geht los bei der Einfuhr von Puddingpulver und Schmierseife und endet bei der königlichen Genehmigung für Landeerlaubnis der einzelnen Fluggesellschaften, was hervorragend honoriert wird. Dann kommt noch die Neuvergabe von Industrievertretungen hinzu.« Aha, dachte Heidemann. Weyer, ohne mit der Wimper zu zucken: »Ich sehe nicht nur ein Millionen-, sondern ich sehe ein Milliardengeschäft.« Heidemann aber machte bereits die Pleite aus.(349)

Hans Hermann Weyer wollte großspurig mit einem sechsstelligen Betrag in Vorlage gehen und schnellstens Verbindung mit dem König aufnehmen, ihm bei dieser Gelegenheit »noch ein paar Orden abnehmen«, denn wenn »ich nach Afrika fliege, möchte ich zumindest am Straßenanzug einen haben«. Der König sei erst vor kurzem in München gewesen, als Gast des Generalkonsuls a.D. Herbert Styler, der schon Moise Tschombé bewirtet und einst Thailand vertreten hatte.(350) Styler hatte es in der Tat zu etwas gebracht, sich die »Diamanten-Wally« verdient, eine steinreiche Frau. Von der lebte er nicht schlecht. Der könne alles arrangieren. Inzwischen hatte sich Weyer dermaßen in Rage geredet, daß er selbst felsenfest an das »Geschäft seines Lebens« glaubte, zumal ihm die Anwesenheit Heidemanns gar nicht ungelegen kam, hatte der Reporter doch ausgezeichnete Afrika-Kenntnisse. Weyer bat Heidemann, ihn zum »Königstreffen« zu begleiten. Heidemann hatte nichts dagegen. Nannen würde sich freuen. Heidemann machte mit Weyer einen Termin fürs nächste Treffen und kehrte ins Hotel zurück.

Heidemann hatte gerade seine Bartstoppeln abrasiert, da tauchte Weyer bei ihm auf. Er müsse unbedingt noch Informationen über den Staat Burundi haben. Heidemann konnte gefällig sein. Er rief in der Hamburger Redaktion an und ließ sich Daten aus dem Fischer Weltalmanach vorlesen. Was er für wichtig hielt, schrieb er auf. Somit gab Heidemann Weyer die Möglichkeit, sich als Afrika-Spezialist aufspielen zu können, hatte er doch nun die Exportschlager Burundis (Kaffee und Tabak) im Kopf und erfahren, daß der Kleinstaat mit der EWG assoziiert sei. Weyer triumphierend: »Das ist ja ein feines Ländchen.«(351) Aber es gab noch ein Problem.

Hans Hermann Weyer fiel plötzlich ein, daß der König kein Deutsch spräche. Wie sollte sich verständigt werden? Wer konnte sich auf Französisch unterhalten, der feinen Diplomatensprache? Ein Dolmetscher? Heidemann kam ein Kollege in den Sinn, den er tags zuvor im Hotel getroffen hatte: Henri Eduard Gabriel Hippolythe Joseph Maximilian von Berzeviczy, der für den STERN Geschichten um den Adel recherchierte. Dieser zweite STERN-Mann war ganz nach Weyers Geschmack: »Der Styler wird sich gleich vom Sitz erheben, wenn er den Namen hört.« Als was Weyer die Vertreter des STERN vorstellen wolle, erkundigte sich Heidemann. »Der König will doch bestimmt keine Journalisten bei einem Staatsstreich-Gespräch dabei haben?« Weyer wurde nachdenklich, nach einigen Sekunden fiel ihm die Ausrede ein: »Geschäftsfreunde von mir, die sich in Afrika auskennen.« Inzwischen war es zwei Uhr geworden, in einer Stunde sollte die Begegnung mit Styler stattfinden, der inzwischen versprochen hatte, den König heranzukarren.

Weyer chauffierte seinen 600er Mercedes selbst (»Ich bin der einzige in Deutschland, der das tut«), ließ ein Taxi als Lotse vorfahren. Gegen fünfzehn Uhr standen sie vor Stylers Villa in Harlaching. Ob auch der König inzwischen eingetroffen sei? Er kam zehn Minuten später. Die Umstürzler zeigten sich von ihrer feinsten Seite, waren die Männer des STERN doch enorm gespannt darauf, von Weyer zu erfahren, wie er dem König nun beibringen wollte, »daß Sie ihm sein Königreich wiederverschaffen wollen«. Weyer war geübt: »Wir wollen erst einmal auf die Orden hinaus, damit er ein bißchen Bares in die Hand bekommt.«(352)

Hans Hermann Weyer stellte Seiner Majestät vor: Berzeviczy erhob er zu einem Chinin-Fabrikanten, Heidemann wurde als Geschäftsfreund ausgewiesen. Heidemann: »Berzeviczy unterhielt sich sofort angeregt in französischer Sprache. Und dann stellte sich heraus, daß auch Styler französisch sprach.«(353)

Stundenlang wurden Truppen hin- und hergeschoben, Divisionen aufgestellt, Munitionsdepots ausgemacht. Zwar ging es immer nur um hundert oder zweihundert Söldner, und wenn der König mißtrauisch wurde, ihm der Haufen der weißen Söldner zu klein erschien, fabulierte Weyer nochmals zweihundert willige Krieger hinzu. Das mußte auf den kleinen König nachhaltigen Eindruck hinterlassen. Die Vertragsunterzeichnung folgte denn auch sogleich: »Als Folge der Unterredung, die heute zwischen Seiner Majestät dem König von Burundi Ntare V. und der (imaginären) Gruppe H.H. Weyer stattfand«, wolle sich der Monarch mit Hilfe Weyers gern wieder auf den Thron setzen lassen. Als Gegenleistung sollte Weyer die Landerechte in Burundi vergeben dürfen (Weyer: »Lufthansa«) sowie in die Position einer »diplomatischen Stellung im Königreich Burundi vom Rang eines Generalkonsuls mit den Vorrechten des diplomatischen Corps« rutschen.(354) Die Unterzeichnung der dubiosen Verträge hielt Gerd Heidemann im Bild fest, das diesen »historischen Moment« der Nachwelt als Zeugnis eines seltenen Schauspiels erhalten wollte. Nach dem Zeremoniell nahm Weyer Heidemann zur Seite und bat ihn um Unterstützung und »Beratung« beim Staatsstreich. Die Entscheidung darüber aber mochte Heidemann nicht allein fällen, sondern überließ sie Henri Nannen. Heidemann: »Noch war das alles eine Komödie, aber in Afrika konnte sehr schnell eine blutige Tragödie daraus werden, bei der Blut fließt. Der STERN

STERN-Vize Victor Schuller *(in der Toscana):* »Wie wird der König?«

Hans Hermann Weyer
(in Arbeitskleidung):
»Die Verbindung mit dem König bringe ich in das Unternehmen ein«

darf keinesfalls damit hineingezogen werden.«(355) Weyer mußte der Chefredaktion seine Pläne erläutern. Dieser wahrlich abenteuerliche Termin kam doch tatsächlich zustande: am 9. Januar 1968. Erich Kuby und Victor Schuller sowie der Rechtsanwalt Winfried Feddern sollten das Unternehmen absegnen. Was da in der Redaktion des STERN besprochen wurde, war ein Skandal ohnegleichen:

Weyer: »Ich habe schon Herrn Nannen erzählt, daß der König von Burundi, der inzwischen abgesetzt worden ist, an mich herangetreten war und das erste Treffen in Paris stattfand.«

Kuby: »Waren Sie in Paris selbst mit ihm zusammen?«

Weyer: »Ich war mit ihm zusammen. Wir haben uns dann ein zweites Mal in Luxemburg gesehen. ... Der König hat gesagt, daß er bereit ist, die Landerechte zu vergeben. Das ist ein Faktor, der nicht zu unterschätzen ist.«

Schuller: »Das wichtigste ist bloß noch — wie wird er König?«

Heidemann: »Das will die 'Gruppe Weyer' machen.«

Weyer: »Die Gruppe Weyer macht das ... Wenn man nämlich davon ausgeht, daß dieser Oberst Schramme, der ja dort sitzt ...«

Schuller: »... in Ruanda?«

Weyer: »... in Ruanda, an der Grenze.«

Schuller: »Angeblich ja unbewaffnet.«

Weyer: »Nein, er ist so bewaffnet, daß er die Wachen überfallen kann, wenn er einen Startschuß bekommt. ... Das gemeine Volk, was dort die Bewachung innehat, bis auf sechs oder acht Offiziere, das ist dem nicht gewachsen.«

Kuby: »Was machen die Leute in Burundi? Sagen die: 'Hurra, der König ist wieder da'?«

Weyer: »Ja.«

Heidemann: »Der König meinte, daß einige überlaufen werden.«

Schuller: »Und wo sitzt der König, wenn Schramme angenommen morgen losschlagen würde?«

Weyer: »Der König sitzt da, wo wir ihn hinbeordern. Der König bleibt auch in München, wenn wir wollen.«

Kuby: »Herr Weyer, ich sehe sehr wohl, daß Sie sich gern Privilegien in einem noch nicht existierenden Staat mit dem König geben lassen, aber ich sehe nicht, was das Interesse des Königs sein kann, Ihnen Privilegien zu geben. Was wollen Sie ihm dafür liefern? Sie liefern ihm diesen Schramme mit Konsorten aus Ruanda.«

Weyer: »Das ist ganz anders. Der Schramme, äh, möchte jetzt gerne dort heraus aus diesem Camp. Und der Schramme weiß nicht, wohin. Unter normalen Umständen rechnet er damit, daß er an der Grenze — ohne einen Befehl des Königs — abgeknallt wird. Und nun ist ... mit dem König vereinbart, daß er parallel zu dem Ausbruch von Schramme (zu) einem Mittelsmann Verbindung hat, daß er über den Rundfunk, daß er das Rundfunkgebäude besetzen läßt und daß er (der König) eine Ansprache ... an sein Volk hält.«

Kuby: »Bevor der Schramme raus ist?«

Weyer: »Parallel, parallel...«

Kuby: »Es könnte doch jetzt Herr Heidemann, der die Leute kennt, runterfahren und denen sagen: 'Also, paßt auf, der König von Burundi hat die und die Pläne.' Dafür kriegt er dann keine Privilegien und nichts, sondern sagt sich, 'ich bin ein Menschenfreund, ich will nicht, daß die da umkommen.'«

Weyer: »Ja, genau.«

Kuby: »Es können Herr Meyer, Herr Müller, Herr Heidemann und Herr Weyer. Also, ich meine...«

Erich Kuby und Gerd Heidemann *(in Afrika): »Ich hatte eigentlich gar nicht das Bedürfnis«*

Hans Hermann Weyer und Erich Kuby *(bei Ankunft): »Ich bringe die Leute in Person nicht um«*

Weyer: »Nein, das nicht. Herr Müller und Herr Soundso kennen ja den König nicht so gut wie ich, verstehen Sie ... Da steht eine Interessengruppe dahinter, die gern möchte, daß er zurückkommt...«

Kuby: »Eine Interessengruppe des Königs, aber doch nicht eine Interessengruppe von Ihnen?«

Weyer: »Die Verbindung mit dem König bringe ich ja hier in dieses Unternehmen ein.«

Kuby: »Aber doch nicht die Verbindung des Königs mit seinem Land?«

Weyer: »Der König und sein Land, das zurückerobert werden soll, ist doch identisch.«

Heidemann: »Herr Weyer hat dem König ja noch mehr Leute angeboten, er wollte noch eine andere Gruppe dazu einsetzen.«

Weyer: »Ich habe keine Veranlassung, hier — in diesem Kreis — die Katze so aus dem Sack zu lassen, bevor ich überhaupt weiß...«

Heidemann: »Sie müssen nun endlich sagen, daß Sie noch mehr Leute einsetzen wollen. ... Herr Weyer hat den Plan, den Kongo-Müller mit einzuspannen. Der sitzt jetzt in Johannesburg.«

Schuller: »Das ist sein Wunsch?«

Heidemann: »Ja, sein Wunsch bis jetzt. Nun erwartet der König konkrete Vorschläge und auch einen Plan von einem deutschen Generalstäbler. Herr Weyer dachte an den General der Fallschirmgruppe (Hermann Bernhard) Ramcke.«

Kuby: »Oh, meinen alten Vorgesetzten. Wenn Sie ihm da Generalstabskarten vorlegen würden, könnte er das schon.«

Heidemann: »Es gibt höchstens eine Michelin-Karte.«

Schuller: »Und der Kongo-Müller braucht doch wahrscheinlich Geld und zweitens ein paar Leute.«

Weyer: »Die Leute haben sich, seitdem der in Südafrika sitzt, naturgemäß bei ihm beworben.«

Kuby: »Also wollen Sie jetzt nach Ruanda runterfahren?«

Weyer: »Ja, das möchte ich.«

Kuby: »Aha.«

Schuller: »Und den (Söldner-Transport will der König) selbst finanzieren?«

Weyer: »Ja, völlig selbst.«

Heidemann: »Die sollen als Touristen runtergeschleust werden; die Waffen liegen angeblich schon in Ruanda.«

Kuby: »Was ist das Ziel unseres Zusammenseins, Herr Weyer, jetzt von Ihnen aus gesehen?«

Weyer: »Von mir aus? Ich hatte eigentlich gar nicht das Bedürfnis.«

Heidemann: »Herr Weyer ist heute in Hamburg, weil er sich für sein Unternehmen einen Paß besorgt.«

Schuller: »Und wann soll das ganze Unternehmen stattfinden?«

Weyer: »Wir sind doch noch gebunden an den Termin (mit dem König). Da kommt der Söldner-Offizier, der die Gruppe des Königs anführt.«

Schuller: »Herr Weyer erwartet doch wohl nicht vom STERN, daß wir uns da beteiligen, daß wir da Putschisten auf die Beine stellen?«

Weyer: »Nein, das erwartet ja kein Mensch.«

Schuller: »Der STERN ist ja nicht dazu da, um Könige zu inthronisieren oder abzusetzen, sondern nur, um zu berichten, was geschieht.«

Kuby: »Eben, das ist dem STERN in keiner Weise angemessen, da vielleicht Aktionsjournalismus zu betreiben.«

Weyer: »Nein, Herr Kuby. Ich hätte es sehr gern gehabt, wenn Sie bei dieser Verhandlung mit dem König dabeigewesen wären.«

Kuby: »Okay, wir nehmen das zur Kenntnis, daß Sie einen bestimmten Plan verfolgen. Ich wollte aber sagen, wenn es nicht nur eine Luftblase ist, wird geschossen, dann gehen Leute drauf, und zwar auch Leute, die bei uns Sympathie haben. Wir finden, die Söldner sind keine feinen Leute. Ich bin aber nicht dafür, daß die im Kongo gebraten werden. Ich bin überhaupt nicht dafür, daß irgend jemand gebraten oder gevierteilt wird. Und ich weiß, daß diesen Leuten ein böses Schicksal bevorstände, wenn sie in den Kongo kommen, wobei sie selbst an diesem Schicksal selbst eifrig mitgewirkt haben. Aber sonst sind das keine feinen Leute.«

Weyer: »Nein, das sind Leute, die gegen Bezahlung Leute abschlachten.«

Kuby: »Gut, Sie sagen es. Und daran wollen wir uns nicht beteiligen.«

Weyer: »Endlich habe ich mal die Gelegenheit, ein Königreich in den Griff zu bekommen, daß ich Konsuln wie die Pilze aus der Erde schießen lassen kann.«

Kuby: »Und da Sie ja nicht ein Blatt sind, das morgen auch noch erscheinen muß, können Sie sagen: 'Ich bringe die Leute ja in Person nicht um.'«

Weyer: »Ich bin entschlossen, nach Ruanda zu fliegen. Und ich bin weiterhin entschlossen, dieses mit der Gruppe Müller zu versuchen.«

Da hatte sich, im Januar 1968, ein unbeschreiblicher Vorgang abgespielt: In der Chefetage der größten deutschen Illustrierten debattierten ein stellvertretender Chefredakteur und ein damals noch renommierter Autor tatsächlich voller Ernst mit einem begnadeten Hochstapler, der seit seinen frühen Jugendjahren ununterbrochen als Komödiant auftrat, über einen Putsch in einem Zwergstaat. Weyer hatte sich, unglaublich bis heute, beim STERN durchgesetzt: der Redaktion 5.000,- DM Anzahlung für seinen Umsturzplan abgerungen, den doppelten Betrag sollte er nach Rückkehr erhalten. Dafür, so sagte Hans Hermann Weyer ganz fest zu, würde der STERN exklusiv aus dem afrikanischen Busch berichten dürfen. Heidemann wurde Weyer von Schuller beigeordnet, auch Kuby durfte mit Weyer reisen. Doch zuvor mußte noch der König endgültig überzeugt werden. Da waren Weyers Überredungskünste gefragt. Aber auch Heidemanns Photoapparat.(356)

Weyer wollte bei dem Monarchen Eindruck schinden. Das könnte er vor allem dann, wenn er Bilder vorlegte, die Weyer als draufgängerischen Söldner präsentierten. Eine Uniform hatte Heidemann in seinem Schrank hängen, er hatte sie aus dem Kongo mitgebracht, auch ein Stahlhelm lag in seiner Wohnung. Nur, wo war im winterlichen Hamburg ein Urwald? Im Tropenhaus von »Planten un Blomen«. Dort kroch Weyer einen ganzen Vormittag lang zwischen Büschen hin und her, setzte eine grimmige Kampfesmiene auf und nahm eine MP in die Hand. Jetzt schien er Kongo-Müller im Habitus tatsächlich übertroffen zu haben. Am nächsten Tag saßen Heidemann und Weyer in der Maschine nach München. Die entscheidende Besprechung mit dem König fand in Stylers Büro statt. Drei Stunden lang palaverte die konspirative Runde. So plötzlich aber wollte der König noch nicht in seine Heimat zurückkehren.

Er, der König, müsse erst einmal nach Kenia fliegen, um die Lage zu peilen. Von dort aus müßte die Verbindung zu königstreuen Soldaten von Burundi aufgenommen werden, dann müßten Bestechungsgelder gezahlt werden, die ersten Kosten veranschlagte Weyers Schoßkind mit 150.000,- DM. Die, erläuterte Weyer, ließen sich schnell beschaffen, aber zunächst müsse ein Plan verwirklicht werden, der — Weyer war selber klamm — billiger sei. Er, Weyer, würde nach Ruanda fliegen und mit Oberst Schramme verhandeln. In diesem Augenblick legte Weyer

Gerd Heidemann und Erich Kuby *(in Afrika): »Was wollen Sie nun machen, Herr Weyer?«*

Hans Hermann Weyer *(links König, rechts Herbert Styler bei Staatsstreich-Vertrags-Unterzeichnung): »Äh«*

Erich Kuby *(in Afrika im seidenen Pyjama und Pantoffeln mit Leibwächtern):*
»Ja, ich glaube durchaus, daß das gelingen wird«

die »Planten un Blomen«-Photos auf den Tisch. Der König, jedem in der Runde fiel das augenblicklich auf, zeigte sich außerordentlich beeindruckt. Um das Unternehmen nicht zum Platzen bringen, da er laut lachen mußte, dachte Gerd Heidemann an seine Steuererklärung, um sich abzulenken.

Weyer rang dem labilen König schließlich ein Schreiben ab, das ihn als Beauftragten des jugendlichen Potentaten auswies. Diesen wichtigen Brief müsse Schramme lesen, nur dann werde er ihm, Weyer, Glauben schenken. Gerd Heidemann hielt auch diese atemberaubende Szene im Bild fest. Heidemann kehrte mit Weyer ins Hotel zurück, wo er den Hochstapler dessen Pläne und Eindrücke mit dem König zur Sicherheit nochmals aufs Band sprechen ließ.(357)

Am 18. Januar 1968 war es endlich soweit: Weyer flog mit dem arbeitslosen Regenten und dessen Begleiterin, eine Nichte Pompidous namens Claude Delrierenux, nach Brüssel. Die Tickets hatte Weyer bezahlt, Economy-Class war gebucht. Der König aber mochte so nicht in die Luft steigen, erst als Weyer auf die Erste Klasse umbuchte, bestieg auch er das Flugzeug. In der belgischen Hauptstadt sollte der zukünftige Machthaber Burundis Weyers Erfolgsmeldung abwarten.

Eine Woche später hockten die Verschwörer wirklich im Urwald: Hans Hermann Weyer, Erich Kuby und Gerd Heidemann. Die Rebellion aber war gar nicht so einfach. Der Bruder des späteren STERN-Redakteurs Dieter Gütt mußte aushelfen. In Ruanda, dem Nachbarn Burundis, leitete er in unmittelbarer Grenznähe eine Teeplantage der Europäischen Gemeinschaft. Auf diesem Gelände campierten die hausgemachten Desperados und knobelten an der Frage: wie an Oberst Schramme herankommen?

Die Söldner, die den König auf den Thron hieven sollten, sollten durch den »EWG-Gütt« von der Anwesenheit der »Gruppe H.H. Weyer« verständigt werden und durch ihn ein erstes Mal von der Umsturzabsicht erfahren. Kuby und Weyer diskutierten. Und das mit allem Ernst.

Kuby: »Was wollen Sie nun machen, Herr Weyer, nachdem Sie festgestellt haben, daß Sie ... wahrscheinlich nicht an Schramme herankommen?«

Weyer: »Herr Gütt hat's gestern versucht.«

Kuby: »Das ist die Geschichte, die im STERN steht. Und das andere sind ja Ihre davon unabhängigen konkreten Absichten, den Herrn da wieder auf den Thron zu setzen. ... Wir können ja zwei Möglichkeiten durchspielen. Sie fahren morgen ... nach Kigali (die Hauptstadt Ruandas).«

Weyer: »Ja, ein Quartier in Kigali ist kein Problem mehr.«

Kuby: »Gut, dann unterhalten wir uns noch ein paar Tage. Und dann fliegen wir zurück. Und dann ist die Nummer für Sie gelaufen, dann ist sie auch dem König gegenüber gelaufen.«

Weyer: »Ja, aber noch unbefriedigend. ... Man müßte telegraphieren: 'Der König ist unterwegs' oder so ähnlich.«

Kuby: »Warum soll der Junge in Brüssel sich denn in Marsch setzen?«

Heidemann: »Vielleicht auf Grund eines Telegramms, das Herr Weyer geschickt hat.«

Kuby: »Wie heißt das Telegramm?«

Weyer: »Alles läuft gut.«

Kuby: »Daraufhin setzt er sich doch nicht ins Flugzeug.«

Weyer: »Vierzig Mann würden genügen, die müßten ... als Touristen landen, am besten der König gleich mit in der Maschine. Vierzig Mann würden das alles auf den Kopf stellen.«

Kuby: »Und wo sollen die vierzig Mann herkommen?«

Weyer: »Aus Europa.«

Kuby: »Sicher ist, daß (hier) eine Nacht der langen Messer auf die Europäer gemacht wird, wenn die Söldner hier ausbrechen.«

Weyer: »Meinen Sie, ja?«

Kuby: »Ähnliches würde auch passieren, ... wenn die Söldner nun plötzlich morgen ausgeflogen werden.«

Weyer: »Aber es wäre ja auch (so), wenn sie beispielsweise jetzt ausgeflogen würden.«

Kuby: »Herr Weyer, Sie müssen sich darüber im klaren sein, ... ob Sie überhaupt auf dem Wege weitergehen wollen, unter der Prämisse, ... daß hier nämlich in drei Ländern (Uganda, Burundi, Ruanda) die absolute Hölle los ist, wenn was passiert.«

Heidemann: »Und zwar unabhängig davon, ob Schramme siegen wird oder nicht.«

Weyer: »Ich habe deswegen ein gutes Gefühl, weil der Burundi-König hier ja ein gewisses Recht hat, äh, da nach Hause zu gehen.«

Kuby: »Gut, die Interessen des Königs und die Interessen der Söldner sind klar...«

Weyer: »Sie meinen, daß es moralisch nicht zu verantworten ist?«

Kuby: »Ich frage Sie, ob Sie die Situation sehen und ob Sie unter diesen Umständen überhaupt noch Ihren Beitrag dazu leisten wollen.«

Weyer: »Würden Sie mir also abraten, das weiter in diesem Sinne zu tun?«

Kuby: »Ja, ich würde das tun, Herr Weyer.«

Weyer: »Es wird Sie jetzt sehr wundern, was ich sage, aber ich habe mir die Einnahme ... des Flugplatzes, der Stadt und des Landes Burundi ... weitaus schwieriger vorgestellt.«

Kuby: »Ja, ich glaube durchaus, daß das gelingen wird. Nun müssen sich die Jungens ja auch erst einmal schwere Waffen besorgen, mit Handfeuerwaffen und Gewehren kann man da drüben (im Nachbarstaat Burundi) doch nicht viel ausrichten. Mit den sechzig Gewehren, die im Lager (in Ruanda) bereitliegen, kann man alleine ja nicht viel machen. Sie müssen also ein paar Maschinengewehre haben. Sie müssen Granatwerfer haben. Sie müssen sich das erst einmal beschaffen.«

Weyer: »Aber in der Nähe des Lagers sind weitere schwere Waffen. Es weiß nur niemand genau, wo die sind.«

Kuby: »Gut, sie müssen sich die irgendwie beschaffen. Um sich die beschaffen zu können, bringen sie erst einmal ein paar Leute um. Sie werden dann auch ein paar Wachen erschießen. Aber das werden eigentlich gar nicht die schlimmen Folgen sein.«

Weyer: »Vielleicht ist es schon ein bißchen spät, jetzt einen Rückzieher zu machen.«

Kuby: »Was heißt Rückzieher?«

Weyer: »Doch, man wirkt dann mehr oder weniger als Phantast, daß man einen Plan, der ja auszuführen ist, nicht...«

Kuby: »Herr Weyer, keiner sagt, daß Sie ein Phantast sind. Ich halte es für eine Chance von zehn zu neunzig, daß Sie wirklich mit Schramme zu einem Gespräch kommen.«

Weyer: »Das Rote Kreuz ist die einzige Organisation, die regelmäßigen Zutritt zum Lager hat. ... Wenn man also jetzt mit dem Roten Kreuz spricht, die sind ja für Gelder auch immer empfänglich... Wir warten noch den Gütt ab...«[358]

Hans Hermann Weyer war, dies wußten der STERN und vor allem Erich Kuby,

Erich Kuby *(in Afrika am Marktstand und im Anzug): »Herr Weyer, keiner sagt, daß Sie ein Phantast sind«*

ein Konjunkturritter. Als er in Hamburg in der Redaktion des STERN seine Revolution erläutert hatte, war niemand aufgesprungen, hatte Weyer hinausgeworfen, sondern vor andächtigen Zuhörern durfte er seine Neuorientierung in Burundi preisgeben. Weder Erich Kuby noch Victor Schuller hatten nach einem Psychiater gerufen, niemand der Polizei einen Tip gegeben. Statt dessen suggerierten sie dem Schwindler das sichere Gefühl, nicht nur ernst genommen zu werden, sondern adorierten geradezu die Praktiken dieses durchtriebenen Geschäftsmannes, der endlich die einmalige Chance erhielt, über zahlungskräftige Bundesbürger Orden- und Konsulsegen aus Burundi niederzulassen.

Weder Schuller noch Kuby aber konnten wissen, daß das Unternehmen der fiktiven »Gruppe H.H. Weyer« mißlingen würde. Was wäre geschehen, wenn Weyer — durch einen Zufall — verhaftet worden wäre? Was, wenn auch ein Mann des STERN in die Fänge des Ministaates geraten wäre? Daß die Chefredaktion des STERN es genehmigte, daß Redakteure des STERN sich mit diesem Kujau-Verschnitt auf Reisen begeben konnten, war ungeheuerlich genug. Daß der STERN Weyer aber dafür noch üppiges Honorar gezahlt hatte, bleibt bis heute unübertroffen. Statt also Krach zu machen hatte der überspannte Kuby mit Weyer im Urwald gesessen, und gemeinsam hatten sie darüber nachgedacht, wie sie unentdeckt an einen Söldner-Führer herankommen könnten. Während Weyer tagsüber seinen Luxuskörper in der Sonne bräunen ließ, verbrachte Erich Kuby im seidenen Pyjama die Tropennächte. Ein in der Tat beschränktes Team agierte da im afrikanischen Busch, allein der Story wegen. Nur welcher? Mißglückter Putsch? Oder durfte Kuby bei der Thronbesteigung für den STERN hautnah dabei sein? Weyer versagte. Nun fiel Kuby im STERN über Weyer her.

Im STERN überlegte Erich Kuby nach seiner Rückkehr aus Burundi/Ruanda doch tatsächlich, ob er »Weyer auf seinen afrikanischen Pfaden folgen« sollte, »denn was hier von Weyer im Zusammenwirken mit Seiner Majestät Ntare V. und dem Ex-Generalkonsul Styler in München angekurbelt wird, kann unter Umständen zu kriegerischen Entwicklungen in und um Burundi führen«. Um herauszufinden, heuchelte Kuby, »ob eine solche Gefahr tatsächlich besteht, lädt die STERN-Redaktion Hans Hermann Weyer zu einem Gespräch in Hamburg ein«.[359] Ein journalistisch nicht mißlungenes Schreibmanöver.

Als Weyer nun in einem »niedrigen Sessel« beim STERN saß, habe er »begeistert seine Staatsstreichpläne entwickelt«, die wiederum seien angeblich auf »kritische Zuhörer« gestoßen, Schuller und Kuby nun plötzlich Zeugen einer »reizenden Märchenstunde« geworden. Der Deal des STERN mit Weyer stand naturgemäß nicht im STERN, das dubiose Geschäft wurde entstellt und beschönigt: »Vielleicht wäre die weitere aktuelle Beobachtung von Weyers afrikanischen Heldentaten unterblieben, wenn er nicht seinen Aufenthalt in Hamburg zu einem Besuch von 'Planten un Blomen' benutzt hätte«, wo sich der »Einzelkämpfer ... fäusteschwingend zwischen Hamburger Palmen« hervortat: »Die Redaktion ist jetzt der Überzeugung, daß ein Mann, der einen Feldzug mit gestellten Kampffotos aus 'Planten un Blomen' beginnen will, nicht fähig ist, einen kampferfahrenen, abgebrühten Söldnerhaufen zu kriegerischen Aktionen zu verleiten.«[360] Der Beschluß, Weyer nach Afrika zu folgen, fiel freilich vorher.

Weyers Staatsstreich lag darum auch Henri Nannen sehr am Herzen. Handschriftlich schrieb er den Einstieg zu dieser umwerfenden Geschichte, denn Kuby hatte es wieder einmal nicht gepackt. Dabei stellte sich heraus, daß der Chefredakteur abermals unkonzentriert an die Arbeit ging: Den »Thron« des Burundi-Häuptlings brachte er ohne »h» zu Papier.

Erich Kuby hielt sich, mit Nannens Segen, mit Hans Hermann Weyer auf Kosten des STERN im Busch auf. Ungewöhnlich engagiert debattierte er mit dem hochstapelnden »Königs-Macher«, teilweise waren es tiefschürfende Dialoge über militärische Strategien. Als Kuby das Burundi-Drama ins Blatt hob, Weyer der Lächerlichkeit preisgab, da konnte sich der vom STERN großzügig honorierte Titelhändler ohne Frage »angemeiert« vorkommen. Der BILD am SONNTAG bot Weyer eine neue Staatsstreich-Legende an: Die Idee zum Putsch stamme allein von Gerd Heidemann.(361)

Vier Jahre später versuchte Ntare V. es ein zweites Mal, an die Macht zu kommen, diesmal half Idi Amin aus Uganda: Mit der Privatmaschine des Diktators flog der glücklose Imperator nach Burundi. Weit kam Ntare V. nicht, bereits auf dem Flughafen wurde er verhaftet. Idi Amin bat nun das Rote Kreuz um Hilfe. Vergebens. Ntare V. wurde erschossen. Nun schlug erneut Hans Hermann Weyers große Stunde, in der Münchner TZ »packte« er aus: »Hätte Ntare doch mich genommen, wir hätten sein Reich zusammen eingenommen.«(362)

Wenn, nach dem Tagebuch-Debakel, von findigen, auf Heidemann angesetzten STERN-Redakteuren, dieser sonderbare Weyer-Kuby-Auftritt entdeckt worden wäre, mit Sicherheit hätte der geschädigte STERN auch dieses Abenteuer zum Nachteil Gerd Heidemanns ausgebreitet, mit Sicherheit Kubys »Aktionsjournalismus« unterschlagen, nach dem Motto: Der STERN habe es eigentlich immer gewußt...

»WIR KÖNNEN DOCH NICHT ACHT SEITEN 'WAU, WAU' DRUCKEN« oder: Der STERN hetzt Gerd Heidemann durch die Welt

Die Welt schien aus den Fugen geraten zu sein. Blutvergießen in Südamerika, Kämpfe in Asien, Tod und Verderben in Afrika. Mehr und mehr entwickelte sich Nannens STERN zu einer Soldatenzeitschrift, es fehlten lediglich die LANDSER-Anzeigen. Immer regelmäßiger veranlaßte der Chefredakteur die Veröffentlichung von Greuelphotos, vor allem die schauerlichen Szenen in Afrika hatten es Nannen angetan. Und wen hatte Nannen ständig in den Kampf geschickt? Gerd Heidemann, den Nannen schon seit langem in die Rolle eines STERN-Soldaten gedrängt hatte.

Heidemann flog, im Jahre 1968, unentwegt zwischen Hamburg und dem afrikanischen Kontinent hin und her. Zehn Tage beispielsweise berichtete er über den Bürgerkrieg in Biafra, seine Reisekosten betrugen — ohne Flugticket, ohne Hotel — immerhin fast fünftausend Mark.(363) Heidemanns Einsätze hatten sich herumgesprochen, selbst karikative Verbände griffen auf ihn zurück: Im Juli 1968 nahm er »im Auftrage und im Einvernehmen mit dem Deutschen Roten Kreuz Medikamente« mit nach Nigeria. Die »Bescheinigung« wurde vom Hamburger Landesgeschäftsführer unterschrieben.(364)

Heidemanns Ausbeute, unzählige Photos, wurden weltweit publiziert, im SPIEGEL, in der ZEIT, in der WASHINGTON POST, auch die PRAWDA druckte. Heidemanns STERN-Erfolge drangen bald auf zweifache Weise nach außen, auch die Werbeabteilung ließ jetzt — unter der dicken Überschrift »Detektiv« — Heidemanns Kopf in einer stolzen Anzeigenserie erstrahlen, wies den Reporter als »einen der besten der Welt« aus. Ganzseitig publizierten STERN-Agitatoren Heidemanns Konterfei im SPIEGEL, in der F.A.Z., wobei es der Reklametext — STERN-spezifisch — mit der Wahrheit nicht genau nahm:

Danach habe Gerd Heidemann »die verlassene deutsche Geliebte Tschu-Enlais, deren Sohn später als deutscher Gefreiter in Ostpreußen fiel«, entdeckt, Heidemann den aber gerade nicht ausgemacht, sondern Henri Nannen Heidemanns richtige Recherche, daß dieser Tschou leider nicht der bewußte Tschou gewesen sei, in den falschen Tschou umgewürgt. Seine »Fotos haben die Welt über Moise Tschombés Methoden aufgeklärt«, angeblich die Veröffentlichung »dieser Reportage im STERN verhindert, daß die brutalen Söldner weiteren Zulauf bekamen«. Das Gegenteil war aber der Fall: Interessenten, die durch den STERN erst auf die Idee kamen, sich Söldnertruppen anzuschließen, die als bezahlte Waffenträger Karriere machen wollten, wurden vom STERN an die kongolesische Botschaft verwiesen oder die Bewerbungsbriefe direkt an Kongo-Müller weitergereicht. Die STERN-Propagandisten hatten selbst Heidemanns Beruf umfunktioniert und ins Impressum des STERN gebastelt: Gerd Heidemann stünde da »unter den Fotoreportern«, enthüllten die blinden Werber des STERN. Gerd Heidemann aber war in dieser Rubrik gar nicht aufzufinden. Er glänzte dort, wo er seit Jahren auffiel: als »Redakteur«.[365]

Der so gelobte Heidemann war längst zur Feuerwehr des STERN aufgestiegen — egal, wo es kriselte, immer konnte sich Henri Nannen auf Heidemann verlassen. Als im hochbrisanten Jahr 1968 sich dann auch noch die Russen in der Tschechoslowakei des Reformers Dubček entledigten, da hatte Nannen wiederum Heidemann losgejagt: über Wien reiste der rasende Reporter nach Bratislava, Prag und Kauschau.[366] Am 20. August 1968 fielen Truppen des Warschauer Paktes in die CSSR ein, vierzehn Tage später war Heidemann bereits im Bilde: Während die Besatzer die abgedrifteten Vasallen wieder auf den sozialistischen Kurs brachten, traf sich Gerd Heidemann mit gefährdeten Tschechen. er besorgte dem STERN exklusive Informationen. Wäre Heidemann dabei ertappt worden, sowjetische Militärs oder KGB-Geheimdienstler hätte ihn ohne weiteres wegen »Spionage« vor Gericht stellen können, denn in der CSSR hatte er sich als »Kaufmann« getarnt und war nicht als Vertreter des STERN herumgefahren.

Heidemann stieß auf einen Theater-Dramaturgen, der Gustav Husák kannte, den Moskau nach Dubčeks Sturz als dessen Nachfolger eingesetzt hatte. Es waren zwar nur Kleinigkeiten, die Dalibor Heger preisgab, aber das Geheimnis um den bislang unbekannten Husák konnte so mosaiksteinartig nach und nach gelüftet werden: Husáks Gattin, Magda Lokvencova, habe fünfzehn Jahre lang als Regisseurin in einem Theater in Bratislava gearbeitet, vor Ausbruch des Zweiten Weltkrieges den Politiker geheiratet, Sohn Wladimir geboren und sei 1944, über Ungarn, mit dem slowenischen Nationalschatz nach Moskau geflohen. 1950 sei Husák verhaftet worden, habe sich von seiner Frau getrennt und nie wieder eine Ehe geschlossen. Heger wies Heidemann den Weg zum Wohnsitz von Husák: In Bratislava, so notierte der Reporter nach einem problemlosen Besuch in Husáks »weißer Villa«, seien »Küche und zwei Zimmer unten, zwei Zimmer oben«, »betreut wird er (Husák) und seine Söhne von der 60jährigen Haushälterin Helene Kyselicova«.[367] Husáks Frau, die inzwischen verstorben war, besaß eine treue Freundin, Olga Lichardova. Zunächst wollte diese nichts erzählen, doch Heidemann konnte auch sie überreden, Husák-Interna auszuplaudern. Schließlich spürte er einen sowjetischen Zug auf, der mit Störsendern durch die CSSR rumpelte, um die letzten freien Rundfunksender lahmzulegen. Der STERN machte Furore, in erster

Wolf Biermann *(mit Oma Meume, links Stasi-Mann): »Die Genossen von der Staatssicherheit stehen mir näher als der Autor des Artikels«*

Linie durch einen nicht ganz verständlichen Gedankenblitz Henri Nannens, der den brüderlichen Überfall völlig in Ordnung fand: »Niemand weiß, ob nicht die Welt in Brand geraten wäre, wenn die Sowjets gewartet hätten, bis die Flamme des Aufruhrs von Prag auch in Warschau und Bukarest gezündet hätte«, »wer den Sowjets den politischen Selbstmord nicht zumutet, konnte sich über den Einmarsch nicht wundern«.[367a] Heidemann hatte Nannens merkwürdige Interpretation ohnehin nicht ernst genommen, verstand auch den deswegen ausgebrochenen »Presserummel« nicht (Heidemann: »Ich dachte immer, Nannens Phantasie ist bekannt gewesen«), war er längst mir Wolf Biermann beschäftigt. Nannen hatte ihn nun nach Ost-Berlin abkommandiert.

Am 7. September 1970 lernte er Wolf Biermann richtig kennen. Biermann war gutgelaunt, überraschte doch in diesem Augenblick Oma Meume. Heidemann hielt die freudige Begrüßung im Bild fest, und der von der DDR verfemte Literat gab ein Interview, bei dem Heidemann alsbald stutzig wurde: Wolf Biermann schimpfte zwar auf die Führer seines Staates (»Ich weiß, daß es in der DDR Leute gibt, die nichts lieber sähen, als daß ich mich nach dem Westen abschieben lassen würde«), hatte andererseits aber keine DDR-Identifikationsängste: »Ich bin in der DDR, weil mich die Schwierigkeiten beim Aufbau einer sozialistischen Gesellschaft mehr reizen, als die Attraktion der bürgerlichen Wohlstandsgesellschaft.« Dann avancierte Biermann zum Wirtschaftswissenschaftler.

»Die DDR hat seit dem Bau der Mauer ziemlich eklatante Fortschritte gemacht«, provozierte der STERN, »sind Sie trotzdem dafür, daß die Mauer bald wieder abgebaut wird?« Biermann: Er habe, »als junger Kommunist«, »damals die Mauer mitgebaut, einfach, weil wir nicht wollten, daß die DDR ausläuft wie ein alter Eimer«, und er könne sich tatsächlich vorstellen, »daß die DDR eines Tages für die Westdeutschen vergleichsweise so anziehend wirkt wie der Westen damals für Millionen DDR-Bürger. Und wenn die Bundesrepublik dann ein krisengeschütteltes mittelalterliches Monstrum sein wird, wird sie die Mauer dringend brauchen, um die Arbeiter und Bauern daran zu hindern, in den deutschen Arbeiter- und Bauernstaat zu flüchten, denselben Weg, den ich glücklicherweise schon 1953 gegangen bin.«[368] Niemand hatte sich so wie Biermann geirrt.

Wußte Wolf Biermann eigentlich, was er Gerd Heidemann da 1970 auf Band erzählt hatte? Als Heidemanns Gespräch veröffentlicht wurde, mit allen sonderbaren Biermann-Widersprüchen, geriet der selbsternannte Märtyrer umgehend in die Schußlinie. Zu spät hatte Biermann wohl erkannt, daß es für ihn besser gewesen wäre, wenn er den Mund gehalten und Gerd Heidemann statt dessen zu Kaffee und Kuchen eingeladen hätte. Es kam aber noch schlimmer: statt die merkwürdigen Äußerungen gnädig in Vergessenheit geraten zu lassen, setzte Biermann lieber noch eins drauf, indem er sich in einem mehr als peinlichen Brief an den STERN abreagierte:

Da hätten ihm »Genossen aus Westberlin bestürzt und empört den STERN-Artikel« vorbeigebracht und er habe sogleich »ein Musterbeispiel für antikommunistischen und verlogenen Journalismus« ausgemacht, um sich alsogleich vollends zu entblößen: Die »Genossen von der Staatssicherheit vor meiner Haustür (stünden ihm) trotz aller Meinungsverschiedenheiten unvergleichlich näher als der Autor dieses Artikels.«[369] Dieses lästige Geständnis wirkt nach der Wende in der DDR ausgesprochen unfreundlich. Heidemann hatte Biermanns abenteuerliche Stasi-Manifestation nur am Rande mitbekommen, denn bereits zwei Stunden später wurde er nach Hamburg zurückgerufen, das Ticket hatte die Reisestelle des STERN schon ausgeschrieben, es gelang Heidemann gerade noch, den

Biermann-Film und die Kassette in die Nachrichtenredaktion hineinzuwerfen. Diesmal mußte er nach Jordanien jetten. Arabische Terroristen hatten Zivilmaschinen entführt. Fast wäre Gerd Heidemann Träger des Bundesverdienstkreuzes geworden. Daß der Bundespräsident es ihm dann aber doch nicht verlieh, war das wahrscheinlich einmalige Verdienst Henri Nannens. Der hatte bislang auf diese schöne Ehrung verzichten müssen, was ihm ohnehin bitter aufstieß. Das Bundesverdienstkreuz durfte im STERN niemand vor ihm besitzen.

EL-AL, TWA, PAN AM, SWISSAIR, BOAC — fünf Flugzeuge mit insgesamt 751 Menschen an Bord befanden sich, im September 1970, in der Gewalt arabischer Fanatiker. Die US-Militärflotte nahm Kurs auf Israel, in der Nähe Syriens, im türkischen Adana, wurden US-»Phantom«-Bomber stationiert. In Kairo sprengten die Palästinenser den PAN-AM-Jumbo, eine Woche später flogen drei Maschinen auf dem jordanischen Wüstenflugfeld Zarka in die Luft. Der jordanische König ließ seine Beduinentruppen gegen die Palästinenser aufmarschieren, zwar siegte Hussein, aber nur durch ein fürchterliches Blutbad. Dieser »schwarze September« ging in die Geschichte ein, in diesem Chaos hielten sich Gerd Heidemann und Randolph Braumann auf. Daß Braumann am Leben geblieben war, hatte er seinem Kollegen Heidemann zu verdanken.

Egon Vacek, Ressortleiter »Ausland«, sandte seinem Londoner Korrespondenten Braumann eine eilige Hausmitteilung: Er möge »versuchen, sofort mit Habbach zu sprechen« und »noch einige Tage darangeben, nach Ulrike Meinhoff zu forschen« — »das wäre natürlich eine Mordsgeschichte«. Heidemanns Aufgabe war gleichfalls fest umrissen: Er »soll gleich versuchen, zu den ... Maschinen durchzukommen, um hauptsächlich die Deutschen zu interviewen und zu fotografieren«. Bereits zwölf Stunden später, am 9. September 1970, trafen die STERN-Redakteure in Amman ein.(370) Der Aufenthalt sollte fast drei Wochen dauern, denn Braumann wurde von dem Führer der »Volksfront für die Befreiung Palästinas« (PFLP), Georges Habbach, zum Tode verurteilt. Warum?

Braumann hatte im Mai den radikalen Palästinenser interviewt. Nannen aber gefielen plötzlich sowohl Fragen als auch Antworten nicht mehr, die bereits fest eingeplante Geschichte wurde auf Eis gelegt. Erst nach den spektakulären Flugzeugentführungen erinnerte sich Nannen wieder an den Stoff, der »alte Hut« erschien — als aktueller Beitrag aufgemotzt, mit der sensationellen Aussage, daß Habbach sich den »dritten Weltkrieg wünscht«. Dieses Zitat schlug zwangsläufig wie eine Bombe ein, der STERN war — wie dreizehn Jahre später bei den Tagebüchern Hitlers — rund um den Erdball in aller Munde. Habbach wurde wütend, die Redaktion erhielt ein bedrohliches Telex: »Das Interview ... ist 5 Monate alt. Es wurde nicht 'vor dem Superding' gegeben. Das Interview wurde zu einem Zeitpunkt gegeben, als die Lage anders war. Sätze sind aus dem Zusammenhang gerissen. Entstellt und nach dem Geschmack des STERN wiedergegeben. Dr. Habbach ist mehrfach falsch zitiert worden. STERN-Zitat über 'dritten Weltkrieg' ist in dieser Form nicht von Habbach (gegeben worden). Die 'Volksfront' behält sich ernste Konsequenzen gegen den STERN vor. Wir werden ihn bei unseren vielen Freunden auf die schwarze Liste setzen. Unser Arm reicht weit.«(371) Doch davon wußten die zwei STERN-Reporter noch nichts. Dann überstürzten sich die Ereignisse:

Manfred Bissinger, im STERN verantwortlich für die »Deutsche Politik«, bekam vom Bonner STERN-Büro (»eilt, bitte sofort auf den Tisch«) ein Fernschreiben: Eingehende Meldungen hätten bestätigt, daß »Herr Braumann bereits hingerichtet worden« sei. Auch die Agenturen meldeten »zwei deutsche Journalisten als ver-

Randolph Braumann *(mit Retter): »Na, fast hätten Sie ja das Bundesverdienstkreuz gekriegt«*

mißt«: Braumann und den jungen SPIEGEL-Redakteur Wolfgang Stockklausner.[372] Norbert Sakowski, der Chef der Nachrichtenredaktion, schaltete den libanesischen dpa-Korrespondenten ein, Heidemann war nicht greifbar. Die dpa-Rechercheure beruhigten gleichfalls nicht:

Die deutschen Journalisten hätten im Hotel Philadelphia logiert, »das durch Beschuß in Trümmer gelegt ist«: »Beide sind dort ebenso verschwunden wie zwei britische Korrespondenten, die dort wohnten«. Es habe geheißen, »Braumann sei tot, möglicherweise bei Beschießung des Hotels. Stockklausner sei von den Guerillas abgeführt worden.«[373] Einen Tag später aber konnten SPIEGEL und STERN aufatmen: die Journalisten waren freigelassen worden. Diesen glücklichen Ausgang sollte der SPD-Geschäftsführer Hans-Jürgen Wischnewski herbeigeführt haben, setzten die Agenturen anfangs in Umlauf.[374] Heidemann war der Lebensretter. Braumann rückte das Geschehen zurecht:

»Ich erinnere mich an die Szene«, schilderte Braumann die Courage seines Kollegen, »als wir aus einem jordanischen Panzer kletterten, weil Heidemann einen Botschafts-PKW geparkt hatte und in dieses Auto umsteigen wollte. Wir sprangen vom Panzer und wurden sofort von einem Haus, das ein paar hundert Meter entfernt lag, beschossen. Ich warf mich hin, aber Heidemann marschierte seelenruhig zu dem schon ziemlich zerschossenen Auto«, er habe »absolut keine Angst« gezeigt, »gehorchte seinem großen Meister Nannen aufs Wort«.[375] Bei einer Gelegenheit aber scherte ihn Nannens Befehle nicht so sehr, als dieser seinen Reporter anwies, Jordanien umgehend zu verlassen — ohne Braumann. Heidemann fand das gar nicht in Ordnung.

Die unübersichtlichen Fronten in der jordanischen Hauptstadt Amman hatten Braumann und Heidemann getrennt. Das Telephon funktionierte nicht mehr, ein Versuch, das Hotel Philadelphia zu verlassen, hätte Selbstmord bedeutet. Als Nannen Heidemann zur Rückkehr zwingen wollte, hielt er sich in der Deutschen Botschaft auf, er wollte nicht ohne Braumann nach Hamburg. Alle Versuche der Diplomaten, über arabische Gönner an die STERN- und SPIEGEL-Männer heranzukommen, scheiterten. Auch das Rote Kreuz kapitulierte. Eine Maschine sollte die von überall angereisten Journalisten in Sicherheit fliegen. Vierzig Sitze standen zur Verfügung, um die gelost werden mußte. Heidemann hatte Glück, er zog einen Platz. Er hätte also heimfliegen können, doch statt dessen überließ er dem ZDF-Korrespondenten Heinz Metlitzki seinen Rückflugschein.[376] Ohne Braumann wollte Heidemann Jordanien nicht verlassen:

In jenem Hotel, in dem sich Braumann befand, waren noch sechzehn andere Personen eingeschlossen. In Amman herrschte Ausgangssperre, die Armee hatte Anweisung, auf jeden zu schießen, der trotz Ausgangssperre die Straße betrat. Am 27. September kroch Gerd Heidemann mit einem Besenstiel, an dessen oberes Ende er ein weißes Handtuch geknüpft hatte, über einen Kilometer weit zum letzten Vorposten der jordanischen Armee. Der diensthabende Offizier war derart überrascht, daß ein Europäer solchen Mut bewies, daß er sich Heidemanns Plan anhörte:

Armee und Palästinenser sollten eine kurze Feuerpause absprechen, damit die Insassen des eingekesselten Hotels Philadelphia durch das Niemandsland zwischen den Linien in die rettende Freiheit gelangen konnten. Mehrfach robbte Heidemann durch dieses Niemandsland, diskutierte mit der Fatah und der Armee und tatsächlich gelang ihm das Kunststück, einen Dreißig-Minuten-Frieden zu erwirken. Braumann: »Und dies mitten im Bürgerkrieg, in dem immer noch brutal gekämpft und gemordet wurde«, mit »dieser Aktion hat Gerd Heidemann ... das

Leben zumindest der Amerikaner und Engländer gerettet«, auch seines, denn »ich sollte von der 'Volksfront' hingerichtet werden«.(377) Gerd Heidemann ein Held.

In der Hamburger Redaktion kam Schampus auf den Tisch, Schulterklopfen war angesagt. Heidemann hätte über Schneid verfügt, nur durch seine Tollkühnheit einen zum Tode Verurteilten vor der Hinrichtung bewahrt. Was Heidemann da getan hatte, niemand konnte es besser als Braumann beurteilen, hatte auch Henri Nannen gefallen und demonstrativ bewertet: Über der Überschrift »Ich war in der Gewalt der Guerillas« waren Heidemann und Braumann im Photo zu sehen, auf sieben STERN-Seiten die selbstlose Tat nachzulesen.(388) Fortan wollte der STERN auf die Erwähnung des Namens seines Reporters nicht mehr verzichten: Die Berichterstattung aus Jordanien bespielsweise unter dem Titel »Massenmord an Frauen und Kindern« überließ Nannen nunmehr allein dem »STERN-Reporter Gerd Heidemann«, sein Name wurde millionenfach gedruckt.(379) Braumann, der Heidemann soviel zu verdanken hatte, wollte nun auch mit Hilfe einer Geste seine Dankbarkeit unter Beweis stellen: der Bundespräsident sollte Heidemann mit dem Bundesverdienstkreuz belohnen.

Am 25. Mai 1971, zehn Monate nach der Rettung, machte Braumann das Staatsoberhaupt darauf aufmerksam, daß sich Heidemann »in einer Krisensituation so verhalten hat, wie man sich die ideale Verhaltensweise eines Menschen vorstellt«, denn er »weigerte sich als einziger Journalist, dem Evakuierungsbefehl zu folgen«, darum wolle er diesen Mann »für diese Auszeichnung vorschlagen«. Das Bundespräsidialamt registrierte den Eingang des Schreibens.(380) Niemand in der Redaktion mißgönnte Heidemann diese Ehrung, im Gegenteil: Wem auch immer Braumann seine Bundesverdienstkreuz-Idee vortrug, stets wurde er unterstützt. Es gab nur einen, dem diese Aktion nicht paßte: Henri Nannen, der bislang ohne die offizielle Dekoration auszukommen hatte. Der so Übersehene torpedierte die Huldigung:

Uschi Hinz, Nannens Vertraute, informierte ihren Chef, daß Braumann — noch dazu auf STERN-Briefpapier — Heidemann auf diese Art und Weise befördern wollte. Sofort ließ er ein Telex an das Bundespräsidialamt diktieren: Der Brief, so vernahmen überraschte Beamte, sei zurückzuziehen, keiner außer ihm könne einen solchen Vorschlag unterbreiten. Die Bediensteten im Palais Schaumburg reagierten prompt: Sie taten, als ob Braumann die Heidemann lobpreisenden Zeilen niemals geschrieben hätte und stellten Braumann den Brief wieder zu.(381) Das Thema Bundesverdienstkreuz kam noch einmal zur Sprache, als Henri Nannen Jahre später auf Heidemanns alter Göring-Jacht seinem Reporter einredete, ehemalige NS-Anhänger auf dem Schiff zu versammeln, Tonband-Protokolle anzufertigen, um daraus ein exklusives STERN-Buch mit dem Titel »Bordgespräche« entstehen zu lassen.

Im Oktober 1976, Heidemann hatte soeben wieder einmal seine Kündigung eingereicht, die BUNTE ihm einen Vertrag mit zehntausend Mark Gehalt im Monat zur Unterschrift übersandt, redete Nannen seinem Reporter die Abwanderung zur Konkurrenz erfolgreich aus. Die Atmosphäre war entspannt, Nannen ausgeprochen heiter und gelöst. »Na«, sagte er, »fast hätten Sie ja das Bundesverdienstkreuz erhalten.« Heidemann verstand den Seitenhieb: »Sie haben das verhindert.« Nannen: »Wieso ich?« Dann erzählte Heidemann, was er von Uschi Hinz und Braumann gehört hatte; diese Detailkenntnisse seines Reporters waren dem STERN-Chef nicht sehr angenehm. Nun kam Heidemann in Fahrt:

In Jordanien, als er Braumann rettete, habe er am linken Bein eine Streifschuß erhalten. Es war bereits Heidemanns zweite zerschossene Hose, die erste war im

Kongo draufgegangen. Dieses Mal aber wollte er sie ersetzt haben, deshalb meldete er dem G + J-Versicherungsbüro den Schaden: »Ich weiß nicht, ob Hosen gegen Streifschüsse versichert sind, aber wenn ja, bitte ich Sie, das Nötige zu veranlassen.« Das Ergebnis erfuhr Heidemann eine Woche später: »Hier spielt die Versicherung leider nicht mit.« Die Hose hatte nur achtzig Mark gekostet, Heidemann lediglich aus Spaß um eine Entschädigung gebeten. Die Parodie hatte der Blattmacher aber nicht herausgehört, die Hosen-Affäre plötzlich zu einer klärenswerten Angelegenheit erhoben: Er werde für die Wiedergutmachung des Schadens Sorge tragen, und wenn er die Hose aus eigener Tasche zahlen müsse. Selbstverständlich wurde auch dieses Versprechen von Nannen niemals eingelöst.(382)

Henri Nannen regierte den STERN unmethodisch, lotterig war sein Umgang mit den Journalisten, teilweise verworren seine Anweisungen, weshalb einzelne STERN-Redakteure zwangsläufig herumwuselten und zielstrebig auf ein Chaos zutrieben. Wie Halma-Männchen wurden STERN-Bedienstete von der Chefredaktion hin- und hergeschoben, oft ohne Sinn und Verstand. Diesen Zustand hatte einst der Auslands-Redakteur Peter-Hannes Lehmann schriftlich festgehalten, er »machte sich in einer der wenigen freien Nächte Gedanken über das aufregende Leben in einem STERN-Ressort«. Er ist bis heute der einzige geblieben, der das kindische Innenleben des STERN wahrheitsgemäß entblößt hat. Lehmann schuf eine Art Hörspiel, nannte es »Reporter B. auf Reisen«, die Hauptrolle spielte ein »H.B.-Männchen«. Hatte Lehmann auch seinen Kollegen Gerd Heidemann dabei im Sinn? Mit Sicherheit aber meinte er Bernd Dörler.

»Dies ist die Geschichte des Reporters H.B. aus H., der auszog, eine Geschichte zu finden«, begann Lehmanns »Erzähler«. Es war ein Dienstag morgen, die wöchentliche »Strategiekonferenz« zu absolvieren. Das Meeting begann wie gehabt. »Stimmengewirr«: »Ich kann das Wort Kennedy nicht mehr hören«, »Laßt mich doch mit euren Bimbos in Frieden«, »Brauche für das Schmidt-Interview 44 Blatt«, »Uschi, schaff' den Köter raus, der hat schon wieder gegen die Leitung gepinkelt, gleich gehen wieder die Mikrofone aus« und — »Ist denn kein Kaffee mehr da?« Da ging, so erzählte der »Erzähler«, die Tür auf. Ein »reitender Bote aus der Nachrichtenredaktion« kam hereinspaziert.

»Eine DC-10 ist mit 133 Toten vom Himmel gefallen, im Urwald von Simpelbosco explodiert.« Der Chefredakteur zeigte spontanes Interesse: »Sind denn Deutsche dabei?« Die Antwort: »Deutsche eigentlich nicht, aber ein deutsch-schweizer Reiseführer mit einer Trappistendelegation aus Österreich...« Chefredakteur: »Jibt dat Bildder?« Bildredaktion: »Die hat bestimmt die BUNTE. Die haben doch seit dem letzten DC-10-Desaster in Mürrdorf sämtliche DC-10-Passagiere unter Pauschalvertrag.« Chefredakteur: »Also, dann laß uns dat verjessen. Weiß ja doch keiner, wo Simpelbosco liegt. Nee, wir brauchen hier was Knackiges für drei Doppelseiten, ein bißchen Abenteuer, aber ja keinen Krieg, keine Banden, vor allem keine Kinderbanden, so mehr Palmen und bißken Sonne mit'm Hauch von Tratsch und ruhich 'n deutschen Aufhänger, aber nix mit Leichen im Urwald.« Redakteur: »Aber da sind doch Deutsche dabei, in dem Flugzeug.« Chefredakteur: »Ham Sie eben nicht gesagt, daß da keine Deutschen dabei sind?« Redakteur: »Ja, schon, aber da sind dreizehn deutsche Schäferhunde dabei, und einer von ihnen hat überlebt und tigert jetzt allein durch den Urwald.« Chefredakteur: »Haste Schäferhunde gesagt?« Ressortleiter: »Und wie bringst Du den Hund zum Sprechen? Wir können doch nicht acht Seiten 'Wau, Wau' drucken.« Chefredakteur: »Also, wo ein Hund ist — ein deutscher Schäferhund —, da ist auch immer ein deutscher

STERN-Werbung (mit Gerd Heidemann): »Ist denn kein Kaffee mehr da?«

Hundeführer dabei, die laufen nicht einfach so frei herum. Können wir nicht den interviewen?« Redakteur: »Wenn der tot ist?« Chefredakteur: »Hat ja vielleicht doch überlebt. Hundeführer sind zäh. Und außerdem — wer Hunde führt, führt Tagebuch, das ist schon mal sonnenklar. Dann holen wir uns eben exklusiv das Tagebuch. Und dann eine Doppelseite von dem überlebenden Hund, wie er aus dem Dschungel in die Freiheit kriecht, die Augen ganz rot, die Leff-Zähne — heißt dat Leff-Zähne? —, also dat könnte ich mir gut vorstellen. Hamwer 'n Autor?«

Der »Kuddel« fiel aus, der »macht 'n Buch über Kernkraft«. Der »Fiesl« war gleichfalls beschäftigt, »der macht ein Buch über Kraftmeier«. Und die »Evi«? Die »macht eine Serie über die Bücher, die bei uns erschienen sind«. Fazit: »Es stellt sich heraus, daß alle Autoren durch Bücher, Schnupfen, Serien, Urlaub und Magengrimmen ausgelastet sind. Das ist die Stunde unseres Reporters H.B.«, denn der Chefredakteur fragt, »nachdem er das Impressum dreimal durchgelesen hat«: »Was macht das H.B.-Männchen eigentlich?« Es machte »ein erwartungsvolles Gesicht«, »vor allem, als es hört, daß es nun endlich in den Urwald von Simpelbosco reisen darf — denn da war es noch nie, da war überhaupt noch niemand, außer einem Team von der QUICK«. Das H.B.-Männchen ging auf Reisen.

Während er im Flugzeug saß (»2. Klasse, 16 Stunden gegen die Sonne fliegend«), erfuhr die Chefredaktion, »daß a) der fragliche Hund längst bei der QUICK gelandet ist und daß b) Präsident Carter laut BILD eingestanden hat, daß er in Wirklichkeit ein Transvestit sei« (BILD-Schlagzeile: »Ein abgecartertes Spiel — Rosalynn hat die Hosen an!«). Chefredakteur: »Da müssen wir natürlich hin. Soll doch das H.B.-Männchen dahin fliegen, der hat jetzt ja in Simpelbosco sowieso nichts mehr zu tun. Wo liecht dat eijentlich?« Der »Erzähler«: »Eine gute Frage. Aber es dauert nicht lange, bis der Fischer Weltalmanach, der eine ganze 46köpfige Dokumentationszentrale ersetzt, die Auskunft erteilt, daß Simpelbosco im Süden Indonesiens liegt.« Der Chefredakteur: »Also einen Katzensprung von Washington. Soll dat H.B.-Männchen mal hinmachen, wenn er sowieso in der Gegend ist.« »Erzähler«: »Der Katzensprung um den halben Globus kostet den Reporter H.B. zwölf Stunden Telefoniererei mit diversen Fluggesellschaften. Unterdessen laufen die Telefone heiß. Während BILD auf seiner Darstellung beharrt, daß Carter ein Transvestit sei, korrigiert ddp, daß Carter nach Transsylvanien eingeladen sei. H.B. stößt bei seiner Ankunft in Washington auf einen Stapel Telegramme und Telefonnotizen, die ihn dringend auffordern, umgehend die Redaktion anzurufen.« In Hamburg erreichte er aber nur den Pförtner, der Zeitunterschied, der STERN schlief zu dieser Zeit. Am nächsten Tag sollte das »H.B.-Männchen beweisen, daß es in zwölf Stunden den Flughafen Bombay erreichen könne, der zwanzig Flugstunden entfernt ist«. Grund: »UN-Truppen wollten die US-Gruppe 'Pop-Corn' aus den Händen religiöser Geiselnehmer in Poona befreien. Ein Trupp orange gekleideter Liebesmönche hat die Pop-Musiker festgesetzt und droht mit ihrer Massenvergewaltigung für den Fall, daß US-Präsident Carter nicht öffentlich eingesteht, er wäre auch für das Menschenrecht auf kollektiven Orgasmus.«

Im Auslandsressort »wird es hektisch«, der Ressortleiter Klaus Gronau »tritt in Aktion«: »Ihr Süßen, gebt mir mal die Yvette in New York.« — »Yvette? Hier ist Klaus. Auhh, was war denn das für ein gräßlicher Lärm eben? Das Tablett? Ach, dir ist nur das silberne Tee-Tablett hingefallen, tja, das tut mir leid. Also, Yvette, wir müssen — waaas? Ob ich deinen Themenvorschlag 38475 erhalten habe? Natürlich habe ich den erhalten. Wiieee? Ob wir ihn machen sollen? Natürlich wollen wir ihn machen. Wieso nicht? Du hast die Antwort auf dein Telex MB

4899/79 noch nicht erhalten? Unmöglich. Die Kopie liegt ja hier auf meinem Schreibtisch. Ach so, es tröpfelt gerade über die Standleitung ein. Yvette? Yveheetttt! Hör mal zu, ja bitte. Hör mal zu. Bitte! Danke! Also, Yvette, wir müssen dringend das H.B.-Männchen auftreiben. Wir haben es nach Washington umdirigiert. Ja, natürlich, wegen der Carter-Ente, und nun steckt er irgendwo in Washington, und wir können ihn nicht erreichen, aber wir brauchen ihn dringend, weil er nach Poona muß, nein nicht Puma, Puu-naa! In Indien. Ja, ich weiß, daß du da auch hin willst, aber das geht im Augenblick wirklich nicht. Yvette. Yvette? Du treibst ihn also auf? Danke dir. Sag' ihm, er soll sofort einen Charterflieger nehmen, um nach Bombay zu fliegen. Was? Du kannst nur noch einen Düsenjäger der US-Air Force chartern, alle anderen sind ausgebucht? Naja, aber sicher doch, wenn's der Wahrheitsfindung dient. Nun sag ihm, daß er sich beeilen soll. Wir brauchen morgen seine Story. Wieviel Blatt? Na, wie üblich, zwischen vier und vierundzwanzig. Wir machen das schon passend. Tschüß Yvette.«

Der »Erzähler«: »Während der Ressortleiter ermattet in seinem Comfort-Sessel zurücksinkt und sich von den hilfreichen Sekretärinnen mit angewärmten Handtüchern das schweißnasse Gesicht frottieren läßt, geht Yvette in New York mit gewohnter Effizienz zu Werk. Sie stellt 47 Hilfsrechercheure auf Zeit ein und bestellt ihre Opernkarten ab, ruft den Bürgermeister von New York an, der seinerseits seinen Amtskollegen in Washington alarmiert und sämtliche Streifenwagen auf H.B.-Männchen-Suche ausschickt. Unser Reporter wird vor dem Weißen Haus umherirrend aufgegriffen, auf den Düsenjäger verfrachtet und düst jetzt nach Bombay.« Am nächsten Tag meldete sich das H.B.-Männchen beim Redakteur Klaus Gronau:

»Na, HB, wie isses denn in Puna? Schön heiß?« H.B.-Männchen: »Weiß ich nicht, ich bin in Ankara.« Gronau: »Wieso in Ankara, du sollst doch nach Bombay und von dort nach Puna.« H.B.-Männchen: »Wollte ich ja auch, aber die haben mich nicht reingelassen, weil ich Österreicher bin, und Österreicher brauchen neuerdings in Indien wieder ein Visum.« Gronau: »Und warum bist du jetzt in Ankara?« H.B.-Männchen: »Weil hier das einzige österreichische Konsulat im Umkreis ist, das heute noch arbeitet. Alle anderen haben heute geschlossen.« Gronau: »Was hast du gesagt, die Leitung ist plötzlich so schlecht.« H.B.-Männchen: »Gesagt hab ich nix. Ich hab nur gegähnt. Ich hab' jetzt 114 Stunden ohne Schlaf hinter mir, und wenn ich schon selber keine Zeile ins Heft kriege, dann will ich wenigstens, daß anderswo eine Zeile über mich erscheint — im Guiness-Buch der Rekorde.«

Der »Erzähler«: »Zwar meldete sich unser Reporter H.B. dann tatsächlich nach sechzehn weiteren Stunden später aus Bombay, mit einem gültigen Visum, aber dort ist seine Mitarbeit nicht mehr gefragt. In der Zwischenzeit hat sich nämlich herausgestellt, daß die Geiselnahme in Puna ein Mißverständnis war. Wir kommen zum Abschluß der Geschichte des Reporters H.B. aus H., der auszog, eine Geschichte zu finden und dabei anderthalb Mal den Erdball umkreiste, 57 Staaten von oben sah und 23 Transithallen von innen« — der Chefredakteur resümierte: »Der hat doch noch nicht einmal eine einzige Zeile dafür ins Blatt gehoben, daß er um die Welt reisen durfte. Typisch H.B.-Männchen: Außer Spesen nix!«(383)

War diese Hörspiel-Glosse etwa übertrieben? Zu aufgeplustert? Überladen? Nein, so oder so ähnlich spielten sich die dramatischen Stunden im STERN tatsächlich ab. Henri Nannen, der Erfinder des STERN, war gleichzeitig eifriger Produzent hysterischer Überreiztheit. Wann immer er eine Geschichte witterte, hatte er ganze STERN-Regimenter auf sie angesetzt, und wenn sie ihm dann nicht mehr gefiel, hatte er den geldfressenden Aufwand mit einer lockeren Handbewegung

Rolf Gillhausen *(Mitte Gerd Heidemann in Redaktion): »Wo liecht dat eijentlich?«*

in den Papierkorb rutschen lassen. Kam ihm eine verfolgungswürdige Agenturmeldung auf den Tisch, ließ er die Hintergründe nicht von einem Journalisten ausleuchten, sondern er beauftragte gleich drei oder vier. Während die sich abmühten, hatte Nannen andere Eindrücke eingefangen — mitten aus den Recherchen ließ er die Redakteure zurückholen. Die aus der Arbeit Gerissenen bildeten sich ein, nun auf eine noch heißere Geschichte angesetzt zu werden. Als sie dann aber vor ihrem Meister standen, fragte der statt dessen lediglich, warum sie jetzt bei ihm seien. Da waren sie alle platt.

Henri Nannen war ein Mann, der den STERN zur Diva machte. Dadurch wurder er selbst zu einer. Mit der Mannschaft der Illustrierten verfuhr der sich wie eine Primadonna in den Wechseljahren gerierende Nannen auf seine unvergleichliche Art: Nannen war ein bestürzender Gemütsmensch, am liebsten verkehrte er mit Gleichgesinnten, die aber waren rar. Und genau das wurde ihm zum Problem: Weil er sich selbst einmalig wähnte und glaubte, daß niemand ihm das Wasser reichen könne, wenn er wieder einmal eine Geschichte herbeibefohlen hatte, dann kamen die Minuten, in denen er mit sich zufrieden war, das waren dann die Sekunden, in denen bestimmte Nannen-Kenner ihrem Chef gegenüber zu manchmal peinlichen Ovationen fähig wurden.

Diese einseitige Verherrlichung war ganz nach Nannens Geschmack. Ohne sie konnte er nicht regieren. Und weil die Masse der STERN-Redakteure beim STERN auch weiterhin bleiben wollte, wurde der Chefredakteur von seinen Untertanen regelmäßig bejubelt. Dies geschah nur in seiner Gegenwart. War Henri Nannen nicht in der Nähe, feixten und johlten sie, die Dienstheuchler des STERN.

Während sich im SPIEGEL — dank der Souveränität Rudolf Augsteins — auch abweichende Meinungen durchsetzen konnten, sank der STERN immer tiefer auf ein Niveau: das Henri Nannens. In den Textspalten machte sich Doppelzüngigkeit breit, Photos kamen verfälscht ins Blatt, geheime Informanten des STERN nur durch den STERN mit vollem Namen in die Öffentlichkeit. Wenn der neueste STERN am Kiosk lag, war nicht immer wahr, was die Anzeigenkunden wegen der Millionenauflage erst möglich machten: die Geschichten. Nur so wird auch erklärlich, warum — nach der Tagebuch-Pleite — der wohl treueste und fleißigste STERN-Recke, Gerd Heidemann, so brutal vom STERN verheizt wurde. Wäre Nannen nicht gewesen, Heidemann würde noch heute für die Gazette arbeiten. Ohnehin stammten die spektakulärsten Geschichten von ihm. Peter-Hannes Lehmann der die Allüren des STERN gekonnt als Hörspiel zu Papier gebracht hatte, flog mit Heidemann im Oktober 1970 nach Angola und Mosambik. Sieben Monate hatte das Team auf die Erteilung des Visums gewartet, seit zehn Jahren wurde in Angola gekämpft. Der STERN, so entschied Nannen, sollte wieder einmal über blutige Massaker berichten. Vier lange Wochen umgaben sich die Reporter mit Elitetruppen und Geheimdienstlern, vermerkte übertrieben ein erfundenes Tagebuch im STERN: »12.000 Kilometer per Flugzeug, Auto und zu Fuß, zwei Malaria-Anfälle, viel Durst und 4.000 Fotos.«(384) Lehmann und Heidemann stießen auf einen deutschen Kaffeepflanzer, der im Guerilla-Gebiet Angolas lebte und sich nur noch mit schwerbewaffneten Leibwächtern auf seiner Farm bewegen konnte, einer war ein ehemaliger deutscher Fremdenlegionär. Die Familie bekam nur selten Besuch, die kleine Tochter verbrachte ihre Freizeit ohne Spielgefährten. Da schnitten Rebellen einem Plantagenarbeiter beide Ohren ab, wurden Frauen vergewaltigt, dann auseinandergerissen. Von allem etwas: Liebe, Haß, Einsamkeit und Tod — Afrika und Europa. Henri Nannen konnte stolz sein, waren Lehmann und Heidemann doch die ersten Journalisten, die in Portugals umkämpften Kolonien recherchieren durften.(385)

Angola und Mosambik — sie wurden vorübergehend Nannens Lieblingsthemen. Das schlug sich vor allem in den Überschriften nieder: »Liebe ist ihre letzte Waffe.« Gemeint war die Versorgung der portugiesischen Kolonialarmee mit Prostituierten.(386) Als sich, zwei Jahre später (1972), ein Massaker portugiesischer Soldaten an Einheimischen ereignete, dieses aber erst mit einjähriger Verspätung (1973) bekannt wurde, ließ Nannen Heidemann-Photos aus dem Archiv kramen, die der Reporter drei Jahre zuvor (1970) aufgenommen hatte, sowie sechs alte Motive, die mit dem Blutbad überhaupt nichts zu tun hatten, als neu in den STERN einspiegeln. Durch diese Manipulation konnte der STERN wiederum von sich reden machen: weltweit wurden Heidemanns so »aktualisierte« Bilder nachgedruckt. Nannen war zufrieden, Heidemann durch den plötzlichen Honorarsegen von überall her ebenfalls.(387)

Während Heidemann mit Lehmann von West-Afrika (Angola) in den Osten des Kontinents (Mosambik) flog, zwischendurch einen Abstecher in die kleine portugiesische Kolonie Guinea-Bissau machte, von der Enklave Cabinda illegal in den Kongo-Brazzaville spazierte, war Nannen voll des Lobes für die verwegenen Reporter. Dreizehn Kriegsschauplätze insgesamt sollte Gerd Heidemann besuchen, dessen mehr als einmal signalisierte PK-Unlust hatte Nannen überhaupt nicht interessiert, Heidemann riskierte für Nannen weiterhin sein Leben. Für die Krisenherde kam eben nur einer in Frage: Gerd Heidemann. Im Sommer 1971 schickte der STERN Heidemann dann nach Libyen, mit Heinrich Jaenecke war eine Reportage über den Staatschef Gaddafi zu fertigen. Fast vierzehn Tage lang versuchten die STERN-Journalisten Gaddafi zu interviewen. Jeder von beiden experimentierte auf seine Weise. Doch an den libyschen Sonderling, er veranstaltete in diesem Augenblick wieder einmal eine arabische Gipfelkonferenz in seiner Hauptstadt Tripolis, war nicht heranzukommen. Dabei standen die Chancen gar nicht schlecht: Gerd Heidemann hatte den Presseattaché der Deutschen Botschaft, Stephan Bock, gebeten, ihm den Namen eines möglichen Vermittlers zu nennen. Bock machte Heidemann mit dem Chefredakteur der Zeitung AL AMAL bekannt. Dieser war mit Gaddafi nicht nur befreundet, sondern täglich stimmte er die Artikel mit dem Staatschef ab. Auf einer Cocktail-Party der Deutschen Botschaft drehte Jaenecke dann durch, als er wieder einmal über seinen gefürchteten Jähzorn stolperte:

Das Gespräch mit Gaddafi, pöbelte er seinen libyschen Kollegen vor versammelten Botschafts-Gästen an, müsse nun aber bald zustande kommen, er, Heinrich Jaenecke vom STERN, habe es nicht nötig, sich hinhalten zu lassen. Der so angemachte Journalist zuckte verschreckt zusammen, auch Heidemann schüttelte mit dem Kopf und versuchte zu retten, was zu retten war: Jaenecke möge sich doch bitte zurückhalten, so werde das Interview niemals realisiert werden können. Das sollte dann auch genau so eintreten. Jaenecke plagten andere Probleme:

Statt sich unters Volk zu mischen, sich in den hektischen Tagen um inoffizielle Informationen zu bemühen, die nicht aus dem offiziellen und gelenkten Pressezentrum kamen, trieb Jaenecke sich aber genau dort herum, tippelte treu zum Presseverteiler, griff gierig nach anti-israelischer Propaganda, die er pfundweise einsteckte. Jaenecke, das stand fest, war überfordert, Heidemann ihm um Längen voraus. Das lag nicht allein daran, daß Heidemann diese Region inzwischen schon kannte, sondern journalistische Oberflächlichkeit hatte Jaenecke in das des-

Gerd Heidemann *(in Angola): »Ich kann doch nichts dafür«*

orientierte Presseamt getrieben. Während Jaenecke es also ausschließlich bei dieser Behörde versuchte, seinen Aufenthalt in Libyen mit Hilfe des Fabel-Amtes legitimierte, hatte Gerd Heidemann längst wieder hochkarätige Gesprächspartner zum Plaudern überreden können:[388]

Auf einer Party der Deutschen Botschaft lernte er die jordanische Ärztin Amina Khalil Shocair kennen. Heidemann erinnerte sich: »Frau Dr. Shocair ist hochgradig nervös und wahrscheinlich sexuell unbefriedigt«, zwar erfuhr er »einige phantastische Dinge von ihr«, aber er mißtraute ihr, alles würde wohl der Wahrheit nicht entsprechen können. Sie berichtete, daß sie mit einem Mann verheiratet gewesen sei, der im vergangenen Jahr an der Entführung von fünf Zivilmaschinen beteiligt gewesen sein soll. Drei davon wurden in Jordanien in die Luft gesprengt. Zu dieser Zeit hatte sich der Reporter ebenfalls in Jordanien aufgehalten, kannte also die Hintergründe im Detail.

»Meinen Mann habe ich 1958 in den Staaten kennengelernt«, verriet Shocair, »er spricht acht Sprachen und hat nach außen eine sehr westliche Gesinnung — wie alle Habbach-Leute.« Ihr Gatte müsse von »Anfang an ein Habbach-Executive gewesen sein«. Auf die Fortsetzung war Heidemann ganz gespannt: Shocairs Ehemann sei als »der Gründer der Baath-Partei in Amman« hervorgetreten, und der Terrorist Habbach ihr in den USA als »Dr. Georges« vorgestellt worden. Habbach sei verheiratet, seine Frau habe sie aber niemals kennengelernt. Am 5. September 1970, einen Tag später wurden die Maschinen in den Nahen Osten entführt, habe ihr Mann zu ihr gesagt: »Du, ich wollte eigentlich nach Beirut, ich habe morgen früh eine Besprechung, die können die Besprechung ohne mich aber nicht führen. Würdest du die Akten, die da drüben auf den Tisch liegen, hinfliegen?« Shocair: »Ich habe also das Flugzeug genommen und bin nach Beirut geflogen. Ich saß allein in der ersten Klasse und dachte mir so: 'Herrgott, jetzt will ich doch mal sehen' — ich weiß eigentlich von den Geschäften meines Mannes überhaupt nichts...« Dann hatte sie entdeckt, angeblich die Instruktionen für die Flugzeugentführungen: »Ursprünglich hätten die im Juli stattfinden sollen.«

Amina Shocair ließ sich mit dem Taxi zur Schweizer Botschaft in Beirut chauffieren. »Machen Sie bitte schnell Fotokopien von dem Zeugs«, will sie einen leitenden Diplomaten gebeten haben. Doch das »interessierte den überhaupt nicht«, obwohl »alle Maschinen darin erwähnt (seien), die schließlich entführt wurden«. War Heidemann ein großer Fang gelungen? Die Redselige packte noch mehr aus: Sie habe eine Zeitlang den ägyptischen Staatschef Nasser behandelt, »er war Diabetiker«, »in einem ganz miserablen Zustand«, habe »Raubbau an seiner Gesundheit getrieben«, »er war unglaublich überarbeitet«, »zu wenig Schlaf, geraucht«. Und Gaddafi hat ein Magengeschwür. »Darüber möchte ich aber nicht sprechen.« Warum sie denn in Tripolis sei, versuchte Heidemann herauszubekommen. Shocair: Sie müsse die französischen Militärberater, die die Mirage-Piloten ausbildeten und die Maschinen warteten, routinemäßig untersuchen. Und dann enthüllte sie noch, daß sie regelmäßig mit einer deutschen Journalistin verkehre, die »mit Arafat und Habbach befreundet« sei (»Sie ist das verlebteste Weibsbild, das mir je begegnet ist«), außerdem unterhalte sie Kontakte zur Botschaft Israels in Rom (»Ich kann doch nichts dafür, daß ich mich mit den Leuten verstehe«).[389]

Diesen Hinweisen müsse unbedingt nachgegangen werden, schlug Heidemann dem schwitzenden Jaenecke vor. Der aber wollte von den nicht uninteressanten Geständnissen nichts wissen. Er tat Shocairs Offenheit als »dummes Weibergeschwätz« ab. Heidemann hatte umsonst bei der Araberin eine ganze Nacht im Hotel gesessen, vergebens war er nachts durch das menschenleere Tripolis mit den zwei Tonkassetten in seine Unterkunft geschlichen, weil er morgens um 2.30 Uhr kein Taxi bekam. Wäre Heidemann von der Polizei als »verdächtiges Subjekt« aufgegriffen worden, die Kassetten wegen Gaddafis Spionage-Furcht in die Hände des libyschen Geheimdienstes gelangt, dann erst wäre der STERN zu seiner Geschichte gekommen: über Heidemanns Haft hätte Jaenecke schreiben müssen und endlich der Ärztin Shocair einige Zeilen gegönnt. Die Medizinerin sah der Reporter zwei Jahre später wieder. In München. Dort hatte sich der Bundesnachrichtendienst für sie interessiert, kurzfristig wurde sie in Haft genommen — im »Bayerischen Hof« hinterließ sie eine unbezahlte Logierrechnung in Höhe von 2.500,- DM.(390) In Tripolis entdeckte Heidemann aber noch mehr, Unbekanntes aus dem Ersten Weltkrieg. Dazu verholfen hatte ihm der Presseattaché Stephan Bock.

Bock habe, vor fast vier Monaten, aus dem Bonner Auswärtigen Amt ein großes Paket per Kurier erhalten. Darin befanden sich Akten aus den Jahren 1915/16, die bislang von der Zeitgeschichte nicht zur Kenntnis genommen worden sei: die Unterstützung libyscher Aufständischer durch die Kaiserliche Kriegsmarine. Was war übersehen worden?

Da habe der Rittmeister Otto Mannesmann mit dem Oberhaupt der Senussi, Sidi Achmet el Senussi, und dessen Neffen, Sidi Idris, dem späteren König Libyens, den Gaddafi später vom Thron verjagte, verhandelt. Auf deutscher Seite sollten die Araber gegen die Engländer ins Wüstenfeld ziehen. Die Rechnung ging teilweise auf, Mannesmann aber wurde ermordet, »angeblich auf Befehl von Sidi Idris«, der uniformierte Industrielle wurde kein zweiter Lawrence von Arabien. Der Botschaft teilten die bundesdeutschen Außendienstler mit: »Die übersandten Dokumente (seien) in Inhalt und Tendenz von den deutschen und türkischen Interessen geprägt«, »hieraus erklären sich manche kritische(n) Äußerungen über führende arabische Persönlichkeiten, Beurteilungen ihrer Zuverlässigkeit und des militärischen Wertes ihrer Kräfte«. Dem deutschen Botschafter wurde warm ans Herz gelegt, »unter Berücksichtigung etwa heute noch bestehender Empfindlichkeiten zu prüfen, welche der übersandten Stücke unbedenklich aus der Hand gegeben werden können«.(391) Sollte ein deutsches Afrika-Korps bereits im Ersten Weltkrieg aufgestellt werden, überlegte Heidemann, fast drei Jahrzehnte vor dem legendären Rommel? Das müsse er unbedingt lesen, bedrängte Heidemann den Pressemann der Botschaft. Bock händigte dem STERN-Reporter das sensible Material als Bettlektüre aus. Am nächsten Morgen sollte Heidemann die Papiere wieder in die Botschaft tragen. Statt zu schlafen, photographierte Heidemann — im Schein der Nachttischlampe — die ganze Nacht Seite um Seite ab. Auszüge aus dem Kriegstagebuch einer deutschen U-Boot-Besatzung waren darunter, Berichte vom Militärattachés, geheime Telegramme, unbekannte Kundschafter wurden namentlich aufgeführt. Augenblicklich erkannte Heidemann: Dieses schließlich gescheiterte Unternehmen war allein von Wirtschaftskreisen ins Leben gerufen worden, zahlreiche Akteure waren auch ihm ein Begriff: sie entstammten der deutschen Industrie und waren noch in der Bundesrepublik bekannt.(392)

Gerd Heidemann war der Meinung, eine faszinierende STERN-Geschichte gefunden zu haben. Er erzählte Heinrich Jaenecke davon. Der aber mochte von dem frühen Afrika-Korps nichts wissen: Er sei in Libyen, um Gaddafi zu interviewen und nicht, um den Spuren kaiserlicher Politik nachzugehen. Heidemann sah seinen Kollegen ungläubig an: War der nur lesefaul oder tatsächlich nicht in der Lage, so schnell in ein fremdes Thema einzusteigen? Nur einmal zeigte sich Jaenecke dankbar:

Heidemann recherchierte den Fall B. Traven. Die Spur des geheimnisvollen Schriftstellers führte ihn in die Zeit des spanischen Bürgerkrieges zurück. Traven sollte sich angeblich Monate in Spanien aufgehalten haben. Jaenecke faßte die Ereignisse über die »Tragödie des Spanischen Bürgerkrieges« in einem STERN-Buch unter dem Titel »Es lebe der Tod« zusammen. Heidemann stellte Jaenecke seine Literatur über den spanischen Bürgerkrieg zur Verfügung, einiges war da zusammengekommen. Als das STERN-Buch erschien, erhielt auch Heidemann ein Exemplar, mit Widmung: »Für Gerd Heidemann, der über das Thema viel mehr weiß.« Und als Heidemann die Tagebücher Adolf Hitlers gefunden zu haben glaubte, da informierte ihn der Tagebuch-Ressortleiter Thomas Walde über einen Jaenecke-Gruß: die Gratulation zu dem sensationellen Fund. Erst als die Tagebücher sich als die des Konrad Kujau herausstellten, brüllte Jaenecke, wie gehabt, wieder los, außerdem, die Tagebuch-Serie habe er ohnehin stets als furchtbar empfunden.[393]

Jaeneckes Libyen-Artikel erschien im STERN unter der Überschrift »Der Mann, der den Krieg kaufen will«. Neues stand selbstverständlich nicht im STERN, Geschichtliches, das auch in der Bibel vieler STERN-Redakteure, dem Fischer Weltalmanach, nachzulesen war. Der unbeschreiblich hohe Spesenaufwand hatte sich auf nur sechs Spalten im STERN niedergeschlagen, Jaenecke vor allem Schulweisheiten angeboten (»Der Führer heißt Mummar el Gadhafi. Er ist Oberst«). Immerhin lieferte wenigsten Heidemann Aktuelles: Photos von Gaddafi, Sadat, Assad und Arafat.[394] Dabei hatte Gerd Heidemann genügend anderen Stoff, der hätte im STERN stehen können, im Koffer nach Hamburg getragen. Das hätte freilich vorausgesetzt, daß Heinrich Jaenecke ihn verarbeitet und — die Brisanz erkannt hätte. In Ägypten war Heidemann im selben Jahr, 1971, ohne Jaenecke unterwegs. Das tat dem STERN ausgesprochen gut.

Eine Schülerin, STERN-Leserin, schickte am 23. Juni der Redaktion einen Zeitungsausschnitt aus der STUTTGARTER ZEITUNG: Ein ägyptisches Flugzeug sei aufgefunden worden, das seit drei Jahren als vermißt gemeldet war. Die Informantin: »Falls Sie ihn drucken, könnte ich mein Taschengeld etwas aufbessern.«[395] Der Themenvorschlag aber kam zu spät, Heidemann war längst in Kairo gelandet, zwei Tage nach den Agenturmeldungen. Hinbeordert wurde der Reporter vom Ressortleiter »Ausland«, Egon Vacek. Heidemann telexte nach Hamburg: »Story sehr schwierig, da in Kairo bisher keine Fotos vom Flugzeug angekommen sind. Die Leichen sollen in den nächsten Tagen von Libyen nach Kairo überführt werden.«[396] Anderes hatte Heidemann aber inzwischen aufgetrieben: Bilder der Toten, nach denen zwei Kollegen von der QUICK bisher vergeblich gefahndet hatten. Was war geschehen?

Am 11. April 1968 startete in Kairo eine zweimotorige De Havilland vom Typ »Dove« mit fünf Passagieren an Bord. Knapp zwei Stunden später landete die Maschine planmäßig in der Oase Baharia. Bewässerungsprobleme der Oase hatten den Flug notwendig werden lassen, sowjetische Entwicklungshelfer waren unterdessen mit dem Auto angereist. Die Russen wollten auf die strapaziöse Rückfahrt mit dem Wagen verzichten und stiegen in das Flugzeug, das, da hoffnungslos überladen, abstürzte und nie seinen Zielflughafen erreicht hat. Gerüchte besagten, die Israelis hätten die Hände im Spiel gehabt. Aber das Wrack wurde durch Zufall gefunden, von zwei amerikanischen und einem libyschen Geologen, die nach seltenen Glas- und Gesteinsproben suchten, unweit der ägyptischen Grenze auf libyschem Gebiet. Für den STERN verfaßte, so stand es im Vorlaufabsatz, der »Sternreporter Gerd Heidemann« die Katastrophe unter dem Titel: »Acht Tote in

Gerd Heidemann *(im Libanon): »Was bin ich?«*

der Wüste«.(397) Im Iran war Gerd Heidemann acht Wochen zuvor abermals Reporterglück beschieden, obwohl es zunächst nicht danach ausgesehen hatte. Im Schah-Staat sollte er, zusammen mit Randolph Braumann, herausfinden, wie politische Urteile im Iran vollstreckt würden, ob der Geheimdienst Savak Gegner des Schahs tatsächlich zu Tode marterte, wie Schah-Gegner in der Bundesrepublik behaupteten. Die Totgesagten aber lebten Schah-überzeugt in Teheran.(398) Zwar verfaßte Braumann einen siebzehnseitigen Artikel über den brutalen Terrorapparat des Schah, aber der erschien nicht im STERN — Nannen vermißte das wichtigste Beiwerk, die Folterphotos. Dafür entdeckte Heidemann einen Architekten, der durch Haftbefehl gesucht wurde. Diese Geschichte kam ins Blatt, einschließlich Heidemanns Photos.

Braumann und Heidemann schlenderten durch Teheran. Als sie an einem im Bau befindlichen Hochhaus vorbeigingen, blieben die Journalisten stehen. Heidemann hatte den Namen Dietrich Paul Fersch auf einem Schild gelesen. Der hörte sich vertraut an. Heidemann grübelte, dann war er sich sicher: dieser Mann sei ihm im Zusammenhang mit anderen Recherchen bereits über den Weg gelaufen, in der Bundesrepublik werde nach ihm gefahndet, weil er seine Firma »Doma« in Nürnberg in Konkurs gehen ließ und einen Schaden in Höhe von fünf Millionen Mark anrichtete. Heidemann nutzte diesen Zufall, er sprach Fersch an, der sich auf dem Baugelände aufhielt. Der fünfunddreißig Jahre alte Fersch machte Heidemann mit seinem neuesten Projekt bekannt:

Das iranische Unternehmen »Doma« habe mit der pleite gegangenen »Doma« nichts zu tun, die iranische »Doma« verfüge über ein Stammkapital von fünfzig Millionen Rial. Diese »Doma« werde fünf Hochhäuser mauern, jeweils mit vierzehn bis achtzehn Etagen, mit Ein- bis Vierzehnzimmerwohnungen, mit Arztpraxen, Läden und Restaurants.(399) Das alles war neu.

Fersch war eine schillernde Figur, er warf mit dem Geld um sich, und nur deshalb fiel er auch so auf: In der Meistersingerhalle von Nürnberg ließ Fersch, für zweitausend Gäste, Vico Torriani auftreten, Rex Gildo trällerte, das Orchester Max Greger spielte, Anneliese Rothenberger sang, das Ballett des Wiener Opernhauses tanzte, der Beifall für Charles Aznavour kostete allein 35.000,- DM. Dem ehemaligen CSU-Landwirtschaftsminister Alois Hundhammer spendierte der Bauherr 8.000,- DM, nur weil dieser in einem dubiosen »Beirat« der »Doma« hockte, nach Hundhammers Pensionierung nahm dessen Nachfolger Hans Eisenmann einen Scheck in Höhe von 8.995,- DM als Spende für den Nationalpark im Bayerischen Wald in Empfang. Fersch wollte Honorarkonsul werden, einen Doktortitel kaufen und auch Mitinhaber des Bertelsmann-Verlages gewesen sein (Reinhard Mohn: »Ich kenne keinen Gesellschafter Fersch«). Er fuhr einen weißen 600er Mercedes, stieg um auf Rolls Royce, stellte sich zu guter Letzt einen Lamborghini in die Garage. Da tauchte plötzlich der beruferatende Staatsanwalt Hans Sachs (»Was bin ich«) auf und zwang Fersch zur Flucht, die auch Ferschs Staranwalt Rolf Bossi nicht verhindern konnte.(400)

Diesen Abenteurer nun traf Heidemann in Teheran, überredete ihn gekonnt zum Interview. Fersch hatte zwar nichts mit dem Geheimdienst Savak zu tun, dessentwegen die STERN-Reporter Braumann und Heidemann eigentlich eingeflogen waren, aber am Ende des STERN-Artikels über Fersch kam die Savak doch noch ins Spiel: »Der persische Sicherheitsdienst verriet: Solange Fersch mit seinem Bau nicht fertig ist, läßt ihn der Schah nicht weg.« Nicht Gerd Heidemann hatte sich dies ausgeheckt, auch Randolph Braumann nicht, sondern STERN-Mann Herbert Uniewski diesen witzigen Übergang hergestellt.(401) Heidemann schnappte diese woche

NACHRICHTENMAGAZIN IM STERN

Affäre

chöne Grüße von Herrn Leber

Neues Material über die ısammenarbeit des SPD-MdB Karl Wienand mit der Fluggesellschaft Paninternational

22 Tote: Paninternational-Notlandung bei Hamburg

Im Zimmer 1132 des Bonner Abgeordnetenhochhauses arbeitet sich diese Woche der Bundesbahnoberrat und CSU-Volksvertreter Dr. Dionys Jobst durch einen 3500seitigen Aktenberg. Der gleiche Papierberg stapelt sich im Zimmer 128 des Bundeshaus-Südflügels beim SPD-Mann und Eisenbahngewerkschaftler Ernst Haar. Was die beiden schienengebundenen Parlamentarier durchackern müssen, befaßt sich ausschließlich mit der Luftfahrt: Es sind die Unterla-

stern 219

Karl Wienand im STERN: »Ja, wie?«

in Teheran noch einen anderen Skandal auf:

In der iranischen Metropole gab ein gewisser Manssur Nowduschani eine deutsche Zeitung heraus. Er nannte sie DIE POST. Nowduschani lud Braumann und Heidemann zum Abendessen ein, erhob sie zu »führenden deutschen Journalisten«.[402] Sein Postillchen konnte erscheinen, weil die Deutsche Botschaft die deutschfreundliche Berichterstattung fürstlich bezahlte. Heidemann kam prompt die Idee, jene Publikationen, die auf deutsch im Ausland verlegt wurden, ebenfalls nach deutschfreundlichen Bekenntnissen abzuklopfen. Das hätte jedoch vorausgesetzt, um den Erdball zu jetten. Allein die Vorstellung schien zu qualvoll. Nun wollte Heidemann erst einmal eine Zeitlang wieder zu Hause bleiben. Der STERN-Mann hatte dort gut zu tun. Er hatte die Affäre Karl Wienand aufgedeckt und — abermals dank eines Zufalls — den Intimus Herbert Wehners zu Fall gebracht, dem STERN ein troll-dreistes Bonner Polit-Spektakel präsentiert, einen peinlichen Korruptionsfall in die Öffentlichkeit gezerrt.

»DA HÄTTE DER ABER EINEN GANZEN KINDERGARTEN ZEUGEN MÜSSEN« oder: Gerd Heidemann stürzt Karl Wienand

Der Polizeimeister Günter Robow hatte, mit seinem Kollegen Thorsten Bening, eine Pflichtübung zu absolvieren: Im Hamburger Wiesendamm nahmen sie gelangweilt an einer Filmvorführung teil. Ein Streifen zeigte die gestellte Notlandung eines Flugzeugs auf der Nürnberger Autobahn, ein anderer einen fiktiven Unfall auf dem Flughafen Fuhlsbüttel. Drei Stunden später, die beiden Polizisten waren inzwischen wieder auf Verkehrsstreife, kam eine Meldung über Funk: »Einsatz Hamburg Flughafen, Flugzeug abgestürzt.« Keiner von beiden glaubte daran, sondern wähnten eine Fortsetzung der Übung.[402a)] Das Datum: 6. September 1971, die Zeit: 18.23 Uhr.

»Ich war auf einer Dienstbesprechung, als ich um 18.22 Uhr die Meldung vom Flugzeugabsturz bekam«, gab der Oberbranddirektor Manfred Gebhard zu Protokoll. »Ich wußte nicht wo, und bin erst einmal mit meinem Wagen durch die Stadt gefahren«, hielt er fest. Dann erst habe er »über Funk unsere Einsatzzentrale angerufen, daß sie die Polizei bitten möchte, die Straßenzüge Schnelsen, Lurup und Eidelstedt zu sperren«. Als Gebhard am Katastrophenort eintraf, stieß er auf Passagiere, die überlebt hatten und nun »wahllos über die Felder liefen«.[402b))]

Der Leiter der Freiwilligen Feuerwehr in Hasloh, Heinrich Pohlmann, diskutierte mit einem Kunden. Frau Pohlmann hörte die Feuersirene und informierte ihren Gatten. Um 18.25 Uhr traf er mit drei Löschfahrzeugen und zirka fünfzig Kollegen am Unglücksort ein. Die meisten »Verletzten und Toten waren nämlich nackt«, der Copilot, den Pohlmann noch angeschnallt auffand, »murmelte nur, wenn ich ihn ansprach«.[403] Der damalige Hamburger Innensenator Heinz Ruhnau hatte die Tragödie ebenfalls hautnah miterlebt, der STERN-Redakteur Jürgen Petschull jedoch bislang wenig über den Chef der Hamburger Polizei gehört. Der Journalist sah sich den SPD-Politiker darum erst einmal gründlich an, bevor er Fragen zum Flugzeugdrama stellte: Ruhnau sei »mittelgroß, blond, randlose Brille mit Goldgestell, elegant-sportlich gekleidet; dunkelbrauner Blazer, gestreiftes Hemd, Button-down-Kragen, Strickkrawatte. Spricht leise, überlegt lange, nimmt Brille ab, kaut gelegentlich auf den Brillenbügeln«. Hatte etwa Ruhnau etwas mit dem Unheil zu tun?

Der heutige Lufthansa-Chef kehrte am Unglückstag von einem NATO-Manöver zurück, gegen 18.15 Uhr startete sein Hubschrauber in der Nähe des Nord-Ostsee-Kanals Richtung Hamburg. Zehn Minuten später machte Ruhnau »einen riesigen Rauchpilz am Horizont« aus: »Wir dachten erst, da wär' im Zusammenhang mit dem Manöver ein Jagdbomber runtergekommen.«(404)

Das Text-Archiv des STERN sandte Petschull unter »Eilt« eine Biographie Ruhnaus, das Munzinger Archiv hatte auf zwei Seiten die Daten des Politikers festgehalten. Nun war Heinz Ruhnau auch Herrn Petschull ein Begriff.

Der STERN schwärmte aus. Fast zehn Journalisten hatte die Illustrierte auf den Flugzeugabsturz angesetzt, schienen doch die Möglichkeiten zu Recherchen ausgesprochen günstig, war der Aufschlag quasi vor der Haustür erfolgt, in der Nähe der Gemeinde Hasloh, auf der Autobahn Hamburg-Flensburg. Von den einhunderteinundzwanzig Passagieren überlebten zweiundzwanzig nicht. Beim STERN für technische Ereignisse zuständig fühlte sich Ulrich Blumenschein, der Chef der STERN-»Wissenschaft«, aber auch Winfried Maaß, der Haupt-Mann der »Deutschland-Reportagen«.

Das Flugzeug gehörte der Paninternational, einer Münchner Abschreibungsfirma, in die eintausendundvierzig Geldgeber Millionen investiert hatten. Gelenkt wurde dieses faule Unternehmen von einem Chemiker namens Tassilo Trommer und einem Kaufmann namens Jürgen Botzenhardt. Mit Hilfe der Deutschen Bank, die Trommers Team als »ausgezeichnete Fachleute« mißverstand, sprudelten 58,5 Millionen Mark von Finanzamt-Überdrüssigen auf die Konten des größten bundesdeutschen Geldhauses. Dafür wurden elf Maschinen erworben, britische BAC 1-11 aus dritter und vierter Hand, Boeings 707 eines amerikanischen Flugzeugfriedhofs wieder zum Fliegen erweckt. Mit Dumpingpreisen fiel Trommers Linie über den bundesdeutschen Touristikmarkt her.(405)

Das waren die ersten Informationen des STERN. Einen Tag nach dem Unfall hatte auch der STERN-Reporter Klaus Liedtke bereits Erfolge verzeichnen können. Zwei Seiten Liedtke-Hausmitteilungen konnte Winfried Maaß entnehmen, daß möglicherweise der Geschäftsführer des Verbandes Deutscher Flugleiter helfen (»Er ist mir sehr gut bekannt und ein Freund des STERN«), sicherlich ebenfalls der Bundesverband Luftfahrtpersonal Informationen zuliefern würde (Diese Institution sei »dem STERN gewogen«), zumal er, Liedtke, dort einen ersten Hinweis erhalten habe: Mit der Paninternational seien »gewisse Erfahrungen in den innerbetrieblichen Arbeitsabläufen gemacht« worden, »der ganze Laden zu schnell gewachsen«.(406) Als die Schreckensnachricht von der heruntergefallenen Paninternational vom Typ BA 1-11 den STERN über den Ticker erreichte, saß Gerd Heidemann bereits in seinem Auto. Noch am Unfallabend interviewte er verletzte Passagiere im Krankenhaus und dachte, damit sei der Fall für ihn erledigt. Doch Blumenschein wollte die Absturzursache noch vor der offiziellen Expertise des Bundesluftfahrtamtes im STERN veröffentlicht haben. Herauszufinden hatte das Heidemann. So machte er sich wieder auf den Weg, er recherchierte vernünftigerweise am Startplatz des Unglücksvogels: auf dem Hamburgr Flughafen.

Den Triebwerken wurde wahrscheinlich, erfuhr Heidemann, anstatt Wasser zur Kühlung der Brennkammern Treibstoff zugeführt. Wie konnte es zu dieser Verwechslung kommen? Die Lösung lieferte Heidemann Karsten Henneicke, stellvertretender Oberlader der »Hamburger Flughafen GmbH«: aus Versehen seien jene Behälter, in denen eigentlich Wasser zur Kühlung hätte sein müssen, mit Flug-

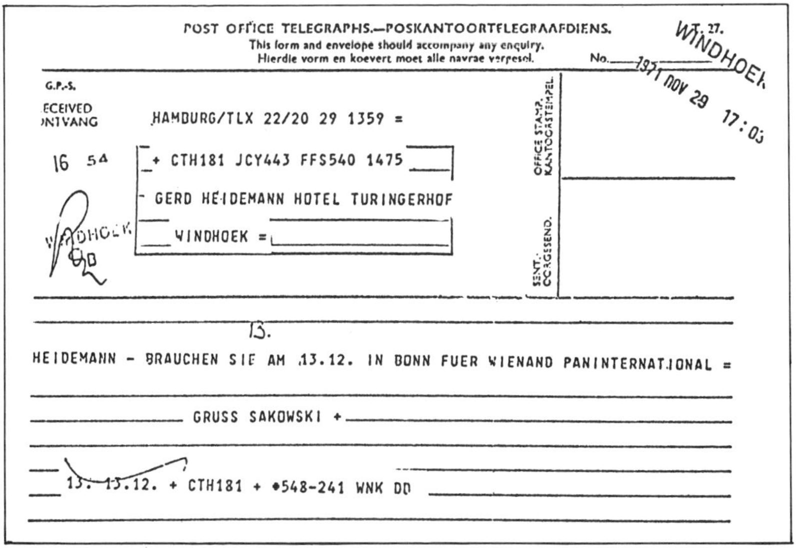

POST OFFICE TELEGRAPHS.—POSKANTOORTELEGRAAFDIENS.
This form and envelope should accompany any enquiry.
Hierdie vorm en koevert moet alle navrae vergesel.
W.T. 27.
No.
WINDHOEK 1971 NOV 29 17:05
G.P.-S.
RECEIVED ONTVANG
HAMBURG/TLX 22/20 29 1359 =
16 54
+ CTH181 JCY443 FFS540 1475
GERD HEIDEMANN HOTEL TURINGERHOF
WINDHOEK =
OFFICE STAMP. KANTOORSTEMPEL.
SENT. OORGESEND.
13.
HEIDEMANN - BRAUCHEN SIE AM 13.12. IN BONN FUER WIENAND PANINTERNATIONAL =
GRUSS SAKOWSKI +
13. 13.12. + CTH181 + •548-241 WNK DD

Hilferuf des STERN *(an Heidemann nach Namibia): »Herr Wienand, wie wollen wir das machen?«*

benzin gefüllt worden.(407) Auf genau diese Absturzursache stieß später auch das Bundesluftfahrtamt in Braunschweig. Der STERN konnte also noch vor der amtlichen Verlautbarung veröffentlichen. Inzwischen wühlte der STERN längst im Sumpf der Paninternational.

»Der Trouble begann in der Winter-Saison 1979/71«, enthüllte ein undatierter STERN-Recherchenbericht über Paninternational, »als das groß angekündigte Fernflugprogramm nicht mit eigenen Maschinen abgewickelt werden konnte, weil die zwei dafür in den USA eingekauften Secondhand-Boeings zwar da, aber nicht zugelassen waren. Für etwa 2,5 Millionen Mark mussten die Münchner Bedarfsflieger bei der Konkurrenz Maschinen mieten, um die Fernflugkundschaft nicht für alle Zeiten zu verprellen.« Die Bilanzen endeten 1970 deshalb mit vier Millionen Mark Verlust, »ein türkischer Reiseunternehmer, der in Düsseldorf Gastarbeiterflüge organisierte, ließ Paninternational mit einer halben Million sitzen«, die Flugzeuge seien nur wenige Stunden, und zwar nachts, auf dem Boden gewesen, dennoch ging die »hochfliegende Kalkulation nicht auf«. Die Zulassungen von Maschinen durch das Bundesluftfahrtamt würden in der Regel achtzehn Monate dauern, die Paninternational aber hätte die Genehmigung bereits nach acht, neun Monaten erhalten. Dann tauchte ein erstes Mal der Name Wienand auf, Intimus Herbert Wehners, Parlamentarischer Geschäftsführer der SPD, Bundestagsabgeordneter — ohne ihn »wären wahrscheinlich die Boeings bis heute noch nicht geflogen«.(408) Wie stieß der STERN auf diesen Karl Wienand?

In München erschienen »Exklusiv-Informationen aus Politik, Wirtschaft, Kultur« unter dem Titel »Aus erster Hand«, ein Pressedienst »nicht zur Veröffentlichung,

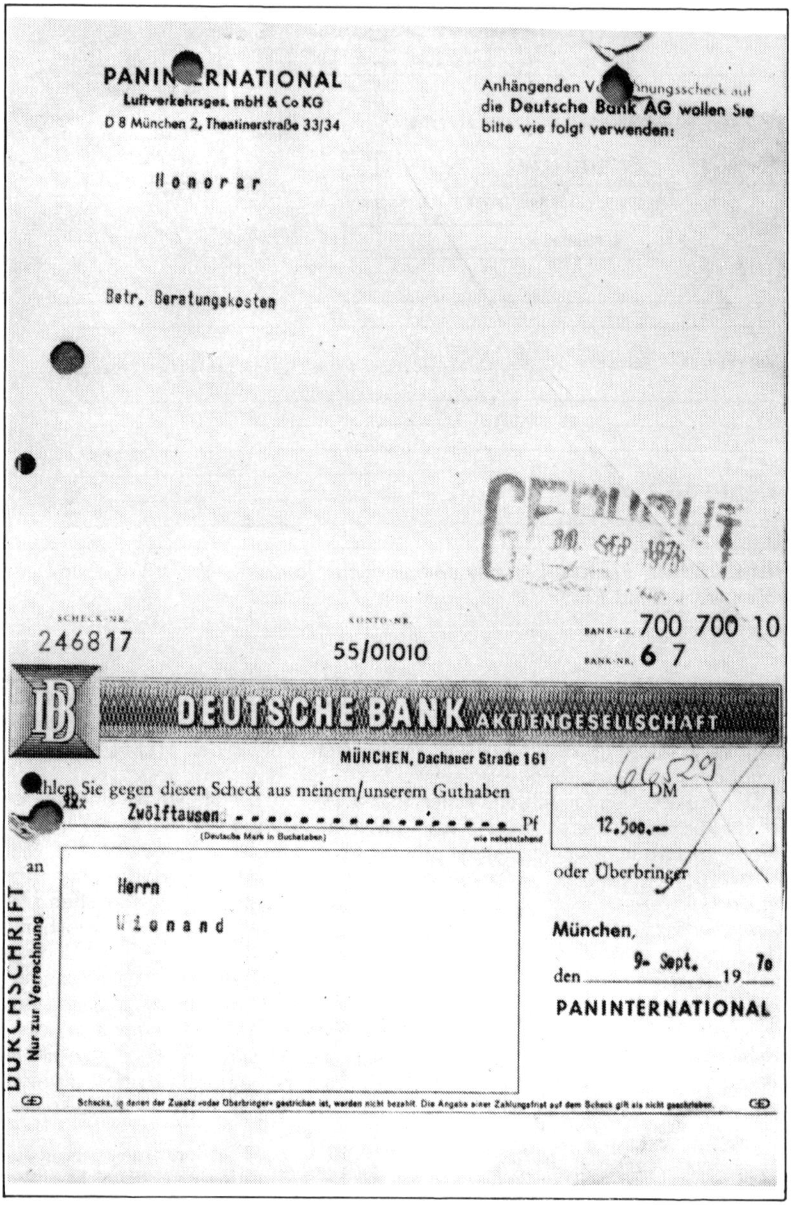

PANIN ERNATIONAL
Luftverkehrsges. mbH & Co KG
D 8 München 2, Theatinerstraße 33/34

Anhängenden V hnungsscheck auf die Deutsche Bank AG wollen Sie bitte wie folgt verwenden:

Honorar

Betr. Beratungskosten

GE 30. SEP 1970

SCHECK-NR. 246817
KONTO-NR. 55/01010
BANK-LZ. 700 700 10
BANK-NR. 6 7

DEUTSCHE BANK AKTIENGESELLSCHAFT
MÜNCHEN, Dachauer Straße 161

66529

hlen Sie gegen diesen Scheck aus meinem/unserem Guthaben
Zwölftausend ---------------- Pf
(Deutsche Mark in Buchstaben) wie nebenstehend

DM 12.500.--

an
Herrn
Wienand

oder Überbringer

München, den 9. Sept. 1970
PANINTERNATIONAL

DURCHSCHRIFT
Nur zur Verrechnung

Schecks, in denen der Zusatz »oder Überbringer« gestrichen ist, werden nicht bezahlt. Die Angabe einer Zahlungsfrist auf dem Scheck gilt als nicht geschrieben.

Heidemann-Beute *(Scheck): »Den habe ich nie gesehen«*

nur zur persönlichen Information«. Ohne den Segen der bayerischen CSU wäre dieser Gerüchte-Publikation möglicherweise alsbald das sichere Ableben beschieden gewesen. Fast drei Wochen nach dem Paninternational-Absturz meldete die seit einundzwanzig Jahren existierende Agentur, Karl Wienand habe sich von der zweifelhaften Firma bezahlen lassen. Der SPD-Funktionär dementierte lauthals.(409)

Erst mit einwöchiger Verspätung will Wehners Vertrauter »in den Besitz Ihrer Information ... in der auch mein Name eine Rolle spielt«, gelangt sein, telegraphierte Wienand dem Pressedienst: Mit der Paninternational habe er absolut nichts zu tun, besitze vor allem keinen Beratervertrag.(410) Auch der Bonner STERN-Korrespondent Horst Knape stellte Peter Koch (»zur Kenntnis von Henri Nannen«) ein Wienand-Statement per Fernschreiber zur Verfügung: Mit der Paninternational habe er »nichts zu tun und auch nichts zu tun gehabt«, der Paninternational-Geschäftsführer Tassilo Trommer sei lediglich ein Studienfreund von Wienand, nur durch das Hamburger Unglück »auf die Firma aufmerksam geworden«.(411) Im STERN gab es einige Journalisten, die Wienand das glauben wollten, hatte sich der Politiker doch einstmals als große Hilfe für den STERN erwiesen — als Henri Nannen den Bundesverteidigungsminister Kai Uwe von Hassel in die Wüste schicken wollte. Damals galt der Name Wienand noch etwas, zumindest beim STERN:

Sowohl im Parlament als auch bei SPD-Gegnern werde Wienand akzeptiert, lobte 1965 der STERN noch überschwenglich, sei er vor allem — ausgerechnet — als ein Mann bekannt, »der sich überlegt, was er sagt«, zog er ehedem — was für eine Leistung — mit sechsundzwanzig Jahren als jüngster Abgeordneter in den Bundestag ein, »er wurde dreimal verwundet und verlor im Nahkampf sein rechtes Bein«. Ein solcher Mann, suggerierte der STERN, müsse einfach seriös sein. Damals saß er als stellvertretender Vorsitzender des Verteidigungsausschusses in Bonn, dieser Bundestagsabgeordnete der SPD, hatte nun — exklusiv für den STERN — »über die ganz große Verschwendung« zu berichten, denn »wer in Deutschland reich werden will, der sollte versuchen, mit dem Bundesverteidigungsminister ins Geschäft zu kommen«, der könnte Geld ausgeben, »ohne immer Rechenschaft ablegen zu müssen«. Wienand im STERN: »Ich sage das im vollen Bewußtsein der Anklage, die ich damit erhebe: Im Amtsbereich des Verteidigungsministers ... werden Milliarden sinnlos ausgegeben.«(412) Dieser Angriff, im Zusammenhang mit der Starfighter-Affäre zielvoll vom STERN über Wienand lanciert, traf die regierende CDU/CSU hart. Wienand stand fortan bei den Christdemokraten auf der Abschußliste. Sechs Jahre nach Wienands Verteidigungsschelte im STERN konnten sich — dank Paninternational — christliche Strategen endlich revanchieren, die Drecksarbeit aber überließ die CDU der CSU. Daß die es ausgerechnet mit dem ihr nicht wohlgesonnenen STERN bewerkstelligen würde, auf diese Idee konnten die Wienand-Widersacher nicht kommen, denn ausschließlich Gerd Heidemann hatte den beschämenden Sturz Wienands herbeigeführt, sich längst in dieses für die SPD unerfreuliche Thema hineingekniet, der CSU-hörige Pressedienst »Aus erster Hand« ihm den alles so entscheidenden Wink gegeben.

Gerd Heidemann griff auf bewährte Methoden zurück: Er fragte sich telephonisch durch. Das tat er so lange und so hartnäckig, bis ihm neue Namen genannt wurden, bis er weitere Fakten gesammelt hatte. Die Situation war überdies für Heidemann nicht ungünstig: Nach dem Absturz der Paninternational-Maschine drohte jetzt auch der Niedergang des Unternehmens Paninternational, über sechshundert Mitarbeiter wollten wegen dieses für sie unerfreulichen Ereignisses anfangs nicht auspacken, ließen sich jedoch im Laufe der Zeit von Heidemann beschwatzen, endlich nun Paninternational-Interna herauszurücken. Wenn Gerd Heidemann an die toten Passagiere erinnerte, Wienands monatliche Paninternational-Honorare mit dem Einkommen seiner Gesprächspartner verglich, dann spätestens sprudelten sie plötzlich los.

Ob Flugkapitän, Sekretärin, Rechtsanwalt, Assistent der Paninternational-Geschäftsführung, Chauffeur, Stewardeß, Ehefrau oder Freund — der Name Karl Wienand wurde immer häufiger genannt. Heidemann war sich sicher, daß der SPD-Politiker tief im Paninternational-Skandal steckte, deshalb konnte er Wienand schließlich minuziös zu Fall bringen. Dabei mitgeholfen hatten Wienand selbst und sein Pressesprecher (der Bonner SPD-Fraktion) Wolfgang Jansen. Der eine leitete die Redaktion des SPD-Pressedienstes INFORMATIONEN (Jansen), der andere fungierte als deren Herausgeber (Wienand). Den ersten Stoß versetzte Heidemann Wienand in dessen Haus in Schladern. Dorthin war der Reporter mit Horst Knape gereist, der bislang Wienands Unschuldsbeteuerungen geglaubt hatte, »als Sie mir versicherten, Sie hätten nichts mit der Paninternational zu tun«.[413]

Der Wehner-Adlatus machte während der vierstündigen Rechtfertigung am 9. Oktober 1971 einen »verzweifelten Eindruck«, hielt Heidemann fest, er habe sogar »zweimal geweint«: »Er ist sich vollkommen im klaren, was in der nächsten Zeit auf ihn zukommen wird.« Mehrmals fragte Wienand Heidemann sogar »um Rat, was er denn bloß tun könne, um die Sache in den Griff zu kriegen«. Heidemann hatte eine ganz einfache Antwort: »Sagen Sie die Wahrheit, Herr Wienand!«[414] Doch die mochte Wienand nicht geben, noch hoffte er, daß ihm niemand beweisen könne, Geld von der Paninternational genommen zu haben. Das vielgerühmte Bankgeheimnis wog ihn in absoluter Sicherheit. Da aber kannte Wienand Gerd Heidemann schlecht. Selbst dieses Mysterium sollte der STERN-Reporter später lüften.

Heidemann machte Karl Wienand mit folgender Situation bekannt: »In München recherchierte die NEUE REVUE, die BILD, QUICK und — die CSU.« Der ebenfalls anwesende Jansen wußte zwar mit der Drohung »CSU« etwas anzufangen, dachte aber noch an keinen Abstieg seines Chefs. Knape wollte mit offenen Karten spielen: »Es scheint sich ja zu bestätigen, daß Sie mit der Firma eng zusammengearbeitet haben.« Wienand mit leiser Stimme: »Ich weiß ja nicht, was Sie haben.« Da konnte Heidemann helfen: »Der Trommer ist kein Schulfreund von Ihnen. Trommer ist jetzt 34, und Sie sind 44.«

Wienand: »Ja, er ist zehn Jahre jünger. Schulfreund ist er nicht.«

Heidemann: »Herr Wienand, wie wollen wir das machen? — Ich sage Ihnen, was mir bekanntgeworden ist. Es gibt einen Vertrag (zwischen Paninternational und Wienand), den Sie nicht unterschrieben haben, der aber trotzdem gültig ist.«

Der Reporter reichte Wienand das Dokument hinüber.

Wienand: »Den habe ich nie gesehen.«

Heidemann: »Aber es sind Schecks abgegangen. Dafür gibt es Zeugen. Außerdem gibt es Kontoauszüge der Deutschen Bank.«

Wienand: »Was waren das für Schecks, wie hoch?«

Knape: »Die sollen jeweils über 12.000 Mark gewesen sein.«

Wienand: »Ja, wie?«

Knape: »Haben Sie Geld bekommen?«

Wienand schwieg, dann, zu Heidemann gewandt: »Sie sagten, es gäbe noch mehr Material?«

Heidemann kurz und bündig: »Es gibt Korrespondenz. Kontoauszüge. Schecks. Und dann gibt es natürlich Aussagen.«

Wienand: »Mir ist von keiner Korrespondenz etwas bekannt.«(415)

Karl Wienand schwammen die Felle weg. Je mehr Fakten Heidemann auf den Tisch legte, desto schwammiger die Antworten, je kritischer die Situation, desto jämmerlicher Wienands Befinden. Da warf Heidemann dem SPD-Mann vor, der Paninternational Landerechte in Südamerika beschafft, da soll Wienand dem Bruchunternehmen arbeitslose Piloten der Bundeswehr vermittelt, beim Bundesluftfahrtamt die kurzfristige Zulassung der Rentner-Maschinen erwirkt, mit dem Bundesverkehrsminister Georg Leber gekungelt, der Paninternational-Boß Tassilo Trommer ihn — nach dem Unglück — noch am selben Tag im Bundeskanzleramt angerufen und erreicht haben, wo die Bundesregierung unter Vorsitz von Bundeskanzler Brandt tagte.(416) Wienand aber stritt hemmungslos ab. Aber auch Knape glaubte nun, daß Wienand Dreck am Stecken habe, nur Heidemann war, auf der Rückfahrt nach Bonn, irritiert: »Der hat doch geweint. Wer weint, muß ein ruhiges Gewissen haben.« Knape, der in der Bundeshauptstadt bereits einige Politiker ähnlichen Kalibers erlebt hatte, klärte seinen plötzlich skeptisch gewordenen Kollegen auf: Gerade wenn geflennt werde, handele es sich meist um ein Schuldanerkenntnis: Wer jahrelang eng mit Herbert Wehner zusammengearbeitet habe, der sei hartgesotten, reuelos — nur die persönliche ausweglose Situation habe Wienand die Weinkrämpfe beschert, sonst würde der keine Träne vergießen. Dieses Psychodrama war nicht von der Hand zu weisen.(417) In diesem Augenblick erinnerte sich Gerd Heidemann wieder an die Tiefgarage des Münchner Arabella-Hauses, zwischen parkenden Limousinen waren ihm nachts erste Paninternational-Papiere überreicht worden, die Wienand als Geldempfänger der Paninternational auswiesen. Es war wie bei Watergate. Genauso war die WASHINGTON POST an ihr Nixon-Material herangekommen. Die belastenden Papiere ausgehändigt hatte ihm ein ehemaliger Paninternational-Mitarbeiter, dreitausend Mark der brisante Erwerb den STERN lediglich gekostet.(418) Aber auch der Verkaufsleiter der Paninternational, Dietmar Schabmayer, hatte Heidemann verraten, wieviel die Dienste Wienands dem Unternehmen wert gewesen waren: »120.000 Mark!«(419) Und dann legte Tassilo Trommer die Geschäftsführung nieder, ließ seinen Kompagnon Jürgen Botzenhardt sitzen, der darüber so verzweifelt war, daß er sich ins Krankenhaus begeben mußte. Heidemann kam eine Idee.

Der Reporter saß am Krankenbett, Botzenhardt war tatsächlich am Ende. Heidemann ließ den Bettlägerigen geduldig über seinen entlaufenen Expartner schimpfen, schüttelte ebenfalls immer dann den Kopf, wenn Botzenhardt resignierend feststellte, daß nicht bei Trommer gepfändet werde, sondern ausschließlich bei ihm. Heidemann empfand das selbstverständlich als himmelschreiende Ungerechtigkeit, auch das ausgerechnet der Wienand ungeschoren davonkommen sollte, sei ein ungeheuerliches Ding. Botzenhardt stimmte zu, meinte aber, daß die Großen niemals zur Rechenschaft gezogen werden würden. Heidemann war da ganz anderer Meinung: Vielleicht könne diesem Mißstand ausnahmsweise abgeholfen werden, nur, Botzenhardt müsse dem STERN dabei helfen. Er glaube nicht, daß er das könne, antwortete der Patient. Heidemann sagte ihm, was er zu tun hätte:

Nach Trommers überstürztem Weggang sei nun er, Botzenhardt, alleiniger

DEUTSCHE BANK

AKTIENGESELLSCHAFT

FILIALE MÜNCHEN

POSTANSCHRIFT:
8000 München 2, Postfach 200606
GESCHÄFTSRÄUME:
München 2, Promenadeplatz 15
POSTSCHECKKONTO: München 150
LANDESZENTRALBANK-GIROKONTO
(BANKLEITZAHL): 700 700 10
TELEX: 523327 allgemein
523806 Ausland/Devisen
523161 Effekten
529791 Rentenhandel
522923 Börse
(nur während der Börsenzeit)
TELEGRAMME: deutschbank

Herrn
Jürgen B o t z e n h a r d t

8 M ü n c h e n 71
Franz-Reber-Weg 2

Ihre Zeichen und Nachricht vom — Unsere Zeichen: Zw.Büro Pl/ba — Fernsprecher (0811) 23901 — Durchwahl (0811) 2390/321 — Datum: 11. April 1972

Sehr geehrter Herr Botzenhardt,

wir bestätigen hiermit das mit Ihnen heute geführte Telefongespräch:

Sie haben uns ermächtigt, an Herrn Karl Wienand die Kopien von nachstehend aufgeführten Schecks, sämtlich ausgestellt von Paninternational, auszuhändigen:

Scheck-Nr.	246 375	über	DM	25.ooo.--,	ausgest.am	11. 8.7o
Scheck-Nr.	246 817	"	"	12.5oo.--,	" "	9. 9.7o
Scheck-Nr.	247 o83	"	"	12.5oo.--,	" "	14.1o.7o
Scheck-Nr.	247 362	"	"	12.5oo.--,	" "	11.11.7o
Scheck-Nr.	5345 3917	"	"	25.ooo.--,	" "	22. 2.71
Scheck-Nr.	4333 374	"	"	37.5oo.--,	" "	2o. 5.71
Scheck-Nr.	3848 784	"	"	37.5oo.--,	" "	9. 9.71

Wunschgemäß übersenden wir Ihnen hiermit ebenfalls Kopien dieser Schecks.

Wie vereinbart, bitten wir Sie, den Inhalt dieses Schreibens auf beiliegender Kopie zu bestätigen.

Mit vorzüglicher Hochachtung
D E U T S C H E B A N K AG
Filiale München

Anlagen

Einverstanden:

AUFSICHTSRATSVORSITZENDER: Hermann J. Abs · VORSTAND: F. Wilhelm Christians · Hans Feith · Wilfried Guth · Manfred O. von Hauenschild · Alfred Herrhausen
Andreas Kleffel · Hans Leibkutsch · Heinz Osterwind · Franz Heinrich Ulrich · Wilhelm Vallenthin · stellvertretend: Horst Burgard · Robert Ehret · Klaus Mertin · Hans-Otto Thierbach
SITZ DER GESELLSCHAFT: Frankfurt (Main) · eingetragen beim Amtsgericht Frankfurt (Main) · HRB Nr. 6700

Heidemann-Beute *(Wienand-Zahlungen): »Ich will auch Geld«*

Chef von Paninternational, zwar mit Millionen Verbindlichkeiten im Rücken, die werde er sicherlich im Laufe der Zeit abtragen können. Zuvor aber müsse er sich zu einer großen Tat durchringen: ihm, Gerd Heidemann, Vollmacht zu erteilen, bei der Zentrale der Deutschen Bank in München die von Wienand eingereichten Schecks abholen zu dürfen. Botzenhardt unterschrieb. Augenblicklich raste Heidemann zum Promenadenplatz. Das Bankgeheimnis war durch diese Formalie umgangen und — legalisiert, sieben Schecks in Höhe von insgesamt 162.500,- DM, ausgestellt auf Karl Wienand, von Karl Wienand bei seiner Bank, der Kreissparkasse in Rosbach, eingelöst. Bei dieser Gelegenheit gerieten Heidemann noch Paninternational-Kontoauszüge in die Finger, sie zeigten achtstellige Beträge im Soll. Das ist ja ein feines Unternehmen, dachte Gerd Heidemann.

Das war dem Reporter bis dahin noch nicht passiert, noch niemals war er auf jemanden gestoßen, der so einfallslos drauflosgelogen hatte, kam ihm doch immer wieder ein Wienand-Spruch in den Sinn: »Ich schwöre, ich habe nie irgendeine Beratertätigkeit ausgeübt.« Nun überlegte sich Gerd Heidemann, was dieser Wienand für ein Mensch sei. Der Paninternational-Angestellte Dieter Schabmayer setzte den STERN ins richtige Bild:

Den Wienand habe er einmal auf dem Münchner Flughafen gesehen, »da stand er am Schalter mit so alten zerknüllten Hosen, Jesus-Sandalen, offenem Hemd und einer kleinen Aktentasche«. Mehrmals habe der SPD-Mann im Restaurant gegessen. Schabmayer: »Der ißt Portionen. Unmengen, schnell und unkultiviert. Damals haben wir Witze über ihn gemacht.«(420) Nach München geflogen war Karl Wienand regelmäßig mit einer Bundeswehr-Maschine. Wenn Wienand sich vor Ort das Paninternational-Honorar ehrlich verdienen wollte, zahlte stets der Steuerzahler. Erfahren hatte Heidemann diese Art von zusätzlicher Korruption von einem Assistenten der Paninternational-Chefetage, dessen Vater als Ministerialrat im bayerischen Wirtschaftsministerium saß.(421) Karl Wienand konnte nun nicht mehr leugnen, daß er Geld von der Paninternational erhalten hatte. Es sei aber trotzdem alles ganz anders gewesen:

Dem Paninternational-Gebieter Tassilo Trommer habe er, Wienand, einmal ausgeholfen, ihm ein »Privatdarlehen« gegeben. Wofür? Da sei eine Sache gewesen, von der die Frau Trommers nichts hätte mitbekommen dürfen. Schließlich sei der Betrag korrekt zurückgezahlt worden, möglicherweise über das Geschäftskonto der Paninternational.(422) Heidemann dachte in diesem Augenblick an Wienands Pressesprecher Jansen. Hatte der ihn etwa auf die falsche Fährte locken wollen?

Jansen zu Heidemann: »Etwa 1969 ist Trommer zu Wienand gekommen und hat ihm erzählt, er, Trommer, befände sich in einer scheußlichen Zwangslage. Er brauche Geld...«

Heidemann: »Er wird doch dem Trommer nicht 100.000 Mark geliehen haben? Für eine private Sache? Was kann man als Mann damit schon anstellen? Doch höchstens eine Schwangerschaftsunterbrechung.«

Jansen: »Mein Eindruck ist, der Trommer hat irgendeinem Mädchen ein Kind gemacht, und die hat es abgetrieben.«

Heidemann: »Das kostet doch im Höchstfall 2.000 Mark. Und das hätte Trommer aus der Westentasche bezahlen können.«

Jansen: »Ja.«

Heidemann: »Da hätte er schon einen ganzen Kindergarten zeugen müssen.«

Jansen: »Wenn sie das Kind nach 218 weggemacht haben. Oder aber sie sagte: 'Ich will das Kind haben, aber ich will von Dir auch das Geld.' Und er hat Angst vor seiner Frau.«

Dann spielte wieder der vermeintliche Kredit Wienands an den Paninternational-Chef eine Rolle.

Heidemann: »12.000 Mark im Monat — und das über ein Jahr? So ein hohes Darlehen kann er gar nicht gegeben haben. Wenn man das schreibt, kriegt er tausend Bettelbriefe von Leuten, die sagen: 'Herr Wienand, können Sie mir auch helfen?'«

Jansen: »Ja, Herr Heidemann. Er sagte nur zu mir: 'Das ist so eine Leihgeschichte, ich habe dem Geld gegeben. Der kam zu mir und bat um meine Hilfe, und der tat mir so leid. Ich hatte großen Respekt vor ihm, mit seinem Diplom-Examen und so. Er ist Chemiker und auch noch Sportler. Da stampft der so ein Unternehmen aus dem Boden und das alles sollte nur wegen so einer Frauengeschichte...'«(423)

Heidemann konnte sich lautes Lachen nicht mehr verkneifen, er wußte sowieso besser Bescheid. Wer ihn informiert hatte, wollte Paninternational inzwischen herausgefunden haben.

Die Pressechefin dieser zwielichtigen Firma, Brigitte Koneffke, hatte der Münchner STERN-Redaktion mitgeteilt, daß fieberhaft nach dem »Spion« gesucht werde. Sie zählte einige Verdächtige auf, aber es war kein einziger Zuträger Heidemanns darunter.(424) Der STERN setzte nun zum Todesstoß an. Nach einer Krisensitzung bei Henri Nannen wurde grünes Licht gegeben. Die Beweise lagen schließlich seit langem auf dem Tisch, Heidemann hatte sie bereits vor Tagen abgegeben: Schecks und Kontoblätter. Dank der Überschrift »Er lügt und lügt und lügt ...« war Wienands Ende vorprogrammiert. Die CDU/CSU konnte triumphieren. Wienand aber gab sich nicht geschlagen.(425) Jetzt produzierte er Meineide wie am Fließband, es fiel ihm auch nichts anderes mehr ein, als gegen die STERN-Redakteure Gerd Heidemann und Ulrich Blumenschein Strafanzeige zu erstatten. Die Verfahren aber wurden von der Bonner Staatsanwaltschaft eingestellt.(426)

Vergeblich hatte die Bonner SPD versucht, den Zögling Herbert Wehners fallenzulassen, doch der große »Onkel« setzte, wenngleich mit knapper Mehrheit, durch, daß sein Mitwisser und ihm treuergebener Paladin einen sicheren Listenplatz für die anstehenden Bundestagswahlen erhielt.(427) Den Grund machte die QUICK aus: »SPD-Zuchtmeister Herbert Wehner weiß, daß ein falsches Wort von Wienand genügt, um die Regierung zu stürzen.«(428) Doch nach dem Rücktritt von Bundeskanzler Willy Brandt, der DDR-Pfiffikus und Brandt-Handlanger Günter Guillaume war festgenommen worden, sah es, wie der SPIEGEL prognostizierte, ausgesprochen »schlecht um Wienand aus«.(429) Eigentlich war der Fall Wienand abgehakt, daß Herbert Wehner ihn nach wie vor stützte, regte jetzt niemanden mehr besonders auf. Außer Heidemann. Der wollte noch den Rest erfahren: Was eigentlich das Finanzamt zu den Nebeneinnahmen Wienands gesagt habe, wieviel werde er wohl nachzahlen müssen. Dem STERN-Reporter gelang ein einmaliges Husarenstück — er horchte doch tatsächlich die Steuerfahndung in St. Augustin bei Bonn aus. Drei Jahre nach dem Absturz der Paninternational BAC 1-11. Im Herbst 1974.

Karl Wienand habe nicht nur über einen Beratervertrag verfügt, sondern über zwei, informierte ein Wienand-eingeweihter Beamter den STERN-Journalisten. Einmal habe er Geld von Paninternational genommen, dann welches von der Firma »Impex«. Heidemann kannte das Handelshaus nicht, die Steuerfahndung gab einen Tip: »Die machen Ost-West mit Stahl und Blech.« Und was kassierte Wienand bei der »Impex«? Rund achtzigtausend, notierte Heidemann. Wieviel hätten die Steuereintreiber denn bei Wienand gesichtet? 600.000 Mark, verteilt auf mehrere Konten, auf einigen Karl Wienands und auf einem seiner Frau. Für den Informanten Heidemanns sei Wienand geliefert gewesen, denn der SPD-Politiker hätte nicht nur einen Strafbefehl von nicht unter 100.000 Mark zu erwarten, sondern müsse obendrein noch mindestens 300.000 Mark Steuern nachzahlen. Heidemann: Die SPD-Regierung um Helmut Schmidt bekäme bei dem Gedanken an Wienand »großes Muffensausen«, was — wie schließlich der Steuerfahnder beipflichtete — »kein großer Fehler ist«.(430) Zehn Tage zuvor saß Gerd Heidemann wegen Wienand bei dem wahlkämpfenden nordrhein-westfälischen Ministerpräsidenten Heinz Kühn. Vorsichtig distanzierte der SPD-Politiker sich von dem Ziehkind Herbert Wehners, nachdem der STERN sich bei ihm scheinheilig erkundigt hatte, wie lange eigentlich die Sozialdemokraten Wienand noch »durchzuschleppen« gedächten.(431) Zu Kühn mitgenommen hatte Heidemann Peter Koch. Warum? Er mußte wohl »eine Art Wiedergutmachung betreiben«, mutmaßte Heidemann ironisch.

Ulrich Blumenschein und Gerd Heidemann hatten, im Herbst 1971, einen weiteren Wienand-Artikel verfaßt, den der STERN nur allzu gern abdruckte. Überschrift: »Wofür bekam Wienand Geld?« In diesem Beitrag hatte Koch, gegen den erklärten Willen der Autoren, ein Leber-Zitat hineingemogelt, den sozialdemokratischen Verkehrsminister Georg Leber sagen lassen: »Den Strauß lasse ich dabei hochgehen, der hängt ganz schön mit drin« — im Paninternational-Abenteuer.(432) Ein Jahr später geschah abermals etwas Auffälliges, Wienand erhielt seine endgültige Paninternational-Quittung:

Er hatte 102.000,- DM für einen Strafbefehl akzeptiert und 364.000,- DM Steuernachzahlung zu berappen, insgesamt dem Staat 466.000,- DM zuzuführen. In dem Gesamtbetrag waren rund 50.000,- DM Sühne enthalten, die Wienand wegen der falschen Strafanzeige gegen Heidemann und Blumenschein zusätzlich noch lockermachen mußte.(433) Die BILD meldete daraufhin, daß es keinen Armen treffen würde, denn Karl Wienand verfüge — dieser war inzwischen aus Bonn entschwunden — immer noch über ein monatliches Einkommen von neuntausend Mark und habe es schließlich im Laufe seiner fleißigen Jahre als aufmerksamer Politiker sichtbar auf jeden Fall zu einer Villa am Gardasee im Wert von 1,2 Millionen gebracht.(434)

Inwieweit Herbert Wehner seinem Karl dabei nun wieder hilfreich unter die Arme gegriffen hat, ist niemals bekanntgeworden, nur daß Karl Wienand den schwindelerregenden Betrag bequem und prompt überweisen konnte. Das aber interessierte Gerd Heidemann schon längst nicht mehr.

Gruner + Jahr GmbH & Co
Druck- und Verlagshaus

Reiseabrechnung
für Gehaltsempfänger
zur beigefügten Zahlungsanweisung

Bei Abgabe des Vordruckes „Kopie für Mitarbeiter" erhalten Sie diesen mit der Zahlung zurück — 1972 — 03241

I. Name: Gerd Heidemann — Abfahrt: 15.3.72 — Uhrzeit: 6.30
Abt.: STERN / Politik — Rückkehr: 15.3.72 — Uhrzeit: 21.00

Reiseziel: Gespräch mit Frau Etta Schiller in Bonn
Reisezweck: Reportage Prof.Machens/Shhiller
Veröffentlichung in Heft Nr. bzw. Reisebericht Nr. 14

II. Fahrtkosten — Beleg — DM — Mehrwertsteuer* DM
Kfz.-Kosten
Eigener Wagen: Type: — Pol. Kennzeichen: — km à Pf
Dienstwagen: Type: — Pol. Kennzeichen:
Kraftstoff — Ltr. DM
Reparaturen, Öl und Pflege: DM

nigt
t./Gesch.Ltg.

Gruner + Jahr GmbH & Co
Druck- und Verlagshaus

Reiseabrechnung
für Gehaltsempfänger
zur beigefügten Zahlungsanweisung

18.MRZ.1972 — 03237

Bei Abgabe des Vordruckes „Kopie für Mitarbeiter" erhalten Sie diesen mit der Zahlung zurück

I. Name: Gerd Heidemann — Abfahrt: 16.3.72 — Uhrzeit: 8.00
Abt.: STERN / Politik — Rückkehr: 16.3.72 — Uhrzeit: 23.50

Reiseziel: Hannover
Reisezweck: Reportage über den Fall Prof.Machens/Schiller
Veröffentlichung in Heft Nr. bzw. Reisebericht Nr. 14

II. Fahrtkosten — Beleg — DM — Mehrwertsteuer* DM
Kfz.-Kosten
Eigener Wagen: Type: — Pol. Kennzeichen: — km à Pf
Dienstwagen: Type: Mercedes 200 — Pol. Kennzeichen: HH-VS 174
Kraftstoff — Ltr. DM

Genehmigt
Chefred./Gesch.Ltg.

Gruner + Jahr GmbH & Co
Druck- und Verlagshaus

Reiseabrechnung
für Gehaltsempfänger
zur beigefügten Zahlungsanweisung

18.MRZ.1972 — 03242

Bei Abgabe des Vordruckes „Kopie für Mitarbeiter" erhalten Sie diesen mit der Zahlung zurück

I. Name: Gerd Heidemann — Abfahrt: 18.3.72 — Uhrzeit: 5.30
Abt.: STERN-Redaktion /Politik — Rückkehr: 18.3.72 — Uhrzeit: 22.00

Reiseziel: Frankfurt/M
Reisezweck: Recherchen zum Fall Machens/Schiller
Veröffentlichung in Heft Nr. bzw. Reisebericht Nr. 14

II. Fahrtkosten — Beleg — DM — Mehrwertsteuer* DM
Kfz.-Kosten
Eigener Wagen: Type: — Pol. Kennzeichen: — km à Pf
Dienstwagen: Type: Mercedes — Pol. Kennzeichen: HH VS 174
Kraftstoff 20 Ltr. DM 13.80 — 1 — 13.80
Reparaturen, Öl und Pflege: DM

Ltg.

Reiseabrechnungen Heidemanns (Schiller-Recherche): *»Er ahnt nicht, daß wir uns kennen«*

»DA ES IM STERN GESTANDEN HAT, LASS DICH SCHNELL SCHEIDEN, DANN BRAUCHT DER STERN NICHT ZU DEMENTIEREN« oder: Gerd Heidemann unterhält sich mit Etta Schiller

Professor Karl August Schiller stand, während der Großen Koalition, als Minister dem Wirtschaftsressort vor, somit war er ein geachteter Mann und — noch zu haben. Auf dem Bundespresseball 1969 lernte der SPD-Politiker Etta Eckel kennen. Am 21. Mai 1971, abends gegen 21 Uhr, schlichen Karl und Etta dann endlich über die Hintertreppe des Alten Rathauses in Hannover zur Eheschließung. Der Fall schien ausgesprochen dringlich, denn der Staatsbeamte wurde eilig von der Polizei herangekarrt. Der sonst so knauserige Schiller überreichte seiner Braut einen diamantenbesetzten Platinreifen — 35.000,- DM soll die kleine Aufmerksamkeit gekostet haben. In diesem Monat trat Finanzminister Alex Möller zurück, Schiller setzte sich auf dessen Stuhl. Fortan galt er als der »Superminister«. Schon war das junge Glück gefährdet.(435) Karl August bewältigte das doppelte Arbeitspensum, Frau Etta kam zu kurz, dafür machte ihre Verwandtschaft von sich reden.

Auf einer Kabinettssitzung wurde erneut über die leidige Steuerreform diskutiert. Dann passierte, versteckt in der Rubrik »Verschiedenes«, eine unauffällige Vorlage die Regierung: Ohne Aussprache, der Tag war ohnehin anstrengend genug, akzeptierten Schillers Kollegen einen Schiller-Vorschlag, der Bundesanstalt für Bodenforschung in Hannover einen neuen Präsidenten zu bescheren. Der sollte Eberhard Machens heißen. Alsbald kam der SPIEGEL hinter Schillers »Machens-Schaften«, denn der Neue hatte sich Hilde zur Frau genommen, die dummerweise mit Etta verschwistert war.(436) Der daraufhin einsetzende Pressedonner hinterließ auf die Frischvermählten Wirkung. Prompt meldete nun der STERN, Karl August wolle sich von seiner Etta trennen oder Etta sich von Karl August. Verabschiedet hatte sich Schiller inzwischen auch von seinen Ministerposten, nichts mehr zu tun, wohl als Hauptbeschäftigung nur noch die Scheidung von Etta im Kopf.

Zeitungen und Yellow-Press verarbeiteten den familiären Schiller-Tratsch bis zur Unkenntlichkeit, sie walzten das Thema platt und dichteten hinzu. Die Stunde Gerd Heidemanns schlug, er mußte wieder einmal die Hintergründe ausleuchten. Etta Schiller war ihm keine Unbekannte, hatte er sie doch bereits mehrmals nach Bonner Gemunkel ausgefragt und dabei festgestellt, daß Etta nicht nur gebildet war, sondern vor allem als Szene-Kennerin brillierte und kein Blatt vor den Mund nahm. Diesen Reportereinsatz also führte Heidemann gern aus, zumal Etta im Schweizer Bad Ragaz im »Quellenhof« abgestiegen war. Dort logierte jetzt der Mann des STERN, die Pension gefiel ihm, er fühlte sich wie im Urlaub.

Etta reiste mit ihrer Freundin Lilly an, der Witwe eines Bankiers. Etta bezog das Zimmer 314, ihre Begleiterin den Raum 401. Der Übernachtungspreis in dem Kur- und Golfhotel betrug, im Sommer 1973, immerhin einhundertvierzig Schweizer Franken, viel Geld damals. Heidemann kam gleich zur Sache und sprach die Prominente auf die Scheidungsgerüchte an. »Ich habe nicht vor, mich scheiden zu lassen«, antwortete sie. Dann möge Etta Schiller bitte eine passende Erklärung dafür liefern, »wie diese Gerüchte entstanden sind«, meinte Heidemann. Die müsse Ehemann Karl in Umlauf gesetzt haben, erwiderte Etta. Das war das offizielle Interview. Was jetzt folgte, war der inoffizielle Teil. Der Reporter durfte Etta inzwischen duzen.

Heidemann: »Willst du nicht lieber auch sagen, daß die Gerüchte durch Unstimmigkeiten, wie sie in jeder Ehe mal vorkommen, entstanden sind? Und weil er nicht so gerne wollte, weil du wieder arbeiten willst? Das will kein Mann gern, der eine gute Position hat.«

Schiller: »Aber wenn ich mich scheiden lasse, ist es doch unglaubwürdiger. Es ist eben blöde. Ich hätte mit ihm vereinbaren sollen, wenn es ruchbar wird — einfach durch und fertig.«

Heidemann: »Nicht daß der STERN erscheint und inzwischen warst du beim Anwalt.«

Schiller: »Nein, ich würde dich auf jeden Fall anrufen. Dann darfst du aber nicht so tun, als ob du das von mir hast.«

Heidemann: »Nein. Du mußt mir nur den Termin sagen.«

Schiller: »Ja, ja, sicher.«

Heidemann: »Wird das noch in diesem Jahr etwas?«

Schiller: »Aus steuerlichen Gründen wäre es natürlich besser als im Januar. Dann könnte man noch nächstes Jahr die Veranlagung zusammen machen.«

Heidemann: »Jetzt frage ich dich mal offiziell: Frau Dr. Schiller, Sie werden also demnächst wieder arbeiten. Werden Sie als Regierungsdirektorin bei der Oberfinanzdirektion oder beim Ministerium in Düsseldorf beschäftigt?«

Schiller: »Mein persönlicher Wunsch wäre es, wieder in das Ministerium zurückzukehren. Ich habe den Eindruck, daß es der Finanzverwaltung lieber ist, wenn ich an eine der Oberfinanzdirektionen des Landes Nordrhein-Westfalen gehe.«

Etta Schiller, Gerd Heidemann hatte gar keine Zweifel mehr, befand sich in einem Zustand, der es ihm mit Sicherheit ermöglichen würde, auf exklusive Informationen zu stoßen. Heidemann hielt in einer Aktennotiz fest: »Als (Schiller seine Frau anrief und) ihr wütend mitteilte, daß er von allen möglichen Zeitungen angerufen werde, die mehr über die Scheidungsabsichten wissen wollten, er aber alles dementiert habe, sagte sie ihm, auch sie sei schon von einem STERN-Menschen angesprochen worden und hätte ebenfalls dementiert. Nun lungere dieser Mensch hier in der Hotel-Halle herum.«

Schiller: »Karl hat schon mit meiner Schwägerin in Hannover telefoniert und hat ihr gesagt, er wolle ja gar nicht geschieden werden.«

Heidemann: »Kannst du ihm nicht sagen, der STERN hätte dich aufgestöbert und sei so gut informiert, daß das nur von ihm kommen könnte und daß du darum auch etwas zugegeben hättest? Das Ganze würde doch die Sache beschleunigen. Dann muß er doch mit einer Scheidung einverstanden sein und kann nicht als dummer Junge dastehen, der hinter dir herläuft. So kriegst du ihn viel schneller zu einer Scheidung.«

Schiller: »Ich will ihn aber nicht anrufen.«

Heidemann: »Die (der STERN) wollen eine große Geschichte von mir haben. Und wenn ich denen jetzt solche Sachen erzähle, lachen die mich aus.«

Schiller: »Wenn du so ein schlechter Schauspieler bist.«

Heidemann: »Aber die wissen ja, daß ich immer viel rauskriege.«

Schiller: »Ich meine, was ihr an Spekulationen bringt, ist mir völlig wurscht. Ich muß natürlich immer an meinen Ruf als Beamtin denken.«

Heidemann: »Und du hast keinen ausreichenden Grund, die Scheidung einzureichen?«

Schiller: »Doch, natürlich.«

Heidemann: »Wenn er keine anderen Frauen hatte, bleibt nur seelische Grausamkeit.«

Schiller: »Ja, (aber) man kann nicht beweisen, daß er manchmal Szenen macht, daß das Haus zusammenläuft, nächtliche Szenen vor der Schlafzimmertür.«

Heidemann: »Schreit er dann richtig?«

Schiller: »Und wie.«

Heidemann: »Und schließt dich dann in deinem Schlafzimmer ein?«

Schiller: »Natürlich. Ich muß doch Angst haben, daß er dann so etwas macht.«

Heidemann: »Und das hast du alles vorher nicht gemerkt?«

Schiller: »Da war es noch nicht so schlimm. Und man ist ja auch immer geneigt, das auf die Bürde das Amtes zu schieben. Er hätte eigentlich Groß-Inquisitor bei der spanischen Inquisition sein müssen. Das hätte prima zu ihm gepaßt. Ich meine, er läßt sich ja jetzt scheiden. Es geht ja nur noch um finanzielle Dinge und um die Schuld, die fünfzig zu fünfzig sein soll. Und natürlich stimmt es, daß ich das jetzt etwas verschoben haben wollte wegen (ihrer Wiedereinstellung). Daß die mich nicht gerne wiedernehmen, wenn da jetzt kurz vorher auch noch eine Scheidung erfolgt, ist klar. Ich finde es ja absurd, daß die Presse da jetzt so einen großen Wirbel veranstaltet. Die ersten Scheidungsgerüchte müssen entstanden sein, weil Karl gequatscht hat. Vielleicht hat er Ahlers was erzählt. Was soll ich nun dem STERN sagen?«

Heidemann: »Guck mal, wenn du wild entschlossen bist, dich scheiden zu lassen, ist es doch egal, wenn es rauskommt. Und da es nun schon im STERN gestanden hat, laß dich jetzt schnell scheiden, dann brauchen wir es nicht zu dementieren.«

Schiller: »Ja. Es waren ja nur meine Bedenken wegen Nordrhein-Westfalen.«

Heidemann: »Glaubst du denn, daß er dich noch liebt?«

Schiller: »Weiß ich nicht. Ich glaube nicht, daß er überhaupt jemanden lieben kann, außer sich selbst. Das sind Worte, die er benutzt. Er weiß gar nicht, was das ist. Wenn du nur noch als Objekt der Launen herhalten mußt und dazu noch an allem schuld bist, wenn ihn nun nichts interessiert, was meine Person betrifft, außer daß ich der Gegenstand bin, den er tyrannisieren kann und weiter überhaupt nichts, daß ich mit ihm ins Bett gehen darf, wenn er so unmöglich ist, weil es ihm gerade einfällt — dann habe ich ein solches Objektgefühl. Er ist so unbeschreiblich egozentrisch. Da ist eine solche Diskrepanz im Charakter und im Kopf, ich weiß gar nicht, wie ich es beschreiben soll. Unbeschreiblich.«

Heidemann: »Sind daran seine beiden anderen Ehen gescheitert?«

Schiller: »Ach, na ja, weißt du ... Wenn nicht der Graf Nayhauß da mit seinem JASMIN-Artikel rausgekommen wäre.«

Heidemann: »War JASMIN schuld an eurer Hochzeit — und der STERN wird es jetzt mit der Scheidung sein.«

Schiller: »JASMIN hat uns zusammen im Tessin fotografieren lassen. Der Fotograf hatte sich eingenistet und uns überwacht. Es gab keinen Austausch von Zärtlichkeiten in der Öffentlichkeit. Aber Nayhauß hat es dann so gebracht, daß ich rettungslos kompromittiert war. Als JASMIN erschien, haben wir zwei Tage später geheiratet. Das war wirklich der Grund.«

Heidemann: »Die waren ja alle erstaunt, daß du so schnell geheiratet hast.«

Schiller: »Ja, weil mir nichts anderes übrig blieb. Ich war in dieser Stellung, dazu dieser provinzielle Charakter.«

Heidemann: »Jetzt bist du wieder Sklave deiner Stellung und weißt nicht, ob du dich jetzt schnell scheiden lassen sollst.«

Schiller: »Natürlich lasse ich mich scheiden. Es kommt nur auf den Zeitpunkt an.«

Die immer noch mit Karl August Schiller verheiratete Etta führte ihren Noch-Gatten wegen Gerd Heidemann diverse Male hinters Licht. Als Karl Etta anrief, inzwischen hatte der Reporter sie den dritten Tag ausgefragt, »habe ich ihm gesagt, daß jemand vom STERN hier ist und ich alles dementiere. Ob der denn fotografiert, wollte er wissen. Ich sagte, ich hätte mich zwar nicht in Pose gesetzt, aber das könnte natürlich sein — mit Teleobjektiv«.

Heidemann: »Du hast nicht gesagt, daß wir uns kennen?«

Schiller: »Nein, um Gottes Willen — er ahnt nicht, daß wir uns kennen — und das darf er auch nicht erfahren.«

Heidemann: »War er wieder nett zu dir?«

Schiller: »Er will meine Unterschrift unter die Gütertrennung haben. Es geht also nur um Geld.«

Heidemann: »Wenn jetzt irgendwelche Informationen im STERN stehen, von denen er annimmt, daß sie aus deiner Richtung kommen, wird er sicherlich deine Familie verdächtigen.«

Schiller: »Ja. Ich habe ihm gesagt, ich könne mir vorstellen, daß der STERN die Geschichte bringen wolle, um ihm vielleicht eins auszuwischen, weil er mal Nannen verklagt hat. Er könnte jetzt ja Bücher schreiben. Aber dazu hat er keine Lust.«

Heidemann: »Jetzt braucht er ein schönes Zuhause und eine gute Ehefrau — dann kann er schreiben.«

Schiller: »Augstein hat wohl gedacht, Karl wäre wie eine Marionette in meinen Händen und es wäre wohl mein größter Wunsch, auch noch Kanzlergattin zu werden. Dabei möchte ich nichts weniger als das sein. Wenn man weiß, wie blöd und langweilig diese sogenannten gesellschaftlichen Verpflichtungen sind. Es ist doch alles ein Kleinbürgerverein, ist wirklich unerträglich — und Herrn Bahr als Tischherrn, na, dann herzlichen Glückwunsch.«

Heidemann: »Das wäre ja eine tolle Sache geworden. Wir hätten wenigstens immer etwas zu schreiben gehabt — du als Kanzler-Gattin.«

Irgendwann wurde Etta Schiller unsicher, irgendwann kam ihr vorübergehend der Gedanke, sie habe Gerd Heidemann möglicherweise zuviel erzählt. »Du bist wirklich der absolute Journalist. Fehlt nur noch, daß du mit Selbstauslöser ein Bild von uns machst. Und wenn du das Sir Henri zeigst, freut er sich bestimmt und du kriegst noch mehr Geld. Ich werde Herrn Nannen sagen, ich hätte dir gestanden, daß ich mich seinetwegen scheiden lasse. Dann erscheint die Geschichte nicht im STERN.«

Heidemann: »Dann erscheint sie im SPIEGEL.«[437]

Im STERN stand das Schiller-Trauerspiel so:

Die Eheleute verließen ihr gemeinsames Haus, »sie gehen in verschiedene Richtungen. Der Ehemann Karl Schiller setzt sich ab nach Sylt. Die Ehefrau fährt zu Verwandten nach Hannover«. Da wurde genüßlich Friedrich Nowottny zitiert (»Gnädige Frau, Ihre Zunge ist so spitz, daß man bequem einen Dolch daraus machen kann«), Rudolf Augstein (»Eine Dame so richtig fürs Feuer«) aber auch Etta Schiller etwas über Helmut Schmidt in den Mund gelegt: »Der ist doch nahezu reif für den Paragraphen 51. Es fehlt nur noch, daß er in den Teppich beißt.«[438]

Der STERN hatte diesen Schiller-Akt unter der unfeinen Überschrift »Kabale und Hiebe« dem bildungshungrigen Publikum zum Fraß vorgeworfen, in der hämischen Gewißheit, durch diesen Artikel die Schillers noch mehr bloßzustellen. Die Schiller-Demaskierung, bis hin zum Schlafzimmer, hatte vor allem einem Mann gut

STERN-Opfer Etta Schiller *(in der Schweiz): »Glaubst du denn, daß der dich noch liebt?«*

Rohdiamanten-Tagesertrag für drei Millionen Dollar *(Heidemann in Namibia)*

gefallen: dem Autor selbst, Jürgen Petschull. Dieser war ganz entzückt, als Heidemann mit der Etta Schiller kompromittierenden Interviewausbeute nach Hamburg zurückkehrte, schüttelte jedoch nach dem Studium der seltenen Offenbarungen Ettas mit dem Kopf. Von diesem hüllenlosen Stoff, entschied Petschull spontan, wolle er allein profitieren. Zwar hatte Gerd Heidemann ihm die ganze Arbeit abgenommen, es war allein dessen Verdienst gewesen, daß die prominente Zeitgenossin sich diskreditierte, aber den sicheren Beifall nach der Veröffentlichung wollte Petschull gern allein genießen. So wurde Heidemanns Schiller-Beitrag im STERN dank Petschull zu einem von Jürgen Petschull, Heidemanns Verdienst in den Bereich journalistischer Entwicklungshilfe abgedrängt: »Ein Bericht von Jürgen Petschull« — »mit Fotos von Gerd Heidemann« hatte der Ruhmsüchtige selbstgefällig und unübersehbar über den Artikel setzen lassen.

Über den STERN konnte Etta Schiller nicht besonders erfreut sein, hingegen verlief die Scheidung unproblematischer, sie wurde ein Jahr später, im Juli 1974, ausgesprochen. Als Etta Schiller nun wieder frei war, verkündete sie die Geburt eines unehelichen Sohnes.[439] Heidemann bekam erst einmal einen kleinen Schreck. Dann zählte er an den Fingern bis neun — und atmete erleichtert durch.[440]

»WAS IST DAS DENN FÜR EINE GROSSMUTTER?« oder: Gerd Heidemann schaltet die Konkurrenz aus

Die Sonne schien, Heidemann schwitzte. Fast unerträgliche vierzig Grad im Schatten zeigte das Thermometer an. Der Reporter hielt sich in einer Kleinstadt auf, die als Metropole galt: Windhuk, ein Flecken von nicht einmal fünfzigtausend Einwohnern, Regierungspflaster Südwestafrikas, einstige deutsche Kolonie, das heutige Namibia.

Heidemann wohnte im »Thüringer Hof«. Von dort bereiste er wochenlang das Land, besuchte Deutschstämmige, nahm an Volksfesten teil, besorgte eine Reportage über die Diamantenschürferei. Selbstverständlich standen diese Geschichten später im STERN. Doch wieder einmal konnte Heidemann nicht in Ruhe zu Ende arbeiten, wieder einmal fahndete die Zentrale des STERN nach ihrem Reporter, wieder einmal telegraphierte der festgefahrene Norbert Sakowski aus der Nachrichtenredaktion: »Brauchen Sie am 13.12. in Bonn für Wienand Paninternational.«[441]

Gerd Heidemann hier, Gerd Heidemann da — niemand außer ihm schien der personalmäßig aufgeblähten Redaktion aus der Patsche helfen zu können. Auf Heidemanns Erfahrungen zu verzichten, wäre oft einem Todesurteil für die Redaktion gleichgekommen. Der STERN setzte auf die sichere Ausbeutequote Heidemanns, denn von dessen Triumphen profitierte der STERN.

Die Chefredaktion wußte sehr genau, was sie tat: Sie prügelte ihren Reporter mit Hilfe unermeßlich hoher Spesen und teurer Linienflugtickets durch die Welt, stockte sein Gehalt auf. Rücksichtslos setzte sie ihn den Klimaschwankungen aus, jagte ihn durch Zeitzonen. Die leitenden und hilflosen Männer des STERN, egal, welches Ressort sie auch immer befehligten, verfügten in Wahrheit über keine Alternative, ohne Heidemann fühlten sie sich kraft- und führerlos: Er stand zu Nannen und dem STERN wie sonst nur selten einer. Stets machte er die Hetze mit, obwohl er die Bewältigung des STERN-Alltags gelegentlich als »Militärdienst« apostrophierte, die Redaktionsräume mit Stuben in einer Kaserne verglich. Die Erklärung für seine Tauglichkeit war nur allzu einfach: der Beruf brachte ihm Spaß. Wo andere resignierten und aufgaben, da machte der Reporter weiter. Wenn Ehrgeiz mit Herausforderung gleichgesetzt werden muß, dann war Gerd Heidemann in der Tat herausfordernd ehrgeizig.

Das ruhelose Hasten nach Storys, der permanente Druck, von Woche zu Woche, mindestens zweiundfünfzig Mal im Jahr, den STERN nicht nur mit Anzeigen zu füllen, sondern mit Photos und Texten zupflastern zu müssen, die andere nicht hatten, ließen Gerd Heidemann zu einem permanenten, spurensuchenden Weltenbummler werden, der beispielsweise in nur drei Monaten zwischen dem afrikanischen, europäischen und amerikanischen Kontinent hin- und herjagen mußte, nur damit der STERN die BUNTE schlagen, der STERN die QUICK abhängen, der STERN den SPIEGEL vorführen, der STERN die internationalen Mitbewerber in die Schranken weisen konnte.

Der Reporter wurde auf Touren gebracht und gehalten. Muße fand er darum zumeist auf den Flügen, in den Hotels. Aber stets dachte er an den STERN und — an die Konkurrenz, die es nebenbei auch noch auszuschalten galt. Selbst das besorgte Heidemann. Ende 1971/Anfang 1972 war ein solcher Zeitraum, in dem Gerd Heidemann abermals die wohl höchsten Spesen verursachte:

Von Namibia nach Hamburg. Von Hamburg nach Bonn. Von Bonn nach Hamburg. Von Hamburg nach Düsseldorf. Von Düsseldorf nach England. Von England nach Mexiko. Von Mexiko nach Peru. Von Peru nach Hamburg. Von Hamburg nach Kiel. Von Kiel — über Hamburg — nach Saudi-Arabien. Von Saudi-Arabien in den Südjemen. Vom Südjemen nach Hamburg. Von Hamburg nach Hannover, nach Bonn, nach München, nach Bonn, nach Frankfurt, nach Hamburg. Von Hamburg in das Amazonasgebiet. Von dort — über New York — zurück nach Hamburg, anschließend erneut in den afrikanischen Busch, nach Burundi.

Selbst die Jahreswende 71/72 konnte Gerd Heidemann nicht zu Hause feiern, wie er es fest eingeplant hatte, sondern den ersten Januar begrüßte er in Mexiko. Da saß seine Familie bereits am Mittagstisch. Die Irrfahrt hatte mit einem harmlosen Telephonanruf begonnen, gerade Heidemann seinen Mantel an den Garderobenständer gehängt. Er wollte sich Badewasser einlaufen lassen und entspannt einen Whisky trinken. Den aber ließ er sich erst in Düsseldorf einschenken.

»Was ist?« fragte Heidemann seinen Kollegen Walter Unger. Er säße in Düsseldorf, dorthin müsse er, Heidemann, umgehend kommen, sein Rat sei unbedingt erforderlich. In der Tat befand sich die STERN-Redaktion wieder einmal in der Klemme, es ging um die Entführung des ALDI-Chefs Theo Albrecht, der seine Freilassung mit sieben Millionen Mark Lösegeld erkaufte. Am 30. Dezember 1971 flog Heidemann also in die Landeshauptstadt. Unger hatte ihm fest zugesagt, daß er am nächsten Tag zurückkehren könne. Gegen zwanzig Uhr wurde Heidemann in der Immermannstraße von grinsenden STERN-Mitarbeitern begrüßt. Unger hatte für Heidemann eine tolle Überraschung bereit:

Der Albrecht-Entführer, ein Rechtsanwalt namens Hans-Joachim Ollenburg, sei nach Mexiko entkommen. Da Heidemann dort schließlich B. Traven gefunden habe, Land und Leute ihm nicht unbekannt seien, müsse er sofort die nächste Maschine besteigen und Ollenburg suchen. Heidemann verschlug es die Sprache, fing sich aber schnell wieder: Er habe kein Gepäck dabei, lediglich eine Zahnbürste in der Eile eingesteckt. Das mache überhaupt nichts, wurde er beruhigt, er könne sich — auf STERN-Kosten — neu einkleiden. Das tat er schließlich in Mexiko: drei Buschhemden, ein Paar Stiefel, zwei Wasserflaschen, eine Khakihose, eine zünftige Urwaldausrüstung, denn von Mexiko wurde Heidemann nach Peru delegiert. »Die Hemden, die mir sowieso zu weit sind, könnte ich — falls gewünscht — dem Verlag zur Verfügung stellen«, schlug Heidemann nicht ohne Ironie bei der Spesenabrechnung »Betr.: Kauf von Kleidungsstücken« vor.(442) Zuvor zechte Heidemann mit Unger und anderen STERN-Strategen durch die Düsseldorfer Altstadt.

Die Einreise nach Mexiko war gar nicht so einfach, eine Verbindung nur über London herzustellen, da es in diesem Augenblick der einzige Ort war, in dem ein Visum zu erhalten war, denn bekanntlich waren die Konsulate geschlossen. Heidemann flog mit der britischen B.O.A.C. nach Mittelamerika, wollte die Jahreswende mit Sekt feiern, die Stewardessen aber hatten keinen im Kühlschrank. In Mexiko-City gelandet, erlebte er die Bevölkerung in aufgelöster Stimmung, soeben hatte das neue Jahr begonnen. Nur, wohin jetzt? Heidemann prostete bei deutschen Bekannten, die er während der Traven-Recherchen kennengelernt hatte.

Der Journalist fragte sich nach Ollenburg durch, fand einen Zeugen, der ebenfalls in der Maschine des Entführers gesessen hatte, als dieser den bundesdeutschen Behörden entkommen war, notierte selbst, was der Erpresser getrunken, was er gegessen hatte, trieb schließlich einen Amtsrat der Deutschen Botschaft auf, der Ollenburg — wenige Tage nach dessen Ankunft, wieder in die Bundesrepublik zurückbegleitet hatte, wo der Advokat sich »freiwillig« der Justiz überantwortete. Diese Rückführung fand just in jenem Augenblick statt, als Heidemann gen Mexiko düste. Die Pleite meldete Heidemann nach Hamburg.(443) Obwohl der Reporter mit dem Fall daher nichts zu tun hatte, mußte er drei Monate später der Redaktion erneut beistehen:

Nannen faßte abermals eine Serie ins Auge, diesmal sollte die Entführung Albrechts breitgetreten werden, denn der Ollenburg-Prozeß stand vor der Tür. Ressortleiter Winfried Maaß an den »lieben Herrn Heidemann«: »Was aber noch immer fehlt ist eine präzise Schilderung dessen, was sich zwischen der Entführung Albrechts und seiner Freilassung in der Praxis von Ollenburg abspielte«, »diese und andere Fragen wären zu klären«. Maaß: »Ich wäre Ihnen dankbar, wenn Sie mich in den nächsten Tagen auf dieses Thema ansprächen.«(444) Noch aber hielt sich Heidemann in Mexiko auf. Er hatte bereits seine dürftigen Reiseutensilien zusammengepackt, längst den Rückflug nach Hamburg gebucht. Aber es klingelte das Telephon. Nachts um zwei wurde Heidemann aus dem Tiefschlaf gerissen. Lieselotte Brust aus Hamburg, erkannte der Reporter sogleich.

»Du mußt nach Peru«, befahl sie, »dort ist ein deutsches Mädchen aufgetaucht, die einzige Überlebende nach einem Flugzeugabsturz.« Juliane Köpcke heißt sie. Als Heidemann auflegte, überlegte er, ob dies alles noch normal sei. Ihm stand der Sinn nach Kündigung. Am nächsten Morgen kaufte er die Urwaldkleidung und organisierte ein Ticket (»Ich wollte ja nicht wie Kuby im dunklen Anzug durch das Gestrüpp rauschen«). In Lima, der Hauptstadt, stieß er bereits auf Kollegen von der Konkurrenz. Heidemann: »Wie die Fliegen waren die eingefallen.« Heidemann sprach bei der Deutschen Botschaft vor. Dort erfuhr er, daß das nun plötzlich aufgetauchte Kind bei einer Familie Noeding gewohnt habe. Die ersten Informationen von dort brachten Heidemann voran.

Am 24. Dezember 1971 startete Juliane Köpcke mit ihrer Mutter von Lima, Ziel: das nordöstliche Pucallpa. Dort wollten sie das Familienoberhaupt im Urwald besuchen. Rund zweihundert Kilometer vor der Landung stürzte die Turboprop-

Maschine der einheimischen Fluglinie »Lansa« ab, während eines schweren Gewitters war die altersschwache Maschine auseinandergebrochen. Juliane wurde — mit der Sitzbank — hinausgeschleudert. Das große Wunder: sie überlebte den Aufprall. Als sie aus ihrer Ohnmacht erwachte, entdeckte sie einen Fluß. Sie wußte, daß die Indios an einem Fluß lebten, der das Absturzgebiet durchströmte — auf ihrem fast achtzig Kilometer langen Marsch hatte sich Juliane an den Wasserläufen orientiert. Jetzt aber lag sie im Krankenbett im Urwald bei Pucallpa und wurde — wie der STERN später selbstbewußt feststellte — »eines der bekanntesten Mädchen der Welt«, »von Journalisten aus aller Welt bestürmt. Aber sie erzählte die Geschichte ihrer wunderbaren Rettung aus dem Dschungel nur ihrem Vater« — »und dem STERN«.(445) Warum wohl?

Die »Lansa« erreichte in regelmäßigen Abständen das kleine Nest Pucallpa. Die nächste Maschine war ausgebucht, die aus der ganzen Welt anreisenden Journalisten kamen jedoch nicht alle mit. Gerd Heidemann hatte, mit freundlicher Unterstützung einiger Peruaner, unter fiktivem Namen die Plätze der nächsten Flugverbindung ausbuchen lassen, so daß die gierige Konkurrenz hinter ihm herhinkte und auf eine teure Chartermaschine zurückgreifen mußte. Die »Lansa«, mit Heidemann und dem inzwischen aus Buenes Aires angereisten STERN-Korrespondenten Hero Buss an Bord, erhob sich als erste vom Boden, die gemietete Maschine sollte erst anschließend in die Luft steigen. Doch die erhielt keine Starterlaubnis: Kaum waren Heidemann und Buss gelandet, wurde — wegen eines aufziehenden Unwetters — Landeverbot erteilt.(446)Ungeniert konnte sich Gerd Heidemann vor Ort an die Arbeit machen.

Julianes Vater, Hans-Wilhelm Köpcke, hatte für die lokalen Journalisten eine Pressekonferenz einberaumt. Zunächst inspizierte Heidemann jedoch die Hütte, in der erste Einzelheiten bekanntgegeben werden sollten. Seine Kameraausrüstung legte er auf jenen Stuhl, der dem von Köpcke direkt gegenüber stand. Heidemann legte Wert auf den Blickkontakt zwischen Köpcke und sich. Er wußte: Köpcke würde ihn am deutlichsten sehen können und beobachten, und während Heidemanns Kollegen hektisch Journalisten spielten, sagte er, Heidemann, kein Wort, sondern sah nur freundlich aus. Heidemanns Rechnung sollte aufgehen: Als Vater Köpcke seine Erklärung beendet hatte, (»Meine Tochter kann nichts sagen; sie ist zu geschwächt«), erkundigte er sich bei jedem Journalisten, welches Blatt er denn vertrete. Heidemann nannte den Verlag Gruner + Jahr sowie den STERN. Köpcke erwiderte daraufhin, er hätte einmal mit der CONSTANZE zu tun gehabt. Ja, sagte Heidemann, die erschiene ebenfalls beim Verlag des STERN. Das Eis war gebrochen: »Meine Herren, ich darf Sie bitten, die Hütte zu verlassen. Herr Heidemann ist mir am sympathischsten.«(447)

Die Rivalen Heidemanns begriffen nichts. Sie versuchten, Köpckes Entscheidung rückgängig zu machen und schrieben Bettelbriefe. Die Vertreter der NEUEN REVUE bespielsweise, Edmund Brettschneider und Alexander Czechatz, ließen den »sehr geehrten Herrn Dr. Köpcke« wissen, daß sie wegen Juliane sogar »extra aus Deutschland angereist« seien.(448) Auf diese Zeilen war Heidemann neugierig geworden, die Köpcke ihm mit der Bitte überreicht hatte, den Kollegen doch die passende Antwort zu geben.

In der Urwaldbar stand Heidemann mit den Reportern der NEUEN REVUE am Tresen. Er wollte ihnen ein Bier ausgeben, konnte aber bei ihnen nicht landen. Sie waren sauer und ließen den Mann vom STERN wissen, daß sie sich trotz der Köpcke-Abfuhr noch Chancen ausrechneten, sie seien sogar schriftlich an den Vater herangetreten. Heidemann griff in die Tasche, das NEUE REVUE-Bittschreiben

Juliane Köpcke *(mit Heidemann): »Ein ganz neues Fluggefühl«*

steckte noch zerknüllt darin.[449]

Wieder einmal hatte es Gerd Heidemann geschafft, dem STERN obendrein die Weltrechte beschert. Mit einem vierstündigen Exklusiv-Interview in der Tasche flog er, von der Chefredaktion zum Tempo gedrängt, schnellstens nach Hamburg zurück. Der STERN druckte, auch das erste farbige Titelbild des Reporters: »So habe ich überlebt«, leuchtete es in blau auf dem Juliane-Porträt, einer weiteren Heidemann-Trophäe. Noch im selben Monat reiste er erneut nach Lima. Diesmal begleitete ihn sein Kollege Rolf Winter, Autor der dreiteiligen Köpcke-Serie im STERN. Nun sollte er eine Nachfolgegeschichte tippen, dem geneigten Leser des STERN nicht vorenthalten, was aus Juliane geworden war.

An dieses Bravourstück erinnerte sich, zwei Jahre später, Haug von Kuenheim in der ZEIT. Anlaß: Wieder war ein Film über den STERN vom Ersten Deutschen Fernsehen ausgestrahlt worden. Der Beitrag hinterließ auf den neugierigen und munteren Medienkenner nachhaltigen Eindruck: »So mag es den fernsehenden STERN-Leser auch erfreut haben, seinen Chefredakteur im Zeitlupentempo in den Konferenzsaal schweben zu sehen, oder er mochte erschauert sein, als er sah, welch todesmutiger Kerl doch Reporter Heidemann ist, der, kongolesischen Kugeln entronnen, Jutta Köpcke (Kuenheim meinte natürlich: Juliane) unter Vertrag nimmt.«[450]

Juliane Köpcke wertete den STERN auf. Diese Geschichte war — was niemand bestritt — ein journalistisches Meisterwerk. Das hatte Rolf Winter ebenfalls begriffen, der Julianes Leben in neun Kapiteln auf einhundertneunundsechzig Seiten niederschrieb. Die als Tagebuch konzipierte Novität kam indes nicht auf den Markt; Familie Köpcke konnte Winters Text nicht folgen, hatte das Unternehmen darum gestoppt, der Journalist Julianes Psyche mißverstanden und sie wider Erwarten als gefühlskalt hingestellt. Genügend Geld floß ohnedies aus anderen Quellen:

Weltweit übernahmen Illustrierte, Magazine und Zeitungen den Köpcke-Beitrag des STERN (READERS DIGEST allein zahlte fast 100.000,- DM), und so ähnlich hatte es sich rund zehn Jahre später Gerd Schulte-Hillen bei den Tagebüchern vorgestellt. Winter und Heidemann kassierten für die Vermarktung jeweils etwa 45.000,- DM zusätzlich.[451] Der enorme Köpcke-Triumph blieb kein Einzelfall Heidemanns. Noch im selben Monat, im Februar 1972, vollbrachte der Reporter sein zweites Glanzstück. Er durfte sogar mit dem Verlags-Jet fliegen, der seit September 1969 allen STERN-Redakteuren »ein ganz neues Fluggefühl« vermittelte, wie Wolf Schneider auf drei Seiten zu Papier brachte.

Es handelte sich hier um ein Flugzeug, das »für eilige Sondereinsätze zur Verfügung« stand und über sieben Plätze verfügte. Das »Neue« daran sei, daß »das Verlagsflugzeug auch für Routineflüge benutzt werden (könne), auch dann, wenn keine besondere Eile und kein ungewöhnliches Flugziel vorliegen (würden), sondern nach bisherigem Brauch ein Linienflugzeug gebucht worden wäre«. Es müßten sich allerdings »mindestens drei Angehörige des Hauses Gruner + Jahr auf Startzeit und Flugziel geeinigt haben«, freilich gelte diese »Einschränkung ... nur für Routineflüge, nicht für Sondereinsätze bisherigen Stils«. Schneider rabulistisch: »Sind es weniger als drei, so erkundigt sich die Nachrichtenredaktion im Büro Dr. Bucerius, ob mit Hilfe anderer Abteilungen des Hauses die Rentabilitätsgrenze von drei Personen erreicht wird«, »würde ein Reporter, der es eilig hat, durch das Warten auf diese Klärung die nächste Linienmaschine verpassen, so benutzt er selbstverständlich die Linienmaschine« — »die Dispositionen ... werden erleichtert, wenn die Anmeldung des erwünschten Fluges so früh wie möglich erfolgt« —

Rolf Winter *(als Kavalier in New York): »Meine Herren, darf ich bitten«*

»auch Wochen im voraus«. Und der Rückflug? Der hatte es ebenfalls immer in sich.

Wenn ein STERN-Redakteur seine Route heimwärts bereits kenne, dann möge er sie auch anmelden, nur: »Bildet er sich seine Meinung über den Rückflugtermin erst nach der Anmeldung des Hinflugs, aber vor dem Start, so meldet er seinen Rückflug der Nachrichtenredaktion bitte nach.« Punkt? Schneider präsentierte eine sehr interessante Alternative: »Läßt sich der Rückflug mit der Verlagsmaschine nicht arrangieren, so nimmt der Redakteur eine Linienmaschine.«[452]

Im Februar 1972 wurde der Lufthansa-Jumbo »Baden-Württemberg« nach Aden in den Südjemen entführt. Einhundertachtundachtzig Personen gerieten siebenundneunzig Minuten nach dem Start in Neu-Delhi in die Gewalt von fünf arabischen Terroristen, die keine inhaftierten Kameraden freipressen wollten, sondern nur auf schnöden Mammon aus waren: auf sechzehneinhalb Millionen Mark. Das Auswärtige Amt berief seinen erprobten Krisenstab ein, die Lufthansa besorgte das Geld, der STERN konnte exklusiv berichten — dank Gerd Heidemann.

Der Reporter bestieg zusammen mit Jörg Andreas Elten den STERN-Flieger in Hamburg, in Frankfurt kamen weitere Gäste an Bord: Kurt Müller vom Bundesaußenministerium, der Araberspezialist Hans Ernst vom Bundespresseamt und das Lufthansa-Vorstandsmitglied Reinhardt Abraham. Zwischenlandungen in Athen und Beirut. Nach dem Start in der libanesischen Hauptstadt bemerkte der Pilot, daß er von einem Hansa-Jet verfolgt wurde. Vom Tower meldete sich eine Stimme: »Delta, Charly, Alfa, Sierra, Uniform, Lufthansa, bitte kommen.« Lufthanseat Abraham (»Hoffentlich stolpern die Araber nicht über meinen biblischen Namen«) bat, eine Verbindung zur Lufthansa-Zentrale nach Frankfurt herzustellen. Aufgeregt rief er ins Mikrophon: »Ist Großmutter angekommen?« Antwort: »Die Großmutter ist unterwegs.«

Heidemann wurde neugierig: »Was ist denn das für eine Großmutter?« Der Lufthansa-Mann trank Whisky und tat geheimnisvoll: »Großmutter ist top-secret. Wir haben uns der Regierung zu strengstem Stillschweigen verpflichtet.« Dennoch erfuhr Heidemann: »Großmutter« war das Codewort für einen schwarzen, mit Geldscheinen gefüllten Lederkoffer, den der Lufthansa-Mitarbeiter Jürgen Berger, der im Hansa-Jet saß, mit sich führte. Berger sollte die Millionen übergeben.[453]

Wie bei Juliane Köpcke, so auch dieses Mal in Aden: von überall her angereiste Journalisten stürzten sich auf die wieder freigelassenen Passagiere und die Besatzung. Vor allem einer, fiel Heidemann auf, agierte ausgesprochen rührig: Horst Koch von der BILD am SONNTAG. Den Konkurrenten mochte Heidemann deshalb nicht in seiner Nähe haben, nur im STERN sollte stehen, was der eine oder andere über die Freischärler dachte. Der Reporter hatte eine hübsche Idee, wie er seinen Kollegen loswerden könnte, denn Heidemann wollte Stewardessen und den Kapitän ohne Streß interviewen.

Koch machte er einen Vorschlag: Wenn er wolle, könne er mit dem STERN-Jet in die Heimat fliegen. Koch fand dieses noble Angebot sehr freundlich, zumal Heidemann ihn großzügig auf den Whisky hinwies, von dem er soviel trinken könne, wie er vertrage. Koch sagte wohlerzogen »danke«. Heidemann begleitete ihn zur Maschine, gab dem Piloten das Zeichen zum Abflug, schloß die Tür und — winkte dem Journalisten der BILD am SONNTAG fröhlich nach. Während die Verlagsmaschine abhob, spazierte Heidemann guter Dinge zum startbereiten Jumbo und konnte nun entspannt die Lufthansa-Angehörigen aufs Band sprechen lassen.[454]

Mit diesem Trick brachte er den STERN abermals voran, Hintergründe waren nicht bei Springer nachzulesen, sondern bei Gruner + Jahr. Über Heidemanns photographisches Mitbringsel zeigte sich Henri Nannen aber enttäuscht, die blutlosen Bilder waren ihm zu langweilig: keine Action, nur lauter lächelnde Stewardessen. Nannen peppte nach, konzentrierte sich auf den »fliegenden Whisky-Kühlschrank« (Heidemann). Den Einsatz der STERN-Reporter Elten und Heidemann im Südjemen brachte er auf besonders originelle Weise zu Papier. Dazu aber benötigte er Heidemann. Der stand im Zimmer seines Chefredakteurs und half auch in diesem Fall.

Wie schnell die zweistrahlige »Mystère« fliege? Heidemann ging ins Vorzimmer und telephonierte mit dem Piloten Manfred Bereuther. Dann kam er zurück und enthüllte: »870 km/h.« Nannen wollte die Schubleistung wissen. Heidemann marschierte brav erneut ins Vorzimmer und rief den Kapitän an. Heidemann: »1.900 Kilo.« Nun sollte Heidemann Nannen das Fabrikat der Triebwerke mitteilen. Ins Vorzimmer, Telephongespräch mit dem Piloten, Rückmarsch zu Nannen, Antwort — immer wieder das gleiche Spielchen. Etwa eine Stunde lang mußte Heidemann auf diese Art Nannen Nachhilfeunterricht erteilen.[455] Nun wußte auch der Leser des STERN, um was für ein Flugzeug es sich handelte.[456] Die Maschine sollte sogar einmal Heiner Bremer aus einer peinlichen Situation befreien. Ebenfalls in dieser Maschine saß Gerd Heidemann, den Kollegen retten konnte er allerdings nicht mehr.

Frank Arnau hatte, »aus persönlicher Dankbarkeit für Henri Nannen, der mir geraten hat, Schriftsteller zu werden«, den STERN auf einen dubiosen Mann namens Franz J. Disler aufmerksam gemacht. Dieser wisse, wie die geheimen Protokolle der Moskauer Verhandlungen Willy Brandts zur Springer-Presse gekommen seien, die in ihren Blättern das streng gehütete Regierungsgeheimnis zu einer Offenbarung machte. Der STERN war dem Springer-Konzern nicht grün, der Tip Arnaus stieß zwangsläufig auf fruchtbaren Boden.[457]

Elf Monate lang, bis zum April 1971, arbeitete Disler als »Sekretär« für den Springer-Vertrauten Hans Habe. Disler wollte nun beobachtet haben, wie sein Chef von dem von der SPD zur CDU übergelaufenen Bundestagsabgeordneten Herbert Hupka ein dickes Kuvert zugespielt bekommen habe, in dem sich die Protokolle befanden. Disler: »Ich konnte — während ich zum Diktat bei Habe war — nur das oberste Blatt des Papiers mir einprägen. Auf Grund des SPIEGEL-Titelbildes vom 24. April 1972, das die Kopie des anonym veröffentlichten Protokollauszugs von den Verhandlungen über den Vertrag zwischen der Bundesrepublik und der UdSSR wiedergab, bin ich sicher, daß Habe von Hupka schon damals ein identisches Exemplar zugeschickt erhalten hatte.«[458] Das war nicht ohne Brisanz, weshalb der STERN, vor allem Heiner Bremer, seinen erklärten Gegner Springer auch wieder einmal an die Wand drücken konnte, denn auf den »rechten Laden« war Bremer — im Gegensatz zu heute — damals überhaupt nicht gut zu sprechen.

Auf zwei Seiten wurde übergroß Hupka neben Habe und Springer abgebildet, darunter die dicke aber unsouveräne Headline gesetzt: »Erklärung an Eides Statt: 'Ich weiß, wie Springer an die Geheimprotokolle kam'.« Diese Bombe, niemand wußte es besser als der heutige Pressesprecher des Springer-Hauses, Bremer, würde in der ohnehin sensiblen politischen Landschaft zünden, mit Sicherheit von Hans Habe und Herbert Hupka eine einstweilige Verfügung die Retourkutsche sein. Bevor die aber eintrafen, war die STERN-Ausgabe längst am Kiosk.[459] Inzwischen war die eidesstattliche Versicherung Dislers nochmals von den Hausjuristen studiert und für nicht besonders präzise befunden worden. Disler mußte eine zweite unterschreiben. Aber wie an ihn herankommen? Heidemann schien der letzte Ausweg zu sein. Bremer: »Du mußt den sofort auftreiben. Wir brauchen ihn bis heute abend.«(460) Disler hielt sich irgendwo in Südfrankreich auf. Ein Fall für Gerd Heidemann.

Heidemann sprach kein Französisch, Peter Ebel aber, und deshalb wurde dieser dem Reporter zur sprachlichen Unterstützung mitgegeben. In wenigen Stunden waren die STERN-Abgesandten in Frankreich gelandet. Heidemann steckte das Terrain ab. Wie Disler auffinden? Das Nächstliegende fiel Heidemann ein: Es müsse sich durch die Postämter gefragt werden, denn Disler werde sich seine Briefe dort wahrscheinlich abholen. Und richtig! Die Poststelle in Les Montenez kannte einen Kunden Disler. Heidemann und Ebel rasten zu seinem Anwesen. Disler war nicht da. Das STERN-Team wartete. Gegen 13 Uhr kehrte der STERN-Informant in sein Haus zurück, nur um es gleich darauf wieder zu verlassen. Pünktlich war das STERN-Flugzeug nach Hamburg zurückgekehrt, die eidesstattliche Versicherung von Disler unterzeichnet worden. Heidemann hatte seine Fähigkeiten wiederum unter Beweis gestellt. Anschließend nahm er den Habe-Denunzianten mit zu sich nach Hause, um ihn bei dieser passenden Gelegenheit gleich ganz »auszuquetschen«. Und was kam dabei heraus? Die Bestätigung, daß die Verhandlungsprotokolle in der Tat nicht von Habe stammten. Peinlich für den gefrorenen Heiner Bremer, aber ein Triumph für Heidemann: »Der hätte erst die Recherchenergebnisse abwarten müssen. Aber Bremer wollte gleich ran; Hauptsache er konnte Springer eins auswischen.«(461)

Die Ost-Dokumente waren Springer per Photokopie zugegangen. Jedes Kopiergerät aber hat seinen »Fingerabdruck«, Habes Gerät beispielsweise kleine Kratzer auf einer bestimmten Stelle, die sich später deutlich auf jeder Kopie zeigten. Auf den Kopien, die veröffentlicht wurden, fehlte dieses Zeugnis. Bedeppert mußte Heiner Bremer durch Gerd Heidemann zur Kenntnis nehmen: »Alles großer Quatsch.«(462) Bremers Schlag gegen Springer stellte sich als wenig effizient heraus, der STERN druckte seinen bis heute längsten Widerruf. Dank des nun sprachlos gewordenen Heiner Bremer. Aus diesem Grund wurde nun fleißig Material gegen Habe gesammelt. Es wäre doch gelacht, dachten einzelne STERN-Redakteure, wenn Habe nicht an anderer Stelle übel nachgeredet werden könnte.

Der Schweizer Journalist Max Jäggi bot KONKRET eine Serie über Habe an. Titel: »Ist Habe wirklich ein Faschist?« Dreißigtausend Mark wollte er dafür kassieren, Pornophotos inbegriffen, wie der SPIEGEL genüßlich meldete.(463) Für dieses Material interessierte sich natürlich auch der STERN. Und was waren das für entlarvende Details?

Ein Dossier »Spionage« (»Habe gilt als Verbindungsmann zwischen dem CIA und dem Intelligence Service im British Foreign Office«), aus dem hervorging, mit welchen Geheimen der Schriftsteller Umgang pflegte (Habe im ZDF-Magazin: »Ich kenne niemand vom amerikanischen oder englischen Geheimdienst«).(464) Die wohl nettesten Habe-Dokumente befanden sich indes in einem Kuvert: acht Aktmotive. Hans Habe als Lotterbube. Diese erregenden Photos reichte Manfred Bissinger feixend auf einer Konferenz herum. Einige bedauerten, daß Habes Einsätze niemals im STERN publiziert werden könnten.(465) War diese Affäre ein Einzelfall? Der STERN wäre beinahe noch auf einen anderen Zuträger vom Kaliber Dislers hereingefallen, einen, der Konrad Kujau in nichts nachstand. Den Bankrott des STERN verhindert hatte — Gerd Heidemann. Es ging um den Lockheed-Skandal.

Die Watergate-Ermittler hatten bei Nixons Sekretärin Rose Mary Woods eine Liste von US-Firmen gefunden, die 1972 den Wahlkampf des damaligen Präsidenten illegal finanziert hatten. Die Fahnder stießen auf den Flugzeughersteller Northrop, der zwei saudi-arabische Generäle bestochen haben sollte. Bei dieser Gelegenheit tauchte auch der Konkurrent Lockheed auf. Im Frühjahr 1975 versuchte ein Staatsausschuß hinter die Praktiken Lockheeds zu kommen, wurden zweiundzwanzig Millionen Dollar Schmiergeld ausgemacht. Der Lockheed-Vizepräsident wußte keinen Ausweg mehr, lud seine Pistole durch und erschoß sich. Da betrat plötzlich ein Mann die Korruptionsbühne, der von 1961 bis 1964 im deutschen Büro Lockheeds in Koblenz gearbeitet hatte, wo die Bundeswehr ihre Beschaffungsstelle unterhielt. Sein Name: Ernest F. Hauser. Er hätte ein Zwillingsbruder Konrad Kujaus sein können. Die CSU von Franz Josef Strauß wurde von Hauser als Geldempfänger Lockheeds denunziert; bewiesen werden sollte das unter anderem mit Hilfe von Hausers Tagebuch.

Hauser, dessen Vater aus Österreich nach Amerika ausgewandert war, kam 1945 als Chef einer militärischen Nachrichteneinheit ins süddeutsche Schongau. Hauser hatte mitgeholfen, daß Strauß zum stellvertretenden Landrat aufsteigen konnte. Die beiden freundeten sich an; Strauß stellte sich als Trauzeuge für Hausers zweite Eheschließung zur Verfügung.(466) Als Henri Nannen diese Details zu Ohren kamen, schien er ganz aus dem Häuschen: dem einstigen STERN-Autor Strauß könne er jetzt endlich an den Karren fahren, hatte sich der ehemalige Bundesverteidigungsminister doch längst zu seinem Intimfeind ausgewachsen. Diese unversöhnliche Haltung Strauß gegenüber nahm auch Rudolf Augstein ein. Zwangsläufig wurden STERN und SPIEGEL, vor allem wegen des Lockheed-Stoffes, zu erbitterten Konkurrenten, denn auch das Nachrichtenmagazin stürzte sich lustvoll auf diese journalistischen Leckerbissen. Ein Telex aus den USA brachte die Chefredaktion des STERN in Bewegung, STERN-Korrespondent Klaus Liedtke setzte die Mär von den Strauß-Millionen in Umlauf. Er sandte ein Telex: Der Senatsausschuß »hält eine direkte Bestechung von Strauß — Geldspenden von Lockheed an die CSU — für wahrscheinlich. Parteifinanzierung ist ja bei den Multinationals sehr beliebt«, kommentierte Liedtke ausgesprochen sicher. Dann lobte er sich und seine Verbindungen: »Meine Gesprächspartner ermunterten den STERN, in die Starfighter-Affaire einzusteigen«, »gleichzeitig wurde ich vergattert, vorerst nichts über die Starfighter-Ermittlungen zu schreiben, um Quellen für den Senatsausschuß nicht zu verschütten«.(467) Henri Nannen konnte es gar nicht fassen: »Endlich.«(468) Den Strauß-Abschuß mochte er sich ohne Mithilfe Heidemanns nicht vorstellen, der aber leider das Gegenteil recherchierte: den Kronzeugen Ernest F. Hauser entlarvte er als Lügner.

Heidemann interviewte im Schweizer St. Moritz den ehemaligen Europa-Direktor von Lockheed, Fred Meuser. Der bestritt energisch, von irgendwelchen Zahlungen an die CSU oder Strauß etwas zu wissen, hingegen gab er zu, Schmiergelder an italienische Politiker ausgekehrt zu haben. Heidemann erfuhr aber auch dies: Da sei er, Meuser, von einem Mitarbeiter des WALLSTREET-JOURNALS angerufen worden, der ihm aus dem Tagebuch Hausers vorgelesen habe. Den Tagebuch-Tip reichte Heidemann an Klaus Liedtke weiter, der Hauser schließlich in Phoenix/Arizona ausfindig machte. Im Dezember flog Heidemann in die Staaten, mit Liedtke besuchte er den Zuträger.(469) Der STERN nahm ihn erst

Gerd Heidemann und Klaus Liedtke *(in den USA): »Das mußt Du entscheiden«*

einmal unter Vertrag. Die Trophäe »Hauser« sollte der SPIEGEL nicht einkaufen können.

Die »Vereinbarung«, von Liedtke und Heidemann gegengezeichnet, garantierte der Illustrierten »Exklusivität«. Dafür erhalte Hauser »fuer die Zeit, die er dem STERN zur Verfuegung steht, als Ausgleich fuer den ihm dadurch entstehenden Verdienstausfall pauschal DM 10.000. Ausserdem werden ihm die nachgewiesenen Reisekosten erstattet«, »fuer den Fall, dass sich die Aussagen ... als unrichtig herausstellen, verpflichtet er sich, an den STERN eine Vertragsstrafe von DM 10.000 zu zahlen«.(470) Wie nun sollte die Zahlung Lockheeds an die CSU und/oder Strauß bewiesen werden? Hauser hatte Tagebuch geführt. Das ließ sich Heidemann im Original aushändigen.

Das WALLSTREET-JOURNAL war vor der Vertragsschließung des STERN mit Hauser vorübergehend mit dem ehemaligen Lockheed-Bediensteten ins Geschäft gekommen. die Redaktion beauftragte daraufhin einen Schriftsachverständigen, ein Gutachten über Hausers Tagebuch-Eintragungen zu erstellen. Das Testat war ziemlich eindeutig: Hausers Notizen seien »höchstwahrscheinlich nicht erst in jüngster Zeit angefertigt«. Dieses machte den STERN sicher. Nach den Aussagen Hausers und den Enthüllungen des Tagebuchs schien die Lage klar, zumal Liedtke und Heidemann anschließend das Ausschußmitglied des Senats, Jack Blum, aufsuchten, der Hausers Mitteilung, der CSU zehn Millionen gezahlt zu haben, noch erhöhte: »Ten millions? Hundred millions!« Trotz dieser atemberaubenden Summe, trotz zweier Zeugen kam Heidemann aber alsbald dahinter, »daß es sich bei Hauser um einen notorischen Lügner handelt, dessen Erzählungen immer einen winzigen Wahrheitsgehalt haben«.(471)

Sämtliche Namen und Daten, die Hauser nannte, wurden von Heidemann überprüft. Auch wenn sie zehn oder siebzehn Jahre zurücklagen. Einige Personen waren bereits tot, andere aber noch durchaus vernehmungsfähig. Immer mehr kristallisierte sich heraus, daß Hauser aus Profilierungssucht dazugedichtet hatte. Sein Name in den Schlagzeilen der Weltpresse — Ernest F. Hauser genoß es sichtlich. Heidemann: »Alle Angaben Hausers, die Strauß in irgendeiner Form belasteten, entpuppten sich als Hirngespinste.«(472) Irgend etwas aber, so munkelten einige STERN-Redakteure, müsse doch dran sein. Nur, niemand kam so recht weiter. Erst Klaus Liedtke präsentierte wieder einen Hoffnungsschimmer: Hauser, so Liedtke in einem Telephongespräch, habe ihm zwei weitere Schriftstücke angeboten, die er zurückbehalten habe, jetzt aber herausrücken wolle. Aus diesen Dokumenten würde hervorgehen, welche Beträge Lockheed an Strauß in Deutschland und den Prinzen Bernhard von Holland gezahlt habe. Heidemann: »Ich wurde beauftragt, die angeblichen Beweise in die Hände zu bekommen.« In Arizona überreichte Hauser dem Reporter eine Aktennotiz auf Lockheed-Briefpapier. Das zweite Dokument mochte Hauser angeblich auf Anraten seines Anwaltes noch nicht herausrücken, freilich für zehntausend Dollar beide Papiere dem STERN überlassen.(473) Heidemann mochte darüber nicht entscheiden und rief Peter Koch in Hamburg an.

»Ich will dem nichts zahlen. Das mußt du entscheiden«, sagte Heidemann. Am besten, schlug Heidemann vor, Koch komme in die Staaten, damit Hauser auch von ihm noch einmal ins Kreuzverhör genommen werden könne. Dazu aber hatte Koch keine Lust, er zögerte. Erst als Heidemann berichtete, daß er in Phoenix »tolle Golfplätze« entdeckt habe, war Koch wie umgewandelt: Unter diesen Umständen werde er sofort über den Atlantik jetten. Koch kam tatsächlich bereits einen Tag später — seine Golfausrüstung nahm er mit, den Zuschlag für das übergewichtige

Freizeitler Peter Koch *(in den USA): Mit Golfausrüstung auf Recherchen geflogen*

Freizeitler Peter Koch *(in den USA): Honorar an einen Mitarbeiter des SPIEGEL-Archivs gezahlt*

Gepäck zahlte der STERN. Zwar sprach Koch auch mit Hauser, aber in erster Linie schlug er den kleinen Ball in die Löcher, Heidemann beförderte er solange zu seinem Caddy.(474)

Das üppige Honorar für zwei Photokopien würde der STERN erst dann zahlen, teilte Koch Hauser mit, wenn die Echtheit der Schreiben sichergestellt sei. Nach anfänglichem Weigern erklärte sich Hauser bereit, die Kopien einem vom STERN zu bestimmenden amerikanischen Schriftgutachter zur Verfügung zu stellen, sowie einen Lügendetektortest über sich ergehen zu lassen. Was aber ging denn nun aus den zwei Dokumenten tatsächlich hervor?

Aus dem ersten, daß die CSU fast 1,4 Millionen Dollar erhalten, aus dem zweiten, daß Prinz Bernhard der Niederlande fast neunhunderttausend eingenommen hat. Paraphiert waren die Aktennotizen von einem gewissen »Roha«. Heidemann: »Mir fiel sofort auf, daß die beiden Paraphen deckungsgleich waren, wenn man die Photokopien übereinander und gegen das Sonnenlicht hielt. Zumindest eine mußte also gefälscht bzw. drunterkopiert sein.« Und der Lügentest? Hauser hatte sich unter Schlafdrogen gesetzt, so daß ein eindeutiges Ergebnis ausblieb. Dennoch zahlte Peter Koch tausend Dollar. Immerhin hatte sich Hauser eine Woche lang zur Verfügung gehalten.(475)

Gerd Heidemann reiste durch die Bundesrepublik, nach Holland. Minuziös widerlegte er Hausers »Fakten«, verglich Hausers Tagebuch-Eintragungen, wenn Hauser zum Beispiel einen Besuch im Bonner Verteidigungsministerium notiert hatte, mit den Besucherlisten der Hardthöhe. Hauser hatte auch hier gelogen. Schließlich: Das Format der zwei Aktennotizen hatte eine amerikanische Größe, kein Format DIN A4, wie die deutsche Vertretung Lockheeds es damals gebrauchte, außerdem wies die Kopiequalität einen Standard auf, der 1962 — um diesen Zeitraum ging es — noch nicht erreicht war. Die in den Aktennotizen angegebenen Serien- und Modellnummern der in die Bundesrepublik und Niederlande gelieferten Flugzeuge waren mit den tatsächlichen Lieferungen nicht identisch. Der Aktennotiz-Verfasser schrieb das englische »telephone« stets mit einem »f« (Heidemann: »Das könnte darauf hinweisen, daß der Verfasser das Englisch nicht als Muttersprache beherrscht. Hauser ist Österreicher«) und auch die Briefköpfe der Lockheed-Dependance in Koblenz sahen 1962 anders aus — Hauser hatte eine Briefkopfform gewählt, die erst Jahre später benutzt wurde. Ein Gutachten des Zollkriminalinstituts bestätigte Hausers Dokumente als Fälschungen. Heidemann: »Hausers Ziel ist es, Strauß unter allen Umständen zur Strecke zu bringen, 'ihm den Blattschuß' zu geben, wie er selbst in einem Brief an Herrn Nannen formuliert hat.« Fazit: »Das Ergebnis meiner Recherchen ist, daß Hauser in fast allen Punkten die Unwahrheit gesagt hat. Hauser ist von uns als Lügner, Fälscher und Betrüger entlarvt. Wobei noch zu bemerken ist, daß er für den BND und CIA arbeitete und Kontakte zum KGB unterhielt.«(476)

Gerd Heidemann hatte die Lockheed-Geschichte »totrecherchiert«, Klaus Liedtke, der es mit Heidemann nur allzu gern zu einem Gespann von der Dimension der Watergate-Enthüller der WASHINGTON-POST gebracht hätte, war um ein Thema gebracht (Liedtke zu Heidemann: »Durch Lockheed werden wir das erreichen«). Auch Peter Koch, der die Zahlung von einigen Hundert Mark an einen Mitarbeiter des SPIEGEL-Archivs fehlinvestiert hatte, kam nicht zum Zuge. Er hatte sich von einem Dokumentaristen einen wohlsortierten Aktenordner über die Starfighter-Affäre Lockheeds zusammenstellen lassen (beispielsweise den »Vertrag zwischen Bundesrepublik Deutschland ... und der Firma Lockheed« über die Starfighter-Lieferungen vom 18. März 1959). Die von Koch konzipierte Lockheed-

Serie erschien — trotz des umfangreichen Materials aus dem SPIEGEL — nicht.(477) Wie hatte der STERN nun auf diese Fälschungs-Gewißheit reagiert?

Auf der letzten Seite, in der Rubrik »Nächste STERN-Woche«, stand bescheiden unter »Betrifft: STERN« etwas über Hausers gefälschte Papiere: »Der STERN besorgte sich ... die Dokumente und beauftragte Schriftgutachter, sie zu untersuchen.«(477a) Es war Heidemann, der dies initiiert hatte. Und als die Redaktion Hausers Strauß-Bekenntnisse noch für glaubwürdig hielt, war Klaus Liedtke ganz versessen darauf, daß in der Autorenzeile sein Name endlich einmal vor dem Gerd Heidemanns stand, da Koch die Lockheed-Rechercheure alphabetisch unter die Lockheed-Artikel des STERN gesetzt hatte. Liedtke war das gar nicht recht, er wollte vor Heidemann als Lockheed-Enthüller erkannt werden:

»Lieber Peter« Koch, so nörgelte er darum in einer Hausmitteilung herum, »nun steht auch unter der zweiten Lockheed-Story die Autorenzeile Gerd Heidemann/Klaus Liedtke«, dies halte er »fuer inkorrekt und unfair«, denn: »Es ist international ueblich, dass bei zwei Autoren immer der zuerst genannt wird, der die Story geschrieben hat.« Dann erinnerte Liedtke an sein heimliches Vorbild, schließlich wollte er — zusammen mit Gerd Heidemann — in dessen Fußstapfen treten: »Denke z.B. an WASHINGTON POST-Reporter Bernstein and Woodward, die sich 'Woodward and Bernstein' nannten, wenn Woodward die Feder gefuehrt hatte.« Daß die Lockheed-Affäre ohne Heidemann so nicht im STERN gestanden hätte, war selbst Liedtke bewußt: »Du weisst, dass ich Gerd Heidemann sehr schaetze und die Zusammenarbeit mit ihm hervorragend finde«, aber er glaube, »dass (Heidemann) meinen Einwand versteht«.(478) Das aber tat Koch genau nicht. Nachdem der Reporter Strauß entlastet hatte, wollte der CSU-Gewaltige ihn kennenlernen.

In der Weinstube der »Wienerwald«-Zentrale saßen die Männer vom STERN und Strauß mit seinem Anwalt. Zu früher Stunde wurde Franken gereicht, die Stimmung war hervorragend. Nach einigen Stunden trennten sich die Herren freundschaftlich. Einige Wochen später wurde Heidemann an das Treffen noch einmal erinnert: Der Verleger und Strauß-Freund Walter Schöll schickte ihm das Tagebuch Hausers zurück — Heidemann hatte es während der Plauderei auf den Boden fallen lassen. Dort wurde es schließlich aufgefunden — von Erich Böhme vom SPIEGEL, der anschließend mit Strauß am selben Tisch tafelte.(479) Lockheed und die Tagebücher Adolf Hitlers — die Parallelen sind gespenstisch:

Der Fälscher bei Lockheed hieß Hauser, bei den Tagebüchern des Führers Konrad Kujau. Während Heidemann bei Lockheed Papier- und Schriftsachverständige selbst beauftragte (mit Hilfe einer solchen Unterstützung hatte er schließlich bereits das Traven-Rätsel gelöst), war Hitlers vermeintlicher Nachlaß gutachterlich von dem Tagebuch-Ressortleiter Thomas Walde und dessen Freund aus der Verlagsetage, dem stellvertretenden Verlagsleiter des STERN, Wilfried Sorge, zu klären, die Tagebuch-Einteilung also klipp und klar geregelt:

Die Kladden mußte Gerd Heidemann besorgen, wegen der ins Haus stehenden Vermarktung wurde er immer mehr unter Zeitdruck gesetzt. Zugleich war ihm befohlen worden, sich mit den Fragen des Urheberrechts zu beschäftigen. Was Heidemann nicht zu tun hatte, war ebenfalls geregelt: Die Gutachteraufträge, die hatten Walde und Sorge zu vergeben sowie zu verantworten. Dies geschah zwar, aber viel zu spät, der hektische Tagebuch-Druck hatte längst eine Eigendynamik entwickelt. Walde wurde erst dann aktiv, als Gerd Schulte-Hillen, der Tagebuch-überzeugte Vorstandsvorsitzende des Verlages Gruner + Jahr, die Tagebuch-Gestreßten zur voreiligen Tagebuch-Veröffentlichung trieb.

»EURE HEILIGKEIT, MAJESTÄT« oder: Der STERN blickt in Idi Amins Unterhose

Ob Tagesschau oder Zeitungen — immer wieder die gleiche Berichterstattung: der Vietnam-Krieg drang minutenlang in die Wohnstuben, füllte die ersten Seiten der Presse. Die Amerikaner befanden sich auf dem Rückzug, Frieden herrschte aber erst im April 1975. Die Kapitulation der Großmacht, das Versagen der US-Armee, die Fehler der US-Luftwaffe, der Mangel der US-Marine wurden Sujets, die weltweit die Medien anziehend fesselten. Von Ort und Stelle brachten die Redaktionen dieses US-Fiasko dem längst Vietnam-überdrüssigen Publikum näher. Vor allem Photos waren gefragt.

Randolph Braumann und Perry Kretz, der eine Redakteur, der andere Photograph des STERN, hockten 1971 im »TU-Doclub« in Saigon, als eine Bombe explodierte. Die Journalisten kamen ungeschoren davon, nur einer verlor vorübergehend sein Gehör. Gerettet hatte sie eine Säule, hinter der sich der Sprengstoff entzündet hatte. Der Schock aber saß tief. Es wurden sechsunddreißig Tote gezählt. Kriegsreportagen, nein, von denen wollte zumindest Braumann in Zukunft nichts mehr wissen.(480) Auch Gerd Heidemann mied inzwischen derartige Abenteuer, ihm reichten elf Schlachtfelder, auf denen er für den STERN unterwegs gewesen war.(481) Doch der Reporter wurde wortbrüchig. Fast wäre er auch in Vietnam gelandet.

Während der Endphase der bewaffneten Auseinandersetzungen hielt sich der STERN-Journalist Klaus Liedtke mit einem Photographen in Da Nang auf, der größten US-Militärbasis. Von Liedtke war es die Redaktion des STERN gewohnt, daß er sich regelmäßig meldete. Nun aber war er überfällig, galt als verschollen. Zwar glaubte niemand an seinen Tod, sah ihn vielmehr in der Gefangenschaft der Vietcong, aber das schlechte Gewissen der Chefredaktion nahm zu, je länger Liedtke schwieg. Heidemann wurde wegen Liedtke bei der Blattleitung vorstellig:

Er würde sich bereit erklären, nach seinem Kollegen zu suchen. Zwar habe er sich geschworen, niemals wieder Kriegsschauplätze zu betreten, in diesem Fall allerdings würde er sofort eine Ausnahme machen und umgehend nach Vietnam fliegen. Die leitenden STERN-Macher zauderten. Wenn Liedtke und sein Kollege tatsächlich ums Leben gekommen sein sollten, dann könnte in dem Chaos möglicherweise auch der Reporter Heidemann draufgehen. Noch ein Toter. Nein, der STERN wollte nichts riskieren. Endlich gab Klaus Liedtke ein Lebenszeichen von sich. Und Gerd Heidemann atmete schließlich kräftig durch, war ihm doch ein weiteres Abenteuer erspart geblieben. Auf seiner Göring-Jacht »Carin II« feierten die Journalisten die glückliche Heimkehr. Bis in die Nacht stieß das Auslandsressort auf »das zweite Leben« Liedtkes an. Whisky für die Herren, Schampus für die Damen.(482) An Heidemanns Vietnam-Angebot erinnerte sich, vier Jahre später, Victor Schuller. Diesmal waren dem STERN wieder zwei Mitarbeiter abhanden gekommen. Sie seien erschossen worden, hatte auch längst BILD gemeldet. In Uganda, im Reich des Schlächters Idi Amin.(483)

Gerd Heidemann, die Feuerwehr des STERN, hörte Schuller am Telephon wieder mal aufmerksam zu. Er war zu Hause und freute sich auf Ostern. Schuller: »Ich weiß, Sie wollen keine Kriege mehr; aber es ist gemeldet worden, daß der Bollinger und der Stiens hingerichtet worden seien. Eine Bestätigung der Meldung können wir nicht erhalten, vielleicht handelt es sich um eine 'Ente', vielleicht sind die nur gefangengenommen worden. Können Sie mithelfen, den Fall aufzuklären?« Darüber mußte Heidemann nicht nachdenken. Selbstverständlich sagte er augenblicklich zu, denn er verfügte über die größte Afrika-Erfahrung. Ebenso schnell, nämlich einen Tag später, landete er in Kenia.[484]

Bis 1967 war Uganda britisches Kolonial-Terrain gewesen. Vier Jahre nach der Entlassung in die Selbständigkeit putschte sich Idi Amin an die Macht. Seine Diktatur entwickelte sich rasch zu einer Schreckensherrschaft: er ließ Hunderttausende der Acholi-, Lango- und Baganda-Stämme hinrichten, die zwölf Millionen Einwohner Ugandas drohten auszusterben. Amins fanatischer Haß auf Andersdenkende, sein Spaß am brutalen Töten veranlaßte schließlich den Nachbarn Tansania, mit zwanzigtausend Soldaten und fünftausend ugandischen Amin-Gegnern im Januar 1979 in Uganda einzufallen, um das unmenschliche Regime zu stürzen. Aber der Krieg dauerte länger als geplant.

Der libysche Staatschef Gaddafi, Amin war inzwischen durch ihn zum Moslem geworden, schickte zweitausend Mann nach Uganda, um Amin an der Macht zu halten. Den Libyern war von ihrem Staatschef mit auf den Weg gegeben worden, sie würden gegen die Israelis antreten. Diese Finte erwies sich alsbald als großer psychologischer Fehler, denn die Kampfmoral sank prompt auf den Nullpunkt, der Respekt vor den Israelis war zu groß. Die Libyer hielten sich aus Angst auffallend zurück, ließen sich statt dessen von den Tansaniern niedermachen, weil sie glaubten, Amin-Truppen gegenüberzustehen, denn programmiert waren sie auf Weiße, auf Juden.

Der vierunddreißigjährige STERN-Photograph Hans D. Bollinger, ein »ewig fröhlicher Wahl-Pariser« (STERN), hatte durch seinen Wagemut von sich reden gemacht, Kriege in Vietnam und Kambodscha hinter sich, selbst die Gefangenschaft bei den Nord-Vietnamesen gut überstanden. Als Bollinger nach Uganda kam, nahm ihn erst einmal Amins Geheimdienst für vier Tage in Gewahrsam, steckte ihn in das berüchtigte Polizeigefängnis in Kampala. Dort sollte er hingerichtet werden, als »weißer Söldner«. Die Deutsche Botschaft, durch einen Hilferuf Bollingers informiert, konnte ihn aus der Haft befreien und ihn — vorübergehend — vor dem Erschießungskommando bewahren.

Wolfgang Stiens, Reporter des Gruner + Jahr-Objektes GEO, wurde im September 1978 als Korrespondent des STERN nach Nairobi geschickt. Weihnachten folgte ihm seine Frau Rita nach. Der STERN: »Die Probleme Schwarzafrikas hatten den ruhigen, umsichtigen Journalisten schon an der Universität Heidelberg fasziniert.« Und: »Die Reportage über den bevorstehenden Zusammenbruch des Uganda-Regimes, das ein ganzes Land in den Ruin geführt hat, ist für ihn nicht nur eine Frage des journalistischen Ehrgeizes, sondern auch des politischen Engagements.«[485] Bollinger und Stiens wollten berichten, für den STERN. Sie beschlossen, von Norden nach Uganda einzureisen. Sie taten es aber schließlich von Osten. Das sollte ihren Tod bedeuten.

Idi Amin hatte den Befehl herausgegeben, keinen Ausländer, sprich keine Weißen, in seinen Blutrausch-Staat hereinzulassen. Das STERN-Team mußte mehrmals passen, an der Grenze wiesen Amin-treue Armeeangehörige ab. Bollinger und Stiens fällten eine strategische Entscheidung: Sie würden über den Victoriasee vordringen. Inzwischen waren die STERN-Männer auf zwei schwedische Kollegen gestoßen, auf Arne Lemberg von EXPRESSEN und Carl Bergmann vom SVENSKA DAGBLADET. Zu viert nahmen sie die strapaziöse Fahrt über den See auf sich, sechzehn Stunden lang. Endlich legten sie im kleinen Fischerhafen Katosi an. Es war Mittwoch, der 6. April 1979.[486]

Heidemann-Beute *(aus Idi Amins Photoalbum): »Eure Heiligkeit«*

Gerd Heidemann *(mit STERN-Team in Uganda): »Hätten wird den Kollegen den Flug verbieten sollen?«*

Gerd Heidemann *(in Uganda): Gekochte Bananen und Fisch*

Der Ort zählte einhundertfünfzig Einwohner und grenzte an die vierzig Hektar große Farm des ehemaligen britischen Unteroffiziers Bob Astles, dem engsten »Berater« Amins, der den Geheimdienst mit organisierte und die Kultusministerin Amins hastig zur Ehefrau nahm. Auf der Todesliste der Exil-Ugander stand der Name dieses Mannes gleich unter dem Idi Amins. Die vier Europäer wurden von den Schwarzen umringt. Eine halbe Stunde nach ihrer Ankunft ließ sich der »Gemeindevorsteher« die Pässe zeigen, anschließend suchten sie eine Lehmhütte auf, das einzige »Restaurant« am Platze. Gekochte Bananen mit Fisch bestellten sich die Reporter. Sie saßen gerade fünf Minuten, als ein grüner Landrover mit offenem Planverdeck vor dem Eingang bremste, ein Trecker mit Anhänger tuckerte hinterher. Amin-Soldaten mit vier Libyern umstellten die Hütte, auch der Polizeichef eines Nachbarortes befand sich unter ihnen. Die vier zeigten ihre Ausweise. Plötzlich ertönte es von der Landrover-Ladefläche: »Erschießt sie! Erschießt sie!«

Die erste Salve aus sowjetischen Kalaschnikow-Schnellfeuergewehren streckte Wolfgang Siens und einen der Schweden zu Boden. Bollinger wollte fliehen, kam aber nur zehn Meter weit. Die zweite Salve streckte ihn und den anderen schwedischen Kollegen nieder. Uhren, Kameras, Papiere, Geld — Amins Mörder raubten die Leichen aus. Ein Tag wie jeder andere im Staate Idi Amins. Der Deutsche Botschafter in Uganda, Walter Fröwis, wurde über den Mord an den Journalisten informiert und unterrichtete das Bonner Auswärtige Amt. Doch das wiegelte, wie so oft in ähnlichen Situationen, ab. Von dieser Peinlichkeit setzte der entrüstete Diplomat den STERN in Kenntnis: Es sei ihm, Fröwis, gelungen, den Staatssekretär ans Telephon zu bekommen, der aber »war offensichtlich ungehalten über die Erkundigung nach dem Schicksal von Stiens und Bollinger und erzählte mir in barschem Ton, daß vier bewaffnete Söldner über den Viktoriasee gekommen seien«. Weil man die vier eben für Söldner gehalten habe, seien sie erschossen worden. Das ginge die Bundesregierung nichts an. Er, Fröwis, möge sich aus dieser Angelegenheit heraushalten.(487)

Die Hamburger STERN-Redaktion hatte diese entsetzlichen Mordgerüchte gleichfalls erreicht. Zwar wurde kein Krisenstab etabliert, wie sonst bei tragischen Ereignissen gern in Bonn praktiziert, aber immerhin sofort der STERN-Reporter Carsten Moser in Marsch gesetzt, der GEO-Journalist Klaus Imbeck mit einer Reisegenehmigung versehen. Zwei Tage nach Moser/Imbeck schickte der STERN Gerd Heidemann und Klaus Meyer-Andersen sowie Herbert Peterhofen nach Kenia.(488)

Gerd Heidemann ging den Spuren der niedergestreckten Kollegen nach. Peterhofen fand sogar noch das Boot, das die Deutschen und Schweden in Uganda verlassen hatten. Es wurde photographiert, aber auch jene Hotels aufgenommen, in denen die Ermordeten abgestiegen waren. Peterhofen und Heidemann taten das, was auch die Kripo in solchen Fällen betrieb: Tatort und -hergang minuziös festzuhalten, auf Film zu nehmen, Zeugen zu befragen. Die traurige Wahrheit, daß die zwei nicht mehr am Leben waren, ließ in Heidemann und Peterhofen Wut und Gereiztheit hochkommen. Der STERN hatte Bollinger und Stiens in den Tod geschickt, ging es den Beauftragten des STERN aufgebracht durch den Kopf. War das notwendig gewesen? Nur einer »Story« wegen? Nannen lobte in seinem »Lieber STERN-Leser« unter der Überschrift »Tod in Uganda« die Suchaktion — das Massaker aber spielte bei ihm keine Hauptrolle.

Stiens habe sich als »Spezialist für die Dritte Welt« hervorgetan, Bollinger »viele Kriege und Konflikte für den STERN fotografiert«, diese Etappe aber, die sei »nicht (Bollingers) Sache« gewesen: »Jeder Journalist ... kann in Situationen geraten, in

Gerd Heidemann *(vor dem letzten Amin-Panzer): »Jeder Journalist kann in Situationen geraten, in denen sein Leben gefährdet ist«*

denen sein Leben gefährdet ist. Je ernsthafter er sich bemüht, an die Quelle der Nachricht zu kommen, desto risikoreicher wird es für ihn.« War das wirklich alles, was Henri Nannen zu sagen hatte? Es war nicht alles.

»STERN-Fotograf Fred Ihrt charterte sich ... eine einmotorige Maschine, um im Sturzflug die (griechische) Insel Jaros anzufliegen, wo das griechische Obristen-Regime seine politischen Gefangenen eingekerkert hatte.« Diese exklusiven Bilder von dem KZ-Eiland — »gingen um die Welt und stellten das Gesicht der Diktatur bloß«. Nannen: »Hätten wir unserem Kollegen Ihrt diesen wagemutigen Flug verbieten sollen?«(489) Hätte Henri Nannen dies tatsächlich jemals wirklich gewollt, wären auch mit Sicherheit die persönlichen Risiken ausgeblieben. Nannen jedenfalls ließ sich nicht einmal auf der Beerdigung von Bollinger in Berlin blicken.

Henri Nannen war ein Chefredakteur, der in anderen Dimensionen dachte. Ihm waren die Kriegsschauplätze ein Begriff, und er hatte den STERN darum großgemacht, weil er diese für seine Redaktion öffnete. Es wurmte Nannen, wenn er Photos von Gequälten oder Toten von amerikanischen Agenturen oder Photographen erwerben mußte. Er schuf deshalb eine ganz bestimmte STERN-Qualität: die permanente Berichterstattung aus Krisengebieten, nach Möglichkeit im Herzstück der Unruheherde. Er rüstete seine Reporter großzügig mit Spesen aus und hob die Bilder, waren sie einzigartig, ohne Wenn und Aber ins Blatt.

Henri Nannen hatte niemals auf seine Untergebenen Rücksicht genommen. Im Gegenteil: Er trieb seine Journalisten vor die Panzer, ließ sie in Armee-Kolonnen mitmarschieren, hinderte sie nicht daran, wenn sie Militärflugzeuge bestiegen, ließ sie Kriegsschiffe photographieren und von ihnen aus berichten. Henri Nannen war selbst während seines unrühmlichen Abtritts von der STERN-Bühne ein Heuchler geblieben und hatte eine entsprechend zerfahrene Redaktion hinterlassen. Voller Hohn quittierte er gelegentlich mißlungene Reportagen mancher STERN-Reporter, obwohl diese für die Story und den STERN ihr Leben aufs Spiel gesetzt hatten. Mit dickem Lob überfiel er jene, denen es ebenfalls wegen ihres persönlichen Wagemutes gelungen war, Text und Bilder aus lebensgefährlichen Gebieten nach Hamburg zu schleppen. Es mußte nur erschossen und ermordet worden sein, Blut in Strömen und in Farbe, schön rot, so daß der Leser wahrlich erschauern mußte. Bollinger und Stiens sollten nicht die einzigen Toten des STERN bleiben. Ihr Leben für die Illustrierte hatten noch andere gegeben: der vom SPIEGEL zum STERN abgewanderte Karl-Robert Pfeffer beispielsweise. Er starb im Nahen Osten für Nannens Gazette.

Die Verbände des völlig außer Rand und Band geratenen Idi Amin lösten sich langsam auf, die blutrünstige Soldateska rückte aus der Hauptstadt Kampala ab. Dieser Augenblick war die Stunde der STERN-Reporter Peterhofen, Meyer-Andersen, Imbeck und Heidemann. Sie fragten sich nach den diversen Wohnsitzen des brutalen Diktators durch, sie standen sogar vor der Geheimdienstzentrale des grausamen Potentaten, die Reporter drangen in Amins Stadtvilla in der Prince-Charles-Road 12 ein, sie machten das Amin-Haus am Victoriasee aus. Die Domizile waren geplündert, Schubladen und Schränke aufgebrochen, Briefe, Staatsdokumente, Photos herrenlos über den Boden verstreut. Heidemann, Imbeck und Meyer-Andersen bückten sich, rafften zusammen, was sie wegtragen konnten.

Ein Lois Brasch aus Passau, Inhaber eines »Instituts für die Feststellung von festen und flüssigen Bodenschätzen jeder Art«, schrieb an den ugandischen »sehr geehrten Presidenten« mit »e« und beschwerte sich, daß sein erster Brief bislang unbeantwortet geblieben sei, obwohl er doch die »politische Kontraverse mit Ihrem Nachbarn« interessiert verfolge und wies Amin voller Ernst darauf hin, »Sie mögen mich für verrückt halten«, könne zwar nicht beurteilen, »wie weit die Berichte über Uganda unter Ihrer Präsidentschaft auf Wahrheit beruhen«, wollte freilich aber »nochmals das Angebot (unterbreiten), in Ihrem Land nach Rohstoffbasen« zu suchen. Zwar bedauerte Lois Brasch, »dass ich diesen Brief nicht in englisch schreiben kann, hoffe aber dennoch, dass es in Ihrer Regierung einen Translauter gibt«.(490)

Idi Amin zog sie magisch an, die dubiosesten Geschäftemacher, die verrücktesten Erfinder. Aus aller Herren Länder fielen die zweideutigen Herren über Uganda her, schlugen die skurrilsten Unternehmungen vor. Idi Amin, das hatte sich längst weltweit herumgesprochen, gewährte selbst den Verrufensten Audienz. Je devoter der Gast, desto größer die Chance, bei Amin auch tatsächlich Gehör zu finden. Da hatte ein Irrer aus Ostrach Amin mit »Eure Heiligkeit, Majestät« angesprochen, ein anderer Geistesgestörter lud Amin zu sich nach Buchhof ein, aber auch seriöse Vertreter hatten Amin ins Herz geschlossen: sklavische Zeilen der britischen Königin Elisabeth II. waren nach Amins Sturz nur schwer nachzuvollziehen. Klaus Imbeck fischte den kompromittierenden Brief aus einem Haufen Papier heraus.(491) Und Gerd Heidemann? Der war ebenfalls fündig geworden, die Unterhose des Amin sollte ihm ein unvergeßliches Erlebnis bleiben. Aber auch einen Brief von Gaddafi hatte er gefunden:

Idi Amin, so stellte sich heraus, hatte die Krise allein nicht bewältigen können. Er verfügte über einen Freund, den libyschen Staatschef Gaddafi, dem Amin am 23. Februar 1979 einen Dankesbrief sandte: »Ich möchte diese Gelegenheit benutzen, um Ihnen, Ihrer Regierung und dem Brudervolk von Libyen für die politische und militärische Hilfe, die Sie mir und dem Volk Ugandas zukommen ließen, um uns gegen die Aggressoren zu verteidigen, herzlich zu danken.« Sodann lobte er die »geschmeidigen Streitkräfte« Libyens und nannte Gaddafi nochmals »meinen Bruder«.(492) Heidemann entdeckte aber auch Staatsgeheimnisse:

Korrespondenz zwischen Sadat und Amin, zwischen dem britischen Premier Harold Wilson und Amin: die Codes der ugandischen Armee, der Ministerien und des Geheimdienstes; die Listen sämtlicher Mitarbeiter dieser Behörde; die ugandische Akte über die israelische Geiselbefreiungs-Aktion in Entebbe und schließlich ein Gutachten des kenianischen Nachrichtendienstes über den ugandischen. Private Amin-Photos, auf denen der schwarze Riese in lächerlichen Posen zu brillieren versuchte, brachten die Reporter zum Lachen. Auch Amins Liebespost erweckte ihr Interesse:

Idi Amin war Moslem geworden. Jeder Moslem darf sich mit einer Haupt-Ehefrau und unzähligen Neben-Ehefrauen vergnügen. Zwei seiner Nebenfrauen wollte der Diktator, im März 1974, abschieben. Amin entwarf handschriftlich einen Brief an jene Schwiegerväter, die ihre Töchter zurückerhalten sollten. Das eine Schreiben wurde an Vater Peter Enin adressiert, der sich in Zukunft um sein Kind Nora zu kümmern hatte, das andere an einen Papa Kibedi, der ein Bett für seine Sarah freimachen mußte. Amin bewies Sinn für Rationalität, die zwei Nachrichten waren textgleich, lediglich Anschrift der Erzeuger und Name der Töchter nicht identisch.(493)

Die Amin-Sammlung der STERN-Reporter wurde durch die überbreite Unterhose des schwarzen Machthabers ergänzt. Heidemann hatte sie im Schlafzimmer des Diktators in der Stadtvilla auf dem Fußboden entdeckt. Das Textil verursachte in der Hamburger STERN-Redaktion wahre Begeisterungsstürme. Jeder in der Redaktion verstand das Mitbringsel aus Uganda als wahrlich originellen Jux, so daß

Heidemann — von seinen Kollegen angespornt — noch eins draufsetzte: Er fertigte eine Collage aus Amin-Briefen und -Orden, plazierte in der Mitte dieses Kunstwerkes das überdimensionale Stück Unterwäsche. Selbst Henri Nannen jauchzte Jahre später über die seltene Beute: »Haben Sie noch Idis Unterhose?«(494)

Das gute Stück, über das sich im STERN jeder amüsieren wollte und konnte, spielte aber nach dem Tagebuch-Reinfall plötzlich eine andere Rolle. Während der STERN-Kampagne gegen Heidemann wurde es zu einem schwergewichtigen Beweis der nunmehr angeblich vom in Mitleidenschaft gezogenen Geisteszustand des Reporters künden sollte. Wer fremde Unterhosen einsteckte, setzten Manipulatoren des STERN in Umlauf, der würde auch nicht vor gefälschten Tagebüchern Hitlers zurückschrecken. Als aber von den Führer-Memoiren noch keine Rede war, als viele beim STERN Idi Amins »Elefantenschlüpfer« sehen und sogar anfassen wollten, da hatte der STERN die von Heidemann in Uganda zusammengerafften Amin-Dokumente für viele Artikel redaktionell ausgewertet, der STERN mit Hilfe dieses Fundes dem Leser das Wissen um geheimste Quellen suggeriert. Im Gedächtnis der Öffentlichkeit geblieben war aber nur die Unterhose. Dabei hatte der STERN alle Veranlassung, über sich selbst nachzudenken, hatte er doch zwei Jahre zuvor eine neue Sparte erfunden: den nachrichtendienstlichen Journalismus. Anlaß: die Entführung des Arbeitgeber-Präsidenten Hanns-Martin Schleyer und einer Maschine der Lufthansa nach Mogadischu in Somalia.

»DIE ANDEREN MACKER DÜRFEN GRATIS« oder: Der STERN hört Bonn ab

Schleyer und Mogadischu erschütterten, im Jahre 1977, die Bundesrepublik Deutschland. Aber auch das Bonner Büro des STERN. Dort wurde etwas in Szene gesetzt, was wohl auch bis heute einmalig geblieben ist, eine beispiellose STERN-Aktion lief da an, unter der Mitverantwortung des heutigen Pressesprechers des Axel Springer Verlages, Heiner Bremer, der zur damaligen Zeit im STERN aber noch das Ressort »Deutsche Politik« leitete und dem somit die Bonner Redaktion unterstand.

Am 5. September 1977 erschossen Terroristen Schleyers Fahrer und drei Polizisten aus dem Begleitkommando. Am nächsten Tag traf ein Brief der Entführer ein. Elf inhaftierte RAF-Gewalttäter, unter ihnen Baader, Ensslin und Raspe, sollten in ein Land ihrer Wahl geflogen werden. Dafür werde Schleyer das Leben geschenkt. Doch der Industrie-Prinzipal wurde im Oktober in Mühlhausen erschossen aufgefunden, die RAF-Angehörigen waren nicht freigelassen worden. Fünf Monate zuvor war bereits der Generalbundesanwalt Siegfried Buback, fünf Wochen vor Schleyers Hinrichtung der Chef der Dresdner Bank, Jürgen Ponto, ermordet worden. Die Bonner politische Landschaft glich aber vollends einem Tollhaus, als ein Jet der Lufthansa gekapert wurde, dessen Pilot auch noch sterben mußte. Die Passagiere konnten aber durch die spektakuläre Aktion der GSG 9, die bis heute unübertroffen geblieben ist, befreit werden.

Wochenlang wurden nicht nur beim STERN Überstunden gemacht. Redakteure recherchierten Tag und Nacht, die Reporter schwärmten aus, jedes Detail schien wichtig. Doch pötzlich verhängte die Bundesregierung, wenige Tage nach der Schleyer-Enführung, eine totale Nachrichtensperre. Unvermittelt waren Verbindungen des STERN zur Sicherungsgruppe Bonn gekappt, unerwartet Kontakte zu Mitarbeitern des Bundeskriminalamtes unterbrochen, auch das sonst nachlässig-

stern Nr. Seite Autor/Redakteur Thema Blatt

Schriftgröße/Art	Breite	Bemerkungen	Termin

verlassen. Die haben alle geklatscht, der ganze Saal hat geklatscht. Ich bin aufgestanden. Vor über 1oo Menschen habe ich gesprochen. Laut und deutlich. Denn das ist unzumutbar, was ~~dx~~ die mit uns machen. In Wiesbaden laufen ledige junge Leute herum und verheiratete Männer mit Familien zuhause haben sie geholt. Da begeht doch der Staat eindeutig, eine Verletzung seiner Sorgfaltspflicht.

Weist Du, was Boeden gesagt hat. Naja ich will mich nicht ärgern. Jeder hat so seine Schützlinge, die stehen dann rum , so ca 5o Leute. Boeden sagte, die anderen sind auch dran. Das ist ~~x~~ ein Riesenbetrieb hier. Tag und Nacht. Von sieben bis 14 Uhr, und von 14 Uhr bis 1 Uhr, 2 Uhr. So geht das zu. Es ist Alarmzustand. Die haben 7.ooo Autos (In Worten: siebentausend) von Mietwagenfirmen angemietet. Das muß man sich mal vorstellen, was das kostet.

Schatzele, Du bist so gedrückt, was ist denn los?

Sie: Nichts

Telefon Nummer von seiner Großmutter: o97214/ 5672

Name von ihm Trassel ?

Weil er mit der Rechtsabteilung des BKA Schwierigkeiten hat, trägz er sich mit dem Geanken, eine Akte , wo ihm eine Dienstverletzung in drei Punkten vorgeworfen wird.

(handschriftlich:) Bemerkung: Tel. Nr. bereits angerufen. Als Polizeibeamter ~~te~~ gemeldet und nach dem Kollegen gefragt, der so eine vielbeachtete Rede gehalten hat. Antwort: Er ist in Argentinien – ich glaube es bloß nicht. He

(handschriftlich:) Ein Bundesdisziplinaranwalt entscheidet jetzt darüber, was gemacht wird

Buchstaben

Zeilen

Melior
6 p – 10 c – 36 A
6 p – 11 c – 39 A
8 p – 8½ c – 24 A
8 p – 11 c – 32 A
9 p – 8½ c – 22 A
9 p – 10 c – 26 A
9 p – 11 c – 29 A
9 p – 12 c – 32 A
10 p – 12 c – 29 A
10 p – 13 c – 31 A
12 p – 12 c – 24 A

Times
9 p – 8½ c – 24 A
9 p – 9 c – 26 A
9 p – 10 c – 29 A
9 p – 11 c – 31 A
10 p – 11 c – 29 A
12 p – 12 c – 27 A
10 p – 14 c – 37 A

Helvetica
8 p – 10 c – 29 A
9 p – 10 c – 27 A
9 p – 11 c – 29 A
10 p – 11 c – 26 A
10 p – 14 c – 33 A

a7/18-1071

Abhör-Protokoll des STERN: »Nöö, Nöö«

durchlässige Bundesamt für Verfassungsschutz hielt sich zurück. Die entnervte Öffentlichkeit aber verlangte gerade jetzt nach Informationen. Und als selbst die Politiker gereizt nur »keinen Kommentar« antworteten, nun auch die verbindungsreichsten Journalisten unerwartet vor einer hohen und dicken Schweigemauer standen, da mußte im STERN irgend jemand eine phantastische Idee gehabt haben: einfach die amtlichen Gespräche abzuhören. Die technischen Voraussetzungen waren alsbald geschaffen, die Bonner STERN-Redaktion in der Dahlmannstraße avancierte zur konspirativen Abhörzentrale, gelernte Journalisten wechselten über ins Fach der Geheimdienste, sie konkurrierten jetzt mit Abhörspezialisten des damaligen DDR-Ministeriums für Staatssicherheit. Die Bonner STERN-Crew unterstand Heiner Bremer, und es ist bislang nicht bekanntgeworden, daß der Talkmaster des Barschel-Badewannenphotos diese illegale Aktion unterbunden hatte. Statt dessen STERN-typisches Protztum:

Triumphierend verkündete die Illustrierte, Anfang November 1977, daß sie die Nachrichtensperre im Fall Schleyer durchstoßen habe, vermied dabei aber geflissentlich, die Spur auf die neuesten Recherchen-Methoden zu lenken: »Je verschlossener Bundesregierung und Bundeskriminalamt, Polizei ... waren, desto intensiver mußte der STERN an der Beschaffung jener Nachrichten und Dokumente arbeiten, die am Tag X ein minuziöses Protokoll des folgenschwersten Entführungsfalls in der Geschichte der Bundesrepublik Deutschland ermöglichen würden.« Ohne Arg, noch im Rausch ihres vermeintlich einmaligen Meisterstreichs, entlarvte der STERN möglicherweise einen Teil seiner Abhörakteure: »In Bonn trugen Mario R. Dederichs, Werner D'hein, Kurt Breme und Werner Heilemann Informationen aus Krisenstab, Bundeskriminalamt und Parteizentralen zusammen.«(495) Von dem »grauen Kasten«, der da überstürzt im Bonner STERN-Büro installiert wurde, wußte auch Peter Neuhauser, zwar Chef des untypischen STERN-Ressorts »Erziehung und Gesellschaft«, aber voll involviert in die Lauschoperation des STERN. Worüber unterhielten sich Bonner Sicherungskräfte über das Autotelephon?

Annemarie Renger und Egon Bahr seien von Terroristen ohne großes Risiko zu entführen, denn »die haben alle keinen Objektschutz«. Auch der damalige Kopf der CDU-Opposition, Helmut Kohl, wäre möglicherweise ein leichtes Opfer geworden, sei sein »Objektschutz so toll, daß (der nicht einmal wisse), daß der Kohl weg ist«. Enthüllende Dialoge wurden vom STERN aufgezeichnet, beispielsweise eine Unterhaltung zwischen »1« und »2«:

Eins: »Mit wieviel Mann seid ihr unterwegs?«

Zwei: »Wir sind unterwegs z.Zt. mit vier Mann, weil ein Auto ist ja kaputt. Das haben wir dem Lagezentrum mitgeteilt, also haben wir nur ein Auto und die haben auch keinen Ersatzwagen für uns. ... Als wir die fragten, ob wir einen Ersatzwagen (erhalten), haben die uns angeguckt, als wenn wir vom anderen Stern kämen, außer 'nem Moped wäre nichts mehr da.« Oder:

Eins: »Hör mal, eure Kleine, hat die überhaupt schon mal 'ne Pistole gesehn?«

Zwei: »Die Kleine haben wir heute nach Hause gelassen.«

Eins: »Aber die hat noch keine Pistole gesehen?«

Zwei: »Doch, mit 'ner 7,65 hätt' se schon mal geschossen.«

Eins: »In Wiesbaden?«

Zwei: »In Dortmund, nehme ich an, die ist doch da in der Ausbildung bei der Kripo. Die schießen ja auch schon mal.«

Eins: »Ja, aber ich meine, die hat wahrscheinlich in ihrem Leben noch keine MP gesehen.«

stern Nr. Seite Autor/Redakteur Thema Blatt

Schriftgröße/Art | Breite | Bemerkungen | Termin

Do 23.Sep 77

Herrn Koch

Von 16^{50} – 21^{31}

16 5o Von: Fahrer An: Frau

Er: Hallo, ich bin in Bad Godesberg, der Chef sagte es wird so zwischen sieben und Acht. Empfang mit kaltem Büffet.

Sie: Dann bring was Gutes mit. Und paß schön auf. Tschues Du Ungeheuer

Er: Bis bald, Du kleines Mäuschen.

17oo Von: Fahrer An: Frau

Von unterwegs. "Ich komme wieder später. Was hier in letzter Zeit los ist. Man kommt nicht mal zum tanken."

17 25 Von: BKA-Fahrer AN: Frau

ER: Die machen sich gegenseitig jans jeck.

Sie: Hmm

Er: Die hätten mehr Angst als die anderen. Nun sei doch nicht so traurig. Ich bin nicht mutig.

Sie: Nein

Er: Nein

18 35 Von BKA-Fahnder An: Frau

Er: Wir haben jetzt 15o Leute und Wohnungen angerufen. Fürchterlich. Wir haben überhaupt keine Wohnung und gar nichts gehabt. Und dann pass mal auf. Wir kriegen 46,1o Mark Trennungsentschädigung, 4o Tage lang. Und dann bekommen wir noch 16,2o Mark pro Tag. Aber wenn wir im Hotel übernachten müssen, bekommt man kein Zimmer unter 3o Mark. Stell

Buchstaben

Zeilen

Melior		Times	Helvetica
8 p – 10 c – 36 A	9 p – 8½ c – 22 A	9 p – 8½ c – 24 A	8 p – 10 c – 29 A
8 p – 11 c – 39 A	9 p – 10 c – 26 A	9 p – 9 c – 26 A	9 p – 10 c – 27 A
8 p – 8½ c – 24 A	9 p – 11 c – 29 A	9 p – 10 c – 29 A	9 p – 11 c – 29 A
8 p – 11 c – 32 A	9 p – 12 c – 32 A	9 p – 11 c – 31 A	10 p – 11 c – 26 A
	10 p – 12 c – 29 A	10 p – 11 c – 29 A	10 p – 14 c – 33 A
	10 p – 13 c – 31 A	12 p – 12 c – 27 A	
	12 p – 12 c – 24 A	10 p – 14 c – 37 A	

Abhör-Protokoll des STERN *(adressiert an Peter Koch, Pfeil): »Sie geht ihm ja gerade bis zur Brustwarze«*

Zwei: »Wenn ihr irgendwie 'ne Damenbegleitung habt... — vielleicht kann die bei der Genscher oder irgendwo eingeteilt werden.«

Eins: »Der (Genscher) hat das echt abgelehnt.«

Zwei: »Nee, für die Mädchenbegleitung, die Tochterbegleitung bei Scheel.«

Eins: »Hat er nicht gemeckert?«

Zwei: »Nöö, nöö. Ich hab sie ja vorgestellt, gehört sich ja so. Er hat sie gefragt, wo sie denn Dienst macht... Sie geht ihm ja gerade bis zur Brustwarze. Wie die den beschützen soll?«

Die STERN-Spitzel schrieben, auf Manuskriptpapier des STERN, jedes Wort mit. Sie hielten nicht nur das Datum fest, sondern protokollierten zugleich die Uhrzeit. Da rief, um 19.15 Uhr, die »Sicherungsgruppe Bonn« (»Kommando Bölling«) das BKA-Lagezentrum an (»Wo ist denn Uetrecht? In Holland?«), da wurde die Telephonnummer der Großmutter eines BKA-Beamten für alle Fälle festgehalten, die moralische Aufbauarbeit einer ängstlichen Ehefrau verfolgt, die um 16.50 Uhr, um 17 Uhr, um 17.25 Uhr und 18.35 Uhr mit ihrem resignierten Mann telephoniert hatte, der seiner Gattin die Angst wegen seines Jobs zu nehmen versuchte (»Ich bin nicht mutig«). Dann gelang dem STERN ein Zufallstreffer: Er zapfte das Autotelephon des Chefs des Bundeskriminalamtes, Horst Herold, an. Der STERN hörte erst den Fahrer ab, der STERN nahm aber auch Herold-Banalitäten auf. Der Chauffeur errechnete bereits einhundertacht Überstunden seines Vorgesetzten (»Überleg' mal, wir haben erst den 13.« September 1977), Herold selbst erkundigte sich bei seinem Chef-Terroristenfahnder Gerhard Boeden, dem heutigen Präsidenten des Bundesamtes für Verfassungsschutz, wann der nächste Termin beim Bundesinnenminister eingeplant sei. Den hatte Boeden vergessen, versprach aber fest, sich zu erkundigen.

Der STERN zeichnete auf: »Bericht von A an MEK Saarland« (STERN-Kommentar: »Anfang unverständlich«), die unverfängliche Plauderei des Fahrers des Bundeskanzlers mit seiner Gattin (»Joa, komm' ich nicht auf dumme Gedanken«), notierte der STERN, daß »Carstens Bewacher (ein) langes Gespräch« führte, dummerweise aber nur Bruchstücke verständlich gewesen seien, weshalb lediglich eine Zusammenfassung zustande gebracht werden konnte. Beispiel: »Im Bundeshaus kann man kostenlos telefonieren, mußt bloß sehen, daß du in ein Büro reinkommst. Da sind Telefonzellen im Bundeshaus, da brauchste kein Geld reinwerfen. Offiziell ist das verboten, daß wir da telefonieren. Aber die anderen Macker, die 8.000 Mark im Monat verdienen, die dürfen da auch noch gratis telefonieren.«[496]

Nicht immer wurde Frustrierendes am Autotelephon gesprochen, hin und wieder ging es ausgesprochen ungezwungen zu. Der STERN schrieb selbst Nebensächlichkeiten mit, denn es konnte keiner voraussehen, ob eines Tages nicht auch diese gefragt waren: »Herr Boeden bitte.« Dann: »Herr Boeden, ich komme mit dem Chef vorbei.« Boeden: »Mit dem Kleinen oder Großen?« Stimme aus dem Begleitkommando: »Mit dem Großen.« Boeden: »Das ist gut, das ist sehr gut.«[497]

Was eigentlich war in den STERN gefahren, daß er zu solchen Mitteln greifen mußte? Die totale Nachrichtensperre.

Ob Henri Nannen von dieser mehr als ungewöhnlichen Aktion, schöpferisch hin, schöpferisch her, je erfahren hat, bleibt offen. Heiner Bremer wird seine Augen mit Sicherheit nicht geschlossen haben, blind ist er noch heute nicht. Oder hatte er die Kosten für das Abhörgerät nicht für die Buchhaltung abgezeichnet? Oder war es der damalige Chef vom Dienst beim STERN, der fast tausend Mark für das Fabrikat »Regency M 100 E Touch« anweisen ließ? Er schien durchzublicken, so

stern Nr. Seite Autor/Redakteur Thema Blatt

Schriftgröße/Art	Breite	Bemerkungen	Termin

5 10 15 20 25 30 35 40 45 50 55 60

21 31 Uhr Von: ~~Fahrer~~ Minister An: Frau

Fahrer: Heute hat die holländische Polizei drei Täter gestellt. Es kam zu einer Schießerei. Ein holländischer Polizist ist tot. Ein Terrorist ist verhaftet. Und zwei konnten entkommen. Wir hatten heute Großfahndung im Raum nach zwei Mercedes-Fahrzeugen. naja, ~~der ÖBL (Öffentlich~~ be-

***Abhörprotokoll des STERN:** »Kommando Bölling«*

wie 1977 sein Chefredakteur Nannen: Als Baader, Ensslin und Raspe sich in Stammheim zu Tode brachten, machte Nannen das sehr »betroffen«, für das Ableben trüge allein der baden-württembergische Ministerpräsident Filbinger die Verantwortung, denn »hier geht es um mehr als um das Ansehen der Bundesrepublik« — »wo die Filbingers regieren, muß der Rechtsstaat zur Farce werden«.(498) War aber in Wahrheit der STERN nicht längst selber zu einer geworden? Nannen, der große Lehrmeister, hatte die Redaktion möglicherweise erst zu diesen Hilfsmitteln getrieben, sie unter absoluten Erfolgszwang gesetzt. Nur so werden die Praktiken erklärbar, die sonst nur in der kriminellen und nachrichtendienstlichen Unterwelt ausgeübt werden. Ist die Schleyer-Affäre die einzige Abhöroperation des STERN geblieben?

Hanns-Martin Schleyer ermordet, Baader, Ensslin und Raspe ebenfalls tot, der GSG 9 war es gelungen, die Passagiere der Lufthansa-Maschine in Mogadischu zu befreien. Während Gerd Heidemann im Fall Schleyer anfangs nur am Rande mitwirkte — er sprach die Angehörigen der erschossenen Polizisten, die des Schleyer-Fahrers sowie die Söhne Schleyers —, kniete sich zunehmend in das Thema hinein. Mogadischu rollte auf Heidemann zu, nicht vor Ort, in Somalia, sondern in Hamburg. Dort kam er an Exklusives heran:

Als sich die Lufthansa-Maschine Flug-Nummer 181 noch in der Hand der arabischen Terroristen befand, hatten die palästinensischen Entführer einem Passagier die Kamera abgenommen und fotografierten die deutschen Piloten und Stewardessen. Über die GSG 9 gelangten diese Bilder zum BKA, vom BKA per Post zu Heidemann nach Hamburg, danach in den STERN. Da hatten, nach Rückführung des Lufthansa-Flugzeuges in die Bundesrepublik, Hunderte von Reportern Schlange gestanden, um Besatzungsmitglieder unter Vertrag zu nehmen. Doch nur Gerd Heidemann konnte sich die Rechte sichern, dank seiner vorzüglichen Beziehungen zur Lufthansa. Erneut glänzte der STERN.

Der STERN publizierte eine Schleyer-Serie, der STERN produzierte aber auch Mogadischu-Folgen, eilig von Peter Koch nach dem Material Heidemanns zusammengezimmert. Dieses Thema kam als STERN-Buch auf den Markt. Die Autoren Koch, Kai Hermann und Gerd Heidemann. verantwortlich für die Dokumentation, ergatterten einen fürstlichen Zusatzverdienst, erschien doch zur fast selben Zeit bereits die englische Übersetzung in London.

Gerd Heidemann *(1979 in Bozen): »Der Rechtsstaat muß zur Farce werden«*

Auszeichnung verdienter Mitarbeiter der Staatssicherheit *(für Angehörige des MfS): 1969 gestiftet für hervorragende Verdienste von Angriffen der imperialistischen Geheimdienste*

DIE STERN STASI CONNECTION

Geheimdienst-Interessierte: *Thomas Walde und Manfred Bissinger*

BETRIFFT: TRADITION

(Standort Truppen-Übungsplatz, *natur* 5/86)

Da haben Sie nun diesen herrlichen Bericht über die Schwarzstörche auf dem Truppenübungsplatz Grafenwöhr veröffentlicht. Und die Bundeswehr möchte sich auch immer als Naturschützerin par excellence feiern lassen. Da muß ich dann doch ein bißchen Wasser in den Wein gießen:

Am 29.9.1937 schrieb nämlich schon ein Uniformierter, nämlich der Reichsführer-SS Heinrich Himmler, ans Reichssicherheits-Hauptamt, an die Ordnungspolizei, an die SS-Totenkopfverbände und Konzentrationslager und andere: „Ich bitte dafür zu sorgen, daß auf allen Grundstücken, die der SS und Polizei gehören – Unterkünfte, Konzentrationslager und sonstige Grundstücke wie z.B. Wewelsburg, Externsteine, Sachsenhain usw. – überall an den Bäumen und Sträuchern zahllose Nistgelegenheiten für Singvögel angebracht werden und daß dafür gesorgt wird, daß die Vögel ungestört von Katzen und Menschen hier unterkommen können.

Ich wünsche, daß die SS und Polizei auch auf diesem Gebiet in der Liebe zur Natur ein Beispiel gibt. Die Ländereien der SS und Polizei müssen im Verlaufe weniger Jahre zu Tier- und Naturparadiesen werden.

Der Reichsführer-SS:
H. Himmler"

Dr. Gerd Mannheide
2000 Hamburg

Vögel und Nistkästen konnten sie auch nicht retten: Zerstörte Wewelsburg 1945

Phantom-Leserbrief: *Der Reichsführer-SS läßt grüßen*

»DAS POLITISCHE HURENSCHIFF« oder: Manfred Bissinger horcht auf

Der Reichsführer-SS, Heinrich Himmler, geriet ins Schwärmen: Auf allen Grundstücken der SS, so diktierte er im September 1939 seiner Sekretärin und Geliebten Hedwig Potthast[1], seien »überall an den Bäumen und Sträuchern zahllose Nistgelegenheiten für Singvögel« anzubringen, so »dass die Vögel ungestört von Katzen und Menschen hier unterkommen können«, diese Anordnung erstreckte sich auch auf die Konzentrationslager. Die SS, befahl der Chef den Dienststellen seines Schwarzen Ordens, habe »auch auf diesem Gebiet in der Liebe zur Natur ein Beispiel« abzugeben.[2]

An dieses Tierschutz-Modell erinnerte sich, neunundvierzig Jahre später, das Umweltmagazin NATUR: Auf Truppenübungsplätzen der Bundeswehr ließen die Offiziere ungestört Schwarzstörche nisten.[3] Der damaligen NATUR-Chefredaktion schien diese unmilitärische Geste keine Ruhe zu lassen, eine tierliebende Bundeswehr suspekt. Wollte sie das Bonner Heer vielleicht mit der SS in einen Topf werfen? Unter der Verantwortung Bissingers ging NATUR tendenziöse Wege — ausgerechnet der zuvor abgeurteilte Heidemann hatte, unwissend, die unpassende Redaktionsstrategie zu unterstützen.

Im Oktober 1986 druckte NATUR, Monate nach Erscheinen des Bundeswehr-Storch-Artikels, einen ominösen Leserbrief ab, in dem ein »Dr. Gerd Mannheide« aus Hamburg über eine Bundeswehr herumnörgelte, die sich »immer als Naturschützerin par excellence feiern lassen« würde: »Da muß ich dann doch ein bißchen Wasser in den Wein gießen.« Sodann wurde, unzusammenhängend, aus dem Schreiben Himmlers zitiert, das die NATUR-Chefredaktion aus dem NS-Archiv Heidemanns angefordert hatte, und zugleich ein Photo der SS-eigenen Germanenburg Wewelsburg publiziert, das ebenfalls von Heidemann erbeten worden war. Der Leserbrief aber war erfunden, der angebliche Schreiber dafür in die Nähe Heidemanns gerückt: »Mann-Heide«. Hat sich Manfred Bissinger den Leserbrief selbst diktiert?

Mit Datum vom 6. Oktober 1986 erhielt nicht »Mannheide«, sondern Heidemann, der von der abenteuerlichen NATUR-Manipulation nichts wußte, durch die NATUR-Bildredaktion (mit »Lieferschein Nr. 4100«) fünf NS-Photos und eine NS-Postkarte zurück.[4] Manfred Bissinger, der nach dem Rausschmiß aus dem STERN aus erklärlichen Gründen nur kurzlebige Jobs hatte ergattern können, hatte zwei Jahre zuvor ein ähnliches Meisterstück vollbracht. Unter dem Titel »Hitlers Sternstunde« (»Kujau, Heidemann und die Millionen«) verarbeitete er kurz vor Beginn des spektakulären Tagebuch-Prozesses, offensichtlich immer noch vergrätzt, seine elfjährige Tätigkeit beim STERN — auf Kosten des späteren NATUR-Informanten Heidemann. Bissingers seriöser Held hieß darum Konrad Kujau.

Da hätte Gerd Heidemann, trotz eines monatlichen 10.500-Mark-Salärs, nur »eine mittlere Karriere im Verlagshaus Gruner + Jahr hinter sich«, trotzdem aber »Aussichten, noch ein bißchen höherzukommen«. Da machte er bei Heidemann eine »permanente Geldnot« aus, gehörte Heidemann »zu den Journalisten, die Fakten sammelten, aber seine Stärke war es nicht, sie zu sortieren und einzuordnen«: »Subjekt, Prädikat, Objekt, und das auch noch über mehrere Seiten hinweg, waren Heidemanns Stärke nicht.« Nicht Manfred Bissinger sei — in leitender STERN-Position — »eine Kreatur der jeweiligen Sensationsgeilheit« gewesen, son-

Decknamei "H a n d w e r k e r"

1953 erste Kontakte mit Oberst Wagner vom SBB

1954 erstattet ein gewisser Dietrich Jansen Strafanzeige gegen v.N. wegen Landesverrat u. Spionage zugunsten der DDR

(Personalakte Abtlg.1, Pol.Präsidium Berlin)

Das Verfahren wurde niedergeschlagen, weil v.N. für hiesige Seite arbeitete

1957 erneut Ostkontakte, LK-Amt Hamburg (Aussagen von Wolf ... Uecker)

1959 Feststellung, erneute Kontakte zum MfS

1960 von einem Hamburger Residenten getippt, mit Spielmateri versehen, gebeten. ob er nicht seine Tätigkeit für hies Seite wieder aufnehmen kann. N. sagte in der Vernehmung er hätte seit 5 Jahren Kontakt zu drei Stellvertretern Mielkes, hätte alle zweieinhalb Monate Treff in Ostberl Angablich, um Material für Spionage-Rollen zusammen zu bekommen.

7.Juli 61, XMXMXXMXIXMMXXMMXMM Trunkenheit am Steuer, Material beim LKA in München.
Mußte Material über Ostreisen dafür abliefern

1962 vom MAD im Wehrbreich VI erwischt (Bayern). N. hatte mit vier Soldaten verhandelt. Soldaten konnten fliehen. N. w de geschnappt

Im gleichen Jahr eröffnet Staatsanwaltschaft Wiesbaden Verfah wegen Unterhaltspflichtverletzung (Aktenzeichen B Js 1010/60)

N. gibt an, folgende Wohnungen zu haben:

Berlin-Halensee, Kurfürstendamm 98

Kochel am See, Herzogstrandweg 26

Kirchbichl, Landkreis Bad Tölz, 2117

Luzern, Maison Blanche

Bordighera, Italien, Via Maconi 2

New York, Seventh.Riverside Drive

Bundeskanzleramt-Dossier: *QUICK-Chef Heinz von Nouhuys zum Abschuß freigegeben* dern ausschließlich der ohne Redaktionskompetenzen ausgerüstete Gerd Heidemann: »Gefragt war nicht seine Meinung, gefragt war das Material, das er beschaffte und mit dem andere Meinung und Geld machen wollten.«(5) Da hat Bissinger wohl einen falschen Heidemann im Kopf gehabt, denn der richtige hatte eben genau das, was ihm Bissinger als abhanden gekommen unterstellte: eine eigene Meinung. Gerd Heidemann gab dem Nannen-Zögling Manfred Bissinger einst einen unvergeßlichen Korb.

Am 15. Juni 1973 bestellte Bissinger Gerd Heidemann in sein Büro. Es war ein Freitag. In Gegenwart des STERN-Kollegen Thomas Walde (»Waldi«) erlebte Heidemann einen aufgeregten Bissinger, der wegen seiner Blässe redaktionsintern als »Mehlwurm« gehandelt worden war. Bissinger: »Endlich haben wir etwas gegen van Nouhuys in der Hand.«

Heinz van Nouhuys war Redaktionsdirektor der QUICK und im Gegensatz zu Nannens STERN auf Konfrontationskurs mit der sozial-liberalen Bonner Koalition. Die QUICK veröffentlichte das Bahr-Papier, entlarvte ehemalige Nationalsozialisten in der DDR und schnappte dem STERN zuvor den CDU-Bundestagsabgeordneten Julius Steiner weg, der sich anläßlich des Mißtrauensvotums Barzels sein unloyales Abstimmen mit 50.000 Mark, laut eigener Aussage, hat bezahlen lassen. Die QUICK, die den STERN auflagenmäßig zu überholen drohte, titelte: »Die DDR hat mich gekauft.«(6) Bissinger weihte Heidemann ein: Er sei soeben aus Bonn gekommen, wo ihm der Chef des Bundeskanzleramtes, Horst Grabert, über das ungeheuerliche Doppelleben von Nouhuys unterrichtet habe, der QUICK-Boß sei Spion für Ost und West gewesen.(7) Heidemann möge sich Notizen machen. Der STERN-Reporter schrieb mit:

Nouhuys habe »1953 erste Kontakte mit Oberst Wagner vom SSD« unterhalten, ein Jahr später sei er von einem gewissen Dietrich Jansen wegen »Landesverrat u. Spionage« angezeigt worden, aber »das Verfahren wurde niedergeschlagen, weil (van Nouhuys) für hiesige Seite arbeitete«. Ein Wolf Uecker habe dem Landeskriminalamt in Hamburg Nouhuys-Tips gegeben, ein »Hamburger Resident« hätte ihn schließlich mit Spielmaterial versehen, während einer Vernehmung habe Nouhuys gestanden, »seit 5 Jahren Kontakt zu drei Stellvertretern Mielkes (dem ehemaligen Minister für Staatssicherheit)« unterhalten zu haben. Dann sei ihm »Trunkenheit am Steuer« vorgeworfen, die Einstellung des Verfahrens aber betrieben worden, weil Nouhuys »Material über (seine) Ostreisen dafür abliefer-te«. Den Sachinformationen des SPD-Staatssekretärs Grabert (Nouhuys sei zudem seit »1965 mit Peter Frei für englischen ND tätig«) folgten Grabert-Bewertungen. Aus dem Munde Bissingers vernahm Heidemann: Nouhuys »gilt als unseriös, unzuverlässig, nicht vertrauenswürdig«.(8) Der Reporter fragte: »Und nun?«

Heidemann möge sich umgehend mit dem agilen Konkurrenten in Verbindung setzen und ihm seine nachrichtendienstlichen Tätigkeiten vorhalten. Heidemann erinnert sich: »Die Grabert-Informationen sollten im STERN unter den Tisch fallen, wenn uns van Nouhuys dafür ein Interview mit Steiner abtreten würde.« Genau der umgekehrte Fall war indes geplant. Heidemann flog am nächsten Tag mit der ersten Maschine nach München. Am Sonntag empfing ihn Heinz van Nouhuys in seinem Haus in Grünwald.(9)

Selbstverständlich habe er Leute aus dem Geheimdienstmetier gekannt, erfuhr Heidemann, zumal er — noch als Mitglied der STERN-Redaktion — für den STERN die Geschichte des ersten Präsidenten des Bundesamtes für Verfassungsschutz, Otto John, geschrieben hatte, der 1954 entführt worden und/oder über-

INFORMATIONEN

der Sozialdemokratischen Fraktion im Deutschen Bundestag

AUSGABE: TAGESDIENST 365

53 BONN 9, DEN 18. Juni 1973
BUNDESHAUS TEL. 16 2728/29
J/Dü

Betr.: Widersprüchliche "Quick-Geständnisse"

Zu der nachfolgenden Dokumentation erklärt der Sprecher der Sozialdemokratischen Bundestagsfraktion, Wolfgang J a n s e n:

Die Redaktion der Illustrierten "Quick" versucht, die Existenz zweier widersprüchlicher angeblicher Steiner-Geständnisse wie folgt zu erklären: Steiner habe am Mittwoch vor Pfingsten ein Teilgeständnis abgelegt, mit dem die Nr. 25 der "Quick" angedruckt wurde. Pfingstmontag, als bereits die Hälfte der Auflage gedruckt war, habe Steiner ein detailliertes volles Geständnis abgelegt. Darauf habe "Quick" ihre Maschinen stoppen lassen und im zweiten Teil der Auflage das volle Geständnis abgedruckt.

Die nachfolgende Dokumentation beweist, daß diese Erklärung nicht zutreffen kann. Denn: Wenn Steiner ein zweites, völlig neues Geständnis abgelegt hat, wie erklärt sich dann, daß große Teile der beiden Geständnisse übereinstimmen . Wenn aber Steiner nur das erste Geständnis um die angebliche Bestechung durch Karl Wienand ergänzt hat, wie erklären sich dann die zahlreichen Abweichungen in solchen Teilen, die mit diesem Komplex nichts zu tun haben? Wenn es sich schließlich um eine redaktionelle Bearbeitung Steinerscher Äußerungen handeln sollte, wie erklärt sich dann die Überschrift "Ich, Julius Steiner, gestehe" und die Tatsache, daß beide Geständnisse von a bis z in der "Ich"-Form als Bericht Steiners selbst abgedruckt sind?

Weitere Frage: Wie kann Steiner am Pfingsmontag bis tief in die Nacht sein zweites detailliertes volles Geständnis ablegen, wenn er nach Bekundung des Redaktionsleiters van Nouhuys am Tag nur 40 Minuten vernehmungsfähig war?

Je mehr "Quick" zu erklären versucht, umso unglaubwürdiger werden die Steiner-Veröffentlichungen. Es ist Zeit für eine neue "Quick"-Serie. Titel: "Ich, Heinz van Nouhuys gestehe ..."

HERAUSGEBER: KARL WIENAND
REDAKTION: WOLFGANG JANSEN

SPD-Pressedienst: *Die Kampagne gegen die QUICK bereits vor dem STERN angekündigt* gelaufen war. Nouhuys nahm das alles nicht sehr ernst. Dann gewährte der QUICK-Chef dem STERN-Reporter ein Interview mit Steiner, das immerhin 15 Seiten in der Niederschrift umfaßte.(10) Das Steiner-Gespräch aber sollte nie im STERN erscheinen. Bissingers Absicht war eine ganz andere: Er hatte Gerd Heidemann auf van Nouhuys angesetzt, weil dieser Nouhuys seit 1955 kannte. Nein, teilte Heidemann nach seiner Rückkehr aus München Manfred Bissinger mit, gegen einen alten Duzfreund und ehemaligen STERN-Kollegen würde er in derart schmutziger Weise nicht recherchieren. Das möge doch ein anderer tun. Bissinger hatte ohnehin Ersatz gefunden: Sepp Ebelseder, der Bissinger erst auf die Nouhuys-Spur gebracht hatte.

Heinz van Nouhuys wußte von der ihm bevorstehenden STERN-Attacke noch nichts. Er wurde auch nicht hellhörig, als der Pressedienst »Informationen« der SPD-Bundestagsfraktion (Herausgeber: ausgerechnet Karl Wienand, der Steiner die 50.000 Mark ausgehändigt haben soll) an jenem Tag seinen bevorstehenden Abschuß signalisierte, als er mit Heidemann in seinem Haus Kaffee trank. An diesem 18. Juni 1973 formulierte der SPD-»Informations-«Redakteur Wolfgang Jansen, zugleich Sprecher der SPD-Bundestagsfraktion: »Es ist Zeit für eine neue 'Quick'-Serie. Titel: 'Ich, Heinz van Nouhuys, gestehe...'« Da hatte der wegen Steiner schwer angeschlagene Wienand schon längst gewußt, daß der STERN ganz versessen auf van Nouhuys war und die künftige Enthüllungsstory bereits emsig vorantrieb.(11)

Vier Monate später, in der letzten Oktoberwoche 1973, produzierte der STERN den »Doppelagenten« Heinz van Nouhuys: Unter dem Decknamen »Nante« habe er für die DDR-Staatssicherheit gearbeitet, unter dem Pseudonym »Handwerker« sei er aber »gleichzeitig Agent des Bundesnachrichtendienstes« gewesen.(12)

Die Pressegeschichte der Bundesrepublik verzeichnete einen einmaligen Vorgang: aus Konkurrenzneid wühlte eine Redaktion gegen die andere im Schlamm, denn die Auflage der QUICK kletterte, die des STERN sackte ab. Der Wettlauf um den Leser und damit den Anzeigenkunden sollte mit einem Paukenschlag entschieden werden — der STERN wollte der Größte bleiben, zumal STERN-Freunde, Bonner SPD-Politiker, einen willfährigen Verhandlungsstil mit der DDR, Polen und der Sowjet-Union pflegten, der der QUICK wiederum nicht behagte. Nachdem die vom STERN verbreitete Nouhuys-Sensation abgeklungen war, entschied, rund zwei Jahre später, das Münchner Landgericht I unter dem Aktenzeichen 7 0 558/73: dem STERN und namentlich Manfred Bissinger werde bei Meidung von Ordnungsgeld in Höhe von einer halben Million Mark untersagt, Heinz van Nouhuys als Doppelagenten zu bezeichnen. Vier Fünftel der Kosten hatte der STERN tragen müssen, den Rest die QUICK. Der Münchner Landgerichtsdirektor Joachim Czirwitzki kommentierte die schlampigen STERN-Recherchen: »Überhaupt kein Beweis.«(13) Jetzt war Nannens Manfred Bissinger in Verruf geraten, van Nouhuys hatte längst zurückgeschlagen: Die »Geschichte des größten Presseskandals der Bundesrepublik« wurde vom QUICK-Redaktionsdirektor unter der Balkenüberschrift »Rufmord!« auf gelb aufgerasterten QUICK-Seiten plaziert. Nouhuys schrieb Henri Nannen, dem er bis Weihnachten 1956 gedient hatte, einen offenen Brief:

»Ich habe gelernt, mit welcher Skrupellosigkeit und welchem Zynismus Sie Geschichten und selbst Bilder verfälschen, bis sie so aussehen, wie Sie glauben, daß der Leser sie will.« Dann hielt van Nouhuys Nannen dessen »Selbstgefälligkeit« vor und nannte ihn »Zirkusdirektor«, ging Nouhuys mit Manfred Bissinger ins Gericht (»...dessen Ressort schon kurz nach seinem Dienstantritt unter STERN-

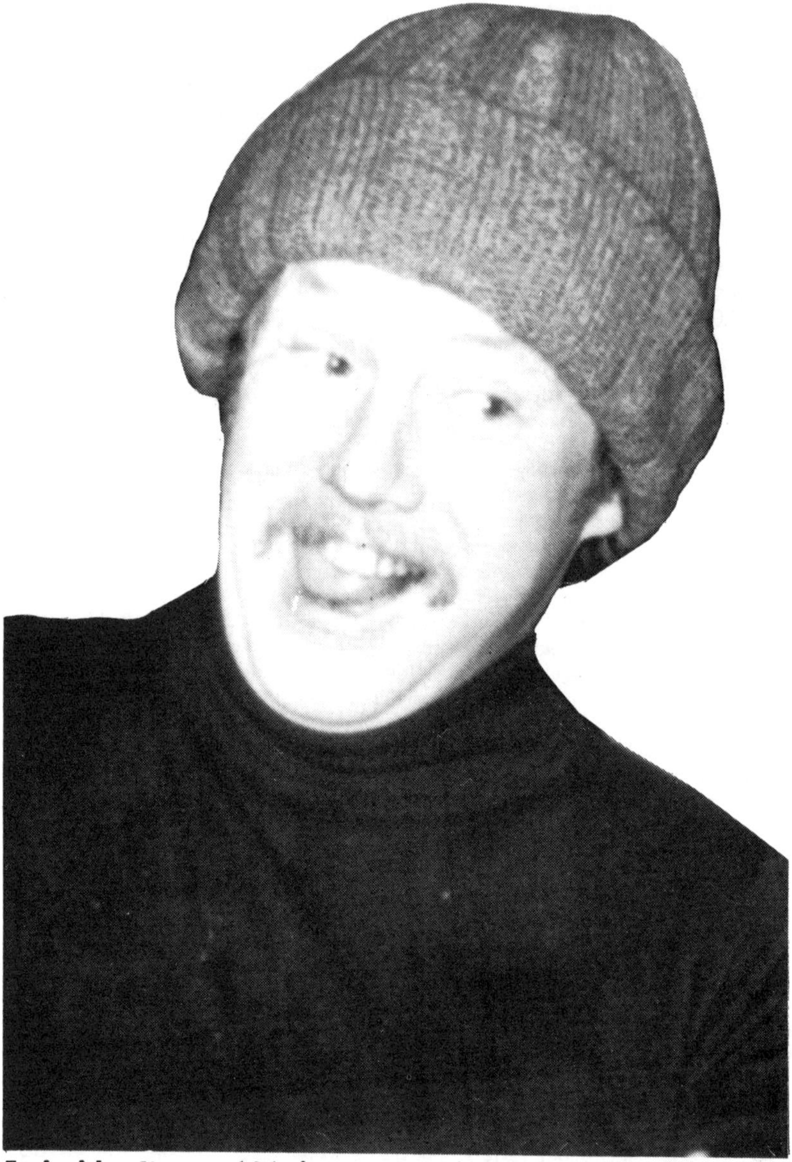

Freizeitler Manfred Bissinger: *»So verblendet kann doch auf die Dauer kein Mensch sein«*

Redakteuren nur noch 'Abteilung Gegendarstellung' genannt wurde, weil die Geschichten zwar meistens gut aussahen, aber nur selten stimmten«), nannte den späteren STERN-Chefredakteur Peter Koch bereits damals lediglich einen »Journalistendarsteller«, und aus der ehedem »so stolzen Fregatte (STERN) sei ein politisches Hurenschiff« geworden. Außerdem gab er eine Spekulation Nannens preis: Nach dem STERN-Artikel würde der QUICK-Verleger »Bauer den Nouhuys sofort raus«-werfen, denn als »Privatmann kann der so einen Prozeß überhaupt nicht bezahlen«, doch »dummerweise ging der Schuß nicht nur daneben — sondern ... sogar nach hinten los«.(14) Nouhuys wurde nicht gefeuert. Und was dachten die Kollegen über Nannen und den STERN?

Jochen Steinmeyer, Chef des ZEIT-MAGAZINs, wußte, daß Nannen die ganze QUICK-Richtung nicht gepaßt hätte: »Da hat er gezielt und abgedrückt.« Und der STERN-Verleger John Jahr, »der große alte Herr der deutschen Zeitschriftenbranche« (van Nouhuys), versicherte dem Angegriffenen, daß er mit der »scheußlichen Sache« nichts zu tun gehabt habe. Ähnlich dachte der Generalbevollmächtigte des Verlages Gruner + Jahr, Ernst Naumann — der ging mit Nouhuys ostentativ in die nächste Kneipe, »auch auf die Gefahr hin, daß der Nannen mich jetzt einen Dreifachagenten nennt«. Nouhuys nicht ohne Schadenfreude: »So verblendet kann doch auf die Dauer kein Mensch sein, daß er wie Sie, Herr Nannen, jeden sachlichen persönlichen Angriff als Gotteslästerung und jede sachliche Kritik am STERN als Denkmalsschändung betrachtet.«(15) Nannen litt. Das spürte nun auch Gerd Heidemann, der plötzlich an der STERN-Pleite im Nouhuys-Prozeß die Schuld getragen haben soll.

Für den 24. Januar 1975 war Gerd Heidemann vom Münchner Landgericht als Zeuge vorgeladen worden. Da er mit der Nouhuys-Affäre nichts zu tun gehabt hatte, fragte er den wegen des Nouhuys-Debakels sichtlich bescheidener gewordenen Bissinger, ob dieser sich vorstellen könne, was er da solle. Bissinger: Heinz van Nouhuys werfe dem STERN vor, »daß wir ihn nicht gefragt haben«. Prozessual war die Klärung dieses Details nicht ohne Gewicht: Er, Heidemann, hätte van Nouhuys schließlich mit der Rolle des Doppelagenten konfrontiert und um eine Stellungnahme gebeten. Das aber bestritt Heidemann. Er reiste nach München und sagte aus, was Bissinger nicht ausgesagt hatte: daß der Grund des Besuchs nicht die Karriere als »Doppelagent« gewesen sei, sondern die Bitte, den QUICK-Steiner für den STERN interviewen zu dürfen.

Nach Hamburg zurückgekehrt, wurde Heidemann das nicht STERN-gemäße Zeugnis vorgehalten. Am 4. November 1975 schimpfte Bissinger, Heidemann habe die juristische STERN-Linie verlassen, habe er seinerzeit doch den ausschließlichen Auftrag erhalten, van Nouhuys lediglich auf Grund des Grabert-Dossiers zu identifizieren. Im Gegensatz zu Bissinger war Heidemann das Heucheln fremd: Er habe den Auftrag erhalten, den QUICK-Chef kollegial wegen eines Steiner-Interviews anzugehen; falls van Nouhuys Widerstand geleistet hätte, erst dann hätte er die Doppelrolle ins Spiel bringen sollen. Mehr, so entgegnete Heidemann aufgebracht, habe die Order nun einmal nicht beinhaltet. Der Reporter lieferte den Beweis sogleich mit: Seine Reiseabrechnung weise »Recherchen zum Fall Steiner/Wienand« und nicht zur Affäre van Nouhuys aus. Als dem STERN das erste STERN-verdrießliche Urteil vorlag, erinnerte Bissinger Henri Nannen an die »Falschaussage« Heidemanns. Jetzt nahm er Heidemann ins Gebet. Der ließ sich durch die lautstarken Vorwürfe freilich nicht beeindrucken. Heidemann: »Ich hatte die Schnauze voll.«(16)

Am nächsten Tag schrieb Heidemann seinem »lieben Henri Nannen«: »Da ich

Sie gut zu kennen glaube ... möchte ich hiermit meinen Vertrag fristgerecht zum 30. November 1976 kündigen«, denn »Ihr gestriger Vorwurf, durch meine Aussage hätten wir den Prozess gegen Nouhuys verloren«, habe ihn getroffen, »weil ich an den damaligen Veröffentlichungen nicht mitgewirkt habe«: »Nicht ich war verpflichtet, durch entsprechende Aussagen die Beweise im Nouhuys-Prozess zu liefern, sondern die mit der Veröffentlichung betrauten Redakteure und Rechercheure« — Manfred Bissinger beispielsweise.(17) Nannen lenkte sofort wieder ein, war ihm bewußt: Auf den »Spürhund« Heidemann mochte er nicht verzichten.

Der STERN, der die erste Instanz nicht gewinnen konnte, war in die Berufung gegangen. 1988 entschieden die Richter halb und halb: Beide Verlage trügen Schuld, beide trügen keine Schuld. Kosten für die Instanzen: über zehn Millionen Mark.(18) Heidemann erinnert sich: »Als es um die Hitler-Tagebücher ging, schlug Peter Koch vor, die Tagebuch-Serie ebenfalls auf gelb aufgerastertem Papier zu bringen« — so wie es einst für die geheimen Bahr-Papiere und die STERN-Retourkutsche von Heinz van Nouhuys in der QUICK eingeführt worden war.(19)

Bissinger ließ unvernünftig recherchieren, hatte einfältig und leichtgläubig Nouhuys-Regie geführt. Verbohrt und vernagelt wie er war, schreckte er selbst vor einer Zusammenarbeit mit dem Ost-Berliner Ministerium für Staatssicherheit nicht zurück. Daß er von den DDR-Geheimdienstlern benutzt worden war, kam ihm nicht in den Sinn. Bissingers Begabung war und ist vor allem seine augenfällige Leichtgläubigkeit. Nach dem van-Nouhuys-Desaster begegnete er zehn Jahre später Konrad Kujau. Der Skandal um die Hitler-Tagebücher kam ihm gerade recht, versuchte er doch nun — nachträglich — seinen ehedem schmerzlichen Sturz im STERN zu erklären. Der Hamburger Rasch und Röhring Verlag, soeben vom ehemaligen Hoffmann-und-Campe-Verlagsleiter Hans-Helmut Röhring gegründet, hoffte mit Hilfe des vermeintlichen Zugpferdes Bissinger die Investitionen decken zu können. Inhalt und Verkaufserfolg blieben mager — Bissingers Titel »Hitlers Sternstunde« entpuppte sich als journalistischer Reinfall.

»Um zu begreifen, wie fahrlässig« Heidemann bei seinen Tagebuch-Recherchen vorgegangen sei, weissagte Bissinger in seinem Buch, das bereits bei Beginn des Tagebuch-Prozesses vom Autor selbst im Gerichtssaal angeboten wurde, »muß auf Kujaus Vergangenheit eingegangen werden«.(20) Dabei ist Bissinger dasselbe wie Heidemann widerfahren: auch er fiel jetzt auf Kujau herein — nur lange nach Heidemann.

Bissinger hatte »zweimal Gelegenheit, mit Konrad Kujau zu sprechen« (am 20. und 21. Juni 1984). Er saß ihm während dessen Untersuchungshaft in einer kleinen Besucherzelle gegenüber. Kujau hatte nichts verlernt. Im Gegenteil: Bissinger zeigte sich nicht verblüfft, er wurde auch nicht mißtrauisch, ihm sträubten sich nicht die Haare, undifferenziert zollte er statt dessen dem fabulierenden Kujau journalistischen Respekt: Der Mann, der Heidemann mit Bravour ins Messer laufen ließ, band nun dem nächsten einen Bären auf — diesmal stellte sich Kujau als geheimnisumwitterter Fälscher für den Bundesnachrichtendienst vor. Da mußte ein Manfred Bissinger aufhorchen.

Kujau, der diesen »Verein« genau kannte, enthüllte dem naiven Ex-STERN-Macher »klipp und klar«, daß er mit dem BND-Gründer Reinhard Gehlen »fast wie Vater und Sohn« gewesen sei: »Der hat mich immer gelobt. Oh, das war ein feiner Mensch.« Warum? Kujau: »Ich pflegte so netto 2370 Mark im Monat zu haben.« Wofür? 1966 sei er von einem »Dauercamper« auf dem Campingplatz vor seiner Campingplatz-Pleite angesprochen worden, der ehedem zum SD Reinhard Heydrichs gehört habe und »der jetzt Abteilungsleiter beim BND war«. Dieser

Buchautor Manfred Bissinger (während des Tagebuch-Prozesses) als Verkäufer seines Heidemann-Pamphlets: Auf Konrad Kujau hereingefallen — nur Jahre nach Heidemann neue Freund habe sich ihm als »Möbelgroßhändler« vorgestellt, das — selbstverständlich — sei aber »nur seine Tarnnummer« gewesen.[21] Und dann habe er schließlich den angeblich legendären Geheimdienst-General persönlich kennengelernt. Die Verbindung sei so intensiv gewesen, daß Kujau ihn gar im Krankenhaus habe besuchen müssen. Warum hatte Gehlen Kujau, laut Kujau, empfangen? Bissinger wurde immer wißbegieriger.

Er habe »viel gemacht«, berichtete Kujau, als ob ihn das schlechte Gewissen einholte, »nur eines ganz bestimmt nicht, ich habe keine Informationen an die DDR geliefert«, dafür aber fleißig und ohne Unterlaß Fälschungen für den BND fabriziert: »Zum Beispiel wußte ich damals, daß Herr Brandt irgendwo in der Schweiz sehr gut verkehrt ist. In einem gewissen Etablissement. Und diese Sachen habe ich teilweise mit Unterschriften versehen. Also, der Mann, für den ich das persönlich gemacht habe, der hatte alle in der Hand.« Er soll auf den Namen Reinhard Gehlen gehört haben. Den »roten Hotte« (i.e. Horst Ehmke) wollte er 1969 gleichfalls »ausbooten«. Daß Gehlen zu dieser Zeit bereits seine Pension verzehrte, kommentierte Kujau für Bissinger überzeugend einfach: »Ja, aber der hat bis zuletzt alles in der Hand gehabt.«[22]

Kujau weiter: Sein Führungsoffizier beim BND soll »Baumert« geheißen haben. Selbstbewußt verkündete der schwadronierende Kujau seinem urteilslosen Gesprächspartner, daß die Öffentlichkeit eines Tages schon sehen werde, »was ich im Prozeß noch alles auf den Tisch packe«: »Was glauben Sie«, verriet Kujau vertrauensvoll, »was es da noch für Leute gibt, die mich gern für lange Zeit verschwinden lassen würden«, denn viele wüßten, daß er für »kompromittierende Papiere« gesorgt hätte. Bissinger, abermals einer vermeintlichen Sensation auf der Spur, gab seinen Buchlesern daraufhin einen gefälligen Tip: »Wer Kujaus Aussagen gelesen hat, kann sich des Eindrucks nicht erwehren, daß da durchaus was dran sein könnte« — »sollte Kujau vielleicht von Alt-Nazis im BND das Hitler-Bild restaurieren?« fragte Bissinger erstaunt aber ausgesprochen interessiert.[23] Kujaus Drohung, geheimdienstliche Geheimaktionen an die Öffentlichkeit zu zerren, wurde nicht wahr gemacht, denn es gab keine.

Manfred Bissinger, der wider besseres Wissen Heidemann unterstellte, daß dieser nicht »mehr als fünf zusammenhängende Sätze« abliefern konnte, will für sein Buch »mehrere tausend Blatt verfügbarer Unterlagen durchgearbeitet und mit fast allen Beteiligten ausführliche Gespräche geführt« haben.[24] Doch gerade das hat er wohl unterlassen.

Den Tagebuch-Beteiligten Gerd Heidemann hatte Bissinger nicht interviewt, statt dessen in seiner oberflächlichen Kujau-Biographie Kujau-Zitate kurzentschlossen entstellt, mit Hilfe verfälschter Zitate möglicherweise Kujau nicht ohne Absicht in einem glanzvolleren Licht erscheinen lassen[25], so wie er dieses »Handwerk« beim STERN wohl gelernt hatte.

Kujau hat Manfred Bissinger vorgeführt, schwer kann ihm das nicht gefallen sein, denn tief war Bissinger die Enttäuschung im Gedächtnis, daß Heidemann ihn dereinst bei den Nouhuys-Recherchen schnöde im Stich gelassen hatte. Wollte sich der Nannen-Sprößling nunmehr für Heidemanns damalige Nouhuys-Abfuhr revanchieren?

Der Buchautor Manfred Bissinger strahlte, denn was Konrad Kujau ihm anschließend noch erzählte, schien in der Tat bemerkenswert. Kuiaus Glaubwürdigkeit wurde von Bissinger nicht in Zweifel gezogen, hatte dieser doch in den schönsten Farben berichtet, wie er desinteressierte DDR-Grenzer austrickste und aufgeweckt den deutsch-deutschen Militaria-Handel in Gang brachte.

Über »seine Verwandten in der DDR« habe er (in nicht existierenden) DDR-Wochenendblättern Anzeigen schalten lassen (»Für Studienzwecke suchen wir Militaria-Artikel«), habe, um günstig einkaufen zu können, vor seiner Einreise in die DDR West-Mark »schwarz zum Kurs eins zu fünf« eingetauscht, denn für die DDR sei »das alte Zeug ja Plunder« gewesen. An der Grenze sei er niemals kontrolliert worden, »erst 1979 oder 1980 wurde ich einmal angehalten«. Da will Kujau für 12.000 West-Mark eine 480 Jahre alte »Holzfigur, Jesus darstellend, ganz offiziell über die Grenze« gebracht haben, was ihm selbstverständlich nur deshalb gelang, weil er »da drüben einen Stein im Brett« gehabt habe — bei »hohen Funktionären«.(26)

Konrad Kujau war 1957 aus der DDR geflüchtet. Er gab vor, daß er jahrzehntelang sein Geld vor allem damit verdient habe, in der DDR Säbel, Helme und Bilder eingekauft zu haben, um sie in der Bundesrepublik weiter zu veräußern. Doch Kujau ist erst nach Unterzeichnung des deutsch-deutschen Grundlagenvertrages gelegentlich in seine alte Heimat gereist. Geld für derartige Geschäfte stand ihm seinerzeit nicht zur Verfügung. Im Gegenteil: Um welches zu bekommen, mußte er in der Bundesrepublik selbst lächerlichste Beträge erschleichen.

Immer, wenn Kujau an der Grenze vorfuhr, um in die Bundesrepublik zurückzukehren, wurde er — entgegen seiner abenteuerlichen Behauptung — nicht durchgewunken, sondern sehr aufmerksam durchsucht. Hätten DDR-Beamte bei Kujau nichtdeklarierte Gegenstände im Kofferraum entdeckt, er wäre wie ein Republikflüchtiger behandelt und umgehend in Untersuchungshaft genommen worden. Hätte Kujau in der DDR tatsächlich, wie angeblich bei einer Jesus-Figur, umgerechnet 60.000 Ost-Mark hingeblättert oder bar 12.000 West-Mark auf den Tisch gelegt, dann wäre das von den DDR-Behörden bemerkt worden und spätestens jetzt hätte sich die Staatssicherheit eingeschaltet. Bissinger trotzdem: »Wenn Konrad Kujau später in der DDR Antiquitäten kaufte, und das machte er fast jedes Jahr, dann erwarb er sie in den offiziellen Geschäften der staatseigenen Firma 'Kunst und Antiquitäten'.«(27)

Dieses DDR-Unternehmen wurde wegen der permanenten Devisennot der DDR mit Hauptsitz in Pirna gegründet. Doch nichts ging bis zur Wende ohne die offizielle DDR-Dienststelle »Staatlicher Kunsthandel«, die im März 1989 fünfzehn Jahre alt wurde. So merkwürdig es auch klingen mag: Der »Kunsthandel«-Generaldirektor, der einstige Chemiefacharbeiter Horst Weiß, der dem Unternehmen seit 1977 vorstand, machte aus diesem Apparat eine ausgesprochen seriöse Einrichtung.(28) Ohne ein »Kunsthandel«-Plazet konnte niemand schmuggeln. Es ist daher mehr als fraglich, ob der unseriöse Kujau als Geschäftspartner überhaupt in Frage kam, da die staatlichen Kunsthändler grundsätzlich nur mit gestandenen West-Firmen zusammenarbeiten, zumal Gelegenheitskäufer ebenfalls nicht die Zollvorschriften umgehen konnten. Statt dessen war ein unglaublich bürokratischer Aufwand erforderlich, den ein Kujau niemals hätte bewältigen können.(29)

So war Kujau kein Partner der DDR-Kunsthändler, sondern — nur einer Bissingers.

woche DAS NACHRICHTENMAGAZIN IM STERN

Spiel mit verteilten Rollen. Nouhuys auf dem Wege zu seiner Vernehmung vor dem Steiner-Ausschuß

Geheimdienste

Der Doppelagent

Wann immer die Bundesregierung mit den Staaten des Ostens ins Gespräch kam, versuchte die Illustrierte »Quick« mit einem journalistischen Tiefschlag dazwischenzufahren. Den Verrat geheimer Staatspapiere motivierte »Quick«-Redaktionsdirektor van Nouhuys mit seiner Sorge um Berlin und um Deutschland. Nun stellt es sich heraus, daß der Holländer van Nouhuys unter dem Decknamen »Nante« gegen hohe Bezahlung für den kommunistischen Staatssicherheitsdienst der DDR gearbeitet hat. Und noch mehr: Nouhuys war unter der Tarnbezeichnung »Handwerker« gleichzeitig Agent des Bundesnachrichtendienstes, der von Amts wegen Zugang zu den Bonner Geheimdokumenten hatte

Das Gerücht war zählebig, weil's so recht ins Klischee paßte: Geheimdienstler, den Mantelkragen hochgeschlagen, die Hutkrempe runtergezogen, vereinbarten auf abgeschirmten Treffs den Partisanenkampf gegen die sozialliberale Regierung in Bonn. Helfershelfern spielten sie geheimste Staatsverträge und Verhandlungsprotokolle zu, die ihnen zu amtstreuen Händen gegeben worden waren. Als die Enthüllungen über „Ausverkauf und Verrat deutscher Interessen an den Osten" beim Wähler die Bonner Ostpolitik nicht zu diskreditieren vermochten, wurden die Dunkelmänner noch skrupelloser. Sie inszenierten eine breit angelegte Intrige, in der ein gekaufter, vielleicht sogar erpreßter Hauptdarsteller namens Julius Steiner Friedenskanzler Brandt mit dem Vorwurf vom Podest holen sollte, die SPD habe nur durch Korruption, durch 50 nagelneue Tausendmarkscheine, Willy Brandts Abwahl verhindern können. Ein Hauch von CIA wehte durchs provinzielle Bonn, als selbst SPD-Fraktionschef Wehner davon sprach, daß in der Bestechungsaffäre um den Ex-CDU-Abgeordneten Steiner sich eines Tages Geheimdienstaktivitäten herausstellen würden, „bei denen ja die Gifte zweier Seiten miteinander vermischt werden und dann losgeschossen werden".

Jetzt aber stellt sich anhand authentischer Akten heraus, daß dieses Gerücht zumindest einen harten Kern hat, daß tatsächlich die Kampagnen gegen die Regierung Brandt/Scheel — angefangen von der Veröffentlichung der sogenannten Bahr-Papiere im April 1970 bis hin zur hochexplosiven Beichte des Julius Steiner — aus dem Hintergrund von einem Mann mitgesteuert wurden, der eng mit dem westdeutschen Bundesnachrichtendienst liiert ist: Heinz von Nouhuys, im Impressum der Illustrierten „Quick" als „Redaktionsdirektor" ganz oben angesiedelt. Die Unterlagen beweisen, daß Nouhuys über Jahre für den BND als Agent arbeitete. Und sie beweisen mehr: daß Nouhuys zur selben Zeit sich beim Staatssicherheitsdienst der DDR verdingte und dort innerhalb von sechs Jahren fast 200 000 Mark abkassierte — den Gegenwert für 123 Treffs und rund 100 Berichte.

Damit aber bekommt die Rolle

stern 199

STERN-Enthüllung: *»Hat sich der STERN vom Osten einen Bären aufbinden lassen?«*

»ICH BIN OFFIZIER DES MINISTERIUMS FÜR STAATSSICHERHEIT« oder: Der STERN — ein Risiko für Leser und Informanten?

Der Bonner STERN-Chef Horst Knape schrieb, fast zehn Jahre vor den Tagebüchern Hitlers, eine Geschichte über die Linken in der CDU. Was Knape zu Papier brachte, so wußte er, sollte unter Ausschluß der Öffentlichkeit erscheinen. Gedacht war sein Beitrag nur für die Lesezirkel- und Auslandsauflage. Entsprechend lustlos rang sich der STERN-Mann die Formulierungen ab.

Der Chef vom Dienst hatte Knapes Aufsatz für Freitag auf dem Umbruchplan. Der entscheidende Stoff aber, über den nur Eingeweihte informiert waren, sollte zwei Tage später, am Sonntag, druckfertig gemacht werden. Der STERN bastelte an einem Sprengsatz, der die Pressewelt erschüttern sollte.(30) Einstweilen jedoch schotteten sich Redaktion und Verlag gegen die neugierige Umwelt ab.

In der verlagseigenen Druckerei in Itzehoe durften Fremde den Maschinensaal nicht betreten, Redakteure anderer Objekte, die an der Druckvorbereitung arbeiteten, wurden auf den nächsten Tag vertröstet. Der einmalige Aufwand schien der STERN-Chefredaktion bitter notwendig, galt es doch, einen leidigen Konkurrenten loszuwerden: den Redaktionsdirektor der QUICK, Heinz van Nouhuys, der mit der regierenden sozial-liberalen Koalition auf offensichtlichem Kriegsfuß stand. Der STERN holte zu massiven Tiefschlägen aus und rechnete mit juristischen Gegenoffensiven. Selbst der Vertrieb des Verlages Gruner + Jahr hatte sich einzuschalten:

»Wir bitten Sie dringend«, tickerten per Telex die STERN-Manager bundesweit in die Büros der überraschten Grossisten, »den STERN Nr. 44 aus aktuellem Anlaß unverzüglich nach Eintreffen einschließlich aller Reserven auszuliefern.« Mehrkosten, verrieten die G + J-Taktiker, »werden von uns übernommen«. Dann baten sie fernschriftlich um Bestätigung über »die Eintreffzeit des STERN und den Abschluß aller Lieferungen«. Was nur, fragten die Kiosk-Zulieferer, kann das für eine ungeheuerliche Veröffentlichung sein? Das wußten die STERN-Händler diesmal einen Tag früher: die angebliche Entlarvung des ehemaligen STERN-Redakteurs van Nouhuys als Dunkelmann im Ost-West-Geschäft erschien statt an einem Donnerstag bereits am Mittwoch.(31))

Der in Bonn ungeliebte QUICK-Macher sei, so zitierten am Tag des STERN-Erscheinens die Tageszeitungen, TV- und Rundfunkstationen, ein »Doppelagent gegen Bonn« und habe jahrelang sowohl für den bundesdeutschen BND geackert, sich dabei mehrerer Tarnnamen bedient (»Nante«, »Handwerker«), und sich ein kleines Vermögen zusammengerafft: 200.000 Mark.

Die Befürworter eines Ausgleichs mit dem Osten jubilierten, glaubten sie — dank STERN — endlich einen ihrer ärgsten Widersacher loswerden zu können. In der Tat setzte die QUICK den sozial-liberalen Entspannungspolitikern arg zu: Egon Bahr und Willy Brandt erwarteten montags nicht mehr wie zu Zeiten der CDU-Regierungen den SPIEGEL, sondern sie fürchteten nunmehr die wöchentliche QUICK.

Ihren Einstand lieferte die QUICK mit der sensationellen Veröffentlichung der »Bahr-Papiere«, sie setzte ihre Enthüllungen mit der Publizierung des sowjetischen Berlin-Papiers fort, sie druckte das Kündigungsschreiben des Superministers Karl Schiller an Kanzler Brandt, sie entdeckte versteckte Nationalsozialisten in der DDR, die im kommunistischen Staat in Amt und Würden waren, sie griff sich Julius

STERN-Reporter Sepp Ebelseder: *Einem Kommando-Unternehmen der DDR-Staatssicherheit auf den Leim gegangen*

Steiners 50.000-Mark-Geständnis, lähmte mit ihren Überschriften Sozialdemokraten und Liberale und verunsicherte östliche Diplomaten.

Da wollte »Bonn Berlin verschenken«, da hatte — dank QUICK — die Bonner »Geheimniskrämerei ein Ende«, da stand das »Dokument der Bonner Pleite«, da wünschte sich Egon Bahr die »Neutralisierung« Deutschlands.

Woche für Woche, Monat für Monat brachte die QUICK geheime Staatspapiere an den Mann, so daß selbst an der Entspannungspolitik beteiligte Regierungsbeamte mit Hilfe der QUICK stets aktuell auf dem laufenden waren.

Zwar hetzten Regierungsfahnder hinter den undichten Stellen her, die QUICK-Informanten erwischten sie nicht. Und als — im Juni 1973 — die QUICK in nur einer Ausgabe gleich zwei Enthüllungen (»Steiner wurde von der DDR bezahlt« sowie »...etwa zwei Millionen ehemalige Nationalsozialisten sind Bürger der DDR«) präsentierte, da war das Maß vor allem in der DDR voll, denn der Bonner Versuch ein Jahr zuvor, über Steuerfahnder der QUICK-Informanten habhaft zu werden, scheiterte kläglich:

Weil der QUICK-Korrespondent und Leiter der Redaktion in der Bundeshauptstadt, Paul W. Limbach, angeblich mit seinen Zahlungen an das Finanzamt in Verzug geraten war, erhielt er unangemeldeten Besuch seiner zuständigen Steuereintreiber. Die Beamten stellten sein Büro auf den Kopf, erfuhren freilich nichts, was Limbach hätte in Not versetzen müssen. Statt dessen spürten sie in Limbachs Panzerschrank Unterlagen auf, wie man sie auch beim STERN und Thomas Walde hätte finden können: »VS — Nur für den Dienstgebrauch«, »vertraulich«, »streng vertraulich« und »geheim« waren die Dokumente klassifiziert. Den Fahndern der Oberfinanzdirektion kam der Verdacht, daß »diese Schriftstücke unbefugt aus amtlichen Gewahrsam gelangt waren«. Sofort erhielt die Bonner Staatsanwaltschaft einen kollegialen Tip:

Mit der juristischen Begründung »Verwahrungsbruch p.p.« begehrten, vier Tage später, die Nächsten barsch bei Limbach Einlaß. Doch auch sie marschierten, ohne neue Erkenntnisse, wieder ab. Im Sommer 1972 initiierten die Staatsdiener die eigentliche Aktion: nach Bonn erstürmten Steuerfahnder die Münchner QUICK-Redaktion und Räume des Hamburger Heinrich Bauer Verlages. Als sie abzogen, wähnten sie, endlich die QUICK-Zulieferer namhaft gemacht zu haben.

Einer Sekretärin des Entwicklungsministeriums unterstellten die Rechercheure die Annahme von »QUICK-Schmiergeld«. Dieses aber erwies sich als reguläres Honorar: die Dame hatte, in zwei QUICK-Folgen, ihre frühere Spionage-Tätigkeit für die DDR preisgegeben. Das Vorwort dazu steuerte — ausgerechnet — der damalige Innenminister Hans-Dietrich Genscher bei. Entsprechende Enttäuschung machte sich breit. Doch da kam erneut Hoffnung auf.

Eine sichergestellte Liste mit den Namen von Bonner Bediensteten entpuppte sich schließlich als Bezieherverzeichnis, das dazu diente, vier bayerische QUICK-ator-Starkbier-Flaschen samt dazugehörigem Halbliter-Seidel als Werbegag unter die Leute zu bringen. Mit solch mageren Erkenntnissen war nichts zu gewinnen. Nur stärkeres Kaliber konnte Abhilfe schaffen, um der QUICK »den Schliff zu nehmen«. Ein haarsträubender Skandal begann:

In einem Ost-Berliner Hotel konferierte, konspirativ, der STERN-Reporter Sepp Ebelseder mit einem Offizier des DDR-Ministeriums für Staatssicherheit. Neben ihm, stets schußbereit, STERN-Photograph Fred Ihrt. Die merkwürdige Zusammenkunft im östlichen Staat wurde vom damaligen STERN-Ressortleiter Peter Koch organisiert und Horst Knape erinnerte sich: »Der Umstand, daß solche Kon-

Freizeitler Sepp Ebelseder: *Stasi-Informationen ernstgenommen*

takte überhaupt möglich waren, war... aufregend«, denn selbst für den STERN schien das »etwas Neues«.(32)

Henri Nannen diskutierte mit dem Vize des BND, Dieter Blötz, der damalige Chef des Bundeskanzleramtes, Horst Grabert, gab Knape in seinem Privathaus Hilfestellung, und schließlich »kooperierten« Geheimdienste in Ost, Nachrichtenbehörden in West, konzipierten Entspannungspolitiker in Bonn und in Ost-Berlin — sie alle verband ein gemeinsamer Feldzug: einen Mann zu kippen, der es wagte, nicht der Meinung des STERN und der Regierenden zu sein. Jedes Mittel dazu war ihnen recht.

»Hat sich der STERN vom Osten einen Bären aufbinden lassen?« fragte die Münchner ABENDZEITUNG, da sich alsbald die verdrießlich-peinliche Zusammenarbeit des STERN mit einem Kommando-Unternehmen der DDR-Staatssicherheit herausstellte. »Für mich begann die (Nouhuys-)Geschichte«, gestand STERN-Reporter Sepp Ebelseder, »als mir nämlich in Bonn ein Bundestagsabgeordneter erzählte, van Nouhuys habe zumindest in den fünfziger Jahren für den Geheimdienst der DDR gearbeitet«. Die Begegnung soll, laut Ebelseder, im Herbst 1972, »spätestens im Frühjahr 1973«, stattgefunden haben.

Der Ebelseder-Informant »mokierte sich über die Scheinmoral des Herrn van Nouhuys«, so daß der STERN-Mann »diese Informationen... ernstgenommen« habe. Angeblich vergingen Monate, bis (»etwa ein halbes Jahr später«) »mich der ... Bonner Bundestagsabgeordnete erneut auf... Nouhuys ansprach«. Der STERN möge doch einmal recherchieren und sich der Unterstützung des Presseamtes im DDR-Außenministerium vergewissern. Ebelseder unterrichtete erst Bissinger, dann Peter Koch. Der schickte ein Fernschreiben in die DDR-Hauptstadt.

Die Einreise eines STERN-Beauftragten in die DDR wurde von der DDR abgelehnt. Nun tauchte ein anderer Bonner Politiker auf. Ebelseder will ihn »zufällig« auf einem Flughafen getroffen haben. Warum noch niemand beim STERN in der DDR über van Nouhuys Erkundigungen eingeholt habe, sondierte er bei Ebelseder. Aus Ost-Berlin habe der STERN eine Abfuhr erhalten. Ebelseder: »Er meinte daraufhin, daß wir nicht so schnell aufgeben dürften.« In Hamburg wurde dieser exklusive Wink sofort per zweitem Telex von Peter Koch nach Ost-Berlin adressiert. Plötzlich zeigte sich die DDR interessiert.

Am 20. September 1973 flogen der österreichische Staatsbürger Ebelseder und Ihrt nach Berlin und passierten die Sektorengrenze. Dort sprachen sie, im »Bereich Presse und Information«, im DDR-Außenministerium vor. War sich die DDR-Staatssicherheit jetzt des STERN sicher? Ein unheimliches Husarenstück, ein meisterlicher Coup des DDR-Geheimdienstes schien zu klappen.

Ein äußerst freundlicher Herr des DDR-Außenministeriums zeigte sich bestens informiert: Olaf Nikelsen lud seine Gäste vom STERN nach Gotha ein, wo nicht — wie erhofft — das Nouhuys-Thema zur Debatte stand, sondern die QUICK-Geschichte über den Unfalltod des Interzonenhändlers Bosse, der nicht — laut QUICK — äußerst mysteriös zustande gekommen, sondern — laut DDR — ein schlichtes Unglück gewesen war.(33) Auffällig viele Zeugen standen dem STERN in der Provinz zur Verfügung, so daß sich alsbald »hinter dem Tod von Herrn Bosse und seinem Fahrer nichts Geheimnisvolles verbarg«, zumal — wie sich die STERN-Vertreter überzeugen ließen — die vorgelegten Unfallphotos »eindeutig waren«.

Für den STERN war Nikelsen der richtige Mann: Der einstige Journalist (VOLKSSTIMME in Karl-Marx-Stadt, AZET in Leipzig) ist über die Ehefrau verwandt mit dem geschaßten Ministerpräsidenten Willi Stoph und pflegte Umgang mit der Familie Erich Honeckers. Nikelsen öffnete, ohne Frage auf höhere

Weisung, dem STERN bisher verschlossene Türen, bereitete den Weg zur DDR-Staatssicherheit vor — gehörte Nikelsen doch ebenfalls dazu.(34)

Die QUICK schien, Ebelseder wunderte sich darüber schon gar nicht mehr, einer Falschmeldung im Bosse-Fall überführt. Freilich irritierte ihn, daß »wir nicht auf Herrn van Nouhuys angesprochen worden waren«. Das holte die DDR, auf Umwegen, eilig nach:

Wieder zurück im Ost-Berliner Außenministerium, bat Nikelsen Ebelseder ans Telephon. Am Apparat sei ein Mann, der Ebelseder sprechen wolle. Der nannte sich Buchner und fragte den STERN-Vertreter, ob die Illustrierte »an Unterlagen zur Steiner-Affäre interessiert« sei. Nannens Unterhändler schenkte auch dieser Indiskretion Beachtung, sei aber nach wie vor mit van Nouhuys angeblicher Ost-West-Vergangenheit zu fesseln.

Einen Tag später lernte der STERN einen Mann kennen, der ohne Umschweife seine Branche verriet: »Ich bin Offizier des Ministeriums für Staatssicherheit.« Im Hotel Johannishof, wo das entscheidende erste Treffen zustande kam, schien Ebelseder von seinem Gegenüber sichtlich beeindruckt, denn so etwas war ihm schließlich noch nie passiert. In einem von der Staatssicherheit fest angemieteten Zimmer kramte der Staatssicherheits-Mann Buchner einen Aktenkoffer hervor. Nicht van Nouhuys kam darin vor, sondern der Chef der Bonner QUICK-Redaktion, Paul Limbach. Vom Ministerium für Staatssicherheit sei versucht worden, wußte Ebelseder später zu berichten, »ein Dossier über den Bonner Journalisten zu fabrizieren, das konkurrierenden Redaktionen zugespielt wurde«: »Die Unterlagen umfaßten etwa 500 bis 600 Seiten.«

Basis dieses »Dossiers« waren die Erzählungen der »Schwester Christa«. Diese Krankenschwester hatte die krebskranke Mutter des Bonner Journalisten gepflegt und dabei versucht, für das Ministerium für Staatssicherheit QUICK-Geheimnisse auszuspähen. Als ihre Aufdeckung durch die bundesdeutsche Spionageabwehr drohte, flüchtete sie über Nacht in die DDR zurück. Merkwürdig: Christa verschwand, nachdem Paul Limbach in der QUICK den »Steiner-Coup« veröffentlicht hatte.

Die DDR wollte den stets gut informierten Bonner Journalisten, der zumeist gemeinsam mit seinem Münchner Kollegen Heiner Emde Spezialist für Spionage-Sujets ist, diffamieren. Warum? Paul Limbach und Heiner Emde hatten alle Bundesinnenminister interviewt, Hintergrundgespräche führten sie mit Hans-Dietrich Genscher, Werner Maihofer und Gerhart Baum. Außerdem sprachen sie mit allen Geheimdienstchefs für die QUICK: von Reinhard Gehlen über BND-Vize Dieter Bölz, Dr. Richard Meier, Heribert Hellenbroich, Hans Georg Wieck und Gerhard Boeden. Die BKA-Chefs Dr. Horst Herold und Dr. Heinrich Boge ließen sich ebenfalls ausfragen. Über ihre Erfahrungen mit den Präsidenten und Direktoren der bundesdeutschen Dienste — sowohl in Zeiten der SPD/FDP- wie CDU/FDP-Koalition — werden Heiner Emde und Paul Limbach ein Buch publizieren. Titel: »Die Chefs.«

Die »Nacht und Nebel«-Aktion der Steuerfahnder und Staatsanwälte vom Sommer 1972 in den Redaktionen und Verlagsräumen der QUICK in Bonn, München und Hamburg brachte keinen Aufschluß über die Informanten Paul Limbachs. Bis zum heutigen Tag erfuhr niemand die Identität, nicht einmal der damalige Redaktionsdirektor Heinz van Nouhys. Was »Schwester Christa« und ihren Hintermännern beim MfS nicht gelungen war, daran scheiterten auch die bundesdeutschen Fahnder.

Beim Treffen von STERN-Mann Ebelseder mit MfS-Mann Buchner im Hotel Johannishof wurde dem Hamburger Journalisten ein zweiter Band übergeben, der — Ebelseder erinnerte sich genau — »zum Teil ungeordnetes Material enthielt«. Das Papierchaos schien mit Bedacht herbeigeführt, denn »obenauf lag eine Zusammenfassung über angebliche Aktivitäten des Herrn van Nouhuys und dessen Verbindungen zu westlichen Geheimdiensten«. Also doch: nach der erstaunlichen Bosse-Geschichte, dem abenteuerlichen Limbach-Kapitel und dem Steiner-Köder kam der ausgesprochen hilfsbereite Geheimdienst-Offizier Buchner endlich zur Sache.

»50 Agentenberichte« und »rund 20 Quittungen, die mit dem Namen Nouhuys unterschrieben waren«, suggerierten intensive Zusammenarbeit mit der DDR-Staatssicherheit. Ebelseder: »Ich verglich diese Unterlagen etwa zehn Minuten und stellte dabei fest, daß die Quittungen mit der Hand geschrieben waren, die Berichte dagegen mit der Schreibmaschine, teilweise jedoch handschriftliche Korrekturen erhielten.« Buchner auftragsgemäß zu seinen diensteifrigen STERN-Verbündeten: Von Anfang 1954 bis zum Dezember 1960 habe van Nouhuys bei 123 Treffs um die hundert Berichte an die DDR-Staatssicherheit abgeliefert »und zusätzlich eine große Anzahl von mündlichen Informationen erteilt«. Van Nouhuys' vorgebliche Spionagetätigkeit schien unentbehrlich für die DDR, weshalb sie 200.000 Mark herausrückte. Spätestens hier hätte der STERN erneut hellhörig werden müssen:(35)

Für die DDR und jeden anderen östlichen Nachrichtendienst wäre das eine schier astronomische Summe gewesen. Selbst nach den »Wenden« des Ostblocks ist das Lohnproblem ein kritischer Punkt. Ganz abgesehen davon, daß nicht nur die DDR ihre Top-Agenten bewußt kurzhielt — der Devisenetat des ehemaligen Ministeriums für Staatssicherheit war auf van Nouhuys gar nicht eingestellt, denn das hätte bedeutet, van Nouhuys wöchentlich um die 600 Mark West auszuhändigen.

Heinz Felfe, ehemaliger SS-Mann und Regierungsrat auf Probe im BND, kassierte für zehnjährige Spionagedienste lediglich 150.000 Mark — wöchentlich etwa genau die Hälfte von van Nouhuys: 300 Mark. Heinz W. Sütterlin, wie Felfe gleichfalls ein östlicher Brillant, kam in elf Jahren auf 75.000 Mark — wöchentlich nur 140 Mark. Harald Gottfried schließlich, hochkarätiger Ost-Forscher im Karlsruher Kernforschungszentrum, mußte sich in dreizehn Jahren mit 7.800 Mark zufriedengeben und kassierte demnach wöchentlich ganze zwölf Mark.(36)

Das Beispiel Felfe zeigt, das Modell Sütterlin unterstreicht, das Porträt Gottfried untermauert: die Bedeutung, die die DDR dem STERN — erfolgreich — einhämmerte, konnte der QUICK-Chef gar nicht haben, da van Nouhuys (im Gegensatz zu dem Paradepferd Felfe und den allemal effektiveren Sütterlin und Gottfried) ausschließlich Banales lieferte, wenn er das denn je so getan hätte.

Über die in der West-Presse weit ausgewalzte »Kontroverse Strauß/Erhard/Blank wegen Rüstungsministerium«, über den Bundestags-»Forschungsbeirat« soll van Nouhuys Bescheid gewußt haben. Lächerlich absurd vor allem: der »neue außenpolitische Kurs bei der SPD«, »Stimmung gegen Blank auf Regierungsanweisungen«, »Springers und Zehrers Moskau-Reise«, »Auseinandersetzungen Brandt/Brentano«, aber auch einen »Aufbau und Arbeitsweise des Gehlendienstes«. Eben diese Gehlen-Daten, so ergab ein späteres West-Gutachten, basierten auf Angaben aus in Ost-Berlin produzierten Billigbroschüren. Die angeblichen Nouhuys-Berichte zeigten absolut nichts her. Trotzdem tat Buchner so, als ob die DDR gerade zur Zeit des Kalten Krieges West-Zeitungen verschmähte, ihre Informationen lediglich von van Nouhuys bezog.(37)

Sternreporter Heinz L. v. Nouhuys berichtet aus Wolfsburg:

Blutrausch in Notwehr

So wurde Wolfsburgs „Dr. Mabuse", der süchtige Arzt Dr. Gerhard Brennecke, von seiner Familie erschlagen

***STERN-Reporter Heinz van Nouhuys** (1956 als Autor und beim Interview): »Alles, was Herr Ebelseder aus Ost-Berlin mitbrachte, wurde an den BND weitergegeben«*

Das, was der STERN-Reporter vom DDR-Geheimdienst überreicht bekam, erhielt er darum nicht im Original, ihm wurden die »Dokumente« per Abzug untergeschoben. Der angebliche DDR-Spion van Nouhuys soll über eine ausgeprägte Phantasie verfügt haben, denn Buchner bemerkte, daß der einstige DDR-»Star« ehedem ein Exposé ablieferte, in dem er vorschlug, »in einem geplanten 'Animierclub 13' in West-Berlin eine Abhöreinrichtung einzubauen«. Merkwürdig nur, daß die DDR darauf nicht sofort eingegangen war.

Das Unternehmen sollte lediglich 20.000 bis 30.000 Mark kosten, war also ausgesprochen preiswert. Die DDR wollte hierfür kein Geld ausgeben, denn sie mußte statt dessen die seichten Nouhuys-Aufsätze entlohnen. Dieser Widerspruch fiel dem STERN selbstverständlich nicht auf. Daraus ließ sich schließen, daß er auch gar nicht darüber nachdenken wollte.(38)

Ein weiterer Einwand, gar von Sepp Ebelseder selbst ins Gespräch gebracht, blieb ebenfalls unberücksichtigt: Warum, so fragte der STERN Herrn Buchner, habe Nouhuys einen Teil der Quittungen mit seinem Klarnamen unterschrieben? Zumeist, so dünkte selbst einen Ebelseder, würden Decknamen auf den Geldbelegen in Ost und West ausreichen. Warum dieses vermeidbare Risiko?

Der DDR-Geheime nickte, gab indes zu bedenken, daß »jeder Dienst aber versuchen würde, daß ein angeworbener Mitarbeiter wenigstens das erste Mal mit seinem richtigen Namen unterschreibe«. Und warum? Buchner: »Um ihn besser in den Griff zu bekommen.« Aber nur dann, ergänzte der DDR-Mann, »wenn er nicht dagegen schreit«. Wäre der »Superagent« wirklich so töricht gewesen?

Je mehr Nouhuys-Papiere Ebelseder zu Gesicht bekam, desto mehr wollte er haben. Damit schlug eine uralte Geheimdienst-Taktik voll durch, die das Interesse durch Raten-Lieferung steigerte, denn nur Bruchstücke erhöhen die Spannung und lassen Empfänger stetig gierig werden. Prompt fiel Ebelseder auf diese bewährte Methode herein. Er gab es sogar zu: »Herr Buchner erzählte mir, ... er sei ... vor Wochen damit beauftragt worden, alle Unterlagen über Herrn van Nouhuys aus den Archiven ... herauszusuchen.« Und dann: Damit sei er aber »noch nicht fertig«.

Vorsichtig trug Sepp Ebelseder dem Mann von der DDR-Staatssicherheit eine Bitte vor: Ob er wohl die Originale von Ost nach West transportieren dürfe? Darauf reagierte Buchner, so erinnerte sich Ebelseder, »empört«. Das würde ja bedeuten und so aussehen, »als ob der STERN einen direkten Zugang zu den Panzerschränken des Ministeriums für Staatssicherheit hätte«. Über diese hausbackene Begründung muß Ebelseder wohl nicht lange gegrübelt haben, denn irgendwie schien ihm die fehlende Präzision gar nicht aufzufallen. Buchner kein DDR-Staatssicherheitsdienstler? Die angeblichen Nouhuys-Papiere statt aus einem Geheimdienst-Panzerschrank aus dem des DDR-Landwirtschaftsministeriums?

Das erste Treffen zwischen DDR-Staatssicherheit und STERN war beendet. Buchner baute weiterhin auf Taktik. Ebelseder war ein dankbarer Partner. Der zweite Treff fand ebenfalls wieder im Hotel Johannishof statt. Dieses Mal sollte Ebelseder Nouhuys-Photokopien mitnehmen und — die »Echtheit« gar persönlich verifizieren dürfen.

Der STERN bekam »zwei Berichte mit den dazugehörigen Quittungen«, und bei dieser »Gelegenheit (hatte ich) die mir übergebenen Fotokopien auf ihre Übereinstimmung mit den ... Originalen zu überprüfen«. Zwar weiß bis heute niemand, wie Ebelseder das in den wenigen Minuten fertiggebracht haben will, aber immerhin schienen seine Kenntnisse dazu ausgereicht zu haben. Der Journalist und der Geheimdienstler trennten sich. Alsbald trafen sie sich ein drittes Mal.

Heinz van Nouhuys im Kreise seiner STERN-Kollegen *(1955, links):*
Flog der Chef des Bundeskanzleramtes wegen der QUICK nach Berlin?

»Diesmal«, so schwärmte Ebelseder, »erhielt ich ... Fotokopien von acht Berichten und den dazugehörigen Quittungen.« Allerdings fehlten die Originale, weshalb Ebelseder wiederum die Kopien mit den Originalen verglich. Das Ebelseder-Attest muß der DDR-Staatssicherheit gefallen haben: »Ich habe bei dem Vergleich festgestellt, daß die Fotokopien mit den ... Originalen übereinstimmen.«(39) Parallelen zu den Tagebüchern des Adolf Hitler?

Die DDR mußte van Nouhuys »außer Gefecht setzen«. Selbst Buchner deutete an, daß es sich dabei um eine »politische Entscheidung« gehandelt habe. Ohne das Plazet des SED-Generalsekretärs Erich Honecker fiel diese nicht, da den »Störmanövern gegen die im beiderseitigen Interesse liegende Ost-West-Entspannung« nur so begegnet werden könne. Das leuchtete Sepp Ebelseder vom STERN ein.

Der Offizier der DDR-Staatssicherheit, offensichtlich durch die magere Urteilsfähigkeit des angeblich gestandenen STERN-Reporters Ebelseder nicht unangenehm überrascht, mochte die augenfällige Kritiklosigkeit endgültig noch gar nicht fassen, weshalb er — in weiser Voraussicht? — eine praxisferne Offerte vortrug: Das Ministerium für Staatssicherheit würde »einem Angehörigen des Bundesnachrichtendienstes, einem Bonner Politiker oder einer beiden Seiten vertrauenswürdigen Person Einsicht« (!) in das Nouhuys-Dossier gewähren. Entweder in einem neutralen Staat oder in — Ost-Berlin. Sollte das ein Test sein?

Ebelseder aber hatte diesen Vorschlag sofort sehr ernstgenommen, hatte diese Idee prompt weitergetragen. Doch das versöhnliche Bonn mochte offiziell nicht mitziehen. Vielleicht hatte Ebelseder das bedauert, denn plötzlich mußte er auf West-Kurs gehen:

»Die Bundesregierung war allerdings klug genug, auf das banale Angebot des MfS nicht einzugehen.« Wieso war denn die Bundesregierung scharfsinniger als der angeblich doch so denkfähige STERN-Reporter? Warum konnte die Bonner Republik nicht, was sich der STERN zutraute? Oder lehnte die Bundesregierung ab, weil sich — wenn es herausgekommen wäre — der Skandal als eine Bloßstellung ohnegleichen entpuppt hätte?

Die DDR enttarnte einen ihrer angeblichen Agenten. Der STERN, der nach der Nouhuys-Veröffentlichung in die Schußlinie geriet, setzte sich nun ab und behauptete, daß er »davon abgesehen hätte, den ... Artikel (über van Nouhuys) zu veröffentlichen, wenn nur die Unterlagen aus Ost-Berlin« vorhanden gewesen wären. Erst weitere »Erkenntnisse, die wir zusätzlich noch in der Bundesrepublik gewonnen hatten«, führten die Entscheidung für eine endgültige Publizierung herbei.

Der Geheimdienst der DDR hatte den Anfang gemacht. Den Rest mußte der Geheimdienst der Bundesrepublik Deutschland besorgen. Und die Kollegen im Westen enttäuschten ihre Mitverschworenen im Osten nicht. Während Sepp Ebelseder in Ost-Berlin mit dem MfS-Offizier Buchner plauschte, waren der Vizepräsident des Bundesnachrichtendienstes, Dieter Blötz, und der Chef des Bundeskanzleramtes, Horst Grabert, stets im Bilde. Ebelseder tat keinen Schritt ohne Wissen der zwei SPD-Mitglieder.

Am 28. September 1973, sechs Tage nach dem ersten Treffen zwischen STERN und DDR-Staatssicherheit, weihte Ebelseder im West-Berliner Hotel Kempinski den Politiker Grabert detailliert in die Nouhuys-Akte ein. Flog Grabert etwa wegen des QUICK-Chefs nach Berlin?

Ebelseder steckte immerhin noch tief in Verhandlungen mit der DDR-Staatssicherheit. Graberts West-Berlin-Abstecher war, wenn Nouhuys der Grund war, mehr als ungewöhnlich. Hatten Bundesregierung und STERN es eilig mit

Aktenzeichen: 21 U 4154/77

Der Name "Buchner" hat ihm nicht gleich etwas gesagt. Erst auf meine nähere Beschreibung der Person Buchners glaubte Herr Nollau in ihm denjenigen Mann identifizieren zu können, der "im Johannishof mit Journalisten agiert."

Protokoll

aufgenommen in öffentlicher Sitzung des 21. Zivilsenats des Oberlandesgerichts München.

Dieses Treffen lag, wie von mir bereits angegeben, mit Sicherheit vor der ersten stern-Veröffentlichung. Herr Buchner hat mich bei diesem dritten Treffen darauf aufmerksam gemacht, nach drei Personen zu suchen, nämlich Herrn Dieter Jansen, der Verlobten des Herrn van Nouhuys und Herrn Frei. In Bezug auf Herrn Jansen sagte Herr Buchner, daß dieser wissen müßte, wie das mit der Anwerbung gelaufen sei, weil er selbst angeworben werden sollte, aber nicht gekommen sei. In Bezug auf die Verlobte von Herrn van Nouhuys äußerte Herr Buchner, daß auch diese in der in Frage stehenden

Gegenwär… 97

Dr. Dil…

als Vorsitzend…

… Bauer Verlag München,

Dr. Plöß…

Rittmayr

– Klägerin und Berufungskl…

Jedenfalls war ich durch Herrn Bissinger angekündigt und war Herr Nollau auf meinen Besuch auch vorbereitet. Insbesondere hatte er auch Notizen, das heißt, Schriftstücke bzw. Blätter mit handschriftlichen Notizen.

als …

Ri… …ere,

als Urk… der Ge…

wegen Unterlassung

erschienen nach Aufruf der Sache:

Für die Klagepartei: Rechtsanwalt Dr. Romatka

für die bekl. Partei: der Beklagte zu 5), Herr Ebelseder, persönlich mit Rechtsanwalt Dr. von Nitzsch, der die mündlichen Ausführungen teilweise Rechtsanwalt Dr. Senfft übertrug.

Sepp Ebelseder als Zeuge im Nouhuys-Prozeß: Peinliche Verstrickung des Präsidenten des Bundesamtes für Verfassungsschutz entlarvt dem Nouhuys-Abschluß? Drängte auch die DDR? Drohte sie gar mit dem Abbruch der Aussöhnungsverhandlungen, wenn die QUICK-Enthüllungen nicht endlich gestoppt werden würden? Vor allem nach Steiner und den DDR-Nationalsozialisten?

Etwa drei Wochen vor der Veröffentlichung des STERN-»Doppelagenten« breitete sich Hektik aus. Ebelseder: »Herr Grabert arrangierte ein Treffen zwischen Herrn Bissinger, mir und Herrn Blötz.« Das fand im Bonner STERN-Büro statt. Blötz bestaunte die Ost-Berliner Nouhuys-Unterlagen. Dann regte er an, »den Kontakt mit Herrn Buchner aufrechtzuerhalten«, um die Originale und »viele Informationen zu erhalten«. Blötz, sichtlich gutgelaut: »Je mehr Material vorhanden (ist), um so besser.« Jetzt schalteten sich »leitende und sachkundige Herren des Bundesnachrichtendienstes« ein. Blötz sorgte dafür, daß die ihrerseits nun ihr Nouhuys-»Dossier« ausbreiteten.

»Es gäbe eine Reihe konkreter Erkenntnisse darüber«, erzählte ein »hoher Beamter« des BND, »daß Herr van Nouhuys in den fünfziger Jahren sowohl für das Ministerium für Staatssicherheit als auch für westliche Geheimdienste gearbeitet habe«. Wie der Osten, so schließlich auch der Westen: Niemand hatte sogleich das gesamte Nouhuys-Material parat, sondern es mußte erst zusammengesucht werden. Dafür lieferte der BND eine merkwürdige Begründung: Die Nouhuys-Fahnder stünden erst am »Anfang der Ermittlungen, weil soviele Akten verschwunden« seien. Ist es Zufall, daß der sozial-liberale BND denselben Weg wie die DDR-Staatssicherheit einschlug? Es wurde noch unheimlicher:

»Ich saß beim Bundesnachrichtendienst«, entschleierte Ebelseder das Geheimnis, »und ging dabei einen über Herrn van Nouhuys vorliegenden Akt durch.« Vom Osten erhielt der STERN nur Photokopien, der Westen mochte solche nicht präsentieren: »Eigentlich hätte ich mir... keine Notizen machen dürfen.« Aber schließlich habe Sepp Ebelseder »durchgesetzt«, daß er sich »wenigstens einige Punkte notieren« durfte, da er daran »interessiert (gewesen sei), mir einen Nachweis dafür zu ermöglichen, daß ich beim BND tatsächlich Akten habe einsehen können«. Warum erhielt der STERN vom BND keine Photokopien?

Ebelseder reiste zwischen BND in München-Pullach und der DDR-Staatssicherheit in Ost-Berlin hin und her. Was er durch Buchner erfuhr, berichtete er vorgeblich Blötz vom BND. Was Ebelseder vom BND hörte, das wird er — warum auch — Buchner vom DDR-Staatssicherheitsdienst möglicherweise nicht verschwiegen haben. In einem bestimmten Augenblick tauchte dann, in Ost-Berlin, ein Tarnpersonalausweis von van Nouhuys auf. Den bekam Ebelseder mit. Als Blötz von dessen Existenz hörte, sei er — laut STERN — »ganz wild darauf« gewesen.

Die vertrauensvolle Zusammenarbeit zwischen dem STERN und der DDR-Staatssicherheit gedieh prächtig. Als Ebelseder in Ost-Berlin erzählte, daß der BND Nouhuys-Papiere erst suchen müsse, wurde Buchner mehr als deutlich und brachte Klarheit in das unübersichtliche BND-Archiv. Buchner habe ihm »Hinweise (gegeben), wo... beim BND Material deponiert« sei, gestand Ebelseder. Das aber war längst nicht alles, denn Buchner zeigte sich rührend bemüht: Der BND-Angehörige »von Buttlar sei einer, der über Herrn van Nouhuys alles wissen« müsste. Und Manfed Bissinger ergänzte: »Alles, was Herr Ebelseder (aus Ost-Berlin) mitbrachte, wurde an den BND bzw. das Bundeskanzleramt weitergegeben.« Trotzdem blieben die Nouhuys-Gegner im STERN vorsichtig.

Was würde geschehen, wenn sich das Material aus Ost-Berlin als Fälschung erwiese? Sicherheit mußte geschaffen werden. STERN-Autor Günther Nollau empfing in seinem Bundesamt für Verfassungsschutz die STERN-Männer Ebelseder,

Aktenzeichen: 21 U 4152/77

Unter Übernahme der persönlichen Haftung für die Schreibgebühren bestellt(en):

Klägv.	Beklv.
Ausf.	Ausf.
Abschr.	Abschr.
unbegl.Abschr.	unbegl.Abschr.
z.Unterrichtung	z.Unterrichtung
an	an

Kl.		RA.	
Ausf.	DM	Ausf.	DM
Abschr.	DM	Abschr.	DM
zusätzl.Abschr.	DM	zusätzl.Abschr.	DM
unbegl.Abschr.	DM	unbegl.Abschr.	DM
gegen pers.Haftung Zahlg.in KM. Bl.		gegen pers.Haftung Zahlg.in KM Bl.	
erteilt an		erteilt an	

Protokoll

aufgenommen in öffentlicher Sitzung des 21. Zivilsenats des Oberlandesgerichts München.

Auf Frage des Beklagtenvertreters gab der Zeuge an:

Was das mir von Herrn Ebelseder gegebene Signalement des gewissen "Buchner" angeht, erinnere ich mich heute noch daran, daß dieser Herr "Buchner" mittleren Alters, rothaarig und sommersprossig gewesen sein soll. Dies haben wir Herrn Nollau auch weitergegeben.

Gegenwärtig:

Dr. Dillis

als Vorsitzender,

Von Herrn Kollegen Ebelseder hatte ich erfahren, daß er im September 1973 auf Vermittlung des damaligen geschäftsführenden Redakteurs Bissinger Herrn Nollau in Köln aufsuchte und ihm Fotokopien von Berichten und Quittungen vorgelegt hatte. Die betreffenden Berichte und Quittungen sollten von Herrn van Nouhuys stammen. Herr Ebelseder erzählte in diesem Zusammenhang auch, daß er mit Herrn Nollau über seinen Besuch in Ostberlin gesprochen und sich auch über den Mann mit ihm unterhalten habe, von dem er das Material bekommen hatte. Ich weiß nicht, ob Herr Ebelseder gegenüber Herrn Nollau in diesem Zusammenhang bereits den Namen Buchner erwähnt hatte.

Sc

als L
der C

... die Klagepartei: Rechtsanwalt Dr. Romatka,

für die bekl.Partei: Rechtsanwalt Dr. von Nitzsch, der die mündlichen Ausführungen teilweise Rechtsanwalt Dr. Senfft übertrug.

Ferner erschien der geladene Zeuge, Herr Dr. Walde.

OLG.232

Thomas Walde als Zeuge im Nouhuys-Prozeß: *Sieben Jahre vor dem persönlichen Kennenlernen bereits den Namen seines Geheimdienst-Partners in der DDR erfahren*

Walde-Bekenntnis *(Protokoll Nouhuys-Prozeß): »So kam ich auch in Verbindung mit Herrn Nollau«*

Zur Person: Dr. W a l d e Thomas, geboren am 23. Januar 1941, verheiratet, Redakteur, wohnhaft in 2056 Hamburg 80, Kursacker Deich 288, mit den Parteien nicht verwandt und nicht verschwägert.

Zur Sache: Ich habe über geheime Nachrichtendienste promoviert. Die Dissertation befaßte sich insbesondere mit der Funktion geheimer Nachrichtendienste im westdeutschen Regierungssystem. Von daher bin ich mit der Materie der geheimen Nachrichtendienste vertraut. Nach Abschluß der Promotion habe ich mich mit diesem Gebiet weiterhin journalistisch befaßt. So kam ich auch in Verbindung mit Herrn Nollau.

Ich bin seit Herbst 1971 im Verlag Gruner + Jahr tätig. Meine Hauptaufgabe war hierbei von Anfang an, zu redigieren. Gelegentlich habe ich auch draußen recherchiert.

Walde und Bremer. Der bundesdeutsche Abwehr-Chef wurde um seine Meinung befragt.

Rücksichtslos entblößte Ebelseder, als dem STERN später die Felle wegzuschwimmen drohten, Nollau als STERN-Zuarbeiter: Der Präsident des Bundesamtes für Verfassungsschutz »gab zu erkennen, daß er die Unterlagen nach seinen Erkenntnissen für echt hielt, und daß er nicht die leisesten Zweifel hatte, daß zumindest diejenigen Berichte, die ihn besonders interessiert hatten, echt waren«. Nollau, vom STERN einmal als Mitwisser öffentlich angezeigt, konnte einen Rückzieher nicht riskieren, es sei denn, er legte sich mit dem STERN an: »Anhaltspunkte für eine Fälschung«, so verunsicherte Nollau die Medien, »habe ich dem (ihm vorgelegten) Material aber nicht entnommen.« Warum nicht? Konnte sich Nollau seiner Sache so sicher sein? Oder hatte er lediglich zu dienen?

Thomas Walde und Heiner Bremer reisten nach Köln, sie wollten von Nollau eine noch verbindlichere Aussage zum Fall Nouhuys hören. Dabei gingen beide davon aus, daß Nollau dem STERN mehr als gewogen war. Der Besuch diente vor allem dem Zweck, vom Chef des Verfassungsschutzes ein Photo von Buchner zu erhalten. Der BND hatte es dem STERN nicht überlassen. Warum auch sollte Nollau? Waren die West-Dienste an einer optischen Enttarnung ihres Mitstreiters Buchner überhaupt interessiert? Immerhin aber attestierte Nollau dem STERN die Existenz des MfS-Buchner. Das wußte der STERN bereits vom BND.

Buchner war also echt. Nollau hatte sich kooperativ gezeigt. Was er konnte, das konnte auch Blötz. Der BND-Vize hatte, exklusiv für den STERN, zu quittieren, daß das DDR-Material über van Nouhuys nicht gefälscht sei. Doch das schien nicht so einfach. Nicht alle BND-Profis, auf die der STERN nun plötzlich angewiesen war, mochten da mitspielen. Sie wollten keine Handlanger der DDR-Staatssicherheit werden. Der frühere BND-Abteilungsleiter Richard Meier, der bald darauf Nollaus Nachfolger wurde, hielt Buchners Nouhuys-Dokumente für

QUICK Überschrift verboten

Lieber Sternleser!

Es wird die bedingungslose Anbe-
tung, die der Stern-Chef Nannen
von seiner linksliberalen Ge-
meinde fordert, gewiß nicht min-
dern, wenn Sie – wie im Krieg bei
der BBC – für wenige Minuten
einmal der Stimme von der ande-
ren Seite Ihre kritische Aufmerk-
samkeit schenken.
Es geht um die Serie von
Attacken, die der Stern seit
Monaten gegen die QUICK und
mich persönlich reitet. Der
QUICK-Leser wurde bisher da-
von verschont, weil ich der Mei-
nung bin, daß man den Konkur-
renzkampf zwar um die Gunst
der Leser, aber nicht auf ihrem
Rücken austragen soll. Darum
nur diese kurze Bemerkung
zu den wesentlichsten Punkten:
Die geschickten Methoden des
sowjetischen Geheimdienstes
KGB, mit Fälschungen und Ver-
fälschungen westliche Publika-
tionen zu infiltrieren, war Thema
einer QUICK-Dokumentation vor
vierzehn Tagen, in der der Stern
als „Hauptkunde" für solche
Reportagen genannt war. Per
einstweiliger Verfügung ließ uns
der Stern die Wiederholung der
Überschrift dieser Dokumenta-
tion verbieten – an den in der
Dokumentation angeführten Tat-
sachen selbst war nicht zu rütteln.
Vorige Woche nun klärte Nannen
Sie, liebe Stern-Leser, darüber
auf, daß zwischen den von uns
entlarvten KGB-Reportagen und
den Stern-Angriffen gegen mich
persönlich ein enger Zusammen-
hang bestehe. Das ist richtig. In
beiden Fällen wurde nach der be-
währten Goebbels-Methode ver-
fahren: Man suche einen wahren
Kern, lüge darum herum, was
man loswerden will – und am
Schluß werden die Leute sagen:
Na ja, aber irgend etwas Wahres
war ja doch schon dran.
Die vom KGB beeinflußten
Reportagen im Stern hatten
einen wahren Kern – und natür-
lich gab es auch einen wahren
Kern in den beiden massiven
Stern-Reportagen gegen mich, in denen ich zum „jahrelangen Doppelagenten" des ostdeutschen Staatssicherheitsdienstes und des westdeutschen Bundesnachrichtendienstes gestempelt wurde.

Der wahre Kern

Im Herbst 1959 schrieb ich als freier Journalist in der damaligen „Münchner Illustrierten" die erste Zeitschriften-Serie über den damals noch völlig geheimnisumwitterten Bundesnachrichtendienst (BND). Das Material zu diesem Bericht wurde mir von der Redaktion zur Verfügung gestellt und stammte aus offiziösen Quellen. Alles, was in diesem Material *nicht* gestanden hatte, weckte meine journalistische Neugier, und ich brannte darauf, mal so einen wirklichen Chefagenten des BND kennenzulernen. Ich mußte nicht lange warten, bis sich ein solcher Mann (er nannte sich Steffen) bei mir vorstellte. Ich erzählte ihm von meinem journalistischen Interesse am BND; er wollte von mir wissen, wen ich aus meiner Berliner Zeit in Ost-Berlin an interessanten Persönlichkeiten so kenne. Das waren nur drei:

- Einmal der Mann, der mir – ausgerechnet im Auftrag des Stern – den Kontakt zu dem angeblichen Entführer Otto Johns, Dr. Wolfgang Wohlgemuth, beschafft hatte.
- Ost-Berlins Oberbürgermeister Ebert, der mich einmal anläßlich eines Interviews über gesamtberliner Stadtplanung bat, Herrn Lemmer bei Gelegenheit auszurichten, er möchte mal wieder mit ihm Skat spielen! (Der Westberliner Politiker Ernst Lemmer war einmal Bundesminister für gesamtdeutsche Fragen.)
- Ein Ostberliner Journalist namens Wagner, von dem mir ein Kollege später einmal, ohne es beweisen zu können, gesagt hatte, er sei eigentlich Offizier beim SSD.

Das Ende des unverbindlichen Gesprächs mit Herrn Steffen vom BND: mein noch einmal betontes Interesse, mehr über den BND zu erfahren – was dann tatsächlich auch geschah.
Die Folge dieses Gesprächs: Herr Steffen machte über den Besuch bei mir einen Bericht – und dies ist das einzige wirkliche Dokument, auf dem die ungeheuerlichen Diffamierungen des Stern gegen mich beruhen können, nämlich:
Ich hätte im Auftrag des BND den Ostberliner Geheimdienst in den fünfziger Jahren mit Spielmaterial beliefert; ich hätte im Auftrag des Ostens und des Westens Herrn Lemmer bespitzelt, ich hätte (damals als 25jähriger!) für 200 000 Westmark aus dem Osten die gesamte Bonner politische Prominenz ausgekundschaftet und über vertrauliche Gespräche zwischen Adenauer und Kennedy berichtet. Jeder internationale Spionageabwehrexperte, der diese Stern-Story bisher gelesen hat, schüttete sich vor Lachen darüber aus. Mein Kommentar damals: Es wird nur zu prüfen sein, ob der Stern auf gefälschtes Material hereingefallen ist oder ob er selbst mitgefälscht hat. Die Gerichte werden das in den nächsten Wochen und Monaten entscheiden.
Was die vom KGB gesteuerten Reportagen betrifft, die der Stern veröffentlichte, so bin ich sicher, daß der Stern nicht selbst mitgefälscht hat. Er fiel darauf herein.
In meinem Fall kann es ähnlich sein – denn Feinde haben die QUICK und ich genug: im Osten wie im Westen. Und wie die mit Fälschungen – nicht nur in meinem Fall – Politik machen, werden wir vor Gericht beweisen.

Mit freundlichem Gruß

Ihr
Heinz van Nouhuys

HEINZ VAN NOUHUYS

Nouhuys-Attacke gegen den STERN: *Der STERN — ein Risiko für Leser des STERN und Informanten des STERN?*

***DDR-Spionage-Chefs** (1985): Markus Wolf (links) und Horst Jänicke (rechts): Bekannt als »Oberst Wagner«*

»höchst fragwürdig«, sprach ihnen »jegliche Qualität als nachrichtendienstliches Material« ab. Schien die Wahrheit endlich durchzubrechen?

Davon wollte freilich Dieter Blötz nichts hören. Ein anderer BND-Beschäftigter nörgelte ebenfalls an der absurden nachrichtendienstlichen Qualität herum. Er war bereits der zweite, der dem STERN seine Hilfsdienste versagte. Da wurde ein dritter BND-Angehöriger als Bürge gesucht. Doch auch der schloß sich der Meinung seiner Vorgänger an und wurde daraufhin bei der anstehenden Beförderung übersehen.

Ein vierter BND-Mitarbeiter konstatierte dann, daß es sich bei den aus Ost-Berlin stammenden Nouhuys-Zeugnissen um »nachrichtendienstlich wertlose Unterlagen« gehandelt habe, die keine Rückschlüsse auf die mögliche Spionagetätigkeit von van Nouhuys zulassen würden. Darum stelle sich erst gar nicht die Frage, ob es sich um gefälschtes Material handele. Die Zeit verrann. Der STERN mußte weiterkommen. Endlich hatte Blötz einen rettenden Einfall:

Er beauftragte seinen persönlichen Referenten, der in der Position eines Regierungsrates frisch von der SPD dem BND zugeführt worden war, mit der Beglaubigung. Zwar verfügte der Blötz-Ergebene über keine nachrichtendienstlichen Erfahrungen, das machte aber das »Gutachten« erst sicher: Das Ost-Berliner Material sei authentisch, es existiere ja auch der MfS-Offizier Buchner, der zwar nicht so heiße, aber das sei branchenüblich, schließlich verfüge auch er über einen Decknamen.

Als der STERN mit seiner Nouhuys-Bombe die Öffentlichkeit erschütterte, stand der BND-Chef Gerhard Wessel vor dem Vertrauensmännergremium des Bundestages.

Heinz van Nouhuys, bekundete er, sei weder Agent der DDR-Staatssicherheit gewesen noch Agent für den BND. Rang sich Wessel zu dieser Aussage durch, weil er erst zu spät davon erfuhr, daß sein Stellvertreter an ihm vorbei mit dem STERN praktizierte?[40]

Der STERN — ein Risiko für Leser des STERN und Informanten des STERN?

»NICHT LÄNGER GEHEIM« oder: Die Fälscherwerkstatt der Deutschen Demokratischen Republik

Die Maschinen des Großen Kampfgeschwaders 55 standen vollgetankt auf einem einsamen Feldflugplatz. In der Nähe des hölzernen Kontrollturms liefen die Motoren von vier HE 111 warm. Im Morgengrauen, kurz vor vier Uhr, starteten die Aufklärer. Der 25jährige Oberleutnant Eberhard Charisius, Funker an Bord einer der HE 111, erlebte einen gigantischen Aufmarsch aus der Luft:

Auf einer Länge von 3.000 Kilometern, vom Nordmeer bis zum Schwarzen Meer, warteten drei Millionen Soldaten der Deutschen Wehrmacht, unterstützt von 3.500 Panzern und 60 Prozent der Luftwaffe, auf ihren Einsatzbefehl. Am 22. Juni 1941 überrannte die nationalsozialistische Kriegsmaschine über hundert sowjetische Divisionen.(41)

Charisius kreiste über Tarnopol bei Lemberg. Flakfeuer versuchte verzweifelt, die HE 111 vom Himmel zu holen. Doch die Kanoniere zielten noch zu ungenau. Die HE 111 hatte bereits abgedreht, da durchschlug eine Granate die linke Tragfläche. Das Flugzeug geriet ins Trudeln. Der erfahrene Pilot indes behielt die Kontrolle. Bravourös gelang ihm die Notlandung.

Die Kameraden krochen, verletzt und benommen, aus der brennenden Maschine. Charisius schleppte sich Meter um Meter vorwärts, doch plötzlich versperrten ihm Rotarmisten den Weg. Einer von ihnen hielt die Maschinenpistole an Charisius' Schläfe. Die Russen hatten einen ihrer ersten Kriegsgefangenen gemacht und für den Angehörigen der deutschen Luftwaffe begann eine faszinierende Karriere.(42)

Auf dem Gelände des Fliegerausbildungsregiments 12 machte sich der junge Ausbilder Günter Glaser startklar. Auf dem Programm stand, wie so oft, ein langweiliger Routineflug. Das Wetter drohte nicht überraschend umzuschlagen. Trotzdem schien Glasers Stimmung auf dem Nullpunkt — die Katastrophe in Stalingrad zeigte Wirkung. Zusätzlich verunsicherte Goebbels' Erklärung des totalen Krieges aus dem entfernten Sportpalast in der verdunkelten Reichshauptstadt.

Mit seinem Schüler flog Glaser einige Schleifen. Plötzlich schoß aus den Wolken ein sowjetischer Jäger heran. Glaser hatte keine Chancen, er geriet direkt in die Schußlinie, Sekunden später stürzte er ab. Glaser rettete sich mit dem Fallschirm. Die Maschine explodierte mit seinem Schüler.

Bodenberührung hatte Glaser mitten in einem sowjetischen Partisanen-Trupp. Am 18. März 1943 wurde er, 21jährig, von einem deutschsprechenden Russen verhört. Die Informationen, die Glaser schließlich preisgab, verursachten bei der Roten Armee hektische Betriebsamkeit. Glaser mußte umdenken: an Händen und Füßen gefesselt, kauerte er, tagelang, in einem Erdloch. Er dachte an seine Kameraden in Stalingrad und fror. Doch nur vorübergehend. Ihm stand eine rätselhafte Zukunft bevor.(43)

Die Alliierten marschierten in Paris ein, Sowjet-Panzer überrollten Riga, die Deutschen flohen aus Belgrad, Amerikaner spazierten durch Aachen — Ende 1944/Anfang 1945, während die Gestapo weiterhin nach 20. Juli-Verschwörern fahndete, atmete ein Major im Generalstab erleichtert auf. Job Wilhelm Henning Dietrich von Witzleben, dessen Großonkel der im August 1944 hingerichtete Generalfeldmarschall Erwin von Witzleben war, lief sowjetischen Pionieren direkt in die Arme. Das Reichssicherheitshauptamt verdächtigte den Adligen, am Attentat

Fälscher Eberhard Charisius: *Mitglied der NSDAP und einer der ersten Kriegsgefangenen der Roten Armee*

auf den Führer mitbeteiligt gewesen zu sein. Nach ihm wurde hektisch gefahndet. Doch jetzt wähnte sich von Witzleben in Sicherheit. Den Russen, so frohlockte Moskau, sei ein prominenter Offizier in die Hände gefallen. Im Gegensatz zu seinen zwei Kameraden hatte es der 28jährige von Witzleben angenehmer. Er verfügte über ein Einzelzimmer, durfte Radio hören, Zigaretten rauchen und Cognac genießen. Dem Überläufer sollte ein phantastischer Aufstieg bevorstehen.(44)

Die drei Deutschen in Kriegsgefangenschaft hatten einstweilen sowjetische Wünsche zu erfüllen. Sie wurden am Leben gelassen, und es erging ihnen nicht so wie den Zigtausenden verhungerten und erfrorenen Stalingrad-Gefangenen. Charisius, Glaser und von Witzleben wechselten eiskalt die Fronten und rückten, unter der Kontrolle ihrer sowjetischen Aufseher, ihrer mysteriösen Karriere immer näher.

Eberhard Charisius brachte es bis zum Lautsprecher-Propagandisten im Nationalkomitee Freies Deutschland, Glaser rückte als Partisan hinter die deutschen Linien ein, rieb versprengte SS-Einheiten auf, erschoß deutsche Landser, Job von Witzleben schließlich avancierte im Nationalkomitee bis zu dessen Auflösung im November 1945 zum »Antihitlerkoalitions«-Bürokraten.

Nunmehr Antifaschisten, empfingen sie sowjetische Auszeichnungen, wurden von russischen Kadern beklatscht. Vielleicht wäre der Applaus aus Moskau ausgeblieben, wenn der Kreml nur geahnt hätte, daß seine drei neuen Helfer ehedem zum NS-Kern gehörten: Charisius trat 1935 der NSDAP bei, Glaser führte Mitgliedsbeiträge an die NSDAP seit 1940 ab, und Job von Witzleben, ein Exgefolgschaftsführer der HJ, stieß am 1. Februar 1935 zur Führer-Partei.(45)

Mit der bedingungslosen Kapitulation der Deutschen Wehrmacht waren auch ihre bisherigen Dienste beendet. Die siegreiche Rote Armee ging daran, einen Teil des zertrümmerten Dritten Reiches dem sowjetischen Machtbereich einzuverleiben. Der »Aufbau der antifaschistisch-demokratischen Ordnung« in der sowjetischen Besatzungszone wurde bis November 1989 als die »fünfte Hauptperiode deutscher Arbeiterbewegung« apostrophiert, die insgesamt 145 Jahre währte.

»Während die Sowjetunion gestärkt aus dem Krieg hervorging«, so publizierten Ost-Berliner Geschichtsforscher, »verschärfte sich die allgemeine Krise des Kapitalismus außerordentlich«, zumal »in Westdeutschland die imperialistischen Besatzungsmächte unter der Führung der USA im Bunde mit den großkapitalistischen und junkerlichen Reaktionären« einen neuen, den Dritten Weltkrieg, vorbereiteten. Die 1949 aus der Taufe gehobene Deutsche Demokratische Republik attackierte ihren nachbarlichen Klassenfeind. Es galt, den »brutalen Neonazis in Westdeutschland« die Stirn zu bieten. Die DDR igelte sich ein und begann, »Schutzmaßnahmen« zu treffen.(46)

Eberhard Charisius befehligte als Kommandeur die sächsische Schutzpolizei, Glaser Volkspolizei-Brigaden, und Job von Witzleben kam auch ohne die Wehrmacht schließlich zum Ziel: Chef der Volkspolizei in Halle, VP-Chefinspekteur, Oberst in der Nationalen Volksarmee. Während in der DDR die Ehemaligen des NS-Staates ein neues Vaterland zementierten, setzten — in der Bundesrepublik — die anderen auf Amerikaner, Engländer und Franzosen.

Die alten Kameraden im Westen schielten mitleidig und kopfschüttelnd auf ihre Kollegen im Osten, jene im Osten haßten die im Westen. Egal, wer sich von wem auf wessen Seite stellen ließ — stets war es die falsche. Alsbald waren sie untereinander verfeindet und bezichtigten sich gegenseitig des Verrats. Die Hinterbliebenen des Dritten Reiches prügelten aufeinander ein. Albert Norden, zu seinen Leb-

Fälscher Günter Glaser: *Mitglied der NSDAP und von einem sowjetischen Partisanen-Trupp ins Erdloch gestoßen*

Fälscher Job Wilhelm von Witzleben: *Mitglied der NSDAP und zur Roten Armee übergelaufen*

zeiten Chef-Propagandist der DDR, charakterisierte die nationalsozialistischen Überbleibsel auf einfachste Weise: »Die Unterwelt wurde mobilgemacht.« Ein absurdes Kapitel deutscher Nachkriegsgeschichte begann.

So entdeckte Norden »Landstreicher«, stieß auf »Diebe«, ermittelte »Fürsorgezöglinge«, erwischte »Strolche« und erkundete »Lumpenproletariat«. Diese Tiefschläge waren nicht an die NS-Erzogenen adressiert, die sich nach 1945 für die DDR entschieden hatten, sondern ausschließlich an die »faschistische Brut in Westdeutschland«, die daraufhin die Zähne zeigte. Norden seinerseits reagierte mit mißgünstiger Aggressivität und wehrte sich gegen die »widerwärtige antisowjetische Lügenszene im Westzonenstaat« 1949 mit einem Mittel, das sich — solange es Spionage gibt — außerordentlich bewährt hat, besonders vom SD des Reinhard Heydrich zur Perfektion getrieben wurde: mit der Fälschung von Dokumenten. Die DDR hatte, bereits im Gründungsjahr der zwei deutschen Staaten, ihr Debüt als Fälscher gegeben.

Im September 1949 trat der Deutsche Bundestag zusammen. Die KPD, mit einer eigenen Fraktion vertreten, schickte ihren Vorsitzenden, Max Reimann, hinter das Rednerpult. Reimann hielt Bundeskanzler Konrad Adenauer imperialistische Wesenszüge vor. In diesem Augenblick betraten »zwei heruntergekommene Gesellen«, wie Norden sich erinnerte, den Sitzungssaal: »barfuß in Holzsandalen, in zerfetzte Pelerinen gehüllt, den Kopf mit schmutziger Mullbinde umwickelt«, schoben sich die Besucher humpelnd zur Rednertribüne.

Sie seien soeben aus sowjetischer Kriegsgefangenschaft gekommen, fabulierten sie, und wandten sich — vorwurfsvoll — an Max Reimann. Zwei grauslig aussehende Männer traten als »Kronzeugen« gegen den Kommunismus auf. Die Wirkung war dann in der Tat offenkundig, denn die Nachkriegspresse beschrieb erneut eine menschlich-tragische Geschichte. Doch der Schein trog. Die Initiatoren des plumpen Stücks residierten in Wahrheit in Ost-Berlin.

Ein Journalist unterhielt sich nach dem Heimkehrertheater mit den beiden Bundestagsgästen. Jetzt legten sie dem Zeitungsmann zwei Eintrittskarten für den Bundestag vor — mit der Unterschrift Konrad Adenauers. So einfach sollte der Nachweis einer Bonner Regie erbracht werden. Eintrittskarten für den Bundestag unterschrieb Adenauer niemals, und auch die Befugnis, statt der Zuschauertribüne den Sitzungssaal betreten zu dürfen, war nie erteilt worden. Sinn dieses banalen DDR-Unternehmens war ein ganz anderer:

Ost-Berlin wollte der Weltöffentlichkeit Heimtücke des Bonner Staates präsentieren. Zwei angeblich von der Bundesregierung »bearbeitete« Kriegsgefangene platzten termingerecht überraschend während einer Reimann-Rede herein, zeigten mit dem Finger auf den Kommunisten-Führer und — enpuppten sich wenig später als »gekaufte Subjekte«.

Anhand der unbeholfen hergestellten Bundestags-Einlaßkarten und des »wirren Zeugs« während der Interviews der »Heimkehrer« mit den Journalisten fiel es der DDR sodann leicht, mit Hilfe der Medien die »dunkle Absicht Adenauers« nachzuweisen. Daß dies genau die DDR-Absicht war, dämmerte erst, als es lange zu spät war. Die KPD, das wollte die DDR erreichen, sollte als armer, gebeutelter Märtyrer dastehen.[47] Albert Norden kam auf den Geschmack.

Wenn bereits diese liederlich inszenierte und unter Zeitdruck zustande gekommene Fälschung Furore machte, was erst müßten Falsifikate bewirken, die minuziös und ohne Zeitdruck fabriziert werden würden? Norden machte sich an die Arbeit. Zunächst war es eine Frage der Organisation, die zudem nicht von heute auf morgen zu lösen war, sondern die — wie sich herausstellte — Jahre benötigte.

Fälscher Albert Norden: *»Landstreicher, Diebe, Fürsorgezöglinge und Strolche«*

Mitarbeiter Nordens durchstöberten Personalakten, recherchierten in der Republik nach Mitarbeitern. Gefragt war vordergründig ein ganz bestimmter Personenkreis — Männer des NS-Regimes. Sie waren als Zuarbeiter ausersehen, denn niemand anders als sie kannte die unzähligen Kameraden aus vergangenen Tagen besser.

Die Anfänge waren, noch, bescheiden. Nordens Mannen katalogisierten in Archiven, sortierten ergatterte NS-Akten. Stetig wuchs der Apparat heran. Er sollte eines Tages noch effektiver arbeiten, als einst Heydrichs Techniker es je zuwege gebracht hatten, noch wirkungsvoller als die Fälscherwerkstätten des sowjetischen Geheimdienstes.

Nicht das Ministerium für Staatssicherheit der DDR baute den Fälschermechanismus auf, sondern federführend war das Ost-Berliner Institut für Kriminalistik, nur wenige Meter von der Sektorengrenze entfernt: Unter den Linden 6 saß die Zentrale.

Präparierte Dokumente verließen nicht die besonders hermetisch abgeschlossenen MfS-Vollzugsanstalten, wie in der Presse des Westens bis heute irrtümlich angenommen, die getürkten Papiere kamen vielmehr über Jahre aus dem Kriminaltechnischen Institut, das dem Ministerium des Innern unterstand. Das freilich arbeitete kooperativ mit dem Staatssicherheitsdienst zusammen.

Noch bis in die sechziger Jahre hinein bestimmte fast allein Albert Norden die Fälscheraktionen. Erst Anfang der siebziger Jahre riß das Geheimdienstinstrumentarium die Kompetenzen an sich. Norden hatte ausgedient. Er hatte, für Laien unerkennbar, ein in sich geschlossenes Unternehmen ins Leben gerufen:

Die Staatliche Archivverwaltung in Potsdam, eine Leistung des Ministeriums des Innern, belieferte Norden mit den »Manuskripten«, lieh — im Original — Muster für die Nachdrucke aus, und koordinierte mit dem Deutschen Zentralarchiv, das in der benachbarten Potsdamer Stalinallee für kurzfristige Husarenstücke zur Verfügung stand, Fälschungsabenteuer. Das Zentralarchiv diente der Archivverwaltung Zusatzwissen an.

Ob das Institut für Deutsche Geschichte in Ost-Berlin, das Historische Institut in Jena, das Institut für Marxismus-Leninismus in Greifswald, das Halenser Institut für Gesellschaftswissenschaften, selbst das Oberste Gericht der DDR mischte, in Einzelfällen, mit — von Jahr zu Jahr wurde makelloser nachgebildet, perfekter desinformiert, vollendeter nachgedruckt, beispielhaft für die Fälscherzunft »simuliert«. Norden erlebte den Triumph seiner Laufbahn. Und er verließ sich auf Männer, die bei Kriegsausbruch auf der anderen Seite standen: ihren Eid leisteten sie einst auf ihren Führer Adolf Hitler.

Das Deutsche Institut für Militärgeschichte (später: Militärgeschichtliches Institut der DDR) in Potsdam avancierte dann, unbemerkt, zur eigentlich beherrschenden und zuarbeitend-verantwortlichen Fälscher-Hochburg in der DDR. Seine Archivare fälschten die Konkurrenten von der Staatlichen Archivverwaltung buchstäblich an die Wand.(48)

Wohl nicht unbeteiligt an dieser Entwicklung war ein Norden-Protegé: Oberst Gerhard Förster, Dr. phil., Diplom-Historiker, und Leiter der wichtigen Abteilung »Militärgeschichte bis 1945«. Nicht unbeteiligt deshalb, da ihm alle Akten der NS-Ära zugänglich waren. Während Förster, Redaktionsmitglied der Publikation »Militärgeschichte«, als einer der wenigen regelmäßig im westlichen Ausland verkehrte, waren seine Kollegen mit diesen Privilegien nicht ausgestattet:

Oberst Job von Witzleben, der sich bei Kriegsende den Russen stellte, dirigierte den Bereich »Bundeswehr und NATO« im Militärgeschichtlichen Institut, der Ex-

Luftwaffen-Mann Günter Glaser, in der DDR zum Professor gekürt und mit dem Kapitän-zur-See-Titel ausgestattet, zeichnete für die »Militärgeschichte der DDR« verantwortlich. Eberhard Charisius schließlich, der am ersten Tag der kriegerischen Auseinandersetzung mit der Sowjet-Union in Gefangenschaft geriet, hatte die undankbare Aufgabe, manipulierte Materialien in Umlauf zu setzen.

Die Hierarchie im Militärgeschichtlichen Institut war bedeutend: Ein gelernter Maschinenschlosser, Reinhard Brühl, Professor für Militärgeschichte im Rang eines Generalmajors der NVA, stand einer einflußreichen und tonangebenden Behörde vor. Ihm ergeben: rund siebzig Mitarbeiter, von denen — niemand erfährt es mit Sicherheit — zirka fünf zu jenen gehören, die in Fälschungen eingeweiht waren, die zielvoll zeitgeschichtliche Situationen abwandelten und strebsam umgestalteten, die Biographien verschoben, die ungeniert Zusammenhänge herstellten.

Dies Militärgeschichtliche Institut in der Potsdamer Leninallee 127-128 hing ab von dem Funktionieren des NVA-Militärarchivs, das die wahren und eigentlich kostbaren Dokumente unter Verschluß hielt: Papiere aus der Reichskanzlei, Akten der NSDAP. Was aus dem Dunstkreis Adolf Hitlers erhalten blieb, lagerte ausschließlich hier.(49)

Die etwa dreißig Angehörigen des Militärarchivs waren allesamt als besonders »sicherheitsempfindlich« eingestuft. Sie wurden darum, zumal sie über militärische Dienstgrade verfügten, vom Verteidigungsminister besoldet. Wer das Gehalt von diesem Amt bezog, der kann — wenn er in den Westen überläuft — Fälschungen entlarven und damit Skandale verursachen, würden sich jahrzehntelang gesponnene Legenden auflösen, Bonner Karrieren möglicherweise anders verlaufen sein, und nicht für denkbar gehaltene Rehabilitierungen verursachen, ganz abgesehen von den dann ins Haus stehenden Schadenersatzansprüchen.

Manch angeschmierter Journalist des Westens würde die Welt nicht mehr verstehen, hatte er doch — in einer vermeintlichen Sternstunde — an die Echtheit des ihm zugespielten exklusiven Materials fest glauben wollen. Die Potsdamer Hexenküchen konnten »so echt fabrizieren, daß es echter schon nicht mehr geht«.

In der Hamburger STERN-Redaktion versuchten Redaktion und Verlag noch das Scherbengericht der Hitler-Tagebücher zu verarbeiten, da wurde in Potsdam — zur selben Zeit — gefeiert: am 13. Mai 1983 vergnügten sich Volksarmisten und Staatssicherheitsdienstler. Sie ließen einen der Ihren hochleben: Generalmajor Willi Pösel feierte seinen sechzigsten Geburtstag. An diesem Freitag wurde ein üppiges Buffet geboten, und, traditionsgemäß in diesen Kreisen, Krim-Sekt ausgeschenkt. Die Gratulanten standen Schlange:

Oberst Dr. Horst Schädel vom militärischen Nachrichtendienst der NVA (intern: »Spezialabteilung«), die Obristen Dr. Gerhard Förster, Paul Fischer und Prof. Dr. Kurt Schützle vom Militärgeschichtlichen Institut, Oberst Heinz Knöchel von der NVA-Bibliothek. Das Triumvirat der Fälscher war unter sich.

Zwei allerdings fehlten: Eberhard Charisius und sein Bruder Albrecht. Der eine starb im März 1980, der andere folgte ihm zwei Jahre später. Auch Julius Mader, der nicht-existierend existiert, wurde bei Pösel nicht gesichtet. Vier Monate später starb überraschend Gerhard Förster 49jährig. Seine Lebensgefährtin Jutta Ernst will bis heute über die Todesursache nicht reden.

SED-Chef Honecker rühmte in einer Laudatio Willi Pösels »Befähigung für (eine) leidenschaftliche Tätigkeit als Propagandist«. Das auffällige Lob kam nicht von ungefähr: Pösel war seit Jahrzehnten der Prinzipal der für Außenstehende unbedeutenden Juristischen Hochschule in Potsdam-Eiche. In Wahrheit versorgte er seinen

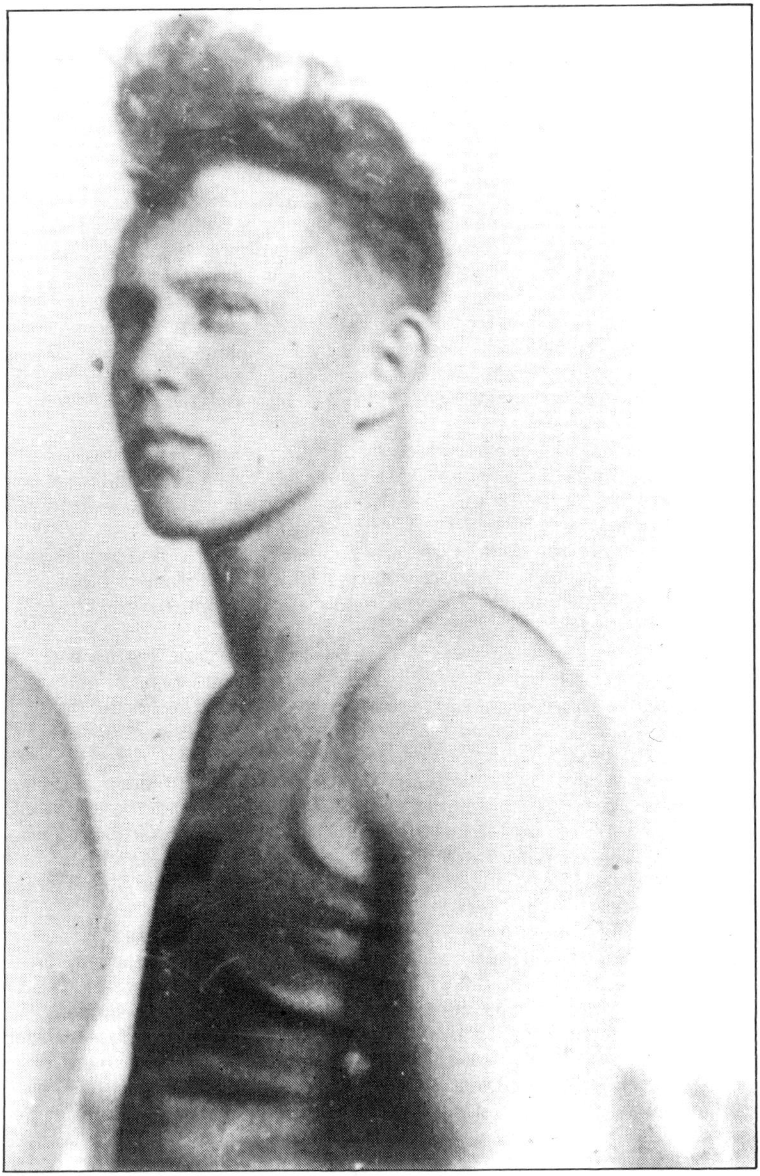

Staatssicherheitsdienst-Chef Erich Mielke *(in den zwanziger Jahren): Das »faschistische Geheimdienstsystem« aufs Korn genommen*

Arbeitgeber, das Ministerium für Staatssicherheit, mit akademischem Nachwuchs. Seine getarnte Ausbildungsstätte freilich produzierte unterirdisch noch anderes: sie erstellte die Fälschungen.

In einem sicheren, kleinen und hermetisch abgeriegelten Trakt standen auf dem Terrain der Juristischen Hochschule die Fälscherutensilien: Buchdruckmaschinen aus dem Jahr 1928 (Modell »Alberta«, Hersteller: Albert & Cie. Akt. Ges./Frankenthal/Pfalz), lagerten unbedruckte Papiere aus Zeiten der Weimarer Republik und der Nationalsozialisten — in verschiedenen Grammstärken wohltemperiert und behütet. Selbst alte Agfa-Bestände aus Wolfen, Photopapier und Filme aus den dreißiger beziehungsweise vierziger Jahren dienten der Juristischen Hochschule zur Herstellung von falschen Echtheits-Zertifikaten.

Schreibmaschinen jedweder Generation waren in Betrieb, angejahrte Leica-Kameras wurden benutzt, Bleistifte und Federhalter aus allen möglichen Amtsstuben der Vergangenheit wurden herangeschafft, Tinten aufgehoben. Der wohl einzigartige Fundus stapelte sich, wohlgeordnet, in einigen Kellerräumen, in denen mit Hilfe einer Klimaanlage das Dritte Reich bis zum November 1989 überlebt hatte.

Die DDR verfügte über eine moderne Fälschungsfabrik. Sie konnte absolut alles »herrichten«. Mit dem Getürkten, diese Erfahrung haben die DDR-Führer seit Albert Norden immer wieder gemacht, wurde »interessante Politik« vollzogen. Das freilich war, in den fünfziger Jahren, nicht immer so.(50)

Zwerchfellerschütternde Rohrkrepierer ließen den Mangel an Fälschungserfahrung deutlich erkennen. Fälschungspfuscher lebten, vor allem zu Nordens Zeit, lange Jahre ungeschoren. Was jenen damals fehlte, klappte bei den Nachfolgern umso reibungsloser:

Die penible Genauigkeit der »Manuskript«-Zulieferer, die präzise und exakte Sorgfalt, noch unter Job von Witzleben und Glaser betrieben, steigerte sich bis zur gewissenhaften Akkuratesse. Letzten Endes ließ Gerhard Förster dem Metier außerordentliche Anteilnahme zuteil werden, denn die wenigen Insider sahen in ihm den Kopf, der die »Strategieideen« entwickelte. Förster konzipierte langfristig, er durfte die in der DDR zum grauen Historiker-Alltag gehörenden »Forschungspläne« ignorieren und sich statt dessen sehr viel Zeit für »Sonderaufträge« lassen. Ihm allein beispielsweise soll das Verdienst gebühren, die in Großbritannien erschienene Honecker-Biographie dorthin lanciert und seinem Parteichef das Manuskript überarbeitet zu haben. Führte Förster den Nachweis über Honeckers tapferes Durchhalten im NS-Zuchthaus?

Förster wohnte, wie fast alle seine Kollegen, in einer Potsdamer Villa. Und ihm wurde gestattet, was in der DDR sonst nur selten jemandem zugestanden wurde: ein ergiebiges Privatarchiv zu unterhalten, so wie es sich in der von der DDR geschmähten BRD sonst nur noch einfallsreiche Journalisten leisten können.

In Försters Sammlung sollen sich Materialien befunden haben, die — würden sie veröffentlicht — zeitgeschichtliche Sprengsätze wären. Förster, mehr ein verschlossener Historiker, brüstete sich denn gelegentlich mit seiner privaten Fundgrube. Das sei, wie im Westen ausdrücklich erkannt wurde, nicht immer gut für ihn, das ließe Rückschlüsse zu.

Jene, die sich jenseits der Mauer mit dem Potsdamer Fälscherlabyrinth beruflich beschäftigen mußten, wurden von der ehemaligen Garnisonsstadt aus auch am heftigsten attackiert. Das waren die, die sich »hinübergerettet« hatten: ein ganzes »faschistisches Geheimdienstsystem« aus dem NS-Staat in der Bundesrepublik Deutschland. Ein Legendenprojekt, das Anfang 1960 ausbaldowert worden war,

Spionage-Chef Markus Wolf *(1957): Erfinder der im Westen durch Thomas Walde hoffähig gewordenen Stasi-Attrappe Julius Mader*

Fälscher-Tod *(Traueranzeige im NEUEN DEUTSCHLAND): Gerhard Förster, Mitarbeiter des DDR-Fälschungs-Amtes Militärgeschichtliches Institut, wurde erst dreizehn Tage nach seinem Tod für die Einäscherung freigegeben*

In tiefer Trauer teilen wir mit, daß

Oberst
Professor Dr. sc. phil.

Gerhard Förster

am 10. September 1983 im Alter von 49 Jahren verstorben ist.

Marion, Uwe und Annett als Kinder
Gertrud Förster als Mutter

Die Trauerfeier mit anschließender Urnenbeisetzung findet am 23. September 1983 um 14.30 Uhr auf dem Neuen Friedhof Potsdam, Heinrich-Mann-Allee, statt.

wurde erst neun Jahre später im Mai abgeschlossen: Die Beschreibung der »konterrevolutionären, antidemokratischen und antinationalen Umtriebe der imperialistischen Geheimdienste« mit dem reißerischen Titel: »Nicht länger geheim«.

Der Direktor des Militärgeschichtlichen Instituts, Reinhard Brühl, lieferte das Vorwort (»Der Frieden und Sicherheit in Europa bedrohende Hauptgriff der westdeutschen Geheimdienstzweige richtet sich ... gegen die DDR und andere sozialistische Staaten Europas«), die attraktive Erna Jäpel, Oberstleutnant beim Deutschen Militärverlag, besorgte das Lektorat, die weniger schöne Schreibkraft Heckert, angestellt im Militärgeschichtlichen Institut, nahm dem Autoren Eberhard Charisius Roh- und Reinschrift des Manuskriptes ab.

Die Idee zu der über sechshundert Seiten starken »Enthüllung über den imperialistischen Geheimdienst« wurde in Potsdam geboren. Ein Sachbuch, wie im Westen verlagsüblich, war nicht geplant. Der Autor, der sich in der geheimdienstlichen Branche auskannte, war schnell gefunden: das Ministerium für Staatssicherheit, das diesen Plan aufwendig förderte, guckte sich Eberhard Charisius aus — nachdem sein Bruder Albrecht, der auf der SED-Parteihochschule Karl Marx die »NATO-Strategien und NATO-Streitkräfte« in den dunkelsten Farben schilderte, ihn vorgeschlagen hatte.

Erste grundsätzliche Recherchen ließen Hürden erkennen. Das Exposé wurde mehrmals umgedichtet. Erst Job von Witzleben soll Ruhe in das Durcheinander gebracht haben: Er und ein ihm unterstellter zuverlässiger Mitarbeiter fertigten einen chronologischen »Jahresabriß«, der im vorigen Jahrhundert begann. Die einfache Jahres-»Graphik« wirkte nun plötzlich wie ein Magnet:

Kommunisten, die in der Weimarer Republik und in den NS-Jahren Polizei- bzw. Gestapo-Beamten detaillierte Geständnisse frei Haus lieferten, entpuppten sich als Kämpfer ohne Nerven und Vorbilder für die Jugend. Bösewichte, die bis 1933 Demonstranten niederknüppelten und verhörten, die ab 1933 mordeten — ihnen wurden weitere Verbrechen unterstellt, die gar nicht von ihnen begangen wurden. Noch in der Bundesrepublik zeigten sie ihr altes Gesicht — Wahres wurde, einfacher geht es nicht, mit Unwahrem vermengt, so daß ein »hinterhältiger, krimineller Sumpf« entstehen mußte.

Personen-, Sach- und Länderregister sowie unzählige Fußnoten erweckten den Eindruck einer äußerst seriösen Arbeit. Das hatte Methode, denn zum ersten Mal erschien in der DDR ein »zeitgeschichtliches Monumentalwerk«, das nicht allein durch Fakten bestechen sollte, sondern durch das Drumherum um die Fakten gewichtige Dimensionen annehmen sollte. Potsdam betrat offensichtliches Neuland. Das Buch »Nicht länger geheim« verfolgte das Ziel, westliche »Hintermänner« zu enttarnen, bislang bekannte Zusammenhänge als falsch hinzustellen und durch »logischere« Argumente zu ersetzen. Das Wesentliche jedoch wies der interne Militärinstituts-»Forschungsplan« aus: »Nicht länger geheim« hatte die Aufgabe, in die kapitalistische Literatur einzudringen. Zitate aus »Nicht länger geheim« sollten von westlichen Autoren in ihre Bücher gehievt werden. Der Wunsch der Potsdamer ging schneller in Erfüllung, als sie es sich je hätten träumen lassen können — bereits Monate später.(51)

Der STERN-Redakteur Thomas Walde hatte für seine Dissertation neben »vertraulichen Quellen« nur allzugern über »die Rolle der Geheimen Nachrichtendienste im Regierungssystem der Bundesrepublik Deutschland« auf das offene »Nicht länger geheim« verwiesen.(52) Das Militärgeschichtliche Institut hatte allen Grund zu triumphieren.

Die Arbeit »Nicht länger geheim« war nicht die eines einzelnen, sondern eine aufwendige Kollektivtätigkeit. Charisius, der »Nicht länger geheim« bis zu seinem Tod als Standardwerk pries, hielt sich zwar während der Manuskriptproduktion fast permanent in den Räumen des Militärgeschichtlichen Instituts auf, zu sagen hatte er indes nicht viel, denn »Nicht länger geheim« war in Wirklichkeit die Pflicht des »Mitautoren« Julius Mader — jener obskuren DDR-Persönlichkeit, die von niemandem und keinem dingfest zu machen ist. Hinter Julius Mader steckte der mächtige Fälscher-Apparat der DDR.

Julius Mader soll am 7. Oktober 1928 im polnischen Radzie geboren sein — als Sohn einer Arbeiterin und eines Angestellten. Nachforschungen im heutigen Polen nach einer Familie Mader sind nicht möglich. Trotzdem soll er, wo auch immer, eine Wirtschaftsoberschule besucht haben. Ein Studium in Jena und Berlin (Journalistik, Wirtschafts-, Staats- und Rechtswissenschaft) soll er absolviert haben, dann folgte — immer nach Angaben aus Ost-Berlin — der Besuch der Hochschule für Binnenhandel in Leipzig, schließlich der der Potsdamer Akademie für Staats- und Rechtswissenschaften.

Mader soll, das fällt auf, »in einem Fachbuchverlag« die Position eines stellvertretenden Chefredakteurs eingenommen haben (Westrechercheure erfuhren — oder sollten herausfinden —, daß er in der Redaktion DER HANDEL diente), verschwindet 1960 aus dem biographischen Blickfeld, seitdem wird er als »freischaffender Schriftsteller« beschrieben.

Mader schreibe, so die offiziellen Kritiken in der DDR-Fachpresse, »mit journalistischer Verve«, gelänge es ihm, »authentische Dokumente, Fotos, Tabellen usw.« zu besorgen. Mader habe »mit seinen massenwirksamen Büchern einen beachtlichen Anteil an der breiten Aufklärungsarbeit im Kampf gegen Faschismus und heutigen Imperialismus zu tun«.

Merkwürdig nur: Der gefeierte Mader ging offiziellen Banketten aus dem Weg, in der NEUEN DEUTSCHEN PRESSE wurden seine Geburtstage totgeschwiegen, wo doch sonst jeder noch so einfache Betriebszeitungsredakteur zu namentlicher Jubelehre gelangte. Statt dessen schrieb er dort unerkannt-bekannt über die »Wühlarbeit der revanchistischen Geheimdienste«. Noch nie war er urlaubend etwa an der Ostsee entdeckt worden, obwohl kolportiert wurde, daß er Wasser über alles schätze und die frische Luft dazu. Bei der jahrelangen Arbeit im Militärgeschichtlichen Institut, als »Nicht länger geheim« mehr und mehr heran- und ausreifte, war er nicht ein einziges Mal aufgetaucht. Warum diese Zurückhaltung? Wer wie ein Julius Mader derart ins Rampenlich gestellt wurde, der müßte — eigentlich — auch längst photographiert worden sein. Warum nur scheute sich die DDR-Publizistik, Maders Konterfei zu zeigen? Oder war es nicht photogen, das Phantom?[(53)]

Phantastische Erscheinungen nicht nur bei Julius Mader, zeitgeschichtlicher Spuk vor allem in einem Personenkreis, dem die DDR die Gegnerschaft erklärt hatte: Angehörige der Bundeswehr oder Parteipolitiker mußten mit plötzlichen Kampagnen aus Ost-Berlin rechnen.

Vertriebenen-Minister Theodor Oberländer, ein »leitender Parteigänger Hitlers und erbarmungsloser Teilnehmer seiner Ausrottungs- und Germanisierungspolitik in Osteuropa«, wuchs sich, wie Ost-Berlin 1959 erklärte, zu einem »Weltskandal« aus. Oberländer hatte die »Vernichtung der ... polnischen Intelligenz und der Juden auf die Tagesordnung gesetzt«. Der CDU-Mann, in der Tat ein NS-Beamter, mußte abtreten.

Alsbald jedoch kursierten Dokumente, die zwar echt schienen, deren Überprüfung aber ergab, daß sie das eben nicht waren. Albert Norden dennoch: »Immer wieder werden wir der Taktik begegnen, daß die von der DDR enthüllte Wahrheit von den Fälschern als Fälschung abzutun versucht wird.« Wen meinte der DDR-Tartuffe?

Auch der Oberländer-Kollege Hans Krüger wurde von der DDR auf die Anklagebank geschoben: Als Sonderrichter habe er im besetzten Polen 2.000 Menschen in den Tod geschickt. Bereits acht Wochen später mußte der Vertriebenen-Minister eilig zurücktreten. Waren alle DDR-Unterlagen echt?

Hans Globke, Adenauer-Intimus, mußte sich mit aus der DDR stammendem Belastungsmaterial auseinandersetzen, das seine tatsächliche NS-Tätigkeit in den braunsten Farben schildert. Die Medien hatten ein neues Opfer. Den Zeitpunkt bestimmte die DDR. Sogar Globke-Bücher erschienen in der Bundesrepublik. Waren die Aktenauszüge, die die DDR der Welt zur Verfügung stellte, wirklich alle echt?

Sowohl bei Globke, Krüger als auch bei Oberländer hatte das Militärgeschichtliche Institut munter seine Hände im Spiel, und schließlich fand es heraus, daß der Bundespräsident Heinrich Lübke der wahre »KZ-Baumeister« war. Wer im Westen kann schon sieben falsche Papiere von 89 soliden Akten unterscheiden? Das »Braunbuch« und »Graubuch«, zwei imponierende Enthüllungswerke des Militärgeschichtlichen Instituts über die »braune Pest in Westdeutschland«, gelten noch heute als Meisterleistungen. In Tag- und Nachtschichten wurden sie mit Hilfe Job von Witzlebens und Glasers zusammengestrickt.

Die DDR wollte, auf einmal und mit einem Handstreich, die »unbewältigte Vergangenheit« derjenigen bloßstellen, die das Sagen in der Bundesrepublik hatten. »Dieses Glanzstück«, erkannte ein Fälschungsszenen-Kenner neidlos an, »war eine tolle Leistung.« Das langerprobte Prinzip, Unwahres wirke besonders glaubwürdig, wenn es mit Wahrem vermengt wurde, erwies sich erneut als äußerst bewährt. Zwar entdeckten in den »Braun-« und »Graubüchern« Spezialisten alsbald einige plumpe Fälschungen, doch die erwünschte Wirkung hatte sich schon längst gezeigt. Dabei sind es vor allem winzige Kleinigkeiten, die die Fälschungsproduzenten demaskieren:

Otto Ambros, ehedem bei der I.G. Farben, wurde mit einem gefälschten Briefkopf »Dr. Otto Ambros« in die Nähe der SS gerückt: Er habe im Dritten Reich keine Einwände gehabt, auf die Einschaltung des »wirklich hervorragenden Betriebes des KZ-Lagers zugunsten der Buna-Werke« zurückzugreifen.

Der DDR kam es ausschließlich auf diesen einen Nebensatz an. Der Ambros-Briefkopf war auf Papier der enddreißiger Jahre nachgedruckt und mit Hilfe einer damals gebräuchlichen Schreibmaschine »betextet« worden, Ambros' »archivierte« Unterschrift im Nu kopiert. Immerhin hielt Ambros das Schreiben für möglich, obwohl er sich daran nicht erinnern konnte. Die Fälscher hatten perfekt gearbeitet — und trotzdem einen Fehler gemacht.

Ambros erhielt, viel später, die Nachricht, seine Mitteilung aus dem Jahr 1941 habe sich als »Totalfälschung« herausgestellt, denn ein Vergleich mit den Originalen zweier Ambros-Briefe aus jener Zeit hatte ergeben, daß das DDR-Schreiben einen banalen Fehler aufwies: die unter dem Namen stehende Zeile »I.G. FARBENINDUSTRIE AKTIENGESELLSCHAFT« war auf dem Falsifikat um sechs Millimeter zum Namen hochgerutscht. Bei den echten Briefköpten war der Abstand ein anderer.[54] Da hatte der DDR-Metteur wohl nicht aufgepaßt.

Fiktion Julius Mader: *Eine einfallsreiche Schöpfung des DDR-Ministeriums für Staatssicherheit*

23.5.1974 sto

herrn augstein
herrn boehme
herrn vater

hier die capital-story, wie sie mir von a.lang als
vorabdruck gegeben wudexx wurde. ueberschrift '' der mann hinter
guillaume? ''

gruss koch

text- die verhaftung des kanlzer-spions
guillaume durch die deutschen ist in
wahrheit ein erfolg des ostens - so der us-
gehemdxx geheimdienst cia: guillaume musste
geopfert werden, um einen richtigeren agenten
zu tarnen.
berichtigung: um einen wichtigeren agenten zu tarnen.

eine hundertschaft deutscher und
franzoesischer geheimagenten machte einen
osterausflug. sie folgten der fahrt eines privaten
grauen opel kadett von bonn nach sainte-maxime
an der franzoesischen cote d' azur. dort zapften sie eine
hoechst geheime quele an und vernahmen dem hauswart des
feriendorfes residence de france nach den urlaubsge-
wohnheiten eines seiner gaeste.

daran sei nichts besonderes, berichtete der concierge. der fahrer
des opel und referent des damaligen deutschen bundeskanzlers
willy brandt, guenther guillaume, habe meist einsam am rande
eines schwimmbecken gesessen und in buechern geblaettert.

CAPITAL-Artikel über Nollau: *»Der Sachse ist Verdächtigungen gewöhnt« (SPIEGEL-Telex aus Bonn an SPIEGEL-Chefetage)*

»ICH BIN MIT DER MATERIE GEHEIMER NACHRICHTENDIENSTE VERTRAUT« oder: Der STERN rehabilitiert Günther Konrad Nollau

Kanzlerspion Günter Guillaume saß im Untersuchungsgefängnis, Willy Brandt war soeben zurückgetreten, da tickerte am 22. Mai 1974 der »Deutsche Depeschen Dienst« — um 17.44 Uhr — eine Vorab-»Sensation« des Wirtschaftsmagazins CAPITAL in die Redaktionen: Der Präsident des Bundesamtes für Verfassungsschutz, der umstrittene Günther Nollau, sei — auf Grund einer CIA-»privaten Studie über Sicherheitsrisiken und die politische Lage in Westdeutschland am 2. Mai 1974« — möglicherweise nicht nur der höchste Spionagejäger der Bundesrepublik, sondern ein Glücksfall des Ostens: ein Kundschafter im Dienste des Stasi.[55] Die Bundesrepublik Deutschland glich einem Tollhaus.

Wer immer auch die Nollau-Spur gelegt hatte, der einstige STERN-Mitarbeiter und nunmehrige CAPITAL-Redakteur Rienk H. Kamer, »Entdecker« der Nollau-Verdächtigungen, nahm vorgebliche Nollau-Zweifel der CIA begierig auf und rang CAPITAL-Chefredakteur Ferdinand Simoneit die Genehmigung zum Abdruck in der Juni-Ausgabe ab. Doch der Nollau-Beitrag erschien nicht. Statt dessen unterhielten sich, als CAPITAL-»Gäste«, der sowjetische Botschafter Valentin M. Falin und Kurt Biedenkopf über die sozial-liberale Koalition.[56]

»Mit einem Stab von drei Leuten«, übertrieb Kamer, habe er an der Nollau-Geschichte gearbeitet: »Ich habe sie zum Recherchieren um die Welt gejagt.« CAPITAL, das im Haus des STERN-Verlages Gruner + Jahr erscheint, erhoffte eine Auflagensteigerung — nur noch wenige Exemplare bis zur magischen 200.000 fehlten.[57]

CAPITAL erhielt die obskure CIA-Studie nicht allein zugespielt. Auch andere Journalisten fanden sie unaufgefordert auf ihren Schreibtischen. Nur kurz glaubte jeder, der einzige Empfänger zu sein. CAPITAL ging vor wie — neun Jahre später — das Schwesterblatt STERN bei den Tagebüchern: Die Story stand, bevor CAPITAL am Kiosk erhältlich war, als Aufmacher in den bundesdeutschen Gazetten. Wie beim STERN, so auch bei CAPITAL: Nur wenige waren über den Inhalt informiert, und die wenigen, die davon wußten, wußten längst nicht alles.

Auf Einladung der Redaktionsleitung besuchten Bonner Politiker die CAPITAL-Redaktion in Köln. Über den Inhalt des Gesprächs indes zeigten sich die Gäste enttäuscht: »Die Herren Simoneit und Kamer haben uns weder die Geheimstudie noch andere Papiere vorgelegt und lediglich das ohnehin an die Presse gegebene Fernschreiben gezeigt.« CAPITAL-Begründung: In der »Studie« stünden weitere Namen, deren Preisgabe zur Zeit nicht sehr sinnvoll sei. Plötzlich fielen die CAPITAL-Telephone aus. Die Redaktion war vom Leitungsnetz »abgehängt«. Als Siemens-Experten nach dem Rechten sahen, war jedoch bereits alles wieder intakt. Chefredakteur Simoneit vermutete eine Aktion des Bundesamtes für Verfassungsschutz.[58]

Von einem Kölner Journalisten soll Nollau von der CAPITAL-Hiobsbotschaft eine Woche vor der geplanten Veröffentlichung erfahren haben. Nollau kurte gerade im Sanatorium »Frisia« im bayerischen Bad Tölz. »Der Sachse Nollau«, wußte die FRANKFURTER RUNDSCHAU, »ist Verdächtigungen gewöhnt.«

In der Tat hatte Nollau, auf biographische Daten angesprochen, stets Haken geschlagen und niemals schlüssige Antworten gegeben. Die Karriere des Abwehr-

Abwehr-Mann Günther Konrad Nollau: *»Geschwätzig wie ein Waschweib«*

Wann stürzt Schmidt?

1. Entscheidung in Niedersachsen / S. 2

Deutsche National*Zeitung

R 2295 C

Nr. 24 / 24. Jahrgang / 7. Juni 1974

freiheitlich ▪ unabhängig ▪ überparteilich

Wer ist Moskaus Chefspion in Bonn?

Interview mit Nollau

Hereingelegter Günther Konrad Nollau: *»Seine nachfolgenden Antworten geben zu denken«*

Chefs war Eingeweihten seit Jahren nicht unbekannt: Undurchschaubar blieb seine Tätigkeit während der NS-Ära in Krakau, fragwürdig sein Werdegang in der sowjetischen Besatzungszone, nebulös seine Flucht in den Westen, auffällig seine verschworene Gemeinschaft mit Herbert Wehner. Wer hier zur Recherche ansetzte, mußte mit Nollaus langem Arm rechnen. Ein Journalist, der im Archiv seines Arbeitgebers zufällig auf Nollaus rätselhaften Lebenslauf stieß, hatte nach 48 Stunden mit der Ermittlung auf höhere Weisung hin aufzuhören.

Nollau hatte unzählige Gegner zu verkraften, die er zudem immer wieder reizte, wenn er sie mit aggressiven Sprüchen konfrontierte. Der offene Widerstand wuchs daher nicht nur im Metier der Geheimdienstler, sondern auch bei den Journalisten. Nollau machte sich das Leben schwer.

Er sei, erinnerte sich ein Nollau-Gegner, »geschwätzig wie ein Waschweib« und für einen angeblich erfahrenen Geheimdienstler »sonderbar naiv«. Nollau, der im STERN gern Stellung bezog, gewährte, zwei Wochen nach der CAPITAL-Ente, selbst der rechtsradikalen DEUTSCHEN NATIONAL-ZEITUNG ein Interview (»Seine nachfolgenden Antworten geben zu denken«) — ohne zu wissen, daß er durch einen Mitarbeiter der NATIONAL-ZEITUNG ausgehorcht wurde.(59)

Der Verlag Gruner + Jahr saß in der Zwickmühle. Während CAPITAL, wie der STERN lässig formulierte, den Prinzipal des Bundesamtes für Verfassungsschutz »schlachten« wollte, hatte der STERN ihn längst als Autor unter Vertrag genommen. Jahre vor der kapitalen CAPITAL-Ente hatte ihm Henri Nannen Spalten in seinem STERN eingeräumt, damit er — unter dem Titel »Die Russen kommen nicht« — das sowjetische Militär als friedliche Uniformträger abtun konnte, denn es gäbe keine Anhaltspunkte »für die Mär vom drohenden sowjetischen Überfall auf die Bundesrepublik«.(60) Das damals aggressive Millionenheer des Kreml in der Rolle einer opferbereiten Heilsarmee?

In der STERN-Redaktion war Nollau gut gelitten, bei den Verlagsoberen indes rangierte er als eine eher »zwielichtige Person der Zeitgeschichte«. Spaltete Nollau zwei Redaktionen, die kollegial miteinander umzugehen pflegten? Die CAPITAL-Journalisten auf der einen Seite, die STERN-Mannschaft auf der anderen? Zwar nahm die Verlagsspitze den Rücktritt des CAPITAL-Chefredakteurs Simoneit ausgesprochen willig entgegen, damit war das Nollau-Drama aber noch keineswegs beendet. Der Beschuldigte wünschte eine finanzielle Entschädigung.

»Es ist die denkbar schwerste Verleumdung«, formulierten Nollaus Anwälte in einer Streitschrift an den Verlag Gruner + Jahr, »dem Abwehrchef der Bundesrepublik Deutschland ... Spionagetätigkeit zu den Geheimdiensten der Ostblockstaaten vorzuwerfen.« Dann folgte die Begründung für den Schadensersatz:

»Die Erholung (durch die Kur, die Nollau hatte abbrechen müssen) war nicht nur gleich Null, sondern der Gesundheitszustand hat sich durch die (CAPITAL-)Aufregung verschlechtert«, weshalb ein »Schmerzensgeld in Höhe von 100.000,- DM für angemessen« gehalten werde. Schließlich müsse der Verlag ebenfalls die anteiligen Kosten für die unterbrochene Kur übernehmen (»Überforderungssyndrom«, »psychovegetative Symptomatik«, »chronische rezidivierende Prostatitis«): 737,20 DM von 1.468,20 DM.(61)

Zwar hatte CAPITAL die vorgesehene Nollau-Veröffentlichung rechtzeitig gestoppt und kurz nach der Vorabmeldung widerrufen, doch die Verlagsspitze hoffte nach wie vor auf dunkle Punkte in der Vergangenheit des Verfassungsschutz-Präsidenten. Das Ruder rumreißen konnte nur ein bewährtes Team des STERN: Thomas Walde, Peter Neuhauser und Heiner Bremer. Doch zumindest Thomas Walde tanzte auf zwei Hochzeiten: er war nicht nur seinem Arbeitgeber verpflich-

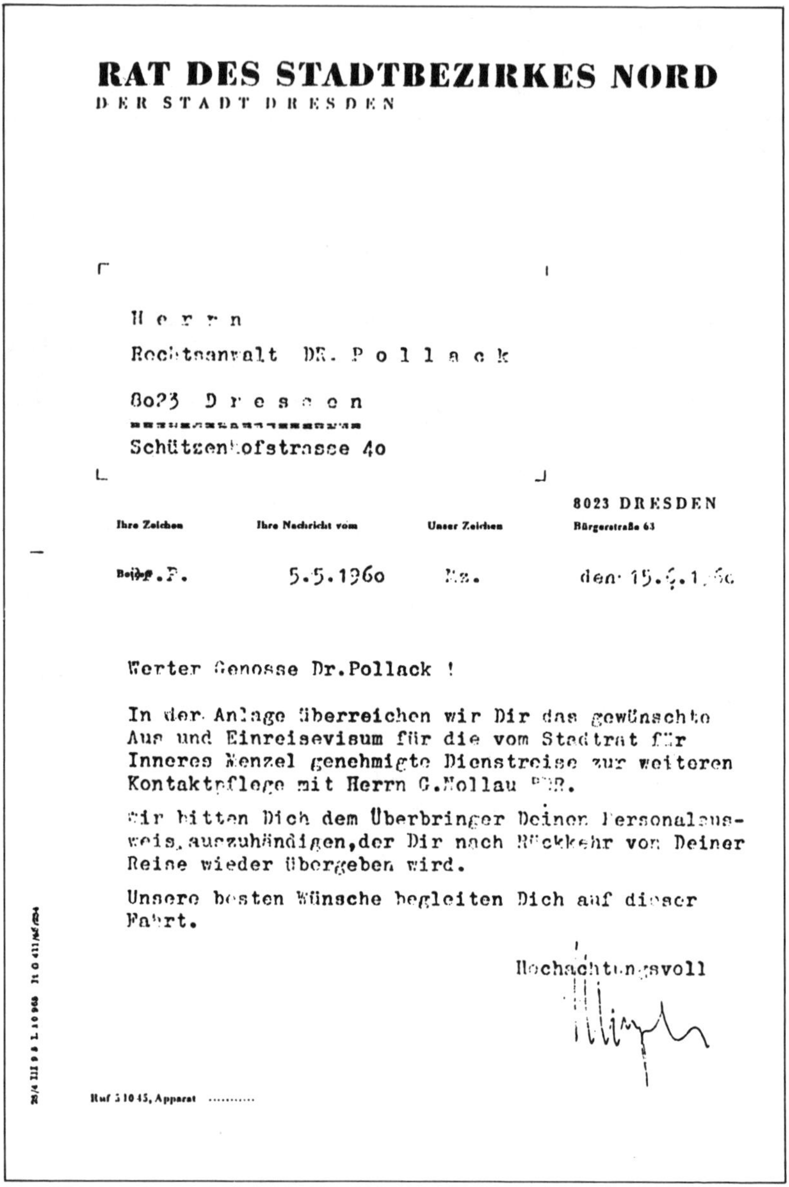

RAT DES STADTBEZIRKES NORD

DER STADT DRESDEN

Herrn

Rechtsanwalt DR. Pollack

8023 Dresden

Schützenhofstrasse 40

8023 DRESDEN

Ihre Zeichen	Ihre Nachricht vom	Unser Zeichen	Bürgerstraße 63
Beiheft .P.	5.5.1960	Mz.	den 15.[illegible].1960

Werter Genosse Dr. Pollack !

In der Anlage überreichen wir Dir das gewünschte Aus und Einreisevisum für die vom Stadtrat für Inneres Menzel genehmigte Dienstreise zur weiteren Kontaktpflege mit Herrn G. Nollau BRD.

Wir bitten Dich dem Überbringer Deinen Personalausweis auszuhändigen, der Dir nach Rückkehr von Deiner Reise wieder übergeben wird.

Unsere besten Wünsche begleiten Dich auf dieser Fahrt.

Hochachtungsvoll

Ruf 5 10 45, Apparat ....

Nollau belastendes Falsifikat: *»Beweisen Sie einmal, daß Sie 1950 niemanden umgebracht haben«*

tet, sondern dem rätselhaften Nollau wohl ebenso verbunden. Aus gutem Grund.

Als Walde mit dem Thema der »Rolle der Geheimen Nachrichtendienste im Regierungssystem der Bundesrepublik« 1970 in Hamburg seinen Doktortitel erlangte, war er fest entschlossen, diesem Sujet als Journalist nicht untreu zu werden. Während der Recherchen zu seiner Dissertation hatte er die Voraussetzungen dazu geschaffen: schwer zugängliche Literaturhinweise und exklusive Interview-Partner standen dem Bundeswehr-Reservisten plötzlich zur Verfügung. Die Geheimdienst-Branche aber reagierte nach der Veröffentlichung im Piper-Verlag zumeist entsetzt: Der Inhalt stimmte teilweise nicht mit den Interessen der bundesdeutschen Geheimdienst-Branche überein. Walde entpuppte sich mit einem Mal als souveräner Szenenkenner und formulierte möglicherweise auch Vertrauliches. Die Zentralen des MAD, BND und des Verfassungsschutzes signalisierten den Geheimdienstlern Warnungen vor Thomas Walde: Wer sich mit ihm einlasse, laufe Gefahr, »verheizt« zu werden. Waldes Informationsnetz schrumpfte, wurde kleiner und kleiner.

Thomas Walde war inzwischen ein einflußreicher Mann geworden. Er gehörte der STERN-Redaktion an und galt im Verlag längst als die Autorität in Geheimdienst-Fragen. Damit hatten sich wiederum die Nachrichtendienste abgefunden und trugen dem Rechnung. Walde und seine Position also waren nicht zu ignorieren. Hin und wieder wurde ihm gefiltertes Material untergeschoben, Halbwahrheiten vermengt mit Erfindungen. Dieser Umstand ließ den STERN-Journalisten mittelfristig unbefriedigt, hatte er sich seine Karriere doch ganz anders vorgestellt. Da lernte er jemanden kennen, der sich im selben Dilemma befand: Günther Konrad Nollau.[62]

Günther Nollau trat 1950 zum Bundesamt für Verfassungsschutz über. Und seitdem galt er als der Mann, dem nicht »zu trauen ist«. Als er, um 1960, Kontakte zu Herbert Wehner erhielt, beide die Verbindung nicht nur aufrechterhielten, sondern sie intensivierten, geriet er bei den Schwarzen in den Geruch, »für die Roten« zu arbeiten.

Bei Nollau-Kollegen keimte alsbald der Verdacht, in der Verfassungsschutz-Zentrale arbeite ein permanentes »Sicherheitsrisiko«, zumal die Nachricht kursierte, Nollau habe die ehemalige Sowjetische Besatzungszone Hals über Kopf wegen eines Mordes verlassen müssen. Nollau: »Beweisen Sie einmal, daß Sie 1950 niemanden umgebracht haben.« Nollau drehte sich im Kreis: einerseits das Mordkomplott, andererseits die Vermutung, wegen des angeblichen Totschlags von der DDR-Staatssicherheit erpreßbar zu sein.[63] Fälschungen machten die Runde:

Der »Rat des Stadtbezirks Nord« der Stadt Dresden teilte, unter dem Datum vom 15. Juni 1960, dem »Herrn Rechtsanwalt Dr. Pollack« in der Dresdner Schützenhofstraße 40 mit, daß das gewünschte Aus- und Einreisevisum für die (»vom Stadtrat für Inneres Menzel«) genehmigte »Dienstreise zur weiteren Kontaktpflege mit Herrn G. Nollau BRD« in der Anlage überreicht werde.

»Unsere besten Wünsche begleiten Dich auf dieser Fahrt«, signalisierten das »Mz«-Diktatzeichen und die mögliche »Menzel«-Unterschrift dem angeblich in die Bundesrepublik reisenden Juristen. Der Brief, im Format Din A 5, wurde hinter vorgehaltener Hand herumgereicht. Dabei handelte es sich um eine einmalig plumpe Fälschung. Warum so auffällig?

Nicht kommunale Beamte entschieden in der DDR über das Visum eines DDR-Bürgers, sondern Kuriere — und als solcher sollte Rechtsanwalt Pollack ausgewiesen sein — wurden konspirativ ausschließlich vom Staatssicherheitsdienst über die deutsch-deutsche Grenze geschleust oder mit falschen Papieren ausgestattet.

Das Wesen der konkursmässigen Feststellung.

Inaugural-Dissertation
zur
Erlangung der Doktorwürde
bei der Juristischen Fakultät der Universität Leipzig
eingereicht von

Günter Nollau

Referendar aus Leipzig

Risse-Verlag, Inh. Rolf Risse, Dresden-A. 24, Kaitzer Str. 22
1935

Nollau-Dissertation: *»An die Namen kann ich mich nicht mehr erinnern«*

Zwar war der Briefkopf geschickt nachgedruckt, auch eine DDR-typische Schreibmaschine benutzt worden, doch unbeholfen locker der Briefstil — mit der sonst üblichen verkrampften kommunistischen Diktion hatte er nichts mehr zu tun.(64)

Solche Tatsachen mußten für Nollaus Unschuld sprechen. Denn je grobschlächtiger das Falsifikat, desto eindrucksvoller anschließend die Entlarvung der Fälschung.

Viele Absender kamen in Frage: eingeschworene Nollau-Gegner beim BND, kalte Krieger bei der CIA, Nollau-Hasser im Bundesverfassungsschutzamt. Schließlich geriet Nollau selbst in Verruf: die bewußt ungeschickt ausgeführte Fälschung habe er selbst herstellen lassen, um sich später deutlicher rehabilitieren zu können. Zwar würde nach wie vor sein Lebenslauf umstritten bleiben, niemand aber könne ihm mehr an den Karren fahren.(65)

Nur schwer konnte Nollau einige Freundschaften im Kollegenkreis herstellen, denn er flößte nicht unbedingt Vertrauen ein, hatte er doch 1941, wie sich ein Nollau-Untergebener erinnerte, seit dem Tritt durch einen Maulesel in sein Gesicht »dasselbige verloren«. Auch seine sächsische Fistelstimme förderte kein »Du«, sondern zementierte Distanz.(66) Da Walde »mit der Materie der geheimen Nachrichtendienste vertraut« war, »kam ich auch in Verbindung mit Nollau«.(67) Das war spätestens 1973 gewesen. Anlaß: der Nouhuys-Fall. Kennengelernt hatte Walde Nollau über Manfred Bissinger, der bereits den STERN-Reporter Ebelseder beim Verfassungsschutz-Chef einführte:

»Ich habe«, so gab Ebelseder am 4. Dezember 1979 in München dem Oberlandesgericht, das seit nunmehr sechs Jahren versuchte, den Nouhuys-Fall juristisch zu bewältigen, schonungslos preis, »vor der ersten STERN-Veröffentlichung ... mit Herrn Nollau gesprochen.« Das sei am 5. Oktober 1973 gewesen, wenige Wochen vor der spektakulären Nouhuys-Bombe. Nollau war auf den STERN-Besuch minuziös vorbereitet. Ebelseder: »Insbesondere hatte er auch Notizen, das heißt, Schriftstücke bzw. Blätter mit handschriftlichen Notizen« auf dem Schreibtisch liegen. Interessiert erkundigte sich der bundesdeutsche Abwehr-Chef, wie denn wohl das Zusammentreffen mit dem Vertreter von der Stasi-Konkurrenz verlaufen sei. Angeblich, so Ebelseder, habe Nollau der Name Buchner (ein Stasi-Oberst, der dem STERN Material unterschob) »nicht gleich etwas gesagt«. »Erst auf meine nähere Beschreibung der Person Buchner glaubte Herr Nollau, in ihm denjenigen Mann identifizieren zu können, der im (Hotel) Johannishof mit Journalisten agiert.«(68)

Eine Woche nach dem Besuch von Ebelseder reisten Heiner Bremer und Thomas Walde zu Nollau. Der Veröffentlichungstermin drängte, die Recherchen hatten inzwischen längst Wellen geschlagen, van Nouhuys Wind von der geplanten STERN-SPD-Attacke bekommen. Zwei Punkte waren vor allem eilig zu klären: wie ein Photo des Ebelseder-Gesprächspartners in Ost-Berlin (Buchner) zu erhalten und wie ein Bild von jenem Stasi-Kontaktmann zu ergattern sei, mit dem van Nouhuys in den fünfziger Jahren Umgang pflegte: dem ominösen »Oberst Wagner«.(69) Nollau, im Mai 1979 vom Münchner Oberlandesgericht um Aufklärung wegen seiner unpassenden Zusammenarbeit mit dem STERN dazu befragt, versuchte sein peinliches Engagement raffiniert herunterzuspielen:

An die Namen Buchner und Wagner »kann ich mich nicht mehr erinnern, meine jedoch, daß es sich um einen zweisilbigen Namen handelte«. Als Nollau ihn noch gegenwärtig gehabt hatte, will er »den Sachbearbeiter für den Staatssicherheitsdienst angerufen und die mir gestellte Frage an ihn weitergegeben« haben. Der angebliche Kenner mußte erst prüfen, er hatte solche Detailgebung ebenso wenig

stern
magazin

REDAKTION

14. August 1974

Sehr geehrter Herr [redacted]

Sie haben sich in unserer Besprechung am 13. August 1974 bereit erklärt, uns Material zum näher erörterten Thema Verfassungsschutz zu liefern und weitere Recherchen gegen ein vereinbartes Honorar bis zum 16. August 1974 anzustellen. Für das Honorar, das Ihnen durch unsere Buchaltung angewiesen wird, nennen Sie uns bitte noch Ihre Kontonummer.

Mit freundlichen Grüßen

Thomas Walde

Dr. Thomas Walde

Erstes Walde-Falschspiel *(Bestätigung der Nollau-Recherchen): »Die Ermittlungen nach den wahren Urhebern stehen kurz vor dem Abschluß«*

im Kopf wie sein Chef. Nollau: »Nach einigen Minuten sagte er mir, daß ein Oberst dieses Namens schon einige Male in Pressesachen für das MfS aufgetreten sei.«(70) Oberst Buchner war enttarnt. Aber auch Günther Konrad Nollau.

Selbstverständlich habe er »über den Herrn Buchner schon Bescheid« gewußt, stellte Walde im Nouhuys-Prozeß gekränkt klar und ergänzte: »Ich habe keine Erinnerung daran, daß Herr Nollau im Zusammenhang mit dem Namen 'Buchner' zuvor telefoniert hätte, bevor er uns die betreffende Bestätigung gab.«(71) Noch etwas anderes erfuhr Walde von Nollau — 1973 schienen sie noch aufeinander angewiesen zu sein: »Oberst Wagner« hieße in Wahrheit Horst Jänicke und sei inzwischen Generalmajor im Ministerium für Staatssicherheit.(72) In der Tat: »Wagner« war Jänicke.

Der gelernte Bäcker, im Januar 1923 in Strausberg geboren, wurde als Luftwaffen-Unteroffizier 1944 von den Russen gefangengenommen. Dort wechselte er eilig die Seiten, besuchte von 1949 bis 1950 die Kreisparteischule in Treuenpritzen, wurde Mitglied der SED-Landesleitung Brandenburg und schließlich Mitarbeiter des Instituts für Wirtschaftswissenschaftliche Forschung (IWF), dem ersten von zwei Vorläufern der Hauptverwaltung Aufklärung (HVA) im Ministerium für Staatssicherheit, der bis 1987 Markus Wolf vorstand. Ein Teil der HVA wurde 1990 vom sowjetischen KGB übernommen, mit dem MfS-Generalleutnant Werner Großmann an der Spitze, dem Wolf-Nachfolger.

Jänicke war etwa Mitte der fünfziger Jahre das, was Oberst Buchner in den siebziger und achtziger Jahren war: als »Wagner« und »Brühl« pflegte er Kontakte zu West-Journalisten, nur mit dem feinen Unterschied, daß er — im Gegensatz zu Buchner — seinen Arbeitgeber nicht nannte. Vor der Wende war Großmann Chef der DDR-Spionage, obwohl er längst zu einem Sicherheitsrisiko geworden war: Sein Sohn Lothar wurde wegen Republikflucht zu drei Jahren und sechs Monaten Gefängnis verurteilt, aber bereits nach eineinhalb Jahren aus der Strafvollzugsanstalt Cottbus entlassen. Der Junior aber fand sich nicht zurecht: wegen Diebstahls wurde er ein zweites Mal verurteilt.(73)

Nollau, der 1975 vorzeitig als Präsident des Bundesamtes für Verfassungsschutz hatte ausscheiden müssen, konnte in der Öffentlichkeit nicht zu erkennen geben, wie eng er mit dem STERN zusammengearbeitet hatte. Ohnehin war er ein nachrichtendienstlicher Barbar, publizierte zwar unentwegt historische Themen, griff seinen Intimfeind Reinhard Gehlen wegen fehlender Geschichtskenntnisse an, über den nachrichtendienstlichen Gegner war er nur oberflächlich unterrichtet: Das IWF nannte er, als Zeuge im Nouhuys-Prozeß, einen »Vorgänger des MfS«, das sich »etwa in den Jahren 1950 bis 1953 betätigt« hatte. Doch das IWF war kein Vorgänger des MfS, sondern innerhalb des MfS wurde die Tarnabteilung IWF etabliert, die rührig die Spionagearbeit in der Bundesrepublik aufbaute. Nur zwei Jahre, bis 1952, residierte das Spionage-Unternehmen »selbständig« in der Ost-Berliner Luisenstraße, in Frankfurt am Main unterhielt es ein »Büro für innerdeutschen Handel«. Am 2. April 1952 liefen die »Büro«-Chefs Ludwig Weis und Emil Kersting zum Verfassungsschutz über. Fünfundzwanzig angebliche Topagenten der DDR konnten verhaftet werden. Umgehend wurde das IWF in eine »Hauptabteilung XV« im Staatssicherheits-Ministerium umfunktioniert, im Mai 1956 als HVA separiert, ohne aus dem MfS herausgelöst zu sein.(74)

Im Gerichtssaal spitzten aber nicht nur geheimdienstliche Analphabeten ihre Ohren. Nollau hatte seine Aussage zu »präzisieren«: Das IWF sei der Vorgänger des MfS »bezüglich seiner Auslandsspionageabteilung«, verbesserte sich Nollau. Das war genauso falsch wie seine erste Einlassung, denn das MfS stand

stern magazin

REDAKTION

20. August 1974

Sehr geehrter Herr [redacted]

Sie haben sich in unserer Besprechung am 19. August 1974 bereit erklärt, uns Material zum näher erörterten Thema Verfassungsschutz zu liefern und weitere Recherchen gegen ein vereinbartes Honorar anzustellen. Für das Honorar, das Ihnen durch unsere Buchhaltung angewiesen wird, nennen Sie uns bitte noch Ihre Kontonummer.

Bis zum 15. Sept. 7

Mit freundlichen Grüssen
Ihr

Thomas Walde

Dr. Thomas Walde

Zweites Walde-Falschspiel: *In eine vom STERN und Nollau vorbereitete Falle gelaufen* über der HVA. Der Vorgänger des MfS nannte sich, bis zu dessen Gründung am 8. Februar 1950, »Heimliche Brigade«, »Kommissariat 5« beziehungsweise »Kommissariat z.b.V.«, »Dezernat 10« und »D« sowie »Hauptverwaltung zum Schutz der Volkswirtschaft«, dem regulären MfS-Vorläufer.(75) Nollau kannte auch »keinen Ex-Nazi, der drüben im Ministerium für Staatssicherheit beschäftigt war oder ist«, dabei hatte der ehemalige Leiter des Wiener Gestapo-Referats IV A 2 (Sabotageabwehr), der SS-Hauptsturmführer Johann Sanitzer, längst als Major in der MfS-Bezirksverwaltung Erfurt Karriere gemacht.(76)

Nollau, der mit seinem Gegner in der DDR nicht immer zurechtkam, weil er Strukturen und Personen nicht einzuordnen verstand, den dennoch aber ein unbeschreiblicher Ehrgeiz vorantrieb, dessen Garantien oft ohne Wert waren, hatte die Nouhuys-Veröffentlichung im STERN mitentschieden, obwohl der QUICK-Chef seine Töchter bei sich volontieren ließ.(77) War Walde Nollau darum verpflichtet? Ein Jahr später durfte Walde sich bei Nollau revanchieren, denn jetzt saß Nollau in der Tinte, jetzt hatte CAPITAL ihm ein Doppelspiel vorgeworfen. Nach Bekanntwerden von Nollaus vorgeblicher Tätigkeit für die DDR-Spionage wurde die STERN-Feuerwehr auf den Weg geschickt: Gerd Heidemann war gerade frei.

Am 23. Mai 1974 hetzte Heidemann nach Köln und wollte von Kamer wissen, wie dieser denn an die CIA-Studie herangekommen sei. In der Studie sei ein ehemaliger Regierungsdirektor des Verfassungsschutzes zitiert worden, ein Mann namens Rudolf Merz, der nur »drei Autominuten von der CAPITAL-Redaktion entfernt« gewohnt habe — wenn er zuvor nicht gestorben wäre, hätte das stimmen können. Kamer: Heinz van Nouhuys habe das CIA-Papier ebenfalls vorliegen gehabt. Um herauszufinden, ob beide über dasselbe Dokument verfügen würden, hätten Kamer und van Nouhuys den ersten und letzten Absatz telephonisch gegenseitig abgestimmt. Da das Papier aber vom Englischen ins Deutsche übersetzt worden war, wunderte sich Heidemann: »Mir ist nicht ganz klar, wie eine deutsche Übersetzung wörtlich mit einer evtl. anderen Übersetzung übereinstimmen kann, es sei denn, die QUICK hätte das Material aus der gleichen Quelle erhalten.«(78)

In Hamburg weihte Gerd Heidemann Thomas Walde ein: »Es wäre eine paradoxe Situation, wenn unser Verlag Nouhuys, den wir als Ostagenten bezeichnen, als Kronzeugen dafür benennen, daß es sich tatsächlich um eine amerikanische Geheimdienst-Studie handeln muß.« Walde leuchtete dieses Argument ein.(79) Er hegte ohnehin von Anfang an Mißtrauen nicht nur gegen Kamer, sondern vor allem gegen jene, die an Nollau etwas auszusetzen hatten. Der von Heidemann informierte Walde setzte sich mit Nollau persönlich in Verbindung. Ein merkwürdiger Kuhhandel wurde ausbaldowert:

Walde erfuhr, daß Nollau inzwischen einen ganz bestimmten Verdacht hätte, wer das für ihn schreckliche Papier in Umlauf gebracht habe. Als Nollau mit Namen und Adresse herausrückte, besuchte der nunmehr so ausgerüstete Walde den von Nollau Denunzierten. Begleitet hatte ihn Peter Neuhauser. Am 12. August 1974, kurz vor Beginn der Tagesschau, klingelten die STERN-Abgesandten unangemeldet bei dem Mann, den Nollau im Visier hatte, einem Journalisten. Zwischen Tür und Angel unterbreitete Walde ein scheinheiliges Angebot:

Der Verfassungsschutz-Chef habe den Verlag Gruner + Jahr auf Schadensersatz in Höhe von 100.000 Mark verklagt. Der STERN versuche nun, die Kollegen von CAPITAL zu unterstützen. Möglicherweise, so Walde, seien doch noch genügend Anhaltspunkte vorhanden, um Nollau irgendwann trotzdem überführen zu

264 Gruner + Jahr GmbH & Co · Druck- und Verlagshaus

Pressehaus · Ruf 30 21 · Bank: Deutsche Bank AG, Kto. 03/22800 Bankleitzahl 200 700 00 · Postscheck: Hamb. 84 80

Kurzanschrift des Empfängers

Auf Konto bei Schuck

1.400,—

Überweisen wir durch Deutsche Bank AG Hamburg
lt. untenstehender
Abrechnung vom

HONORAR-ANWEISUNG

264

30220 2600

Ressort	Zeit-schrift*	Heft	Jahrg.	Seite	Beitrag	DM
1051	1				Informationshonorar Thema: Nollau-Porträt	1.400,-
					+ Mehrwertsteuer %	
						1.400,

Gruner + Jahr GmbH & Co · 2000 Hamburg 1 · Pressehaus

Zur Zahlung freigegeben

Chefredaktion

* Zeitschriften-Schlüssel: 1 Stern, 2 Eltern, 3 Schöner wohnen, 4 Brigitte, 5 Jasmin, 7 Capital

12/40

Honorar vom STERN: *Mit unbeschreiblichem Aufwand in Zusammenarbeit mit dem STERN Rehabilitierung betrieben* können. Der Journalist bat um Bedenkzeit. Eine Woche später erklärte er sich bereit, dem STERN »Material zum näher erörterten Thema Verfassungsschutz zu liefern und ... weitere Recherchen gegen ein vereinbartes Honorar anzustellen«.[80]

»Die Ermittlungen des Klägers (Nollau) nach den wahren Urhebern der Verleumdungen«, so verrieten Nollaus Anwälte in einem Schriftsatz bedenkenkos, »stehen kurz vor dem Abschluß.«[81] Wollte Thomas Walde die Rehabilitierung Nollaus betreiben? Walde spielte mit gezinkten Karten: Nollau wollte er nicht ans Leder, vielmehr war er auf ihn als Informanten angewiesen. Der Journalist, der die Biographie Nollaus zu kennen glaubte, lief in eine von Walde und Nollau vorbereitete Falle:

Computerlisten hielten jede Telephonnummer fest, die der freie STERN-Mitarbeiter in einem ihm zur Verfügung gestellten Redaktionszimmer anwählte. Waren Reisen geplant, besorgte Walde nicht nur das Flugticket, sondern prompt wurde Nollau in Köln informiert, der umgehend für Observationstrupps sorgte, so in Berlin und Baden-Württemberg. Die Nollau-Untergebenen gingen dabei gelegentlich so ungeschickt vor wie auch ihr Chef: Kaum, daß der von Walde angeheuerte Journalist einen Informanten in West-Berlin nach seinem Besuch wieder verlassen hatte, hatte dieser bereits bei seinem Vorgesetzten wegen des Besuchs Rede und Antwort zu stehen.

Mit einem unbeschreiblichen Aufwand betrieb Günther Nollau, mit Hilfe Waldes, seine Rehabilitierung. Er wollte, schon wegen des zu erwartenden Schadensersatzes, den »Studien«-Urheber dem Gericht präsentieren. Er ließ dem Nollau-Rechercheur ganze Wagenkolonnen des Verfassungsschutzes hinterherjagen und arbeitete zwar in seinem Amt, aber fast ausschließlich zu seinem Privatvergnügen. Das nahm derart krasse Formen an, daß sich beispielsweise das baden-württembergische Landesamt fortan weigerte, vom Präsidenten künftig noch Befehle anzunehmen. Mit einer unglaublichen Sturheit mißbrauchte Nollau sein Amt. Erst als es für ihn kritisch wurde, erst als Walde Nollau gestand, daß der von ihm angeheuerte Journalist als »Studien«-Quelle nicht in Frage käme, erst in diesem Augenblick ließ Nollau von dem Journalisten ab, der zwischenzeitlich seine Anwälte eingeschaltet hatte und die »Kommission nach Artikel 10 Grundgesetz« mit Nollaus Privatkrieg konfrontierte. Das Telephon sei nicht angezapft worden, eine Observation habe nicht stattgefunden, Briefe seien nicht mitgelesen worden, teilten die Bonner Parlamentarier mit. Lediglich das Innenministerium in Baden-Württemberg rückte mit einem Teil der Wahrheit heraus: »Im übrigen teile ich Ihnen mit, daß Ihr Mandant ... von den Verfassungsschutzbehörden nicht observiert wird.« Die lapidare Antwort war von Kennern für Kenner geschrieben: »wird« hieß nicht »wurde«.[82]

Der STERN hatte für die Mitarbeit des Journalisten Tausende ausgegeben. Diese indirekt Nollau zugute gekommenen Beträge mußten sich in der Illustrierten niederschlagen. In der Nummer 41 des Jahres 1974 wurde, unter der trügerischen Schlagzeile »Es wird Nacht, Dr. Nollau«, die »seltsame Karriere des obersten Verfassungsschützers« präsentiert. Aber die vermeintliche Entschleierung war in Wahrheit gar keine: Nollaus Vorgänger Otto John (»kurzatmiger Schwarmgeist«) und Hubert Schrübbers (»grauer aber langlebiger Opportunist«) erhielten Rügen, Nollau hingegen wurde als mißverstandener Agentenjäger vorgestellt. Thomas Walde hatte doch tatsächlich Wort gehalten: für seine Nouhuys-Unterstützung Nollau als integren Fachmann präsentiert? Und die Verbindung sollte nicht mehr abreißen — sie hielt bis zum Tagebuch-Desaster an.

D	11066 3676	MUENCHEN	5	1,15
D	11066 3676	MUENCHEN	52	11,96
D	11066 3676	BERLIN	17	3,91
D	11066 3676	LENGGRIES	73	16,79

LENGGRIES	102	23,46
LENGGRIES	11	2,53
LENGGRIES	8	1,84

ORTSBEZEICHNUNG	GE KZ	BETRAG	DATUM	UHRZ.
BERLIN-OST	6	1,38	26.01	14.44
KUERTEN	28	6,44	27.01	13.56
LEONBERG	35	8,05	26.01	19.34
AUGSBURG	57	13,11	14.01	19.17

Telephon-Geheimnisse Thomas Waldes *(STERN-Computer): Mit Ex-Verfassungschef Günther Nollau geplaudert* ***(Lenggries)*** *und sich auch beim DDR-Geheimdienst angemeldet* ***(Ost-Berlin)***

FREIBURG/BREISG	6	1,38
FREIBURG/BREISG	76	17,48
BIELEFELD	35	8,05
BERLIN	76	17,48
KOPENHAGEN	2	0,46
MUENCHEN	29	6,67
KOPENHAGEN	8	1,84
SOLINGEN	20	4,60
NEW YORK	515	118,45
NEW YORK	294	67,62
TEL AVIV	171	39,33
STUTTGART/ESSL.	23	5,29
FREIBURG/BREISG	27	6,21
SOLINGEN	21	4,83
FREIBURG/BREISG	6	1,38
BONN	7	1,61
FREIBURG/BREISG	42	9,66
FREIBURG/BREISG	20	4,60
DETMOLD	18	4,14
	6	1,38
STUTTGART/ESSL.	36	8,28
DETMOLD	101	23,23
BERLIN-OST	3	0,69
BIELEFELD	7	1,61
MUENCHEN	2	0,46
MUENCHEN	6	1,38
KOPENHAGEN	2	0,46
KOPENHAGEN	13	2,99
MUENCHEN	15	3,45
HEIDELBERG	5	1,15
STUTTGART/ESSL.	14	3,22
HEIDELBERG	44	10,12
DUESSELDORF	10	2,30
KOPENHAGEN	12	2,76

ANGER.-TEILNEHMER	ORTSBEZEICHNUNG	GE KZ	BETRAG
	USA	103	23,69
	USA	255	58,65
	USA	569	130,87
	USA	403	92,69
	BERLIN-OST	21	4,83
	BERLIN-OST	10	2,30
	LUZERN	14	3,22
	BRASILIEN	24	5,52
	BONN	10	2,30

»DER WAR STOCKBESOFFEN« oder: Der STERN trinkt Brüderschaft mit der Staatssicherheit

Thomas Walde saß in seinem Büro. Er griff zum Telephon. Dann wählte er: »Null«, eine zweite »Null«, eine »Drei«, eine »Sieben«, eine »Zwei«. Aufmerksam wartete er ab, ob der Anschluß angewählt werden konnte. Nach zwei, drei Sekunden drückte Walde die »Fünf«, eine »Null«, eine »Acht«, »Zwei«, »Sechs«, »Eins« und eine »Vier«. Das Freizeichen ertönte. Walde stellte das Tonbandgerät an. Der Hörer wurde abgenommen. Eine ältere Dame meldete sich: »Ja, bitte?« Walde teilte ihr mit, daß er »Herbert« zu sehen wünsche. Die Frau versprach, die Ankunft des STERN-Redakteurs weiterzumelden. Walde legte auf. Soeben hatte er mit Ost-Berlin gesprochen, soeben erneut eine konspirative Telephonnummer benutzt, die zu einer konspirativen Wohnung gehörte. Die unbekannte Dame wurde bezahlt vom Ministerium für Staatssicherheit, auch die Miete von einem Konto des DDR-Geheimdienstes überwiesen.[83] Der Anschluß funktioniert noch heute.

Thomas Walde, seit Oktober 1971 Mitglied der STERN-Redaktion, blätterte im Sommer 1980 in seinem Telephonverzeichnis. Ihm war noch ein anderer Anschluß vertraut, der im Alphabet unter »N« stand: »Null«, »acht«, »null«, »vier«, »zwei«, die Vorwahl. Schließlich: »Zwei«, »sieben«, »drei«. Diese Telephonnummer gehörte dem einstigen Chef des Bundesamtes für Verfassungsschutz, Günther Nollau, der im bayerischen Lenggries seine Pension verzehrt. Informierte Walde ihn am 23. Juni 1980 über einen ins Haus stehenden Ausflug? In einer Woche wollte Walde einen Termin mit der DDR-Staatssicherheit wahrnehmen. Der Telephoncomputer des STERN hielt den Preis für dieses Gespräch fest: 16,79 DM. Doch es sollte einen Zwischenfall geben: Walde fuhr, nach einem geselligen Abend bei seinem Freund Wilfried (»Seppl«) Sorge, mit seinem Verlagswagen gegen einen Baum. Das Verdeck war, wie Gerd Heidemann sich erinnert, »abrasiert«.[84] Walde schickte Heidemann nach Ost-Berlin.

Am 30. Juni 1980 um zehn Uhr startete Heidemann in Hamburg-Fuhlsbüttel. Zwei Stunden später, den Grenzkontrollpunkt Friedrichstraße hatte er problemlos passiert, traf er im Palast-Hotel in der Karl-Liebknecht-Straße ein: »Im Foyer erkannte ich sofort den mir von Walde beschriebenen Herrn Buchner.« Etwa 176 Zentimeter groß, Mitte vierzig, blau-graue Augen, rundes Gesicht, gelichtete blonde Haare. Herbert Buchner, der sich versehentlich einmal Herbert Burg nannte, ging am Stock. Sein linkes Bein war eingegipst: Autounfall, wie auch Walde, erklärte der Oberst des Ministeriums für Staatssicherheit.[85] Dann kam Heidemann zur Sache: Inge Goliath, einst Sekretärin des Bonner CDU-Politikers Werner Marx, stand auf der Lohnliste der DDR-Spionage. Sie lebte nun in Ost-Berlin und hatte, weisungsgemäß, auszupacken — einstweilen nicht in der SED-Parteipresse, sondern exklusiv im STERN. Heidemann hatte er einen Fragenkatalog mitgegeben. Doch erst einmal lud der STERN-Reporter den kranken Buchner zum Mittagessen ins Devisenrestaurant ein. Vorweg wurde eine Schildkrötensuppe gereicht, dann Tournedos, statt Dessert folgten Bier und Wodka.

Die Topagentin Goliath sei möglicherweise wohl doch nicht so recht im Bilde, referierte Heidemann, denn die QUICK habe nicht, wie sie beispielsweise behauptete, ein Gromyko-Papier, sondern das Bahr-Papier publiziert. Da hatte die Goliath Namen und Adressen durcheinandergewirbelt, weshalb Heidemann sie zu Hause

stern Nr. Seite Autor/Redakteur Thema Blatt

Schriftgröße/Art	Breite	Bemerkungen	Termin

Lieber Nick,
hier schreibe ich einfach mal schlankweg runter, was mir so beim Lesen des G-Interviews auf- und eingefallen ist. Ich glaube, daß Du bei ihr noch einmal ganz gründlich nachhaken mußt, schon deshalb, weil sie – so der Anschein – noch allerhand in petto haben muß. Und warum sollte sie uns das nicht gleich und komplett geben?

Herzlicher Gruß

1) Weiß u.Winterstein verwechselt sie – der KN ist Weiß. Doktor ist er meines Wissens nicht, sonder ex-Wehrmachts-offizier. Die Adresse stimmt, wir haben ihn dort schon mal abgeschossen. – W.ist nicht Leiter der Schule (es gibt deren mehrere),sondern Unterabteilungsleiter Ausbildung in der Abteilung IV (Verwaltung).

2) Was weiß die G. noch über die BND-Stelle in Bonn? Wer arbeitet dort, Aufgaben, Gliederung, was lieferte Marx dorthin, was be kam er von dort, wie häufig hat er sich mit dem Leiter der Stelle o.mit Wessel getroffen, hat sie' Aktenvermerke etc. diktiert bekommen?

3) Zur Liste: die Erklärung der G.ist insofern nicht schlüssig, als die Namensliste ja keinen Vermerk hat, welcher BND-Zausel nun Christdemokrat u.somit schützens-, erhaltens- o.beförde-rungswert ist. Hat die G.vielleicht noch eine andere Erklärun warum M.im Besitz der Liste war? Kann sie ausschließen,daß M.die Liste von Wessel hat? Wie waren M.'s Beziehungen zu Wessel, schließlich hat M.doch von W.das Gromykow-Papierchen laut G.? – Vor allem: wo sind und warum kriegen wir nicht die komplette Liste, wenn sie denn in Wahrheit viel länger ist (Bedenke: durch Zeitverzug ist auch schon diese Liste, das habe ich überprüfen können, nur noch zu 50 % o.k.)? Was hat M.nach G.'s Erkenntnis mit der Liste gemacht, wenn sie so einfach im Büro "lag",wann hat er sie benutzt,bei welchen Gelegenheiten, hat sie Gespräche zu einem der Listen-namen vermittelt o.Briefe geschrieben? Können wir auch die AA-Liste vonM.haben?

Buchstaben

Zeilen

Meller
6 p – 10 c – 36 A
6 p – 11 c – 39 A
8 p – 8½ c – 24 A
8 p – 11 c – 32 A

9 p – 8½ c – 22 A
9 p – 10 c – 26 A
9 p – 11 c – 29 A
9 p – 12 c – 32 A
10 p – 12 c – 29 A
10 p – 13 c – 31 A
12 p – 12 c – 24 A

Times
9 p – 8½ c – 24 A
9 p – 9 c – 28 A
9 p – 10 c – 29 A
9 p – 11 c – 31 A
10 p – 11 c – 29 A
12 p – 12 c – 27 A
10 p – 14 c – 37 A

Helvetica
8 p – 10 c – 29 A
9 p – 10 c – 27 A
9 p – 11 c – 29 A
10 p – 11 c – 26 A
10 p – 14 c – 33 A

Hausmitteilung Thomas Waldes an Ost-Berliner STERN-Korrespondenten: *DDR-Spionin Goliath sollte überredet werden, noch weitere BND-Interna auszuplaudern (Pfeile)* aufsuchen wollte, um sie mit den falschen Fakten zu konfrontieren und zu photographieren. Buchner war das gar nicht recht, lästerte Heidemann doch noch: »Das bisherige Material überzeugt nicht.«[88] Das ging Buchner an seine nachrichtendienstliche Ehre.

Jetzt kramte er in einer weißen Plastiktüte und fingerte etwa hundert photographierte Visitenkarten hervor. Heidemann fragte naiv, was er damit solle. Der Geheimdienstler begehrte auf: Das seien Leute, mit denen ein Bonner Journalist Umgang pflegt. Wo denn dabei der Witz sei, wollte Heidemann wissen. Buchner: Das seien alles kalte Krieger, »Geheimdienstler und so«. Heidemann sah sich die Reproduktionen an und höhnte: »Den kenn' ich, den auch...« Beleidigt schob Buchner die »heiße« Ware in den »Türkenkoffer« (Heidemann) zurück. Später sollte Buchner das Dossier aber doch noch loswerden: Thomas Walde hat das DDR-Material noch heute in Händen. Heidemann interessierte sich hingegen ausschließlich für die Goliath und verstaute zwei Briefe von Werner Marx, die er am 14. Februar 1979 an den BND-Mann Kurt Weis und den BND-Chef Klaus Kinkel geschrieben hatte. Der nächste Punkt wurde abgehakt: das Interview mit Markus Wolf.

Buchner bat um Geduld, freilich könne der STERN schon einmal die Fragen vorbereiten. Buchner: »Markus will Ihnen auch die (übergelaufene) Biedenkopf-Sekretärin für ein Interview zur Verfügung stellen, macht es aber davon abhängig, was Sie über Frau Goliath schreiben.« Heidemann schnitt das Thema Felfe an. »Da müssen Sie sich auch noch gedulden«, verriet Buchner, »der ist im Moment in Moskau.« Buchner versprach aber, mit Felfe zu sprechen und ihm den STERN zu empfehlen. Heidemann interessierte sich noch für einen anderen Komplex: Wieso sei Gerhard Löwenthal derart gut informiert, daß er in seinem ZDF-Magazin permanent deutsch-deutsche Geheimnisse an die Öffentlichkeit zerren könne?[89]

Buchner verhaspelte sich, denn er nannte eine »undichte Stelle bei KONKRET«: »Er kann es eigentlich nur von dort wissen!« Heidemann überlegte, ob in dieser Redaktion vom Stasi jemand unter Vertrag genommen worden und es bundesdeutschen Geheimdiensten gleichzeitig gelungen sei, ihrerseits Denunzianten in die KONKRET-Redaktion einzuschleusen. Heidemann hatte zuvor von Werner Marx erfahren, daß dieser aus Ost-Berlin anonym angerufen worden sei und die Mitteilung bekommen habe, daß seine Ex-Sekretärin die Erfahrungen ihrer zehnjährigen Tätigkeit in Broschürenform auf den Markt werfen wolle. Heidemann erinnerte sich, daß Buchner diese Tatsache in »arge Verlegenheit« brachte: »Er fragte nicht einmal nach, wieso Herr Marx denn bei einem anonymen Anruf wissen könne, ob der aus Ostberlin gekommen sei, sondern sagte nur: 'Ich werde es prüfen'.« Schließlich wollte Gerd Heidemann etwas über eine BND-Operation namens »Fleurop« wissen. Buchner sagte zu, die Akten zur Verfügung zu stellen. Heidemann flog um 18.50 Uhr von Berlin-Tegel nach Hamburg zurück. Am nächsten Tag erhielt Thomas Walde Bericht erstattet.[90]

Der Besuch Heidemanns in Ost-Berlin schien dem STERN bitter notwendig, da die DDR-Spionin Goliath im Laufe ihrer Verratsjahre zwar fleißig hatte zusammentragen können, aber die attraktive Sekretärin verwechselte viel. In Ost-Berlin hatte die Schreibdame vor ausgewählten Journalisten eine Art Pressekonferenz gegeben. Anschließend wurde dem STERN erlaubt, die DDR-Agentin zusätzlich auszuhorchen. Nick Barkow, der STERN-Korrespondent in Ost-Berlin, stellte ihr 38 Fragen. Das Interview wurde auf Band aufgenommen. Barkow, der eine Ost-Berlinerin heiratete und sich schließlich ganz vom STERN absetzte, um in Ham-

stern Nr. Seite Autor/Redakteur Thema Blatt

Schriftgröße/Art	Breite	Bemerkungen	Termin

4) Zur W-Analyse: Inhalt ist o.k., er könnte den Tatsachen zu
jener Zeit entsprechen. Da checke ich noch. Frage: hat die
G.noch mehr solche Analysen, hat W.noch mehr geschickt, hat
sie noch mehr abtippen müssen? Schleierhaft ist mir noch
die Erklärung, wie CDU den BND sabotieren sollte – was heißt
"Hilfsmaßnahmen" der Länder, was muß man sich darunter vor-
stellen?

Her mit der Eidesstattlichen Versicherung, auch wenn sie
rechtlich – habe ich hier geprüft – hierzulande nichts wert
ist.
Die G.spricht mehrfach von "Berichten" u. "Analysen" aus der
handschriftlichen Feder von W., die sie abgeschrieben habe,
da sie die ja sicher auch an ihre Auftraggeber geliefert
hat, ist nicht einzusehen, warum sie uns nicht mehr und vor
allem Neueres zur Verfügung stellen.
An welche "führenden CDU-Leute" hat sie das Zeug weitergeben
müssen? Erinnert sie sich noch an die Redewendungen, die sie
beim Abschreiben auf Geheiß von M.hat ändern müssen? Laut
Vorlage hat W.dem M.zum Briefschluß auch stets was Vertrautes
, Privates quasi von Gattin zu Gattin geschrieben – erinnert
sie sich an solchen gossip?
Hat ihre Arbeitskollegin auch Briefe von W.abschreiben müssen
bzw.weiß diese Kollegin von der Achse W/M?

5) Wie läßt sich die G.zur Verbindung M./Kinkel ein? Du mußt
wissen, daß Kinkel den M.seit langem gut kennt u.duzt, d.h.
mit ihm wohl stets gut auf speaking terms ist. Was hat
ihr M.in seinem Brief an W.vom 30.1.79 alles diktiert –
müßte sie eigentlich erinnern, weil's noch nicht so lange
her ist.

5) Bitte bohre weiter nach Karl Heinz Baltutes – da scheint sie
nicht mit allem übergekommen zu sein, was sie offenbar weiß.
Wie lange brauchte er, wenn angerufen wurde, um ins Büro M.
zu kommen? Kann sie sich noch an eine Telefonnummer, an eine
Vorwahl erinnern? Wie sah Karl Heinz aus? In welchem Zusammen
hang tauchte Karl Heinz auch in der Briefschaft M/W auf?

6) Kennt die G.den Kapitän z.S.Konrad Koch vom Amt für Sicher-
heit der Bundeswehr/MAD?
Was weiß sie über die Aktivitäten von Herrn Käsberger bei der
CDU-Fraktion (K.ist ex-Verfassungsschutzchef von Rheinland-
Pfalz)?
Was weiß die G.über Aktivitäten von Helmut Frenzel Bärwald für
die u.bei der CDU-Fraktion?
Was sagt sie über Grau, Misbach, Müller-Rabe, kennt sie Rienk
H.Kamer (Capital Nollau Kiste)?

Buchstaben

Zeilen

Walde enthüllt Walde *(Seite 2 der Hausmitteilung): Weitere Fakten über CDU-Politiker und BND-Chef gefordert (oberer Pfeil); Einzelheiten über den Mann bestellt, der den Bundeswehr-Reservisten (Walde) sicherheitsüberprüfen ließ (unterer Pfeil)* burg eine Kunstgalerie zu eröffnen, war dem Thema gegenüber nicht mehr sehr aufgeschlossen. Das Goliath-Interview wurde dann an Thomas Walde weitergereicht, der allein über die notwendigen nachrichtendienstlichen Kompetenzen verfügte.(91)

Walde schien in seinem Element: Am linken Rand kommentierte er Goliath-Angaben mit »falsch«, notierte über eine von Goliath gelieferte Gehaltsliste des BND, daß diese aus dem Jahre 1975 stammen müsse, kritzelte ein Fragezeichen, merkte bei einem bestimmten Punkt »MEHR!« an, setzte bei einem Namen »Oberst i.G.« hinzu, verbesserte den Springer-Journalisten Heinz »Viehlein« korrekt in »Vielain«, protokollierte bei dem Goliath-Hinweis »Da gibt es eine Fülle von Dingen« abermals »Mehr!« und resümierte: »Lieber Nick, hier schreibe ich einfach mal schlankweg runter, was mir beim Lesen des G(oliath)-Interviews auf- und eingefallen ist.«(92) Dabei bediente Walde sich hin und wieder der nachrichtendienstlichen Ausdrucksweise:

Statt KlarName kürzelte er »KN«, die BND-Männer »Weiß u. Winterstein« seien von der Goliath verwechselt worden, dessen Adresse aber stimme, denn »wir haben ihn dort schon abgeschossen«. Über eine BND-Namensliste urteilte er, daß jene leider über keinen Vermerk verfüge, »welcher BND-Zausel nun Christdemokrat u. somit schützens-, erhaltens- o. beförderungswert ist«. Goliath bot dem STERN eine eidesstattliche Erklärung an, da die Redaktion aus rechtlichen Gründen vorübergehend vorsichtig taktierte. Walde: »Her mit der Eidesstattlichen Versicherung, auch wenn sie ... hierzulande nichts wert ist.« Und die engen Kontakte des CDU-Politikers Marx zum BND-Chef Klaus Kinkel kommentierte Walde so: »Du mußt wissen, daß Kinkel den M.(arx) seit langem gut kennt u. duzt, d.h. mit ihm wohl stets gut auf speaking terms ist.« Was wisse die Goliath »über die Aktivitäten von Herrn Käsberger bei der CDU-Fraktion (K. ist ex-Verfassungsschutzchef von Rheinland-Pfalz)«, was sage sie über die besonders Walde interessierende »Capital Nollau Kiste«, da sollte sie dem STERN »noch mehr über den Verkehr u. die Aktivitäten der Herren Löwenthal, Limbach, Ahrens, Vielain im Büro M.(arx) vertellen«, endete Walde auf Platt.

Thomas Walde hatte die von Henri Nannen geprägte STERN-Linie längst begriffen, denn wichtig schienen ihm vor allem die »etwas unbürgerlichen privaten Umtriebe« von Werner Marx. Sollte die DDR-Staatssicherheit dem STERN etwa Details unterhalb der Gürtellinie heranschaffen? Spekulierte Walde, daß der DDR-Geheimdienst unter der Matratze ein Mikrophon und hinter der Gardine eine Kamera installiert hätte? Offensichtlich. Noch in einem anderen Punkt wurde Walde überdeutlich: Inge Goliath habe von Marx bestimmte Briefe diktiert erhalten — Barkow sollte sich schleunigst darum kümmern, ob die »drüben erhältlich« seien.(94) Die DDR-Geheimdienstzentrale in der Ost-Berliner Normannenstraße eine heimliche Filiale des STERN?

Niemals zuvor hatten STERN-Redakteure derart auffällig im nachrichtendienstlichen Sumpf gewühlt. Noch niemals zuvor hatte ein Journalist in der Bundesrepublik von einem fremden Nachrichtendienst die Intimsphäre eines prominenten Politikers zu durchleuchten gewünscht, nur weil der zur CDU gehörte. Warum war Walde so engagiert? Warum hatte er sich mit dem DDR-Geheimdienst eingelassen? Warum lehnte er die Zusammenarbeit nicht ab, wo er doch wissen mußte, daß die DDR ihn ausschließlich benutzte?

Einmal im Jahr, regelmäßig zu Pfingsten, reiste Walde in die DDR. In Erfurt besuchte er seine Freunde. Anläßlich eines solchen Besuchs rief ihn ein Unbekannter an, der sich als Buchner vorstellte und signalisierte, daß er Angehöriger

stern Nr. Seite Autor/Redakteur Thema Blatt

Schriftgröße/Art	Breite	Bemerkungen	Termin

7) Kann uns die G.etwas über ihre Kollegin Zimmerschied sagen, vielleicht etwas, was die Dame zum Reden bringt?

8) Warum ließ die CDU das Gromykow-Papier ausgerechnet bei den Dolmetschern in Villingen übersetzen? Hat die Z.die Dokumente auch dorthin geschafft oder dort nur abgeholt?

97 Kann die G.uns nicht noch mehr über den Verkehr u.die Aktivitäten der Herren Löwenthal,Limbach,Arens,Vielain im Büro M.vertellen?

1o) Wer war der Vertrauensmann von M.im AA, mit wem hat er dort häufig u.lange telefoniert, Essen gegangen, geduzt etc?

11) Was weiß die G.über "etwas unbürgerliche" private Umtriebe von M.?

12) Auf Seite 17 kündigt die G. "eine Fülle von Dingen" an,sagt aber nur ein Beispeil?- welche Dinge hat sie noch?
Was weiß die G.über Langkau u.dessen Aktivitäten im BND, außerhalb des BND, Verbindungen zu Gehlen,Weiß u.Marx?
Bitte wenn's geht noch mehr Details zum Punkt "Gründung eines CDU-Geheimdienstes" - wer o.was ist "Industrie", kann sie noch die Daten der Treffen auf Schloß Guttenberg erinnern
Sie hat zu diesem Thema auch Briefe diktiert bekommen - sind die von "drüben" erhältlich? Was weiß sie noch über Stauffen berg u.dessen frühere sowie spätere Funktionen u.Aktivitäten?
Von wem bekommt Stauffenberg seine Informationen, an wen gehen seine "Mitteilungen"? Wie ist er an das Brandt-Falin-Gespräch gekommen - hat M.mal was dazu vertollt?

Dies nur für's erste - Ende.

Buchstaben

Zeilen

Meller
8 p – 10 c – 36 A
8 p – 11 c – 39 A
8 p – 8½ c – 24 A
8 p – 11 c – 32 A
9 p – 8½ c – 22 A
9 p – 10 c – 26 A
9 p – 11 c – 29 A
9 p – 12 c – 32 A
10 p – 12 c – 29 A
10 p – 13 c – 31 A
12 p – 12 c – 24 A

Times
9 p – 8½ c – 24 A
9 p – 9 c – 26 A
9 p – 10 c – 29 A
9 p – 11 c – 31 A
10 p – 11 c – 29 A
12 p – 12 c – 27 A
10 p – 14 c – 37 A

Helvetica
8 p – 10 c – 29 A
9 p – 10 c – 27 A
9 p – 11 c – 29 A
10 p – 11 c – 26 A
10 p – 14 c – 33 A

Walde setzt auf den Geheimdienst der DDR *(Seite 3 der Hausmitteilung): Die DDR-Spionin sollte Privates über CDU-Politiker preisgeben (oberer Pfeil) und Briefe mit heiklem Inhalt zumindest aus dem Gedächtnis dem STERN zuspielen (unterer Pfeil)* des Ministeriums für Staatssicherheit sei. Buchner war über Walde bestens informiert. Dazu beigesteuert hatte möglicherweise der Walde-Kollege Sepp Ebelseder, der über Buchner zuvor die Nouhuys-Anklage erhalten hatte und während der Nouhuys-Prozesse als Zeuge Genierliches über die Kontakte mit der DDR-Staatssicherheit preisgab. Mit einem solchen »Plappermäulchen« wollten die DDR-Geheimen nichts mehr zu tun haben. Walde und Buchner kamen also zu einem vertraulichen Gespräch zusammen. Seitdem hielt Walde die »STERN-Stasi-Connection« (Heidemann) nicht nur aufrecht, sondern erfüllte sie gar mit Leben. Walde schreckte noch nicht einmal davor zurück, mit dem Oberst Buchner Brüderschaft zu trinken.(95)

Zwei Wochen nach Gerd Heidemanns Rückkehr platzte die STERN-Stasi-Bombe. Bereits auf den ersten zwei (von insgesamt fünf) STERN-Seiten war Waldes Dankbarkeit dem Staatssicherheitsdienst gegenüber erkennbar: »Ein Maulwurf wird gesucht.« Der Bericht, von Thomas Walde in den STERN lanciert, enthielt Brisanz: »Hat das Ost-Berliner Ministerium für Staatssicherheit durch ihr Material einen tiefen Einblick in die streng geheime Struktur des Bundesnachrichtendienstes? Wird die Zentrale in Pullach von einem Verräter untergraben?«(96) Die Absicht der DDR war nur zu offensichtlich: Durch das wiederholte Gerücht, im BND wüte ein Ost-Spion, wurde die ohnehin große Verunsicherung in München-Pullach stetig vorangetrieben. Heinz Felfe kein Einzelfall? Hätte die DDR tatsächlich über einen Zuträger verfügt, dann hätte sie die Maulwurf-These wohl gerade nicht lanciert.

Nicht ohne Vergnügen formulierte Thomas Walde, daß sich »bei der neuen Fahndung nach den vermutlich alten Tätern« im BND »ungerufen eine eventuelle Kronzeugin zu Wort« gemeldet habe: Inge Goliath, deren Enthüllungen in Ost-Berlin von langer Hand vorbereitet wurden, also keineswegs überraschend ans Tageslicht gerieten: Die damals 39jährige Sekretärin arbeitete zehn Jahre lang (bis 1979) für Werner Marx. Am 10. oder 11. März 1979 setzte sie sich nach Ost-Berlin ab. Dort wurde sie von Markus Wolf empfangen. Goliath hatte die Hauptrolle in einem bemerkenswerten Drehbuch zu übernehmen:

Werner Marx war dafür bekannt, daß er ständig mit Geheimdienstlern verkehrte. Ihm wurde auch unterstellt, Medien wie QUICK, WELT oder ZDF-Magazin mit sozial-liberal-feindlichen Informationen versorgt zu haben, worunter in erster Linie die DDR zu leiden hatte. Die Vorzimmerdame von Werner Marx wurde von der bundesdeutschen Abwehr auch nicht enttarnt, sondern sie tauchte auf Weisung von Markus Wolf in der DDR auf. Warum? Inge Goliaths Überlaufen war ein schlauer Einfall, konnte doch mit ihrer Hilfe ihr Ex-Chef endlich bloßgestellt werden. Wenn sie ihre Bekenntnisse ausschließlich in Ost-Berlin der Öffentlichkeit vorgetragen hätte, wäre die Durchschlagskraft nicht so effizient gewesen. Der STERN als Flankenschutz würde die Wirksamkeit der Marx-Intrige um ein Vielfaches erhöhen. Ein Gelingen dieses nachrichtendienstlichen Husarenstücks schien Markus Wolf mit Thomas Walde möglich.(97) Der Grund war einleuchtend:

Das Interview, das Nick Barkow mit Inge Goliath führte, sei »ungedruckt« geblieben, entstellte der STERN, »weil ihre Vorwürfe zu pauschal waren und deshalb nicht mit der erforderlichen journalistischen Sorgfaltspflicht überprüft werden konnten«, was Walde aber nicht daran hinderte, in dem Artikel dennoch mehrere Antworten aus eben diesem Goliath-Gespräch ins Blatt zu heben. Walde: »Niemand könne sich in Bonn mehr damit herausreden, bei den Behauptungen der Goliath handele es sich wieder einmal nur um geschickte Desinformationen aus der Giftküche des Ostberliner Ministeriums für Staatssicherheit.« Und dann ver-

211824a guj d
5212802 bndp d

an den chefredakteur der zeitschrift ''stern''
herrn henri nannen
warburgstrasze 50
2000 hamburg 36

nr.: 7431 vom 16.07.80 181

dringend

sehr geehrter herr nannen.
herr staatssekretaer dr. schueler hat mir das goliath-material
zugeleitet, das herren des ''stern'' ihm am vergangenen
freitag anlaeszlich eines gespraechs uebergeben haben. bei diesem
material befindet sich auch eine 28-seitige liste mit personen-
und stellenangaben aus dem bnd.
ich habe den generalbundesanwalt gebeten, die frage zu pruefen, ob
durch die veroeffentlichung dieser liste ein irgendwie gearteter
verstosz gegen gesetzliche vorschriften vorliegen wuerde. in ueber-
einstimmung mit dem generalbundesanwalt bin ich der auffassung,
dasz nicht ausgeschlossen werden kann, dasz durch eine veroeffent-
lichung ein straftatbestand erfuellt sein koennte.

ich darf sie hierauf hinweisen.

mit freundlichen gruessen
ihr
dr. kinkel

+

211824a guj d
5212802 bndp d

BND-Telex an den STERN-Chef Nannen: *»Nichts sehen, nichts hören, nichts sagen«*

setzte Walde dem ungeliebten BND-Präsidenten noch einen Hieb: »Klaus Kinkel ... handelte nach der Devise der drei weisen Affen: 'Nichts sehen, nichts hören, nichts sagen'.«(98)

Kurz vor Redaktionsschluß, so behauptete Walde, sei der STERN in den Besitz einer »heißen Liste« geraten (»die streng geheime Personal- und Gehaltsstruktur des BND«), die aus einem Ost-Berliner Panzerschrank stammte. Niemand konnte allerdings nachvollziehen, ob Inge Goliath diese Werner Marx tatsächlich vom Schreibtisch gestohlen hatte oder ob die Details aus einer ganz anderen Quelle kamen. Walde überreichte das Papier dem Kanzleramtschef Manfred Schüler, der sogleich in Resignation verfiel: »Wenn die echt ist, ist das in der Tat ein dicker Hund. Natürlich interessiert es uns, ob es beim BND einen 'kleinen Felfe' namens Müller oder Meyer gibt.«(99) Die Stasi-Rechnung war voll aufgegangen. Dank Walde säte Markus Wolf mit der Unterstützung Inge Goliaths erfolgreich Zwietracht in westdeutschen Geheimdienstkreisen.

Die erwähnte Liste enthielt zwar richtige Namen, war aber veraltet und offenbar vom MfS mit der Absicht zusammengestellt, MdB Dr. Marx als »Empfänger« zu diskreditieren. Klar ist, daß Marx diese Liste nicht kannte bzw. erhalten hatte. Die MfS-Agentin Goliath konnte sie deshalb auch nicht »beschaffen« und nach Ost-Berlin »liefern«.

Schüler reichte die BND-Interna an Kinkel zwecks Überprüfung weiter. Als der STERN mit der hanebüchenen Goliath-Geschichte längst ausgedruckt war, telexte Kinkel über den BND-Fernschreiber (5212802 bndp d) an Henri Nannen, daß »nicht ausgeschlossen werden kann, daß durch eine Veröffentlichung ein Straftatbestand erfüllt sein könnte«. Damit bestätigte Pullach, was Walde nur über diesen Umweg herauszubekommen glaubte: das BND-Papier war echt.(100)

Als Waldes Artikel in Ost-Berlin vorlag, werden sich Wolf und Buchner vor Freude auf die Schenkel geschlagen haben. Zwar hatte dieses Unternehmen verhältnismäßig lange gedauert, zwischendurch drohte der STERN abzuspringen, aber schließlich trat in Hamburg genau das ein, was die Offiziere in der DDR ausgeheckt hatten: mit Maulwurfverdächtigungen trugen sie Furcht und Entsetzen in die Amtsstuben des BND und veranlaßten Überprüfungen. Nach diesem gelungenen Einstand Waldes schien die Staatssicherheit Vertrauen zu ihm zu fassen. Hatte sie mit Walde jetzt noch mehr vor? Doch zuvor galt es ein Problem der Hitler-Tagebücher durch den Stasi lösen zu lassen.

Gerd Heidemann hatte, über die West-Berliner Wehrmachtsauskunftsstelle, bestätigt bekommen, daß tatsächlich eine nationalsozialistische Militärmaschine abgestürzt sei, die in ihrem Rumpf möglicherweise Hitler-Verschollenes mitgeführt hatte. Bei Börnersdorf im Erzgebirge sei einen Tag nach des Führers Geburtstag, am 21. April 1945, eine JU-352 vom Himmel gefallen, die tote Besatzung auf dem Dorffriedhof beigesetzt worden.(101) Börnersdorf liegt in der DDR, wenige Kilometer von der tschechischen Grenze entfernt. Heidemann zu Walde: Es müsse vor Ort recherchiert werden. Vielleicht lasse sich herausfinden, ob die Hitler-Tagebücher aus dieser Maschine stammten. Heidemann: »Thomas, wollen wir nicht unsere Stasi-Verbindungen spielen lassen?«(102) Walde nickte. Am 15. November 1980 reisten die beiden eine gewohnte Strecke: vom West-Berliner S-Bahnhof Zoo zum Ost-Berliner S-Bahnhof Friedrichstraße.(103) Nach Passieren der Kontrolle trafen sie, gegen 9.35 Uhr, im ebenfalls gewohnten Palast-Hotel einen Stasi-Mann: Peter Zabern, der sich später als Markus Wolfs Sohn Michael herausstellen sollte. Zabern-Wolf erlernte das geheimdienstliche Handwerk einst in der Bezirksverwaltung Rostock des Ministeriums für Staatssicherheit und war

Stasi-Hotel Königstein *(in Dresden): »Sowjetische Gäste waren häßlich wie die Nacht, angezogen wie vor 1945 — grauenhaft«*

jahrelang mitverantwortlich für die sensiblen West-Kontakte.(104) Walde kannte Zabern bereits.

Doch wo war Buchner? Der humpelte in diesem Augenblick in die Hotelhalle, das Bein immer noch in Gips.

Für fünfundvierzig Minuten verschwand Zabern daraufhin mit den Reisepässen der STERN-Redakteure, in die ein Tagesvisum eingelegt war. Als er zurückkam, gingen West-Journalisten und Ost-Geheime in die Tiefgarage. Dort stand ein Mercedes (Baujahr 76/77) mit dem Kennzeichen IE 14-25. Der Stern auf dem Kühler fehlte. Das Radio war ausgebaut, an seiner Stelle nur noch ein unansehnliches Loch. Walde machte die Offiziere wegen des in der DDR seltenen Wagens »an«: »Ach, ist das eine Kutsche, die ihr irgendeinem Schleuser abgenommen habt oder einem Agenten?« Zunächst war Buchner peinlich berührt, fing sich dann aber schnell — schließlich war er Profi. Fahrtziel: Dresden.(105)

In Berlin ging es, wie Walde später erzählte, »zuerst dicht an der Mauer entlang«. Dann passierten sie das sowjetische Ehrenmal und kamen auf die Autobahn beim Berliner Ring. Buchner warnte seine Mitreisenden: »Jetzt kommen wir gleich an die Rieselfelder, wo es unheimlich nach Scheiße stinkt, weil dort aus Ost und West die Jauche versprüht wird.« Walde nahm die Warnung gelassen auf: Es roch gar nicht so schlimm. Der Sohn von Markus Wolf steuerte das ramponierte Kapitalisten-Vehikel. Neben ihm saß Walde, Buchner und Heidemann hinten. Als Walde Buchner wegen dessen kaputtem Knie anbot, sich neben seinen Kollegen nach hinten zu setzen, lehnte dieser dankend ab. Walde erkannte den Grund: »Das ist sowjetische Mentalität. Ein sowjetischer Offizier, der im Rang der höchste ist, wird sich nie auf den Beifahrersitz setzen. Der sitzt im Fond.«(106)

Die Stasi-Männer waren auf einen längeren Aufenthalt eingestellt. Buchner hatte einen dunkelblauen Anzug im Koffer verstaut, eine dunkelbraune Lederjacke dazu und auch mehrere Hosen nicht vergessen. Walde kommentierte diese Vorausschau: »Die waren so richtig ausgerüstet... für alle Gelegenheiten.« Buchner bemerkte alsbald, daß die STERN-Mitarbeiter sich nicht so lange in der DDR vergnügen wollten. Der Mercedes fuhr stur durch die Republik. Die Einnahme eines bescheidenen Imbisses war unterwegs nicht eingeplant, gehalten wurde nur einmal, weil »Buchner pinkeln wollte« (Walde). In Dresden angekommen, hielt Zabern sichtlich erleichtert vor dem Hotel Königstein.(107)

Buchner schleppte sich ostentativ allein zur Rezeption. Walde und Heidemann erhielten ihre Hotelausweise — beide auf den Namen »Buchner«. Damit stand für Walde fest, daß der Besuch »organisatorisch vorbereitet« worden war. In der Tat: Markus Wolf leitete in der Hauptverwaltung Aufklärung im Ministerium für Staatssicherheit die Spionage für die DDR. Im Arbeiter- und Bauernstaat verfügte er zwar über Einfluß, zu »Hoheitsakten« in der Republik war er allerdings nicht befugt, hierfür zuständig war allein die jeweilige Bezirksverwaltung des Ministeriums für Staatssicherheit, von denen es, Ost-Berlin mit eingeschlossen, fünfzehn regionale Dienststellen gab. Wolfs Apparat hatte sich also mit der Staatssicherheits-Verwaltung in Desden kurzzuschließen, in der 1980 der Oberst Max Böhm den kränkelnden Chef, Generalmajor Rolf Markert, vertrat. Da Börnersdorf in einer ausgesprochen heiklen Zone lag, im Kreis Pirna (sowjetische Raketen-Einheiten waren dort stationiert und auch die Volksarmee unterhielt delikate Brigaden, die sich an mobilen sowjetischen Abschußrampen ausbilden ließen), lag die alleinige Verantwortung nicht in Ost-Berlin, sondern in Dresden.

Wäre es Heidemann zufällig gelungen, sowjet-deutsches Militär abzulichten,

Alkoholisierter STERN-Redakteur Walde *(nach durchzechter Nacht in Dresden): »Er stand auf, fiel nach vorn und schoß mit dem Kopf gegen die Heizung«*

das Ministerium für Staatssicherheit hätte ohne Frage einen Kopf rollen lassen: den von Böhm.(108)

Die Zimmer im Hotel waren nicht die feinsten. Walde entdeckte zwar ein Radio, allerdings nur mit mäßigem Empfang. Dafür verfügte er über ein funktionierendes Telephon. Heidemann war da schlechter dran: weder Telephon noch Radio. Die Herberge Königstein wurde fast ausschließlich von russischen Touristen besucht. Walde fand die »häßlich wie die Nacht«, »also Menschen — ohne daß es jetzt so aussieht wie vom Herrenmenschen-Standpunkt — ... angezogen wie vor 1945, und immer bepackt mit riesigen Teppichen, Kartons, Decken und so weiter«. Walde schüttelte sich: »Grauenhaft.«(109)

Das Königstein lag zwischen dem Hauptbahnhof und der Elbe, in einem Neubauviertel. In der Nähe residierten noch die Gasthäuser Inter-Hotel Newa, Lilienstein und das Bastei. »In den anderen Hotels«, erklärte Walde nach seiner Rückkehr aus dem Osten trunkenen Beamten des Hamburger Landesamtes für Verfassungsschutz, »steigen FDGB-Touristen und Spione — wie Heidemann und ich — ab.« Die West-Rivalen Oberst Buchners lachten sich kaputt. Nach dem Mittagessen schlenderten West und Ost zum Altmarkt. Erst gab es Kaffee, dann wurde Wodka und Cognac bestellt, zu Abend aß man im Hotel. Der Ober servierte Hackepeter, anschließend wieder Hochprozentiges. Schließlich war die gesamtdeutsche Diskussion nicht mehr zu vermeiden.

Buchner erklärte, warum der Staatsratsvorsitzende Erich Honecker nach Österreich gereist sei und ausgerechnet dort ein Stahlwerk optierte: »Das ist die Rache für die Absage der DDR-Reise eures Bundeskanzler Schmidt.« In Hamburg konstrastierte Walde später: »Aus der Diskussion ging hervor, daß sie beide überzeugte Kommunisten aus richtig altkommunistischem Stall sind. Bei Buchner kam es immer wieder mal durch, daß Großvater und Vater im KZ waren.« Buchner verplapperte sich noch an anderer Stelle, der Alkohol machte es möglich: seine 19jährige Tochter befand sich zu diesem Zeitpunkt in der Sowjet-Union zur Ausbildung. Walde: »Er muß noch mehr Kinder als die eine Tochter haben.«(110)

Thomas Walde nahm keine Rücksicht. Den Wolf-Sohn präsentierte er den Verfassungsschützern in Hamburg als »unbeweglich«, denn der glaubte doch tatsächlich, daß »der Sozialismus siegt«: Die DDR würde die Bundesrepublik wirtschaftlich »irgendwann überholen«. Walde: »Das ist halt mangelnde Erfahrung. An so was nimmt der Buchner auch nicht teil.« Als das Hotelrestaurant geschlossen wurde, gingen die vier aufs Zimmer. Heidemann hatte im Intershop zwei Flaschen Johnnie-Walker-Whisky besorgt. Ein geradezu gigantisches Besäufnis stand bevor, eine Olympiade der Trunkenbolde war angesetzt, ein deutsch-deutsches Alkoholdrama sollte in Szene gesetzt werden:

Im Restaurant wurde bereits reichlich polnischer Wodka gekippt, als der russische ausverkauft war, Bier hinuntergestürzt. Die Zimmer konnten aufrecht nicht erreicht werden. Heidemann protokollierte: »Buchner war sehr schnell blau«, was Walde nur bestätigen konnte: »Der eine war stockbesoffen, der andere besoffen.« Heidemann, der mehr als jeder andere vertragen konnte, versuchte Buchner über die Staatssicherheit auszuhorchen. Zwar plauderte der Oberst ungehemmt drauflos, nur verstanden werden konnte er nicht, längst hatte der Alkohol seine Zunge unbrauchbar gemacht. In dieser Situation mußte Buchner auf die Toilette. Heidemann: »Er stand auf, fiel nach vorn über die Knie von Walde und schoß mit dem Kopf gegen die Heizung unter dem Fenster.«(111) Herbert Buchner hatte sich vorübergehend k.o. getrunken.

Nach einigen Sekunden raffte sich Buchner verzweifelt auf und tastete sich vorsichtig an der Zimmerwand entlang ins Badezimmer. Diesmal vergingen Minuten. Als er zurückstrauchelte, lief ihm Blut an der Nase entlang. Buchner stammelte, zu hören war nur sein stöhnendes Röcheln. Auch im Bad war Buchner wieder umgekippt. Heidemann: »Auf der Nasenwurzel saß ein blutiges Dreieck, das er laufend mit dem Taschentuch abtupfen mußte.« Walde, ebenfalls benebelt, wollte Buchner das Textilstück aus der Hand reißen: Er müsse, so lallte er, »das Taschentuch unbedingt wegen der Blutgruppenbestimmung sicherstellen«. Bei Buchners erstem Sturz waren zwei Gläser zersprungen, deren winzige Splitter überall herumlagen. Buchner kippte ein drittes Mal vornüber, mochte deshalb aber noch nicht aufhören zu bechern. In den frühen Morgenstunden »tranken wir alle Brüderschaft« (Heidemann). Inzwischen kotzte sich auch der Wolf-Sohn leer. Als er wiederkam, kriegte Heidemann einen Schreck: »Er hatte ganz blutunterlaufene Augen. Er war völlig fertig.«(112)

Herbert Buchner, das hohe Tier im Ministerium für Staatssicherheit, zuständig für Desinformationen und heikler Partner einiger West-Journalisten, konnte nicht einmal mehr sitzen. Der Whisky war ohnehin ausgetrunken. Walde und Heidemann ließen Buchner auf dem Boden liegen — er war vom Sessel inzwischen langsam heruntergerutscht — und torkelten zur Hotelrezeption, an der zwei Frauen standen. Walde malte »auf irgendwelchen Zetteln Schweinchen, weil die eine Frau mich dazu aufgefordert hatte«. Dann stempelte er mit einem Stempel, der in seinem Kugelschreiber steckte, die Suffbilder mit seinem vollen Namen und der Adresse. Dies war dumm, denn Thomas Walde hieß offiziell »Buchner«. Geistesgegenwärtig griff Heidemann nach den fast über dem gesamten Tresen herumliegenden Papieren und stopfte sie in seine Taschen.(113)

Eines der Mädchen verschwand, sie hatte wohl Dienstschluß und so ihre Erfahrungen mit Alkoholikern. Walde wollte nicht weg, sondern bei der anderen bleiben. Doch Heidemann zog seinen »volltrunkenen Vorgesetzten zum Fahrstuhl« und half ihm ins Bett. Am nächsten Morgen saß Heidemann als erster am Frühstückstisch. Ihm folgte Walde, die Hüter des ersten Arbeiter- und Bauernstaates der deutschen Geschichte hingegen ließen sich nicht blicken. Eine halbe Stunde nach Walde kam endlich Wolf-Junior angeschlichen. Dann Buchner. Wolf-Zabern mußte seinen Oberst auf dem Weg zum Frühstückstisch stützen. Heidemann: »Herbert konnte kaum aus den Augen sehen«, aber nicht allein wegen des Alkoholkonsums, sondern — wie sich erst in der Nacht herausgestellt hatte — wegen eines Glassplitters. Heidemann rannte zur nächsten Apotheke und besorgte Borwasser, ein Augenglas sowie eine schwarze Augenbinde. Jetzt war Buchner Moshe Dajan.(114) Das alles sah recht komisch aus, Witze aber machte keiner: Die vergangene Nacht forderte ihren Tribut, die Stimmung war nicht unbedingt berauschend.

Nach dem Frühstück spazierten sie zu einem in der Nähe liegenden Café. Buchner aß ein Eis, spülte sein Auge aus. Zabern-Wolf gestand, daß er seinem Oberst bereits auf dem Zimmer einen Glassplitter aus dem Auge entfernt hatte. Buchner, so stellte Gerd Heidemann fest, »sah völlig demoliert aus«. Walde registrierte ebenfalls, daß Buchner »völlig kaputt« gewesen sei, obendrein noch »sauer«, weil ihm die Situation »irgendwie peinlich« vorgekommen sei. Die STERN-Strategen wollten endlich weiter nach Börnersdorf, doch der Oberst hatte Angst vor der Volkspolizei: »Laßt uns etwas später fahren, Peter (Zabern-Wolf) muß erst seinen Blutalkoholspiegel abbauen.« An den Brühl'schen Terrassen wurde noch ein Kaffee getrunken, anschließend über Pirna Bad Gottleuba erreicht. Von dort war Börnersdorf ausgeschildert.(115)

Tagebuch-Überzeugter Walde *(an den Gräbern in Börnersdorf): »Ich habe sie gefunden«*

Erste DDR-Geheimdienstzentrale *(ehemaliges) Finanzamtsgebäude): »Ich habe sie gefunden«*

Ehemalige DDR-Geheimdienstzentrale in Ost-Berlin *(während des Niederreißens der Außenmauer im Dezember 1989): »Das sollten mal die STERN-Korrespondenten machen«*

Der Stasi-Mercedes fuhr zunächst durch das 300-Einwohner-Dorf. Buchner nannte es »heruntergekommen«, Walde hingegen »fand es eigentlich sehr in Ordnung«. Heidemann photographierte das Dorfschild. Dann rollten sie auf den Dorffriedhof zu, der wegen der Kirchturmspitze nicht zu übersehen war. Während der Wolf-Sohn den Wagen wendete, schlenderte das Trio die Grabstätten entlang. Heidemann: »Während die anderen im vorderen Teil des Friedhofes interessiert die Familiengräber der Bauern abschritten, lief ich den Hügel hinauf zum hinteren Ende des verwilderten Totenackers und stand plötzlich vor 16 Kriegsgräbern. Unter verkrüppelten Kiefern standen die grünbemoosten Holzkreuze krumm und schief. Von einigen waren die ovalen Emailleschildchen mit dem Namen der Bestatteten abgefallen.« Heidemann rief den anderen zu: »Ich habe sie gefunden.«[116]

Buchner war aufgekratzt, sein Brummschädel und die Verletzungen schienen vergessen. Auch Walde zeigte Emotionen: »Toll.« Mit dem Auffinden der Gräber hatte die Geschichte des Hitler-Verschollenem eine ganz andere Dimension erhalten. Buchner schlug vor, zum Essen nach Gottleuba zu fahren, um in Ruhe die weiteren Schritte besprechen zu können. Buchner und Zabern-Wolf tuschelten. Heidemann: »Irgend etwas schien ihr Mißfallen erregt zu haben.« Buchner fragte schließlich den STERN-Reporter: »Sag mal, Gerd, wie kommt es, daß Du die Gräber so schnell gefunden hast?« Heidemann antwortete: »Soldaten liegen niemals zwischen den Familiengräbern, sondern die sind meistens in der hintersten Ecke verscharrt worden.«[117] Buchner war zufrieden.

Zu essen gab es, wie gehabt, Hackepeter, vorweg eine schmackhafte Brühe. Erst jetzt ließ Buchner die Katze aus dem Sack: Die Staatssicherheit erwarte vom STERN, unabhängig von der Recherchen-Hilfe in Sachen der Hitler-Hinterlassenschaft, daß auch andere Themen während dieser Reise besprochen würden. Buchner, den Alltag der kommunistischen Planwirtschaft im Hinterkopf, konzipierte eine mögliche Zukunft: Die Goliath-Geschichte habe dem »Alten«, Markus Wolf, recht gut gefallen. So sei er auf die Idee gekommen, auch andere ehemalige Bonner Sekretärinnen, die einst im Westen für die DDR spionierten, zu Wort kommen zu lassen. Walde erkundigte sich spontan nach dem Ost-Berliner Interesse. Buchner klärte auf: Die DDR könne so den Nachweis führen, daß niemand, der einmal als Kundschafter für sie gearbeitet habe, im Stich gelassen werden würde. Heidemann kam in den Sinn, daß die Spionageanwerbung der DDR möglicherweise ins Stocken geraten sei. Plagten Ost-Berlin Nachwuchssorgen, war die Bereitschaft, für die deutschen Kommunisten zu schnüffeln, gesunken? Walde ironisierte: Buchner könne sich wohl denken, daß es für den STERN »nicht in Frage kommt, eine Geschichte im Sinne 'Die siegreichen Damen im Einsatz' zu machen. Dann soll der Stasi doch lieber eine Anzeige bei uns schalten«. Walde wurde wieder ernst: Falls es zu einer solchen Story kommen sollte, würden weder Heidemann noch er so etwas ins Blatt heben, sondern »das sollten mal die STERN-Korrespondenten machen«. Buchner versprach, den Hinweis Wolf vorzutragen.[118]

Buchner überlegte: Der STERN könne eine Agentin in ihrem neuen Zuhause photographieren, die anderen würden in einem Restaurant versammelt werden. Heidemann widersprach: Jede Spionin müsse individuell photographiert werden, »eine beim Einkaufen, eine bei sich zu Hause, eine, wie sie Schlange stehen muß, eine andere, wie sie vielleicht gerade ihr Kind vom Kindergarten abholt, eine am Arbeitsplatz«. Buchner nickte: Der STERN müsse selbstverständlich auch veröffentlichen, was die Damen herausbekommen haben, beispielsweise peinliche NATO-

Dokumente. Walde: »Wir sprachen darüber, wie man eine menschliche Geschichte über die Damen mit dem Zeug, was sie jeweils als Agenten geliefert hatten, unter einen Hut bringen könnte.« Buchner bot noch einen exklusiven Interviewpartner an: den DDR-Verteidigungsminister Heinz Hoffmann, der über die Bedeutung der NATO-Dokumente laut nachdenken sollte. Dann könnte der STERN dem bundesdeutschen Generalbundesanwalt das Material vorlegen und ihn auch dazu befragen.(119) Schließlich schnitt Buchner das Thema Reinhard Gehlen an:

Es würde die Staatssicherheit einmal interessieren, wer in dem Gehlen-Buch »Verschlußsache« bestimmte Dinge hinzugefügt habe. Die Novität hatte Walde eine Reise zuvor dem Oberst als kleine Aufmerksamkeit mitgebracht. Buchner: »Da ist von ganz bestimmten Kreisen in dem Manuskript herumgepfuscht worden.« Walde wunderte sich, denn Buchner präsentierte ein bislang völlig unbekanntes DDR-Gehlen-Bild: »Sie sagten nicht: 'Ach, das ist ein alter preußischer Offiziers-Arsch gewesen', sondern den haben sie im Sinne von Tauroggen, so eine preußisch-russische Tradition, die sich bis Gehlen fortgesetzt hat, gesehen.«(120)

Daß beim Bundeskanzleramt die sogenannten »Sonderverbindungen« des BND bekannt waren (sicher nicht alle!) ging auf eine entsprechende Weisung (»Anforderung«) von Ehmke zurück.

Thomas Walde kramte die Photokopie eines Artikels hervor, der vierzehn Tage zuvor im NEUEN DEUTSCHLAND erschienen war. Das SED-Zentralorgan attackierte den WELT-Journalisten Carl Gustav Ströhm, hackte auf Harry Schleicher von der FRANKFURTER RUNDSCHAU herum. Beide, so stand es schwarz auf weiß, stünden im Dienst des BND und seien in der Volksrepublik Polen aktiv. Walde beschwerte sich: Zwar würde er mit dem Stasi zusammenarbeiten, aber so leckere Geschichten würden ihm nicht überreicht, statt im STERN zu enthüllen verpuffe der Stoff im NEUEN DEUTSCHLAND. Buchner tat überrascht: Sei der STERN denn auch an solchen Lebensläufen interessiert? Walde: »Ja, ja, grundsätzlich an allem.« Buchner: »Gut, dann kommen wir darauf zurück.«(121) Walde erhielt aber noch einen Tip. So ähnlich wurde ehedem auch das Nouhuys-Kapitel in die Wege geleitet:

Im Bundeskanzleramt wisse man über Ströhm Bescheid. Dort sollten Erkenntnisse über eine »Zweit-Gehaltsliste« vorliegen, »also solche Sonderverbindungen mit Leuten, die für den BND arbeiten«. Die Hamburger Firma Dobbertin, die Konkurrenz zu Merex, kam ins Gespräch, die im internationalen Waffengeschäft ihre Umsätze steigerte. Dann informierte Buchner Walde, daß der Nachfolger Gehlens, Gerhard Wessel, sehr häufig zu Axel Springer nach Berlin gereist sei. Der habe dem Verlag Dokumente besorgt, »daß die DDR SED-Funktionäre nicht ausreisen läßt«. Buchner legte plötzlich offen, daß der Springer-Verlag in der West-Berliner Kochstraße abgehört werde. »Unterlagen« über Springer-Gespräche könnten selbstverständlich geliefert werden. Walde wollte wissen, wer mit wem telephonierte. Buchner verriet: »Springer (mit) irgendwelchen westdeutschen Politikern.«(122)

Walde erfuhr außerdem den Namen jenes Führungsoffiziers, der Ströhm im BND geführt habe und bot an, der STERN könne ihn selbst befragen, die Adresse ließe sich beschaffen. Walde konterte: »Das wird ja immer schöner, daß wir den Postillion zwischen Aufklärung Ost und Aufklärung West spielen.« Buchner machte den STERN-Männern sodann klar, daß über die geführten Gespräche Stillschweigen bewahrt werden müsse, auch dann, »falls unser Kontakt mal für einen größeren Zeitraum abbrechen würde«. Buchner hatte sich just über einen Artikel in der WELT geärgert, in dem er als Major tituliert worden war, vor allem sei sein beliebter Treffpunkt Hotel Johannishof durch die Veröffentlichung »verbrannt«. Saß Buchner die Angst vor Markus Wolf im Nacken (»In der letzten Zeit haben wir uns zu häufig besoffen«)?[123]

Walde tröstete sein Gegenüber, das im Hotelzimmer auf der Couch an der Fensterseite saß: »Unser Kontakt kann ohnehin abbrechen, dann, wenn wir euren großen Agenten erwischen. Es gibt ja sicherlich noch einen größeren als Günter Guillaume. Und dann können wir uns ja bei euch kaum noch sehen lassen.« Auf der anderen Seite betretenes Schweigen. Nach kurzer Pause hatte Buchner sich wieder gefaßt: »Ja, aber man muß doch Gesinnung zeigen.« Heidemann entkräftete: »Tut mir leid, in dem Fall habe ich keine Gesinnung. In dem Fall schlagen wir zu.« Auch Walde präzisierte: »Wißt ihr denn nicht, daß Journalisten Gesinnungslumpen sind? Das hat schon Herbert Wehner gesagt.« Buchner als auch Wolf-Zabern waren plötzlich »hilflos und nahmen das todernst« (Heidemann).

Fünf Tage waren die STERN-Redakteure mit den DDR-Geheimen jetzt zusammen, ein in der Tat einmaliger Vorgang. Und in diesen Stunden waren auf seiten der Stasi-Offiziere entblößende private Worte gefallen, die — unter Alkoholeinfluß — hätten eigentlich unterdrückt werden müssen. Vor allem Herbert Buchner, sonst mit allen Wassern gewaschen, hatte aufdeckend ausgeplaudert: Daß er in der Sowjet-Union ausgebildet worden sei, daß er morgens um vier Uhr aufstehen könne, um angeln zu gehen, daß er über eine Datscha verfüge und privat einen schlichten Trabant fahre. Gelegentlich entschleierte auch Wolf-Zabern etwas von seinem Lebensstandard: Stolz erwähnte er sein 2.500 qm großes Grundstück mit einem Steinhäuschen darauf, das in der Nähe Berlins lag. Es entwickelte sich ein abenteuerliches Vertrauensverhältnis zwischen den Männern. So enttarnte Wolf-Zabern beispielsweise einen Mitarbeiter des inzwischen aufgelösten Axel-Springer-Inland-Dienstes, der vom Hamburger Landesamt für Verfassungsschutz laufend Informationen bezogen habe. Dabei nannte er, wie sich Walde später genau erinnerte, das Wort »abfließen«. Schließlich brachte er eine bundesdeutsche »Informationsbank« ins Spiel, in der das muntere Treiben linker Journalisten, unter anderem das des STERN, registriert werde.[124]

Wenn Walde oder Heidemann Termine in Ost-Berlin festmachten, sicherten sie sich vor- und nachher brav im Westen ab: Vor Antritt einer Reise erhielten die Hamburger Verfassungsschützer den freundlichen Hinweis, daß zum Stasi nach Ost-Berlin gereist werde. Selbstverständlich wurde den Beamten sogleich die Rückkehr gemeldet, einmal auf Heidemanns Göring-Jacht Bericht über östliche Einsichten erstattet. Walde, Reserveoffizier der Bundeswehr, konnte mit dieser klärenden Taktik seinen Gedankenaustausch mit der DDR-Staatssicherheit offiziell zementieren, ohne groß in Verdacht zu geraten, er sei ein heimlicher DDR-Spion. Das gleiche galt für Gerd Heidemann.[125]

Drei Wochen nach seiner Rückkehr reiste Gerd Heidemann erneut nach Ost-Berlin. Er hoffte auf erfolgreiche Börnersdorf-Recherchen. Am 12. Dezember 1980 stand er gegen 11.30 Uhr auf dem S-Bahnhof Friedrichstraße: »Bei der DDR-Zollkontrolle wurde ich von einem grau-uniformierten Beamten in einen kleinen Raum geführt und befragt, was ich in Berlin vorhabe.«[126] War etwas schiefgelaufen, etwas mit Buchner geschehen? Ernstzunehmendes nicht, nur Heidemanns Aktentasche machte die Beamten neugierig.

Heidemann wies darauf hin, daß er einige Unterlagen mitgebracht habe, die den Bilderdiebstahl im Potsdamer Schloß Sanssouci zum Inhalt hätten. Der Beam-

Westliche Geheimdienst-Dossiers über den STERN:
Gezielt eingesetzte Desinformationen des DDR-Ministeriums für Staatssicherheit verarbeitet

Zu Pfingsten 1980 habe Dr. Walde in Erfurt Verwandte besucht. Schon vor seiner Ankunft am Freitag habe - nach Auskunft seiner Verwandten - ein "Herr vom Ministerrat der DDR" angerufen und Dr. Walde zu sprechen gewünscht. Am Pfingstsamstag habe der Mann erneut angerufen, sich mit dem Namen "Buchner" vorgestellt und um ein Treffen gebeten. Dr. Walde sei klar gewesen, daß es sich bei diesem Mann um einen Mitarbeiter des MfS oder zumindest um einePerson gehandelt habe, die im Auftrage des MfS tätig sei. Man habe eine Begegnung noch für Pfingstsonntag, 16.00 Uhr, in Weißenfels, einer Ortschaft ca. 80 km von Erfurt entfernt, vereinbart. Dort habe man sich auf einer Parkbank getroffen. Dr. Walde habe zu Beginn der Unter-

VS - VERTRAULICH-
amtlich geheimgehalten

- 3 -

3. Das MfS erhofft sich offensichtlich eine Veröffentlichung der übermittelten Unterlagen durch den STERN, um die Bevölkerung der Bundesrepublik Deutschland weiter zu verunsichern, wie es schon durch den STERN-Artikel über die Atomwaffenlager in der Bundesrepublik Deutschland geschehen ist.
Hier handelt es sich offensichtlich um gezielt eingesetzte Desinformationen des MfS.

Dau
Fregattenkapitän

1. Document 3

2. Das MfS erhofft sich offensichtlich eine Veröffentlichung der übermittelten Unterlagen durch den "Stern", um die Bevölkerung der Bundesrepublik Deutschland weiter zu verunsichern bzw. in Panik zu versetzen, wie es bereits, durch den vor einigen Monaten, durch den Stern-Artikel über ~~das~~ die Atomwaffenlager in der Bundesrepublik geschehen ist.

Der Generalbundesanwalt in Karlsruhe, das Bundesamt für Verfassungsschutz und der Bundesnachrichtendienst — sie alle registrierten aufmerksam die Zusammenarbeit des STERN mit dem Geheimdienst der DDR in Ost-Berlin te bat Heidemann, einen Augenblick zu warten. Fünf Minuten später kam ein Oberleutnant in olivfarbener Uniform. Heidemann sollte ihm eine Telephonnummer geben, damit er seine Angaben überprüfen könnte. Der STERN-Reporter wurde mürrisch: »Wenn Sie unbedingt telefonieren wollen, dann rufen Sie das Vorzimmer von General Wolf an.« Die Nummer werde er wohl kennen, setzte Heidemann hinzu. Wieder wurde er allein gelassen, diesmal für 15 Minuten. Als der Offizier zurückgekehrt war, sagte er, daß er niemanden erreichen könne: »Wahrscheinlich sind die beim Essen.« Schließlich wurde ein Kompromiß geschlossen: Heidemann ließ seine Tasche in der Gepäckaufbewahrung deponieren, so daß kein Protokoll geschrieben werden mußte. Statt gefüllter Aktentasche nahm er eine Quittung mit in das Palast-Hotel, in dem er um 12.30 Uhr eintraf.(127)

Buchner saß im Café, diesmal trank er keinen Alkohol. Heidemann fluchte über die »Grenzschikanen«, Buchner entschuldigte sich für seine Kollegen, verantwortete die kleine Panne persönlich: »Da wir nicht genau wußten, wer von euch beiden kommt und wir nicht beide Namen dort angeben wollten, hatten wir nichts veranlaßt.« Heidemann solle sich inzwischen etwas zu trinken bestellen, er werde unterdessen den Koffer abholen lassen. Heidemann schlürfte Campari, dann stieg er in einen Stasi-Wartburg ein (Kennzeichen: I AD 7-49). Jetzt hörte keiner zu, jetzt konnte ungezwungen geplaudert werden:

Thomas Walde hatte Heidemann gebeten, von Buchner angekündigtes Material aus dem Mittleren Osten mitzubringen. »Was ist damit gemeint?« insistierte Heidemann. »Natürlich Afghanistan«, antwortete Buchner und fuhr fort: »Wir haben uns gedacht, daß ihr vielleicht etwas zum Jahrestag des Einmarsches bringen wollt. Und darum wollen wir euch das Material über die Canaris-Geheimdienstoperationen rechtzeitig zur Verfügung stellen.« Und was sei mit Börnersdorf? fragte Heidemann. Buchner: »Unser Großer (Markus Wolf) hat sich persönlich eingeschaltet, hat sich sehr dafür interessiert. Er hat Kollegen da unten angewiesen, nichts ohne mich zu unternehmen, daß heißt, alles ist mit mir abzustimmen. Ich bin in der Sache schon ein Stück weitergekommen.«(128)

Als Domizil suchte Buchner das Hotel Berlin aus. Die zwei betraten das Zimmer 34/14. Auf der rechten Zimmerseite stand eine braune Sitzgruppe, links davon zwei Betten hintereinander, vor dem Fenster ein kleiner Schreibtisch. Buchner packte seine Afghanistan-Papiere aus. Die 32 Seiten trugen den Titel: »Die deutschen Geheimdienst-Operationen in Afghanistan vor und während des Zweiten Weltkrieges.« Die Anlage enthielt zahlreiche NS-Aktenstücke. Während Heidemann las, scherzte Buchner über den BND, der 1975 auf »Generalstabsreisen« das Land besucht und dabei sogar die »Belastbarkeit der Straßen geprüft« habe. Bereits Mitte der fünfziger Jahre habe Gehlen dort Einflußagenten eingesetzt, zum Beispiel einen Friedrich Thömmes, getarnt als Siemens-Vertreter, der, nach dem letzten Stand des Stasi, als Wirtschafts- und Finanzberater in Erlangen bei Nürnberg sein Geld verdienen würde und zum Waffenhandel-Unternehmen Merex Verbindung hielt. Aha, dachte Heidemann, deshalb interessierte sich Walde für das vorgeblich interessante Thema. Buchner reichte Heidemann einige Kopien nach. Da war etwas von »Alabaster« zu lesen, ein »Zeitplan« über den ersten Sonderlehrgang für afghanische Polizeioffiziere beigefügt und, für Thomas Walde wohl der wichtigste Part, Tarn- und Klarnamen der Kabuler BND-Beauftragten mit Stand vom 28. April 1958. Vor allem einer fiel Heidemann sofort auf: der Name »Winterstein«. Er hatte bereits beim Spionagefall Goliath eine dominante Rolle gespielt.(129)

Buchner klopfte bei Heidemann vorsichtig an. Er wollte nun endlich die Mei-

Erste Hinweise auf die Tagebücher Adolf Hitlers erhielt das Bundeskanzleramt bereits im Juli 1981 *(Ausriß aus einem MAD-Brief): »Herzliche Grüße an Thomas Walde«*

wehrersatzamt Hamburg am 17.11.1980 die Einleitung der Sicherheitsüberprüfung Stufe II beantragt.
Durch die Angaben des W. in der "Erklärung zur Sicherheitsüberprüfung" ist dem ASBw bekanntgeworden, daß W. seit Erteilung des Sicherheitsbescheides Stufe I (E) vom 20.03.1980 (weitere) Reisen in den kommunistischen Machtbereich durchgeführt hat und dabei - in Verfolgung beruflicher Interessen - gezielt mit Angehörigen des MfS Verbindung aufgenommen hat; über diese Reisen hat W. das LfV Hamburg jeweils unterrichtet (Anlage 1).
In einer - nach Absprache mit dem LfV Hamburg - durchgeführten Befragung des W. zu diesen Reisen durch die MAD-Stelle 11 in Hamburg hat dieser angegeben, daß ihm anläßlich eines Aufenthaltes in Erfurt im Mai 1980 von einem Angehörigen des MfS telefonisch Material für den "Stern" angeboten worden sei.
Bei seinen daraufhin im Auftrag seines Arbeitgebers (und nach vorheriger Rücksprache mit dem LfV Hamburg) durchgeführten Reisen nach Ost-Berlin habe er Einsicht in die Unterlagen über die Befragungen der ehemaligen Sekretärin des MdB Marx (Frau Goliath) erhalten; diese hätten als Grundlage für entsprechende Veröffentlichungen im "Stern" gedient. Ferner sei ihm Zugang zu den Aufzeichnungen über die letzten Tage des "Führers" in Aussicht gestellt worden, an denen im Hinblick auf eine in Vorbereitung befindliche zeitgeschichtliche Dokumentation des "Stern" ein besonderes Interesse bestehe; wenn auf anderem Wege nicht an diese Aufzeichnungen zu gelangen sei, werde er die angebotene Hilfe des MfS in Anspruch nehmen.

nung des STERN-Reporters erfahren und fragte entsprechend bescheiden, ob eine Veröffentlichung noch vor Weihnachten möglich sei. Heidemann wunderte sich, daß Buchner über den STERN-Rhythmus nicht im Bilde war: »Das Weihnachtsheft ist längst fertiggestellt, nur noch einige aktuelle Seiten stehen zur Verfügung.« Anschließend wurde nochmals das Thema der spionierenden Sekretärinnen angesprochen, das Buchner nach wie vor sehr am Herzen lag. Heidemann gab ihm den Marschbefehl der STERN-Chefredaktion: die Geschichte werde, wenn überhaupt, von dem Korrespondenten in der DDR, Dieter Bub, der inzwischen Nick Barkow abgelöst hatte, vollendet. »Das haben wir uns schon gedacht«, log Buchner und erläuterte, daß sie Bub »in diesen Tagen darauf ansprechen« würden. Trotzdem wäre es sehr hilfreich, wenn Thomas Walde sich »ein bißchen um die Geschichte kümmert«, damit »sie einigermaßen objektiv ausfällt«. Händeringend bat Buchner, das so unauffällig wie möglich zu tun: Walde solle darauf achten, »daß sie objektiv ist und nicht negativ ausfällt«, wiederholte der verunsicherte Stasi-Beauftragte.[130] Hatte Buchner bei seinem Chef Markus Wolf etwa geprotzt? Hatte er ihm vielleicht erzählt, daß er Walde voll im Griff hätte? Walde alles für ihn tun würde?

Heidemann informierte Buchner, daß bei der derzeitigen politischen Lage (sowjetischer Einmarsch in Polen ja oder nein) im STERN eigentlich niemand Sprengsätze aus der DDR bearbeiten wolle, vor allem nicht die sonst sehr aufgeschlossene Chefredaktion. Interesse bestünde im Moment nur an zeitgeschichtlichen Stoffen. Der Gesprächspartner zeigte Verständnis: Heidemann möge einen Brief an das DDR-Außenministerium schreiben und seine Wünsche »bezüglich des Materials aus dem Potsdamer Archiv vorbringen«, er würde umgehend dafür sorgen, daß eine Genehmigung prompt erteilt werde. Heidemann ging in Deckung: »Ich will wegen meiner Kontakte zu dir keine Schwierigkeiten mit unseren Behörden haben. Ich habe selbst mit Thomas noch nicht abgesprochen, was wir denen (vom Landesamt für Verfassungsschutz) erzählen sollen, falls die uns auf die Verbindung zu dir ansprechen sollten.« Daß Heidemann und Walde vor dem Verfassungsschutz über ihre Ost-Reisen auspackten, war Buchner noch nicht zu Ohren gekommen. Heidemann später: »Das war gut zu wissen.«(131)

Buchner unterbreitete daraufhin einen Gegenvorschlag: »Sag doch einfach, das Material hätte euch ein Mann namens 'Meier' in einem Lokal Unter den Linden zugesteckt. Und wenn sie nach einer Beschreibung fragen, beschreib ihn so, wie du willst.« Trocken lehnte Heidemann ab: »Ich kenne kein Lokal Unter den Linden.« Buchner blieb hartnäckig: »Dann sage, ihr hättet euch im Restaurant des Palast-Hotels mit diesem Herrn 'Meier' getroffen. Vielleicht sollten wir das einmal genau mit Thomas (Walde) absprechen.« Heidemann schüttelte den Kopf. Buchner stand auf, ging zum Fenster und präsentierte eine weitere Fassung: »Dort hinten siehst du das Außenministerium. Sag einfach, der Mann, mit dem ihr gesprochen habt, sei in Richtung Außenministerium weggegangen und hätte auf eure Frage, woher er denn käme, ob er vielleicht von der Staatssicherheit sei, geantwortet: 'Bitte, meine Herren, stellen Sie nicht solche Fragen. Ich bin vom Außenministerium der DDR'.« Auch dieses Angebot fand Heidemann ausgesprochen albern: »Ich will doch kein Schlapphut werden.«(132)

Buchner spielte mit Heidemann Schach. Dieses Freizeit-Utensil trug der STERN-Reporter — wie seine Zahnbürste — immer mit sich. Oberst Buchner zog, so ganz nebenbei, weitere Dokumente aus seinem schwarzledernen Aktenkoffer. Jetzt lagen Geschäftsunterlagen der Firma Merex vor Heidemann. Es folgte ein alter Hut, ein Exposé zum Fall Vera Brühne, aus dem hervorging, daß Dr. Praun in Waffengeschäfte verwickelt gewesen war und die Verbindung zu dem Strauß-Adjutanten Repenning nochmals beschrieben wurde. Dann reichte Heidemann Buchner ein Kuvert von Walde. Buchner öffnete es und fischte einen Fragenkatalog über van Nouhuys heraus. Buchner: »Ich habe jetzt nichts zum Fall 'Nante' mit. Du kannst Thomas bestellen, daß er im Januar einige Sachen bekommt.«(133) Verzweifelt suchte der STERN nach wie vor nach gerichtsfähigen Beweisstücken, denn prozessual sah es für die Nannen-Illustrierte nicht besonders gut aus. Walde, im STERN federführend mit dem Nouhuys-Fall beschäftigt, setzte darum auf den Einfallsreichtum der DDR-Staatssicherheit — fast fünf Jahre nach der Veröffentlichung war der STERN immer noch auf den Geheimdienst der DDR angewiesen.(134)

Nach wie vor aber beschäftigte Heidemann Börnersdorf, er mußte und wollte in Erfahrung bringen, was die Bauern über die abgestürzte Maschine aussagen konnten. Buchner schlug vor, daß Heidemann es auf seine »Art versuchen (könne), ich glaube jetzt auch, daß du mehr Erfolg als wir haben wirst«. Im Falle des Triumphs, so demonstrierte Buchner bierernst, seien die »Original-Tagebücher« der DDR auszuhändigen, seien »uns baldmöglichst Kopien« zur Verfügung zu stellen. Um 18.30 Uhr brach Heidemann auf, seine PanAm-Maschine flog zwei Stunden später. In der Clara-Zetkin-Straße setzte Buchner Heidemann ab — mit herzlichen Grüßen an Thomas Walde.(135)

»DIE ÜBERNAHME IN DEN BND WIRD ABGELEHNT« oder: Thomas Max Walde besucht Tante Charlotte

Als 23jähriger trat er der Jungen Union und der CDU bei. Doch bereits nach elf Monaten trennte er sich, überraschend, von der Partei. Noch wußte er nicht, was er genau wollte. Mit 26 Jahren gehörte er, laut bundesdeutschen Geheimdiensten, dem Sozialistischen Hochschulbund und der SPD an, an den konservativen Verband der Journalisten in Niedersachsen führte er ab, zahlte aber auch Beiträge an die gewerkschaftsorientierte Deutsche Journalisten-Union. Immer noch war er auf der Suche nach einem Ziel. Mit 21 Jahren erhielt er, nach dem Abitur, einen Volontärsvertrag von der ALLGEMEINEN ZEITUNG DER LÜNEBURGER HEIDE in Uelzen. Bereits nach 18 Monaten avancierte er zum Jungredakteur. Fünf Wochen hospitierte er im Regionalfernsehen des NDR, half zwei Monate im Bonner Bundespresseamt aus (Referat: DDR-Presse) — ein Mann sehnte sich nach beruflicher Anerkennung: Thomas Walde, geboren in Hirschberg im Riesengebirge, dessen sechs Jahre älterer Bruder Dietrich inzwischen Karriere als Zollbeamter in Hamburg gemacht hatte, soll noch als 19jähriger in der Schülerzeitung seines Uelzener Gymnasiums (DIAGONAL) zu »antiautoritärem Verhalten gegenüber Eltern und Lehrern« aufgefordert haben. Jetzt wollte er ein seriöser Journalist werden. Oder aber ein mit allen Wassern gewaschener Geheimdienstler?[136] Noch träumte Thomas Walde, saß ohnehin in einer Bundeswehrkaserne in Münster fest.

Dort salutierte Walde, bis zum September 1962, anderthalb Jahre lang. Die militärischen Zeugnisse sprachen für ihn, die Bundeswehr hätte ihn gern behalten; Walde war jetzt Nachrichten- und Sicherheitsoffizier. Doch Walde mochte sich lediglich für Reserveübungen zur Verfügung halten. Im Oktober 1964 wurde er zu seiner ersten Wehrübung einberufen, ein Jahr darauf bereits zur zweiten und dritten. Jetzt war Thomas Walde Leutnant der Reserve und stolz auf diesen Rang. Im Sommer 1965 lernte er im »Arbeitskreis für Landesverteidigung«, zu dem er abkommandiert war, einen Feldwebel kennen, der Beziehungen zum Bundesnachrichtendienst unterhielt. Mit dem soll sich Walde detailliert über den BND unterhalten haben. Über den stellvertretenden Divisionskommandeur der 3. Luftwaffendivision in Münster, der an Walde möglicherweise einen Narren gefressen hatte, soll er Signale an die Zentrale des BND nach München-Pullach geschickt haben. Die dortigen Sachbearbeiter legten routinemäßig einen Akt an. Auf dem stand: »Selbstbewerbung.« Doch Walde dementierte: »Der BND hat mich im Rahmen einer Werbeaktion ... um spätere hauptamtliche Mitarbeit gebeten.«[137]

Am 24. Januar 1966 nahm der BND Kontakt zu Walde auf, der in diesem Augenblick sein drittes Semester Politologie an der Hamburger Universität absolvierte. Hatte der sich in Wahrheit an Thomas Walde gewandt? Walde erteilte Selbstauskunft: Ein Onkel namens Helmut Walde lebe in Leipzig, 1964 habe er sich im April für drei Tage in West-Berlin aufgehalten (BND-Kommentar: »Angeblich zum Besuch von Bekannten und Erkunden von Studienmöglichkeiten«), bestaunte Pfingsten das Deutschlandtreffen der FDJ im Ostteil der Stadt (MAD-Erkenntnis: »1-stündige Grenzkontrolle bei der Rückkehr, da unentwickelte Filme und 1 Lichtbild in Fähnrichuniform der Bundeswehr gefunden wurden«) und im übrigen habe er, in Uelzen (Walde wohnte in Rätzlingen), Flüchtlinge aus der DDR betreut.

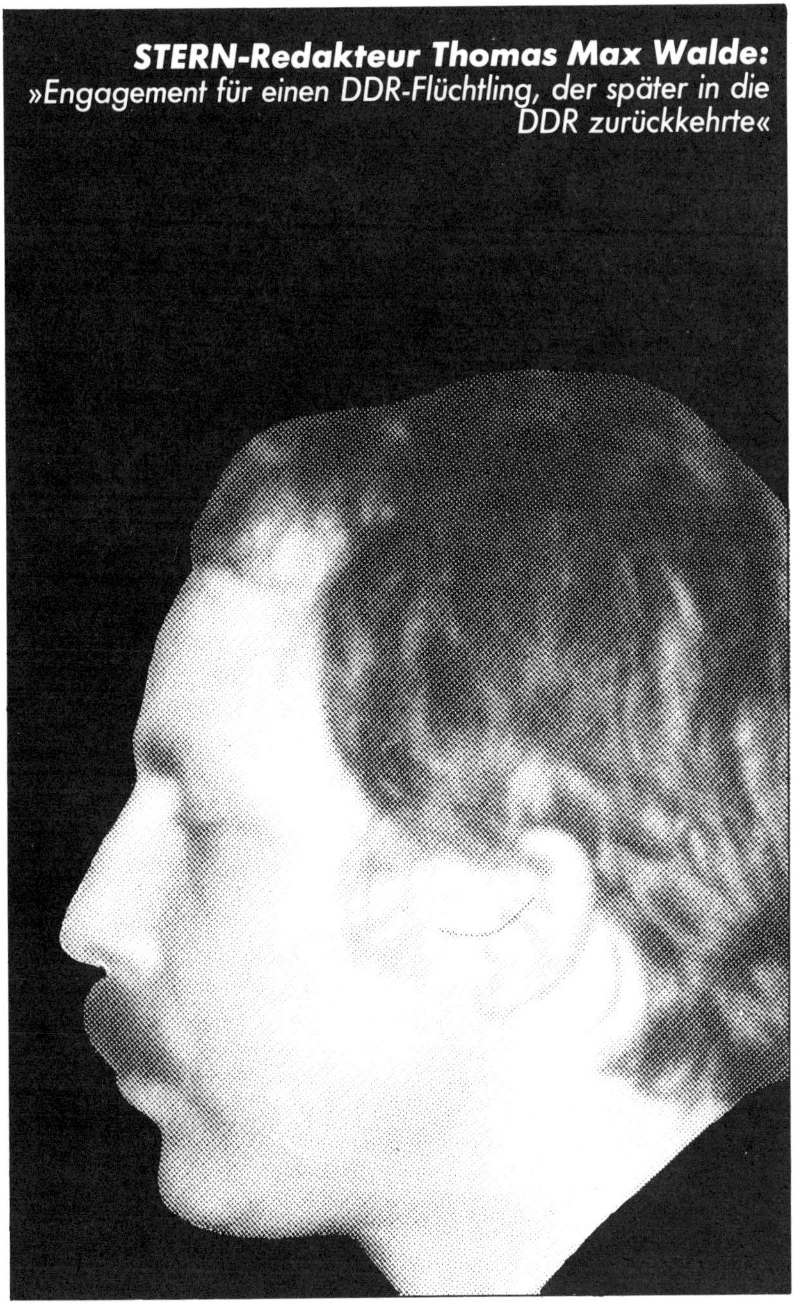

STERN-Redakteur Thomas Max Walde:
»Engagement für einen DDR-Flüchtling, der später in die DDR zurückkehrte«

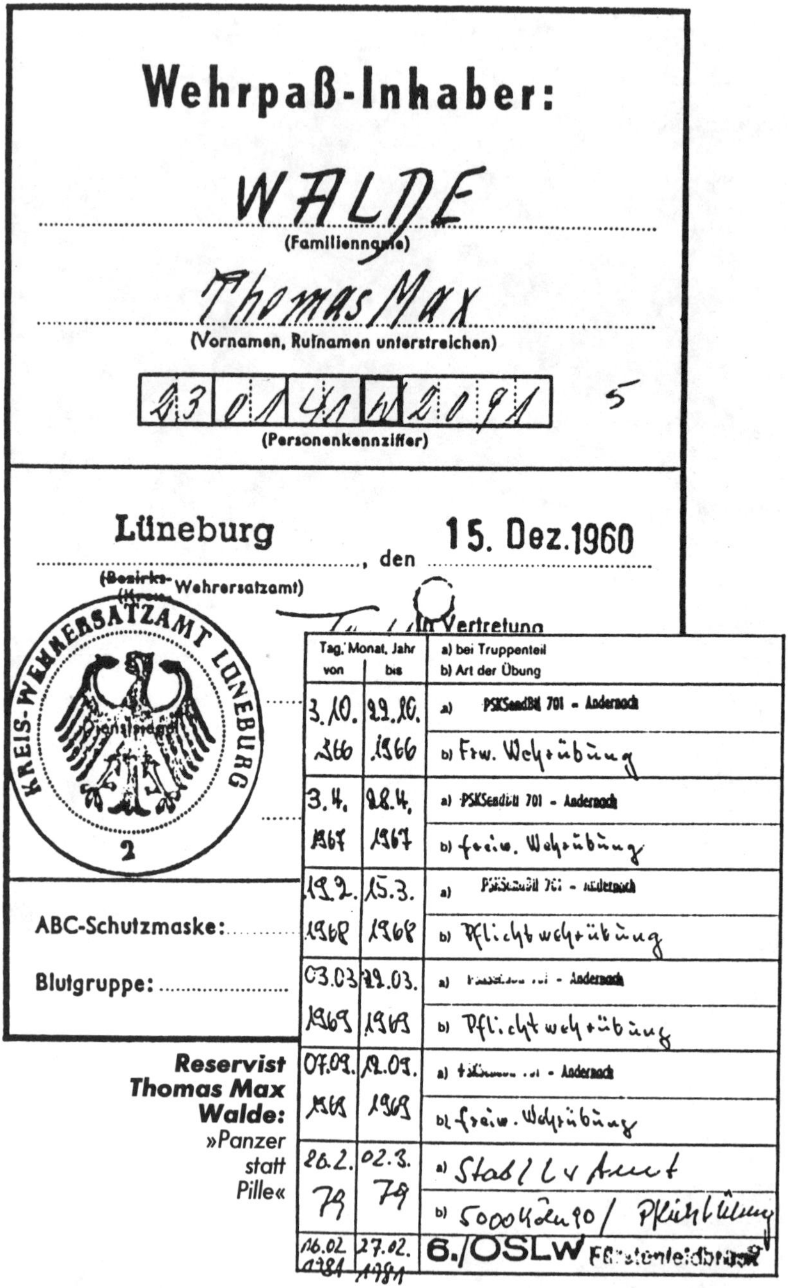

Wehrpaß-Inhaber:

WALDE
(Familienname)

Thomas Max
(Vornamen, Rufnamen unterstreichen)

2	3	0	1	4	1	W	2	0	9	1

5

(Personenkennziffer)

Lüneburg, den 15. Dez. 1960
(Bezirks- / Kreis- Wehrersatzamt)

In Vertretung

KREIS-WEHRERSATZAMT LÜNEBURG
Dienstsiegel
2

ABC-Schutzmaske: ....

Blutgruppe: ....

Tag, Monat, Jahr von	bis	a) bei Truppenteil b) Art der Übung
3.10. 1966	29.10. 1966	a) PSKSendBtl 701 – Andernach b) Frw. Wehrübung
3.4. 1967	28.4. 1967	a) PSKSendBtl 701 – Andernach b) freiw. Wehrübung
19.2. 1968	15.3. 1968	a) PSKSendBtl 701 – Andernach b) Pflichtwehrübung
03.03 1969	29.03. 1969	a) PSKSendBtl 701 – Andernach b) Pflichtwehrübung
07.09. 1969	12.09. 1969	a) PSKSendBtl 701 – Andernach b) freiw. Wehrübung
26.2. 79	02.3. 79	a) Stab / Lw Amt b) 5000 Köln 90 / Pflichtübung
16.02 1981	27.02. 1981	6./OSLW Fürstenfeldbruck

Reservist Thomas Max Walde:
»Panzer statt Pille«

Dem BND schien das nicht ganz geheuer. Der Dienst, wurde Walde beschieden, werde sich wieder bei ihm melden.(138)

Im Oktober 1966 leistete Walde seine vierte Reservistenübung beim Rundfunk-Bataillon Andernach der Psychologischen Kampfführung ab, nun Hauptmann d.R. Gleichzeitig schrieb er für die Uelzener Jugendzeitung TRAMP einen Artikel (»Panzer statt Pille«), den bundesdeutsche Geheimdienste folgendermaßen in Erinnerung behielten: Walde habe »sich in destruktiver Form gegen die Information von Schülern durch und über die Bundeswehr« gewandt, weil daraus »platter, vulgärer und schon krimineller Antikommunismus« entstehe.(139) In Pullach fragten Walde-verunsicherte Beamte, warum Walde mit seiner nicht staatskonformen Meinung ausgerechnet in der geheimsten Dienststelle der Republik beschäftigt werden wollte, wenn er es denn war, der mit den Geheimen ins Geschäft kommen wollte. Jetzt wurde der BND neugierig, zudem irritierten Waldes Reisen in die DDR.

Im September 1966 hielt Walde sich zwei Wochen lang bei seinem Onkel Helmut und dessen Frau Olly in Leipzig auf. Er besuchte die Herbstmesse, schloß sich einem Betriebsausflug einer Kusine seiner zukünftigen Frau an, die in einem mechanischen Betrieb arbeitete, von ihrem Mann geschieden war und sich seitdem mit einem anderen in einer eheähnlichen Gemeinschaft um ihre zwei Kinder aus der ersten Ehe kümmerte. Walde fuhr auch nach Weimar, Jena und Buchenwald. In Leipzig lernte er einen Mann namens Helmut Warmbier kennen, der sich ihm, laut Walde, als Dozent für Marxismus an der Karl-Marx-Universität in Leipzig vorstellte.(140) In Wirklichkeit war Warmbier aber etwas ganz anderes: Lehrbeauftragter für wissenschaftlichen Sozialismus an der Fakultät für Journalismus.(141) Warmbier kam unangemeldet in Onkel Waldes Wohnung, wies sich als »Kontakter für Westbesucher« aus. Den Auftrag, Verbindung zu Walde aufzunehmen, hatte ihm die Nationale Front erteilt, die mit Sicherheit nicht eigenmächtig gehandelt hatte.(142) Dem 25jährigen Walde dünkte keine Gefahr, an einen Auftrag des Ministeriums für Staatssicherheit dachte er nicht.

Reserveoffizier Walde, dreizehn Jahre später im Zuge einer Sicherheitsprüfung darauf angesprochen, sah in der Kontaktaufnahme keinen »nachrichtendienstlichen Hintergrund«, sondern das vorgeblich harmlose Gespräch beschränkte »sich auf den Austausch politischer Ansichten zu den Systemen in der DDR und in der Bundesrepublik«. Warmbier und Walde hatten sich nicht mißverstanden, denn immerhin blieben sie auf Tuchfühlung. Zwei Jahre lang wurde ein reger Briefwechsel praktiziert (Walde: Warmbier lernte »ich etwa 1965 anläßlich meines ersten privaten Aufenthaltes in der DDR in Leipzig« kennen). Die angeblich banale Post stellte Walde bundesdeutschen Behörden zur Verfügung und wunderte sich doch später tatsächlich, »daß diese Unterlagen seinerzeit vom (für ihn zuständigen) MAD nicht abgefordert wurden«, habe doch der MAD angeblich kolportiert, Warmbier hätte Walde im Auftrage des MfS angesprochen.(143)

Warum nahm der DDR-Bürger Warmbier Verbindung zu dem Bundeswehr-Reservisten Walde auf? Hatte er die Beziehung aus eigenem Antrieb hergestellt? Waldes Aufenthalt bei seinem Onkel war der Leipziger MfS-Bezirksverwaltung nicht nur bekannt gewesen, sondern Waldes Ankunft wurde üblicherweise mit einem dicken Ausrufezeichen versehen. Solche Kaliber, wie ein Bundeswehr-Reservist, reisten nur selten in den deutschen Arbeiter- und Bauernstaat.

Als Rudolf Bahro im August 1977 verhaftet worden war, geriet auch Warmbier für elf Monate in Untersuchungshaft, weil Warmbier zu Bahro nicht näher definierte Kontakte unterhielt. Walde: Durch diese Entwicklung sei erwiesen, daß

STERN-Journalist Thomas Max Walde *(in seinem STERN-Büro): »Meine Hände lege ich für sie nicht ins Feuer«*

Warmbier kein Mann der DDR-Staatssicherheit gewesen sein konnte. Genau allerdings wußte es Walde nicht, er bezog sich lediglich auf einen WELT-Artikel vom 27. September 1977.(144)

Im August 1967 urlaubte Walde mit seiner damaligen Verlobten Regine Geyer in Ungarn. Dort lernte er Sandor und Erzsébet (Elisabeth) Babochay kennen, die »eine hochintelligente, gewitzte, aber auch raffinierte Frau (gewesen sei), die eine gewisse Ausstrahlungskraft« gehabt habe und, so Walde nicht uneitel, »der es offensichtlich auf eine gewisse persönliche Beziehung angekommen« sei. Vor fünf Jahren habe die Dame geheiratet, verriet Walde am 10. Dezember 1979, sie inzwischen zwei Kinder zur Welt gebracht. Keinesfalls sei sie eine überzeugte Kommunistin gewesen, vielmehr »dem katholischen Glauben sehr verbunden und besucht regelmäßig die Kirche«. Im übrigen, so enthüllte Walde dem eifrig mitschreibenden Beamten des Verfassungsschutzes, Werner, der Walde mit Hilfe einer Selbstbefragung sicherheitsüberprüfte (Walde: »...auf meinen Wunsch hin«), hätte »sie viele Bekannte, die bei westlichen Botschaften tätig sind«.(145) Ein nachrichtendienstlich nicht unerheblicher Hinweis.

Elisabeth Babochay, genannt Kiki, und Jugendfreundin von Waldes Ehefrau, hatte ihn 1974/75 noch einmal wiedergesehen — an der holländischen Grenze. Den absonderlichen Treffpunkt begründete Walde kindisch: Seine alte Freundin habe als »Ökonomin bei einer ungarischen Vertretung in Den Haag« gearbeitet, darum sei eine Einreise in die Bundesrepublik aus Sicherheitsgründen nicht in Frage gekommen. Zwar erklärte Walde nicht, warum er nicht nach Holland reiste, aber auch Hamburger Verfassungsschützer fragten, unerklärlich bis heute, nicht nach. Eine nachrichtendienstliche Tätigkeit von Elisabeth Babochay hielt Walde »für höchst unwahrscheinlich«, obwohl: »Meine Hand lege ich für sie nicht ins Feuer.«(146) War das der Grund, warum Walde ins Fadenkreuz westlicher Geheimdienste geriet? Das sowjetische KGB und die DDR-Staatssicherheit kannten Thomas Walde längst.

Am 15. Oktober 1965 bewarb sich Walde, laut BND, offiziell um eine Anstellung beim BND, was Walde hartnäckig dementiert. Drei Monate später nahmen BND-Beauftragte mit dem angeblichen Geheimdienst-Aspiranten das erste Mal Kontakt auf. Walde wurde abgeklopft. Am 1. Dezember 1966 war der BND endlich weitergekommen, hatte er sich ein Bild von Walde gemacht. Wer für den Auslandsnachrichtendienst der Bundesrepublik Deutschland tätig werden wolle, soll Walde erfahren haben, müsse den kommunistischen Machtbereich meiden. Für den BND, so will der Bundesnachrichtendienst Walde verstanden haben, würde er sofort den Kontakt zu seinem Leipziger Onkel abbrechen, freilich wolle er nun angeblich nicht mehr hauptberuflich, sondern vorgeblich nur nebenberuflich der Pullacher Zentrale dienen.(147) Walde dementiert auch diesen Vorgang ausgesprochen laut. Am 17. Februar 1967 kam es zu einer dritten Zusammenkunft. Walde hatte es inzwischen zu etwas gebracht.

Eigentlich, plauderte Walde vertrauensvoll aus, tendierte er nach dem Abitur zur Kriminalistik. Wegen der geringeren Aufstiegsmöglichkeiten habe er aber davon schließlich Abstand genommen. Dann sei er auf den Journalismus gestoßen (BND: »Sie gehörte zu den starken Nebeninteressen des Walde«), Wehrdienst und Berufsoffizierslaufbahn seien eine Zeitlang für seine Zukunftsplanung nicht ohne Bedeutung gewesen, die er aber zugunsten des Studiums der politischen Wissenschaften aufgegeben habe (BND: »Das Studiummotiv war nicht klar«). In Hamburg wolle Walde wohnen bleiben, da er in der Nähe seiner Mutter bleiben wollte, die in Pinneberg lebte, auch wären auf der Uni inzwischen Freundschaften geschlossen worden. München, wo der BND residierte, sei nunmehr nicht mehr nach seinem Geschmack.

Einfühlsam soll es dem BND-Beauftragten gelungen sein, bis in Waldes Innerstes vorzudringen. Für den BND war Walde demnach kein Kandidat mehr: »Angeblich war Neugier sowohl Triebfeder zum Journalismus als auch für die Knüpfung näherer Beziehungen zum BND. Walde wurde als ein Suchender beschrieben, der alles möchte, ohne sich festzulegen. Dies gelte auch für die überzogene Studiendauer. Der durchgehende Zug des Unfestgelegten wurde als wichtigste Konstante in der Persönlichkeitsstruktur des Walde festgestellt.« Nach dieser internen BND-Diagnose soll es zum vernichtenden Ablehnungsbescheid gekommen sein. Am 22. Februar 1967 entschieden die Pullacher: »Auf Grund einer negativen Sicherheitsstellungnahme wird die Übernahme des Thomas Walde in den BND (auch) als hauptberuflicher Mitarbeiter abgelehnt.« Von einem Sicherheitsrisiko freilich wollte Walde nichts gehört haben: »Wegen verwandtschaftlicher Kontakte zu einem Onkel in Leipzig wurde ich vom BND als ungeeignet beurteilt.« Und/oder: »Nach Auskunft des ehemaligen BND-Vizepräsidenten Dieter Blötz scheiterte die Bewerbung aber nicht an diesem Umstand, sondern an meiner SPD-Mitgliedschaft.« In der Tat schienen die Gründe nicht ohne Gewicht: Die Ansprache durch den SED-Funktionär Helmut Warmbier und die niemals geklärte Bekanntschaft mit dem »mutmaßlichen MfS-Agenten« Knudsen, der Walde in Uelzen über den Weg lief, als er noch volontierte. Als Knudsen der Boden unter den Füßen zu heiß wurde, verschwand er in die DDR, von dort war er einige Jahre zuvor in die Bundesrepublik »geflohen«. (Walde: »Engagement... für einen DDR-Flüchtling, der später in die DDR zurückkehrt«).(148) Doch von dem negativen BND-Urteil ahnte Walde zu diesem Zeitpunkt noch nichts.

Am 20. Mai 1967 soll er an seine Bewerbung erinnert und informiert haben, daß er nunmehr in die SPD eingetreten sei und sich der Leipziger Professor Warmbier bei ihm brieflich gemeldet habe. Walde schlug vor, die Post zu beantworten. Im Sommer 1967 saß Walde im Bundespresseamt und wertete die Zeitungen der DDR aus. Was er wohl nicht wußte: der BND will ihn beobachtet haben. Auch diese Prüfung, die wohl einer Observation gleichkam, ließ Pullach nicht anderen Sinnes werden. Am 30. August, Waldes letztem Arbeitstag im Bundespresseamt, erhielt er, laut Geheimdienst-Auskunft, offiziellen Bescheid: Er gelte als Sicherheitsrisiko und käme nun wegen seiner »Verbindung zum SED-Funktionär Warmbier« nicht als »haupt- oder nebenberuflicher Mitarbeiter des BND« in Frage. Das Aus soll Walde tief getroffen haben. Der BND-Beauftragte erinnerte sich: »Walde war über die Ablehnung... sichtbar enttäuscht.«(149) Sollte der BND die Zurückweisung eines Tages bereuen? Hatte Walde die Revanche schon im Kopf? Wie sonst ist es zu erklären, daß er einem Umgang mit dem DDR-Ministerium für Staatssicherheit keinen Widerstand entgegenbringen würde. Suchte Walde, wenngleich mit Verspätung, nun sein Ventil an anderer Stelle?

Zunächst wurde er Pressereferent des Allgemeinen Studentenausschusses der Hamburger Uni, redigierte die ASTA-INFO, reihte sich in Rudi Dutschkes Demonstrationen ein, bei denen ihn Freundin Regine Geyer begeistert begleitete (Walde: »Meine Teilnahme an Anti-Vietnam- und -Notstandsgesetz-Demonstrationen«). Dann aber bekam er es wieder mit dem Bundesnachrichtendienst zu tun. Walde wurde diesmal Pullach empfohlen.

Thomas Walde diente während einer Reserveübung 1968 in dem von der Psychologischen Kampfführung etablierten »Arbeitskreis für Landesverteidigung« in Bad Godesberg. Dort trieb sich auch der Hauptmann der Reserve Dieter

Freizeitler Thomas Max Walde: *»Die Bewerbung scheiterte an meiner SPD-Mitgliedschaft«*

Buchautor Thomas Max Walde: *Er »war offensichtlich über die Recherchen der SPIEGEL-Redakteure unterrichtet«*

Joachim Haase herum, der zwei Jahre später als Agent der DDR verhaftet wurde (Walde: Dieser habe ihn »angerufen und um Hilfe gebeten«). Diesen »Arbeitskreis« kontrollierte ein, wie der BND nicht ohne Stolz festhielt, »nebenamtlicher Mitarbeiter« aus Pullach. Der nun schlug dem BND Walde zur »Verwendung als Tipgeber für ein Schweigenetz« vor. Da mag die BND-Personalabteilung geschmunzelt haben, wurde die Akte »Walde, Thomas« vervollständigt. In dem inzwischen zum Dossier ausgeuferten Walde-Papier stand aber auch noch etwas anderes: Walde wollte seinen Doktor machen, mit der ungewöhnlichen Arbeit »Geheime Nachrichtendienste« promovieren. Die Bescheinigung des Hamburger Professors Winfried Steffani, am 21. November 1968 ausgestellt, in der gebeten wurde, Walde bei der Materialbeschaffung behilflich zu sein, lag in Pullach längst vor.(150) So beflissen mochte der BND Walde bei seinem Unternehmen aber nicht unterstützen. Verfassungsschutz und MAD hatten keine Bedenken. Erst Martin Hirsch, im Vorstand der SPD-Bundestagsfraktion eine gewichtige Persönlichkeit, verschaffte Walde den Durchbruch (Walde ungewöhnlich offen: er habe korrespondiert »mit dem damaligen Kanzleramtsminister Prof. Dr. Horst Ehmke, dem Bundestagsabgeordneten ... Martin Hirsch sowie ... Dr. Claus Arndt«).

Unter Berufung »auf die Herren Jens Litten und (Helmut) Bärwald«, so hatte der BND zu vernehmen, bat Hirsch, Walde Zugang zu offiziellem Material der Nachrichtendienste für dessen Diplomarbeit zu ermöglichen. Zur selben Zeit war ein geheimnisvolles Mammut-Unternehmen angelaufen, das ausgerechnet der SPIEGEL in Angriff genommen hatte: Das Nachrichtenmagazin plante eine Serie über den BND. Zwangsläufig machte sich in den geheimen Kreisen Unruhe breit. Hirsch diktierte seiner Sekretärin unbekümmert, daß er gehört habe, daß der SPIEGEL-Redakteur Hermann Zolling aus BND-Kreisen »aufgeschlossene Hilfe und Material« erhalten würde. Das stimmte nur zum Teil: Offiziell wurde Zolling in Pullach mit wertlosen »Dokumenten« bedient, die peinlichen BND-Interna wurden ihm über einen Münchner Journalisten zugespielt, der von einem leitenden, aber frustrierten BND-Chargen Enthüllungsstoff angeboten bekam, das der Zeitungsmann aber nicht verwerten wollte. Zolling war da der bessere Partner. Entsetzt hielt der BND fest: »Walde war offensichtlich über die Recherchen der SPIEGEL-Redakteure unterrichtet und hat sich zur Unterstützung seiner Absichten auf sie berufen.«(151) Was sollte Pullach nur tun? Die Bitte des politisch einflußreichen Hirsch ignorieren?

Ein schlauer BND-Mann kam auf die Idee, sich der Unterstützung einer anderen Dienststelle zu versichern, die Entscheidung dem Amt für Sicherheit der Bundeswehr und dem Verfassungsschutz zu überlassen. Zwar war dem BND das Sicherheitsrisiko Walde bekannt, nur preisgeben wollte er dieses Wissen den Kollegen von der »Konkurrenz« nicht. Die heimliche Hoffnung aber sollte sich nicht erfüllen: Am 30. Juni 1969 teilte die Bundeswehr dem BND mit, daß Walde am 19. November 1962 der Sicherheitsbescheid römisch eins erteilt worden sei, römisch zwei am 24. Juni 1966. Nachteilige Erkenntnisse, so lasen die Pullacher enttäuscht, »liegen nicht vor«. Was nun? Sollte jetzt vor Walde gewarnt werden? Der BND spielte auf Zeit. Walde erhielt ein offizielles Schreiben, er möge doch gelegentlich seine Wünsche spezifizieren.(152) Inzwischen hatte sich sogar auch das Bundesamt für Verfassungsschutz gemeldet: »Keine nachteiligen Erkenntnisse.« Nach einem Gespräch werde Walde dem Kölner Amt eine »Disposition« vorlegen. Daß Walde zwischenzeitlich mit dem nicht existierenden Spionage-Kenner, Walde nennt ihn einen »Fachpublizisten«, Julius Mader in Ost-Berlin eine Verbindung hergestellt hatte, störte die Spionage-Abwehr nicht.(153)

Albrecht Charisius / Julius Mader

NICHT LÄNGER GEHEIM

Entwicklung, System und Arbeitsweise des imperialistischen deutschen Geheimdienstes

Deutscher Militärverlag · Berlin 1969

DDR-Geheimdienst-Werk: *»Ich habe erkannt, daß Mader etwas von mir wollte«*

Am 27. Juli 1969 erhielt der BND von Walde einen Zwischenbescheid: Sobald wie möglich werde er das Exposé nachreichen. Dann flog Walde mit seiner Braut Regine nach West-Berlin. Wollte er den unsichtbaren Julius Mader besuchen, der ein vom Ministerium für Staatssicherheit geschaffenes Phantom war und es auch bleiben wird? Den ersten Hinweis auf Mader will Walde »im Rahmen (seiner) Recherchen bei einer Bibliothek in Süddeutschland« gefunden haben. Die Bekanntschaft schien ihm wichtig, wollte er seine Diplomarbeit doch nach allen Seiten »ausleuchten«. Prompt schrieb er Mader einen Brief. In der Zentrale des DDR-Geheimdienstes, in der Ost-Berliner Normannenstraße, landete Waldes Hilfeersuchen auf einem Schreibtisch. Die Antwort darauf war nicht ohne Sinn: Walde erhielt kein Informationsmaterial, sondern der unsichtbare Mader wies lediglich auf »Fundstellen« (Walde) hin.(154)

Anfang 1970 riß der Kontakt plötzlich ab. Der vorerst letzte Mader-Gruß war ein »Vordruck«, wie Walde das nannte, »der sich mit der sog. 'gelben Liste' über Angehörige des CIA befaßte«. Waldes Dissertation war längst beim Piper Verlag veröffentlicht worden, da tauchte der mysteriöse Mader plötzlich wieder auf: Unaufgefordert habe er Walde »verschiedene Veröffentlichungen von sich geschickt«, »teilweise an mich privat«, »teilweise über einen gewissen Hans-Clemens Oehmen«, einen 70jährigen Rentner aus Neunkirchen-Seelscheid, der einstmals dem West-Berliner »Informationsbüro West« gedient haben soll, der behauptete, in der DDR wegen Spionage im Gefängnis gesessen zu haben, weil er dem BND Berichte geliefert und überhaupt möglicherweise »auf beiden Schultern getragen« habe (Walde).(155)

Daß Mader ein Offizier des MfS gewesen sein soll, mochte Walde nicht so recht glauben. Der ließ sich nur hin und wieder vom DDR-Geheimdienst »vor den Karren« spannen. Mit größter Sorgfalt will Walde darum die Mader-Informationen, vor allem die seines Buches »Nicht länger geheim«, auf den Wahrheitsgehalt hin überprüft haben.(156) Das Detailwissen des vom MfS installierten Mader hinterließ auf Walde einen nachhaltigen Eindruck, weshalb er ihn in seiner Dissertation üppig zitierte. So wurde der Ost-Berliner Spionage-Kenner im Westen das erste Mal hoffähig gemacht. Warum aber interessierte sich Mader nach einer langen Pause wieder für Walde? Inzwischen war Walde, seit dem 1. Oktober 1971, STERN-Redakteur. »Im Rahmen meiner journalistischen Tätigkeit«, redete sich Walde 1979 tapfer ein, hielte er es für »absolut normal«, die Kommunikation nicht abreißen zu lassen.(157)

Am 24. Februar 1979 habe Mader ihm »unaufgefordert« etwas zugeschickt. Walde: »Als ich den letzten Absatz dieses Briefes gelesen habe, habe ich erkannt, daß Mader etwas von mir wollte.« Der Ost-Berliner STERN-Korrespondent besorgte Walde die Telephonnummer. Walde rief in Ost-Berlin an. Nach mehreren Versuchen habe er Mader an den Hörer bekommen. Für den 30. März wurde, im Presseklub der Ost-Berliner Friedrichstraße 101, ein Treffen vereinbart. Überraschend sandte Mader, per Telex, dann eine Absage.(158) Warum hielt sich Mader bedeckt?

Die herbeiorganisierte Telephonnummer war ein Anschluß der Staatssicherheit. Als Walde dort anrief, war der »Herr Doktor Mader« selbstverständlich nicht im Haus. Da es wohl bislang selten vorgekommen war, daß ein Interessierter aus dem Westen die Stasi-Fiktion persönlich sprechen wollte, mußte eilig eine Geisterstimme herbeigeschafft werden. Diese hatte den einfachen Auftrag, sich als »Mader« höflich für die Neugier zu bedanken und, ohne sich festzulegen, jede Handreichung zu versprechen. Eine spontane Absage hätte Walde vielleicht mißtrauisch werden lassen. Das Risiko, auch Walde zu der Überlegung zu provozieren, in Wahrheit existiere Julius Mader gar nicht, wollte beim Staatssicherheitsdienst niemand eingehen. Die Story hätte sofort im STERN gestanden. Über das Pseudonym Mader versuchte die DDR, mit Walde in Verbindung zu bleiben. Versuche des sowjetischen KGB, mit dem plötzlich tonangebenden STERN-Redakteur ins Geschäft zu kommen, seien, laut Walde, zuvor gescheitert. Abermals trieb es Walde in die DDR. Die wohlinformierten Russen hatten ihn längst erwartet. Aus Thomas Walde wollten sie einen sowjetischen Topagenten machen.

Walde, der mit seiner langjährigen Gefährtin Regine Geyer am 4. Dezember 1972 den Bund fürs Leben schloß, war seit diesem Augenblick nachrichtendienstlich nicht ungefährdet, denn fast die gesamte Verwandtschaft seiner Frau lebte in der DDR. Da habe er zum Beispiel bis zu deren Tod 1974 eine sehr herzliche Beziehung zur Tante seiner Gattin, Charlotte Geyer, unterhalten; eine Kusine empfand er als zuvorkommend und höflich, und auch ihr Mann, ein Tierarzt, sei eine gewinnende Persönlichkeit. Besonders gut verstehen würde er sich aber mit dem Sohn der Tante, Michael Geyer, Jahrgang 1943, in diese Vertrautheit würde er auch dessen Ehefrau Karin miteinbeziehen. Liebenswürdig seien die Kinder Robert, Regine und Christian. Sie würden in einem Haus in der Erfurter Straße Einheit 10 wohnen, das die Tante ihren Kindern hinterlassen habe, von dem — »unwesentlich entfernt« — »eine Dienststelle des MfS untergebracht sein soll« (Walde).(159)

Walde hatte zu Michael Geyer eine »sehr enge Verbindung«. Über ein mögliches »politisches Engagement dieser Verwandten« konnte er nur sagen, »daß Michael Funktionär der NDPD« sei. Walde: »Diese Zugehörigkeit ist jedoch nur ein Vorwand, um beruflichen Schwierigkeiten zu entgehen und um nicht in die SED eintreten zu müssen.«(160) In der Tat hat Michael Geyer in der DDR Karriere gemacht. Er ist eine anerkannte Kapazität, ordentlicher Professor an der Karl-Marx-Universität in Leipzig, Fachgebiet Psychotherapie.(161)

Geyer, mit dem Walde so nett plaudern konnte und kann, ist längst zum Ordentlichen Professor für Psychiatrie und Neurologie im Bereich Medizin der Leipziger Universität avanciert. Von 1961 bis 1962 absolvierte er einige Semester seines Medizinstudiums in Sofia, wo nur Bulgarisch und Russisch gesprochen wurde. 1971 wurde er Facharzt für Neurologie und Psychiatrie, fünf Jahre später Oberarzt. Er habilitierte sich 1978, wurde, bereits mit 39 Jahren, Vorsitzender der Arbeitsgruppe Psychotherapie sozialistischer Länder, somit waren ihm Auslandsreisen auch in den Westen gestattet. Geyer, seit seinem zwölften Lebensjahr Pferdenarr, engagierte sich wahrscheinlich nicht ohne Grund in der National-Demokratischen Partei Deutschlands, die in Mitteldeutschland mit der Absicht gegründet worden war, ehemaligen Nationalsozialisten in der sowjetischen Besatzungszone eine würdige Plattform zu gewähren. War der Vater des Michael Geyer etwa ein hoher NS-Funktionsträger?(162)

Im selben Jahr, 1967, in dem Michael Geyer seine Kollegin Karin, die er in der Erfurter Gesundheitsfürsorge (Abteilung Psychiatrie) kennen und lieben gelernt hatte, zur Frau nahm, trat er in die NDPD ein. Eine Parteimitgliedschaft war für Geyer ein bitteres Muß, da er ohne sie nicht im selben Jahr Assistenzarzt in der Erfurter Nervenklinik hätte werden können. Insofern konnte Walde gar richtig liegen, als er bundesdeutschen Geheimdienstlern preisgab, wie Michael Geyer das SED-Engagement umschifft hätte. 1979 zog Michael Geyer in das Erfurter Stadtparlament ein, 1984 in den Hauptausschuß der NDPD, der mit dem ehemaligen Zentralkomitee der DDR-Einheitspartei gleichzusetzen ist.

Walde-Vertrauter Michael Geyer: *Steile Karriere in der DDR gemacht*

Ziel Thomas Waldes in Erfurt *(Haus Geyers — vor der Wende — in unmittelbarer Nähe der Stasi-Kreisdienststelle): »Über zwischenmenschliche Verbindung die Genehmigung zur Einreise mit dem Auto erhalten«*

Als Helmut Warmbier 1966 unvermutet den DDR-Besucher Thomas Walde ansprach, wird sich der Staatssicherheitsdienst bei seinen Freunden informiert haben. Ähnliches hatte sich nun auch 1972, 1973 sowie 1980 abgespielt. Als Walde wieder einmal nach Erfurt reiste, waren die Russen dank ihrer mitteldeutschen Amtsgenossen bereits im Bilde. Eigentlich hätte Thomas Walde vorgewarnt sein müssen, denn der durfte — seinerzeit eine sensationelle Ausnahme — mit seinem Privatwagen die deutsch-deutsche Grenze passieren.

Walde gab denn auch zu, daß die Einreise mit seinem PKW »damals schwierig gewesen ist«, aber des Rätsels Lösung sei Tante Charlotte, nur durch ihre Beziehungen habe sie ihm diese Möglichkeit verschafft: In dem früheren Unternehmen ihres verstorbenen Mannes, das die Kommunisten verspätet enteignet hätten, habe einmal eine Frau gearbeitet, die inzwischen mit einem Volkspolizisten namens Horst Peinzger verheiratet sei. Peinzger war — zu diesem Zeitpunkt — Major und Leiter der Abteilung »Feuerwehr«. Angeblich richtete Frau Peinzger ihrem Mann einen schönen Gruß von ihrer ehemaligen Chefin aus. Walde: »Über diese zwischenmenschliche Verbindung (sei) die Einreise per Auto im Jahre 1971 genehmigt worden.« Doch Horst Peinzger, der 1979 zum Oberstleutnant aufrückte, hatte die zuständige MfS-Bezirksverwaltung Erfurt nicht ignoriert und stempelte nicht eigenmächtig die Tanten-genehmen Reisedokumente: Kein Vopo, selbst kein Generalsrang, konnte eigenmächtig Stasi-Zuständigkeiten umgehen. Vielmehr gebot die DDR-Bürokratie, und dies in einem eindeutigen Befehlston, genau das Gegenteil: Die Tante meldete, pflichtgemäß, die Ankunft Waldes dem örtlichen Polizeirevier. Dies wiederum informierte die kompetenten Stasi-Pedanten, die sich ungestraft von niemandem in ihre Sachverständigkeit hineinpfuschen ließen.(163) Ein niederer Beamter — warum hätte das gerade bei Walde anders sein sollen — wurde zur Geyer-Familie geschickt, bei der er sich die höheren Orts verlangten Auskünfte einholte. Als Thomas Walde am 29. Mai 1971 berufsmäßig mißtrauischen DDR-Grenzern seinen Paß überreichte, wird der dortige MfS-Beauftrage sofort zum Telephon gegriffen haben und den Kollegen in Erfurt, über den Anschluß 5550, die Ankunft des in Fragen der Nachrichtendienste bewanderten Westbürgers pflichtgemäß gemeldet haben. Der Erfurter MfS-Chef, der Generalleutnant Martin Weikert, hatte an diesem Tag sein triumphierendes Gehabe wohl nicht verborgen. Thomas Walde wurde vom lokalen MfS-Chef nicht eine Minute aus den Augen gelassen. Wie der BND ihn vor Jahren abgeklopft hatte, so machte es jetzt das MfS. Dieses Mal aber sollte er noch nicht darauf angesprochen werden, sondern erst ein Jahr später. Walde kam jetzt mit dem Zug nach Erfurt.

Thomas Walde zeigte sich, als er am 19. Mai 1972 vom Bahnhof abgeholt wurde, er reiste ohne Ehefrau, sie urlaubte in Ägypten, gutgelaunt. Tante Charlotte begrüßte den für die DDR nicht unwichtigen Gast: Er möge sich bitte am nächsten Morgen zu dem ihm bekannten Major Peinzger auf dessen Vopo-Dienststelle in der Schillerstraße 27 bemühen. Die Vopo residierte, wie Walde später betonte und dadurch jeden Verdacht auf geheimdienstliche Nebentätigkeit von sich wies, »nicht in dem ... Gebäude, in dem eine Dienststelle des MfS untergebracht sein soll«. Am nächsten Tag, Walde erschien pünktlich, eröffnete ihm der Brandspezialist »ohne Umschweife«, daß zwei Herren den Bundesbürger zu sprechen wünschten. Walde 1989: »Der (VOPO-)Beamte, der meine Anmeldung entgegennahm, bat mich nach diversen bürokratischen Schreib-, Kartei- und Stempelvorgängen zu einem Gespräch in das Nachbarzimmer seines Dienstraumes.« Walde zehn Jahre zuvor: »Meine Tante hat mir nach meiner Ankunft mitgeteilt, daß ich am

THOMAS MAX WALDE WILL ZUM BND

Selbstbewerbung beim BND über den Stellvertreter des Div. Kdr und Chef des Stabes der 3. Luftwaffendivision in Münster.

Brief des Walde an den Kontaktmann des BND für die Bewerbung

Auf Grund einer negativen Sicherheitsstellungnahme wurde die Übernahme des Walde in den BND als hauptberuflichen Mitarbeiter abgelehnt.

Walde wurde dem BND von einem nebenamtlichen Mitarbeiter zur Verwendung als Tipgeber für ein Schweigenetz vorgeschlagen. Ablehnung erfolgte am 26.6.1968 wegen der Si-Gründe, die schon zur Ablehnung als hauptberuflicher Mitarbeiter führten.

Der Kontaktmann des BND eröffnete Walde, daß er wegen der Verbindung zu SED-Funktionär Warmbier bei der Besuchsreise nach Leipzig 1966 als haupt- oder neben beruflicher Mitarbeiter des BND abgelehnt wurde.

Walde wurde darauf aufmerksam gemacht, daß Reisen in und durch den kommunistischen Machtbereich für MA des BND verboten sind.
Walde erklärte, wenn er sich zur Mitarbeit entschließe, wolle er auch die Beziehung zu seinem Onkel in Leipzig einschlafen lassen. Interesse an der Mitarbeit beim BND, wenn auch zunächst nur nebenberuflich, war noch vorhanden.

Walde war über die Ablehnung des BND sichtbar enttäuscht. Er fühlte sich an die gegebene Zusage, nicht mehr in die DDR zu reisen, nicht mehr gebunden.

Die Gründe für die Ablehnung waren:

- Ansprache durch SED-Funktionär WARMBIER beim Verwandtenbesuch in Leipzig im September 1966,

- Bekanntschaft mit dem mutmaßlichen MfS-Agenten KNUDSEN.

Ausrisse aus Papieren eines bundesdeutschen Geheimdienstes: ***»Negative Sicherheitsstellungnahme«*** *(Pfeil)* nächsten Tag gleich zur Volkspolizei gehen soll.« Nun wußte er, daß er auf Nachrichtendienstler stoßen würde. Der eine nannte sich »Gregor« (oder: »Michael«). Er war der Wortführer. Ein Russe.(164)

Der Mann des KGB stand im Nebenzimmer. Er war 40 bis 45 Jahre alt, zirka 1,80 Meter groß, hatte eine kräftige, durchtrainierte Figur, volles, krauses Haar, auffallend blaue Augen — »wodkahell«, wie Walde später scherzte: »Er sprach gutes Deutsch mit russischem Akzent.« Das Gespräch habe lediglich 15 Minuten gedauert, dann sei — angeblich »in ziemlich auffordernder Art« — ein Ortswechsel vorgeschlagen worden. Der Russe, so will Walde ihn verstanden haben, sei DDR-Beamten gegenüber ausgesprochen mißtrauisch gewesen.(165) Was er mit ihm, Walde, zu besprechen habe, vernahm der inzwischen durch seine Dissertation zum Kenner der Geheimdienste aufgestiegene Walde, ging keinen DDR-Bürger etwas an.

Als konspirativer Treffpunkt wurde der Parkplatz hinter dem »Zentrum«-Kaufhaus gewählt. Gregor fuhr mit einem sowjetischen Moskowitsch vor. Walde nahm Platz, Minuten später waren sie am Ziel. In der Straße Am Ring betraten sie ein Hochhaus. Gregor bat den Bundesbürger in ein Einzimmerappartement. Das sowjetische KGB versuchte es auf die freundliche Art: Da lagen belegte Brötchen auf einem Tablett, da wurde auch der traditionelle Wodka nicht vergessen, Wasser und Limonade standen zur Auswahl. Gregor schwärmte: in sowjetischen Fachkreisen gelte Waldes Dissertation über die Nachrichtendienste als hervorragend. Dann kam er zur Sache: Walde wüßte doch wohl noch wesentlich mehr, als er veröffentlicht habe. Im Zuge der Recherchen sei er zudem mit vielen Geheimdienstlern der Bundesrepublik zusammengetroffen, die er nicht nur beschreiben, sondern deren Funktion er zugleich entschleiern könnte. Gregor: »Sie haben einen interessanten Einblick in die Arbeitsweisen dieser Dienste gewonnen.« Das KGB forderte Thomas Walde auf, mit seinem Wissen herauszurücken.(166)

Walde gehörte seit sieben Monaten der STERN-Redaktion an, was ihn für das KGB noch attraktiver machte. Gregor vermutete nunmehr, daß diese Position »sicherlich auch noch ausbaufähig« sei. Er kam auf Waldes Bundeswehr-Karriere zu sprechen. Die Russen schienen über seine Reserveübungen bestens unterrichtet zu sein. Walde wehrte sich, Spion des sowjetischen KGB wollte er nun doch nicht werden. Die Strafbestimmungen der Bundesrepublik Deutschland, erklärte er, würden einen derartigen Nebenjob nicht zulassen. Er möge sich, entspannte Gregor die Situation, das alles noch einmal überlegen. Vielleicht würde er anderen Sinnes werden. Gregor erkundigte sich, wann Walde zu einem weiteren Besuch nach Erfurt kommen würde. Im kommenden Jahr, zur selben Zeit, antwortete Walde wider Erwarten wahrheitsgemäß. Der nachrichtendienstliche Anbahnungsversuch war nach zwei Stunden gescheitert.(167)

Walde wurde in der Nähe des Hauses seiner Gastgeberin abgesetzt. Dann informierte er Tante Charlotte. Walde hatte den Eindruck gehabt, daß seine »Tante gewußt hatte, worum es ging«. In die Bundesrepublik zurückgekehrt, meldete der STERN-Redakteur und Reserve-Offizier den Hamburger Verfassungsschützern den Vorfall, verständigte den MAD: »Ich möchte deutlich und unmißverständlich erklären, daß ich (den Russen) gesagt habe, daß ich mich auf eine nachrichtendienstliche Sache überhaupt nicht einzulassen gedenke, auch nicht um den Preis der künftigen Einreisen in die DDR.« Hatte das KGB, erkundigte sich ein Mitarbeiter eines bundesdeutschen Geheimdienstes vorsichtig, Geld geboten? Walde: Er könne einen Gedankenaustausch über diesen Punkt nicht bestätigen, aber »ein

THOMAS MAX WALDE INTERESSIERT SICH FÜR DEN OSTBLOCK

Bei dem Besuch erfolgte Ansprache durch zwei Russen. Sie wollten angeblich Informationen abschöpfen, die Walde bei den Recherchen zu seiner Diplomarbeit erhalten hatte. Walde ließ sich angeblich nicht darauf ein. (Hinweis BfV vom 12.3.1981)..

Einer der Russen vom Besuch am 19.5.1972 versuchte angeblich erneut von Walde Informationen zu erhalten. Walde hat angeblich seine Weigerung wiederholt (Hinweis BfV vom 12.3.1981

Walde hatte bei der Besuchsreise Treffen mit Buchner vom MfS am Pfingstsamstag 1980 in Weißenfels auf einer Parkbank.

Walde erhielt u.a. eine 28-seitige Liste über Gliederung und Dienstposteninhaber im BND.

Buchner vom MfS erzählte angeblich, daß Markus Wolf, Ltr. HVA, mit dem Sternartikel vom 19.7.1980 sehr zufrieden war.

Der BND erhielt eine Kopie des MAD-Befragungsberichtes Walde vom 22.10.1970. Daraus ist ersichtlich, daß Walde seine DDR-Reise vom Mai 1970 zu Verwandten seiner Verlobten Regine Geyer in Erfurt bei der Bundeswehr verschwiegen hatte. Außerdem erwähnte

Der dem Walde aus dem "Arbeitskreis für Landesverteidigung" bekannte Rechtsreferendar Dieter Joachim Haase (32) aus Garbrunn bei Würzburg wurde als MfS-Agent verhaftet. Er war Anfang der 60iger Jahre als Perspektivagent vom MfS angeworben worden. Er hatte Prof.Dr. von der Heydte selbst das Thema der gewünschten Doktorarbeit vorgeschlagen: "Der verdeckte Kampf - seine rechtlichen und völkerrechtlichen Probleme unter besonderer Berücksichtigung der Teilung Deutschlands".

Ausrisse aus Papieren eines bundesdeutschen Geheimdienstes: ***»DDR-Reise verschwiegen«*** *(Pfeil)*

solches Thema auch nicht ausschließen«, denn immerhin läge dieser Vorgang sieben Jahre zurück. Walde wurde Ende 1979 befragt.(168)

Der Vorsitzende des Verteidigungsausschusses, Herbert Wehners stiller Adlatus Karl Wienand, den Waldes Kollege Gerd Heidemann als Geschäftemacher überführte, hatte sich beim BND, dem Verfassungsschutz und beim Amt für Sicherheit der Bundeswehr für Walde eingesetzt, so wie auch Martin Hirsch. Die Dienste sollten Material für Waldes Dissertation herausgeben. Warum? Bei einer Befragung durch den MAD hatte Walde, laut MAD, einen Ausflug in die DDR (vom 28. Mai bis 1. Juni 1970) verschwiegen. Wenn das stimmt, warum?(169)

In den Amtsstuben der bundesdeutschen Abwehr machte sich Skepsis breit, hegten einige Argwohn. Nüchtern betrachtet war das Kapitel Thomas Walde nicht ohne Brisanz, denn immerhin füllte er im STERN eine einflußreiche Position aus, immerhin pflegte er Umgang mit vielen bundesdeutschen Geheimdienstlern, immerhin reiste er nicht nur regelmäßig in die DDR, sondern gegnerische Dienste hatten auch an anderer Stelle Zugriff auf Walde: In Ungarn hielt er sich 1967 drei Wochen lang auf, dorthin reiste er ein Jahr später ein zweites Mal. Im Februar 1969 lernte er die Tschechoslowakei kennen, im März leistete er bereits wieder als Bundeswehr-Propaganda-Offizier eine nicht unsensible Reserve-Wehrübung ab. Die »Diskrepanz zwischen seinem nachgewiesenen Protestverhalten ... und seiner Propagandatätigkeit zugunsten der Bundesrepublik und Bundeswehr«, hielt der BND im Januar 1970 staunend fest, sei ihm »sichtlich unangenehm«. Warum, kombinierten bundesdeutsche Geheimdienste nicht unlogisch, solle eine »Diskrepanz« nicht auch auf dem nachrichtendienstlichen Sektor möglich sein?(170)

Wußte Thomas Walde von den Zweifeln? Wie konnte er sie ausräumen? Er versuchte es: Wenn der imaginäre Julius Mader ihm Zeitungsausschnitte zusandte oder Quellentips gab, dann schickte er diese flache Poesie zum MAD, reichte aber auch Mader-Briefumschläge weiter, allerdings — ohne Inhalt. Wenig schmeichelhaft war zudem Waldes ZEIT-Artikel im November 1971, in dem er die Memoiren des BND-Altpräsidenten Reinhard Gehlen verriß.(171) Die Geheimen machten sich so ihre Gedanken. Tauchten Ungereimtheiten nach Waldes Erfurt-Besuch vom 8. bis 11. Juni 1973 auf? Das KGB startete einen zweiten Anwerbungsversuch. Wieder übernachtete Walde bei Tante Charlotte. Bei ihr klingelte das Telephon.

Thomas Walde wollte der Unbekannte sprechen, der, wie Walde sich erinnerte, ein Deutscher gewesen sei, da er sächsisch sprach, »das offensichtlich seine Muttersprache war«. Walde möge, wie ein Jahr zuvor verabredet, sofort zu dem vereinbarten Treffpunkt kommen, der fünf Minuten von der Wohnung entfernt lag.(172) Diesen Termin habe Walde nur darum wahrgenommen, weil ihm diese »Aufforderung einigermaßen drängend« erschien. Wäre Walde ferngeblieben, wäre er dann in Schwierigkeiten geraten? Welchen abenteuerlichen Belastungen wäre der STERN-Journalist bloß ausgesetzt gewesen, wenn er dem KGB einen Korb gegeben hätte? Absolut keinen.(173)

Gregor fehlte. Statt seiner stand Walde »offensichtlich ein in Erfurt beheimateter Russe« gegenüber. Die Gesprächsatmosphäre sei »gespannt« gewesen, aber er sei mit »ausgesprochener Herzlichkeit« begrüßt worden. Walde schlenderte mit dem KGB-Beauftragten einmal um den Block. Nein, so sagte er zu dem Nachrichtendienstler, er werde nicht für die Russen arbeiten. Walde: »Nach dieser Aussage bin ich weder bedrängt noch um ein Überdenken gebeten worden.« Die Russen, so teilte Walde einer offiziellen Behörde im Westen anschließend mit, hätten aufgegeben. Auch später sei er von ihnen nie wieder angesprochen worden. Dies

THOMAS MAX WALDE SETZT AUF DEN BND

Telefonisches Angebot des Walde an den BND, an Stelle eines ausgeschiedenen "Stern"-Redakteurs Kontakte zu halten.

Telefonische Anfrage des Walde wegen Brief des "Stern"-Mitarbeiters KARPF vom 31.10.1975, der Material über FELFE möchte. Die Bitte wurde abgelehnt.

Walde informierte den BND außerdem wie folgt: Weil er seit Oktober 1969 den Kontakt beim BfV nicht mehr erneuert habe, möchte er zu seiner Absicherung dem BND mitteilen, daß er für etwa 4 Tage mit seiner Freundin (Regine Geyer) zu einer Hochzeit nach Erfurt/DDR reisen werde. Die Einreisegenehmigung liege bereits vor.

Ausrisse aus Geheimdienst-Papieren

THOMAS MAX WALDE WECKT DAS INTERESSE DES BUNDESKANZLERAMTES

KS

Az o6-24-oo

TgbNr. 1149/81 VS-Vertr.

Bonn, 14. Juli 1981

App 96 74

ASBw - Abt. I				
Eing.: 17. JUL 1981				
Tgb-Nr.: 4214/81 VS-Vertr.				
Ausf.: 2, Blatt: 5 Anl - (-)				
W	L	MI	MII	Z

einverstanden

Herrn
Sts Dr. Kiehle

zur Unterrichtung

Betr.: Lagebesprechung im Bundeskanzleramt am 14.o7.1981;

hier: Sprechunterlage, zur Erörterung von im Zusammenhang mit der Sicherheitsüberprüfung des Hptm.d.R. Dr. Walde bekanntgewordenen Umständen

Unter der Rubrik »Sicherheitsvorkommnis Spionage« werden **»Arbeitsverbindungen« des STERN-Redakteurs Thomas Max Walde zum DDR-Ministerium für Staatssicherheit** registriert holte nunmehr die DDR nach. Sieben Jahre nach den Russen, Pfingsten 1980, als Walde, wo auch sonst, erneut in Erfurt weilte.(174)

Er kam an einem Freitag. Bereits vor seiner Ankunft habe ein »Herr vom Ministerrat der DDR« angerufen, der ihn sprechen wolle. Ein Jahr zuvor hatte Walde, im Fall der Werner-Marx-Spionin Goliath, über den Ost-Berliner STERN-Korrespondenten Nick Barkow, Papiere des MfS in Händen gehalten. Jetzt, so dünkte es Walde, würde er vielleicht endlich einen leibhaftigen MfS-Mann kennenlernen. Ein Kontakt schien ihm vielleicht auch darum geboten, weil möglicherweise für die prozessuale Nouhuys-Auseinandersetzung das MfS dem Verlag Gruner + Jahr mit beweiskräftigen Dokumenten aushelfen könnte. Stand der Hausadvokat Heinrich Senfft etwa unter Druck? Am Samstag rief der Mann noch einmal an. Sein Name sei Buchner, und er würde gern ein Treffen vereinbaren. Walde sagte nicht nein. Die ungleichen Partner verabredeten sich für den Sonntag in Weißenfels, etwa 80 Kilometer von Erfurt entfernt. Um 16 Uhr. Walde sollte sich auf eine vorher bestimmte Parkbank setzen.(175)

Der Bundesanwalt Müller, der Walde am 2. Dezember 1980 zu der Bekanntschaft mit Buchner befragte, notierte: »Dr. Walde habe zu Beginn der Unterredung klargestellt, daß er nicht bereit sei, dem MfS in irgendeiner Form Unterlagen oder Berichte zu verschaffen. Das sei von 'Buchner' akzeptiert worden.«(176)

Die amtlichen Drähte in der Bundesrepublik liefen heiß. Walde war kein Normalbürger, der unter Druck gesetzt werden konnte. Solange er beim STERN saß, konnte vielmehr er Druck ausüben, zumal er die Abwehr über seine Kontakte und sein Tun auf dem laufenden hielt. Das Hamburger Landesamt für Verfassungsschutz erhielt in erster Linie Bericht erstattet. Hier kannte Walde die Beamten. Wußte Walde, daß die Hamburger von einer breiten Unterrichtung absahen, nur von Fall zu Fall die Kölner Zentrale in Kenntnis setzten? BND und MAD gelegentlich nicht verständigt wurden?

Der Fregattenkapitän Dau vom MAD vermerkte am 8. September 1981 unter der Überschrift »Sicherheitsvorkommnis Spionage«, daß zwischen Thomas Walde und dem MfS seit mehreren Jahren »Arbeitsverbindungen« bestehen würden. Zwar seien diese Kontakte »vor den Reisen nach Ost-Berlin und nach Rückkehr (dem Verfassungsschutz in Hamburg) angezeigt und ausführlich über die Zusammenkünfte berichtet« worden, aber »seit Mitte 1981« lehnte es das Amt ab, »Berichte und Meldungen« entgegenzunehmen. Dau mokierte sich: Jedes Material, das vom MfS geliefert werden würde, müsse »entgegengenommen werden, um es auszuwerten«.(177) Warum, fragte in einer »Beurteilung« der MAD, weigerten sich die Hamburger Verfassungsschützer, weiterhin Kontakte zu Walde zu unterhalten? Es wurde ausgemacht: Es sei »zu bedenken, daß eine Rücksprache (Verfassungsschutz mit MAD bzw. umgekehrt) möglicherweise zur Kenntnis des Dr. Walde gelangen könnte«.(178) Das war ein hartes Geschütz. Ganz offen wurde, ein »amtlich geheimgehaltener« Geheimstempel fehlte, nicht nur eine Komplizenschaft zwischen Walde und dem MfS, sondern jetzt sogar eine konspirative Vetternwirtschaft zwischen Walde und dem Hamburger Landesamt für Verfassungsschutz unterstellt. Es kam zu einer unvermeidlichen Konfrontation, wegen Walde gerieten sich nachrichtendienstliche Profis in die Haare:

Das Kölner Bundesamt für Verfassungsschutz hatte mit Schreiben vom 30. Dezember 1980 seiner Hamburger Filiale mitgeteilt, »daß eine Zusammenarbeit unter nachrichtendienstlichen Aspekten« mit Walde »nicht im Interesse des Verfassungsschutzes liege«. Wollte Köln Hamburger Alleingänge unterbinden? Am 25. September 1980 verlangte die Amtsleitung von Hamburg »Erkenntnisse« über

Geheim
[redacted]ich geheimgehalten

[redacted]

+sss nr.

01 bon

pruefung durch den m a d
der m a d - stelle 1'

-- g e h e i m --
-- amtlich geheimgehalten --

[redacted]

betr.: veroeffentlichungen in der ''w e l t'' vom 1. u. 3.5.1983
ueber die herkunft der angeblichen h i t l e r - tagebuecher

bezug: fs - erlasz vom 4.5.83 [in begleitung von 2 m f f 83 geheim naehe von boernersdorf]

zu den o.a. veroeffentlichungen der tageszeitung ''die welt'' wird wie folgt stellung genommen:

zu frage 1) zu dr. w a l d e hat von seiten des bfv in dieser angelegenheit zu keiner zeit ein persoenlicher oder schriftlicher kontakt bestanden. die in der ''welt'' zitierte, angebliche behauptung des dr. w. ist unzutreffend. richtig ist, dasz das bfv mit schreiben vom 30.12.80 (abgesandt am 2.1.81) nur dem lfv hamburg mitgeteilt hat, dasz eine zusammenarbeit unter nd. aspekten mit den s t e r n - redakteuren dr. w a l d e und h e i d e m a n n - wie sie durch das lfv hamburg ohne abstimmung mit dem bfv in sachen g o l i a t h / dr. m a r x von mai bis dezember 1980 praktiziert wurde - nicht im interesse des verfassungsschutzes liege. diese stellungnahme ist den o.a. journalisten vom lfv hamburg anlaeszlich der beendigung der zusammenarbeit mit ihnen mitgeteilt worden.

zu frage 2) a) ueber die bemuehungen des --stern--, in den besitz der --hitler-- - tagebuecher zu gelangen, ist das bfv erstmals am 19.12.80 durch uebergabe der beim lfv hamburg vorhandenen unterlagen ueber die dort gefuehrte operation in sachen --goliath-- dr. --marx-- informiert worden. aus den niederschriften des lfv hamburg ueber die treffs der --stern-- - redakteure dr. --walde-- und --heidemann-- mit m f s - angehoerigen am 15.10.80 (dr. --walde-- und --heidemann--) und am 12.12.80 (--heidemann-- alleine) in berlin (ost) ergab sich lediglich, dasz der --stern-- - in erster linie --heidemann-- - u.a. an dem verbleib von angeblich auf dem gebiet der ddr befindlichen tagebuchaufzeichnungen von --hitler-- interessiert gewesen ist. die m f s - angehoerigen lieszen erkennen, dasz sie --heidemann-- bei seinen recherchen in der ddr unterstuetzen bzw. selber recherchen anstellen wollten

GEHEIM
amtlich geheimgehalten

Amtliches: *Auch nach der Tagebuch-Pleite blieb Thomas Max Walde im Fadenkreuz bundesdeutscher Dienststellen*

Waldes MfS-Kontakte. Doch die Hanseaten rührten sich nicht. Das Bundesamt mahnte mehrmals die Antwort an. Die kam erst am 22. Oktober, eine nichtssagende Vorabinformation. Die umfassende Unterrichtung erhielt das Kölner Amt am 19. Dezember. Vier Monate später informierte das Bundesamt für Verfassungsschutz dann den MAD »über die nachrichtendienstlichen Aktivitäten des Dr. Walde«. Eine merkwürdige Situation war entstanden:

Der MAD stimmte, im Gegensatz zum Bundesverteidigungsministerium, mit dem Bundesamt für Verfassungsschutz überein, »daß die nachrichtendienstlichen Aktivitäten des Walde ein erhebliches Sicherheitsrisiko darstellten«. Gab es einen Bonner SPD-Politiker, der schützend seine Hand über Walde hielt? Dieser nicht unbegründete Verdacht trieb die Abwehrspezialisten aber gerade voran: Verfassungsschutz-Prinzipal Richard Meier, der Walde ohnehin nicht über den Weg traute, ergriff die Initiative. Am 14. Juli 1981 konfrontierte er den Verteidigungsstaatssekretär Hiehle mit dem Walde-Dossier. Er, Meier, ärgere sich über den STERN-Redakteur fast permanent. Es könne nicht angehen, daß der STERN Geschichten produziere, die aus Ost-Berliner Giftküchen stammen würden. Jetzt sei es an der Zeit, Walde zu signalisieren, daß auch ihm Grenzen gesetzt sind: dem Reserveoffizier müßten die Sicherheitsbescheide aberkannt werden. Hiehle, der Meier im Bundeskanzleramt empfing, akzeptierte aber nur, daß Walde die Sicherheitsstufe römisch zwei nicht erteilt werde, die Aberkennung der Stufe römisch eins wies er scharf zurück. Erst wenn Meier »zusätzliche Hinweise« liefere, »die Zweifel an der Vertrauenswürdigkeit des Walde begründen«, sollte auch römisch eins gekappt werden.[179] Meier wußte, warum er so entschieden gegen Walde auftrat. Bevor er nach Köln überwechselte, saß er beim BND, dem wohl einzigen Nachrichtendienst, der Thomas Walde von Anfang an auflaufen ließ.

Kaum hatte Walde sich im STERN etabliert, wollte er der Redaktion seine Unentbehrlichkeit unter Beweis stellen: Als er einmal Details über den Polenverband »Zgoda« haben wollte, lehnte Pullach ab. Ein anderes Mal gelüstete es ihn nach Exklusivem über den sowjetischen Piloten Wronskij, der sich in den Westen abgesetzt hatte, der BND verwies süffisant auf die Erklärung des Pressesprechers Grünewald. Walde dachte, der BND würde ihm die Namen des Vertrauensmännergremiums verraten, das sich unter Ausschluß der Öffentlichkeit mit dem Fall Guillaume beschäftigte — der BND wies wiederum auf die offizielle Presseverlautbarung hin. Auch träumte Walde von einem Interview mit dem BND-Abteilungsleiter Meier, der prompt und unüberhörbar verneinte. Als Walde für das Thema »Aufrechterhaltung der Moral von Spionen« recherchierte, wimmelte der BND ihn auch hier ab. Schließlich sammelte Walde Papiere über Heinz Felfe. Ausgerechnet der BND sollte ihn unterstützen, wo doch Felfe im BND für die Russen spionierte. Die Pullacher schüttelten wegen Waldes fehlender Urteilsfähigkeit nur die Köpfe. Der STERN plante eine dumme Geschichte über die wichtigsten Schreibtische der Bundesrepublik. In Pullach fragte Walde an, ob das Mobiliar des BND-Präsidenten beziehungsweise des Vizes photographiert werden dürfte. Selbst hier erteilte der BND Walde eine Abfuhr. Vor nichts schreckte der STERN-Journalist zurück. Daß der BND ihn nicht zu Unrecht an der kurzen Leine hielt, schien er nicht zu bemerken. Im März 1980 interessierten ihn die »Markierungen und Sicherungszeichen von Ost-Block-Nachrichtendiensten in Pässen«, wollte er jetzt doch tatsächlich geheimste BND-Erkenntnisse publizieren, so daß sich die Gegner in Moskau, Ost-Berlin, Bukarest, Prag, Warschau und Budapest eilig hätten umstellen können. Waldes auffällige Frage wurde festgehalten und fand nüchtern Einlaß ins Walde-Dossier: »Der Antrag ist abzulehnen.«[180]

- 14 -

5. Gegen Mittag wäre er von den Russen auf dem Parkplatz hinter dem Kaufhaus Zentrum erwartet worden. Mit einem Moskowicz - Typ und Kennzeichen habe er ebenso wie Objek und Stockwerk des Objekts zu früherer Zeit beim LfV angegeben; an Einzelheiten könne er sich heute nicht mehr erinnern - wären sie dann zu einem Hochhaus in der Straße "Ring" gefahren und hätten dort ein 1 Zimmer-Appartement in einem der oberen Stockwerke betreten. Offensichtlich wäre dort alles für ein längeres Gespräch - Getränke, u. Wodka, belegte Brötchen usw. - vorbereitet gewesen. An e Namensschild an der Wohnung sowie an die detaillierte Ei richtung dieses Appartements könne er sich heute nicht mehr er innern.

Anmerkung: Auf den Einwand des Unterzeichneten, daß man sich im Hause an eine Begebenheit in Ost-Berl in diesem Zusammenhang erinnere, erklärte Dr. Walde mit Nachdruck, daß dieses Kontaktgespräch mit den Russen in der angegebenen Wohn in Erfurt stattfand. In Ost-Berlin sei er ledi lich einmal gewesen, als das Büro des STERN nach Abschluß der Verträge eingeweiht worden wäre. Dort sei er zu keiner Zeit mit Russen od anderen Angehörigen kommunistischer Nachrichtendienste in einer konspirativen Wohnung zusammengetroffen. Diese Aussage entspreche der vollen Wahrheit. Er könne sich eine solche Verwechslung nur insofern vorstellen, als der Wortführer offensichtlich aus Berlin angereist war. Soweit er sich erinnere, sei ein ...artig Hinweis im Rahmen des folgenden Gesprächs in Erfurt von einem der beiden Russen gegeben worden.

Nachdem Getränke gereicht und etwas zum Essen angeboten worden sei, hätte Gregor erwähnt, daß man seine Veröffentlichung (Dissertation) für sehr interessant hielte; sie hätten die Aussagefähigkeit der Arbeit gelobt und erklärt, daß er sicherlich doch wesentlich mehr wüßte, als dort ausgesagt sei, und daß bei den Recherchen in erheblichem Maße Kontakte zu Abwehrbehörden in der Bundesrepublik und auch dem BND geknüpft sein dürften. Somit habe er einen höchst interessanten Einblick in Arbeitsweisen dieser Dienste gewonnen. Er habe - so die Russen - mit Sicherheit nur einen Teil dessen veröffentlicht, was er recherchiert hätte.

***Walde über den Anwerbungsversuch des sowjetischen Geheimdienstes** (mit handschriftlichen Korrekturen Waldes): »Nachrichtendienstliche Aktivitäten ein erhebliches Sicherheitsrisiko«*

Nur selten rückte der BND für Walde etwas heraus. Und wenn, war es nichts Geheimes, sondern Hausgemachtes. Einmal schickte der BND ihm das biographische DDR-Lexikon des BND (»Namen und Funktionen«), das in Wahrheit ein billiger Abklatsch des »Namen und Daten« ist (und seit den fünfziger Jahren alle zwei Jahre aktualisiert aufgelegt wird). Von diesem offiziellen Standardwerk wird Walde wohl bis dahin nie etwas gehört haben, was sein artiges Dankschreiben vom 16. Mai 1977 für das inoffizielle DDR-Rätselbuch des BND beweist.[181]

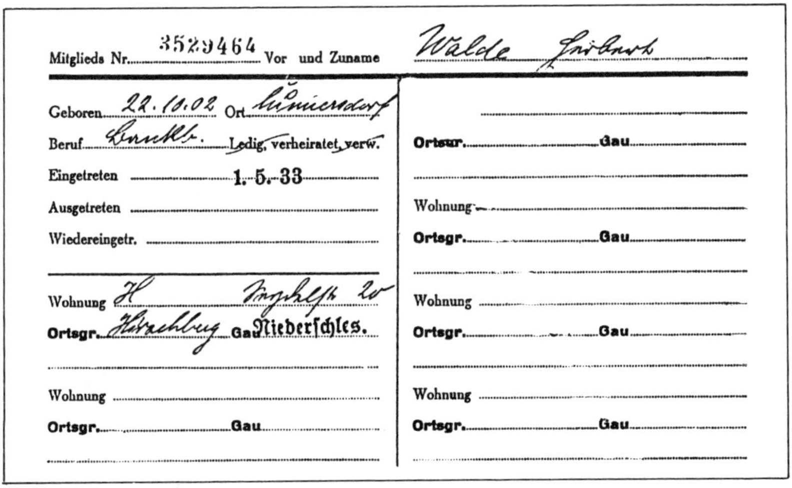

Mitglieds Nr. 3529464 Vor und Zuname Walde Herbert

Geboren 22.10.02 Ort [illegible]

Beruf [illegible]

Eingetreten 1. 5. 33

Ausgetreten

Wiedereingetr.

Wohnung H [illegible] 20

Ortsgr. Hirschberg Gau Niederschles.

Wohnung

Ortsgr. Gau

Ortsgr. Gau

Wohnung

Ortsgr. Gau

Wohnung

Ortsgr. Gau

Wohnung

Ortsgr. Gau

Walde-Dossier des DDR-Geheimdienstes *(aus der Hauptverwaltung Aufklärung): Vater Herbert Walde der NSDAP-Mitgliedschaft überführt*

Thomas Walde, der die Geheimdienstler gern »Schlapphüte« titulierte, der möglicherweise gern selbst einer geworden wäre, fühlte sich in diesen Kreisen offensichtlich nicht unwohl. Er, der ehedem vom BND als neben- und/oder hauptberuflicher Mitarbeiter abgelehnt worden sein soll, verkehrte vertraut nur mit Günther Konrad Nollau. Wer stand ihm, außer den schlitzohrigen Kameraden vom MfS, denn sonst zur Verfügung? Die Abfuhr des BND mag Walde, bis zu seinem tiefen Karriereknick nach dem Tagebuch-Skandal, getroffen haben, dem BND gegenüber hatte er es möglicherweise bis zur offenen Feindseligkeit kommen lassen. Hatte die fehlende Anerkennung vielleicht die eine oder andere STERN-Attacke gegen geheimdienstliche Unternehmungen des BND erst forciert?

Walde mußte schließlich verbittert feststellen, daß er niemals von dieser verschworenen Gemeinschaft akzeptiert worden ist. Walde war ein Mann, mit dem sich der BND nur darum unterhielt, weil er im STERN ND-Themen als »Dauerbrenner« plazierte. Der Bundesnachrichtendienst hatte, im Fall Thomas Walde, frühzeitig die einzig richtige Entscheidung getroffen: ihn nach Möglichkeit nicht zu verärgern, ihn nur immer dann zu hofieren, wenn der STERN wieder einmal ein Thema recherchierte, in das der BND involviert war. Ist es Pullach mit dieser nicht sehr einfallsreichen Methode gelungen, kritische STERN-Beiträge gelegentlich zu verhindern?

Thomas Walde wirkt nunmehr für den privaten Rundfunksender RADIO HAMBURG. Mitgesellschafter: Gruner + Jahr. Nach seiner Trennung vom STERN wechselte er zur Filmfirma Ufa. Eigner: Bertelsmann, dem wiederum Gruner + Jahr gehört. Warum kam Walde ungeschoren davon, ganz im Gegensatz zu seinem Kumpel Gerd Heidemann, wo er doch Heidemanns Ressort-Chef war? Hätte Thomas Walde sonst über seine mit der STERN-Chefredaktion abgestimmten dienstlichen Operationen ausgepackt, wenn der Gruner + Jahr-Verlag ihn wie Heidemann hätte fallen lassen?

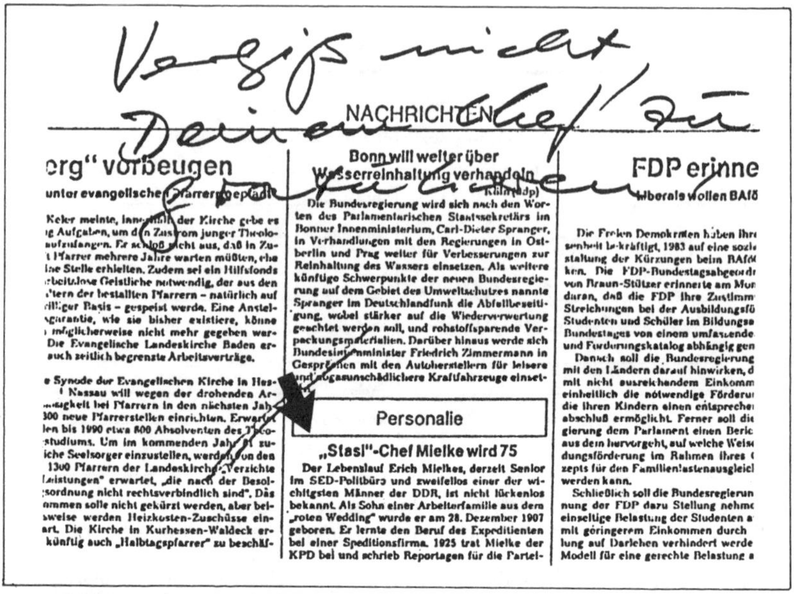

NACHRICHTEN

...crg" vorbeugen

unter evangelischen Pfarrern [illegible]

...Keler meinte, inn[illegible] der Kirche gebe es ...ig Aufgaben, um d[illegible] Zustrom junger Theolo... aufzufangen. Er schloß nicht aus, daß in Zu... Pfarrer mehrere Jahre warten müßten, ehe ...ine Stelle erhielten. Zudem sei ein Hilfsfonds ...arbeitslose Geistliche notwendig, der aus den ...ltern der bestallten Pfarrern – natürlich auf ...illiger Basis – gespeist werde. Eine Anstel...garantie, wie sie bisher existiere, könne ... möglicherweise nicht mehr gegeben wer... Die Evangelische Landeskirche Baden er... auch zeitlich begrenzte Arbeitsverträge.

...e Synode der Evangelischen Kirche in Hes... Nassau will wegen der drohenden Ar...losigkeit bei Pfarrern in den nächsten Jah... 300 neue Pfarrerstellen einrichten. Erwar[illegible] ...len bis 1990 etwa 800 Absolventen des T[illegible]o...studiums. Um im kommenden Jah[illegible] zu...iche Seelsorger einzustellen, werd[illegible] von den 1300 Pfarrern der Landeskirch[illegible] „Verzichte ...Leistungen" erwartet, „die nach der Besol...sordnung nicht rechtsverbindlich sind". Das ...ommen solle nicht gekürzt werden, aber bei...sweise werden Heizkosten-Zuschüsse ein...art. Die Kirche in Kurhessen-Waldeck er... künftig auch „Halbtagspfarrer" zu beschäf-

Bonn will weiter über Wasserreinhaltung verhandeln

Köln (ddp)

Die Bundesregierung wird sich nach den Worten des Parlamentarischen Staatssekretärs im Bonner Innenministerium, Carl-Dieter Spranger, in Verhandlungen mit den Regierungen in Ost-berlin und Prag weiter für Verbesserungen zur Reinhaltung des Wassers einsetzen. Als weitere künftige Schwerpunkte der neuen Bundesregierung auf dem Gebiet des Umweltschutzes nannte Spranger im Deutschlandfunk die Abfallbeseitigung, wobei stärker auf die Wiederverwertung geachtet werden soll, und rohstoffsparende Verpackungsmaterialien. Darüber hinaus werde sich Bundesinnenminister Friedrich Zimmermann in Gesprächen mit den Autoherstellern für leisere und abgasunschädlichere Kraftfahrzeuge einset-

Personalie

„Stasi"-Chef Mielke wird 75

Der Lebenslauf Erich Mielkes, derzeit Senior im SED-Politbüro und zweifellos einer der wichtigsten Männer der DDR, ist nicht lückenlos bekannt. Als Sohn einer Arbeiterfamilie aus dem „roten Wedding" wurde er am 28. Dezember 1907 geboren. Er lernte den Beruf des Expeditienten bei einer Speditionsfirma. 1925 trat Mielke der KPD bei und schrieb Reportagen für die Partei-

FDP erinne...

Liberale wollen BAfö...

Die Freien Demokraten haben ihr... senheit bekräftigt, 1983 auf eine sozi... staltung der Kürzungen beim BAfö... ken. Die FDP-Bundestagsabgeord... von Braun-Stützer erinnerte am Mon... daran, daß die FDP ihre Zustimm... Streichungen bei der Ausbildungsfö... Studenten und Schüler im Bildungsa... Bundestages von einem umfassende... und Forderungskatalog abhängig gem...

Danach soll die Bundesregierung... mit den Ländern darauf hinwirken, d... mit nicht ausreichendem Einkomm... einheitlich die notwendige Förderu... die ihren Kindern einen entspreche... abschluß ermöglicht. Ferner soll die... gierung dem Parlament einen Beric... aus dem hervorgeht, auf welche Weis... dungsförderung im Rahmen ihres ... zepts für den Familienlastenausgleic... werden kann.

Schließlich soll die Bundesregierun... nung der FDP dazu Stellung nehm... einseitige Belastung der Studenten a... mit geringerem Einkommen durch ... lung auf Darlehen verhindert werde... Modell für eine gerechte Belastung a...

Thomas Walde grüßt Gerd Heidemann *(DDR-Geheimdienstboß wird 75, Pfeil): »Vergiß nicht, Deinem Chef zu gratulieren«*

Thomas Walde *(in der DDR auf der Suche nach Tagebuch-Bestätigung): Zielpersonen abgeklärt*

»DEM HAT IM VERLAG NIEMAND EINEN REVOLVER HINGELEGT«
oder:
Thomas Walde läßt dem Stasi Geschenke überreichen

Thomas Walde irrte umher, in einer heruntergekommenen Metropole, die ihm von Besuch zu Besuch vertrauter wurde: in der Hauptstadt der einst kommunistischen DDR, in Ost-Berlin. Wieder einmal, im Frühjahr 1981, hielt der Journalist vom STERN Ausschau nach den ihm inzwischen vertrauten Gesprächspartnern vom Ministerium für Staatssicherheit. Den Oberst Buchner samt seinem Anhängsel Zabern machte Walde aber nicht aus. Er traf sie weder im Foyer des Hotels Johannishof, noch saßen sie im Restaurant. Sollte sich Walde etwa in der Zeit vertan haben?

Walde: »Ich ging wieder vor zur Straße, hatte den Eindruck, daß möglicherweise Obs'leute da herumstanden.« Die »Schatten« der Staatssicherheit jedoch konnte er nicht beobachten. Warum auch sollten die ausgerechnet hinter Walde herlaufen, wurde der nachrichtendienstlich nicht Unerfahrene doch geradezu von ihnen erwartet. Aber so war er nun einmal, der Thomas Walde, der die Welt der Geheimdienste wohl längst verinnerlicht hatte.

An einem Kiosk in der Nähe der Straße Unter den Linden schlug Walde den Leerlauf tot: Er kaufte eine Ansichtskarte und die NEUE BERLINER ILLUSTRIERTE. Warum war er wieder nach Ost-Berlin gereist? Ihm schien ein erneutes konspiratives Treffen mit dem DDR-Geheimdienst wegen der Tagebücher Adolf Hitlers bitter notwendig. Darum auch wurde er langsam nervös, denn seit zwei Stunden fahndete er nach den Männern Erich Mielkes.

Walde überlegte sich, ob er nicht in Hamburg anrufen solle, um Gerd Heidemann nach jener einmaligen Ost-Berliner-Telephonnummer zu fragen, die das Ministerium für Staatssicherheit dem STERN für Notfälle sowie Terminabsprachen gegeben hatte. Diesen geheimen Anschluß bediente eine vom Stasi ausgehaltene »Tante«, deren Namen Walde nicht kannte. Walde spazierte jetzt ins Palast-Hotel. Er hatte Hunger und wollte im Valuta-Restaurant essen. Und da standen sie dann plötzlich, die STERN-geweihten Offiziere des berüchtigten DDR-Geheimdienstes. Datumsmäßig hatte Walde sich nicht geirrt, freilich schlicht die Hotels verwechselt. Das konnte schließlich schon mal vorkommen.

Die Begrüßung war, wie gehabt, ausgesprochen herzlich. Oberst Buchner und Walde verspeisten Zander (»Spreewälder Art«), tranken je einen Liter Radeberger Pils, zwei »SU-Wodka« (Walde), als Dessert gab es Grütze und Halbgefrorenes, anschließend Kaffee. Zabern, der verwöhnte Sohn des DDR-Geheimdienstchefs Markus Wolf, stürzte sich auf einen leckeren Jungschweinsrücken mit appetitlicher Geflügelleber. Er schluckte Cola, zwei Juice, einen Kaffee. Die Oberen des MfS ließen es sich schmecken. Sie waren keine Rentner, keine Studenten, Entbehrungen mußten sie nicht in Kauf nehmen. Gegen 18.30 Uhr gingen die ungleichen Partner auseinander. Walde mußte um 21.05 Uhr nach Hamburg in die Redaktion des STERN zurück. Mit einem gelben Stasi-Wartburg ließ er sich zur Friedrichstraße chauffieren. Diese billige Stasi-Geste nahm er dankend an.[182] Worüber war während der Mahlzeit gesprochen worden? Ausnahmsweise hatte das Ministerium für Staatssicherheit diesmal für den STERN gearbeitet, wenngleich nicht uneigennützig.

Bei Börnersdorf fiel, am 21. April 1945, eine JU 352 vom Himmel. Sie gehörte

Gesprüchsablauf: GH soll mit Legende ~~Fiebig-Neffe~~ Verwandter nach B. kommen. Wir würden zu dritt o.viert uns weit genug von B.einmieten (jetzt war in einem Heim reserviert), GH solle dann mit Taxe nach B.fahren, solle Brief Fiebig-Neffe dabei haben.

***Walde übermittelt Heidemann Stasi-Wünsche:** »Soll mit Legende Verwandter kommen«*

Er könne Fotoapparat mitnehmen, jedoch dürfte bei eventueller Geschichte nicht der Eindruck entstehen, wir hätten Interviews machen können. Als Zielpersonen habe man für GH abgeklärt:

1. Pfarrersfrau, deren Mann eine ausführliche Dorfchronik geführt habe
2. Bürgermeistersfrau Marta Göbel, die für Grabpflege sorge
3. Tischler Ernst Grosser, in dessen Wald der Absturz gewesen sei.

Alle drei seien im Rentneralter, Mitbringsel seien angebracht. G.könne noch die Absturzstelle zeigen, die sonst an falschem Platz vermutet würde. Dort habe ein Holzkreuz mit einem Stahlhelm gestanden. Zur Absturzzeit seien in B.noch viele franz., sowj. u.amer.Kriegsgefangene im Arbeitseinsatz gewesen. Der Militärarzt Schult sei in BG nicht feststellbar gewesen; vielleicht habe er zu einer der vielen Flak-Batterien gehört, die dort wegen der zahlreichen Bombenangriffe gelegen hätten. Insgesamt müsse man ~~xxx~~ mit 5 Reisetagen inkl.An- u.Abreise rechnen.

***Walde übermittelt Heidemann Stasi-Wünsche:** »Mitbringsel sind angebracht«*

(Nachtrag zu B.: wir sollten nicht mit Auto kommen. Fiebig-Legende müsse stehen, weil vermutl.hinter den Transportguthehlern eine sehr gute Organisation stünde, die GH's Auftritt in B. sicher sofort gemeldet bekomme u.dann seine Angaben in B.im Westen sofort nachprüfen werde. Z.wunderte sich, daß GH auf dem Friedhof von B.im November so zielstrebig in die Ecke gegangen,also das normale Heldenkreuz übergangen sei. B.u.Z.sind der Ansicht, daß man in B.nichts mehr finden werde)

Ich solle Gh sagen, daß Likörfabrik seiner jetzigen Frau 1953 enteignet worden sei. Ungeklärt aber sei, was aus dem priv.Grundbesitz geworden sei, das könne man notfalls durch Anfrage bei

***Walde übermittelt Heidemann Stasi-Wünsche:** »B« ist Börnersdorf, »GH« ist Gerd Heidemann*

zur Flugstaffel des Führers, sollte aus der umkämpften Reichshauptstadt Akten nach Salzburg transportieren, darunter angeblich die Hitler-Tagebücher. Die ums Leben gekommenen Besatzungsmitglieder waren auf dem Dorffriedhof beerdigt. Davon hatten sich, gut ein halbes Jahr zuvor, Walde und Heidemann bereits vor Ort überzeugt. In Börnersdorf sollte, so wünschte es Walde, der Absturz des Flugzeuges recherchiert, Zeugen aufgetrieben werden. Doch DDR-Bürger konnten, zumal vom STERN, ohne Genehmigung des allgegenwärtigen Staatssicherheitsdienstes nicht befragt werden. Die Einwilligung der Geheimdienstler mußte vorliegen. An diesem Tag hatte Erich Mielke sie endgültig erteilt, auch Markus Wolf mit Sicherheit nichts dagegen gehabt. Im Grunde lag die MfS-Vollmacht bereits seit dem 22. Januar 1981 vor:

Unter dem beziehungsreichen Namen Peter Börner schrieb Peter Zabern, auf dessen Geburtsurkunde Michael Wolf stand, dem »werten Kollegen Heidemann« an die Hamburger Elbchaussee: In der Börnersdorfer »Angelegenheit ist nunmehr ein Stand erreicht, der es zweckmäßig erscheinen läßt, daß Sie selbst die weiteren Gespräche führen«. Zabern schlug die letzte Februar-Woche vor, plante aber als Alternative auch die ersten Tage des März ein.(183) Der Brief, eingesteckt in West-Berlin, blieb unbeantwortet. Heidemann war beschäftigt. Nun machte Walde alles klar. Er schrieb mit, hörte genau zu, wie der STERN in Börnersdorf vorzugehen hatte. Das Ministerium für Staatssicherheit diktierte, und Walde hatte dafür Sorge zu tragen, daß auch Heidemann sich MfS-genehm verhielt.

Heidemann solle »mit Legende Verwandter« in Börnersdorf einfallen, in der Zwischenzeit würden sich die Mitarbeiter der Staatssicherheit »zu dritt o. viert ... weit genug« von Börnersdorf »einmieten«, extra zum STERN-Anlaß sei vom Stasi ein »Heim reserviert« worden. Heidemann möge im übrigen mit einem Taxi in Börnersdorf vorfahren, könne er selbstverständlich einen Photoapparat mitbringen, »jedoch dürfte bei eventueller Geschichte nicht der Eindruck entstehen, wir hätten Interviews machen können«. Walde unterwies Heidemann im Geheimdienst-Jargon.

Als »Zielperson« seien von Buchner und der MfS-Bezirksverwaltung Dresden »abgeklärt« worden: Eine »Pfarrersfrau, deren Mann eine ausführliche Dorfchronik geführt« habe, die »Bürgermeistersfrau Marta Göbel, die für die Grabpflege« sorge sowie der »Tischler Ernst Grossner, in dessen Wald der Absturz« gewesen sei. Walde ausgesprochen Stasi-fromm: »Alle drei seien im Rentenalter, Mitbringsel seien angebracht.« Dann werde der vom MfS vorprogrammierte Ernst Grosser »noch die Absturzstelle zeigen, die sonst am falschen Platz vermutet würde«.(184) Mit dieser Stasi-Order im Kopf landete der Ressortleiter des STERN in Hamburg.

Am 25. Mai 1981 flog Heidemann nach West-Berlin, das Diktat des Tagebuch-Kommandeurs Walde war ihm auch schriftlich eingebleut worden. Am nächsten Tag fuhr Heidemann, der im West-Berliner Arosa-Park-Hotel übernachtete, mit dem Taxi beim Ost-Berliner Palast-Hotel vor. Walde hatte logistisch hervorragend vorbereiten lassen, Oberst Buchner und Peter Zabern kamen nur mit einigen Minuten Verspätung. Vor allem Buchner schien enttäuscht gewesen zu sein, daß Walde dieses Mal nicht mitgekommen war, hatte er doch mit ihm noch andere Dinge besprechen wollen. Heidemann hatte seinen Vorgesetzten mit Arbeitsüberlastung entschuldigt.(185)

Der STERN-Reporter stieg ein in einen weißen Mercedes 200 mit dem Kennzeichen IY-75-68. Peter Zabern steuerte das West-Auto. In Pirna wurde gestoppt, in unmittelbarer Nähe der MfS-Kreisdienststelle. Buchner stieg aus, kurze Zeit später rollte ein brauner Trabi vor. Zabern sollte ihm hinterherfahren. Das stinkende

Stasi-Domizil *(bei Königstein): Plumpsklo mit Herzchen in der Tür*

DDR-Vehikel juxte über die Dörfer, gesteuert von einem »Jürgen«, einem stämmigen Burschen, Anfang Vierzig. Sie rumpelten auf einer verbotenen Straße durch den Forst Richtung Gorisch. Heidemann: »Da darf ein normaler Autofahrer gar nicht fahren.«

Zwei Kilometer vor der Grenze zur Tschechoslowakei, mitten in einem Märchenwald mit Tannen- und Fichtenbäumen und Felsbrocken, stand ein einsames Jagdhaus, teils aus Holz, teils aus Stein, mit spitzem Dach. Dort erwartete der Stasi-Angehörige »Werner« den Gast aus dem Westen und die Kollegen aus der Ost-Berliner Zentrale in der Normannenstraße. »Werner« figurierte als Hausdiener. Er mußte die Betten machen, kochen, abwaschen, Staub wischen. Heidemann: »Der war sehr lustig, mehr eigentlich ein Typ Berliner.«

Der STERN-Reporter erhielt ein Doppelbett-Zimmer zugewiesen. Eine Dusche existierte nicht, nur ein kleines Waschbecken. Vor dem Haus ein Plumpsklo, stilecht mit Herzchen in der Tür. Das Stasi-Auto wurde mit Sackleinen abgedeckt, damit die betriebsame Anwesenheit in dieser einsamen Gegend nicht etwa von Spaziergängern entdeckt werden konnte. Es wurde zu Tisch gebeten. Heidemann: »Ich habe noch nie in meinem Leben soviel essen müssen.«(186)

Die üppigen Speisen wurden aus Gorisch herangekarrt, aus einem der unzähligen Gästehäuser des DDR-Ministerpräsidenten Willi Stoph, von dort morgens auch das Frühstück besorgt: kleine Steaks, Würstchen, Eier, sämtliche bekannten Sorten Schinken, Käse, Wurst, Schnaps, Nordhäuser Korn. In der ersten Nacht wurde bis zum Umfallen gezecht, bis zwei Uhr, »bis die alle stinkbesoffen waren« (Heidemann). Buchner klärte Heidemann auf:

In den vergangenen Monaten seien Beauftragte des Ministeriums für Staatssicherheit, Männer der Bezirksverwaltung in Dresden, Angehörige der Kreisdienststelle in Pirna, sehr vorsichtig in Börnersdorf vorgegangen. Der Tischler beispielsweise sei unter einem Vorwand angesprochen worden. Dann seien Listen der Einwohner von Börnersdorf aufgestellt worden, nicht jeder einzelne Name zu verifizieren gewesen, da die Papiere teilweise vernichtet seien oder von den polnischen Kollegen in den ehemaligen deutschen Ostgebieten nicht zu beschaffen waren. Und schließlich packte Herbert Buchner wieder aus: Ob Heidemann eigentlich wisse, daß er hier auf »historischem Boden« sitze. Heidemann hob die Achseln. Tja, lallte Buchner, diese Hütte habe bis 1945 dem Gauleiter von Sachsen, Martin Mutschmann, gehört, den die Russen verhaften konnten und den die deutschen Kommunisten im Juni 1948 in einen Käfig gesperrt und wie im Mittelalter durch die zerbombte Elbmetropole gefahren haben. Buchner gab preis:

Mutschmann habe sich das Haus durch den Reichsarbeitsdienst erbauen lassen, hier auf Hirsche geschossen, die armen Tiere mit aus dem Fenster hinausgeworfenen Äpfeln angelockt, »wenig waidmännisch«, fand der Stasi-Oberst, ohne zu wissen, daß sein Minister Mielke ähnlich verfuhr. Herausgekommen war dies alles nach der Wende. Später habe sich der lokale MfS-Fürst in Pirna die Immobilie unter den Nagel gerissen. Dem sei das Gebäude aber zu klein gewesen, weshalb er es aus- und umbauen ließ. Nun hieße diese originelle Stasi-Erholungsstätte »Grenzbaude«. Den Verfügungsberechtigten lernte Heidemann auch noch kennen: er nannte sich »Peter« und trat als Oberst auf, ein freundlicher Dicker.(187)

Aber es wurden nicht nur schmackhafte Forellen gegrillt und hochprozentiger Schnaps getrunken, es mußte auch gearbeitet werden, schließlich war Heidemann wegen der Interviews in die tiefste DDR-Provinz gereist. Ein vom Stasi instruierter Taxifahrer sollte Heidemann voranbringen. Buchner: »Der wird keine Fragen stellen.« Heidemann wurde vom Stasi nach Königstein gefahren. Dort stieg Heidemann in das Taxi. Der Chauffeur hielt erst wieder in Börnersdorf, an der Kirche vor dem Friedhof. Und dann setzte Gerd Heidemann die vom Stasi über Thomas Walde auferlegte Legende brav um:

Gerd Heidemann gab sich nicht als Journalist des STERN zu erkennen, sondern er erklärte seinen Börnersdorfer Gesprächspartnern, er sei ein Neffe des bei dem Flugzeugabsturz ums Leben gekommenen Max Fiebe. Dies tat er mit der Genehmigung der Witwe, von der sich Heidemann obendrein noch einen Brief schreiben ließ, aus dem die angebliche verwandtschaftliche Beziehung hervorging. In Börnersdorf suchte Heidemann zuerst Gertrud Göbel auf, die Schwiegertochter des früheren Bürgermeisters, die — so Heidemann fröhlich zu Walde zwei Jahre vor dem Fälschungstestat der Tagebücher — »das Grab 'meines Onkels' betreute«.(188)

In Börnersdorf überreichte Gerd Heidemann Präsente, ganz so, wie der Stasi es Walde aufgetragen hatte: ein Pfund des begehrten West-Kaffees wechselte den Besitzer, ein anderer erhielt ein Pfund der kostbaren Bohnen plus einhundert West-Mark, der Taxifahrer statt drei Mark Ost Wartegeld einhundert Mark Ost. Heidemann verteilte Visitenkarten ohne STERN-Aufdruck, für den Börnersdorfer Ausflug hatte ihm der Verlag die Herstellungskosten erstattet.(189)

Kaum stand das Aus der Tagebücher fest, fielen Heidemanns Kollegen in Börnersdorf ein, der SPIEGEL hielt die »Einschleichrecherche« Heidemanns fest, tat sie als abscheulich ab. Das Nachrichtenmagazin wußte freilich nicht, daß Walde diese Taktik mit dem Ministerium für Staatssicherheit eingefädelt hatte, daß Heidemann nur das ausführte, was Walde geplant hatte. Walde, so schien es, war ohnehin mehr an den Stasi-Persönlichkeiten als an den Ergebnissen in Börnersdorf interessiert. Am 2. Juni 1981 eilte er zu Heidemann in die Elbchaussee und erkundigte sich als erstes nach den von Heidemann umgesetzten »Legenden«: »Und das haben die (in Börnersdorf) alles so akzeptiert?« Heidemann: »Ja.«

Heidemann teilte Walde seine Einschätzung der Mitarbeiter des Stasi mit. Walde: »Was hast du für einen Eindruck, was die beiden aus Pirna waren? Sind das Leute analog Verfassungsschutz, die da nach innen horchen oder sind das Leute, die nach drüben (in die Bundesrepublik) horchen?« Walde hätte nicht nachfragen müssen, Heidemanns Begleiter hatten (bis auf Buchner) nichts mit dem DDR-Spionageapparat zu tun, die Hauptverwaltung Aufklärung war im Gegensatz zum BND ausschließlich im Ausland tätig. Der Reporter wußte es darum besser: »Nur nach innen.« Auch auf den Sohn von Markus Wolf kam das Gespräch.

Heidemann: Da habe Peter Zabern einmal Holz in den Kamin geworfen, der dem lokalen Stasi-Chef in Pirna gehörte. Darauf meinte der eine Stasi-Mann zum anderen: »Hoffentlich meckert der nicht mit uns.« Antwort: »Der wird schon nichts sagen, denn schließlich ist er ja der Sohn von Markus. Der wird sich hüten, etwas zu sagen.« Walde ganz begeistert: »Also eine Bestätigung?« Heidemann nüchtern: »Ja. Ich habe Grüße an seinen Vater bestellt. Und 'Mischa' hat auch Grüße bestellt, die haben ja immer miteinander telefoniert.« Walde: »Ist das wahr?« Heidemann: »Ja.« Zu guter Letzt wollte Walde den Stasi-Alltag kennenlernen.

Walde: »Sag' mal, was hattest du für einen Eindruck, was die den ganzen Tag machen?«

Heidemann: »Die haben mich alle betreut.«

Walde: »Ja gut. Also Peter (Zabern) war mit dir mit. Aber was machten die anderen den ganzen Tag? Du warst ja der einzige, der den ganzen Tag gearbeitet hat.«

Heidemann: »Herbert (Buchner) hat immer mit 'Mischa' telefonieren müssen.«

Walde: »Was sagt er denn von dem — der 'Alte' oder?«

Heidemann: »Mal sagte der 'Mischa', mal sagte er der 'Große' und mal sagte er 'Markus'.«

Und die kleinen Mitbringsel, die STERN-Geschenke für die Staatssicherheit? Die lagen Walde besonders am Herzen.

Walde: »Sag mal, haben sie sich denn über die Angelhaken und den Krams gefreut?«

Heidemann: »Ja. Die haben sich sehr gefreut, besonders über das Taschenmesser. Und die Angelhaken hat der Herbert (Buchner) noch mit 'Werner' geteilt. Für dich haben sie mir ein Buch mitgegeben: 'Vom Rosenkranz zur Roten Kapelle'.«

Walde: »War Herbert (Buchner unter den anderen Stasi-Kollegen) der Gleichrangige? Merkte man das im Gespräch? Oder hat er den Peter (Zabern) hofiert, weil er der Sohn von 'Mischa' ist?«

Heidemann: »Er hat den Peter ein bißchen hofiert.«

Heidemann machte Walde den Mund auch noch durch lukullische Detailschilderungen wässerig, denn Herbert Buchner war nicht nur Stasi-Oberst, sondern auch ein ausgezeichneter Koch: Der habe eine »tolle Sauce« gezaubert, »dann fingen wir an, Fleisch zu grillen. Als wir damit fertig waren, sagten sie: 'So, jetzt holen wir das Abendessen.' Und dann kamen sie damit aus dem Gästehaus von Stoph: Lendenbraten mit verschiedenen Gemüsesorten. Ich konnte ja nicht immer nur nein sagen, deshalb habe ich wahrscheinlich einige Kilo zugenommen.«

Walde: »Herrlich.«

Heidemann: »Das sind alles Säufer.«

Walde: »Hat (Peter) Zabern geraucht?«

Heidemann: »Wie ein Schlot.«

Walde: »Sag' mal, wenn der Oberst (aus Pirna) da war, hat der denn überhaupt ein Gespräch geführt und fragte er nach der (Börnersdorfer) Sache? Ließ er sich berichten?«

Heidemann: »Ja. Aber dem war schon berichtet worden.«(190)

Und was gab es sonst noch Neues?

Buchner bot Heidemann Kartenmaterial über angebliche Raketenstellungen der Amerikaner in der Bundesrepublik an. Er sollte die brisanten Unterlagen für Walde mit nach Hamburg nehmen. Heidemann aber schüttelte den Kopf: das Ministerium für Staatssicherheit möge die Unterlagen bitteschön direkt an den STERN senden, »z. Hd. Herrn Dr. Walde«. Buchner fand die Idee nicht schlecht, heuchelte für Heidemanns prompte Ablehnung Verständnis. Dann müsse aber ein Absender gefunden werden, insistierte Buchner. Auch hier konnte Heidemann sofort helfen: Der Staatssicherheitsdienst möge die italienische Geheimloge »P2« auf den Umschlag schreiben und die Fracht gleich in Rom in den Kasten stecken. Was geschah?

Der Stempel trug das Datum vom 11. Juli 1981. Das Kuvert war in der Tat in der italienischen Hauptstadt zur Post gegeben worden. Nur war der Brief jetzt nicht an Walde, sondern an Heidemann adressiert, mit einem fingierten Absender, ohne »P2«.(191) Mit dem MfS-Material marschierte Heidemann umgehend zu Walde. Der fertigte erst einmal fleißig Photokopien von den Ost-Berliner Papieren an. Anschließend rief er das Hamburger Landesamt für Verfassungsschutz an, denn die heiße DDR-Dokumentation wollte er nicht mehr in Händen halten. Die Mitarbeiter aber waren gar nicht begeistert, verwiesen statt dessen an den für Walde zuständigen MAD. Der wiederum mißtraute dem STERN-Mann bereits seit längerem, der Hamburger MAD-Kapitänleutnant Dau sprach inzwischen sogar resig-

Stasi-Chef Erich Mielke *(mit dem Agentenehepaar Guillaume): »NS-Täter waren in der Organisation Gehlen«*

nierend von »Arbeitsverbindungen« zum MfS.[191a] Die Raketen-Informationen waren nicht in allen Punkten richtig, also eine Desinformation des rührigen MfS. Sie gelangte trotzdem in die Spalten des STERN, wo Peter Koch sie in seine Rüstungsserie einfließen ließ.[192]

Geheimdienste übten auf Thomas Walde anscheinend eine unbeschreibliche Faszination aus. Zwar war er, dank der Tagebücher, überbeschäftigt, aber Zeit für die eine oder andere Meldung über dieses Metier hatte er immer übrig. Oft standen von Walde produzierte Leckerbissen im STERN:

Anläßlich der Auslieferung des ehemaligen SS-Hauptsturmführers Klaus Barbie an die Franzosen hob Walde unter der platten Überschrift »Nazi-Agenten« einen Artikel in den STERN, der SS-Chargen beim Namen nannte, die beim Bundesnachrichtendienst untergekommen sein sollten. Der SS-Oberführer Friedrich Panzinger zum Beispiel, ehemaliger Regierungsdirektor im Reichssicherheitshauptamt, von den Russen jahrelang während der Kriegsgefangenschaft über die alten Kameraden ausgefragt, wollte nach seiner Entlassung in die Bundesrepublik vom BND eingestellt werden. Doch Reinhard Gehlen sah in Panzinger, und damit lag er nicht verkehrt, ein »permanentes Sicherheitsrisiko«. Statt auf die Gehaltsliste des BND zu geraten, hatte sich Panzinger das Leben genommen. Dennoch dichtete Thomas Walde ihn als hauptamtlichen Mitarbeiter in sein »BND-Gruselkabinett«, und er fabulierte zudem noch einen Doktortitel Panzingers herbei.[193] Immerhin machte dieses STERN-Märchen Furore, die SCHWÄBISCHE ZEITUNG kostenlose Werbung für den STERN auf Kosten des BND: »NS-Täter waren in der Organisation Gehlen.«[194] In Pullach avancierte Walde, vor allem nach diesem Schuß, zur Unperson. Dabei war er gelegentlich nicht ohne Humor — nur seine Person durfte nicht im Mittelpunkt stehen.

Waldes MfS-Persönlichkeit, der unermüdlich ackernde und strebsame Oberst Herbert Buchner, hatte nur selten ein Wort über seinen Minister Erich Mielke verloren, statt dessen bei jeder sich ihm bietenden Gelegenheit sein Idol Markus Wolf hochgehalten. Der solcherart ignorierte Stasi-Boß, längst pensionsüberfällig, kam anläßlich seines fünfundsiebzigsten Geburtstages im Dezember 1982 zu plötzlichen Walde-Ehren, denn die SÜDDEUTSCHE ZEITUNG meldete in der Rubrik Personalien den antiquarischen Jahrestag. Walde trennte die Zeitungsseite heraus und notierte für Heidemann: »Vergiß nicht, Deinem Chef zu gratulieren.«[195] Ein Scherz für Kenner.

Als Gerd Heidemann noch folgsam ausführte, was Thomas Walde ihm aufgetragen hatte, da war der Ressortchef des STERN sehr zufrieden. Doch als sich die Tagebücher Adolf Hitlers als die Tagebücher von Konrad Kujau herausstellten, nahm Thomas Walde Gerd Heidemann gegenüber eine äußerst interessante Position ein. Vor und während des Tagebuch-Prozesses kam ihm eine eigenwillige Überlebensstrategie in den Sinn:

Seinen Untergebenen ließ er im Regen stehen, fortan schien er sich nur auf seine Erinnerungslücken zu konzentrieren, da nun auch die verdrießlichen Zusammenkünfte mit Stasi-Offizieren nach und nach an die Öffentlichkeit drangen. Zurückhaltung schien das Gebot der Stunde. Dies fiel prompt der HAMBURGER MORGENPOST auf: Waldes Geschichten seien »zeitlos schön. Nur wenn's spannend würde, kann er sich leider nicht mehr erinnern«.[196] Auch der vorübergehende Geheimdienst-Kenner Uwe Bahnsen schüttelte, in der WELT, mit dem Kopf: Thomas Walde habe »häufig Probleme mit dem Gedächtnis und greift gern zu der Formel, er wolle dies und jenes nicht ausschließen, aber festlegen könne er sich nicht«. Bahnsen unerschrocken: »Dem Dr. Thomas Walde hat im Verlag Gruner

Der Zeuge Walde und seine „wenig ergiebigen“ Aussagen

Presse-Prozeß-Resonanz

(44) 15/84

B e s c h l u ß

Der Antrag der Verteidigung des Angeklagten Kujau vom 9. Oktober 1984 – Anlage 11 des Hauptverhandlungsprotokolls – wird abgelehnt.

gibt es offensichtlich Bereiche, für die auch heute noch ein berechtigtes Geheimhaltungsbedürfnis besteht. Zu nenen sind/beispielsweise die Recherchen in der DDR.

Das Material, dessen Beschlagnahme begehrt wird, unterliegt daher wenigstens teilweise dem Beschlagnahmeverbot. Da diese Teile nicht zu bezeichnen und damit auszusondern sind, entzieht sich das gesamte Material der Beschlagnahme.

Durch die Strafanzeige, die der Herausgeber des Stern erstattet hat, und durch Auskünfte und Aussagen leitender Mitarbeiter des Hauses Gruner + Jahr wird zwar für Teile des Geschehens ein Geheimhaltungsrecht mittlerweile/nicht mehr anerkannt werden können. Es hat jedoch der in § 53 Abs. 1 Nr. 5 StPO benannten Mitwirkenden für sich selbst zu entscheiden, ob er sich auf sein Zeugnisverweigerungsrecht berufen will. Die Entscheidung kann ihm durch das Verhalten anderer, auch vorgesetzter Mitarbeiter/grundsätzlich nicht abgenommen werden. Im übrigen

Presse-Prozeß-Resonanz

Gerichtsbeschluß *(Kasten Mitte): Geheimhaltungsbedürfnis für Recherchen des STERN in der DDR*

Mein Name ist Walde, ich weiß von gar nichts

+ Jahr niemand einen Revolver hingelegt.«(197)

Herbert Riehl-Heyse, die beim STERN als Chefredakteur verunglückte »Edelfeder«, nahm sich den ehemaligen Kollegen Walde in der SÜDDEUTSCHEN ZEITUNG vor: Der Tagebuch-Prozeß käme »nun langsam in seine entscheidende Phase, und wir merken das zum Beispiel auch daran, daß neuerdings Thomas Walde einen Kollegen, der für den STERN den Prozeß beschreibt, nicht mehr grüßt, nur weil dieser ... versucht hat, ihn, Walde, zu dem Hauptverantwortlichen der Affäre hochzustilisieren«. Riehl-Heyse meinte Jürgen Steinhoff, der in der Tagebuch-Revisionsabteilung den STERN auftragsgemäß zu rehabilitieren hatte. Riehl-Heyse schätzte Walde so ein, wie er ihn nicht unrichtig in Erinnerung hatte: »Es ist nicht leicht, Walde zu beschreiben, gerade nicht für einen Journalisten, der angereist ist, um zu sehen, wie ein anderer Journalist von den schwärzesten Tagen seiner beruflichen Laufbahn erzählt.«(198) Soviel eingestanden aber hatte Walde in Wahrheit gar nicht. Er hätte zwar mehr enthüllen, doch dieser Freimut ihn möglicherweise die Position bei der Ufa kosten können, auf den Eigner Bertelsmann den einstigen STERN-Journalisten abgestellt hatte. Auf dieses Gleis war Walde vom STERN geschoben worden. Andere Angebote lagen ihm wohl nicht vor.

Als Zeuge im Tagebuch-Prozeß gab Walde darum zurückhaltend zu, »mit Heidemann und zwei MfS-Leuten nach Dresden« gefahren zu sein, gab lediglich an, »mit dem Stasi gesprochen« zu haben.(199) Walde verschwieg jedoch, daß er Gerd Heidemann immer wieder zur flinken Tagebuch-Beschaffung angetrieben hatte, der Öffentlichkeit enthielt er vor, daß er Heidemann auf den angeblich noch lebenden Martin Bormann gehetzt hatte, niemanden von der Presse hatte er jemals darüber aufgeklärt, daß er fast um über eine Million Mark reicher geworden wäre, wenn die Tagebücher echt gewesen wären und die Honorarverhandlungen mit Gerd Schulte-Hillen anders verlaufen wären. Statt dessen produzierte er Gegendarstellungen wie am Fließband an jene Verlage, die versuchten, sein merkwürdiges Zusammenspiel mit dem MfS aufzudecken.

Thomas Walde habe nach Ansicht des SPIEGEL-Mitarbeiters Günther F. Koch — er hatte fast sämtliche Tage des Tagebuch-Prozesses verfolgt — »einen sehr guten Eindruck« gemacht und sei als »guter, klarer Mann« im Gerichtssaal aufgetreten.(200) Dieses Bild wäre möglicherweise zerstört worden — hätte die Tagebuch-zuständige Große Strafkammer 11 des Hamburger Landgerichts nicht einen Beschluß mit einer skandalösen Begründung gefaßt, die entlarvenden internen Protokolle des STERN-Untersuchungsausschusses nicht als Beweis zuzulassen. In diesen Papieren kämen, so zuckten die ängstlichen Staatsdiener zusammen, »offensichtlich Bereiche (vor), für die auch heute noch ein berechtigtes Geheimhaltungsbedürfnis besteht. Zu nennen sind beispielsweise die Recherchen in der DDR«.(201)Diese dubiose Entscheidung zugunsten des STERN, ausgerechnet zugunsten des Ministeriums für Staatssicherheit, führte der STERN-Leser Hans-Ulrich Schroeder herbei, der Vorsitzende Richter. Darüber wird einer nicht traurig gewesen sein: Thomas Walde, der Mann, der freiwillig mit Offizieren des einst so mächtigen und einflußreichen DDR-Geheimdienstes verkehrte.

Thomas Walde wußte, was er tat.

Fiasko-Titel des G + J-Flaggschiffes *(April 1983)*
Rechts: **Konrad Kujau als Hilfsarbeiter** *(1966)*

DER STERN SETZT AUF DIE TAGEBÜCHER DES ADOLF HITLER

Jugendlicher Verwandlungs-künstler Kujau *(in der DDR): »Ich bin Leutnant der Volksarmee gewesen«*

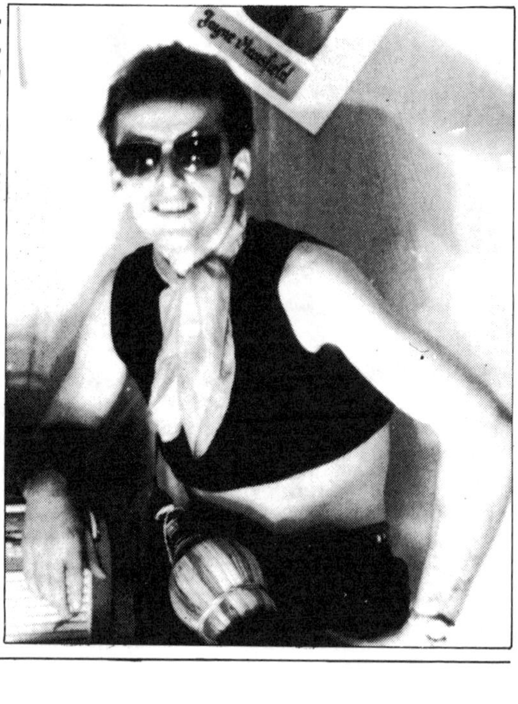

Jugendlicher Verwandlungs-künstler Kujau *(in der DDR): »Zuletzt diente ich in der Volksarmee als Unteroffizier«*

»SEINE EINSTELLUNG ZUR DDR UND SOWJETUNION IST POSITIV« oder: Konrad Kujau entwickelt kriminelle Energie

Rastlos eilten in Stuttgart die Menschen durch die Einkaufsstraßen. Es war langer Sonnabend und zehn Tage vor Heiligabend. Eduard Zimmermann, dessen Charme nur noch von einem Betonmischer unterboten werden kann, moderierte tags zuvor seine letzte »Aktenzeichen XY ... ungelöst«-Sendung für das Jahr 1974. Erneut präsentierte er einen unaufgeklärten Mord. Im ZDF zeigte er die von der Polizei aufgefundene Tatwaffe. Wer, so lautete seine übliche Fangfrage, habe diese Pistole schon einmal gesehen? In diesem Augenblick blendete das ZDF die Telephonnummern der Aufnahmestudios ein. Einige Stunden später meldete sich ein »Hinweisgeber« (so die Stuttgarter Kripo, »Dienststelle 1«), der sich erinnerte, »daß die in der Fernsehsendung gezeigte Tatwaffe ihm bei einem Mann namens Kujau aufgefallen« sei.[1]

Der anonyme Anrufer (»Name bekannt, jedoch Vertraulichkeit zugesichert«)[2] wurde dreimal (am 6., 26. Februar und 2. April 1975) von der Polizei vorgeladen,[3] dabei gewann der Sachbearbeiter, Kriminalassistent Bender, »den Eindruck, daß der Hinweisgeber offensichtlich daran interessiert ist, nach besten Kräften mit der Polizei zusammenzuarbeiten, jedoch seine Aussage durch sein mangelndes Erinnerungsvermögen stark in der Qualität eingeschränkt ist«.[4] Dennoch rückten Beamte zu dem denunzierten Konrad Kujau aus, den die Kripo als Peter beziehungsweise Konrad Fischer bereits in den Akten führte.

»Bei der Durchsuchung der Geschäftsräume des Konrad Kujau in Stuttgart-1, Aspergstraße 20«, so protokollierte der Kriminalhauptkommissar Kögel unter dem Aktenzeichen 1-1791/75, »wurden ca. 100 Schuß verschiedene Munitionssorten, darunter ca. 50 Schuß gegurtete MG-Munition beschlagnahmt.« Der frühe Fund ließ noch eine andere Behörde aktiv werden, denn der Beamte Kögel vermißte die Gewerbeanmeldung. Noch am selben Tag informierte er (»Betr.: Nichtanmeldung von stehendem Gewerbe bei der zuständigen Gewerbebehörde«) das Stuttgarter »Amt für öffentliche Ordnung«, »daß Konrad Kujau unter dem Namen Fischer seit geraumer Zeit ein sog. Militaria-Geschäft ... betreibt«: »Soweit hiesiger Dienststelle bekannt ist, hat Kujau dieses Geschäft nicht bei der zuständigen Behörde angemeldet.«[5]

Der Unbekannte erzählte, daß er Kujau als Fischer kennengelernt habe. Er habe ihm »3 oder 4 Pistolen vorgelegt« (»Diese habe ich angefaßt«); eine »Radon« hätte er sogleich mitnehmen können — wenn er 600,- bis 700,- DM bezahlt hätte. Dann enthüllte ihm Fischer/Kujau noch, daß »viele Polizisten bei ihm Pistolen kaufen« würden.[6] Hatten die Ordnungshüter das nötig?

Die Tatwaffe, stellte der Kripo-»Schlußbericht« schließlich fest, stammte nicht von Kujau (»In der Zwischenzeit konnte ein Bezug zu dem Doppel- und Raubmord ... ausgeräumt werden«), allerdings beschlagnahmten die Fahnder während der Hausdurchsuchung »2 nicht registrierte Feuerwaffen, sowie eine größere Menge Munition«. Konrad Kujau wurde erneut mit einem Strafverfahren konfrontiert: wegen unerlaubten Waffen- und Munitionsbesitzes. Und da er, wie sich während der Durchsuchung herausstellte, weder Umsatz- noch Gewerbesteueranmeldungen dem für ihn zuständigen Finanzamt Stuttgart II eingereicht hatte, bekam er es umgehend mit der Steuerfahndung zu tun.(7) Konrad Kujau war auch diesmal nicht davongekommen.

Kujaus Strafakten wuchsen in der Bundesrepublik Jahr für Jahr in steter Regelmäßigkeit Zentimeter um Zentimeter. Selbst die Volkspolizei in der DDR hatte sich mit Kujaus krimineller Energie beschäftigen müssen. Zeit seines Lebens blieb Konrad Kujau ein Hochstapler und — bis zur Fälschung der Hitler-Tagebücher — nur ein fünftklassiger Gauner, trat er niemals als Leisetreter auf, sondern sehnte sich nach Anerkennung, die ihm niemand zuteil werden lassen wollte. In Wahrheit entpuppte sich Konrad Kujau als kleinkarierter Erbsenzähler, den nur eins vorwärtstrieb: seine unglaubliche Geltungssucht.

Konrad Kujau wurde am 27. Juni 1938 in Löbau, Kreis Dresden, geboren. Sein Vater Richard war Schuhmacher, seine Mutter Hertha Hausfrau. Seit seiner Jugend litt Konrad Kujau darunter, daß sein Vater nur ein »einfacher« Handwerker war, ihm schien der Beruf ausgesprochen peinlich. Deshalb beförderte er seinen Vater zum »Techniker«, der während des Dritten Reiches bei den geheimnisvollen »V-Waffen war«.(8) Er selbst hatte unentwegt mit Polizei und Kripo zu tun, die schließlich selbst den Überblick verlieren sollten. Das Bundesstrafregister in Berlin-Charlottenburg registrierte Konrad Kujau einmal als »Beifahrer«, ein anderes Mal als »Zeichner«, dann wieder als »Gebäudereinigungsmeister«, ein weiteres Mal »ohne Beruf«, alsbald wurde er »Reklamezeichner«.(9) Doch nicht nur die bundesdeutschen Behörden gerieten bei dem Lebenslauf Kujaus in Kalamitäten, sondern zuvor hatten auch die Dezernate in der DDR mit Kujau ihre Probleme:

Sein FDJ-Mitgliedsbuch (Nr.: 1.690.717) notierte als Geburtstag nicht den 27. Juni, sondern den 27. Oktober 1938; sein DDR-Personalausweis (Nr. XII 1825472) dokumentierte in der Rubrik »Erlernter Beruf«: Bauschlosser; der Versicherungsausweis der Sozialversicherung (»Kreisgeschäftsstelle Löbau«) hingegen hielt eine abgebrochene Lehre fest, die er am 1. September 1954 begonnen hatte, um sie dann aber im Jahr darauf eine Woche nach seinem 17. Geburtstag abzubrechen. Kujau, so schien es, fühlte sich zu Höherem geboren.(10)

Bis 1952 besuchte er die Grundschule Ruppersdorf im Kreis Löbau. Zwei Jahre lang saß er in der Löbauer Preuskerschule (Kujau: »Sogenannte Mittelschule«), die er am 4. Juli 1954 nach der achten Klasse verließ. Das Grundschul-Abschlußzeugnis, zur mittleren Reife hatte er es nicht gebracht, legte bloß, was Kujau später zustatten kommen sollte: Im Zeichnen hatte er die Note »Sehr gut«, die Gegenwartskunde bestand er mit einer Zwei. Dokumentiert ist auch Konrad Kujaus damaliges Betragen: »Das Verhalten gab Anlaß zu Tadel.« Zwar bemühte er sich, »seine Leistungen zu verbessern«, »im Unterricht arbeitete er rege mit«, aber auf die »Klasse übte er einen starken, zum Teil negativen Einfluß aus«.(11) Kujau ein Klassenkamerad des Feuerzangenbowlen-Pfeiffers? Mitnichten.

Sein Vater, Soldat bei der Wehrmacht, wurde als vermißt gemeldet, seine Mutter schlug sich mit Gelegenheitsarbeiten durch. Der ältere Bruder Heinz unterstützte die Familie nur gelegentlich, die jüngere Schwester Doris ging noch zur Schule. Konrad Kujau mochte nicht arbeiten; er wußte nicht, was er machen sollte. Schließlich ließ er sich zu einer Bauschlosserlehre bei der noch nicht enteigneten Firma Ernst Güttler in Neugersdorf überreden. Nur elf Monate hielt er die Knochenarbeit aus, verdient hatte er bis dahin ganze 332,- Ost-Mark. Über ein halbes Jahr lang lag er seiner Mutter auf der Tasche. Erst als kein Geld mehr da war, ließ er sich als Packer im volkseigenen Textilveredelungswerk Löbau einstellen. Auch hier gab er den Job, nach nur fünf Wochen, auf. Diesmal hatte Konrad Kujau 248,65 Ost-Mark Lohn bezogen. Es folgte ein Monat erneuter Arbeitslosigkeit. Als der Dachdeckermeister Gerhard Koch eine Hilfskraft suchte, entschied er sich für Kujau. Doch nur acht Wochen führte der Handwerker ihn in seiner Lohnliste. Sechs Wochen Arbeitslosigkeit folgten, bis ihn die volkseigene Malzfabrik einstellte. Diesmal arbeitete der unstete Kujau gerade zwei Wochen. In Löbau hatte es sich inzwischen herumgesprochen, daß Konrad Kujau alles andere als zuverlässig war. Niemand mochte ihn mehr beschäftigen. Erst das Großhandelskontor Obst und Gemüse gab ihm nochmals eine Chance. Nach neun Monaten vergeblicher Jobsuche konnte Kujau dort als Lagerarbeiter anfangen. Doch er war wohl nur einige Stunden tätig, denn ausbezahlt bekam er keinen Pfennig.(12)

Der Löbauer FDJ-Ortsgruppenleiter Geißler bescheinigte in einer »Beurteilung« dem »Jugendfreund Kujau, Konrad« (»Seit 1951 Mitglied der Freien Deutschen Jugend«), daß er in »der gesellschaftlichen Arbeit ... gute Leistungen und rege Mitarbeit« zeige, daß »seine Einstellung zur DDR und der (Sowjet-Union) ... positiv«, und »er bemüht (sei), seine gesellschaftlichen und politischen Kenntnisse zu vertiefen«, die er in seiner Funktion als »Org-Leiter« im Kreisklubhaus »Oswald Richter« in der Löbauer Kirschallee 1 »zum Ausdruck« brachte. Da sei, so benotete der FDJ-Funktionär Geißler, seine politisch-moralische Haltung »gut«.(13) Doch längst hatte Kujau einen ganz anderen Weg eingeschlagen: Er wurde ein erstes Mal beim Klauen erwischt.

Am 18. April 1957 ließ er ein Mikrophon (Wert: zirka 40,- Ost-Mark) mitgehen. Er wurde von der Volkspolizei in die Zelle gesperrt, verhört, schließlich wieder freigelassen. Die Kujau-Akte ging routinemäßig zur Bezirksverwaltung des Ministeriums für Staatssicherheit nach Dresden. Dort stießen die Beamten auf allerlei Ungereimtheiten: Wo hatte Konrad Kujau sich in den vielen Monaten seiner Arbeitslosigkeit herumgetrieben? Wovon gelebt? War er möglicherweise Agent der von den Amerikanern finanzierten Terror-Organisation »Kampfgruppe gegen Unmenschlichkeit«, die fast ausschließlich auf jugendliche Zuarbeiter setzte und nicht davor zurückschreckte, Minderjährige zu verheizen? Jetzt liefen gegen Kujau zwei Ermittlungsverfahren: ein konspiratives von seiten der DDR-Staatssicherheit, ein strafrechtliches von seiten des Kreisgerichts Löbau. An der Hauptverhandlung vor dem Kreisgericht wollte Kujau nicht teilnehmen; im Juni 1957 floh er deshalb »aus politischen Gründen« in die Bundesrepublik.(14)

Diese Vergangenheit mochte Konrad Kujau im Westen niemandem erzählen, er steckte voller Komplexe wegen seines Elternhauses, wollte mehr sein. Kujau entpuppte sich als begnadeter Märchenerzähler, denn immer, wenn er es in der Bundesrepublik mit der Kripo zu tun bekam, log er, daß sich die Balken bogen:

Als er am 14. März 1968 von Beamten des Fahndungsdienstes in Stuttgart als Peter Fischer aufgegriffen wurde, tischte er seinen Vernehmern nicht das erste Mal eine ungeheuerliche Geschichte auf: »Ich bin zuletzt bei der Nationalen Volksarmee der DDR in Berlin-Niederschönweide, Offiziersschule Rosa Luxemburg für ABC-Abwehrwaffen (»Lager: Kali-Chemie«) als Leutnant gewesen.« Derartiger Unsinn fiel den schwäbischen Kripo-Männern selbstverständlich nicht auf. Woher sollten sie DDR-Hierarchien auch kennen? Gespannt hörten sie sich deshalb Kujaus Geschichte weiter an: Da will er sich am 11. Dezember 1963 »unerlaubt in Zivil« von der Truppe entfernt haben, geriet aber mit seinen Erzählungen ins Schleudern und korrigierte sich: »Ich verließ die Schule zunächst in Uniform mit ordnungsgemäßem Urlaubsschein und zog mich später bei einem Bekannten in der Nähe der Warschauer Straße um, d.h. ich zog meine dort befindlichen Zivilsa-

Zweitschrift
679/301

DEUTSCHE
DEMOKRATISCHE REPUBLIK

PERSONALAUSWEIS

FÜR

Deutsche Staatsangehörige

XII -1825472

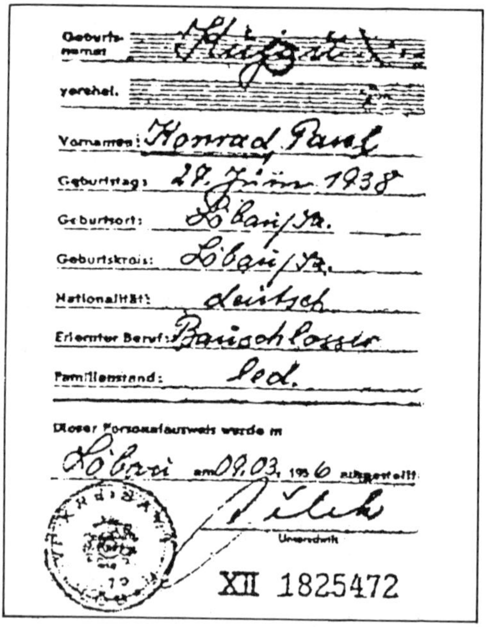

Geburtsname: Kujaus

verehel.:

Vornamen: Konrad Paul

Geburtstag: 27. Juni 1938

Geburtsort: Löbau/Sa.

Geburtskreis: Löbau/Sa.

Nationalität: deutsch

Erlernter Beruf: Bauschlosser

Familienstand: led.

Dieser Personalausweis wurde in

Löbau am 09.03. 1956 ausgestellt.

Pilch

Unterschrift

XII 1825472

DDR-Personalausweis Kujaus *(von 1956): aus der DDR zu verschiedenen Zeiten geflohen* chen an in der Absicht, meinen Dienst bei der Nat. Volksarmee aufzugeben und nach Westberlin zu flüchten.«

Jeder westliche Nachrichtendienst wäre ins Schwärmen geraten, wäre Konrad Kujau tatsächlich NVA-Offizier gewesen. Doch es sollte noch dicker kommen: »Mir war zu Ohren gekommen, dass ich am gleichen Tage verhaftet werden sollte und nach Görlitz bzw. Bautzen verschoben worden wäre.« Wie hieß der Freund? Warum die angekündigte Festnahme? Wer hatte ihm etwas ins Ohr geflüstert? Der Kriminalhauptmeister Quindel fragte nicht nach, er hielt alles für möglich. So auch Kujaus Fluchtgründe: Die »liegen auf politischer Ebene«. Kujaus Ballade war aber noch nicht zu Ende. Einmal so richtig in Schwung, konzentrierte er sich weiter auf seine Stegreif-Reportagen:

Von Ost-Berlin will er über einen Hinterhof des volkseigenen Glühlampenwerkes tapfer in die kalte Dezember-Spree gesprungen sein, unbemerkt von den Mauer-Wächtern, »denn sonst hätten diese ja geschossen«. Kurz nach Mitternacht, als er sich aus dem Wasser zog, befand sich Kujau in Freiheit.

Selbstverständlich hatte er sich den Behörden nicht gestellt. Kujaus Kurzgeschichte: »Ich hatte Angst vor dem Laufpass, den Flüchtlinge aus dem Osten, speziell ehemalige Bedienstete der Volksarmee, bei Verhören usw. durchmachen müssen.« Ein älterer Kamerad aus Volksarmee-Zeiten soll, laut Kujau, ihm die nassen Kleider gegen trockene ausgetauscht haben. Er hieß angeblich Horst Krause, lebte angeblich in der Pfalzburger Straße 13 zur Untermiete bei einer Frau Egger. Krause nun hatte, noch am selben Tag, Kujau flink einen falschen Personalausweis auf den Namen Harald Fuchs besorgt, »welchen ich am 12.12.63 zum Abflug von Berlin-Tempelhof nach Westdeutschland benötigte«. Der Flug habe 69,- DM gekostet und »der bereits genannte Krause hatte mir insgesamt DM 150,- für die Flucht gegeben«. Den falschen Ausweis hatte Kujau, das versteht sich von selbst, ein Jahr später weggeworfen — »weil er total unbrauchbar war«.(15)

Gedankenlos, Seite für Seite, protokollierte die Stuttgarter Kripo Kujaus Fabeln. Keinem der Beamten kam die Idee, einmal nachzufragen, wie jemand innerhalb von nur wenigen Stunden einen gefälschten Personalausweis besorgen konnte. Niemand bat Kollegen in West-Berlin um Ermittlungshilfe, keiner nahm den Festgenommenen ins Kreuzverhör. Daß schließlich die Stuttgarter Kripo-»Dienststelle 7« dennoch die Wahrheit erfahren sollte, war nicht das Verdienst ihrer denkfaulen Beamten, sondern das des Erkennungsdienstes: die Fingerabdrücke Peter Fischers entpuppten sich schlicht als die des Konrad Paul Kujau. Diesmal trat der Kriminalmeister Wurst in Aktion, da sein Kollege Quindel mit Fischer/Kujau nicht mehr sprechen wollte:

»Mein richtiger Name ist 'Kujau'«, gab dieser zu, »und nicht 'Fischer'.« Warum er sich als Fischer ausgab, konnte Kujau anfangs »auch nicht genau sagen«, sagte es aber später schließlich doch: »Die falschen Personalien habe ich angegeben, weil ja mein früherer Chef gesagt hatte, ich würde von der Polizei gesucht.« Die DDR habe er verlassen, »weil es mir dort nicht gefallen hat«. Kein Wort über die bevorstehende Verurteilung wegen Diebstahls in der DDR, keine Silbe über sein gescheitertes Berufsleben. Statt dessen wieder Theater: »Zuletzt diente ich in der Volksarmee« — diesmal aber nur als Unteroffizier.(16)

Kujau konnte es nicht lassen: Er dichtete ohne Unterlaß, er verkohlte und täuschte die Leute seit seinen Jugendjahren. Seine Fabulierkunst ist, selbst Jahre nach dem Tagebuch-Skandal, ungebrochen. »Im Grunde«, so weiß ein Kujau-Kenner, sei ihm das »gar nicht anzukreiden, denn nicht nur ein Heidemann fiel auf ihn herein, sondern selbst die Kripo und so manches Gericht«. Weshalb? Kujaus

Geheimnis ist banal: seine Geschichten schmückt er mit Details aus, nennt Straßen, Uhrzeiten und Namen. Niemals bohrte jemand nach, keiner machte sich Notizen, um die von Kujau angegebenen »Fakten« anschließend überprüfen zu können. Kujau war (und ist) eine faszinierende Persönlichkeit, der viele allzu gern zuhörten, erinnerte er seine Zuhörer doch in solchen Augenblicken an Münchhausen. Wenn Kujau erzählte, hatte er die Lacher auf seiner Seite. Und er hatte mit dieser Taktik Erfolg, weil er sein Gegenüber stets richtig einschätzte: Jeder wollte etwas von ihm, man mußte also zuhören. Als Gerd Heidemann den Tagebüchern hinterherjagte, wollte er etwas von Konrad Kujau; als die Kripo Kujau in den sechziger und siebziger Jahren bereits in die Verhörzimmer drängte, wollte auch die etwas von ihm — den aktuellen Fall »Kujau, Konrad« so schnell wie möglich erledigt haben. Es schien den Vernehmern egal, was er ihnen auftischte, Hauptsache, die Ermittlung wurde »staatsanwaltschaftsreif«. Kujau steigerte sich immer mehr in eine Traumwelt hinein. 1968 stellte er sich als Volksarmee-Offizier vor, sieben Jahre zuvor war er erst Funktionär der FDJ. Ihm ging ehedem noch Hausbackenes durch den Kopf:

Eine Woche nach dem Mauerbau in Berlin, im August 1961, ließ Kriminalmeister Jung den in Untersuchungshaft sitzenden Konrad Kujau morgens um sechs ins Vernehmungszimmer bringen. Wieder einmal hatte Kujau eine Straftat begangen. Das Protokoll verzeichnete bereits damals einen umwerfenden Kujau: Da habe er bis zum 6. Juni 1957 hauptamtlich bei der FDJ gearbeitet, im Ost-Berliner FDJ-»Zentralrat bei einer monatlichen Vergütung von rd. DM 1.000,- einschließlich Spesen« kommunistische Ideologie vertreten, schließlich habe er den ersten Arbeiter- und Bauernstaat Deutschland diesmal den Rücken gekehrt, »weil ich eine entsprechende Uniform anziehen und auf die Offziersschule gehen sollte«. Nebenbei erfand er noch zahlreiche Schwestern, seinen Beruf gab er als Reklamezeichner an, obwohl er mit Hilfe eines Farbeimers noch keine Mark verdient hatte.[17]

Konrad Kujau besitzt, so hielt im Dezember 1985 das Urteil des Hamburger Landgerichts fest, »ein ausgeprägtes Geltungsbedürfnis«.[18] Er, der es bis zum Geschäft mit den Tagebüchern Hitlers zu nichts gebracht hatte, gehörte bis dahin stets zu den Verlierern. In der DDR sah er keine Zukunft für sich, und als er in die Bundesrepublik übersiedelte, ging gleichfalls alles schief.

Nach seiner Flucht aus der DDR (laut Kujau einmal im Mai, dann im Juni, schließlich im Juli 1957) wurde er in ein Lager beim niedersächsischen Bremervörde eingewiesen, dann wechselte er in eines bei Calw. Von dort siedelte er nach Vaihingen über, will bei einer Firma namens Rentschler ausgerechnet als Lohnbuchhalter gearbeitet haben, obwohl ihm selbst die einfachsten kaufmännischen Grundkenntnisse fehlten. Kujau trieb es weiter nach Stuttgart. Zunächst kam er als Untermieter in der Sickstraße 38 unter, dann in der Nikolausstraße 8. Seinen Lebensunterhalt verdiente er sich, angeblich, einige Wochen lang bei dem Limonadenhersteller Sinalco, lediglich acht Tage saß er als Beifahrer in einem Auslieferungsfahrzeug der Konsum-Gesellschaft. Am Güterbahnhof in Stuttgart fand er anschließend einen Job in einer Kellerei. In Gaststätten versuchte er sich als Kellner oder Koch, in Tanz- und Nachtbars will er ausschließlich als Geschäftsführer tätig gewesen sein. Kujau war niemals dauerhaft tätig, er kündigte entweder freiwillig oder verließ fluchtartig seine Arbeitsstelle. Er wurde entlassen oder die Polizei holte ihn vom Arbeitsplatz. Stets ging es beim Hilfsarbeiter Konrad Kujau nicht mit rechten Dingen zu; lächerliche Lappalien zwangen ihn zur permanenten Jobsuche.[19]

Konrad Kujau lebte erst seit einem Jahr in der Bundesrepublik, da ließ er sich bereits beim Diebstahl einer Stange Zigaretten erwischen. Er wurde zu 80,- DM Geldstrafe verurteilt. Von nun an war Kujau vorbestraft. Das aber störte ihn nicht. Im Gegenteil: Am 20. Dezember 1960 schlich er mit Kumpel Günter Stegmann in die Lagerräume der Firma Barr, Moering & Co., bei der er kurzfristig Spirituosen in Kartons verpackte. Jeder nahm zwei Kartons mit Whisky und Cognac an sich. Plötzlich, so sagte Stegmann nach der Festnahme aus, »standen zwei junge Männer im Schlafanzug vor uns«: Wolfgang Hartmann und Freddy Posneike, die in der Spirituosenfirma arbeiteten und wohnten. Posneike: »Wir gingen den beiden nach und konnten sie fassen. Die Täter wollten sich losreißen, aber augenblicklich war die Polizei da und nahm sie fest.« Nicht nur das Diebesgut wurde sichergestellt, sondern auch ein Totschläger und eine Pistole.(20) Weder Kujau noch Stegmann wollten aber Eigentümer der Waffen gewesen sein.

Stegmann: »Wenn mir vorgehalten wird, was es mit (den Waffen) für eine Bewandtnis hat, erkläre ich folgendes: Dem Kujau habe ich ... 30,- DM geliehen. Ich machte ihn darauf aufmerksam, mir das Geld zurückzuzahlen. Dies konnte er nicht. Als Pfand gab er mir den Revolver, eine Luftpistole und den Totschläger.« Kujau hingegen: »Vor einiger Zeit habe ich dem S(tegmann) eine Luftpistole, den Trommelrevolver und Stahlrute verkauft. Die ... gefundenen Waffen habe ich in den Geschäften gekauft. Ich habe hierfür eine Schwäche.«(21) Acht Monate später geriet Konrad Kujau erneut in die Fänge der Kriminalpolizei.

Am 22. August 1961 erschien bei der Kripo-Außenstelle Gaisburg der Prokurist Eugen Seitz. Er erstattete Anzeige wegen Diebstahls und Unterschlagung. Die »Erforschung des Sachverhalts«, so das polizeiliche Protokoll, ergab, daß die Früchtegroßhandlung Adolf Röser seit dem 31. Juli den ledigen Zeichner Konrad Kujau als Gelegenheitsarbeiter beschäftigt hatte. Kujau sollte 25 Kisten Äpfel transportieren. Doch der Firmeninhaber Röser zählte nach: Kujau hätte »nicht 25, sondern 26 Kisten Äpfel auf seinem Elektrokarren geladen«. Röser hatte nun den nicht ganz unberechtigten Verdacht, sein neuer Mitarbeiter wollte eine ganze Kiste voller Äpfel verschwinden lassen. Genau das hatte Kujau vor. Zur Rede gestellt, erinnerte sich der Chef, »sprang er davon, ging in seine Boxe, holte seine Kleider und verschwand«. Dann bemerkte der Unternehmer, daß Kujau auch noch vier Kisten Birnen entwendet hatte und spekulierte: »Es ist anzunehmen, daß Kujau die Absicht hatte, dieses Obst unrechtmäßig zu verkaufen.«(22) Gesamtwert der Kujau-Beute: rund 110,- DM. Ein Wiegegeld in Höhe von fünf Mark sei ebenfalls nicht abgerechnet worden.

Kujau wurde verhaftet und ins Untersuchungsgefängnis eingeliefert. Hier durfte er sich zur Sache äußern: »Die von mir beiseite gestellten Birnen und Äpfel hätte ich verkauft. Das erlöste Geld hätte ich dann für mich verbraucht. Finanziell wäre ich dazu nicht gezwungen gewesen. Ich wollte aber eine Freundin von mir, es handelt sich um eine Landsmännin von mir, wegen eines Autounfalles finanziell unter die Arme greifen.« Und die fünf Mark Wiegegeld? »Das Geld«, vereinfachte Häftling Kujau, »konnte ich ... nicht zurückgeben, da (ich) in der Zwischenzeit wegen der Birnen und Äpfel erwischt« worden war.(23) Kujau hatte keine Hoffnung, aus der Untersuchungshaft entlassen zu werden. In ihm reifte ein Plan:

Den Kriminalmeister Jung bat er, mit ihm in die Bad Cannstatter Neckarstraße 131 zu fahren, damit er »seine dort befindlichen Habseligkeiten entsprechend verpacken« könnte (Jung). Plötzlich war Konrad Kujau verschwunden. Kripo-Mann Jung kommentierte in einem schriftlichen Bericht das Ereignis so: Selbstverständlich habe er ihn gestellt, »der Fluchtversuch konnte durch ein nachträgliches kurzes

1. Betragen:

Das Verhalten gab Anlaß zu Tadel.

2. Allgemeine Beurteilung:

K. gab sich Mühe, seine Leistungen zu verbessern. Im Unterricht arbeitete er rege mit. Seine schriftlichen Aufgaben erledigte er stets. Auf die Klasse übte er einen starken, zum Teil negativen Einfluß aus. Am gesellschaftlichen Leben war K. sehr interessiert. Im außerschulischen Sport arbeitete er gut mit.

DEUTSCHE DEMOKRATISCHE REPUBLIK

Abschlußzeugnis

der Grundschule

Konrad Kujau

geboren am 27.6.1938 in Löbau

~~Tochter~~/Sohn ~~des~~/der

(Beruf)

Frau Herta Kujau

(Vor- und Zuname)

hat die Grundschule von 1945 bis 1954 besucht.

Die Entlassung erfolgte am 4. Juli 1954 aus Stufe: 8 Klasse: 8c

der Preuskerschule Grundschule in Löbau/Sachsen

~~Sie~~/Er hat an der Prüfung teilgenommen.

DDR-Volksschulabschluß Kujaus *(1954): »Vorsicht, Ausreisser«*

Handgemenge unterbunden werden«.(24) Fortan zierte Kujaus Strafakte ein warnendes: »Vorsicht Ausreisser!« Kujau wußte, warum er das Weite suchen wollte: Ein halbes Jahr zuvor war er vom Stuttgarter Schöffengericht wegen schweren Diebstahls in zwei Fällen zu acht Monaten Gefängnis verurteilt worden, die Strafe wurde aber zur Bewährung auf drei Jahre ausgesetzt. Nach der albernen Äpfel- und Birnen-Straftat mußte er nun endgültig damit rechnen, die Haft doch noch antreten zu müssen.

Als Konrad Kujau endlich sicher im Stuttgarter Gefängnis in der Archivstraße saß, wurde er von einem gewissen Johann Harrer des Mopeddiebstahls beschuldigt. Harrer hatte Mitte August 1961 festgestellt, »daß mein in einem Schuppen hinter dem Haus abgestelltes Moped fehlte«. Er konnte sich aber lediglich an die Marke (»Herkules«) erinnern und daran, daß nur sein Stubenkamerad Kujau (beide wohnten zur Untermiete in einem Zimmer) als Täter in Frage kommen konnte. Doch Kujau war nichts nachzuweisen.(25) Das mag den Ausschlag dafür gegeben haben, ihn wieder in Freiheit zu setzen, bis das Gericht die Bewährungsfrage entschieden hatte. Seine Zelle konnte Kujau wohl auch darum verlassen, weil er in der Gaststätte »Neckarklause« eine neue Beschäftigung hatte finden können: nun als Koch. In einer Faschingsnacht lernte Kujau den gelernten Metzger Johannes Hänle kennen, der das Lokal »Neckartal« bewirtschaftete. Hänle beauftragte Kujau, sein Lokal zu dekorieren. Kujau: Dann »fragte er mich, ob ich ihm einige Tage als Koch aushelfen könnte«. Kujau packte seine Sachen und zog beim ehemaligen Schlachter ein. Seine 21jährige Freundin Klara Pluhar nahm er mit. Sie war schwanger. Kujau: »Essen und Unterkunft hatten (wir) frei.«(26) Dann mußte Kujau den Wirte-Hund ausführen. Um 23.30 Uhr verließ er die Wirtschaft. Erst zwei Stunden später kam er zurück. Mit ramponierter Hundeleine.

Als Kujau heimkehrte, war sein Arbeitgeber angeblich betrunken, die Leine hatte das Tier inzwischen »durchgefressen, weil er dauernd ... spielte«. Acht Mark, erinnerte sich Kujau, wollte sein Boß für die kaputte Leine als Schadenersatz von ihm haben. Kujau wollte nicht zahlen. Freundin Klara begann daraufhin, das Zimmer zu räumen, und die beiden wollten sich eine andere Bleibe suchen. In diesem Augenblick verständigte der Wirt die Polizei und berichtete völlig aufgelöst: »Dieser Mann hier (Kujau), den ich bis zum Eintreffen der Polizei festgehalten habe, hat eine Gefängnisstrafe von 8 Monaten am 2. April 1962 anzutreten. Jetzt hat er mir gesagt, daß er nach der Ostzone flüchten will.« Vorgefallen war möglicherweise etwas ganz anderes: Kujau führte nicht zwei Stunden lang den Hund aus, sondern hielt sich bei einer anderen Frau auf; der Gastronom Hänle bediente keine Gäste, sondern flirtete mit Kujaus Freundin Klara. Darüber mag es zum Streit gekommen sein. Erneut kam Konrad Kujau ins Gefängnis. Die Kripo-Abteilung D 4 notierte als Einlieferungszeit penibel: 3.30 Uhr.(27)

Bei der anschließenden Vernehmung erklärte Kujau, daß er eine Rückkehr in die DDR nicht im Kopf hätte, im Gegenteil: »Ich hatte die Absicht, am kommenden Mittwoch mich standesamtlich trauen zu lassen.«(28) Ein Aufgebot allerdings war nicht auszumachen. Die Beamten zogen daraus die Konsequenzen: »Da mit Wahrscheinlichkeit angenommen werden kann, dass der Besch(uldigte) sich der Strafverbüssung entziehen will, wird er dem (Amtsgericht) Stuttgart vorgeführt.« Konrad Kujau kam wieder frei. Nach einigen Tagen. Kaum entlassen, setzte er seine Betrügereien fort. Diesmal schädigte er die Brauereigaststätte Wulle — um einen Betrag in Höhe von 28,05 DM. Noch immer hatte er es zu nichts gebracht, hatte nur seinen Namen geändert. Er nannte sich jetzt Konrad beziehungsweise Peter Fischer. Kujau lebte im »Untergrund«.

DDR-Arbeitsbuch Kujaus
(von 1953-1957): Karriere als Aushilfskraft gemacht

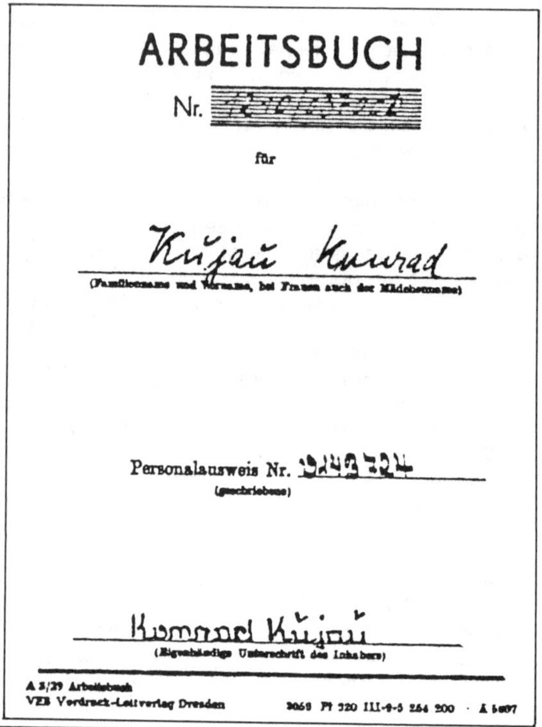

ARBEITSBUCH

Nr. [redacted]

für

Kujau Konrad

(Familienname und Vorname, bei Frauen auch der Mädchenname)

Personalausweis Nr. 9249724
(geschriebene)

Konrad Kujau
(Eigenhändige Unterschrift des Inhabers)

A 3/29 Arbeitsbuch
VEB Vordruck-Leitverlag Dresden
3069 Pt 320 III-9-5 264 200 · A 6607

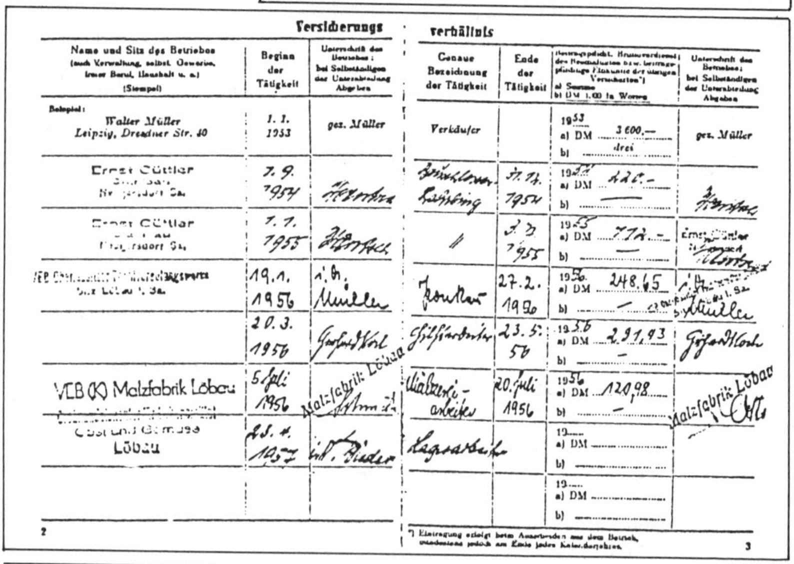

Versicherungsverhältnis

Name und Sitz des Betriebes (auch Verwaltung, selbst. Gewerbe, freier Beruf, Haushalt u. a.) (Stempel)	Beginn der Tätigkeit	Unterschrift des Betriebes; bei Selbständigen der Unterschriftenabgeber	Genaue Bezeichnung der Tätigkeit	Ende der Tätigkeit	Beitragspflicht. Bruttoverdienst des Beschäftigten bzw. beitragspflichtige Einkünfte der übrigen Versicherten*) a) Summe b) DM 1,00 in Worten	Unterschrift des Betriebes; bei Selbständigen der Unterschriftenabgeber
Beispiel: Walter Müller Leipzig, Dresdner Str. 40	1. 1. 1953	gez. Müller	Verkäufer		1953 a) DM 3600.— b) drei	gez. Müller
Ernst Güttler [illegible]	7. 9. 1954	[illegible]	[illegible]	31. 12. 1954	1954 a) DM 220.— b) —	[illegible]
Ernst Güttler [illegible]	1. 1. 1955	[illegible]	"	3. 3. 1955	1955 a) DM 772.— b) —	Ernst Güttler [illegible]
VEB [illegible] Löbau i. Sa.	19. 1. 1956	i. A. Müller	[illegible]	27. 2. 1956	1956 a) DM 248.65 b) —	i. A. Müller
	20. 3. 1956	[illegible]	Hilfsarbeiter	23. 5. 56	1956 a) DM 291,93 b) —	[illegible]
VEB (K) Malzfabrik Löbau	5. Juli 1956	Malzfabrik Löbau [illegible]	Mälzereiarbeiter	20. Juli 1956	1956 a) DM 120,98 b) —	Malzfabrik Löbau [illegible]
[illegible] Obst und Gemüse Löbau	23. 4. 1957	i. A. [illegible]	Lagerarbeiter		19.. a) DM b)	
					19.. a) DM b)	

*) Eintragung erfolgt beim Ausscheiden aus dem Betrieb, mindestens jedoch am Ende jedes Kalenderjahres.

2 3

Wenn Kunden die Brauerei Wulle besuchten, durften sie in der Brauereigaststätte eine kostenlose Mahlzeit zu sich nehmen, hatten den Kellnern nur einen Gutschein statt Bares zu übergeben. Auf dem Bon wurde der Betrag der Speisen samt Unterschrift des Gastes festgehalten. Der Brauerei-Geschäftsführer Anton Sax hatte so seine leidvollen Erfahrungen gesammelt: »In der Regel soll (der Gast) natürlich erst unterschreiben, wenn vom Bedienungspersonal die Portionen mit Angaben des Endbetrages eingetragen sind.« Der klamme Kujau alias Fischer versuchte es auf seine Art:

Der Wirt Alfred Schieß aus Kempten verspeiste mit seiner Frau am 4. September 1963 eine Portion Schweinebraten und eine Lendenschnitte. Wert: exakt 10,- DM. Er gab eine Blankounterschrift. Doch eine Überprüfung ergab, daß der Kellner Fischer 14,40 DM zuviel abgerechnet hatte. Drei Tage zuvor bestellte Hans Nothacker aus Enzberg ein Filetsteak für sich, für seine Gattin ein Rahmschnitzel. Wert: 10,80 DM. Abermals mit Blankounterschrift. Der Kellner Fischer allerdings schrieb 19,50 DM auf. Am 9. September wünschte Gastwirt Heinz Gellner aus dem Hamburger Stadtteil Rissen einen Kalbsnierenbraten, Kalbsrahmbraten, Kaffee und zwei Nudelsuppen. Wert: 12,80 DM. Fischer rechnete 17,75 ab.(29)

»Obwohl wir versuchten«, erklärte Wulle-Geschäftsführer Sax enttäuscht der Kripo, »Herrn Konrad Fischer zur Rückzahlung ... zu veranlassen, blieb unsere erste Mahnung ohne Erfolg, sodass wir uns gezwungen sahen, ihn anzuzeigen.« Das Mahnschreiben, adressiert an die Schönbühlstraße 39, kam mit dem Vermerk »Empfänger unbekannt« zur Firma Wulle zurück. Das bereitete Verdruß. Doch in der Gastronomiebranche spricht sich vieles schnell herum, auch Fischers neuer Arbeitsplatz. Fischer kellnerte inzwischen, als ob nichts geschehen sei, im Paulaner Thomasbräu. Doch als die Polizei kam, war Fischer auch hier bereits längst nicht mehr tätig. Dafür kannte ihn die Allgemeine Ortskrankenkasse, die Kujau unter dem Namen Fischer in der Kartei führte.(30) Drei Jahre ruhte der Vorgang, bis der »Fall« erneut zum Vorschein kam. Anlaß: ein Konrad Fischer hatte mit einem Luftgewehr auf eine Taube geschossen, die friedlich auf dem Dach des Schloßgartenhotels saß. Der Hotel-Empfangschef Horst Warth, der diese Szene beobachtete, rief sofort das 1. Polizeirevier an, das gegen 7.20 Uhr eine Peterwagen-Besatzung mit Blaulicht zum »Schießübungsplatz« beorderte. Fischer teilte den Beamten mit, daß er keine Vorstrafen habe, selbständiger Gebäudereiniger sei und über ein monatliches Nettoeinkommen in Höhe von 1.500,- DM verfüge.(31)

Konrad Kujau kam noch einmal davon, weil er Konrad Fischer hieß. Aber längst war die polizeiliche Bürokratie in Aktion getreten, denn die Vorgänge Fischer und Kujau wiesen merkwürdige biographische Parallelen auf. Am 20. März 1968 fragte deshalb das baden-württembergische Landeskriminalamt bei der Stuttgarter Kripo an, ob ein »Kujau, Konrad Paul« identisch sei mit einem »Fischer, Konrad« beziehungsweise »Fischer, Peter«.(32) Einen Tag später bereits antworteten die überraschten Kollegen, daß Kujau und Fischer tatsächlich ein und dieselbe Person seien und »auf Grund des Steckbriefes der (Staatsanwaltschaft) Stuttgart 125/3 a VRs 28/62, 8 Monate Gef(ängnis) abzgl. 38 Tage U(ntersuchungs)haft, am 15. März 1968 in Stuttgart festgenommen wurde«. Der Vergleich der Fingerabdrücke hatte diese endgültige Erkenntnis ermöglicht.(33) Und so konnte der »gelernte Koch« (Kujau über Kujau) abermals verhaftet werden:

Mehrere Beamte des Fahndungsdienstes rückten am 14. März 1968 gegen elf Uhr zu einer Routinebesetzung in die Stuttgarter Halbwelt-Pension »Eisele« aus. Fischer lag noch im Bett. Als er seinen Personalausweis vorzeigen sollte, log er, er habe ihn in einem Büro liegengelassen. Doch schließlich gab er zu, einen falschen

Freizeitler Konrad Kujau: *»Ich schreibe Bücher.«*
Rechts: **Kujau-Beurteilung der FDJ:** *»Ich habe Apfelkorn getunken«*

Freie Deutsche Jugend
- Ortsgruppe Löbau -
(Kreisklubhaus)

Löbau den 19.10.55

Kreisklubhaus
„Oswald Richter"
Löbau, Kirschallee 1

B e u r t e i l u n g !

Der Jugendfreund K u j a u, Konrad ist seit 1951 Mitglied der Freien Deutschen Jugend. In der gesellschaftlichen Arbeit zeigt K. gute Leistungen und rege Mitarbeit. Seine Einstellung zur DDR und der SU ist positiv. Weiterhin ist er bemüht seine gesellschaft-lichen und politischen Kenntnisse zu vertiefen was in der Arbeit in seiner Funktion als Org.-Leiter im Klubhaus der FDJ zum Ausdruck gebracht wird.
Seine moralische Haltung ist gut.
Die Leitung der Ortsgruppe der FDJ wünscht K. viel Erfolg in seiner weiteren Arbeit.

Namen zu benutzen, weil er Angst vor den acht Monaten Haft hatte, die er längst hätte antreten müssen. Jetzt mußte Kujau die Strafe absitzen.[34] Doch auch danach geriet er wieder ins Fadenkreuz der Kripo. Kurz vor Mitternacht kam es in der Melodie-Bar zu einer Schießerei. Es war der 15. Oktober 1979, ein naßkalter Montag.

An diesem Tag saß Konrad Kujau in dem Lokal »Krone«, »dort habe ich relativ viel Apfelkorn getrunken« (Kujau). Anschließend torkelte er mit seiner Freundin Maria Modritsch, einer rührigen Bardame (Kujau: »Insgesamt bekommt sie monatlich knapp 1.000,- DM von mir«), in die Melodie-Bar. »Wir stellten uns an die vom Eingang aus gesehen linke Bartheke«, trug Kujau dem Kriminalkommissar Bachert während seiner Vernehmung vor, »haben aber nichts getrunken. Die Maria wollte auch gleich wieder gehen, weil sie starke Kopfschmerzen hatte. Ich gab ihr daraufhin Tabletten und sie verlangte von der Bardame ein Glas Wasser. Dann ging sie an die rechte Bartheke, wo sie sich Eis holte, um es an die Stirn zu halten. Dann ging alles ziemlich schnell.«[35]

Angeblich ohne Vorwarnung schossen vier Jugoslawen wild aufeinander los. Kujau wurde dabei am Kopf verletzt: zwei Platzwunden sowie Schädelkalottenfraktur. Die Spurensicherung stellte »mehrere Einschüsse und Patronenhülsen des Kalibers 7,65« fest und sicher. Das Rote Kreuz fuhr Kujau zur ärztlichen Behandlung ins Bethesda-Krankenhaus. Anschließend beschäftigte sich der Kriminalkommissar Gramlich mit Kujau.[36] Der gab, wie gehabt, anfangs erst einmal biographische Räubergeschichten von sich:

Er hieße Dr. Konrad Fischer, sei Mitarbeiter des Landesamtes für Verfassungsschutz, die Unterhaltungsdame Maria Modritsch seine Sekretärin. Er habe es zu Ehrendoktorwürden in Tokio, Pretoria und Miami gebracht, zudem sei er Buchautor, sein Spezialgebiet das Dritte Reich. Doch eine umgehende Überprüfung ergab, daß die baden-württembergischen Verfassungsschützer weder einen Kujau noch einen Fischer konspirativ beschäftigten, eine Modritsch ebenfalls kein Gehalt vom Staatsschutz beziehe. Kujau daraufhin: »Wenn ich mich ... mit dem Dr. Fischer vorstelle, so handelt es sich hierbei um ein Pseudonym. Ich schreibe ... Bücher bzw. Artikel zu Büchern, die sich mit dem Dritten Reich beschäftigen. In Wirklichkeit habe ich jedoch keinen Titel.«

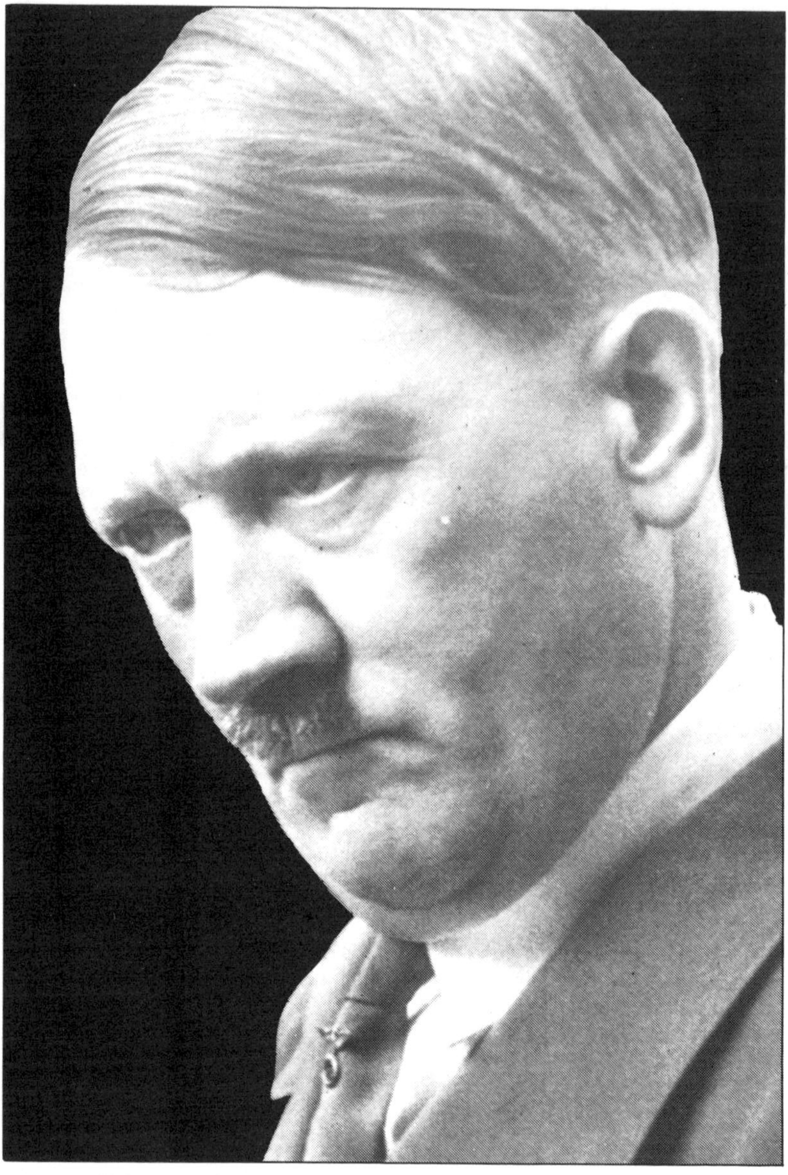

STERN-Opfer Adolf Hitler: »Aha«

Drei Monate später erzählte Kujau demselben Kripo-Mann aber etwas ganz anderes: »Ich habe am 7.11.77 an der Uni in Tokio, 1978 an der Uni in Miami und im August 1979 in Pretoria Vorträge über das Dritte Reich gehalten. Von diesen drei Universitäten habe ich aufgrund meiner Tätigkeit jeweils den Ehrendoktortitel erhalten.« Als der Beamte die Urkunden sehen wollte, erklärte Kujau: »Die Urkunden befinden sich bei mir zu Hause. Mein Büro wird zur Zeit renoviert, und ich habe die ganzen Einrichtungsgegenstände in Kartons verpackt, so daß ich sie momentan nicht vorlegen kann. Ich werde aber auf jeden Fall Fotokopien nachreichen, sobald die Renovierungsarbeiten abgeschlossen sind.«(37) Der Polizist sah Kujau mißtrauisch an. Doch als dieser auf die Einreisevisa in seinem Reisepaß verwies, konnte Kommissar Bachert erleichtert durchatmen. Auf den Gedanken, daß Kujau die Länder als Pauschaltourist bereiste, kam der leichtgläubige Beamte natürlich nicht. Statt dessen hatte er Kujau sogar noch abgenommen, daß er Autor von 14 Büchern sei: Sechs Bände »5000 Köpfe«, fünf Bände »Adolf Hitler, der Politiker«, einen Band »Adolf Hitler, der Kunstmaler«, einen weiteren »Adolf Hitler, der Frontsoldat« und einen Band »Adolf Hitler, der Bildungsoffizier«.(38) Kujaus beiläufiger Hinweis, er sei Bundeswehr-Oberst außer Dienst und in leitender Position beim Bundesnachrichtendienst tätig gewesen, war von seiten der vernehmenden Kripo-Männer respektvoll und staunend zur Kenntnis genommen worden. Zwei Tage zuvor hatte Kujau noch behauptet, er sei wichtiger Verfassungsschutz-Mitarbeiter.(39)

Diesen Mann nun suchte Gerd Heidemann.

»MACH ES, WIE DU ES FÜR RICHTIG HÄLTST« oder: Gerd Heidemann recherchiert

Niklas Frank, beim STERN für Romane des STERN mitverantwortlich, hatte mit seinem Vater Hans Frank, Generalgouverneur in Polen, öffentlich noch nicht abgerechnet. Gerd Heidemann erhielt das Manuskript »Im Angesicht des Galgens«. Auf Seite 72 behauptete der in Nürnberg als Kriegsverbrecher Hingerichtete, daß Adolf Hitler »unermüdlich mit Bleistift die vor ihm liegenden weissen leeren Schreibblätter« vollgekritzelt habe. Frank hatte sich, im Laufe der Jahre, »eine ganze Sammlung solcher Gelegenheitszeichnungen angelegt«. Der der deutschen Sprache kaum mächtige Hitler-Adjutant Julius Schaub notierte, daß Hitlers »Gebäckmaschine« abgeschossen worden sei, daß der Führer die gar nicht absonderliche Angewohnheit hatte, »über geheime Besprechungen, die er mit fremden Staatsmännern führte, selbst handschriftliche Gedächtnisprotokolle« anzufertigen. Auf Seite elf notierte er: Hitler konnte sich von seinen »Aufzeichnungen« einfach nicht trennen, er schloß sie in seine »Geheimschränke« ein — »vermutlich waren auch Tagebuch-Aufzeichnungen darunter«. Auf Seite 22 brachte Schaub ans Licht: »Über die geheimen Besprechungen, die Hitler unter vier Augen führte, legte er sich handschriftliche Notizen an und verschloss sie persönlich in seine Panzerschränke.«(40) Wurde Adolf Hitler zu Unrecht als schreibfaul apostrophiert?

In einem prächtigen Hitler-Bildband aus den siebziger Jahren gab es einen Hinweis über von Hitler geführte Tagebücher; die NSDAP-Reichsleitung fragte, am 6. Dezember 1938, in der Führer-Kanzlei an, ob ein von der sudetendeutschen Zeitschrift MONATSHEFTE publizierte Gedicht »Adolf Hitler an seine Mutter« auch tatsächlich aus der Hand des Führers stamme. Ängstlich erkundigte sich Eva Braun bei ihrer Schwester Margarete in ihrem letzten Schreiben, ob der Diener ihres zukünftigen Gatten »mit dem Brief und Koffer« in Salzburg angekommen sei: »Wir hören hier nur, das Flugzeug sei überfällig.«(41) Sollte Gerd Heidemann diese Tagebuch-Zeichen ignorieren, den Absturz der deutschen Militärmaschine übersehen? Diesen Spuren müsse nachgegangen werden, entschied Thomas Walde, den Henri Nannen nicht ohne Grund als einen »pingeligen, skeptischen und trockenen Journalisten« beschrieb.(42)

Das Hauptquartier der 7. US-Armee bekannte am 29. November 1945: »Hitler diaries« seien lokalisiert. Hitlers Chefpilot, Hans Baur, unterrichtete seinen Führer über die verlorengegangene Führer-Maschine, worauf der Tyrann zusammenzuckte: »Dann wären ... die Akten verloren«, denn »ich habe (dem Diener Willi Arendt, der mit in dem Flugzeug saß) außerordentlich wichtige Akten und Papiere anvertraut, die der Nachwelt Zeugnis von meinen Handlungen ablegen sollten«.(43) War das Tagebuch-Ressort des STERN einem geschwätzigen Aufschneider aufgesessen? Warum hatte es obendrein noch der siegreichen Großmacht U.S.A. vertraut? Walde und Heidemann wähnten sich auf der richtigen Fährte.

Im Albrecht Knaus Verlag erschienen die »Monologe im Führerhauptquartier«, die Aufzeichnungen des Stenographen Heinrich Heims, vom unverdächtigen Historiker Werner Jochmann herausgegeben. Am 8. Februar 1942 unterhielt sich Hitler mit Heinrich Himmler und Albert Speer, wieder einmal griff er die Kirche an, für ihn waren »die Pfaffen« beider Konfessionen »der größte Krebsschaden«. Hitler: »Das kommt alles in mein großes Notizbuch.«(44) Hatte der STERN-Reporter Gerd Heidemann klüger als der renommierte Werner Jochmann zu sein? Hätte auch Thomas Walde den häufig zitierten Wissenschaftler als scheuklappenbesessenen Analphabeten diffamieren sollen?

Der Stuttgarter Seewald Verlag publizierte »bisher unbekannte Selbstzeugnisse Adolf Hitlers«, die der NS-Stenograph Henry Picker unter dem Titel »Hitlers Tischgespräche im Führerhauptquartier« festhielt. Dort bestätigten auf Seite zehn zwei Zeilen: »Hitlers eigenes Memoiren-Fragment (sei) bei einem Flugzeugabsturz verbrannt.« Der Seite 33 entnahm Heidemann: »Hitler erteilte die Genehmigung, daß die Veröffentlichung auf seine ... Memoiren abgestimmt werden müsse.« Da habe Adolf Hitler seit seinen Jugendjahren Buch über Dirigenten, Sänger, Schauspieler und Aufführungen geführt. Aber: »Diese Notizen sind verlorengegangen.« In einer eidesstattlichen Versicherung erklärte die Lebensgefährtin des Hitler-Chauffeurs Erich Kempka, Helene Reihke, daß sich ihr Partner »nach dem Krieg oft Gedanken über den Verbleib der persönlichen Aufzeichnungen« des Führers gemacht habe. Hitler-Intimus Kempka: Während der Dienstfahrten habe sich der Diktator »Notizen gemacht« sowie laut und vernehmlich demonstriert: »Dieses muß ich heute abend in mein Tagebuch schreiben.«(45) Für Kempka schien festzustehen, »daß Hitler Tagebuch geführt hat«, das er bei der Schwester Hitlers, Paula, vermutete. Warum hatte Thomas Walde dieser Frau, statt sie der Lüge zu überführen, geglaubt? Warum hatte auch Gerd Heidemann sie nicht boykottiert?

Christa Schroeder, die langjährige Sekretärin des NS-Potentaten, ging gar noch einen Schritt weiter: In ihren stenographischen Aufzeichnungen, die der Freizeithistoriker Anton Joachimsthaler auswertete und als Buch herausgab, notierte sie: »... eine Denkschrift im Format DIN A 4, in festem Einband, ähnlich altmodischen

Kontobüchern, in die früher handschriftliche Ein- und Ausgaben eingetragen wurden« und: »Es war beklebt mit einem weißen Etikett, auf dem in Maschinenschrift noch deutlich lesbar war: 'Idee und Aufbau des Großdeutschen Reiches'.« Schroeder hatte das Hitler-Werk sogar in der Hand gehabt: »Leider habe ich es nicht aufgehoben.« Sie hinterließ: Hitler habe seinen engsten Vertrauten mit der Absicht konfrontiert, Memoiren zu schreiben.(46) Der Münchner Verlag Langen Müller hatte diese Passagen nach dem Tagebuch-Desaster des STERN nicht entfernt. Warum sollte Schroeder erfinden, warum in einem für sie nebensächlichen Detail fabulieren?

Henry Picker legte, nach den ersten Tagebuch-Vorabmeldungen des STERN, der Deutschen Presse-Agentur ein Geständnis ab: Nach der erfolgreichen Beendigung des Zweiten Weltkrieges wollte sich der Führer mit Eva Braun auf den gemeinsamen Altersruhesitz im österreichischen Linz zurückziehen, »um dort seine Erinnerungen abzufassen«, doch die Unterlagen seien, »bei der Verlegung des Führerhauptquartiers von Ostpreußen nach Berlin 1944/45«, beim Weitertransport nach dem Absturz einer Führer-Maschine 1945 verbrannt.(47) Was hatten Walde und Heidemann nur mißverstanden? Warum waren sie nicht nach Uganda gereist, um — statt die Spuren der Hitler-Tagebücher zu verfolgen — Idi Amins Sexualtrieb zu hinterfragen? Waren das die Geschichten, die Henri Nannen »auf Anhieb verstand« (Heidemann)?

Henri Nannen, er allein hatte Gerd Heidemann protegiert, hatte seinen Reporter immer wieder zur Rücknahme der zahlreichen Kündigungen bewegen können, mochte sich nach der Tagebuch-Pleite aber zu seinem Ziehkind nicht mehr bekennen, es wurde plötzlich »keine Person, die mich besonders interessierte«.(48) Dabei war Gerd Heidemann nicht etwa schweigend durch die Redaktionszimmer geschlichen, sondern er hatte sich vielmehr sehr offen und bei vielen Stellen lediglich erkundigt, ob der NS-Herrscher möglicherweise kein Faulenzer gewesen sei, sondern seine Leistungen doch zu Papier gebracht hätte. Am 6. Januar 1980 hatte Heidemann bei dem NS-Sammler Fritz Stiefel das erste Tagebuch in der Hand gehalten, er nannte es ein »angebliches Tagebuch«.

Bisher hatte Gerd Heidemann hohe SS-Chargen interviewt, sich mit einigen von ihnen gar angefreundet, mehrmals Edda Göring, die Tochter des Reichsmarschalls, getroffen, Fluchtwege von NS-Würdenträgern in Südamerika zurückverfolgt, der Führer aber war ihm bis dahin nur als »Mein Kampf«-Autor bekannt gewesen. Als Heidemann der Fund durch den Kopf ging, er gedankenversunken in der Kantine saß, zog jemand den Stuhl vom Tisch, an dem Heidemann kauend überlegte. Es war Henri Nannen. Jetzt wußte Heidemann, daß sich sein Chefredakteur mit ihm unterhalten wollte. Und richtig: An diesem kalten Januartag 1980 erzählte Nannen von den Plänen für sein Kunsthaus in Emden, erkundigte sich nach Erich Kuby, bis Heidemann in den Sinn kam: Nannen, der erfahrene NS-Propagandamann im Dritten Reich, müßte doch eigentlich Auskunft geben können, ob sein damaliges Vorbild, das er Ende der dreißiger Jahre in NS-Publikationen schwülstig hat hochleben lassen, Tagebuch-fähig gewesen war. Nannen schüttelte den Kopf: »Weiß ich nicht.« Dann schwebte er erneut in ostfriesischen Kunstwolken, nervte mit seiner ins Haus stehenden Rentnertätigkeit: Ein Jahr darauf, 1981, wollte er als Chefredakteur abtreten und als Herausgeber des STERN fortan auch offiziell über den Dingen stehen.(49)

Nach dem Tagebuch-Eklat will sich Nannen gerade an dieses Treffen genau erinnert haben, aber mit einer ihm genehmen Version. Er unterschlug, daß das Hitler-Tagebuch ihn überhaupt interessiert hatte, er behauptete statt dessen, daß

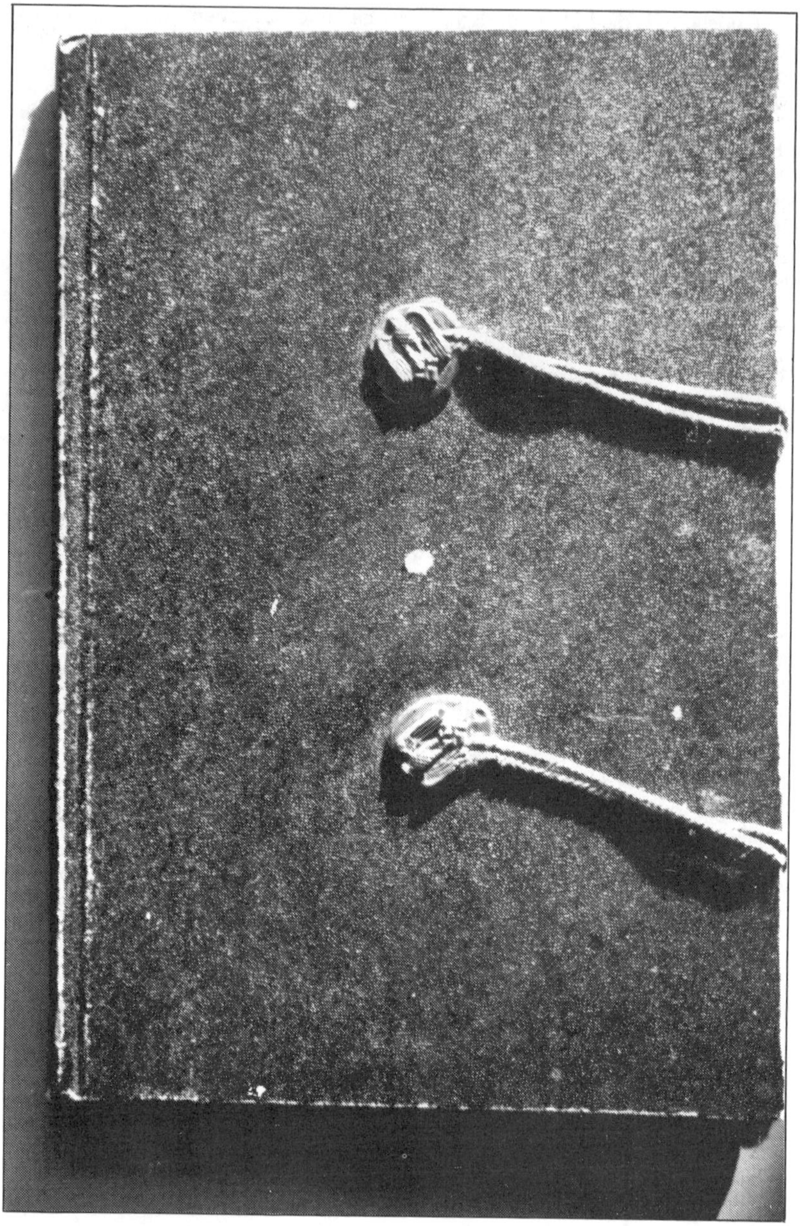

Tagebuch-Siegel *(erfunden von Kujau): »Ich habe nichts anderes erwartet«*

vor Heidemann Thomas Walde an ihn herangetreten sei, dies bereits 1978 getan habe, und dann dazu noch in der Kantine des Pressehauses, dem frühen Sitz des STERN. Mit Walde aber hatte Nannen wegen der Tagebücher erst Jahre nach Heidemann gesprochen, Heidemann wiederum hatte mit Nannen auch nicht über »ein angeblich von Hitler geschriebenes Protokoll über den Hess-Flug« geplaudert. Das Kapitel des Führer-Stellvertreters spielte ebenfalls erst Jahre später eine Rolle. Die alte Pressehauskantine war vergessen, der Umzug in den »Affenfelsen« an der Außenalster samt Einzug ins moderne Casino bereits Jahre zuvor beendet. Nannens Kritik, mit der er angeblich Heidemann den Kopf hatte waschen wollen (»Lassen Sie mich doch mit der ganzen Nazischeiße zufrieden«), war, laut Heidemann, ebenso aus der Luft gegriffen wie Ort, Zeit und Mobiliar des damaligen Mittagessens.(50) Nannen war alt geworden. Verblüht schien aber noch ein anderer Mann des STERN gewesen zu sein, abwärts ging es auch mit dem Chef vom Dienst, mit Armin von Manikowsky.

Auf einer Redaktionsfeier, so enthüllte der Bericht des STERN-internen Untersuchungsausschusses, sei Gerd Heidemann zielstrebig auf Manikowsky zugesteuert und hätte ihn um »Hilfe« gebeten: »Er sei den Hitler-Tagebüchern auf der Spur, aber Chefredakteur Nannen wolle davon nichts wissen. Manikowsky will zu Heidemann gesagt haben, das sei alles Quatsch, es gäbe nirgends in der Literatur auch nur den geringsten Hinweis, daß Hitler Tagebücher geschrieben habe.«(51)

Beim STERN galt Armin von Manikowsky als Kenner des Dritten Reiches, war er gar als Besserwisser verschrien. Jedesmal, wenn ein Kollege sich mit einem NS-Thema beschäftigt hatte, griff Manikowsky korrigierend ein. Gefürchtet waren seine Verbesserungen, hatte er zumeist NS-Daten im Kopf, konnte aus dem Stegreif sagen, wann Hitler oder Göring wem die Hand geschüttelt hatten. Die NS-Literatur befand sich nicht in der Bibliothek, sondern im Zimmer von Manikowsky. Diesen Schatz hütete er wie seinen Augapfel. Leihweise den einen oder anderen Titel zu erhalten, war so gut wie ausgeschlossen.

Im Sommer 1981 saß Thomas Walde dem Schluß-Mann Manikowsky gegenüber. Es ging um eine STERN-Geschichte, die ins Heft gehoben werden sollte. Zufällig kam Heidemann vorbei. Er legte ein Tagebuch auf den Tisch, das er soeben von Fischer-Kujau abgeholt hatte. Manikowsky schien einen schlechten Tag gehabt zu haben: Wie auch Nannen fesselte ihn diese zeitgeschichtliche Sensation nicht, allerdings produzierte er aber auch keinen Fälschungsverdacht. Armin von Manikowsky erwähnte lediglich, Walde und Heidemann mögen unbedingt die Urheberrechtsfrage klären, da — wie das Beispiel der Goebbels-Tagebücher gelehrt habe — die Tagebücher Hitlers wohl den gleichen Kriterien unterlägen.(52) Das wollte Manikowsky indes später so nicht stehenlassen.

Nein, gab er nach dem Tagebuch-Desaster Auskunft, er habe Walde vielmehr mehrfach auffordern müssen, daß ihm die Tagebücher einmal gezeigt würden, damit er sie als Fachmann begutachten könne.(53) Thomas Walde wollte das nicht bestätigen: Heidemann sei mit seinem Diplomatenkoffer vorbeigekommen und habe »ein Tagebuch-Exemplar hervorgeholt, den vorderen Teil mit der Verbleibswidmung« aufgeschlagen: Das Interesse des »Herrn von Manikowsky an dem vorgezeigten Buch war nicht sehr groß«.(54) Heidemann: »Der wollte sich keine zusätzliche Arbeit aufhalsen.«(55) War dies tatsächlich das Problem?

Armin von Manikowsky, der im Juni 1977 noch engagiert NS-Themen favorisierte, den Film »Hitler — eine Karriere« lobte und zugleich kritisierte (»Bislang hat noch keiner den 'Führer' so überzeugend und so abschreckend gespielt wie Adolf Hitler«), legte auf die Tagebücher keinen großen Wert, weil er — seit August

1979 Leiter des Büros Chef vom Dienst — überbeschäftigt war: »Jeder, der mich und meine Arbeit kennt, kann bestätigen, daß 12-Stunden-Tag, Nacht- und Wochenendarbeit bei mir... die Regel und nicht die Ausnahme war.«(56) Hätte Manikowsky möglicherweise die Tagebuch-Pleite verhindern können, wenn er, der einsame Spezialist der zwölfjährigen NS-Diktatur, Walde und Heidemann mit seinem fachlichen Rat zur Verfügung gestanden hätte? Oder zog er sich nur darum zurück, weil er — im Gegensatz zu Walde und Heidemann — kein Sonderhonorar für seine Tagebuch-Bearbeitung hatte ergattern können?

Im Sommer 1979 handelte Manikowsky mit dem Verlag seinen neuen Vertrag aus. In diesem Papier stand, daß er für Wählerumfragen ein zusätzliches Salär erwarten dürfte. 7.000,- DM kassierte er allein für den Bundestagswahlkampf 1980. Mal erhielt er »für eine große Untersuchung« 1.500,- DM, mal wurde er überhaupt nicht honoriert, schließlich — »ohne Begründung« — die Überweisungen ganz eingestellt. Neid, so behauptete Manikowsky, sei wegen seines Tagebuch-Desinteresses nicht im Spiel gewesen.(57) Ein Fälschungsverdacht kam ihm gleichfalls nicht über die Lippen. Nun griff Nannen den NS-Spezialisten an:

Die Chefredakteure Peter Koch und Felix Schmidt hätten ihm übereinstimmend berichtet, »das Heiner Bremer mit Herrn von Manikowsky (ein Gespräch) geführt hat und in dem Heiner Bremer Zweifel an der Echtheit geäußert haben will. Laut Koch und Schmidt — und Heiner Bremer hat es inzwischen mir gegenüber bestätigt — habe Manikowsky in diesem Gespräch mit Nachdruck beteuert, er habe nun wirklich alles gelesen, das sei alles über seinen Tisch gegangen, und es könne überhaupt keine Zweifel an der Echtheit geben«.(58)

Als die Zunft der Historiker Sturm gegen die STERN-Tagebücher lief, hielt sich Nannen in der Vorstandetage auf. Als das Bundesarchiv erste Zweifel an der Echtheit signalisierte, traf auch Manikowsky in der Vorstandsetage ein. In der Hand hatte er Nannens letztes Tagebuch-Vorwort, das aber nicht in den Handel kam, sondern eingestampft wurde. Etwa eine halbe Stunde, so erinnerte sich der anwesende Heidemann später, seien beide die »Lieber Stern-Leser«-Fassung des Herausgebers durchgegangen.(59) In diesem Nannen-Beitrag seien die Tagebuch-kritischen Zeitgeschichtler in unverwechselbarem Nannen-Stil angemacht und es sei auf die »journalistische Zuverlässigkeit der Bearbeiter Walde und Manikowsky« hingewiesen worden (Nannen). Erst in diesem Augenblick, so enthüllte Nannen, will Manikowsky ihm mitgeteilt haben, daß er die Tagebuch-Serie nicht redaktionell bearbeite, sondern nur als Chef vom Dienst betreut hätte. Er, Nannen, habe sich nicht vorstellen können, »daß Manikowsky, an dessen zeitgeschichtlichem Wissen doch wohl niemand in der Redaktion zweifelt, eine dubiose Sache 'über seinen Schreibtisch gehen läßt'«. Nannen witterte, als nichts mehr zu retten war, eine »unterlassene Hilfeleistung« des NS-Sachverständigen. Nannen: »Ich habe gewußt, daß es sich nicht um einen Bericht über Peterchens Mondfahrt, sondern über angebliche Hitler-Tagebücher handelte.«(60) Die einstigen Tagebuch-Befürworter im STERN verließen das sinkende Schiff. Gerd Heidemann ließen sie nun alle im Regen stehen. Dabei hatte es einst verheißungsvoll angefangen.

»BEEIL DICH, SONST STERBEN DIE DIR WEG« oder: Gerd Heidemann sieht das erste Tagebuch

Gerd Heidemann saß, am 3. November 1976, in seinem Wohnzimmer in der Maria-Louisen-Straße in Hamburg-Winterhude. Auf dem Schreibtisch lag der übliche Redakteurvertrag. Henri Nannen hatte bereits unterschrieben, ebenso Rolf Poppe. Heidemann las sich die vier Seiten nur oberflächlich durch, ihn interessierte nur die Zusatzvereinbarung. »Die von Herrn Heidemann produzierten und im STERN erschienenen Fotos werden gesondert zu STERN-üblichen Sätzen honoriert«, wies arabisch zwei aus. Heidemann paraphierte. Fortan würde er 9.000,- DM brutto verdienen, sein Gehalt war soeben um 2.000,- DM angehoben worden. Eine Klausel bestimmte, daß Heidemann frühestens zum 31. Dezember 1979 hatte kündigen können. Dieser Dreijahresvertrag war von Henri Nannen gewollt, auf Gerd Heidemann konnte er nicht verzichten, denn der Lieferant der »heißen STERN-Kisten« (Nannen) war fast ausnahmslos sein Starreporter.(61)

Formal unterstand Heidemann dem STERN-Ressort »Serien«, das von Victor Schuller geleitet wurde. In dieser Zeit, NS-Themen hatten im STERN noch Hochkonjunktur, lernte Heidemann einstige NS-Größen kennen: den SS-Brigadeführer und letzten Kampfkommandanten des Führerbunkers, Wilhelm Mohnke. Heidemann brachte Mohnke mit Edda Göring zusammen, es folgten Karl Wolff, aber auch der ehemalige Kommandant des Spandauer Kriegsverbrechergefängnisses, Eugene Bird, sowie der Chef der sowjetischen Spionageorganisation »Rote Kapelle«, Leopold Trepper. Auf die alten Kameraden war Heidemann nach einer weltweit abgedruckten Reportage über die ehemalige Jacht Hermann Görings gestoßen: für 160.000,- DM erstand er das Schiff »Carin II«, das er einem Bonner Druckereibesitzer abkaufte, der das Schiff wiederum von Emmy Göring erworben hatte. Heidemann wollte die »Carin II« renovieren und weiterverkaufen. Doch es sollte anders kommen. Kollege Jochen von Lang, im STERN für NS-Bereiche zuständig, schleppte ehemalige Nationalsozialisten auf Heidemanns Jacht. Wilhelm Mohnke beispielsweise wurde ihm von Lang vorgestellt, die anschließenden »Bordgespräche« auf Tonband festgehalten. Daraus sollte, nach einer Idee Nannens, später ein Buch werden.(62)

Immer tiefer drang Gerd Heidemann in die letzten Geheimnisse des Dritten Reiches vor, immer mehr wurde ihm bewußt, daß vieles — vor allem über den Untergang des NS-Staates — noch unbekannt war. Bislang hatte sich Heidemann für diesen Themenkomplex nicht sehr interessiert. Doch im Laufe der Monate nahm die Wißbegierde zu. Er sammelte NS-Dokumente, erwarb zur Ausstattung des Schiffes NS-Aschenbecher, Ehrendolche, Uniformen. Gerd Heidemann, für den STERN nach wie vor als rasender Reporter unterwegs, wollte sich fortan ausschließlich mit dem Tausendjährigen Reich beschäftigen: als freier Journalist; vom STERN-Alltag wollte er sich lösen.

Am 15. November 1979 kündigte Heidemann. Es war sein siebter Trennungsversuch. Am 31. Dezember 1980 sollte sein letzter Arbeitstag sein. Die Zukunft hatte Heidemann klar umrissen, er wollte die letzten noch lebenden NS-Größen interviewen (Karl Wolff zu Heidemann: »Beeil Dich, sonst sterben Dir die weg«), hatte drei Buchprojekte geplant und sich auf die Suche nach dem Mussolini-Schatz gemacht, fahndete nach den bis heute verschwundenen Goldbarren des Auswärtigen Amtes Joachim von Ribbentrops. Doch es kam anders:

Peter Koch und Gerd Heidemann *(Jux-Photo 1977 in den USA): »Du kannst doch machen, was du willst«*

Innerlich war Heidemann vom STERN, dem er bis dahin 24 Jahre gedient hatte, längst abgerückt, da bat ihn der stellvertretende Chefredakteur Peter Koch zu sich. Am 27. September 1980 wurde Heidemann aufgefordert, seine Kündigung zurückzuziehen: »Du kannst doch machen, was du willst. Keiner außer dir hat sich so viele Freiräume schaffen können.« Heidemann erklärte, daß er lieber das Rätsel der Tagebücher Hitlers lösen wolle, die er als »Freier« zu verkaufen plante. Koch: Dann möge er das bitte im Auftrage des STERN tun. Heidemann ließ sich erneut überreden. Zweieinhalb Jahre später sollte er das bereuen.(63)

Heidemann, so veränderte das Urteil des Hamburger Landgerichts, »sah für sich in der weiteren Mitarbeit des STERN keine rechte Zukunft mehr«, sei er »wiederholt bei Gehaltserhöhungen übergangen« worden, angeblich »durch ein Verbot ... Kochs gehindert« worden, sich weiterhin mit NS-Themen zu befassen, der »ihn außerdem in einer Hausmitteilung aufgefordert« habe, »bis Jahresende endlich wieder einen Artikel zu schreiben; seit drei Jahren sei sein Name nicht mehr im 'Blatt' gewesen«.(64) Davon ist nichts wahr, Kolportagen nahmen die Richter in ihrem Urteil auf, Beweise hatte das Gericht niemals vorlegen können.

Die vielzitierte »Abmahnung« war weder schriftlich noch mündlich erfolgt, das Verbot, weiterhin das Dritte Reich aufzuhellen, niemals erteilt worden. Im Gegenteil: Sein Gehalt wurde nicht nur am 1. April 1978 um 500,- DM angehoben, sondern am 1. April 1982 nochmals um denselben Betrag, ein Jahr darauf erheut um 500,- DM aufgestockt. Gerd Heidemann verdiente nunmehr monatlich 10.500,- DM. Wegen der Tagebücher wurde er bei Gehaltserhöhungen nicht übersehen, zumal Peter Koch und Felix Schmidt ihren »lieben Herrn Heidemann« am 25. November 1981 noch mit einer »Sonderzahlung« in Höhe von 5.000,- DM überraschten (»Als Anerkennung Ihrer Leistung«).(65) Längst war Gerd Heidemann der heimliche Star, die STERN-Oberen waren stolz, denn mit Heidemanns Kündigungsrücknahme konnten sie sich sicher fühlen: der Spürhund würde die angeschlagene Illustrierte wieder nach vorne bringen. Heidemann wollte niemand ziehen lassen. Statt dessen pumpten sie ihn voll mit Geld: jährliche Gehaltsanhebung, großzügiger Spesensatz.

Der finanzielle Rahmen war großzügig, ganz im Sinne Heidemanns, abgesteckt, auch der psychologische Beistand bemerkenswert: Wenn Heidemann wegen der stockenden Tagebuch-Lieferungen ein kurzfristiges Tief quälte, dann bauten ihn Chefredakteur Koch und Ressortleiter Walde wieder auf. Hätte, so weiß Heidemann heute, »man mich nicht motiviert, ich wäre der Alleinverantwortliche (geblieben), nur mein Geld hätte ich verloren«, der STERN vom Tagebuch-Makel verschont geblieben.(66) Als Gerd Heidemann noch nicht vorangepeitscht wurde, als der STERN ihn noch nicht wegen der voreiligen Veröffentlichung unter massiven Druck setzte, als Verlag und Chefredaktion noch nicht von der »Bunkermentalität« (Nannen) erfaßt waren, da plagte Heidemann nur eine Sorge: seine »Carin II«. Er wollte das Schiff verkaufen.

Der ehemalige SS-General Wilhelm Mohnke, dem Heidemann von seiner Bürde mit der »Carin II« berichtete, hatte eine Idee, wie sich der Reporter von Görings alter Jacht befreien könnte: Ein gewisser Jakob Tiefenthäler, so erfuhr Heidemann Anfang 1979, sammele für ein geplantes Militär-Museum im australischen Sydney »militärische Dinge aus dem Dritten Reich«. Vielleicht könnte das teure Schiff dorthin verkauft werden. Mohnke setzte sich mit Tiefenthäler, der für die US-Armee in Augsburg arbeitete, in Verbindung. Heidemann konnte hoffen. Doch aus dem Geschäft wurde nichts.

In US-Fachzeitschriften gab Tiefenthäler daraufhin Verkaufsanzeigen auf.

Hitler-Sammler Fritz Stiefel: *»Er putzte gerade Schaufenster«*

Langsam und zäh entwickelten sich erste Gespräche mit Interessenten. Dann aber meldete sich die amerikanische Hochschullehrerin Linde S. Edi aus Beverly Hills bei Tiefenthäler: sie habe zwei mögliche Käufer ausgemacht, die für 748.000 Dollar die Göring-Jacht erwerben würden. Die Amerikanerin sollte 10.000 Dollar Provision erhalten, Tiefenthäler wollte 74.800 Dollar haben. Der Verkauf aber platzte. Da erinnerte sich Tiefenthäler an einen »Großsammler«. Am 11. September 1979 teilte er Heidemann mit, daß dieser zwar das Schiff nicht erwerben könne, dafür »erbittet er eine Namensliste aller Gegenstände aus dem Besitz Görings, mit gleichzeitiger Preisangabe. Ich bin mir dessen sicher, daß Sie viele Gegenstände verkaufen können«.(67)

Heidemann war gerade dabei, die angeforderte Liste zusammenzustellen, als das Telephon klingelte. Am Apparat war Tiefenthäler: Er kenne die NS-Sammlung des Millionärs, sie sei »einfach beeindruckend«. Wie der Mann heiße, fragte Heidemann. Fritz Stiefel, der sich im übrigen »im Besitz eines hochinteressanten Hitler-Tagebuches« befände. Es käme aus der DDR. Und es gäbe noch mehr. Heidemann: »Nun war ich neugierig geworden.« Am 6. Januar 1980 reiste er mit dem Zug über Stuttgart nach Waiblingen. Um 15.33 Uhr erwartete Fritz Stiefel seinen Gast. Der schwere Koffer, in ihm führte Heidemann NS-Glanzstücke mit, wurde in Stiefels Ford Taunus gepackt.(68)

Fritz Stiefel war Generalvertreter für Rohrverschraubungen, handelte mit Kugel- und Rollenlagern, mit Feilen und Sägeblättern, er verkaufte Industriediamanten, Kugelhähne und Schleifmittel, in Burlafingen verfügte er über eine Filiale. Stiefel hatte es zum vielfachen Millionär gebracht. Er konnte sich sein teures Hobby leisten. In Stiefels Haus in der Gottlieb-Daimler-Straße machte Gerd Heidemann seinen Koffer auf und packte aus: Uniformen, Silber- und Golddosen, einen Luftwaffen-Dolch. Stiefel war begeistert. Er bot 30.000,- DM. Heidemann erhielt zwei Schecks. Stiefel erklärte ihm den Grund:

Seine Frau würde bei hohen Bankkonten-Abbuchungen stets mißtrauisch werden, vermuten, er habe soeben »erneut das Geld für die Sammlung aus dem Fenster geworfen«. Auch Tiefenthäler dürfe nicht erfahren, daß er 30.000,- DM bezahlt habe. Heidemann möge ihm gegenüber behaupten, lediglich 10.000,- DM erhalten zu haben. Im übrigen müsse er dann nur 1.000,- DM Provision (zehn Prozent) zahlen.(69) Dann aber kam das wichtigste Ereignis: Stiefel überreichte Heidemann eine schwarze Kladde, Hitlers Tagebuch. Auf der ersten Seite stand eine Eintragung: »Politische und private Aufzeichnungen des Jahres 1935, Adolf Hitler.«(70)

Gerd Heidemann blätterte rund zwei Minuten in dem Buch. Er konnte die altdeutsche Handschrift nicht lesen, nur zwei oder drei Zitate behielt er in Erinnerung. Heidemann: »Fritz Stiefel verriet mir, daß sein Stuttgarter Bekannter ... noch mehr als zwanzig solcher Kladden aus der DDR beschaffen könne. Ein Flugzeug sei mit Hitlers gesamtem Besitz kurz vor Kriegsende in der Nähe von Leipzig abgestürzt und seinem Bekannten, der aus Sachsen stamme, sei es gelungen, an all diese Sachen heranzukommen.«(71) Heidemann, so kanzelte das tendenziöse Urteil des Hamburger Landgerichts ab, »erkannte, daß die Entdeckung von Hitler-Tagebüchern eine Weltsensation bedeuten und seinen angeschlagenen Ruf als Reporter verbessern würde«.(72) Einige Monate später allerdings hatte die Personalabteilung des Gruner + Jahr Verlages dem vorgeblich entwerteten Heidemann noch zu seiner 25jährigen STERN-Mitarbeit gratuliert: »Der Verlag schuldet Ihnen ... einen besonderen Dank, nämlich den, daß Sie während dieser ganzen Zeit zu uns gehalten haben.«(73) Für Heidemanns Engagement spendierte der

STERN 2.400,- DM Sonderzahlung und ein großes Büfett (Heidemann: »Es bogen sich die Tische«). Wäre Heidemanns Ruf tatsächlich verschlissen gewesen, dann hätte der STERN Heidemanns Kündigung umgehend akzeptiert, auf die regelmäßigen Gehaltserhöhungen mit Sicherheit verzichtet und ihm keinesfalls die Treueprämie überwiesen sowie die Schlemmerplatten gestiftet. Heidemanns Image aber war in Wahrheit nicht ramponiert, sondern — im Gegenteil — im STERN hatte er den Höhepunkt seiner Karriere erreicht.

Fritz Stiefel kam durch Zufall an das Tagebuch-Exemplar. Anfang der siebziger Jahre schlenderte er durch die Stuttgarter Aspergstraße. Dort entdeckte er zwei Schaufenster, »mit Gegenständen aus der Kaiserzeit dekoriert«. Erst nach mehrmaligen Versuchen gelang es ihm, den Inhaber (»Er putzte gerade die Schaufenster«) anzusprechen. Es war Konrad Kujau, der sich Stiefel als »Fischer« vorstellte.(74)

»Zum Sammeln«, so erklärte Stiefel in Stuttgart der Kripo sein skurriles Hobby, »bin ich ... über meinen ältesten Sohn gekommen, der sich für die Geschichte des 3. Reiches interessierte, gerade auch deshalb, weil dieses Sachgebiet, seiner Ansicht nach, in der Schule nicht richtig behandelt wurde.« Ein erstes Mal erhielt er von seinem Schwager (»Dem Patenonkel meines Sohnes«) ein silbernes Verwundetenabzeichen und einen Offiziersdolch. Für Stiefel war dieser Augenblick die Initialzündung. Geld hatte er genug, ihm fehlten lediglich die Schnickschnack-Überreste des Dritten Reiches. Die Bekanntschaft mit Fischer kam ihm gerade recht.(75)

Fritz Stiefel war wie betrunken, als er Fischers Ausstellung erblickte, fasziniert von den unglaublichen Angeboten steigerte er sich in einen NS-Rausch: Da erwarb er einmal eine einfache Urkunde für 1.000,- DM, ein Brief Hitlers an seinen Leibphotographen Hoffmann war ihm 150,- DM wert, für die Mitteilung an einen tapferen Wehrmachtssoldaten, dem das Eiserne Kreuz I. Klasse verliehen wurde, blätterte er nur 60,- DM hin, 233 Seiten »Mein Kampf«-Manuskripte ließ er sich 22.000,- DM kosten, zwei Rembrandt-Skizzen 20.000,- DM, neunzehn Plakatentwürfe brachten Kujau 12.000,- DM ein, für 40 Hitler-Zeichnungen zahlte Stiefel 40.000,- DM, für zwei da-Vinci-Zeichnungen hingegen lediglich 18.000,- DM, für Hitlers Parteibuch rückte Stiefel 7.000,- DM heraus.(76) Alsbald bemerkte Kujau, daß sein ergiebiger Geschäftspartner ihm gegenüber immer hilfloser wurde: Nein konnte Stiefel nicht mehr sagen, wenn Kujau ihm wieder einmal eine Rarität vorgelegt hatte. Der Handel war Stiefel schließlich nahegegangen, Kujau bot er jetzt das Du an, »Connys« Geschäfte liefen ab diesem Augenblick noch besser, sogar Kujaus Lebensgefährtin Edith Lieblang profitierte davon: preiswert kam sie in den Besitz eines Ford Escorts, der bis dahin von Stiefels Gattin chauffiert worden war.(77)

»Aus der Tatsache, daß Herr Fischer ausgefallene Sammlerstücke in seinem Besitz hatte«, protokollierte die Kripo Stiefels Aussage, »schloß ich, daß er über ausgezeichnete Beziehungen nach drüben (DDR) verfügte«, »diesen Eindruck erweckte er ... in mir«,(78) denn woher sonst sollten die nationalsozialistischen Kabinettstückchen auch herangekommen sein. Stiefel, so hatten die Ermittler zusammengerechnet, habe an Kujau 350.000,- DM gezahlt, nach Stiefels Schätzungen seien aber »noch einmal 15 bis 20% dieser Summe hinzuzurechnen für sonstige ... gelieferte Gegenstände«.(79) Stiefel honorierte mit Schecks, Kujau quittierte als Gebäudereiniger, so konnte der Unternehmer Stiefel seine NS-Sucht von der Steuer absetzen. Das Gesamtvolumen, enthüllte schließlich das Urteil, »lag erheblich über dem durch die Scheckzahlungen ermittelten Betrag«, allein »auf die Lieferung von echtem Allach-Porzellan entfiel ein Betrag von etwa 50.000,- DM«.(80) Die Steuerfahndung machte sich an die Arbeit. Nachzahlung und Strafbefehl akzeptierte Fritz Stiefel, ohne mit der Wimper zu zucken.

Gerd Heidemann steckte die zwei Stiefel-Schecks in seine Brieftasche. Dann wollte er den Lieferanten des Hitler-Tagebuches erfahren, doch den wollte Stiefel nicht verraten. Heidemann fragte weiter nach, Stiefel aber wollte ihn ohne Genehmigung des Tagebuch-Entdeckers nicht preisgeben. Nach Hamburg zurückgekehrt, informierte Heidemann erst Nannen, dann Thomas Walde, in dessen Ressort »Zeitgeschichte« Heidemann im Januar 1981 überwechseln sollte. Heidemann: »Noch einigen anderen Vorgesetzten berichtete ich, was ich bei Stiefel gesehen hatte, dann geriet die Sache für einige Monate in Vergessenheit.«(81) Inzwischen hatte Heidemann wieder einmal gezeigt, was in ihm steckte:

Der STERN druckte Heidemanns Barbie-Geschichte, die von Jürgen Petschull geschrieben wurde, eine Story über den »Menschenjäger« Hermann Göring, die Dirk Bavendamm formuliert hatte — NS-Themen waren große STERN-Mode. Als sich der sonst von der Chefredaktion vielbeschäftigte Heidemann im April 1980 ausnahmsweise einmal nicht im Recherchenstreß befand, rief er wieder Fritz Stiefel an. Ob es etwas Neues vom Tagebuch-Lieferanten gäbe, wollte er wissen. Stiefel gab Heidemann zu verstehen, daß sein »Freund« mit dem »linken STERN« nichts zu tun haben wollte. Heidemann: »Wie wäre es, wenn er sie dem englischen Historiker David Irving überläßt?« Stiefel versprach, diesen Vorschlag weiterzugeben.(82) Einen Tag später kam Heidemann der Zufall zu Hilfe. Irving besuchte seinen Verleger Albrecht Knaus. Anschließend trafen sie sich auf der ehemaligen Göring-Jacht.

Der rechtslastige Irving, der sich für üppige Honorare dem Herausgeber der NATIONAL-ZEITUNG, Gerhard Frey, für Hitler-entlastende Vorträge zur Verfügung stellte, hörte sich das von Heidemann auf Band aufgenommene Telephongespräch mit Stiefel an. Heidemann erkundigte sich, ob Adolf Hitler seine Erinnerungen schriftlich fixiert haben könnte. Irving bejahte: Ein Berliner Taxifahrer hätte bei Kriegsende solche Aufzeichnungen im Führerbunker gefunden, diesen Mann suche er schon seit Jahren, sei aber bislang nicht fündig geworden.(83) Eine Woche nach Irvings Besuch kam es zu einer weiteren Zusammenkunft auf Heidemanns Schiff. Diesmal diskutierten NS-versierte STERN-Redakteure. Sie steckten Themen ab, den STERN wollten sie mit braunen Stories zukleistern.

Thomas Walde, Leo Pesch, Dirk Bavendamm, ein Journalistenschüler und Gerd Heidemann erörterten den »Okkultismus in der SS«, sie setzten sich mit dem »Geld und Lastwagen gegen jüdische Mitbürger« auseinander, sie untersuchten die »Kooperation des Dritten Reiches mit der Schweiz«, wollten Übersehenes über den letzten noch einsitzenden Kriegsverbrecher Rudolf Heß herausfinden, machten sich so ihre Gedanken über den Reichsbankschatz, beratschlagten »Hitler-Schrifttum« und kamen schließlich — zwangsläufig — auf die Tagebücher Adolf Hitlers zu sprechen. Zwar wurde dieser Komplex nur am Rande erwähnt, aber eine Woche später entschied Thomas Walde: der Frage nach der Existenz von Hitler-Tagebüchern müsse nun endlich einmal nachgegangen werden. Zuvor hatte sich Dirk Bavendamm noch in Heidemanns »Carin II«-Gästebuch verewigt: »Einen Tag nach 'Atsches Geburtstag' auf 'Hermanns Schiff' — Geschichten zum Anfassen.«(84) Und Walde beförderte sich zum »Reichsnachrichtenführer a.D.«.

Ab und an klingelte Heidemann nochmals bei Stiefel durch, doch eine Tagebuch-Leidenschaft Heidemanns war lange noch nicht auszumachen, heißblütig beschäftigte er sich statt dessen mit anderen STERN-Aktualitäten. Da schlüpfte er, für einige Tage, in einer Ulmer Intensivstation unter, um in diesem Krankenhaus dem humanen Sterben auf die Spur zu kommen, dann ging er einem Bericht von amnesty international über Folterungen in Chile nach, kümmerte sich um eine Spionagegeschichte und jettete schließlich nach Tunesien, um jugendliche Räuber zu interviewen. Die Gespräche lieferte er rechtzeitig in Hamburg ab, zugleich aber auch die amtlichen Ermittlungsakten. Gerd Heidemann, der Star des STERN, hatte einmal mehr bewiesen, daß er die einzige Feuerwehr war, über die der STERN je verfügt hatte. Thomas Walde witterte Gefahr: Wenn der Starreporter so weitermache, werde er womöglich noch das Interesse am Hitler-Nachlaß verlieren. Heidemann: »Walde fragte mich, ob ich nun endlich Zeit hätte, mich um die Tagebücher zu kümmern.«[85] Im September 1980 fällte Heidemann eine Vorentscheidung. Es war zugleich jener Augenblick, in dem auch Peter Koch Heidemann dessen vor einem dreiviertel Jahr eingereichte Kündigung ausredete. Und er wußte: Wenn Heidemann sich einmal in etwas hineinkniete, dann kam dabei auch etwas heraus. Zuvor aber mußte er mit Victor Schuller in die Toskana. Dieter Kronzuckers Töchter waren entführt worden. Die Illustrierten überboten sich. In Landgasthäusern, in denen gut gegessen wurde, tummelten sich unzählige Journalisten. Alle traten sie auf der Stelle, Kronzucker pokerte aus verständlichen Gründen, denn verzweifelt überlegte er sich, wie die millionenschwere Lösegeldforderung aufgetrieben werden könnte. Der STERN bot 1,6 Millionen, die BUNTE über zwei. Der STERN war geschlagen worden, da Peter Koch keinen Pfennig drauflegen mochte. Auf dem Rückweg von der Toskana nach München unterhielten sich Schuller und Heidemann über die Tagebücher. Demnächst, plauderte Heidemann, wolle er sich gelegentlich um diesen Stoff kümmern, habe er von Erich Kuby den Tip erhalten, den »Fund nicht dem Verlag zu überlassen, sondern das Geschäft allein zu machen«.[86] Einige Tage lang überlegte Heidemann, ob er die Rücknahme der Kündigung nicht doch wieder in eine Kündigung umwandeln sollte. Und wie war das Tagebuch-Projekt als freier Journalist zu finanzieren? Heidemann skizzierte:

»Um die erforderlichen Summen zu bekommen, sprach ich meine ausländischen Bekannten an und erzählte ihnen auch von dem Mussolini-Schatz am Comer See, dessen Lage mir ehemalige Waffen-SS-Männer, die Zeugen der Versenkung waren, verraten hatten.« Mit dem holländischen Millionär Heerema nahm Heidemann Kontakt auf, einem ehemaligen Angehörigen der Waffen-SS, der nicht glauben konnte, daß Adolf Hitler die Endlösung vorangetrieben hatte. Heerema dünkte, die Tagebücher würden beweisen, daß nicht der Führer, sondern Himmler oder Göring die Vernichtung der Juden initiiert hatten. Er wolle darüber nachdenken und Heidemann Bescheid zukommen lassen.[87] Als Walde von Heidemanns Tagebuch-Zukunft hörte, redete er auf ihn ein, ihn und den STERN um Gottes Willen nicht im Stich zu lassen. Diesmal legte sich Heidemann aber nicht fest.

Am 13. Oktober 1980 telephonierte Heidemann mit der Wehrmachtauskunftsstelle in West-Berlin, denn in dem Buch »Die Katakombe« war Hitlers Chefpilot Hans Baur zitiert worden, der seinerseits — nach dem Absturz der Führer-Maschine — Hitlers Kommentar wiedergab: »Das war doch die Maschine, in der (Hitlers Diener) Arndt mitflog ... Und dann wären auch die Akten verloren, die er mitbekommen hat — wichtigste Unterlagen, die der Nachwelt zum Verständnis meiner Handlungen und Entscheidungen dienen sollten. Das wäre eine Katastrophe.« Und tatsächlich: am 21. April 1945 war bei Börnersdorf ein Flugzeug vom Himmel gefallen.

Diese Nachricht sollte den STERN verändern. Heidemann unterrichtete Walde und erwähnte den Rat Victor Schullers: Es müsse versucht werden, das Tagebuch-Exemplar des NS-Sammlers Stiefel zu erhalten, um es durch Experten überprüfen lassen zu können. Wenn es echt sein sollte, könnte dem Finder ein entsprechend hohes Honorar angeboten werden. Walde nickte: »Mach' es, wie du es für richtig hältst.«(88)

»ER SOLL AUS SACHSEN STAMMEN« oder: Gerd Heidemann erfährt Neuigkeiten

Margarete Wolgast, die Sekretärin Henri Nannens, hatte wieder einmal einen Sonderauftrag zu erledigen. Der STERN-Chefredakteur verlangte nach Heidemann. Doch der Reporter war einstweilen nicht erreichbar. Er recherchierte in West-Berlin. »Maggi« Wolgast kannte nur die Telephonnummer des Hotels, in dem Gerd Heidemann sich einquartiert hatte. Die Hotel-Pension Kurfürstendamm war eine Empfehlung Hamburger Verfassungsschützer. Heidemann wollte herausfinden, warum. Bis heute ist ihm das nicht gelungen. Am späten Nachmittag kehrte Heidemann in sein Hotelzimmer zurück. Das Telephon klingelte, Heidemann vernahm ein erleichtertes »endlich«. Die Vorzimmerdame stellte zu Nannen durch.(94)

Heidemann müsse sich in die nächste Maschine setzen, befahl Nannen aufgeregt. Er, Nannen, werde seinen Reporter persönlich vom Flughafen abholen. Heidemann dachte, daß »wohl der Untergang des Abendlandes kurz bevorstehen« würde, denn »daß Nannen sich zum Flughafen bemühen würde, um mich in Empfang zu nehmen, war ein noch nie dagewesenes Ereignis in meiner fast dreissigjährigen Laufbahn beim STERN«. Am 16. Oktober 1980 war aber nur noch in der letzten PanAm-Maschine ein Platz frei. Nannen mußte sich gedulden. Um 22.30 Uhr landete Heidemann in Hamburg, »und siehe da, Sir Henri überragte alle anderen Wartenden unübersehbar« (Heidemann).(95)

Im Flughafenrestaurant war kein Tisch mehr besetzt. Es schien, als sollte das Lokal gerade geschlossen werden. Doch als die Kellner den bekannten STERN-Chefredakteur mit dem unauffälligen Heidemann erblickten, wurden sie anderen Sinnes. Aufgelöst, fast ekstatisch berichtete Nannen, daß ihm ein gestohlener Nolde zum Kauf angeboten worden sei. Nannen: »Ich brauche Sie dringend. Der Mann will mich morgen aufsuchen, und wir müssen überlegen, wie ich mich verhalten soll.« Dies war ein der Öffentlichkeit und dem STERN-Reporter unbekannter Henri Nannen — wenn es sich um scheinbar aussichtslose Fälle handelte, dann gab es nur einen, der ihm zur Seite stehen konnte: Gerd Heidemann.(96)

Auf Anhieb fiel Heidemann nichts anderes ein, als die Polizei zu verständigen. Auf diese Idee war Nannen noch nicht gekommen, weshalb er gleich am nächsten Morgen den Hamburger Polizeipräsidenten anrufen wollte. Heidemann über den nervös-kribbeligen Nannen: »Eine dreiviertel Stunde mußte ich mir dann die Geschichte dieses Nolde-Bildes anhören, das einem Hamburger Kaufmann gestohlen worden war.« Heidemann tat es mit sehr viel Geduld, denn er wußte: Seinen Chefredakteur durfte er jetzt nicht unterbrechen. Ein Nannen lästiges Dazwischenreden hätte Heidemann zwar nicht den Kopf gekostet, für einige Tage aber hätte er sicherlich Nannens schlechte Laune spüren, vor allem seine zynischen

++++++++·++, Augsburg, 29. Nov. 80
Kreutzerstr. 23
0821-41 49 03

Herrn
Conni Fischer
Gebersheimer Weg 32

7257 Ditzingen

Lieber Conni !

Habe verbindlichsten Dank für Deinen fernmündlichen Anruf am letzten Donnerstag. Habe mich sehr gefreut, mal wieder ein Lebenszeichen von Dir vernommen zu haben. Deine Weltreise muß ja wahrhaftig ein Erlebnis von Einmaligkeit gewesen sein. Sollten wir einmal zusammentreffen, so werde ich sicherlich hierauf zurückkommen, um Einzelheiten zu erfahren!

Nun, was ich nachstehend zu sagen habe, wäre nichts für ein Ferngespräch, da man ja nie weiß, ob die Leitung nicht angezapft ist oder nicht. Ich setze voraus, daß Du vorerst absolutes Stillschweigen hierüber walten läßt und Dich niemanden gegenüber diesbezüglich äußern wirst:

Also, ein großer Hamburger Verlag ist an mich herangetreten, mit der Bitte, Kontakte zwischen Dir und dem Verlag herzustellen. Es handelt sich um die Tagebücher von AH, welche Du ja hast, bzw. beschaffen könntest. Man nannte mir gegenüber bereits einen Betrag von zwei Millionen, den man bereit wäre zu bezahlen. Außerdem wären diese Herren nichteinmal an einem Besitz dieser Tagebücher interessiert, als vielmehr an der Fotokopierung. Die Tagebücher könnten nach wie vor in Deinem Besitz verbleiben. Solltest Du Kontaktbereitschaft signalisieren, so wäre der Kontakt innerhalb kürzester Frist hergestellt. Selbstverständlich würde die ganze Angelegenheit streng vertraulich behandelt werden und äußerstes Stillschweigen von beiden Seiten ist Voraussetzung. Solltest Du eventuell Gold als Gegenwert vorziehen so stünden auch hier unbegrenzte Mengen zur Verfügung! Ich würde mich glücklich schätzen, wenn Du mir sobald wie möglich diesbezüglichen Bescheid geben könntest. Doch bitte nicht am Telefon! Vielleicht sollte ich noch kurz erwähnen, daß der finanzstarke Verlag ganz alleine das Risiko einer eventuellen Publikation tragen würde, wie auch die Rechtsfolgen, welche sich aus einer solchen Publikation ergeben würden. Die Quelle aus der diese Bücher stammen, würde nie genannt werden, da sich der Verlag im Falle eines Rechtsstreites (Bundesregierung – Verlag) auf das Pressegeheimnis berufen würde. Alle diese Dinge hat man mir offiziell zugesichert und ist bereit, einen notariellen Vertrag mit Dir abzuschließen, wo alle Vertragspartner in jeder Hinsicht rechtlich abgesichert wären. Vielleicht gestattest Du mein lieber Conni noch die Bemerkung, daß diese Herren nicht von mir Deinen Namen erfahren haben. Zwar wissen sie, daß ein Herr Fischer den " Schlüssel " zu diesen Büchern hat, bzw. kennt, doch wissen sie weder Deinen Vornamen, noch Deine Anschrift und werden diese auch nicht von mir erfahren, solltest Du diesem Projekt gegenüber eine negative Haltung einnehmen! Also, daß wäre in wenigen Worten mein Anliegen! Bitte auch Fritz gegenüber, keinerlei Andeutungen vorerst zu machen!

Nun habe ich aber Deine sicherlich sehr begrenzte Freizeit sehr arg strapaziert und darf langsam zum Abschluß kommen. Mit allen guten Wünschen und Grüßen, auch an die charmante Gattin, will ich es bewenden lassen und verbleibe mit freundlichen Grüßen

Dein ergebener

Tiefenthäler

Tiefenthäler-Brief an Fischer *(alias Kujau): »Die Quelle der Bücher wird nie genannt werden«*

Sprüche ertragen müssen. Erst als der Kellner die Rechnung brachte, hörte Nannen auf, über Nolde zu sprechen. Die beiden gingen zum vor dem Haupteingang parkenden Mercedes von Nannen. Woran Heidemann jetzt eigentlich arbeite, wollte er von seinem Reporter wissen.

»Ich war mit Thomas Walde in Ost-Berlin«, klärte Heidemann seinen Chef auf, »und habe mich dort mit Stasi-Offizieren getroffen. Außerdem habe ich in der Stiftung Preußischer Kulturbesitz nach Unterlagen über den Speer gesucht, mit dem Jesus angeblich erstochen wurde. Die Geschichte soll Paul-Heinz Koester schreiben. Und zum Schluß wollte ich mich wegen der Hitler-Tagebücher, von denen ich Ihnen bereits erzählt habe, in der Wehrmachtauskunftsstelle umhören. Die haben dort Unterlagen über das Flugzeug, in dem Hitlers Akten waren.« Nannen: »Meinen Sie, daß an der Sache etwas daran ist?« Heidemann: »Warum nicht?« Nannen: »Ich glaube nicht daran.« Heidemann erklärte, Victor Schuller und Thomas Walde hätten ihm den Auftrag erteilt, »der Sache mit den Hitler-Tagebüchern nachzugehen«. Wenn es denn so sei, bemerkte Nannen, dann werde »man ja bald wissen, ob was dran ist«. Nannen also war einverstanden: einer Aufhellung der Tagebücher Adolf Hitlers legte er keine Steine in den Weg.[97]

Am 17. Oktober telephonierte Nannen mit dem Hamburger Polizeipräsidenten. Auf dem Flughafen postierten sich zahlreiche Kripo-Beamte, in der STERN-Redaktion plazierten sich ebenfalls zwei, denn es hätte schließlich möglich sein können, daß der Nolde-Anbieter ungeschoren den Airport hätte verlassen und direkt in die Redaktion eilen können. Die Kripo aber konnte den Mann in der Gepäckhalle festnehmen. Er entpuppte sich alsbald als Galerist, der das Nolde-Motiv legal erworben hatte, ohne zu wissen, daß es gestohlen war. Nach vierundzwanzig Stunden mußte der unschuldige Kunstfreund wieder freigelassen werden. Die spektakuläre Verhaftung wurde von STERN-Photographen auf Kleinbildfilm festgehalten. Heidemann wollte das Nolde-Abenteuer schriftlich fixieren, denn er dachte, daß die Nolde-Geschichte im nächsten STERN abgedruckt werden sollte. Hier hatte sich Gerd Heidemann aber getäuscht. An eine Veröffentlichung, klärte Nannen Heidemann auf, habe er niemals gedacht, vielmehr wollte er den Ablauf für sich »dokumentiert« haben. Heidemann: »Ich schien Nannen wieder einmal mißverstanden zu haben.« Und auch der Nolde-Händler hatte für die von Nannen kurzentschlossen organisierte Freiheitsberaubung nur leichtes Kopfschütteln übrig. Er fragte: »Läßt der Kunsthändler Nannen seine Informanten bzw. Kunden denn immer gleich verhaften?«[98]

Henri Nannen rangierte im STERN-Impressum zwar offiziell noch als Chefredakteur, doch innerlich war er längst in sein bereits konzipiertes Kunstmuseum nach Emden entrückt. Auch in den Jahren zuvor ist ihm häufig Privates durch den Kopf gegangen. Als Nannens Lieblingsspielzeug noch seine Motorjacht »Positano« war, hatten die Auslandskorrespondenten des STERN auch schon einmal Ersatzteile zu ordern, die in der Bundesrepublik nicht zu erhalten waren. Heidemann: »Wenn Nannen für sein Schiff eine Schraube fehlte, hatte mancher einen neuen Job: der mußte Werften abklappern, die Geschichte für den STERN konnte der dann erst nach Lieferung des Ersatzteils zu Ende schreiben.«[99] Im Grunde war Heidemann froh, daß Nannen das Nolde-Abenteuer nur privat interessierte, konnte er sich doch jetzt wieder den seit fünfunddreißig Jahren verschollenen Gedanken Adolf Hitlers widmen. Heidemann setzte sich in seinen Mercedes 200, den ihm der Verlag zur Verfügung gestellt hatte, und fuhr nach Stuttgart. Dort wollte er versuchen, die kargen Hinweise Tiefenthälers auszuwerten und nach einem Antiquitäten- und Militariahändler fahnden. Walde drückte die Daumen.

Heidemann: »Überall fragte ich nach einem Mann mit sächsischem Dialekt, der eine große NS-Sammlung haben sollte und wahrscheinlich auch mit solchen Dingen handeln würde.« Niemand aber konnte helfen. Da fiel Heidemann ein, daß er »in Karlsruhe einen Waffenhändler kannte, der in seinem Laden Militariastücke anbot«. Es war der Waffenhändler und Verbindungsmann des Bundeskriminalamtes, Medardus Klapper, der Heidemann schon früher Themen aus der Waffen- und Rauschgiftszene verhökert hatte, der, wie Heidemann sich erinnerte, »auf allen Hochzeiten tanzte« — das Landeskriminalamt Baden-Württemberg und die Karlsruher Kripo erhielten dieselbe Ware wie auch das BKA, nur der Lohn für den Verrat war nicht immer gleich. Klapper ging über Leichen, er brachte so manchen ehemaligen Geschäftsfreund ins Gefängnis. Daß Heidemann am 23. Oktober 1980 an Klapper dachte, sollte sich zweieinhalb Jahre später als kein guter Einfall erweisen, denn Klapper hatte Gerd Heidemann später das Märchen vom lebenden Martin Bormann verkauft.(100) Heidemann war an Klapper durch den ehemaligen BND-Mann und BKA-Mitarbeiter Josef Hartmannsgruber geraten, einen Kriminaldirektor a.D., den Heidemann als Spesenritter entlarvt hatte:

Hartmannsgruber, der »in seinem Ruhestand weiter Detektiv spielen wollte« (Heidemann), hatte sowohl für das BKA als auch den STERN ein und dieselbe Geschichte recherchiert. Wenn er mit dem Zug fuhr, rechnete er beim BKA die Rentnerfahrkarte ab, dem STERN reichte er einen Zettel weiter, auf dem stand, daß er sich zur selben Zeit von einem Freund ein Auto hatte ausleihen müssen: Mietpreis und Kilometergeld bescherten ihm sodann vierstellige Zusatzeinnahmen. Wenn Hartmannsgruber ein Zimmer in einem Hotel bestellte, schlief er für das BKA in einem Einzel-, für den STERN immer in einem Doppelzimmer. Eines Tages kam Gerd Heidemann die Sache komisch vor. Er prüfte die Spesenabrechnungen des pensionierten Kriminaldirektors und deckte, mit Hilfe des BKA, umgehend die doppelte Buchführung auf. Dann sorgte der Reporter dafür, daß Gruner + Jahr die erschwindelten Beträge zurückerhielt: Hartmannsgruber stotterte, in monatlichen Kleinstbeträgen, 5.000,- DM ab.(101)

Hartmannsgruber also stand viele Jahre auf der Gehaltsliste des BKA und ließ sich mit Informationen von einem anderen Polizeispitzel versorgen: von Medardus Klapper. In diesem Denunzianten-Dunstkreis landete Heidemann für den STERN zwei Volltreffer: die Story über einen geklauten Motor des Leopard-Panzers, der nach Ungarn geschmuggelt werden sollte und der Bilderdiebstahl in der Gemäldegalerie des Potsdamer Schlosses Sanssouci. Gerd Heidemann gelang es, die Täter zu überführen. Mitermöglicht hatte das der Unterwelt-Routinier Klapper, ein Mann, der dieselben Fähigkeiten wie auch Konrad Kujau entwickelte: Je unwahrscheinlicher die Geschichte, desto größer der Appetit, Erfindungen noch mehr auszubauen.

Als sich Heidemann an eben diesen obskuren Klapper erinnerte, erwachte in ihm die Warnung des Leitenden Kriminaldirektors im BKA, Klaus-Herbert Becker, Klapper »am kurzen Zügel zu halten« und immer daran zu denken, daß er zwar »hin und wieder gute Informationen bringt, aber ständig zu dem Bestreben neigt, Geschäfte auf eigene Rechnung zu machen«, was heißen sollte: Klapper verscherbelte seine Informationen an jeden.(102) Heidemann, dessen Suche nach einem sächsischen Militaria-Händler in Stuttgart ins Stocken geriet, rief von Stuttgart aus in Karlsruhe an. Frau Klapper nahm den Hörer ab.

Ihr Mann, sagte sie zu Gerd Heidemann, weile zur Zeit in Konstanz am Bodensee. Dort habe er auf einem Trödelmarkt einen Stand aufgebaut. Tatsächlich: Medardus Klapper stand hinter einem Klapptisch im ehemaligen Konzilshaus. Klapper hatte zu tun, die Geschäfte schienen zu florieren. Heidemann verabredete sich zum Abendessen. Sie trafen sich bei einem Chinesen.(103)

Auf den Stuttgarter Militaria-Händler kam Heidemann anfangs nicht zu sprechen, er hatte keine Chancen, denn Klapper tischte ihm eine abenteuerliche Geschichte auf, es ging um heimliche Goldverkäufe Rhodesiens, an denen er sich beteiligen wollte und er Heidemanns Hilfe benötigen würde. Klapper: »Es sind für jeden von uns mindestens eine Million Mark Gewinn in dem Geschäft drin. Und das steuerfrei.« Heidemann verstand nicht richtig: »Warum verkaufen die Rhodesier ihr gehortetes Gold nicht selbst in der Schweiz?« Klapper: »Das soll doch alles geheim bleiben«, denn »für die Einnahmen aus diesem Gold sollen Waffen angekauft werden; wenn das Geschäft auf einmal abgewickelt wird, spricht sich das im Nu herum«: »So etwas muß man diskret über viele Mittelsmänner machen, die einzelne Barren bei verschiedenen Banken über das ganze Land verstreut zu Bargeld machen.«(104)

Das Edelmetall wog einige Tonnen und Heidemann erklärte, wenn er in einigen Wochen beim STERN ausscheide, dann könnte über derartige Geschäfte gesprochen werden. Zuvor aber wollte er von Klapper wissen, wieso sie gerade zu ihm gekommen seien. Heidemann war das nicht ganz klar. Klapper: »Ich bin halt der Mann mit den richtigen Beziehungen.« Dann kam Heidemann auf den Stuttgarter Trödelhändler zu sprechen: »Er soll aus Sachsen stammen.« Klapper schüttelte den Kopf: »Wie soll der Mann heißen?« Heidemann: »Das wüßte ich eben gern.« Klapper versprach, sich umzuhören.(105) Mehr hatte sich Heidemann mit Klapper nicht zu sagen. Er zahlte und ging. Am nächsten Morgen schlenderte Heidemann die Uferpromenade am Bodensee entlang, da schoß es ihm durch den Kopf: Warum sollte er es nicht noch einmal bei Fritz Stiefel probieren?

Heidemann rief von einer Telephonzelle aus an. »Bei mir«, schimpfte der schwäbische NS-Liebhaber, »war eine Haussuchung durch die Kripo.« Die fand zuerst im Münchner Auktionshaus Klenau statt, wo der Name Stiefels auf einem Karteiblatt notiert war. Jetzt wollte der Unternehmer nichts mehr »mit diesen Sachen« zu tun haben, den größten Teil seiner Sammlung hatte er bereits auslagern müssen. Im übrigen sei das Hitler-Tagebuchexemplar an seinen Bekannten zurückgegeben worden, das er am 21. November 1975 von ihm erhalten habe. Stiefels Bekannter, so schwindelte Stiefel Heidemann an, wolle Hitlers Nachlaß statt in der Bundesrepublik in den USA verkaufen, wo ein Millionengebot bereits vorliege.(106) Heidemann ließ nicht locker, er überfiel Stiefel mit Alternativen:

Da könne das Tagebuch-Geschäft doch über die Schweiz abgewickelt werden, er, Heidemann, zwei Millionen Mark privat auftreiben: »Sprechen Sie doch mit Ihrem Bekannten und bieten Sie ihm diesen Betrag an. Sein Name braucht in dieser Angelegenheit nicht genannt werden. Das garantiere ich.« Gerd Heidemann aber kam nicht weiter, Stiefel blieb zugeknöpft. Irgendwer, so überlegte er, müsse doch einen Stuttgarter NS-Verehrer mit sächsischem Akzent kennen. Heidemann griff nach einem Strohhalm. Hitlers Chefpilot, Hans Baur, sollte ihm jetzt weiterhelfen.(107) Baur lebte in Bayern, direkt am Pilsensee.

Heidemann ließ sich aus erster Hand über die letzten Tage des Dritten Reiches unterrichten: Mitte April 1945 habe der Führer den Befehl erteilt, daß alles, »was hier in Berlin nichts verloren hat, nach dem Süden gebracht werden soll«. Mehrere Maschinen standen für diese Operation bereit. Ziel: Ainring bei Salzburg. Sobald die Piloten dort gelandet waren, hatten sie umgehend eine Landemeldung nach Berlin abzusetzen. Eine JU kam nie an: die des Majors Gundlfinger. Hitler war, als er davon hörte, entsetzt, er trauerte, laut Baur, um seine »Aufzeichnungen«, die

Freizeitler Kujau *(beim Trinken): »So etwas muß man diskret machen«*

Aufschluß über seine Handlungen während des Krieges geben sollten. Baur will Hitler getröstet haben: »Mein Führer, Sie brauchen sich keine Sorgen machen, der Gundlfinger ist ein alter Fuchs. Den kriegen die nicht. Ich nehme an, der ist irgendwo notgelandet.«(108)

Baur irrte. Als er nach zehnjähriger sowjetischer Kriegsgefangenschaft in die Bundesrepublik zurückkehrte, erfuhr er von Kameraden, daß Gundlfinger beim Absturz seiner Maschine ums Leben gekommen war. Heidemann: Hitlers »Aufzeichnungen«seien nicht verbrannt, sie existieren noch. Baur konnte sich das nicht vorstellen, worauf Heidemann ihm sagte, daß er eine Führer-Kladde selbst in Händen gehalten habe: »Eine Bauern-Familie hat die Maschine Gundlfingers ausgeräumt und die Dinge in den Westen schmuggeln lassen.« Baur interessierte sich plötzlich: »Und wer hat die Sachen jetzt?« Ein Fabrikant in Westdeutschland, antwortete Heidemann. Nun mischte sich die Gattin des alten Fliegergenerals in das Gespräch ein: »Meinen Sie den Stiefel?« Heidemann nickte. War die Spur zum Stuttgarter Militaria-Händler gelegt? Frau Baur: »Der Mann, der immer nach Ostdeutschland fliegt, wie heißt der denn bloß noch?« Hans Baur konnte sich nicht mehr erinnnern, sein Erinnerungsvermögen war nicht mehr das beste, im Gedächtnis waren ihm nur noch seine Heldentaten für Führer, Volk und Vaterland.(109)

Mit Stiefel, veranschaulichte Frau Baur Gerd Heidemann, stünde sie auf Kriegsfuß (»I bin net so speziell mit ihm wie mein Mann«), »i hätt' ihn umbringen können«. Schuld war der Teppich im Hause Stiefels, der 100.000,- Mark gekostet hatte und den kein Hund hatte betreten dürfen. Das Ehepaar Stiefel lud das Ehepaar Baur einst zu sich nach Waiblingen ein. Die Stiefels hatten bereits Hotelzimmer gebucht, »da ruft der Stiefel einen Tag vorher an und sagt: 'Selbstverständlich sollen wir kommen, aber unseren Hund dürften wir nicht mitbringen.'« Dabei »war unser Dackel doch unser Alles«, trauerte Frau Baur. Auch Hans Baur schüttelte sein schneeweißes Haupt. Er strich sich mit dem rechten Finger über die Nase und schnaufte leise. Heidemann erschien dieses Drama nicht fortsetzungsfähig. Er steuerte statt dessen in sein eigenes. Nach der Abfuhr Stiefels, nach dem unergiebigen Gespräch mit Baur, nahm er nun wieder Kontakt zu Jakob Tiefenthäler auf.(110)

Heidemann illustrierte seinen Besuch bei Baur. Dann bat er Tiefenthäler, »mir doch endlich etwas mehr über den mysteriösen Bekannten Fritz Stiefels zu erzählen«. Tiefenthäler nannte den Namen: »Fischer«, der Vorname sei ihm hingegen entfallen. Dieser käme aus Sachsen und »einer seiner nächsten Verwandten ist General in der Nationalen Volksarmee der DDR«. Über diesen sowie einen Museumsdirektor käme der Hitler-Nachlaß auf unbekannten Wegen in die Bundesrepublik. Fischer zahle mit Goldbarren. Heidemann bat Tiefenthäler, Kontakt herzustellen. Fischer könne zwei Millionen Mark verlangen. Falls er Bargeld verabscheue, könnte er mit Goldbarren honoriert werden, die Heidemann in diesem Augenblick in den Sinn kamen, da er sich an Klappers Rhodesien-Gold erinnerte. Heidemann hatte nun greifbare Fakten in der Hand: Er kannte den Namen Fischer. Am Ende des Gesprächs fiel Tiefenthäler noch ein, daß Fischer sich »Conny« rufen ließ.(111)

In Hamburg war Thomas Walde der erste, der von Gerd Heidemann auf den neuesten Stand gebracht wurde. Der Fischer müßte doch im Telephonbuch stehen, »Conny« könnte mit Vornamen Konrad oder Cornelius heißen. In der Nachrichtenredaktion des STERN befanden sich Bundestelephonbücher. Ende Oktober 1980 suchten sie nach einem Fischer. Vom frühen Abend bis nachts um halb drei blätterten sie in baden-württembergischen Post-Folianten. Doch ein Fischer mit dem Vornamen Konrad oder Cornelius war darunter nicht. Walde resignierte: »Gerd, dann mußt du eben beim Tiefenthäler dranbleiben.« Auch Heidemann grämte sich.

Inzwischen adressierte Tiefenthäler, am 29. November 1980, an einen »Conni Fischer« in Ditzingen einen Brief: »Ein großer Hamburger Verlag« sei an ihn herangetreten, »Kontakte zwischen Dir und dem Verlag herzustellen«: »Es handelt sich um die Tagebücher von AH, welche Du ja hast, bzw. beschaffen könntest.« Zwei Millionen sollten Fischer für seine Hilfeleistung bezahlt werden, wobei nicht der Besitz der Originale entscheidend sei, sondern Photokopien würden ausreichen. Tiefenthäler: Der Verlag sei bereit, »einen notariellen Vertrag mit Dir abzuschließen«, niemand würde »von Deinem Namen erfahren«, habe er nur von einem Herrn Fischer gesprochen, der den »Schlüssel« zu den Tagebüchern habe: »Sie wissen weder Deinen Vornamen, noch Deine Anschrift und werden diese von mir auch nicht erfahren.« Dann richtete Tiefenthäler Grüße an Fischers nicht existierende »charmante Gattin« Edith Lieblang aus.(112) Zirka eine Woche später rief Heidemann Tiefenthäler an. Walde selbst sollte mit ihm sprechen.

Heidemann: »Ich wollte nur einmal hören, ob sich unser Freund Fischer schon gemeldet hat.« Nein. Was er, Tiefenthäler, von Fischer halte. Ob er seriös sei? »Auf jeden Fall«, bestätigte Tiefenthäler, worauf ihm Walde gestand, der inzwischen mit ihm telephonierte: »Ich habe jetzt auch Feuer gefangen.« An der Echtheit des Tagebuchs, das Heidemann bei Stiefel gesehen hatte, seien »Zweifel nicht angebracht«, erklärte Tiefenthäler und fügte hinzu: »Ich kann mich für diesen Mann verbürgen, der hat vor allen Dingen die besten Beziehungen.«(113)

Es war ein eigenartiges Telephongespräch. Wie selbstverständlich wurde über etwas gesprochen, das es bisher nur einmal gab; so getan, als ob die Tagebücher die natürlichste Angelegenheit wären, hatte doch auch Joseph Goebbels welche geschrieben, die erst Jahrzehnte nach seinem Tod in Fragmenten aufgetaucht waren. Warum also nicht auch Adolf Hitler? Heidemann und Walde gingen, ohne daß es ihnen sehr bewußt gewesen war, ein Bündnis ein, sie fusionierten zu einer Tagebuch-Einheit. Die einzigen waren sie nicht, die Mär von den Hitler-Tagebüchern hatte noch andere zusammengeschmiedet.

Der Flugkapitän a.D. Hans Baur, der den glaubwürdigsten Tagebuch-Hinweis kolportiert hatte, unterhielt seit 1975 Kontakt zu Fritz Stiefel, der seinerseits Kujau als »Fischer« in Baurs Haus einführte.(114) Jakob Tiefenthäler hatte »langjährige persönliche Beziehungen« zu Baur,(115) der wiederum Stiefel kannte. Dieses Viergespann unterhielt sich ausschließlich über die NS-Ära, lernte Tiefenthäler erst ein »Ehepaar Fischer« kennen, das sich schließlich als nicht verheiratet entpuppte. Fischer auch »rühmte sich ... mit seinen guten Beziehungen zur DDR«, enthüllte Tiefenthäler, »daß sein Bruder General im Grenzdienst der DDR viel zu sagen« hätte und hielt nicht damit hinter dem Berg, »daß er die Tagebücher Adolf Hitlers, die seinerzeit an Bord jener Führermaschine gewesen sind, ... nach dem Westen bringen« könne.(116)

»DANN LINKEN WIR DIE ALLE« oder: Der G + J-Vorstand verführt Gerd Heidemann

Es war ein kalter Januartag im Jahre 1981. Die Redaktion des STERN erwachte, morgens gegen zehn, langsam zum Leben. Sensations-Geschichten standen weder in der letzten noch in der Nummer zuvor im Heft. Auch die kommende Ausgabe wurde deshalb lustlos produziert. Die Auslandskorrespondenten hatten der Zentralredaktion Exklusives nicht anzubieten. Ob das STERN-Büro in München oder Bonn — nichts passierte. Oder doch?

Henri Nannen war seit vier Wochen offiziell kein Chefredakteur mehr, er hatte sich auf den Posten des Herausgebers zurückgezogen. Nannens Nachfolger Peter Koch, Felix Schmidt und Rolf Gillhausen konnten dem kunstsinnigen Pensionär das Wasser nicht reichen. Gelangweilte Routine machte sich breit, Stories vom Kaliber »Nouhuys, der Doppelagent« oder »Karl Wienand, der Geschäftemacher« gehörten längst der Vergangenheit an. Sollte es keine Sternstunden im STERN mehr geben?

In Waldes Büro saß Gerd Heidemann. Die beiden gingen nochmals ein vom Reporter geschriebenes Exposé durch: »Betr.: Die Tagebücher Adolf Hitlers.« Heidemann hielt darin fest, wie die Führermaschine JU-352, von der nur vierundvierzig gebaut worden waren, in der Nacht vom 20. April zum 21. April 1945 bei Börnersdorf abgestürzt sei. Die Bauern »hätten damals das Flugzeug ausgeräumt. Ein Mann in Süddeutschland stieß durch Zufall auf diesen 'Schatz' und kaufte den Bauern die Sachen nach und nach ab«. Für etwa zwei Millionen Mark, so notierte Heidemann, könnte er siebenundzwanzig handgeschriebene Halbjahres-Tagebuchbände, ein Originalmanuskript des bisher unveröffentlichten dritten Bandes »Mein Kampf« und »zahlreiche andere wichtige Schriftstücke« erhalten. Als Blickfang hatte Gerd Heidemann Photos dazugelegt. Thomas Walde war ganz aufgewühlt. Dann gingen die beiden um zwölf Uhr zum stellvertretenden Verlagsleiter des STERN, zu Wilfried Sorge. Walde und Sorge kannten sich seit dem frühen Knabenalter, eine Art »Männerfreundschaft« hatte sich entwickelt. Am 27. Januar 1981 sprach nach Walde nun auch Sorge seine Anerkennung über Heidemanns Fleißarbeit aus, die dieser vor drei Tagen absolviert hatte. Für 16.15 Uhr, so überraschte Sorge die Journalisten, habe er beim Vorstandsvorsitzenden des Gruner + Jahr Verlages, Manfred Fischer, einen Termin freigeboxt.[117] Warum?

Ein Jahr zuvor hielt Heidemann bei dem NS-Sammler Fritz Stiefel eine Kladde Adolf Hitlers in Händen. Das war der Augenblick, von dem an Heidemann, sofern ihm Zeit zur Verfügung stand, die Tagebuch-Spuren verfolgte. Zwölf Tage zuvor hatte er ein erstes Mal mit »Conny« Fischer in Stuttgart telephoniert, Heidemann ihm ein Angebot über zwei Millionen Mark für 27 Führer-Kladden unterbreitet. Erich Kuby hatte Heidemann nach dessen Besuch bei Stiefel geraten, »solch einen Fund nicht diesem Verlag (G + J) zu überlassen, sondern das Geschäft lieber allein zu machen«.[118]

Gerd Heidemann hatte, im September 1980, auf Bitten Peter Kochs seine Kündigung zurückgezogen, diese Entscheidung aber lediglich halbherzig getroffen. Selbständig, mit einem Honorarvertrag in der Tasche, wollte er hinter das Geheimnis der Hitler-Tagebücher kommen, diese Recherchen als freier fester Mitar-

Tagebuch-überzeugter Wilfried Sorge: *Aus dem Tyrannen Hitler liebevoll »Archie« gemacht*

beiter für Waldes Ressort »Zeitgeschichte« weiter vorantreiben. Woher aber den horrenden Millionen-Betrag nehmen?

»Um die erforderlichen Summen zu bekommen«, hielt Heidemann fest, »sprach ich mit potentiellen Geldgebern und erzählte ihnen vom Mussolini-Schatz im Comer See, dessen Lage mir ehemalige Waffen-SS-Männer, die Zeugen der Versenkung waren, verraten hatten.« Einige von ihnen erklärten sich bereit, »ein Darlehen oder einen Vorschuß zu gewähren, wenn ich den sogenannten Schatz von Dongo mit ihnen bergen würde«. Doch bevor es zu einem Abschluß kam, »zeigte Thomas Walde plötzlich Interesse und beauftragte mich, die Sache intensiver zu verfolgen«.

Heidemann hatte inzwischen Kontakt mit dem holländischen Millionär P.S. Heerema aufgenommen, den das Abenteuer Tagebücher fesselte. Er stellte nur eine Bedingung: Der STERN dürfe zwar die Hinterlassenschaft Hitlers als erster auswerten, den weltweiten Lizenzvertrieb aber behalte er sich, zusammen mit einem großen US-Verlag vor. Heidemann hatte seine Position gleichfalls abgesteckt. Die literarische Auswertung der Hitler-Tagebücher wollte er übernehmen. Der STERN mußte von ihm kaufen.(119) Mit diesen Plänen belastete Heidemann Thomas Walde. Jetzt schaltete er sich ein, Hitlers Testament sollten die STERN-Leser als erste konsumieren.

Auf einer gemeinsamen Wanderung, im Oktober 1980, erzählte Walde seinem Kameraden Sorge, daß der Führer möglicherweise Tagebücher hinterlassen habe. Walde sei, so behauptete Sorge, ihm gegenüber »sehr skeptisch« gewesen, hätte »sich jedoch entschlossen, gemeinsam mit Gerd Heidemann der Sache nachzugehen«. Der stellvertretende Verlagsleiter, der seinem »lieben Gerd Heidemann« am 4. Dezember 1981 zum 50. Geburtstag gratulierte (»Was ich mir für Ihr nächstes Jahr wünsche, können Sie sich bestimmt denken: Das Erscheinen unseres Bestsellers«), hatte dem Reporter noch eine menschliche Karikatur Hitlers nachgereicht, den Führer taufte er liebevoll »Archie«. Als die Karriere des 40jährigen Sorges nach dem Tagebuch-Reinfall wegen seines auffälligen Engagements einen deutlichen Knick erfuhr, versuchte er — wie viele andere — seine Haut zu retten: nach der Legende der Tagebücher schuf er eine neue von sich.(120)

Sorge versagte seinen Beistand nicht, im Gegenteil: er unterstützte das Tagebuch-Vorhaben seines Freundes Walde. Selbstverständlich werde er versuchen, Manfred Fischer anzusprechen und ihn für den Potentaten des Dritten Reiches zu interessieren. Auch Sorge leuchtete ein, daß Heidemann von einer eigenen Finanzierung hatte abgehalten werden müssen, der Knüller, im STERN publiziert, würde die Auflage nach oben treiben und weltweit dem Verlag satte Zusatzeinnahmen verschaffen, ihm, Sorge, möglicherweise eine dicke Gehaltserhöhung bescheren.

Nach Hamburg zurückgekehrt, informierte Walde Heidemann über sein Gespräch, auch Sorges persönliche Einschätzung des Verlagsmanagers Manfred Fischer durfte Heidemann vertrauensvoll zur Kenntnis nehmen. Walde: »Vielleicht gibt er Dir Geld. Dann brauchst Du keine privaten Finanziers einzuschalten.«(121) Nach dem folgenschweren Spaziergang kam es sodann zu der denkwürdigen Sitzung mit Manfred Fischer. Am 27. Januar 1981 trafen Heidemann und Walde in der achten Etage des »Affenfelsen« Wilfried Sorge. Sie hatten noch einige Stufen bis ins obere Geschoß zu gehen. Dann standen sie vor dem mächtigen Manfred Fischer. Jan Hensmann, Fischers Stellvertreter, fehlte ebenfalls nicht, hatte er für die Geheimkonferenz sein Büro zur Verfügung gestellt.

Fischer forderte Walde und Heidemann auf, ihm die geheimnisvollen Hintergründe der Tagebücher zu erläutern, lesen mochte der Finanzmann nur Bilanzen, Bildergucken und Zuhören erschien dem Geldaristokraten unterhaltsamer. Sowohl Fischer als auch Hensmann seien, so behauptete das Urteil des Hamburger Landgerichts, »von der Darstellung Heidemanns und der vorgelegten Dokumentation beeindruckt« gewesen.(122) Fischer erinnerte sich, was er erfahren hatte: Ein »großer Teil der Bücher (befände) sich in den Händen hoher Offiziere der Volksarmee der DDR«, aus diesem Grunde sei äußerste Geheimhaltung geboten, »um einerseits die Quelle nicht versiegen zu lassen und andererseits die Lieferanten bzw. Informanten nicht zu gefährden«. Walde hätte Heidemanns Angaben nicht nur bestätigt, sondern sogar noch bekräftigt, weshalb »ich keinerlei Zweifel an der Echtheit der Tagebücher hatte«. Fischer enthüllte aber zugleich noch etwas anderes: seine Echtheits-Sicherheit bezog er »auch aus den Aussagen von Herrn Nannen«.(123) Fischer schied im Juni 1981 aus. Hatte er etwa mit Nannen zuvor eine Tagebuch-Diskussion geführt, von der Gerd Heidemann bis heute nichts weiß?

Fischer war ganz versessen darauf, von Walde die Ausflüge in die DDR erzählt zu bekommen, welchen Eindruck die Stasi-Leute hinterlassen hätten. Dann brachte er die STERN-Vertretung in Ost-Berlin ins Spiel: Wenn Hitlers Erbschaft in der DDR liege, könnten doch auch die Kollegen dort eingeschaltet werden. Walde lehnte ab, während Heidemann diesen Vorschlag Fischers dem Stuttgarter Tagebuch-Lieferanten unterbreitete. Der Reporter weihte den Gütersloher ein: Das Hitler-Gut käme von einem General Fischer, dessen Bruder in Stuttgart lebe. Daß der Name des Tagebuch-Lieferanten gefallen war, ist zweieinhalb Jahre später von Manfred Fischer bestätigt worden.

»Der Name Kujau wurde nie genannt«, bemerkte Wilfried Sorge vor der Kripo sehr richtig, »allerdings hatte Heidemann mir (erst) vor etwa einem dreiviertel Jahr den Namen Fischer verraten«, fabulierte er dann aber weiter. Das hätte im August 1982 gewesen sein müssen. Auch Sorge mußte die STERN-Linie einhalten, die Tagebuch-Katastrophe allein auf Heidemann abwälzen, er mußte ablenken von seiner einst überzeugenden Tagebuch-Propaganda, wollte er sein Gesicht nicht verlieren. Dabei saß er mit gespitzten Ohren bei Manfred Fischer und drückte die Daumen, daß das Geschäft nur nicht platzen würde. Sorge hatte, im Juli 1981, als er wieder einmal mit Walde auf Bornholm urlaubte, an den »Erb- und Ahnenforscher Gerd Heidemann, Red. STERN, Warburgstr. 50, 2000 Hamburg 36, W-Germany« eine Postkarte geschickt, auf er er hoffte, »daß unser lieber Konni inzwischen viele schöne Bücher empfangen hat«. Die peinliche Enthüllungspost war unterzeichnet: »Dein Thomas + S. Sorge«.(123) Sorge gehörte mit zu den Eingeweihtesten: »Als ständiger Gesprächspartner von Herrn Heidemann informierte mich Herr Sorge in unregelmäßigen Abständen weiter über den Sachverhalt«, bekannte denn Verlagsleiter Peter Hess, Sorges Chef.(124)

»Der Name Fischer«, so erklärte Hess, »war mir bekannt, aber im Verlagshaus G & J nicht nur mir. Dieser Name wurde aus Sicherheitsgründen nur nicht benutzt. Mindestens alle Ende Januar 1981 in der Verlagsspitze Versammelten und Beteiligten zum Projekt Tagebuch haben diesen Namen von uns gehört und auch gelesen.« Und wie stand es mit Kujau-Fischers Lebensgefährtin Edith Lieblang? Auch dieser Name wurde gehandelt. Daß Verlag und Redaktion angeblich später erst durch eigene und hartnäckige Recherchen auf den Namen Fischer gestoßen sein wollen, mochte Walde nicht stehenlassen. Er quittierte diese alberne Schutzbehauptung mit drastischem Kommentar, seine Kollegen erhob er nun zu »Beamtenärschen«.(125)

Als das Tagebuch-Desaster langjährige Freundschaften noch nicht auseinanderdividierte, als die Tagebuch-Welt noch prächtige Stimmung schuf, hatte Heidemann Manfred Fischer seine Bereitschaft zum persönlichen Wagnis erklärt: »Wenn unser Verlag ... kein Risiko eingehen will, schlage ich vor, daß ich einen Verlag in den USA suche, der die Vorauszahlung übernimmt und uns die Veröffentlichung für Deutschland zusichert.«(126) Von einer »außerdienstlichen« Geldbeschaffung aber wollte Manfred Fischer nichts wissen: »Den weltweiten Vertrieb wollen wir selbst übernehmen.« Heidemann wurde gefragt, wieviel Geld er benötige, »damit die Sache ins Rollen kommt.« (Fischer). Er überlegte und sagte dann: »Wenn Sie mir 200.000,- DM als Darlehen geben könnten, kann ich mit diesem Geld dem Tagebuch-Beschaffer beweisen, daß er tatsächlich Bargeld ohne Quittung von mir bekommen kann. Vielleicht händigt er mir dafür ein oder zwei Tagebücher aus.« Den genauen Tagebuch-Preis wollte Heidemann aber erst noch aushandeln. Heidemann unüberhörbar: »Sollten sich die Bücher als Fälschung herausstellen oder etwas anderes dazwischen kommen, stottere ich Ihnen die 200.000,- DM wieder ab.« Heidemann war zu einem Scherz aufgelegt: »Dann kann ich jedenfalls niemals mehr kündigen« — und gekündigt werden.(127) In diesem Augenblick meldete sich Thomas Walde zu Wort:

Es käme überhaupt nicht in Frage, daß der Kollege Heidemann einen möglichen Bankrott allein durchleben müsse, sondern er, Thomas Walde, wolle sich an der Hälfte des Risikos beteiligen: 100.000,- DM nehme er auf seine Kappe, bei einem Konkurs würde Heidemann der tatsächliche Ruin erspart bleiben. Fischer war von derartiger spontaner Hilfsbereitschaft sichtlich beeindruckt.(128) Dann bestellte Manfred Fischer Peter Kühsel zu sich, der die Steuer- und Finanzabteilung des Verlages Gruner + Jahr bewältigte (er wurde am 11. Februar 1981 in den Vorstand berufen). Kühsel sollte 200.000,- DM heranschaffen. Umgehend, denn noch heute sollte Heidemann nach Stuttgart fliegen.

Die Banken hatten geschlossen, doch Kühsel wußte Rat. Die Filiale der Deutschen Bank auf dem Flughafen habe noch geöffnet, möglicherweise wäre der Betrag dort griffbereit. Kühsel telephonierte und kam nicht mit einer Hiobsbotschaft zurück, sondern in der Gewißheit, daß der Auszahlung nichts im Wege stünde. Heidemann hatte auf einem STERN-Briefkopf mit der Unterzeile »Verlagsleitung« eine »Quittung« zu unterschreiben, 200.000,- DM in bar empfangen zu haben, obwohl das Geld noch nicht übergeben war. Diese Operation war für Kühsel wohl bislang einmalig: »Ich machte (Heidemann) noch darauf aufmerksam, daß das doch ein relativ hoher Betrag sei und er sehr vorsichtig sein müßte.«(129) Dann fuhren Heidemann, Kühsel und der Leiter des Rechnungswesens, Hempelmann, zum Airport.

Gerd Heidemann verlangte keine kleinen Scheine, wie vor Gericht behauptet wurde, Einfluß darauf hatten weder er noch Kühsel, waren sie vielmehr froh, diese Summe an diesem Tag überhaupt zu erhalten. Heidemann steckte das Geld in eine olivfarbene Perlontasche und flachste, bei der Durchleuchtung seiner Tasche als »Bankräuber« ertappt zu werden. Kühsel und Hempelmann sollten ihn begleiten und so lange warten, bis er die Kontrolle hinter sich gebracht hatte. Der Wunsch schien den Verlagskaufleuten nicht unschlüssig. Mit Heidemann schlenderten sie nicht in die Auslands-Abflughalle, sondern sie gingen zum Inland-Abflug. Die Gepäck- und Personenkontrolle passierte Heidemann problemlos. Heidemann düste nach Stuttgart. Das wußte Kühsel sehr genau. Doch was sagte er später bei der Kripo aus? Er habe den Eindruck gehabt, »daß die angeblichen Tagebücher aus dem Ostblock kommen«.(130)

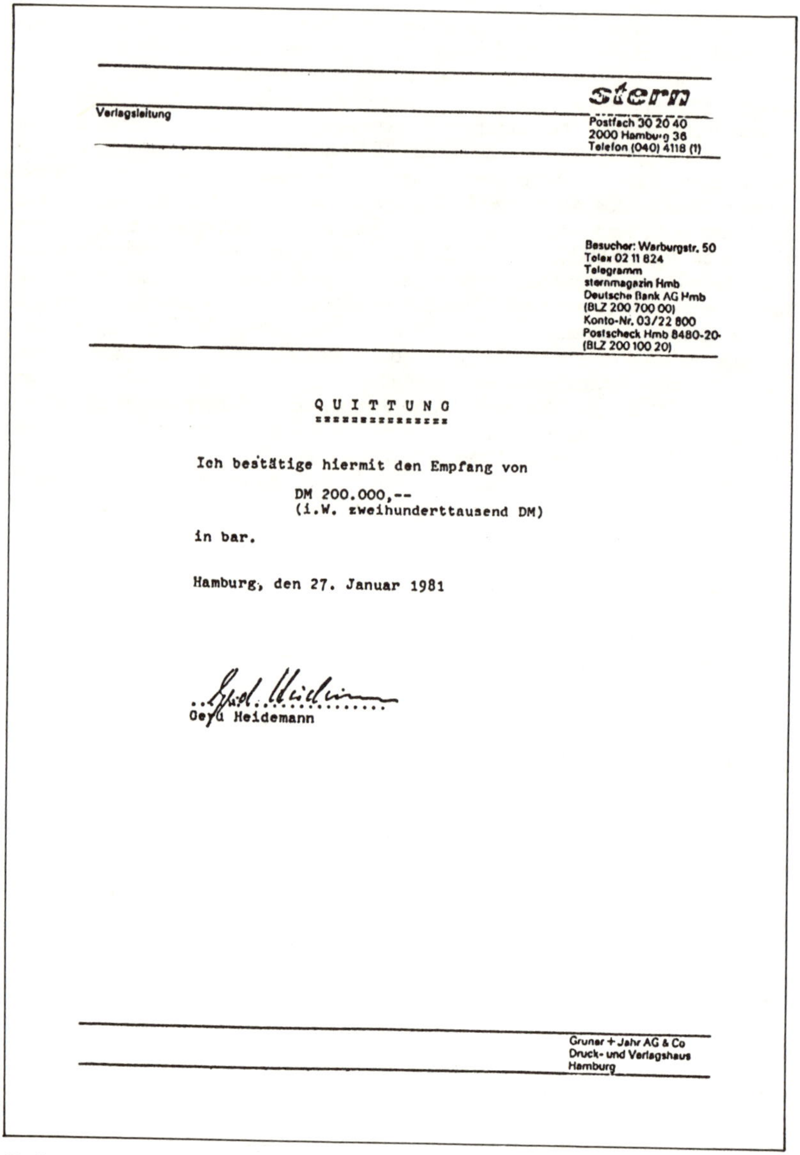

Verlagsleitung

stern

Postfach 30 20 40
2000 Hamburg 36
Telefon (040) 4118 (1)

Besucher: Warburgstr. 50
Telex 02 11 824
Telegramm
sternmagazin Hmb
Deutsche Bank AG Hmb
(BLZ 200 700 00)
Konto-Nr. 03/22 800
Postscheck Hmb 8480-20-
(BLZ 200 100 20)

Q U I T T U N G

Ich bestätige hiermit den Empfang von

DM 200.000,--
(i.W. zweihunderttausend DM)

in bar.

Hamburg, den 27. Januar 1981

Gerd Heidemann

Gruner + Jahr AG & Co
Druck- und Verlagshaus
Hamburg

Quittung der ersten Tagebuch-Rate *(Januar 1981): »Dann brauchen Sie nur noch für Sondereinsätze zur Verfügung zu stehen«*

Heidemann führte nicht nur Geld mit sich, sondern auch die Uniform des toten Reichsmarschalls Hermann Göring. Vielleicht könnte er mit deren Hilfe von »Conny« Fischer ein Tagebuch umsonst erhalten? Dieses Prachtstück hatte Heidemann 1976 bei einem NS-Sammler namens Roger Steele in Los Angeles entdeckt, über den der STERN eine Geschichte brachte. Heidemann bekundete sein Interesse, wollte das Erinnerungsstück aber nicht mit sich herumschleppen. Dies tauchte dann, per Post, in der New Yorker STERN-Vertretung auf. Der STERN-Photograph Eberhard Seliger zog die Uniform an, ließ sich ablichten und schmuggelte das gute Stück nach Hamburg. Die Bürokasse verauslagte einige hundert Dollar, die Heidemann zurückerstattete.(131)

Manfred Fischer hatte entschieden, daß die Chefredaktion nicht eingeweiht werden sollte, auch Nannen nicht. Je mehr von dem Tagebuch-Mysterium gewußt hätten, desto größer die Gefahr, daß in Hamburger Journalisten-Kneipen, auf den unzähligen Stehpartys, die Ware Hitler-Tagebuch beklatscht würde. Tagebuch-Gerüchte wollte niemand riskieren, die Konkurrenz schlief nicht. Die neuen Chefredakteure und Übervater Nannen galten ohnehin als nicht verschwiegen, dabei hatte Heidemann Peter Koch und dem jetzigen Herausgeber längst erste Tagebuch-Hinweise verraten.

Manfred Fischer schied am 30. Juni 1981 aus dem Gruner + Jahr Verlag aus. Er wurde von Reinhard Mohn als Vorstandsvorsitzender der Bertelsmann AG nach Gütersloh beordert. Am 11. Februar 1981, vierzehn Tage nach dem alles entscheidenden Tagebuch-Treffen, wurde Gerd Schulte-Hillen zum Nachfolger Fischers bestimmt, weshalb Fischer ihn konsequenterweise »etwa im Februar ... über die Aktion unterrichtet« haben will. Doch Schulte-Hillen mochte seinem Kollegen nicht zustimmen, er »glaubte« nur: im Juni, vier Monate später, habe Fischer ihn ins Tagebuch-Bild gesetzt.(132)

Hätte sich das Testament Adolf Hitlers als echt und somit als spektakulär herausgestellt, die Tagebuch-Akteure wären mit Ruhm übersät worden, sie hätten sich die Ohren wegen des anhaltenden Beifalls zuhalten, hätten unzählige Süßholzraspler in ihrer Nähe erdulden müssen, die vielen Auszeichnungen hätten in keiner Vitrine mehr Platz gefunden. Noch aber war das Tagebuch-Rätsel nicht gelöst, sonnten sich die hohen Herren des Gruner + Jahr Verlages nur im kleinen Kreis, plötzlich hatten sie alle einen neuen Freund gefunden: Gerd Heidemann. Den wollten sie nun endlich kennenlernen. Was lag da näher, als ihn auf der alten Göring-Jacht heimzusuchen:

Es war ein trüber Aprilabend, noch nicht ganz dunkel. Heidemann hatte sämtliche Außenlichter seines Schiffes eingeschaltet. Dann kamen die Herren am 2. April 1980, ihre Edelkarossen aus Schwaben und Bayern hatten sie auf dem Kaltehofer Hinterdeich geparkt: Manfred Fischer und sein Vize Jan Hensmann, Wilfried Sorge, Thomas Walde. Eines der Themen: Wann Nannen sowie die Chefredakteure in die Tagebuch-Operation eingeweiht werden sollten. Zwar hatte Heidemann von der Chefredaktion seine Reisekosten unter dem Titel »Hitler-Memoiren« abzeichnen lassen, doch in die Rubrik »Reisezweck« hatte niemand hineingeguckt. Es gab Wichtigeres. Inzwischen befanden sich acht Tagebücher im Besitz des Verlages. Vier Jahre zuvor, 1976, hatte Heidemann bereits Henri Nannen als Gast bewirten dürfen. Der Reporter hatte wieder einmal gekündigt.(133)

»Gerd«, rezitierte Nannen, der Heidemann bis dahin noch kein einziges Mal mit Vornamen angesprochen hatte, wenn er der STERN-Redaktion erhalten bleibe und nicht zur Konkurrenz wechsele, dann »brauchen Sie nur noch für Sondereinsätze zur Verfügung stehen«. Heidemann hörte: Er hätte in den letzten zwanzig

Jahren tolle Geschichten geliefert, die immer gestimmt hätten. »Niemals haben Sie sich einen Fehler« geleistet, erschlich sich Nannen schließlich Heidemanns STERN-Rückkehr. Nannen erfuhr von Heidemann, daß dies alles eine Frage des Geldes sei, denn immerhin habe er ein höheres Gehalt als beim STERN angeboten erhalten. Nannen: »Nach und nach werde ich Sie anheben, so daß Sie bald darüber liegen«, denn »aus optischen Gründen möchte ich das nicht auf einmal machen«, dazu sei — angeblich — »ein Gesellschafter-Beschluß notwendig«, flunkerte der kaufmännische Laie. Aber: »Ich geben Ihnen einen Vorschuß von 60.000,- DM in Form eines Darlehens oder als Buchvorschuß.« Das Buchprojekt erhielt von Nannen sofort einen Titel verpaßt: »Bordgespräche.« Nannen: »Laden Sie prominente Persönlichkeiten des Dritten Reiches und die Gegner von einst ein und lassen Sie sie hier im Salon über vergangene Zeiten diskutieren.« Eine neue STERN-Serie und ein neues STERN-Buch waren soeben aus der Taufe gehoben worden.(134) Heidemann zog seine Kündigung zurück. Der Reporter heute: »Hätte ich damals geahnt, daß ausgerechnet dieser Mann, für den ich durchs Feuer gegangen bin und wäre, eines Tages der erste sein würde, der mit in den Rücken fallen und sogar Strafanzeige wegen Verdachts auf Betrug gegen mich erstatten würde, dann wäre meine Entscheidung anders ausgefallen.«(135)

Nannen setzte sich die hellgraue Stoffmütze Hermann Görings auf den Kopf, »und siehe da, sie paßte« (Heidemann). Heidemann hatte längst bedauert, diese ulkige Situation nicht photographiert zu haben, da Nannen — in einer Gegendarstellung — bestritt, jemals »die Mütze des Reichsmarschalls aufs eisengraue Haupt gestülpt zu haben«. Zwei Tage später hielt Heidemann den Vertrag über die »Bordgespräche« in der Hand. Das Geld durfte er sich an der Kasse abholen. Unterschrieben hatte Henri Nannen, Heidemanns erster prominenter »Carin II«-Gast und Manfred Fischer, der jetzige »Carin II«-Bewunderer.(136)

Gerd Heidemann führte die hohen Herren herum. Dann erwähnte er, daß der STERN-Herausgeber einst in Görings Luftwaffe gedient habe, der damalige Eigner also sein Chef gewesen sei. Heidemann registrierte allgemeines Gelächter. Wie er, so wollte Fischer wissen, »diesen Kahn« bezahlt habe. Heidemann: Er habe 1973 sein Atriumhaus in Groß-Flottbek für 190.000,- DM verkauft, 160.000,- DM für das Schiff ausgegeben.(137) Nun wollte Fischer über die Tagebücher plaudern.

Chefredaktion und Herausgeber sollten erst dann etwas erfahren, wenn Heidemann das fünfzehnte Buch erhalten hätte. Heidemann erkundigte sich, welche Erklärung gefunden werden könnte, daß die Information so spät erfolgt sei. Sorge überlegte laut: »Da müßte man doch eine Legende hinkriegen.« Sorge wurde aufgefordert zu präzisieren: »Heidemann hat den Chefredakteuren von den Tagebüchern erzählt. Er wurde ausgelacht. Dann hat er das dem Kollegen Thomas erzählt, der wollte der Sache nachgehen. Und als das erste Tagebuch da war, ist man damit hin zum Verlag, um das Geld für die Beschaffung locker zu machen - ja, und dann waren die Bücher halt da.«(138) Manfred Fischer bremste: »Ich würde alles am liebsten geheimhalten.« Allerdings müsse darüber nachgedacht werden, »wie man eine Freistellung Dr. Waldes und Heidemanns erreichen kann«, sprach Fischer weiter. Heidemann flachste: »Ich brauche nur zu Koch zu gehen und ein halbes Jahr unbezahlten Urlaub zu nehmen, weil ich jetzt Mengele und Bormann suchen will, dann schmeißt er mich gleich raus« — »und ich bin frei«.(139)

Fischer schlug sich auf die Schenkel, Walde brüllte, Hensmann hielt sich die Hand vor den Mund, als ob er sich vor Lachen fast verschluckte. Walde wurde anschließend wieder nüchtern. Daß die fröhliche Runde die Chefredaktion ganz ausschalten wollte, behagte ihm nicht: »Dann linken wir die alle.« Wenn Walde eine bestimmte Meinung hatte, schloß sich sein Freund Sorge zumeist an: »Es ist mal klar, Herr Dr. Fischer, ich glaube, in einem Monat müssen wir es allen vieren (Nannen, Koch, Schmidt, Gillhausen) sagen.« »Gut«, bejahte Fischer, »vier Wochen wollen wir noch warten. Dann wird erst Nannen eingeweiht. Dann kann man mal Überlegungen anstellen, dann ist er zum Mitverbündeten geworden.« Walde ganz aus dem Häuschen: »Ja, das ist es.«(140)

Im Prinzip war die Rechnung einfach: Nannen, vom Redaktionsalltag befreit, hätte dann zu Peter Koch spazieren können, ihm jovial auf die Schulter geklopft und ihn freundlich angeschwatzt: »Peter, weißt du, die haben doch glatt Hitlers Tagebücher aufgetrieben.« Dann hätte Nannen kindlich gefeixt und Koch gar nicht bemerkt, daß er übergangen worden war. Fischer schmunzelte: »Nannen wird sich erst einmal einlesen wollen.« Heidemann hatte dagegen nichts: »Der wird sofort einen 'Einsatzstab' ins Leben rufen.« Und dann werde er sagen, der Manikowsky muß ran,(141) den Walde längst als »Wichtigtuer« erkannt hatte,(142) den auch Heidemann noch heute als »Oberschlaumeier« in unangenehmer Erinnerung behalten hat.

Einstweilen könne eine Freistellung Heidemanns umgangen werden, da der Reporter wegen eines Hexenschusses ohnehin krankgeschrieben sei, fiel einem ein. Bei diesem Schwindel, so unterstützte Walde, »müssen wir bleiben, der ja nicht nur ein Schwindel ist, sondern an der Wahrheit eigentlich entlanggeht — der Genese (Waldes Lieblingswort) der ganzen Geschichte«. Heidemann und Fischer blickten Walde an, sie hatten ihn nicht verstanden. Fischer antwortete darum politisch: »Ich werde sagen, ich weiß von nichts, und das, was ich weiß, darf ich nicht erzählen.« Dann blickte er zu Walde: »Oder was meinen Sie? Daß wir bei Ihnen im Zimmer gesessen haben und daß es schon vier Wochen her ist, oder was?« Nun war Heidemann verstört. Er dachte: »Fischer hatte doch nicht in Waldes Zimmer gesessen, sondern wir waren bei Fischer in der Vorstandsetage.« Doch Walde überging diesen Punkt. Vielleicht war auch er nicht mehr durchgestiegen. Ihn plagte etwas anderes, der heikle Punkt der Zusammenarbeit mit dem Ministerium für Staatssicherheit:(143)

»Daß wir mit denen da drüben ... zu tun haben, wissen Sie von uns«, beschwörte er die Runde, »und alles, was wir Ihnen darüber erzählen, sollten wir hierlassen. Darauf muß man sich verlassen können.« Wovor hatte Thomas Walde nur Angst? Fischer antwortete salomonisch: »Wir wollen ja nicht lügen — das erzählen wir einfach nicht.« Walde aber ließ nicht locker, schien verunsichert, daß er — vorschnell — von seinen Kontakten zum Stasi berichtet hatte: »Wenn es mal Schwierigkeiten geben sollte, die man nicht ausschließen kann, die aber nicht zu erwarten sind, hat diese Information heute abend gar nicht stattgefunden. Es bleibt bei Heidemann und mir und bei keinem sonst. Das ist das eine. Und das zweite ist die Genese der Geschichte. Da müssen wir nur von dem 'Termin' die Hosen runterlassen.« Fischers dialektische Fähigkeit erfuhr einen einsamen Höhepunkt: »Ich weiß nichts mehr, ist schon ein paar Wochen her.«(144)

Gerd Heidemann, durch die lockere Diskussion ganz aufgekratzt, alberte: »Ich kann die Tagebücher auch alle in den Tresor legen und sie Ihnen samt Schiff verkaufen.« Das war das Stichwort für Fischer, Heidemann zu bitten, sich in das Gästebuch der »Carin II« eintragen zu dürfen. Heidemann schien etwas verwirrt, sah zu Walde, der sein typisches leichtes Grinsen kaum verkneifen konnte. Hatte Manfred Fischer vergessen, daß dieses Treffen als eine Geheim-Zusammenkunft verabredet worden war? Wie sollte Heidemann seinen zukünftigen Besuchern,

Dr. Manfred Fischer
Vorsitzender des Vorstandes
der Bertelsmann Aktiengesellschaft

Carl-Bertelsmann-Str. 270
4830 Gütersloh 1
Telefon (05241) 801
Telex 933868

25. November 1982

Lieber Herr Heidemann,

ich möchte gern, daß Sie vorab von Veränderungen informiert werden, die im Hause Bertelsmann bevorstehen.

Bertelsmann wird in den nächsten Tagen verlautbaren, daß ich – zum 31. März 1983 – aus den Diensten des Hauses ausscheide. In den nächsten Wochen werde ich noch einige für das Unternehmen wichtige Projekte abzuschließen versuchen und die Amtsgeschäfte ordnungsgemäß übergeben.

Sie können sich vorstellen, daß mir dieser Schritt nach 24jähriger Tätigkeit für das Haus Bertelsmann nicht leicht fällt; wenn aber in den Leitungsorganen eines großen Unternehmens zu Form und Inhalt der Führung kein Konsens hergestellt werden kann, ist eine solche Konsequenz unausweichlich. Wenn es dabei gelingt, in Fairneß und Anstand – und dieses ist uns gelungen – die berufliche Trennung vorzunehmen, verliert ein solcher Schritt vieles von seiner Dramatik.

Ich hoffe, daß unsere guten gegenseitigen Kontakte, lieber Herr Heidemann, trotz dieses beruflichen Einschnitts nicht abreißen werden.

Ich darf Sie bitten, diese Information noch so lange vertraulich zu behandeln, bis sie publiziert ist.

Mit freundlichem Gruß

Ihr

M. Fischer

Dr. Manfred Fischer

Abschiedsbrief Manfred Fischers *(an Heidemann): »Ich darf Sie bitten, diese Information vertraulich zu behandeln«*

die sich gleichfalls im Gästebuch verewigen wollten, nur erklären, was der gesamte Gruner + Jahr-Vorstand bei dem kleinen Reporter Heidemann gesucht hatte? Doch diese Bedenken interessierten Fischer nicht. Er war statt dessen ganz bei der Sache: »Wir haben hier heute Dinge besprochen, die man einem Tagebuch nicht (noch nicht) anvertrauen kann. Ich wünsche Gerd Heidemann und uns, daß all dieses zu einem guten Ende führt.«[145]

Nun mochten sich die anderen nicht mehr ausschließen. Sie setzten ihre Unterschriften unter Fischers Absichtserklärung. Nur Fischers Stellvertreter Hensmann wollte sich in Anlehnung an den sprücheklopfenden Raben in der STERN-Witzseite in den Vordergrund schreiben: »Lieber 'n Verführer am Abend als 'n Führer am Morgen.«[146]

Dieses Rendezvous wird Manfred Fischer wohl unvergeßlich geblieben sein. Am 25. November 1982, zwanzig Monate nach dieser Begegnung auf der »Carin II«, erfuhr Heidemann von Fischer persönlich, daß die Karriere Fischers beim damals größten Medienkonzern der Welt Bertelsmann zu Ende war: Der Konzern werde »in den nächsten Tagen verlautbaren lassen, daß ich — zum 31. März 1983 — aus den Diensten des Hauses ausscheide«. Fischer hoffte, »daß unsere guten gegenseitigen Kontakte, lieber Herr Heidemann, trotz dieses beruflichen Einschnitts nicht abreißen werden«. Dann bat Fischer noch, »diese Information ... so lange vertraulich zu behandeln, bis sie publiziert ist«.[147] Haben Henri Nannen oder Peter Koch ebenfalls einen Brief aus Gütersloh erhalten? Warum erfuhr Heidemann als einer der ersten von Reinhard Mohns Trennungsentscheidung?

Heidemann war noch ein Held. Zwar ließ er sich von allen Tagebuch-Verschworenen antreiben, ein Schritt, den er später sehr bereuen sollte, aber sie klopften dem Reporter sämtlich auf die Schulter. Es gab keinen, der Heidemann verurteilte, niemand tat ihn als »Spinner« ab, sie alle redeten ihm vielmehr gut zu, ließen ihm keine Ruhe, duldeten keinen Tagebuch-Aufschub, bedrängten ihn vielmehr. Heidemann war ein Gejagter, erst des Verlages und dann des STERN. Er kannte also nur noch Tagebuch-Hetze und -Recherche. Und der gutmütige Heidemann? Der stolperte los, ließ sich in eine Tagebuch-Hochzeit hineinzwängen. Doch als die Tagebuch-Scheidung nicht mehr zu verhindern war, da hatten es die selbsternannten Scheidungsrichter des STERN alles plötzlich gewußt: Heidemann sei schon immer eine Pfeife gewesen. Die anderen, die Heidemann drängten, waren das etwa keine?

»BLÖDER HUND«
oder:
Konrad Kujau steigt ins Tagebuch-Geschäft ein

Da saß er nun im Lufthansa-Jet, der STERN-Reporter Gerd Heidemann. Seine Perlontasche mit den 200.000,- DM hatte er unter den Sitz geschoben. An diesem 27. Januar 1981 gegen 20 Uhr ging ihm, in 10.000 Meter Höhe, alles nochmals durch den Kopf: Er hatte sich Görings alte Jacht aufgehalst, sie renovieren lassen, sie mit NS-Dekorationen versehen. Nur mit diesem NS-Beiwerk, so dünkte ihn, hätte er das Schiff mit Gewinn veräußern können. Der ehemalige SS-General Wilhelm Mohnke hatte ihn mit einem Mann namens Jakob Tiefenthäler zusammengeführt, der weltweit über gute Beziehungen zu Leuten verfügte, die für vergessene NS-Pracht Vermögen ausgegeben hätten. So lernte er nun den schrullig-

Freizeitler Konrad Kujau *(beim Trinken): »Sein Geschäft hat er meistens geschlossen«*

spleenigen NS-Sammler Fritz Stiefel kennen, der ihn für zwei Minuten in ein vorgebliches Tagebuch Adolf Hitlers hineinsehen ließ. Heidemann wäre nicht Heidemann, hätte er sich — statt zu recherchieren — desinteressiert zurückgezogen. Über Tiefenthäler geriet er endlich an jenen übersteigerten Münchhausen, mit dem er vor zwölf Tagen ein erstes Mal telephonierte. Konrad Kujau nannte sich Fischer. Jetzt war er auf dem Weg zu ihm, vor wenigen Stunden hatte ihn der Vorsitzende des Gruner + Jahr Verlages, Manfred Fischer, überredet, seine eigenen Tagebuch-Ambitionen fallenzulassen, die Tagebuch-Finanzierung nicht selbst zu versuchen, sondern sich durch den liquiden Verlag helfen zu lassen. Erst ein kräftiges »Rumms« riß Heidemann in die Gegenwart zurück: soeben war er in Stuttgart gelandet.

Gerd Heidemann mietete sich bei AVIS einen Leihwagen. Für ihn war es zu spät, noch etwas zu unternehmen. In der Nähe des Flughafens quartierte er sich im Hotel Stuttgart International ein. Auf dem Zimmer überlegte er: Von Tiefenthäler und Stiefel wußte er, daß Fischer Überreste des Dritten Reiches sammelte. Darum hatte er Görings Uniform mitgenommen, auch eine smaragd- und diamantenbesetzte Zigarettendose nicht vergessen. Heidemann wollte Fischer nicht nur mit Geld, sondern vor allem mit diesen Gegenständen zur Herausgabe der Tagebücher verleiten: »Ich wußte, daß er diese Dinge hortete.« Stiefel hatte Heidemann diese Details ausgeplaudert.(148) Für Görings Jacke und Hose hoffte er, eine Kladde kostenlos zu erhalten.

Am nächsten Morgen stand Heidemann vor der Aspergstraße. Die schwarzverkleideten Schaufenster des Ladens waren mit einer Uniformjacke des österreichischen Kaisers Franz Joseph und einem Bild eines Flötenkonzerts Friedrichs des Großen dekoriert, der Eingang verschlossen, ein Namensschild gab es an der Tür nicht. Mehrmals drückte Heidemann den Klingelknopf. Doch niemand öffnete. Eine alte Frau, die in einer der über dem Laden liegenden Wohnungen des Altbaus wohnte und in diesem Moment das Haus verließ, machte den Reporter darauf aufmerksam, daß Herr Fischer nicht da sei: »Sein Geschäft hat er meistens geschlossen.« Er käme nur zu sehr unterschiedlichen Zeiten, wenn überhaupt.(149)

Heidemann photographierte die Schaufenster, das Haus und die Straße, in der sich das Militaria-Geschäft befand. Dann fuhr er zum Fernsehturm und machte Aufnahmen vom Stadtteil, in dem Fischer mit NS-Sammlern verkehrte. Diesen Auftrag hatte Thomas Walde Heidemann erteilt, denn eines Tages könnten die Bilder Verwendung finden. Als diese aber gebraucht wurden, im Prozeß gegen Heidemann, hatte der Staatsanwalt Klein diese Heidemann entlastenden Beweisstücke, Filme und Kontaktabzüge, nicht als Beweismaterial eingereicht.(150) War das mit Absicht geschehen? Heute sind sie, wie viele andere Dokumente, endgültig verschwunden.

Von einer Telephonzelle aus rief Heidemann anschließend die ihm bekannte Telephonnummer an. Doch Konrad Fischer meldete sich nicht. Dann fuhr Heidemann nach Ditzingen, wo Fischer im Gebersheimer Weg 32 (mit seiner Lebensgefährtin Edith Lieblang) wohnen sollte. Das Fischer-Domizil lag etwa eine halbe Stunde vom Stadtrand Stuttgarts entfernt.(151)

Die Reihenhäuser glichen sich wie ein Ei dem anderen. Heidemann parkte in einer Nebenstraße, ging zu Fuß zu einer Telephonzelle, die rund 70 Meter von Fischer-Lieblang entfernt war.(152) Überfallartig an der Haustür klingeln, das war noch nie Heidemanns Fall gewesen. Die Uhr zeigte 19 Uhr 20 und ihm war immer noch nicht eingefallen, »was ich eigentlich als Grund für meinen unerwarteten Besuch angeben konnte«, denn als er vor einigen Tagen mit Fischer ein drittes Mal telephoniert hatte, hatte dieser Heidemann vertröstet. Er, Fischer, wolle sich wieder melden. Aber Heidemann stand unter Druck, der Verlag hatte ihm 200.000,- DM geliehen, also mußte er Ergebnisse vorlegen. Heidemann überlegte, daß er möglicherweise von Fischer nur darum vertröstet worden war, weil der sich nicht vorstellen konnte, daß jemand bereit war, Millionen hinzublättern. Heidemann wählte: »fünf«, »drei«, »fünf«, »eins« und wieder eine »Fünf«. Es meldete sich kein Kujau, auch nicht ein Fischer, eine männliche Stimme sagte statt dessen: »Lieblang.«[153]

Heidemann fragte, ob er Herrn Fischer sprechen könne. Fischer, der noch eben »Lieblang« hieß, setzte Heidemann in Kenntnis, daß er der Fischer sei. In zwei Minuten könne er, signalisierte Heidemann, bei ihm sein. Ob er etwas dagegen hätte? Selbstverständlich hatte Fischer keine Einwände. Dann stand Heidemann endlich vor ihm, sah dieser »nun wirklich nicht geheimnisvoll aus, eher spießig«. Fischer: »Sie also sind Herr Heidemann?« Der nickte und ließ sich aus dem Mantel helfen. Im Wohnzimmer entdeckte Heidemann »Gelsenkirchner Barock«, Edith Lieblang saß auf dem Sofa, übermäßig freundlich und hübsch sah sie nicht aus. Heidemann legte die Visitenkarte des STERN auf den Tisch und schimpfte über das schlechte Wetter. Konrad Fischer schenkte Whisky ein.[154]

Heidemann ging durch den Sinn: Das sollte nun ein ausgebuffter Schmuggler sein, der die routinierten DDR-Grenzer überlisten konnte? Heidemann: »Ich habe gehofft, Sie in Hamburg auf meinem Schiff begrüßen zu können.« Das ließe sich noch nachholen. »Ich habe gehört«, begann Fischer, »daß Sie dem Stiefel den Autostander des Reichsmarschalls verkauft haben.« Heidemann ahnte, daß Fischer nun das Sammlerherz blutete, hatte er doch etwas viel Selteneres anzubieten: Görings Uniform, hellgrau, Motten hatten sie nicht angegriffen.[155]

Fischer: »Bei mir tauchen immer welche auf, die Göring-Sachen suchen. Erst vor Weihnachten waren sie bei mir. Die haben ein Göring-Museum in Toronto.« Da will Fischer ein Hochzeitsphoto mit Widmung des Paares in Händen gehalten haben, das er »für einen Superpreis abgegeben« habe: »Da habe ich selbst mit den Ohren geschlackert.« Schließlich: »Mich hätte mal die Ernennungsurkunde des DDR-Botschafters Fischer bei Idi Amin interessiert, weil der mein Verwandter ist. Jetzt ist er Außenminister.«[156]

Der DDR-Diplomat, der von 1973 bis 1977 Ost-Berlin in Kampala vertrat, hieß Hans Fischer, war Diplom-Jurist und hatte — im Gegensatz zu seinen Kollegen — seinen Staat derart heuchelnd bei dem afrikanischen Blut-Diktator vertreten, daß er schließlich selbst von jenen Gesandten gemieden wurde, die Moskau-hörig waren. Während Hans Fischer in Eisenach geboren wurde, erblickte der wirkliche Außenminister der DDR, Oskar Fischer, im tschechischen Asch das Licht der Welt, als Sohn eines KP-Funktionärs. Oskar und Hans Fischer hatten nichts gemein, im Gegenteil: Als Oskar Fischer, am 20. Januar 1975, Minister für Auswärtige Angelegenheiten der DDR wurde, sollte Hans Fischer den Vaterländischen Verdienstorden verliehen bekommen, es wäre sodann seine erste staatliche Auszeichnung geworden. Doch der Chef ließ den Antrag wieder zurückziehen, den sein Vorgänger, der verstorbene Otto Winzer, eingereicht hatte.[157] Daß der eine Fischer nicht mit dem anderen hatte identisch sein können, war Heidemann nicht unbekannt.

Der Stuttgarter Fischer reagierte prompt: »Äh, dann ist er es nicht. Dann ist das ein anderer.« Heidemann hätte hier ein erstes Mal hellhörig werden müssen, aber zu sehr war er auf die Tagebücher fixiert, hatte sich damit getröstet, daß er seinen Stammbaum ebenfalls nicht hundertprozentig kannte. Jetzt kam er auf die Tagebücher zu sprechen: »Ich habe über die Dönitz-Beerdigung (Anfang Januar 1981) eine Reportage gemacht. Dort traf ich den ehemaligen SS-Adjutanten Otto Günsche. Den habe ich gefragt, ob er gesehen hätte, daß Hitler Tagebuch führte. Auch die frühere Hitler-Sekretärin Christa Schroeder hat das bestritten.« Heidemann wollte nun hören, wie Konrad Fischer die Tagebuch-Problematik erklären würde.(158)

In Ost-Berlin, begann Konrad Fischer, habe er von einem »ganz kompetenten Mann« die Information erhalten, »daß die Russen unheimlich danach gesucht haben«. Nach DDR-Äußerungen soll der Führer den Befehl erteilt haben, »seine Tagebücher zu verbrennen«. Heidemann guckte ungläubig: »Ich habe keinen gefunden, der mir sowas erzählt hat.« Heidemann machte sodann einen entscheidenden Fehler: anstatt selber zuzuhören, erfuhr jetzt Fischer Tagebuch-Hintergründe:

Der Hitler-Nachlaß habe sich in einer abgestürzten Maschine befunden, worauf Fischer nicht von einem Flugzeug, sondern von zweien sprach. Das provozierte nun Heidemann zur lückenlosen Aufklärung des Börnersdorfer Flugzeugunglücks, hatte er es doch bislang nur mit einem zu tun gehabt. Heidemann im Nachhinein: »Anstatt mein Gegenüber gründlich auszufragen, erzählte ich treuherzig, was ich über den Absturz herausbekommen habe. Erst Jahre später sollte ich erfahren, daß Kujau bis zu diesem Zeitpunkt noch keine Ahnung hatte, wo die Maschine runtergekommen war.« Kujau-Fischers Wissensstand beschränkte sich bisher ausschließlich auf das, was er in den Memoiren des Führer-Chefpiloten Hans Baur gelesen und was der ihm noch zusätzlich erzählt hatte — nicht viel, aber genügend Stoff, um von Fischer angereichert werden zu können.(159)

Konrad Fischer hatte Pantoffeln an, aus dem linken guckte der Zeh heraus. Ausgesprochen hellhörig hatte er Heidemann gelauscht, seine Phantasie wurde angeregt: »Ich kann nur sagen, wie groß die Kisten sind«, unterbrach er Heidemann und deutete die Größe mit seinen Händen an. Zwei Kisten seien es gewesen, »die lagen draußen und ein Vater mit Sohn hat die geholt«. Angeblich, so setzte Fischer fort, hätten die beiden es nur auf Lammfellmäntel abgesehen. Heidemann, gewohnt, mit Fakten umzugehen, ließ sich Phantasiedetails einhämmern. Dann resümierte Fischer: »Wissen Sie, das ist ja das große Glück, denn sonst wäre die Sache schon lange in anderen Händen.« Fischer erfand ein Haus, »das in Flammen aufging, wo die Sachen gelagert waren«: »Man mußte sie umlagern, und sie blieben gut versteckt.«(160) Heidemann hatte Pech, er glaubte Fischer. Warum auch nicht, denn vieles stimmte mit dem überein, was er zusammen mit Thomas Walde herausgefunden hatte. Daß er einem begabten Lügner gegenübersaß, auf diese Idee ist nicht nur Heidemann nicht gekommen. Und daß Fischer-Kujau Heidemann einlullte, in dem er nur das wiederholte, was ihm Heidemann erzählte, war ein psychologischer Kunstgriff.

Edith Lieblang hatte schweigend auf dem Sofa gesessen. Sie mag sich mit anderen Problemen beschäftigt haben. Plötzlich erhob sie sich und verkündete: Nun werde sie in die Küche gehen, um »etwas Aufschnitt zu machen«. Heidemann kam zum Kern zurück: »Haben Sie die Hoffnung, die Tagebücher möglichst schnell rüberholen zu können?« Natürlich hatte Fischer die: »Ja, das habe ich schon Herrn Tiefenthäler gesagt.« Neuigkeiten wurden Heidemann nunmehr präsentiert: Jedes Tagebuch müsse er einzeln aus der DDR schmuggeln, »damit keins wegkommt«. Fischer setzte eine Verschwörermiene auf: »Es müssen gewisse Leute davon gewußt haben, daß da gewisse Sachen mit der Maschine runtergekommen sind.« Ein Bauernsohn aus Börnersdorf soll Fischer das »mal« erzählt haben, dabei

»hatte er sich fast in die Hosen gemacht«. Heidemann wollte wissen, welchen Zeitraum die Bücher umfaßten. Kujau enthüllte: »Das ist von 1932 an, also ein Buch ist 32 und fängt im August an. Ich weiß nur, ich hatte da drüben eines in der Hand, da schreibt Hitler, daß er umzieht nach Berlin. Aber da war er noch gar nicht an der Regierung. Da steht etwas von einer Zimmerflucht in irgendeinem Hotel drin, die 3.000,- oder 10.000,- Reichsmark kostet.« Das Buch will Fischer in der Hand gehabt haben, denn schließlich: »Ich hab drin gelesen.«(161)

Die letzte Eintragung soll vom 16. April 1945 gewesen sein: »Da steht dann schon von den Meldungen, äh, da ist vermerkt, wo die Russen dann schon an der Stadtgrenze stehen. Das ist alles drinne vermerkt.« Als Fischer die »ersten Sachen angeboten« wurden, erfuhr Gerd Heidemann, »war gleich ein Deutschstämmiger aus den USA da«, Fischer »wußte gar nicht, wieviel das Zeug wert ist«, hatte er bislang doch nur »Hitler-Aquarelle und solche Sachen, die für die Linzer Ausstellung bestimmt waren«. Für ein »Butterbrot« habe Fischer dem Interessenten die Sachen dann herausgerückt und ihm noch einen Hitler-Brief für 1.800,- DM verkauft, der — wo auch sonst — im Waldorf-Astoria für 24.000,- Dollar versteigert worden sei. In diesem Augenblick trug Edith Lieblang die Butterbrote ins Wohnzimmer. Gerd Heidemann solle es sich schmecken lassen.(162)

So wie das Wohnzimmer eingerichtet war, spekulierte Gerd Heidemann, würde Konrad Fischer möglicherweise noch die eine oder andere Mark gebrauchen können. Reich, signalisierte das Mobiliar, würde er wohl nicht sein können. Heidemann: »Damit Sie sehen, daß wir wirklich Bargeld aushändigen können, habe ich eine größere Summe mitgebracht.« Heidemann ging in den Flur, dort stand sein Koffer, in dem sich die Göring-Uniform befand, und seine Perlontasche, die der große G + J-Manager Manfred Fischer für den kleinen Konrad Fischer mit harter D-Mark hatte füllen lassen.

Wenn er, Heidemann, mit Fischer ins Tagebuch-Geschäft kommen würde, wäre er bereit, sich von seinem Göring-Glanzstück zu trennen. Fischer machte große Augen. Und wenn er ein Tagebuch mitbekommen könnte, damit seine Vorgesetzten ebenfalls einmal eins in der Hand halten könnten, lockte der Reporter, »dann kann ich Ihnen ja schon mal 150.000,- DM hierlassen«. Fischer wurde sichtlich unruhig. »Haben Sie soviel Geld dabei?« Dank Fischers Namensvetter Manfred Fischer konnte Heidemann die Tasche öffnen. Der arme, kleine Konrad Fischer wurde bleich, soviel Geld hatte er noch niemals auf einem Haufen gesehen, seine Stielaugen waren nicht zu übersehen. Dann rief er »Edith«, die inzwischen schöpferisch in ihre Küchenwelt zurückgekehrt war: »Willst du mal 150.000,- Mark sehen?« Edith wollte, Heidemann hielt auch ihr jetzt Geldpakete vor die Nase.(163) Warum hatte Gerd Heidemann Konrad Fischer nicht den Betrag von 200.000,- DM genannt? Hatte die Heidemann-voreingenommene Hamburger Justiz mit dem ungeheuerlichen Vorwurf recht, der STERN-Reporter sei seit seinem ersten Besuch bei Kujau bereits wild entschlossen gewesen, die erste Rate in Höhe von 50.000,- DM beiseite zu schaffen?

Gerd Heidemann war in der Redaktion als bescheidener Reporter aufgefallen. Im Gegensatz zu vielen Kollegen stieg er nicht in Nobelhotels ab, hatte auch keine Muße, beim feinen Italiener Miniportionen für horrende Preise zu genießen, ein großer Feinschmecker war er nie. Wenn es nicht zu verhindern war, Nobelherbergen und Gourmettempel aufzusuchen, dann war nicht er daran schuld, sondern zumeist leitende STERN-Redakteure. Heidemann: »Die haben mich mitgeschleppt.«(164) Diese Art von individueller Alltags-Bescherung war nicht nach dem Geschmack Gerd Heidemanns. Er hatte aber noch einen anderen Tick: Informa-

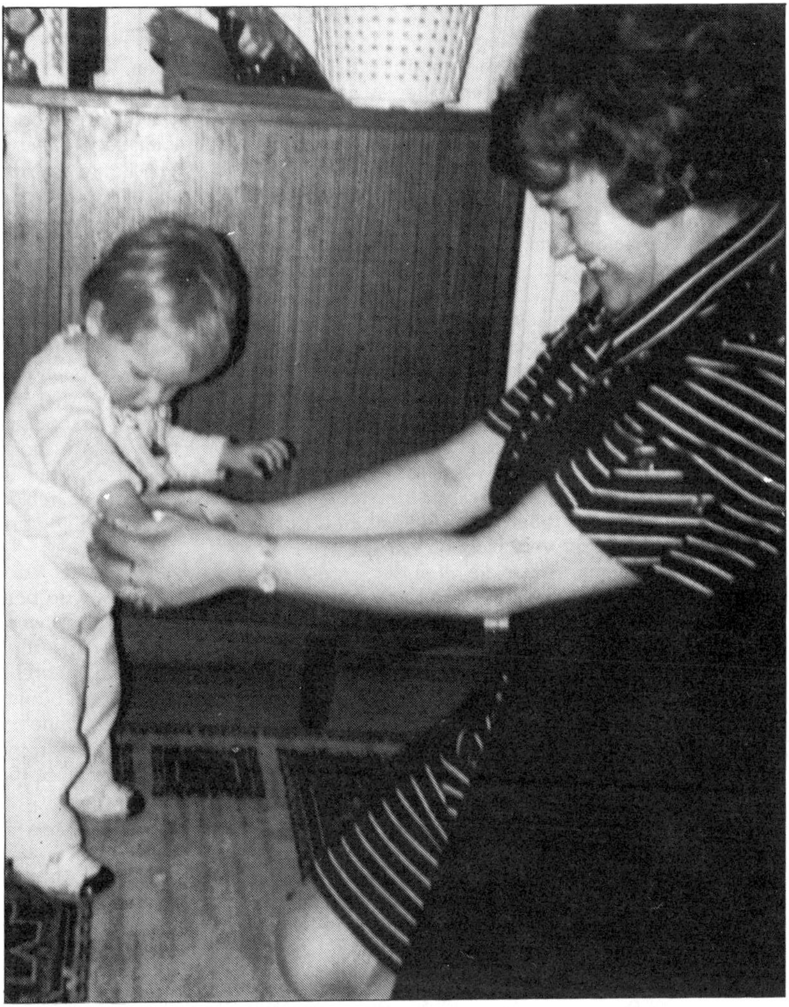

Hausfrau Edith Lieblang *(1970): »Willst Du mal 150.000 Mark sehen?«*

tionshonorare so niedrig wie möglich zu halten. Zwar arbeitete er für einen finanziell potenten Verlag, überstiegene Honorare aber verteilte dieser nicht.

Immer dann, wenn Gerd Heidemann recherchierte, immer dann, wenn er von Informationen abhängig war, erhielt er sie nur, wenn er dafür bezahlte. Im Prinzip hätte es Heidemann egal sein können, ob er 10.000,- DM, 5.000,- DM oder nur 2.000,- DM ausgab. Das aber war es ihm eben nicht. Immer begann er zu pokern, bluffte: mehr würde er beim Verlag nicht »herausbrechen« können. Warum sollte Heidemann bei Konrad Fischer plötzlich anderen Sinnes geworden sein? Wegen der 50.000,- DM? Weil ihn ein Schuldenberg drückte? Die 200.000,- DM gehörten Heidemann doch ohnehin. Gruner + Jahr hatte sie ihm als Darlehen deklariert ausbezahlt. Gerd Heidemann, das war allein die stets praktizierte Absicht, wollte Spielraum beim Verhandeln behalten.

»Ich kann Ihnen noch kein Tagebuch geben«, flunkerte Fischer, »denn das Buch von Fritz Stiefel habe ich noch nicht zurückbekommen. Einige Bücher sind noch in den USA, wo sie ein Bekannter für zwei Millionen Dollar verkaufen wollte, und einige Bücher hat noch mein Anwalt.« Am nächsten Morgen wollte Fischer den Advokaten einmal anrufen. Wieviel Bücher seien in der Bundesrepublik, erkundigte sich Heidemann höflich. Fischer erfand: »Neun.« Insgesamt aber solle es noch viel, viel mehr geben, Fischer wollte sie — natürlich — »drüben in der DDR auf einen Haufen gesehen haben«. Teilweise, so modifizierte er seine Angaben, »fehlen diese komischen Buchstaben, das 'AH', oben drauf«, seien die Kladden im übrigen »von Jahr zu Jahr verschieden«.(165)

Für Gerd Heidemann war die Welt der Tagebücher noch kein normaler Vorgang geworden: »Für uns ist es ein Leichtes, das rauszuholen, weil wir drüben Leute sitzen haben, die akkreditiert sind und die überhaupt nicht kontrolliert werden.« Heidemann wiederholte: Wenn sich Fischer mit ihm finanziell geeinigt hätte, könnte er den Transport organisieren, spielten doch ohnehin gleich mehrere Aspekte in dieses Unternehmen mit hinein. Er, Fischer, wünsche, daß sein Name nicht genannt werde. Diese Garantie gab Heidemann ab, er würde sich ohnehin auf sein Zeugnisverweigerunsrecht als Journalist berufen können. Wäre es nicht für Fischer bequemer und auch risikoloser, schlug Heidemann vor, »wenn ich rüberfahre und später sagen könnte: 'Ich habe die Sachen aus der DDR herausgeholt'.« Fischer wollte sich mit seinen Tagebuch-Förderern besprechen, »da auch hohe Offiziere mit dabei sind«.(166)

Die anonymen DDR-Soldaten »dürfen ja mit BRD-Leuten gar nicht in Kontakt kommen«, klärte Fischer dürftig auf, »gerade mit Korrespondenten überhaupt nicht in Kontakt kommen«. Edith Lieblang nickte einige Male ein. Als Fischer laut lachte, schreckte sie hoch und war wieder wach. »Ich geh jetzt ins Bett«, verkündete sie gleichgültig und langweilte durchs Wohnzimmer. Jetzt war sie auch körperlich nicht mehr anwesend. Der Lebensgefährte hatte das Tun seiner Lebensgefährtin wohl nicht mitbekommen. Fischer erzählte, als seine Edith »Gute Nacht« gähnte, munter weiter: »Das ist jetzt hundertprozentig, daß Sie die (Tagebücher) bekommen.« Er schenkte Whisky nach, dann begleitete er seinen Gast zu dessen inzwischen eingeschneitem Mietwagen. Als Heidemann im Auto saß, machte Fischer ihm Hoffnung: Der Preis für alle Tagebücher werde nicht wesentlich höher als zwei Millionen Mark sein, »da ich die neun Bücher, die bereits hier sind, ja schon bezahlt habe«. Fischer schob den Wagen durch eine Schneewehe. Dabei rutschte er aus und fiel der Länge nach hin. Heidemann: »Ich lachte, denn ich ahnte nicht, daß ich es war, der an diesem Abend aufs Kreuz gelegt worden war.«(167)

Um drei Uhr saß Gerd Heidemann wieder in seinem Hotelzimmer. Er konnte noch nicht einschlafen. Darum machte er sich Gedanken über die Tagebuch-Finanzierung, drei Möglichkeiten fielen ihm dabei ein: Als »Lösung« Nummer eins könnten Honorare und Tantiemen an Konrad Fischer (»inkl. Mehrwertsteuer«) weitergegeben werden, die aus den Rechten einer Buchvermarktung üppig fließen könnten. Als weitere Finanzierungsvariante könnte Fischer mit einem Pauschalhonorar abgefunden werden, wobei Heidemann noch hinzufügte, daß er dann 56 Prozent Einkommenssteuer zahlen müsse. Der bequemste Weg allerdings wäre für Gerd Heidemann der: 27 Tagebücher sollten existieren. Jedes werde für 50.000,- DM gekauft, das dritte »Mein Kampf«-Manuskript mit 150.000,- DM bezahlt, die Jacht des Reichsmarschalls, einschließlich Uniform, den Rest abdecken, so daß als Endbetrag um die zwei Millionen Mark herauskommen würden. Auch die Zehn-Prozent-Provision für den Vermittler Jakob Tiefenthäler hatte Heidemann festgehalten.(168) Dann ging Heidemann ins Bett. Diese nächtlichen Notizen mußten dem Hamburger Landgericht Jahre später als mosaiksteinartiger Nachweis dafür herhalten, daß der finstere Heidemann sich bereits damals dazu entschlossen hätte, seinen sauberen Arbeitgeber über den Tisch zu ziehen.(169) Am nächsten Morgen stieß Heidemann auf einen verkaterten Fischer. Sie trafen sich in dessen Militaria-Geschäft.

Der Laden verfügte über zwei Räume, vollgestopft mit NS-Uniformen und Fahnen. Ein Telephon entdeckte Heidemann nicht. Darum gingen sie in ein gegenüberliegendes jugoslawisches Restaurant. Fischer telephonierte, kam zurück und informierte Heidemann: »Mein Anwalt will mit Ihnen sprechen.« Heidemann meldete sich. Am anderen Ende der Leitung stellte sich vor: »Stöckicht.« Peter Stöckicht, zugelassen beim Land- und Oberlandesgericht in Stuttgart, hatte seine Kanzlei in der Alexanderstraße 97. Er wußte genau, was er wollte. Konrad Fischer, sein Mandant, wird ihn wohl zuvor informiert haben: Zwischen ihm und dem Verlag Gruner + Jahr werde ein Vertrag geschlossen, in der nächsten Woche Heidemann sodann die ersten drei Tagebücher Adolf Hitlers ausgehändigt erhalten. Leider sei es vorher nicht möglich, an ein Schließfach, in dem der wertvolle Fund deponiert sei, heranzukommen, da er noch einige Gerichtstermine habe. Heidemann schlug das einzig Richtige vor: Die Vertragsverhandlungen könnten doch zwischen ihm und der Rechtsabteilung des Verlages geführt werden. Heidemann, so schloß der Advokat, würde die endgültigen Modalitäten über seinen Mandanten Fischer erfahren.(170)

Als Fischer von Heidemann hörte, der Anwalt wolle einen Vertrag ausarbeiten, geriet er in Rage: »Die sind alle Verbrecher, die wollen nur an jeder Sache mitverdienen. Dem werd' ich 'was erzählen.« Heidemann, der noch nichts von dem Schauspieler Fischer wußte, wirkte auf ihn ein: Er möge sich beruhigen. Fischer wütend und mit hochrotem Kopf: Er habe Stöckicht den Auftrag erteilt, die Tagebücher in den USA zu verkaufen, »der hat sich da ein Millionen-Dollar-Geschäft versprochen. Und nun ist er sauer, daß ich hier verkaufen will«. Heidemann versuchte immer noch, die Wogen zu glätten: »Die Hauptsache ist, daß er so schnell wie möglich die drei Tagebücher herausrückt, die er noch in Verwahrung hat.« Fischer wurde erst in dem Augenblick ruhiger, als Heidemann ihm die Göring-Uniform überließ: »Sie müssen mir nur versprechen, daß wir die wertmäßig irgendwann gegen ein Tagebuch verrechnen.« In der nächsten Woche, versprach Fischer, würden die drei Tagebücher in Hamburg sein.(171) Doch es sollte anders kommen.

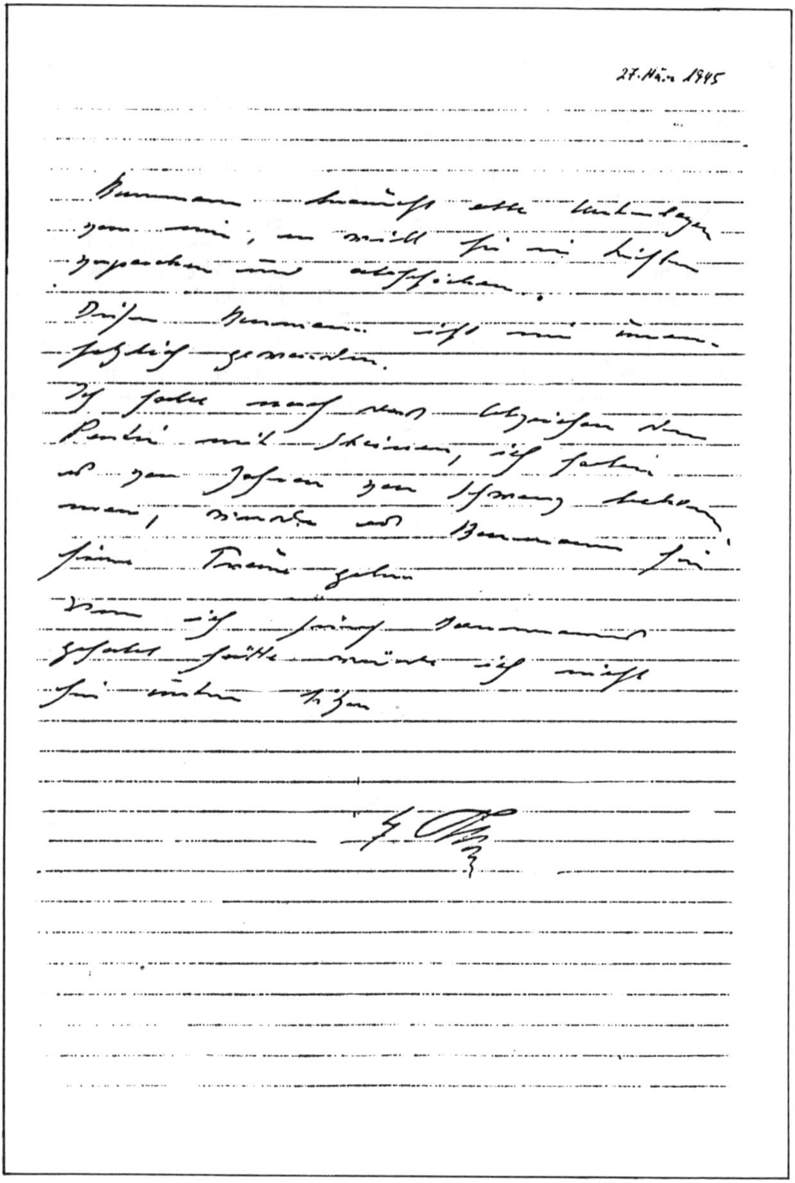
27. März 1945

Tagebuch-Seite *(Konrad Kujaus): »Der hatte ein Neo-Dings zu bewältigen«*

Am 6. Februar 1981, Heidemann war seit neun Tagen wieder in Hamburg, telephonierte er erneut mit Fischer. Wann die Bücher kämen, erkundigte sich der Reporter. Fischer will sich gerade mit seinem Rechtsanwalt kurzgeschlossen haben: »Die, äh, Bücher, äh, die sind noch im (Original) verpackt. Er (Stöckicht) hat gerade mit seinem Referendar telephoniert. Er konnte persönlich da nicht weg. Er hat sein Beatle da geschickt, und der ist jetzt dort, verbindet das gleich mit ein paar Tagen Urlaub. Und der hat heute angerufen und gesagt, die sind noch so verpackt, wie ich sie verpackt hab.«(172) Das Schließfach, das Heidemann zuvor irgendwo in Stuttgart angesiedelt registrierte, war nun plötzlich nicht mehr in Baden-Württemberg, sondern in der Schweiz.

Heidemann schlug vor, gemeinsam zu den Eidgenossen zu reisen, um die Hitler-Werke persönlich abzuholen, er wollte sogar dafür Sorge tragen, daß der Jurist sein Honorar vom Verlag bezahlt erhielt. Konnte das Kujau recht sein? »Ich rufe jetzt den Anwalt an«, flunkterte er, »und gebe Ihnen heute abend kurz nach sieben (Bescheid). Zehn nach sieben bin ich zu Hause, melde ich mich sofort bei Ihnen.«(173) Um 19.30 Uhr war Fischer wieder am Apparat. Seinen Rechtsanwalt titulierte er erst einmal als »blöden Hund«, weil der nicht wußte, wo sein Referendar abgeblieben sei, der doch die Bücher holen sollte. Erst am Mittwoch, in fünf Tagen, solle er zurück sein. Als Fischer dem Stöckicht daraufhin Vorhaltungen gemacht haben will, sei dieser auch »noch pampig« geworden. Fischer bekam »Herzstechen« bei dem Gedanken, daß mit Stöckicht nicht gerechnet werden könne, denn der sei mit Prozessen mehr als ausgelastet, stünde ihm für die Tagebuch-Transaktion aus dem Schließfach keine Zeit zur Verfügung. Da hätte er einen »Ritterkreuzträger Riess« zu verteidigen gehabt, in Mainz ein »Neo-Dings« bewältigen müssen, ansonsten müsse bei Stöckicht »ein bissel Vorsicht« geübt werden.

In der BILD-Zeitung sei der nämlich »uffgetaucht«, überall »hat er scheinbar einige Firmen gegründet«, »Edelstein-Vertriebsgesellschaften«. Die Steine aber »haben ihm nicht gehört«, er sie trotzdem »über Banken veräußert«, »war er doch mal ein Landtagsabgeordneter«, »hat dann och noch Schürfrechte an Marokko«, sei er so »blöd« gewesen, weil er einen Diamanten (»Der war 120.000,- Mark wert«) weit »unter Preis verkauft« hätte, »rief hier bei meinem Weib an und sagte, er eröffnet seine Super-Diskothek irgendwo in Bad Canstatt«. Zwei Jahre später, als Heidemann mit Fischer wieder telephonierte, hatte der Tagebuch-Lieferant den Anwalt Stöckicht mit denselben Fakten niedergemacht:

Diesmal habe er eine ganze Erbengemeinschaft übers Ohr gehauen, »da hat er irgendwie bei ihm hinterlegte Brillanten« veräußert, in dem er sie einer Bank als Sicherheit hinterließ, die dann nicht einlösen konnte, weshalb das Geldinstitut die »zwangsversteigert« habe. Ansonsten rücke Fischer Stöckicht in die üble Ecke der NPD: dieser Partei habe er politisch nahegestanden.(174)

Heidemann meldete die Entwicklung seinem »Führungsmann« Wilfried Sorge, wie der STERN-Untersuchungsausschuß polemisierte. Thomas Walde leistete zu dieser Zeit eine Reserveübung ab. Der Reporter wollte die 200.000,- DM, die er aus Stuttgart wieder mitgebracht hatte, loswerden. Doch Sorge schlug vor, Heidemann möge das Geld einstweilen unter Verschluß halten, bei dem »Stuttgarter« aber »am Ball bleiben«.(175) Ausgeben durfte Heidemann den Betrag dann am 13. Februar. Fischer hatte bei Stöckicht angeblich drei Tagebücher loseisen können. Heidemann flog wieder nach Stuttgart.

Tagebuch-überzeugter Thomas Walde: *»Es könnte mitgehört werden«*

»DA STECKT NOCH EIN VIEL GRÖSSERER DAHINTER« oder: Gerd Schulte-Hillen zwingt Gerd Heidemann Verträge auf

Gerd Heidemann kam gerade aus dem Badezimmer seiner Elbchaussee-Wohnung, da klingelte das Telephon. »Hier Fischer«, meldete sich Konrad Kujau, »ich würde jetzt Samstag zu Ihnen kommen.« Heidemann: »Geht es nicht am Freitag?« Kujau druckste herum. Dann schlug der STERN-Reporter vor: »Ich kann ja nach Stuttgart kommen.« Es war Freitag der Dreizehnte, im Februar 1981. Heidemann wähnte seinen Glückstag. Doch da sollte er sich gewaltig irren. Die ersten 200.000,- DM, die er vom Vorstandsvorsitzenden des Gruner + Jahr Verlages erhalten hatte, lagen seit mehr als zwei Wochen unter seinem Sofa: Hunderter, Fünfhunderter, Tausender, verstaut in einer Plastiktüte. Endlich war es soweit: Gerd Heidemann sollte die ersten Hitler-Kladden ausgehändigt erhalten. Nicht nur Heidemann war froher Stimmung, sondern vor allem Thomas Walde.(176)

Die Lufthansa-Maschine landete gegen Mittag in Stuttgart. Kujau erwartete seinen neuen Geschäftspartner. Im Flughafenrestaurant »Schwabenstüberl« lud Heidemann ihn zum Essen ein. Der erste Akt des Tagebuch-Dramas begann: Neun Hitler-Kladden seien bereits im Westen, hatte Kujau Heidemann zuvor erzählt. Eines lag bei dem NS-Sammler Fritz Stiefel in Waiblingen, wußte Gerd Heidemann, einige Bücher seien in den USA zum Kauf angeboten worden, die restlichen angeblich bei einem Kujau-Anwalt hinterlegt. Siebenundzwanzig Exemplare sollten existieren. 2,2 Millionen Mark standen zur Disposition. Heidemann nahm seinen Taschenrechner zu Hilfe und teilte 2,2 Millionen durch sechsundzwanzig: 84.615,38 DM. Für das siebenundzwanzigste Buch sollte Kujau Heidemanns Göring-Uniform erhalten, gegen dieses Tauschgeschäft hatte Kujau keine Einwände. Im Gegenteil.(177)

Als Preis für eine Hitler-Schrift waren 85.000,- DM ausgemacht. Kujau übergab Heidemann drei Kladden, Heidemann an Kujau 200.000,- DM. Der STERN-Reporter schuldete Kujau somit noch 55.000,- DM, die sollten bei der nächsten Übergabe ausbezahlt werden. Heidemann las Konrad Kujau aus den Kujau-Büchern vor, denn dieser hatte behauptet, die Schrift nicht lesen zu können. Es war längst dunkel geworden. Gerd Heidemann nahm die letzte Maschine nach Hamburg, sie flog um 21.10 Uhr ab. In Fuhlsbüttel empfing ihn Thomas Walde. Heidemann hatte ihn aus Stuttgart über den Fund informiert. In einer Kneipe in der Flughafenstraße wurde auf den Kladden-Triumph angestoßen.(178)

Heidemann legte die Hitler-Rechenschaft auf den Tisch. Er wollte Thomas Walde daraus vorlesen. Doch der STERN-Ressortleiter zeigte auf die Nachtschwärmer an den Nachbartischen: »Nicht hier und jetzt. Es könnte mitgehört werden.« Heidemann pflichtete bei und steckte die drei Tagebücher in die Tasche. Walde war beeindruckt, denn Heidemann setzte ihn detailliert darüber in Kenntnis, was Kujau ihm unter dem Namen Fischer alles berichtet hatte. Thomas Walde war Tagebuch-wonnetrunken, von dem Tagebuch-Erfolg hingerissen und erfüllt. Daß er gerade jetzt zu einer Wehrübung mußte, paßte dem Geheimdienstkenner nicht. Am Montag mußte er auf dem Fliegerhorst in Fürstenfeldbruck antreten. Der Hauptmann d.R. gehörte zwölf Tage dem »Lehrstab Pressepraktikum« an. Walde verabredete mit Heidemann, daß sie am nächsten Morgen telephonieren wollten. Walde würde inzwischen seinen Schulfreund Wilfried Sorge, stellvertretender STERN-Verlagsleiter, informiert haben. Gegen 0.30 Uhr machte die Gast-

Ergänzung des Vertrages vom 12. März 1982 betreffend "Tagebücher" zwischen Gruner + Jahr und Gerd Heidemann

§ 3, Ziff. 4 dieses Vertrages wird wie folgt geändert:

Von den Erlösen, die dem Verlag aus einer anderweitigen Verwertung des Werkes (Lizenzen u.ä.) zufließen, erhält der Autor 36 %.

Der Verlag wird dem Autor die Originalmanuskripte für die Arbeit an der STERN-Serie bzw. den STERN-Büchern überlassen. Sollten die Original-Manuskripte verkauft werden, steht dem Autor ein Vorkaufsrecht zu. Aus dem Verkaufserlös stehen dem Verlag zunächst jene Beträge zu, die er für die Beschaffung der Manuskripte und den Erwerb des Eigentums von den Erben bezahlt hat. Ein eventueller Mehrerlös wird zu 10 % dem Autor zufließen.

Werden lediglich die Rechte an den unbearbeiteten Orignal-Manuskripten weiterverkauft, so stehen dem Autor 45 % der Lizenzerlöse zu.

§ 3, Ziff. 6 dieses Vertrages wird wie folgt geändert:

Der Autor erhält ein Darlehen in Höhe von DM 25.000,-- pro beschafftem Tagebuch-Band bzw. Sonderband. Somit sind bis zum heutigen Datum DM 875.000,-- fällig. Von dieser Summe sind DM 380.000,-- abzuziehen, die der Autor in den vergangenen Jahren bereits in Form von Vorschüssen erhalten hat (DM 300.000,-- für "Tagebücher", DM 60.000,-- für "Bordgespräche", DM 20.000,-- für "Meine Kriege").

Das Darlehen wird ausschließlich aus Tantiemen und Lizenzhonoraren getilgt, die aus der Verwertung der "Tagebücher" und der "Sonderbände" entstehen. Sollte aus dem Verkauf von Lizenzen und der Publikation der Bücher das Darlehen nicht abzudecken sein, wird der Verlag den Autorenanteil aus einem etwaigen Verkauf der Originalmanuskripte zur Tilgung heranziehen. Wenn auch nach Verrechnung dieses Betrages noch ein Saldo zu Gunsten des Verlages bleibt, wird

Hamburg, den 11. Juni 1982

Gruner + Jahr AG & Co   Gerd Heidemann

Tagebuch-Vertrags-Ergänzung *(zwischen G + J und Heidemann): Tagebuch-Beschaffungskosten als Darlehen ausgewiesen (Pfeil)*

stätte zu. Walde war müde, ebenso Gerd Heidemann. Der eine fuhr in die Elbchaussee, der andere Richtung Hamburg-Bergedorf.(179)

Wieder einmal konnte Gerd Heidemann nicht einschlafen. Er lag im Bett und blätterte in den Büchern, suchte nach historischen Sensationen. Aber ihm fiel keine auf. Banalitäten entdeckte er, den drei Kladden umfassenden Zeitraum Januar bis Dezember 1938. Am Samstag vormittag weckte ihn seine Frau Gina. Wilfried Sorge war am Telephon. Sie verabredeten sich für den Nachmittag. Sorge wollte in den Tagebüchern lesen und, im Auftrage Gruner + Jahrs, zusammen mit Heidemann den ersten Tagebuch-Vertrag formulieren. Wenig später telephonierte Heidemann mit Walde. Nun las er aus den Kladden vor, Thomas Walde hatte Feuer gefangen: »Toll.« NS-Kenner Heidemann konnte solche exklusiven Passagen freilich immer noch nicht entdecken, er sah das alles nüchterner. Auch Waldes Kumpel Sorge, der wenige Stunden später Heidemann gegenübersaß, blieb beherrscht.(180)

Die Tagebücher nahm Sorge zwar mit Freude zur Kenntnis, der aufstrebende Verlagsmanager dachte aber auch rational: Jetzt, da die ersten Kladden vorlagen, jetzt auch mußten die Formalien abgewickelt werden. Gruner + Jahr hatte Gerd Heidemann die erste Tagebuch-Rate in Höhe von 200.000,- DM zwar als Darlehen ausgehändigt, mit dem Reporter jedoch noch keinen Vertrag geschlossen, daß der Verlag die Tagebuch-Veröffentlichung exklusiv vermarkten dürfte. Gerd Heidemann setzte sich an seine Schreibmaschine, Wilfried Sorge diktierte:

»Der Verlag«, so hieß es da, »stellt dem Autor (Gerd Heidemann) für den Erwerb der Originalmanuskripte der Tagebücher Adolf Hitlers aus den Jahren 1933-1945, sowie den handgeschriebenen dritten Band von 'Mein Kampf' (bzw. 'Unser Kampf')« dem »derzeitigen Besitzer (Konrad Fischer alias Kujau) DM 85.000,00 ... pro Tagebuch-Band und DM 200.000,00 ... für 'Unser Kampf' zur Verfügung«. Dafür mußte Heidemann Gruner + Jahr »bei der Auseinandersetzung mit den Erben Adolf Hitlers behilflich sein«, Gruner + Jahr »die Erben unter Vermittlung (Heidemanns) entschädigen«, Heidemann zusammen mit Thomas Walde eine STERN-Serie sowie mehrere STERN-Bücher publizieren. Für die Serien würden Heidemann und Walde dem STERN die Rechte »kostenfrei« überlassen (»Für zwei Jahre«), bei den STERN-Büchern dürfe Heidemann sechs Prozent des Verkaufspreises erwarten, von den Erlösen aus Nachdruckrechten Heidemann sechsunddreißig Prozent kassieren. Gruner + Jahr sicherte Heidemann zu, daß er über die Originale zehn Jahre lang verfügen dürfe, im Gegenzug Heidemann, im Todesfall die Hitler-Kladden »der Bundesregierung testamentarisch zu vermachen«. Wenn Gerd Heidemann acht Tagebücher vorgelegt hätte, würden ihm 300.000,- DM ausbezahlt werden.(181) Anschließend trennten sich die beiden. Sorge nahm ein Tagebuch mit nach Hause. Er wollte sich in Ruhe mit Hitlers »Testament« beschäftigen.

Der Sonntag blieb ruhig. Nur einmal wurde Gerd Heidemann von der Nachrichtenredaktion des STERN angerufen. Irgendwer wollte etwas über das Dritte Reich wissen. Heidemann spazierte an der Elbe entlang. Walde, den er eigentlich gern noch einmal angerufen hätte, war längst zu seiner Wehrübung abgereist. Statt dessen telephonierte er nochmals mit Kujau. Am Montag fuhr er in die Redaktion, in seiner Tasche zwei Hitler-Bücher. Auf der Straße traf er Heinrich Hoffmann, der im Bildarchiv des STERN hockte und der Sohn des Leibphotographen des Führers war. Heidemann zeigte die Hitler-Kladden, aus Hoffmann brach es heraus: »Phantastisch.« Kurze Zeit später saß der Reporter bei Peter Koch, der seit

Tagebuch-überzeugter Gerd Schulte-Hillen: *Heidemann zum Millionär gemacht*

wenigen Wochen einer der drei Chefredakteure des STERN war. Die beiden gingen eine Wette ein.

Koch prophezeite Heidemann, daß im Jahr 1981 im STERN keine NS-Themen mehr veröffentlicht werden würden. Heidemann grinste und hielt dagegen: zwölf Flaschen Sekt, daß dies doch geschehen würde. Koch war einverstanden, Heidemanns siegessichere Hintergedanken kannte er nicht, denn er, Walde und der Vorstand gingen davon aus, daß Konrad Fischer alias Kujau alle siebenundzwanzig Bücher bis dahin geliefert hätte. Von den Tagebüchern verriet der Reporter seinem Chefredakteur aber noch nichts. Es war so im Vorstand beschlossen worden. Die verlorene Wette löste Heidemann am Jahresende ein: von der Lufthansa erwarb er zwölf Flaschen mit Preisnachlaß. Mit Walde schleppte er zwei Kisten zu Koch ins Zimmer. Eine Flasche wurde entkorkt, zu dritt ausgetrunken. Die anderen elf nahm Koch mit in sein Övelgönner Haus. Eineinhalb Jahre später strickte Peter Koch daraus seine berühmt-berüchtigte Abmahnung: das an Heidemann adressierte angebliche Verbot, sich weiterhin im Sumpf des Dritten Reiches zu bewegen.(182) Inzwischen hatte Sorge einen Termin bei Manfred Fischer erhalten. Einen Tag später, am Dienstag.

Fischer-Stellvertreter Jan Hensmann, Wilfried Sorge und Gerd Heidemann blickten gebannt auf die auf dem Tisch liegenden Kladden. Dann entschied der Vorstandsvorsitzende: Henri Nannen und die Chefredaktion sollten erst nach Übergabe des zehnten Tagebuchs eingeweiht werden. Heidemann wußte nicht, warum erst nach dem zehnten und nicht bereits nach dem achten, elften oder achtzehnten.(183) War nun alles im Lot?

Abends erhielt Gerd Heidemann Besuch. Hannelore und Fritz Gitschel, Inhaber der in Hamburg nicht unbekannten Werbeagentur »Gitschel-Werbung«, hatten sich angesagt und einen weiteren Gast mitgebracht: den holländischen Millionär Heerema, Mehrheitseigner der »Engineering Service B.V.« in Leiden. In Gegenwart des Ehepaares Gitschel versuchte Heerema, Heidemann zu überzeugen, die Tagebücher mit seiner finanziellen Unterstützung zu veröffentlichen. Für die Beschaffung, so sagte der Holländer, könnte er fünf Millionen Mark bereitstellen. Doch Heidemann winkte ab: Er habe zwar noch keinen Vertrag unterschrieben, aber sich innerlich nun auf Gruner + Jahr festgelegt. Das Schriftliche wurde fünf Tage später nachgeholt, nach der Paraphierung Heidemann der Vorschuß in Höhe von 300.000,- DM überwiesen.(184) Was machte den Verlag Gruner + Jahr so sicher? Kritische Fragen stellte Manfred Fischer nicht, ebensowenig Wilfried Sorge, Jan Hensmann war Wirtschaftstheoretiker, kein Historiker. Und Walde? Warum hat ihn seine Geheimdienstspürnase so schnöde im Stich gelassen? Setzte seine Logik aus, weil auch er materiell von den Tagebüchern zu partizipieren hoffte?

Jakob Tiefenthäler, durch den Heidemann seine Göring-Jacht an den Mann zu bringen hoffte, der den Weg zu Kujau ebnete, machte aus dem Stuttgarter Militaria-Händler eine geheimnisvolle Persönlichkeit, aus Kujau einen Mann mit den unglaublichsten Beziehungen in der DDR, aus der die Tagebücher stammen sollten. Da auf diesem Wege bereits die Goebbels-Notizen in den Westen kamen, war es nur schlüssig, daß die Gedanken des Führers denselben Weg nahmen.

Kujaus Bruder, der zwangsläufig ebenfalls mit dem falschen Namen Fischer versehen wurde, sei General in der DDR gewesen. Der Schwager Kujaus, ein Günter Krebs, angeblich Museumsdirektor. Doch der General Fischer, Karrierist in der Nationalen Volksarmee, würde, wie Heidemann dann von Kujau selbst unter

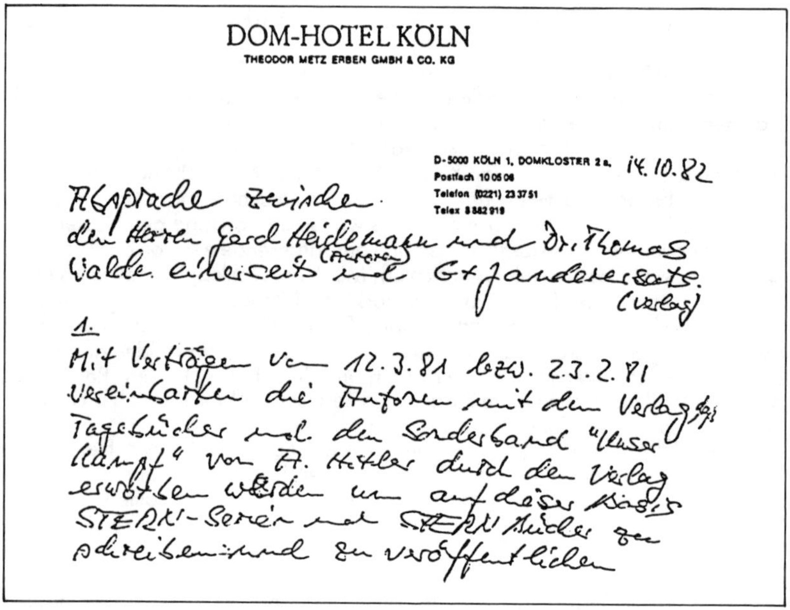

DOM-HOTEL KÖLN
THEODOR METZ ERBEN GMBH & CO. KG

D-5000 KÖLN 1, DOMKLOSTER 2a.
Postfach 100506
Telefon (0221) 233751
Telex 8882919

14.10.82

Absprache zwischen
den Herren Gerd Heidemann und Dr. Thomas
Walde (Autoren) einerseits und G+J andererseits (Verlag)

1.
Mit Verträgen vom 12.3.81 bzw. 23.2.81
vereinbarten die Autoren mit dem Verlag, daß
Tagebücher und den Sonderband "Mein
Kampf" von A. Hitler durch den Verlag
erworben würden um auf dieser Basis
STERN-Serien und STERN-Bücher zu
schreiben und zu veröffentlichen

Tagebuch-Vertragsänderungen *(mit der Handschrift Schulte-Hillens): »Das ist ja ein Riesen-STERN-Thema«*

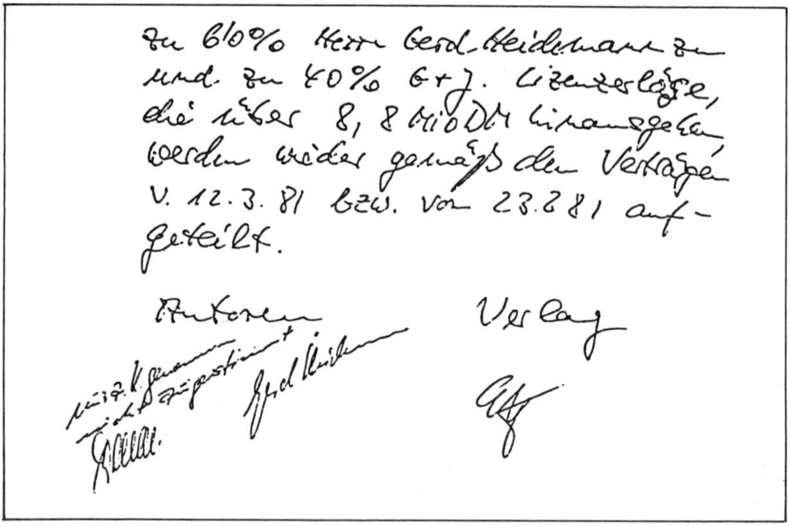

zu 60% Herrn Gerd Heidemann zu
und zu 40% G+J. Lizenzerlöse,
die über 8,8 Mio DM hinausgehen
werden wieder gemäß den Verträgen
v. 12.3.81 bzw. vom 23.2.81 auf-
geteilt.

Autoren Verlag

Gerd Heidemann

dem Siegel der Verschwiegenheit erfahren sollte, allein seine Finger in dem Tagebuch-Geschäft nicht haben, sondern »da steckt noch ein viel größerer dahinter«. Heidemann erkundigte sich, ob Kujau damit den Chef des Ministeriums für Staatssicherheit, Erich Mielke, meinte, worauf Kujau nur »Nö« antwortete und den Rang statt dessen steigerte: Einer, der »dem (Mielke) die Befehle gibt«: »Armeegeneral (Heinz) Hoffmann, der Verteidigungsminister.« Wieso? Kujau: »Ich habe nämlich mal 'nen Brief von dem an meinen Bruder gesehen, und mein Bruder selbst hat mir auch gesagt: 'Brauchst keine Angst zu haben, da sind zu viele Große mit drinnen'.« Kujau: Wenn der Tagebuch-Handel eines Tages herauskommen würde, dann auch »würde die ganze DDR-Regierung zusammenkrachen«. Heidemann freute sich: »Das ist ja ein Riesen-STERN-Thema.« Kujau pflichtete bei: »Kannst sie alle hochgehen lassen, die ganze Regierung.«(185)

Ohne Frage verfügte Konrad Kujau über die Kunstfertigkeit, seine Legenden mit real existierenden Namen, Rängen und Orten anzureichern. Er hatte diese Taktik schließlich seit seiner Jugend geübt und bei Heidemann perfektioniert. All das, was im Westen gegenrecherchiert werden konnte, lagerte Kujau in die DDR aus. Dort, so spekulierte er richtig, würde vom STERN niemand seine Angaben überprüfen wollen oder können. Heidemann hatte ihm das Ehrenwort gegeben, dies nicht zu tun, um den Tagebuch-Nachschub nicht zu gefährden. Dies wußte auch Thomas Walde. Er, mit Verbindungen zu Nachrichtendiensten, wäre durchaus in der Lage gewesen, die Kujau-Angaben zu überprüfen, vor allem Kujaus Verwandtschaft in der DDR. Zumindest hier hätte Walde — durch seine zahlreichen Bekanntschaften in der DDR — Inspektionen vornehmen lassen können. Wenn Walde das wegen des Risikos nicht zun wollte, dann hätte er bei der Auslandsauskunft der Bundespost nach einem Heinz Fischer fragen können. Als Gerd Heidemann die abgestürzte Führer-Maschine in Börnersdorf ausmachte, wurde Walde aber — ebenso wie Heidemann — blind. Jeder glaubte an die Echtheit — und an Kujaus Märchen.

Den Militärapparat der DDR verkaufte Kujau Heidemann als korrupten Haufen, Geldgier und Selbstsucht regiere den Arbeiter- und Bauernstaat. Vorübergehend aber wurde Heidemann mißtrauisch und steckte damit auch Walde an, der daraufhin eine Namensliste der DDR-Generale beim Gesamtdeutschen Institut beschaffte. Ein Heinz Fischer befand sich darunter nicht. Nun wollte sich Walde, wie Heidemann festhielt, »über seine Kontaktleute bei westlichen Nachrichtendiensten weiter um eine Klärung bemühen«. Die ist bis heute nicht bekanntgeworden. Warum?(186)

Heidemann konfrontierte Kujau mit dem nicht verifizierbaren General Heinz Fischer. Kujau schreckte diese Wahrheit nicht. Er erfand jetzt umgehend einen Bruder, der plötzlich im Ministerium für Staatssicherheit seinen Dienst verrichtete und entschuldigte sich für diese kleine Notlüge, da er aus verständlichen Gründen den STERN nicht einweihen konnte. Heidemann erkundigte sich beim Hamburger Landesamt für Verfassungsschutz. Das aber konnte schon gar nicht helfen. Der Reporter: »Niemand hat uns sagen können, daß dieser General Heinz Fischer überhaupt nicht existiert.« Die Konsequenz: »Jetzt glauben wir, daß es den Bruder Heinz Fischer gibt; ein Mitarbeiter des Staatssicherheitsdienstes steht nicht immer auf der Generalsliste.«(187) Nicht anders hörten sich Kujaus Tagebuch-Beschaffungsschilderungen an.

Mit der Zunahme der Tagebücher, im ersten Jahr waren es fünfundzwanzig, im zweiten sechsundzwanzig, in den Monaten Januar bis April 1983 zehn Hitler-Exemplare, wurden auch die Verträge von Gruner + Jahr verändert. Im Juni

Fast wäre Thomas Walde wegen der Tagebücher zum Millionär aufgestiegen

Wirtschaftlicher Erfolg der Tagebücher

	Heidemann	Walde	Pesch	DB Verlag
Deutsche Buchrechte 1oo.ooo "Hess"	186.ooo,-	83.ooo,-	41.ooo,-	1oo.ooo,-
2oo.ooo "Friedenstagebücher"	395.ooo,-	176.ooo,-	88.ooo,-	2oo.ooo,-
2oo.ooo "Kriegstagebücher"	395.ooo,-	176.ooo,-	88.ooo,-	2oo.ooo,-
Zwischensumme	976.ooo,-	435.ooo,-	217.ooo,-	5oo.ooo,-
Taschenbuch (Gesamtauflage 5oo.ooo Ex.)	125.ooo,-	56.ooo,-	28.ooo,-	138.ooo,-
Buchclub (Gesamtauflage 5oo.ooo Ex.)	114.ooo,-	51.ooo,-	25.ooo,-	126.ooo,-
Gesamtsumme der deutschen Rechte	1.215.ooo.-	542.ooo,-	27o.ooo,-	764.ooo,-
Lizenzerlöse (1o Mio DM)	1.932.ooo,-	192.ooo,-	96.ooo,-	7.78o.ooo,-
Verkaufserlöse Originale (5 Mio DM), dann zusätzliche Lizenz- erlöse	9oo.ooo,-	4oo.ooo,-	2oo.ooo,-	1.ooo.ooo,-
Verkaufserlöse Originale (5 Mio DM), Zahlung an Erben (1 Mio DM)	15o.ooo,-	-	-	2.35o.ooo,-
Gesamtsumme der deut- schen und internatio- nalen Rechte	4.197.ooo,-	1.134.ooo,-	566.ooo,-	11.894.ooo,- - 9.5oo.ooo,- (Beschaffungs- kosten)
				netto 2.394.ooo,-

Tagebuch-Hochrechnung *(Sorges): 1,134 Millionen für Walde (Pfeile), 566.000 DM für Pesch, 4,197 Millionen für Heidemann*

1982 wurde eine Vertrags-»Ergänzung« von Gerd Heidemann und Gerd Schulte-Hillen unterzeichnet: Fortan sollte Gerd Heidemann 25.000,- DM pro beschafftes Tagebuch ausbezahlt erhalten, ausgewiesen als Darlehen. In diesem Augenblick waren 875.000,- DM fällig, die indes reduziert wurden — minus der bereits überwiesenen Prämie in Höhe von 300.000,- DM, abgerechnet der 60.000,- DM-Vorschuß für das Projekt »Bordgespräche«, abzüglich der 20.000,- DM, die Heidemann für das Buch »Meine Kriege« im voraus erhalten hatte. Immerhin verblieben Heidemann noch 495.000,- DM.(188) Dann nahmen die Dinge einen wunderlichen Lauf.

Gerd Schulte-Hillen schien sich zu langweilen. Heidemann und Walde, so bestimmte der Verlagsmanager in Hamburg, mögen am nächsten Tag in die rheinische Metropole Köln einfliegen, nur dort gäbe es Wichtiges zu besprechen. Zwar hätte die Diskussion auch an der Hamburger Außenalster geführt werden können, überlegte Heidemann, aber Schulte-Hillen werde schon seinen Grund gehabt haben, warum er Gruner + Jahr die vermeidbaren Spesen verursachte. Im Dom-Hotel trafen die zwei Journalisten auf ihren Chef. Walde war gespannt, auch Heidemann ganz neugierig. Schulte-Hillen dachte über das Geld nach. Auf einem Briefkopf des Dom-Hotels hielt er eigenhändig das Ergebnis fest, eine »Absprache zwischen Herrn Gerd Heidemann und Dr. Thomas Walde einerseits und G + Jahr andererseits«:

Die bisherigen Tagebuch-Verträge seien bislang davon ausgegangen, »die Originale insgesamt für ca. 2,2 Mio DM erwerben zu können«. Da sich aber »zwischenzeitlich ... gezeigt (habe), daß der Erwerb der Originale voraussichtlich 8,5 Mio DM kosten wird, ist dieser veränderten Situation Rechnung zu tragen«. Fortan hatte nun das zu gelten:

Lizenzerlöse bis 6,3 Millionen sollten »zunächst« Gruner + Jahr einnehmen, »weitere 2,5 Mio DM Lizenzerlöse, die von G + J in jedem Fall garantiert werden, fließen zu 60% Herrn Heidemann zu und zu 40% G + J. Lizenzerlöse, die über 8,5 Mio DM hinausgehen, werden wieder gemäß der (zwei alten) Verträge aufgeteilt«. Gerd Heidemann war einverstanden, Thomas Walde eigentlich nicht. Er unterzeichnete unter Vorbehalt: »Nur z.K(enntnis)genommen, nicht zugestimmt.«(189) Später aber akzeptierte auch Walde, denn: »Herr Schulte-Hillen (habe zu dieser Vertragsänderung gedrängt), aber ich konnte das akzeptieren, weil die voraussehbaren Autorenerlöse aus dem Buchverkauf auch für mich immer noch sehr attraktiv waren.«(190) Dann schrieb Schulte-Hillen noch eine »Zusage« nieder:

»Sollte die Hess-Akte, die Heidemann für DM 150.000,- erworben hat, nach Meinung der STERN Chefredaktion für die Hess-Buchveröffentlichung und die Hess-Serie im STERN Verwendung finden, kauft der Verlag Heidemann (die) ... zum Preis von TDM 150 ab.« Zwei Monate später, im Dezember 1982, wurde der von Schulte-Hillen in Köln aufgesetzte Vertragsinhalt, der sich nunmehr auf sieben Seiten erstreckte, unterzeichnet. Die Spritztour an den Rhein war von Heidemann unter der beziehungsreichen Rubrik »Alte Nazis/Bespr. m. Schulte-Hillen« abgerechnet worden. Jetzt konnten die STERN-Redakteure richtig zu Geld kommen:

Die Beschaffungskosten waren nun statt mit 8,5 mit neun Millionen beziffert worden, aus den Lizenzerlösen zehn Millionen erwartet und der Verkauf der Originale der Tagebücher spekulativ auf fünf Millionen hochgeschraubt worden. Wenn diese Schulte-Hillen-Rechnung aufgegangen wäre, hätten 1,26 Millionen an Heidemann überwiesen werden müssen, der Verlag hätte 1,4 Millionen kassiert, der STERN-Journalist Leo Pesch 280.000,- DM bekommen und Walde —

Reiseabrechnung Gehaltsempfänger G+J

Name, Vorname (Anschrift nur bei erster Reise für G+J und bei Anschriftenänderung): Heidemann, Gerd

Beleg-Nr.: 20.OKT.1982 * 343392

Personal-Nummer	Stamm-Unternehmensbereich	Stamm-Kostenstelle	Reisebeginn, Datum	Reise-Nr.
60000	11	1066	14.10.82	743731

Themen-Nummer	zu belasten, wenn vom Stamm abweichend Unternehmensbereich	Kostenstelle	Reiseende, Datum	Reise wird angetreten mit
			15.10.82	Flug [X] Bahn [ ] Privat-PKW [ ] Vertrags-fahrzeug [ ] Sonst. [ ]

Reisezweck/Sondervereinbarung

Reise Köln/Th.:Alte Nazis/Bespr.m. Schulte-Hillen

Kurztext für Buchung 30 Stellen

Aussteller: 15.10.82/hs

Datum

Reise und Vorschuß genehmigt durch

Zeichnungsberechtigter

Vorschuß wird benötigt in Höhe von DM [redacted]

Vorschußauszahlung

Kasse, Datum	Währung	Kurs	Währungsbetrag	DM-Betrag	Betrag erhalten, Unterschrift
			02	18,-	
			01	174,80	

Abrechnung*

Die Auszahlung soll erfolgen über: [X] Kasse 1 [ ] Bank 2 [ ] Scheck 3 [ ] Postbar 4

Anzahl aller zu erstattenden Belege Bitte durchnumerieren.*: 2

Die Addition aller zu erstattenden Belege von DM, £, $, Lire usw. zu einer Kontrollsumme beträgt.

Aufstellung oder Tippstreifen beifügen*: 192,80

Reiseverlauf

Beginn Ort	Länder-Kennz.*	Datum	Uhrzeit	Pauschalkürzungen: Anzahl der in Hotelrechng. enthaltenen Frühstücke 15 %	Anzahl der eigenen und fremden Bewirtungen*: Mittag 30 %	Abend 30 %	Anzahl von Übernachtungen zu Pauschbeträgen
von HH	D	14.10.82	13.00				
Ankunft in Köln	D						
Ankunft in HH	D	15.10.82	12.00				
Ankunft in							
Ankunft in							
Ankunft in							
Ankunft in							
Ankunft in							

weitere Orte, bitte separates Blatt beifügen.

Ich versichere die Richtigkeit der Angaben und daß die eingereichten Belege im Sinne der Spesenordnung erstattungsfähige Ausgaben sind.

Datum 15.10.82 Unterschrift [Unterschrift]

*Bitte Hinweise auf der Rückseite beachten!

Belege incl. separat abgezeichneter Ersatzbelege genehmigt

Datum Unterschrift [Unterschriften]

Reiseabrechnung Heidemanns: *Tagebuch-Besprechung mit Schulte-Hillen unter »Alte Nazis« abgerechnet (Pfeil)* immerhin — 560.000,- DM eingestrichen.(191) Ein von Sorge hochgerechneter »wirtschaftlicher Erfolg der Tagebücher« gestand den Tagebuch-Machern zuvor folgendes zu: 4,197 Millionen Mark für Heidemann, Walde sollte 1,134 Millionen erhalten, Leo Pesch 566.000,- DM. Das war Schulte-Hillen zuviel, weshalb die Verträge geändert werden mußten.(191)

Hätten sich die Kladden als echt herausgestellt, Thomas Walde wäre zumindest zum halben Millionär aufgestiegen, Heidemann war am 18. Januar 1983 tatsächlich zu einem geworden: 1,5 Millionen wurden ihm zugestanden, deklariert »zur Abgeltung des Schadens«, der dadurch entstanden war, daß der Reporter aus dem komplizierten Tagebuch-Geschäft mit Gruner + Jahr ausgestiegen war. Dieser Vertrag wurde nicht auf einem Briefkopf des Verlages geschrieben, sondern — auf einem Gerd Schulte-Hillens. Seit diesem Augenblick steckte der Verlagsmanager auch als Privatperson im späteren Tagebuch-Skandal.(192) Was war an diesen Verlagsdokumenten so haarsträubend?

Als Konrad Kujaus Tagebücher noch als die des Adolf Hitler mißverstanden wurden, war es dem Verlag und der Redaktion bekannt, daß es sich um die Aufzeichnungen eines Kriegsverbrechers gehandelt hatte, den Tagebuch-Akteuren an der Hamburger Außenalster geläufig, daß die Bücher aus einer abgestürzten NS-Maschine stammten, in der Soldaten ums Leben gekommen waren. Theoretisch mußte alles, was bei Toten gefunden wurde, den Behörden abgeliefert werden. Wer — wie auch in diesem Fall — das abgestürzte Flugzeug ausgeraubt hatte, die gefundenen Sachen behielt oder weiterkaufte, konnte mit dem Gesetz in Konflikt geraten: Diebstahl, Fundunterschlagung, Leichenfledderei. Der über diesen Sachverhalt ins Bild gesetzte Käufer, Gruner + Jahr, war damit — juristisch — zum Hehler geworden. Gesetzliche Verstöße waren aber noch an anderer Stelle auszumachen:

In beiden deutschen Staaten gelten nach wie vor die Kontrollratsgesetze. Während sie in der Bundesrepublik nicht mehr praktiziert werden, haben die Paragraphen in der DDR für die Sowjet-Union nach wie vor Bestand. Die Hitler-Kladden hätten den Russen übergeben werden müssen. Dann: Schmuggel wurde in der DDR mit hohen Freiheitsstrafen geahndet, vor allem Bestechungsversuche von hohen DDR-Offizieren — beide Tatbestände waren, wie Kujau Heidemann erzählte, gegeben, diese Sündenregister von Heidemann dem Verlag und STERN gemeldet worden. Da, laut Kujau, der Hitler-Nachlaß einmal in Klaviertransporten verborgen war, ein anderes Mal in Umzugscontainern steckte, wurde von Gruner + Jahr ebenfalls gegen das Transitabkommen verstoßen. Wer jemanden zu einer Straftat verleitete, Gruner + Jahr hatte Gerd Heidemann davon nicht abgehalten, der handelte leichtsinnig — ein Ermittlungsverfahren gegen den Verlag hätte eröffnet werden müssen. Und: Obwohl die Urheberrechtsfrage an den Tagebüchern ungeklärt blieb, hatte Gruner + Jahr mit ausländischen Interessenten bereits verhandelt sowie erste Verträge abgeschlossen, hatte überhaupt so getan, als ob die Hamburger die Eigentümer der Hitler-Ware gewesen seien.(193)

stern
28. APR. 1981

Stern

v. Herrn Sorge, vertraulich

Der Journalist und Historiker J. hat außerhalb der Bundesrepublik Deutschland über verschiedene Mittelsmänner eine Quelle aufgespürt, wo umfangreiche handschriftliche Aufzeichnungen ein und derselben Person aus der Zeit vor 1945 vorhanden sind. J. ist davon überzeugt, daß diese Aufzeichnungen von X stammen. Wie sie in der Endphase des Zweiten Weltkrieges dort hingekommen sind, ob X zu Lebzeiten hierüber verfügt hat, ob sie ihm abhangengekommen, verlorengegangen oder herrenlos geworden sind, ist ungeklärt. J. hat als Journalist und Historiker ein Interesse an ihrer Veröffentlichung, ungeachtet extrem hoher Beschaffungskosten und Gefahren bei deren Transport in die Bundesrepublik.

X ist verstorben / für tot erklärt mit Wirkung vom ... Das Amtsgericht in ... hat durch Erbschein vom ... als Erben ausgewiesen dessen Schwester ... und dessen Bruder ... Beide sind zwischenzeitlich ebenfalls verstorben. Erben der Schwester sind A und B. Erbe des Bruders ist C. Soweit deshalb X im Zeitpunkt seines Todes noch Eigentümer dieser Papiere gewesen ist, können Rechte hieran an A, B und C gefallen sein, die ihrerseits die alleinigen Erben der X-Geschwister sind.

A, B und C sind bereit, alle ihnen zustehenden denkbaren Rechte an diesen Papieren an J. zu verkaufen zu dessen alleiniger Verfügung. Dabei liegt es jedoch im alleinigen Risiko von J., ob und mit welchen Aufwendungen es ihm gelingt, sich Aufzeichnungen von X zu beschaffen.

Dies vorausgeschickt wird vereinbart:

1. A, B und C als Gemeinschaft erhalten von J. einen Kaufpreis von US-Dollar ..., zahlbar nach allseitiger Unterzeichnung dieser Vereinbarung zu je einem Drittel an A, B und C.

2. Für diesen Preis verkaufen und übertragen A, B und C gemeinschaftlich das Eigentum und alle daraus resultierenden Ansprüche an der unbekannten Vielzahl aller handschriftlichen Aufzeichnung von X, die in dessen Nachlaß gefallen sind. J. nimmt die Übertragung an.

   A, B und C übertragen ferner auf J., der diese Übertragung ebenfalls annimmt, sämtliche etwa vorhandenen urheberrechtlichen Verwertungsrechte an diesen handschriftlichen Aufzeichnungen von X., und zwar zeitlich, örtlich und räumlich unbeschränkt zur freien Verfügung von J.

3. Die geleisteten Zahlungen verbleiben A, B und C unabhängig von dem Erfolg der Bemühungen von J. in jedem Fall.

Tagebuch-Urheberrechts-Exposé *(an die G + J-Rechtsabteilung): »Von Herrn Sorge, vertraulich«*

»GEEIGNET NUR ALS VORZEIGEPAPIER« oder: Thomas Walde läßt die Schrift Adolf Hitlers überprüfen

Thomas Walde hatte ihn geschafft, den Sprung vom einstigen Redakteur einer unbedeutenden Provinzzeitung zum tonangebenden STERN. Seit dem Oktober 1971 verfügte die Illustrierte über einen einmaligen Sachverständigen — über eine Virtuosen in Fragen der Geheimdienste. Rund zwei Jahre später traf auch Waldes Jugendfreund Wilfried Sorge im Verlag ein, als »kaufmännischer Partner« der Chefredaktion, wie er später nicht ohne Stolz versicherte.

In dem Ressort »Diese Woche« reüssierte Walde, er stieg auf in die Position eines Chefs vom Dienst, regierte als Leiter die Nachrichtenredaktion und schließlich als Prinzipal die »Zeitgeschichte« des STERN, jener konspirativen Abteilung, in der die Tagebücher des Adolf Hitler später Furore machen sollten. Mit Waldes unaufhaltsamem Aufstieg im STERN schien die Lohnaufbesserung seines Intimus Sorge programmiert: 1977, nur vier Jahre nach seinem Eintritt, avancierte Sorge zum stellvertretenden Verlagsleiter, mitverantwortlich für den STERN, zuständig für GEO und ART.(194)

Ob Thomas Walde seinen Kumpel Sorge bei Gruner + Jahr befördert hat, läßt sich mit Sicherheit nicht ausmachen. Daß der Verlagsmanager Wilfried Sorge aber mit seinem Vertrauten die Tagebuch-Enthüllung zielstrebig vorbereitete und bis zum bitteren Ende forcierte, ist unbestritten. Während Walde den Vorsitz bei der redaktionellen Bearbeitung der Tagebücher führte, stürmte Sorge die Verlagsetage, redete dort die Verantwortlichen Tagebuch-reif.

Ob Walde oder Sorge — jeder von ihnen erfüllte borniert seinen Tagebuch-Part, waren sie die eigentlichen Rädelsführer. Sorge dachte sogar über die Urheberrechtsfrage nach, weihten ihn nicht die Hausjuristen in das komplizierte Thema ein, sondern umgekehrt — er die Rechtsgelehrten. Dabei mußte Sorge doppelt aufpassen: die richtigen Paragraphen berücksichtigen und — die Akteure des Tagebuch-Unternehmens nicht beim Namen nennen, die durften lediglich mit Symbolen versehen werden. Geheimniskrämerei, so die einsame Entscheidung des Gruner + Jahr-Vorstandsvorsitzenden Manfred Fischer, hatte nach wie vor Vorrang, nur so schien gewährleistet, daß der Stoff, aus dem des Führers Träume waren, vor der futterneidischen Konkurrenz verborgen bliebe. Entsprechend zusammengewürfelt fiel Sorges einseitige Tagebuch-Denkschrift aus, denn unklar war, wer über die Urheberrechte der Hitler-Worte verfügte:

Sorge erwähnte in seinem Exposé zwar Gerd Heidemann, nannte ihn indes nur »J«, wies ihn als »Journalisten und Historiker« aus. Der Titel Reporter war verschwunden. Der Führer des Großdeutschen Reiches, Adolf Hitler, wurde ebenfalls wegradiert, der Tyrann mit einem »X« unkenntlich gemacht. Es schien alles klar, denn »J« habe »ein Interesse an (der) Veröffentlichung (»umfangreicher handschriftlicher Aufzeichnungen« des »X«), ungeachtet extrem hoher Beschaffungskosten und Gefahren bei deren Transport in die Bundesrepublik«. Nicht anders Sorges zweiter Absatz:

»X ist verstorben/für tot erklärt mit Wirkung vom ... Das Amtsgericht in ... hat durch Erbschein vom ... als Erben ausgewiesen dessen Schwester ... und dessen Bruder ... Beide sind zwischenzeitlich ebenfalls verstorben. Erben der Schwester sind A und B. Erbe des Bruders ist C. Soweit deshalb X im Zeitpunkt seines Todes noch Eigentümer dieser Papiere gewesen ist, können Rechte hieran an A, B und C

Gerd Schulte-Hillen

Vorstandsvorsitzender
der Druck- und Verlagshaus
Gruner + Jahr AG

V e r t r a g

zwischen

Gruner + Jahr AG & Co.,
Druck- und Verlagshaus,Hamburg

und

Herrn
Gerd Heidemann

Gruner + Jahr und Herr Heidemann sind gemäß Vertrag vom 23. Februar 1981 übereingekommen, für bestimmte, durch Herrn Heidemann zu erbringende Leistungen durch Gruner + Jahr Lizenzgebühren an Herrn Heidemann zu zahlen.

Gruner + Jahr sieht sich wegen Wegfalls der Geschäftsgrundlage außerstande, den Vertrag zu erfüllen.

Zur Abgeltung des Schadens, der Herrn Heidemann daraus erwächst, verpflichtet sich Gruner + Jahr, an Herrn Heidemann eine einmalige Entschädigung in Höhe von DM 1.5oo.ooo zu zahlen. Damit sind alle Ansprüche Herrn Heidemanns abschließend abgegolten.

Hamburg, den 18.1.83

Schulte-Hillen
Gruner + Jahr

Gerd Heidemann
Gerd Heidemann

Gruner + Jahr AG
Warburgstraße 50, 2000 Hamburg 36
Telefon (040) 4118 3111
Telex 0 2 195 222

***Tagebuch-Vertrag** (mit Heidemann): 1,5 Millionen Mark erhalten* gefallen sein, die ihrerseits die alleinigen Erben der X-Geschwister sind.« Sorges dokumentarische Blüte legte die Urheberrechtslinie Gruner + Jahrs fest:

»A, B und C als Gemeinschaft erhalten von J (Heidemann) einen Kaufpreis von US-Dollar«, für »diesen Preis verkaufen und übertragen A, B und C gemeinschaftlich das Eigentum und alle daraus resultierenden Ansprüche an der unbekannten Vielzahl aller handschriftlichen Aufzeichnungen von X (Hitler), die in dessen Nachlaß gefallen sind«.(195) Wer war nun »A«, wer »B«, wer nun »C«?

Hitlers Schwester Paula, am 1. Juni 1960 vierundsechzigjährig verstorben, vererbte an Anton Schmidt und Angela Raubal. Schmidt war der Cousin Hitlers, Angela Raubal die Stiefschwester Hitlers, bei Sorge eben »A« und »B«. Der Buchstabe »C« bedeutete Patrick Hitler, Sohn von Hitlers Stiefbruder Alois, den dieser in Großbritannien gezeugt hatte, als er dort seinen Unterhalt als Kellner verdiente.(196) Sorges Planspiel fand Anklang: Am 7. Mai 1981, eine Woche nachdem die Rechtsabteilung Gruner + Jahrs die verschlüsselte Post erhielt (»von Sorge, vertraulich« notierten die Advokaten oben rechts an den Rand), saßen Theoretiker Sorge, die Anwälte Andreas Ruppert und Joachim Hagen im Zimmer Manfred Fischers. Auch Gerd Heidemann fehlte nicht, nur Thomas Walde. Die Tagebuch-Insurgenten wurden sich schnell einig: Thomas Walde hatte mit Wilfried Sorge die Gutachter zu beauftragen, die die Echtheit bestätigen sollten, Gerd Heidemann die Frage des Urheberrechtes an den Kladden zu erklären. Damit stand fest: Walde stieg spätestens jetzt offiziell samt seinem Vertrauten Sorge endgültig zum eigentlichen Tagebuch-Macher auf. Während die Tagebuch-Besprechung diesmal nur kurz war, das Duo Walde und Sorge sich dienstlich von den Kollegen abzusetzen begann, erzählte Heidemann in den Räumen der Rechtsabteilung Ruppert und Hagen anschließend von seinem Fund und der Führermaschine in Börnersdorf. Ruppert, der nach der Tagebuch-Pleite an vorderster Front gegen seinen damaligen Gesprächspartner operierte, war von Hitlers Tagebüchern sichtlich überwältigt. Heidemann: »Der war richtig neugierig geworden.« Der Untersuchungsausschuß des STERN drehte diese Begegnung freilich um: Ein juristisch unkundiger Heidemann habe bei Ruppert und Hagen »Rat« gesucht. Den Namen des Tagebuch-Lieferanten verriet der Reporter noch nicht.(197) Umgehend machte sich Heidemann an die Arbeit. Er hatte, im Tagebuch-Vorfeld, bereits erste Recherchen unternommen und war schnell dahintergekommen, daß der stets klamme Historiker Werner Maser für sich in Anspruch nahm, über die Nachlaßrechte des ehemaligen Reichskanzlers zu verfügen.

Maser residierte in Speyer, war Inhaber einer imaginären »Versandbuchhandlung für handsignierte Bücher« und angeblich ausgerechnet über einen Fast-KZ-Häftling an Hitlers Erbe gelangt: Paula Hitler sei von »einem gemeinsamen Bekannten, einem holländischen Juden, den sie 1944 vor der Einlieferung in ein KZ gerettet hatte, auf meine Forschungstätigkeit hingewiesen worden«, schwadronierte er. Maser will »einen feinen, sehr zurückhaltenden Brief, in dem sie ihre Hoffnung zum Ausdruck brachte, 'nun vielleicht doch noch ein paar sonnige Jahre' erleben zu können« in seinem Briefkasten vorgefunden haben. Selbstverständlich hatte der Zeitgeschichtler diesen Zufall sofort genutzt, sich »die Wahrung der Rechte der Hitler-Erben im Zusammenhang mit Adolf Hitlers Urheberrechtsansprüchen« übertragen zu lassen.(198) Dann plauderte Maser aus dem Nähkästchen: auf hundertprozentige Wahrheit schien er auch an dieser Stelle keinen Wert zu legen:

Die Nachlaßverwaltung beschere ihm unentwegt »Ärger«, »weil Erben ja nahezu überall verschiedener Meinung sind«. Da werde dauernd herumgemäkelt, nur

Professor Dr. jur. Ferdinand Sieger
Rechtsanwalt

Charlottenstraße 21 a, 14.3.1983
7000 Stuttgart 1
Telefon (0711) 245272

Gruner + Jahr AG & Co
Druck- und Verlagshaus
- Rechtsabteilung -
Herrn Dr. R u p p e r t
Postfach 3o 2o 4o

D 2ooo H a m b u r g - 36

Urheberrechte Adolf Hitler

Sehr geehrter Herr Kollege Ruppert,

bei unserer Besprechung bei Ihnen in Hamburg am Donnerstag, den 1o. März 1983, baten Sie mich, die dabei von mir gegebene und in unserer Diskussion und daran anschliessend nochmals überprüfte Antwort auf die mir von Ihnen gestellte Frage in Kurzform schriftlich festzuhalten. Gefragt ist, von wem die Genehmigung zur Veröffentlichung (§ 12

Oben: **Tagebuch-Urheberrechts-Gutachten** *(von einem ehemaligen Advokaten des Dritten Reiches): »Auf die warte ich heute noch.«* Unten: **Stellungnahme der G + J-Rechtsabteilung:** *»Eignet sich als Vorzeigepapier« (Pfeil)*

Hausmitteilung G+J

Betrifft
Urheberrechte A.H.

Von
Dr. Ruppert

Telefon
318o

An
Herren Schulte-Hillen
Sorge
Heidemann

Datum
15.3.83 - ar

Die beigefügte gutachterliche Stellungnahme von Professor Sieger eignet sich bis auf. einen Punkt als Vorzeigepapier, für mehr allerdings nicht.

Zunächst der Punkt, der uns stört: Sieger kommt

weil die »Rückgabe des Berghofes auf dem Obersalzberg« auf sich warten ließe, leide aber die arme Hitler-Familie vor allem durch die im Dritten Reich praktizierte »Sippenhaft«. Maser: Dies »ist dafür teilweise noch eine harmlose Bezeichnung für manches von dem, was ihnen widerfahren ist«.(199) Am 18. Juni 1981 schlossen Gerd Heidemann und Werner Maser auf Maser-Briefpapier einen Vertrag. Maser kassierte 20.000,- DM für die Verwertung »schriftlicher Notizen und Aufzeichnungen aus der Hand Adolf Hitlers« und weitere 5.000,- DM für das Eigentumsrecht an allen Werken und Schriften Adolf Hitlers, die Herr Heidemann ... zukünftig (noch) erwirbt«.(200) Zeuge dieses Geschäfts war der junge Historiker Michael Hepp, der über den STERN die staatliche Einschätzung (Bonns und Bayerns) an dem Hitler-Erbe lieferte und den Heidemann über Maser kennenlernte (Hepp: »Da meine Telefonrechnungen im Moment ziemlich angestiegen sind ..., wollte ich Sie bitten, ob Sie mir noch einen Vorschuß überweisen könnten«).(201)

Gerd Heidemann hatte Werner Maser über den Fund der Tagebücher nur andeutungsweise informiert, da der Historiker, wie gehabt knapp bei Kasse, seine Forderungen sonst in die Höhe geschraubt hätte. Maser hatte, wie schon Kujau, Heidemann Märchen erzählt — die Inhaberschaft an Hitlers Gedanken mit einem Brief des Cousins des Führers Anton Schmidt begründet (»Hiermit bestätige ich nach mehrfachen entsprechenden mündlichen Vereinbarungen, ... daß der Historiker Dr. Werner Maser ... die Wahrung meiner Rechte und der Rechte meiner Familie zu überwachen« habe) und der Erfindung, der im Dritten Reich großgewordene Rechtsanwalt und nunmehrige Urheberrechtsspezialist Ferdinand Sieger verwahre die Erbschaftsunterlagen im Tresor seiner Stuttgarter Kanzlei. Heidemann gegenüber gestand Sieger später: »Auf die warte ich heute noch.« Sieger, der bereits in der Auseinandersetzung um die Affäre der Tagebücher Joseph Goebbels' eine wenig rühmliche Rolle spielte, war vom STERN gleichfalls mit der Frage des Hitler-Urheberrechts beschäftigt worden:(202)

Am 10. März 1983, Tagebuch-Eile im STERN tat inzwischen not, empfing Gruner + Jahr-Justitiar Andreas Ruppert seinen Kollegen und bat ihn um ein Gutachten. Ganz so, als ob Sieger dies bereits fertig in der Schublade oder sonst nichts zu tun gehabt hätte, schickte der Stuttgarter Professor es bereits vier Tage später ab: auf sieben Seiten, in seinem gefürchteten gestelzten Deutsch, stand wieder einmal, alles und gar nichts. Noch am selben Tag hatte Ruppert die Expertise verarbeitet und Gerd Schulte-Hillen, auf nur vier kurzen Absätzen, mitgeteilt, was er über Sieger dachte:

Da kam der Professor einmal darauf, daß — laut Hitlers Testament — »die Bundesrepublik Deutschland Erbe« sei, »am Ende spricht er davon, daß für Länder, die die Spruchbescheid-Einziehung nicht anerkennen, die Veröffentlichungsrechte von den leiblichen Erben ... erworben werden müßten«. Ruppert total entnervt an den Vorstandsvorsitzenden: »Wir werden Professor Sieger veranlassen, diesen Widerspruch auszuräumen.« Ruppert brach den Stab über Sieger: »In beiden Punkten freilich ... bleibt Sieger jede Begründung schuldig.« Was war denn das Sieger-Gutachten wert? Weshalb die nicht preiswerte Honorarinvestition? In aller Offenheit entlarvte Andreas Ruppert den Sinn dieses überflüssigen Papiers auf Kosten seines Kollegen: Siegers »gutachterliche Stellungnahme« eigne sich, »bis auf einen Punkt«, lediglich — »als Vorzeigepapier, für mehr allerdings nicht«.(203)

Werner Maser, den Heidemann als »trinkfesten Nassauer« in Erinnnerung hat (»Mindestens zwanzig Bier an einem Abend auf meine Kosten«), verfügte in der Tat nicht über die Hitler-Rechte.(204) Zwar hatte Heidemann von Gruner + Jahr die Maser-Fehlinvestition ersetzt erhalten, aber die Urheberrechtsfrage konnte im

Detail bis zum Tagebuch-Erscheinen niemals geklärt werden. Das brachte Probleme für den Verlag mit sich, denn zwei Jahre später setzte plötzlich die Vermarktung ein: Gerd Schulte-Hillen ließ etwas anbieten, was ihm rechtlich überhaupt nicht gehörte. Die Rechtsabteilung sprach sogar überdeutlich von »null Rechten«.[205] Doch soweit war es noch nicht, bislang fehlten die Echtheits-Zertifikate.

Die Hitler-Notizen, so wurde im März 1981 in der Vorstandsetage beschlossen, sollten nicht sofort auf die Authentizität hin überprüft werden, da, wie der STERN-Untersuchungsausschuß sich grämte, »die Geheimhaltung gefährdet und noch nicht genügend Material im Hause sei«.[206] Doch sowohl Heidemann als auch Walde bemühten sich frühzeitig, die Tagebuch-Substanz auf den Wahrheitsgehalt hin begutachten zu lassen. Sogar Konrad Kujau wurde von Heidemann mit der beabsichtigten Tauglichkeitsprüfung konfrontiert, wobei Heidemann von der Echtheit der Tagebücher längst überzeugt war. »Das war mein größter Fehler«, gestand er nachträglich.

Bereits im März 1981 hatte Heidemann (die ersten drei Tagebücher waren vorhanden) während eines Telephongesprächs mit Kujau die Gutachterfrage aufgeworfen: »Das wollen wir bei Frei-Sulzer (machen), das ist ein international anerkanner Handschriften-Experte, der Schriftsachverständige in der Schweiz.« Zwar reagierte Kujau anfangs mit einem überraschten »Aha«, dann aber heuchelte er, was sollte er auch sonst tun: »Okay.«[207] Zwei Wochen später erfuhr Kujau, daß Walde bereits mit Frei-Sulzer telephoniert habe, daß eine Nachfrage beim Koblenzer Bundesarchiv nach vergleichenden Hitler-Schriftproben nur wenig Aussicht auf Erfolg haben würde. Heidemann: »Die haben nichts von Hitler!« Walde unterrichtete Heidemann, »daß man darum vor allem die Gutachten bei Dr. Max Frei-Sulzer in Zürich machen lassen werde, weil man mit diesem renommierten Experten schon im Nouhuys-Prozeß zusammengearbeitet habe«.[208]

Als fünfundzwanzig Hitler-Kladden vorlagen, drängte die Zeit. Anfang Januar 1982 kümmerte sich Walde endlich aktiver um Schrift- und Materialgutachten. Dabei ging er offizielle Wege — nicht nur an denen sollte er scheitern. Walde setzte sich mit dem Öffentlichkeitsreferat des Bundeskriminalamtes in Verbindung. Doch die Bonner Beamten konnten spontan keine Zusage geben, vielmehr mußten die sich erst einmal schlau machen. Als die Antwort kam, stand Walde wieder am Anfang: Die bundespolizeilichen Gutachten würden ausschließlich für Behörden erstellt, »Private« könnten vom Know-how des BKA nicht profitieren. Der STERN-Redakteur möge sich doch bitte an das Zollkriminalamt in Köln wenden. Was blieb Walde anderes übrig?[209]

Der Kölner Bescheid war mit dem des BKA identisch: nur amtliche Stellen würden Zertifikate erhalten können, zwar Zollmitarbeiter außerdienstlich gelegentlich aushelfen, dies aber gerade nicht auf Briefköpfen des Zollkriminalinstituts tun. Darauf aber kam es Walde gerade an. Diese Abfuhren trieben ihn in die Resignation, von den bundesdeutschen Staatsdienern hatte er einstweilen schlicht die Nase voll. Walde beriet sich mit Sorge. Das Ergebnis schien sodann einzuleuchten: Wenn offizielle deutsche Gutachter blockierten, müßte auf ausländische Kapazitäten ausgewichen werden. Ersatz schien rasch gefunden: Die Züricher Kantonspolizei und die Policie in Lausanne. Aber auch die sagten mit denselben Argumenten wie ihre deutschen Kollegen ab. Diese Erfahrungen, zumal vierfach, hatten Folgen: Walde konzentrierte sich fortan verbissen auf die Privatgutachter.[210]

Max Frei-Sulzer, der einstige Chef des wissenschaftlichen Dienstes der Stadtpolizei in Zürich und Ordway Hilton, anerkannter US-Experte (war er doch vor allem dadurch bekannt geworden, daß er die angeblichen Memoiren Howard Hughes als Totalfälschung entlarvt hatte), wurden Waldes Hoffnungsträger. Die Auswahl zeitigte nun einen Nebeneffekt: Ein Sachverständiger aus dem deutschen Sprachraum und einer aus dem englischen — für die ins Haus stehende Tagebuch-Vermarktung in Großbritannien und den USA würde die Verhandlungsposition Gruner + Jahrs ohne Frage gestärkt, ein positives Testat angelsächsischer Gutachter bei den dortigen Tagebuch-Interessenten fraglos die Preise in die Höhe treiben.(211)

Frei-Sulzer, mit dem Walde erneut Kontakt aufgenommen hatte, war beschäftigt: der inzwischen pensionierte Sachverständige konzentrierte sich neuerdings auf sein zeitraubendes Hobby — der Gutachter war zur Kakteenforschung übergewechselt. Was sollte Walde jetzt tun? Er wandte sich wieder an das Bundesarchiv in Koblenz. Josef Henke, Referatsleiter des Schrift- und Druckgutes der Parteien, erfuhr von Walde: Der STERN wolle zum 50. Jahrestag der Machtergreifung einen Artikel veröffentlichen, in dem bislang übersehenes Material über den Heß-Flug publiziert werden sollte. Ob der Illustrierten von seiten der beamteten Historiker mit einer Würdigung beigestanden werden könnte? Die NS-Verwalter waren elektrisiert. Einen Tag später trafen Walde und Heidemann bereits in Kobienz ein. Der neugierige Henke begrüßte die Hamburger Journalisten, sein Kollege Klaus Oldenhage geriet ganz aus dem Häuschen.(212)

Die STERN-Beauftragten brachten das Original »eines handschriftlichen Entwurfs, vermutlich aus der Feder Adolf Hitlers, für ein Neujahrstelegramm an General Franco« mit (Walde), Heidemann händigte das von Kujau erhaltene Hitler-Dokument zur »zweifelsfreien Echtheitsprüfung« aus.(213) Einigkeit herrschte darüber, daß das Bundesarchiv einen »Vergleich mit den beim Bundesarchiv vorhandenen zweifelsfreien Originalen sowie eine Alters- und Materialbestimmung für das Papier und die Tinte« vornehmen sollte.(214) Warum hatte sich das Bundesarchiv auf einen Handel mit dem STERN eingelassen? Walde hielt fest: Heidemanns Hitler-Dokumente würden dem Institut »zur endgültigen Aufbewahrung ausgehändigt werden«. Dafür versprachen die staatlichen Zeitgeschichtler, »baldmöglichst« das Gutachten in Auftrag zu geben. Wer sollte den Fälschungs- oder Echtheitsgrad attestieren? Die Bundespolizisten — für das BKA war das Bundearchiv kein privates Unternehmen, sondern eine Behörde. Den Formalien war Genüge getan.(215)

Das BKA aber jagte in diesem Augenblick den Terroristen hinterher, für den Führer hatten die Fachleute vorerst keine Zeit. Das Bundesarchiv möge sich in einigen Monaten nochmals melden. Die Koblenzer reagierten unzufrieden, doch sie kamen auf eine Notlösung: Das Landeskriminalamt Rheinland-Pfalz mußte einstweilen einspringen. Das sagte, für das Bundesarchiv war es bereits häufig tätig geworden, zu. Die Koblenzer Archivare standen endlich vor ihrem Ziel: Für diese engagierte Unterstützung, so waren sie sicher, werde sich der STERN ganz gewiß revanchieren und die Hitler-Dokumente auch tatsächlich übereignen. Daß es sich bei den NS-Zeugnissen um Tagebücher handelte, erfuhren die Hitler-Gierigen von Heidemann erst einige Monate später.

Frühzeitig hatte sich Thomas Walde bemüht, an Vergleichsschriften heranzukommen. Er nahm Kontakt zum Münchner Institut für Zeitgeschichte auf. Ohne Ergebnis. Vergeblich versuchte er es, Monate vor seiner Reise nach Koblenz, auch beim Bundesarchiv, geriet aber dort das erste Mal an eine unverbindliche Sachbearbeiterin namens Kinder, die ihren Arbeitgeber, das Bundesarchiv, für nicht tauglich für Handschriftenvergleiche Hitlers hielt. Es mangelte schlicht an ein-

Rheinland-Pfalz

[illegible]

An das
Bundesarchiv
Am Wöllershof 12

5400 Koblenz

Landeskriminalamt

Neustadt 21
Postfach 1220
Telefon (0261) 1220[illegible]
Telex [illegible]
5400 KOBLENZ

Ihr Zeichen	Ihre Nachricht	Unser Zeichen	Bearbeiter	Datum
III 2 - 47o1/12	21.4.1982	KI 31-94/82	Hübner	25.5.1982/hr.

Betr.: Untersuchung von Schriftgut Hitlers auf Echtheit

Anlg.: übergebenes Schriftenmaterial

Das Ergebnis der von Ihnen gewünschten Untersuchung bitten wir aus nachstehendem Gutachten zu entnehmen.

(Büttner)

SCHRIFTGUTACHTEN

I

Auftrag:

Es soll festgestellt werden, ob die nachfolgend aufgeführten Schriften von Hitler stammen.

Zusammenfassung:

1. Die drei fraglichen Originalschriften stammen mit einer an Sicherheit grenzender Wahrscheinlichkeit von Hitler.

2. Die Kopie der parteiamtlichen Mitteilung trägt mit hoher Wahrscheinlichkeit die Schrift Hitlers.

(Hübner)

Fehlgutachten *(des Landeskriminalamtes, Pfeile): Den Führer als Tagebuch-Schreiber dokumentiert* wandfreien Originalen Hitlers. Sie verwies Walde statt dessen an August Priesack, einen Mann der »Grauzone«, wie sie sich ausdrückte, der — über den NS-Sammler Fritz Stiefel — unzählige Hitler-Dokumente in Händen hielt, die indes fast alle — wie sich später herausstellen sollte — von Konrad Kujau stammten.

Priesack, bis zum Kriegsausbruch 1939 vier Jahre lang Mitarbeiter des NSDAP-Hauptarchivs in der Münchner Barerstraße, konnte »im Gegensatz zu vielen anderen ... die Schrift Hitlers lesen«, er galt unter NS-Sammlern als »Graue Eminenz«, als Kenner der Hinterlassenschaft des Diktators.(216) Sein Material hatte Priesack inzwischen dem Bundesarchiv zur Verfügung gestellt, allerdings mit der Maßgabe, die Aufzeichnungen an Dritte — ohne seine ausdrückliche Genehmigung — nicht herauszugeben. Priesack konzipierte ein Hitler-Buch und wollte sich so vor möglichen Vorveröffentlichungen schützen. Nach der Tagebuch-Pleite aber kam auch hier heraus, daß es sich in erster Linie um geistige und fingerfertige Ergüsse Konrad Kujaus gehandelt hatte.(217)

Thomas Walde saß in seinem Büro und überlegte, womit er die Privatgutachter »füttern« könnte. Schließlich hatte er eine Idee: Er stellte eine Mappe zusammen, in der Dokumente aus dem Bundesarchiv und eine Tagebuchseite sowie Urkunden Hitlers enthalten waren. Die zweifelsfrei echten Unterlagen sollten mit Heidemanns Fund verglichen werden. Dann rubrizierte Walde:(218)

Die mit »Rot« gekennzeichneten Schriftproben, mit den Buchstaben »A und B« versehen, hatte er von Gerd Heidemann erhalten, der wiederum die von Kujau. Walde wies diese Tagebuch-Muster als »ungeprüftes Sammlermaterial« aus. Die mit »Grün« markierten Dokumente, mit den Ziffern »1 bis 7« deklariert, kamen als »zweifelsfreie Vergleichsdokumente« in Betracht. Sie entstammten dem Bundesarchiv.(219) Vier echte Hitler-Zeilen gehörten beispielsweise in den Koblenzer Bestand R 43 I/3633 und wurden für den STERN am 7. April 1982 per Photokopie hergestellt, ein anderes unter der Endziffer 2067 aufgestöbert. Es hatte sich auch noch ein Brief Adolf Hitlers an den »Parteigenossen Darre« angefunden, der in dessen Nachlaßakte steckte.(220) Diese Hitler-Mappe überreichten Walde und Sorge in Zürich Max Frei-Sulzer. Der Schweizer aber wollte ohne Originale kein Testat unterschreiben. Daraufhin vermittelte Walde sogleich nach Rückkehr mit dem Bundesarchiv einen Termin. Auf Kosten des STERN reiste der Eidgenosse nach Koblenz. Nun nahm alles seinen Gang.

Walde überraschte Heidemann mit der Gutachter-Nachricht des Landeskriminalamtes Rheinland-Pfalz, das sogar ein Elektronenmikroskop zur Hilfe genommen hatte: »Das Gutachten ist positiv.« Davon war Heidemann ohnehin längst überzeugt und erwiderte fast gelangweilt: »Ich habe nichts anderes erwartet.« Walde: »Stell' Dir nur vor, das wäre negativ gewesen, dann hätten die da oben doch das Hosenflattern bekommen!« Heidemann hielt das für ausgeschlossen: »Kann niemals sein.«(221) Als dann, nur vierzehn Tage später, auch die Schweizer Koryphäe Max Frei-Sulzer die Echtheit betonierte, daß »kein Zweifel bestehen (könne), dass (die) ... Urkunden von Adolf Hitler persönlich geschrieben worden sind«,(223) da war die Schriftqualität der Tagebücher für Walde ebenso unumstößlich wie seit dem Auftauchen der ersten Führer-Kladde für Gerd Heidemann. Obendrein zementierte zur gleichen Zeit der Amerikaner Hilton: Hitlers Schrift sei keine Fälschung.(224)

Innerhalb von vier Wochen hatte nicht ein, sondern drei unabhängige Schriftexperten Heidemanns Fund als wirklichen Fund abgesegnet. Daß diese Expertise des Landeskriminalamtes allein auf Grund der Beziehungen des Bundesarchivs zustande kam, das dem STERN das Gutachten nach Hamburg schickte und die

Echtheit der Schrift zusätzlich noch auf einem Bundesarchiv-Briefkopf suggerierte (»... mit der Bitte um Kenntnisnahme. Ihren weiteren Verfahrensvorschlägen sehe ich gern entgegen.«)[225] — das ließ den Ressortchef »Zeitgeschichte« die allerletzten Zweifel beiseite schieben. Jetzt war sich Thomas Walde mit Gerd Heidemann endgültig einig: Die Tagebücher seien — was die Schrift anging — »so echt, echter geht's nimmer«.[225a] Doch was war mit dem Papier? Der Tinte? Seit Monaten lagen dem BKA Hitler-Materialien des STERN vor. Doch selbst Mahnungen richteten nichts aus: das BKA ließ nichts von sich hören. Zwar hatte sich Walde über die positive Botschaft des Landeskriminalamtes »sehr gefreut«,[226] aber das Schweigen des BKA beunruhigte inzwischen auch den langjährigen Mitarbeiter des Bundesarchivs, Josef Henke.

Am 9. Dezember 1982, fünf Monate vor dem abrupten Tagebuch-Ende, hoffte Henke in einem Brief an Thomas Walde, »daß das BKA (mit dem Gutachten) bald überkommt«.[227] In Wiesbaden aber herrschte nach wie vor Funkstille. Auch ein Telephongespräch zwischen Heidemann und dem Archivdirektor Klaus Oldenhage deutete auf ein inzwischen eher pikiertes Bundesarchiv hin, das sehnsüchtig auf das Eintreffen der Hitler-Entdeckung wartete. Oldenhage wollte endlich wissen, welche unbekannten Gedanken sich der Führer des Großdeutschen Reiches insgeheim gemacht hatte. Solange das BKA aber nichts von sich hören ließ, solange auch blieben den einseitig auf den Führer fixierten Staatshistorikern die Hitler-Meldungen verborgen. Vom BKA hatte Oldenhage darum keine gute Meinung:

Das Schriftgutachten des Landeskriminalamtes sei für ihn nicht nur ein gutes, sondern zugleich ein ausreichendes Zeugnis. Die hilfsbereiten Mitarbeiter des Landeskriminalamtes könnten doch nicht nur deshalb disqualifiziert werden, weil Walde das BKA höher ansiedele, das Landeskriminalamt sei schließlich »genauso (eine) öffentliche Gewalt wie das Land Rheinland-Pfalz«. Heidemann: »Das müssen Sie Walde mal klarmachen. Der vertraut natürlich immer dem deutschen FBI.« In diesem Gespräch, das am 10. März 1983 stattfand, ging es aber auch um die plötzlich aufgetauchten »Sorgenfalten« des zuständigen BKA-Gutachters Louis Ferdinand Werner, in Wiesbaden Wissenschaftlicher BKA-Direktor, der seit Monaten die Untersuchung der Hitler-Schrift, die Diagnose des Papiers sowie die Analyse der Tinte verschlampt hatte. Oldenhage protestierend gegen Werners bislang vermißte Hilfsbereitschaft und das Walde nicht zufriedenstellende Gutachten des Landeskriminalamtes: Dies würde ja bedeuten, daß die Qualität dieser Institution »geringer sein soll als beim Bund (sprich: BKA)«. Trotzdem, tröstete der ärgerliche Oldenhage Heidemann, werde sich die »Intervention« des Bundesarchivs beim BKA zugunsten des STERN möglicherweise doch noch auszahlen: Wenn auch diese Behörde endlich die Echtheit der Hitler-Dokumente bestätigen sollte, dann sei an der Authentizität nicht mehr zu rütteln, die zu erwartende Diskussion zugunsten der Unverfälschtheit im Nu entschieden.[228] Was aber waren die Zusicherungen des BKA bislang wert? Walde: »Auf das BKA war kein Verlaß.«[229]

Im März 1983, vier Wochen später sollte das Tagebuch-Feuer vom STERN angezündet werden, telexte Walde an das wegen der ins Haus stehenden Hitler-Versorgung rührige Bundesarchiv, daß endlich ein Termin mit den Bundespolizisten hatte vereinbart werden können. Am 28. März, gegen zehn Uhr, traf Heidemann in Wiesbaden ein, Walde hatte ihm eine Zeichnung angefertigt, damit er sich nicht verlaufe.[230] Daß das BKA nun endlich funktionierte, war vor allem dem Präsidenten des Bundesarchivs, Hans Booms, zu verdanken, der sich bereits im April des Vorjahres für den STERN beim BKA stark gemacht hatte (»... die bedeutsamen Archivalien wird der STERN dem Bundesarchiv kostenlos überlassen«).[230a] An diesem Tag aber hatte Heidemann erfahren, daß eines von zehn Hitler-Papieren fragwürdig war.

Werner, der scheinbar überbeschäftigte BKA-Gutachter, hatte allerdings nur eines getan: Die zu überprüfenden Papiere lediglich unter eine ultraviolette Lampe gelegt. Der Effekt war wie in einer Nachtbar: die Hitler-Dokumente leuchteten weiß, wie beispielsweise die Oberhemden am Tresen, wenn sie von ultraviolettem Licht bestrahlt werden. Diese Aufhellung ließ den Verdacht aufkommen, daß eines von den über zehn vom STERN an das BKA weitergereichten Hitler-Papieren nach 1945 produziert worden war. Werner: »Wenn dieser Telegramm-Entwurf von Hitler an Horthy (dem ungarischen Reichsverweser) gefälscht ist, müssen alle anderen Schriftstücke ebenfalls gefälscht sein, da ja alle Schriftgutachter (drei Gutachten lagen ihm vor) bisher festgestellt haben, daß die Handschrift auf allen diesen Dokumenten von derselben Person stammten.« Heidemann konterte: »Das klingt zwar logisch, aber dann müssen auch alle Schriftstücke, die uns das Bundesarchiv zum Vergleich herausgegeben hat, gefälscht sein, denn die Gutachter haben ja diese Schriften ebenfalls derselben Person (Hitler) zugeschrieben.« Der STERN-Reporter erkundigte sich: Wie solle denn nun das Prüfungsverfahren weiterlaufen? Werner: Mit Hilfe des Chemie-Multis BAYER in Leverkusen könnte überprüft werden, ob sich in dem Papier ein »Aufheller« befände, der erst nach dem Zweiten Weltkrieg produktionsfähig geworden sei. Niemand konnte mit diesem Urteil etwas anfangen. Walde später: Eine »eindeutige Aussage« sei von Werner seinerzeit nicht zu erhalten gewesen.[232]

Gerd Heidemann nahm Werners wenig substantiellen Hinweis zur Kenntnis. Dann holte er sich bei dem leitenden BKA-Mitarbeiter die Genehmigung für ein Telephongespräch ein. Heidemann rief Walde in Hamburg an und teilte ihm die Bedenken des BKAs mit. Dann reichte er den Hörer an Werner weiter. Walde insistierte: Wieso? Warum? Weshalb? Werner, immerhin Chef der BKA-Abteilung Technik, steckte fest, die logischen Fragen Waldes waren von ihm nicht zu beantworten: Konkretes könne er nicht von sich geben. Wann denn nun endlich mit einem schriftlichen Gutachten zu rechnen sei, wollte der nunmehr genervte Walde wissen. Werner: Vielleicht in drei Wochen.[233]

Im Zimmer des BKA-Beamten herrschte eine gespannte Atmosphäre. Angehörige des Bundesarchivs (Henke und Oldenhage), Heidemann und mehrere neugierige BKA-Bedienstete registrierten einen inzwischen hilflosen Werner, der plötzlich verunsichert umherblickte und inzwischen wohl bemerkt hatte, daß seine mündliche Quasi-Analyse absolut nichts wert war, er statt dessen lediglich eine vage Vermutung in Umlauf gesetzt hatte. Walde voll Bitterkeit: »Hätte sich Dr. Werner (an diesem Tag) entschiedener über Heidemanns Dokumente geäußert, so hätten die Bundesarchivare wohl kaum Anlaß gehabt, sich anschließend mit Heidemann und den Rechtsvertretern des Hauses Gruner + Jahr in einem ausführlichen Vertrag über die künftige Auswertung und den Verbleib der Dokumente zu einigen.«[234] Nahm das Bundesarchiv das BKA jetzt noch ernst? Walde: »Nach meinem Eindruck teilten ... die ... Vertreter des Bundesarchivs meinen (gegenüber dem BKA negativen) Eindruck.«[235]

Auch Gerd Heidemann war des Wartens überdrüssig, denn er stand unter massivem Druck Schulte-Hillens, der unbedingt mit der Tagebuch-Veröffentlichung beginnen wollte. Bei Werner erkundigte sich Heidemann nach der größten Kapazität auf dem Gebiet der Papierbegutachtung. Verschnupft teilte der Mann des BKA mit: Arnold Rentz in Bad Ems. Die anwesenden Bundesar-

STERN-Briefe an das Bundesarchiv *(Durchschläge Waldes): »Auf das BKA war kein Verlaß«*

EINSCHREIBEN

Herrn
Dr. Josef Henke o.V.i.A.
c/o Bundesarchiv
Postfach 32o

54oo Koblenz

Hamburg, 6.4.82

Durchwahl 3676

Sehr geehrter Herr Dr. Henke,

wie gestern mit Ihnen persönlich in Koblenz abgesprochen und nach weiterer Beratung hier in der Redaktion in Hamburg präzisieren wir Ihnen hier noch einmal schriftlich unsere Vorstellungen zur Echtheitsüberprüfung der uns vorliegenden Dokumente. Wir stellten Ihnen gestern bereits ein Original eines handschriftlichen Entwurfs, vermutlich aus der Feder Adolf Hitlers, für ein Neujahrstelegramm an General Franco vom 1. Januar 194o und zahlreiche Fotokopien anderer handschriftlicher Aufzeichnungen Hitlers zur Verfügung. Heute reichen wir Ihnen wie besprochen, zwei weitere Originale ("Entwurf für den Aufruf zum Jahreswechsel an Partei, Wehrmacht, SA und SS" vom 29.12.34 und "Schreiben an den Reichsmarschall" vom 17.1o.8o) zur Begutachtung mit dem bereits übergebenen Originaldokument beim Bundeskriminalamt in Wiesbaden nach.

Herrn
Dr. Josef Henke
c/o Bundesarchiv
Postfach 32o

54oo Koblenz

Hamburg, 2.6.82

Durchwahl 3676

Lieber Herr Henke,

unser heutiges Telefongespräch habe ich noch einmal mit Gerd Heidemann besprochen. Wir danken Ihnen gemeinsam für die Übersendung des LKA-Gutachtens, dessen Ergebnis uns sehr gefreut hat. Mit der dadurch gegebenen Sicherheit werden wir unsere Bemühungen, weiteres Originalmaterial zu beschaffen, forcieren.

Auch Kollege Heidemann würde es begrüßen, wenn Sie die zuständigen Stellen des Bundeskriminalamtes nach erfolgter Begutachtung durch Herrn Frei-Sulzer noch zu einer Überprüfung der Ihnen vorliegenden Originale sowie des Ihnen noch auszuhändigenden Originalblattes "Parteiamtliche Mitteilung" befassen könnten.

chivare sahen sich an, dann erfuhr Gerd Heidemann: Rentz sei in der Tat ein sehr zuverlässiger Analytiker, mehr als einmal habe das Bundesarchiv auf diesen Mann erfolgreich zurückgegriffen. Erneut sagten die Koblenzer ihre Unterstützung zu: Umgehend würden sie sich dafür einsetzen, daß der über Siebzigjährige für den STERN ein Gutachten erstellen werde.(236)

Bevor Gerd Heidemann zum BKA nach Wiesbaden flog, hatte Walde ihm den Auftrag erteilt, unbedingt die Probeseite aus dem Hitler-Heß-Band nach Hamburg zurückzubringen. Diese Seite wurde dringend für die Lizenzverhandlungen Gruner + Jahrs mit ausländischen Interessenten in Zürich benötigt, da alle vergleichenden Schriftanalysen auf eben diesem Dokument basierten. Heidemann teilte Werner Waldes Wunsch mit. Als dieser mit dem STERN-Journalisten in Hamburg telephonierte, vernahm Werner diese Bitte noch ein zweites Mal. Werner aber sperrte sich. Doch dann blieb ihm schließlich nichts anderes übrig: Die unter Aufsicht eines Notars in Hamburg herausgetrennte Seite des Heß-Buches wurde von Werner an Heidemann »ausgeliehen«; die Seite sollte — nach den Vermarktungsverhandlungen — umgehend nach Wiesbaden zurückgesandt werden.(237)

Walde: »Am 6.4.83, also eine Woche nach dem Gesprächstermin im BKA, informierte ich Dr. Werner vom BKA telegrafisch über unser fortbestehendes Interesse an dem BKA Gutachten«, das Ergebnis aber lag, »wie zu erwarten — nicht vor«.(238) Inzwischen hatte das Bundesarchiv Arnold Rentz erreicht, der sich bereit erklärte, sofort ein Gutachten zu erstellen, er war der zweite, der — nach dem Landeskriminalamt — für das BKA einsprang. Walde: Er sollte »in zwei getrennten Gutachten einmal zwei Blatt aus unterschiedlichen Hitler-Tagebüchern (darunter der Sonderband Heß) und einmal den ... verdächtigen 'Telegramm-Entwurf Mussolini' untersuchen«, »wenn möglich unter Einbeziehung der Tintenschrift«. Am 24. April 1983 lag ein bahnbrechendes Zertifikat von Rentz vor, zwei Tage vor der vorgezogenen Tagebuch-Veröffentlichung: »Zusammenfassend kann gesagt werden, daß die Blätter vor und während des II. Weltkrieges gefertig wurden und zwar in den dreissiger oder Anfang der vierziger Jahre.«(239)

War das jetzt die vierte positive Bewertung? Walde entschied sich — für ein Rentz-Gutachten. Dabei hatte ihm das Bundesarchiv aber zwei Rentz-Testate übersandt. Eines signalisierte: »echt«, das andere indes sorgte für einen Schock: »falsch«. Beide Expertisen könnten nicht veröffentlicht werden, entschied die Chefredaktion, nachdem Walde sie informiert hatte. Der STERN nahm also das, was paßte: das eine ließ er weg, das andere wurde per Pressemitteilung in Umlauf gebracht.

Das STERN-gemäße Rentz-Testat war als »Blatt Hess« und »August 1933« gekennzeichnet, Produkte Konrad Kujaus, wie sich später herausstellte. Auf zwei Seiten begründete Rentz sein Ergebnis, hatte doch die mikroskopische Faseruntersuchung ergeben, daß es sich bei der Qualität um ein Papier »hoher Güte« gehandelt habe. Dem unangenehmen Gutachten von Rentz, das der STERN in der Schublade ließ, lag ebenfalls eine mikroskopische Faserprüfung zugrunde. Analysiert wurde der »Telegrammentwurf Mussolini«. Rentz: »Das untersuchte Blatt enthält optische Aufheller und ist somit erst nach dem II. Weltkrieg hergestellt worden, etwa zwischen 1949-1955.«(239a) Thomas Walde hatte mit dem Segen der Chefredaktion das eine Gutachten dem anderen vorgezogen. Aber er glaubte dem positiven Bescheid wohl auch deshalb, weil Rentz nicht irgendwer war, obwohl er die plötzlich aufgetretene Kühle und auffällige Kürze des Übersendungsschreibens des Bundesarchivs nicht hatte übersehen können (»Anbei die erbetene Sendung«):

Rentz war öffentlich bestellter und vereidigter Sachverständiger für Papieruntersuchungen und tätig als Hausgutachter für das Bundesarchiv in Koblenz. Außerdem lehrte er an der Schule für Nachrichtenwesen der Bundeswehr, der Ausbildungsstätte des Militärischen Abschirmdienstes. Für Walde, den Reserveoffizier und Geheimdienst-Spezialisten, war an der Kompetenz von Rentz — zumindest in einem Fall — überhaupt nicht zu rütteln.[240] Vier Tage zuvor, die eine Hitler-bejahende Rentz-Expertise war Walde noch unbekannt, schickte er nochmals einen verzweifelten Brief an das BKA: »Es würde uns schon sehr nützlich sein, wenn Sie uns vorab, also vor Abfassung des endgültigen schriftlichen Gutachtens, fernmündlich rotes oder grünes Licht signalisieren, sobald Sie Gewißheit in der Echtheitsfrage haben.«[241] Waldes Bettelbrief, per Eilboten und Einschreiben ausgerechnet an Führers Geburtstag an das BKA adressiert, war viel zu spät zur Post gegangen — an einem Mittwoch. Am kommenden Montag, dies wußte Walde, sollte in der Kantine Gruner + Jahrs die internationale Pressekonferenz stattfinden, einen Tag danach, am Dienstag, die Fund-Geschichte im STERN erscheinen, vorgezogen um zwei Tage.

Das BKA aber verhielt sich immer noch bedeckt. Es wies weder auf »Grün« noch auf »Rot« hin. Bis heute ist nicht bekanntgeworden, ob BAYER dem BKA jemals Auskunft über den von ihm erfundenen »Aufheller« gegeben hat, somit steht wohl das abschließende Gutachten des BKA immer noch aus. Erst das Bundesamt für Materialprüfung in Berlin hatte offiziell das endgültige Tagebuch-Aus eingeläutet, indem es das gesamte Papier der Hitler-Kladden als nach dem Krieg hergestellt entlarvte. Da das BKA sich als »gutachtenunfähig« erwiesen hatte, lehnte es sich zwangsläufig an das fähigere Materialprüfungsamt an. In der KRIMINALISTIK verteidigte BKA-Mann Wolfgang Steinke das bislang verschwiegene Fiasko seines Hauses: Das BKA habe selbstverständlich eine »entscheidende Rolle« gespielt — »allein das Bundeskriminalamt hat ... feststellen können, daß die Tagebücher eine Fälschung sind«. Während einer Verhandlungspause im Tagebuch-Prozeß aber räumte der gescheiterte BKA-Werner dem in Untersuchungshaft einsitzenden Heidemann gegenüber ein: Sein KRIMINALISTIK-Kollege habe da wohl etwas übertrieben. Auch der Tagebuch-schuldzuweisende STERN praktizierte diese Methode. Walde über einen Artikel seines Arbeitgebers, den sein auf Heidemann und ihn angesetzter Kollege Jürgen Steinhoff zu diesem Thema fabrizierte: »Ich hatte ... gehört, daß Steinhoff am Werk war — gegen mich.« Daß Steinhoff wieder einmal Fakten durcheinandergewirbelt hatte, wurde erneut deutlich, so entstellte er, »wie trotz schwerwiegender Bedenken des BKA (eine) ... rechtzeitige Überprüfung (Waldes) verhindert wurde«.[242] Genau umgekehrt war es richtig. Dennoch:

In der Tat hätte es Thomas Walde in der Hand gehabt, die entsetzliche Tagebuch-Blamage des STERN im letzten Augenblick zu bekämpfen. Er hätte, mit dem Durchschlag seines letzten Briefes an das BKA, in Chefredaktion und Verlagsetage eilen, wutschnaubend mit seinem Tagebuch-Rücktritt drohen können, wenn der Bescheid des BKA nicht abgewartet werden sollte. Doch genau das hatte Walde eben nicht getan — jetzt verließ er sich voll auf das halbe Rentz-Gutachten. Walde hatte sich geirrt, und auch Heidemann war gestraft — der Inhalt dieses Walde-Briefes an das BKA, der Heidemann ohne Frage entscheidend entlastet hätte, wurde während des Tagebuch-Prozesses unterschlagen.

Die Tagebuch-Veröffentlichung war jetzt nicht mehr aufzuhalten. Die peinlichen Lizenz- und Verkaufsverhandlungen Gruner + Jahrs mit den ausländischen Tagebuch-Mitspielern hatte den STERN zur überstürzten Tagebuch-Publikation getrieben.

»DAS IST DOCH NICHT MÖGLICH« oder: Gerd Schulte-Hillen dient die Tagebücher dem Ausland an

»Auf dem richtigen Affenfelsen bei Hagenbeck hausen die Paviane«, glossierte der STERN seinen Sitz an der Hamburger Außenalster überheblich. Diese Affenbehausung »verdankt seinen Namen der Terrassen-Architektur, die phantasievolle Betrachter an einen solchen Felsen erinnert«: Die Redaktion des STERN, hielt der STERN noch Tagebuch-unbeschädigt fest, offenbare gelegentlich »Verhaltensmuster und Zeremonien der Affen-Society«.(243) Gruner + Jahr ein Zoo? Eine Hochburg lasterhafter Redakteure? Ein Hort kurzsichtiger Verlagsangestellter? Eine Medienkaserne voll blinder Möchtegerne? War die auffällige Residenz Gruner + Jahrs in Wahrheit eine Sammelstelle süchtiger NS-Vermarkter? Die Tagebücher des Adolf Hitler brachten es an den Tag: Ein vollständig Tagebuch-versunkenes NS-Panoptikum begann in der Chefetage zu agieren, in der Hitler-hörigen Verlagsmanegerie beklatschten sich Dritte-Reich-Fetischisten ausschließlich selbst, Chefredaktion und Verlag waren NS-besessen in ihrem Tagebuch-Käfig schmachtend darauf fixiert, Hitlers hausbackene Banalitäten mit Hilfe der Brechstange an den Mann zu bringen: Erstens die Gedanken des Führers als erster zu drucken, zweitens ihn auf allen Kontinenten endlich wieder auferstehen zu lassen. Gruner + Jahr und damit der Riese Bertelsmann wußten, in welches groteske Geschäft sie einstiegen. NS-Erfahrungen hatte das Unternehmen Bertelsmann bereits gesammelt.

Manfred Fischer, der Vorstandsvorsitzende Gruner + Jahrs, besuchte im April 1981 Gerd Heidemann auf dessen Göring-Schiff »Carin II«. In Fischers Begleitung befanden sich sein Stellvertreter Jan Hensmann, Thomas Walde gehörte mit seinem Freund Wilfried Sorge dazu. Die Tagebuch-Strategie wurde abgesteckt: Die Chefredaktion sollte noch nicht eingeweiht werden, statt dessen Heidemann und Walde vom Alltag im STERN freigestellt werden. Fischer, in einigen Wochen sollte er als Aufsichtsratsvorsitzender des Bertelsmann-Konzerns nach Gütersloh überwechseln, hatte eine Idee: »Ich könnte den Chefredakteuren sagen, ich benötige Sie für ein Vierteljahr, um an einer Sache zu arbeiten, die für Bertelsmann hochinteressant ist.«(244) Dann überraschte Heidemann, er legte ein kleines Heftchen auf den Tisch, sechsunddreißig Seiten Umfang. »Wir suchen den Feind« stand in Rot auf dem Titel. In der Unterzeile: »Als Gefechtsaufklärer bei einem Stuka-Geschwader im Polenfeldzug.« Erschienen Ende 1939 — beim C. Bertelsmann Verlag in Gütersloh.(245) Fischer griff nach der Broschüre, begann zu blättern. Anschließend las Heidemann vor: »Es geht das Gerücht, daß Generalfeldmarschall Göring, im Zuge seiner Frontinspektionen, das Geschwader aufsuchen will. Und richtig! Kurz nach Mittag kommt die große Maschine ... im großen Bogen auf den Platz zu. Eine freudige Erregung geht plötzlich durch das ganze Geschwader.« Dann verteilte der zweite Mann des Dritten Reiches Eiserne Kreuze und abermals war dies »eine Freude für uns«. Fischer begann lauthals drauflos zu lachen, auch Walde hatte Tränen in den Augen, selbst der sonst eher zurückhaltende Hensmann kam ausnahmsweise aus sich heraus: »Das ist doch nicht möglich.«

Heidemann zeigte auf die Rückseite des Bertelsmann-Produktes. Dort waren weitere »Spannende Geschichten« angekündigt, sechsundachtzig peinliche Hymnen auf den NS-Staat, »jedes Heft für 20 Pfennig«: Da wurden die Heldentaten des »Meldeläufers Hardinger« geschildert, von einer »Notlandung in Polen« und

Wir suchen den Feind

Als Gefechtsaufklärer bei einem Stuka-Geschwader im Polenfeldzug

Von Dietrich Lehmann

Spannende Geschichten

9: Douaumont. Heldenkampf um Verdun
10: Skagerrak. Die größte Seeschlacht
17: Marineflieger über See
18: Der Falke vom Falkenberg
19: Deutsche Tanks fahren in die Hölle
20: Das Ringen um den Himalaya
21: Vor Ypern trommelt der Tod
22: 45000 Tonnen versenkt
23: Auf Weltfahrt mit „Graf Zeppelin"
24: Blockadebrecher nach Deutsch-Ostafrika
25: Der Mann ohne Nerven erzählt
26: Amundsen erobert den Südpol
27: Insuna, der Herr des Urwaldes
29. Sisto funkt SOS
30: Häuptling Tatarn
31: Das sind die Kaiserjäger
33: Essenholer Trinks
34: „U 9" auf Kriegsfahrt
35: Kemmel. Berg des Schicksals
36: Richthofen und die rote Staffel
37: Großkampf unter Deck
38: Im Panzerauto zu den Steinzeitjägern der Sahara
39: Tankschlacht von Cambrai
40: Durst. Erlebnis in Deutsch-Süd-West
41: Wolfsschlacht. Heldentat eines Lappländers
42: Deutsche Kämpfer in der Hölle Kameruns
53: Dem Stacheldraht entronnen
54: Der Untergang der Palmyra
55: Drei Mann in einem Tschiker
56: Im Segelboot nach Indien
58: Spähtrupp Martin
59: Jagd- und Reiseabenteuer an Tibets Grenze
60: Menschenschmuggel nach USA.
61: Kampf um die „Höhe 166"
62: Mit Flugzeug und Schiern in Kanadas Norden
63: Der letzte Mann der „Köln"
64: 300 km durch Feindesland
65: Die Feldwache
67: Sturzkampfflieger über Warschau und Modlin
68: Sturm auf den Annaberg
69: Vom Schlosserlehrling zum Pour le mérite-Jagdflieger
70: Der neue Motor
71: Deutsche Panzer durchbrechen den Korridor
72: Ein Sturzkampfflieger erlebt den Polenkrieg
73: Radium. Der Fund am Großen Bären-See
74: Deutsche Flieger gegen England
75: Gegenüber—Kanadische Scharfschützen
76: Ein Wüstenritt

Mit Zeichnungen von Günther Bösemeyer

Verlag von C. Bertelsmann in Gütersloh

NS-Produkte des Bertelsmann-Verlages: »Schutz des deutschen Blutes«

über »Deutsche Flieger gegen England« berichtet, »Richthofen und die rote Staffel« glorifiziert, sich über den »Menschenschmuggel nach USA« hergemacht, »Der Sturm auf den Annaberg« nicht vergessen. Wenn das bekannt werden sollte, spekulierte Heidemann, würde sich die »Konkurrenz aber auf uns stürzen«.(246)

Heinrich Mohn, zwangsläufig Mitglied der Reichsschrifttumskammer und Eigner des in der Gütersloher Eickhoffstraße residierenden C. Bertelsmann Verlages, hatte sich im Großdeutschen Reich anpassen müssen, der Aufstieg zum Medientitanen war aber bereits während der Hitler-Ära programmiert, das Wachstum dank der erfolgssicheren Einnahmen aus heiligen Schriften vorgezeichnet: »Der Kindergottesdienst« erschien regelmäßig, die »Neue Allgemeine Missionsschrift« garantierte Gewinne, »Der christliche Erzähler« hatte Hochkonjunktur, die Publikation »Für alte Augen« bescherte kontinuierlichen Umsatz.(247) Doch nicht nur Tröstliches stand im Angebot, sondern Bertelsmann-Nationales kam bereits beizeiten in die Regale der Buchhandlungen:

Ein Jahr nach Ende des Ersten Weltkrieges veröffentlichte Bertelsmann das Buch »Sinn des Krieges«, die traurigen Gedanken des evangelischen Rektors Theodor Kerrl über die verlorenen Schlachten. Sohn Hanns brachte es später immerhin zum SA-Obergruppenführer und blieb, bis zu seinem Tod 1941, Reichsminister für kirchliche Angelegenheiten.(248) Auch der völkische Schriftsteller Hans Hennig Freiherr von Grote, von Joseph Goebbels gehegt und gepflegt, paßte Bertelsmann ins Konzept: Im Jahr des Kriegsausbruchs kam die Huldigung an das NS-Regime unter dem Titel »Drei Mann in einem Trichter« auf den Markt. Vielschreiber Paul Coelestin Ettinghoffer, der im Dritten Reich über dreißig abstoßende NS-Bücher fertigbrachte, gehörte zu den vielen nationalsozialistischen Hausautoren von Bertelsmann, sein erstes Gütersloher Werk war das üble Pamphlet »Moskau, Compiègne, Versailles«. Es folgte ein Epos über den Ersten Weltkrieg (»Deutsche Tanks fahren in die Hölle«), 1943 reiste er für Bertelsmann »durch unsere Kolonien«: »So sah ich Afrika«.(249) Der unerschrockene deutsche Landser — das war die Hauptsäule des Verlagsprogramms, ließ sich doch mit ihm prächtig verdienen.

»Der verlorene Haufen von Sasa« erschien 1941, im selben Jahr »Der Bunker in der Teufelsschlucht«, »Die Schlacht von Paris« entpuppte sich als kein verlegerisches Wagnis, die »Deutsche Seekriegsgeschichte« wurde in »Fahrten und Taten in 2 Jahrtausenden« unter die Weihnachtsbäume in den zerbombten Städten gelegt, leichte Lektüre, »Oberjäger Bacherl« oder »Spähtrupp Martin«, in Massenauflagen produziert. Ob »Panzerschütze Steffen« oder »Zwei Mann am Maschinengewehr«, der »Stoßtrupp 'Nudelteich' ist überfällig« — entgegengehalten wurde mit dem noch heute gültigen Bertelsmann-Kontrastprogramm: »Ehrfurcht vor dem Leben« hatte die Kirche im Dritten Reich zum Thema, weshalb dem »Deutschen Heldentum vor Verdun 1916« besondere Bedeutung zugemessen wurde, denn »Kirche, Heilige Schrift, Evangelium« begleitete auch das bösartige Werk »Der kleine Katechismus Dr. Martin Luthers für den braunen Mann«. Instinktsicher setzte Bertelsmann auf den Rassenwahn, gerade dort ließ sich sichere Reichsmark verdienen: Die »Deutsche Ehegesetzgebung« erschien 1937, behandelte den »Schutz der Erbgesundheit des deutschen Volkes« und des »deutschen Blutes« und der »deutschen Ehre«. Als Autoren traten giftige NS-Kommentatoren auf: Herbert Linden sowie Wilhelm Franke.(250) Die Vergangenheit wurde, nach 1945, schnell vergessen, die NS-Werke waren tief im Keller versteckt, doch dann holte Bertelsmann die Geschichte wieder ein, Schulte-Hillens Gruner + Jahr machte es möglich. Unversehens steuerte der Konzern in sein Tagebuch-Fiasko. Das überraschend schnelle Tagebuch-Ende begann unerwartet frühzeitig, wes-

Reinhard Mohn und Manfred Köhnlechner *(rechts): »Zwei Mann am Maschinengewehr«*

halb es dann — als es endlich dazu kam — auch zu spät war: die ungeschickte Vermarktung angeblich entschwundener Hitler-Träume stand an.

Michael Miller, der Vertreter von Bertelsmann in den USA, wurde bereits 1981 über den sensationellen Fund in Kenntnis gesetzt. Bis dahin hatte Gerd Heidemann fünfundzwanzig Kladden im Auftrag Gruner + Jahrs herbeigeschafft. Doch auch der Präsident des US-Verlages Bantam, Louis Wulfe, das Unternehmen gehört heute zu dem Imperium Reinhard Mohns, wurde als Tagebuch-Eingeweihter ausgemacht: Im Mai 1982, ein gutes Jahr vor der Tagebuch-Veröffentlichung des STERN, erhielt er einen Tip — von Olaf Paeschke, dem Geschäftsführer des Bertelsmann-Buchverlages. Die offizielle Tagebuch-Beratung aber begann erst am 4. Juni 1982 — im Büro des gewinnstrebenden Paeschke. Er hielt sich für einen Kaufmann, ein makabrer Handel mit des Führers Worten war ihm darum ebenfalls recht.(251)

Die Runde wurde sich schnell einig: Der unglaubliche Stoff, den der erschossen-verbrannte Führer für die Nachwelt übriggelassen hatte, konnte nur verdeckt angeboten werden, lediglich vertraute Geschäftspartner die einmalige Chance erhalten, sich an diesen Scoop anzuhängen. Am 10. September 1982 reisten Wilfried Sorge vom STERN und Olaf Paeschke von Bertelsmann nach New York. Erwartet wurden sie von Wulfe, Bantam zeigte Interesse. Doch Verträge wurden noch nicht unterschrieben, Paeschke war zu weit gegangen: Bantam wollte die Gesamtrechte, Bertelsmann indes beharrte auf einer Trennung — verkaufsroutiniert waren Buch- und Presserechte separiert worden. Doppelte Einnahmen sollte dieses in sich nicht unschlüssige Konzept bescheren.

Darauf reagierte Bantam pikiert, nur 50.000,- Dollar wollte der Verlag für die Presserechte ausgeben, nicht aber etwa das sich in Arbeit befindliche Tagebuch-Exemplar von Bertelsmann erwerben, den »Plan III« (Gruner + Jahr) verlegen — die Kujau-Erfindung über den angeblich von Hitler gewollten Flug seines Stellvertreters Heß nach Großbritannien. Paeschke fühlte sich gedemütigt.(252)

Gescheitert war auch ein weiterer Überzeugungsfeldzug Gruner + Jahrs. Diesmal reisten Gerd Schulte-Hillen und Jan Hensmann zu Bantam. Am 8. Januar 1983 ging es vor allem um die möglichen Schadenersatzforderungen für den Fall, daß das angebotene Material sich als Fälschung herausgestellt hätte. Der Untersuchungsausschuß des STERN will eine genierliche Verhandlungsführung des Gruner + Jahr-Chefs ausgemacht haben: »Im übrigen hatte Louis Wulfe überhaupt Schwierigkeiten zu begreifen, was Gerd Schulte-Hillen eigentlich wollte.« Disqualifizierungen kamen dem Bantam-Boß über die Lippen: »Amateure« hätten ihm gegenübergesessen, ihm ein »frustrierendes« Gespräch aufgedrängt. Nach Paeschke war nun auch Schulte-Hillen herabgewürdigt.(253)

Ein verständnisvoller Schulte-Hillen-Zuarbeiter wird sodann auf eine einfachere Gangart gekommen sein: Warum sollte die Tagebuch-Vermarktung nicht einer Agentur übertragen werden? Nur verschwiegen müßte der Vermittler sein. Alsbald war jemand gefunden: Die New Yorker Medienspezialistin Lynn Nesbit, Vizepräsidentin des »International Creative Management«, sollte sich nunmehr einschalten. Die erfahrene Unterhändlerin konnte sogar die Verhandlungsbasis bestimmen, nicht einmal hier mochte Schulte-Hillen mehr dreinreden, Vorgabe: 250.000,- Dollar. Ganz von der Tagebuch-Regie mochte sich Schulte-Hillen allerdings nicht lösen, zu sehr faszinierte ihn die Möglichkeit, durch den bald ins Haus stehenden internationalen Tagebuch-Donner seinen Namen denkmalsartig bekannt werden zu lassen. Der Stab Schulte-Hillens ging nun generalstabsmäßig vor, der Vermarktungs-Feldherr wollte nicht noch eine zweite Niederlage einstecken:

Adreßbücher wurden durchgearbeitet, bereits bestehende Verbindungen des Verlages zu anderen zu Papier gebracht, schließlich war die Liste erstellt, die Rangfolge der zahlungskräftigen Unternehmen festgelegt und entschieden, wie und wo Verhandlungspartner gegeneinander ausgespielt werden sollten. Die Intrigen zu spüren bekamen: TIME und NEWSWEEK in den USA, in Großbritannien sollten die SUNDAY TIMES-Gruppe und DAILY MAIL die Preise in die Höhe treiben. In Frankreich wurde sich PARIS MATCH ausgeguckt, in Italien PANORAMA. Die Zeitschriften sollten die STERN-Serie übernehmen und obendrein verpflichtet werden, keine redaktionellen Änderungen ohne Zustimmung der Redaktion des STERN vorzunehmen. Warum dieses arrogante Zensur-Gehabe? Veröffentlichungstermin: Mai 1983, der Monat, in dem sich das Dritte Reich 1945 für immer verabschiedete.(254) Dieses Datum war mit Bedacht gewählt, eine gewollte Dramatik hatte die Zahlungsbereitschaft anzukurbeln.

Wilfried Sorge war jetzt der Mann, der den Tagebuch-Reibach für Gruner + Jahr zu besorgen hatte. Er trat an zu seiner wohl ersten Weltreise: London, Paris, Madrid, Mailand, New York und Tokio. Doch der STERN-Sorge sollte beim einstigen Achsenpartner des Dritten Reiches nicht vorwärtskommen — ganz im Gegensatz zu seinem Namensvetter Richard Sorge, dem ehemaligen Meisterspion. Zwar hatte Schulte-Hillen ihm die Masche »Der-eine-gegen-den-anderen« in den Kopf gemeißelt, im Koffer steckte das Heß-Exposé (der STERN-Untersuchungsausschuß: »Überall erläuterte er potentiellen Vertragspartnern die Heß-Geschichte und seine Preisvorstellungen«), dann gab er jedem eine Bedenkzeit von zehn Tagen, doch in Tokio rief ihn überraschend sein Vorgesetzter Peter Hess an: Er möge sich umgehend in die Maschine setzen und nach Hamburg zurückfliegen.(255) War Unglaubliches vorgefallen? Das Konzept stimmte nicht mehr. Gerd Schulte-Hillen hatte sich wieder einmal anders entschieden.

Wilfried Sorge saß an seinem Schreibtisch und rief nun jene an, von denen er sich gerade verabschiedet hatte: Was er vorgetragen habe, nehme er hiermit zurück, auch die Preisangebote gälten nicht mehr. Den Grund lieferte der Tagebuch-Gestreßte gleich mit: das bisher bekannte Material sei eigentlich viel zu harmlos, inzwischen Brisanteres eingetroffen. Zwar waren Sensationen überhaupt nicht zu erkennen, der Prinzipal Gruner + Jahrs will indes welche ausgemacht haben. Konsequenzen hatte Schulte-Hillens neueste Verhandlungsvariante vor allem für die längst erfolgreiche New Yorker Agentin: Ihr lag ein ernsthaftes Angebot in Höhe von 151.000,- Dollar vor, wofür sich Schulte-Hillen nicht mehr interessierte. Sie erhielt daraufhin ihre Provision (15.100,- Dollar) ohne Vertragsabschluß.(256) Was wollte der Tagebuch-überzeugte Schulte-Hillen? Nur noch klotzen: Wer immer sich für die Aufsätze Adolf Hitlers interessierte, der habe am 7. April 1983 in Zürich zu erscheinen. Die Einladungen hatte wieder ein Tagebuch-Getreuer zu verschicken: Wilfried Sorge.(257)

Standesgemäß hatte Gerd Schulte-Hillen Zimmer im Baur-au-Lac anmieten lassen. Dort gaben sie sich die Hand, die Vertreter von NEWSWEEK, von SUNDAY TIMES/TIMES, aus Spanien erschienen die Beauftragten von CAMCIO 16, Italiener grüßten, PARIS MATCH fieberte, Holländer fuhren vor. Den STERN repräsentierte Peter Koch, Wilfried Sorge trat als Verlagsabgesandter auf, Jan Hensmann kam für Schulte-Hillen und auch die folgsame Rechtsabteilung durfte wieder teilnehmen: Andreas Ruppert, bereits seit Beginn der Tagebuch-Überlegungen dabei.

Hensmann und Sorge hatten sich viel vorgenommen: den Herbeigeeilten vier Millionen Dollar aus den Taschen zu ziehen.[258]

Was hatte der STERN den erwartungsvollen Hitler-Interessierten angeboten? Historische Farcen, niedergeschrieben von Thomas Walde und Leo Pesch, die dafür jeder im Dezember 1982 erst einmal 10.000,- DM Vorschuß einsteckten. Während Sorge auf seiner Reise lediglich ein dreiseitiges Exposé (»Summary«) vorlegte, in dem der STERN den Beweis für die Echtheit und Existenz der Tagebücher siegessicher betonte, die Heß-Kladde als »mit Tinte handgeschrieben« vorstellte und schamhaft nur zwanzig »linierte Seiten« offenbarte (»In schwarzes Kunstleder gebunden, vom Reichsleiter Martin Borman mit seiner Unterschrift auf dem Etikett 'Streng geheim!' Eigentum des Führers, immer unter Verschluß zu halten«), hatten Walde und Pesch das Heß-Manuskript fertiggestellt und illustriertengemäß die Geschichte des Dritten Reiches voreilig umgeschrieben. Sie taten es gekonnt:

»Daß aus Deutschland außer Bomben auch der Stellvertreter Adolf Hitlers über die Nordsee gekommen war, erfuhren die Zeitungsleser am dritten Tag der Landung«, diktierte das Tagebuch-Team, sei Hitlers Paladin möglicherweise gar nicht selbst auf die Reiseidee gekommen, sondern er hätte sich den Ausflug nach England vom Bruder der James-Bond-Autoren Ian Fleming, Peter Fleming, abgekupfert, der ein Jahr zuvor, 1940, in seiner Erzählung »The Flying Visit« einen per Fallschirm vom Himmel fallenden Adolf Hitler erfunden hatte.[259] Derartig triviale Kost war ganz nach dem Geschmack vor allem der Amerikaner. Walde und Pesch versuchten allerdings auch Ernsthaftes niederzuschreiben, immerhin hatten sie sich vorgenommen, der eifersüchtigen Zunft der Historiker Konkurrenz zu machen:

»Die Fragen«, so zitierten die STERN-Journalisten Heß während seiner britischen Haft, »werde ich beantworten, wenn ich mal frei bin. Aber hier nicht.« Die Antwort, ob Heß mit oder ohne Wissen Hitlers auf England gefallen war, wollte der Stellvertreter seiner Frau Ilse Heß nur »unter dem Siegel der Verschwiegenheit« in Freiheit geben, denn allein »er kennt die Gründe, warum der Führer seinen Flug als Tat eines Wahnsinnigen abgetan hatte, und niemals würde der treue Heß seinen Führer Lügen strafen, auch nicht Jahrzehnte nach dessen Tod«. Wer derart aufrichtig gewesen sei, der müsse halt seinen Grund dafür gehabt haben: Adolf Hitler, dessen Segen aus Tod und Verderben bestand, wurde als verläßlich, standhaft und anhänglich präsentiert, denn Heß habe er in Wahrheit »insgeheim bis zu seinem Ende die Treue gehalten«. Ein unbekanntes Hitler-Bild wollte der STERN seinen Lesern andrehen: Der Diktator sei »ein wenig wehmütig, ein wenig resigniert, ein wenig ironisch« gewesen, »aber mit unendlicher Zuneigung« für Heß.[260] Walde/Pesch: »Hitler hat zum Fall Heß geheime Aufzeichnungen angefertigt. Er zeichnete sie mit seiner Unterschrift ab.«[261] Niemand der Konferenzteilnehmer fiel darüber in Ohnmacht.

Das Heß-Produkt des STERN lenkte nicht sehr einfallsreich vom Fundort in Stuttgart ab. Sondereinheiten der Alliierten hätten unentwegt nach wichtigen Akten des NS-Staates gefahndet, erst dem STERN sei es gelungen: Ein deutscher General habe »einen Koffer mit Dokumenten aus der Reichskanzlei gefunden und die ganzen Jahre wie einen Schatz gehütet«. Walde und Pesch, nicht ohne Sinn für das Theatralische: »Der Finder wollte ein unbekannter Soldat bleiben — nur unter dieser Bedingung überließ er das Material dem STERN zur Auswertung.«[262] Warum hatten Walde und Pesch falsche Quellenfährten gelegt?

stern Nr. 19 Seite Autor/Redakteur Thieme Thema Hitler Blatt 1

Nur diese Druckfassung!

Der kleine Friedhof von Börnersdorf bei Dresden liegt etwas oberhalb der Straße. Ganz hinten, in der südöstlichen Ecke, die sechzehn Soldatengräber. Verwitterte Holzkreuze zwischen Farnen und Gestrüpp. Die meisten Toten sind SS- und Volkssturmmänner, Soldaten der Luftwaffe, gefallen für Führer, Volk und Vaterland in den letzten Tagen eines längst verlorenen Krieges.

Es ist nichts Besonderes an den Gefallenen von Börnersdorf. Wie hier liegen sie auf Tausenden von Friedhöfen auch.

Friedrich Gundlfinger, Flugzeugführer. Wilhelm Budack, Oberfeldwebel. Hermann Schleef. Max Fiebes. Wilhelm Arndt. Ein unbekannter Soldat. Eine unbekannte Frau. Baßler, Franke, Tempel, Müller, Gasch, Rauch. Drei Kreuze ohne Schilder.

Die Emailletafel von Wilhelm Arndt hängt schief. Der *SS-*Hauptscharführer Arndt von der Leibstandarte ist ein Diener Adolf

X Änderungen: Satz 2, 5, 7, 9, 15, 16, 18

Tagebuch-Manuskript *(Wolf Thiemes): »Doppelt legitimiert«*

Gerd Heidemann holte, zumeist mit einem Lufthansa-Ticket unterwegs, die Kladden in Stuttgart ab. Konrad Kujau will sie von seinem korrupten Bruder in der DDR erhalten haben. Weil Heidemann Kujau, er und alle anderen kannten ihn nur unter dem Namen Fischer, versprochen hatte, den Tagebuch-Absender niemals preiszugeben, mußte von ihm abgelenkt werden. Statt dessen wurde von Walde und Pesch deutsche Mentalität zelebriert: Ein charakterfester, stolzer Mann hatte jahrzehntelang über seinen Fund nachgedacht, den Kofferinhalt sorgfältig studiert und schließlich keinen Tyrannen ausgemacht, sondern einen menschlichen Potentaten, der lediglich an seiner Umwelt zerbrochen war — Heinrich Himmler und Reinhard Heydrich seien die Sklavenhalter gewesen. Da endlich lernte der Greis jemanden vom STERN kennen, endlich wurde ihm wohler, im hohen Alter wollte der verzweifelte Ex-General die Wahrheit über das Großdeutsche Reich nachlesen, werden sich Walde und Pesch sehr richtig überlegt haben. Daß die Tagebuch-Beschaffung Millionen kostete, sollte niemand erfahren, denn dann wäre der deutsche Ritter in sich zusammengefallen. Die Investition aber mußte wieder eingespielt werden, im Züricher Hotel Baur-au-Lac sollte Kasse gemacht werden, unter Auschluß der Öffentlichkeit, versteht sich.(263)

»Das Verhandlungsprozedere«, hielt der Untersuchungsausschuß des STERN fest, »war dem Verkaufsgegenstand durchaus angemessen.« In einem Konferenzraum der Züricher Handelsbank waren Stahlkassetten aufgebaut, »in denen die Tagebücher im Tresor der Bank aufbewahrt wurden«, Hitlersches dann auf einem Tisch ausgebreitet worden. Der Untersuchungsausschuß: Peter Koch und Wilfried Sorge präsentierten »ihren Verhandlungspartnern, die sie auf strengste Geheimhaltung verpflichteten, den STERN-Schatz«. Sie lasen vor, enthüllten, wie Gerd Heidemann die Tagebücher aufgefunden habe und glänzten mit den bereits vorliegenden Echtheitsgutachten. Der britische Historiker Hugh Trevor-Roper, im Auftrag der SUNDAY TIMES erschienen, erkundigte sich, ob dem STERN die Quelle bekannt sei. Weder Sorge noch Koch verneinten. Die »Jagd nach dem publizistischen Scoop des Jahrhunderts ... habe den Tagebuch-Versteigerern nicht erst in Zürich den Blick verstellt«, dokumentierte der Untersuchungsausschuß hämisch.(264) Künstliche Spannung erzeugten die STERN-Matadore, sie setzten auf eine alberne Extravaganz, katapultierten sich in einen Verhandlungsrausch, eine Verkaufsorgie wurde in Szene gesetzt:

Chefredakteur Peter Koch erklärte schwadronierend den Tagebuch-Stoff, im Konferenzraum der Handelsbank schlug seine Stunde. Jan Hensmann hingegen hielt sich währenddessen in einer Suite im Baur-au-Lac auf und wollte dort die zu erwartenden lukrativen Angebote entgegennehmen. Hensmann tippte auf NEWSWEEK. Die erste Offerte unterbreitete jedoch wider Erwarten Rupert Murdoch für TIMES/SUNDAY TIMES, nachdem Trevor-Roper nun ebenfalls einem Echtheitswahn verfallen war und dies seinem Verleger in London nicht verschweigen konnte. Schon saß Murdoch im Flugzeug und trat nun in Zürich persönlich als Tagebuch-Bewerber auf. Drei Millionen Dollar wollte er für die Tagebücher des STERN bezahlen, aufgeteilt in 750.000 für Großbritannien und das Commonwealth sowie 2,25 Millionen für die USA, NEWSWEEK wollte nur eine halbe Million ausgeben. Hensmann gab Murdoch die Hand, das Geschäft war gemacht. Doch die Mimose Gerd Schulte-Hillen machte alles wieder kaputt.(265) Inzwischen hatte auch NEWSWEEK nochmals nachgedacht.

Am 11. April, vier Tage nach Murdochs mündlichem Tagebuch-Einkauf, rief NEWSWEEK Hensmann in Hamburg an. Das Magazin sei bereit, drei Millionen für die US-Rechte auf den Tisch zu legen. Endlich schien das Schulte-Hillen-

Konzept aufzugehen. Der Untersuchungsausschuß: »Das eröffnete die Möglichkeit, NEWSWEEK und SUNDAY TIMES 'aneinander hochzuschieben'.« Hensmann informierte Schulte-Hillen. Mit Weisungen vom Vorstandsvorsitzenden rief Hensmann dann Murdoch in London an: das Geschäft komme leider nicht zustande, da NEWSWEEK ihn aus dem Rennen geworfen habe. Wenn er aber noch mitbieten wolle, müsse er drei Millionen Dollar für die US-Rechte überweisen und 750.000,- für Großbritannien und das Commonwealth obendrauf legen. Darauf reagierte Murdoch, überlieferte der Untersuchungsausschuß, »ausgesprochen sauer, übermittelte aber dennoch einen neuen Vertragsentwurf per Telekopie, dessen Vorschläge aber (angeblich) meilenweit von dem entfernt blieben, was bis dahin besprochen worden war. Selbst die Summen lagen unter dem letzten Angebot Murdochs.«[266]

Der Engländer, der zwischenzeitlich seine Rechtsanwälte nach Hamburg sandte, hatte irrigerweise auf den Handschlag Hensmanns vertraut. Er wäre gut beraten gewesen, in diesem Augenblick aus dem Tagebuch-Geschäft mit dem STERN auszusteigen. Aber dank Trevor-Roper war auch er längst Tagebuch-infiziert, der von Hensmann abgelegte Hamburger Kaufmannsgeist wohl das kleinere Übel. Murdoch aber wurde ein zweites Mal von der Vorstandsetage Gruner + Jahrs vor den Kopf gestoßen: Die wegen der Verträge an die Alster gereisten Murdoch-Advokaten durften unverrichteter Dinge wieder nach Hause jetten, da NEWSWEEK telephonisch Hensmanns letzte Forderung nunmehr akzeptierte: 3,75 Millionen Dollar für die englischsprachigen Weltrechte.[267] Vierundzwanzig Stunden später studierten die NEWSWEEK-Redakteure Maynard Parker und William Broylis sowie der Israel-Korrespondent Milan Kubic in der Hamburger STERN-Redaktion die Tagebücher. Jetzt war Thomas Walde der wichtige Mann.

Die Amerikaner aber standen hilfsbedürftig vor dem Tagebuch-Programm. In der kurzen Zeit ließe sich das Thema nicht im Detail durcharbeiten. Peter Koch zeigte Verständnis, den unterversorgten Kollegen händigte er die ersten Tagebuch-Folgen des STERN aus. Koch ging — fälschlicherweise — davon aus, daß der Abschluß mit NEWSWEEK perfekt gewesen sei. Am 14. April 1983 aber kehrte Gerd Schulte-Hillen von einer USA-Reise zurück, die, wie der Untersuchungsausschuß ironisierte, »teils privat, teils geschäftlich« gewesen sein soll. Schulte-Hillen wollte sich von der Zeitverschiebung erholen, da klingelte bei ihm zu Hause das Telephon.[268] Ein angeschlagener Murdoch weinte sich aus.

Bitter beklagte sich der Brite über die Verhandlungsführung von Hensmann, das unseriöse Hin und Her saß ihm tief in den Knochen. Er, Murdoch, habe weiterhin die Tagebücher im Auge, würde sie für seinen Medienkonzern nach wie vor einkaufen. Er sei jetzt bereit, auch 3,75 Millionen Dollar für die englischsprachigen Weltrechte zu zahlen. Der Tagebuch-Hunger mißfiel Schulte-Hillen nicht, endlich schien er am Ziel: einer gegen den anderen. Schulte-Hillen lud Murdoch nach Hamburg ein.[269] Nun hatte auch NEWSWEEK zur Kenntnis zu nehmen, was vorher Murdoch widerfahren war: Der fest verabredete Tagebuch-Deal sei nur Spaß gewesen, es müsse neu verhandelt werden. NEWSWEEK möge einen kompetenten Mann nach Hamburg schicken. Dieses Verfahren akzeptierte NEWSWEEK, Gruner + Jahr hatte auch diese Redaktion maßlos gekränkt. Nun aber sollte etwas geschehen, worauf Schulte-Hillen von selbst niemals gekommen wäre: Er wurde schlicht ausgezählt.[270]

Der Vorstandsvorsitzende war guter Laune, sein Vize Hensmann darum gleichfalls. Schulte-Hillen wollte getrennt mit den Amerikanern und Engländern um das Honorar für die Tagebücher feilschen. Der Untersuchungsausschuß: »Aber die

Überraschung war groß, als die vermeintlichen Gegner am nächsten Tag zur gleichen Zeit und mit einem gemeinsamen Angebot zu den Verhandlungen erschienen.« Das Austricksen war damit unmöglich geworden. Nach Hensmann hatte Schulte-Hillen überzogen.(271) Beide zusammen, NEWSWEEK und Murdoch, boten 3,75 Millionen Dollar. Doch so leicht sollte Gruner + Jahr die über sieben Millionen Mark nicht einstreichen können. Jetzt hatten die Deutschen erst einmal richtig Stellung zu beziehen.

Da war nach wie vor die Urheberrechtsfrage ungeklärt. Sollte, so bestimmten die Briten, juristisch gegen die Tagebuch-Veröffentlichung vorgegangen werden, dann habe dies nicht zu Lasten Murdochs zu gehen. Der Standpunkt Gruner + Jahrs war genau umgekehrt: Der STERN hafte nur für den deutschsprachigen Raum. Dann brach schließlich der Streit um das redaktionelle Konzept los. Während sich die Männer Murdochs, die im Gegensatz zu NEWSWEEK Tagebuch-Inhalte noch nicht kannten, fleißig Notizen machten, mochten die Amerikaner die Tagebuch-Lösungen des STERN nicht akzeptieren, im Mittelpunkt vielmehr der Holocaust stehen, für die Heß-Geschichte konnte sich bei NEWSWEEK niemand so recht erwärmen.(272) Gefochten wurde bis in die Nacht, Schulte-Hillen war inzwischen sichtlich müde geworden. Statt weiter zu palavern, wollte er ins Bett. Er hätte aber durchhalten sollen.

Schulte-Hillen möge noch an diesem Abend die abgesprochenen Details bestätigen, sein Vorschlag, am nächsten Tag weiterzuverhandeln, käme nicht in Frage, protestierten die Amerikaner und Engländer. Zu oft habe sich Gruner + Jahr um hundertachtzig Grad gedreht, fest getätigte Absprachen immer wieder für null und nichtig erklärt. Schulte-Hillen aber mochte nicht mehr, über die endgültigen Beträge könne jetzt nicht mehr abgestimmt werden. Da wurde der NEWSWEEK-Herausgeber polemisch: Müsse er, Schulte-Hillen, vielleicht bei Reinhard Mohn Rückfrage halten, sich absichern? Sei er vielleicht gar nicht entscheidungsbefugt? Das war jener Augenblick, der in die Medien-Geschichte einging, Schulte-Hillen in absoluten Größenwahn verfiel: Nicht 3,75 Millionen Dollar würden die Tagebücher kosten, nein, nunmehr 4,2 Millionen konterte er unüberlegt beleidigt. Engländer und Amerikaner waren sich endlich einig: Schulte-Hillen möge sich ins Bett legen, die Tagebuch-Auseinandersetzungen waren abrupt beendet. Schulte-Hillens Partner reisten ab. Der Vorstandsvorsitzende hatte eine peinliche Schlappe erlitten.(273) Der Untersuchungsausschuß fiel über Schulte-Hillen her: »Der so sicher scheinende 3,75-Mio-Dollar-Deal war von einer Minute zur anderen wie eine Seifenblase zerplatzt.« Wie gut hatte Gerd Schulte-Hillen geschlafen?

NEWSWEEK hielt vom STERN produzierte Tagebuch-Geschichten bereits in Händen. Peter Koch hatte sie herausgerückt. Die Amerikaner konnten sich für Schulte-Hillens Auftritt also mit einer eigenen Hitler-Geschichte revanchieren. Was war zu tun? Erster Klasse nach New York zu fliegen, retten, was zu retten war. Zur Unterstützung des inzwischen verunsicherten Schulte-Hillens reiste Peter Koch mit. Die Tagebuch-Exklusivität aber schien sich nicht mehr herbeizuhandeln, zu frisch war den Amerikanern Schulte-Hillens putzsüchtiger Auftritt in Erinnerung. Die nun nicht mehr arroganten Tagebuch-Landser, durch ihren Übermut über sich selbst gestolpert, vermuteten, von NEWSWEEK hingehalten zu werden, da der Herausgeber eine wie auch immer geartete Einigungsformel nicht gänzlich ausschließen wollte. Gerd Schulte-Hillen, der Vorstandsvorsitzende, entschied — wieder einmal.(274)

Er erteilte telephonisch aus den USA den Befehl, in Hamburg möge der STERN mit der Veröffentlichung des Fundes beginnen: Auf den 25. April 1983 das Hitler-

Hochstapler Konrad Kujau *(im März 1981 bei der Übergabe von zwei Tagebüchern auf Heidemanns Jacht): Gegen Spendenbescheinigung Hitler avisiert*

Vermächtnis vorziehen, die Ausgabe Nummer achtzehn dafür einplanen. Bertelsmann-Chef Mohn wurde von dem Gruner + Jahr-Pokerer ebenfalls noch aus New York unterrichtet. NEWSWEEK entschied sich für Wildwest, die Tagebuch-Geschichte ohne Genehmigung zu publizieren, nur Murdoch konnte sich zu einem Raubdruck nicht durchringen, möglicherweise verfügte er — im Gegensatz zu den Amerikanern — auch nicht über ausreichendes Material. Hensmann, nicht Schulte-Hillen, stimmte den Briten um. Für die englischen Rechte machte er bei Murdoch noch 400.000,- Dollar locker, für die amerikanischen 800.000,-. Schließlich erinnerte sich die Chefetage an Wilfried Sorge, der bereits mit europäischen Tagebuch-Interessenten verhandelt hatte. Nun wurde er als Feuerwehr eingesetzt: zu 400.000,- Dollar konnte er PARIS MATCH überreden, die Spanier zu 150.000,-, Holland zu 125.000,-, die Norweger und Italiener zu je 50.000,-. So kamen noch 1,975 Millionen Dollar zusammen, dank Schulte-Hillen 1,775 Millionen weniger. Die Fähigkeiten des Vorstandsvorsitzenden beurteilte der Untersuchungsausschuß: »Die Vertragsverhandlungen waren alles andere als eine honorige Imagepflege für das Haus Gruner + Jahr.«(275) Jämmerliches war nicht allein hier hervorgetreten, sondern ein Laienschauspiel-Drehbuch wurde noch an anderer Tagebuch-Front abgeliefert.

Die erste Verhandlungsrunde fand am 7. April 1983 in Zürich statt. Sie hätte aber erst gar nicht arrangiert werden dürfen, denn: Gruner + Jahr bot seinen Hitler rechtlos an, was der Bericht des Untersuchungsausschusses so umschrieb: »Die G + J-Hausjuristen mochten ... ihre komplizierte Rechtsposition zu diesem Problem nicht gerne preisgeben«.(276) Als Hensmann in der Schweiz die ersten Gebote in Empfang nahm, war — formaljuristisch — entweder die Bundesrepublik Deutschland oder Bayern theoretischer Urheberrechtsinhaber an Hitlers handschriftlicher Plauderei. Während Andreas Ruppert von der Rechtsabteilung längst in die Schweiz zu Verhandlungen abgereist war, diktierte Kollege Joachim Hagen Schulte-Hillen eine äußerst wichtige Hausmitteilung:

Das Bundesarchiv in Koblenz habe sich mit Gerd Heidemann auf einen Vertrag geeinigt, der dazu diene, »unsere Absicherung für die Veröffentlichung der Tagebücher und der Lizenzvergabe, die im Beisein von Dr. Ruppert gleichzeitig heute in Zürich verhandelt wrid«, voranzutreiben. Hagen sicher: Das Bundesarchiv sei »doppelt legitimiert zur Übertragung der Rechte auf Herrn Heidemann bzw. den Verlag: Einmal als Verwalter amtlichen Schriftguts der Reichsbehörden; zum zweiten als Testaments-Ersatzerbe«. Der Präsident des Bundesarchivs, Hans Booms, wolle eine »selbst abgezeichnete Vertragsfassung nachreichen«.(277) Das Bundesarchiv unterschrieb, weil es die Tagebücher deponieren wollte.

Jetzt lief der STERN, im Falle einer Veröffentlichung, theoretisch keine Gefahr mehr, daß ihn wegen der Tagebücher entweder die Bundesrepublik Deutschland oder das Bundesland Bayern verklagen könnte, die sich möglicherweise irgendwann als Inhaber der Hitler-Rechte zu erkennen gegeben hätten — unter der Voraussetzung, der damalige Bundesinnenminister Friedrich Zimmermann akzeptierte den merkwürdigen Kontrakt. Der aber hielt sich mit einer Entscheidung einstweilen zurück. Am 15. April 1983, die Züricher Verhandlungen waren längst beendet, erhielt das Bundesarchiv von Gerd Schulte-Hillen Post: »Wir beabsichtigen, ... dem Bundesarchiv die Originale ... gegen eine Spendenbescheinigung in angemessener Höhe« zu verschaffen. Erst fünf Tage später schaltete sich Booms zu: Der Generaldirektor der staatlichen Archive Bayerns wurde über die vertragliche Übereinkunft zwischen Bundesarchiv und Heidemann/STERN ins Bild

Der STERN geht unter *(aus KONKRET): »Als Hitler noch ganz klein war...«*

gesetzt.[278] Das endgültige Plazet der Bundesregierung sollte aber nicht mehr eintreffen, die meldete vielmehr das Aus für die Tagebücher.

Gerd Schulte-Hillen hatte, als er in Hamburg die zweite und letzte Vermarktungsrunde eingeläutet hatte, störrisch mit den Ausländern geredet, ohne Frage war ihm bewußt, daß die rechtliche Problematik in der Tat bis dahin noch nicht gelöst war. Nicht ohne Grund hatte er, als Gerd Heidemann ihm erzählte, daß der NSDAP-Verlag Franz Eher mit dem Führer einen lebenslangen Autorenvertrag geschlossen hatte und das Land Bayern das Erbe des NS-Unternehmens angetreten hätte, ernsthaft den Gedanken erwogen — die Gesamtrechte Ehers aufzukaufen.[279]

»DER ADOLF SPINNT«
oder:
Der STERN präsentiert die Tagebücher

Überzeugt zog der Münchner STERN-Korrespondent Rupp Doinet Bilanz: Der Führer habe, entgegen anderslautenden Meldungen, sogar Bier getrunken. Diese sensationelle Neuigkeit erfahren hatte der Journalist von Charlotte Wehmeyer, die diese Enthüllung wiederum bei ihrem Trauzeugen, dem Malermeister Hans Wagner, einem Jugendfreund Adolf Hitlers, aufgeschnappt hatte. Als der Diktator »noch ganz klein war«, so faxte Doinet ernsthaft an die Nachrichtenredaktion des STERN nach Hamburg (Anrede: »An Alle«), habe Wagner Hitler »immer seine goldene Taschenuhr zum versetzen gegeben«. Charlotte Wehmeyer avancierte, am 25. April 1983, zu einer wichtigen Tagebuch-Bürgin, denn inzwischen hatte der STERN auf einer »internationalen Pressekonferenz« (Peter Koch) der überraschten Öffentlichkeit die einmalige Tagebuch-Entdeckung präsentiert.

Nicht jeder aber mochte den angeblichen STERN-Triumph mit Respekt quittieren. Unzählige tippten vielmehr auf einen journalistischen Offenbarungseid. In einer solchen Krise, wird sich Rupp Doinet eingeredet haben, geriet seine Charlotte Wehmeyer zwangsläufig zur Kronzeugin. Voll Hoffnung brachte er zu Papier: »Der Herr Wagner hat gegen Endes des Krieges zu Herrn und Frau Wehmeyer gesagt: 'Der Adolf spinnt jetzt neuerdings. Er schreibt sich immerzu Dinge auf'.« In den Ohren Doinets klang das authentisch: »Frau Wehmeyer kann dies alles beeiden.« Der Handwerksmeister Wagner aber stand dem STERN zur Ehrenrettung nicht zu Verfügung: »Herr Wagner kann dazu nichts mehr sagen: 'Den haben die Amis nach dem Krieg im Bett erschossen. Zusammen mit seinem wunderschönen Schäferhund'.« Doinet gründlich: »Herr Wehmeyer ist schon tot. Er starb vor acht Jahren friedlich im Bett.« Doinets zufällige Ernte sollte den hanseatischen Tagebuch-Glauben im »Affenfelsen« am Leben erhalten: »Vielleicht ist Charlotte Wehmeyer ein kleines Mosaik im Puzzle um Hitlers Tagebücher.«[280] Auch der wegen der längst in Gang gekommenen Echtheits-Diskussion überreizte Henri Nannen fand inzwischen regen Zuspruch:

»Vor einer halben Stunde habe ich im Rundfunk erfahren, daß Ihr Magazin STERN im Besitz der Memoiren von Reichskanzler Adolf Hitler ist«, schrieb ein Klaus Robert Rauchfahl, um sodann gleich zur Sache zu kommen: Der Führer habe »einem Soldaten den Befehl gegeben, in Deutschland das Königreich auszurufen«, der Landser aber sich »durch Selbstmord dem Befehl entzogen« und Nan-

Abrechnung mit der Konkurrenz: *»Der Führer hat den Befehl gegeben, in Deutschland ein Königreich auszurufen«*

nen zur Kenntnis zu nehmen: »König sollte ich, Klaus Robert Rauchfahl, werden.« Schließlich: »Gestatten Sie mit bitte die persönliche Kontrolle der Hitler-Tagebücher auf diesen Sachverhalt hin.«(281) Der Herausgeber des STERN hatte nicht nach diesem Rettungsanker gegriffen. Der ebenfalls verstörten Chefredaktion lag gleichfalls Post auf dem Tisch, die Kölnerin Hannelore Merzenich, seit Jahren von bundesdeutschen Medienredaktionen als Strapaze erkannt, konnte dem nun immer mehr gebeutelten STERN ihre spontane Hilfe nicht versagen. Ungefragt hatte sie Adolf Hitler interviewt — im Jenseits.

»Da Sie die Tagebücher veröffentlichen wollen«, schrieb sie an das »STERN Magazin«, »halte ich es für wichtig, Ihnen mitzuteilen, daß alle Bücher authentisch sind.« Die Legitimation schien einleuchtend: »Ich bin Jenseitsforscherin und kenne mich im Jenseits aus wie in meiner Wohnung. Ich spreche täglich mit den Jenseitigen, so wie auch sehr oft mit Hitler und las ihm heute früh ... den ... Artikel vor und Hitler bestätigte mir sofort die Echtheit der Kladden.« Merzenich nannte die Tagebücher »Urschriften«, »die bis zuletzt im Berliner Bunker gelegen« hätten, aber »Hitler hat gedacht, daß diese Bücher längst vernichtet gewesen wären, jedoch teilte er mir mit, daß nur ein Mann diese Bücher habe mitnehmen können«. Wer? Der tote Diktator verriet nur ihr den Tagebuch-Besitzer: »Der Name ist mir bekannt.« Dann wurde der STERN angemahnt: Sie habe sich bereits im Dezember des Vorjahres an die Illustrierte gewandt, ob die »an einem Artikel über das Jenseits interessiert« sei. Zwar rief »ein Herr Ihrer Redaktion mich danach an und stellte mir seinen Besuch in Aussicht«, jedoch: der sei noch immer nicht eingetroffen.(282)

Es konnte gelacht werden, nur war im STERN niemandem danach zumute. Die Tagebücher waren in den Brunnen gefallen. Dabei hatten Verlag und Chefredaktion die Tagebuch-Regie überlegt an sich gerissen. Nur ihnen würde es möglich sein, entschieden die Oberen, der Tagebuch-Darbietung den notwendigen Glanz und die Autorität zu verleihen. Das vorprogrammierte Fiasko begann Monate vor dem »Fund« im STERN. Thomas Walde war zum Tagebuch-Kommandanten befördert worden, als Betriebsleiter des Ressorts »Zeitgeschichte« nun auch verantwortlich für die Tagebuch-Texte. Im September 1982 war es soweit: Walde lieferte das mit seinem Koautor Leo Pesch erstellte Manuskript über den Sonderflug von Rudolf Heß nach England in der interessierten Chefredaktion ab. Wider Erwarten hatten Felix Schmidt und Peter Koch den Stoff, jeder auf seine Art, verarbeitet, im Oktober Stellung bezogen:

Schmidt, der kunstsinnige Kulturverstand, signalisierte, daß der Aufsatz nicht mißlungen sei, indes müßte die Beschreibung des Tagebuch-Fundes in den Vordergrund gerückt werden, am Anfang stehen.(283) Peter Koch, beim STERN der Mann für die Politik, benotete differenzierter: Das zweite Kapitel sei lesbar, allerdings müsse für die Serie, wie Walde später zugab, »viel umgearbeitet werden«.(284) Das eigentlich positive Urteil gefiel dem Walde zuarbeitenden Leo Pesch: zumindest bei Schmidt registrierte er eine »Verblüffung«.(285) Im Februar 1983, zwei Monate vor der haarsträubenden »Fund«-Geschichte, fand sich ein erlauchter Kreis zusammen: Herausgeber Henri Nannen, Serienchef Horst Treuke, die Chefredakteure Koch, Schmidt und Rolf Gillhausen, Walde und Pesch fehlten selbstverständlich nicht. Die Herren gesellten sich nach und nach dazu. Diskussionspunkt: Das Buchmanuskript »Plan III«, der von Hitler genehmigte Flug seines Stellvertreters Heß nach Großbritannien.

Treuke hatte eine Idee: Aus dem Heß-Manuskript könnten drei Serienteile gemacht werden. Koch entschied, Schmidt votierte: Ohne Fund-Geschichte sei das

Tagebuch-überforderter Henri Nannen *(1968): »Es muß noch viel umgearbeitet werden«*

dem STERN-Leser schwer zu erklären. Argumente dagegen kamen keine auf. Der epochemachende Entschluß war gefallen: Zuerst der »Fund«, dann Heß, statt drei nun vier Folgen. Und wochenlang so weiter: Tagebuch auf Tagebuch, egal wieviel Dröges drinstand.(286)

Walde wollte den »Fund« selbst schreiben, konnte sich aber so recht nicht durchsetzen. Walde: »Ich habe mich gegen diesen Plan gesträubt, weil ich erstens gegen eine Veröffentlichung vor dem Vorliegen sämtlicher Tagebücher war und zweitens die Fundgeschichte gern selbst schreiben wollte.«(287) Peter Koch machte mit Alternativen bekannt: den »Fund« schreiben könnten die Reporter Jürgen Petschull oder Wolf Thieme. Walde mochte nicht zustimmen. Da wurde Koch rabiat. Walde erinnerte sich: Wenn er, Walde, nicht freiwillig den »Fund« abgebe, werde Koch von seiner Weisungsbefugnis als Chefredakteur Gebrauch machen, ihm grundsätzlich »die Bearbeitung der Tagebücher aus der Hand« nehmen, wenn »ich durch meine 'unflexible Haltung' weiter das Verfahren behinderte«. Walde hatte eingelenkt.(288) Hätte er das nicht getan, ihm wäre möglicherweise das sechsstellige Tagebuch-Honorar gesperrt worden, das ihm für den Echtheitsfall ausbezahlt worden wäre.(289) Am 8. März kam es zu einer weiteren Tagebuch-Konferenz. Es war dieselbe Runde, zwei gesellten sich aber dazu: Gerd Heidemann und Gerd Schulte-Hillen. Der Manager wollte sich informieren und — mitbestimmen.

Henri Nannen sprach Tagebuch-bezogen: Die Veröffentlichung im STERN müsse in der Tat mit einer großen »Fund«-Story beginnen. Ohne diese, so referierte Nannen, sei es »unjournalistisch«. Existenz und Herkunft des Hitler-Nachlasses könne bei einer Publizierung des Heß-Fluges keinesfalls unterschlagen werden. Nicht alle waren dafür. Walde, Pesch und Heidemann stemmten sich gegen die plötzlich erkennbar werdende Hast, aus gutem Grund: Alle Tagebücher waren von Gerd Heidemann noch nicht abgeliefert worden. Die Angst, die Tagebuch-Quelle könne bei einer vorzeitigen Veröffentlichung versiegen, saß vor allem Thomas Walde im Nacken. Kumpel Sorge hielt zu Walde: Es sei klüger, noch abzuwarten. Aber Koch und Schmidt, auch Gillhausen, hatten Angst, irgendwo auf der Welt könnten Kopien der Tagebücher herumschwirren. Die Gefahr, die Tagebücher würden vor dem STERN von der Konkurrenz publiziert werden, war nicht ganz von der Hand zu weisen. Die Chefredaktion des STERN setzte Heidemann ultimativ unter Druck: bis zum 31. März 1983 müßten alle Hitler-Kladden endlich vorliegen. Dann sprach Wilfried Sorge ein Nebenthema an: Die bereits beschlossene Copy-Preiserhöhung sollte noch vor Beginn der Tagebuch-Veröffentlichung erfolgen, damit kein Zusammenhang mit den Tagebüchern hergestellt werden könne. Diese optische Verkleisterung fand rege Zustimmung, der verschworene Kreis nickte einhellig.(290) Einen Tag später wurde Thomas Walde von Peter Koch endgültig degradiert:

Wolf Thieme, Leiter des Miniressorts »Deutschland Reportagen«, erhielt von Chefredakteur Koch ein lukratives Angebot unterbreitet: Wenn er innerhalb von sechs Wochen sechzig bis achtzig Seiten über den triumphalen »Fund« des STERN schreiben könnte, würde ihm — STERN-üblich — ein Extrahonorar zufallen. Thieme konnte gar nicht nein sagen, zu attraktiv war die Offerte: 50.000,- DM brutto, netto mindestens 25.000,- DM. Die großzügige Geste sei nicht nur als Motivation, sondern zugleich zur Abgeltung seiner Autorenrechte am weltweiten Weiterverkauf zu verstehen. Thieme willigte ein. Umgehend machte er sich an die Arbeit. Noch am selben Abend informierte ihn Gerd Heidemann.(291)

Achtundvierzig Stunden später, Thieme hatte sich erst oberflächlich in den

Aktenvermerk Walde zur Besprechung am 8.3.83

Anlaß, Verlauf und Ergebnis der Besprechung vom 8.3.83 machen es für mich erforderlich, die Geschichte des Projekts Tagebuch in dieser Form zu Papier zu bringen.

1. Gerd Heidemann kam in das Ressort Zeitgeschichte, als seine weitere Mitarbeit in der Redaktion STERN von mehreren Seiten in Frage stand. Die Chefredaktion wünschte, daß er keine NS-Themen mehr bearbeitet. Das wollte Heidemann nicht. Beide Seiten erwogen die Trennung voneinander.

   Heidemann hatte bei einem Sammler in Süddeutschland Zeichnungen von Hitler gesehen und ein Dokument, von dem er nach Lektüre glaubte, es sei ein Teil des Tagebuchs von Adolf Hitler. Jedem in der Redaktion, der bereit war, ihm zuzuhören, erzählte er von seiner Entdeckung. Ich kenne keinen - Herausgeber und Chefredaktion eingeschlossen -, der die Mitteilung damals nicht als Teil der Heidemann'schen "NS-Macke" abgetan hätte. Auch Leo und mich hat er damit genervt. Allerdings dachten wir uns damals, daß man ihn nicht anders von dieser Macke kurieren könne als dadurch, daß man ihn dazu brächte, die Sache auszurecherchieren. Das habe ich veranlaßt und zu einem geringen Teil daran mitgewirkt.

   Als ich den Eindruck hatte, an Heidemanns Entdeckung in Süddeutschland könne mehr dran sein als nur eine Macke, beratschlagten wir, wie man die Sache allen Widerständen in der Redaktion zum Trotz realisieren könnte. Dies war der Zeitpunkt, als ich auf einer privaten Herbstwanderung mit Wilfried Sorge über unser Vorhaben sprach. Das Ergebnis dieses Gesprächs war, daß Gerd Heidemann und ich im November 1980 eine sich aus anderem Zusammenhang ergebende Möglichkeit nützten, im Raum Dresden-Börnersdorf nach dem abgestürzten Flugzeug zu suchen. Der "andere Zusammenhang" machte es unumgänglich, daß wir dabei von zwei Männern begleitet wurden, deren Identität wir nicht klären können, von denen wir aber nach Auskunft hiesiger zuständiger Stellen überzeugt sind, daß es sich um Angehörige des MfS handelt. Wir fanden die Gräber der beim Flugzeugabsturz umgekommenen Menschen in Börnersdorf.

Geheim-Post an Schulte-Hillen *(von Walde): Auf Kosten Heidemanns vergeblich versucht, Druck auszuüben*

Tagebuch-Stoff eingearbeitet, wurde der Deutschland-Reporter von Peter Koch mit einer spontanen Änderung konfrontiert: Das Manuskript über den »Fund« müsse bereits am 7. April durchredigiert sein und vorliegen, statt in sechs Wochen in drei abgeliefert werden. Peter Koch: Der Verlag habe an diesem Tag zu Lizenzverhandlungen nach Zürich eingeladen, den möglichen Tagebuch-Käufern müsse dort die Vorlaufgeschichte präsentiert werden und der Heß-Part von Walde und Pesch.(292) Der plötzliche Tagebuch-Galopp mißfiel Thieme, doch das in Aussicht gestellte Sonderhonorar ließ nun auch ihn das unverantwortliche Tempo akzeptieren.

Die Tagebuch-Autoren aber drohten in Wahrheit an dieser Treibjagd zu scheitern. Die Termine wurden enger und enger. Vor allem Thomas Walde fühlte sich unter Druck gesetzt. Verlag und Chefredaktion, stellte der Tagebuch-Chef entsetzt fest, steuerten mehr und mehr auf ein Tohuwabohu zu. Die Tagebuch-Matadore steckten bereits tief im Chaos: Gerd Heidemann war verpflichtet worden, die restlichen Kladden heranzuschaffen; Thomas Walde und Leo Pesch redigierten an dem Heß-Beitrag herum; Thieme hatte dringende Tagebuch-Fragen an Heidemann, doch der war unterwegs, versuchte, die ultimativen Verlagsbefehle auszuführen — die fehlenden Führer-Bände bei Konrad Fischer loszueisen, den niemand unter dem Namen Kujau kannte. Die Tagebuch-Unlust war nicht mehr zu übersehen. Diejenigen, die seit Jahren an den Tagebüchern arbeiteten, riskierten plötzlich, an ihnen zu scheitern. Walde und Heidemann waren sich einig: Aus diesem Tiefpunkt müsse sich herausgemogelt werden. Wie aber war das zu bewerkstelligen? Walde schoß mit Hilfe eines fünfseitigen »Aktenvermerkes«, die Märchenwelt der Tagebücher stellte er auf eine sonderbare Art und Weise dar: Er schuf Legenden. In erster Linie auf Kosten Heidemanns.

Gerd Heidemann sei zu ihm ins Ressort gekommen, »als seine weitere Mitarbeit in der Redaktion STERN von mehreren Seiten in Frage stand«, die Chefredaktion wünschte, »daß er keine NS-Themen mehr bearbeitet«, das »wollte Heidemann nicht« — »beide Seiten erwogen die Trennung voneinander«. Das Gegenteil war der Fall. Walde kannte angeblich keinen, der Heidemann noch ernst nahm: »Jedem in der Redaktion, der bereit war, ihm zuzuhören, erzählte er von seiner (Tagebuch-)Entdeckung. Ich kenne keinen ..., der die Mitteilung damals nicht als Teil der Heidemann'schen 'NS-Macke' abgetan hätte. Auch Leo (Pesch) und mich hat er damals genervt. Allerdings dachten wir uns damals, daß man ihn nicht anders von dieser Macke kurieren könne als dadurch, daß man ihn dazu brächte, die Sache auszurecherchieren.« Dann aber warf Walde doch plötzlich ein Auge auf den Tagebuch-Verrückten Heidemann: Daß der Fund für den STERN getätigt werden konnte, ja, daran habe er »mitgewirkt«, denn: »Als ich den Eindruck hatte, an Heidemanns Entdeckung in Süddeutschland könne mehr dran sein als nur seine Macke, beratschlagten wir, wie man die Sache allen Widerständen ... zum Trotz realisieren könnte.«(293) Dies geschah angeblich in jenem Augenblick, als Heidemann die abgestürzte Führermaschine in Börnersdorf ausmachte. Warum hatte Walde seinen Mitarbeiter als NS-Trottel angeschwärzt? Walde hatte die NS-Diskreditierung in Abstimmung mit Gerd Heidemann verfaßt.

Waldes Heidemann-Tadel stand nur zum Schein auf dem Papier, das abwertende NS-Blendwerk sollte Waldes Aktennotiz-Leser suggerieren, nur er habe — als einziger — die wirkliche Tragweite erkannt, weil ausschließlich ein NS-Besessener das Rätsel um die Tagebücher hatte lösen, lediglich ein NS-Fanatiker — eben in der Gestalt Gerd Heidemanns — den Nachlaß des Führers hatte auftreiben können. Waldes Kostümierung also machte Sinn: ein Schlußredakteur des

Gerd Heidemann

Hamburg, den 17.3.83

Sehr geehrter Herr Schulte-Hillen,

bevor Sie Entscheidungen fällen, die nicht mehr rückgängig gemacht werden können, möchte ich noch einmal meine Vorbehalte schriftlich fixieren.
Ich kann nicht garantieren, daß die fehlenden Tagebücher bis Anfang Mai 83 in Hamburg sind. Keinesfalls sind sie bis Anfang April in unserer Hand.
Wie soll aber die Verkaufsverhandlung vor sich gehen, wenn wir den Interessenten nicht einmal die kompletten Tagebücher anbieten können? Sollen wir auf Befragung zugeben, daß wir nicht mehr die Nerven besitzen, solange zu warten, bis auch das letzte Tagebuch in unserer Hand ist?
Wollen wir den Interessenten sagen, daß wir befürchten, es könnten vielleicht Fotokopien der Tagebücher auf den Markt gelangen?
Was machen wir, wenn die Hauptinteressenten darauf bestehen, die Tagebücher nur komplett kaufen zu wollen und bereit sind, bis zum Herbst zu warten?
Selbstverständlich bin auch ich der Meinung, daß wir eine fertige Fundgeschichte und mehrere Folgen im Schreibtisch haben müssen, um sofort mit einer Veröffentlichung beginnen zu können, wenn irgendwo Fotokopien auftauchen sollten.
Diese Gefahr ist aber sehr gering, da mein Geschäftspartner in der DDR damit rechnet, daß der „Schweizer Sammler" ihm im Laufe der nächsten Zeit auch alle anderen Originale ab- kaufen wird, und zwar folgende:

Brief an Schulte-Hillen *(von Heidemann): »Und was dann?«*

STERN, im Thema des Dritten Reiches ohne Sachverstand, wäre niemals hinter die Geheimnisse des Tagebuch-Schatzes gekommen. Walde hatte Heidemann in seinem ersten Briefentwurf mit einer noch dickeren NS-Maskerade geschmückt. Als Heidemann die Fassung von Walde zur Genehmigung vorgelegt erhielt, war selbst dem Reporter die NS-Komödie von Walde zu dick aufgetragen. Heidemann erbat Korrekturen. Walde führte sie aus.(294) Als die Tagebücher sich dann aber als Attrappen Kujaus herausstellen, spielte Waldes nicht ernstgemeintes Heidemann-Bild plötzlich eine entscheidende Rolle. Der interne STERN-Untersuchungsausschuß hatte sich jetzt auf Waldes Aktennotiz-Täuschung gestürzt. Dankbar und genüßlich zitierte er — weitere STERN-Sagen gerieten ans Licht.

Kollegen »aus den ersten STERN-Jahren haben keine markanten Erinnerungen« an Heidemann, habe der »zutiefst verunsicherte Mann einen befriedigenden Ausgleich nur noch in der Geheimgesellschaft der Ex-Nazis« gefunden, traf ihn eine »gesteigerte Existenzangst«, weil Koch ihm angeblich die Bearbeitung von NS-Themen untersagt haben soll, machte es nur die »Leichtgläubigkeit des neuen Vorstandsvorsitzenden (Schulte-Hillen) Heidemann leicht, seine nimmersatte Gier nach Anerkennung und Bestätigung befriedigen zu lassen«, »prahlte« er von den Tagebüchern, klammerte er sich an sie in »manchmal stundenlangen Wahnsinnsgesprächen« — auf »den Gedanken, Heidemann könne krank sein«, sei nur ein Kollege gekommen.(295) Walde hätte während der internen Tagebuch-Auseinandersetzungen und vor Gericht den Inhalt seine Schreibens richtigstellen, die Aktennotiz als bewußt herbeigeführte Verkleidung entlarven können. Doch dazu war ihm nicht zumute, denn der Untersuchungsausschuß hatte sich jetzt gleichfalls über ihn hergemacht:

Heidemanns Tagebuch-»Chef« habe als »Spezialist für Geheimdienste eine besondere Vorliebe für das Aufdecken verborgener Geheimnisse« gehabt und dann sei er obendrein noch von dem Ehrgeiz eingeholt worden, »sich als Journalist für Zeitgeschichte einen Namen zu machen«, sei der »Schlapphut-Spezialist« ohnehin auf »Geheimniskrämerei« abgefahren, so daß »selbst seine Frau von der Existenz der Tagebücher erst (später) erfahren hat«. Schließlich wurde Thomas Walde mit seinem Ziehkind Gerd Heidemann auf eine Stufe gestellt, ein vernichtendes Urteil fällte der Untersuchungsausschuß: Selbst kurz vor dem Auffliegen der Fälschung sei der »Mythos von der Echtheit der Tagebücher im Ressort Zeitgeschichte noch so stark (gewesen), daß man sich sagt, selbst wenn Heidemann in psychiatrische Behandlung müsse, dann aber erst nach der Beschaffung der letzten noch fehlenden Stücke«.(296) Das war genau der Punkt, warum Walde seine Aktennotiz an die Tagebuch-fördernde Chefredaktion adressiert, denn die Tagebuch-Geschwindigkeit versetzte ihn in Panik, aber auch der Umstand, daß die Tagebücher-Quelle in der von Thieme noch zu schreibenden Vorlaufgeschichte allzu detailliert werden würde: »Ich werde«, so mahnte er, »mit allen mir zur Verfügung stehenden Mitteln zu verhindern versuchen, daß in der Fundgeschichte mehr Informationen preisgegeben werden, als Gerd Heidemann und ich gemeinsam abgesegnet haben.«(297) Was sollte, statt Heidemanns Tagebuch-Flüge nach Stuttgart, im STERN stehen?

Ein »Schweizer Sammler« habe, »über einen in Süddeutschland lebenden Mann«, die Kladden herausgegeben. Dessen in der DDR lebender Verwandter, »vermutlich General«, sie exklusiv dem STERN überlassen.(298) Diese Legende, nichts mehr und nichts weniger, sollte der Öffentlichkeit präsentiert werden. Waldes »Aktennotiz« war eine inoffizielle, abgeschickt an seinen Vertrauten Wilfried Sorge (»Lieber Seppl, ich stelle Dir frei, den Aktenvermerk nur Herrn Schulte-Hillen

Beschreibung der Fundstücke

1. Zahl: mehrere Dutzend Tagebuchbände, von Sommer 1932 bis April 1945, angelegt - so steht es im ersten Band - als "Politisches und privates Tagebuch".

2. Die Bände (Kladden) enthalten zwischen 5o und loo Blatt liniertes Papier pro Band, sie sind selten ganz vollgeschrieben, Inhalt variiert von zwei Monaten bis ein halbes Jahr.

3. Alle Bände sehen aus wie der Heß-Band (vgl. unser Fundkapitel), die meisten Bände haben Aufkleber ähnlich wie der Heß-Band, größtenteils sind die Bände einfach oder doppelt gesiegelt, der Aufkleber ist meistens abgezeichnet von Rudolf Heß oder Martin Bormann.

4. Alle Eintragungen handschriftlich, mit Tinte, sehr häufig sind die einzelnen Eintragungen mit voller Unterschrift versehen (geradezu manisch), manchmal sind die Eintragungen - etwa bei längeren Reisen - in Form eines Nachtrags niedergeschrieben.

5. Von 1932 bis 1939 fast täglich Eintragungen, oft sehr knapp: nur Ereignis wie eine Schlagzeile gemeldet, manchmal Eintragungen bis hin zu längeren Auslassungen über Gesundheitszustand oder die Hunde von Eva Braun, manchmal Rede-Entwürfe, Aufrufe etc., manchmal wüste Beschimpfungen gegen Freunde und ausländische Verbündete. Jeweils am Ende des Monats die Rubrik "Persönliches" oder "Privates".

6. Ab Kriegsbeginn 1939 täglich Lagenotizen, Eintragungen werden immer ausführlicher, Schrift ab 1944 immer fahriger, besonders im Frühjahr 1945, als er die Zeilen nicht mehr einhält und stark nach rechts zum Seitenrand abfallend schreibt.

Tagebuch-Regie *(handschriftlich von Walde an Heidemann): »Nur diese Zitate dürfen im STERN verwendet werden«*

zu geben«). Möglicherweise ahnte Walde, daß seine Worte allein nicht über die notwendige Durchsetzungskraft verfügten. Er überredete Gerd Heidemann, ebenfalls einige Gedanken über die Tagebücher zu verlieren. Im Gegensatz zu seinem Ressortchef adressierte Heidemann direkt, auf Umwege verzichtete er:

Er könne »nicht garantieren, daß die fehlenden Tagebücher bis Anfang Mai 1983 in Hamburg sind«, teilte er Gerd Schulte-Hillen mit und erkundigte sich: Wie solle »eine Verkaufsverhandlung vor sich gehen, wenn wir den Interessenten nicht einmal komplette Tagebücher anbieten können?« Heidemann: »Sollen wir zugeben, daß wir nicht mehr die Nerven besitzen, solange zu warten, bis auch das letzte Tagebuch in unserer Hand ist?« Weil Heidemann die nunmehrige Tagebuch-Rotation schwer im Magen lag, bat er »um Auflösung meines Vertrages zum 31. März 1983«. Die erneute Kündigung Heidemanns indes wurde von Gerd Schulte-Hillen nicht akzeptiert.(301)

Thomas Walde und Leo Pesch baten inzwischen Ilse Heß zu einem Interview (Pesch: »Unter Einschaltung der Rechtsabteilung«), das nach der »Fund«-Geschichte anschließend zusammen mit der Enthüllung über den England-Flug des Führer-Stellvertreters erscheinen sollte. Das Gespräch wurde nicht gedruckt, angeblich, so hielt der Untersuchungsausschuß fest, weil Felix Schmidt und Serienchef Horst Treuke »Anstoß an der ideologischen Tendenz« genommen hätten, »vor allem nachdem ein Versuch, die schlimmsten Passagen zu streichen, am Einspruch der Familie Heß scheiterte«. Leo Pesch konnte sich daran aber nicht erinnern: »Über die angeblichen Schwüre von Schmidt, Treuke ..., das Interview verhindert zu haben, kann ich mich nur wundern. Mir gegenüber haben sie ihren Abscheu jedenfalls hinter einem unwesentlichen Redigiervorschlag (von Heß jr. sofort telefonisch akzeptiert) verborgen« — »und hinter Diskussionen, an welcher Stelle der Abdruck am besten erfolge«.(302)

Das Tagebuch-Team bestand aus drei Mann: Walde, Pesch und Heidemann. Ohne Überstunden war Hitlers Nachlaß nicht mehr zu bewerkstelligen, trotz Zuarbeiter hatte vor allem Walde zuzuarbeiten: Er mußte vier Heß-Folgen schreiben, nach Sichtung durch die Chefredaktion sowie des Leiters STERN-Serie, Horst Treuke, erneut »um- bzw. neu schreiben« (Walde). Dann folgten: Unterstützung bei der Übersetzung, bei der Lektorierung und Dokumentation des Heß-Buches. Da mußte an die Graphik gedacht werden, an die Photos, an die Lizenzverhandlungen, Thieme für die »Fund«-Geschichte mit Material bedient, die Produktion des Tagebuch-Films durch die STERN-TV im Auge behalten werden. Walde: »Schließlich: Heidemann kontakten, Gutachter kontakten, BKA und Bundesarchiv, zwei Runden Nouhuys-Prozeß, Gespräche, Konferenzen mit Chefredaktion, Rechtsabteilung, Verlag, Notar, NEWSWEEK.«(303)

Auch wenn sich die Tagebücher als echt herausgestellt hätten, wäre es zu einem Fiasko gekommen. Walde hatte längst resigniert, an den Chefredakteuren und Gerd Schulte-Hillen gezweifelt: »Irgendwann ... haben Leo Pesch und ich Peter Koch gebeten, nach den Heß-Folgen die Veröffentlichung vorerst abzubrechen, weil die geplanten weiteren Folgen nicht mit der erforderlichen Sorgfalt geschrieben werden könnten.« Walde verbittert: »Abgelehnt.« Und dann folgte endlich Selbstkritik: »Es ist meine Schuld, diesen Wahnsinnsritt mitgemacht zu haben.«(304)

Die Tagebücher, darüber waren sich alle Tagebuch-Eingeweihten einig, waren eine Sensation. Die Hitler-Kladden würden wie eine Bombe einschlagen. Weltweit. Vor allem Peter Koch war überzeugt, seiner Initiative war es zu verdanken, daß ein anderes Unternehmen Gruner + Jahrs noch zum Zuge kam: STERN-TV, das nun »als schlagkräftige Dokumentationsabteilung« beweisen konnte, »daß

STERN-Nachrichtenredaktion

Ablaufplan zur STERN-Pressekonferenz am 25. April 1983

Am Podiumstisch sitzen: Koch, Schmidt, Heidemann, Walde, Pesch, Dolmetscher Lochner (für englisch), Trevor-Roper, Weinberg (Walde bitte zwischen Koch und Heidemann, um K. zu briefen und H. zu stoppen, Schmidt bitte neben Heidemann, um H. von der anderen Seite im Griff zu behalten).

1. Zu Beginn der Konferenz müssen wir entscheiden, ob wir den Film gleich oder erst später zeigen. Sind sehr viele Kollegen da, bitte den Film später und klarstellen, daß Professor Weinberg erst später kommen kann.

2. Gunther Schönfeld begrüßt die Kollegen und stellt das Podium vor. Außerdem gebe ich ein paar technische Hinweise. Peter Koch sollte dann die Regie übernehmen.

3. Während der Konferenz sind wir vom Podiumstisch aus per Telefon mit der Dokumentation verbunden. Eventuell auftretende Fragen, die nicht sofort beantwortet werden können, werden von mir an die Dok weitergegeben und dort von einem Team in kürzester Zeit geklärt.

4. Heidemann und Walde möchten nicht auf englisch antworten. Der Konsekutiv-Dolmetscher steht zur Verfügung.

5. Sämtliches Clipping-Material aus dem In- und Ausland von Freitag bis heute habe ich dabei sowie weiteres Hintergrundmaterial, das ich dann jeweils zureiche. Hagen und Dr. Hensmann stehen ebenfalls zur Verfügung.

6. Nach der Pressekonferenz begeben sich bitte s o f o r t Heidemann, Pesch, Walde [ins Zimmer von Nannen, Koch in sein Zimmer, Trevor-Roper setzen wir in Schmidt's Zimmer, Weinberg in Kliebhan's Zimmer. Da mehrere Fernsehteams erste Interviewwünsche gebucht haben und auch Rundfunkkollegen Interviews machen wollen, kommen wir so schneller über die Runden. Diese Kollegen warten auf ihren Termin

[mit dem Dolmetscher und deren Tagebüchern

Tagebuch-Regie *(für die Pressekonferenz): Verkehrsregelung in der sechsten Etage*

\- 2 -

im Konferenzraum und werden dort mit Kaffee etc. bewirtet.
Ich bitte, diese Regelung unbedingt einzuhalten, da wir sonst massive Zeitverzögerungen und Ärger mit den Kollegen bekommen (das französische Fernsehen macht zum Beispiel eine Life-Schaltung!). Kristin Foerster und C. Blumenberg regeln den Verkehr im sechsten Stock.

7. Ab circa 15.oo/15.3o Uhr vermitteln wir Heidemann, Walde, Pesch an Rundfunkkollegen, die von ihrem Heimatsender aus anrufen. Die drei bleiben bitte zu diesem Zweck in Nannens Zimmer. Wenn Rundfunkwünsche auch für die Chefredaktion vorliegen, bitte Koch in seinem Zimmer bleiben und Schmidt sein Zimmer wieder beziehen (wir geben rechtzeitig Bescheid).

8. Wir haben eine Reihe von Mitarbeitern eingesetzt, die für die Presse-Kollegen an Namensschildern mit STERN-Signe erkennbar sind und über alles Auskunft geben können.

9. Das Telefonzimmer ist hinter dem Empfang.

Ich wünsche toi toi toi

Günther Schönfeld

man aus dem Stand ein solche Projekt bewältigen kann« (Untersuchungsausschuß). Der Filmbeitrag sollte sich nach dem Desaster als einzige Tagebuch-Tat herausstellen, die »Gewinn« eingespielt hatte: Produktionskosten 160.000,- DM, Felix Schmidt vermittelte die Werbung für den STERN an das ZDF für 175.000,- DM.(306) Peter Koch engagierte inzwischen die Moderatoren: Barbara Dickmann konnte gewonnen werden, wider Erwarten stellte sich auch Klaus Harpprecht zur Verfügung, das großzügige Honorar wird ihn beflügelt haben.

Dickmann und Harpprecht stellten freilich die Bedingung, keinen STERN-Werbefilm drehen zu müssen. Doch das war gar nicht so einfach, wie selbst der Untersuchungsausschuß rekapitulierte: »Dieser Wunsch stieß freilich angesichts des Umstandes, daß sie sich auf das vom STERN gelieferte Informationsmaterial stützen mußten, in der Praxis auf sehr enge Begrenzungen: In rund einem Monat, der für die Produktion des 45-Minuten-Streifens zur Verfügung stand, waren einige Recherchen — etwa zur Fund-Geschichte — nicht möglich. Die Filmautoren waren auf das im Ressort Zeitgeschichte vorliegende Material und auf einen 8-mm-Film, den Gerd Aeckerle in Börnersdorf gedreht hatte, angewiesen.«(307) Am 1. April 1983, einem Karfreitag, trafen sich Walde, Pesch, Dickmann, Harpprecht und Heidemann bei dem nun zum Tagebuch-Regisseur aufgestiegenen Koch. Erst in dem Haus des Chefredakteurs erfuhren Dickmann und Harpprecht von dem Fund. Dickmann: »Schon Tage später begannen wir mit den Dreharbeiten in Süddeutschland.«(308) Heidemann hatte STERN-TV zu Hitlers Chefpiloten Baur ge-

Gerd Heidemann und Henri Nannen *(1980): »Es ging drunter und drüber«*

führt und den Sohn des Piloten der bei Börnersdorf vom Himmel gefallenen Führermaschine interviewt. Auch Heidemann wurde gefilmt, sogar zweimal — Peter Koch gefielen die ersten Ausführungen des Reporters nicht.(309) Jetzt ging alles Schlag auf Schlag:

In Zürich begannen die Lizenzverhandlungen, das Bundesarchiv schloß mit Heidemann die skandalöse Vereinbarung, nach der die Kladden im Original nach Koblenz gehen sollten, Felix Schmidt bat Horst Treuke, die Produktion der Hitler-Serie zu übernehmen, da es im Ressort Thomas Walde »drunter und drüber geht«. Peter G. Wickmann, der Londoner STERN-Korrespondent, erhielt von Peter Koch den eiligen Auftrag, von Trevor-Roper vermarktungsfähige Zitate autorisieren zu lassen (»Die Tagebücher sind ein bedeutender zeitgeschichtlicher Fund und der größte Knüller sei Watergate« und: »Aufgrund der Tagebücher muß die Geschichte des Dritten Reiches teilweise umgeschrieben werden«). Per Telex teilte der nur halb erfolgreiche Wickmann mit, der Historiker sei mit dem ersten Zitat zwar einverstanden, »erwähnt in seiner Antwort jedoch nicht, daß sich Trevor-Roper ausdrücklich geweigert hat, auch das zweite Zitat gutzuheißen« (Untersuchungsausschuß).(310)

Am 14. April 1983, in wenigen Tagen würde der »Fund« die Welt in Erstaunen versetzen, wurde der STERN-Verkaufspreis auf 3,50 DM angehoben; gleichzeitig sollen der englische Verleger Murdoch und NEWSWEEK vor Tagebuch-interessierten Geheimdiensten gewarnt haben, vor allem vor dem israelischen Mossad, dem eine Tagebuch-Publizität angeblich nicht paßte, was wiederum einen — vorgezogenen — Erscheinungstermin bedeutete: Die Tagebücher, so stand jetzt endgültig fest, sollten am 25. April 1983 auf den Markt geworfen werden.(311) Am 22. April nahmen aber erst einmal alle STERN-Bediensteten zur Kenntnis: Felix Schmidt verkündete auf der Redaktionskonferenz die Existenz der Tagebücher. Da war bereits die Presseerklärung des »Fundes« an die Agenturen eingeplant, die Pressekonferenz längst beschlossene Sache.(312) Auch hier riß Peter Koch die Leitung an sich.

Gunther Schönfeld, Leiter der Nachrichtenredaktion des STERN, hatte die Logistik zu verantworten. Peter Koch informierte ihn, wie er sich den Ablauf der Pressekonferenz vorstellte: »Am Podiumstisch sitzen: Koch, Schmidt, Heidemann, Walde, Pesch, Dolmetscher Lochner (für englisch), Trevor-Roper, Weinberg.« Neben Koch sollten Walde und Heidemann sitzen, von dem einen (Walde) wollte der Chefredakteur »gebrieft«, und der andere (Heidemann) sollte »gestoppt« werden, im Notfall hatte sogar Felix Schmidt einzugreifen, um Heidemann »von der anderen Seite in den Griff zu bekommen«.(313) Warum die Angst vor Gerd Heidemann? Der Reporter hatte zu schweigen.

Der Tagebuch-Entdecker war ein Mann, der munter drauflos erzählte. So wie er Walde, der Chefredaktion und Gerd Schulte-Hillen regelmäßig über seine Tagebuch-Erlebnisse berichtete, keinen Kujau kannte, sondern nur einen Fischer, so auch drohte er auf der Pressekonferenz, Details herauszulassen, die die STERN-Oberen möglicherweise zur Verzweiflung treiben könnten, da sie sodann von ihrem Konzept hätten abrücken müssen. In der Tat war die Pressekonferenz auch an anderer Stelle minuziös geplant:

Der Podiumstisch war telephonisch mit der »Dokumentation« des STERN verbunden, in der Archivare im Notfall Zeitungsausschnitte für die aus irgendeinem Grund sprachlos gewordenen Koch und Schmidt heraussuchen konnten. Walde konnte, wenn er von englischsprechenden Kollegen befragt worden wäre, nur mit Hilfe eines Dolmetschers antworten (Schönfeld: »Der Konsekutiv-Dolmetscher steht

Hamburger Trödelmarkt

Gezeichnet von Dieter Hanitzsch

Häme der Konkurrenz *(aus der QUICK): »Für die Information unserer Leser ist uns nichts zu teuer«*

zur Verfügung«). Nach der Pressekonferenz »begeben sich bitte sofort Heidemann, Pesch, Walde mit dem Dolmetscher und den Tagebüchern ins Zimmer von Nannen, Koch in sein Zimmer, Trevor-Roper setzen wir in Schmidts Zimmer«. Längst waren die ersten TV-Auftritte abgeschlossen, der Rundfunk wollte Statements haben: »Diese Kollegen warten auf ihren Termin im Konferenzraum und werden dort mit Kaffee etc. bewirtet.« Der STERN, so spekulierte Schönfeld, drohte zu einer Großstadtkreuzung zu verkommen, statt Verkehrsampeln hatten Kristin Foerster und C. Blumenberg das bevorstehende Chaos in der sechsten Etage des »Affenfelsens« zu verhindern. Schönfeld wünschte dem STERN und sich: »Toi, toi, toi.«(314) Das konnte auch Peter Koch gebrauchen. Seine Einführungsrede hatte er auf vier Seiten festgehalten.

»Guten Tag, liebe Kolleginnen und Kollegen«, hatte sich der Chefredakteur überlegt, vorher wollte er aber noch von einer »verkehrten Welt« sprechen, »wenn Journalisten eine Pressekonferenz geben«. Heidemann wurde, als es endlich soweit war, von ihm mit einem dicken Lob bedacht, denn der tat just das, »was 38 Jahre auf der Hand gelegen hatte für jeden, der sich mit Hitler ernsthaft befaßte und er hatte sofort, sozusagen mit einem Anruf für eine Mark fünfzig, Erfolg«. Dann gab er zu, daß »viel Geld in diese Recherchen gesteckt« wurde, »weil uns für die Information unserer Leser nichts zu teuer ist«. Koch nannte die Tagebuch-Millionen »einen Grundsatz unseres Hauses«, dann kam er noch auf die Tagebuch-bestätigenden Historiker zu sprechen, die — »im Gegensatz zu Herrn Maser und Herrn Irving« — »einen Namen zu verlieren haben«. Trevor-Roper war anwesend und gemeint.(315)

Anfangs bekannte sich der angesehene Historiker, Autor des Buches »Die letzten Tage im Führerbunker«, noch zu den Tagebüchern. Doch dann rückte er von der Echtheitsthese ab. Zwar schrieb er für die Londoner TIMES noch seine unvergeßliche Tagebuch-Einführung (Titel: »Geheimnisse, die den Bunker überlebten«), aber schließlich begannen, wie der Untersuchungsausschuß herausgefunden hatte, sich die Tagebuch-Eindrücke »während eines Opernbesuches plötzlich zu der Einsicht zu verdichten, daß die Tagebücher wohl eher falsch als echt sein müßten«, »bis dahin ... habe die Überzeugung, Koch und Sorge könnten in Zürich unmöglich Unwahres behauptet haben, diese Einsicht verhindert« — »eine Art psychologischer Leim habe in seinem Denken die angeblichen Echtheitsbeweise und Echtheitsbehauptungen in scheinbar lückenloser Logik zusammengehalten«.(316) Die Pressekonferenz fand an einem Freitag statt, am nächsten Tag erschien in der TIMES der Tagebuch-Artikel Trevor-Ropers. Nun setzte auch in Großbritannien die Frage nach der Authentizität der Tagebücher ein.

SUNDAY-TIMES-Chefredakteur Frank Giles telephonierte mit dem in Hamburg weilenden Trevor-Roper, der inzwischen seinen Opernbesuch hinter sich gebracht hatte. Giles: »Haben Sie Zweifel an der Sache, zehn oder zwanzig Prozent?« Trevor-Roper hatte sie. Giles: »Sie machen also eine Kehrtwendung um 180 Grad?« Trevor-Roper tat auch dies.(317) Diesen Umschwung quittierte Koch in einem STERN-Leitartikel unter der dicken Zeile »Die Fälscher« mit Häme: Der einst Tagebuch-Überzeugte folge »vielleicht der Desinformationsstrategie seiner früheren Auftraggeber vom MI 6 (dem englischen Geheimdienst), weil Großbritannien bestimmte Einzelheiten zum Fall Heß unangenehm sind?« Koch verzieh Trevor-Roper nichts: »Sollte es etwa eine geheime Verschwörung mit Heß konspirierender adliger Briten gegen Kriegs-Premier Churchill gegeben haben, die verborgen

PLAYBOY
DEUTSCHLAND

Lieber Herr Koch

— anbei die zweite Folge (Seiten 21–41). Die erste Folge liegt zum besseren Verständnis noch mal obenauf.

Gruß,

HEINRICH BAUER VERLAG MÜNCHEN · AUGUSTENSTRASSE 10 · 8 MÜNCHEN 2 · TEL. (089) 59971 · TELEX 05-528178
REDAKTION SCHWEIZ: WOLF UECKER · CH-1007 LAUSANNE · CH. DE PRIMEROSE 8 · TELEFON (021) 27 38 49

Tagebuch-Begleitschreiben *(Thiemes an Koch): »Haben Sie Aktien vom STERN?« — »Verkaufen!«*

bleiben soll?«[318] Noch am 21. April gestand »Fund«-Schreiber Wolf Thieme Heidemann, »die Story hat mir, trotz aller Arbeit, Spaß gemacht, weil das Thema interessant war. Vielleicht machen wir mal wieder was zusammen.« Zuvor schickte er Peter Koch die überarbeitete und endgültige »Fund«-Fassung, mit einem Begleitschreiben — auf einem Briefkopf des PLAYBOYS.

»ACH DU SCHEISSE« oder: Die Tagebücher des Adolf Hitler sind falsch

»Das Siegel ist unecht, das Initial verkehrt, die Schrift gefälscht — wenn das der Führer wüßte«, ironisierte hämisch der SPIEGEL: Hitlers Tagebücher, »38 Jahre nach seinem Tod ... einer verblüfften Welt präsentiert, sind nicht seine Tagebücher. Es sind Machwerke aus der Nachkriegszeit«.[319] Die Analysen seien so eindeutig ausgefallen, zitierte das Nachrichtenmagazin den inzwischen pensionierten Präsidenten des Bundesarchivs, Hans Booms, daß von einer »grotesk oberflächlichen« Fälschung gesprochen werden müsse: »Es ödet an, das Zeug zu lesen.«[320] Eine Woche zuvor meldete allerdings die FRANKFURTER ALLGEMEINE ZEITUNG noch Booms »Interesse für 'Hitler-Tagebücher'«, die SÜDDEUTSCHE ZEITUNG hob ebenfalls eine für das Bundesarchiv peinliche Nachricht ins Blatt: »Eine (vom STERN) zur Prüfung vorgelegte Probe aus 'Hitlers Tagebüchern' (sei) als echt« bezeichnet worden.[321] Als am 6. Mai 1983 feststand, daß die Tagebücher nicht die des Führers waren, hatte sich selbst das amerikanische NBC-Frühstücksfernsehen über Nannens Gazette hergemacht: »Do you have stocks in STERN?« (»Haben Sie Aktien vom STERN?«). Der Tip des Tages: »Verkaufen!«[322] Deutschlands größte Illustrierte stand vor einem Scherbenhaufen. Prompt meldeten sich STERN-Geschundene zu Wort:

Henri Nannen habe »den perfekten Cocktail aus Unterleib und Oberklugheit, aus echter Nacktheit und falscher Enthüllung, aus Mammutgehältern und sozialem Mitleid, aus Unternehmerbeschimpfung und Inseratengewinnen erfunden«, zitierte BILD Hans Habe aus einer alten BUNTE-Ausgabe.[323] Und Rüdiger Altmann feixte: Nannen habe die Tagebuch-Serie des STERN »nur von ferne gesehen, nichts Genaues gewußt, sich auch nicht sachkundig gemacht«. Dann mokierte er sich über die Millionen-Abfindungen der Chefredakteure Koch und Schmidt (»Ist Nannen sich darüber klar, daß solche Zahlungen den Eindruck eines Schweigegeldes machen könnten?«),[324] hatte nun auch der STERN-Reporter Jürgen Serke seine Probleme mit dem Herausgeber. Den Zustand des Tagebuch-STERN teilte er in einem Brief dem STERN-Eigner Reinhard Mohn mit:

Zwar hätten Koch und Schmidt »aus ihrer Leichtfertigkeit und ihrem Dilettantismus die Konsequenz gezogen«, aber »diese Rücktritte reichen nicht aus«: »Herr Schulte-Hillen ist unhaltbar in seiner bisherigen Position.« Als das Tagebuch-Aus endgültig war, habe Nannen seinen ehemaligen Reporter Heidemann mit unangenehmen Sprüchen disqualifiziert, dieser sich ein Porzellan-Service Hermann Görings, laut Nannen, angeblich »zusammengebumst«, sei Heidemann während der Hitler-Recherchen schlicht »verrückt« geworden. Serke: »Nein, so billig geht das nicht.« Statt dessen: »Die braune Jauche muß raus aus der Redaktion.« Und das sei nur dann möglich, »wenn die Verantwortlichen nun tatsächlich gesamtverantwortlich handeln«: Dazu gehöre — »auch und in besonderer Weise« — Henri

Tagebuch-überzeugter Erich Kuby: *»Hans Albers des Journalismus«*

Nannen, der noch in den Stunden, »in denen die Katastrophe sichtbar wurde, einen Kommentar abgeliefert (hatte), der in unzumutbarer Weise den Ton fortsetzte, den Peter Koch eingeführt hatte«: »unsachliche Verdächtigungen« formulierte Nannen, von »Besserwissern, Neidern, politischen Hassern« sprach er. Dieser STERN war schleunigst eingestampft worden, mit ihm der dritte Teil der Hitler-Tagebücher nicht an die STERN-überdrüssige Öffentlichkeit geraten. Serke fand, daß Nannen »sein eigenes Lebenswerk fast zu Tode geritten hat« und machte den wahren Schuldigen aus: den »eigentlichen Chefredakteur ... bei den gefälschten Tagebüchern« habe Gerd Schulte-Hillen gespielt.(325) Henri Nannen war vom Denkmalsockel gekippt. Dabei hatte er gerade das verhindern wollen, denn unter der reißerischen Balkenüberschrift »Hochkonjunktur für Scheinheilige« hatte der Herausgeber nach dem Tagebuch-Desaster fest versprochen: »Wir werden ... zur Aufklärung beitragen«, »der gesamten Öffentlichkeit und nicht nur den STERN-Lesern«.(326) Und dann »schämte« er sich sogar noch,(327) dachte sich, wie Jürgen Wahl im RHEINISCHEN MERKUR spitz bemerkte, »auf der Stelle ... neue Rührstücke aus«, traten die STERN-Chefs »als geblendete Unschuld auf, nichts Genaues wußten sie nicht«, »wie Mitglieder einer Staatsregierung durften (Koch und Schmidt) zurücktreten«. Einst hatte der STERN Kiesinger, Lübke, Gerstenmaier, Filbinger, Genscher und Kohl gejagt, nun bat der STERN seine Gemeinde »um Verzeihung der zehn Millionen schweren Sünden«.(328) Die wohl häßlichste Kritik am STERN Henri Nannens erlaubte sich, wieder einmal, Erich Kuby, denn er war einst im Groll vom STERN geschieden:

Nannen sei ein »Zwitterwesen zwischen Geld und Journalismus« gewesen, der »perfekte«, nein, der »radikale Opportunist«, »ein Schwein« (da er doch selbst gesagt habe, er müsse »das Schwein spielen, um den STERN zu retten«), habe Nannen den STERN zu einer »Müllkippe für journalistische Belanglosigkeiten« verkommen lassen, dieser »Hans Albers des Journalismus«, beseelt von »Ich- und Erfolgsbesessenheit«, habe Kolumnen stets nach dem Motto »Ich und der Nationalsozialismus, ich und der Holocaust« geschrieben, Hitler »dem Volk wie eine Delikatesse« angeboten, für die Auflagensteigerung »dem braunen Affen Zucker« gegeben. Kuby: Wenn »die Innenstruktur des SPIEGEL ... aus Beton« sei, dann sei die des STERN aus »Schaumgummi«. Und Schulte-Hillen, »dem anderen«, wie Kuby sich verächtlich ausdrückte? Dem sei es »völlig gleichgültig ... womit er Geschäfte macht, mit Autoreifen, mit Fernsehgeräten oder mit Hitler«: »Schwer zu sagen, ob der Schulte-Hillen-Typ ... die gefährlichste Schwach- und Bruchstelle in bundesdeutscher Wirklichkeit ist oder der Typ Dr. Manfred Fischer.«(329) Schien auch Henri Nannen über keinerlei Prinzipien zu verfügen? Er selbst verriet es: »Wenige.«(330) Und dieser Mann sollte den Tagebuch-angeschlagenen STERN retten?

Als Henri Nannen den Entschluß faßte, aus seinem seichten STERN ein bombenlegendes Großmaul zu machen, die erfolgreiche Filmsternchen-Gazette in ein schließlich noch erfolgreicheres Polit-Magazin umwandelte, da produzierte er hin und wieder auch Skandale. Wenn Nannen im STERN Politiker und Wirtschaftskapitäne angriff, diese sich jedoch wehrten, schlug der Chefredakteur des STERN zumeist beleidigt zurück. Vor allem dann, wenn es seine Person betraf. Besonders sensibel reagierte er, wenn die Sprache auf das Dritte Reich kam. In diesen zwölf Jahren hatte sich Nannen nicht als Widerständler hervorgetan, obwohl er sich in ein jüdisches Mädchen verliebt haben will.

»Die Erneuerung des deutschen Menschen ... ist das Werk des Führers«, dichtete Nannen 1939 beispielsweise in der Zeitschrift KUNST DEM VOLK, die in dem

Henri Nannen

Herausgeber STERN

Bei. 9.5.83.

An die
Staatsanwaltschaft
bei dem Landgericht Hamburg
Sievekingplatz

2000 Hamburg 36

Hamburg, den 9. Mai 1983

Sehr geehrte Herren,

hiermit erstatte ich

A n z e i g e

wegen dringenden Betrugverdachts gegen den Journalisten Gerd Heidemann, geb. am 4. Dezember 1931 in Hamburg-Altona, wohnhaft Elbchaussee 348 in 2000 Hamburg 52.

Herr Heidemann hat für den STERN die sogenannten Hitler-Tagebücher beschafft, die nach den gemeinsamen Feststellungen von Bundesarchiv, Bundeskriminalamt und Bundesamt für Materialprüfung Fälschungen sind.

Wie das Mitglied des Gruner+Jahr-Vorstandes Dr. Jan Hensmann bezeugen kann, hat Herr Heidemann beginnend im Herbst 1980 und danach wiederholt erklärt, er könne die Tagebücher jeweils gegen Barzahlung von einem ihm persön-

-2-

Vfg.

über Herrn HAL IV an Herrn AL 14 mit der Bitte um weitere Veranlassung (Pressestrafsache)

Bei. 9.5.8

Nannen-Strafanzeige gegen Heidemann *(mit handschriftlichen Notizen der Staatsanwaltschaft): »Geistige und seelenlose Isolierung«*

Verlag des Hitler-Leibphotographen Heinrich Hoffmann erschienen war.([331] Nannen will diesen Satz nicht ohne Grund zu Papier gebracht haben: »Mein Vater, sozialdemokratischer Bürgervorsteher in Emden, war von den Nazis aus seinem Amt als Leiter der Kriminalpolizei herausgeworfen worden. Ich selber mußte als Bauarbeiter helfen, eine Faßfabrik aufzubauen, und ich habe dann dort auch Fässer gebaut. Ich war den Nazis mehrfach negativ aufgefallen.« Darum: »Nach vielen Verwirrungen habe ich dann ... Artikel geschrieben, um überhaupt arbeiten zu können.« Nach dem Untergang des NS-Staates vereinfachte Nannen seine NS-Vergangenheit auf dramatische Weise: »In diesen Artikeln stand allerhand Nazi-Scheiße drin.«[334] Das fiel zuvor auch dem rechten Publizisten Kurt Ziesel auf, der einst für die NSDAP-Postille VÖLKISCHER BEOBACHTER geschrieben hatte und in der Bundesrepublik zum Geschäftsführer der »Deutschland-Stiftung« avancierte. Im Sommer 1963 besuchte er Henri Nannen im Hamburger Pressehaus. Ziesel wollte in Erfahrung bringen, warum Nannen kompromittierende Lobeshymnen auf das Dritte Reich publizierte.

Nannen erklärte sich: Bereits als junger Mensch sei er, auf Grund seiner Erziehung sowie »des Verkehrs mit Juden« (Ziesel), Gegner des Nationalsozialismus geworden, in NS-Zeitungen deshalb angeblich auch mehrmals angegriffen worden. Nannen zu Ziesel: Der jetzige STERN-Chef habe sich seinerzeit »in einer solchen geistigen und seelischen Isolierung« befunden, daß er bei »Abfassung dieses Artikels von dem Gefühl übermannt« worden sei, »dadurch sich einen Weg in die Gemeinschaft der Volksgenossen zu eröffnen, bei dem allgemeinen Aufbruch und der gemeinsamen Begeisterung für den NS-Staat auch dabei zu sein«. Ziesel erfuhr indes noch mehr: Während des Zweiten Weltkrieges sei Henri Nannen »dann zur Propaganda-Abteilung Süd (»Südstern«) nach Italien gekommen und hauptsächlich mit Propaganda gegen den Feind beschäftigt gewesen«, die Nannen aber schließlich ganz »erhebliche Schwierigkeiten machte«, so daß ihm angeblich sogar »ein SS-Führer der benachbarten SS-Propaganda-Einheit zur Kontrolle vor die Nase gesetzt wurde«, mit dem sich Nannen aber überraschenderweise vertragen haben will, da der Himmler-Abgesandte »nicht engstirnig war«.[335] Warum hatte Henri Nannen leichtgläubig Ziesel über sich aufgeklärt? Ziesel wußte zuviel über Nannens Vergangenheit, leugnen schien selbst dem STERN-Chef in diesem Augenblick nicht mehr opportun. Dann plauderte Nannen noch über seinen Nachbarn, den SPIEGEL-Herausgeber Rudolf Augstein. Ziesel in einem Gesprächsbestätigungsschreiben:

»Bezüglich Ihres massiven Einsatzes für Augstein und den SPIEGEL (während der SPIEGEL-Affäre) erklären Sie mir entrüstet, daß Sie nie wieder ein Wort über Augstein verlieren würden, da derselbe Sie schwer enttäuscht habe. Sie fänden es skandalös, daß dieser Mann ... sich feige nach seiner Entlassung aus der Untersuchungshaft unter einen Weiberrock verkrochen hätte und seine Redaktion schmählich im Stich gelassen habe. Statt sich vor seine Redaktion zu stellen, habe er in dem Verfahren den ahnungslosen Engel gespielt, der mit dem Fallex-Artikel gar nichts zu tun habe und daß er die Verantwortung dafür allein Herrn Ahlers und Herrn Schmelz usw. überlassen habe.« Ziesel will von Nannen gehört haben: Die Bundesanwaltschaft hätte (»wenn sie mehr politische Klugheit besäße«) eine einmalige Gelegenheit gehabt, »Augstein in der gesamten Öffentlichkeit zu erledigen, in dem sie seine Freisprechung beantrage unter dem Hinweis, daß auf Grund psychiatrischer Gutachten und der glaubhaften Einlassung Augsteins derselbe vollkommen unschuldig sei, weil er mit dem Treiben seiner Redaktion überhaupt nichts zu tun habe«.[336]

Ziesel beklagte in dem Gespräch mit Nannen bitter die Methoden des SPIEGEL, woraufhin Nannen »aus eigener Erfahrung die Fragwürdigkeit dieser Methoden nur bestätigen« konnte. Mit diesen Nannen-Antworten reiste Ziesel durch die Republik, erzählte nicht ohne Schadenfreude, wie einfallslos Nannen sein Drittes-Reich-Engagement erklärte, wie er Rudolf Augstein einschätzte. Diese merkwürdigen Antworten des STERN-Prinzipals wollte Ziesel obendrein auch noch in einem Buch publizieren.(337)

Nannen bemerkte zu spät, daß er einem Interview mit Ziesel hätte ausweichen müssen. Der erzkonservative Schriftsteller Ziesel hatte den sonst souveränen STERN-Macher ausgezählt. Vor allem der Augstein-Passus war Nannen nun sehr unangenehm, schließlich lief er dem SPIEGEL-Herausgeber gelegentlich auf Parties über den Weg. Nannen wollte die Veröffentlichung verhindern, jetzt rannte er zu Gericht. Der ehemalige STERN-Redakteur Wilfried Ahrens brachte die Ausweglosigkeit Nannens auf den Punkt: Der »Prozeß gegen Ziesel wurde ihm zum Verhängnis«.(338) In der Tat: Nannen verlor die erste Instanz, Ziesel bezwang Nannen auch in der zweiten. In den juristischen Streit war Nannen mit dem albernen Argument gegangen, bei dem Gespräch mit Ziesel habe es sich um ein privates gehandelt; einer Veröffentlichung habe er niemals zugestimmt. Sowohl das Hamburger Landgericht als auch das Hanseatische Oberlandesgericht sahen das anders. Genüßlich beschäftigten sich die Richter mit Nannens NS-Vergangenheit, Emotionen mögen bei der Urteilsfindung Pate gestanden, STERN-Attacken gegen die Justiz die eine oder andere unfreundliche Formulierung vorangetrieben haben.

Den »privaten Charakter« des Gesprächs mit Ziesel habe Nannen »nicht glaubhaft gemacht«, da »schon die äußeren Umstände« dagegensprachen (»Gespräch im Pressehaus, Berufe der Kontrahenten«). Die Nachveröffentlichung der NS-Artikel Nannens, so freuten sich die Juristen, wäre dann zu beanstanden gewesen, »wenn nur Neugierde, Sensations- oder Klatschsucht die Motive« gewesen wären, da sich Nannen und der STERN aber »unstreitig wiederholt mit der nationalsozialistischen Vergangenheit anderer Personen beschäftigt« hätten, sei die »Öffentlichkeit jedoch in gleicher Weise an der Beantwortung der Frage ernstlich interessiert, wer sich für berechtigt hält, als Kritiker die politische Vergangenheit anderer zu beleuchten«.(339) Dann wurde es peinlich für Henri Nannen:

Nannens Schreibe sei, entgegen seiner ausdrücklichen Darstellung, eben nicht die »Stilübung eines Anfängers« gewesen, gleichfalls nicht nachvollziehbar, daß ein bestimmter NS-Aufsatz von ihm nur darum geschrieben worden sei, »um seinem Vater zu helfen, der 1934 aus Gründen der Gegnerschaft zum Nationalsozialismus aus seiner Stellung als leitender Kriminalbeamter der Stadt Emden entlassen worden« sei.(340) Das Gericht qualifizierte Nannens unbewiesene Konflikte mit NS-Behörden somit als »angebliche Verfolgungsmaßnahmen« ab.(341)

Niemanden, so entschied Nannen, hatte es zu interessieren, daß er einst im Münchner Verlag F. Bruckmann volontiert hatte, dessen Inhaber Hugo Bruckmann seit 1932 überzeugt für die NSDAP im Reichstag saß, dessen Zeitschrift DIE KUNST, für die Nannen wegen seines bespitzelten Vaters geschrieben haben will, »die einzige große deutsche Monatszeitschrift für die neue Kunst« war (Eigenwerbung)(342) und die in plumpester Weise des Führers Zeitgeist hochleben ließ. NS-Gegner, so wie Nannen nach dem Untergang des Dritten Reiches plötzlich einer geworden sein will, wären bei Hugo Bruckmann niemals auf die Gehalts- bzw. Honorarliste gekommen. Von niemandem wollte sich Nannen seine Vergangenheit vorhalten lassen. Statt dessen rührte er in der der anderen. Und als Ende

1970 Springer-Blätter und Gerhard Löwenthal im ZDF-Magazin auf einen Nannen-Zögling eindroschen, da traf es den STERN-Chef tief, denn in Wahrheit war nicht Nannens Kumpel aus alten Tagen gemeint, sondern der Macher des STERN sollte getroffen werden.

Hans Weidemann, »Bundeswettbewerbsleiter« der STERN-Aktion »Jugend forscht« und »Jugend trainiert für Olympia«, während der Hitler-Ära problemlos zum SS-Obersturmbannführer aufgestiegen, soll als Ortskommandant von Bevilacqua unmenschliche Verhöre und Hinrichtungen von Partisanen verantwortet haben.[343] Nannen, nun in einem Atemzug mit Weidemann genannt, machte sich auf, mit dem ganzen Gewicht seiner Persönlichkeit seinem Freund beizustehen. Sogleich wurde die Affäre Weidemann zu einer Affäre Nannen. Zwar verlangten fünfundzwanzig Redakteure des STERN von Nannen den augenblicklichen Rückzug Weidemanns, aber Nannen (Rechtsanwalt Josef Augstein, der das ZDF vertrat, zu Nannen: »An Arroganz sind Sie für uns unerreichbar«) biß sich fest.[344] Hätte sich Henri Nannen auch dann hinter Hans Weidemann gestellt, wenn sein Name bei dieser Hetzjagd von rechts nicht genannt worden wäre? Oder hätte er sich von ihm distanziert? So wie er es beim Abschied seines Ziehkindes Manfred Bissinger unter Beweis stellte? Diesen ließ der STERN-Erfinder ebenso brutal fallen, wie er später Gerd Heidemann ins Gefängnis werfen ließ.

Am 20. Dezember 1977 diskutierten Manager des Verlages, die späteren Tagebuch-Akteure: Verlagsleiter Peter Hess, der stellvertretende Vorstandsvorsitzende Jan Hensmann und Gruner + Jahr-Prinzipal Manfred Fischer. Offizieller Anlaß: der STERN-Etat für das kommende Jahr. Bei dieser Gelegenheit kam ein Artikel des STERN zur Sprache: »... und morgen die ganze Welt«, ein ideologisches Pamphlet, das sich mit den Reichen der Bundesrepublik auseinandersetzte, die mit kreativen Ticks an der Steuer vorbei Gelder ins Ausland transferieren. Einer der Hauptbelasteten: Reinhard Mohn von Bertelsmann, der über das Erscheinen der Enthüllung nicht besonders glücklich war. Der verantwortliche Bissinger, Gesprächsteilnehmer wie Nannen, Rolf Gillhausen und Rolf Winter, vernahm von Hess, daß die Anzeigenkunden verärgert seien. Bissinger: »Ich erklärte mich für verantwortlich«, konnte an dem Bericht aber »nichts Böses finden«. Auch Hensmann mischte sich ein: Zwar habe er »über die roten Socken des Tchibo-Chefs lachen müssen«, allerdings sei der Artikel »starker Tobak« gewesen.[345] Den von Bissinger ins Blatt gehobenen Aufsatz will Nannen noch nicht gelesen haben. Trotzdem zitierte er Bissinger am nächsten Tag zu sich.

Reinhard Mohn und John Jahr hätten ihm Briefe geschrieben, inzwischen habe auch er »... und morgen die ganze Welt« angeblich studiert, den Beitrag als »Machwerk« ausgemacht. Nannen zu Bissinger: Er könne sich der Meinung Mohns nur anschließen. Nannen gab Bissinger das Gefühl, er sei auf dessen Seite, schimpfte auf John Jahr. Dann erklärte Nannen, Manfred Fischer war zwischenzeitlich erschienen, er als STERN-Chefredakteur habe die Konsequenzen zu ziehen: Nicht Manfred Bissinger müsse zurücktreten, sondern er, Nannen, werde es tun. Bissinger mischte sich ein: Er werde den STERN verlassen, er trüge die Verantwortung. Fischer entschied: Weder Nannen noch Bissinger sollten gehen. Beide mögen darüber noch einmal nachdenken. Dann telephonierte Fischer mit Mohn. Zwei Tage vor Heiligabend kam es zu einer weiteren Krisensitzung.[346]

Bissinger, so plädierte Nannen, möge von der Tendenz des Artikels abrücken. Nein, antwortete dieser, »ich will nicht lügen«. Die ebenfalls wieder anwesenden Winter und Gillhausen versuchten Bissinger zu überreden, vor allem Rolf Winter fiel Bissinger erneut unangenehm auf: »Er sagt kein Wort, daß er das Layout ge-

Manfred Bissinger: *Mit STERN-Diffamierungen rücktrittsreif gemacht*

sehen hat«. Schließlich verlangte Nannen Bissingers Rücktritt, »wenn ich bei meinem Standpunkt bliebe« (Bissinger). Das Angebot Nannens, er werde den Abschied vom STERN nehmen, galt plötzlich nicht mehr, diesen »Gedanken (hatte er) verworfen«, wie sich Bissinger kopfschüttelnd erinnerte. Wenn Bissinger nicht von selbst gehen würde, erklärte Nannen jetzt, dann werde er eine außerordentliche Vorstandssitzung einberufen, von der würde Bissinger sodann in die Wüste geschickt werden — »und zwar mit meiner Stimme«.(347) Am selben Tag war auch Reinhard Mohn aus Gütersloh angereist. Um 14 Uhr wurde Bissinger in die Vorstandsetage gerufen.

In dem Artikel, so blaffte Mohn Bissinger an, ginge es nicht um Informationen, sondern um »Desinformationen«, deshalb könne er sich eine Zusammenarbeit nicht mehr vorstellen. Bissinger solle in Urlaub fahren, eine gemeinsame Erklärung müsse für die Nachrichtenagenturen formuliert werden. Nannen half nach: Er habe nichts dagegen, wenn Manfred Bissinger seinen Rücktritt selbst erkläre. Das würde seiner weiteren Karriere bestimmt guttun. Bissinger bat um Bedenkzeit. Mohn erwiderte, die würde an der nun einmal gefallenen Entscheidung absolut nichts ändern. Bissinger informierte den Redaktionsbeirat. Eine Konferenz jagte die andere.(348) Dann setzte, wie Bissinger verzweifelt festhielt, »die öffentliche Diffamierung ein«, und »die zahllosen, von der Chefredaktion initiierten Presseerklärungen, vertiefen den Graben«.(349) Manfred Bissinger wurde durch hauseigene PR-Aktionen in der Öffentlichkeit von STERN-Konkurrenten denunziert, verdächtigt, hinterrücks mit einer Kampagne »rücktrittsreif« diskreditiert. Bissinger, der einige Jahre zuvor mithalf, den einstigen STERN-Reporter Heinz van Nouhyus als deutsch-deutschen Agenten zu schmähen, war nun selbst ein Opfer des STERN geworden. Bissinger, den Rudolf Augstein einen »Lustlügner« nannte, sollte nicht der letzte sein, der vom STERN zum Krüppel gemacht worden war. Fünf Jahre nach Manfred Bissinger wurde auch Gerd Heidemann vom STERN und Henri Nannen niedergerungen. Die Entscheidung, nur Gerd Heidemann trüge die Schuld an dem Tagebuch-Desaster, fiel drei Tage nach dem Tagebuch-Aus, zuvor hatten indes sowohl Nannen als auch Schulte-Hillen vollmundig erklärt, sie allein trügen die Verantwortung. Nannen stellte Strafanzeige.

»Wegen dringenden Betrugsverdacht«, so drückte sich der Tagebuch-überforderte STERN-Herausgeber mit Datum vom 9. Mai 1983 aus, »erstatte ich Anzeige.«(350) Einen Tag später schlagzeilte BILD: »Hitler: Nannen zeigt STERN-Reporter an.« Dann zitierte das Blatt einen angeblich anonymen STERN-Mann, der aber in Wahrheit Henri Nannen hieß: »Bei (Heidemann) geht es jetzt nur noch um Psychiatrie oder Gefängnis.« Und auch die SÜDDEUTSCHE ZEITUNG wußte: »Der STERN sieht sich vom Beschaffer der gefälschten Hitler-Tagebücher systematisch betrogen.«(351) Inzwischen war der STERN-Ressortleiter »Deutschland Aktuell«, Michael Seufert, aufgestiegen: Er hatte, im Auftrag Henri Nannens, Heidemanns Schuld zu beweisen und mühte sich emsig ab. Sein Gesprächspartner in Sachen Heidemann hieß Manfred Holst, Kripo-Mann der Fachdirektion 7 im Hamburger Polizeihochhaus, den alsbald ein Herzinfarkt dahinraffen sollte. Seufert versorgte den Beamten mit angeblich gewichtigem Material, das Heidemann als Millionen-Dieb ausweisen sollte.

Per Photokopie übersandte Seufert vier Seiten aus dem Paß des STERN-Reporters, »in dem Stempel von Transitreisen durch die DDR zu sehen sind«; er schickte eine STERN-Mitarbeiterin mit den Unterlagen, die die STERN-Recherchen bei Konrad Kujau sowohl in Stuttgart als auch in der DDR zum Inhalt hatten, ins Polizeipräsidium, wies unterdessen in einem weiteren Brief darauf hin, »daß ich

141 Js 279/83

Vfg.

1.) Vermerk:

Nach Eingang der Strafanzeige wurde ich am 11.5. von Versuchen der Rechtsabteilung des 'stern', mich tel. zu erreichen, unterrichtet. Herr Hagen aus dieser Rechtsabteilung verwies mich auf meinen Anruf hin an den Redakteur Seufert, der als instruierter Vertreter des 'stern' gegenüber der StA auftreten werde.

Herr Seufert erschien gemäß anschließend erfolgter Absprache am Nachmittag des 10.5. in meinem Büro. An dem anschließenden Gespräch nahm auch Herr KOK Holst (FD 7) teil.
Herr Seufert übergab das Protokoll eines Gespräches, das in der Nacht zum 7.5.83 von mehreren XXX Mitarbeitern des stern, darunter Seufert, mit dem Beschuldigten Heidemann geführt worden sei.
Herr Seufert unterrichtete uns über das Ergebnis der aufgrund dieses Gespräches vom stern u.a. im Bereich Stuttgart und in der DDR getätigten Recherchen. Die näheren Einzelheiten ergäben sich aus (u.a.) 'Hausmitteilungen' des Stern, bei denen es sich um Berichte über die Recherchen handele.
Herr Seufert sagte die Übergabe dieser Berichte sowie u.a. eines Tonbandmitschnitts des Gespräches mit Heidemann zu. Auch die 'Hitler-Tagebücher' würden den Ermittlungsbehörden übergeben.

Herr Seufert teilte die Personalien des Lieferantten der Tagebücher wie folgt mit: Konrad Kujau, geb. XXXXXXXXXXXXXXXX 27.6.1938 in Löbau. Bei seiner Lebensgefährtin, die auch zusammen mit Kujau nach dem Bekanntwerden seiner Person geflüchtet sei, handele es sich um Edith Lieblang, geb. Schellhase,

***Kripo-Enthüllung:** STERN-Mann Michael Seufert als Helfer der Staatsanwaltschaft vom Verlag abgestellt (Pfeil)*

von den beiden Recherchenberichten in der DDR den Namen desjenigen, der in der DDR Nachforschungen angestellt hat«, nicht nennen werde (es war Harald Schmitt aus dem Ost-Berliner STERN-Büro), legte zwei Videocassetten der Panorama-Sendung von Stefan Aust dazu und konnte anfangs das Tonband nicht finden, das das Gespräch »mit Herrn Heidemann in der Nacht vom 6. zum 7. Mai 1983 dokumentierte«, erhob schließlich jenen banalen Notizzettel, auf dem der Verlag die Tagebuch-Zahlungen an Heidemann notiert hatte, zu einem folgenschweren buchhalterischen »Kontoblatt«, was den Staatsanwalt Klein zu dem »Vermerk« veranlaßte, daß Seufert zukünftig als »instruierter Vertreter des STERN gegenüber der Staatsanwaltschaft auftreten werde«. Auch der Kripo-Mann Holst hatte sich inzwischen die Meinung des STERN zu eigen gemacht, denn »nach Angaben des Zeugen Seufert« habe »der beschuldigte Heidemann einen aufwendigen Lebensstil« gepflegt, den er »mittels seines Redakteursgehaltes unmöglich« hätte bestreiten können. Dann mischte sich der Tagebuch-involvierte Wilfried Sorge ein, der sich plötzlich daran erinnern konnte, »daß Heidemann mir mindestens von einer Übergabe von Tagebüchern erzählte, die auf einem der Transitwege nach Berlin stattfand«.(352) Daß der Reporter diese Legende für die Steuer erfunden hatte, erwähnte Sorge wohlweislich nicht, denn ein positiver Gerd Heidemann war nicht mehr gefragt.

Unterdessen machte sich Gerd Heidemann in seiner Mietwohnung an der Hamburger Elbchaussee so seine Gedanken. Am 10. Mai 1983 hatte ihm der Verlag die fristlose Kündigung (»Zur Begründung verweisen wir auf die in Kopie beigefügte Strafanzeige«) per Einschreiben und Eilboten (»Eine Kopie dieses Schreibens erhalten Sie mit normaler Post«) ins Haus geschickt. Unterzeichnet war das Papier ausgerechnet von jenen Verlagsmitarbeitern, die Heidemann zuvor Tagebuch-hilfreich und sehr engagiert zur Verfügung standen: von Jan Hensmann sowie Andreas Ruppert von der Rechtsabteilung.(353) Dennoch glaubte Heidemann nach wie vor an die Echtheit der Tagebücher, auch hoffte er, die Kollegen beim STERN würden sich hinter ihn stellen. Heidemann ahnte nicht, daß die Hatz des STERN auf ihn längst beschlossene Sache war, daß der STERN nur auf seine Kosten aus dem Tagebuch-Schlamassel herauskommen konnte. Trost erhielt er statt dessen durch die Post — skurrile Absender setzten sich mit dem Tagebuch-Finder in Verbindung.

Ein »Weltbund gegen Geschichtsfälschung« mit Sitz im Hamburger Wesselyring übersandte Heidemann ein Buch mit dem Titel »Wir Paranoiden marschieren über Leichen«. Der Unterzeichner, ein Hauptmann a.D., glaubte an die Tagebücher und nannte acht Punkte, warum »die Hitler-Tagebuchblätter aus folgenden Motiven nicht gefälscht oder erdichtet« sein konnten.(354) Wilfried von Oven, ein alter Begleiter von Joseph Goebbels, wollte Heidemann Spalten in der Länge von acht Schreibmaschinenseiten für eine rechtsradikale Monatsschrift zur Verfügung stellen, da er nach wie vor davon überzeugt war, daß die Tagebücher nicht gefälscht seien.(355)

Am 19. Mai 1983, Heidemann sollte sich noch sieben Tage auf freiem Fuß befinden, erschien Andreas Ruppert im Hamburger Polizeihochhaus. Dort erfuhr der Kripo-Mann Bähr, daß Verlag und Redaktion »zur Aufklärung des (Tagebuch-)Sachverhalts« beitragen werden — jedoch einseitig gegen Heidemann programmiert.(356)

Sowohl für den STERN als auch für die Ermittlungsbehörde schien festzustehen, daß Heidemann Tagebuch-Millionen abgezweigt hatte. Was lag näher, als nach einem geheimen Bankkonto zu fahnden. Voreingenommen spekulierte die Kripo:

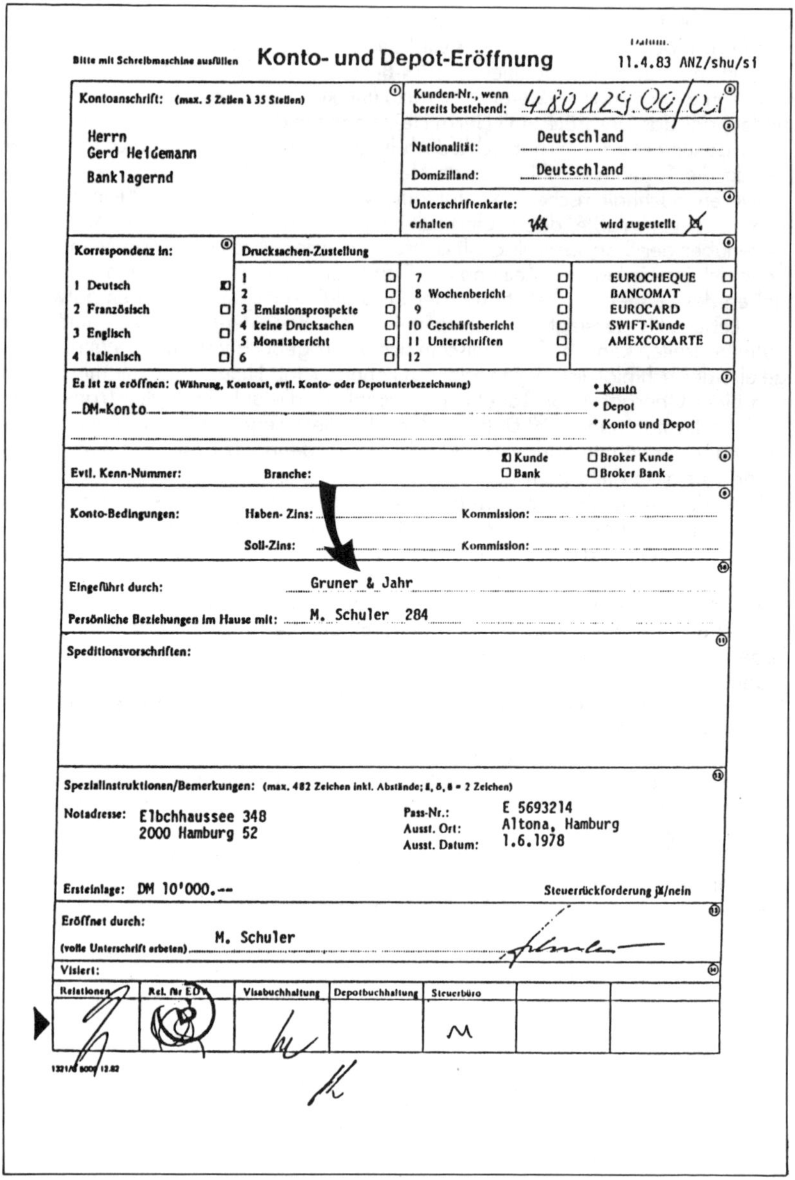

Datum: 11.4.83 ANZ/shu/si

Bitte mit Schreibmaschine ausfüllen **Konto- und Depot-Eröffnung**

Kontoanschrift: (max. 5 Zeilen à 35 Stellen)

Herrn
Gerd Heidemann
Banklagernd

Kunden-Nr., wenn bereits bestehend: 480129.00/01

Nationalität: Deutschland

Domizilland: Deutschland

Unterschriftenkarte: erhalten ☒ wird zugestellt ☒

Korrespondenz in:
1 Deutsch ☒
2 Französisch ☐
3 Englisch ☐
4 Italienisch ☐

Drucksachen-Zustellung
1 ☐
2 ☐
3 Emissionsprospekte ☐
4 keine Drucksachen ☐
5 Monatsbericht ☐
6 ☐
7 ☐
8 Wochenbericht ☐
9 ☐
10 Geschäftsbericht ☐
11 Unterschriften ☐
12 ☐
EUROCHEQUE ☐
BANCOMAT ☐
EUROCARD ☐
SWIFT-Kunde ☐
AMEXCOKARTE ☐

Es ist zu eröffnen: (Währung, Kontoart, evtl. Konto- oder Depotunterbezeichnung)
DM-Konto
• Konto
• Depot
• Konto und Depot

Evtl. Kenn-Nummer: Branche: ☒ Kunde ☐ Bank ☐ Broker Kunde ☐ Broker Bank

Konto-Bedingungen: Haben-Zins: Kommission:
Soll-Zins: Kommission:

Eingeführt durch: Gruner & Jahr

Persönliche Beziehungen im Hause mit: M. Schuler 284

Speditionsvorschriften:

Spezialinstruktionen/Bemerkungen: (max. 482 Zeichen inkl. Abstände; ä, ö, ü = 2 Zeichen)

Notadresse: Elbchhaussee 348
2000 Hamburg 52

Pass-Nr.: E 5693214
Ausst. Ort: Altona, Hamburg
Ausst. Datum: 1.6.1978

Ersteinlage: DM 10'000.--

Steuerrückforderung ja/nein

Eröffnet durch: M. Schuler
(volle Unterschrift erbeten)

Visiert:

Relationen	Rel. für EDV	Visabuchhaltung	Depotbuchhaltung	Steuerbüro		

1321/A 5000 12.82

Schweizer Heidemannn-Konto: *Als Referenz im Beisein Sorges G + J angegeben (Pfeil)*

»Nach einer ersten Auswertung der Bankkonten des Heidemann muß davon ausgegangen werden, daß das von ihm ertrogene Geld nicht auf die hier bekannten Konten geflossen ist«, denn »bei den bekannten Auslandskontakten (Heidemanns) besteht der dringende Verdacht, daß Heidemann das fehlende Geld im Ausland verwahrt«. Als Heidemann verhaftet wurde, da fanden die Beamten eine Visitenkarte der Züricher Handelsbank, womit sofort klar war, daß der Reporter dort nicht nur das Tagebuch-Geld hinterlegt hatte, sondern natürlich unterhielt er zu dem Institut obendrein noch »private Kontakte«.(357) Wurde das Geld gefunden? Mitnichten. Aber das Konto existierte.

Am 11. April 1983 hatte Gerd Heidemann bei der Handelsbank zwei Schließfächer gemietet. Dorthin war der Reporter nicht ohne Grund gekommen: STERN-TV filmte den Tagebuch-Fund, waren doch die Kladden in einem Handelsbank-Tresor eingeschlossen, den Gruner + Jahr angemietet hatte. Thomas Walde hatte Heidemann eingeredet, in der Schweiz nun ebenfalls ein Depot anzulegen, um dort sensible NS-Akten in Sicherheit zu bringen, die mit den Tagebüchern nichts zu tun hatten. Der Augenblick schien günstig: Heidemann erkundigte sich nach den Modalitäten, hatte aber zur Kenntnis zu nehmen, daß die Anmietung der Schließfächer ein Bankkonto voraussetzte. Da Heidemann über dieses nicht verfügte, eröffnete er umgehend eines und zahlte 10.000,- DM ein. Der Heidemann begleitende Wilfried Sorge hatte das alles hautnah miterlebt, zumal Heidemann für die »Konto- und Depot-Eröffnung« als Referenz — ausgerechnet Gruner + Jahr angab. Der Vertrag »über die Vermietung von Schrankfächern« trug dasselbe Datum. Dafür zahlte Heidemann 130 Schweizer Franken.(358) Der Betrag sollte ihm vom Verlag erstattet werden.

Ein halbes Jahr später, selbst die Kripo hatte längst begriffen, daß Heidemann bei der Handelsbank keine Tagebuch-Gelder hinterlegt hatte, präsentierte Jochen Kummer in der BILD nun den alten Hut: »Heidemann: Kripo entdeckte Konto und Safes in der Schweiz.« Die Rufmord-Kampagne des STERN funktionierte mit Hilfe des Boulevardblattes — sogar noch mit Verspätung. Manfred Bissinger werden die Ohren geklungen haben.

Um Heidemann soll es, wie Kummer erfunden hatte, »schlecht« gestanden haben, denn dem nicht gerade geistreichen Fabulierkünstler Kummer kam zwangsläufig ein böser Verdacht auf: »Hat Heidemann noch mehr Schweizer Konten und Safes?«(359) Weil auf dem Konto die 10.000,- DM nach wie vor im Haben standen, Gruner + Jahr von der Kontoeröffnung wußte, mußten, mit einem Fragezeichen, eben andere Banken von Heidemann herbeigeunkt werden. Daß Kujau die Millionen kassierte, auf diese Idee war noch niemand gekommen, zum damaligen Zeitpunkt spielte der ohnehin noch eine andere Rolle: nicht Kujau war in Tagebuch-Verdacht geraten, sondern vorübergehend die anonyme Fälscherwerkstatt der DDR.

Werner Maser, selbsternannter Hitler-Forscher, zeigte in den Medien mit dem Finger auf namenlose Falsifizierungskünstler in der DDR, obwohl er diesen Apparat bis heute noch nicht kennt, geschweige denn auch nur den Namen eines Akteurs im Kopf hat. Und auch Henri Nannen ging aus Gründen der Bequemlichkeit anfangs davon aus, Ost-Berlin hätte dem STERN die Tagebücher eingebrockt. Die WELT meldete: »Nach Überzeugung des STERN-Herausgebers ist die Angelegenheit von der DDR inszeniert worden.« Kujau sei lediglich der Mittelsmann gewesen, spekulierte die WELT: »Es wird vermutet, daß er sich in einem Ostblock-Land aufhält.«(360) Doch Heidemanns Partner hatte sich ganz woandershin abgesetzt: nach Österreich. Kujau hatte mit Absicht die Flucht ergriffen.

FD 724

Hamburg, den 7.6.1983
NA: 8811

Vermerk:

Nach einer ersten Auswertung der Bankkonten des Heidemann muß davon ausgegangen werden, daß das von ihm ertrogene Geld nicht auf die hier bekannten Konten geflossen ist. Auch nach einer vorläufigen Auflistung der von Heidemann getätigten Barzahlungen, die vermutlich mit dem Geld vorgenommen wurden, welches er für den Ankauf der Tagebücher erhielt, da entsprechende Abbuchungen / Abhebungen von seinen bekannten Konten nicht feststellbar sind, fehlt ein Nachweis für einen erheblichen Teil der empfangenen Geldèr.
Bei den bekannten Auslnadskontakten des Beschuldigten bestoht der dringende Verdacht, daß Heidemann das fehlende Geld im Ausland verwahrt.

In diesem Zusammenhang wurde hier bekannt, daß Heidemann Kontakte zur "Handelsbank N.W." in CH-8022 Zürich, Talstraße 59, haben muß, da in seiner Wohnung zwischen Reiseunterlagen eine Visitenkarte eines Meinrad SCHULER von der o.g. Bank gefunden wurde.
Kopie der Visitenkarte auf Bl. d.A. Das Original ist hier unter IV A 54 b asserviert.

Hier ist bekannt, daß Gruner + Jahr AG & Co. die angekauften Tagebücher bei der Handelsbank N.W. in Zürich, Talstr. 59, bis zum 18.4.1983 in angemieteten Schrankfächern verwahrte.

Es ist zu vermuten, daß Heidemann zum o.g. Bankinstitut private Kontakte unterhält und dort Kontoinhaber und / oder Schrankfachmieter ist.

Kripo-Voreingenommenheit: *Bereits im Vorfeld der Ermittlungen Heidemann »ertrogenes Geld« unterstellt (Pfeil)*

Sechs Stunden vor dem Tagebuch-Aus am 6. Mai 1983 wurde Gerd Heidemann, der zu diesem Zeitpunkt im Münchner Sheraton Hotel schlief, geweckt. Gegen 7.30 Uhr klingelte das Telephon. Am Apparat war Konrad Kujau, den Heidemann bis dahin nur unter Konrad Fischer kannte. Tags zuvor bat Heidemann Kujaus Lebensgefährtin Lieblang, ihn in der bayerischen Metropole zurückzurufen. Heidemann war etwas aufgefallen:

Die Hitler-Schrift, so stellte der aus dem Schlaf gerissene STERN-Reporter seinem Gesprächspartner gegenüber fest, »sieht immer ein bißchen anders aus«. Er benötigte unbedingt endlich zusätzliche Vergleichsschriften, »irgendetwas, wo eine Schrift drauf ist, die aus einer anderen Quelle stammt« und nicht aus der abgestürzten Führer-Maschine bei Börnersdorf. Kujau: »Ja, gut, kann ich machen.« Dann kam Kujau noch auf die von ihm kassierten Tagebuch-Millionen zu sprechen, »jetzt kommt ooch das Finanzamt« auf ihn zu (»Du, ich bin fertig«), hatte Kujau Probleme mit den Journalisten, die inzwischen hinter ihm her waren. Vor allem Stefan Aust blieb ihm auf den Fersen. Kujau wollte ihm und den anderen aus dem Wege gehen, nach Dresden fahren (»Jetzt hol' ich mir 'ne Aufenthaltsgenehmigung für zwei Tage«), denn »meine Schwester will sich uffhängen«, außerdem befände sich sein Bruder Heinz Fischer, der angebliche Tagebuch-Schmuggler in der DDR, auf Rügen, und den er, Kujau, unbedingt sprechen wollte, an ihn freilich nicht so leicht heranzukommen glaubte: »Das ist ja schlimmer wie früher bei der Gestapo.«(361) Die nächsten 72 Stunden war Konrad Kujau verschwunden. Am 9. Mai rief er Heidemann in dessen Wohnung an. In Prag wollte Kujau inzwischen eingetroffen sein. Längst hatte Michael Seufert mit Gerd Heidemann eine Kujau-Strategie abgesprochen:

Der Reporter hatte, falls Konrad Kujau sich wieder melden sollte, ihm nicht zu verraten, daß der STERN inzwischen seinen richtigen Namen kannte, Kujau aber nach Möglichkeit auszufragen und ihn »irgendwo hin(zu)locken, wo ihn STERN-Reporter in Empfang nehmen konnten«.(362) Heidemann erklärte Kujau, daß er nunmehr als Tagebuch-Fälscher angesehen werde (Kujau: »Ach, du je«), daß der STERN gegen ihn eine Strafanzeige zu stellen beabsichtige (Kujau: »Ach, du je«), daß sich die Zeitungen bereits auf ihn eingeschossen hätten (Kujau: »Ach, du je«). Dann fragte Heidemann: »Was hast du da bloß gemacht?« Kujau: »Ich kann doch nichts dafür.« Wo die »Bücher her« seien, wollte Heidemann wissen (Kujau: »Die sind aus der DDR, Mensch.«). Heidemann begann, den Glauben an Kujau zu verlieren: »Aber die sind doch nicht da her.« Kujau laut: »Mensch, die sind aus dem Flugzeug.« Dann wollte Heidemann, den Auftrag Seuferts im Hinterkopf, wissen, wo sich sein Tagebuch-Partner aufhalte. Kujau umging die Frage, Heidemann bohrte nach: Ob er aus der DDR anriefe? Kujau: »In der Nähe von Prag steck' ich.«

Heidemann war, wie er Kujau gestand, »verzweifelt«, denn daß die Tagebücher gefälscht sein sollten, konnte er »einfach nicht kapieren« (Kujau: »Das kann's nicht geben«): »Kannst du dir vorstellen, wer so etwas gefälscht hat?« Kujau wiegelte ab: In der DDR sei »keiner mehr für mich zuständig, keiner will mit mir reden«.

Heidemann beschwor Kujau, ihm behilflich zu sein, »hinter die Fälschungsgeschichte zu kommen«: »Das ist die einzige Rettung.« Kujau: »Ich glaub' das nicht.« Heidemann hatte dunkle Vorahnungen: »Wir müssen damit rechnen, daß wir sofort ins Gefängnis müssen« (Kujau: »Ach du Scheiße«), wäre es gar nicht so einfach, jetzt zu beweisen, daß »wir gelinkt worden sind« (Kujau: »Ach du Scheiße«), würde inzwischen bereits mit Kujau-Photos gehandelt (Kujau: »Ach du Scheiße«).

Händeringend bat Heidemann, Kujau möge endlich die Karten auf den Tisch

FD 724 Hamburg, den 16.5.1983
NA: 8811

V e r m e r k:

Am 14.5.1983, gegen 23.30 Uhr, bat Herr Kujau darum, mit seiner Lebensgefährtin Frau Lieblang telefonieren zu dürfen.
Dieses wurde zunächst von Herrn StA Klein abgelehnt.
Dann bat Herr Kujau darum, daß ich mit Frau L. sprechen sollte, um ihr mitzuteilen, daß er (Kujau) gut in Hamburg angekommen sei.
Ich wählte zunächst die von Herrn Kujau genannte Telefonnummer. Es meldete sich eine Frau, die aber nicht ihren Namen nannte. Ich verlangte dann Frau Lieblang sprechen zu können. Unmittelbar danach meldete sich dann eine Frau mit Lieblang am Telefon.
Sie erklärte sich sofort ungefragt bereit nach Hamburg zu kommen, um Aussagen bei der Polizei zur Sache zu machen.
Als Vernehmungstermin wurde der 17.5.1983 vereinbart.
Danach sprach Herr Klein mit Frau Lieblang. Sodann gestattete Herr Klein, daß Herr Kujau mit Frau Lieblang sprechen könne. Beide Personen hatten sich vorher bereiterklärt, daß Herr Klein das Gespräch mithört.
So wurde es dann auch durchgeführt.

Der Anschlußinhaber der von Kujau genannten Telefonnummer konnte noch nicht ermittel werden.
Die Vorwahl ist für das Ortsnetz Dornbirn/Österreich ausgegeben.

Herr Kujau überreichte mir nach diesem Gespräch einen Zettel, auf dem er notiert haben will, wieviel Geld er von Heidemann bekommen hat und wieviel Heidemann ihm noch für Orden und Uniformen schuldet.

Kujau-Denunziation *(Kripo-Vermerk): »Kujau überreichte einen Zettel, auf dem er notiert haben will, wieviel Geld er von Heidemann bekommen hat«*

legen, seinen Bruder namentlich benennen, zugeben, daß dieser die Tagebücher in den Westen geschafft hatte, hatte Heidemann fast drei Jahre lang die Märchen Kujaus geglaubt: »Du hast mich so sicher gemacht mit dem ganzen Drumherum, was noch alles dazugehörte — die ganzen (Hitler-)Bilder. Man kann sich ja auch kaum vorstellen, daß einer Hunderte von Bildern fälscht und Gedichte schreibt und Skulpturen macht und Mützen hat und Helme, und was weiß ich alles, und außerdem noch sechzig Bücher fälscht« (Kujau: »Hach, ja, ja...«). Heidemann appellierte, vergeblich: »Versuch', die Wahrheit herauszukriegen.« Kujau: »Ja.«

Heidemann hielt Kujau vor, »alle ins Unglück gestürzt« zu haben, die Chefredakteure seien bereits zurückgetreten (»Der STERN kann bald einpacken«), »meine Tochter kann nicht mehr in die Schule gehen« und er, Heidemann, sich »im Grunde eine Kugel in den Kopf schießen«, schließlich: »Ich kannte nur dich — das glaubt mir kein Mensch« (Kujau: »Mensch«).[363]

Am Nachmittag gegen 15 Uhr kamen Walde, Leo Pesch und Gerhard Kromschröder in Heidemanns Wohnung. Sie hörten sich die Kassette an und waren einhellig der Meinung, daß Kujau mit Heidemann ein falsches Spiel trieb. Freilich nur kurzfristig. Zu dieser Stunde hatte Henri Nannen just seine Strafanzeige diktiert, an diesem 9. Mai 1983 wurde beschlossen: Gerd Heidemann hatte für den STERN geopfert werden müssen. Einige Stunden später ging Kujau, der nicht aus Prag angerufen hatte, sondern aus St. Gallen in der Schweiz, seelenruhig spazieren: im österreichischen Dornbirn, rund fünf Kilometer von Bregenz am Bodensee, St. Gallen lag zwanzig Kilometer entfernt. Dort lebten die Eltern von Kujaus Zweit-Geliebter Maria Modritsch, Kujaus Lebensgefährtin Edith Lieblang bezeichnete die Reise nach Dornbirn als »Flucht«, hatte »das Quartier ... Herr Kujau ausgesucht«, war er angeblich »praktisch nur wegen der Pressevertreter/Reporter geflüchtet«.[364]

Kujau wohnte mit Modritsch zuerst im Hotel Krone, als — einen Tag später — auch Edith Lieblang nachreiste, die bei ihrem Arbeitgeber Hochland bis zum 30. Mai offiziellen Urlaub genommen hatte, zogen sie in die Pension Andreas Hofer, zwischendurch nächtigten sie in der Wohnung der Modritsch-Eltern. Zuvor hatte sie Kujaus Koffer gepackt: Hosen, Lederjacke, einen Anzug, Hemden, Unterwäsche und Schuhe.[365] Das reichte für einen langen Aufenthalt, Geld war reichlich vorhanden. Kujau war am 7. Mai mit Maria Modritsch zu deren Eltern gefahren, Edith Lieblang traf einen Tag später ein, gegen 13 Uhr.[366] Mit dem Wagen von Modritsch passierte das Trio, am 9. Mai, die Grenze zur Schweiz, parkte in St. Gallen. Jetzt waren sie etwa zwanzig Kilometer von Dornbirn entfernt. Gegen zwölf Uhr, so erinnerte sich Lieblang, sei Kujau in die Telephonzelle gegangen, um mit Heidemann zu telephonieren.[367] Ohne Frage war Konrad Kujau nicht ziellos im Schweizer Bankenparadies eingetroffen, sondern St. Gallen muß auf Kujau wie ein Magnet gewirkt haben, denn dort konkurrieren mindestens zwanzig Geldhäuser miteinander. Zumindest in einem Institut war Konrad Kujau eingekehrt: in der Bank für Tirol und Vorarlberg AG in Dornbirn. Hat er hier einen Teil der Tagebuch-Millionen eingezahlt, was nicht nur in der Schweiz ohne Nennung des Namens möglich ist, sondern auch seit Jahren in Österreich praktiziert wird?[368] Die Hamburger Staatsanwaltschaft wäre gut beraten gewesen, mit Hilfe des Bundeskriminalamtes Nachforschungen zu initiieren. Aber genau das ist nicht getan worden. Grundlos? Mit Sicherheit hat Konrad Kujau den Ausflug nach St. Gallen nicht unternommen, um mit seinen Frauen Kaffee zu trinken und Heidemann in Hamburg anzurufen. Auffällig war aber noch etwas anderes:

Konrad Kujau hatte sich eine Woche lang im deutsch-österreichisch-

PD 724

Hamburg, den 16.5.1983
NA: 8811

Vermerk:

Weiterhin ungefragt machte Herr Kujau auf der Fahrt nach Hamburg folgende Angaben zu den Vermögensverhältnissen von Herrn Heidemann:

Herr Heidemann soll seine Yacht Carin II mit sechs aus Polen kommenden Facharbeitern restauriert haben.
Er soll sich in Spanien ein oder zwei Villen im Wert von jeweils über DM 500.000,-- bzw. bis DM 500.000,-- gekauft haben.
Nach Herrn Kujau hat Heidemann angeblich das gesamte Foto-Archiv des Hitler-Fotografen Hoffmann für mehrere Millionen DM von Hoffmann jun. gekauft haben.
Weiterhin soll Herr Heidemann bei "jeder Versteigerung" gewesen sein und hier oftmals Rechnungen über 8o - 9o.000,-- DM für den Ankauf von Gegenständen aus der NS-Zeit bezahlt haben. Z.B. soll H. mehrere Mützen aus der NS-Zeit zum Stückpreis von ca. 12 - 14.000,-- DM ersteigert haben.
Bei der Fa. HISTORIKA-MÜNCHEN hat H. angeblich nach Angaben von Herrn Kujau ein Ölgemälde von Herrmann Göring gekauft.

Zug.: Klein, StA
Dittmann, KHM

Holst

Kujau-Denunziation *(Kripo-Vermerk): Heidemanns Spanien-Häuser auf über eine Million aufgestockt* schweizerischen Grenzgebiet aufgehalten. Am 14. Mai ließ er sich freiwillig am Grenzübergang Lindau festnehmen. Edith Lieblang blieb noch zwei Tage, sie kehrte erst am 16. Mai in die Bundesrepublik zurück, zusammen mit Maria Moditsch.(369) Kujau hatte also tagelang Zeit, sich zu überlegen, wo er die Tagebuch-Gelder, in welcher Höhe auch immer, deponieren könnte. Drei Tage nach Lieblangs Rückkehr wurde in der Stuttgarter Rotenbergstraße ihr BMW 321i mit dem amtlichen Kennzeichen LB-JE 151 von dem Abschleppunternehmen Groß in die Garage des baden-württembergischen Landeskriminalamtes gebracht. Der Kriminalkommissar Wittmann hielt penibel fest: Lieblang habe »im Zuge einer Vernehmung erklärt, daß sich im PKW ca. 25.000,-- Bargeld und Schmuck von größerem Wert befinde«.(370) Die Durchsuchung förderte Währungen aus der Schweiz, Österreich und der Bundesrepublik zutage: 27.511,- DM, 16.732 Schillinge, Franken- und Rappen-Münzen. Freiwillig hatte Lieblang der Kripo in Hamburg, sie war zur Vernehmung in die Hansestadt gekommen, das Geldversteck nicht preisgegeben, sondern die kluge Frage nach ihrem Wagen wird wohl ausnahmsweise der Staatsanwalt Klein gestellt haben. Hätte er das nicht getan, mit Sicherheit hätte Kujaus Gefährtin den Hinweis auf die weinrote Ledertasche und den Plastikbeutel mit Schmuck unterlassen.

Die »Notgroschen« sollten Kujaus Frauen über die nächsten Wochen hinweghelfen, denn Kujau saß seit fünf Tagen in Untersuchungshaft und ging einstweilen von nur einem vorübergehenden Arrest aus. Der Staatsanwalt Dietrich Klein war persönlich an den Bodensee gereist, um Konrad Kujau in Empfang zu nehmen. Diese Dienstreise wird er als schöne Abwechslung und Erleichterung verstanden haben, denn die vergebliche Suche nach Kujau war längst in eine Posse ausgeufert, dabei hatte sich wieder einmal herausgestellt, daß der STERN zumeist nicht nur redaktionell hinter der Konkurrenz herhinkte, sondern selbst die Aufklärung der Tagebuch-Hintergründe Mitbewerbern überlassen mußte:

Der Panorama-Redakteur Stefan Aust, ein Recherchierwunder bei halbseidenen Themen, rief am 9. Mai 1983 bei der Stuttgarter Kripo an: Bei dem »Zwischenhändler in Sachen 'Hitlers Tagebücher'«, so informierte er einen Beamten namens Löw, handele es sich um einen »Konrad Fischer bzw. Konrad Kujau«, der in der Stuttgarter Schreiberstraße 22 über einen »Military-Laden« verfüge, »lediger Kaufmann« und im sächsischen Löbau geboren sei. Aust unterrichtete den staunenden Staatsdiener, daß über diesen Mann bereits sechzehn strafrechtliche Einzelvorgänge vorlägen. An seinem »Klingelschild« sei die »Bezeichnung Militaria« angebracht, »in einem Briefkasten ohne Namensschild liegt ein Zettel mit der Anschrift an Herrn Kujau«. Im übrigen sei Kujau wohnhaft in Bietigheim-Bissingen. Das Kripo-Protokoll aber blieb trotzdem mißtrauisch: »Aus zeitlichen Gründen konnte dieses Ergebnis noch nicht eingesehen werden, so daß die Person noch nicht eindeutig feststeht, d.h. es kann noch nicht verbindlich gesagt werden, ob der Name Fischer oder Kujau richtig ist.«(371) Was der clevere Stefan Aust preisgab, bestätigte — aber erst einen Tag später — auch der abgeschlagene Michael Seufert. Der Ermittlungsvermerk der Kripo Hamburg hielt den Informationsstand des STERN fest:

Der STERN habe festgestellt, verkündete Seufert nicht ohne Stolz, daß der Tagebuch-Lieferant nicht Konrad Fischer heiße, sondern Konrad Kujau. Der hätte »eine Jugoslawin namens 'Maria' als Sekretärin beschäftigt«.(372) Die Kujau-Details des STERN waren umwerfend, es schien, Stefan Aust habe beim STERN abgeschrieben, denkbar freilich auch, der STERN habe Informationen von Aust bezogen. Ob der STERN, Aust oder jemand anderer — irgendwer hatte Kujaus

Heidemann-Vollstrecker Dietrich Klein: *»Grimms Märchen erzählt«*

Haus in Bissingen erstürmt, den Briefkasten geleert, möglicherweise in Schubladen gewühlt, in Schränke geguckt und so unkompliziert die Biographie des Konrad Kujau aufhellen können. Die Kriminalpolizei war es nicht gewesen.

Der 29jährige Kfz-Mechaniker Gerhard Thiele wohnte in Bietigheim-Bissingen, gegenüber vom Haus Kujaus. Am Sonnabend, dem 7. Mai 1983, bemerkte er gegen neun Uhr, »wie dort die Alarmanlage, welche auf dem Dach montiert ist, anging«. Es handelte sich um eine »rote Rundumleuchte«. Anfangs machte sich Thiele keine Gedanken, »da diese Rundumleuchte schon öfters ohne Grund ansprang«, doch gegen 13 Uhr fiel ihm ein silbergrauer BMW mit Hamburger Kennzeichen auf, der vor Kujaus Haus stand. Thiele: »Im Fahrzeug befanden sich zwei Männer im mittleren Alter.« Diese klingelten an der Wohnungstür. Es machte niemand auf. Dann durchsuchten sie den Mülleimer von Kujau, den Thiele stets mit »Herr Doktor« anredete. Schließlich fuhren sie wieder weg. Doch eine Viertelstunde später war der BMW wieder da, parkte diesmal »ca. 30 m vom Haus entfernt«. Einer der beiden Männer stieg aus, klingelte erneut an der Haustür. Abermals blieb ihm die Tür verschlossen. Thiele dachte sich immer noch nichts dabei. Erst gegen 18 Uhr wachte er auf. Er bemerkte, daß die Alarmanlage abgeschaltet war und »daß in der Wohnung ein Rolladen verändert wurde«.

Einen Tag später, am Sonntag gegen neun Uhr, entdeckte Thiele einen roten Passat mit dem Kennzeichen BAD-M 836. Thiele: »Ein schlanker, 185 cm großer, etwa 35 Jahre alter Mann stieg aus und klingelte an der Haustüre.« Vergeblich. Der Unbekannte fuhr daraufhin »ca. 30 m vom Eingang weg und parkte«. Drei Stunden lang blieb er ausdauernd im Passat sitzen. Eine halbe Stunde später machte der Kujau-Nachbar einen weißen Ford Sierra aus. Thiele erinnerte sich nur an die ersten Buchstaben des Kennzeichens (»KL«), kam ihm aber ein Gesicht nicht fremd vor: »Eine dieser Personen war bereits am Samstag mit dem BMW da«, eine von ihnen »klingelte an der Wohnungstüre«. Als niemand aufmachte, »nahm der Mann aus dem VW aus dem Briefkastenschlitz des Dr. Kujau einen Brief heraus«, der aber nach Durchsicht zurückgesteckt wurde. »Der Mann aus dem VW«, so Thiele, schien nicht genug Informationen erhalten zu haben. Gegen Mittag kreuzte er abermals auf, leerte den inzwischen abermals gefüllten Briefkasten ein zweites Mal, legte die Post auf den Boden und photographierte sie. Als abends der Interessierte immer noch um das Kujau-Domizil herumschlich, verständigte Thiele die Polizei, die sich daraufhin die Papiere des Fremden zeigen ließ. Einen Tag später, am Montag, las Thiele sodann die BILD, jetzt wußte er, warum sich die Unbekannten für Kujau interessierten: auf der Titelseite prangte das Photo seines Nachbarn.(373)

Der staatliche Ermittlungsapparat wurde vollgepumpt mit Kujau-Mitteilungen. Und als erst ein Kujau-Bild in der BILD veröffentlicht war, drohte die Hamburger und Stuttgarter Kripo über dem nun auf sie hereinbrechenden Arbeitsanfall zusammenzubrechen, denn verzweifelt wurde nach dem abgetauchten Kujau gefahndet. Vor allem die Kollegen in Baden-Württemberg mußten Überstunden machen. Als ein besonders zeitraubender Vorgang sollte sich die Szene in einer Stuttgarter Kneipe herausstellen: der Angehörige der Landespolizeidirektion Stuttgart II, Scholz, telephonierte mit dem Mitarbeiter Brestrich vom Landeskriminalamt Baden-Württemberg, der wiederum unentwegt mit einem von der Landespolizeidirektion Stuttgart I.

Ein anonymer Anrufer teilte mit, daß er häufig Gast im Lokal »Kleines Eck« (oder: »Scharfes Eck«) gewesen sei. Dort habe er beobachten können, »wie sich eine beschäftigte Animierdame namens Skok mit dem derzeit gesuchten Fischer

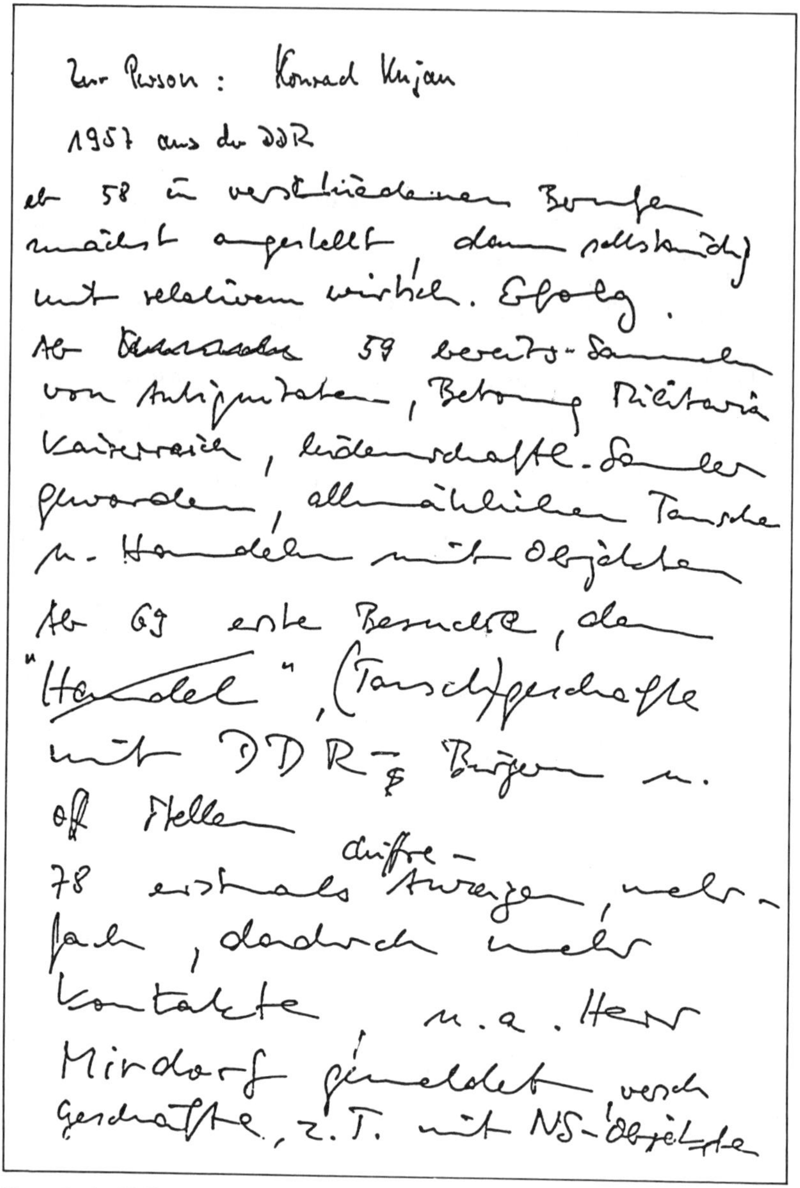
Zur Person: Konrad Kujau
1957 aus der DDR
ab 58 in verschiedenen Berufen
zunächst angestellt, dann selbständig
mit relativem wirtsch. Erfolg.
Ab ~~[illegible]~~ 59 bereits Sammeln
von Antiquitäten, Betonung Militaria
Kaiserreich, leidenschaftl. Sammler
geworden, allmählichen Tausche
u. Handeln mit Objekten
Ab 69 erste Besuche, den
"~~Handel~~" (Tausch)geschäfte
mit DDR-Bürgern u.
öff Stellen
78 erstmals chiffre-Anzeigen, mehr-
fach, dadurch mehr
Kontakte u.a. Herr
Mirdorf gemeldet, versch
Geschäfte, z.T. mit NS-Objekten

Handschriftliches Resümee *(Kleins nach Kujaus Festnahme): »Keine neun Millionen erhalten«*

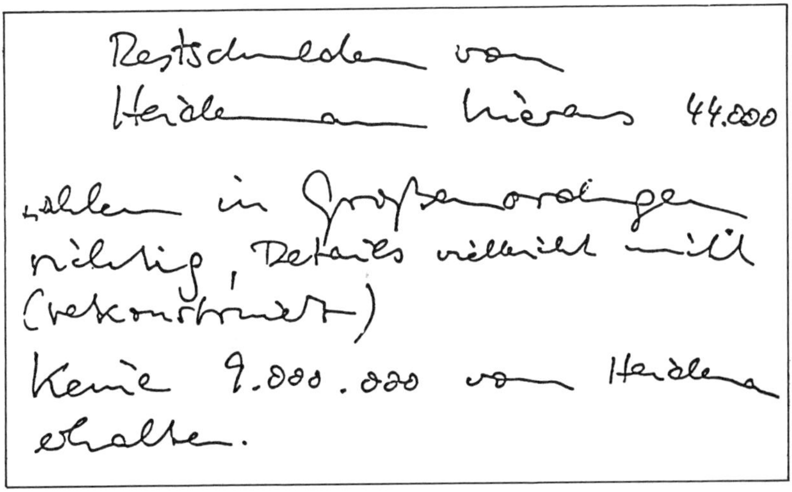
Restschulden von
Heidemann an hieraus 44.000
Zahlen in Größenordnungen
richtig, Details vielleicht nicht
(rekonstruiert)
Keine 9.000.000 von Heidemann
erhalten.

(genannt: »der General«) unterhalten habe«. Die Skok könne Näheres enthüllen, die Polizei müsse lediglich ins Telephonbuch sehen, dort stünde sie unter »Skok, Marija«.(374) Doch nicht nur Konrad Kujau wurde plötzlich erkannt, sondern selbst Edith Lieblang und/oder Maria Modritsch gerieten ins Denunzianten-Fadenkreuz.

Auf der Wache am Stuttgarter Arnulf-Klett-Platz erschien ein simpler »Bürger«. Er enthüllte: Er habe »die Lebensgefährtin des Herrn Kujau mit einem bärtigen Mann sitzen« sehen. Sofort schwärmte ein Polizeikommando aus, um die Verdächtigen zu überprüfen. Anfangs verlief die Sache noch negativ. Der Polizeimeister Wannenwetsch aber bemerkte, als er die Kneipe verließ, »daß auf der anderen Straßenseite soeben eine Frau einstieg, in einen (Daimler Benz) der 3 oder 4 Liter Klasse, Kennzeichen: S-ES 8704, auf die die Beschreibung zutraf«. Der Halter wurde ausgemacht und die Adresse unter dem Stichwort »gefälschte Hitlertagebücher« an die Landespolizeidirektion Stuttgart II (PR Innenstadt) weitergereicht.(375) Konrad Kujau, Edith Lieblang und Maria Modritsch aber befanden sich währenddessen in Sicherheit. Das Gespann wird sich zu diesem Zeitpunkt, im österreichischen Dornbirn, überlegt haben, wie es heil aus dem Tagebuch-Schlamassel herauskommen könnte. Kujau wollte einen Deal mit dem Hamburger Staatsanwalt Dietrich Klein einfädeln, was beinahe geklappt hätte — wenn der Haftbefehl gegen ihn nicht bereits unterschrieben gewesen wäre.

Klein war nach Bietigheim-Bissingen gereist. Das Haus Kujaus ließ er auf den Kopf stellen. Da meldete sich plötzlich ein Überraschungsgast: Kujaus erster Verteidiger. Dieser bot an: sein Mandant erwäge, sich zu stellen — »sofern er anschließend nicht in Untersuchungshaft genommen werde«. Doch der Staatsanwalt aus dem kühlen Norden klärte auf: ein derartiges Geschäft könne nicht zustande kommen, da »wegen der Existenz des Haftbefehls die vorgeschlagene Verfahrensweise nicht möglich« sei (Klein). Kujaus Rechtsbeistand verließ die Räumlichkeiten, um in seine Kanzlei zurückzufahren. Von dort aus rief er Kujau in Österreich an. Staatsanwalt und Anwalt hatten sich zuvor auf einen Kompromiß geeinigt: Klein solle mit Kujau selbst verhandeln. Sein Mandant, so beschied der Jurist,

Kripo-Beschlagnahmung *(in Kujaus Haus): »Zehn Prozent«*

Kripo-Beschlagnahmung *(in Kujaus Militaria-Geschäft): »Unwahrscheinlich«*

werde ihn — in seiner zu durchsuchenden Wohnung — anrufen. Lange mußte der Hamburger Beamte nicht warten.

Klein und der Tagebuch-Vermittler Kujau, als Tagebuch-Fälscher war er noch nicht ausgemacht, diskutierten. Klein blieb hart: keine Haftverschonung. Kujau bat um Bedenkzeit. Dann rief er erneut zurück. Abermals mußte er überlegen. Schließlich erklärte Kujau sich bereit, sich trotz vorgesehener Untersuchungshaft freiwillig zu stellen. Der Grenzübergang Lindau war als Treffpunkt vereinbart worden. Um 8.30 Uhr sollte Klein Kujau in Empfang nehmen können.(376) Kujau traf mit zwölf Minuten Verspätung ein. Dort hingefahren wurde er von dem Vater seiner Gelegenheits-Geliebten Maria Modritsch.

Nach der »erfolgten Festnahme und Sachbearbeitung durch Grenzpolizeistation Lindau-Autobahn« (Kripo-Vermerk) kam Kujau in die Obhut Dietrich Kleins.(377) An diesem Tag, dem 14. Mai 1983, einem Sonnabend, plauderte Konrad Kujau auf der Fahrt nach Hamburg in einem »Dienst-Fahrzeug« (Klein) über Gerd Heidemann, den STERN und die Tagebücher. Die Fahrt quer durch Deutschland, die Hausdurchsuchung hatten Klein müde werden lassen. Soviel Hektik war für ihn bislang ungewohnt. Schläfrig hörte Klein dem wachen Kujau zu. Nach Gerd Heidemann hatte nun auch der Staatsanwalt hinzuzulernen: die Märchenwelt des Konrad Kujau klang nicht nur ausgesprochen authentisch, sondern seine Verdrehungen obendrein sogar schlüssig. Unaufmerksam notierte Klein, auf neun Seiten, was Kujau andiente. Es waren, was auch sonst, ausschließlich Geschichten aus Tausendundeiner Nacht:

Kujau habe »in verschiedenen Berufen« gearbeitet, sei »zunächst angestellt« gewesen, »dann selbständig mit relativem .. Erfolg«. Zwar verfügte Kujau über kein Geld, trotzdem will er ab »1959 bereits Sammler von Antiquitäten« geworden sein, zehn Jahre später habe er erste »Tauschgeschäfte mit DDR-Bürgern« abgewickelt, die Hitler-Tagebücher habe er 1979 in Dresden über einen Mann namens Mirdorf bezogen. Da er, Kujau, die Sütterlinschrift Adolf Hitlers nicht habe entziffern können, sei er mit der ersten Kladde »zur Überprüfung zu (Fritz) Stiefel« gefahren, der sodann »Kontakt mit (August) Priesack in München aufgenommen« habe, der seinerseits schaltete nun den Historiker »Prof. (Eberhard) Jäckel in Stuttgart ein«. Kujau: Jäckel und Priesack hielten Hitlers Vermächtnis für echt. Dann fiel Kujau über Gerd Heidemann her:

Für jedes Buch seien ihm von dem STERN-Reporter lediglich 40.000,- DM gezahlt worden. Zehn Prozent kassierte Heidemann, zehn er selbst. Als der Tagebuch-Nachschub stockte, habe Heidemann mit dem Tagebuch-Entdecker namens Mirdorf in der DDR Kontakt aufgenommen. Kujau, laut Klein: »Heidemann sagte, daß er 3x in der DDR war u. Bücher von Mirdorf erhalten« habe. Der Staatsanwalt resümierte daraufhin völlig unmotiviert: »Schilderungen von Heidemann klingen unwahrscheinlich.« Insgesamt will Konrad Kujau von Heidemann nur 2.312.000,- DM erhalten haben, hätte Heidemann ihm gar noch 44.000,- DM geschuldet. Klein wußte sofort Bescheid. Er protokollierte: »Kujau habe keine 9.000.000 von Heidemann erhalten«.(378) Kujaus Fabeln hinterließen auf den überanstrengten Staatsanwalt Eindruck, er glaubte Kujau jedes Wort. Später quittierte der Tagebuch-Fälscher die Arglosigkeit des Kujau-überforderten Staatsanwaltes: Damals habe er ihm »Grimms Märchen« erzählt.(379) Gerd Heidemann, so wird sich der interessierte Klein gedacht haben, habe seinen Arbeitgeber betrogen, zumal der STERN sich emsig abmühte, kein Entlastungsmaterial herbeizuschaffen, sondern vielmehr an der Vorbereitung der Anklageschrift interessiert war.

FD 724

Hmb., d. 14. 5. 83

Az.: 724/ 3353 /83

K u r z b e r i c h t zum Haftbefehl K u j a u -
Az.: 141 Js 279 /83 der StA Hamburg, wegen Verdachts des Betruges

Der mit oben gen. Haftbefehl gesuchte

Kaufmann
Konrad Paul K u j a u,
geb. 27. 6. 38 in Löbau /Sachsen,
wohnh. 712o Bietigheim-Bissingen,
Im Friederikele 10,

erschien heute, um o8.44 Uhr aus Österreich kommend, am Grenzübergang Lindau - Autobahn, um sich deutschen Ermittlungsbehörden zu stellen.
Herr K u j a u befand sich in Begleitung seiner Rechtsanwälte G e i d e l und S c h u l z und war, wie von diesen angekündigt, in deren PKW ES - HA 5139 zum Grenzübergang gekommen.

Nach erfolgter Festnahme und Sachbearbeitung durch Grenzpolizeistation Lindau - Autobahn, SB K e t t l e r, wurde Herr K u j a u StA K l e i n der StA Hamburg/Abt. 14, übergeben.

Herr K u j a u wurde mit Dienst - Kraftfahrzeug zur FD 724 Hamburg gebracht und von dort über ED der Untersuchungshaftanstalt Hamburg zugeführt.

Zug.: Klein, StA
Holst, KOK

(Dittmann)

Kujau-Festnahme-Protokoll *(der Kripo): »Sieh zu, daß du mit Fischer vertraut wirst«*

Da sandte die Rechtsabteilung Gruner + Jahrs der Kripo eine Mietwagenrechnung aus Spanien (»ausgestellt auf Gina Gustav«),[380] da wurde »ein Block Fotokopien, die angeblich Kujau an Heidemann gegeben hat«, ins Polizeihochhaus transportiert,[381] da kamen STERN-Recherchen in Spanien und Südamerika auf den Kripo-Tisch. Jeden Tag telephonierten STERN, Staatsanwaltschaft und die Kripo. Tag für Tag wurden Kripo-»Vermerke« diktiert, STERN-Post ins Polizeihochhaus geschickt, Treffen zwischen Ermittler und Redaktion gehörten längst zum Alltag. Gerd Heidemann, so schien es sich herauszukristallisieren, habe nicht nur den Verlag begaunert, sondern auch den unschuldigen Konrad Kujau übers Ohr gehauen. Heidemann, so vermuteten die Akteure, sei ein Krimineller. Und daß er Kujau nur als Fischer kannte, wollte ihm nun auch niemand mehr glauben.

Gerd Heidemann lernte Konrad Kujau, der sich dem Reporter als Fischer vorstellte, Ende Januar 1981 kennen. Fischer/Kujau wohnte in Ditzingen im Gebersheimer Weg 32. Heidemann kam unangemeldet, seinen bevorstehenden Besuch kündigte er von einer gegenüberliegenden Telephonzelle an, denn »überfallartig an der Haustür klingeln wollte ich nicht« (Heidemann).[382] Fischer/Kujau meldete sich mit »Lieblang«. In zwei Minuten, so überraschte Heidemann, könne er bei ihm sein. Inzwischen hatte heftiges Schneetreiben eingesetzt. Große Flocken »schmolzen auf meinen Brillengläsern und verdeckten mit die Sicht«, erinnerte sich Gerd Heidemann: »Ich nahm die Brille ab und steckte sie unter den Wintermantel in die Brusttasche meines Jacketts.«[383] Dann klingelte Heidemann an der Haustür.

»Was stand da für ein Doppelname neben der Klingel?« fragte sich Heidemann. Er holte erneut seine Brille hervor und wollte die naßverschmierten Gläser trockenreiben. Den Namen »Lieblang« konnte er ohne Brille erkennen, doch der zweite Name klang wie »Kojak«. Warum stand da nicht »Fischer«? In diesem Moment wurde die Tür geöffnet. Vor ihm stand Fischer/Kujau.[384] Daß Heidemann hier nicht zu Ende gelesen hatte, sollte ihn zweieinhalb Jahre später den Job beim STERN kosten.

Fünf Wochen danach saß Fischer/Kujau in der Mietwohnung Heidemanns in der Elbchaussee. Zwei Tagebücher hatte der Stuttgarter mitgebracht. Thomas Walde hatte seinem Mitarbeiter zuvor eingehämmert: »Sieh zu, daß du mit Fischer vertraut wirst. Dann kannst du ihn besser aushorchen.«[385] Diesen Rat seines Ressortchefs hatte Heidemann angenommen. Telephonisch bot er Fischer darum das Du an. Bereits nach einigen Wochen war der Reporter vertraut mit dem Kladden-Beschaffer. In Hamburg sprach Heidemann Fischer nochmals auf seinen Namen am Klingelschild an: »Du, da stand doch nicht Fischer an der Tür.« Fischer: »Edith (Lieblang) ist in Wahrheit eine Gräfin. Sie will das aber nicht zeigen; deshalb hat sie einen anderen Namen angenommen.« Damit gab sich Heidemann zufrieden, die vor ihm liegenden ersten Hitler-Tagebücher hatten das Interesse ohnehin verlagert.[386] Das Namensschild beschäftigte, nach dem Tagebuch-Aus, STERN, Kripo, Staatsanwaltschaft und das Gericht.

Gerd Heidemann saß bereits seit eineinhalb Jahren in Untersuchungshaft. Da informierte der Staatsanwalt Klein plötzlich, im November 1984, die Stuttgarter Kripo, daß sich »an der Wohnungstür des Kujau in der Schreiberstraße 22 in Stuttgart ein Schild befunden (habe) mit der Aufschrift 'Dr. Kujau'«. Dieses hätte im Mai des Vorjahres der STERN-Korrespondent in Frankfurt, Rolf Müller, »an sich genommen«. Klein, mit Details hin und wieder auf Kriegsfuß, siedelte den Müller in der Stuttgarter Redaktion an, obwohl ihm hätte bekannt sein müssen, daß dort nur Dieter Straubert residierte. Klein bat um Ermittlungshilfe:

Amtsgericht Hamburg, Abt. 162.
Hamburg, den 26.5.83

Geschäftszeichen: 162 Gs 718/83

B e s c h l u ß

Gegen Gerd Heidemann, geb. 4. Dez. 1931 in Hamburg - Altona, wohnhaft Elbchaussee 348, 2000 Hamburg 52,

wird die Untersuchungshaft angeordnet.

Der Beschuldigte ist auf Grund der polizeilichen Ermittlungen, insbesondere der Angaben des Mitbeschuldigten Konrad Kujau, dringend verdächtig, in den Jahren 1981 bis 1983 sich des fortgesetzten gemeinschaftlichen Betruges schuldig gemacht zu haben,
indem er im bewußten und gewollten Zusammenwirken mit dem Mitbeschuldigten Konrad Kujau insgesamt mindestens 56 angebliche Tagebücher Adolf Hitler's durch Fälschung herstellte, wobei Kujau, der sich in der Handschrift Adolf Hitler's geüb hatte, die handschriftlichen Eintragungen vornahm und Heidem die Kladden zur Verfügung stellte und sie anschließend mit Siegel und Kordel versah, um sie dann der Zeitschrift "Stern zu übergeben, wobei er vortäuschte, es handele sich um echte Tagebücher Adolf Hitler's. Heidemann erhielt für die Tagebüc vom "Stern" insgesamt 9.340.000,-- DM, als an seinen Liefera ten weiterzugebenden Kaufpreis. Er verwendete dieses Geld jedoch überwiegend für eigene Zwecke und gab nur 856.200,-- an Kujau weiter.

Vergehen, strafbar nach §§ 263, 25 Abs. II StGB.

Die Untersuchungshaft wird verhängt, weil Fluchtgefahr besteht. Der Beschuldigte Heidemann hat mit einer empfindliche Freiheitsstrafe zu rechnen. Sein Arbeitsverhältnis ist ihm gekündigt worden. Er verfügt über eine Wohnung in Spanien und weitere Auslandskontakte.

Heidemann-Haftbefehl-Begründung: *Mit Kujau-Lüge (nur 856.200,- DM von Heidemann erhalten zu haben) zur Festnahme geschritten (Pfeil)*

Müller solle zu diesem Themenkomplex nachträglich befragt werden, in der STERN-Dependance in Baden-Württemberg schließlich die, was auch immer damit ausgedrückt werden sollte, »Erhebung des von Herrn Müller entfernten Türschildes« vorangetrieben, die »Befragung der Hausbewohner über Feststellungen bezüglich des Türschildes und den Recherchen von Herrn Müller« und die »Fertigung von Lichtbildern vom Hauseingang/Wohnungstür des Kujau in der Schreiberstraße«(387) nicht vergessen werden. Die Kollegen reagierten prompt.

Der Kriminalkommissar Wittmann kannte keinen Rudolf Müller, der in Stuttgart für den STERN arbeitete. Er rief, obwohl er eigentlich die Arbeit der Kripo in Hessen hätte überlassen müssen, gleich in Frankfurt an. Die Telephonnummer stand im STERN-Impressum, das Klein bis dahin noch nicht studiert hatte. Müller wiegelte ab: Für eine persönliche Befragung stünde er im Augenblick nicht zur Verfügung, da er auf dem Wege ins Ausland sei. Er bot aber an, mündlich Rede und Antwort zu stehen.

Bei den Recherchen, so Müller, habe er an Kujaus Klingelleiste ein Schild mit der Aufschrift »Militaria« entdeckt, das mit Letraset-Buchstaben beschriftet gewesen sei. Dieses Schild hatte Müller abgenommen und dabei auf der Rückseite »Dr. Kujau« ermittelt. Müller, laut Kripo-Protokoll: »Er habe sich die Beschriftung notiert und das Schild wieder ... (zurück)gesteckt.« Doch Müllers Aussage war falsch. Der Hamburger STERN-Redakteur Jürgen Steinhoff entlarvte Müller als Fabulierer: Der habe das Türschild nicht wieder angebracht, sondern in die Tasche gesteckt und mitgenommen.(388) Warum diese verspätete Ermittlung?

Heidemann-Jäger Michael Seufert hatte sich eingeredet, Heidemann kenne den richtigen Namen Fischers, er mochte nicht zur Kenntnis nehmen, daß der Reporter Fischer nur unter Fischer traf, so wie Fischers Bekannte Fischer nur unter Fischer kannten, Kujau Heidemann erst nach der Tagebuch-Pleite als Kujau ein Begriff wurde. Während des Prozesses geriet diese Gegebenheit erneut in den Mittelpunkt. Obwohl der Staatsanwalt Klein achtzehn Monate vorher die Kujau-Türschild-Affäre hätte aufklären müssen, was er — aus welchen Gründen auch immer — unterlassen hatte, wurde er erst in dem Augenblick wieder aktiv, als es Heidemann gelang, den Namenskomplex für sich zu entscheiden. Heidemann war auf dem besten Wege, zumindest aus diesem Fall als Punktsieger hervorzugehen. Das lag nicht im Interesse Seuferts, möglicherweise auch nicht in dem Kleins. Auch hier sollte Heidemann als Lügner präsentiert werden. Trotz eines unbeschreiblichen Aufwandes war es aber weder dem STERN noch der Kripo gelungen, den Reporter in die Enge zu treiben. Darum hatte Klein, mit Hilfe von Seuferts STERN, »Nachermittlungen bezüglich der Aufschrift an der Klingelleiste bzw. am Briefkasten des Kujau ... (für) erforderlich« gehalten. Kujaus Nachbarn sollten jetzt endlich Auskunft erteilen. Klein stand unter Druck, denn der Tagebuch-Prozeß war bereits in vollem Gange. Die Personen, die dazu etwas aussagen konnten, standen auf keiner Liste des Staatsanwaltes, sondern der STERN hatte die Adressen der zu Befragenden preiszugeben. Klein erhielt die Namen von dem STERN-Korrespondenten Rudolf Müller, den des Postlers Franz Schäfer vom Stuttgarter Postamt 1 beispielsweise, der seit sechs Jahren Briefkästen im Bereich der Schreiberstraße füllte, in der sich Kujaus Militaria-Geschäft befand.

Schäfer konnte sich, nach dieser langen Zeit, nicht daran erinnern, »welche Aufschrift der Briefkasten des Kujau genau getragen« habe. Mit der Klingelaufschrift »Militaria« brachte er aber stets die Namen »Kujau und Dr. Fischer in Verbindung«, persönlich habe er diesen aber niemals gesehen.(389)

Die Mitbewohnerin Asta Johannidis indes mochte sich an ein Namensschild »Dr.

Personalwesen

Gruner + Jahr AG & Co
Druck- und Verlagshaus
Hamburg

EINSCHREIBEN - EILBOTEN

Herrn
Gerd Heidemann
Elbchaussee 348

2000 Hamburg 52

Postfach 30 20 40
2000 Hamburg 36
Telefon (040) 4118 (1)
Besucher: Mittelweg 180
Telex 2 1 952-23
Deutsche Bank AG Hmb
Konto-Nr. 03 22 800
(BLZ 200 700 00)
Postscheck Hmb 8480-204
(BLZ 200 100 20)

Hamburg, 10. Mai 1983 Ri/f

Durchwahl 2623

Sehr geehrter Herr Heidemann,

wir kündigen Ihr Dienstverhältnis fristlos. Zur Begründung verweisen wir auf die in Kopie beigefügte Strafanzeige.

Der Betriebsrat hat erklärt, daß er zu der Kündigung keine Stellung beziehen will.

Mit freundlichen Grüßen
GRUNER + JAHR AG & CO
ppa.

Dr. Jan Hensmann Dr. Andreas Ruppert

PS. Eine Kopie dieses Schreibens erhalten Sie mit normaler Post

Zeitschriften: Art, Brigitte, Capital, Eltern, Essen & Trinken, Geo, Impulse, Nicole, P.M., Schöner Wohnen, Stern, Yps

Gruner + Jahr AG & Co Kommanditgesellschaft, Itzehoe, Amtsger. Itzehoe, HRA 150 | Komplementär: Druck- und Verlagshaus Gruner + Jahr AG, Itzehoe, Amtsger. Itzehoe, HRB 008 | Vorstand: Gerd Schulte-Hillen, Vors., Dr. Jan Hensmann, Stv. Vors., Dr. Jochen Frangen, John Jahr jun., Peter Kühsel, Henri Nannen, Aufsichtsrats-Vors.: Dr. Manfred Fischer

Heidemann-Entlassung *(durch G + J): »Mit freundlichen Grüßen«*

Kujau« nicht erinnern, sie las statt dessen stets »Militaria«. Und der Architekt Bertsch gab an, daß »an der Klingelleiste des Kujau ... immer 'Dr. Kujau' gestanden« habe.(390) Mit diesen Widersprüchen war nichts zu gewinnen, Heidemann nichts zu beweisen. Bereits Henri Nannen mußte klein beigeben:

Als Gerd Heidemann, in der Nacht vom 6. auf den 7. Mai 1983 (am Mittag wurde das Tagebuch-Fälschungstestat veröffentlicht), dem STERN erste Einzelheiten über seinen Partner Fischer offenbarte, so daß der STERN umgehend die Fischer-Spur aufnehmen konnte, hatte Heidemann gegen den STERN-Herausgeber eine einstweilige Verfügung durchgesetzt, der in Interviews behauptet hatte, Heidemann habe ihm und dem STERN »nach Aufdeckung der Fälschung der sogenannten Hitler-Tagebücher als seinen angeblichen Informanten ... einen offenbar nicht existierenden Mann benannt und deshalb könne er nur annehmen, daß (Heidemann) allein oder zusammen mit irgendwelchen Hintermännern das Verlagshaus Gruner + Jahr ... betrogen« habe.(391) Vierundzwanzig Stunden später hatte das Landgericht Hamburg Heidemanns Antrag stattgegeben.(392) Der sonst so prozeßfreudige Henri Nannen hatte nicht nur auf die nächste Instanz verzichtet, sondern er war auch einer mündlichen Verhandlung aus dem Weg gegangen, denn dort hätte er beweisen müssen, was er niemals hätte beweisen können: das Gerd Heidemann tatsächlich Roß und Reiter genannt hatte. Nannen war nicht der einzige, der den STERN auf Kosten Heidemanns zu retten versuchte. Der ehrgeizige Staatsanwalt Dietrich Klein hatte sich ebenfalls starrsinnig in Heidemann verrannt, es schien, er wollte sich profilieren, niemals wieder würde sich ihm eine derartige Gelegenheit bieten, mit Hilfe der Medien im Rampenlicht der Öffentlichkeit zu stehen. Jedes Mittel war dem Staatsanwalt dazu recht, Klein wollte nach ganz oben. Bereits der Heidemann-Haftbefehl, am 26. Mai 1983 ausgestellt und vollstreckt, trug die nicht zu übersehende Handschrift des profilierungssüchtigen Staatsanwaltes:

Heidemann, so stand in dem Beschluß des Amtsgerichts Hamburg (»Haftabteilung«), habe den Löwenanteil der Tagebuch-Gelder in Höhe von 9,34 Millionen für sich abgezweigt, denn er gab »nur 856.200,-- an Kujau weiter«.(393) Wie war Klein auf diesen wahrlich merkwürdigen Betrag gekommen, der noch nicht einmal zehn Prozent des Gesamtbetrages ausmachte?

Zwar hatte Kujau, in seiner zweiten Vernehmung am 20. Mai 1983, ausgesagt, von Heidmann »insgesamt« 2.320.000,- DM erhalten zu haben,(394) bei diesem Verhör aber noch hartnäckig bestritten, die Tagebücher selbst hergestellt zu haben. Erst fünf Tage später war er zu einem Geständnis bereit: »Ich habe die Bücher geschrieben.«(395) Das war das einzige, was stimmte. Nun korrigierte Kujau aber seine Tagebuch-Einnahmen nach unten: statt 2,3 Millionen wollte er nunmehr lediglich 856.000,- DM von Heidemann kassiert haben.(396) Klein war beeindruckt: statt 2,3 Millionen wurden die acht Hunderttausender in den Haftbefehl aufgenommen. Ein unbeschreiblicher Vorgang. Der Staatsanwalt Dietrich Klein war überzeugt, daß er das Recht dazu hatte. Zum Oberstaatsanwalt ist er bis heute nicht aufgestiegen.

Freizeitler Konrad Kujau *(rauchend): »Als sie mir erzählte, sie sei schwanger, habe ich es nicht geglaubt«*

»WIR REINIGTEN DIE GESAMTE INNENSTADT« oder: Konrad Kujau träumt

Die Tagebücher Adolf Hitlers waren gefälscht. Konrad Kujau, der Partner Gerd Heidemanns für zweieinhalb Jahre, geriet in den Verdacht, die Falsifikate selbst hergestellt zu haben. Kujau wehrte sich anfangs, er entdeckte statt dessen eine »Verschwörung«. Doch er wußte nur allzu genau, daß er die Taktik des Unschuldigen nicht lange werde durchhalten können. Kujau benötigte Zeit, um eine für ihn günstige Strategie zu finden. Solange er noch unsicher war, solange dichtete und fingierte er, täuschte und verfälschte. Plötzlich aber hatte er einen rettenden Einfall: Nicht er durfte der Haupttäter sein, sondern Gerd Heidemann hatte als Tagebuch-Bandit dazustehen. Kujau, dem selbst während des Prozesses der vorsitzende Richter Hans-Ulrich Schroeder bescheinigte, »Geschichten zu erfinden und überzeugend vorzutragen«,[397] machte sich auf, die eigentliche Schuld an dem Tagebuch-Debakel Gerd Heidemann anzulasten. Die hilfreiche Idee kam Kujau am 24. Mai 1983. Kujau sagte aus:

Da hätten sich Heidemanns »Wohnverhältnisse ... sehr verändert«, da besaß der Mann vom STERN gar ein »komplett und hochmodern ausgerüstetes Fotolabor, welches er damals noch nicht besessen hatte«, da entdeckte Kujau bei Heidemann »später einige Rechnungen ... mit Summen bis zu 180.000,- DM«, ein anderes Mal Kostennoten von Auktionshäusern mit Beträgen von »50.000,- DM bis 216.000,- DM«, da hätte Heidemann den 70. Geburtstag des alten SS-Generals Wilhelm Mohnke schließlich für »ca. 220 Personen« finanziert, und dann schuldete Heidemann ihm, Kujau, obendrein noch 700.000,- DM.[398] Für seine Behauptungen lieferte Kujau keinen einzigen Beweis.

Mit Hilfe derartiger Banalitäten wuchs aber die Anti-Heidemann-Front zuverlässig an. Wer es hingegen wagte, ohnehin waren das nur sehr wenige, die Partei des ehemaligen Starreporters zu ergreifen, lief akute Gefahr, selbst in Kalamitäten zu geraten. Der Hochstapler Kujau ließ sich nicht mehr bremsen, selbst vor Schauergeschichten schreckte er nicht zurück:

Reinhard Gehlen, der Gründer des Bundesnachrichtendienstes, habe ihm ein Photo mit Widmung überreicht, weil er zuvor vierzig von dem angeblich legendären Geheimdienstler überreichte Briefbogen bravourös mit falschen Unterschriften versehen habe. Kujau will Gehlen nur unter dem Pseudonym »Dr. Kirchhoff« gekannt und ausgerechnet ein »Dr. Schellenberg« ihm den Weg zum damals längst pensionierten Geheimdienst-Chef geebnet haben. Zwar hielt auch das Gericht diese konspirative Führung für »so abwegig, daß (es) einer ernsthaften Bewertung nicht bedurft hätte«,[399] dennoch aber habe Konrad Kujau »die Beweisaufnahme mit ungewöhnlicher Wachheit und Aufmerksamkeit verfolgt«, hätten sich tatsächlich trotzdem »keine Anzeichen dafür gefunden, daß Kujau die Grenzen zwischen Wahrheit und Erfindung nicht klar erkannt haben könnte«.[400]

Obwohl der einstige SS-Oberführer Mohnke vor Gericht entschieden bestritt, daß Heidemann ihm sein Namensfest ausrichtete, ließen Kripo und Staatsanwaltschaft Konrad Kujau gewähren, konnte er erzählen, was auch immer er wollte. Konrad Kujau hatte nicht nur die Lacher auf seiner Seite, sondern vielmehr sorgten seine Kunst-Illustrationen für einen unglaublichen Aktenvermerk des Hamburger Staatsanwaltes Dietrich Klein: »Das Geständnis des Beschuldigten Kujau ist glaubhaft.«[401]

Freizeitler Konrad Kujau *(amüsiert): Reinhard Gehlen im Krankenhaus besucht*

Diese offizielle Bestandsaufnahme schien der Todesstoß für Gerd Heidemann, in diesem Augenblick wurde den Eingeweihten bewußt: Nicht Konrad Kujau, sondern Gerd Heidemann galt es zu überführen. Ob Kripo oder Staatsanwaltschaft, ob Medienriese Gruner + Jahr oder Hamburger Landgericht — Heidemann mußte — bereits im Vorfeld nicht nur moralisch verurteilt werden. Doch fast wäre die kluge Konzeption nicht aufgegangen, denn der Paradiesvogel Kujau log derart brutal, daß ein aufmerksamer Heidemann-Verteidiger allzu leicht die Hamburger Justiz hätte an den Pranger stellen können. Die Hamburger Staatsanwaltschaft ließ Kujau bewußt munter drauflos erzählen, denn je mehr Papier sie über Kujau produziere, desto weniger würde möglicherweise Heidemanns Rechtsbeistand durchsteigen, hatte die renommierte Zeitschrift STRAFVERTEIDIGER im Mai 1989 inzwischen längst festgestellt, die Hamburger »Strafjustiz sei zum verlängerten Arm« des Gruner + Jahr-Verlages geworden.[402] Doch noch ein anderer Verdacht war aufgekommen:

Am Montag, dem 9. Mai 1983, der STERN-Skandal beherrschte inzwischen weltweit die Medien, rief Konrad Kujau ein letztes Mal Gerd Heidemann in der Hamburger Elbchaussee an. Noch hatte Heidemann die Hoffnung nicht aufgegeben, noch glaubte er, Kujau könne das Ruder herumreißen. Doch mehr und mehr resignierte Heidemann. Zu Kujau flüsterte er am Telephon, »im Grunde kann ich mir eine Kugel in den Kopf schießen«, denn es schien, daß »wir gigantisch hereingelegt wurden«.[403] In diesem Augenblick mag Kujau für sich erste Hoffnungsschimmer herbeispekuliert haben: einem toten Gerd Heidemann könnte alles untergeschoben werden. Als Heidemann aber eben das nicht tat, wird Kujau später die befreiende Entscheidung getroffen haben, Heidemann müsse »totfabuliert« werden. Seinen Einstand lieferte Kujau zehn Tage später in Hamburg.

Da sei er nicht der Sohn eines gelernten Schumachers, sondern der eines »Technikers«. Dann will der Volksschüler Kujau sein Abitur mit »gut« bestanden haben, ab 1956 begann er »ein Studium der Kunstgeschichte in Dresden, und zwar für die Dauer von zwei Semestern«: »Ich kann mich noch an die Namen der Professoren Lindner, Krause und Geisler erinnern.«[404]

Ein Kunstprofessor namens Lindner aber existierte in Dresden nicht. Kujau hatte statt dessen den in Dresden wohnenden Otto Lindner im Sinn, der einst Gasthörer für Kunstgeschichte gewesen und zur Zeit des angeblichen Kujau-Studiums längst zum Schriftsteller avanciert war. Der vermeintliche Kunstlehrer, Sohn eines Webermeisters, lehnte einen Umgang mit Kujau ab.[405] Auch den Namen Krause hatte Kujau verdreht: Hanns Krause war, wie Lindner, kommunistischer Schriftsteller. Und diesem Krause hatte Kujau mehrmals geschrieben — er sollte ihm den Beruf eines Literaten erklären. In einem Antwortbrief machte Krause Kujau aber keinerlei Illusionen: fehlendes Talent. Der vorgebliche Kunstprofessor Geisler war zwar Hochschullehrer, aber an der Hochschule für Musik. Und das nicht in Dresden, sondern in Leipzig. Bei ihm wollte Kujau diesmal Musik studieren. Kujaus Phantasie-Geisler war reine Fiktion. Der reale Geisler hieß Fritz Geissler und schrieb sich mit zwei s.

Den überstürzten Abbruch des Kunststudiums erklärte Kujau wider Erwarten einfallslos: »Da mein Vater nicht der Arbeiterschicht angehörte«, sei er aus politischen Gründen hinausgeworfen worden. Daß Kujaus Vater im Zweiten Weltkrieg als vermißt gemeldet war, hatte die Kripo nicht überprüft.[406] Die Anschrift der Kunsthochschule war Kujau aus dem Gedächtnis entschwunden, statt dessen erinnerte er sich aber sehr genau an die Abfahrtszeit jenes Zuges, der ihn sechsundzwanzig Jahre zuvor vom sächsischen Löbau nach Berlin fuhr: um »02.29 Uhr«

Freizeitlerin Edith Lieblang *(zweite von links): Mit einem erbbiologischen Gutachten konfrontiert*

setzte er sich im Sommer 1957 in den Westen ab. Ein Blick in die sauber archivierten Abfahrtspläne der DDR-eigenen Deutschen Reichsbahn hätte enthüllt, daß der traurige Bahnhof des Provinznestes Löbau auch 1957 nach Mitternacht längst geschlossen war.(407) Lediglich zwei Schrankenwärter waren im Dienst: hin und wieder rumpelten Güterzüge durch Kujaus Heimatort.

Konrad Kujau durchlitt, wie jeder andere Flüchtling, das herzlose Notaufnahmeverfahren: Lager Marienfelde in West-Berlin, Sandborstel bei Hannover, Warth im Schwarzwald. Das erste eigene Zimmer fand er im Gasthaus »Zum Lamm« in Vaihingen. Kujau war jetzt 20 Jahre als. Er hatte lediglich acht Volksschulklassen absolviert, keinen Lehrbrief in der Tasche, keine Freunde. Kujau, nach wie vor den brutalen Polizeistaat Walter Ulbrichts im Kopf, konnte sich nur schwer in der Republik Konrad Adenauers zurechtfinden: ohne Geld, ohne Zukunftsperspektiven — hin und hergerissen von der »freien Welt« blieb er in Wahrheit stets stehen: Er schlief in kleinen Zimmern zur Untermiete, mußte seine Wäsche selbst waschen, füllte Sinalco-Flaschen ab, saß wegen des fehlenden Führerscheins lediglich als Beifahrer im LKW, servierte Hausmannskost in Gaststätten mit Mittagstisch, stapelte als Hilfsarbeiter Kartons, stand wieder in Küchen, um Geschirr abzuwaschen und Kartoffeln zu schälen.(408) Konrad Kujau gehörte zu jenen, die von der Hand in den Mund lebten.

Alsbald registrierte Konrad Kujau, daß er über drittklassige Jobs niemals hinauskommen würde, sein unregelmäßiges Einkommen gestattete lediglich Ausgaben unterhalb des Existenzminimums. Seine Lage ließ sich nur dann verbessern, wenn er eine Partnerin finden würde, mit der er Miete und Nahrungsmittel teilen könnte.(409) Doch der Sachse Kujau war kein Frauenheld, zwar ein begnadeter Erzähler, freilich ohne Hintergrund. Auswahl, die hatte Konrad Kujau nicht. Erst mit 22 Jahren bot sich ihm eine Gelegenheit: »Jetzt folgt ein gewichtiger Abschnitt, denn (ich) lernte Frau Lieblang kennen.«(410)

Edith Marga Lieblang erinnerte sich: »Zwischen Herrn Kujau und mir bestand ein ... kollegiales Verhältnis«, denn er arbeitete als Beikoch in dem Stuttgarter Lokal »Neckartal«, sie als Serviererin. Als Lieblang plötzlich kündigte, »habe ich auch Herrn Kujau aus den Augen verloren«. Die Trennung aber sollte nicht von langer Dauer sein: Konrad Kujau habe sie »während der Faschingszeit 1963 bei einer Tanzveranstaltung wiedergetroffen«, sie sich mit ihm schließlich »fest angefreundet«, vier Jahre später sodann in Schmieden im Postweg 2 eine gemeinsame Wohnung bezogen. Konrad Kujau war bereits 29 Jahre alt, Edith Lieblang 27. Jetzt konnte Konrad Kujau endgültig durchatmen: zehn Jahre nach seiner Übersiedlung aus der DDR in die Bundesrepublik hatte er zu guter Letzt doch noch jemanden gefunden.(411)

Die am 20. September 1940 in Stendal geborene Lieblang gehörte, wie Kujau, zu jenen, die wenig Glück hatten und beruflich ebenfalls nicht vorwärtskamen: acht Jahre Volksschule, mit 15 Jahren Lehre als Verkäuferin in einem HO-Geschäft, dann Krankenschwester, im April 1961 Flucht in den Westen: »Ich fuhr mit dem Zug und später mit der S-Bahn nach West-Berlin.« Da Lieblang nicht volljährig war, wurde sie in ein Jugendlager bei Gießen eingewiesen, doch da fühlte sie sich »ausgebeutet« und rückte nach zwei Wochen aus. Edith Lieblang hatte sich inzwischen mit einem Konrad Götz liiert, der ebenfalls aus Stendal kam, im Westen aber nicht Fuß fassen konnte und darum in die DDR zurückkehrte. Im baden-württembergischen Neckarrems vermittelte Götz seiner Freundin einen Job als Serviererin.(412)

Neun Monate ackerte sie in der Gaststätte »Adler«, in der sie frei essen und

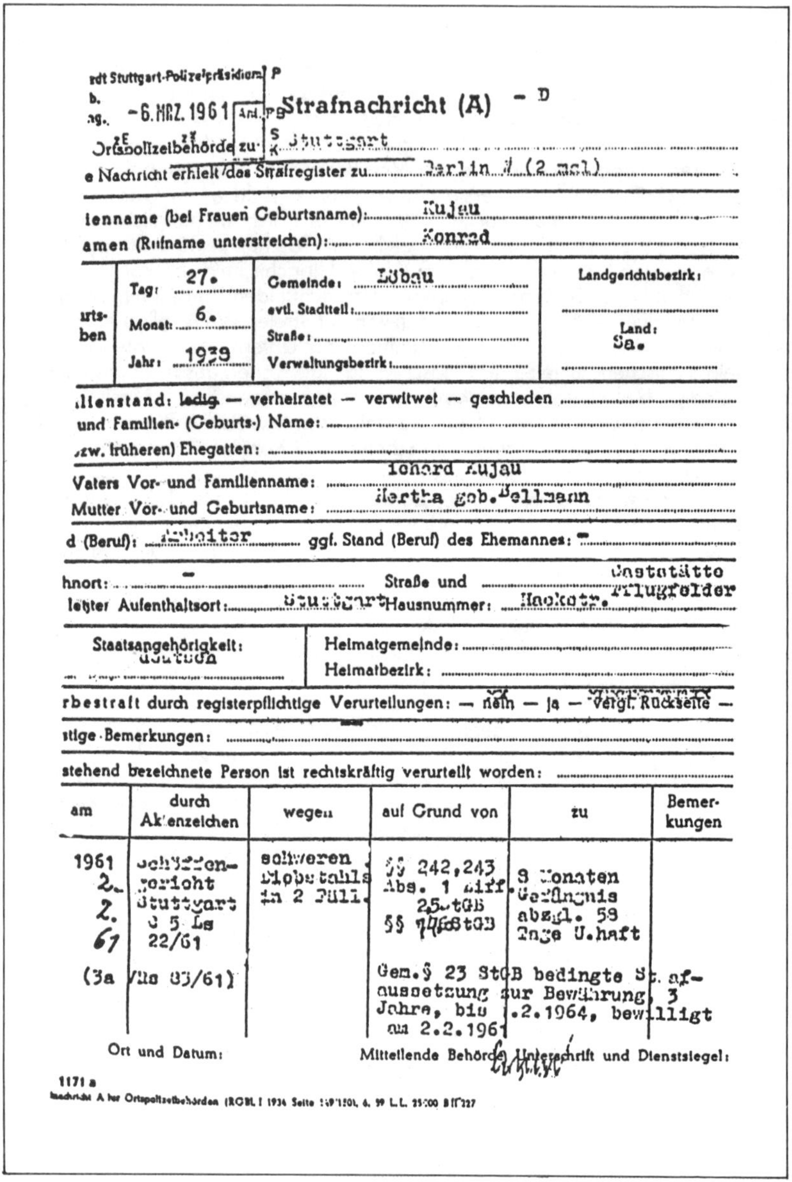

rdt Stuttgart-Polizeipräsidium P
b.
ng., − 6. MRZ. 1961 Anl. PS **Strafnachricht (A)** − D
Ortspolizeibehörde zu: S Stuttgart
e Nachricht erhielt das Strafregister zu: Berlin W (2 mal)

ienname (bei Frauen Geburtsname): Kujau
amen (Rufname unterstreichen): Konrad

urts-ben				
	Tag: 27.	Gemeinde: Löbau	Landgerichtsbezirk:
	Monat: 6.	evtl. Stadtteil:	Land: Sa.
	Jahr: 1939	Straße:	
		Verwaltungsbezirk:	

ilienstand: ledig — verheiratet — verwitwet — geschieden
und Familien- (Geburts-) Name:
zw. früheren) Ehegatten:
Vaters Vor- und Familienname: Richard Kujau
Mutter Vor- und Geburtsname: Hertha geb. Bellmann
d (Beruf): Arbeiter ggf. Stand (Beruf) des Ehemannes: −
hnort: − Straße und Gaststätte
letzter Aufenthaltsort: Stuttgart Hausnummer: Hackstr. Pflugfelder
Staatsangehörigkeit: deutsch
Heimatgemeinde:
Heimatbezirk:
rbestraft durch registerpflichtige Verurteilungen: — nein — ja — vergl. Rückseite —
stige Bemerkungen:
stehend bezeichnete Person ist rechtskräftig verurteilt worden:

am	durch Aktenzeichen	wegen	auf Grund von	zu	Bemerkungen
1961 2. 2. 61 (3a	Schöffengericht Stuttgart 3 5 Ls 22/61 Vs 83/61)	schweren Diebstahls in 2 Fäll.	§§ 242,243 Abs. 1 Ziff. 2,5 StGB §§ 74 StGB Gem. § 23 StGB bedingte Strafaussetzung zur Bewährung, 3 Jahre, bis 2.2.1964, bewilligt am 2.2.1961	8 Monaten Gefängnis abzgl. 58 Tage U.haft	

Ort und Datum: Mitteilende Behörde, Unterschrift und Dienstsiegel:

1171 a
Nachricht A für Ortspolizeibehörden (RGBl. I 1934 Seite 1491501), 6. 59 L.L. 25000 BII 227

Kujau als Vorbestrafter *(1961): Schwerer Diebstahl in zwei Fällen* wohnen konnte. Einen großen finanziellen Spielraum hatte Edith Lieblang nicht. Das war der Grund, weshalb sie nach Stuttgart zog, um im »Neckartal« andere Gäste zu bedienen. Dort lernte sie Konrad Kujau kennen, den die gleichen Probleme plagten: über Bares verfügten die zwei nicht. Lieblang wechselte in einen Betrieb als Werkstattschreiberin, Kujau verfügte über ähnliche Fähigkeiten nicht und blieb. Lieblang arbeitete längst als Stickerin, als ihr Konrad Kujau erneut über den Weg lief. Die alte Heimat und die Isolation der beiden ließ sie schließlich näher zusammenrücken.[413]

Je erfolgloser Konrad Kujau blieb, desto segensreicher für Außenstehende sein Einkommen, je weniger er hatte, desto erfolgreicher gegenüber Dritten seine Karriere: Die Wirtin Heiber, so erklärte er der Hamburger Kripo, habe ihn zum Geschäftsführer eines Restaurants gemacht, sein monatliches Einkommen angeblich 1962 darum bereits 2.000,- DM betragen, er außerdem rund 3.000,- DM »extra« aus den Einkünften einer Bar beiseite schaffen können, mit denen er als Pächter der »Pelikan-Tanz-Bar« regelmäßig rechnen konnte. Diesen Zusatzverdienst ermöglichte die Wirtin Heiber, die Kujau angeblich einen Saal überließ, »der über der Gaststätte gelegen war«. Kujau: Die vorgeblich »guten Einkünfte lagen daran, daß keine vergleichbare Bar in der Umgebung war«, dann habe er — im Sog des Erfolges — »eine leerstehende Metzgerei gemietet, in der ich Spielautomaten aufstellte«, doch dieses Unternehmen soll nur vier Wochen lang funktioniert haben, »weil die Nachbarn sich durch den Krach gestört fühlten«.[414]

Als Konrad Kujau der Kripo seine Geschichten erzählte, wußte er nur zu genau, daß nichts davon stimmte. Kujau träumte. Er log, um nicht zugeben zu müssen, daß er niemals Karriere gemacht hatte. Selbst als er nach dem Zeitpunkt des Wiedersehens mit Edith Lieblang befragt wurde, mochte er nicht eingestehen, daß er sie während des Faschings wiederentdeckte, in einem Stuttgarter Kaufhaus will er sie statt dessen erneut getroffen haben, erinnerte er sich doch möglicherweise in diesem Augenblick an ein Weinfest im Jahre 1961, auf dem er Klara Pluhar nähertrat, mit ihr einen Sohn zeugte, um sie sodann schnöde im Stich zu lassen. Im Januar 1961 wurde Henry geboren: »Als sie mir erzählte, sie sei schwanger, habe ich es nicht geglaubt.«[415] Die Vaterschaft hatte Konrad Kujau darum erst dann anerkannt, als er mit einem erbbiologischen Gutachten konfrontiert worden war. Da war sein Sohn bereits fünf Jahre alt.[416] Sohn und Mutter waren, außerhalb des Alkohols, nicht nach Kujaus Geschmack, zumal der Unterhalt Kujaus letzte Groschen fraß, zwischen 80,- und 200,- DM im Monat.

Materiell und privat hatte es Kujau zu nichts gebracht. Sein Alltag war ein trauriger, die Eckkneipe sein Ventil. Dies durfte niemand wissen; Kujau war ein derartiges Eingeständnis peinlich. Deshalb will er auch in einem »Büro« als »Betriebsleiter« ein »Gehalt« von 4.000,- DM bezogen haben — das sich allerdings nur aus »Provisionen« zusammensetzte. Das wie auch immer geartete Arbeitsverhältnis wurde »wegen innerbetrieblicher Differenzen« beendet — bereits wieder nach einigen Monaten. Kujau, nun angeblich mit kaufmännischen Grundkenntnissen ausgerüstet, fühlte sich reif für das Unternehmerdasein: »Am 15.12.1963 habe ich Frau Lieblang dazu veranlaßt, das Gewerbe einer Gebäudereinigung beim Gewerbeamt in Stuttgart anzumelden.« Kujaus bislang größtes Märchen wurde von der Kripo protokolliert:[417]

Selbstverständlich begann er sogleich erneut als Betriebsleiter, über sein Gehalt indes »war noch nichts abgesprochen worden; wir wollten zunächst die Entwicklung abwarten«. Auch Edith Lieblang erhielt nichts ausbezahlt, denn Kujau »hatte Ersparnisse in Höhe von etwa DM 100.000,-«, von denen sich prächtig aufbauen

Aktenvermerk E-Akte

PXN 0 1 4 0 7 7 2 9 2

ESD 1 4 0 1 0 3 | LPD Stgt. II FD 1/3

EVG 4663/80 | 1 5 1 0 7 9

EGM 1 1 1 1 1 0 | 7 Stuttgart 1,
Dorotheenstr. 10, Kriminalwache

Bachert, KK 8990-2559

1. Vorgang vorgelegt an die Staatsanwaltschaft

7 Stuttgart 1 Broß, KHK

z.Hd.v. Herrn StA König

LPD Stuttgart II

Beschuldigter / ~~Verstößer Strafakt~~

PGB Kujau

ZUGANG ZU BESTAND 25. APR. 1980

ELA 7257 Ditzingen-Heimerdingen
Gebersheimer Weg 32

1 1 8 0 1 1

+ Richard K. und Herta, geb. Bellmann·

E 1466334

EXN 02486534 5 | 15

ESH 6 2 0 0 | 0 0 6 0 Mißbrauch von Titeln, Berufsbezeichnungen und Abzeichen

Anzeige-Datum 0 7 0 3 8 0

PVN Konrad

PGD 2 7 0 6 3 8 M

PGO Löbau led.

IAB Kunstmaler EAB Betriebsleiter

EBO Ditzingen 1 1 8 0 1 1

Bürgermeisteramt Ditzingen

Sachverhalt · Arbeitsweise

Am 15.10.79 geg. 23.00 Uhr kam es in der Melodie-Bar in 7 Stuttgart 1, Kadlerstr. 20, zu einer Schießerei, bei der der o.g. Beschuldigte KUJAU eine Kopfverletzung davontrug (näh. siehe Akten Slobodan GRBOVIC, geb. 12.5.45).
Nach der ambulanten ärztlichen Behandlung wurde Kujau in den Räumen der Kriminalwache zum Sachverhalt vernommen. Gegenüber dem diensthabenden FvD-K gab er sich zunächst als Dr. Konrad Fischer aus und behauptete, Mitarbeiter des LfV Baden-Württemberg zu sein. Gegenüber dem ihn vernehmenden Beamten gab er sich dann als Dr. Dr. Konrad Kujau aus.
Bei seiner Vernehmung als Beschuldigter gab K. an, keinen Dr.-Titel zu besitzen. Er habe jedoch aufgrund verschiedener Vorträge an den Universitäten Tokio, Pretoria und Miami den Ehrendoktortitel verliehen bekommen. Außerdem arbeite er unter dem Pseudonym "Fischer" an wissenschaftlichen Büchern über das 3. Reich mit.

Kujau als Vorbestrafter *(1979): Titel-Mißbrauch (Pfeil)*

und leben ließ.[418] Doch in Wahrheit hatte sich Lieblang bereits zuvor »einen Gewerbeschein in Stuttgart ausstellen lassen und eine Gebäudereinigungsfirma aufgemacht«, die sich »Lieblang-Gebäudereinigung« nannte: »Da es Anlaufschwierigkeiten ... gab, habe ich immer noch als Stickerin gearbeitet«, nach der Frühschicht fremde Büros geputzt. In der Anfangszeit wischte außer ihr sonst nur noch Konrad Kujau Staub, bohnerte und leerte Papierkörbe aus.[419] Kujaus Hilflosigkeit, seine Angst vor möglichen Blamagen wegen seines Karriereknicks zwangen ihn auch hier, mehr zu sein, als er jemals war: wirtschaftlich erfolgssicher, gesegnet mit der Favoritenrolle eines begnadeten Hans im Glück, ein einfallsreicher Nutznießer des kapitalistischen Systems. Jede Bank hätte sich um so einen Kunden gerissen. Fanatisch holte er jetzt in seinen Erzählungen das nach, was ihm bis dahin zeitlebens versagt geblieben war: das stetige Vorwärtskommen. Egal was auch immer er anfaßte, es war niemals ein Aufstieg, sondern er rutschte immer tiefer. Kujaus Vermögen wuchs nicht an, sondern auch die wenigen Groschen schmolzen dahin:

Die Auftragslage sei »sehr gut« gewesen, bereits nach wenigen Wochen kam »als Spezialisierung die Wartung, Reparatur und Reinigung von Neonanlagen« hinzu, habe er monatlich 8.000,- DM verdient, »bereits im Frühjahr den Großkonzern Hertie als Kunden« geworben, wurde ihm für das »dreistöckige Warenhaus« die »Innen- und Außenreinigung übertragen«, bis sich die Objekte ausweiteten: »Wir bekamen im Laufe der nächsten Jahre zwei große Hertie-Häuser in Stuttgart, weitere Kaufhäuser in Böblingen, Esslingen und Karlsruhe« hinzu, später dann »hatte ich den gesamten Wienerwald von Darmstadt bis zum Bodensee und von Heidenheim bis Kehl«, der Süddeutsche Rundfunk mochte ebenfalls auf die Säuberungstalente Kujaus nicht verzichten, denn: »Wir reinigten fast die gesamte Innenstadt von Stuttgart.«[420]

Während Edith Lieblang sich nur an zwei Fensterputzer erinnerte und von »einigen Aushilfskräften« sprach,[421] will Kujau fest »15 Gebäudereiniger und 70 (weitere) Leute« dirigiert haben. Kujau bilanzierte: vier Geschäftswagen, »zwei große Kehrmaschinen«, die bereits einen Wert von »ca. DM 250.000,-« gehabt haben sollen. Das Büro erhob er majestätisch zu einer »Zentrale«, sein monatliches Gehalt von 8.000,- DM will er ganze zehn Jahre lang bezogen haben. Aus der Firmenkasse entnahm Kujau jede Woche lächerliche 300,- DM, »davon gab ich DM 200,- an Frau Lieblang und behielt DM 100,- für mich« — »für Lotto usw.«. Das Lieblang-Fahrzeug »hatte ich als Firmenwagen angemeldet« und 1970 »hatten wir einen Umsatzhöhepunkt, der betrug etwa 1,8 Millionen DM«. Kujau: »Die genaue Zahl des Gewinnes kann ich nicht genau angeben, denn hinzu kamen ja noch die Gewinnspannen aus dem Verkauf von Putzmitteln an die Warenhäuser«, weshalb er plötzlich die Margen »für 1967-1974 auf durchschnittlich DM 270.000,-« sacken ließ.[422] Kujaus erfindungsreiche Schöpferkraft wurde aber umgehend zurechtgestutzt. Edith Lieblang konnte sich nicht in das Vorstellungsvermögen ihres Lebensgefährten hineinversetzen. Sie blieb in der Wirklichkeit:

Kurzfristig habe sie, wohl aus steuertechnischen Gründen, zwei PKW auf den Namen ihrer Firma laufen gehabt und lediglich über eine Kehrmaschine verfügt (»Diese war ähnlich wie ein großer Rasenmäher, hatte natürlich eine andere Funktion«), sei die »Lieblang-Gebäudereinigungs«-Firma nur acht Jahre lang registriert gewesen, von 1963 bis 1971, statt fast einhundert Mitarbeiter habe sie gelegentlich zwei Aushilfen beschäftigt, eine kurze Zeit lang können es auch »so et-

Stadt Stuttgart - Polizeipräsidium - Kriminalpolizei

Dienststelle: 7 — Geschäftszeichen: 31-K-7/6532/68

Sachbearbeiter: Wurst,KM — Fernsprecher-Nebenstelle: 299141 / 763

Beschuldigt

Name, bei Frauen auch Geburtsname: K u j a u

Vornamen, Rufname unterstreichen: Konrad Paul

Geburtstag und -Ort, Kreis, Land: 27.6.1938 in Löbau/Sachsen

Familienstand: gesch. — Staatsangehörigkeit: deutsch

Erlernter und zuletzt ausgeübter Beruf: selbständiger Gebäudereiniger

Wohnort und Wohnung: z.Zt. Landesgefängnis Rottenburg

Eltern (Vor- und Zuname, bei Frauen auch Geburtsname): Richkard K. u. Herta,geb.Bellmann

Vorstrafen: / bei Minderjähr. gesetzl. Vertreter: weg. Unterschlagung, Sachhehlerei, Diebstahls u.schw. Diebstahls

Aktenvermerk

Strafbare Handlung: (Kriminologische Bezeichnung) — Wert-Sachschaden:

Verd.d.mittelb.Falschbeurkundung u. Übertretung nach § 360 Ziff.8 StGB

Tatort und Tatzeit: Stuttgart Jan. 1968 u.14.3.1968

Tag und Stunde der Festnahme: — Entlassen:

Anzeige abgegeben an die Staatsanwaltschaft Stuttgart

Verfügung

zK an ED

zK an Tagebuch

zu den kriminalpolizeilichen Personenakten/Sammelakten

Stuttgart, den 31. Mai 1968

Stadt Stuttgart - Polizeipräsidium
Kriminalpolizei
Im Auftrag

Hoffmann
Kriminalhauptkommissar

Anlagen: 1 Str.Ers.

Mitbeteiligte, Name, Vorname, Geburtstag:

¹) Kripo des Wohnorts erhielt Zweitschrift — KP 13 | Nicht — erneut — ed behandelt | KP 12 — 14 — nicht — gefertigt

I. Kurzer Sachverhalt

Der Besch. K u j a u hat von März 1964 bis 14.3.1968 hier in der Pension Eisele, Alfdorferstr. 19, unter dem Namen "Peter Fischer", geb. 13.6.35 in Görlitz, gewohnt. Bei einer Fremdenkontrolle am 14.3.1968 gab er den Kriminalbeamten gegenüber an, Peter Fischer zu heißen.

Weiter wurde festgestellt, daß K u j a u durch Strafbefehl des AG Stuttgart - B 12 Cs 34/68 - vom 5.1.68 unter dem Namen "Konrad Fischer", geb. 26.6.35 in Görlitz, wegen eines Vergehens des unerlaubten Führens einer Schußwaffe in Tateinheit mit einer Übertretung nach § 367 Ziffer 8 StBG zu der Geldstrafe von DM 100,-- verurteilt worden ist.

Bei seiner Vernehmung gab K u j a u an, die falschen Personalien angegeben zu haben, um sich der Strafvollstreckung zu entziehen.

Wurst
W u r s t, KM

Kujau als Vorbestrafter *(1968): Urkundenfälschung*

wa 10-15 Leute« gewesen sein.(423) Das Ende der Gebäudereinigungs-Ära beschrieb Kujau so:

»Es fing damit an, daß wir nur noch Gastarbeiter vom Arbeitsamt zugewiesen bekamen«, da er aber »mit den Arbeitskräften Schwierigkeiten« bekam, wurde die Firma liquidiert: »Ich gab die sechs Großkunden ... jeweils an ehemalige Mitarbeiter ab und bekam dafür insgesamt DM 800.000,-«; der »Zeitraum der Übergabe erstreckte sich auf etwa 2 bis 3 Jahre, und zwar von 1974 bis 1977«.(424) Konrad Kujau, der nach seinen Erzählungen längst hätte Millionär sein müssen, hatte hingegen nach wie vor den Pfennig umdrehen müssen. Die Steuerfahndungsstelle des Stuttgarter Finanzamtes II recherchierte Kujaus Einkommen und rückte es in die Nähe eines peinlichen Rentenanspruchs:

Kujau verdiente monatlich rund eintausend Mark, aber auch nur deshalb, weil er — so »nebenher« — in der Gastronomie tätig war, beispielsweise auf Empfängen aushalf. Einkommenssteuererklärungen lagen nicht vor, statt dessen wurde hin und wieder ein Lohnsteuerjahresausgleich beantragt. Gewinne erzielte das Lieblang-Reinigungsunternehmen nicht. Der Verkauf der Lieblang-Goldgrube brachte auch nicht fast eine Million ein, sondern schlichte zweitausend Mark erzielte Kujau für die Weitergabe der Kehrmaschine. Und wenn es mal nichts zum Saubermachen gab, dann betätigte sich Kujau zwischendurch als Drücker und bot, von Tür zu Tür stolpernd, Taubenschutzmittel an.(425) Nach dem Reinigungs-Reibach gelang Kujau der nächste Clou: erst kaufte er sich einen Wohnwagen für 10.000,- DM, dann ein Segelboot für 6.350,- DM, dann wurde er Campingplatz-Manager:

Die Bayerische Schlösser- und Seenverwaltung suchte händeringend nach einem Pächter für den Campingplatz in Uttingen am Ammersee. Kujau blickte zurück: »Es war ein riesiger Campingplatz, der etwa 12.000 Personen faßte.« Dazu gehörten ein Golfplatz, Minigolf, ein Gartenlokal, ein SB-Markt. Der Umsatz betrug pro Tag 6.000,- DM, der Gewinn eintausend.(426) So rosig waren damals aber die Zeiten für Kujau/Lieblang nicht, denn Kujaus Lebensgefährtin machte eine ganz andere Aussage:

Der teure Wohnwagen und das kostspielige Boot entpuppten sich als schlichtes Zelt (Lieblang: »Wir verbrachten dort immer unser Wochenende«), statt komplizierter Verhandlungen mit der Schlösser- und Seenverwaltung (Lieblang: »Der Platz sollte verpachtet werden«) stand an der Einfahrt zu dem Campingplatz ein Pappschild, von dem jeder andere auch die Suche nach einem Pächter entnehmen konnte. Zwar waren die Campingplatz-Besitzer froh, endlich wieder jemanden gefunden zu haben, doch alsbald bemerkte selbst Konrad Kujau, daß er auf verlorenem Posten stand: Camping-Tourismus war damals noch nicht in, die Nacht im Wohnwagen mehr als ungemütlich, ein Verdienst überhaupt nicht vorhanden. Mit Saisonende brach auch das Ende für Kujau als geschickter Unternehmer an: Edith schickte er als Verkäuferin in ein Krawattengeschäft, und er wollte in Zukunft sein Geld mit allerlei Schnickschnack verdienen — Militaria und Führer-Übersehenes: Aquarelle, Briefe. Konrad Kujau entdeckte das noch nicht entdeckte Dritte Reich. Damit lag er voll im Trend: er konnte Unterschriften fälschen, Hitler-Werke als Maler vollenden, die Leidenschaft verrückter Sammler befriedigen. Hier, ausschließlich hier, lag die Zukunft des Konrad Kujau. Noch niemals hatte er sich auf etwas konzentriert. Das holte er nunmehr nach: aus Konrad Kujau sollte ein plumper Fälscher werden. Er hatte lediglich ein Problem zu meistern, er mußte sich Bezugsquellen ausdenken.

Kujau, dessen Großvater angeblich als »Oberleutnant« beim Jägerregiment

Stadt Stuttgart - Polizeipräsidium : OCK

Fernschreiben - ~~Rundschreiben - Ferngesprächsnotiz~~ (Nichtzutreffendes streichen)

Angenommen: Aufgenommen: Datum 15 März 1968 um Uhr von 1840 durch

Befördert: Datum um 1900 Uhr an durch

Dringl.-Vermerk: Fernschreibstelle ISSS bwstpp Nr. 1861

von Kripo Stuttgart -PFK- /Qui.

an 1. BKA.-Wiesbaden
2. LKA.-Stuttgart (nachr.)
3. StA.-Stuttgart
4. AG. Stuttgart (nachr.)

Betr.: K u j a u, Konrad Paul 27.6.38 in Löbau, led. Zeichner, wohnhaft: Ohne festen Wohnsitz, ausgeschrieben laut DFB.204 Seite 402 von der StA. Stuttgart Az. 125/3a VRs 28/62, Steckbrief Strafvollstreckung.

K. führte jahrelang die Aliasnamen Peter F i s c h e r geb. 13.6.35 in Görlitz, led. Koch u. Kellner, bzw. Konrad Fischer geb. 26.6.35 in Görlitz. Vom AG. Stuttgart wurde er unter dem falschen Namen Konrad F i s c h e r geb. 26.6.35 in Görlitz weg. Verst. geg. das Waffengesetz zu einer Geldstrafe verurteilt (Geldstrafe zwischenzeitlich bezahlt). Am 14.3.68 wurde K. unter obigen Aliasnamen vorläufig festgenommen und nach ED. - Behandlung wieder entlassen. Aufgrund hier einliegender Fingerabdrücke konnte Person festgestellt werden und Kujau alias Fischer wurde am 15.3.68 erneut festgenommen (Steckbrief wie oben genannt). Es wird um Wortlautübermittlung des Steckbriefes durch SSS gebeten. K. wird am 16.3.68 dem AG. Stuttgart-Haftrichter überstellt.

STADT STUTTGART
Polizeipräsidium
Kriminalpolizei
GZ: 10-K ZFK/ 2195

Stuttgart, den 16.3.68

Betr.: Ermittlung auf Grund einer Ausschreibung im Deutschen Fahndungsbuch pp.

Der im Deutschen Fahndungsbuch Nr. 204 Seite 402 von StA Stuttgart 125/3a VRs 28/62 (Bezeichnung d. ausschreibenden Stelle u. Az., Tgb Nr.)
zur Festnahme — ~~Aufenthaltsermittlung~~ — *) ausgeschriebene:

Name K u j a u Vorname Konrad
alias Konrad u. Peter F i s c h e r 26.6.35 u. 13.6.35 in Görlitz)
geboren am 27.6.38 in Löbau
wurde am 15.3.68 in Stuttgart festgenommen!

Art der Ermittlung (bei Festnahme Tag und Ort sowie Verbleib des Festgenommenen, bei Aufenthaltsermittlung Tag und Ort sowie Wohnort und Wohnung des Ermittelten): Kujau wurde in Stuttgart festgenommen und wird dem AG Stuttgart - Haftrichter - überstellt!

*) Laut Auskunft der Deutschen Fahndungskartei bei Kripo Stuttgart (Bezeichnung der die DF-Kartei führenden Dienststelle) wird obengenannte Person außerdem gesucht von:
entfällt!
zu Az./Tgb. Nr. wegen
zu Az./Tgb. Nr. wegen
zu Az./Tgb. Nr. wegen

*) Auskunft der Fahndungskartei liegt noch nicht vor.
*) Anfrage an DFK wurde nicht gehalten, weil

Kujau als Vorbestrafter *(1968): Im Fahndungsbuch auf Seite 402 gestanden (Pfeil)*

103 in Sachsen gedient hatte, im »Privatberuf« Kaufmann gewesen sein soll (»Der hatte sich auf Salz verlegt«), dem »in Sachsen ein Ehrengrab errichtet« worden sei, »hatte einiges Geld in die Piano-Fabrik Förster in Löbau in Sachsen gesteckt«. Dies will Kujau von seiner falschen Großmutter erfahren haben, die »auch neben der Fabrik wohnte«: »Ein Neffe von mir ist (heute) in dieser Piano-Fabrik beschäftigt, außerdem ein alter Freund von mir«, der schließlich »die Schlüsselgewalt über diesen Betrieb (übernahm und) samstags das Verladen der Pianos nach der Bundesrepublik« verantwortete. Kujau ohne mit der Wimper zu zucken: »Bei einem längeren Gespräch in den siebziger Jahren mit mir, teilte diese Frau mir mit, daß es möglich sei, in den Körpern dieser Pianos größere Gegenstände nach hier zu transportieren.«(427)

Dies war bislang die bekannteste Kurzgeschichte — auch über Gerd Heidemann kolportiert, anschließend selbst noch von Konrad Kujau nach dessen erster Vernehmung durch die Kripo unterschrieben. Dann kam ihm die Idee mit dem Inserat, diesmal soll es die Wochenzeitung »Wochenend« gewesen sein, die er an anderer Stelle »Wochenende« taufte, die Anzeigen veröffentlichte (»Wir suchen für Studienzwecke Spielsachen, alte Spielsachen, Helme, Krüge, Pfeifen, Puppen usw.«). Doch WOCHENEND erscheint noch heute in Hamburg und wird vom Bauer-Verlag herausgegeben. In der DDR gibt es lediglich die WOCHENPOST zu kaufen, deren Anzeigenabteilung einst in der Mauerstraße 86 residierte. Kleinanzeigen, wie Kujau sie mit Hilfe seiner Verwandtschaft plaziert haben will, sind in der WOCHENPOST niemals erschienen. Trotzdem soll der Mann seiner Schwester Doris, Günter Krebs, »in Abständen von 4 bis 8 Wochen« derartige Suchanfragen in Auftrag gegeben haben, da »die Reaktion auf (das erste) Inserat sehr gut war«.(428)

Da meldete sich der Sachbearbeiter einer von Kujau erfundenen »Staatlichen Gebäudewirtschaft«, der ihm ein »Konvolut von 32 Reservistenkrügen« verkauft habe. Kujau zahlte bar. Er warf mit den Tausendern nur so um sich. Die Ware schmuggelte er ohne Risiko über die Grenze, denn auf den Sendungen klebte ein wichtiger Zettel: »Inhalt nach den gesetzlichen Bestimmungen der DDR«. Zwar fehlten die Angaben über den tatsächlichen Inhalt, auch der obligatorische Zollstempel, doch die DDR-Grenzer beziehungsweise Zöllner seien niemals mißtrauisch geworden. Woher hatte Kujau, der doch bislang über kein Geld verfügte, Bares? Kujau gab selbstsicher Auskunft: »Mein durchschnittliches Einkommen in dieser Zeit durch diese Tätigkeit betrug pro Jahr etwa 25.000,- DM. Weitere Einkommensquellen, also z.B. Kapitalbeteiligungen bei Firmen, Spekulationsgeschäfte, Lottogewinne ... seit 1978 hatte ich nicht.« Nur auf den Bahamas will er plötzlich reich geworden sein: 10.000,- bis 11.000,- Dollar habe er durch Roulettspielen verdient. Dann stand ihm noch Erspartes zur Verfügung: »Es belief sich auf 640.000,- DM«(429) So ausgerüstet ließ sich in der DDR bequem auftreten.

Die Hosentaschen voller Scheine, die Aktentasche prall mit West-Währung gefüllt, unter dem Sitz Ost-Mark versteckt — so reiste Konrad Kujau angeblich ungezwungen in der DDR umher, ungeschoren von jeder Kontrolle. Mit diesem Geld konnte er nun alles aus der DDR herausholen, war sie das Gütesiegel für Unbekanntes aus dem NS-Staat. Niemand wurde mißtrauisch, wenn Konrad Kujau Verschollenes in den Westen schleppte, denn auch die Tagebücher Joseph Goebbels' kamen schließlich schon auf diesem Weg in die Bundesrepublik. Gerd Heidemann machte keine Ausnahme: auch er fiel auf Kujaus Geschichten herein. Als Konrad Kujau noch nicht wußte, wie er seinen Kopf aus der Schlinge ziehen konnte, als er bei der Vernehmung noch darüber nachdachte, wie er den Tagebuch-

LANDESKRIMINALAMT
BADEN-WÜRTTEMBERG
III/2 c - PA 189 418 -

7000 STUTTGART W, den 20. März 1968
Postanschrift: 7000 Stuttgart 1, Postfach 2965
Telefon 62 46 41
Straße: Hölderlinplatz 1

An das

Polizeipräsidium
- Kriminalpolizei -

S t u t t g a r t

Betr.: K u j a u , Konrad, Paul,
geb. am 27.6.1938 in Löbau/Sa.

Bezug: Ihr FS Nr. 1861 vom 15.3.1968 - PFK -

Anlg.: 0

Bei den hiesigen Akten befindet sich ein Ausschreibungsantrag der Staatsanwaltschaft Stuttgart - Az. 22 Js 1217/64 - vom 11.3.1964, wonach ein F i s c h e r , Konrad, geb. 13.3.1936 in Löbau/Sachsen, wegen Urkundenfälschung zur Aufenthaltsermittlung gesucht wird.

Ich bitte, zu ermitteln, ob der Gesuchte mit dem am 21.12.1960 durch die Kriminalpolizei Stuttgart wegen Einbruchs erkennungsdienstlich behandelten K u j a u identisch ist.

I.A.

Fackler
Kriminalhauptkommissar

***Kujau als Vorbestrafter** (1968): Fischer oder Kujau?*

Skandal überleben könnte, da hatte er der Kripo genau das erzählt, was auch Gerd Heidemann zuvor bereits gehört hatte: Die Tagebücher Adolf Hitlers habe ein »Herr Mirdorf« herangeschafft.

1977 meldete sich »Herr Mirdorf« bei Kujaus Schwager. Er bezog sich auf die ominöse Anzeige in dem nicht existenten DDR-WOCHENEND und bot »günstig sehr gute Orden, ein Ritterkreuz mit Eichenlaub zum Preis von DM 400,- (damaliger Wert in der Bundesrepublik DM 6.500,-) und Dokumente« an. Kujau: »Im Frühjahr 1978 fragte Mirdorf bei meinem Schwager an, wann er mich persönlich einmal treffen könnte.« Kujau glaubte, daß es sich um eine »Nichtigkeit handeln würde. Der Termin wurde für Mai ins Auge gefaßt.(430)

Ohne innerliche Spannung wartete Kujau in Löbau darauf, daß sich der flinke Mirdorf meldete. Dann klingelte das Telephon. Vier Tage nach Kujaus DDR-Einreise. Als Treffpunkt wurde Dresden gewählt, in der »Nähe des staatlichen Antiquitäten An- und Verkaufes«. Kujau geheimnisvoll: »Herr Mirdorf wollte an der nächstfolgenden Ecke der Straße, der Bautzener Straße stehen. Die Entfernung beträgt 60 Meter vom staatlichen Ankauf. Da ich ihn persönlich nicht kannte, sagte er mir am Telefon, daß ich ihn an seiner braunen Lederjacke erkennen würde. Das war das einzige Erkennungszeichen.«(431)

Kujau rückte aus nach Dresden. Er kam allerdings nicht allein, sondern fast seine gesamte Familie begleitete ihn: »Ich sagte zu meiner Verwandtschaft und Frau Lieblang, sie sollten in den Intershop gehen und mich dann in einer Stunde von dem Treffpunkt wieder abholen.« Kujau stieg aus dem Wagen aus, »lief erst auf die andere Straßenseite, ging dort etwa 80 Meter runter, die Bautzener Straße, sah mir ein Schaufenster eines Gemüsegeschäftes an«, beobachtete, ob Mirdorf »alleine war«, der »teilweise auch immer drei Schritt hin und her«-lief. Erst als Kujau sich sicher fühlte, daß Mirdorf keine Stasi-Falle war, »überquerte ich die Bautzener Straße und ging auf ihn zu«. Kujau fragte: »Mirdorf?« Mirdorf antwortete: »Ja.« Kujau nannte daraufhin seinen Namen: »Fischer.« Mirdorf blieb Kujau bemerkenswert lange im Gedächtnis: »ca. 182 cm groß«, etwas »breiter als ich, etwas schwerer«. Dann machte Kujau bei Mirdorf »Geheimratsecken« aus, entdeckte seine »Froschaugen«, wunderte sich über den »Watschelgang«, hatte er »gepflegte, aber kräftige Hände«, fiel ihm schließlich auf, daß Mirdorf »links oben mindestens drei Goldplomben hatte«, trug Mirdorf beim ersten Treffen keinen Bart, erst ein Jahr später, keinen Ring am Finger, keine Brille auf der Nase. Dann schwärmte Kujau noch von Mirdorfs »großen Füßen« und nannte das Alter: »Ich schätze, er war Jahrgang 1934«, also zu dem Zeitpunkt 44 Jahre alt.(432)

Als Konrad Kujau die Bekanntschaft des Herrn Mirdorf machte, beobachtete Edith Lieblang aus ihrem Ford Escord das merkwürdige Treffen. Und abermals korrigierte sie die Angaben ihres Lebensgefährten: Keinesfalls ging er vorsichtig auf Mirdorf zu, sondern ausgesprochen »zielstrebig«. Dann kam er mit Mirdorf zu Edith Lieblang: Er »stellte mich dem Herrn vor«. Nunmehr wurde Edith Lieblang von der Kripo gebeten, Mirdorf zu beschreiben. Die Vernehmer bogen sich vor Lachen, denn jetzt hatte er keine Goldplomben, sondern laut Lieblang, »auffallend dunkle Zähne, schief gewachsen«.(433) Da sei das Mirdorf-Gebiß »krumm und braun« gewesen, »goldene Zähne habe ich nicht gesehen«.(434) Als Kujau Mirdorf verabschiedet hatte, resümierte Kujau das Treffen. Lieblang erinnerte sich:

Kujau sprach »auf jeden Fall davon, daß dieser Mirdorf ihm Tagebücher von Adolf Hitler anbieten könnte. Er sprach in diesem Zusammenhang von 27 Tagebüchern«. Und schließlich erwähnte sie noch, »daß schon damals über einen Be-

Freizeitler Konrad Kujau *(im dunklen Hemd beim Kegeln): »Eines Tages entlud sich ein Hagelgewitter«*

trag von DM 50.000,- bis DM 60.000,- pro Band gesprochen wurde«. Diese Beträge waren als Vermittlungsprovision gedacht, von denen Mirdorf einen Teil an seine Partner hatte weitergeben müssen.(435)

Sowohl West-Mark-Beute als auch die Anzahl der Tagebücher — am 9. Juni 1983 enthüllte Lieblang gegenüber dem Staatsanwalt Klein und den Kripobeamten Lorenz und Holst, was für die auf Gerd Heidemann fixierte Ermittlungsbehörde nur schwer vorstellbar war: Gerd Heidemann hatte den Bestand der Hitler-Tagebücher Konrad Kujau gegenüber nicht bestimmt, auch der anfängliche Tagebuch-Preis war kein Vorschlag Heidemanns, sondern einer von Kujau. Zweieinhalb Jahre, bevor der STERN-Reporter Kujau überhaupt kennengelernt hatte, zweieinhalb Jahre zuvor hantierte der Tagebuch-Fälscher bereits mit jenen Zahlen, die ihm angeblich allein von Gerd Heidemann »befohlen« worden seien. War das Vernehmungsprotokoll der Edith Lieblang für die Ermittler nicht interessant genug?

Edith Lieblang, die den Geburtsort ihrer Mutter Margarete nicht kannte, den Geburtstag ihres Vaters Richard vergessen hatte,(436) blieb korrekt und ehrlich (»Bevor ich etwas Falsches sage, sage ich es lieber nicht«), hatte sie die Vernehmer im Hamburger Polizeihochhaus mit wahren Aussagen nicht nur einmal überrascht. Sie war es vor allem, die das Mysterium des Kujau-Pseudonyms »Fischer« erklärte, einfach und schlüssig. »Zur Entstehungsgeschichte dieses Namens kann ich sagen, daß Herr Kujau im Jahre 1963 sich bereits Fischer nannte. Mir ist bekannt, daß Herr Kujau zuvor mit dem Gesetz in Konflikt kam« und »daß er Angst vor einer Strafvollstreckung hatte«: »Deswegen (habe er) sich unter dem Namen Fischer bewegt.«(437)

Die Verhörspezialisten glaubten, nicht richtig verstanden zu haben. Sie bohrten nochmals nach: Warum wählte Kujau nicht den Namen »Meyer« oder »Schulze«? Dafür hatte Edith Lieblang keine Erklärung: »Auf jeden Fall ist es so, daß Herr Kujau sich von dem Zeitpunkt unseres erneuten Kennenlernens ab an jeder Person gegenüber, die wir bzw. er kennenlernte, als Fischer ausgab.«(438) Gerd Heidemann, der vergeblich bestritt, Konrad Kujau unter Kujau gekannt zu haben, der stets nur einen Fischer begrüßte, verfügte plötzlich über eine Entlastungszeugin. Auf die konkrete Frage des Kripomannes Holst, »ob Herr Heidemann auch von dem Namen Kujau etwas weiß«, antwortete Lieblang: »Ich meine nein.«(439)

Kujaus Geliebte und spätere »Zugehfrau«, Maria Modritsch, die ihn 1975 in der Stuttgarter »Sissi-Bar« kennenlernte, wurde damals auf ihn aufmerksam, weil er dort als »General« herumalberte.(440) »Es ist richtig«, so gab sie den Hamburger Polizisten Möller und Dittmann zu Protokoll, »daß 'Conny' sich Dr. Kujau und auch Fischer genannt hat.« Modritsch lieferte einen scheinbar einleuchtenden Grund: Das sei geschehen, »weil 'Conny' in der DDR einen Bruder wohnen hat, der General ist«, »er nannte sich Fischer, damit sein Bruder, der General, nicht gefährdet werde«: »Das jedenfalls hat er mir gegenüber erklärt.«(441)

Mit der Sturheit eines Esels wiederholte Gerd Heidemann vor, während und nach dem Tagebuch-Prozeß: der Name Kujau sei ihm unbekannt gewesen, Kujau habe sich ihm vielmehr als Fischer vorgestellt, von der Existenz des Namens Kujau habe er erstmals nach Bekanntwerden der Fälschungen erfahren. Kujau widersprach kaltschnäuzig: »Eines Tages«, im Frühjahr 1982, sei Heidemann abermals bei ihm in Stuttgart gewesen, als sich ein »Hagelgewitter« entlud und die Alarmanlage auslöste, mit der seine Militaria-Sammlung gesichert sei. Mit »Maschinenpistolen« habe die Kripo sein Geschäft gestürmt und gerufen: »Wer sind Sie?« Auffallend ruhig hätte er sodann seinen richtigen Namen preisgegeben: »Ich bin Ku-

Kujau-Opfer Heidemann *(nach Verbüßung seiner Haft): Vom STERN allein-gelassen*

jau.«(442) In diesem Augenblick soll Heidemann neben ihm gestanden haben.

Hatten die Spurensucher daraufhin bei ihren Stuttgarter Kollegen angerufen, um herauszufinden, ob die zuständige Polizeiwache eine Fehlalarmeintragung im Dienstbuch notiert hatte? Wurde der Wetterdienst konsultiert? Genau das war vermieden worden. Warum?

Die Medien waren hin und her gerissen. Kannte Heidemann Kujau nun unter Kujau, oder war Kujau ihm nur unter Fischer ein Begriff? Kujau bot immer andere Versionen an. Selbst der ehedem kritische Journalist Stefan Aust, einst tätig für PANORAMA im Ersten Fernsehprogramm, nunmehr Chef des SPIEGEL-TV-Magazins, klopfte sich amüsiert auf die Schenkel, wenn Kujau über seinen Ex-Partner Heidemann herzog. Kujaus Rechnung schien aufzugehen: Je mehr er Heidemann in die Ecke eines Trottels rücken könnte, desto glaubhafter seien selbst die abenteuerlichsten Erfindungen. Aust besuchte Kujau in der Zelle des Hamburger Untersuchungsgefängnisses. Ihm demonstrierte Kujau Heidemann-Possen am laufenden Band. Und Stefan Aust erwies sich in der Tat als Spaß verstehender Zuhörer, Fakten waren nicht mehr gefragt:

»Da fragte er (Heidemann) doch plötzlich«, lächelte Kujau gezielt in die Kamera, »wo kommt der Name Kujau her und dann merken Sie, daß er doch nicht solche Schlafmütze ist, er hatte doch meinen Namen an der Tür gesehen und da habe ich ihm erzählt, ein Vorfahre war ein polnischer General, der ist nach dem dreissigjährigen Krieg hängengeblieben, und lauter so ein Zeug.« Kujau weiter: »Dann sagte er, also passen Sie mal auf, der Name Fischer bleibt bestehen.«(443)

Bundesweit wurde Austs Kujau-Tirade ausgestrahlt. Erst, gekürzt, im Ersten Programm, dann, in fast voller Länge, auf den dritten Fernsehkanälen. Eine solche Gelegenheit konnte sich Konrad Kujau nicht entgehen lassen. Mit Hilfe von Stefan Aust redete er Gerd Heidemann waidwund, hatten die am STERN-Tagebuch-Debakel interessierten Zuschauer ihre Sympathien längt verteilt — Konrad Kujau war ihr heimlicher Held, Gerd Heidemann degradierte er zu einem fanatischen STERN-Lümmel, einem geistesgestörten Dummbart, einem Hanswurst und dummen August.

Als Kujau Heidemann mitgeteilt haben will, daß er »die Dinger« geschrieben habe, habe der »Hund« Heidemann ihm gesagt, »das können Sie ihrer Großmutter erzählen«, ging »er mir unheimlich auf die Nerven«, weil Kujau aufgefallen sei, »daß der Mann schon wußte, daß ich die Bücher schreibe«, aber »Du mußt ihm das mal richtig beibringen, daß Du die Bücher schreibst«: »Der hat mich fertig gemacht, der Mann, aber ehrlich.« Da »kam er und sagte: 'Erstmal Du Bormann loben'«. Den »habe ich auch gelobt in diesen Büchern«, »und dann kam er eines Tages und sagte: 'Du, paß' mal auf, Hoffmann, der Sohn des Leibfotografen Professor Hoffmann, ist bei uns im STERN beschäftigt, der hat ja von den Alliierten sein Archiv wiederbekommen und das möchte ich gern haben.« Kujau über Heidemann: Wenn er, Heidemann, »wirklich etwas in den Tagebüchern finde über Hoffmann, dann rufe (Heidemann) ihn an und sage: 'Heini, Hitler hat wieder etwas über Deine Familie in die Tagebücher geschrieben.'« Heidemann laut Kujau: »Ach, was glaubst Du, wie sich dann Heini freut.« Erst daraufhin habe Kujau hineingeschrieben: »Bin Hoffmanns dankbar, daß sie sich so um Eva kümmern.« Heidemann, laut Kujau, zu Kujau: »Daß Heini mal wieder Freude daran hat.« Dann soll Heidemann im »ganzen Bundesgebiet Bücher oder Literatur über Jesus« aufgekauft haben, was den mittlerweile augentränenden Aust zu einer Zwischenfrage veranlaßte: »Sollten Sie noch die Memoiren von Jesus schreiben?« Kujau: »Nein, ich sollte eine Akte anfertigen, und zwar eine Akte des Reichssicherheits-

KPS. Nr.: 213 / 1980

Berlin, 4.6.1980
Dresden,13.6.1980

Zur Ausfuhr über die Staatsgrenze der DDR bestimmt

Paket:	Größe 60cm mal 50cm.
Inhalt:	Autographensammlung
Bestimmungsperson:	F i s c h e r Konrad
	B R D 7000 Stuttgart 1
	Aspergstraße 20

Die Zahlung über 44.000,-- DM, - Vierundvierzigtausend - ist bis zum 1.07.1980 auf das Postscheckkonto Stuttgart Nr.: 5959-700 zu leisten.

26.6.80

Kujau-Fälschung: *»Die Wissenschaft wird es danken«*

hauptamtes, federführend Himmler. Hitler hätte Himmler einen Auftrag gegeben, das Leben des Jesu zu durchleuchten.«(445) Stefan Aust konnte nicht mehr, er hielt sich den Bauch — Millionen lachten mit ihm. Niemand fragte sich, ob Konrad Kujau die Wahrheit sagte. Nicht einmal Stefan Aust.

Bedrückt nahm Gerd Heidemann in der Untersuchungshaft das Geholze seines einstigen Tagebuch-Lieferanten zur Kenntnis, längst hatte er resigniert, war aus dem ehedem agilen und selbstsicheren STERN-Redaktionsmitglied ein trübsinniger Untersuchungshäftling geworden. Gegen Kujaus Erzählungen, das wußte Heidemannn inzwischen nur allzu gut, war kein Anrennen mehr möglich, zu sehr war Gerd Heidemann abgestempelt, zu einem einäugigen, besessenen Hitler-Fahnder hochstilisiert worden, der selbst die Schuheinlagen des Führers unter Glas gelegt hätte, dem zuzutrauen gewesen wäre, daß er nach Erhalt der Asche des braunen Diktators in der STERN-Redaktion eine Hitler-Gedenkstätte etabliert hätte.

Nicht nur Gerd Heidemann ist vorzuwerfen, auf die teilweise brillanten Erzählungen Kujaus hereingefallen zu sein, sondern auch die sich mit den Tagebüchern beschäftigende Kripo war streckenweise der Inszenierung Kujaus erlegen. Nur allzu gut blieb dem Kriminaloberkommissar Möller in Erinnerung, wie detailliert der Laien-Schauspieler Kujau jene Situation beschrieb, als er das erste Mal in der DDR ein Tagebuch Adolf Hitlers in Händen hielt. Kujau: »Ich war so aufgeregt, daß ich zitterte.«(446) Dieses veranlaßt hatte der DDR-Bürger Mirdorf, im Mai 1979.

Kujau: »Er griff in seine Collegemappe und holte ein schwarzes Buch im Format von ca. 35 x 25 und nur ein cm etwa dick heraus.« Kujau wußte selbstverständlich nicht, »worum es sich handelte«. Mirdorf »eröffnete mir, es wäre das Tagebuch des Adolf Hitler«, dann fragte Kujau, ob es noch andere gäbe. Mirdorf, laut Kujau: »Es gibt noch einige.« Auf der Seite eins sei das Datum 1935 vermerkt gewesen, daneben die Unterschrift des Führers. Kujau blätterte die Seiten durch (»Ich schätze, daß es etwa 25 ... Seiten waren«) und erkundigte sich nach dem Preis. Mirdorf bat Kujau, ihm ein Gebot zu unterbreiten. Daraufhin gestand Kujau, er sei kein Sachverständiger. Bevor eine Summe genannt werden könne, müsse die Echtheit überprüft werden. Mirdorf beauftragte Kujau daraufhin, wegen fehlender Möglichkeiten in der DDR, die Überprüfung vertrauensvoll selbst im Westen vornehmen zu lassen. Kujau: »Ich hatte den Eindruck von der absoluten Echtheit.«(447) Aus der DDR zurückgekehrt, informierte Kujau »meinen Freund« Fritz Stiefel. Der nahm das Tagebuch an sich, um es sogleich einem anderen zu zeigen: Professor August Priesack, dem Sachverständigen für Hitler-Schriften, der sich schließlich wie ein »Verrückter« gebärdete: »Sie (Kujau) sind unsere letzte Rettung. Sie müssen sofort nachhaken, wo dieses Buch war. Die Wissenschaft wird Ihnen das danken.«(448)

Priesack rechnete hoch, Kujau wußte, wie: »Er hatte ... in dem Buch ... den Zeitraum festgestellt, den das Buch umfaßte«, dabei »ging er davon aus, daß Hitler in der gesamten, ihm zur Verfügung stehenden Zeit jeweils den gleichen Zeitraum an einem Tagebuch geschrieben hatte« — da kam er halt »auf die Zahl 27«.(449) Dann fuhr Kujau erst einmal in Urlaub. Als er im Herbst 1979 erholt zurückkkehrte, »fand ich im Briefkasten einen Brief meines Schwagers Günter Krebs«. Mirdorf mahnte angeblich die Bezahlung an: einen großen Smaragd, 24 Brillanten, vier Zehn-Gramm-Goldbarren und fünf Münzen (»vierfache Dukaten«) wollte er jetzt als Belohnung haben. Kujau machte sich umgehend auf, die Zahlungsmittel zu organisieren: Die Steine soll ihm Fritz Stiefel ausgehändigt haben, das andere besorte ihm Kujau selbst.

Gerd Heidemann *(bei Haftentlassung im September 1989): »Der Beschuldigte Kujau legte ein Geständnis ab«*

Im Januar 1980 flog er nach West-Berlin und »übergab Mirdorf die Steine, mit deren Qualität er nicht einverstanden war«. Daraufhin legte Kujau zweitausend Mark drauf. Weitere Tagebücher wollte Kujau zu dieser Zeit von Mirdorf nicht haben: »Ich sage ganz offen, sie waren mir zu teuer«, denn Fritz Stiefel »wollte nur etwa DM 50.000,- für alle Bücher zahlen«. Im Spätherbst 1980 allerdings informierte ihn Stiefel, daß er einen Tagebuch-Interessenten aufgetan habe: Gerd Heidemann vom STERN, der ihn 30 Minuten später anrief. Kujau: »Ich meldete mich unter dem Namen, wie auch im Telefonbuch eingetragen: Lieblang. Herr Heidemann fragte mich, ob ich einen Herrn 'Fischer' kenne. Daraufhin sagte ich: 'Ja.' Ich wäre es selbst.«(450)

Inzwischen waren fünf Tage verstrichen. Kripo-Kommisssar Möller wunderte sich indessen doch ein wenig über Kujaus Erzählungen, zumal wenigstens ihm die »widersprechende Darstellung« Edith Lieblangs aufgefallen war. Inzwischen war auch eine Notiz »mit den Namenszügen von Hitler und Milch« gefunden worden, die aus einem Kujau-Buch ragte. Möller hielt in einem »Vermerk« am 25. Mai 1983 fest: »Der Beschuldigte Kujau legte ein Geständnis ab.«(451) Um 9.50 Uhr gab Kujau, in Gegenwart seines Rechtsanwaltes und des Staatsanwaltes Klein, dann in der Tat zu: »Ich habe die Bücher geschrieben.«(452)

Hitlers Schrift, so begründete Kujau fabulierend das nunmehrige Tagebuch-Wunder, »ist sehr kompliziert«: »Ich kam am Anfang mit (ihr) nicht klar.« Das will er auch immer wieder Herr Heidemann mitgeteilt haben, denn »in dieser Zeit begann er, mich immer zu bedrägen, ich sollte schneller machen«. Da sei »ich kaum zum Essen gekommen«, statt dessen machte Heidemann ihm Vorhaltungen, daß »die Unterschrift nicht richtig gelungen« sei, habe ihm Heidemann gar versprochen, »mir die Tinte zu besorgen«.(453)

Seite um Seite wurden Kujaus Widersprüche festgehalten, aber niemals eine beamtete Gegenwehr produziert. Die Kripo, jedem Fahrraddieb gegenüber sonst mißtrauischer, verwickelte den tonangebenden Kujau nicht in ein Frage- und Antwortspiel, sondern sie ließ den »Märchenonkel« (Holst) konkret auf das Ziel Gerd Heidemann zusteuern: Nicht er sei, so suggerierte Kujau jetzt, der Initiator der gefälschten Hitler-Tagebücher gewesen, sondern der »Verrückte« vom STERN. Hemmungslos war Kujau auf Wirkung bedacht, seine Schlagkraft der Meineid, mit Hilfe stürmischer Entstellungen drückte er Heidemann die Kehle zu. Je mehr Kujau die vernehmende Obrigkeit zwang, ihm gefesselt zuzuhören, desto größer zwangsläufig die Entenproduktion.

Der STERN wurde jetzt hellhörig. Er ermittelte nicht gegen Konrad Kujau, sondern er machte es sich schwer: der STERN konzentrierte sich ausschließlich auf Gerd Heidemann.

STERN-Ankündigung *(in WELT am Sonntag)*, **Adolf Hitler** *(1944)*: *Wer wollte den STERN jetzt noch lesen?*

DIE TAGEBÜCHER DES STERN WIRKEN

Tagebuch-Stratege Henri Nannen: *»Wir sind dankbar, daß wir ein großes Denkmal ablösen können«*

»DIE DARSTELLUNG IST NICHT FALSCH, ABER AUCH NICHT RICHTIG« oder: Der STERN setzt einen Untersuchungsausschuß ein

Ein frustrierter Redakteur des STERN hatte eine Geschichte für den STERN zu schreiben. Es schien, als ob er so recht nicht weiterkomme. Dann riß er sich zusammen. Der Journalist griff zum Telephonhörer, nannte seinen Namen und gab an: der Anruf erfolge im Auftrag des STERN. Umgehend reagierte der Gesprächspartner: »Heil Hitler!«(454) Beißender Spott, Hohngelächter und maliziöser Zynismus — nach dem Auffliegen der Tagebücher, nach der endgültigen Gewißheit der Fälschung der Hitler-Kladden wurde der STERN nun selbst zu dem, womit er gelegentlich seine Spalten füllte: zur Parodie. Fortan spottete die Branche nicht über den STERN, sondern über die »Hitler-Illustrierte«.(455)

Verzweifelt wehrte sich die Redaktion gegen die Schadenfreude, gramgebeugt schluckte sie hämische Spitzen hinunter, jammervoll standen einst gefeierte und eitle STERN-Journalisten vor einem beschämenden Scherbenhaufen. STERN-Mitarbeiter überlegten sich inzwischen ernsthaft, ob sie sich auf Partys unter die Kollegen der Konkurrenz mischen sollten, denn gerade bei diesen Anlässen boten sich immer wieder Gelegenheiten, gefoppt und gehänselt zu werden. Welche intelligente Frau mochte in diesen Wochen mit einem Mann vom STERN verkehren? Über Monate hinweg waren STERN-Angehörige einem Spießrutenlaufen ausgesetzt, hatten sie Unangenehmes zu akzeptieren:

Der Präsident des Bundesverfassungsgerichts, Ernst Benda, sagte ein bereits terminiertes Interview ab; Bonner Politiker, vom STERN nun plötzlich bescheiden um Antworten gebeten, brachen in brüllendes Gelächter aus; eine Pazifistin aus der DDR, noch meilenweit von der Wende entfernt, vom STERN nach Informationen befragt, machte sich über die ramponierte Illustrierte nicht lustig, sondern wähnte den STERN in vollem Ernst vereint im Kreise der Neo-Nazis: mit »Hitler-Blättern« wolle sie nichts zu tun haben.(456) Der interne Untersuchungsausschuß des STERN, der zu klären hatte, wie es zu der Tagebuch-Pleite hatte kommen können, dokumentierte den Stand des durch das Tagebuch-Desaster niedergeknüppelten Flaggschiffes des Verlages Gruner + Jahr: »Das Image des STERN-Journalisten ist durch den plumpen Tagebuch-Betrug stark beschädigt.«(457) In der Tat.

Da hatte der STERN »auf breiter Front an Glaubwürdigkeit verloren, nach innen und nach außen«, da sollen erst jetzt »STERN-Leser ... den Blatt-Inhalten ... mit distanzierter Skepsis« gegenübergestanden haben, würden »auf lange Zeit große Enthüllungsgeschichten nicht mehr geglaubt werden«, viele »sie schlicht für gefälscht halten«, deckte der STERN-Untersuchungsausschuß über den STERN des Jahres 1983 auf.(458)

Über den STERN wurde auch an den Kiosken abgestimmt: STERN-Käufer verlangten jetzt nicht mehr den STERN, sondern sie erstanden nun die neueste Ausgabe der »Hitler-Illustrierten«. Die Zeitungshändler wußten immer, zu welchem Stapel sie greifen mußten, ohnehin blieb der hoch genug, denn: Wer wollte den STERN noch lesen?(459)

Die spektakuläre Rechenschaft Hitlers, unter dem Titel »Der Fund« drei Tage früher ausgeliefert, erschien Ende April 1983. Seit der überstürzt anberaumten Pressekonferenz des STERN setzte die Illustrierte eine noch nie dagewesene Lawine in Bewegung: Weltweit druckten Zeitungen das Tagebuch-Ereignis des STERN.

Noch niemals zuvor hatte eine Gazette derart viel kostenlose Werbung erhalten. Nur kurz aber konnten die Verlags- und Redaktionsmannschaften diese einmalige Begebenheit genießen, dann waren sie gelähmt: das angeblich sonst so sichere Instrumentarium des STERN war einer brutalen Fälschung aufgesessen. Der Untergang des STERN trat in die erste Phase:

Die »Fund«-Tragödie wurde 2,32 Millionen mal gedruckt, nur rund 150.000 Remittenden kamen zurück. Es handelte sich bei der »Fund«-Auflage um die zweithöchste in der Geschichte des STERN, 1981 lediglich übertroffen von der Titelgeschichte »Atomrampe Deutschland«. Die Tagebuch-Fortsetzung, inzwischen setzte die Diskussion über die Echtheit der banalen Führer-Worte ein, blieb beim Zeitungshändler liegen. Das dritte Tagebuch-Heft purzelte: Als Adolf Hitler alias Konrad Kujau im STERN nichts mehr mitteilen durfte, hatte sich der katastrophale Auflagenschwund bei 1,4 Millionen Exemplaren eingependelt.(460) Dieser Vorgang hatte nicht nur psychologische Folgen, der Auflagenrückgang traf vor allem den wirtschaftlichen Nerv, waren nun auf einmal 900.000 STERN-Leser vor dem STERN ausgerückt, fehlende 1,5 Millionen Mark Umsatz pro Woche bedrohten die ehedem tiefschwarzen Zahlen der Gruner + Jahr-Bilanz. Wie Blinde hatten STERN-Kommandeure das wohl mit Abstand teuerste Unternehmen der Medien-Geschichte befehligt, der Tagebuch-Geist den Konzern um zwanzig Millionen ärmer gemacht.

Die konspirative Tagebuch-Beschaffung verschlang 9,34 Millionen Mark. Gerd Heidemann erhielt eine Tagebuch-Prämie in Höhe von 1,5 Millionen, die Abfindung der bedauernswerten Chefredakteure Peter Koch und Felix Schmidt verschlang sieben Millionen. Der »Fund«-STERN, in dem die Tagebücher angekündigt wurden, mußte um 48 auf insgesamt 356 Seiten erweitert werden. Diese Ausdehnung kostete 720.000,- DM. Weil der Erstverkaufstag von einem Donnerstag auf einen Montag gelegt wurde, kamen 413.000,- DM hinzu, Druck und Papierkosten für die 2,32 Millionen Exemplare schlugen mit fast 6,7 Millionen Mark zu Buche, die Vertriebskosten mit rund 600.000,- DM. Zwar wurde ein Vertriebserlös von 4,2 Millionen Mark erreicht, aber indirekt für den zweiten Tagebuch-Teil, den angeblichen Flug des Hitler-Stellvertreters Rudolf Heß nach England, wieder ausgegeben: Hunderttausende für die nochmalige Umfangserweiterung, die 23.000,- DM für Überstunden der Redaktion, des Vertriebs sowie des Verlages fielen da gar nicht mehr auf. Statt über zwei Millionen kauften immerhin noch 1,6 Millionen den zweiten Tagebuch-STERN. Einen Tag nach dem Erstverkauf des zweiten Hitler-Kapitels war die Tagebuch-Fälschug aufgeflogen.(461) War das alles?

Der dritte Tagebuch-STERN, in dem die schlichten Bekenntnisse Hitlers samt einem peinlichen Nannen-Editorial erst richtig platt zur Geltung kamen, befand sich gerade im Druck, da traf die Hiobsbotschaft, Hitlers Tagebuch sei in Wahrheit gar nicht das Tagebuch Hitlers, den Gruner + Jahr-Betonklotz an der Hamburger Außenalster wie ein Keulenschlag. Am 5. Mai 1983, gegen 19.00 Uhr, teilte Peter Koch, der sich in den USA für inzwischen sechzehn Fernseh-Interviews zur Verfügung stellte und zur Tagebuch-Unterstützung den Heß-Sohn Wolf-Rüdiger nachfliegen ließ, Gerd Schulte-Hillen mit, daß der Gutachter Kenneth Rendell die Tagebücher als Fälschung entlarvt habe. Der Vorstandsvorsitzende Gerd Schulte-Hillen, den der Untersuchungsausschuß als »erfahrenen Drucker« ironisierte, habe nach dieser Meldung die Maschinen sofort stoppen lassen müssen, stellte der Untersuchungsausschuß lakonisch fest. Aber Schulte-Hillen mißtraute dem Amerikaner, er setzte statt dessen hoffnungsfroh auf das Bundesarchiv in Koblenz, schließlich hatten die beamteten Historiker über Gerd Heidemann mit dem STERN einen Tagebuch-Vertrag geschlossen.(462) Würden die den STERN im Stich lassen? Tatsächlich. Sie taten es.

Nur siebzehn Stunden später kam auch aus Bonn das »Aus«. Inzwischen waren 70.000 STERN voll ausgedruckt, 264.000 Titelprodukte fertiggestellt, 160.000 Hauptprodukte. Diese »Fehldrucke«, wie der Untersuchungsausschuß sie traurig betitelte, wurden mit 212.000,- DM bewertet. Um zu verhindern, daß diese Tagebuch-Blüten den Markt erreichten, mußte die schnelle Vernichtung herbeigeführt werden. Das wiederum wurde nur für 10.000,- DM möglich. Viertausend dieser Rufmord-Exemplare befanden sich aber bereits auf dem Weg zu norddeutschen Lesezirkel-Firmen. Die LKW konnten jedoch in letzter Sekunde zurückbeordert werden. Die Kosten für diese Aktion waren atemberaubend gering im Vergleich zu den anderen Positionen: 307,- DM rechneten die strapazierten Buchhalter aus.(463) Da Gruner + Jahr aber über prall gefüllte Bankkonten verfügte, konnten die den Tagebüchern geopferten Millionen lachenden Auges abgeschrieben werden. Nicht leicht zu verkraften dagegen war, was nun wirklich mit noch soviel Geld nicht mehr aufzufangen war: die automatisch in Gang gekommene öffentliche Auseinandersetzung um den STERN, zu der die kopflose Redaktion ungewollt, aber zielstrebig und emsig beigetragen hatte: Mit der Einsetzung eines überflüssigen Untersuchungsausschusses, der daraufhin einen merkwürdigen »Bericht ... zur Klärung der hausinternen Vorgänge um die gefälschten Hitler-Tagebücher« vorlegte, begann ein absurdes Theater, im Affenfelsen traten die Ensembles des Hamburger Ohnsorg-Theaters und des bayerischen Komödienstadls gemeinsam auf.

Als ausgesprochen kluge Entscheidung wurde die Wahl eines neutralen Vorsitzenden des Redaktionsausschusses, des Professors Ulrich Klug, betrachtet, der sogleich nach seiner Bestallung erneut mit seiner im Dritten Reich verfaßten Dissertation ins Gerede kam (Untersuchungsausschuß-Kommenar: Es sei bekannt gewesen, daß es »Versuche gegeben hatte, Prof. Klug unter Hinweis auf seine 1938 veröffentlichte Doktorarbeit als NS-belastet zu diffamieren und daß die dabei aufgestellten Behauptungen überzeugt widerlegt waren«).(464) Honorar-Empfänger Klug apostrophierte seinen Auftraggeber STERN standesgemäß sogleich als »vielbeachteten Avantgardisten«, orakelte »Möge er es wieder werden!«, hatte im Grunde aber keinerlei Chancen:(465)

Mühsam schleppten sich die Untersuchungsausschuß-Akteure von einer Konferenz zur anderen. Unerträglich lange hielten die nutzlosen Diskussionen an, en masse wurden völlig unergiebige Hausmitteilungen produziert, polemische Briefe hin- und hergeschickt. Die Redaktion des STERN verkam zur provinziellen Amtsstube, in der schlaffe Beamte langatmige Formulare in unverständlichem Deutsch abfaßten. Den einst so lockeren STERN — ihn gab es nicht mehr. Statt dessen: Klimmzüge am laufenden Band, Wortklaubereien wie in lokalen Talk-Shows. Schulmeister standen plötzlich im Mittelpunkt, Paragraphenreiter hatten Hochkonjunktur, Pedanten, sonst nicht ernst genommen, versuchten sich zu profilieren, Theoretiker, die alles besser zu wissen meinten, kamen zum Zuge. Der STERN, der sich nach den Tagebüchern seine zweite STERN-Stunde, den Untersuchungsausschuß, einbrockte, lief kurze Zeit Gefahr, in diesem Chaos richtig und endgültig unterzugehen.

Die »niederträchtige Öffentlichkeit« hatte den STERN bis aufs Hemd ausgezogen. Jetzt drohte der Untersuchungsausschuß, dem STERN auch noch die letzten Kleider vom Leib zu reißen. Die Vorstellung der redaktionellen STERN-Henker war bühnenreif, aber nicht etwa ein Schauspiel shakespearschen Stils, sondern da stotterten Tingeltangel-Mimen ihre Texte herunter, lediglich am Leben erhalten von einem aus Gütersloh, dem Bertelsmann-Konzern.

Wenige Stunden nach Aufdeckung der Fälschung, am berühmten »Schwarzen Freitag«, 6. Mai 1983, rastete die Redaktion aus. Eine aufgebrachte Vollversammlung verlangte die Untersuchung der Tagebuch-Affäre. Am 9. Mai begann die »lücken- und schonungslose Aufklärung«, wie der »Arbeitsbericht« der Tagebuch-Sezierer stolz bekanntgab.(466) In Zimmer 515 im Alsterufer 10 begannen die Vernehmungen. Imponierende Leistungen vollbrachte der Ausschuß: zehn Sekretärinnen schrieben 141-Stunden-lange Gespräche ab, die auf 120 Tonbändern aufgezeichnet worden waren und schließlich 3.070 Seiten umfaßten. Allein die sogenannte »Chronologie« mußte fünfmal korrigiert werden, erst die sechste Fassung soll auf 87 Seiten »den lückenlosen Ablauf der Ereignisse« dokumentiert haben.(467) Die Linie des STERN-Gerichts kam überdeutlich zum Vorschein: »Wurde Gerd Heidemann vom Vorstand und/oder der Redaktion verkannt?«(468)

Die Tagebuch-Analytiker verpflichteten sich zur »absoluten Verschwiegenheit«, galt es doch herauszufinden, »welche STERN-üblichen Sicherungen ... versagt oder ... ausgeschaltet« gewesen seien. So genau jedoch wollte sich Gerd Schulte-Hillen nicht in die Karten sehen lassen. Manfred von Conta, Burkhard Lüpke, Gerhard Thomsen und Christa Kölblinger, die Regisseure der rücksichtslosen Selbstzerfleischung, waren einige Nummern zu klein, der Vorstand zeigte ihnen die Zähne: »Im Verlauf der Befragung mußte der Ausschuß allerdings mit Bedauern zur Kenntnis nehmen, daß ihm vermutlich wesentliche Erkenntnisse verweigert wurden.«(469)

Schulte-Hillen war in der Tat motiviert, nach Möglichkeit nur an der Oberfläche recherchieren zu lassen, da er völlig zu Recht »befürchtete, eine Veröffentlichung des Untersuchungsberichts werde den Schaden für Gruner + Jahr nur noch vermehren und bisher relativ unbelastete Personen erheblich beschädigen«.(470) Doch am 9. Juni, vierzehn Tage nach Beginn des Ausschußgerangels, wurde Schulte-Hillen wieder einmal anderen Sinnes: Nun befürwortete er die »rückhaltlose Aufklärung der Tagebuch-Affäre«, bestätigte die »Unabhängigkeit« der Inspektoren, die fortan endlich Einsicht in »alle« Unterlagen erhielten, war es ihnen obendrein gelungen (»Nach zähem Ringen um jede Formulierung«), eine »gesonderte Freistellung von der Verschwiegenheitspflicht für die ... ehemaligen Chefredakteure Peter Koch und Felix Schmidt auszuhandeln«, dafür wurde ihm »journalistische Sorgfaltspflicht« versprochen und auch die Geheimhaltung garantiert: »Die Materialsammlung, Tonbänder und Gesprächsprotokolle wurden außerhalb der Arbeitszeit in einem Tresor mit Nummernkombination unter Verschluß gehalten.«(471) Hatten in diesem Panzerschrank zuvor die Hitler-Kladden gelegen?

Der Ausschuß war fündig geworden, nach dem einmaligen »Fund« des STERN fand nun er: Ein Zusammenhang zwischen der Entscheidung, die Kuby-Serie über Mussolini nicht zu veröffentlichen, und dem Ankauf der Tagebücher sei nicht auszumachen; das Gerücht, die Tagebuch-Käufe seien durch ein »schwarzes« Verlagskonto finanziert worden, habe sich als unhaltbar herausgestellt, ebenso sich der böse Verdacht, der Haus-»Schlapphut« Thomas Walde sei gar ein geheimnisvoller BND-Agent oder Spion des ehemals rührigen DDR-Staatssicherheitsdienstes »oder gar beider Geheimdienste«, als schmutzige Kampagne »aggressiver (Konkurrenz-)Redaktionen« entpuppt.(473) Was klamüserte der Untersuchungsausschuß noch heraus? Die Rubrik »Gerd Heidemann« war das zentrale Thema.

Tagebuch-geschädigter Henri Nannen *(mit Gerd Heidemann im Nacken): »Hat euch die Hitler-Scheiße so verschreckt?«*

Tagebuch-geschädigter Felix Schmidt: *»Wegen zu hoher Spesen Mitarbeit in Frage gestellt«*

Es galt, »Dichtung und Wahrheit« des einst so beliebten Reporters auf die Spur zu kommen.(474)

Da wurde Heidemann erst einmal als Photolaborant abqualifiziert, der lediglich nur »nebenbei« photographiert habe und für Nannens STERN bereits 1951 tätig geworden sei.(475) Heidemann stieß nicht bereits als Zwanzigjähriger zum STERN, sondern erst Jahre später. Photolaborant war er niemals gewesen, Nannen hatte ihn vielmehr zu Reportagen geschickt. Auch habe Heidemann Nannen angeblich erzählt, daß er das erste Tagebuch bei dem NS-Sammler und Fabrikanten Fritz Stiefel in Stuttgart gesehen habe. Doch Stiefel residierte in Waiblingen.(476) Als Heidemann mit Himmlers Intimus, dem ehemaligen SS-Obergruppenführer Karl Wolff, durch Südamerika reiste, soll er von dort ein Photo des angeblich lebenden Martin Bormann mitgebracht haben. Tatsächlich aber hatte er das Bild in Hamburg von dem Journalisten Herbert John erhalten und es in die Brieftasche gesteckt, um mit Hilfe von in Argentinien und Paraguay untergeschlüpften hohen NS-Chargen zu überprüfen, ob der Mann auf dem Photo wirklich der vom STERN für tot erklärte Reichsleiter war. Klaus Liedtke, der zum Untersuchungsausschuß gehörte, war von Heidemanns Bormann-Fahndung im Detail unterrichtet.(477) Nachzulesen war das selbstverständlich nirgendwo.

Da soll Heidemanns Mitarbeit in der STERN-Redaktion »wegen zu hoher Spesen und zu geringer Ausbeute der Südamerika-Reise in Frage gestellt« gewesen sein.(478) In Wirklichkeit aber hatte der Reporter seinen Vertrag mit dem STERN gekündigt und sich dann zum wiederholten Male beschwatzen lassen, der Redaktion treu zu bleiben.(479) Kaum sei Heidemann ins heimische Büro zurückgekehrt, habe Peter Koch befohlen, die »Finger von NS-Themen zu lassen«.(480) Der wahre Grund war aber, daß Koch Heidemann für seine geplante »Rüstungs«-Serie einspannen wollte. Nicht immer irrte der Untersuchungsausschuß:

»Thomas Walde beauftragte Heidemann«, formulierten die Berichterstatter überraschenderweise, »das Thema 'Tagebuch' zu recherchieren.« Was hatte Gerd Heidemann daraufhin getan? Selbstverständlich nahm er sofort »die ... Spur ... auf«.(481) Endlich wurde der eigentliche Tagebuch-Initiator schonungslos beim Namen genannt: »Thomas Walde berichtet Wilfried Sorge (seinem engen Freund und stellvertretenden Verlagsleiter) in einem gemeinsamen Urlaub von Heidemanns Entdeckungen«, worauf Sorge »sogleich um einen Halbstunden-Termin bei (dem Vorstandsvorsitzenden Manfred) Fischer bittet«, denn Heidemann »braucht« 200.000,- DM und soll sich zusammen mit Walde dagegen gewehrt haben, »daß die Chefredaktion informiert wird«. Fischer hatte das Schweigegebot den Anwesenden aufgedrängt, Heidemann den hohen Betrag offeriert, den dieser als Darlehen ausbezahlt erhielt. Fortan sei Sorge der Verlags-»Führungsmann« Heidemanns gewesen, Walde der Tagebuch-Motor.(482)

Die vom Ausschuß hochgehaltene »journalistische Sorgfaltspflicht« war wohl mißverstanden worden, Heidemann-Entlastendes angeblich nicht aufzufinden. Aus dem Heß-Sonderband wurde beispielsweise eine Röhm-Kladde.(483) Heidemann war, so schien es, für den Untersuchungsausschuß ein akutes Ärgernis. Lag es nun daran, daß er in den letzten Jahren monatlich fast 30.000,- DM mehr als der Chefredakteur Peter Koch verdient hatte, war es schlichter Neid, der die armen STERN-Rechercheure anstachelte, oder glaubte der Ausschuß tatsächlich an einen Millionen beiseite schaffenden Kollegen?

Gerd Heidemann habe sich stets in »chronischer Geldnot« befunden, polemisierte der Ausschuß, eine »manische Vorliebe für NS-Themen« gehabt und unverhofft habe er dann entdeckt, daß die Hitler-Tagebücher ihn von seinen Schulden befreien könnten.(484) Verträge, die Heidemann mit dem Verlag schloß, wurden als erschlichen dargestellt, denn Heidemann »brauchte offenbar wieder Geld«. Wenn die Buchhaltung Heidemanns Vorschüsse zu Papier brachte, tat sie dies nicht wie üblich, nein, bei dem Reporter »stolperte« sie, da rückten Rückzahlungstermine für gewährte Vorauszahlungen »unerbittlich näher«. Doch Heidemann umschiffte auch diese für ihn scheinbar kritische Situation, indem er angeblich einen Kredit aufnahm, um die Altschulden zu tilgen und einen Buchvorschuß abzulösen. So erreichte er nebenbei einen Zahlungsaufschub und kassierte auch noch — Bares. Fazit: »Gerd Heidemann hatte ... einschlägige Erfahrungen gesammelt.«(485)

Die Autoren des Untersuchungsausschusses erwiesen sich als unberechenbare Federkrieger. Sie produzierten übelste Polemik und stellten Gerd Heidemann als unsägliche Landplage hin. Noch lange vor dem Tagebuch-Prozeß hatte der Ausschuß sein Ziel erreicht: die Vorverurteilung Gerd Heidemanns.

Gerd Heidemann hatte die Tagebücher ohne den STERN vermarkten wollen. Als er seine Kündigung zurücknahm, tat er es, weil der Verlag die Hitler-Kladden für sich haben wollte. So erhielt der Reporter nicht allein sein Gehalt, sondern Sonderzahlungen, die seinen Monatslohn in der Tat zum Trinkgeld verkommen ließen. Heidemann war beim STERN nicht der einzige, der Neben-Zubrote einnahm, sondern von der Großzügigkeit Gruner + Jahrs partizipierten ebenfalls zahlreiche Kollegen. Wie interpretierte der Untersuchungsausschuß diese weitverbreitete Praktik? Er inszenierte: Heidemann »baute« seinen »materiellen Vorteil gegenüber dem Verlag ... aus«. Dann »pokerte Gerd Heidemann mit dem Verlag ständig ... um den physischen Besitz der 'Tagebücher'«, war es überhaupt eine tolldreiste »Spezialität« des Reporters, »Sonderverträge zu schließen«. Und wenn Heidemann einmal für den STERN Material besorgte, ohne Honorare zu zahlen, dann plötzlich erlegte er »dem Verlag ausnahmsweise keine finanziellen Verpflichtungen« auf.(486) War Heidemann der eigentliche Boß bei Gruner + Jahr? Gerd Schulte-Hillen Heidemanns Knecht?

Einige STERN-Redakteure mögen die Luft angehalten haben, als sie erfuhren, daß nicht nur Heidemann doppelt verdiente. Zwangsläufig breiteten sich Neid und Mißgunst aus, und statt sich auf die eigentlichen Tagebuch-Täter zu konzentrieren, lenkte der Untersuchungsausschuß ab — indem er Heidemann in den Mittelpunkt seiner Verhöre stellte.

Als die STERN-Ermittler noch damit beschäftigt waren, sich auf den inzwischen in Untersuchungshaft sitzenden Heidemann einzuschießen, hatte Mark Wössner, Vorstandsvorsitzender des Bertelsmann-Konzerns, das Tagebuch-Drama längst begriffen und verarbeitet. Den Namen Gerd Heidemann nannte er nicht, die Kladden-Akteure waren andere: sein Vorgänger Manfred Fischer, Henri Nannen, Peter Koch und Felix Schmidt. Wössner zeigte in der SÜDDEUTSCHEN ZEITUNG mit dem Finger auf sie: die Schuldigen seien ausschließlich diese Herren.

Über den STERN-Gründer und -Herausgeber Nannen brach Wössner den Stab, abfällig benotete er den nach Emden Abgewanderten: »Wir sind dankbar, daß wir hereingefallen sind und jetzt ein großes Denkmal ablösen können.« Zum Auftritt Peter Kochs im Zweiten Deutschen Fernsehen sowie zum zuvor gesendeten STERN-Film über die Tagebuch-Hintergründe fiel Wössner nur eins ein: »Dafür schäme ich mich zutiefst.« Daß Koch und Schmidt jeweils über drei Millionen Abfindung erhalten hatten (Wössner fassungslos: »Unsummen«), mißfiel ihm besonders. Und: »Es wäre schrecklich gewesen, wenn die Tagebücher Hitlers echt gewesen wären.« Gerd Schulte-Hillen, der den Skandal als einziger überlebt hatte, wurde vom Bertelsmann-Chef hingegen zum Tagebuch-»Opfer« hochstilisiert, sei er doch in die von Manfred Fischer aufgebaute Falle der »Geheimniskrämerei« unschuldig hineingelaufen.(487) Damit hatte Wössner dem Gruner + Jahr-Strategen bescheinigt, daß dieser zu selbständigem Denken nicht fähig ist — als ob Schulte-Hillen seine konspirative Tagebuch-Rolle nur geträumt und niemals besonders gern gespielt hätte.

Der Untersuchungsausschuß, der sich inzwischen zu einem Vollstrecker entwickelt hatte, sprach über die Tagebücher mit dem Inhaber von Bertelsmann, Reinhard Mohn. Auch Gerd Bucerius, Manfred Fischer und Gerd Schulte-Hillen wurden gehört. Diesem Spießrutenlaufen waren insgesamt neununddreißig Personen ausgesetzt.(488) Viele von ihnen wunderten sich nicht wenig, als sie erfuhren, wie die Ausschußmitglieder ihre Aussagen interpretierten und einzelne Tagebuch-Situationen darstellten. Gerd Heidemann wurde vom Ausschuß nicht allein an den Pranger gestellt, andere gerieten ebenfalls in Tagebuch-Verdacht. Am häufigsten wohl Thomas Walde, der mit Erich Kuby eines gemein hatte: Paßte ihm etwas nicht in den Kram, faßte er sich nicht kurz, sondern plusterte seine Stellungnahme zu Broschüren-Format auf: in einem Fall sechsundreißig Seiten stark, die er obendrein noch vierfach verschickte, auch hier schien Kuby Pate gestanden zu haben: an den Ausschuß, an Schulte-Hillen, an die Chefredaktion und an die Rechtsabteilung, »z. H. Herrn Dr. Ruppert«. Walde wünschte, daß sie ihn alle kennenlernten. Aber richtig.

»Bevor der Untersuchungsbericht ... der Redaktion bekanntgemacht wird«, adressierte Walde umständlich an die »lieben Kolleginnen und Kollegen«, »möchte ich ... informiert werden, inwieweit meine Stellungnahme berücksichtigt wurde, wie meine Anregungen, meine Bitten um Korrektur, meine Forderungen nach Streichung ... in den Bericht eingearbeitet werden bzw. erfüllt werden.« Über die Zukunft beim STERN machte sich Walde keine Illusionen, aber er ging davon aus, daß sich jeder für seine Karriere interessierte: »Es ist mir von den Chefredakteuren bedeutet worden, daß ich in der STERN-Redaktion vermutlich nicht werde weiterarbeiten können.« Da Walde zu diesem Zeitpunkt noch nicht wissen konnte, daß er alsbald zur Konzern-eigenen UFA abgeschoben werden würde, wollte er es trotz seines Tagebuch-Engagements »nicht hinnehmen, mich (mit einem negativen) 'Zeugnis' des Untersuchungsausschusses auf die Suche nach einem neuen Job machen zu müssen«.(489) Dachte Thomas Walde in diesem Augenblick an seinen gebeutelten Mitarbeiter Gerd Heidemann? Hätte er ihn nicht von der Untersuchungshaft erlösen können, ihm gar möglicherweise den dramatischen Prozeß ersparen können?

Waldes inhaftiertem Untergebenen war vom STERN inzwischen mehrfach gekündigt worden, seine Zukunft pechschwarz. Heidemanns Ressortleiter aber erhielt nach wie vor das satte Gehalt aufs Bankkonto überwiesen und tat, als habe er an der Tagebuch-Pleite weniger Schuld als sein Reporter, rangierte seine Reputation als Journalist ganz oben. Heidemanns Verzweiflung schien ihn nichts anzugehen. Statt dessen wollte er sein Image durch den Untersuchungsausschuß nicht gefährden lassen, wisse er zwar, »daß der Beirat es schwer hat, mit diesem 'Untersuchungsbericht' seiner Verantwortung gerecht zu werden, aber auch die Rechte der Betroffenen« müßten gewahrt werden. Vor allem seine. Falsche Behauptungen und unzulässige Wertungen erspähte er, die ihn »verleumden und meinen Ruf ... schädigen«, hatte er doch sein Prestige bereits selbst tapfer angekratzt, was er durch sein »Zutun an dieser Affäre hinlänglich bewiesen« habe.(490)

Thomas Walde wollte auf Nummer Sicher gehen und sein — seiner Meinung nach — integres Ansehen keinesfalls schädigen lassen. Er drohte, fügte für den Ausschuß »farblich gekennzeichnete Stellen bei, für die ich im Falle einer geplanten Veröffentlichung des Untersuchungsberichtes Unterlassung fordern werde«, da ihm die verschiedenen Ausschuß-»Bewertungen verschwiegen wurden«. Walde einfach: »Ich wurde getäuscht.«[491] Und Gerd Heidemann?

Waldes alte Überheblichkeit brach wieder durch: »Der Satz ist richtig«, er »möchte aber wissen, welche Bedeutung ihm ... zugemessen wird«.[492] Schließlich erinnerte er an eine »etwas konfuse Äußerung Herrn v. Manikowskys«, des Chefs vom Dienst beim STERN, die ihm von Felix Schmidt hinterbracht worden war. Ein gemeinsames Dinner mit Gerd Schulte-Hillen sei im übrigen deshalb zustande gekommen, weil dieser möglicherweise nicht nur »Herrn Heidemann damit eine Anerkennung erweisen«, sondern in erster Linie »mich näher kennenlernen wollte«. Dann gab er wieder zu: »Es ist meine Schuld, diesen Wahnsinnsritt mitgemacht zu haben.«[493]

Unqualifizierte Untersuchungsausschuß-Analysen mochte Thomas Walde ungefragt über sich nicht ergehen lassen. Was er sich selbst stets erlaubte, polemische Gleichnisse, gestand er anderen nicht zu. Munter produzierte er: Da arbeite der Ausschuß »in der Tradition Kochscher Pöbeleien«, verbat sich entschieden die seiner Meinung nach diskriminierende Bezeichnung »Schlapphut-Spezialist«, ließ sich über die »groteske Motivforschung« des Ausschusses aus, empfand einige Diagnosen als groben »Unfug« und würdigte die kundige »Voreingenommenheit des (Bericht-)Schreibers«: »Auch ohne die die Sprachlogik überfordernden Formulierungen (werde dies) ausreichend deutlich.« Hin und wieder turnte Walde aber auch: »Die Darstellung ist nicht falsch, aber auch nicht richtig.«[494] War Walde der einzige, der den Untersuchungsausschuß als unangenehm betrachtete? Nur weil dieser jetzt die Tagebuch-Verschwörer ins Rampenlicht zerrte? Nicht nur Walde in die Schußlinie geriet?

Der Ausschuß demütigte, kränkte und stellte bloß, entwickelte sich zu einem wahren Tribunal. Wollte er nun eine faire Aufklärung über das Tagebuch-Desaster erreichen oder vereinzelte Ausschuß-Angehörige nur alte Rechnungen mit Kollegen begleichen? Die Tagebuch-Blamage steckte zwar tief in den Knochen, aber zunehmend wuchs die Gefahr, daß der STERN durch den Ausschuß lahmgelegt und damit dienstunfähig wurde. Zwar wollte der Ausschuß unterrichten, die allgemeine Tagebuch-Infizierung sachbezogen betreiben, aber dies drohte schiefzugehen. Die Provokation sowohl auf Seiten der Tagebuch-Richter als auch auf der der -Beteiligten riefen Vorurteile hervor und setzten lediglich Emotionen frei. Im alten Rom wäre die Fehde in der Arena ausgetragen und viel Blut vergossen worden — beim zivilisierteren STERN jedoch war die Waffe die deutsche Sprache. Mit Hilfe des Wortes wurde ums Überleben gekämpft, denn lukrative Jobs waren Mangelware. Aber auch Persönlichkeiten, die bereits im Rentenalter standen, hatten viel zu verlieren. Henri Nannen wollte alles behalten, obwohl er, »wie alle anderen Beteiligten«, »die Tagebücher für echt« gehalten hatte.[495] Als der pensionierte Herausgeber den Bericht des Untersuchungsausschusses gelesen hat, wird er innerlich explodiert sein. Entsprechend fiel seine Antwort aus:

Die Autoren hätten »wichtige Umstände, die meine Rolle betreffen, entweder verschwiegen oder falsch dargestellt«, prangerte er »Indiskretionen des Auschußmitgliedes (Bernhard) Lüpke gegenüber der BILD-Zeitung« an, obwohl sich die Ausschuß-Justiz »zu strengster Verschwiegenheit verpflichtet« habe. Nannen war sauer, zwanzig Seiten lang. Statt seiner Argumente machten seine Halbsätze Furore: Ihm vorgehaltene »Gedächtnislücken« zieh er mit dem schönen Ausdruck

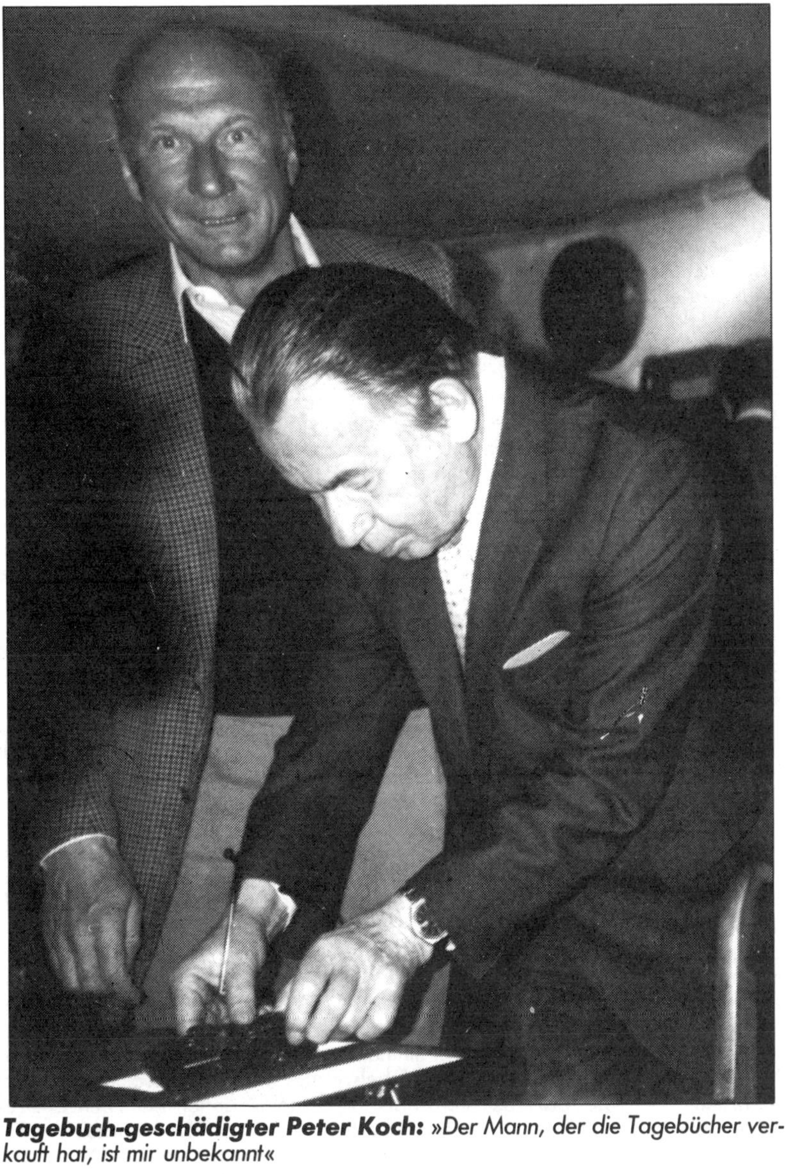

Tagebuch-geschädigter Peter Koch: *»Der Mann, der die Tagebücher verkauft hat, ist mir unbekannt«*

»vernebelt«, fehlende Tatsachen strafte er als »Nachrichtenunterdrückung«, den Vorwurf »Nannen nutzt aus« fand er »unredlich«, unterstellte geistreich eine »feuilletonistische Häme« des Ausschusses, entlarvte Auschuß-Recherchen als »glatte Fälschung«, die dann zu Papier gebrachten Ergebnisse machte er »als eine unverschämte Flotzigkeit« aus, »lässig vom Untersuchungsausschuß hingeworfen«: »Ich weiß nicht, wie tief die Selbstachtung der Redaktion gesunken sein muß, daß Ausschußmitglieder glauben, ihr diese Unverschämtheiten zumuten zu können.«(496)

Gekränkt registrierte er »alberne Bemerkungen« des Ausschusses, die lediglich dazu geeignet seien, »Minderwertigkeitskomplexe zu überspielen«. Ausschuß-Deutungen »ernst zu nehmen, fällt schwer«, skizzierte Nannen seine tatsächliche Tagebuch-Kenntnis unvergeßlich mit dem damaligen Zustand des STERN, mit »Bunkermentalität«. Ihm schien es »erstaunlich«, daß der Ausschuß »eine in wesentlichen Punkten falsche Abfolge der Geschehnisse wiedergegeben« habe. Die »braune Soße« (Heidemanns Fund apostrophierte er als »Heidemannsches Material«, das der »Spürhund« allein zu verantworten habe) ließ ihn schließlich — ohne Beweis — sicher sein, daß der Reporter »den STERN betrog«.(497) Henri Nannen hatte sich erst von seinem Ziehkind distanziert und dann dem Untersuchungsausschuß eine Kästner-Weisheit ins Stammbuch geschrieben: »Nie dürft ihr so tief sinken, von dem Kakao, durch den man Euch zieht, auch noch zu trinken.«(498)

Die Herausforderung Nannens wurde vom Ausschuß angenommen, die salzigen Nannen-Sprüche hinterließen Wirkung, aber eine andere als die, die das degradierte Denkmal bislang gewohnt war. Die Autorität Henri Nannens war dahin. Wurde er noch ernst genommen? Da Nannen beleidigt blieb, wird der alte Fuchs gespürt haben, daß sein Name in Emden inzwischen mehr als an der Hamburger Außenalster galt. Zwei Monate nach seiner Antwort an den Ausschuß revanchierte er sich mit einem Brief an den Redaktionsbeirat für die erlittene Schmach durch den Ausschuß. Noch einmal steigerte sich Henri Nannen, als ob er sich diesmal wirklich von »seinem« STERN verabschieden wollte:

»Was ist in Euch gefahren, daß der STERN seit Monaten nicht mehr beißt?« fragte er noch verhältnismäßig rücksichtsvoll, um dann aber loszubellen: »Hat Euch die Hitler-Scheiße so verschreckt, daß Ihr jetzt zu anonymen Titten und anderen Leckereien Zuflucht nehmt, um am Ende doch keine Auflage zu machen? Hängt Euch die Zunge nur noch zwischen den Beinen steriler Puppen?« Die lärmende Vergangenheit des STERN, die sechziger und siebziger Jahre, die längst vergessenen schönen Zeiten kramte er noch ein letztes Mal hervor: »Wir haben Feuer unter Ministersesseln angezündet, wenn die Ärsche allzu selbstsicher draufsaßen, und wir haben der öffentlichen Hand auf die Finger gehauen, wenn diese Finger lediglich mit der Selbstbefriedigung von Amtsträgern befaßt waren. Wir haben die Dinge beim Namen genannt, Korruption Korruption, Heuchelei Heuchelei und einen Lumpen einen Lumpen.«(500) Was war aus dem STERN Ende 1983 geworden?

STERN-Redakteure »lesen ja nicht einmal den Bericht des Bundesrechnungshofes«, statt dessen treiben die »Nabelschau, fraß(en) Resolutionen und verbreitet(en) ... gestörtes Selbstbewußtsein«, kenne Nannen nur noch Chefredakteure und Ressortleiter, »die geliebt werden wollen von der Mehrheit der Redaktion«, von der sie aber eigentlich »abhängig wären«. Der STERN, urteilte Nannen, habe sich einen Status gegeben, der nur einen Sinn gehabt habe: Damit die Redakteure »möglichst risikolos« auf ihren Plätzen verweilen könnten, obendrein »unkündbar« würden — »Revolution mit Bahnsteigkarte, Freifahrschein mit Rückfahrgarantie, rosarote Zeiten (würden) den Redaktionsalltag beherrschen.«[501] Mehr hatte Henri Nannen nicht zu sagen.

Die Tagebücher des Tyrannen des Dritten Reiches hatten nachhaltige Wirkung gezeigt: Eine einst aggressive Redaktion, selbstbewußt und energiegeladen, war abgestumpft. Als Nannen ihr noch vorstand, waren Politiker und Künstler vogelfrei — wenn die sich mit dem mächtigen STERN anlegten, wehrlos den Enthüllungen des STERN ausgesetzt. Als Henri Nannen das Interesse am STERN verlor, er sich erst innerlich und dann auch räumlich von ihm zurückzog, da waren seine Nachfolger keine erste Wahl. Vor allem Peter Koch hatte nichts von dem, was Henri Nannen auszeichnete: Charisma. Eitel, arrogant und rücksichtslos war Koch plötzlich geworden und genoß die gewichtige Chef-Position in vollen Zügen. Auf sich allein gestellt, ging er journalistischen Enthüllungen aus dem Weg, die er ohnedies nur mit Zuarbeitern erreichen konnte, denen es nicht auf den Glanz einer Autorenzeile ankam, sondern die schlicht in ihrem Beruf aufgingen.

Diese Eigenschaft Gerd Heidemanns, dessen absolute Identifikation mit seinem Arbeitgeber, hatte Peter Koch stets im Kopf gehabt. Er duzte sich mit Heidemann, verließ sich vollkommen auf ihn. Heikle Themen, wie zum Beispiel die Lockheed-Affäre, waren mit niemand anderem als Heidemann zu recherchieren. Und als er seine Serie über Rüstung plante, da wollte er den Reporter wieder bei sich haben. Doch Heidemann war den Tagebüchern auf der Spur und als er sie beisammen hatte, war STERN-Chefredakteur Koch mal wieder sehr zufrieden. Im STERN verantwortlich für die Politik, und Kujaus Hitler-Rechenschaftsbericht war kein Feuilleton — das ins Haus stehende weltweite Spektakel würde vor allem einen Kopf in den Medien vermarkten, Fernsehen und Zeitungen hauptsächlich einen vorzeigen: seinen. Wieder einmal schmückte er sich mit fremden Federn. Dabei hätte er die Chance gehabt, doch auch einmal eine einzigartige Geschichte im STERN zu plazieren: den Skandal um die Neue Heimat. Das Angebot des Informanten hatte er nicht durchschaut. Statt dessen telephonierte er und der SPIEGEL sprang ein. An anderer Stelle war Koch aktiver: gegen den Untersuchungsausschuß ging er nur mit Hilfe einer renommierten Hamburger Anwaltskanzlei vor.

»Da durch die Verlesung des gesamten Berichtes vor der Redaktionsversammlung«, so teilte der Advokat Jörg Soering der leitenden Tagebuch-Fahnderin Barbara Beuys mit, »verstoßen wurde und nachdem weitere Verlesungen, Diskussionen ... hinsichtlich des Berichts bevorstehen (Einige Exemplare kursieren bereits jetzt in einigen Verlagshäusern)«, sei es nunmehr an der Zeit, eine »Unterlassungserklärung« abzugeben. Kochs Beistand unerbittlich: Käme es zu einer gerichtlichen Auseinandersetzung, würde nicht der Verlag Gruner + Jahr oder der rechtlich überhaupt nicht existierende Redaktionsbeirat zur Verantwortung gezogen werden, sondern ausschließlich die Mitglieder. Mit der Verlesung der Koch-Passagen aus dem Tagebuch-Bericht sei sein Mandant »schlechthin nicht einverstanden«.[502] Der vielbeschäftigte Hausjustitiar Andreas Ruppert fand einen Durchschlag auf seinem Tisch. Was sollte nicht in die Öffentlichkeit? Nonsens.

Der Mann, »der die Hitler-Tagebücher geborgen und an den STERN verkauft habe«, sei Koch unbekannt gewesen; den Schlüsselsatz von der »Notwendigkeit des Umschreibens der Geschichte« habe er Nannen gegenüber nicht als Zitat des britischen Historikers Trevor-Roper ausgegeben; Koch habe keinen »Wehrmachtsoffizier« gekannt, der die Tagebücher »zum Teil selbst an der Absturzstelle (der Führermaschine in Börnersdorf) geborgen hatte«.[503] War Kollege Felix Schmidt etwa gegen Gemeinplätze des Ausschusses angerannt? Auch er wollte persönlich mit den Tagebuch-Ermittlern nichts zu tun haben; wie Koch, so setzte auch Schmidt auf das Büro von Jörg Soering.

Tagebuch-Häme: *»So werde ich es nicht akzeptieren«*

Auf Seite 42 des Tagebuch-Untersuchungsausschuß-Berichts »bittet mein Mandant anzufügen«, auf Seite 53 sei »die Darstellung ... unrichtig«, auf Seite 57 habe er »keine Anweisungen gegeben«, auf Seite 61 seien die Vorgänge eines Tagebuch-Nachmittags »unrichtig« dargestellt, dasselbe auf den Seiten 146/47 (»tendenziös«), auch der dritte Absatz auf der Seite 44 unrichtig. Schmidt ließ über Soering ausrichten: »Mein Mandant legt äußeren Wert darauf, daß alle seine Entgegnungen jeweils an jenen Stellen eingefügt werden, auf die er repliziert.« Auf fünfeinhalb Seiten kam sechsmal das Wort »unrichtig« vor, dreimal »nicht akzeptabel«, zweimal »fehlerhaft«, einmal wurde »bestritten«.[504] Wollte Schmidt mit derartiger Trivialität seinen Tagebuch-Offenbarungseid verhindern? Obwohl er es sich hätte leisten können, verzichtete Gerd Schulte-Hillen auf die Zusammenarbeit mit einem Rechtsbeistand. Im Gegensatz zu Koch und Schmidt diktierte er seiner Sekretärin selber, aber: »Für den Fall einer Aufrechterhaltung oder gar Verbreitung (der ihn betreffenden) Passagen (würde er sich) alle Rechte vorbehalten.«[505]

Auf vierzehn Seiten wurde dem Untersuchungsausschuß zweiundzwanzigmal ein schlechtes Zeugnis ausgestellt, zweiundzwanzigmal formulierte Schulte-Hillen: »Diese Darstellung trifft so, wie sie im Bericht steht, nicht zu.« Elfmal kritisierte er: »In der vorliegenden Form ist der Passus eine unvertretbare Meinungsäußerung,

***Tagebuch-Häme:** »STERN-Redakteure wollen nur geliebt werden«*

die ich so nicht akzeptieren kann.« Erst als es um die »Denkrichtung« der Verlagsoberen ging, wurde der Ausschuß — ansonsten von Schulte-Hillen sehr sachlich dargestellt — attackiert: »Ich bin als Vorstandsvorsitzender nicht einverstanden mit der Veröffentlichung derart falscher und schwerwiegender Behauptungen über die Verlagsspitze.«(506)

Der Untersuchungsausschuß hatte zwar Hintergründe der Tagebuch-Affäre mit ans Tageslicht gebracht, aber die Umstände hatten manch kollegiales Verhältnis zerstört, einige Freundschaften waren zerbrochen. Die redaktionellen Tagebuch-Forscher hatten sich unverfroren ins Tagebuch-Thema eingearbeitet, gingen rüde, gelegentlich sogar beleidigend vor. Niemand war mehr neutral, einige eingeschossen auf die geschaßten Chefredakteure, voreingenommen auf Gerd Heidemann fixiert, wütend auf das vom Verlag geschürte Tagebuch-Feuer. Was hatte die hektische Fahndung nach den Hintergründen der Tagebücher des einst umjubelten Adolf Hitler gebracht?

Wenn der eine STERN-Redakteur über den anderen STERN-Journalisten Tagebuch-Aktivitäten herausgefunden hatte, dann stellte der Ertappte richtig: »Falsch.« Eigentlich ging es allen lediglich nur um eines: nicht wie ein Tagebuch-Idiot dazustehen. Dazu war schließlich Gerd Heidemann da.

Kujau-Zeichnung *(Staatsanwalt Klein): »Ich kam am Anfang nicht klar«*

»DA SIND SIE WIEDER, DIE SPEICHELLECKER« oder: Im Tagebuch-Prozeß macht ein Staatsanwalt Furore

Gerd Schulte-Hillen urlaubte, Henri Nannen rüstete sein Kunsthaus aus, Peter Koch stand gleichfalls nicht zur Verfügung, er talkte in New York, nur Felix Schmidt führte Regie, vorübergehend agierte der Feuilletonist während der Tagebuch-Auseinandersetzungen auf einsamem und verlorenem Posten. Die abwesenden Kollegen kommunizierten in den bewegenden Tagebuch-Tagen mit dem Alleingelassenen per Telex, in diesen dramatischen Stunden griffen sie zum Telephon, waren Telephon- und Fernschreibzentrale des STERN überbeschäftigt, denn Schmidt ließ sich zudem von den Inlands- und Auslands-Büros über die Tagebuch-Resonanz unterrichten. Waschkorbweise trafen Leserbriefe beim STERN ein. Auch das ein noch nie dagewesenes Ereignis.

Die »Auflage des STERN war doch gar nicht so schlecht«, foppte auf einer Postkarte ein Diplom-Ingenieur aus Dillenburg, »warum dann diese Türken mit den angeblichen Tagebüchern von 'Adolf'?« Den STERN, dieses »Lügenblatt«, habe er »zum letzten Mal gelesen«.[507] Aus Oberhausen meldete sich »der jüngste (Wehrmachts-)Soldat«, »damals 14 1/2 jährig«: »Mit Hitler hatten Sie Pech, doch (der Absender) hat echte Dokumente.«[508] Ein »Chefredakteur a.D.« wies souverän darauf hin, daß die Tagebücher doch echt sein könnten, denn »im Sommer 1938 war ich mit einigen Personen aus der nächsten Nähe von Hitler zusammen, wobei sich ein Herr frühzeitig verabschiedete, da er noch etwas für die Tagebuchaufzeichnungen des Führers zu erledigen hatte«.[509] Im STERN breitete sich Hektik aus.

Der Münchner STERN-Korrespondent Gerhard Tomkowitz sandte dem übriggebliebenen Felix Schmidt eine Botschaft, die »vier Notizbücher (Original) aus den Jahren 1914 - 1919« betrafen: »Hitlers Gruppenführer, ein Unteroffizier, hat festgehalten, was in seiner Gruppe an der Westfront passierte.« Dieser Tagebuch-untermauernde Nachweis und noch vieles andere mehr, so Tomkowitz in vollem Ernst, »solle 7 Millionen kosten«. Trotz der gefüllten Bankkonten Gruner + Jahrs wollte Tomkowitz aber nicht »die Katze im Sack kaufen«, auch wenn der Besitzer der Unterlagen das Kujau-gemäße Honorar dann zurückzahlen würde, »wenn sich das Material als falsch« herausstellen sollte.[510]

Eine West-Berliner Rentnerin hielt die Tagebücher für gefälscht. Ganz fest war sie davon überzeugt. Diese Angelegenheit könne sie aufklären, der STERN möge sie nur in ihrer Wohnung abholen, dann würde sie — im Rathaus Schöneberg — Auskünfte erteilen, unter der Voraussetzung, daß »die Anwesenheit eines Arztes zur ständigen Überprüfung meiner Herz-Beschaffenheit« garantiert werden könne. Die rührige Dame gab ihren Brief an den STERN per Einschreiben am Postschalter ab, zugleich verschickte sie Durchschläge auf dieselbe Art: an die Alliierte Kommandantur, an die Staatsanwaltschaft, an die Polizei, Abschnitt 11, an den Weißen Ring, an die NATIONAL-ZEITUNG in München sowie in Ost-Berlin. Unter den Empfängern befand sich auch die Bundesversicherungsanstalt für Angestellte. Diesen Eingang quittierte die Nachrichtenredaktion des STERN am 28. April 1983.[511] Jetzt mußte mit allem gerechnet werden.

Jede Hoffnung auf Echtheit, egal wie phantastisch sie auch immer gewesen sein mochte, schien die Tagebuch-geschädigte STERN-Redaktion psychologisch aufzurichten. Der STERN-Vertreter in West-Berlin, Dirk Blumenthal, fand die mißliche

Tagebuch-Häme der NATIONAL-ZEITUNG: *»Den strengt das Umfallen so an, daß er nur noch aus Haut und Ohren besteht«*

Situation seines Arbeitgebers eher unterhaltsam. Er fragte seinen zum Tagebuch-Ressort abgestellten Kollegen Thomas Brandenburg per Fax (»STERN Hamburg, Sport«), ob dieser etwas über einen Tagebuch-»Spinner« lesen wollte: »Nein? Dachte ich mir. Aber es nützt dir nichts.« Dann schlug er unbarmherzig zu, unter der Betrifft-Zeile »Hitler-Tagebücher«, mit dem stöhnenden Zusatz: »Ächz!!!«. Da habe ihn ein in Chemnitz Geborener aufgesucht, der — nach dem Flugzeugabsturz bei Börnersdorf — auf Erich Mende gestoßen sein will (»Ja, ja! Genau der Erich Mende, der Cornfield-Spezi und Umfaller vom Dienst und in dieser Funktion Vorgänger von Hans-Dietrich G., den das Umfallen ja so anstrengt, daß er jetzt nur noch aus Haut und Ohren besteht«): »Erich Mende also soll rund zwei Monate nach dem Absturz der Gundlfinger-Maschine ... erschienen sein.« Blumenthal wünschte »weiterhin fröhliches Spinner-Abklopfen«, der Empfänger tat dies umgehend, mit Filzer schrieb er enttäuscht auf die Hausmitteilung: »Nix.«[512] Daß der STERN überhaupt in diesen Wochen hat weiter erscheinen können, gilt noch heute als phantastische Glanzleistung.

Der Tagebuch-STERN steckte in einem unbeschreiblichen Chaos, nichts war mehr normal. Unmethodisch wurstelte die Redaktion sich durch das Tagebuch-Drama, war die größte deutsche Illustrierte doch tatsächlich auf einen primitiven Falschmünzer hereingefallen. Der STERN erlebte einen derart erbarmungslosen Absturz, daß er eigentlich hätte vom Markt verschwinden müsse. Doch plötzlich, fast aus dem Stegreif, begann sich das eingezwängte Magazin zu erholen. Mit einem Male bekam der düstere Tagebuch-Himmel freundliche Züge, unerwartet drangen erste Sonnenstrahlen durch die bis dahin verdunkelten Fenster des Betonklotzes an der Hamburger Außenalster. Auf einmal verschwand das mißliche Tagebuch-Bild, unerwartet wurde aus dem Tagebuch-Zwielicht ein Tagebuch-

Tagebuch-Häme der NATIONAL-ZEITUNG: *»Willst Du etwas über einen Tagebuch-Spinner lesen?«*

Genuß. Der Tagebuch-gejagte STERN jagte nun selber: nicht den Tagebuch-Hersteller Konrad Kujau, sondern den angeblich blöden Reporter Gerd Heidemann.

Gerd Heidemann hatte die Schuld, denn der Druck, der wegen der Tagebücher so gewaltig auf dem armen STERN lastete, wurde geradezu halsbrecherisch in Tagebuch-Entspannung umgewandelt. Gerd Heidemann also avancierte prompt zum Fälscher-Mitwisser, Gerd Heidemann stieg auf zum Millionen-Dieb, Gerd Heidemann war bankrott, Gerd Heidemann achtundzwanzig lange Jahre beim STERN nur deshalb, weil er vor achtundzwanzig Jahren jemandem zufällig als fleißige Photolabor-Hilfskraft aufgefallen war. Bis zu diesem Zeitpunkt wurde Gerd Heidemann achtundzwanzig Jahre lang übersehen, bekam er zwar achtundzwanzig Jahre lang pünktlich sein Salär und zusätzliche Honorare überwiesen, davon aber wußte keiner.

Dieser plötzlich so (v)erkannte Gerd Heidemann wurde umgehend aus seiner völligen Unbedeutendheit ins grelle Licht der Öffentlichkeit gezerrt. Der STERN hatte herausgefunden, daß es den STERN in Zukunft weiterhin zu kaufen geben wird, denn der achtundzwanzig Jahre lang übersehene Gerd Heidemann hatte dem STERN die abhandengekommene Kiosk-Eignung zurückgegeben. Der rettende Tagebuch-Prozeß führte den STERN in alte Zeiten zurück. Juristen stilisierten — und hierbei leistete der STERN Schützenhilfe — den einstigen STERN-Reporter Gerd Heidemann zu einer gewichtigen Figur mit unglaublich kriminellen Eigenschaften hoch. Im Nu erschien der STERN im unschuldigsten Licht.

Der spektakuläre Tagebuch-Prozeß quälte sich, nach sechsundneunzig Verhandlungstagen, nach der Anhörung von rund vierzig Zeugen und nach fünfundachtzig Tagen Beweisaufnahme über zehn lange Monate hin. Als am 8. Juli 1985 die Urteile fielen, war auch einer der Prozeßbeobachter des STERN sichtlich erleichtert: der Journalist Jürgen Steinhoff, ein Gipfel an Unerschrockenheit, ein Skribent mit beschränkter Sprachgewandtheit, im Umgang mit Fakten ein Berichterstatter der dritten Art. Der Prozeß-Erzähler vom Dienst war ein verbitterter Augenzeuge, konnte er doch nur selten Kollegen ausmachen, die Verständnis für den STERN signalisierten, Steinhoff mußte vielmehr gegen den Tagebuch-Kater im eigenen Hause ankämpfen, denn über die seinem Arbeitgeber zugeschriebene »Sensationslust und Geldgier«, wie Steinhoff seinem Auftraggeber im STERN zu unterstellen nun selbst den Mut fand, war genüßlich von all jenen hergezogen, die nicht zum STERN gehört hatten. Vor allem Gerhard Mauz vom SPIEGEL war dem einseitig programmierten STERN-Chronisten unangenehm aufgefallen, habe er doch die Ungeheuerlichkeit begangen, unverschämterweise Kujaus Anwalt Kurt Groenewold zu loben. Daraufhin machte der STERN-Späher bei Mauz ein »sonderbares Verhältnis« zum Recht aus, sei Mauz' Darstellungskraft ohnehin einfach nur »simpel«.(513) Steinhoff rackerte sich zwar unermüdlich für den STERN ab, aber seine Betrachtungen reichten nicht annähernd an die eines Gerhard Mauz heran.

Der SPIEGEL hatte, Wochen vor den Tagebüchern im STERN, falsche Hitler-Aquarelle publiziert. Habe das Nachrichtenmagazin anschließend etwa erklärt, sich entschuldigt? Warum habe Rudolf Augstein nicht »eins hintendrauf gekriegt?«, empörte sich Steinhoff. Statt dessen sei stets mit dem Finger auf den STERN gezeigt worden, der aber gar nichts für das Tagebuch-Desaster könne, »denn schließlich ist es (Gerd Heidemann), der wegen Betruges zu Gefängnis verurteilt wurde«. Steinhoffs andere Tagebuch-Beispiele lasen sich ähnlich, schließlich war er ja gezwungen, Gerd Heidemann im Auftrag des tadellosen STERN zu Grabe zu tragen.

Die spanischen Ferienhäuser von Heidemann hätten immerhin achthunderttausend Mark verschlungen, allein die Renovierung der Göring-Jacht neunhunderttausend, eine Traumreise mit der »Astor« siebenundzwanzigtausend.(514) Zuvor jedoch las sich die Zahlenakrobatik in einem älteren STERN noch ganz anders: da besserte Heidemann die »Carin II« für nur eine halbe Million Mark aus, die Barzahlungen für die spanischen Domizile Heidemanns lagen unter vierhunderttausend. Der Autor dieses frühen Beitrages hieß nicht Steinhoff, sondern Emanuel Eckardt hatte diesmal zusammengerechnet.(516) Einigkeit erzielten die auffallend unterschiedlichen STERN-Redakteure nur über einen Porsche: diesen habe Heidemann nun eindeutig von den Tagebuch-Geldern finanziert. In Wahrheit raste Heidemanns Stieftochter damit über die Autobahn. Bezahlt hatte sie ihn selbst. Auch die Schiffsreise kostete lediglich die Hälfte dessen, was der STERN errechnet hatte: siebentausend für Heidemann, siebentausend für Gattin Gina.(517)

Das Tagebuch-Fabelland des STERN hinterließ den erwarteten schlechten Eindruck in der Öffentlichkeit. Nur wenige nahmen es Heidemann fortan ab, sich nicht des Tagebuch-Portemonnaies bedient zu haben. Um diesen Eindruck zu zementieren, waren diffamierende Halbsätze notwendig. Auf die verstand sich Jürgen Steinhoff perfekt: »So produzierte Gerd Heidemann, der ursprünglich mal Elektriker gelernt hat, den großen Kurzschluß beim STERN.«(518) Die neue Berufsbezeichnung gehörte ebenso zur Heidemann-Strategie des STERN wie Heiner Bremer, der »Zeugenbetreuer« des Verlages. Bremer, nunmehr Sprecher ausgerechnet des Axel Springer Verlages, wurde bereits von der BUNTEN entlarvt. Heidemann hatte längst die Zeugen als »Bremer Stadtmusikanten« ausgemacht.

Bremer sei, obwohl er — als stellvertretender Landesvorsitzender — der

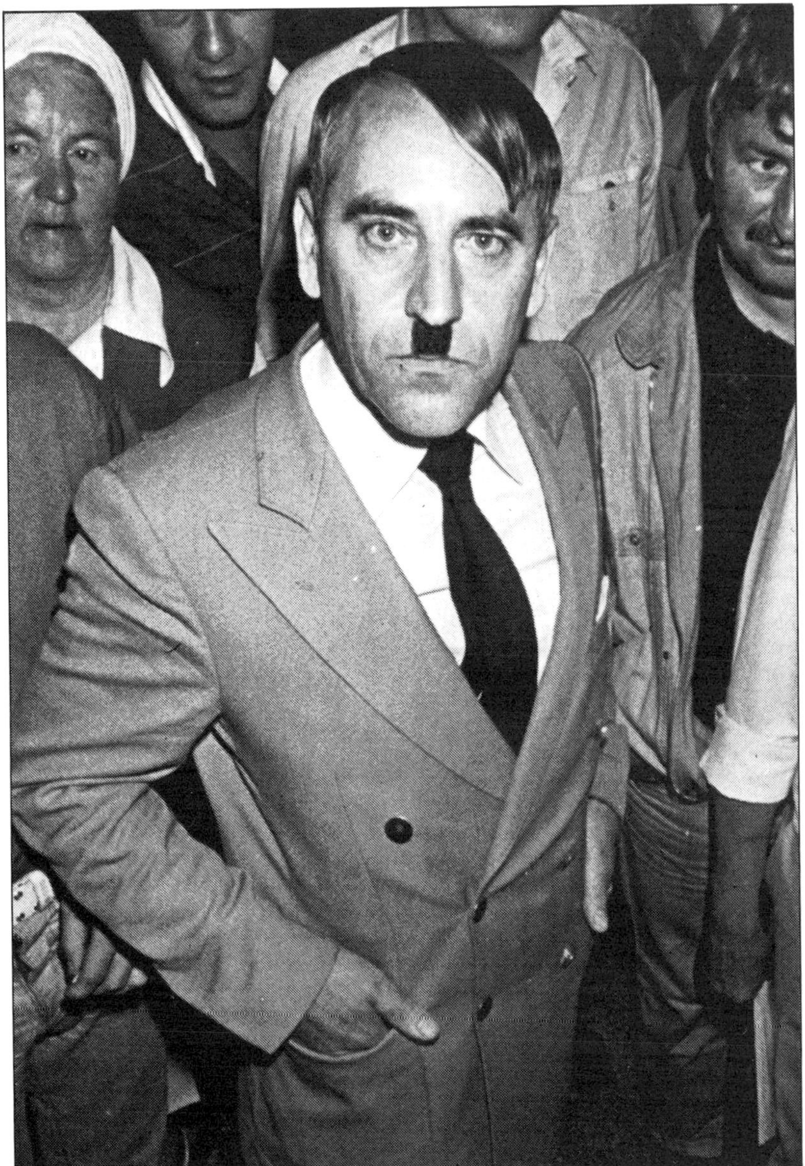

Tagebuch-Randerscheinung *(während des Tagebuch-Prozesses): »Warum hat Rudolf Augstein nicht eins hintendrauf gekriegt?«*

schleswig-holsteinischen FDP zungenfertig zur Verfügung stand, willfährig im Auftrag des STERN über seine Partei hergezogen. Diese freundliche Geste setzte sich bei der BUNTEN fest: »Wer auf zwei Schultern trägt, schafft in der Regel auch für zwei Herren. Das kennt man schon von Doppelverdienern und Doppelagenten.« Bremer sollte »den aus aller Welt angereisten Journalisten« während des Tagebuch-Prozesses beistehen, »Auskunft auf Fragen geben«. Diese Rolle meisterte Bremer mit Bravour, mußte selbst die BUNTE neidlos anerkennen: Bremer werde »wohl als einziger in diesem Prozeß etwas gewinnen« — den Posten eines STERN-Vizes oder den eines Leiters des Vorstandsbüros? Die BUNTE: »Eigentlich schade, daß er nicht beide Ämter übernehmen kann.«(519) Der Prozeßbeobachter des SPIEGEL, Günther F. Koch, machte sich über die auffällige Bremer-Stützaktionen seine eigenen Gedanken und Heidemanns Anwälte Reinhard Daum sowie Holger K. Schröder darauf aufmerksam: Die Advokaten mögen sich »genaue Auskunft (einholen), was (die Zeugen) mit dem im Gerichtssaal anwesenden Redakteur des STERN, Heiner Bremer«, abgesprochen hätten, wann »zuletzt und was genau mit der Rechtsabteilung von Gruner + Jahr ... besprochen oder abgestimmt« worden sei, sollten sie über den »dringenden Mittäterschafts-Verdacht« nachdenken, solle das Gericht vor allem begründen, warum »der Redakteur Bremer ... auf den Journalistenplätzen säße, wo jedes Blatt nur eine Karte für den Prozeß zugeteilt bekommen« habe. Während Bremer die Verhandlung verfolgen könne, würden genau in diesem Augenblick »Zeugen von G + J« aussagen, denn »dem STERN ist fast lebenswichtig daran gelegen, bis zum Ende des Prozesses als makellos gutgläubig ... dazustehen« — zu Lasten Gerd Heidemanns.(520) Wer war noch engagiert? Der Staatsanwalt Dietrich Klein, von Amts wegen voreingenommen und in punkto Gerd Heidemann ein juristischer Kletterkünstler, wirbelnd stürzte er sich selbst in die schwerste Tagebuch-See. Zu seinen persönlichen Sternstunden zählten zahlreiche Ablehnungen von Beweisanträgen.

Die Aussage eines bestimmten, Heidemann eventuell entlastenden Zeugen, sei nicht nötig, »da gleiche Beweisfragen schon bei anderen Personen bereits erhoben« worden seien; die Meinungen von Historikern nicht erforderlich, »da die (Tagebücher) nicht für das Museum gedacht sind, sondern zur privaten Verwendung«: da müsse »jeder selbst prüfen, ob die historisch richtig sind«, banalisierte er. Werner Maser, der selbsternannte Hitler-Historiker, brauchte erst gar nicht nach Hamburg zu kommen, denn was der zu sagen habe, habe bereits Henri Nannen zum besten gegeben. Bekannte Heidemanns? Für Klein »sind die völlig ohne Bedeutung«. Und das Privatkonto Heidemanns, das er auftragsgemäß für den STERN in Zürich mit der Referenz Gruner + Jahrs eingerichtet hatte? Der Ablauf erschien Klein deshalb auch als »unwichtig«, weil er »nichts besagt«, dann müsse der Reporter seine Tagebuch-Gelder eben bei einer anderen Bank auf einem »Nummernkonto« deponiert haben.(521) Bei dem STERN-entlastenden Zeugen Michael Seufert hingegen, der im STERN-Impressum für die STERN-Attacken gegen Gerd Heidemann verantwortlich zeichnete,(522) bei dem Chefbelaster Heidemanns geriet der Staatsanwalt Klein gar außer sich — allerdings vor Freude: Der Heidemann-Kenner Seufert sei als Zeuge »unbedingt wichtig«, der Bürge des STERN würde beurkunden können, wie Heidemann »glaubhaft gelogen« habe.(523) Die Tagebuch-Geisel Peter Koch schließlich, die hatte Dietrich Klein zu Tränen gerührt. Die Tagebuch-Bekenntnisse des mit Millionen Abfindung entlassenen Chefredakteurs seien, laut Klein, »intensiv« gewesen, geradezu »aufrichtig«. Falsche Darstellungen Kochs, von Heidemanns Anwälten leicht korrigiert, habe er zwar »mehrfach« berichtigt, aber immer nur auf »eigenen Wunsch«. Klein: »Das

Heidemann-fixierter Staatsanwalt Dietrich Klein: *»Nicht Hitler ist der Erfinder der Intoleranz, sondern diese Leute«*

ist ihm hoch anzurechnen.« Dann wurde es peinlich: »Es muß erschütternd gewesen sein, wie der Zeuge den Absturz aus seiner sehr erfolgreichen Lebensbahn mit dem 'Aus' in seinem Kalender dargestellt hat.« Die Attacken der Heidemann-Anwälte gegen Koch beantwortete Klein so: Es sei »skandalös«, wie sich »hier der Rechtsanwalt Daum gegenüber diesem anständigen Mann aufgeführt hat. Es ist höchst bedauerlich, daß so etwas überhaupt zugelassen wird. Die Art der Befragung hat das Mindestmaß des Anstandes verletzt«.(524) Die Chancen Heidemanns, aus dem Tagebuch-Verfahren mit einem blauen Auge davonzukommen, standen vorübergehend gar nicht schlecht.

Der ehemalige Gruner + Jahr-Archivmitarbeiter Heinrich Hoffmann, Sohn des gleichnamigen Leibphotographen von Hitler, hatte Heidemann zu dem Fund gratuliert. Als herauskam, daß Kujau in die Rolle des Führers geschlüpft war, will Hoffmann allerdings permanent vor den Tagebüchern gewarnt haben. Heidemann hatte aber ein Gespräch mit Hoffmann aufgezeichnet, das vor Gericht abgespielt wurde. Fazit: Hoffmann hatte gelogen. Kujau versuchte, mit einer getürkten Buchhaltung den Nachweis zu führen, daß er von Heidemann statt Millionen nur ein kleines Trinkgeld erhalten habe. Ein hochoffizielles Gutachten überführte ihn erneut der Falschaussage. Stundenlang hatte Kujau Heidemann die wildesten DDR-Geschichten und Tagebuch-Episoden vorgeschwindelt. Heidemann glaubte ihm, wie Günther F. Koch festhielt, weil »Kujau bis in die letzte Hosentasche glaubwürdig log«. An nur einem Tag meldete Koch drei Pluspunkte für Heidemann.(525) Dietrich Klein, der sich aufführte, als ob der STERN ihn narkotisiert hätte, trat gelegentlich als Gefühlsmensch auf, aber immer nur dann, wenn ihm Heidemann-genehme Zeugen unangenehm auffielen:

In einer Verhandlungspause schritt Günther F. Koch auf den stolzen Staatsanwalt zu und unterhielt sich mit ihm über den Heidemann-Zeugen Jakob Tiefenthäler: Er, Koch, habe von einer Journalistin gehört, daß Tiefenthäler »ein hoher CIA-Beamter« sei, worauf Klein antwortete: »Das glauben Sie doch selbst nicht.« Rückhaltlos offen war dem giftigen Beamten eine Zeugen-Bewertung herausgerutscht — Klein nannte Tiefenthäler einen »Primitivling«.(526) Am selben Tag noch rannte Klein während einer Pause dem Sohn Gerd Heidemanns, Ronald, hinterher, weil dieser den bundesdeutschen Staatsanwalt mit den Kollegen aus dem Dritten Reich verglichen hatte. Noch im Zuschauerraum zwang er den Filius, ihm auf den Flur zu folgen, wo er herrschsüchtig Ronald Heidemanns Personalien in sein Notizbuch eintrug. Niemand wußte so recht, warum der Staatsanwalt in diesem Fall beleidigt sein wollte.(527) Klein brillierte noch an anderer Stelle:

Da habe sich Gerd Heidemann in einer imaginären »Vermögensexplosion« befunden, mit einem mysteriösen »Negativ-Vermögen« hantiert, die Bank zwar Heidemann das Konto zu keiner Zeit zu kündigen beabsichtigt, aber immerhin sei das nicht ausgeschlossen gewesen, da Heidemann angeblich »ja von Kredit zu Kredit gelebt hat«, stellte — »nebenbei« — fest, »daß die Öffentlichkeit immer darauf gewartet hat, daß hier ein STERN-Prozeß geführt werde«, nein — »so leid es mir tut« —, der Tagebuch-Prozeß sei »eine Sache des Verlages Gruner + Jahr«, denn »die Chefredaktion des STERN wurde umgangen«, der Vorstand habe den Tagebuch-Einkauf genehmigt, nicht die Chefredaktion. Günther F. Koch: Klein »tut mir leid«. Klein suchte alsbald um Unterbrechung nach, da er »offensichtlich äußerst mitgenommen ist, vielleicht auch aus Unsicherheit«,(528) meldete Koch dem SPIEGEL und fügte hinzu, Klein sei nicht nur »klein-lich«, sondern zugleich sein Auftreten Heidemann gegenüber hochgradig »lächerlich«, so daß »sämtlichen Zuhörern der Schweiß ausbricht«: »Unerträglich.«(529) Was war der Anlaß?

Dietrich Klein, der mit Sicherheit Bilanzen wenig Verständnis entgegenbringt, gerierte sich so, als stünde er selbst mit dem einfachsten Ein- und Ausgabenbuch auf Kriegsfuß. Heidemann hielt er etwa zweihundert Buchhaltungs-Positionen vor die Nase, die er aus Rechnungen und Bankauszügen wahllos herausgezogen hatte. Jede einzelne Summe las er von irgendwelchen Papieren ab, ohne auch nur ein einziges Mal genauer auf die Beträge einzugehen. Am Schluß dieser Vorstellung hätte jeder Steuergehilfe — falls anwesend — vor Lachen in tiefe Ohnmacht fallen müssen, denn was Dietrich Klein an Interpretationen für die Geldausgaben lieferte, machte sprachlos: Es sei ihm unklar, wie »man bei der Deutschen Bank einen Kredit zur 'Fertigstellung des Schiffes' ... beantragen« könne, obwohl das Schiff bereits »fertig gewesen ist«. Und dann schob er eine kleine Pointe nach: Er begreife ebenfalls nicht, was eine Rechnung über Müllsäcke und eine über vier Aschenbecher mit der »Carin II« zu tun habe. Heidemann antwortete trocken, machte einen Beamten öffentlich, dessen Logik eigentlich verschwiegen werden müßte: Die Aschenbecher gehörten zur »Carin II«, da nicht nur er rauche, sondern die Mehrzahl seiner Gäste. Die Müllsäcke seien zum Abtransport des Schutts bestimmt gewesen, den Handwerker nun einmal überall nach der Renovierung zu hinterlassen pflegen.(530)

Wenn die juristische Bewältigung der Tagebücher nicht so schwierig gewesen wäre, möglicherweise wären Drehbuchautoren voll auf ihre Kosten gekommen. Hin und wieder ging es beim Hamburger Landgericht zu, als ob Wolfgang Staudte gerade seinen »Untertan« in Szene setzte. Zwei Monate vor der Urteilsverkündung, kurz vor Ostern 1985, erlebte Günther F. Koch auf dem Gerichtsflur einen vollkommen aufgeregten Heidemann, der sich in Begleitung eines etwa fünfzigjährigen Wärters namens Schloot befand. Heidemann sei mit seiner Frau Gina verabredet gewesen, von »dem da« aber statt dessen »brüsk eingeschlossen« worden — obwohl ihm das Gericht den Besuch seiner Gattin erlaubt habe. Davon allerdings war dem Wachmann nichts bekannt. Dann möge er im Gericht anrufen. Nein, antwortete der sture Beamte, der Richter möge sich zu ihm in den Keller bemühen, am Telephon könne ihm viel erzählt werden. Als Heidemann seine aufgebrachte Rede beendet hatte, begann Koch mit dem Wächter ein erregtes Palaver.

»War das nötig?« erkundigte sich Koch. In diesem Augenblick brüllte der Uniformierte aus dem Untergeschoß los: »Ich lasse mir keine Vorschriften machen. Wer sind Sie eigentlich?« Koch: »Ich bin Redakteur.« Der einst von der Gestapo in Haft gehaltene Koch konnte nachfühlen, wie Gerd Heidemann zumute war: »Diesen unendlichen, unendlichen, völlig unnötigen Qualen der Gefangenen durch diese (Wärter). Nicht Hitler ist der Erfinder der bodenlosen Intoleranz und des Sadismus an Gefangenen, diese Leute waren es — und sind es noch heute.«(531) Behördenbedienstete — Koch waren sie häufig auf den Fersen.

Wolfgang Siegmund, der Staatsanwalt neben dem Staatsanwalt Dietrich Klein im Heidemann-Prozeß, hatte eines Tages Günther F. Koch nachmittags angerufen und ihm eingestanden, die Vernehmung des Zeugen Thomas Walde nicht richtig mitbekommen zu haben. Er habe geschlafen, sein Kollege Klein ebenfalls geschludert. Nun seien sie, gerade bei Walde, in lästige Not geraten. Ob Koch nicht eine weitere Ausfertigung seines Protokolls vom 23. November 1984 erstellen könne. Der SPIEGEL-Beauftragte hielt dieses für die Staatsanwaltschaft einmalig heikle Ansinnen in einem Anschreiben fest und zeigte sich gefällig, wenngleich erneut nicht ohne Kommentar. Am »liebsten hätte ich abgelehnt, doch wollte ich die nicht brüskieren, wenn sie mich schon um Hilfe bitten, weil sie unachtsam gewesen sind«, informierte er Gerhard Mauz.(532) An welcher für Heidemann entla-

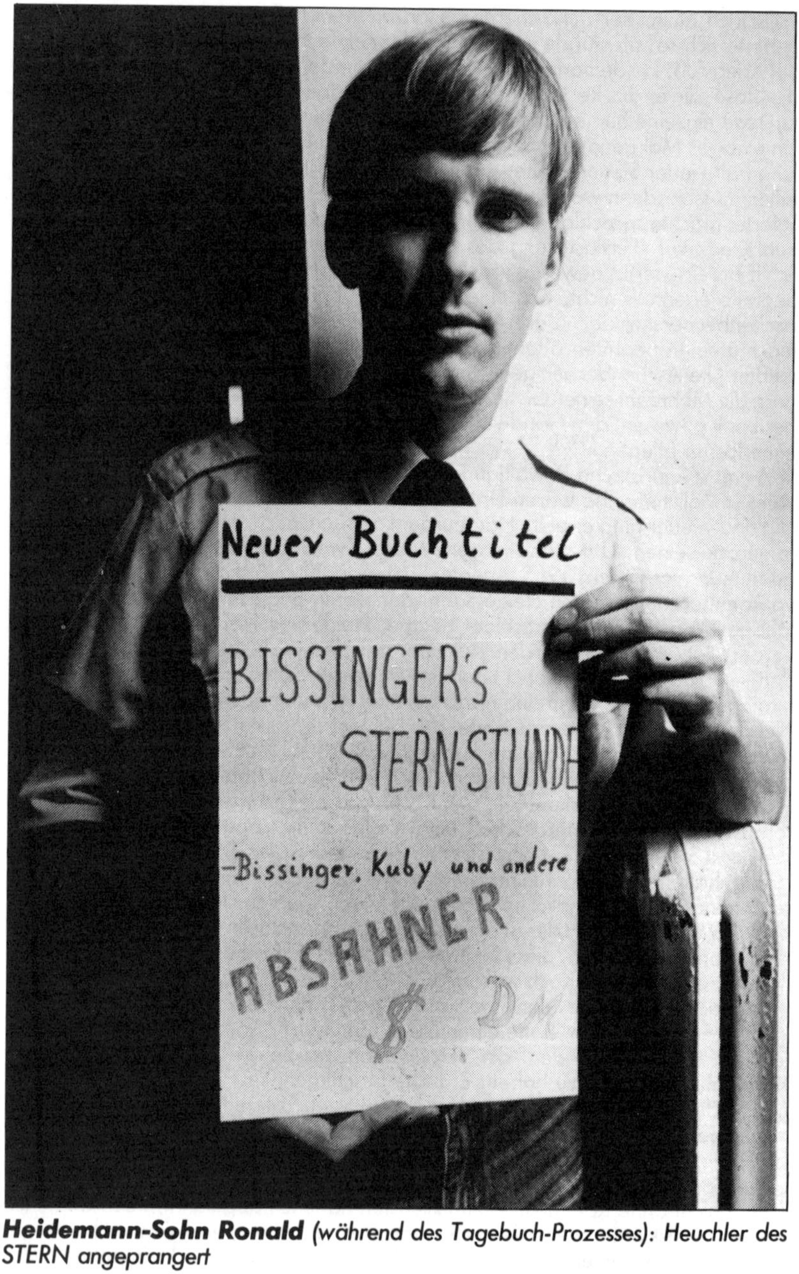

Heidemann-Sohn Ronald *(während des Tagebuch-Prozesses): Heuchler des STERN angeprangert*

stenden Stelle das Staatsanwaltschafts-Duo noch eingeschlafen ist, bleibt offen.

Dietrich Klein bewies keine Nervenstärke, er schien verbraucht, kaputt und unkonzentriert. Möglicherweise war ihm der ausufernde Tagebuch-Prozeß aus der Hand geglitten, stand er doch vor Bergen von Papieren, die er eigentlich alle hätte mit Akribie studieren müssen. Doch Klein war nicht als gerechter Jurist aufgefallen, sondern sein verbissenes Ziel ganz offensichtlich, Gerd Heidemann niederzumachen. Die anderen Vertreter des STERN schienen ihm da schon weitaus respektabler, allein Heiner Bremer sah bereits anders aus als Gerd Heidemann. Und erst die anderen Männer vom STERN? Das Schicksal von Peter Koch, dem Millionär, ginge ihm sehr zu Herzen. Dieser von den Tagebüchern schwer getroffene Mann sei von Gerd Heidemann vernichtet worden. Auch der gebeutelte Henri Nannen, der sich gerade vom Krankenlager erhoben hatte, mußte Spießruten laufen. Alle anderen, von Gerd Schulte-Hillen bis zu Manfred Fischer, von Peter Koch bis zu Michael Seufert — alle waren sie wegen Gerd Heidemann ihren eigentlichen Aufgaben entzogen worden. Erschwerend mag bei Dietrich Klein hinzugekommen sein, daß Gerd Heidemann nicht das vermeintliche Versteck preisgegeben hat, in dem er angeblich die Tagebuch-Millionen deponiert haben sollte. Der derart unbefriedigte Staatsanwalt war dabei, an Gerd Heidemann zu zerbrechen.

Gerd Heidemann wollte kurz vor längerwährenden Feiertagen die Langeweile der Haft mit Lesestoff überwinden. Er bat den SPIEGEL-Mitarbeiter Koch, er fragte bei der Prozeßstenographin des STERN, Karina Hesse, nach, selbst Jürgen Steinhoff sollte den Untersuchungshäftling unterstützen. Die Zeitschriften erhielt er umgehend, doch die Geschenke mußte Heidemann zurückgeben:

Der hartherzige Wachtmeister torpedierte diese Aufmerksamkeiten, Kompetenz ging ihm über alles. Koch eilte zum Richter von Trotha, er begriff die Justiz nicht. Doch von Trotha verhielt sich anfangs wie der uniformierte Peiniger und — verwies bürokratisch an die Zensurstelle. Koch zeigte ihm die Zeitschriften: »Was muß da zensiert werden? Ist doch Ostern. Lassen Sie ihn doch wenigstens lesen.« Trotha bemerkte, daß er wohl doch über das Ziel hinausgeschossen war: »Na gut, dann kann Herr Heidemann sie bekommen.« Heidemanns Anwalt Holger K. Schröder mischte sich ein: »Herr Münster (der dritte Tagebuch-Richter) hat das sowieso genehmigt.« Nun aber trat der Wachtmeister wieder in Aktion: Das komme überhaupt nicht in Frage, »hier habe ich zu bestimmen«. Der inzwischen herbeigeeilte Münster versuchte, den amtseifrigen Wächter umzustimmen. Der aber ließ sich nicht unterbrechen. Koch ging dazwischen: »Lassen Sie den Richter ausreden.« Der Heidemann-Schatten wurde weiß vor Wut, und wie ein Deus ex machina fuhr zu guter Letzt Staatsanwalt Dietrich Klein dazwischen und schnauzte den SPIEGEL-Mitarbeiter an: »Herr Koch, behindern Sie nicht Vollzugsbeamte bei der Ausübung ihres Dienstes.«[533] Eine Szene so rein wie die Wahrheit — und nichts als die Wahrheit.

Am selben Abend telephonierte Koch mit seiner Kollegin vom STERN. Er erzählte Karina Hesse, was sich da vor einem deutschen Gericht hatte abspielen können. Hesse zeigte sich wohlinformiert: Dieser Vorfall habe sich bereits sogar bis zu Jürgen Steinhoff herumgesprochen, der werde dies in seiner nächsten Tagebuch-Geschichte groß herausstellen. Im STERN stand diese Justizposse selbstverständlich nicht, obwohl ein Pressephotograph ein Bild des inzwischen kaltgestellten Wärters beschafft hatte. Koch: »Ich war einem Herzinfarkt sehr nahe.« Und Gerhard Mauz erfuhr abermals: »Genau so waren sie (die Wachtmeister), wenn sie tagelang 'vergaßen', Brüdern Essen in die Zelle zu bringen. Welch unsagbares Leid. Welch unbeschreibliches Leid habe ich da mit eigenen Augen gesehen und gehört«, »da sind sie wieder, mit ihren kantigen Gesichtern, die Speichellecker und zugleich Sadisten — da sind sie wieder.«(534)

Koch versuchte noch am selben Nachmittag, Klein zur Rede zu stellen. Aber nur der gefälligere Staatsanwalt Siegmund ließ sich sprechen, Klein war angeblich nicht da. Aber Koch war dem Pharisäer zumindest in einem Fall trotzdem auf die Schliche gekommen, und er entlarvte den Staatsdiener Klein:

Ein Notar hatte in einem Brief der Hamburger Staatsanwaltschaft mitgeteilt, daß einer seiner Mandanten von Konrad Kujau gehört habe, er, Kujau, trage drei Millionen Mark mit sich herum. Auf diesen Heidemann befreienden Zeugen sprach Koch den Heidemann-Jäger an: Warum sei dieser für den ehemaligen Reporter absolut wichtige Zeuge vom Gericht noch nicht vorgeladen worden? Klein bemäntelte nicht, Klein flunkerte nicht, Klein stellte auch nicht nur einfach falsch dar, nein, der Staatsanwalt Dietrich Klein tat etwas viel Argeres: »Herr Koch, da kommen Sie etwas spät, den Mann ... haben wir längst vernommen.« Koch: »Diese Antwort von Klein ist eine Lüge.« Das Tagebuch-Gericht stellte vierundzwanzig Stunden später »zu seinem Erstaunen« fest, wie Koch niederschrieb, daß die »erstmalige Kenntnis dieses Schreibens« erst jetzt vorläge, und beauftragte erst jetzt die Staatsanwaltschaft, jetzt zumindest die Adresse des Zeugen zu ermitteln, damit dieser endlich aussagen könne. Fortan war Dietrich Klein auf Günther F. Koch nicht gut zu sprechen. Kleins abrupte Wandlung hielt Koch ebenfalls fest: Nun habe ihn »der Zorn eines ... Cholerikers (getroffen), eines höchst undisziplinierten Mannes«, was ihn zwar enttäuschte, ihn letztendlich aber immer sicherer werden ließ: Gerd Heidemann nicht ein Opfer des STERN, sondern in Wahrheit eines des Staatanwaltes Dietrich Klein?(535)

Der JOURNALIST dachte aus anderen Gründen über die Auftritte Kleins nach, denn »so wie die Staatsanwaltschaft hüpfte auch die Presse über so manche schwierige Hürde einfach hinweg«, die »Heidemann entlastende(n) Beweismaterial(ien) und die ihn entlastenden Zeugen sind in der Berichterstattung so kurzgekommen, daß sie einer Vorverurteilung gleichkamen«. Statt dessen schleppten die Richter »ihre Familien mit in die Verhandlung, die dann stolz von den Zuschauerbänken kommentierten, wie Papa heute juristisch drauf ist«.(536) Dietrich Klein habe sich aufgeführt, als ob er einen »Schwerstverbrecher höchsten Grades« zu überführen gedächte, meldete unter der Schlagzeile »Eine Explosion juristischer Energie« der Journalist Hilmar Zschach in der TAZ. Bei Gruner + Jahr sei Gerd Heidemann zum »Abschuß freigegeben« worden, sei Klein so hervorgetreten, als ob er nebenberuflich als Abonnentenwerber des STERN sein eigentliches Geld verdienen würde, trug er Heidemann-Belastendes »mit Zorn und Eifer vor«, »würdigte nicht die Beweislage, sondern (scheint) Gründe zu haben, mit dem Angeklagten« Heidemann abzurechnen, denn Klein hatte nicht nur die ungewöhnlich lange Untersuchungshaft zu rechtfertigen, sondern er hatte es obendrein noch nicht einmal fertiggebracht, aus dem ausschließlichen Indizienprozeß herauszukommen. Zschach: »Da es eben keine Beweise gibt, nennen sie Indizien Beweise und mögliche Beweise Indizien.« Hätte Dietrich Klein auf die moralische Anklagebank gehört? Beileibe nicht.

Die TAZ: Heidemanns Pflicht sei es gewesen, »das Gras wachsen zu hören«. Diesen sensationellen biologischen Vorgang hätte der Reporter umgehend dem Verlag mitteilen müssen, denn er hätte gegenüber dem Gruner + Jahr-Konzern eine »Garantenstellung« innegehabt. Tagebuch-Zweifel Heidemanns seien seinem Ressortchef Thomas Walde nicht unbekannt gewesen, bemerkte der Journalist, doch diese Heidemann-Einschätzung galt für Klein nicht, weil Heidemann ja nicht vom STERN die Tagebuch-Gelder erhalten hatte, sondern vom Verlag. Walde nun gehörte nicht zu Gruner + Jahr, sondern war Angehöriger des STERN. Sagte Dietrich Klein. Das klang bestechend logisch und schlug sich darum — im Urteil nieder. Und viele glaubten das.

Hilmar Zschach: »Immer dann, wenn Straf-Juristen den Eindruck erwecken wollen, sie betrieben eine Wissenschaft, greifen sie zu einer ihrer dümmlichsten Erfindung, der 'kriminellen Energie'.« Im Fall der Tagebücher war Dietrich Klein steigerungsfähig, er brüllte in seinem Plädoyer »eine große kriminelle Energie« herbei. Das Echo in der TAZ war mehr als hoffnungslos: »Gemessen an (dem) Strafmaß macht das für Körperverletzungsdelikte oder Vergewaltigung Übliche diese geradezu zu Kavaliersdelikten.«[537] Mit Klein-Kalibern hatte sich ausgerechnet — allerdings vor dem Tagebuch-Prozeß — auch der STERN beschäftigt:

Staatsjuristen »müssen nicht genial sein. Sie müssen nicht klug, nicht kühn, nicht kreativ sein. Sie müssen weder hochmoralisch noch hochgebildet sein. Aber wie naiv, wie dämlich — und wie frech« dürfen sie eigentlich sein? Diese Frage ließ der STERN-Redakteur Raimund Kusserow offen. Er schien aber herausgefunden zu haben, woran so mancher Mammutprozeß zu scheitern drohte: an einer »imposanten Anklage«, denn bei der »steigt niemand mehr so recht durch«, da sich die »ehrgeizigen Staatsanwälte ... als unfähig (erwiesen), den Prozeßstoff sinnvoll zu beschränken«.[538] Zwar berichtete der STERN diesmal über den Herstatt-Prozeß, aber die Ähnlichkeiten waren nicht zu übersehen. Wie in Köln, so auch in Hamburg: Der Richter, Hans-Ulrich Schroeder, schien die aufgeplusterte Anklage des Dietrich Klein kritiklos akzeptiert zu haben. Während im Rheinland bei Herstatt geheime Zwiegespräche auf dem Tennisplatz stattfanden, wäre es ebenfalls denkbar gewesen, daß auch in Hamburg — nur auf Golfwiesen — die Tagebücher des STERN zum Thema hätten werden können. Was unterschied das Herstatt-Verfahren von dem der Tagebücher? Möglicherweise nichts, denn der STERN stellte über Kusserow lediglich »zur Diskussion«: »Eine unerträgliche Mischung von Ignoranz, Einfalt und Frechheit.« Titel: »Wie dumm dürfen Richter sein?«[539] Die Hamburger waren es jedenfalls auch nicht.

Heidemann hatte während der Tagebuch-Beschaffung die Gespräche mit Konrad Kujau auf Band aufgenommen. Vom Gericht wurden sie einmal als rechtmäßig zugelassen, ein anderes Mal wieder nicht. Eine Laune der Göttin Justitia. Dietrich Klein aber wollte wissen, was der eine zum anderen gesagt hatte. Die Kassetten Heidemanns waren von der Kripo beschlagnahmt worden. Nun beauftragte Klein einen Schreibbetrieb und/oder freischaffende und/oder seine eigenen Tipperinnen, die unzähligen Heidemann-Bänder niederzuschreiben. Die Tonträger mußten überspielt werden, von wem auch immer. Da dies häufig über ein Mikrophon erfolgte, hatte es zur Konsequenz, daß nicht nur Kujaus und Heidemanns oder andere Stimmen zu hören waren, sondern im Hintergrund das zahnende Baby der Schreibkraft neue Tonqualität schuf. Nicht alles, was sich da auf dem Band abspielte, hatte auch seinen Niederschlag auf der Abschrift gefunden. Ganze Sätze, für Heidemann oft entscheidend, für Kujau erneut belastend, fehlten. Und weil die angeheuerten Sekretärinnen der Hamburger Staatsanwaltschaft von ihrem Arbeitgeber über die Stimmen nur oberflächlich eingeweiht wurden, waren die Gesprächspartner Heidemanns entsprechend gekennzeichnet: der eine als »1«, der andere als »2«, wobei »1« nicht unbedingt tatsächlich »1« gewesen sein mußte, sondern »1« genausogut »2« hätte sein können. Und wenn die Schreiberinnen, weil der Ehemann mißgelaunt nach seinen Abendstullen verlangte, aus Zeitgründen den Auftrag der strapazierten Staatsanwaltschaft beenden wollten, dann griffen sie zu bewährten Hausmitteln: »Lange Pause, es wird irgendwie geblättert«, »unverständlich«, »der Rest des Gesprächs war nicht zu verstehen«. Bestimmte Kassetten muß sich die Hamburger Staatsanwaltschaft selbst zu schreiben jedoch vorbehalten haben, denn die waren, wen wundert's, seitenmäßig weitaus am kürzesten, obwohl ein bestimmter Tagebuch-Dialog auf zwei Kassettenseiten gespeichert war. Da konnte es vorkommen, daß ein Fünfminutengespräch so erhellt wurde: »Die Aufzeichnung beginnt wieder im Restaurant und wird später in einem Taxi und in einem Laden fortgesetzt.«(540) Verständlicherweise taten solche Abstriche der schriftlichen Urteilsausfertigung nicht gut. Haarsträubendes auch hier.

Die Begründung der höchstrichterlichen Entscheidung war bereits geschrieben, in einer Auflage von etwa siebzig Exemplaren öffentlichgemacht, da mußte der vierhundert Seiten starke Brocken aus dem Verkehr gezogen werden, weil Sätze verstümmelt waren, ganze Textabschnitte verschwunden und Zitate falsch wiedergegeben waren. Die zweite Fassung hinterließ ebenfalls ihre Spuren, die Schlamperei der 11. Großen Hamburger Strafkammer stand der Staatsanwaltschaft in nichts nach, und ob die Empfänger der ersten Ausgabe nun auch die zweite erhielten, wird noch zu klären sein:

Heidemanns Eltern lebten, laut Urteil, in Fallingbostel, in Wirklichkeit aber schlugen sie sich vorübergehend in Dorfmark durch.(541) Erst 1954 soll Gerd Heidemann seinen ersten STERN-Auftrag erhalten haben, das Gericht aber hatte den Zeitpunkt um drei Jahre verpaßt.(542) Heidemanns erste Ehefrau war den Juristen nur als Schwedin bekannt, die nach der Scheidung nach Skandinavien zurückkehrte. Doch geboren war sie in Hamburg. Dort blieb sie auch wohnen.(543) Görings Tochter Edda habe Heidemann durch den SS-Recken Wilhelm Mohnke kennengelernt. Genau umgekehrt hatte es sich aber abgespielt.(544)

Und so ging es weiter und weiter in der schriftlichen Urteilsbegründung. Es sah fast so aus, als ob Dietrich Klein Einfluß ausübte: voller Mißdeutungen, ausgerüstet mit unendlich vielen Schnitzern. Diese Lücken, festgehalten auf vierhundertundzwölf Seiten, entpuppte sich nicht als Glanzleistung des Hamburger Landgerichts, denn viele Heidemann möglicherweise entlastende Passagen hatten plötzlich das Gegenteil zur Folge: der Schurke Heidemann wuchs zu einem noch größeren heran, untermauert wurde das Ganze von einer unsteten Biographie. Und der STERN? Der hatte das Problem — wider Erwarten — richtig erkannt:

»In der Beweiskette, zumal in einem Indizienprozeß..., darf es keine Lücke, keinen Zweifel geben, auch nicht den Hauch eines Zweifels. Denn Zweifel, so eine tragende Säule des Strafrechts, müssen zugunsten eines Angeklagten ausgelegt werden — in dubio pro reo.«(545) Selbstverständlich beschrieb der STERN nicht den Tagebuch-Prozeß, er ging somit auch nicht auf Gerd Heidemann ein, sondern behandelte — fast drei Jahre nach Beendigung des Tagebuch-Prozesses — die Kindesmörderin Monika Weimar. Das Tagebuch-Urteil zeichnete sich noch durch etwas anderes aus, durch eine sensationelle Festschreibung. Amtlich. Beglaubigt.

Die 11. Große Strafkammer des Hamburger Landgerichts »geht ... davon aus, daß seitens des Verlages bewußt in Rechnung gestellt wurde, für den am 29. April 1983 überlassenen Betrag von 300.000,- DM gefälschte Hitler-Tagebücher zu erhalten« — »ein Umstand, der (für Gerd Heidemann) strafmildernd zu berücksichtigen ist«.(546) Gilt der bislang unentdeckte Vorwurf noch heute, so daß der Vorstandsvorsitzende Gerd Schulte-Hillen plötzlich mit Gerd Heidemann in einen Topf geworfen werden kann? Oder wußte der Vorsitzende Tagebuch-Richter Hans-

Optimistischer Angeklagter Gerd Heidemann *(mit Bewachung auf dem Weg zurück in die Zelle): »Wie dämlich dürfen Staatsjuristen eigentlich sein?«*

Angeklagte Konrad Kujau und Gerd Heidemann *(während einer Verhandlungspause): »Den STERN-Reporter zum Abschuß freigegeben«*

Ulrich Schroeder etwa nicht, was er da hat niederformulieren lassen, hatte der kluge Jurist vielleicht dem Staatsanwalt Klein den Schneid abkaufen wollen? Dies hätte vorausgesetzt, daß der Ankläger wachen Verstandes diesen Abschnitt zur Kenntnis genommen hätte und dann von sich aus in die Revision gegangen wäre, soweit er sich überhaupt bis zur Seite vierhundertundsieben durchgelesen haben sollte. Unterstellt, Dietrich Klein bezöge den STRAFVERTEIDIGER, wird er sich daran erinnert haben, daß er es gewesen war, der den Tagebuch-Prozeß auf das Niveau eines »Schauprozesses« (Heidemann) gedrückt haben soll. Nachdenkliche Juristen skizzierten in dieser Fachpublikation:

»Bedenkt man die vielfältigen Möglichkeiten großer Pressekonzerne und die erfolgsbesessene Hartnäckigkeit mancher ihrer Mitarbeiter«, lautete die giftige und vernichtende Kritik, so »ließen sich ... Hinweise als prognostische Sternstunde bezeichnen«, die »von einer STERN-Stunde sprechen, in der sich die Strafjustiz zum verlängerten Arm (des) Gläubigers« Gruner + Jahr gemacht habe.(547)

Konrad Kujau wurde zu vier Jahren und sechs Monaten Gefängnis verurteilt. Und Gerd Heidemann? Der ehemalige Reporter bekam zwei Monate mehr. Und Dietrich Klein? Der ist abermals unangenehm aufgefallen. In der Hamburger Justiz kam ein unglaublicher Skandal zum Vorschein.

Hanseatische Nachlaßpfleger haben sich von Beerdigungsunternehmern, von Gärtnern und Steinmetzen Provisionen auszahlen lassen. Umschläge mit Bargeld wechselten den Besitzer, ganze Nachlässe wurden »versteigert«. Gegen die Akteure, Justizamts- und Oberamtsanwälte, ermittelte auch Dietrich Klein, doch derart schleppend, daß es zu einem Eklat in diesem Nachlaßskandal kam, denn der Verdacht, daß wichtige Ermittlungen nicht voran kamen, erhärtete sich:

Mitarbeiter der Kripo-»Sonderkommission Nachlaß«, bestehend aus fast zehn Beamten, erließen gegen die betroffenen Staatsanwälte nicht nur eine Dienstaufsichtsbeschwerde, sondern die Mehrzahl der Polizisten schmiß hin und ließ sich versetzen. Die Gruner + Jahr-Zeitung HAMBURGER MORGENPOST schlagzeilte: »Der Justizskandal zieht immer weitere Kreise.«(548)

Eine tolle STERN-Geschichte.

»Tagebücher«-Prozeß

Das Urteil

»HITLER-TAGEBÜCHER«

»Ungeheure kriminelle Energie«

STERN-Reporter Jürgen Steinhoff über das Plädoyer der Staatsanwaltschaft gegen Ex-STERN-Reporter Gerd Heidemann

Affäre

Als Kostprobe eine »Führer«-Unterschrift

Konrad Kujau, Lieferant der »Hitler-Tagebücher«, gestand jetzt, der Fälscher gewesen zu sein – und belastete den ehemaligen STERN-Reporter Gerd Heidemann als Mittäter. Nun sitzen beide in Untersuchungshaft

Ein Weltmeister in Heimlichtuerei

Das Schiff, mit dem er in den braunen Sumpf fuhr

1973 kaufte Gerd Heidemann für 160 000 Mark die Motoryacht »Carin II«. Sie hatte einst dem Reichsmarschall Hermann Göring (Pfeil) gehört. Dann holte er alte Nazi-Größen an Bord und ließ sie ihre Erlebnisse auf Tonband sprechen. Als er zu Geld kam, gab er Hunderttausende für die Restaurierung des Schiffes aus

Immer schneller als der Staatsanwalt

STERN-Kampagne gegen Heidemann *(Ausrisse aus dem STERN): Bankrotterklärung*

DER STERN JAGT GERD HEIDEMANN

STERN-Redakteur Michael Seufert *(mit STERN-Advokat Senfft): Verdächtiges aus dem Müllsack zugespielt*

»GIBT'S EINEN ZWEITEN GERD HEIDEMANN?« oder: Der STERN beschäftigt Asphalt-Rechercheure

Die Niederlage war nicht nur total, sondern der STERN hatte die vernichtende Kapitulationsurkunde freiwillig unterzeichnet. Mit Blamage oder Reinfall war das Tagebuch-Fiasko nicht mehr zu erklären, vielmehr kam die Katastrophe einer todsicheren Bankrotterklärung gleich. Der STERN war untergegangen, amtlich beglaubigt und besiegelt. Die wenigen verzweifelten SOS-Rufe der Redaktion verhallten im doppelzüngigen Gelächter der Konkurrenz; hatte Adolf Hitlers vermeintlicher Nachlaß die einst hochgelobte Illustrierte samt Redaktion in eine langanhaltende Hilflosigkeit gestürzt.

Mühevoll schleppten sich die Oberen des STERN und des Verlages Gruner + Jahr zum Konkursrichter: Nicht sie trügen die Verantwortung, sondern der verantwortungslose STERN-Reporter Gerd Heidemann, über den der verschwiegene Ressortchef Thomas Walde wachte, über dem wiederum der ruhmsüchtige Chefredakteur Peter Koch thronte, den schließlich der Verlagsmanager Gerd Schulte-Hillen dirigierte. Die peinliche Unterwerfung des bis dahin anmaßenden und arroganten STERN vor der grausamen Öffentlichkeit — niemals zuvor hatte es eine solche Situation gegeben, niemand, außer Gerd Heidemann, hatte es gewagt, den selbstherrlichen STERN, dessen »Sensationen« sich oft aus Recherchen unterhalb der Gürtellinie rekrutierten, derart niederträchtig zu entwaffnen, ihn zu diesem medien-unvergeßlichen Kniefall zu zwingen.

Daß Gerd Heidemann den Zusammenbruch des STERN herbeigeführt hatte, blieb sprachlosen Redakteuren lange im Gedächtnis haften. Einige schworen Rache. Hatte Gerd Heidemann fortan mit rücksichtslosen STERN-Inszenierungen zu rechnen? Tatsächlich: STERN-Männer entpuppten sich plötzlich als blutrünstige Kannibalen, nur ein ganz bestimmtes Ziel trieb sie voran — der einstige Starreporter mußte zum geldgierigen und habgierigen Raffke erhoben werden. Nur so ließe sich möglicherweise vom Tagebuch-Engagement des STERN und des Verlages ablenken. Wie aber sollte der Gehaltsempfänger Heidemann als vielfacher Millionär einem nicht mehr STERN-hörigen Publikum verkauft werden? Das schien ganz einfach. Der STERN hatte hierin bereits Erfahrungen.

Michael Seufert, Leiter des Ressorts »Deutschland aktuell«, erhielt Besuch von einem alten STERN-Bekannten. Dieser war 59 Jahre alt, geboren in Cuxhaven, verheiratet und hatte ein Kind. Er wohnte »in einer vornehmen Mietwohnung, die gut eingerichtet ist«, 1968 wurde sein Jahreseinkommen bereits auf 60.000,- DM geschätzt.(1) Ehedem bekämpfte er zwischen Lemberg und Krakau Partisanen. Damals war er 20 Jahre alt und Angehöriger der Waffen-SS. Von den Engländern wurde er entnazifiziert, mit kostbaren 1.500 Dollar reiste er im Januar 1950 über Amsterdam nach Südamerika. Sein Name: Günter Bartels, jahrzehntelang erfolgreicher Geschäftsmann, mit Wohnsitzen in Argentinien, Paraguay, Luxemburg und der Bundesrepublik.(2) Der STERN kam mit Günter Bartels überein, der Illustrierten »in Sachen Heidemann« mit Informationen beizustehen. Das war Ende Januar 1984. Möglicherweise, erfuhr Seufert, könne er etwas über die finanziellen Transaktionen Gerd Heidemanns in Südamerika berichten. Seufert war ganz aus dem Häuschen, hatte er doch zuvor bereits von einem Schloß in Argentinien gehört, das seinem nun in Untersuchungshaft einsitzenden Exkollegen Heidemann gehören sollte.

Sehr geehrter Herr [redacted]

schicke Ihnen heute DM 250.000.--.

Achten Sie darauf, die Arbeiten müssen Ende August 83 beendet sein.

Möchte meine Familie nicht zu lange in Spanien allein lassen, deshalb müssen die Männer drüben fertig werden.

Die beiden Leute für das Schiff können Sie mal nach Hamburg kommen lassen, wir sind ja noch nicht komplett. Ich denke das Schiff geht Mitte Juni hier ab, bis dahin kann sich die Mannschaft einarbeiten.

Geben Sie mir gleich Nachricht, da ich noch keinen Bescheid bekam, ob die Fahne und die anderen Sachen drüben angekommen sind.

Ihre Schreiben habe ich noch nicht, mein Hitler ist schwer im Druck, werde ihm aber einige Scheinchen geben, da arbeitet er Tag und Nacht.

Machen Sie sich mal Gedanken, wie kann man eine 2,20 m hohe Holzfigur nach drüben schaffen.

Bis zur nächsten Zahlung werden 3 - 4 Wochen vergehen.

Mit freundlichen Grüßen !

Heidemann belastendes Falsifikat: *»Da ist er auf dem Schloß in Südamerika verschwunden«*

Die »Anwaltskanzlei Groenwold u.P.« erhielt am 30. September 1983 ein tags zuvor abgestempeltes anonymes Schreiben zugesandt (»Betr: Sternschnuppe«). In diesem Brief, einer Photokopie, war der Adressat abgedeckt, ein Datum bewußt weggelassen, aber eine gefälschte Heidemann-Unterschrift erthalten. Der Inhalt sollte den STERN-Journalisten Heidemann als mit Geldscheinen um sich werfendes Großmaul darstellen: Einem Herrn soundso schicke er, so stand da, »heute DM 250.000,--«, da sei »mein Hitler schwer im Druck«, werde er ihm (dem Kujau) »aber einige Scheinchen geben, da arbeitet er Tag und Nacht«. Der Denunziant begründete die überraschende Sendung so: »Wollte bei Heidemann mein versprochenes Geld. Heidemann will aber erst nach Prozeß zahlen.« Und: »Da ist er aber verschwunden, ist auf dem Schloß in Südamerika.«(3)

Der Briefempfänger, Kurt Groenewold, war der Verteidiger Konrad Kujaus. Der Absender des törichten Briefes: möglicherweise Konrad Kujau. Verraten hatte ihn auf Anhieb seine Diktion, bis heute kann er keine richtigen Sätze bilden, sondern statt »Ich möchte...« schrieb er so, wie er auch spricht: »Möchte...« Kujaus Anwalt Groenewold sandte die vorgeblich entlarvende Post seines auch hier begabten Mandanten an ein bis heute unbekanntes Hamburger »Kriminalamt«. »In dem Anschreiben an mich steht«, so teilte er dem aber real existierenden Kripo-Mann Holst mit, »daß der Schreiber offenbar selbst noch Ansprüche gegen Herrn Heidemann hat.« Groenewold und der ermittelnde Staatsanwalt Dietrich Klein schienen sich einig: dieses Schriftstück sei ein erster Durchbruch, hinter das Geheimnis von Heidemanns Gelddepots zu kommen. Es durfte wohl keine Zeit verlorengehen, denn sowohl Kripo als auch Staatsanwalt erhielten umgehend je ein Exemplar dieses Heidemann bloßstellenden Briefes.(4)

Der auf Heidemann fixierte Vollstrecker Dietrich Klein mußte indes irgendwann dahintergekommen sein, daß die Zeilen, die den STERN-Reporter belasten sollten, nicht ihn, sondern allein Konrad Kujau anschwärzten. Doch statt den primitiven Brief unter Verschluß zu halten, wurde er nun herumgereicht und geriet ausgerechnet dem Kujau wohlgesonnenen BILD-Journalisten Jochen Kummer auf den Tisch, der einst zum STERN gehört hatte und der über die damalige Trennung lange nachdachte.

Jochen Kummer, der heute für die WELT am SONNTAG als Reporter umherreist, degradierte Heidemann zu einem »Hitler-Heidemann«, der nun stolzer Besitzer eines Schlosses in Argentinien gewesen sein soll. Die plumpe Kujau-Fälschung erhob er zu einem gewichtigen Dokument: »Ein Informant gab den Behörden ... in einem Brief ohne Absender den Tip.«(5) Nur acht Wochen lang lag die anonyme Stimmungsmache unter Verschluß. Wie war der schöne Jochen Kummer an das lächerliche Dokument geraten? Hatte er es vom Kujau-Anwalt Groenewold? Konnte er seine sehr einvernehmlichen Kontakte zur Staatsanwaltschaft oder Kripo nutzen? Oder hatte gar der STERN staatliche Hinweise auf das ominöse Heidemann-Schloß und Kummer von Seufert eine Kopie zugespielt bekommen? In einem gravierenden Fall war dies mit Sicherheit bereits geschehen.

Es war ein Donnerstag, Ende Mai 1983. Rund 20 Kripo-Beamte vom Hamburger Staatsschutz (FD 724) rückten, gemeinsam mit einem Oberstaatsanwalt, in die Elbchaussee 348 aus. Hier wohnte Gerd Heidemann. Seit einer Woche hielt er sich zu Hause auf, sein Förderer Henri Nannen hatte inzwischen panikartig Strafanzeige erstattet. Jetzt wurde Gerd Heidmann verhaftet, seine Wohnung ohne Sinn und Verstand leergeräumt, selbst ein gefüllter Müllsack wurde von einem aufmerksamen Polizisten verladen.(6) Dieser Abfall hatte es in sich. Jahre später sollte

Gerd Heidemann *(mit den vom STERN beschafften Handelsregister-auszügen): Manipulierte Daten durcheinandergebracht*

er von einem gelungenen Bündnis zwischen Staatsanwaltschaft und STERN zeugen.

Der Heidemann-Müll war erst nach vielen Monaten »geordnet«, Anfang 1984: Papiere, auf denen der Name Hitler fehlte, stießen auf Desinteresse; Zettel, auf denen irgendwelche Zahlen notiert waren, wurden liebevoll zur Seite gelegt; schließlich in mühevoller Kleinarbeit unzählige Schnipsel zusammengefügt, die Heidemann einst zerrissen hatte. Dabei mußte einem Ermittler ein Kloß im Hals steckengeblieben sein, denn, so schien es, er hatte möglicherweise eine ungeheuerliche Entdeckung gemacht: ein unausgefüllter »Bewirtschaftungs- und Verwaltungsvertrag« einer Firma in Paraguay namens »Productos Paraguayos SA. ICI«. In der Tat war das ein unheimliches Vierseitendokument, auf dem zwar kein Eigentümer namentlich erfaßt war, auf dem aber mit Schreibmaschine von einem »Eigentümer(in) des Grundstücks/der Grundstücke ... gelegen im Chaco von Paraguay« die Rede war. Daß der Name Heidemann auf diesem grünen Vertragswerk fehlte, machte Gerd Heidemann gerade verdächtig.

Der Staatsanwalt Dietrich Klein, dessen Animosität Heidemann gegenüber weder zu überhören noch zu übersehen war, geriet in Entzücken. Als Kujaus argentinisches Luftschloß rege Beachtung fand, muß auch das Papier aus Paraguay plötzlich eine Rolle gespielt haben, zumal in der Zwischenzeit die Medien kräftig spekulierten, wo der schlaue Gerd Heidemann seine Millionen wohl investiert habe. Von Amts wegen mußte Zeitungsleser Klein aktiv werden, er stand — wie auch der STERN — unter absolutem Erfolgszwang, hatte Kujau doch immer wieder behauptet, nicht er, sondern Gerd Heidemann habe die Millionen eingesteckt, was selbst Heidemanns ehemaliger Arbeitgeber nicht mehr ausschließen mochte: »Und dann war das Geld weg. Wohin? Das weiß nur Gerd Heidemann.«(7)

Paraguay, das wußte auch Dietrich Klein, lag nicht in Europa, sondern in Südamerika und war selbst in Hamburg als Bananenrepublik verschrien. Erst das anonyme Schloß und jetzt ein Vertrag in Paraguay — wenn überhaupt, dann müßten Heidemanns Geldreserven dort liegen. Nur wie herausfinden? Eigentlich, so mag Klein gedacht haben, konnte der STERN das tun. Über einen sicheren Kanal wurde die Redaktion informiert, die zwangsläufig ausgesprochen aufmerksam reagierte. Wenn es nunmehr gelänge, Heidemann zu überführen, wäre der STERN moralisch reingewaschen, gegen kriminelle Energie könne schließlich kein Verlag der Welt etwas ausrichten. Michael Seufert, der sich regelmäßig seinen Bart zupfte, wenn er ins Grübeln kam, sah eine einmalige Chance, das Flaggschiff des Gruner + Jahr Verlages reinzuwaschen. Doch in Wahrheit tauchte er es noch tiefer in die Fluten.

Michael Seufert galt als besonnener Journalist. Als er den von den Ermittlern aus Heidemanns Müllsack gefischten Namen der Firma in Paraguay, bei der Heidemann finanziell engagiert gewesen sein soll, erfuhr, überlegte er, welcher erfahrene Kollege nach Asunción geschickt werden sollte, denn Heidemann saß seit Monaten in U-Haft. Es mußte jemand sein, der vor nichts zurückschreckte; kein drittklassiger STERN-Redakteur konnte diese Aufgabe bewältigen, sondern nur einem war ein Erfolg zuzutrauen: Hans-Werner Hübner, der für den STERN Photorechte aufkaufte, zum Ressort »Bildredaktion« gehörte und mit dem Kürzel »AB« (»Aggressive Bildbeschaffung«) etikettiert wurde sowie mit einem wenig schmeichelhaften Spitznamen.(8)

Hübner, in der Redaktion am rechten Platz, war im STERN für die Heidemann-

STERN-Mann Hans-Werner Hübner: *Auf Kosten des STERN hinter Heidemann hergehetzt*

Recherchen mitverantwortlich. Und das aus gutem Grund: Solange Gerd Heidemann der Glückspilz des STERN war, solange auch lehnte sich Hübner an ihn an. Zusammen versuchten sie, bei spektakulären Ereignissen, dem STERN die Exklusivrechte zu sichern. Bei der Kronzucker-Entführung beispielsweise hatten sie zwar Pech gehabt, aber immerhin in der Toskana den Zuschlag fast erhalten — wenn die BUNTE weniger bezahlt hätte. Hübner kannte Heidemann genau.(9) Der STERN-Rechercheur hatte sich bereits im November 1983 in Argentinien herumgetrieben, weil Heidemann vier Jahre zuvor, im Sommer 1979, mit dem ehemaligen SS-Obergruppenführer und Himmler-Vertrauten Karl Wolff Südamerika bereiste. Hübner wollte Heidemanns Spuren verfolgen. Dabei stieß er auf den reichen Landbesitzer Francisco Ruffinengo, der nach dem Zusammenbruch des Dritten Reiches im italienischen Genua fragwürdige Nationalsozialisten aus der Gefahrenzone nach Südamerika lotste. Heidemann hatte ihn aufgesucht, um zum einen nach dem KZ-Arzt Mengele zu fahnden und zum anderen eine STERN-Geschichte über die Fluchtwege hoher NS-Würdenträger vorzubereiten. Doch so richtig fündig wurde Hübner nicht. Einstweilen. Er kehrte nach Hamburg zurück.(10)

Hübner war Seuferts Mann. Wieder flog er nach Südamerika. Diesmal sollte er in die Handelsregister gucken, denn jetzt wußte er — dank des bei Heidemann beschlagnahmten Abfalls —, wonach er suchen sollte. Die staatlichen Ermittler hatten nun den STERN auf Heidemann gehetzt. Hatte Hübner Heidemann etwa bereits als Chef des Unternehmens »Productos Paraguayos SA. ICI« gesehen? Im März 1984 wird Hübner einiges durch den Kopf gegangen sein, denn er muß festgestellt haben, daß es in Asunción zwar eine Firma »Productos Paraguayos SA. ICI« gegeben hat, aber keinen Direktor oder Inhaber namens Gerd Heidemann. Konnte er mit dieser niederschmetternden Nachricht vor Michael Seufert treten, der doch seine ganze Hoffnung auf Hübner gesetzt hatte?

Wie auch immer, Hans-Werner Hübner hatte Glück: Das öffentliche Handelsregister wies eine Firma »Productos P. Paraguayos« aus, die, »unter der Nummer 1.510 und auf dem Blatt 285 des Jahres neunzehnhundertneunundsiebzig eingetragen ist, (in die) Gerd Heidemann ... 30.000.000,-- Guaranies (rund eine halbe Million Mark) eingebracht« habe. Die Unterschrift der Beamtin, Aurora L. de Martinez, wurde bereits am 21. März 1982 beglaubigt, die Inlandssteuer, statt Gebührenmarke, mit einem Stempel als bezahlt ausgewiesen, aber erst zwei Jahre später, am 21. März 1984, abgeführt. Ein und derselbe Vorgang lag zwei Jahre auseinander. Wie das?

Dieses Papier konnte Hans-Werner Hübner nicht an der Pförtnerloge für ein schnödes Trinkgeld erwerben, er hatte — wie in allen südamerikanischen Staaten üblich — einen ansehnlichen Betrag hinzublättern, der schon darum hatte fließen müssen, weil die Heidemann belastende Urkunde überhaupt nicht existierte, weil sie — wahrscheinlich unter Zeitdruck — erst hatte gefälscht werden müssen. Das ist dann derart plump geschehen, daß selbst Konrad Kujau einen roten Kopf bekommen hätte:

Die von einer Hamburger Behörde dem STERN zugeflüsterte Firma hieß »Productos Paraguayos SA. ICI«. Das von Hübner ausfindig gemachte Unternehmen aber nannte sich »Productos P.(rimarios) Paraguayos«. Gerd Heidemann also hatte seine Tagebuch-Millionen nicht in die vom Staatsanwalt Dietrich Klein vermutete Firma gesteckt, sondern in die Firma, die Hans-Werner Hübner für Gerd Heidemann ausgesucht hatte. Das Hübner-Ding entpuppte sich als echter Handelsregisterauszug aber:

Auf einer Zeile des Formblattes ist nach dem Wort »nueve« mit einer anderen

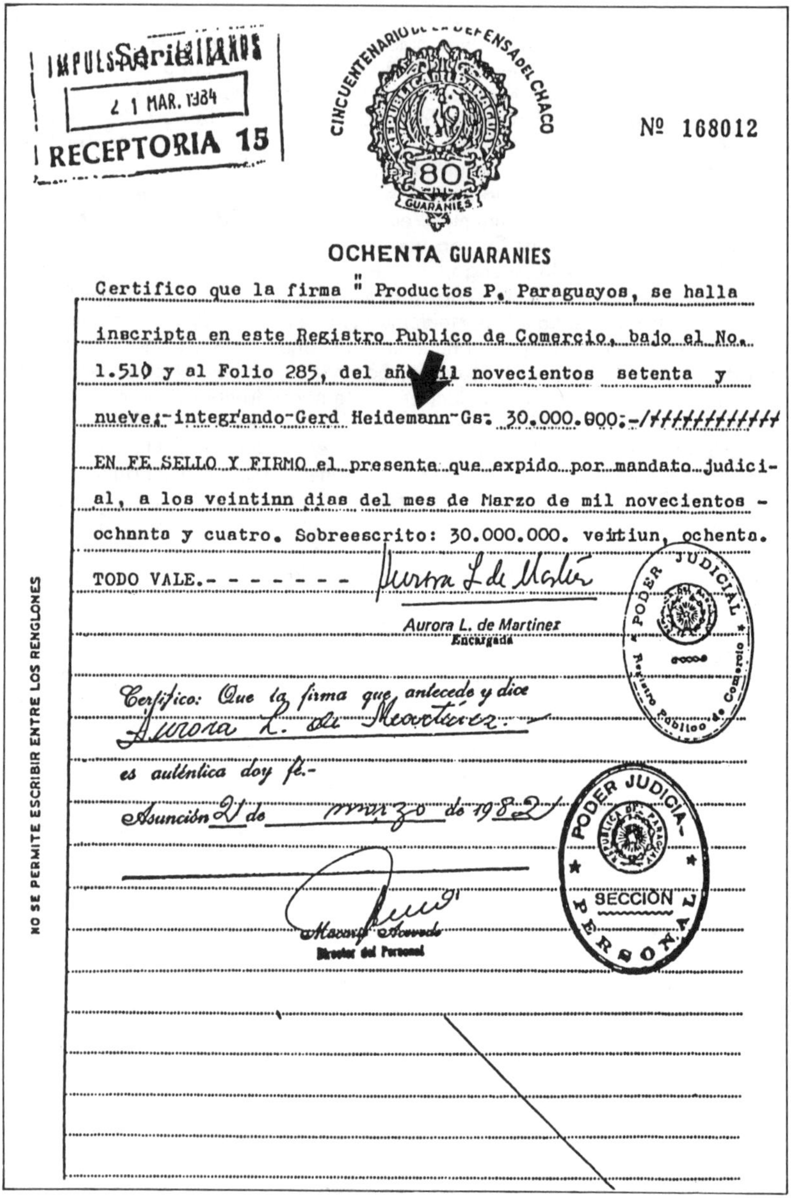
RECEPTORIA 15

21 MAR. 1984

CINCUENTENARIO DE LA DEFENSA DEL CHACO

80 GUARANIES

Nº 168012

OCHENTA GUARANIES

Certifico que la firma " Productos P. Paraguayos, se halla inscripta en este Registro Publico de Comercio, bajo el No. 1.510 y al Folio 285, del año mil novecientos setenta y nueve;-integrando-Gerd Heidemann-Gs: 30.000.000;-/////////////

EN FE SELLO Y FIRMO el presente que expido por mandato judicial, a los veintinn dias del mes de Marzo de mil novecientos - ochanta y cuatro. Sobreescrito: 30.000.000. veintiun, ochenta. TODO VALE.- - - - - - -

Aurora L. de Martinez
Encargada

PODER JUDICIAL – Registro Publico de Comercio

Certifico: Que la firma que antecede y dice Aurora L. de Martinez. es auténtica doy fe.-

Asunción 21 de marzo de 1984

Director del Personal

PODER JUDICIAL – SECCION PERSONAL

NO SE PERMITE ESCRIBIR ENTRE LOS RENGLONES

Fälschung: *in der vierten Zeile Heidemann zum Investor in Paraguay gemacht (Pfeil)*

Schreibmaschine hineingeschrieben; aus dem Schlußpunkt ein Doppelpunkt oder Semikolon gemacht worden. Der Rest dieser Zeile ist freigeblieben, mit Punkten ausgestrichen gewesen. Es war versucht worden, diese Punkte wegzuradieren, doch dies mißlungen. Über die gepunktete Linie wurde in spanischer Sprache getippt: »Gerd Heidemann bringt 30.000.000,- Gr.ein.« Dann ging der Text korrekt weiter, doch es folgte erneut ein Phantasiezusatz: »Berichtigt: 30.000.000,- einundzwanzigster achtzig. Gültig.«

Die im Justizministerium arbeitende fünfzigjährige Aurora L. de Martinez kritisierte den Satzbau, der nicht der Behördenformulierung in Paraguay entspräche. Ein Laie, nur auf schnelles Geld versessen, kam zum Zuge: die Beglaubigung war auf der Hübner-Bescheinigung am 21. März 1982 erfolgt. Zwei Jahre später wurde aber erst die obligatorische Inlandssteuer gestempelt, die Gebühr hätte im selben Augenblick entrichtet werden müssen, die Leerzeile war mit einer fremden Schreibmaschinentype und dem Namen Gerd Heidemann gefüllt. Der Reporter sollte ins Zwielicht gebracht werden. Die Falsifikat-Produzenten aber hatten, in Unkenntnis der lokalen Verhältnisse, versagt. Doch das war nicht ihr einziger Fehltritt.

In den Amtsstuben Paraguays liegen die Stempel und Vordrucke wie im Selbstbedienungsladen herum, greif- und verwertbar für jedermann. Die Besuchszeiten sind nur kurz: von acht bis zwölf, bis fünfzehn Uhr Siesta, danach kein — offizieller — Publikumsverkehr mehr. Am 21. März 1984 hatte der STERN das für Heidemann scheinbar bedrohliche Dokument in der Hand. Doch ganz zufrieden konnte er nicht gewesen sein, denn wie sonst wird erklärbar, daß er zwei Tage später ein weiteres ausfindig machte, das sich dummerweise später als mißglückte Totalfälschung herausstellen sollte. Dieses Mal hatte der angeschlagene STERN ganz danebengelegen, denn jetzt wurde Heidemann — irrtümlich — zum Unternehmer einer zweiten Firma gemacht, nunmehr endlich zum großzügigen Geldgeber jenes Betriebes auserkoren, der mit dem Müllsackgeschäft des furchtlosen Staatsanwalts Dietrich Klein übereinstimmte:

Gerd Heidemann hatte nicht nur 30 Millionen in die »Productos P.(rimarios) Paraguayos« investiert, sondern nun auch 30 Millionen Guaranies in die »Productos Paraguayos« eingeschossen, insgesamt 60 Millionen auf die hohe Kante gelegt, was — umgerechnet — fast eine satte Million Mark bedeutet hätte, hätte Heidemann dies tatsächlich getan.

»Ich bescheinige«, so stand es widersprüchlich, aber bitterernst in der zweiten Fassung, »daß im Buch des Öffentlichen Handelsregisters des Jahres 1979 die Firma 'Productos Paraguayos' unter der Nummer 1.510, Blatt 283, eingetragen ist. In der Versammlung vom 26.11.1980 wurden die Statuten geändert, Gerd Heidemann brachte 30.000.000,00 Guaranies ein.« Diese Bescheinigung, so hatte der zusammengeschlampte Text Heidemann zu entlarven, sei auf »Wunsch der Partei (sprich: der Gerd Heidemanns) durch Gerichtsbeschluß, in Asunción, Republik Paraguay, am 23. Tag des Monats März neunzehnhundertvierundachtzig ausgestellt«. Wer hatte dieses Abenteuer unterschrieben? Die Justizbeamtin Aurora L. de Martinez, die bereits das erste bejammernswerte Papier paraphierte? Während die Unterschrift beim ersten Dokument echt war, entlarvte Martinez ihren Namenszug auf dem zweiten Papier — als simple Nachahmung.

Der Tagebuch-geschädigte STERN hatte Hans-Werner Hübner einen großzügigen Spesensatz genehmigt, schließlich wähnte sich die Illustrierte nur wegen Heidemann in großer Not. Die Beute, wer auch immer wie daran gekommen sein mag, erwies sich als einfältige Fälschung — aus schlichten Gründen:

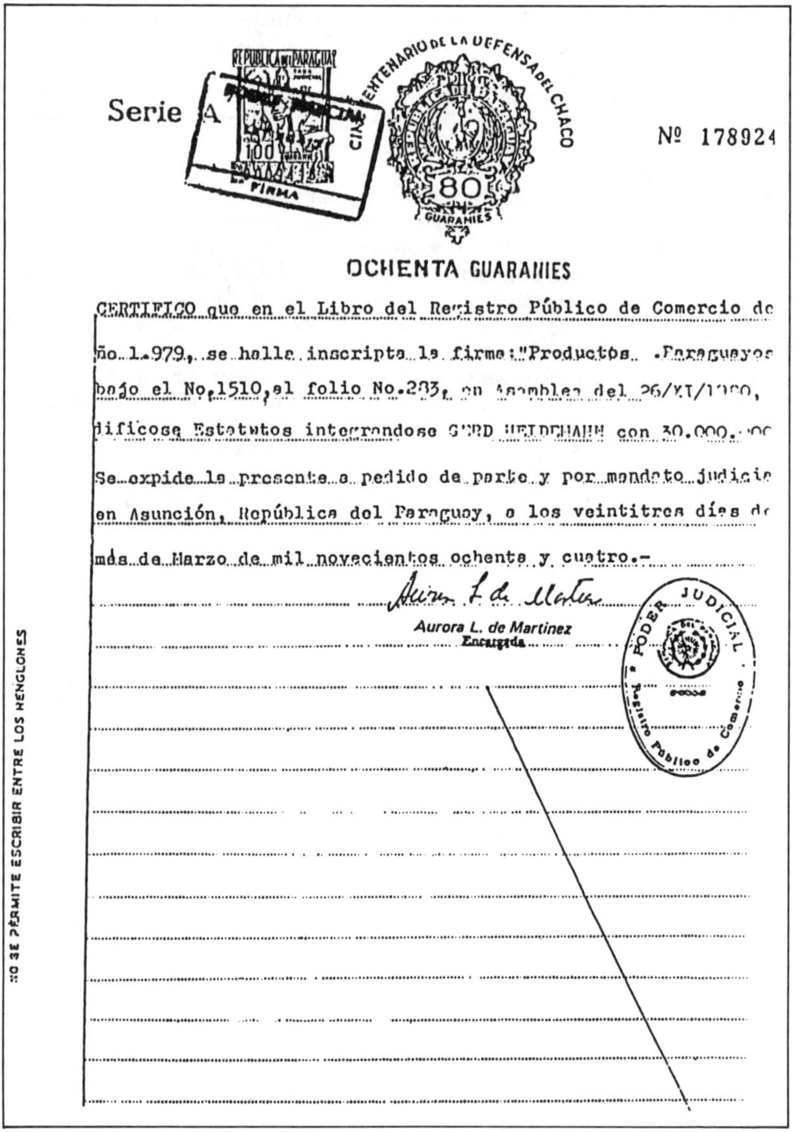

Serie A

REPUBLICA DEL PARAGUAY

FIRMA

100

CINCUENTENARIO DE LA DEFENSA DEL CHACO

80

GUARANIES

Nº 178924

OCHENTA GUARANIES

CERTIFICO que en el Libro del Registro Público de Comercio de
ño 1.979, se halla inscripta la firma: "Productos Paraguayos
bajo el No. 1510, al folio No. 233, en Asamblea del 26/XI/1980,
dificose Estatutos integrandose GERD HEIDEMANN con 30.000.000
Se expide la presente a pedido de parte y por mandato judicia
en Asunción, República del Paraguay, a los veintitres días de
mes de Marzo de mil novecientos ochenta y cuatro.-

Aurora L. de Martinez
Encargada

PODER JUDICIAL
Registro Público de Comercio

NO SE PERMITE ESCRIBIR ENTRE LOS RENGLONES

Totalfälschung: *Die Millionen Gerd Heidemanns wurden — bis heute — nicht gefunden. Doch plötzlich tauchte ein Handeslregisterauszug auf, der Heidemann einer Investition in Paraguay von fast 500.000,- DM bezichtigte. Das Dokument erwies sich als Falsifikat. Hatte der STERN davon nichts gewußt?*

Am 26. November 1980 soll Heidemann eine halbe Million Mark eingezahlt haben. Doch die erste Tagebuch-Rate in Höhe von 200.000,- DM hatte er sich von Manfred Fischer erst zehn Wochen später in die Tasche zählen lassen, das Geld hatte Heidemann Kujau ausbezahlt. Einen Tag vor dem Halbe-Millionen-Mark-Deal in Paraguay, am 25. November, ging er aber — laut Ermittlungsergebnissen der Kripo — in Konstanz spazieren, die Polizei hatte sich trotzdem um genau einen Monat vertan, die Hotelübernachtung in Höhe von 45,- DM hatte Gerd Heidemann mit American-Express-Kreditkarte bereits am 25. Oktober bezahlt. Für die Kripo aber konnte Heidemann dennoch zehn Stunden später in Asunción gelandet sein, obwohl eine Concorde am Bodensee bislang noch nicht gesichtet wurde. In diesen Tagen saß Heidemann statt dessen beispielsweise auf seiner Göring-Jacht, um Beamten des Hamburger Verfassungsschutzes Bericht über das geheime Treffen mit der DDR-Staatssicherheit zu erstatten. Mit von der Partie: Heidemanns STERN-Chef Thomas Walde.

Hätten die Dokumentenhersteller nur über ein wenig mehr Grips verfügt, sie hätten mit akribischen Fälschungen Heidemann den Todesstoß versetzen, der rührige Staatsanwalt Dietrich Klein sich in der BILD vom hübschen Jochen Kummer zum scharfsichtigen Helden hochstilisieren lassen, der STERN schließlich erleichtert behaupten können: »Wir haben das immer gewußt.« Gerd Heidemann hätte keine einzige Chance gehabt, seinen nun endgültigen Absturz zu verhindern, im Gegenteil: von dieser Blöße, von diesem Makel wäre er niemals erlöst worden. Heidemann hatte unbeschreibliches Glück, daß die stümperhaften Papiere von halbgebildeten Dilettanten zurechtretuschiert worden waren, hatten die Asphalt-Rechercheure doch selbst in Nebensächlichkeiten versagt:

In Hübners erstem Dokument, das am 21. März 1982 beglaubigt wurde, aber den Steuerstempel vom 21. März 1984 trug, stand die Handelsregisternummer 1.510 auf dem Handelsregisterblatt 285. Auf Hübners zweitem Zeugnis war zwar die Handelsregisternummer 1.510 richtig notiert, aber, statt auf der Seite 285 zu bleiben, auf die Seite 283 vorgerutscht. Hans-Werner Hübner soll mit einem Rechtsanwalt unterwegs gewesen sein, der sich angeblich in der südamerikanischen Bürokratie auskannte, weiß ein anderer STERN-Rechercheur, der nach Hübners Rückkehr eilig nach Südamerika in Marsch gesetzt worden war. Dieser Advokat hatte, wenn er denn tatsächlich existierte, Hübner und damit den STERN der Lächerlichkeit preisgegeben, die Illustrierte nach dem Tagebuch-Skandal anscheinend nichts dazugelernt:

Auf der Rückseite des ersten Hübner-Billetts waren mehrere Stempel, Stempelmarken und Unterschriften. Sinn und Zweck dieser amtlichen Vielfalt: von der schwindenden »Echtheit« auf der Vorderseite durch überbetonten behördlichen Einfluß von der Vorderseite ab- und auf die Rückseite umzulenken, denn die Stempelverschwendung der Rückseite sollte möglichen Kritikern der ersten Seite die Urteilsfähigkeit nehmen, ihr Augenmerk ausschließlich auf die Rückseite lenken. Für jeden Fachmann war das zwar eine Zumutung, aber diese alberne Operation hatten die Akteure als ein meisterhaftes Husarenstück mißverstanden. Und so sollte der Coup Eindruck schinden:

Die Beamtin des Justiz- und Arbeitsministeriums Paraguays, Susana Mendez Chena, hatte — aus nicht nachvollziehbaren Gründen — unter einen Stempel ihre Unterschrift gesetzt. Jetzt war diese zwar da, aber nicht beglaubigt. So wurde der Direktor im Außenministerium (»Beglaubigungs- und Paßabteilung«) gebeten, die sinnlose Unterschrift seiner Kollegin Susana Mendez Chena zu bestätigen. Ein schlichter Stempel, was auch sonst, bewältigte dieses Problem auf einfachste Wei-

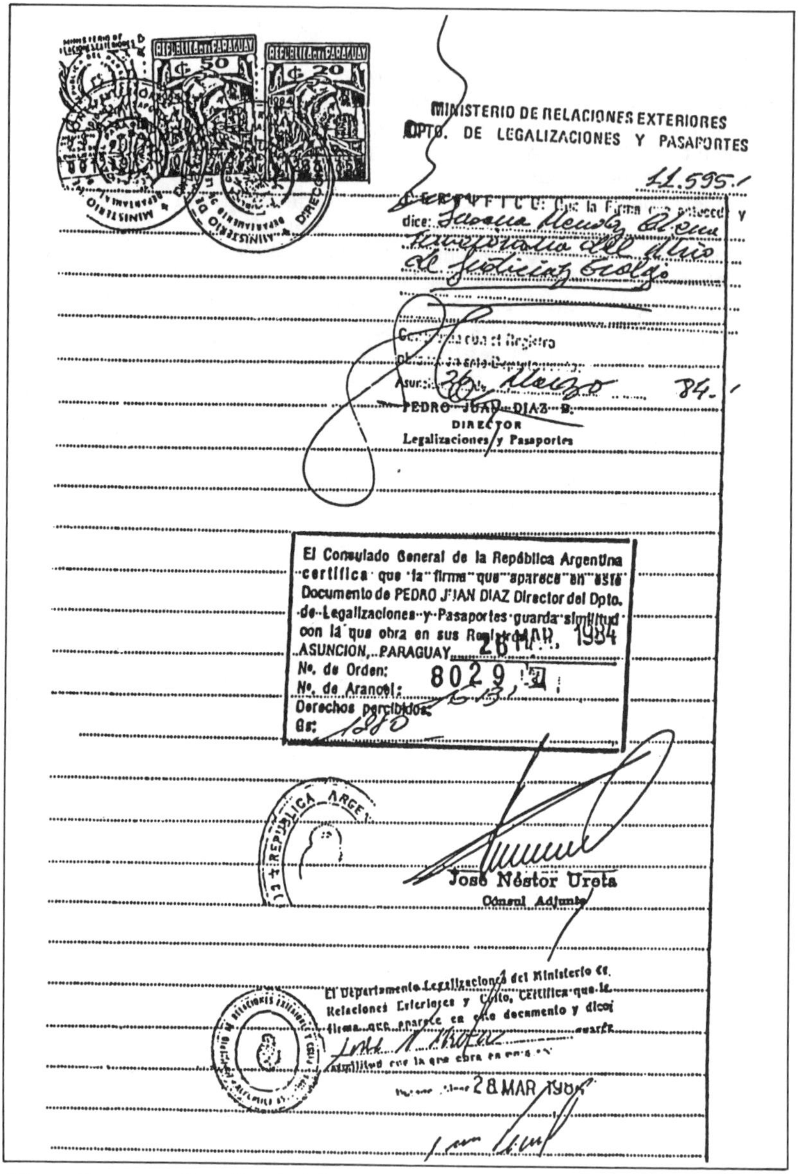
MINISTERIO DE RELACIONES EXTERIORES
DPTO. DE LEGALIZACIONES Y PASAPORTES

11.595.-

CERTIFICO: Que la Firma que antecede y dice:

Consta en el Registro

Asunción, 26 de Marzo 84.-

PEDRO JUAN DIAZ B.
DIRECTOR
Legalizaciones y Pasaportes

El Consulado General de la República Argentina certifica que la firma que aparece en este Documento de PEDRO JUAN DIAZ Director del Dpto. de Legalizaciones y Pasaportes guarda similitud con la que obra en sus Registros.
ASUNCION, PARAGUAY, 26 MAR. 1984
Nº. de Orden: 8029
Nº. de Arancel:
Derechos percibidos:
Gs: 1280

José Néstor Ureta
Cónsul Adjunto

El Departamento Legalizaciones del Ministerio de Relaciones Exteriores y Culto, certifica que la firma que aparece en este documento y dice

guarda similitud con la que obra en sus registros.

28 MAR 1984

Verwirrung: *Um die »Echtheit« eines falschen Handelsregisterauszuges zu dokumentieren, wurden auf der Rückseite sinnlose Stempel und Unterschriften beigebracht* se. Indes, dieser Stempel war unterschriftslos, lediglich das Datum »26. Mar. 1984« in ihn hineingestempelt, eine Ziffer »8.029« aufgedruckt, zwei weitere Zahlen (»1.613« und »1.280«) handschriftlich vermerkt. Dieser Akt war ebenso überflüssig wie der der Susana Mendez Chena. Damit dieses nicht weiter auffiel, war das Generalkonsulat Argentiniens in Asunción aufgesucht worden, wo José Nestor Ureta jetzt die Unterschrift der »Beglaubigungs- und Paßabteilung« quittierte. Wer aber sollte sich nun für den Argentinier in Paraguay verbürgen? Das konnte nur ein Landsmann sein. Was lag da näher, als — zwei Tage später — auf Kosten des vor Geld überquellenden STERN nach Buenos Aires zu fliegen, dort das Außen- und Kultusministerium aufzusuchen, um die Abteilung »Beglaubigungen« gegenzeichnen zu lassen, daß der Amtskollege in Paraguay anhand seiner Unterschrift als »im Register eingetragen entspricht«.(11) Während alle anderen wahrlich dubiosen Unterschriften ausnahmslos entziffert waren, konnte der letzte Bürge namentlich nicht ausgemacht werden. Welche Bedeutung hatten diese »Bestätigungen«, was sollte mit derartigen Albernheiten bewiesen werden? Niemand weiß es, es wird auch niemals jemand dahinterkommen.

Mit diesen optischen Patenten sei Gerd Heidemann, so mag der STERN naiv spekuliert haben, als außergewöhnlicher Pfandleiher ertappt, doch die Redaktion hatte nicht zu Ende gedacht. Hans-Werner Hübner flog selbstbewußt nach Hamburg zurück, wo ihn Michael Seufert bereits voller Ungeduld erwartete.

Der Ressortleiter des STERN befand sich in keiner leichten Position. Seufert war durch Henri Nannen an den Auftrag geraten, Gerd Heidemann als Gangster zu entlarven, den STERN als fromme Gazette zu präsentieren. Er mag zwar bei der Spesenabrechnung seines Ermittlers Hübner innerlich zumindest leicht zusammengezuckt sein, was er aber über die von ihm mitgebrachten Heidemann-Entdeckungen gedacht hat, wird er außerhalb des STERN nicht verlautbart haben. Einige Wochen lang waren die Heidemann demaskierenden Unterlagen bei Michael Seufert gut aufgehoben. Doch dann gerieten sie in die Klauen der Kripo, und damit schließt sich der Kreis: Beamte der Hamburger Justiz oder der Polizei hatten dem wunden STERN den Tip mit der Firma in Paraguay gegeben, bei der Heidemanns Millionen vermutet wurden. Der STERN hatte seinen vermeintlich besten Mann über den großen Teich geschickt, um Beweise für diese These heranzuschaffen. Ob Seufert von den Manipulationen gewußt hatte oder nicht, entscheidend war, daß er den Hübner-Schatz am 15. Mai 1984 dem Kripo-Mann Bähr überreichte. Der kam sogar extra zu Seufert ins Redaktionszimmer. Der dienstbare Beamte hielt penibel fest:

»Von Herr Seufert wurden mir ... zwei Dokumente mit den Serien-Nummern 178924 und 168012 aus Paraguay im Original übergeben.« Bei diesen Dokumenten »soll es sich um Auszüge aus dem Handelsregister in Paraguay handeln«, formulierte Bähr vorsichtig. Den höflichen Polizisten hatte Michael Seufert bei dieser Gelegenheit möglicherweise in die Irre geführt, denn Bähr hielt in einem »Vermerk« fest: »Herr Seufert sagte zur Beschaffung der Dokumente folgendes: Er habe in Paraguay Rechercheure damit beauftragt, Karteien und Register nach Eintragungen auf Namen von in diesem Strafverfahren beteiligten Personen abzufragen. Er habe den Leuten nicht mitgeteilt, bei welchen Firmen sie suchen sollten. Die Rechercheure seien nun durch eigenes Nachforschen auf den Namen Gerd Heidemann im Handelsregister von Asuncion gestoßen. Herr Heidemann sei dieser Eintragung zufolge bei der Firma 'Productos Paraguayos' mit umgerechnet ca. DM 500.000,- als Teilhaber eingetragen.«(12) Sollten hier Spuren verwischt

V E R T R A G

zwischen

der Gruner + Jahr AG & Co

und

Herrn Günter Bartels, Paraguay

6.

Herr Bartels verpflichtet sich in dieser Angelegenheit Dritten keinerlei Informationen zu geben, weder mündlich noch schriftlich.

7.

Der STERN sagt Herrn Bartels Informantenschutz zu.

Hamburg, den 1. Februar 1984

Gruner + Jahr AG & Co

Günter Bartels

FD 724 Hamburg, den 15. Mai 1984 /bi

V e r m e r k :

Von Herrn Seufert wurden mir im Gebäude des STERN zwei Dokumente mit den Serien-Nummern 178924 und 168012 aus Paraguay im Original übergeben. Bei diesen Dokumenten soll es sich um Auszüge aus dem Handelsregister in Paraguay handeln.

Herr Seufert sagte zur Beschaffung der Dokumente folgendes:
Er habe in Paraguay Rechercheure damit beauftragt, Karteien und Register nach Eintragungen auf Namen von in diesem Strafverfahren beteiligten Personen abzufragen. Er habe den Leuten nicht mitgeteilt, bei welchen Firmen sie suchen sollten. Die Rechércheure seien nun durch eigenes Nachforschen auf den Namen Gerd HEIDEMANN im Handelsregister von Asunción gestoßen. Herr Heidemann sei dieser Eintragung zufolge bei der Firma "Productos Paraguayos" mit umgerechnet ca. DM 500.000,-- als Teilhaber eingetragen.

Enthüllungen über den STERN: *Informantenvertrag (oben), Kripo-Vermerk (unten)* werden? Warum verschwieg Seufert den Namen des reiselustigen Hans-Werner Hübner?

Irgend jemand hatte den STERN über die Firma in Paraguay informiert. Bähr kann es nicht gewesen sein, Heidemann ebenfalls nicht. Den Inhalt des Müllsackes aus der Elbchaussee hatte Staatsanwalt Dietrich Klein im Kopf, machte er doch Gerd Heidemann einige Monate nach der Verhaftung den komischen Vorwurf, daß er sogar Zigarettenasche hineingeschüttet habe.(13) Von der »Productos Paraguayos« wußten nur sehr wenige. Da im STERN niemand hellsehen konnte, bleibt die Frage: Wer also war der Mann, der hier das unfaire Geschäft betrieb? Im STERN war ohnehin nichts mehr normal.

Der hauseigene Justitiar Andreas Ruppert formulierte am 1. Februar 1984 einen erstaunlichen Vertrag, bestehend aus neun eindeutigen Paragraphen, der sechste hatte einen aufsehenerregenden Inhalt: Der Unterzeichner »verpflichtet sich in dieser Angelegenheit Dritten keinerlei Informationen zu geben, weder mündlich noch schriftlich«.(14) Warum diese überzogene Vorsicht? War dieser Passus etwa grundlos so eindeutig getextet und sodann vom Gruner + Jahr-Juristen sowie dem STERN-Vertragspartner unterschrieben worden? Dieses Papier ertrotzt hatte sich jener Mann, den Ende Januar 1984 Michael Seufert zu sich gebeten hatte, weil er Gerd Heidemann kannte. In der Vergangenheit vom STERN mehr als einmal geschädigt, war er zu Informationen nur dann bereit, wenn er abgesichert wurde: Günter Bartels, der einst in der Waffen-SS gedient hatte und der als Fünfundzwanzigjähriger über Amsterdam nach Südamerika gefahren, dort zu Geld und Ansehen gekommen war. Ruppert hielt das Angebot von Bartels fest:

Er habe »dem STERN Informationen über Verbindungen von Herrn Heidemann angeboten«, er werde »dem STERN die ihm bekannten Informationen sobald wie möglich ... in Gesprächen zur Verfügung stellen«, er erhalte »mit Abschluß dieses Vertrages ... DM 2.500 ohne Abzug bar«, sollte der STERN gar »aufgrund der ... zur Verfügung gestellten Informationen mit einer Veröffentlichung (beginnen, dürfe er) weitere 7.500 ohne jeden Abzug« erwarten. Zwar flossen schließlich seine Informationen, nur waren die nicht STERN-genehm. Zwar wurde veröffentlicht, aber nicht im STERN, weshalb das restliche Honorar auch nicht ausgezahlt werden konnte. Aber: Der Vertragspartner erkläre sich bereit, »auf Wunsch des STERN in der Angelegenheit (Heidemann) auch im Ausland weitere Recherchen anzustellen«.(15) Dieser Fall sollte alsbald eintreten. Doch erst einmal erhielt Günter Bartels die zugesagten 2.500,- DM Honorar. Die »Honoraranweisung«, von Ruppert höchstpersönlich unterschrieben, hatte — in der Rubrik »Notizen des Ausstellers, intern« — die Vorverurteilung Heidemanns durch den Verlag bereits dokumentiert. Bartels erhielt das Geld in »Sachen Heidemann ./· G + J«.(16) Für Ruppert, das war nunmehr klar, galt Gerd Heidemann längst als der Täter, denn er hatte das schließlich so diktiert.

Der erste Gedankenaustausch über Gerd Heidemann fand am 6. Februar 1984 statt. Bartels' Interviewpartner: kein Geringerer als Michael Seufert. Am 29. Februar hatte Seufert mit Bartels die zweite Verabredung getroffen. Es schien der wohl wichtigste Meinungsaustausch gewesen zu sein, denn plötzlich tauchte Hausjurist Andreas Ruppert auf. Auch diese Befragung wurde auf Tonband festgehalten. Und dann telephonierte Bartels — im Büro von Ruppert — mit dem Bruder des Heidemann-Bekannten Ruffinengo, den Bartels einst Heidemann zugeführt hatte. Von dieser Unterhaltung erhoffte sich der STERN möglicherweise Zusammenhänge über die Firma in Paraguay, in der angeblich das Geld Heide-

FD 724 Hamburg, den 8.3.1984 /ba

V e r m e r k :

Gestern, am 7.3.1984, suchte ich den Redakteur Michael S e u f e r t in den Räumen des "Stern" auf.

Herr S e u f e r t übergab mir Copien von Abschriften von Tonbandgesprächen. Die Gespräche wurden geführt mit dem Kaufmann

Günter Amandus B a r t e l s ,
geb. [redacted]
am [redacted].

Herr S e u f e r t teilte weiter mit, daß er und Herr Dr. R u p p e r t übereinstimmend das Gefühl hatten, daß Herr B a r t e l s zu ihnen geschickt worden sei. Sie hatten den Eindruck, daß er versuchen sollte, den "Stern" auf eine evtl. falsche Fährte zu locken.

Bei dem Telefongespräch zwischen Herrn B a r t e l s und Herrn Fritz Ruffinengo , dem Bruder von Herrn Franz Ruffinengo, hatten Herr S e u f e r t und Herr Dr. R u p p e r t den Eindruck, daß dieses abgesprochen gewesen sei.

- Bähr -

Enthüllungen über den STERN:
Obwohl der STERN vertraglichen Informantenschutz gewährt hatte, wurden umgehend die auf Tonband aufgenommenen Bartels-Gespräche an die Kripo weitergeleitet und der Informant denunziert (Kripo-Ausrisse)

manns stecken sollte. Bereits drei Tage später, der STERN-Jurist Ruppert hatte die Zusammenkunft mit Bartels längst verarbeitet, durfte Seuferts Kripo-Helfer Bähr wieder einmal in der Redaktion vorsprechen. Er holte die Bartels-Bänder ab.

Während Gerd Heidemann in Untersuchungshaft saß, wurde in den Redaktionsstuben des STERN geheuchelt. Michael Seufert, der Günter Bartels' Dienste nur zu gern in Anspruch nahm, ihn mit Lob für seine Hilfsbereitschaft überhäufte, redete gegenüber der Kripo über seinen Informanten ganz anders. Bähr erinnerte sich: Der leitende STERN-Redakteur habe das Gefühl gehabt, daß Bartels »geschickt« worden sei, nahm er den Eindruck mit ins Polizeipräsidium, daß Bartels »versuchen sollte, den STERN auf eine evtl. falsche Fährte zu locken«.[17] Mit dieser Meinung stand Seufert nicht allein da. Überraschenderweise hatte sich dem Urteil auch Andreas Ruppert angeschlossen. Im Seufert-Zimmer ging es ohnehin wie auf einem Polizeirevier zu: die Kripo erhielt frei Haus noch eine Kopie über die »Personalienabklärung« von Franz Ruffinengo.[18]

Was hatte die aufwendige Unterredung mit Günter Bartels gebracht? Der Deutsch-Südamerikaner hatte nicht nur abenteuerliche Geschichten erzählt, sondern zugleich über die Bürokratie in Paraguay informiert.[19] Hans-Werner Hübner, der Hoffnungsträger des STERN, mußte schließlich für seine Handelsregister-Recherchen entsprechend ausgerüstet werden. Als er dann die zwei getürkten Urkunden aus Paraguay Michael Seufert aushändigte, wurden sie an einen STERN-Leser, den Staatsanwalt Dietrich Klein, weitergereicht. Der hatte nichts Besseres zu tun, als, am 31. Juli, drei Monate nach dem Fund in Südamerika, sein wehrloses Opfer Heidemann mit der Existenz der augenfälligen Fälschungen zu konfrontieren. Die Geschäftsstelle der Großen Strafkammer 11 informierte den Angeklagten über »Dokumente aus Paraguay mit Übersetzungen, übergeben von Gruner + Jahr«.[20] Vierzehn Tage später hatte Jochen Kummer von BILD bereits alles erfahren, er war — wieder einmal — besser als Heidemann informiert.

Das Lockenköpfchen Kummer, das — wann immer es ging — sein Photo in die BILD setzen ließ, damit es nur nicht übersehen wurde, schlagzeilte mit Fragezeichen: »Echte Spur nach Paraguay?« Kummer: »STERN-Reporter glauben, bei Heidemann eine neue Spur der STERN-Millionen entdeckt zu haben — in Paraguay: Heidemann soll sich mit rund 430.000 Mark an der Firma 'Productos Paraguayos' beteiligt haben.«[21] Michael Seufert konnte triumphieren. Gerd Heidemann, so stand da jetzt schwarz auf weiß, habe sich doch tatsächlich als übler Krimineller entpuppt. Kummer, der Visitenkarten nur mit dem stolzen Titel »Chefreporter« verteilte, hatte Heidemann, der nach der BILD-Veröffentlichung verzweifelt von Fälschungen sprach, erneut einen kräftigen Hieb verpaßt.

Kummers BILD-Marter verbreitete sich wie einst die Pest im Mittelalter. War der STERN-Redaktion ein Volltreffer gelungen? Warum aber publizierte der STERN die Sensation nicht selbst? Warum der verzweifelte Umweg über den leichtgläubigen Jochen Kummer? Was hatte sich Michael Seufert nur dabei gedacht? Oder: Hatte es sich nunmehr als ein Fehler erwiesen, den nützlichen Kummer vorschnell gespickt zu haben? Wenn Seufert von der Echtheit der Hübner-Dokumente nicht überzeugt war, dann drohte der Schuß jetzt nach hinten loszugehen. Alles konnte sich der STERN leisten, nur nicht auch noch das Gerücht, einen journalistischen Mini-Kujau zu beschäftigen, der obendrein möglicherweise seit Jahren auch noch auf der Gehaltsliste des STERN stand.

Hans-Werner Hübners Südamerika-Urkunden hatte inzwischen Gerd Heidemann begutachten dürfen. Seufert wußte: Auch wenn Heidemann in Untersuchungshaft säße, würde er nicht eher Ruhe geben, bis er nachgewiesen habe,

stern

Redaktion

D II

Postfach 30 20 40
2000 Hamburg 36
Telefon (040) 4118 (1)

Herrn
G. Bartels

Besucher: Warburgstr. 50
Telex 2 11 824
Telegramm
sternmagazin Hmb
Deutsche Bank AG Hmb
Konto-Nr. 03 22 800
(BLZ 200 700 00)
Postscheck Hmb 8480-204
(BLZ 200 100 20)

17.9.1984

se/mg

Sehr geehrter Herr Bartels,

ich bestätige Ihnen hiermit, daß Sie beauftragt sind, für den STERN in Paraguay Erkundigungen über Gerd Heidemann und sein geschäftliches Engagement bei der Firma Productos Paraguayos anzustellen. Ich bitte Informanten, bei dieser Tätigkeit Herrn Bartels behilflich zu sein.

Mit freundlichen Grüßen

STERN-Redaktion

M. Seufert

Michael Seufert

AHK

CAMARA DE COMERCIO PARAGUAYO-ALEMANA
DEUTSCH-PARAGUAYISCHE HANDELSKAMMER

Wen es angeht
===================

Der Unterzeichner hat am 1. 10. 1984 persönlich das paraguayische Handelsregister (Registro Público de Comercio) unter der Nr. 1510, Blatt 285, aus dem Jahre 1979 eingesehen. Dort befindet sich eine mehrseitige handschriftliche Eintragung über die Fa. Productos Paraguayos S.A.I.C.; obwohl die entsprechenden Passagen nur schwer leserlich sind, kann mit an Sicherheit grenzender Wahrscheinlichkeit davon ausgegangen werden, dass eine Eintragung "integrando Gerd Heidemann ₲ 30.000.000" nicht vorhanden ist.

Asunción, den 1. Oktober 1984
988/HR/Gie.

Enthüllungen über den STERN: *Reisebestätigung (oben), Fälschungsnachweis (unten)* daß die Paraguay-Akten ihn nicht betreffen. Es gab nur noch einen, der das Ruder hatte herumreißen können: Günter Bartels. Am 17. September 1984, einen Monat nach Kummers BILD-Artikel, saß er wieder bei Seufert. Bartels war auch Hans-Werner Hübner über den Weg gelaufen.

Er, Bartels, so erklärte der Mann vom STERN scheinheilig, sei als Kapazität in Wirtschaftsfragen weltweit anerkannt. Bartels möge, mit Hilfe seiner Verbindungen, ein Dokument aus Paraguay verifizieren. In diesem Augenblick erfuhr Bartels ein erstes Mal, daß Gerd Heidemann ein reicher Mann gewesen sein soll. Bislang hatte er einen anderen Eindruck gehabt. Seufert zu Bartels: »Wir haben noch viel, viel mehr.«(22)

Was war eigentlich in Michael Seufert gefahren, daß er keinen anderen Ausweg als Günter Bartels wußte? Er und Ruppert hatten ihn — fälschlicherweise — bei der Kripo als unseriösen Informanten hingestellt. Und jetzt sollte er plötzlich der einzige sein, der noch etwas bewegen konnte? Als dann auch noch Heiner Bremer in Seuferts Zimmer trat, hatte sich Bartels so seine Gedanken gemacht: »Die müssen tiefer drin stecken.«(23)

Bartels erklärte sich bereit, dem STERN zu helfen. Doch ohne schriftliche Bestätigung mochte er nicht aktiv werden. Seufert akzeptierte auch das und diktierte: Bartels sei beauftragt, »für den STERN in Paraguay Erkundigungen über Gerd Heidemann und sein geschäftliches Engagement bei der Firma Productos Paraguayos anzustellen. Ich bitte Informanten, bei dieser Tätigkeit Herrn Bartels behilflich zu sein«.(24) Ohne Reisekostenvorschuß mochte Bartels nicht reisen. 5.000,- DM konnte er sich bar am nächsten Tag an der Kasse abholen. Buchungstext: »Thema Heidemann/Paraguay.«(25)

Im Umgang mit dem STERN hatte Günter Bartels im Laufe der Jahre nicht gerade gute Erfahrungen gesammelt. Am 7. September 1961 bot er der Illustrierten »eine größere Anzahl autographische Notizen« Adolf Hitlers an. Zwei Tage später rief der STERN Bartels zurück: Kein Interesse. Wieder zwei Tage später stand Bartels im Hamburger Pressehaus. Bildredakteur »Daddy« Beukert gab ihm das Material zurück. Bartels aber bemerkte, daß seine Ware vervielfältigt worden war. Beukert stritt entrüstet ab. Dann aber gab es für den STERN keine Ausrede mehr: Es habe sich angeblich um ein »bedauerliches Missverständnis und menschliche Schwäche« gehandelt, entschuldigte sich »mit freundlichen Grüßen« Reinhart Holl im Namen Henri Nannens. (26) Sieben Jahre später hatte der STERN abermals ohne die Mithilfe Bartels' nicht auskommen können. Doch statt ihn als Informanten behutsam zu behandeln, wurde er sogar namentlich ins Blatt gehoben.(27) Das, so spekulierte Bartels, könne ihm jetzt zwar auch wieder passieren, aber er wolle herausbekommen, was das mit der angeblichen Heidemann-Firma auf sich habe. Der STERN, Informanten gegenüber erstaunlich rücksichtslos, hatte Bartels aber bereits wieder denunziert:

Als dieser am 1. Februar 1984 den vom Gruner + Jahr-Juristen Andreas Ruppert ausgearbeiteten Vertrag unterschrieb, als er dem STERN ein erstes Mal Informationen über Gerd Heidemann zur Verfügung gestellt hatte, da wurde ihm vom STERN — in Paragraph sieben — absoluter »Informantenschutz« garantiert. Andreas Ruppert schien der Garant für Bartels zu sein, daß all das, was der Deutsch-Südamerikaner dem STERN preisgab, nicht nach außen dringen, keinem Dritten offenbart werden würde. Doch der STERN, insbesondere Seufert und Ruppert, hatten nicht eine Sekunde daran gedacht, Wort zu halten und Bartels zu schützen. Jede Bartels-Äußerung wurde umgehend der Kripo zugespielt, das De-

Der Zeuge Seufert wurde hereingerufen und gem. § 57 StPO belehrt.

Er erklärte zur Person:

Michael Seufert
41 Jahre
Redakteur
wh. in Hamburg

Seite 4 zum 63.VH-Tag am 19.Februar 1985, Zeuge Seufert

RAD da gäbe es doch eine Recherche von STERN nach Argentinien und nach Paraguay, was das sei

Z da habe man den Kollegen Hübner hingeschickt, der habe nichts gefunden, dann sei da ein Herr Bartels aufgetaucht, der lebe in Argentinien, der aheb da eine Bescheinigung von einem Anwalt aus Argentinien mitgebracht, mit vielen Stempeln, daß H für DM 400.000,- in Paraguay Land habe, der Anwalt sei aber selbst nicht da gewesen und habe nur telefoniert das habe sich keineswegs aber als richtig feststellen lassen

Auf Anordnung des Vorsitzenden wurde der Zeuge ordnungsgemäß vereidigt und im allseitigen Einverständnis entlassen.

- FD 724 - 31.07.1984

Az: 3353/83

Die Ermittlungen des "Stern" wurden von dem Journalisten Hübner vorgenommen. Er beschaffte auch die Dokumente, die in Übersetzung vorliegen.

Bähr

Falsche Aussage an Eides Statt: Gerichtsprotokoll verzeichnet Vereidigung Seuferts (Handschrift); Seufert sagt aus, daß der STERN in Südamerika nichts gefunden hat (stenographisches Aussageprotokoll, zweiter Kasten von oben); Kripo hält fest, daß der STERN doch fündig geworden ist (unten) nunziantentum beherrschte der STERN perfekt.[28] Abmachungen mit dem STERN — was waren sie wert? Nichts.

Von den gezinkten Karten hatte Günter Bartels nichts gewußt. Bei einem Hamburger Reisebüro buchte er ein Hin- und-Rückflug-Ticket nach Asunción, zahlte 3.277,- DM (vom STERN hatte er 5.000,- DM bar erhalten) und flog am 22. September 1984 nach Paraguay. Die Dokumente, die Seufert ihm mitgegeben hatte, entlarvte er alsbald als Fälschungen. Der Geschäftsführer der Deutsch-Paraguayischen Handelskammer, Hans Riemann, zementierte am 1. Oktober das vernichtende Urteil für den STERN: Die Eintragung, Gerd Heidemann habe 30 Millionen Guaranies eingezahlt, sei »mit an Sicherheit grenzender Wahrscheinlichkeit« getürkt. Und wie verarbeitete Seufert diese Tatsache? Mit »Hilfe des Geschäftsführers der Deutsch-Paraguayanischen Handelskammer (sei) ein zweiter Handelsregisterauszug beschafft« worden.[29]

Am 10. Oktober flog Bartels mit der Iberia nach Frankfurt zurück, hier stieg er in den Zug, in Hamburg wieder aus. Auf der Rückreise hatte er Zeit gehabt, über den STERN und Heidemann nachzudenken. Warum hatte ihn Michael Seufert, warum auch Andreas Ruppert gebeten, den aufwendigen Ausflug zu unternehmen? Ihm kam in den Sinn: Der STERN hatte, wann auch immer, herausgefunden, daß die Dokumente, die Hans-Werner Hübner herangekarrt hatte, nichts wert waren. Bartels unterstellte, daß dieses Ergebnis dem STERN bereits in dem Augenblick bekanntgewesen war, als er, Bartels, von ihm nach Südamerika geschickt wurde.

Mußte der Regisseur Michael Seufert den Verdacht von seinem Kollegen Hans-Werner Hübner lenken? Warum griff er auf Bartels zurück? Möglicherweise würde Bartels die Fälschungen gar nicht bemerken, denn statt im Handelsregister und im Justizministerium mühevolle Kleinarbeit zu verrichten, habe er sich nur bei Freunden und Verwandten aufgehalten, er — nach Hamburg zurückgekehrt — das aber nicht zugegeben, sondern vielmehr geschworen: Persönlich habe er die Dokumente überprüft, persönlich festgestellt, daß die Papiere echt seien — vielleicht noch ein drittes beigebracht? Benötigte Seufert für den Fall, daß die STERN-Dokumente offiziell auch in der Bundesrepublik als Fälschung entlarvt worden wären, einen Sündenbock, um den STERN und sich selbst aus der Schußlinie zu halten?

Hätte der STERN jetzt, mit einem Bartels-Eid im Hintergrund, behaupten können, nicht Hans-Werner Hübner, sondern Günter Bartels habe bei den Heidemann bedrohenden Zertifikaten seine Finger im Spiel gehabt?[30] Und der Justitiar Andreas Ruppert, welche Rolle hätte er dann übernommen? Bartels für eine eidesstattliche Erklärung unterschriftsreif honoriert? Oder wollte Seufert durch Bartels nur die endgültige Bestätigung erhalten, daß an den Hübner-Papieren herummanipuliert worden ist?

Günter Bartels händigte Michael Seufert die Fälschungstatsache der Deutsch-Paraguayischen Handelskammer aus, kreiste auf der Photokopie des vorgeblich lauteren Handelsregisterauszuges zudem noch jene Stellen an, die so nirgends in Paraguay gestanden hätten (Bartels: »Unklarheiten«) und kann sich nach wie vor an das verblüffte Gesicht des plötzlich trübsinnig gewordenen STERN-Regisseurs erinnern: »Gefreut hat sich Herr Seufert über meine Auskünfte nicht.« Seufert hatte das Bartels wohl nicht vergessen: Noch nicht einmal fünf Monate später sagte er als Zeuge im Heidemann-Prozeß aus, daß die Recherchen in Südamerika vom »Kollegen Hübner« gemacht worden seien, »der hat aber nichts gefunden«. Wer dann? Seufert: »Da ist ein Herr Bartels aufgetaucht«, der habe die »Bescheinigun-

STERN-Mann in Göring-Uniform (Eberhard Seeliger 1976 im New Yorker STERN-Büro): »Gibt's einen zweiten Heidemann?«

gen mitgebracht«, daß Heidemann »für 400.000,- DM in Paraguay Land« erworben hätte.[31] Für den STERN war es eh zu spät, hatte doch die angebliche Paraguay-Beteiligung Heidemanns längst eine Eigendynamik entwickelt.

Die STERN-Story, die für den STERN keine war, in der BILD aber durch den STERN zu einer wurde, kam nun zwangsläufig im Prozeß zur Sprache. Das Gericht aber hatte der STERN-Dokumentation inzwischen ebenfalls mißtraut. Wenn der Gerd Heidemann vom STERN nichts damit zu tun gehabt hatte, dann müsse es eben ein anderer Gerd Heidemann gewesen sein. Für die Justiz war hier nichts mehr erläuterungsbedürftig, nur BILD-Kummer machte einen »schwarzen Tag« für Heidemann aus: »Gibt's einen zweiten?«[32] Warum hatte Seufert das Märchen vom Doppelgänger nicht unterbunden? Da hätte er sich womöglich kompromittiert.

Als Günter Bartels dem STERN das Heidemann entlastende Schriftstück der Deutsch-Paraguayischen Handelskammer überreichte, hätte er das wichtige Beweismittel der Kripo oder dem Staatsanwalt Dietrich Klein übergeben müssen. Gerade das konnte der STERN-Stratege aber nicht tun, spätestens dann wäre herausgekommen, daß sein Charakter die Orientierung verloren hatte. Warum waren »Productos Paraguayos«-Bogen bei Heidemann überhaupt gefunden worden?

Im Sommer 1979 war Heidemann in Südamerika unterwegs. Er leistete Vorarbeit für eine konzipierte STERN-Serie über entlaufene Nationalsozialisten. Bei dieser Gelegenheit erfuhr er Details über deutsche Landkäufe in Paraguay und Argentinien. Heidemann recherchierte und entdeckte, daß Grundstückserwerber aus Europa oft über den Tisch gezogen worden waren. In Hamburg schlug er dieses Thema der Chefredaktion vor, die aber mochte sich nicht festlegen. Statt dessen erschien die Reportage im SPIEGEL (»Disneyland für Gangster«), für den STERN war der Landkauf daraufhin tot. Prospekte und Kaufverträge, darunter Blätter der »Productos Paraguayos«, schlummerten im Archiv Heidemanns. Erst als er nach dem Tagebuch-Debakel zu Hause herumsaß, sortierte er aus, dummerweise stopfte er zerrissene »Productos Paraguayos«-Schnipsel in die Mülltüte, von deren Inhalt Michael Seufert dank dunkler Kanäle schließlich in Kenntnis gesetzt wurde.[33] Die Zusammenarbeit zwischen Staatsanwaltschaft und STERN gedieh auch sonst sehr prächtig.

Die fixe Idee, nur Heidemann könnte — statt Konrad Kujau — die Tagebuch-Millionen beiseite geschafft haben, ließ Michael Seufert nicht mehr los. Dem Exreporter traute er alles zu, war er doch in Seuferts Augen nicht mehr der verbindlich-höfliche Kollege, sondern ein Verbrecher, der planvoll Verlag und Redaktion hereingelegt hatte. Mit diesem Bösewichtstrauma schlief Seufert abends ein, und morgens stand er mit diesem qualvollen Gedanken wahrscheinlich wieder auf. Sein Heidemann-Tick ging schließlich soweit, daß er Heidemanns Familie in seinen Komplex mit einbezog:

»Ermittlungen des STERN haben ... ergeben«, notierte der fleißige Kripo-Mann Bähr, daß Gerd Heidemanns Sohn Ronald »im Besitze eines Spezialpasses aus Paraguay sein soll, der ihm einen diplomatenähnlichen Status verleiht«. Diesen »Spezialpaß« soll er, laut Seufert, »durch Beziehungen zu Regierungskreisen in Paraguay erhalten haben«. Sodann hätten »weitere Ermittlungen des STERN ... ergeben, daß Ronald Heidemann 1981 ein Grundstück in Jaguaribe/Provinz Bahia, Brasilien, erworben haben soll«.[34] Was hatte sich der Denunziant Seufert eigentlich vorgestellt? Daß sich die Ermittlungsbehörden sofort auf Heidemann jr. stür-

FD 724 Hamburg, den 8.3.1984 /ba

Vermerk:

Am 08.02.84 wurde mir in den Räumen des "Stern" von Herrn Michael Seufert mitgeteilt, daß Ronald Heidèmann im Januar 1984 im Apartment eines Immobilienhändlers Bruno Pelajo gewohnt habe. Dieses Apartment befindet sich in Rio de Janairo/ Brasilien.

Herr Heidemann soll in diesem Apartment nach Ermittlungen des "Stern" zusammen mit einem

Enthüllungen über den STERN: *Der Kripo zugearbeitet (Kripo-Vermerk, oben),* **Gerd Heidemann** *in Persien (1971)*

zten? Es geschah aber nichts. Wurde Seufert jetzt langsam krank, weil seit zehn Wochen im Hamburger Polizeihochhaus Funkstille herrschte?

Als der Taktiker des STERN den ermittelnden Bähr Mitte Mai 1984 abermals in seinem Büro begrüßen konnte, erweiterte er die Anklage gegen Heidemanns Sohn: STERN-Rechercheure hätten nunmehr festgestellt, »daß Ronald Heidemann auf keiner Passagierliste von Fluggesellschaften und auf keiner Einreiseliste in Paraguay und Brasilien verzeichnet sei«. Dies, so wiederholte Seufert, werte er »als weiteres Indiz dafür, daß Ronald Heidemann im Besitz eines Spezial-Passes ist, der ihm einen diplomatenähnlichen Status verleiht«.(35) Jetzt, so hoffte Seufert, könne die Jagd auf den Filius beginnen. Bähr fand das zwar alles sehr interessant, aber eine sofortige Aktion könne er sich nicht vorstellen. Und tatsächlich: nichts passierte. Drehte Seufert nun durch? Er versuchte sein Glück ein letztes Mal. Im Juli bot sich die Gelegenheit. Bähr hörte sich, zuvor hatte er wieder einmal STERN-»Ermittlungen« ausgehändigt erhalten, das Neueste an.(36)

Gerd Heidemann sei in Argentinien Grundbesitzer geworden, in El Bolson, der Provinz Rio Negro. Das Geld für den Kauf könne er schwerlich selbst aufgebracht, sondern nur aus der Tagebuch-Beute abgezweigt haben. Der Erwerb sei bewußt undurchschaubar und verschleiert, nur durch den kompetenten STERN entschlüsselt worden: Heidemann soll demnach bei einem Frankfurter Notar namens Sommer den Lufthansa-Steward Francisco Ruffinengo beauftragt haben, ein Grundstück in Argentinien zu erwerben. Der Ruffinengo wiederum habe seine Mutter Elina beauftragt, die Formalitäten durchzuführen, so daß der Name Heidemann nicht auffallen konnte. Bähr staunte. Jetzt hatte es endlich gefunkt.(37) Das war jetzt auch so richtig nach dem Geschmack des selbstherrlichen Staatsanwalts Dietrich Klein, den es immer mehr wurmte, daß Heidemanns Millionen einfach nicht aufzutreiben waren.

Unter der Überschrift »Eilt sehr«, versehen mit zwei Ausrufezeichen, beantragte der nun hoffnungsfrohe Staatsanwalt beim Hamburger Landgericht die »Durchsuchung der Wohn- und Nebenräume des Flugbegleiters Rolando Francisco Ruffinengo«, da inzwischen Tatsachen bekannt geworden seien, »aus denen zu schließen ist, daß sich im Besitz des Rolando Ruffinengo Unterlagen über einen von ihm im Jahre 1982 im Interesse und auf Anweisung des Angeklagten Gerd Heidemann getätigten Ankaufs eines Grundstückes ... zum Preise von 400.000,- US-Dollars ... befinden«.(38) Doch es sollte Kleins wohl peinlichster »Fischzug« werden, eine ausgesprochen unangenehme Niederlage für Michael Seufert war die Angelegenheit bereits im Vorfeld ohnehin:

Ronald Heidemann war, wie auch Ruffinengo, Steward bei der Lufthansa. Er benötigte, wie auch Ruffinengo, kein Visum, wenn er dienstlich in fremde Staaten flog. So konnte er nicht auf Passagierlisten stehen, weshalb er auch keinen »Spezialpass mit diplomatenähnlichem Status« verwenden mußte. Michael Seufert, das hatten seine verzweifelten Auftragsrecherchen ergeben, hatte sich zu sehr beschwatzen lassen, er hatte zwar zugehört, nun aber erfahren müssen, dies nicht richtig getan zu haben. Sein Vorstellungsvermögen blieb — zumindest bei Heidemann — begrenzt.

Anfang Oktober 1984 reiste der Kriminalkommissar Bähr, der Hilfsarbeiter des Staatsanwaltes Klein, nach Offenbach. Amtshilfe schien dem Staatsanwalt nicht angebracht, hier mußte jemand ran, der voll im Fall Heidemann steckte. Ruffinengo war schnell gefunden, denn die Lufthansa hatte den Dienstplan herausgerückt, der Augenblick besonders günstig: Der junge Mann wurde aus einer startbereiten Maschine herausgeholt, die Hamburger Kripo spiegelte einen Rauschgift-Einsatz

Vermeintlicher Grundbesitz Gerd Heidemanns in Argentinien: »Disneyland für Gangster«

Gästebuch-Eintragung auf Göring-Jacht Gerd Heidemanns (Michael Seufert und Peter Neuhauser): »Ihr werdet nie erfahren, was wir miteinander geredet haben. Peter Neuhauser, getragen von Michael Seufert bewirtet von Gerd Heidemann. 12/4/78«

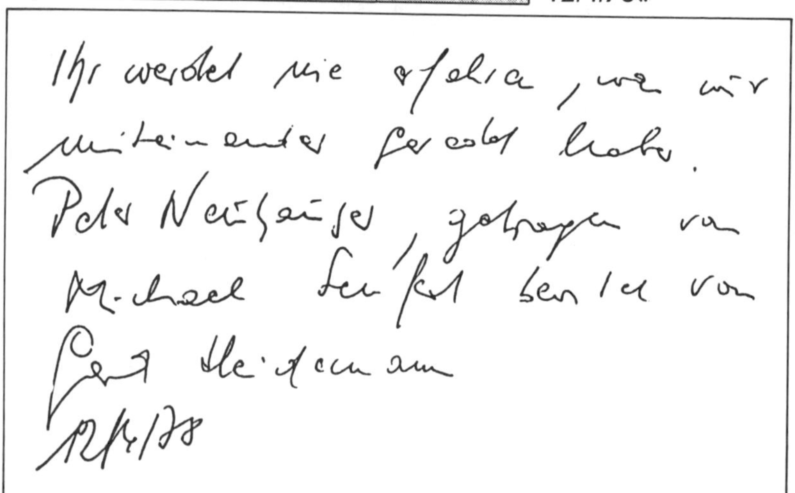

Ihr werdet nie erfahren, was wir
miteinander geredet haben.
Peter Neuhauser, getragen von
Michael Seufert bewirtet von
Gerd Heidemann
12/4/78

GUENTER BARTELS

Reisekonto-Nr. 319705022

Unternehmensbereich 11

Kostenstelle 1052

BETRIFFT: REISEZEITRAUM 22.09.84 - 06.00 UHR / 11.10.84 - 22.00 UHR
REISEZWECK HEIDEMANN,PARAGUAY
REISENUMMER 528106 ZAHLUNG: KASSE

ABRECHNUNGSSUMMEN

PAUSCHALEN	DM	2.088,00
NEBENKOSTEN	DM	3.453,15
ABRECHNUNGSSUMME	DM	5.541,15 *
- VORSCHUSS NR. 528106	DM	5.000,00
AUSZAHLUNGSBETRAG	DM	541,15 ***

***Abrechnung** (aus Gruner + Jahr-Buchhaltung): Peinliche Recherchen*

vor. Umgehend erhielt Ruffinengo die Kündigung von der Lufthansa. Die wurde aber schließlich von der Airline zurückgenommen — Ruffinengo konnte nachweisen, daß dieser Überfall nicht von dem Frankfurter Rauschgift-Dezernat durchgeführt worden war, sondern von den Hamburger Heidemann-Ermittlern. Als erstes, erfuhr Ruffinengo, daß seine Wohnung durchsucht worden war. Die Erklärung erhielt er nachgeliefert. Dann wurde er zur Vernehmung geschleppt.

In der Tat habe er ein Grundstück erworben, sagte Ruffinengo wütend aus, kein Heidemann aber habe etwas mit ihm zu tun — weder Sohn noch Vater, vielmehr habe sein Onkel den Betrag bezahlt. Und dann trat er auch den Beweis an.[39] Die Pleite stand fest: Michael Seufert hatte zwar recherchieren lassen, doch nur lauter Blödsinn. Nach dieser negativen Nachricht kann Seuferts Zustand nicht besonders gut gewesen sein, denn die Erkenntnisse hatte ihm wieder Hans-Werner Hübner »verkauft«. Und Staatsanwalt Klein? Der hatte plötzlich Probleme zu bewältigen, hatte Ruffinengo doch mittlerweile einen Frankfurter Anwalt beauftragt, wegen des Eingriffs in die Persönlichkeitsrechte vorstellig zu werden. Im Hamburger Landgericht wird das Image des Dietrich Klein reichlich ramponiert gewesen sein. Wieder waren die Millionen Heidemanns nicht aufzutreiben, dafür hatte sich aber Seuferts STERN erwischen lassen:

Die Illustrierte schoß sich auf den Bundesgrenzschutz ein, die Gruner + Jahr-Postille stellte die Truppe als »Bundesgrenzschutz probt den Bürgerkrieg« vor. Weil der Chefredaktion zugkräftige Beweisstücke wohl fehlten, seriöse Rechercheure ihr ohnehin inzwischen abhanden gekommen waren, mußten die STERN-Graphiker eine Photomontage unterschiedlicher Schriftstücke herbeizaubern, um den plausiblen Eindruck zu erwecken, es würden Einheiten des Bundesgrenzschutzes auf innenpolitische Auseinandersetzungen vorbereitet. Das Bundesinnenministerium gebrauchte dann ein Wort, mit dem der STERN inzwischen bravourös umzugehen verstand: »Fälschung.«[40]

Heidemann-Haus in Spanien: *Die letzte Rate blieb der STERN-Reporter bis heute schuldig*

»DAS DRUCK- UND VERLAGSHAUS GRUNER + JAHR IST BEREIT« oder: Gerd Heidemann wird in die Knie gezwungen

Andreas Ruppert arbeitete oft bis in die Nachtstunden in seinem Büro. Für Verlag und Redaktion hatte er den Fall Gerd Heidemann juristisch zu verarbeiten. Da kam einiges zusammen: Seiner Sekretärin diktierte er unablässig Aktennotizen, kontinuierlich wurde er zu Konferenzen abberufen, pausenlos klingelte das Telephon. Seit der Tagebuch-Pleite verfügte Andreas Ruppert über nur wenig Zeit. Unzählige Informanten boten ihr angebliches Wissen über den Exreporter an — zweideutige Spitzel und Ehrabschneider, Angeber und Abenteurer hatten Hochkonjunktur. Alle wollten etwas über Gerd Heidemann wissen, alle über ihn auspacken. Andreas Ruppert mußte mithelfen, die Spreu vom Weizen zu trennen. Das mag dem Juristen nicht immer leichtgefallen sein. Wieder einmal klingelte, Anfang Juni 1983, das Telephon. Routinemäßig nahm Ruppert den von seinem Sekretariat durchgestellten Anruf entgegen. Plötzlich aber war er wie umgewandelt, denn kein Schwätzer oder Renommist wollte ihn sprechen, sondern ein prominenter Zeitgenosse: der Verleger John Jahr jr.

Durch einen Zufall, informierte Jahr den Advokaten, sei er an einen Piloten namens Peter Belkhaus geraten, der über einen Hauskauf Heidemanns in Spanien sehr gut unterrichtet sei. Ruppert stockte der Atem. War das die Spur? Konnte dem einstigen Starreporter bereits so schnell nachgewiesen werden, wo und wie er die schwindelerregenden Beträge zur Seite geschafft hatte? Heidemann saß erst seit wenigen Tagen in Untersuchungshaft. Sofort rief Ruppert den Flugkapitän an. Peter Belkhaus wohnte in Krefeld und erzählte langatmig seine Heidemann-Geschichte:

Im Frühjahr 1982 habe er in der FRANKFURTER ALLGEMEINEN ZEITUNG eine Anzeige gelesen, in der ein Haus in Spanien angeboten wurde. Er habe daraufhin umgehend Kontakt mit dem Verkäufer aufgenommen und sei nach Valencia geflogen. Der Ort, in dem das wunderschöne Domizil stünde, hieße Denia. Als Belkhaus dort ankam, habe gerade eine Sektparty stattgefunden, auf der er Gina und Gerd Heidemann kennenlernte. Der Pilot zeigte sich überrascht, denn Heidemann hätte — aus dem Koffer — bar 400.000,- DM bis 450.000,- DM auf den Tisch geblättert.(41) Belkhaus konnte da nicht mithalten. Der Pilot wurde sauer, der Justitiar augenblicklich aktiv.

Andreas Ruppert hatte im Auftrag des Verlages Gerd Heidemann niederzuringen, für die redaktionelle Überwältigung Heidemanns war Michael Seufert verantwortlich. Ruppert und Seufert indes hätten, auf sich allein gestellt, nicht viel ausrichten können, ihr Mann für verzwickte Recherchen hieß Hans-Werner Hübner, im Hauptberuf Bildbeschaffer. Stehenden Fußes machte er sich auf den Weg, Gerd Heidemann durfte keine Milde erwarten, Nachsicht war nicht gefragt, somit Fairneß ausgeschlossen. Heidemanns angebliches Millionen-Versteck hatte den STERN betriebsblind gemacht. In Spanien wickelte Hübner, STERN-missionarisch, ein ungeheuerliches Geschäft ab.

Gerd Heidemann hatte, am 29. Juli 1982, mit der Schweizerin Maja Gailloud einen Kaufvertrag über ein Haus formuliert, der ihn zum Erwerber der »Villa Campusos« machen sollte. 20.000,- DM zahlte der Reporter sofort an, der Rest sollte bis zum 30. Dezember in Schweizer Franken überwiesen sein.(42) Hübner

8-6-83

Sehr geehrter Herr Michel und Maja Gailloud.

Wir bestätigen Ihnen noch einmal schriftlich unsere mündliche ~~Vereinbarung~~ Abrede:
Herr und Frau Gailloud erklären, daß sie im Jahre 1982 das Grundstück San Juan, Campusas 11. in Denia, Provinz Alicante, Spanien an Herrn Gerd Heidemann aus Hamburg zum Preis von 300.000 SFR (in Worten: Dreihunderttausend schweizer Franken) verkauft hat. Herr Heidemann hat von diesem Preis bisher 250.000.-DM (zweihundertfünfzigtausend) in bar gezahlt. Die letzte Rate in Höhe von ca. 125.000 (Einhundertfünfundzwanzig) - DM hat Er bisher noch nicht geleistet, sodaß Herr und Frau immer noch Eigentümer dieses Grundstücks sind.
Das Druck und Verlagshaus Gruner + Jahr AG + Co ist prinzipiell bereit, das Grundstück gegen Zahlung der letzten Rate zu übernehmen.

Heidemanns im Zusammenhang mit diesem Vertrag freistellt.

Mit freundlichen Grüßen

[signature]
(Stern-Redaktion)

Michel Gailloud [signature]

Maja Gailloud geb. Enz
M. Gailloud [signature]

Enthüllung über den STERN *(Vertrag mit der Vorbesitzerin des Heidemann-Hauses): Der Verlag hält von eventuellen Ansprüchen Gerd Heidemanns frei* wußte, als er am 8. Juni die Besitzerin begrüßte, davon aber noch nichts.

Er sei Redakteur des STERN, erfuhr das überraschte Ehepaar Gailloud, und beauftragt, die peinlichen Hintergründe der Tagebücher Adolf Hitlers aufzuhellen. In diese Situation habe Gerd Heidemann den Verlag gebracht. Nun sei er diesem auf der Fährte; Teile der Millionen, um die Heidemann seinen Arbeitgeber betrogen habe, habe er hier in Spanien investiert. Um Heidemann überführen zu können, teilte Hübner weiter mit, müsse er nähere Informationen erhalten. So schnell aber mochten die Gaillouds keine Auskunft erteilen. Da griff Hübner in seine skandalöse STERN-Trickkiste:

Wenn ihm, Hübner, Zusammenhänge mit dem Hauskauf nicht vorenthalten würden, werde er mit dem Ehepaar Gailloud, im Namen des Verlags Gruner + Jahr, einen Vertrag schließen, wonach der STERN für die möglichen Verbindlichkeiten Gerd Heidemanns aufkommen werde. Die an Magersucht erkrankte Maja Gailloud fragte erstaunt nach: Gerd Heidemann schulde ihr noch einen erklecklichen Betrag. Ob sie denn nunmehr auch richtig verstanden habe, daß der STERN die Schuld Heidemanns begleichen wolle? Hübner nickte. Und die einzige Bedingung, fragte Maja Gailloud ungläubig nach, seien lediglich Auskünfte darüber, wie Heidemann das Haus angezahlt beziehungsweise erworben habe? Wieder nickte Hübner. Vorsichtig erkundigte sich die Schweizerin bei dem STERN-Abgesandten, ob er denn auch über die notwendigen Kompetenzen verfüge. Abermals bejahte Hübner. Dann wurde der Beauftragte des STERN gebeten, sein Versprechen schriftlich zu fixieren. Hans-Werner Hübner hatte keine Hemmungen, das zu tun, denn ihm war niemals in den Sinn gekommen, seine Verpflichtung auch tatsächlich einzuhalten. Bedenkenlos brachte er einen Meineid des STERN zu Papier.

»Sehr geehrter Herr Michel und Maja Gailloud«, schrieb er unhöflich mit der Hand, »wir bestätigen Ihnen noch einmal schriftlich unsere mündliche Abrede«: Im Jahr 1982 sei das »Grundstück San Juan, Compusos 11, in Denia, Provinz Alicante, Spanien an Herrn Gerd Heidemann aus Hamburg zum Preis von 300.000 SFR ... verkauft« worden. Gerd Heidemann habe bislang 250.000,- DM in bar gezahlt, die »letzte Rate in Höhe von 125.000,- DM ... bisher noch nicht geleistet, sodaß Herr und Frau (die Namen schrieb Hübner nicht aus) immer noch Eigentümer dieses Grundstücks sind«. Hübner ohne mit der Wimper zu zucken: »Das Druck und Verlagshaus Gruner + Jahr AG + Co ist prinzipiell bereit, das Grundstück gegen Zahlung der letzten Rate zu übernehmen«, freilich könne aber eine Entscheidung »nur dann getroffen werden, wenn Herr und Frau Gailloud dem Verlag den Kaufvertrag mit Herrn Heidemann zur Verfügung stellen, ihm Einsicht in die Grundbuchunterlagen gewährt, ihm Kopien der Quittungen über die bisher geleisteten Zahlungen übergibt, und ihm Gelegenheit gibt, das Grundstück und das Haus zu besichtigen und schätzen zu lassen«. Falls der Verlag sich, endete der scheinbar mit allen Vollmachten Gerd Schulte-Hillens ausgerüstete Hans-Werner Hübner, »endgültig entschließt das Grundstück zu erwerben, wird in die entsprechende Vereinbarung ein Passus aufgenommen werden, der Herrn und Frau Gailloud von eventuellen Ansprüchen Herrn Heidemanns in Zusammenhang mit diesem Vertrag freistellt«. Hübner unterzeichnete mit Namen und — mit »STERN-Redaktion«.[(43)]

Hübners Schriftstück war in Wahrheit nichts wert. Bewußt hatte er umschrieben, lediglich eine juristisch belanglose Absichtserklärung dokumentiert: nur »prinzipiell« sei Gruner + Jahr bereit gewesen, das Haus samt Grundstück auszulösen, dies obendrein abhängig von einer STERN-gemäßen Zusammenarbeit der Besitzerin gemacht. Maja Gailloud hatte ihren Part erfüllt. Und der STERN? Hübner war nie wieder aufgetaucht.

Wenn Gerd Schulte-Hillen von diesem unglaublichen Kontrakt nicht unterrichtet war, wer hatte dann Hübner zu einem derart bedeutenden Abschluß getrieben? Wurde er etwa vorübergehend mit Prokura ausgestattet? Oder hatte ihn der STERN-Ressortleiter Michael Seufert autorisiert? Oder gar der überforderte Jurist Ruppert? Auf den Gedanken, der STERN würde sich als unredlich erweisen, kam die Schweizerin nicht. Mit dem STERN hatte sie noch keine Erfahrungen gesammelt, so wie sie Gerd Heidemann inzwischen speichern mußte. Hübner, und nur das zählte, erhielt Einblick in die Unterlagen. Bereits einen Tag später war Michael Seufert informiert, sandte Hübner seine »Hausmitteilung« nicht nur an den Chefredakteur Rolf Gillhausen, sondern zu den Eingeweihten zählte selbstverständlich Andreas Ruppert, auf Genauigkeit hatte Hübner verzichtet:

»Gerd Heidemann kaufte im Sommer 1982«, so stand im zweiten Absatz seines fünfseitigen Recherchenberichts zu lesen, »zwei Häuser in Denia.« Die Grundstücke hätten im Katasteramt die Nummern 399 und 399 a geführt, das »Grundstück 9/1111 (kaufte Heidemann) definitiv im August 1982«, er habe erst eine Anzahlung von 10.000,- DM geleistet, dann aber — »per Scheck« — plötzlich 200.000,- DM übergeben, für den zweiten Bungalow »sofort bar 200.000,- DM« auf den Tisch gelegt, dann überreichte er »weitere 230.000,- DM«, »alles in Tausendern- und DM 500,--Scheinen«. Trotzdem: »Der Rest, etwa 1/3 des verabredeten Kaufpreises sollte bis zum 31. Dezember 1982 bezahlt werden.« Hübner hielt fest: »Bis heute hat Heidemann diese Summe nicht nachgezahlt.«(44) Hübner war, wie so oft, nicht im Bilde.

Heidemann hatte den Kaufvertrag bereits am 29. Juli 1982 geschlossen, er hatte auch lediglich 20.000,- DM angezahlt, von seinem Konto bei der Deutschen Bank bar 150.000,- DM abgehoben, 70.000,- DM aus nachweisbaren Nebeneinnahmen dazugelegt und schuldete den Gaillouds in der Tat noch etwa 125.000,- DM.(45) Gerd Heidemann hatte diesen Betrag nicht bezahlt, weil er über ihn zu der damaligen Zeit nicht verfügte — trotz seiner gewaltigen Tagebuch-Einnahmen. Die STERN-Millionen wurden von Heidemann statt dessen an Konrad Fischer alias Kujau weitergegeben. Wie war er an dieses Haus gekommen? Einen Tip erhielt er von Gerd Schulte-Hillen.

Die Tagebuch-Welt war noch in Ordnung, Heidemann gelegentlich ein gerngesehener Tagebuch-Gast in der Vorstandsetage. Schulte-Hillen ließ sich von seinem Reporter über den aktuellen Stand des Hitler-Nachlasses informieren. Im spanischen Denia, plauderte Heidemann eines Tages ohne Arg, würden sich zu Führers Geburtstag regelmäßig unverbesserliche alte Nationalsozialisten einfinden. In der Nähe Denias befinde sich ebenfalls ein gewaltiges Aktendepot Martin Bormanns, wie ihm versichert worden sei. Als Schulte-Hillen den Namen des Dorfes und den des Reichsleiters hörte, wurde er ganz aufgekratzt. Jetzt machte Schulte-Hillen Heidemann mit seiner Vergangenheit bekannt:

Ja, so vernahm der verblüffte Reporter, der Ort sei auch ihm ein Begriff. Sein alter Herr, ein Major, habe sich dort im Laufe eines Jahrzehntes aufgehalten und sich mit Gerhard Otto Bremer angefreundet, ehedem Angehöriger der SS-Leibstandarte Adolf Hitler, nunmehr Besitzer des Areals »Bremer's Park-Bungalows«. Wenn Heidemann nicht weiterkäme, möge er sich vertrauensvoll an den Mann von Himmlers Schwarzem Orden wenden und ihm einfach schöne Grüße bestellen.(46) Gerd Heidemann sah keinen Grund, sich für diese Offenbarung nicht zu bedanken.

Hausmitteilung

Betrifft Gerd Heidemann

Von Hans Werner Hübner STERN-Bildredaktion Telefon 3561

An Michael Seufert / D II Datum

09. Juni 1983
HÜ/sp

Kopie: Herr Gillhausen
Herr RA Ruppert
Untersuchungsausschuß

Lieber Herr Seufert,

hier ist das Ergebnis unseres Recherchenberichtes über Gerd Heidemanns Häuserkauf in Denia Provinz Alicante/ Spanien.

Gerd Heidemann kaufte im Sommer 1982 zwei Häuser in Denia. Die Häuser liegen neben- bzw. genau untereinander an einem Hang. Seit Ende letzten Jahres ist in der

Enthüllung über den STERN: *Wer im Verlag hatte den STERN-Rechercheur Hübner autorisiert?*

In Spanien zahlte Heidemann das Haus an und ging fortan davon aus, daß der Gruner + Jahr-Vorstandsvorsitzende sein zukünftiger Nachbar geworden sei. Doch der Reporter hatte sich geirrt. Als er wieder einmal in Schulte-Hillens Zimmer saß und sie über Denia sprachen, erzählte der Verlagsboß Heidemann eine andere Geschichte: Über ein steinernes Eigentum habe sein Vater niemals verfügt, sondern er habe — auf eigenem Grundstück — nur im biederen Wohnwagen genächtigt. Später rätselte Gerd Heidemann, er war längst verurteilt, ob Hübner den preiswerten Hauskauf möglicherweise für Gerd Schulte-Hillen privat tätigen wollte.(47)

Heiner Bremer, der für den STERN als »Prozeßberichterstatter« fungierte und nach seiner nicht so plötzlichen Trennung vom STERN als Sprecher des Axel Springer Verlages das Gnadenbrot erhielt, setzte nach der Urteilsverkündung im Juli 1985 nach wie vor auf die Recherchenkunst des Hans-Werner Hübner. Über die Nachrichtenagentur AP ließ er nochmals die Mär von den verkrüppelten Handelsregisterauszügen in Paraguay sowie die angeblich abbezahlten Spanien-Häuser verbreiten: In den »vergangenen Monaten« habe der STERN eifrig nach Heidemanns Geld gesucht und — sogar erste Spuren in Südamerika und Spanien gefunden, die allerdings waren Bremer bereits seit zwei Jahren bekannt. Dabei wußte der doppelzüngige STERN-Journalist, daß die Papiere aus Südamerika absolut nichts wert waren. Für Bremers STERN war trotzdem klar: alles sei entdeckt worden, nur — das Geld nicht.(47a)

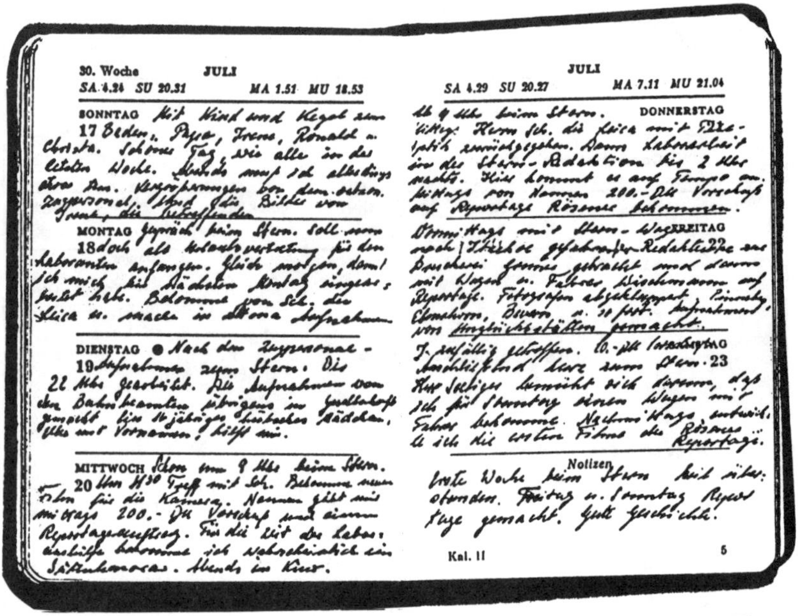

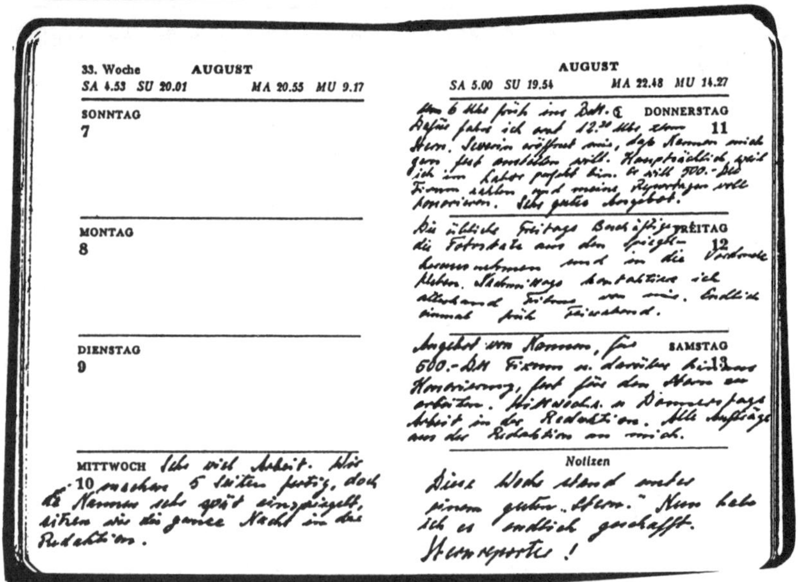

Tagebuch Gerd Heidemanns (1955): »Endlich geschafft«

»WAS KÜMMERT MICH MEIN GESCHWÄTZ VON GESTERN« oder: Der STERN findet Gerd Heidemanns Millionen nicht

Als Gerd Heidemann 1955 beim STERN anfing, führte er Tagebuch. Doch zur Fortsetzung hatte er weder Zeit noch Muße. Als er 1983 vom STERN im Stich gelassen worden war, hätte ihm die Weiterführung des Diariums möglicherweise helfen können, denn sein — nach sieben vergeblichen Kündigungsversuchen — nun endgültiger Abschied vom STERN hatte eine andere Chronik zur Folge: Konrad Kujaus Phantasie-Kladden des einst von den Deutschen so geliebten Führers. Adolf Hitler war seit zehn Jahren tot, da schickte sich Gerd Heidemann an, Fuß zu fassen. Sein Aufstieg begann an einem Montag. Am 18. Juli 1955 notierte der 24jährige Heidemann in sein Tagebuch: »Gespräch beim STERN. Soll nun doch als Urlaubsvertretung für den Laboranten anfangen.«

Am nächsten Tag hatte er sogleich »bis 22 Uhr gearbeitet« und eine nette Kollegin kennengelernt: Elke, »ein 16jähriges, hübsches Mädchen«. Am Mittwoch gab Henri Nannen seinem neuen Mitarbeiter 200,- DM Vorschuß, einen Tag darauf erhielt er nochmals zwei Hunderter für eine Reportage im voraus. Heidemann hielt fest: »Erste Woche beim STERN heil überstanden.«(48)

Die Redaktion des STERN war noch nicht so bedeutend, die Mannschaft sehr hilfsbereit, der Umgang untereinander herzlich. Am 10. August schrieb Heidemann: »Sehr viel Arbeit. Wir machen 5 Seiten fertig, doch da Nannen sehr spät einspiegelt, sitzen wir die ganze Nacht in der Redaktion.«(49) Der STERN-Gründer entpuppte sich schon damals als Nachtarbeiter. Die Freizeit, wenn es denn welche gab, diktierte der STERN-Rhythmus: »Um 6 Uhr früh ins Bett. Dafür fahre ich erst 12.30 Uhr zum STERN.« Oder: »Wir arbeiten von Sonntag 9 Uhr früh bis Dienstag 10 Uhr früh.« Zwischen »23 und 1 Uhr wäre ich bald eingeschlafen«, »um 10 Uhr gehe ich nach Hause und schlafe bis 14.30 Uhr. Dann geht es wieder zum STERN wie üblich bis 23 Uhr«.(50) Trotz der Unregelmäßigkeiten, für Gerd Heidemann war die Tätigkeit beim STERN der erste feste Job. Am 13. August 1955 erhielt er von Nannen das Angebot, für 500,- DM Fixum fest für ihn zu arbeiten. Heidemann hielt fest: »Diese Woche stand unter einem guten 'Stern'. Nun habe ich es endlich geschafft. STERN-Reporter!«(51)

Gerd Heidemann erwies sich als Allroundman: ansprechbar für jeden »Schiet«, Überstunden im Labor, Photoreportagen auch in der Nacht, Sonn- und Feiertage kannte er nicht. Auf einen solchen Mann mochte Henri Nannen nicht mehr verzichten. Innerhalb weniger Wochen bereits war die Karriere Gerd Heidemanns vorgezeichnet: er avancierte zum Liebling Henri Nannens, was zwangsläufig eine materielle Verbesserung nach sich zog. Im August 1956 lag ein Brief vom STERN auf Gerd Heidemanns Tisch:

»Es freut mich«, ließ Nannen ihn wissen, »daß unsere Zusammenarbeit im letzten Jahr so gute Resultate erzielt hat, daß wir uns entschlossen haben, ihr Fixum vom DM 500,- auf DM 1.000,- zu erhöhen.« Heidemann ackerte erst seit einem Jahr für den STERN, da war sein Mentor bereit, ihm »ein Darlehn für den Kauf eines Volkswagens zur Verfügung zu stellen«: »Bis zur Abdeckung dieses Darlehns werden alle Honorare, welche monatlich DM 800,- übersteigen, einbehalten.« Der Chefredakteur unterstellte, daß die »Gewährung des Darlehns für Ihre bisher schon erfolgreiche Arbeit ein weiterer Ansporn sein möge«.(52) Heidemann war jetzt 25 Jahre alt.

Kollegen *(Kurt Will und Gerd Heidemann 1956 als Geburtstags-Gratulanten Henri Nannens): Kündigung eingereicht*

Wöchentlich wurden die Bilanzen Gerd Heidemanns im STERN publiziert, regelmäßig auch erhielten seine Reportagen auffälliges Lob. Die Folge: Sondervergütungen, zumeist 500,- DM.[53] Innerhalb kurzer Zeit erhöhte Nannen Heidemanns Lebensstandard: 500,- DM, 600,- DM, 1.000,- DM monatlich. Vier Jahre nach Beginn seiner STERN-Tätigkeit verdiente Heidemann bereits 1.500,- DM, ein Jahr später wieder eine Anhebung auf 1.800,- DM.[54] Doch dann gerieten sich Heidemann und Nannen das erste Mal in die Haare, war der erfolgreiche Chefredakteur doch inzwischen mit der Verarbeitung seines Ruhms beschäftigt, fesselten ihn die Trophäen deutlich mehr als die Versprechen, die er zuvor abgegeben hatte (Nannen: »Was interessiert mich mein Geschwätz von gestern«).

1958 recherchierte Gerd Heidemann eigenständig zwei Reportagen. Daraufhin forderte Ressortchef Niklas von Fritzen den fleißigen Heidemann für sich an, dadurch geriet aber dessen Arbeit für die aktuelle Redaktion ins Hintertreffen — und der Verdienst. Gerd Heidemann gehörte seit dem 1. Januar 1960 als festangestellter Redakteur und Bildberichterstatter der Redaktion an: Nebeneinnahmen, beispielsweise Photohonorare, waren vertraglich ausgeschlossen, doch »meine Tätigkeit«, so beschwerte sich Heidemann bei Nannens Stellvertreter Victor Schuller, »verlangte von mir eine weit größere Arbeitsleistung als früher«. Überhaupt: »Der Verdienst war sehr viel geringer.« Nannen versprach Heidemann statt dessen »Prämien«, 50,- bis 250,- DM wöchentlich und Bezahlung von veröffentlichten Bildern. Heidemann resümierte: Er nehme nun »ungefähr die Summe, die ich schon vor 5 Jahren verdient hatte«, ein. Bescheiden bat er: »Ich möchte hinsichtlich meines künftigen Gehalts keine Vorschläge machen. Ich bitte Sie nur, einmal mit Herrn Nannen über die Sache zu sprechen.«[55] Erst jetzt hielt Nannen Wort. Und auch sonst besserte sich Heidemanns Gage, wurde ihm einmal ein »Kassenzettel über DM 150,-« übersandt, ein anderes Mal einer über 500,- DM.[56] Gerd Heidemann entwickelte sich innerhalb der STERN-Redaktion mehr und mehr zu einem »Prominenten«, seine Popularität wuchs mit der Summe der Erfolge. Der Alltag des STERN brachte allerdings auch Probleme mit sich. Im Februar 1966 wäre es zwischen Heidemann und Nannen fast zum Bruch gekommen:

Er, Heidemann, sei nicht zimperlich und »manche Dinge, die mir berechtigten Anlaß zur Verstimmung gaben«, habe er »runtergeschluckt«, konstatierte der Reporter wütend, aber da er (»wie ich annehmen muß«) das »Vertrauen des Hauses nicht mehr in dem Maße genieße, wie es mir für eine weitere Zusammenarbeit erforderlich erscheint«, werde »ich selbstverständlich die Konsequenzen daraus ziehen«: »Die mir freundlicherweise überlassene Verlagswohnung stelle ich Ihnen ... wieder zur Verfügung.«[57] Wie reagierte Nannen? Heidemann wurde beschwatzt, woraufhin er in den STERN-Zimmern weiterhin wohnen blieb. Einige Monate später legte er sich mit Nannens Verlagsleiter Oskar Bezold an.

Gerd Heidemann, der immzu auf Achse war, wollte einen eigenen Mercedes 220, ein SE-Coupé — ein vom STERN-TV in Aussicht gestelltes Honorar ließ ihn diese Investition leicht bewerkstelligen. 15.750,- DM sollte der Wagen aus zweiter Hand kosten. Um den Betrag jetzt aufbringen zu können, benötigte der Reporter — als Zwischenfinanzierung — ein Darlehn. Unter der Betrifft-Zeile »Fahrzeug-Kauf« verfaßte er an Bezold eine Hausmitteilung: »Ich bitte Sie sehr höflich um eine schnelle Entscheidung, da dieser Wagen von mir nur kurzfristig reserviert werden kann.«[58] Heidemann erhielt einen Anruf. Er möge umgehend bei Bezold vorbeischauen. Heidemann freute sich: Schon morgen würde er ein schickes Auto chauffieren. Doch so einfach war das nicht.

Der Stern DIE GROSSE ILLUSTRIERTE

VERLAG HENRI NANNEN GMBH - HAMBURG 1, CURIENSTRASSE 1 - PRESSEHAUS

CHEFREDAKTION

HAMBURG, den 30. Aug. 1956
UNSER ZEICHEN N/Sch

Herrn
Gerd H e i d e m a n n

im Hause

Lieber Herr Heidemann,

es freut mich, Ihnen mitteilen zu können, daß unsere Zusammenarbeit im letzten Jahr so gute Resultate erzielt hat, daß wir uns entschlossen haben, Ihr Fixum von DM 500.- auf DM 1.000.- zu erhöhen. Damit aber der Ansporn erhalten bleibt, müssen wir die Verrechnung der Honorare auf dieses Fixum künftig halbjährlich vornehmen. Den neuen Vertrag erhalten Sie beiliegend. Bitte bestätigen Sie durch Ihre Unterschrift Ihr Einverständnis.

Was die Besorgung eines Fahrzeuges angeht, so sind wir bereit, Ihnen ein Darlehn für den Kauf eines Volkswagens zur Verfügung zu stellen. Bis zur Abdeckung dieses Darlehns werden alle Honorare welche monatlich DM 800.- übersteigen, einbehalten.

Ich hoffe, daß die mit diesem Vertrag erfolgende Aufbesserung Ihres Fixums sowie die Gewährung des Darlehns für Ihre bisher schon erfolgreiche Arbeit ein weiterer Ansporn sein möge.

Mit freundlichen Grüssen
Ihr
Henri Nannen
(Henri Nannen)

Karriere: *Dem Reporter einen Verlagswagen besorgt*

In der STERN-Hierarchie stand Bezold höher als Heidemann. Die Edelkarosse für einen einfachen Rechercheur, Reporter — nein, dies komme gar nicht in Frage, hörte Heidemann in barschem Ton von dem eitlen Kaufmann. Zwar wies Heidemann darauf hin, daß der Verlag ihm den guten Stern nicht als Verlagswagen zur Verfügung stellen sollte, sondern er wolle den doch privat fahren, doch nutzte dieser Hinweis nichts. Bezold: für Heidemann sei das Auto eine Nummer zu groß. Ton und Ergebnis wollte sich Heidemann nicht gefallen lassen. Er ließ Bezold zu Ende ausschimpfen, bedankte sich ironisch für die Tirade, verließ das Zimmer, fuhr nach Hause und setzte sich an die Schreibmaschine. Die Personalabteilung und Nannen konnten Heidemanns Antwort an Bezold mit Hilfe eines Durchschlages mitlesen.

»Die Form unserer heutigen Unterhaltung«, tippte Heidemann an den »sehr geehrten Herrn Bezold«, »hat mir gezeigt, daß es Ihnen und dem Verlag angebracht erscheint, alte und bewährte Mitarbeiter in einer Form vor den Kopf zu stoßen, die nur eine Konsequenz zuläßt: Ich möchte hiermit meinen Vertrag fristgemäß zum Jahresende kündigen!«[59] Dann kehrte er ins Hamburger Pressehaus zurück, verteilte die Briefe selbst. Kaum war er, immer noch aufgebracht, in sein Redaktionsbüro zurückgekehrt, war wieder einmal Henri Nannen am Telephon. Freundlich bat er seinen verärgerten Reporter zu sich. Zähneknirschend betrat Heidemann die heiligen Räume des Chefredakteurs. Oskar Bezold war auch da.

Es sei doch dem permanent reisenden Heidemann nicht zuzumuten, in einem von Bezold vorgeschlagenen Opel zu fahren, sondern selbstverständlich müsse er ein bequemeres Auto steuern. Wenn Heidemann einen Daimler-Benz wünsche, solle er auch einen bekommen. Und zwar auf Kosten des Verlages und keinen gebrauchten. Bezold stand »bedeppert« herum. Heidemann erwähnte die Lieferfristen. Nannen wehrte mit der Hand ab, ließ sich mit Stuttgart verbinden, orderte ein 200er Modell. In den nächsten Tagen würde der Wagen ausgeliefert werden. Lieferfristen für Nannen, stellte Heidemann überrascht fest, gab es nicht. Bezold hatte den Auftrag erhalten, die Formalitäten abzuwickeln. Nannen zerriß Heidemanns Kündigungs-Durchschlag, der Reporter war zufrieden. Alles war wieder im Lot.[60]

Mit dem STERN war Gerd Heidemann so gut wie verheiratet, oft wochenlang auf Reportage. Unausweichlich eskalierten deshalb private Querelen. Heidemanns Partnerinnen hatten das Nachsehen. Doch immer entschied er sich für Nannen. Am 30. September 1967 sah er sich noch »aus privaten Gründen ... leider veranlaßt, meinen Vertrag fristgemäß zum Jahresende zu kündigen«,[61] dann hockte er abermals bei Nannen im Zimmer, der ihn zum Bleiben überredete: mit einem 5.000-Marks-Gehalt und der Regelung, daß jedes vom STERN an die Konkurrenz verkaufte Photo Heidemann mit 50 Prozent der Honorareinnahme vergütet werden sollte.[62] Einige Wochen später glänzte Nannen dann noch mit 600,- DM extra. Heidemann gehörte nun zehn Jahre der STERN-Redaktion an, war 35 Jahre alt.[63]

Zwei Jahre später verdiente Gerd Heidemann 5.500,- DM, ein halbes Jahr darauf 6.000,- DM, im Sommer 1972 schickte er Nannen wieder einmal eine Kündigung, ließ sich aber erneut beschwatzen, dafür wurde sein Gehalt auf 7.000,- DM angehoben. Im Januar 1977 zahlte er auf 9.000,- DM Lohnsteuer, im April 1982 kletterte er auf 10.000,- DM, vier Wochen vor dem Tagebuch-Fiasko auf 10.500,- DM.[64] Ohne Sondereinnahmen kassierte Gerd Heidemann 1981 fast 150.000,- DM vom STERN, 1982 etwa 180.000,- DM und im Tagebuch-Jahr 1983 wären es mindestens 300.000,- DM geworden. Gerd Heidemann gehörte zu den Vielver-

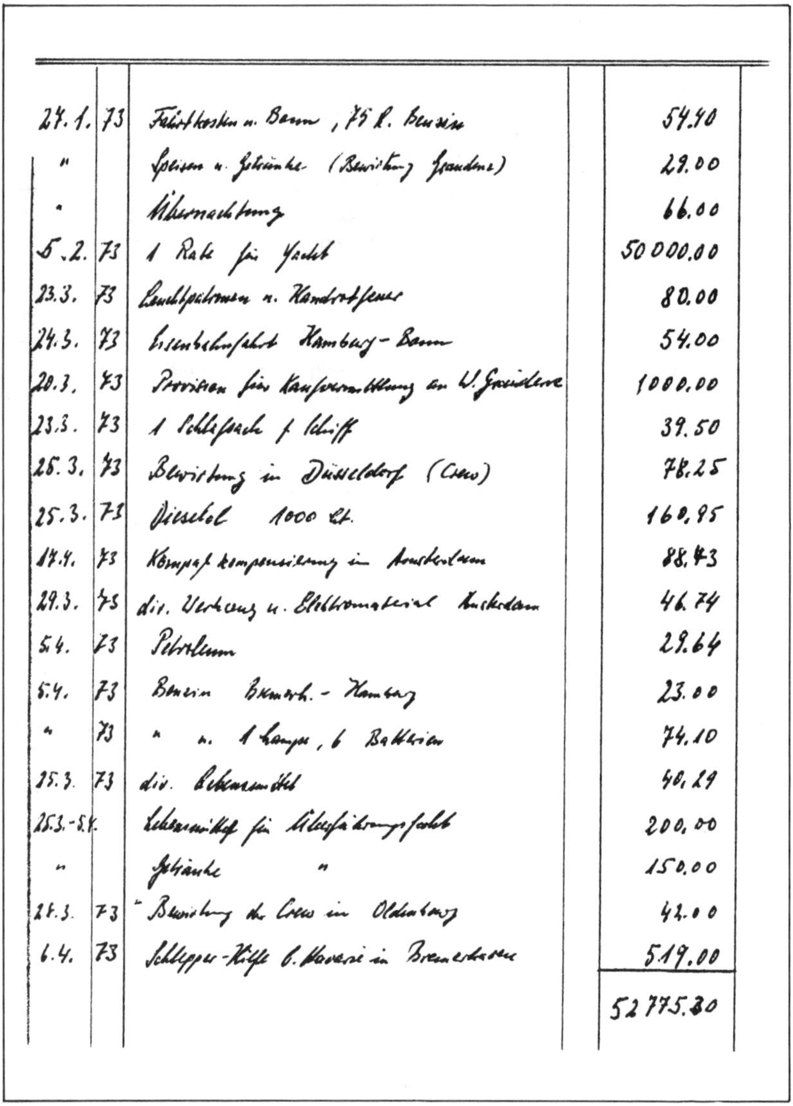

27.1.	73	Fahrtkosten n. Bonn, 75 l. Benzin	54.40
"		Speisen u. Getränke (Bewirtung [illegible])	29.00
"		Übernachtung	66.00
5.2.	73	1 Rate für Yacht	50 000.00
23.3.	73	Leuchtpatronen u. Handrotfeuer	80.00
24.3.	73	Eisenbahnfahrt Hamburg–Bonn	54.00
20.3.	73	Provision für Kaufvermittlung an [illegible]	1000.00
23.3.	73	1 Schlafsack f. Schiff	39.50
25.3.	73	Bewirtung in Düsseldorf (Crew)	78.25
25.3.	73	Dieselöl 1000 Lt.	160.95
17.4.	73	Kompaßkompensierung in Amsterdam	88.43
29.3.	73	div. Werkzeug u. Elektromaterial Amsterdam	46.74
5.4.	73	Petroleum	29.64
5.4.	73	Benzin Bremerh.–Hamburg	23.00
"	73	" u. 1 Lampe, 6 Batterien	74.10
25.3.	73	div. Lebensmittel	40.29
25.3.–5.4.		Lebensmittel für Überführungsfahrt	200.00
"		Getränke "	150.00
28.3.	73	" Bewirtung der Crew in Oldenburg	42.00
6.4.	73	Schlepper-Hilfe b. Havarie in Bremerhaven	519.00
			52 775.30

Ausgabenbuch Gerd Heidemanns für die Göring-Jacht (1973): »Wer gab Göring Gift?«

dienern, der trotzdem sparte, der keine Geliebte samt Appartement finanzieren mußte, der statt dessen einen großen Bogen um jeden Golfplatz machte, der schon mal bei ALDI einkaufte, Schlemmerlokale nur unter Zwangsandrohungen betrat.(65)

Im Jahre 1973 bezog Gerd Heidemann einschließlich des Weihnachtsgeldes, aber ohne Nebeneinnahmen, 91.000,- DM brutto vom STERN. Und dennoch: Er kaufte, für 160.000,- DM, die Göring-Jacht »Carin II«. Sein vom 27. Januar 1973 bis zum 1. Dezember 1979 geführtes Ausgabenbuch enthüllt einen — bislang übersehenen — wohlhabenden Gerd Heidemann, der in diesem Jahr weit mehr ausgegeben hatte, als er vom STERN ausbezahlt erhielt:

Die erste Schiffsrate in Höhe von 50.000,- DM brachte er am 5. Februar auf, denselben Betrag am 25. März für den zweiten Abschlag. Nebenbei tilgte er die Kosten für Werftarbeiten (18.226,20 DM und 12.437,55 DM), führte 519,- DM für eine Schlepper-Hilfe ab, überwies für tausend Liter Dieselöl 160,95 DM, 1.000,- DM Provision an den »Carin II«-Vermittler. 1973 hatte ihn das schwimmende Prachtstück fast 140.000,- DM gekostet, bis Ende 1979 annähernd 700.000,- DM, offiziell hatte er beim STERN in diesem Zeitraum aber nur 600.000,- DM brutto erhalten.(66) Wie war das möglich? Die Millionen für die Tagebücher waren doch noch nicht geflossen, die ersten Beträge erst vierzehn Monate später angewiesen.

In der Medienbranche gab es niemanden, der Gerd Heidemann nicht kannte. Auch in Kreisen der Wirtschaft war der eine oder andere auf den Rat Gerd Heidemanns angewiesen, der weltweit herumkam, öfter im Hotel als in seinem eigenen Bett nächtigte. Aus diesen Verbindungen, die gelegentlich zu Freundschaften wurden, schlug der emsige Reporter Kapital:

Er wirkte nicht nur für STERN-TV, sondern arbeitete an Drehbüchern anderer Fernsehproduktionsgesellschaften mit, FRAU IM SPIEGEL kaufte regelmäßig Heidemann-Photos, KONKRET druckte sogar eine von ihm geschriebene Serie, die Londoner BBC beschäftigte Gerd Heidemann, die Amerikaner honorierten seinen Rat — Heidemanns Bilder erwiesen sich als Dauererträge, wurden sie doch auf allen Kontinenten veröffentlicht. Rund um den Erdball waren seine Anregungen vier- bis fünfstellige Einzelbeträge wert. Heidemann, der insgesamt dreizehn Kriege durchlitt und auf Kleinbildfilm festhielt, verdiente vorübergehend mit diesen Motiven mehr als beim STERN. Selbst die WELT am SONNTAG griff auf ihn zurück: Als das Blatt eine Serie über das Thema »Wer gab Göring das Gift?« recherchierte, sparte die Redaktion Tausende von Reisespesen, weil Heidemann auf Anhieb aushelfen konnte. Die Belohnung für seine Halbtagstätigkeit: 5.000,- DM. Selbst das DDR-Fernsehen und der Ost-Berliner Verlag der Nation führten kostbare Devisen an Heidemann ab. Im Juni 1976 verzeichnete sein Konto bei der Deutschen Bank beispielsweise eine Überweisung von 50.000,- DM, drei Jahre zuvor stand er bei der Commerzbank mit 65.379,17 DM im Haben, im Dezember 1979 reichte er einen Scheck in Höhe von 30.000,- DM ein. Im Januar 1973 legte er bei der Commerzbank 65.000,- DM Festgeld an, zwei Jahre später wies sein Prämiensparbuch 11.170,20 DM aus. Im Juli reichte Heidemann einen Scheck über 25.000,- DM ein — ausgestellt von einer Schweizer Bank. Wo kassierte Heidemann noch? Reichten ihm auch die Buchhonorare nicht mehr aus, die fast die 200.000-Mark-Grenze überschritten hätten, wären Hitlers Tagebücher nicht dazwischengekommen?

In Thailand lernte Gerd Heidemann eine Frau kennen, die Millionen mit burmesischen Buddhas verdiente, und er wußte: dieser Artikel war in den siebziger Jah-

COMMERZBANK

ZWGST.ALTSTADT

Datum 25.01.73

Auszug-Nr. 2 Blatt-Nr. 1

KONTOAUSZUG* für Konto-Nr. 200 2443042 10

Buchungs-Nr.	Geschäftsvorgang/Scheck-End-Nr.	Buchungstag	Soll	Umsatz	Haben
24206	UEBERWEISUNG	24.01			379,17

C BANK

200 2443042 10 81

Soll Alter Saldo Haben 65.000,00

Herrn/Frau/Fräulein/Firma

GERD HEIDEMANN

Soll Neuer Saldo Haben 65.379,17

2000 HAMBURG 50

DEPOSITENKTO.

BREITESTR. 159 18.ETAGE

Deutsche Bank

Aktiengesellschaft

Kontoauszug

Auf Ihrem Konto nahmen wir nebenstehende Buchung vor. Wir bitten Sie, den Auszug bei Empfang zu prüfen und uns von etwaigen Unstimmigkeiten unverzüglich zu unterrichten. Gutschriften über Schecks und Wechsel erfolgen wir unter dem bankublichen Vorbehalt.

Diese Mitteilung wird von der Bank nicht unterschrieben.

*) Nur für interne Zwecke der Bank

LK 2616 3 74

Buchungs-Datum	Buchungstext	Scheck-Enn.	Beleg-Nr.	Wert	Soll Umsatz DM	Haben
20 04	SCHECK	66	4705	20 04	1,130.00	

Herrn/Frau/Fräulein/Firma

GERD HEIDEMANN M

2000 HAMBURG 60

MARIA-LOUISEN-STR.35 A

Kontoauszug vom Alter Saldo

200476 14,676.44H

Nr. Blatt Neuer Saldo

34,024.25H

Fil.-Nr.*) Konto-Nr.

600 52/18151

COMMERZBANK

ZWGST.ALTSTADT

Datum 04.02.77

Auszug-Nr. 4 Blatt-Nr. 1

KONTOAUSZUG* für Konto-Nr. 200 2443042 00

Buchungstext	Unsere Buchungs/Ref. Nr.	Buchungstag	Umsatz Soll –
HEW			
HEW/CR50-HK2		02.02	50,00-
HEW			
HEW/CR50-HTO		02.02	106,00-
UEBERWEISUNG	06203	03.02	60.000,00

200 2443042 00 810

Soll Alter Saldo Haben 1.163,94-

Herrn/Frau/Fräulein/Firma

GERD HEIDEMANN

MARIA-LOUISEN-STR. 35A

Soll Neuer Saldo Haben 58.680,06

2000 HAMBURG 60

Bankauszüge Gerd Heidemanns: *Mehr nebenbei als beim STERN verdient (oben: Januar 1973, Mitte: April 1973, unten: Februar 1977)* ren bei vielen Bundesbürgern gefragt. In Asien kosteten die beleibten Götter 1.500,- DM, europäische Händler zahlten für sie bis zu 20.000,- DM. Ein einzelner Buddha, im Hamburger Hafen verzollt, bescherte Heidemann auf Anhieb ein zweifaches STERN-Monatsgehalt.

Der florierende Kunsthandel weitete sich plötzlich aus, »nebenbei« avancierte Gerd Heidemann noch zum Militaria-Händler. Das Goldene Parteiabzeichen Hitlers erwarb er für noch nicht einmal 2.000,- DM, mit zwanzigfachem Aufschlag fand er einen Käufer. Ob NS-Mütze oder NS-Pistole, in den Kreisen, in denen er im Auftrage Henri Nannens verkehrte, fand sich immer einer, dem Heidemanns Utensilien aus dem Dritten Reich gefielen. Dasselbe hatte er mit der »Carin II« vor: das alte Göring-Schiff nach der Renovierung an einen spleenigen Interessenten mit Aufpreis weiterzuveräußern.(67) Wäre das Geschäft — vor der Tagebuch-Pleite — gutgegangen, Gerd Heidemanns Nebenverdienste wären dann aufgefallen. Daß er den Kahn des Reichsmarschalls aber nicht loswurde, hatte ihn plötzlich überall verdächtig gemacht. Bevor Gerd Heidemann Konrad Fischer alias Kujau über den Weg lief, ging es ihm gut. Erst als er sich mit dem Sachsen einließ, wendete sich das Blatt. Während Heidemanns Kollegen für einige Hundert Mark bei Werner Höfers »Frühschoppen« ihr Zubrot verdienten, sich als Ghostwriter für Prominenz verkauften, für läppische Zeilenhonorare Kolumnen für renommierte Blätter schrieben, hatte sich Gerd Heidemann mit derartigen Trinkgeldern nicht begnügen müssen. Nach Kunst- und Militaria-Handel erfüllte er sich den Traum eines jeden Jungen: Er wurde Schatzsucher.

Ein Simon Frauendorfer aus Regensburg machte, mit Datum vom 12. Oktober 1979, das »Deutsche Magazin STERN« auf einen »riesengroßen Schatz« aufmerksam: »Es handelt sich um einen Güterzug voll Gold und Devisen.« Seine Kenntnisse stammten vom 20. April 1945. Der 71jährige: »Meine Angaben entsprechen der Wahrheit und ich kann es beeiden.« Der Eingangsstempel der STERN-Nachrichtenredaktion registrierte den 15. Oktober. In der Redaktion, darüber bestand kein Zweifel, wurde das Schreiben an den Fachmann weitergereicht: an Heidemann, der mit seinem Kollegen Rudolf Müller umgehend nach Bayern reiste. Doch der Hinweis erwies sich als wenig konkret. Dreieinhalb Jahre später wurde Müller vom STERN nach der Tagebuch-Kapitulation auf Heidemann angesetzt.(68)

Für Arndt von Bohlen und Halbach beispielsweise war Heidemann im sonnigen Mexiko auf der Suche nach 50 Millionen Mark, die sein Vater vor dem Zweiten Weltkrieg dort investiert hatte und die bis dahin verschwunden geblieben waren. In Florida fand er einen pensionierten CIA-Obristen, der den Silberschatz des österreichischen Kaisers Franz Joseph verwahrte. Und der Inhaber des Karlsruher Versandhauses Heinrich Heine überwies Heidemann für Schatzbemühungen eine ansehnliche Vermittlungsgebühr. Schließlich inspirierte Heidemann eine Pionierabteilung der Nationalen Volksarmee in der DDR samt schwerem Gerät zum Baggern im Stolpsee nördlich von Berlin, in dem Görings Gold vermutet wurde.(69) Noch heute bemühen sich — bisher vergeblich — US-Gesellschaften, Heidemann als Schatzexperten in ihre Dienste zu nehmen.(69a)

Heidemanns Reportagen führten ihn zu Politikern, er lernte Schauspieler kennen, duzte sich mit Bonner Kompetenz und tonangebenden Wirtschaftsführern, schüttelte aber auch jenen die Hand, die das Tageslicht scheuten, die in der Unterwelt verkehrten. So war er bereits 1956 Gast des Mafia-Bosses Lucky Luciano. Als letzter Journalist sah er ihn lebend. Heidemanns Interview mit ihm schlug ein wie eine Bombe.

In den sechziger Jahren wurde er gebeten, fünf Maschinen vom Typ DC 6 für 1,2 Millionen Dollar an den Mann zu bringen. Heidemann, der sich monatelang auf afrikanischen und arabischen Kriegsschauplätzen aufgehalten hatte, schien dank seiner dort erlangten Verbindungen der richtige Mann. 150.000 Dollar waren einer Firma in Leonberg Heidemanns Kontakte wert. Den fast Dreiviertel-Millionen-Mark-Deal aber ließ Heidemann platzen — in den Waffenhandel wollte er nun doch nicht einsteigen. Statt dessen wurden mit Heidemanns Hilfe Container in den Nahen Osten transportiert.[70]

Heidemann war zwar kein Millionär, er verfügte aber seit Mitte der sechziger Jahre über hohe Nebeneinnahmen. Während der STERN seine verdienstvollen Leistungen mit 5.000,- brutto honorierte, waren die Einkünfte aus den »Saisongeschäften« weitaus höher. 1974 verkaufte Heidemann sein Haus in Flottbek: 190.000,- DM spielte ihm das ein. Frühzeitig konnte er auch stolzer Besitzer einer extravaganten Eigentumswohnung werden, die ausgerechnet in Hamburgs zweitfeinstem Stadtteil lag: in Harvestehude in der Maria-Louisen-Straße. 1977, die Hitler-Tagebücher waren noch weit weg, veräußerte er die Bleibe für 280.000,- DM, um in die Nähe Bad Segebergs, an den Neversdorfer See, zur Miete in ein Sechszimmerhaus zu ziehen. Die Sauna war im Mietzins von 1.800,- DM enthalten. Damals kam noch keiner auf die Idee, Gerd Heidemann eines luxuriösen Lebenswandels zu bezichtigen.

Die tägliche Anfahrt zur STERN-Redaktion erwies sich als Mühsal. Heidemann hatte tagein, tagaus 50 Kilometer hin und zurück zu absolvieren. Zwei Jahre später zog er aus und in die Elbchaussee, in der er bereits Anfang der fünfziger Jahre gewohnt hatte: in der Nummer 144. Für das Domizil 442 zahlte er ab 1978 monatlich 2.500,- DM Miete. Alsbald fiel ihm auf, daß in der Nähe (am Anleger Teufelsbrück) ein Neubau errichtet wurde. Die Wohnungen waren noch nicht alle vermietet. Ein blaues Schild nannte den Bauherrn: HAT. Heidemann rief an und bekundete sein Interesse. Das war 1980. Kujau alias Fischer war ihm bis dahin noch nicht über den Weg gelaufen, auch das erste Tagebuch hatte er noch nicht gesehen. Für Heidemann war es beschlossene Sache: Option auf zwei Wohnungen. Die untere kostete nur 2.300,- DM, die obere 1.950,- DM. Und genau die setzte er regelmäßig beim Finanzamt ab. Hätte er vor der ersten Tagebuch-Auszahlung dort residieren können, ihm wäre der angeblich unverhältnismäßig feudale Lebenswandel schwerlich vorgehalten worden.[71]

Trotzdem: Nach dem Auffliegen der Tagebuch-Fälschung wurde nicht Heidemanns finanzielle Vergangenheit benotet, sondern engstirnig ausschließlich seine materielle Laufbahn erst ab Frühjahr 1981 in Rechnung gestellt. Und da wollten Kripo-Ermittler sowie STERN-Kollegen nur mit dem kargen STERN-Lohn Heidemanns jonglieren. Zwar kehrten die wichtigsten STERN-Redakteure bei Heidemann privat nicht erst seit der Tagebuch-Phase ein, manche besuchten ihn bereits seit Jahren. Aber im Gedächtnis blieb ihnen nur das, was nicht anders hatte sein dürfen: Gruner + Jahr wurde von dem Reporter bewußt »beschissen«. Denn wer an der Elbe wohne und beim STERN arbeite, der könne nur auf illegalem Wege die Mittel für die Miete aufbringen, dabei hatte er 1982 eine Tantieme in Höhe von 20.000,- DM ausbezahlt erhalten, die Tagebuch-Provision Gruner + Jahrs machte 1,5 Millionen aus. 28 Monate war Gerd Heidemann Tagebuch-beschäftigt, in dieser Zeit erhielt der Reporter umgerechnet — sein Gehalt nahm sich dagegen wie ein Trinkgeld aus — jede Woche 14.000,- DM von Gruner + Jahr bar auf die Hand. Monatlich verdiente Heidemann rund 28.000,- DM mehr als der Chefredakteur Peter Koch. Und davon sollte sich nicht fein leben lassen?

Nebenverdienste Gerd Heidemanns: *DC 6 (oben), Buddhas (links), Göring-Jacht »Carin II« (rechts)*

Die Sage um den mit Tausendmarkscheinen um sich werfenden Gerd Heidemann gehörte von dem Augenblick an mit zum STERN-Kalkül, als er in Untersuchungshaft saß. Der STERN-Untersuchungsausschuß zementierte den Verdacht: der Reporter habe einen Weg entdeckt, »der seine chronische Geldnot lindern und ihn in seiner manischen Vorliebe für NS-Themen bestärken konnte — den Weg in die Vorstandsetage von Gruner + Jahr«.(72) Gerd Heidemann »brauchte offenbar wieder Geld«, »im darauffolgenden Jahr benötigte er wiederum« welches, da stolperte die »Honorarbuchhaltung erst einmal ... über einen Vorschuß«, konnte der »clevere Reporter durch ein drittes Verlagsdarlehen vier Fliegen mit einer Klappe« schlagen, tilgte »Altschulden«, erhielt »Zahlungsaufschub« und »kassierte trotzdem noch«: »Gerd Heidemann hatte also bereits einschlägige Erfahrungen gesammelt, wie man mit dem Verlag lukrative Verträge aushandelte.«(73)

Mit Verdrehungen, Wortspielereien und unbewiesenen Behauptungen wurde Gerd Heidemann in die Defensive gedrängt. Mit der einfallslosen Formel: »Wer kein Geld hat, Geld aber ausgibt, muß Geld klauen«, wurde um Heidemanns Hals die Schlinge enger und enger gezogen. Auf die Möglichkeit, der Reporter verfüge über Einkünfte außerhalb des STERN, mochte im STERN niemand setzen, weshalb über diesen Komplex zwangsläufig auch gar nicht weiter nachgedacht werden sollte. So standen denn die Tagebuch-Mitwisser selbstlos mit jenen in der Schlange, die eigentlich schon immer Heidemanns Lebensstil angeprangert hatten. Einst flüsterten sie sich Heidemanns Reichtum lediglich zu, als er aber im Untersuchungskerker saß, da drängelten sich die nun plötzlich hellwach gewordenen Heidemann-Deuter nach vorn. An der Spitze: Henri Nannen. Sein trüber Heidemann-Dunst sollte die Nachahmer erst richtig munter machen.

Als Nannen klar wurde, daß Heidemann den STERN »betrog«, er davon »überzeugt« war, »daß Heidemann finanziell bei der Sache absahnte«, da konnte sich der kalte STERN-Herausgeber »ausrechnen, was das Boot gekostet hatte« — »das alles (Heidemann) nicht von seinem Gehalt finanziert haben«. Wann nur hatte Gerd Heidemann das auf seinen Eid genommen? Dann informierte Nannen noch Gerd Schulte-Hillen über Heidemanns auffällige Vermögenslage. Der Vorstandsvorsitzende aber antwortete: »Ich glaube das nicht.«(74) Als die Tagebücher in den Brunnen gefallen waren, meldete sich auch der Chefredakteur Peter Koch zu Wort. Er war ganz besonders eifrig bemüht, Nannens Wunderkind zu diskreditieren, er schreckte nicht einmal vor Unwahrheiten zurück. Wollte Peter Koch Henri Nannen im Detailwissen etwa einholen?

Koch, vom STERN mit einem monatlichen Gehalt von 35.000,- DM versehen, vermutete: Heidemann habe von dem Geld, »das er von dem Vorstand bekommt, gewisse Summen abgezweigt für private Zwecke«. Diese Spekulation, so sagte er vor der Kripo aus, habe er »nur mit Herrn Nannen und anderen Kollegen diskutiert«. Mit Schulte-Hillen habe er es nicht getan, Koch hat sichtbar zu großen Respekt vor ihm gehabt: Der Vorstandsvorsitzende habe »sehr allergisch reagiert, wenn man Zweifel an Heidemanns Honorigkeit äußerte«. Koch manövrierte: »Die Restauration des Schiffes schätze ich auf ca. 700.000,- DM bis zu einer Million, zumal ich wußte, daß das Schiff auch neue Maschinen bekommen sollte.« Was Koch nicht erfahren hatte, war, daß Heidemanns zuständiges Finanzamt fünfzig Prozent der Schiffsausgaben als Betriebskosten zurückerstattet hat. Der Mann, der das für den STERN-Reporter einfädelte, hieß Fritz Gogalla und hatte für Gruner + Jahr Finanzamts-Fragen geklärt. Koch: Ihm sei »ferner bekannt«, daß Heidemann zwei Etagen in einem Haus an der Elbchaussee Höhe Teufelsbrück bewohne und das gesamte Stockwerk eines Hauses in der Milchstraße bezogen habe.

Freizeitler Peter Koch: *»Ich glaube das nicht«*

Koch schätzte Heidemanns Mietausgaben auf rund 10.000,- DM. Wie kam er auf diese Summe? Dann soll Heidemann ihm noch gesagt haben, »er überlege, sich ein Haus an der Elbchaussee zu kaufen«.[75]

Der Chefredakteur wohnte, wie Heidemann, ebenfalls an der Elbe. Sonntags, wenn er Zeit dazu hatte, joggte er den Strom rauf und runter. Regelmäßig federte er bei Heidemann vorbei, kontinuierlich guckte er beim Reporter herein. Oft gab es Kaffee, hin und wieder schlürfte Koch einen Sekt. Bei diesen Gelegenheiten las er in den Tagebüchern, und bei einem dieser privaten Zusammentreffen erzählte Heidemann seinem Chef nebenbei, daß oberhalb Övelgönnes ein Haus zum Verkauf stünde, das schöner als Kochs jetziges sei. Und was machte Koch daraus? Heidemann wurde von ihm öffentlich als zukünftiger Besitzer genannt. Vor Gericht hatte Koch die Geschichte noch angereichert: Heidemann wollte eine Million für die Villa zahlen.[76]

Als Heidemann der erfolgreiche Mann des STERN war, hatte Peter Koch ein fast familiäres Verhältnis zu ihm gepflegt, konnte der Reporter sich vertrauensvoll an ihn wenden, wenn es Probleme zu bewältigen gab: In den fünfziger Jahren war Gerd Heidemann Besitzer der TORNA-PRESS in Hamburg. Bereits in diesen Jahren mochte Heidemann auf regelmäßiges Zubrot nicht verzichten. 1982 gründete er sein »Zeitgeschichtliches Bildarchiv«, über das er Photos aus dem Dritten Reich gegen Bares umsetzte. Peter Koch hatte seiner Gattin soeben ein Aerobic-Studio in Hamburg-Altona finanziert und empfahl Heidemann seinen Unternehmensberater: Er möge sich auf ihn beziehen, der sei »ein Kenner der Materie, ein ausgebuffter Hund«.[77] Diese herzlichen Kontakte waren nach dem Tagebuch-Unfall nicht mehr opportun, Anschwärzungen das Gebot der Stunde, Distanzierungen von Heidemann gehörten fortan zum Überlebenstraining.

Peter Koch wunderte sich, denn Gerd Heidemann habe ihm einmal einen Bankauszug gezeigt, auf dem ein Minus in Höhe von 300.000,- DM von seiner Pleite kündete. Bei dem Geldinstitut soll es sich (»ich glaube») um die Hamburger Sparkasse gehandelt haben. Ihm wollte nicht in den Kopf, »daß eine Bank einen solchen Überziehungskredit einräumte, dachte mir aber andererseits, daß Heidemann durch Weiterverkauf seiner 'Nazi-Antiquitäten' oft auch erhebliche Summen verdienen und damit sein Bankkonto wieder rasch auffüllen könnte«.[78] Koch hatte die doppelte Wahrheit ausgesprochen, obwohl er das mit Sicherheit gar nicht vorgehabt hatte: Bei dem Dispo handelte es sich um einen Kredit, den nicht die Hamburger Sparkasse, sondern die Deutsche Bank Heidemann gewährt hatte, weil in der Tat Kontobewegungen in entsprechender Höhe stattfanden, die mit STERN-Überweisungen nichts zu tun hatten.[79]

Die Filiale der Deutschen Bank in Hamburg-Pöseldorf, bei der Heidemann das Konto 5218151 unterhielt, gewährte dem Reporter vom STERN im Oktober 1982 einen Überziehungskredit in Höhe von 300.000,- DM, und zwar »im Hinblick auf die Sicherheiten und die guten Einkünfte ist es bei der Vertrauenswürdigkeit (Heidemanns) vertretbar«, denn er verfügte nicht nur über ein festes monatliches Einkommen, sondern über weitere Einnahmen in »unterschiedlicher Höhe«. »Der von uns erbetene zusätzliche Kreditbetrag«, so hielt der Filialleiter Ewers fest, »soll ... vornehmlich im Schiff investiert werden.«[79a] Warum hatte Gerd Heidemann für Görings alte Motorjacht nichts von den Tagebuch-Millionen abgezweigt? Wieso ist er zur Bank gegangen? Warum hatte er sich, statt sein Konto auszugleichen, bei dem Kreditinstitut verschuldet? Als am 6. Mai 1983 das endgültige Aus im Tagebuch-Drama nun auch offiziell wurde, stand Heidemann mit

312.111,28 DM in der Kreide.[79b] Er hätte doch vorher mit Leichtigkeit ausgleichen können.

Großspurig verkündete Henri Nannen im STERN, daß auch Gerd Heidemann »Anspruch auf den Rechtsgrundsatz (habe): solange ihm Schuld nicht nachgewiesen ist, hat er als unschuldig zu gelten«.[80] Doch die Wahrheit sah anders aus: Wie ein Großinquisitor stürzte sich der STERN von Anfang an auf sein bereits darniederliegendes Opfer Heidemann — mit den bis heute noch nicht gefundenen Tagebuch-Millionen sollte ihm, vor Prozeßbeginn, der Garaus gemacht werden:

So ließ es sich der STERN nicht nehmen, Peter Kochs Heidemann-Palais-Fiktion an der Elbe in Umlauf zu bringen. Das Domizil durfte nun auch nicht mehr eine Million kosten, mehr gab da der Betrag von 1,3 Millionen her. Die Renovierungsarbeiten des Göring-Schiffes hatten nun plötzlich allein 800.000,- DM verschlungen; die aber standen noch nicht einmal mit der Hälfte zu Buch. Obwohl der STERN hätte wissen müssen, daß diese Zahlen Phantasiegebilde des inzwischen mit drei Millionen Abfindung vom STERN hinausgeworfenen Peter Koch waren, druckte die Illustrierte diesen faden Firlefanz — indes mit dem einschränkenden Nebensatz, daß der Redaktion bis dahin unbekannt gewesen sei, daß der Verlag Heidemann zuvor ein 1,5-Millionen-Darlehen gewährt habe. Angeblich erfuhren die STERN-Strategen diese umwerfende Neuigkeit erst aus BILD: »Da konnte (der STERN die) Nachforschungen in diese Richtung erst einmal einstellen.«[81]

Warum hatte der STERN nach Kenntnisnahme dieser plausiblen Erklärung seinen Reporter trotzdem bloßgestellt, obwohl er doch nunmehr wußte, das Villenerwerb und Schiffsüberholung zahlenmäßig niemals hätten bewiesen werden können? Die Darstellung hatte seinen Grund, ein erdenklich einfaches Motiv trieb den STERN vorwärts: Gerd Heidemann mußte im Millionen-Sumpf untergehen, Fakten waren da nicht gefragt, die womöglich entlastet hätten, angesagt war üble Stimmungsmache — aus dem bis dahin untadeligen Gerd Heidemann hatte ein erneut straffällig gewordener Krimineller gemacht werden müssen. Verantwortlich für diese böse Kampagne: Michael Seufert.

Was hatte es mit dem Luxus auf sich, den vor allem Henri Nannen bei Heidemann ausmachte? Die auffällige Auffahrt in Heidemanns Elbchaussee-Refugium erwies sich für Limousinen als Hindernis, solche Vehikel mußten auf dem Bürgersteig parken. Das teure englische Mobiliar stellte sich als das heraus: Blechregale und ein in den siebziger Jahren bei der Firma Hannelore Greve erworbener englischer Schreibtisch. Teppiche und Sessel brachte Heidemanns Frau mit in die Ehe. Auf den angeblich wertvollen Sitzgelegenheiten schlief der weiße Afghane; entsprechend waren die Ledersessel abgewetzt, die ohnehin bereits zehn lange Jahre auf dem Buckel hatten. Daß Nannen die Eineinhalbzimmerwohnung zu einem »Penthouse« erhob, fiel gar nicht mehr ins Gewicht.[82]

Gerd Heidemann habe sich, so tat vor Gericht der Zeuge und STERN-Mitarbeiter Dirk Bavendamm kund, bereits vor Beginn des Tagebuch-Spektakels in der ersten Elbchaussee-Wohnung »feudal eingerichtet«. Ihn besucht habe er, so überraschte Bavendamm, im Frühjahr 1980.[83] Diese Aussage war besonders für einen ausgesprochen unangenehm: für Staatsanwalt Dietrich Klein, der schließlich in mühevoller Kleinarbeit und mit Hilfe des STERN nur mit einem Millionär namens Heidemann den STERN entlasten konnte. Kleins große Stunde schlug am 6. Juni 1985.

Zu Beginn seines Plädoyers waren lange Passagen voller Ironie, doch als der Generalstaatsanwalt Wittke den Gerichtssaal betrat, legte Klein den zynischen

Von: Gerd Heidemann

Datum: 27.2.66

Lieber Herr Nannen,

Sie wissen, daß ich bisher nicht zimperlich wa und manche Dinge, die mir berechtigten Anlaß zur Verstimmung gabe runterschluckte.
Nach den Vorkommnissen bei der Reportage über das Gretna-Pärchen Peter Marx - Harriet v. Bohlen-Halbach, muß ich aber annehmen, da ich das Vertrauen des Hauses nicht mehr in dem Maße genieße, wie mir für eine weitere Zusammenarbeit erforderlich erscheint.
Ich werde selbstverständlich die Konsequenzen daraus ziehen.
Die mir von Ihnen freundlicher Weise überlassene Verlagswohnung, stelle ich Ihnen ab 31.März 66 wieder zur Verfügung.

Mit freundlichen Grüßen!
Ihr

Kündigung Heidemanns: *Zum Bleiben überredet*

Spott ab, da er wußte: in Norderstedt trat Kleins Vorgesetzter als Adventistenprediger auf.(84) Nun nicht mehr so hämisch, warf er Heidemann vor: Seinen Millionen-Klau habe dieser durch Barzahlungen vertuscht, Kredite ohne Sinn und Verstand aufgenommen, Geldgesuche ohne Not betrieben, sei es Unsinn, daß er durch den Militaria-Handel eine Million Gewinn erzielt habe, sei Heidemanns Lebenszuschnitt enorm und völlig unglaubhaft gewesen. Die Schatzsuche-Geschichten seien, obwohl Klein es besser wußte, als angebliche Schutzbehauptung Heidemanns anzusehen. Überziehungskredite habe er sich nur mühsam erkämpft, sei eine Explosion des Vermögens erfolgt, stand Gerd Heidemann schließlich kurz vor dem Bankrott, finanziell total überschuldet.(85)

Die TAZ registrierte bei Klein daraufhin eine »Explosion juristischer Energie«. Gerhard Mauz hielt im SPIEGEL fest, daß der Staatsanwalt »dem Zustand von Fort Knox jede erdenkliche Liebenswürdigkeit gewidmet« habe, wobei das Imperium Gruner + Jahr gemeint war. Chefredaktion und andere — Klein drückte sie alle fest an sein Herz: der Millionen-Dieb war in seinen Augen nicht allein Konrad Kujau, sondern in erster Linie Gerd Heidemann.(86) Hätte der Wortklauber Klein etwa seinen diensteifrigen Kripo-Männern in den Rücken fallen sollen, die allein aufgrund ihrer Geschäftigkeit Auslandskonten Heidemanns ins Leben riefen, auf denen aber nicht nur nichts drauf war, sondern die gar nicht existierten? Was der vorwärtsstrebende Staatsanwalt konnte, war auch Henri Nannen vertraut:

In einer Gegendarstellung, die die BILD am SONNTAG abgedruckt hatte, wehrte sich Heidemanns Förderer mit Händen und Füßen, jemals mit Heidemann »eng zusammengearbeitet« zu haben. »Niemals« will er ihm auch Gehaltsverbesserungen gewährt haben, »um ihn von Kündigungen abzuhalten«.(87) Der kunstbeflissene Henri Nannen war nicht nur in Konferenzen eingeschlummert, sondern ihm war nun auch noch das Gedächtnis abhandengekommen.

Wäre der STERN nicht unüberlegt mit den Attacken gegen Heidemann in die Öffentlichkeit vorgeprescht, vielleicht hätte der einstige Starreporter — und damit der STERN — noch eine Chance erhalten. Was dem STERN als zu brisant erschien, um es ins Blatt zu heben, das lancierte er an die BILD weiter. Diese Vorverurteilung hatte möglicherweise auch den Staatsanwalt reifgemacht — Heidemann war für ihn eine Unperson. Konrad Kujau kam mit dem Etikett eines Till Eulenspiegel davon.

Heidemann-Verfolger Staatsanwalt Dietrich Klein: *Peinliche Zusammenarbeit mit dem STERN forciert?*

»WIR MÜSSEN UNS UNBEDINGT EINMAL IN OST-BERLIN TREFFEN« oder: Gruner + Jahr denkt über das Finanzamt nach

Er schrieb mehrere Bücher über das Dritte Reich, das Münchner Institut für Zeitgeschichte war ihm sehr verbunden, ein Fernsehauftritt von ihm vielen als unvergeßlich in Erinnerung geblieben: Eberhard Jäckel, Professor für Neuere Geschichte und Direktor des Historischen Seminars an der Universität Stuttgart, war — noch lange vor Gerd Heidemann — mit der Existenz der Tagebücher Adolf Hitlers bekanntgemacht worden. Der NS-Sammler Fritz Stiefel hatte ihm, am 27. November 1978, das erste Exemplar gezeigt. Erst ein Jahr später konnte auch Gerd Heidemann darin lesen.(88)

»Der Jäckel«, so entlarvte Thomas Walde im Tagebuch-Prozeß den Tagebuchverliebten Zeitgeschichtler, »pries die Tagebücher als Weltsensation. Er wollte seinen Lehrstuhl aufgeben und nur mit diesem Thema durch die Welt auf Vortragsreise gehen.« Walde überdeutlich: »Von der Echtheit war Herr Jäckel total überzeugt.«(89) Während der Historiker von einer aufregenden Zukunft träumte, er sich bereits in den Schlagzeilen wähnte, recherchierte Heidemann noch auf eigene Kosten und eigene Gefahr. Die Tagebücher, das stand für ihn fest, wollte er allein vermarkten. So plante es auch Jäckel.

Eberhard Jäckel wußte nichts vom Interesse Gerd Heidemanns, Heidemann erfuhr erst später von Jäckels sicherem Tagebuch-Instinkt. Warum sollte der Führer, trotz seiner bekannten Schreibfaulheit, nicht dennoch eine handschriftliche Rechtfertigung hinterlassen haben? Jäckel also war überzeugt, Heidemann schließlich durchdrungen, Verlag und STERN-Redaktion im unverfälschten Echtheitswahn. Was hatte Gerd Heidemann nur verkehrt gemacht? Er hatte, für den Verlag, das Finanzamt im Kopf gehabt.

Am 6. Januar 1980, dreizehn Monate nach Jäckel, zeigte Fritz Stiefel dem STERN-Reporter die Kladde. Nach Hamburg zurückgekehrt, informierte er unzählige Kollegen von seinem Fund, auch Henri Nannen wurde eingeweiht. Auf das Tagebuch-Thema wollte keiner so richtig anspringen, nur Thomas Walde zeigte sich interessiert. Heidemann, von Chefredakteur Peter Koch zur Rücknahme seiner Kündigung bewogen, konnte für Waldes Ressort fortan dem Tagebuch-Stoff nachgehen. Heidemanns bisher privat bezahlte Tagebuch-Reisen wurden, auf Veranlassung Waldes, nun vom Verlag zurückerstattet, die vor elf Monaten zu Stiefel getätigte Reise beispielsweise mit dem STERN nachträglich abgerechnet. Stichwort: »Hitler-Tagebücher.«(90)

Heidemanns Spesen wurden von Thomas Walde abgezeichnet, die Chefredaktion akzeptierte ebenfalls, der Verlag hatte daraufhin die Auslagen ersetzt. Der STERN-Reporter ging mit Genehmigung der Chefredaktion und des Verlages auf Tour: Seine Recherchen führten ihn nach Ost-Berlin (Themen-Stichwort: »Hitler«), Erkundigungen zog er auch in West-Berlin ein (»Hitler-Tagebücher«), zu Fischer nach Stuttgart fuhr er unter der Bezeichnung »Grünes Gewölbe«, dann schrieb er auf die Reisekostenabrechnung einmal wieder »Hitler« auf, ein anderes Mal fiel ihm »Alte Nazis« ein.(91) Diese Offenheit wurde Heidemann später zum Verhängnis: Wer sich mit »Grünem Gewölbe« tarne, so spekulierten die Kripo- und STERN-Ermittler, der habe etwas zu verbergen. Warum »Grünes Gewölbe«?

Im November 1980 hielten sich Walde und Heidemann in der DDR auf. Sie be-

Gerd Heidemann *(in der Verlagswohnung des STERN 1968): »Wir behalten uns eine erneute, fristlose Kündigung vor«*

DDR-Inspiration: *Titel einer Touristen-Broschüre (oben), Börnersdorf*

suchten die Staatssicherheit, die den STERN-Abgesandten bei der Klärung des Absturzes der Führermaschine hilfreich zur Seite stand. Die Geheimdienstler luden zu einem Besuch der Kunst- und Schatzkammer des sächsischen Fürstenhauses in Dresden ein. Die Gold- und Diamantensammlung, als »Grünes Gewölbe« international bekannt, war vor zirka 250 Jahren von August dem Starken gegründet worden. Monate später erinnerte sich Walde daran, ihm kam eine Idee: die Verlagsoberen verlangten Stillschweigen, auch bei den Reisekostenabrechnungen dürfe nichts mehr auf die Tagebücher hinweisen. Heidemann möge fortan seine Kosten unter »Grünes Gewölbe« anmelden. Doch immer hatte der nicht daran gedacht. Als Heidemann wieder einmal bei Fischer alias Kujau Tagebuch-Nachschub abholte, belastete er die STERN-Buchhaltung mit »Alte Nazis«. Nun sprach ihn der STERN-Verlagsleiter Peter Hess an: »Schreiben Sie doch wieder 'Grünes Gewölbe'.« Gerd Heidemann erfuhr: Nur mit Tarnnamen sei die Diskretion aufrechtzuerhalten. Drei Wochen später, wieder stand eine Tagebuch-Reise an, notierte Heidemann artig »Grünes Gewölbe«.

Die Chefredaktion war längst über die im Verlagstresor schlummernden Tagebücher informiert, längst waren bereits Hunderttausende für die Tagebücher bar ausgezahlt worden, längst auch hatten sich Abschreibungskünstler in der Gruner + Jahr-Stabsabteilung Finanzen ihre Gedanken gemacht: Die Tagebuch-Einnahmen mußten als legale Ausgaben gebucht werden, nur so könnten die Anforderungen des Finanzamtes befriedigt werden. Wie war das zu erreichen? Mit Hilfe Gerd Heidemanns.

»Zwischen Sommer 1981 und Frühjahr 1983«, so hielt Gerd Heidemann fest, »machte der Vorstandsvorsitzende ... Gerd Schulte-Hillen mir gegenüber einige Male die Bemerkung, ich müsse später eventuell dem Finanzamt erklären, daß ich die Gelder ... in der DDR gezahlt habe. Dennoch sei fraglich, ob die Finanzbehörden die Beschaffungskosten unter diesen Umständen anerkennen würden.« Ähnlich hatte sich bereits Vorgänger Manfred Fischer geäußert, was Thomas Walde wiederum veranlaßte, Heidemann zu bitten, er möge unbedingt einige Gelder in der DDR übergeben. Warum die DDR und nicht Prag oder Budapest?[92]

Konrad Fischer hatte Heidemann erfolgreich eingeredet, er bezöge die Tagebücher aus der DDR. Das, und nichts anderes, hatte der Reporter im STERN weitererzählt, so auch bei dem ersten Gespräch in der Vorstandsetage, bei dem der Gruner + Jahr-Manager die ersten 200.000,- DM herausrückte. Der Geldempfänger Fischer, darüber war sich die Gruner + Jahr-Verschwörergruppe einig, durfte namentlich nicht in Erscheinung treten, eine Grundvoraussetzung für das Tagebuch-Geschäft.

Gerd Heidemann wollte Fischer/Kujau dazu bewegen, mit ihm in die DDR zu reisen, um die STERN-Tausender dort zu übergeben. Dazu aber kam es nie. Am 23. Juli 1981, inzwischen hatte die Tagebuch-Führungskraft in der Vorstandsetage gewechselt, hatte statt Manfred Fischer nun Gerd Schulte-Hillen zielbewußt die Tagebuch-Regie übernommen, weilte Heidemann bei Fischer/Kujau in Stuttgart, den Ausflug dorthin rechnete er unter »Grünes Gewölbe« ab. Ein zentraler Diskussionspunkt: das Gruner + Jahr im Nacken sitzende Finanzamt.[93]

»Wir müssen uns«, erklärte Heidemann, »unbedingt einmal in (Ost-)Berlin treffen«, denn »ich muß nachher unter Eid aussagen, daß ich das Geld (in der DDR übergeben habe)«. Kujaus Gesprächspartner: Bei einem solch hohen Betrag, inzwischen waren Kujau 1.275.000,- DM ausgehändigt worden, 255.000,- DM lagen frisch auf seinem Tisch, würde die Steuerfahndung möglicherweise nicht eher Ruhe geben, bis er, Fischer, gefunden sei. Wenn er jetzt Beträge in der DDR über-

Reiseabrechnung Gehaltsempfänger G+J

Name, Vorname (Anschrift nur bei erster Reise für G+J und bei Anschriftenänderung)

Heidemann, Gerd

Beleg-Nr. 04599 ·19. DEZ. 1980

Personal-Nummer	Stamm-Unternehmensbereich	Stamm-Kostenstelle	Reisebeginn, Datum	Reise-Nr.
60000	11	1063	6.1.80	720278

Themen-Nummer	zu belasten, wenn vom Stamm abweichend Unternehmensbereich	Kostenstelle	Reiseende, Datum	Reise wird angetreten mit
		1066	7.1.80	Flug [ ] Bahn [x] PKW [ ] Sonstiges [ ]

Reisezweck/Sondervereinbarung

Thema: Hitler-Tagebücher/Reise Waiblingen/Stuttg.

Kurztext für Buchung 30 Stellen

Aussteller: hs

Datum 15.12.80

Reise und Vorschuß genehmigt durch

Zeichnungsberechtigter

Vorschuß wird benötigt in Höhe von DM [redacted]

Vorschußauszahlung

Kasse, Datum	Währung	Kurs	Währungsbetrag	DM-Betrag	Betrag erhalten, Unterschrift

Abrechnung*

Anzahl aller zu erstattenden Belege
Bitte durchnumerieren. 4

Die Addition aller zu erstattenden Belege von DM, £, $, Lire usw. zu einer Kontrollsumme beträgt. 335,--

Aufstellung oder Tippstreifen beifügen*

Die Auszahlung soll erfolgen über: Kasse 1 [ ] Bank 2 [ ] Scheck 3 [ ] Postbar 4 [ ]

Reiseverlauf Beginn Ort	Länder-Kennz.	Datum	Uhrzeit	Pauschalkürzungen: Anzahl der in Hotelrechng. enthaltenen Frühstücke 15 %	Anzahl der eigenen und fremden Bewirtungen* Mittag 30 %	Abend 30 %	Anzahl von Übernachtungen zu Pauschbeträgen
von HH	D	6.1.80	7.00				
Ankunft in Waiblingen	D						
Ankunft in Stuttgart	D						
Ankunft in HH	D	7.1.80	7.30				
Ankunft in							
Ankunft in							
Ankunft in							
Ankunft in							

Stempel: ZUME Gebucht 22.12.80

weitere Orte, bitte separates Blatt beifügen.

Ich versichere die Richtigkeit der Angaben und daß die eingereichten Belege im Sinne der Spesenordnung erstattungsfähige Ausgaben sind.

Datum 15.12.80 Unterschrift [Unterschrift]

Belege incl. separat abgezeichneter Ersatzbelege genehmigt · Datum Unterschrift [Unterschriften]

*Bitte Hinweise auf der Rückseite beachten!

Abrechnung: *Tagebuch-Recherchen mit elf Monaten Verspätung unter dem Stichwort »Hitler-Tagebücher« abgerechnet (Pfeile)* geben habe, würde er, Heidemann, guten Gewissens dem Verlag zur Weiterreichung an das Finanzamt eine Erklärung abgeben können.(94)

Anfang 1983, so dokumentierte Heidemann, »sagte mir Schulte-Hillen noch einmal, daß ich irgendwann eine eidesstattliche Erklärung abgeben müsse, daß die Gelder in der DDR gezahlt worden seien«: »Wenn das Finanzamt den Verdacht fasse, daß das Geld an einen Mann in der Bundesrepublik gezahlt worden sei, würde die Steuer keine Ruhe geben, bis sie den Betreffenden gefunden habe.« Und: »Man müsse aber auch damit rechnen, daß das Finanzamt die Beschaffungskosten nicht anerkenne, obwohl (das zuständige Vorstandsmitglied Peter) Kühsel da ganz zuversichtlich sei.« Zu keinem Zeitpunkt sei die Rede davon gewesen, »daß ich den Tagebuch-Beschaffer und Geld-Empfänger in Stuttgart namentlich nennen sollte«.(95) Heidemann sehr logisch: Wenn nicht über die Entlohnung auf dem Gebiet der DDR gesprochen worden wäre, dann wäre er — ohne Frage — mit der Steuerfrage von seiten Gruner + Jahrs auch niemals konfrontiert worden.

Heidemann hatte sich mehr als zwanzigmal mit Fischer/Kujau in Stuttgart getroffen, mehr als zwanzigmal Reisekostenabrechnungen eingereicht, auf denen der Tagebuch-Bestimmungsort Stuttgart unwiderruflich geschrieben stand, sechsundzwanzigmal hatte Heidemann Bargeld ausgehändigt bekommen, schließlich insgesamt 9,34 Millionen weitergereicht. Davon wußten sowohl die Gruner + Jahr-Vorstandsetage als auch die Verlagsleitung des STERN. Wer derart abenteuerliche Summen ohne Beleg freiwillig aus der Hand gab, mußte damit rechnen, daß die mißtrauischen Steuereintreiber fragen, wer denn das Geld erhalten habe. Die Beschaffungskosten beurkunden konnte nur einer: Gerd Heidemann; nur er konnte beeiden, daß die Zahlungen durch ihn erfolgt waren — auf einem dem Finanzamt unzugänglichen Terrain. Doch Vorstandsetage und Buchhaltung wollen die Steuer angeblich gar nicht so richtig einkalkuliert haben. Abermals hatte Heidemann für seine Gutmütigkeit zu quittieren, ließ er sich von spröden Kassenverwaltern Gruner + Jahrs antreiben, weil sich — verständlicherweise — der Verlag seine Tagebuch-Investition vom Staat eben doch bezahlen lassen wollte. Wäre es genau anders gewesen, Schulte-Hillen und Peter Kühsel wären von Reinhard Mohn umgehend in die Wüste geschickt worden. Bei Gruner + Jahr hatten beide Karriere vor allem darum gemacht, weil sie sich in Fragen der Betriebs- und Volkswirtschaft minuziös auskannten, ihre Hauptbeschäftigung ohnehin die Klärung von Finanzamts-Mysterien war.

Gerd Heidemann, hielt das Urteil unfreundlich und indifferenziert fest, »wollte, indem er die Beschaffung als höchst dramatisch und risikoreich schilderte, vor allem seine Leistung als Beschaffer aufwerten und der Aktion mehr Farbe verleihen«.(96) Während einer Fahrt auf der Transitstrecke nach West-Berlin habe er eine Tagebuch-Übergabe von Fahrzeug zu Fahrzeug organisiert. Das entsprach nicht der Wahrheit. Warum hatte Gerd Heidemann das erzählt?

Je mehr davon wußten, daß er Gelder in der DDR übergeben hatte, desto glaubwürdiger möglicherweise seine Erklärung für das Finanzamt. Verfügte Gruner + Jahr mit dem Zeugen Heidemann dann plötzlich noch über weitere Bürgen, die zwar nicht bei der ominösen Geldübergabe anwesend gewesen waren, indes ihrerseits nun versichern konnten — nach Abgabe der Steuererklärung Gruner + Jahrs —, von diesem riskanten Geschäft gewußt zu haben? Hatte sich Heidemann diese Taktik allein ausgedacht? Beileibe nicht.(97) Mit Walde war die Strategie abgesprochen worden.

Nicht nur das Hamburger Landgericht hatte das Märchen von der Transit-

„Stern"-Prozeß: Geld für falsche Hitler-Tagebücher von der Steuer abgesetzt

Von JOCHEN KUMMER und JÜRGEN WOHLDORF

Wir Steuerzahler haben die gefälschten Hitler-Tagebü-

Ohne Kühsels Unterschrift hätten die 9,34 Millionen nicht fließen können. „Zweimal fuhr ich persönlich zur

abend. Aber Kühsels Chef Dr. Manfred Fischer brauchte das Geld auf der Stelle. Kühsel: „Die Bank sagte mir: Barab-

Mittelpunkt Gerd Heidemann *(während des Tagebuch-Prozesses): »Es geht um die Steuerfrage« (oben: BILD-Zeitung)*

strecke für möglich gehalten (Heidemann »wollte durch die Erzählung ... den Boden dafür vorbereiten, später gegenüber dem Finanzamt erklären zu können, das Geld sei in der DDR übergeben worden«),(98) sondern der stellvertretende Verlagsleiter Wilfried Sorge für den STERN-Untersuchungsausschuß den Fiskus bereits ins Spiel gebracht: »Es geht bei der Steuerfrage darum, ob Heidemann versichern kann, daß das Geld ins Ausland transferiert wird. Dies konnte er nach seinem Wissensstand tun, ohne selbst in die DDR zu fahren.« Der für den Verlag wichtige Komplex ist also diskutiert worden, allerdings mit einem feinen Unterschied. Sorge: »Niemand hat (Heidemann) diese Legende einreden müssen, um dem Verlag zu helfen.«(99) Warum hatte sich der Reporter diesen Schmarren dann ausgedacht?

Peter Kühsel, der Steuerverantwortliche, sagte vor Gericht aus: »Wir hätten dem Finanzamt glaubhaft machen wollen, daß das Geld ins Ausland ging und von Heidemann eine eidesstattliche Versicherung verlangt.«(100) Wie Sorge so nun auch Kühsel: Mit Heidemann habe er das Problem niemals erörtert.(101) Wenn Sorge auf Heidemann nicht eingeredet, Kühsel geschwiegen haben will, wer hat denn dann Heidemann den Floh mit der Finanzamts-Erklärung ins Ohr gesetzt?

Im Prozeß erklärte Heidemann, daß er der Verlagsleitung zuliebe die Geldübergabe auf der Transitstrecke erfunden habe: »Ich sollte wegen des Finanzamtes erklären, daß alles Geld in der DDR übergeben wurde.«(102) Der Verlagsleiter Peter Hess wollte mit den Tagebuch-Geldern nichts zu tun haben, angeblich »schon gar nicht mit Steuern«, da »gibt es extra im Verlag eine Abteilung mit Fachleuten« — »Herr Kühsel müsse da befragt werden«.(103) Der hatte bereits eine Woche zuvor die Öffentlichkeit über die für Gruner + Jahr peinliche Steueroperation unterrichtet und Hess' Stellvertreter Sorge korrigiert.

Die Auszahlungen an Heidemann seien »aktiviert«, als »Wirtschaftsgut« bilanziert worden, als »ruhendes Gut« dokumentiert gewesen. Zwar wurde Heidemann — »hausintern« — als Empfänger geführt, »doch absolute Priorität hatte die Vertraulichkeit« des wahren Geldadressaten: Konrad Fischer in Stuttgart. Sorge hatte Kühsel, laut Kühsel, erst darauf aufmerksam gemacht, daß die Tagebücher aus dem Ausland kommen würden. Kühsel erfuhr angeblich Neues vom stellvertretenden Verlagsleiter: »Dann braucht man die steuerlich nicht geltend (sprich: beweisfähig) zu machen.«

Zwar sind Unternehmen normalerweise daran interessiert, Geldausgaben sogleich dem Finanzamt in Rechnung zu stellen, zumindest aber mit Hilfe von Rückstellungen die Steuerschuld zu mindern, doch diese Normalität schien bei Gruner + Jahr wohl nicht zum Steueralltag zu gehören. An anderer Stelle war Kühsel durch eine Gedächtnislücke aufgefallen: Er wußte nichts davon, so erklärte er, daß Heidemann nach Stuttgart zur Geldübergabe geflogen sei.(106) Dabei hatte Kühsel, als er Heidemann mit der ersten Tagebuch-Rate in Höhe von 200.000,- DM zum Hamburger Airport begleitet hatte, die innerdeutsche Reise wachen Auges zur Kenntnis genommen. Heidemann war weder in die DDR noch in einen anderen Ostblockstaat entschwunden — er war im Lande geblieben, Kühsels Finanzabteilung hatte dem Reporter immerhin die Reiseabrechnungen nach Stuttgart ersetzt. Dies alles will Peter Kühsel vergessen oder übersehen haben?

Selbst dem Untersuchungsausschuß des STERN erschien Heidemanns Steuergeschichte nicht als Phantasieprodukt, sondern in diesem Punkt war er ausnahmsweise auf seiten des Reporters: Die Geldübergabe auf der Transitstrecke habe einen realen Hintergrund gehabt, »nämlich die aus steuertechnischen Überlegungen zuvor mit Heidemann geführten Gespräche über die Notwendigkeit, eines Tages eidesstattlich zu versichern, daß die gesamten Tagebuch-Zahlungen im Ausland geleistet worden seien«.(107) Heidemann stand noch ein anderer Kronzeuge zur Verfügung: Thomas Walde, der das Gruner + Jahr-Management nicht zu steuerunerfahrenen Altwarenhändlern degradierte:

Er habe mit Gerd Heidemann theoretisiert, mit welch ruhigem Gewissen eine eidesstattliche Erklärung mit Steuerinhalt zu füllen sei, so daß — bei Rückfragen — Widersprüche ausgeschlossen blieben. Unter der Mauer in Berlin verkehre eine U-Bahn-Linie, die auf dem Bahnhof Friedrichstraße in Ost-Berlin halte, ohne daß sofort Volkspolizisten kontrollierten. Der Bahnsteig ist »neutrales Gebiet« gewesen. Dort, auf eben diesem Bahnsteig, solle ein Tausch Tagebuch gegen West-Mark — für den Fiskus — vorgenommen werden.(108) Zwei STERN-Redakteure machten sich für den Verlag Gedanken. Nötig hatten sie es nicht, doch Walde wird zumindest mit seinem Schulfreund Sorge das Steuerdrama durchgespielt haben, woraufhin Heidemanns Part zwangsläufig dem Höhepunkt zutrieb: Die Legende von der Transitstrecke war geboren.

In der QUICK setzte Heidemann, er saß längst in Untersuchungshaft, noch einmal nach: »Obwohl alle Eingeweihten wußten, daß ich ... das Geld in Stuttgart übergeben hatte, sollte ich später eine eidesstattliche Erklärung abgeben, daß alles Geld in der DDR ausgezahlt worden sei. Begründung: Die Steuerfahndung würde sonst keine Ruhe geben, bis sie den Mann gefunden hat, der soviel Millionen von uns erhalten hat.«(109) Das mochte Gerd Schulte-Hillen nicht auf sich sitzen lassen, der Betonklotz Gruner + Jahr nicht als Abschreibungskünstler in Verdacht geraten — zumindest nicht in der Öffentlichkeit.

In einer Gegendarstellung dementierte der sich hanseatisch gebende Boß: Er habe Heidemann »niemals nahegelegt, derartige unrichtige Angaben über die Geldübergabe zu machen«.(110) In Heidemanns Augen war das Vorgehen des Gruner + Jahr-Chefs Augenwischerei. Abermals ging er mit der Steuerfrage in die Medien. Diesmal druckte die BUNTE: »Die Verlagsspitze ... hatte mir von Anfang an erklärt, eines Tages würde ich dem Hamburger Finanzsenator eidesstattlich versichern müssen, die Millionen für die Hitler-Tagebücher an einen Empfänger außerhalb der Bundesrepublik bezahlt zu haben.«(111)

Gerd Schulte-Hillen wird seinen Grund gehabt haben, daß er auch jetzt die Rechtsabteilung einschaltete. Befürchtete er etwa, daß eine allgemeine Steuerdiskussion Betriebsprüfer des für Gruner + Jahr zuständigen Finanzamtes hellhörig werden ließ? Der Justitiar Andreas Ruppert wurde in Marsch gesetzt. Heidemann, der nach der Urteilsverkündung für kurze Zeit in Freiheit gesetzt wurde und über seine Zukunft in der Elbchaussee nachdachte, erhielt ein freundliches Schreiben der Rechtsabteilung: Er möge innerhalb einer Woche mitteilen, ob er der BUNTEN gegenüber diese Äußerung tatsächlich getan habe. Ruppert: »Sollten uns ... befriedigende Erklärungen nicht vorliegen, behalten wir uns vor, erneut vorsorglich eine fristlose Kündigung Ihres Angestelltenverhältnisses einzuleiten.«(112) Heidemann rührte sich nicht. Da machte Ruppert seine lächerliche Drohung wahr: Heidemann flatterte die vierte oder fünfte Kündigung ins Haus. Um das leidige Steuerthema aus der Welt zu schaffen, erhielt die BUNTE eine einstweilige Verfügung von Gruner + Jahr. Streitwert: 100.000,- DM.(113) Nun durfte gelacht werden:

Heidemann habe, diktierte der vielbeschäftigte Hamburger Advokat Heinrich Senfft im Namen Gruner + Jahrs, nicht nur seine »nachvertragliche Verschwiegenheitspflicht, die ihm verbietet, aus Redaktionsinterna zu plaudern (verletzt), sondern (Heidemann) verbreitet auch eine grobe Unwahrheit«. Zur Glaubhaftmachung wurden »Anlagen 2 bis 8« beigefügt, diesmal keine eidesstattlichen Erklärungen von Gerd Heidemann, sondern die von der Steueraffäre überdrüssigen Führungsmannschaft des Gruner + Jahr-Verlages.

Manfred Fischer will »niemals mit Herrn Heidemann über die steuerrechtliche Seite des Erwerbs der 'Tagebücher'« gesprochen haben; Gerd Schulte-Hillen wiederholte seine QUICK-Gegendarstellung, sein Stellvertreter, Jan Hensmann, hatte Sachdienliches zwar nicht mitzuteilen, er hinterließ statt dessen den Eindruck, »nie mit den steuerlichen Aspekten des Erwerbs der Tagebücher befaßt« gewesen zu sein, auch Peter Hess mochte mit der Tagebuch-Beschaffung überhaupt nicht persönlich etwas zu tun gehabt haben, nur Wilfried Sorge und Peter Kühsel enthüllten, daß das Steuertrauma doch eine wesentliche Rolle gespielt habe:

Sorge: »Ich habe Herrn Heidemann darauf hingewiesen, daß er dies eines Tages der Finanzbehörde gegenüber zur Begründung der steuerlichen Absetzbarkeit eidesstattlich versichern müsse.« Kühsel: »Ich habe ... mit dem zuständigen Verlagsleiter, Herrn Wilfried Sorge, diese Frage besprochen und halte es für möglich, daß ich ihm in diesem Zusammenhang gesagt habe, Herr Heidemann müsse zur Glaubhaftmachung der Zahlungen in die DDR gegebenfalls zur Verfügung stehen.«(114) Also doch: Heidemann sollte — für den Staat — eine eidesstattliche Versicherung abgeben. Davon wollte Gruner + Jahr aber nach der Tagebuch-Pleite nichts mehr hören, vielmehr in einem ganz anderen Licht dastehen:

Bei Gruner + Jahr schienen ausschließlich Steuerurlauber ihren Dienst zu verrichten, die Buchhalter in einen Tiefschlaf verfallen, die Bilanzkenner nur durch Nichtstun aufgefallen zu sein. Über die steuerlichen Aspekte wird Gruner + Jahr sehr wohl detailliert nachgedacht haben. Anfang 1987 hatte Thomas Walde Heidemanns Version nochmals bekräftigt: »Daß zugleich Fischer-West (Konrad Kujau) und Fischer-Ost (der angebliche Bruder Kujaus in der DDR) kassierten, machte es ... so schwierig, zu einem späteren Zeitpunkt den Verbleib des Geldes ohne Verletzung der damals streng gebotenen Sicherheitsvorkehrungen zu erklären, und sei dies auch nur für das Finanzamt.« Unerfreulich für Gerd Schulte-Hillen auch dies: »Aus dieser Zwickmühle heraus entwickelte sich ... die ganz ernstgemeinte Vorstellung, es müsse durch (Heidemann) auch mehrmals Geld direkt in der DDR — an wen auch immer (!) — übergeben werden, um eine wahrheitsgemäße, wenngleich nicht erschöpfende Auskunft geben zu können.« die, wie Walde sie nannte, »U-Bahn-Übergabe-Idee« sei im »Jux« vorgetragen, »aber durchaus ernstgemeint«.(115)

Wenn sich die Tagebücher als echt herausgestellt hätten, dann wäre Heidemann von irgend einem Gruner + Jahr-Beamten zur feierlichen Audienz gebeten worden, um den bereits vorformulierten Text für das Finanzamt ergriffen zu unterzeichnen. Im Original wäre das Papier sodann an die Steuerbehörde weitergereicht worden. Was aber war hängengeblieben? Heidemanns für den Verlag ausgedachte Geldübergabe in der DDR. Damit, so werden listige STERN-Taktiker sich wohl überlegt haben, sei Heidemann für die Öffentlichkeit reif fürs Irrenhaus. Vom Finanzamt würde somit niemand mehr reden, Heidemanns Fiskus-Story vielmehr als hilflose Inszenierung eines unter Finanzamts-Verfolgungswahn leidenden Schwachkopfs abgetan werden. Fast hätte Gruner + Jahr das geschafft.

»WER NICHT ZAHLT, KRIEGT SCHLÄGE« oder: Der STERN kennt Konrad Kujau als Konrad Fischer

Den Skandal um die Neue Heimat deckte nicht der STERN, sondern der SPIEGEL auf. Der ehemalige SPIEGEL-Redakteur und jetzige STERN-Macher Peter Koch hatte das Thema verschlafen. Ein erstes Mal war er gedemütigt. Die Geschichte des Dritten Reiches, die er wegen der Tagebücher Adolf Hitlers hatte umschreiben wollen, entpuppte sich als nächster Flop. Jetzt geriet Peter Koch in Verruf. Nur sechzehn Wochen lang erschien im Axel Springer Verlag die bunte Fehlgeburt JA. Damit war Peter Kochs Fiasko endgültig, denn nach seiner Zwangstrennung von Gruner + Jahr war der Porsche fahrende Chefredakteur zu Springer übergewechselt und blieb dem konservativen Haus fast beschäftigungslos bis zu seinem nicht so plötzlichen Tod erhalten. Anfang 1987 widerfuhr Peter Koch Ähnliches wie auch Gerd Heidemann, lediglich der Anlaß war ein anderer:

Kollegen grüßten ihn, wenn überhaupt, nur noch verkrampft. Alte Bekannte rannten plötzlich über die Straße auf den gegenüberliegenden Bürgersteig, nur um dem einstigen Karriere-Journalisten ausweichen zu können. Ehemalige Mitarbeiter, die in einem Restaurant zu Mittag aßen, vergaßen ihre guten Tischsitten, neigten ihren roten Kopf tief über den dampfenden Suppenteller, nur um von Peter Koch nicht erkannt zu werden. Auf einmal verfügte Gerd Heidemann über einen Weggenossen: wegen der Tagebücher gebrandmarkt der eine, seit seinen Mißerfolgen gemieden der andere.

Gerd Heidemann hatte seit seiner Verhaftung von Peter Koch persönlich nie wieder etwas gehört, sondern lediglich dessen mißglücktes Wochenblatt JA konsumiert. Während Koch seinen überraschenden Aufstieg bis zu seinem tragischen Ende bei Springer zumindest vorübergehend genießen konnte, entdeckte Heidemann in Kochs erster »Schnipsel-Deutsch«-Gazette JA (SPIEGEL) einen Kujau-Mitverschworenen: Hans-Jürgen Gostomski, ein Muskelmann, der für ein obskures Inkassobüro im Außendienst Schulden in Not geratener Bürger eintrieb.

Einer, so zitierte Kochs JA Gostomski, habe 8.000,- DM zu zahlen gehabt. Doch »als ich ihn aufsuchte, bemerkte ich sofort, daß mit körperlicher Gewalt bei dem nichts zu machen ist«. Dann aber entdeckte »ich in seinem Arbeitszimmer eine Modelleisenbahn«: »Da habe ich zuerst ein paar Schienen herausgebrochen, dann ein paar Modellbäume entwurzelt. Zuletzt mußten die Eisenbahnwaggons dran glauben. Als ich seine Lokomotive gegen die Wand knallen wollte, wurde der Mann weich. Er hat mir sofort die erste Rate mitgegeben.« Gostomski (JA: »Muskeln, Fäuste und Pistolen im Halfter«), dessen schlagkräftiges Motto »Wer nicht zahlt, kriegt Schläge« zumeist Respekt einflößte, machte sich für JA aus nicht erklärbaren Gründen um sieben Jahre jünger.(116) Als er fast vier Jahre zuvor als Kujau-Bekannter von der Kripo verhört worden war, registrierte diese ihn als geborenen Fischer mit dem angeheirateten »von Gostomski«. Hans-Jürgen Fischer, der spätere Gostomski, lernte Konrad Kujau als Konrad Fischer kennen, denn Konrad Kujau stellte sich auch ihm als Konrad Fischer vor. Zwei drittklassige Abenteurer waren unter sich.

Als Beruf gab Gostomski/Fischer Versicherungskaufmann (Stuttgarter Sparkassenversicherung) an, sein Alter mit 31 Jahren. Sodann durfte er die »privaten oder persönlichen Beziehungen ... zu Herrn Kujau« enthüllen, den er ausschließlich un-

Spaßvogel Peter Koch: *»Muskeln, Fäuste und Pistolen«*

WENN DER EINTREIBER KOMMT

Wer nicht zahlt, kriegt Schläge

Sie mahnen, sie drohen und sie scheuen auch vor Gewalt nicht zurück: Beim Abkassieren von Schulden gehen professionelle Geldeintreiber rücksichtslos vor. Mit fragwürdigen juristischen Tricks zwingen sie das Recht auf ihre Seite

Am Samstag, frühmorgens um 7 Uhr, in einer Neubausiedlung im Westen Stuttgarts. An der Wohnungstür des arbeitslosen Maschinenschlossers Gerd Baumann (23) läutet es Sturm. Der Junggeselle will nicht gestört werden. Doch Baumann rechnet nicht mit der Hartnäckigkeit seines Besuchers. Als der Klingelsturm kein Ende nimmt, reißt der 23jährige wütend seine Wohnungstür auf. Bevor er reagieren kann, sind zwei gut gekleidete Herren in die Wohnung gestürmt. Der hagere Schwabe wagt nach einigen Schrecksekunden die beiden breitschultrigen Eindringlinge anzusprechen. Die weisen ihn deutlich auf seine Mietschuld hin. „Wir sind hier, um den Zaster zu holen", sagen ihm die Männer. „Sonst müssen wir leider wiederkommen."

Das Geschäft der Muskelmänner blüht

Immerhin, das Recht haben die Eindringlinge auf ihrer Seite. Sie gehören zu den Eintreibern, die eine ausdrückliche Genehmigung des zuständigen Amts- oder Landgerichtspräsidenten haben, wie es das Rechtsberatungsgesetz vorschreibt. Baumann ist seit über einem halben Jahr nicht mehr in der Lage, die 800 Mark Miete für seine Zwei-Zimmer-Wohnung zu bezahlen. Mahnungen seines Vermieters hatte er ignoriert. Und als der Gerichtsvollzieher vor der Haustür stand, versteckte sich der Junggeselle bei seiner Freundin.

Da verlor der Wohnungsinhaber die Geduld und engagierte die beiden Muskelmänner, um das Geld einzutreiben.

Solche Mafia-Methoden sind längst keine Ausnahmen mehr, seit es professionelle Eintreiber gibt. Dabei hat Baumann noch Glück gehabt. Vielen Eintreibern fehlt die offizielle

Gazette JA *(Ausriß): Kujau-Freund Gostomski in neuer Rolle entdeckt*

ter dem Nachnamen Fischer kannte. Gostomski begann mit einer Milieuschilderung:

Seine Frau Gabriele habe er in Stuttgart kennengelernt, »damals war sie beruflich tätig in der... 'Sissi'-Bar« und mit Nachnamen habe sie von Gostomski geheißen. Dort sei ihm die Kollegin seiner zukünftigen Gattin, Maria Modritsch, vorgestellt worden, ebenfalls in dieser Kaschemme »beruflich tätig«. Die wiederum liierte sich mit Kujau. Sehr eng sei die Beziehung der Frauen aber nicht gewesen: »Beide unterhielten lediglich einen beruflich bedingten Kontakt, weil sie eben eine Arbeitsstelle hatten.« Noch im gleichen Jahr heiratete Hans-Jürgen Fischer die Animierdame und nahm ihren Namen an. Dann schlenderte er mit seiner »Ehefrau in die Diskothek 'Gin-Gin'«. An diesem Abend stieß er ein erstes Mal auf einen Mann, »der von den dort anwesenden Gästen mit dem Namen 'Conny' angesprochen wurde«. Gostomski hörte, daß »Conny« Stammgast der Sissi-Bar gewesen sei und wollte Kontakt mit ihm aufnehmen: »Irgendwie bin ich, was diesen Menschen betraf, neugierig geworden.« Frau Gabriele gab Auskunft, schließlich verfügte Kollegin Maria Modritsch über reichlich »Conny«-Intimkenntnisse.(117)

Die Gattin »beschrieb ihn als einen sehr sympathischen, zurückhaltenden Menschen«. Gostomski war bereits »Connys« Gefaßtheit aufgefallen, da dieser sich sehr »zurückhaltend« verhielt, »nur ruhig da«-saß, »sehr wenig geredet« habe. Ein Jahr hörte Gostomski nichts über »Conny«, dann aber erfuhr er, daß »Conny eine größere Militaria-Sammlung haben soll«: »Diese Sache interessierte mich. So fuhr ich also an einem Sonnabend in der Frühe (zum Geschäft) in die Aspergstraße.«(118)

Gostomski: »Ich stellte mich unter meinen Nachnamen Fischer vor und sagte auch, daß ich ehemaliger Fallschirmjäger der Reserve bin.« Und Kujau? Auch er machte »sich unter seinem Namen Fischer« bekannt. Fischer/Kujau führte Fischer/Gostomski durch seinen Laden und zeigte seinem Gast eine eingerahmte Urkunde, »die etwas über Verdienste bei der HJ aussagte« — da stand deutlich der Name Konrad Fischer drauf. Gostomski: »Er sagte mir, diese Urkunde habe er als Auszeichnung bekommen.« Gostomski kehrte von nun an regelmäßig bei Fischer/Kujau ein. Eines Tages kam es zum ersten Geschäftsabschluß: Für Edith Lieblang, Fischer/Gostomski kannte sie als Lebensgefährtin Fischer/Kujaus, möge er eine Gebäude-Haftpflicht, Leitungswasser- und Glasversicherung abschließen. Soeben seien die beiden in ein eigenes Haus gezogen.(119) Damit schien das Eis gebrochen: der angeblich unnahbare Fischer/Kujau wurde Fischer/Gostomski vertrauter.

Kujau war inzwischen mit seinem Militaria-Handel von der Aspergstraße in die Schreiberstraße gezogen. Dort sah er auch die Animierkollegin seiner Frau, Maria Modritsch, wieder: »Sie lief... in einem weißen Kittel herum und führte Arbeiten in den Geschäftsräumen aus« — »sie putzte und hielt offensichtlich seine Sammlung in Ordnung.« Als seine Frau Gabriele davon hörte, nahm sie umgehend Verbindung mit Maria auf. Sie wollte über alte Zeiten reden, »da sie nun wußte, daß Maria Modritsch nicht mehr in der 'Sissi'-Bar arbeitete«.(120)

Fischer/Gostomski wurde Vater, der Nachwuchs getauft. Da soll plötzlich Fischer/Kujau bei ihm aufgetaucht sein und »zur Taufe meiner Kinder gratuliert« haben. Fortan liefen die zwei Fischer sich gewohnheitsmäßig über den Weg, es waren Klausen und Kabuffs, die Rotlicht-Faszination führte Fischer/Gostomski mit Fischer/Kujau zusammen. Gostomski: Sein Namensvetter zahlte an einem Abend schon mal 1.500,- DM, dann erblickte er ihn gelegentlich auf der Straße, »in leicht angetrunkenem Zustand«.(121)

Fischer/Kujau erzählte Fischer/Gostomski, daß er in früheren Zeiten ein Hotel am Ammersee geführt habe, das sich später allerdings als größere Imbißstube auf dem dortigen Campingplatz herausstellen sollte. Von derartigem Renommee sichtlich beeindruckt, orderte Gostomski, im Auftrag Konrad Kujaus, für Edith Lieblang auch ein Schließfach. Zwar hätte Kumpel Kujau dies auch tun können, hatte aber bei der Bank seinen Personalausweis vorlegen müssen, der nicht auf den Namen Fischer, sondern auf Kujau lautete. Warum hatte Gostomski das getan? »Für meine Briefmarkensammlung suchte ich schon lange ein Bankschließfach«, das so groß sein mußte, »daß meine sechs Alben hineinpaßten«.(122)

Im April 1983, wenige Wochen vor Auffliegen der Tagebuch-Fälschung, habe sich angeblich zufällig eine Möglichkeit ergeben, bei der Stuttgarter Landesbank ein passendes Fach anzumieten: »Ich fuhr sofort hin und machte mit dieser Bank einen Vertrag.« Anschließend rief er Edith Lieblang an: »Sie erklärte sofort ihre Bereitschaft, mit mir dieses Schließfach zu teilen.« Es wurde eine Vereinbarung getroffen, die sowohl Gostomski als auch Lieblang zu gleichberechtigten Schließfachpartnern machte. Sie erhielt einen Schlüssel und verstaute »mehrere Schnellhefter« (Gostomski). Dann packte Gostomski erst zwei Briefmarkenbücher hinein, dann will er aber plötzlich vier hineingestopft haben. Hans-Jürgen Gostomski verfuhr mehr als geheimnisvoll: Einmal will er, innerhalb von nur vier bis fünf Wochen, zwei Alben herausgenommen (»Diese habe ich zuhause mit einzelnen Marken ergänzt«), ein anderes Mal »ein Briefmarkenalbum ausgetauscht« und »ein anderes wieder hineingelegt« haben.(123) Befand sich vielleicht eine Blaue Mauritius darunter? Oder waren dort STERN-Millionen deponiert? Hatten Lieblang und Kujau Gostomski als Strohmann auserwählt?

Fischer/Kujau war in den Augen von Fischer/Gostomski selbstverständlich ein solider Charakter. Niemals habe er mit Geld um sich geworfen, niemals mit seinen Tausendmarkscheinen geprahlt, die er stets in seinen Hosentaschen mit sich führte: »Mir stellte er sich als höflicher, zuvorkommender Mensch dar, der nie versuchen würde, jemanden zu übervorteilen.«(124)

So aber kann das nicht gewesen sein, denn gerade Fischer/Gostomski wird über den plötzlichen Reichtum Kujaus orientiert gewesen sein und über dessen doppeltes Privatleben Bescheid gewußt haben:

Gerd Heidemann machte aus Kujau einen vielfachen Millionär und ihn mit diesem Attribut zwangsläufig begehrenswert. Die Journalistin der SUNDAY TIMES, Gitta Sereny, brachte das Verhältnis Kujaus zu seinen zwei Damen auf den Punkt: Maria Modritsch sei seine »Tagesaffäre« gewesen, Edith Lieblang reichte nur für die Nacht.(125) Davon will Lieblang über all die Jahre nichts mitbekommen haben. Erst die Kripo weihte sie ein (»Das Verhältnis betreffend der Person Modritsch stellt sich wohl anders dar«). Daraufhin sei Edith Lieblang »über dieses intime Verhältnis« sehr überrascht gewesen, in »keinster Weise habe ich es erahnt und kann mir (das) eigentlich auch gar nicht richtig vorstellen«. Warum nicht? Der »Conny« sei »außerordentlich pedantisch und sauber«, hingegen »Frl. Modritsch schmuddelig«: »Dieses zeigt sich darin, daß mir bekannt ist, daß Frl. Modritsch mit einem Hasen schläft, und dieser in der Wohnung selbst überall Dreck macht.«(126) Ob die blütenweiße Edith Lieblang oder die staubüberzogene Maria Modritsch — stets hielten beide frisch gewaschen zu Konrad Kujau, den sie Dritten gegenüber ausschließlich als Fischer präsentieren, hatte ihnen Konrad Kujau das Pseudonym »Fischer« doch ordentlich eingeimpft.

Maria Modritsch, die einem Tagebuch-Prozeßbeobachter als »kleine, schwarze Person, halbgebildete Österreicherin« auffiel, nur »österreichischen Nuscheldialekt« sprach, als »milieugefärbt« apostrophiert wurde, hatte ihren Gönner Kujau während des Tagebuch-Gerichtsverfahrens mit unangenehmen Aussagen gestraft — Gerd Heidemann stellte sie so dar (Kujau über sie: »Un mid sowas hab ich mich abbgegäbm«): »Herr Kujau nannte sich immer 'Fischer', weil sein Onkel in der DDR General gewesen ist, der Kujau hieß.«(127) Auch Edith Lieblang hatte Konrad Kujaus Weisung, ihn in Gegenwart Außenstehender mit Fischer anzusprechen, ernstgenommen.

Der Geliebte habe »Angst vor einer Strafvollstreckung« gehabt, »sich deswegen unter dem Namen Fischer bewegt«. Lieblang: »Warum Herr Kujau sich Fischer nannte und nicht Meyer oder Schulze, weiß ich nicht«, »Freunden gegenüber stellte er sich als Fischer« und auch »Herrn Heidemann gegenüber ... folgerichtig deshalb als Fischer vor, weil er Herrn Heidemann über Tiefenthäler und Stiefel kennengelernt hatte, die ihn unter dem Namen Fischer kannten.«(128) Wo war Konrad Kujau unter »Conny« Fischer noch bekannt? Überall.

Fritz Stiefel, der NS-Sammler, bei dem Gerd Heidemann Anfang 1980 das erste Mal ein Tagebuch gesehen hatte, schloß rund vier Jahre zuvor nicht mit Konrad Kujau einen Vertrag, sondern mit Konrad Fischer. Inhalt: Stiefel bestätigte Fischer/Kujau, »daß ich die gekauften Dokumente von Adolf Hitler nicht verkaufen werde«, »gleichzeitig bestätigt mir Herr Fischer, daß es sich hierbei um Originale handelt«.(129) Selbst als Tourist ließ Kujau nur als Fischer von sich hören.

In Südafrika sei »das Wetter strahlend. Morgen früh fahren wir zum Cap der Hoffnung«. Unterzeichnet hatte Kujau mit »Fam. Fischer«. Da kamen »viele Grüße aus China«, aus »Florida die besten Urlaubsgrüße«, auf Bali, »der letzten Station unserer Reise«, sei es »sehr heiß, 35 Grad«. Dann war Fischer/Kujau »trotz Streik der mexikanischen Fluggesellschaft auf den Bahamas gelandet«, Edith Lieblang und er hatten »einen Sonnenbrand«. Schließlich: »Die besten Grüße aus Tokio« und welche »aus dem Zululand« — nicht ein einziges Mal waren die Postkarten mit dem Namen Kujau beglaubigt, sondern ausschließlich mit der beliebten Legende »Familie Fischer«.(130)

Konrad Kujau wurde auch amtlich zum Konrad Fischer: Die Stuttgarter Kripo-Abteilung III protokollierte einen »Ober Fischer«.(131) Ein polizeilicher Vermerk stellte resignierend fest, daß ein »Aufenthalt des Fischer nicht ermittelt werden« konnte,(132) drei Jahre später wurde von der Polizei wegen »Führen und Benützen einer Schußwaffe ohne Waffenschein und Erlaubnis« gegen Konrad Fischer (»geb. 26.6.35 Görlitz/Sachsen«)« Anzeige erstattet.(133) Als sich die Polizei daraufhin mit dem Beschuldigten ins Benehmen setzte, gab sich Kujau auch dieses Mal erfolgreich als Fischer aus. Die »Erforschung des Sachverhaltes« hielt in der Tat unglaubliche Behördenschlamperei fest: Fischer/Kujau wurde »fernmündlich befragt«, das Gewehr »bei dem Beschuldigten Fischer ... jetzt sichergestellt«.(134) Im Januar 1968 wurde die staatliche Lotterwirtschaft endgültig aktenkundig: Nicht Konrad Kujau, sondern einen Konrad Fischer hatte das Amtsgericht Stuttgart wegen »Führens einer Schußwaffe« zu einer Geldstrafe von 100,- DM verurteilt.(135)

Zwei Monate später fahndete die Stuttgarter Kripo nach einem Peter Fischer beziehungsweise einem Peter Konrad Fischer.(136) Das Landeskriminalamt Baden-Württemberg hatte endlich mit Hilfe der Fingerabdrücke herausgefunden, daß Fischer mit Kujau identisch war. Es schrieb eine »Aufenthaltsermittlung« aus.(137) Als »der angebliche Fischer ... nach seiner Festnahme ... erkennungsdienstlich behandelt« wurde, kam er — nach Vorführung beim Haftrichter — ins Landesgefängnis Rottenburg.(138) Die Abteilung »Waffen- und Sprengstoffwesen« des Stuttgarter

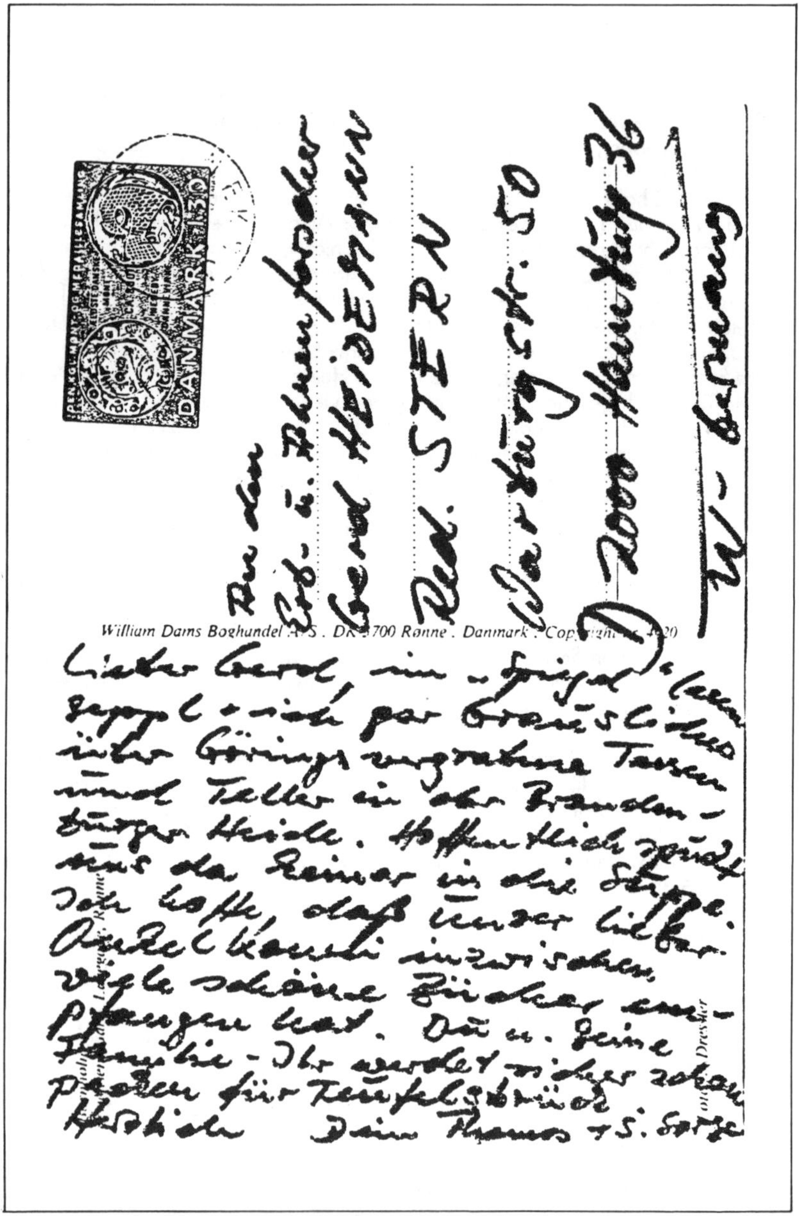

DANMARK 1.30

Herrn
Ltd. ü. Blumenforscher
Gerd HEIDEMANN
Red. STERN
Warburgstr. 50
2000 Hamburg 36
W-Germany

William Dams Boghandel A/S . DK-3700 Rønne . Danmark . Copyright

Lieber Gerd, im „Spiegel" lesen
[illegible] u. ich gar Grausliches
über Görings ungeratene Tassen
und Teller in der Branden-
burger Heide. Hoffentlich gerät
uns da keiner in die Suppe.
Ich hoffe, daß unser lieber
Onkel Konni inzwischen
viele schöne Bücher emp-
fangen hat. Du u. Deine
Familie – Ihr werdet sicher schon
packen für Teufelsbrück
Herzlich Dein Thomas + S. Sorge

Enthüllung über den STERN *(Postkarte Sorges und Waldes an Heidemann): »Unser lieber Onkel Konni«*

Amtes für Öffentliche Ordnung wurde schließlich vom Kriminalhauptkommissar Kögel informiert: »Kujau betreibt... unter dem Namen Fischer ein sog. Militaria-Geschäft.«(139) Zwar war Fischer von Behörden-Amtsträgern als Kujau enttarnt, von seiner Verkleidung aber wollte er nach wie vor nicht abrücken:

Als er wieder einmal angezeigt worden war, gab er während der Vernehmung an: »Dr. Konrad Kujau«, tätig für das Landesamt für Verfassungsschutz in Baden-Württemberg. Die Abteilung fiel ihm gleichfalls ein, es war »A3«.(140) Kujaus Fischer-Fassade machte Sinn: Er hatte gegen Gesetze verstoßen und beabsichtigte nicht, ein unbescholtener Bürger zu werden; vielmehr wollte er auf seine Art weiterhin den Alltag bewältigen: mit Lug und Trug. Als er bemerkte, daß die ersten Fälschungen, anfangs harmlose NS-Urkunden und banale Briefe hoher NS-Würdenträger, ungeprüft immer mehr Abnehmer fanden, schien ihm der Name Fischer als risikomindernde Tarnung bitter notwendig. Falls er eines Tages erwischt worden wäre — ein Allerwelts-Fischer wäre allemal schwerer auszumachen gewesen als ein seltener Kujau. Selbst in den USA war Konrad Kujau nur unter seinem Künstlernamen Fischer tätig.

Der amerikanische NS-Sammler Wolfgang Schulze von Mertschinsky, Geschäftspartner Kujaus, während des Zweiten Weltkrieges Obergefreiter der Luftwaffe in Frankreich, »Geheimnisträger« der deutschen Radargeräte namens »Würzburg«, hielt seit etwa 1967 Kontakt zu Konrad Fischer, den er mit einer weiteren Maskerade in Erinnerung hatte: als »General«. Der nach Amerika emigrierte von Mertschinsky schüttelte »immer nur Herrn Fischer« die Hand und hatte »den Eindruck, daß Fischer ein ehrlicher Mensch ist«. Die Geschäfte blühten kräftig, Kujau-Ware ging für Tausende weg — der Name »Ko, Ku... also Kujau« war Mertschinsky völlig unbekannt.(141)

»Neben den Kriegsbildern«, urteilte das Hamburger Landgericht, »die der Angeklage Kujau mit 'Kujau' signierte, so daß er dem Käufer gegenüber, der ihn als 'Fischer' kannte, nicht als Maler in Erscheinung trat, produzierte er auch Sammlerstücke, die angeblich von fremder Hand« gewesen seien. Da verfügte er über das Talent, »Handschriften geläufig nachzumachen«, hatte er sich Visitenkarten und Briefpapier mit dem Aufdruck »Prof. Dr. Konrad Kujau« drucken lassen, erhielt er gar Verwandtenpost aus der DDR, adressiert an den Professor Kujau. 1980 stand er wegen Titelmißbrauchs vor Gericht.(142) Konrad Kujau, der sich nur Fischer nannte, mochte bei seiner Familie in der DDR nicht als Nichtsnutz, sondern lieber wie eine Eins dastehen. Gerd Heidemann: »Noch bevor ich Konrad Fischer persönlich kennenlernte, war dieser Name von mir Dr. Thomas Walde genannt worden.«(143) Dann stürzte Gerd Heidemann in sein vorprogrammiertes Unglück, der Verlag Gruner + Jahr sowie schließlich die STERN-Redaktion hatten sich untereinander gegenseitig aufgehetzt und den Starreporter angetrieben. Ging der von Heidemann mehr als einmal erwähnte Name Konrad Fischer in diesen hektischen Phasen etwa unter?

Im Juli 1981 hoffte der stellvertretende Verlagsleiter Wilfried Sorge noch — Heidemann kaufte seit einem halben Jahr Tagebücher ein —, daß »unser lieber Onkel Konni inzwischen viele schöne Bücher empfangen hat«,(144) doch im Tagebuch-Prozeß sei ihm angeblich nur geläufig gewesen, daß Heidemann mit der ersten Tagebuch-Rate sechs Monate zuvor nach Württemberg flog, aber ihm sei grundsätzlich »der Name Fischer nicht bekanntgemacht worden«,(145) während er der Kripo gegenüber enthüllte, daß Heidemann ihm den Namen Fischer bereits im September 1982 verraten habe.(146) Wann denn nun wie?

Sorge arbeitete mit seinem Chef, dem Verlagsleiter Peter Hess, »ganz eng« zusammen, das gemeinsame Vorzimmer machte Geheimniskrämerei ohnehin unmöglich. Hess erinnerte sich trotzdem nur an einen DDR-General, er wußte nicht mehr, ob dieser sich Fischer genannt habe, es »konnte sein, konnte nicht sein« — allerdings kamen die Fischer-Informationen »von Sorge und Walde«, will Hess an dem Namen Fischer dennoch »so nah nicht dran« gewesen sein.(147)

Tagebuch-Regisseur Walde hatte während des Tagebuch-Prozesses »sehr viel Mühe gehabt, sich jetzt an alles zu erinnern«, er wisse »diese Einzelheiten nach all dem Geschehen einfach nicht mehr«.(148) Im Jahr zuvor allerdings war Walde — bei der Kripo — noch im Bilde: »Nach meiner Erinnerung hatte Heidemann den Namen 'Fischer' zum ersten Mal von Tiefenthäler erfahren (der Heidemanns Göring-Jacht an den Mann bringen wollte) und mir davon auch gesagt, und zwar im Spätsommer 1980.«(149)

In der Tat telephonierte Heidemann auch am 10. Dezember 1980 mit Jakob Tiefenthäler. Dann reichte er den Hörer an Thomas Walde weiter. Walde zu Tiefenthäler: Die Tagebücher im STERN, das »wäre natürlich 'ne ganz dolle Geschichte«, »wenn man (das Tagebuch) erst mal so wie Sie und wie Herr Heidemann ... in der Hand gehabt und gelesen hat, dann ist man von der Sache natürlich noch ganz anders gepackt«.(150)

Heidemann unterschlug keine Fakten, im Gegenteil. Walde bei seiner zweiten Vernehmung durch die Kripo: »Präzise Angaben über Fischer ... bekam ich von Heidemann nach dessen (erstem) Besuch bei Fischer.«(151) Und auch Leo Pesch, der nach der Tagebuch-Pleite ab Mai 1983 »mit der Auflösung des (STERN-)Ressorts Zeitgeschichte beschäftigt« war, zuvor wie Walde und Heidemann in eben dieser Redaktion den Tagebuch-Stoff bearbeitet hatte, zeigte sich bis ins Detail informiert: Den Namen »Konny« erwähnte »Heidemann des öfteren«, »er nannte ihn immer in Verbindung mit den Lieferungen der Tagebücher«. Pesch wußte zudem, »daß der Konny sich irgendwo im Raum Stuttgart aufhält bzw. dort wohnt«.(152) Waldes Tagebuch-Engagement war nicht zu übersehen:

Der Stuttgarter Fischer redete kontinuierlich von einem Bruder, der in der DDR General sei. Da kamen die verschiedensten Einheiten in Frage: Ministerium für Staatssicherheit, Nationale Volksarmee, Volkspolizei. Über das Innerdeutsche Ministerium versuchte Walde, den DDR-Fischer zu verifizieren. Doch es gab zu viele. Die Angst des Verlages und des STERN, sich nach der Tagebuch-Pleite dabei erwischen zu lassen, von Heidemann über den Tagebuch-Lieferanten Konrad Fischer in Kenntnis gesetzt worden zu sein, saß tief. Walde resümierte das Fischer-Kapitel Ende 1986 so: »Mindestens alle Ende Januar 1981 in der Verlagsspitze Versammelten und Beteiligten zum Projekt Tagebuch haben diesen Namen von uns gehört und auch gelesen.«(153) Doch das durfte nicht sein, die These von Heidemanns Alleinschuld hatte auch bei Kujaus Phantomnamen greifen müssen. Der STERN ging nicht mit sich selbst ins Gericht, sondern sprach im Vorfeld das Urteil aus, denn unerbittlich baute die Redaktion den inzwischen »mit freundlichen Grüßen« fristlos entlassenen Reporter zu einem sich im NS-Wahn befindlichen Besessenen auf, die weltweit anerkannten Heidemann-Erfolge wurden zu Pleiten umfunktioniert, der STERN schreckte sogar vor dem Privatleben Heidemanns nicht mehr zurück. Vorreiter war Henri Nannen, dessen Strafanzeige gegen Heidemann »wegen dringlichen Betrugsverdachts« die unangenehme Kür des STERN erst richtig ins Rollen brachte.

»Und das wir (die Tagebuch-Folgen) zu drucken begannen«, schrieb er ausgerechnet unter der auf den STERN zielenden Schlagzeile »Hochkonjunktur für Scheinheilige«, »ohne Heidemanns Quelle genau zu kennen, ist vollends unverzeihlich.«[155] Die aber war dem STERN eben doch bekannt. Nannens Ausrede für den »Lieben Sternleser!« vorangegangen war die genüßliche Fälschungsmeldung des vom STERN mehr als einmal niedergeknüppelten Bonner Innenministeriums. Diese Hiobsbotschaft verbreitete sich am 6. Mai 1983 wie ein Lauffeuer. Zwei Tage zuvor hatte — ausgerechnet — Michael Seufert dem STERN-Reporter Gerd Heidemann noch einen Tagebuch-Recherchenauftrag erteilt.

Der Münchner STERN-Korrespondent Gerhard Tomkowitz meldete Seufert den Anruf eines Schwabinger Rechtsanwalts. Dieser habe einen Mandanten, der für tausend Mark seine Erlebnisse dem STERN anvertrauen würde. Der Landwirt stammte aus dem DDR-Dorf Börnersdorf und hatte den Absturz der Führermaschine hautnah miterlebt. Tomkowitz, so entschied Seufert, sollte die Befragung Gerd Heidemann überlassen, schließlich steckte er im Thema drin. Am 4. Mai flog Heidemann nach München und traf am nächsten Tag um 18 Uhr in der Kanzlei des Advokaten auf den Informanten. Tags darauf mußte Gerd Heidemann abermals zu Tagebuch-Ermittlungen aufbrechen. Diesmal war es Wolf Thieme, der Heidemann einen Tip weitergab.

In Bayern lebe eine alte Frau, die als Wäscherin Adolf Hitlers bislang übersehen worden sei. Diese Dame habe gleichfalls am 20. April 1945 mit einer Führermaschine die Reichshauptstadt verlassen, möglicherweise könne sie Tagebuch-Erbauliches beisteuern. Heidemann fand auch diese Zeitzeugin. Dann kam der Tag der Schreckensnachricht, der 6. Mai, ein Freitag. Heidemann war gerade unterwegs nach Miesbach, wo eine ehemalige SS-Druckerei den Untergang des Dritten Reiches problemlos überlebt hatte. Heidemann fahndete nach erhalten gebliebenen Papiermustern aus der NS-Zeit. Im Radio hörte er das endgültige Tagebuch-Aus. Heidemann suchte die nächste Telephonzelle auf und rief Thomas Walde an, der die konfuse Situation in den Griff zu bekommen hoffte: »Gerd, wo bist du? Wir suchen dich. Keiner weiß, wo du bist.« Heidemanns Stimmung war auf dem Nullpunkt, doch Walde hielt er vor: »Seufert und Thieme sind meine Aufenthaltsrouten bekannt gewesen; die haben mich schließlich losgeschickt.«[156] Trotzdem wurde später die Mär kolportiert, nur unter sehr schwierigen Umständen habe der STERN Gerd Heidemann aufgegriffen.

Walde wollte seinen Mitarbeiter nicht mit einer Linienmaschine fliegen, sondern ihn per Charter transportieren lassen: »Die Konkurrenz ist hinter dir her.« Dann stellte er zur Nachrichtenredaktion durch, die derart aufwendige Logistikprobleme mühelos bewältigen konnte. Heidemann, so wurde mitgeteilt, solle sich zum Flughafen Riem begeben und dort auf den Aufruf seines Namens warten. Inzwischen erhielt der Münchner STERN-Vertreter Tomkowitz die Weisung, auf dem Airport zu Heidemann zu stoßen. So saßen beide an der Bar und schütteten Whisky hinunter. Erst gegen neun Uhr landete die Leihmaschine. Um Mitternacht holte ihn Karl-Heinz Blumenberg am Rollfeld ab, der nur zufällig im STERN zum Ressort »Sonderthemen« gehörte.

In Schulte-Hillens Vorstandszimmer wurde Gerd Heidemann von Henri Nannen, Gerd Schulte-Hillen und Chefredakteur Felix Schmidt erwartet. Als Heidemann frustriert den Raum betrat, pöbelte Nannen sofort drauflos: »Entweder Sie sind ein Betrüger, oder Sie gehören ins Irrenhaus.« Heidemann legte Rechenschaft ab und wiederholte: Der Tagebuch-Lieferant heiße Konrad Fischer und wohne in Stuttgart. Als Nannen den Namen hörte, bemerkte er überrascht, daß auch Schulte-Hillen dieser Name ein Begriff war. Nannen machte vor der Kripo Stimmung gegen Heidemann: »Ich habe ein Tonband-Telefongespräch zwischen Heidemann und den mir unbekannten Lieferanten gehört, das Heidemann ... zur

DER SPÜRHUND

Heidemann: Ja, wie soll ich die Geschichte erzählen.

Seufert: An einer Geschichte kommen wir doch nicht vorbei: daß die Bücher gefälscht sind.

Heidemann: Das sagt ihr, ich bin da nicht von überzeugt.

Schmidt: Das nehmen wir jetzt als gegeben an. Die anderen Gutachten lauten alle beide...

Walde: Wir können uns doch jetzt nicht in der Öffentlichkeit mehr an diesem Gutachten vorbei.

Vernehmer: Wolf Thieme
Bandabschrift vom
7.5., nachts 24–5.30 h
Schmidt, Walde, Seufert, Thieme,
Schönfeldt, Heidemann

~~(neue Stimme)~~ W: ... die Geschichte kommt ja nicht rein, ich möcht auch keine Bandaufnahmen, denn wenn dann verlore ich hier den Verein

~~(neue Stimme)~~ H: ~~(nicht verständlich)~~ und dann hab (U) mir ..(die Zahl (27) stimmt ?) Und hat

Enhüllungen über den STERN *(Tonband-Protokoll Vernehmung Heidemanns): »Weißt Du doch auch, Thomas« (Kasten unten: Walde will nicht über seine DDR-Geheimdienst-Kontakte reden)*

Beruhigung (aller Anwesenden) vorspielte.«(157) Es war bereits spät in der Nacht. Nannen war, wieder einmal, eingeschlafen. Um 1.30 Uhr wachte Henri Nannen auf, blickte zur Uhr, stammelte etwas von »Müdigkeit« und verschwand. Das war auch der Augenblick für die Herren, in Schmidts Chefredaktion überzusiedeln. Dort warteten bereits Thomas Walde, Rolf Gillhausen, Günter Schönfeld, Michael Seufert und Wolf Thieme, der die »Fund«-Geschichte geschrieben hatte. Erneut rückte Gerd Heidemann mit den Namen Fischer und Lieblang heraus, nannte die Anschrift und Telephonnummer. Welche Rolle spielte Thomas Walde?

Fast teilnahmslos kauerte er während des Heidemann-Verhörs, das auf Band aufgezeichnet wurde, auf seinem Stuhl. Wenn er sich zu Wort meldete, ging es zumeist um die Kontakte zum DDR-Staatssicherheitsdienst, denn »ich möchte ... keine Bandaufnahmen, wenn, dann verlasse ich hier den Raum«. Heidemann sprang er nicht zur Seite (Heidemann: »Du weißt das doch, Thomas, wann war das?« Walde: »Ach, weiß nicht«). Obwohl Walde von seinem Reporter über die Tagebuch-Recherchen detailliert unterrichtet wurde, hatte er sich nicht festgelegt (Walde: »Hast du irgend 'ne Idee, was hat der für connections?«). Warum hatte er Heidemann nicht geholfen, warum war er ihm nicht verteidigend zu Hilfe geeilt (Heidemann: »Weißt du doch auch, Thomas!«)? War es die Angst, seinen Job zu verlieren? Heidemanns Notsignale hatten bei Walde nichts genutzt, der Appell Heidemanns wurde von Walde ignoriert, der Selbsterhaltungstrieb schien die Oberhand gewonnen zu haben. Hatte Thomas Walde seinen Untergebenen bewußt fallenlassen?(158)

Nicht Thomas Walde, sondern Gerd Heidemann legte die Fakten auf den Tisch. Michael Seufert fragte Heidemann, wo Konrad Fischer wohne. Heidemann: »Schreiberstraße 22, das ist, wo er seinen Laden hat.« Seufert: »Da wohnt er nicht?« Heidemann: »Nein, der wohnt irgendwo auf dem Lande.« Seufert: »Wie will man denn an die Frau (Lieblang) herankommen ... wenn wir die Telefonnummer ... haben, können wir doch den Ort feststellen.« Heidemann: »07142/32286. Er hat vorher in Ditzingen gewohnt. Jetzt ist er umgezogen, und ich habe immer gesagt: Gib mir doch mal deine neue Anschrift. Die wollte er mir immer nicht geben. Weil wir uns immer telefonisch verabredeten und uns immer in der Schreiberstraße treffen. Ich bin immer nach Stuttgart geflogen und bin immer in die Schreiberstraße gefahren.«(159) Seufert telephonierte — noch in der Nacht — STERN-Mitarbeiter aus den Betten. Sie sollten sich Samstag früh umgehend auf Recherche begeben, der Raum Stuttgart und Löbau in Sachsen waren die Einsatzorte. Um sechs Uhr fiel Heidemann ins Bett. Er war erledigt.

Der Fälschungsbescheid wurde auf der Bundespressekonferenz um zwölf Uhr verkündet. Diese für den STERN tödliche Meldung erreichte die Nachrichtenredaktion wenige Minuten später, Heidemann konnte aber erst mit zwölf Stunden Verspätung in Hamburg eintreffen, weil die Chartermaschine auf sich warten ließ. In diesen frühen Stunden hätte Thomas Walde, wenn er nur gewollt (oder gedurft?) hätte, den Kollegen Seufert bereits mit Fischer-Material eindecken können, so daß dieser sofort mit Heidemann entlastenden Recherchen hätte beginnen können. Eine Heidemann-Fürsprache schien aber gar nicht einkalkuliert. Sollte er sofort auf die öffentliche Anklagebank gehebelt werden? Konnte sich der STERN nur mit diesem Konzept noch retten?

»Nachdem die Hitler-Tagebücher als Fälschung entlarvt worden waren«, übertrieben die STERN-Redakteure Michael Seufert und Jürgen Steinhoff in dem ersten STERN-Ehrenrettungs-Versuch, »wurde endlich so recherchiert, wie es sonst beim STERN üblich ist.« Da benötigte der auf Heidemann angesetzte Rudolf Müller an-

TK von: Rudolf Müller
an: Michael Seufert / D 2

Recherchen:

1. Haus Edith Lieblang/Konrad Fischer
   Bietigheim-Bissingen, Im Friederikele 1o

Lage: Sackgasse, drei neue 1 1/2 Stockwerke hohe Einfamilienhäuser, seitlich mit Eternit-Schindeln (braun) gedeckt, Haus Lieblang ist das Mittlere (Nr. 1o)

Haus: Übriges Dach mit rotbraunen Ziegeln gedeckt, im Obergeschoß eine Loggia mit brauner Markise, orangefarbene Biesen, oben rechts der Loggia eine Alarmanlage (rechteckiger Blechkasten mit rotem Licht) leuchtet, beobachtet von o8.3o bis ca. 1o.45

Erdgeschoß: großer Wohnraum, Jalousien heruntergelassen, rech dunkelbraune Holz-Eingangstür mit Messing (?)-Wappen eines Löwenkopfes, Markise dunkelbraujn, orangefarben abgesetzt. Vor dem Wohnraum kleine Terrasse (Waschbeton), links an der Wand hängt ein imitiertes, zu einem Spiegel umgearbeitetes Pferdehalfter, davor stehen vier einfache braune Holz-Gartenstühle. Rechts neben dem Wohnraum große, dunkelbraune Doppelgarage.

Vor der Terrasse: Kleiner Garten (fast ausschließlich Rasen), letzter Schnitt vor ca. 1 Woche, Zentrum des Gärtchens (ca. 5 x 7 m) ist ein imitierter Brunnen aus Gips o.Ä.

Davor: Schmiedeeisernes Tor mit eingearbeitetem Wappen von Bd Württ. mit dem Wahlspruch: "Furchtlos und treu", Kein Namensschild an der Klingel, kein Schild an der Gegensprechanlage,

Auskünfte: 1. Nachbar PEER (Nr. 12): "Wir haben die beiden Leute in den ca. drei Monaten, in denen sie hier wohnen, nur ein oder zweimal gesehen". Die Frau "heißt Lieblang, das wissen wir. Ein Herr Fischer hat hier nie gewohnt. Da war zwar noch ein Mann, d-er hieß aber anders". Sonst keinen Kontakt. Auch nicht im Garten.

2. Postbotin: "Hier wohnt kein Fischer. Ich habe immer nur Post für Lieblang und Dr. Kujau gehabt. Gestern waren die aber noch da, da waren jedenfalls noch die Jalousien hoch. Vorname Dr. Kujau unbekannt. Post kam 2-3 x pro Woche.

3. Nachbar SCHNELZER (Nr. 8): Meine Tochter hat heute nacht d Alarmanlage gehört. Das muß nach Mitternacht gewesen sein. Wir haben ihr aber nicht geglaubt. Erst jetzt, wo wir die Anlage in Betrieb sehen (rot blitzendes Licht), meinen wi daß sie wohl doch recht hatte. "Die beiden sind ganz selte zu Hause gewesen, weil die wohl beide arbeiten gingen. Wi haben deshalb kaum Kontakt gehabt. Gestern mittag sind di aber weggefahren. Sie hatten einen grau-olivgrünen BMW. Da Modell weiß ich leider nicht. Der Wagen steht auch nicht i der Garage. Der Name "Fischer" ist nie gefallen. Der Mann der da wohnt, muß aber, das hat er uns mal erzählt, Sektvertreter sein.

Recherchen-Bericht des STERN *(Rudolf Müller): »Der Name Kujau wird immer verrufener«*

geblich lediglich knapp »eine Stunde, um herauszubekommen, was dem Kollegen drei Jahre lang verborgen geblieben war«, da startete »unmittelbar nach Müllers Erkenntnis« der STERN-Photograph Harald Schmitt von Ost-Berlin in Richtung Löbau: Vier Stunden dauerte die Fahrt, nur zwei Stunden mußte er recherchieren.(160) Dann war die Sache komplett: Heidemanns Fischer hatte sich tatsächlich als Kujau bestätigt.

In Wahrheit hatte Müller gar nichts ermittelt, sondern er konnte nur auf Grund der von Heidemann gemachten Angaben über Fischer und Lieblang sofort fündig werden. Schmitt schaukelte lediglich vier Stunden über die mit Schlaglöchern durchsetzten DDR-Landstraßen, weil er von Gerd Heidemann über Michael Seufert die notwendigen Informationen erhalten hatte. Sonst hätte er sich gar nicht ins Auto setzen müssen. Was hatte Schmitt bei Kujaus Verwandtschaft herausgefunden? Er kehrte mit wahrlich sensationellen Ergebnissen zurück.

Da habe Kujau einmal Urlaub in Amerika gemacht und sogar eine Postkarte aus Disneyland geschickt (»Die leider nicht mehr zu finden ist«), habe ein Jahr zuvor einen Gruß aus Japan in die DDR adressiert (»So ein 3-D-Foto«). Und was noch? Der Konrad sei »in seiner Jugend groß in der FDJ als Agitator« gewesen (»Mit geballter Faust immer vorneweg«). Kujaus Lieblingsschwester heiße Ute, »nur Doris und ihr Mann wußten, daß Konrad sich auch mal Fischer nennt«, da glaubte Schmitt, »daß (die Verwandten) wußten, daß Konrad irgendein Ding dreht«. Schmitt, der Fischer nicht als Kujau führte, sondern ihn liebevoll ausschließlich »Konrad« titulierte, hatte ein kleines Wunder vollbracht, auch noch Kujaus Größe herausbekommen: »Er ist etwa 172 cm groß und wiegt ca. 80 kg. Vollschlank, aber nicht dick.«(161) Was hatte Schmitt noch gemeldet?

Die Familie des Kujau-Bruders sei »noch einfacher gestrickt«, Kujaus Lebensgefährtin Lieblang trat »meist (mit) dunkelblonden Haaren« auf: »Sie kleidet sich modisch, aber unauffällig. Z.B. teuren Ledermantel, aber keine Nerze.« Schließlich geriet Schmitt auch Unbezahlbares in die Hand: Ein Brief Kujaus, den »die Verwandten auf dem Dachboden gesucht« und gefunden hatten, datiert vom 11. August 1957, geschrieben wenige Tage nach seiner Flucht. Schon hier ging es um Geld.(162)

Auf seinen Bruder Heinz war der damals 19jährige Kujau nicht gut zu sprechen, dennoch beförderte er ihn später zum DDR-General: »Verrückt könnte ich auf (ihn werden) daß Sie immer zu Euch essen u. Geld holen kommen. Sie haben wohl gehört, daß ich die Schulden bei Heider bezahlen will, da wollen Sie wol Euch gleich noch mehr machen. Na unser Name Kujau wird dadurch immer verufener.« Dann fragte er sich, »wo ich die große Schnauze herhab, kann sie faßt nicht mehr halten. Nun wenn mir was nicht paßt fluche ich u. schnauze jeden an, wer es auch ist, u. darum denken alle ich bin aus Berlin«. Legenden standen bereits 1957 bei Kujau auf dem Programm: »Wegen Filmschauspielern werde ich bei uns mal sehen, im Haus bei UFA ist doch auch das große Filmstudio UFA« — »ich sehe u. rede jeden Tag mit dem Schauspielern«, trotzdem: »Wenn Ihr wüstet wie blöde die... sind.«(163) Ergiebig war das nicht, die Ergebnisse im Raum Stuttgart nicht berauschend. Das fiel sogar der STUTTGARTER ZEITUNG auf, die unter der Überschrift »Gerd Heidemanns merkwürdige Kontakte« STERN-Spezifisches ausmachte: »Energisch recherchierte der 'Stern' hinter der Fälschungsgeschichte der Tagebücher her«, sei ein Viermann-Team auf einen Konrad Fischer gestoßen, in der nächsten STERN-Ausgabe werde der STERN seine Leser »vermutlich noch nicht mit der 'Enthüllung' bedienen können — zumindest solange Heidemann schweigt«.(164) Heidemann aber hatte nichts geheimgehalten, Fischer und Lieb-

STERN Thomas Walde

7. 5. 83
Datum

Der von Euch gesuchte Mann, der sich als Fischer v
heißt in Wirklichkeit :

Konrad KUJAU ist geb. am 27.6.1938 in Löbau in de

Vater: Richard Kujau aus Löbau   Mutter: Hertha
aus Karl Marx

Konrad ist 1957 in den Westen abgehauen, hat sich
13 Jahre lang nicht mehr gemeldet, tauchte dann pl
wieder in Löbau auf und sagte er hätte im Westen e
Doppelnamen. Er hieße jetzt auch manchmal Fischer.
Briefe die seine Verwandten ihm dann schickten und
Einladungen für die Volkspolizei, die lauteten abe
auf Kujau. Die Löbauer waren zwar irritiert, fragt
nicht was das zu bedeuten hätte.

Erste Einreise in die DDR wieder 1970, dann etwa
seine Mutter, 74, 77, 80, 82 telefonisch hat er si
zuletzt Weihnachten 1982 gemeldet. Da schickte er
Paket für die Kinder mit Klamotten und Spielsache
Blieb immer 8-10 Tage.

Er gilt als unpolitischer Mensch der selten disku
aber eine Vorliebe wie sein Vater und sein Bruder
militärische. Seit ein paar Jahren sammelte er Bü
Hitler.

Recherchen-Bericht des STERN *(Harald Schmitt an Thomas Walde): »Mit geballter Faust immer vorneweg«*

lang deutlich beim Namen genannt, was sogar Henri Nannen in seiner Strafanzeige ausformulierte, wenngleich er statt Fischer lediglich einen unerklärlichen »Allerweltsnamen« ins Spiel brachte. Nannen hatte ihn also gehört — als Zeuge vor Gericht setzte allerdings die Gedächtnislücke ein: Heidemann, so Nannen, habe sich geweigert, seine Quelle preiszugeben, statt dessen nur ein Tonband abgespielt, der Name Fischer sei ihm niemals zu Ohren gekommen.(165) So turbulent ging es in der STERN-Redaktion zu, daß sie nicht nur voreingenommen, sondern nun erkennungsdienstlich gegen den Reporter vorging, den eigentlichen Tagebuch-Sünder Kujau als Haupttäter gar nicht mehr im Visier hatte.

Der Frankfurter STERN-Korrespondent Rudolf Müller hatte eine Stern-Stunde, seinem »lieben Michael« Seufert per Hausmitteilung ein bravouröses Erfolgserlebnis nach Hamburg geschickt, ihm war mit Hans-Werner Hübner ein Meisterstück gelungen: die »Kujau-Gespielinnen« (Müller) Edith Lieblang und Maria Modritsch am 1. Juni 1983 von elf bis achtzehn Uhr an einen Tisch zu bringen. Müller an Seufert: »Die meisten Auskünfte stammen von Frau Lieblang, Frau Modritsch griff in das Gespräch nur selten ein.« Was erfuhr der STERN? Daß sich die beiden Damen nicht besonders gemocht hätten, daß sie sich »gegenseitig bewachen« würden. Und was noch?

Die 60 Tagebücher hätte Gerd Heidemann mit Beträgen »zwischen 15.000 und 30.000 Mark« je Exemplar bezahlt, Kujau für eine größere Lieferung (»Und das sei der absolut höchste Bargeldbetrag überhaupt gewesen«) einmal 70.000,- DM kassiert. Heidemann kaufte angeblich meist ohne Geld, wollte erst beim nächsten Mal bezahlen. Darüber sei der arme Konrad Kujau sehr verärgert gewesen und habe seiner Edith erklärt: »Das ist doch eine Schweinerei.«

Mit Bargeld mochte Kujau nichts zu tun haben, zuständig dafür war ausschließlich Edith, die beim Nachzählen sofort bemerkt hatte, »daß die auf den Banderolen der Scheine angegebenen Geldsummen häufig nicht mit dem tatsächlichen Betrag übereinstimmten«. Lieblang laut STERN-Müller: »Der Heidemann hat uns beschissen.« Dann war Heidemann auch noch doof. Müller an den STERN: »Kujau hatte den Eindruck, daß Heidemann nicht allzuviel Ahnung von echten Militaria hatte, weil er sich 'für viel Geld zu viele Fälschungen unterjubeln ließ'.« Maria Modritsch kam ebenfalls zum Zuge: Wegen der schleppenden Zahlungsweise habe Kujau Schuldscheine verlangt, die sie persönlich zusammengefaltet, in einen neutralen weißen Umschlag gesteckt und dann in eine schwarze Aktentasche von Kujau gelegt habe. Den STERN-Männern Müller und Hübner müssen die Ohren geklungen haben.

Wenn Heidemann Kujau überhaupt auszahlte, dann nur »zur Abwechslung mal wieder« (Kujau), ungeprüft Michael Seufert noch das von den Kujau-Freundinnen entgegengenommen: »Kujau (möge) nach Veröffentlichung der Hitler-Tagebücher im STERN nicht nervös werden ... Es könne sein, daß in der Öffentlichkeit eine Zahl von sieben Millionen Mark für den Ankauf der Bücher genannt werden würde. Er solle deshalb nicht nervös werden, weil er viel weniger bekommen hätte. In der Zahl von sieben Millionen Mark seien alle Nebenkosten, wie Büro-Unterhaltungskosten des Ressorts Zeitgeschichte, seine eigenen Reisekosten nach Südamerika, Nebeneinkünfte..., Schreibarbeiten, Gutachten usw. enthalten. Sein Preis, den er insgesamt erhalten hätte, sei schon korrekt.«(166) Wer sollte das nur glauben? Der STERN.

Für STERN-Müller war alles klar: Heidemann apostrophierte er als »Gauner«, es sei auch »immer unwahrscheinlicher (geworden), daß Heidemann den Namen Kujau nicht kannte«, fehlende Reiseabrechnungen Heidemanns brauchte der Reporter laut Müller nicht einzureichen, »weil er ja genügend Bares vom Verlag hatte«. Da Edith Lieblang zudem erklärte, daß Heidemann »mehrmals 1983 und auch 1982 in der Schweiz war«, könnte das »ein Hinweis auf den Verbleib des Geldes sein!« oder aber — da er »häufiger in Genf einkaufte« — »auch ein paar Mark in Genf 'angelegt' haben«.(167) Die von Lieblang und Modritsch dem STERN verkauften Märchen konnte die Redaktion gut verwerten.

Kujau und Heidemann »haben Differenzen finanzieller Art«, so druckte der STERN erleichtert, will der Tagebuch-Fälscher statt 9,35 Millionen lediglich 2,5 Millionen erhalten haben, »die er aber noch nicht vollständig ausgezahlt bekommen habe«, führte Heidemann die meisten Reisen — als ob dies dem STERN nicht bekannt gewesen war — »ganz gemütlich von Hamburg nach Stuttgart, mit einer Plastiktüte oder dem Flugkoffer voller Bargeld«, habe Gerd Heidemann »spätestens seit Sommer 1981 billigend in Kauf genommen, daß es sich bei den Tagebüchern um Fälschungen handelt«, wobei Kujaus einfältige Aussage plötzlich großes Gewicht erhielt, nach der er angeblich in Gegenwart Heidemanns die Hitler-Schrift nachgeahmt haben will.(168) War der STERN Kujau gegenüber in eine Demutshaltung verfallen?

Nannen hatte den STERN-Lesern eine »lückenlose Aufklärung« versprochen, jedoch »das letzte Wort in diesem Fall dem Staatsanwalt (gegönnt), das Urteil liegt dann bei Ihnen, den STERN-Lesern«.(169) Was der STERN-unerfahrene STERN-Konsument indes nicht erfuhr, war der unerbittliche Wille der Redaktion, Gerd Heidemann als Tagebuch-Triebkraft herauszuputzen, ihn als Tagebuch-Motor darzustellen und als den unbelehrbaren Tagebuch-Drahtzieher an die Öffentlichkeit zu zerren. Konrad Kujau dagegen wurde als Tagebuch-Bösewicht entschuldigt, war der STERN statt dessen für jeden Heidemann belastenden Hinweis dankbar, selbst in der Untersuchungshaft tischte Kujau Hirngespinste auf, der STERN publizierte selbstverantwortlich: Nicht er, Kujau, sondern Heidemann habe die Millionen eingesackt. Kujau: »Gott soll mein Zeuge sein.« Dabei hatte der STERN, einen Tag vor der Verhaftung Kujaus an der österreichisch-deutschen Grenze, bereits exklusiv herausfinden können, was für ein Kaliber der Illustrierten gegenüberstand.

Kujaus erster Rechtsbeistand, eine Kanzlei aus Stuttgart, unterbreitete dem STERN ein sonderbares Angebot. Unter der Voraussetzung, daß Kujau versichere, »daß er die Hitler-Tagebücher nicht gefälscht hat; er nicht gewußt hat, daß die Hitler-Tagebücher gefälscht sind; er von Herrn Heidemann nicht mehr Geld erhalten hat als er selbst aufwenden mußte, um die Hitler-Tagebücher zu erlangen«, würde Kujau schonungslos auspacken: Er werde »auf die Dauer von einem Monat keinem anderen Presseorgan in gleicher oder ähnlicher Weise Informationen geben«, dafür verzichte der STERN »auf zivilrechtliche Zahlungsansprüche«.(170) Auf dies dubiose Geschäft mochte sich die Rechtsabteilung des Verlages Gruner + Jahr, sonst geübt im Umgang mit wichtigen Informanten, aber nicht einlassen. Wenn der STERN hier nachgegeben hätte, wäre er möglicherweise noch rechtzeitig zu einer Kehrtwendung fähig gewesen: weg von den Kujau-Lügen, hin zu einer fairen Unterstützung Heidemanns. Auf diese Seite aber mochte sich der STERN — aus naheliegenden Gründen — nicht drängen lassen, im Gegenteil: Je mehr Unwahrscheinlichkeiten Kujau über seine Frauen Modritsch und Lieblang verbreiten ließ, desto tiefer sank Heidemann. Je mehr Kujau selber zu Worte kam, desto abschreckender die Person des in Untersuchungshaft einsitzenden und durch Kujau sowie den befangenen und unduldsamen STERN vorverurteilten Heidemann. STERN und Kujau verband in Wahrheit ein und dasselbe Motiv: das Überleben, das nur dann gewährleistet schien, wenn es Heidemann an den Kragen ging. Jedes Mittel dazu war recht, der phantasievolle Kujau zog dabei alle Register seiner üblen Kunst:

Konrad Kujau hatte von Gerd Heidemann Millionen in Empfang genommen, den Löwenanteil will er nicht selbst vereinnahmt haben, sondern Gerd Heidemann soll es gewesen sein. Den Beweis wollte er über eine »Schuldschein«-Erfindung führen. Als Kronzeugin hatte Kujau seine Freundin Maria Modritsch auserkoren, die bei dieser Gelegenheit die Tagebuch-Mindereinnahmen zu beglaubigen hatte. Zwar saß Kujau in Haft, aber mit Hilfe des allseits bewährten Kassibers ließen sich komplizierteste Unternehmen problemlos meistern.

Unter der Überschrift »Schuldschein des Heidemann« klärte Kujau seine Partnerin auf: »Ich habe, bis auf einen Schuldschein, alle anderen Schuldscheine weggeworfen.« Einen aber habe er »versteckt« (»Nicht einmal Edith weiß etwas davon«): »Da ich am Anfang log, ich hätte die Bücher nicht geschrieben, hatten wir mit Heidemann ausgemacht, sobald ich freikomme, bekomme ich mein restliches Geld. Es geht immerhin um 700.000,- DM. Nun ist ja alles anders gekommen. Nur den Schuldschein rücke ich erst zur Hauptverhandlung heraus«, aus dem sei deutlich zu ersehen, »wieviel Geld ich genau von Heidemann bekommen habe«. Modritsch erhielt umständlich Kujau-Anweisungen mit auf den Weg:

»Du konntest ... die Unterschriften von mir ... und die Unterschrift von Heidemann entziffern, da Heidemanns Unterschrift bald wie die eines Kindes aussieht. Du sagtest noch, den Heidemann als Reporter hättest Du eine andere Unterschrift zugetraut.« Zur Abwechslung stand leicht zu Behaltendes auf Kujaus Instruktionspapier: »Ich verstaute diesen Schuldschein als Jürgen (Gostomski) kam in meinen Aktenkoffer.« Dann aber wurde er plump: »Lese diese Zeilen genau, wenn nötig, einige Male durch. Ich glaube, man wird Dich danach fragen, da Du die einzige Person bist, die den Schuldschein gesehen hat.« Von Heidemann ausgehändigt erhalten haben will Kujau diesen Schuldschein eine Woche vor dem Tagebuch-Fälschungstestat, da hatte er sich ein letztes Mal 300.000,- DM bei Heidemann — in Hamburg — abgeholt.(171)

»Der Weg (eines Kassibers) aus der Haft zur Post ist leicht«, kommentierte ein eingeweihter Prozeßbeobachter, »denn es besteht ein ständiger, unbeaufsichtigter Kontakt zwischen Kujau und Lieblang vor der Verhandlung, während der Pausen. Es bestand auch ein sehr enger und kaum beaufsichtigter Kontakt zwischen (Jochen) Kummer (BILD) und Kujau, sehr eng, auch mit Saufabenden in Kujaus kurzer Freiheit.«(172) Der Tagebuch-Fälscher Konrad Kujau, der BILD-Chefreporter Jochen Kummer sowie der mit roher Gewalt geldeintreibende Hans-Jürgen von Gostomski — ein sonderbares Trio trat da in Aktion, eine unangenehme Affäre hatte Premiere, deren Generalprobe bereits der auf Gerd Heidemann losgelassene STERN-Redakteur Rudolf Müller beigewohnt hatte.

Die Schuldscheine Heidemanns, übermittelte Müller dem Chef-Ermittler des STERN, Michael Seufert, nach Hamburg, hätten sich laut Modritsch in einer »schwarzen Aktentasche« befunden, die »wahrscheinlich bei der Durchsuchung beschlagnahmt worden sei«.(173) Die aber ist niemals aufgetaucht. Dafür Gostomski mit drei Umzugskartons. 80.000,- DM Finderlohn stellte er sich vor, zahlen sollte diesen Betrag Kummers BILD. Der Journalist mochte in diesen Deal nicht einsteigen, er lief vielmehr zur Staatsanwaltschaft, den albernen Inhalt hatte er zuvor gründlich und mit dem notwendigen Ernst studiert. Kummer:

Vor »langer Zeit« habe ihm der Informant Gostomski das Angebot unterbreitet (Staatsanwaltschaft: »Den er nicht namhaft machen wollte«), mehrere Gegenstän-

Konrad Kujau *(in seinem Element): Schuldscheine Heidemanns erfunden*

de Kujaus zu verkaufen. Eine Schreibmaschine soll darunter gewesen sein und — die berühmt-berüchtigte »schwarze Aktentasche«. Die »Beweismittel« lägen in Frankfurt und könnten der dortigen Kripo übergeben werden. Kummer will die »Sachen nicht länger im Besitz« gehabt haben, als es »zur inhaltlichen Auswertung erforderlich gewesen« sei. Die Übergabe fand dann in Neu-Isenburg statt. Der Kripo-Mann Schlesinger quittierte, auch Jochen Kummer unterzeichnete. Mit einem halben Jahr Verspätung meldete BILD mit Fragezeichen: »Fälschte Kujau auch eigene Buchhaltung?«[174]

Der vermutete Schuldschein Heidemanns existierte nicht, die schwarze Aktentasche blieb verschwunden. Dafür wurden handbeschriebene Zettel sichtbar, die, anstelle Bankauszug, Tagebuch-Einnahmen simulieren sollten. Das Bundeskriminalamt erhielt den Auftrag, eine »Schriftaltersbestimmung« der Kujau-Notizen vorzunehmen. Ergebnis: die Loseblattsammlung, mit der Kujau die Tagebuch-Einnahmen zumindest für 1981 beweisen wollte, seien in Wirklichkeit in seiner Zelle verfaßt und herausgeschmuggelt worden.[175] Gerd Heidemann war davongekommen, wieder konnte ihm keine Unterschlagung nachgewiesen werden. Trotz dieser Posse hob der STERN die Story über das »ungeheure Potential an krimineller Energie« Heidemanns ins Blatt. Er hatte den Staatsanwalt Dietrich Klein zitiert.[176] Der Effekt: nicht Kujau befand sich im Traumland der STERN-Millionen, sondern Gerd Heidemann regierte das Tagebuch-Paradies.

»GOTT IST MEIN ZEUGE« oder: Konrad Kujau jagt Gerd Heidemann die STERN-Millionen ab

Gerd Heidemann hatte resigniert. Sein Kontrahent, der Staatsanwalt Dietrich Klein, hielt sein Plädoyer. Am 6. Juni 1985, dem 87. Verhandlungstag des Tagebuch-Prozesses, hatte er seine Aufgabe, aus einem ehedem mittellosen Gerd Heidemann einen zum Millionär aufgestiegenen Gerd Heidemann zu machen, nicht nur ernstgenommen, sondern auch durchgesetzt. Seit zwei Jahren war der Staatsdiener darauf fixiert, dem ehemaligen Reporter des STERN selbstsüchtige Tagebuch-Finanzgeschäfte nachzuweisen. Doch der einseitig ermittelnde Beamte entpuppte sich als buchhalterischer Analphabet: oft sah er einfach weg, er legte bei seiner Zahlenakrobatik keinen Wert auf Authentizität — seine oberflächlichen Rechenkünste hatte nachhaltig nur die Große Strafkammer 11 des Hamburger Landgerichts zu beeindrucken. Heidemann ahnte: Kleins nebulöse Multiplizierungsabenteuer würden sich im kurz bevorstehenden Urteil niederschlagen.

Die bei Gerd Heidemann festgestellten Barzahlungen, Überweisungen und Kreditaufnahmen — all das sei, wie Klein sich mühsam zusammenreimte, »ohne Sinn« vollzogen, nicht näher erläuterte »Geldgesuche« Heidemanns seien von ihm angeblich »ohne Not« beantragt worden, ohnehin der »Lebenszuschnitt« Heidemanns »enorm und völlig unglaubhaft« gewesen. Fast eine halbe Stunde grübelte Klein über die Kreditierung der alten Göring-Jacht, dachte über die zwei Spanien-Häuser Heidemanns nach, erhöhte den gezahlten Kaufpreis um Tausende, dann bewertete er Heidemanns Nebeneinnahmen aus dem Militariahandel als »Unsinn«, schließlich entdeckte er sachkundig, daß Heidemann »fast nur Verlagsgeld für sich ausgegeben hat«.[176a] Welche Qualität hatten Kleins Ausführungen?

Für Dietrich Klein wurde Gerd Heidemann zu einem Kleinod. Er beurteilte Gerd

Heidemann nicht wie einen Menschen, sondern wie ein Wertstück. Es kam Klein nicht auf Genauigkeit an, er machte aus Gerd Heidemann verbal eine bösartige Rechenmaschine, die sich aus einer finanziellen Depression befreien wollte. Wo Tatsachen fehlten, da mußte plumpe Polemik aushelfen, Nachvollziehbares auf Bankkonten Heidemanns wurde plötzlich als niederträchtige Taktik verdammt, Kleins peinliches Eingeständnis, Heidemanns angebliche Tagebuch-Million trotz intensiver Recherchen bis heute nicht aufgespürt zu haben, als von Heidemann besonders raffiniert eingefädelt gebrandmarkt. War der Staatsanwalt Klein etwa blind?

Gerd Heidemann hatte bei Gruner + Jahr in zweieinhalb Jahren offiziell eine halbe Million Mark Gehalt (einschließlich Photohonorare) bezogen, 1,5 Millionen Tagebuch-Finderlohn erhalten, allein im Juni 1982 von Gerd Schulte-Hillen 555.000,- DM auf sein Konto bei der Deutschen Bank überwiesen bekommen. Gerd Heidemann hatte zwar insgesamt 2,5 Millionen eingenommen, aber trotzdem zuviel ausgegeben: sein letzter Kontostand bei der Deutschen Bank wies ein Minus von über 300.000,- DM aus. Von 1981 bis Mai 1983, dem Monat und Jahr des Tagebuch-Dramas, verfügte Gerd Heidemann über einen unbestreitbaren Geldzufluß von fast drei Millionen durch Gruner + Jahr sowie seine Bank. Doch dieser Gewinn hatte Staatsanwaltschaft sowie Hamburger Landgericht nicht beeindruckt. Heidemanns Einkommen mußte vielmehr gekürzt werden, mit manipulierten Zahlen wurde der angeklagte Journalist in die vorprogrammierte Freiheitsstrafe abgeschoben:

Gerd Heidemann, so hielt das Urteil des Hamburger Landgerichts fest, sei »1981 zum vierten Mal bei einer Gehaltserhöhung nicht berücksichtigt worden«,(177) habe er — »bei 13 Monatsgehältern« — nur »zwischen 9.500,-- und 10.000,-- DM« monatlich verdient,(178) »möglicherweise sogar 10.500,--DM«.(179) 1981 wurde Gerd Heidemann nicht ein viertes Mal bei der Anhebung seiner Bezüge übersehen, sondern lediglich erst ein drittes Mal, er hatte auch nicht »zwischen« 9.500,- DM und 10.000,- DM eingenommen, sondern 1981 unter zehntausend, ein Jahr später erreichte er die fünfstellige Schallgrenze. Heidemann kassierte, von 1981 bis 1982, jeweils über 150.000,- DM im Jahr — in den ersten vier Monaten 1983, bis zum Zeitpunkt des Tagebuch-Debakels, bereits den Vorjahresbetrag. Obwohl der Staatsanwaltschaft sowie dem Gericht Heidemanns Vertragsverbesserung vom 1. April 1983 vorlag, in der sein Gehalt auf 10.500,-DM angehoben wurde, färbte das Urteil nicht ohne Hintergedanken durch die zielstrebige Formulierung: »Möglicherweise sogar 10.500,- DM.«(180) Warum stellten die Juristen selbst diese Tatsache in Frage?

Die »Bescheinigung für das Finanzamt«, die Gruner + Jahr jedem Lohnempfänger zum Jahresende ausstellt, wies Gerd Heidemann als Großverdiener aus: ihm wurden, 1981, jeden Monat netto 7.426,- DM überwiesen, ein Jahr später monatlich 8.509,- DM ausbezahlt. Die Hamburger Richter aber mochten beim Addieren auf diesen Heidemann entlastenden Betrag nicht kommen, denn sonst wäre das Kalkül, aus Heidemann einen armen Mann des STERN zu machen, möglicherweise nicht aufgegangen: Das Hamburger Landgericht errechnete statt dessen »regelmäßig monatlich etwa 5.400,- DM«.(181) Fast 100.000,- DM ausbezahltes Gehalt wurde so amtlich unterschlagen, selbst Heidemanns Miete für seine Wohnung in der Elbchaussee von den Richtern dienstlich monatlich um mehr als 300,- DM aufgestockt, so daß Heidemanns Schuldenberg zwangsläufig um weitere 10.000,- DM anstieg.(182)

»Alle Barzahlungen ... ergeben nach Abzug aller Bargeldzuflüsse und Barabhebungen von (Heidemanns) Konten fast 2,1 Mio«, dokumentierte das Urteil, was auch immer damit gemeint sein sollte, denn — so die absolut nicht schlüssige Folgerung — »diese Zahlungen stammten nicht aus Mitteln, die (Heidemann) vom Verlag als Gehalt, Honorar, Darlehen oder Abfindung bekommen hat«.(183) Warum nicht? Das weiß nicht einmal Heidemann, denn bewiesen wurde nichts. Die leichtsinnigen Zahlen-Aquisiteure hatten sich als Buchhalter-Außenseiter präsentiert, den zahlenunkundigen Angeklagten Gerd Heidemann in die Defensive gedrängt. Die dilettantische Multiplikation des Hamburger Landgerichts und der Staatsanwaltschaft machte aber Sinn:

Die Tagebuch-Ermittler hatten bei Heidemann Kontoauszüge vorgefunden, Gehaltsbescheinigungen akkurat zur Seite gelegt, diese Papiere allerdings für nicht näher erläuterungsbedürftig befunden. Bei Konrad Kujau wurde hingegen anders verfahren: Die Tagebuch-Ermittler erklärten sich mit seinen einfältigen Erzählungen zufrieden und akzeptierten die oberflächlichen Forschungsergebnisse der Kujau-überforderten Steuerfahndungsstelle des Stuttgarter Finanzamtes II. Das Landgericht war, nach Auswertung der finanziellen Kujau-Erhebungen, endgültig auf einen überschuldeten Gerd Heidemann festgelegt und -gefahren.

Während bereits im Inhaltsverzeichnis des 412-Seiten-Urteils das Kapitel »Einkünfte und Ausgaben« Konrad Kujau überhaupt nicht auftaucht, gab es statt dessen eins, das ausschließlich Gerd Heidemann betraf. Hier wurde nicht der Empfang der Tagebuch-Millionen durch Konrad Kujau herausgestellt, sondern — in einer weiteren Rubrik — allein »die zulasten Kujaus festgestellten Zahlungen Heidemanns« in den Vordergrund geschoben.(184) Warum Gerd Heidemann? Warum nicht Konrad Kujau?

Ob es die von Kujau vergewaltigte Kripo, die von Kujau ausgezählte Staatsanwaltschaft oder das Kujau-geplagte Hamburger Landgericht war — der von allen drei Institutionen benachteiligte Heidemann war angeschlagener als Konrad Kujau. Während dem Tagebuch-Fälscher selbst zu den härtesten Vorwürfen noch etwas einfiel, hatte der rhetorisch unbegabte Heidemann keine Chancen. Kujau erwies sich für die meisten Staatsdiener zwar als Strapaze, aber dank seiner Fähigkeit, Legenden zu spinnen, als ein humorvoller Gesprächspartner: mit Lügen und kontrastreichen Widersprüchen drängte er seinen Widersacher Gerd Heidemann zielstrebig an die Wand. Kujau, der hoffnungsfrohe Unterhaltungskünstler, hatte staatlicherseits keine Einwände zu erwarten, die Beamten hatten selten so über einen Untersuchungshäftling gelacht. Dabei hätten die gegen Heidemann eingeschworenen Bürokraten reichlich Gelegenheit gehabt, sich mit Kujaus Märchenwelt konkret auseinanderzusetzen.

Gerd Heidemann hatte von Gruner + Jahr 9,32 Millionen für den Einkauf der Tagebücher erhalten. Das Gericht glaubte Heidemann nicht: 4,93 Millionen Mark habe er Kujau »höchstens« ausbezahlt, er »für sich mindestens 4,39« Millionen behalten.(185) Wie kam das Hamburger Landgericht auf diesen Betrag? Hatte es etwa, ebenso wie der Staatsanwalt, vertrauensvoll auf die Angaben des Konrad Kujau gesetzt, der — wie gehabt — die unterschiedlichsten Summen nannte?

Dem SPIEGEL vertraute er an, von Gerd Heidemann insgesamt 1,1 Millionen kassiert zu haben,(186) auch Stefan Aust strahlte diesen Betrag im ersten Fernsehprogramm aus.(187) Der Kripo nannte Kujau aber nur 898.000,- DM,(188) vierzehn Tage später notierten dieselben Beamten bereits 1.556.200,- DM.(189) BILD druckte 1.577.000,- DM,(190) in einer anderen Kripo-Vernehmung erhöhte Kujau auf 2,32 Millionen, in derselben — nur einige Stunden später — senkte er auf 2,24 Millionen und schließlich auf 2,2 Millionen.(191) Während Kujaus Lebensgefährtin

Gerd Heidemann *(während des Tagebuch-Prozesses): Den Tagebuch-Fälscher zum Millionär gemacht*

Edith Lieblang sich an 2,3 Millionen erinnerte,[192] hielt das Hamburger Landgericht — aufsehenerregend — eine andere Summe fest: Kujau habe — allein für 1981 — »mindestens 2.716.500,- DM« von Gerd Heidemann erhalten.[193] Was Kujau 1982 einsammelte, wieviel er 1983 bei Heidemann eintrieb — konkrete Angaben darüber verweigerte die Hamburger Justiz. Dabei hatte Kujau einmal den Betrag 2.637.000,- DM ausgeplaudert,[194] einmal sogar aus Versehen die Wahrheit gesagt: Im April 1982 habe ihm Heidemann 200.000,- DM überreicht. Da Kujau sonst stets mit krummen Beträgen hantierte (108.000,- DM, 17.500,- DM), fiel dieser Betrag plötzlich ins Gewicht, denn — ausnahmsweise — stimmte Kujaus Angabe mit der Heidemanns überein: der STERN-Reporter sandte die Scheine per Post.[195]

Konrad Kujau, gäbe es eine Meineid-Olympiade, er würde bis zu seinem Tod permanent auf dem Siegerpodest die Goldmedaille für die schauerlichsten Räubergeschichten entgegennehmen können, war über seine eigene Hochstapelei gestolpert — wenn Kripo oder Staatsanwaltschaft der Sturz nur aufgefallen wäre. Für 17.500,- DM will er eine »Bareinrichtung« verkauft, bereits 1963 über »Ersparnisse« von 100.000,- DM verfügt, mit seiner Gebäudereinigung 270.000,- DM verdient, die dann für 800.000,- DM an den Mann gebracht haben.[196] Nicht alles war erstunken und erlogen. Zu welchen Protz-Heldentaten hatte er es noch gebracht?

Er will von Heidemann nicht nur Tagebuch-Gebühren bezogen haben, sondern zehn Prozent »Provision« und zusätzlich »Spesen«. Die Auslagen soll Heidemann einmal mit 3.500,- DM ersetzt haben, insgesamt sollen es aber doch schon 317.000,- DM gewesen sein.[197] Dann will er, im Mai 1981, von Heidemann 88.000,- DM bekommen haben, im Juli oder August 150.000,- DM, Weihnachten 300.000,- DM, im April 1982 plötzlich 200.000,- DM,[198] während Kujau wiederum 1981 lediglich 150.000,- DM einnahm und ein Jahr darauf nur 200.000,- DM ausgeben konnte.[199]

Konrad Kujau wußte, wovon er sprach: Gerd Heidemann habe von ihm Militaria-Artikel erworben — für die »Sachen« einmal 338.000,- DM gezahlt, dann wieder nur 100.000,- DM. Als Tagebuch-»Prämien« habe Kujau die unterschiedlichsten Beträge entgegengenommen, obwohl angeblich diese festen Summen zwischen Heidemann und Kujau abgesprochen worden waren: Staatsanwalt Klein durfte zwischen 1.000,- DM und 4.000,- DM wählen.[200]

Konrad Kujau hatte während seiner ersten Verhöre durch die Kriminalpolizei jenen Roman abgespult, den auch Gerd Heidemann inzwischen auswendig kannte: Er, der Konrad Fischer, habe in der DDR einen Bruder, der es bis zum General gebracht habe. Über den würde die Tagebuch-Transaktion abgewickelt werden. Pro Hitler-Band habe er 40.000,- DM in die DDR weitergereicht, für sich nur zehn Prozent Provision einbehalten. Sechs Tage später aber gestand Kujau: »Ich habe die Bücher geschrieben.«[201] Diese Enthüllung machte Eindruck — auf den Staatsanwalt Dietrich Klein. Einen Tag später hielt der gläubige Jurist Ungeheuerliches in einem »Vermerk« fest:

Kujau habe die Wahrheit gesagt (»Glaubhaft«), für Kujaus Angaben »sprechen auch die Umstände, unter denen das Geständnis des Beschuldigten Kujau zustande kam«: »Der Beschuldigte Kujau, der zuvor an drei Vernehmungstagen seine Täterschaft geleugnet hatte, entschloß sich innerhalb kürzester Frist, ein Geständnis abzulegen.« Zudem habe er Details »über die Vermögensverhältnisse des Beschuldigten Heidemann (enthüllt), die durch die Ermittlungen bestätigt worden sind«, so beispielsweise über die »wertvolle Wohnungseinrichtung Heidemanns in der Elbchaussee«, über die der STERN-Reporter jedoch schon vor der ersten Tagebuch-Auszahlung verfügte.

Klein: Das Kujau-Vermögen belaufe »sich auf etwa 1,5 Millionen DM«, »dies entspricht in etwa den Angaben Kujaus über Umfang und Dauer seiner Sammlertätigkeit und dem Gewinn aus seiner Fälschertätigkeit zusammen mit Heidemann«, »demgegenüber war der Beschuldigte Heidemann keinesfalls in der Lage, seine Aufwendungen alleine mit seinem Gehalt... zu bestreiten«, könne für Heidemanns Lebensstandard »eine plausible Erklärung... nur darin gefunden werden, daß er den überwiegenden Teil der ihm vom STERN für die Beschaffung der Tagebücher zur Verfügung gestellten Gelder hierfür verwendet hat«.(202) Unfaßbares war geschehen: Kujaus wahrlich kontrastreiche Beichten, über die er im Tagebuch-Prozeß feixend berichtete, er habe dem Staatsanwalt nur »Grimms Märchen« erzählt, waren nicht auf taube Ohren gestoßen. Nein, Kujaus erfundene Heidemann-Demaskierung fand doch tatsächlich den Beifall des »sogenannten Staatsanwalts«, wie ein Prozeßbeobachter kopfschüttelnd das ärgerliche Plädoyer des Anklägers kommentierte.

Dietrich Klein war kein Alleswisser, der Konrad Kujau als Angeber zu durchschauen hatte, sondern lediglich um Aufklärung bemüht, egal, wie. Er mußte zwei grundverschiedene Charaktere überführen: den ungewandten Gerd Heidemann und den Faselhannes Kujau. Während sich Heidemann auf die tatsächlichen Fakten konzentrierte, die aber mit immer derselben langweiligen Stimme vortrug, konnte Kujau atmosphärisch erzählen, zerstreuend und amüsant.

Über Kujaus Phantasie war Heidemann mehr als einmal sprachlos, hilflos versuchte er, Kujaus Lügen richtigzustellen. Er tat dies unbeweglich und unbeugsam. Kujaus fingierte Tagebuch-Substanz brachte Heidemann, den Expartner, zu Fall. Gestürzt war Heidemann aber auch über das auffällige Schweigen seines eingeweihten Ressortleiters Thomas Walde. Dietrich Klein hielt Konrad Kujau für glaubwürdiger als Gerd Heidemann. Dann aber hätte der Ankläger Kujaus Eid auch an einer anderen Stelle akzeptieren müssen, bei der er nicht drauflos gelogen hatte.

Am 19. Mai 1983 wurde Kujau um 10.30 Uhr zum ersten Verhör geführt. Es wurde um 13.45 Uhr unterbrochen, um 15 Uhr erneut wieder aufgenommen, um 19.45 Uhr beendet. Einen Tag später begann die Fortsetzung der Vernehmung um 9.15 Uhr, zur Mittagszeit wurde die Befragung für eine Stunde eingestellt, um 15 Uhr für zwanzig Minuten pausiert, um 16.25 Uhr durfte Kujau zurück in die Untersuchungshaft. Dann kam das Wochenende. Der Montag war vernehmungsfrei. Um 9.25 Uhr begann am 24. Mai das dritte Verhör, »zwecks Einnahme einer Mahlzeit« für fünfundvierzig Minuten unterbrochen, dafür bis 19.52 Uhr ausnahmsweise in die Länge gezogen.(203)

Sechsundzwanzig Stunden lang hatte Konrad Kujau behauptet, die Hitler-Tagebücher aus der DDR bezogen zu haben. So wie er es auch Gerd Heidemann untergeschoben hatte. Er nannte unzählige falsche Namen, gab irreführende Straßen und aus der Luft gegriffene Telephonnummern an, beschrieb erdachte Personen, erzählte Unhaltbares über sich. Nicht eine Minute nahmen ihn der Kriminaloberkommissar Möller oder der Staatsanwalt Klein ins Kreuzverhör, konfrontierten Kujau mit seinen Widersprüchen, dabei hätten die Behördenangestellten allen Grund zum Aufschrei gehabt, hätten sich gegen Kujaus Lügen auflehnen müssen. Doch dergleichen konnten weder Möller noch Klein tatsächlich wagen, hatte ihnen Kujau doch die meisten Enten als in der DDR erlebt präsentiert. Ost-Berlin, Dresden, Leipzig — der zweite deutsche Staat war ihnen total unbekannt.

Konrad Kujau *(1971): Den Empfang der Millionen bestätigt*

Mit politischen Ränkespielen, Kujaus Hauptgeschichten, hatten die Kiez-erfahrenen Stadtstaat-Beamten nichts im Sinn.

In dem ersten Verhör-Marathon hatte Konrad Kujau Zahlen preisgegeben, die er seinen abenteuerlichen Berichten ungefragt stets hinzufügte. Innerhalb dieser 26 Stunden hätten hellhörige Kujau-Zuhörer erstarrt feststellen müssen, daß der launische Kujau von Heidemann nicht nur 898.000,- DM und/oder 2,32 Millionen erhalten hatte, sondern verdutzt zur Kenntnis nehmen müssen, daß Kujaus tatsächliche Einnahmen dank Gerd Heidemann bereits hier an die Acht-Millionen-Grenze stieß. Wie war das möglich?

Der Tagebuch-Erfinder erhielt 1981 von Gerd Heidemann 3,02 Millionen ausbezahlt, diese Summe wurde, erstaunlich genug, sogar annähernd im Urteil des Hamburger Landgerichts bestätigt. Heidemann dotierte Kujaus Tagebücher 1982 mit 4,3 Millionen, diese Einnahme mochte das Hamburger Landgericht indes nicht nachvollziehen. Ein Jahr später zählte Heidemann Kujau 1,8 Millionen vor — insgesamt vergütete der STERN-Reporter im Auftrag des Verlags Gruner + Jahr 9.120.000,- DM. Worin waren nun die restlichen 200.000,- DM investiert? Eine von Kujau gefälschte Heß-Akte honorierte Heidemann mit 150.000,- DM, jenes Tagebuch, das Heidemann bei dem NS-Sammler Fritz Stiefel entdeckt hatte, wurde mit 50.000,- DM vergütet.[(204)] Wann nun hatte sich Konrad Kujau als zumindest achtfacher Millionär verraten?

In den ersten drei Verhören Kujaus, in denen er hartnäckig eine unmittelbare Beteiligung an der Fälschung bestritt, produzierten die Protokollanten Polski und Bantin fünfundneunzig Seiten, jedes einzelne Blatt von Kujau mit »Kujau« am unteren Rand eigenhändig unterzeichnet. In dieser ersten Vernehmungsphase ging Kujau noch davon aus, daß er als Hersteller der Tagebücher nicht werde überführt werden können, in diesem Zeitraum hatte er sich deshalb auf das scheinbar Wesentliche konzentriert: von seiner Tagebuch-Urheberschaft ablenkend, teilweise selbst Gerd Heidemann verteidigend in Schutz genommen, hatte er von konspirativen Tagebuch-Überführungen aus der DDR gefaselt und dabei nicht bedacht, daß irgendwer eines Tages die von ihm angegebenen DM-Beträge notiert, zusammenzählt und ihm den frappierenden Endbetrag nicht vorenthält: mindestens 7,9 Millionen hatte er demnach mit Hilfe des STERN eingestrichen. Wie kam diese Bilanz zustande?

In Konrad Kujaus Kopf waren erfundene DDR-Größen gespeichert, jene Geschichten gestaut, die er Gerd Heidemann über zweieinhalb Jahre erfolgreich eingehämmert hatte, er hatte ihm ein wahnwitziges DDR-Panoptikum verkauft. Doch plötzlich verhedderte sich Kujau bei den von Heidemann erhaltenen Gesamtbeträgen. Jetzt umschrieb er die Einnahmen plötzlich mit »Provisionen« und »Prämien«, kamen ihm »Spesen« in den Sinn, weitete er den mit dem STERN-Reporter vollzogenen »Militariahandel« aus. Schließlich hatte er bemerkt, daß er über seine Tagebuch-Ernte zuviel enthüllte.

Kujau konzentrierte sich unentwegt auf nicht existierende Namen, Orte und Daten. Dann bekam er plötzlich einen Schreck: Die Summen, die er unüberlegt genannt hatte, waren überhaupt nicht falsch. Sie stimmten. Das muß ihm spätestens beim Durchlesen seiner Verhörprotokolle bei der Kripo aufgefallen sein. Hat er sich in diesem für ihn kritischen Augenblick zu seinem spektakulären Geständnis entschlossen, denn die von ihm nominierten sechsstelligen Zahlen türmten sich längst zu 7,9 Millionen auf? Wenn sich der Staatsanwalt Dietrich Klein über die Kujau-Angaben hergemacht hätte, wäre auch er auf die fast acht Millionen gestoßen. Doch Kujau wartete mit seiner Wende auf: dem Bekenntnis, er habe die Tagebücher höchstpersönlich gefälscht. Diese Sensation lenkte den so möglicherweise lahmgelegten Staatsanwalt ab — mit Sicherheit von den wirklichen Zahlungen Heidemanns.

Kujaus Beichte hatten die Kujau-überlasteten Polizisten um 9.50 Uhr am 25. Mai 1983 erleichtert zur Kenntnis genommen. Diese entscheidende Vernehmung dauerte bis 18.14 Uhr, doch am 7. Juni 1983 beging Kujau einen erneuten Fehler. Wenn die Ermittler aufgepaßt hätten, dann hätte sich ihr Delinquent um Kopf und Kragen geredet: Im Mai und Dezember 1981 habe er allein je 300.000,- DM von Heidemann eingenommen, diese 600.000,- DM indes »zusätzlich« erhalten. Da fehlte nun nicht mehr viel an den von Heidemann erwähnten ausbezahlten neun Millionen.(205) Kujau entblößte sich weiter:

Er habe — nur »ein einziges Mal« — bei Heidemann eine »Plastiktüte mit Geld gesehen«, dies sei ihm am 29. April 1983 widerfahren, als er bei dem STERN-Reporter in Hamburg die letzte Tagebuch-Rate eilig persönlich abholte, die immerhin 300.000,- DM betrug.(206) An anderer Stelle hatte Kujau zwar von anderen »Plastiktüten« gesprochen, doch den Staatsdienern schien das bedeutungslos. Aber immerhin hielt es Kujau für möglich, daß es auch »mehr« gewesen sein könnte. Kujau nannte keinen Zeitraum für das »mehr«, vielmehr hatte er an dieser Stelle wiederum nicht aufgepaßt. Er meinte den 17. August 1982, als Heidemann ihm 550.000,- DM auszahlte und den 23. November 1981, als Heidemann 600.000,- DM hinblätterte.(207)

Konrad Kujau bereitete dem Staat nun keine aufwendige Arbeit mehr. Staatsanwalt Klein atmete durch und hielt fest: »Der Beschuldigte Kujau ist geständig, die angeblichen Tagebücher Adolf Hitlers selbst geschrieben und gegen Zahlung von etwa 1,5 Millionen an den Beschuldigten Heidemann übergeben zu haben.«(208) Doch die Aufnahmefähigkeit des Staatsanwaltes hatte natürliche Grenzen.

Der Stuttgarter Rechtsanwalt und Notar Eberhard Strohm schrieb eine Woche nach Bekanntwerden der Tagebuch-Fälschung der Hamburger Staatsanwaltschaft einen Brief: »Ein Klient, dessen Name mir bekannt ist, der jedoch seine Benennung nicht gestattet hat, machte mir folgende Angaben«: Dieser »kenne Konrad Fischer seit etwa zwei Jahren. Er besuchte mich regelmäßig am Samstag und trank bei mir einige Schnäpse. Dabei war er manchmal ein wenig angeheitert«. Um die Jahreswende 1981/82 habe dieser berichtet, »daß er an einer Hitler-Serie arbeite, die demnächst im STERN erscheine«, dann habe Kujau ihm einen Koffer gezeigt, »in dem er ... 3.000.000,- DM in Geldscheinen hatte«. Der Advokat zitierte den Informanten: »Ich forderte ihn noch auf, vorsichtig zu sein und nicht mit einer solchen Geldsumme herumzulaufen.«(209) Was hatte der Staatsanwalt Dietrich Klein hier unternommen? Freiwillig nichts. Erst als der Heidemann-Verteidiger Reinhard Daum von dem Dokument erfuhr, beantragte er — zwei Jahre nach dem Posteingang beim Staatsanwalt Klein — die Vernehmung dieses hochkarätigen Zeugen.(210) Doch das Hamburger Landgericht legte sich quer:

Der Beweisantrag wurde abgelehnt, denn: »Es wird zugunsten des Angeklagten Heidemann als wahr unterstellt, daß die ... wiedergegebene Äußerung gegenüber dem Zeugen gemacht worden ist.«(211) War die daraus resultierende Konsequenz von den Richtern sorgfältig bedacht? Ein Stuttgarter Jurist bot einen Zeugen an, der Konrad Kujau als einen auf Hunderttausenden sitzenden Glücksritter entlarven konnte — und plötzlich akzeptierte die Justiz? Im ersten Tagebuch-Jahr, 1981, hatte Kujau von Heidemann 3,02 Millionen erhalten, das Gericht konnte die Angaben Heidemanns bis dahin nachvollziehen. Waren Gerd Heide-

Gerd Heidemann *(in Biafra): »Ich hatte zwölf Minuten Zeit«*

manns Geldenthüllungen mit einem Mal doch aufrichtig?

Sowohl Beweisantrag als auch -ablehnung verursachten unvermeidlich eine denkwürdige Rebellion. Zwei Jahre lang wurde das gewichtige Zeugenangebot von der Staatsanwaltschaft unter Verschluß gehalten. Deshalb stieß dieser Ermittlungstiefpunkt unvermittelt auf heftige Gegenwehr selbst bei neutralen Prozeßzuschauern. Der das Tagebuch-Verfahren für den SPIEGEL mitstenographierende Günther F. Koch notierte: »Ich hatte den Staatsanwalt Klein gefragt, warum wir diesen Zeugen nicht im Gericht hörten«, Klein habe erwidert: »Herr Koch, da kommen Sie etwas spät; den Mann, der dem Dr. Strohm das sagte, haben wir längst vernommen, da ist nichts.« Koch voll Bitterkeit: »Diese Antwort von Klein war eine Lüge, denn einen Tag darauf stellte das Gericht zu seinem Erstaunen die erstmalige Kenntnis des Schreibens von Dr. Strohm fest« und beauftragte erst dann die Staatsanwaltschaft — »die Adresse des Strohm-Informanten zu ermitteln«.(212) Vierzehn Tage später korrigierte sich das Hamburger Landgericht: der von Klein unterschlagene Kollege aus Stuttgart wurde nun überstürzt vorgeladen.(213) Inzwischen war jener Mann namhaft gemacht worden, der Kujaus Millionen-Koffer in die Öffentlichkeit trug: der Zeitschriftenhändler Roland Hahn, bei dem Kujau seit Jahren Landserhefte und Zeitungen kaufte und bei der Gelegenheit Jägermeister hinunterschluckte.(214)

Hahn kannte Kujau als Fischer, den er stets mit »Herr Doktor« ansprach und der ihm erzählte, daß er den »Chefreporter des STERN, Herrn Heidemann«, kennengelernt habe. Dann sei er, Fischer, Anfang 1982 mit einem Aktenkoffer bei ihm gewesen und habe stolz bekannt, »daß darin sein Honorar von 2,5 Millionen in bar« sei. Sohn Jürgen sowie Ehefrau Doris hätten davon gleichfalls erfahren.(215) Was sie gehört hatten, sagten sie einige Wochen später aus:

Kujau, so informierte Doris Hahn das Gericht, habe sie 1977 kennengelernt, und seitdem sei er regelmäßiger Kunde am Kiosk gewesen. Ihr Mann habe ihr nun erzählt, daß Kujau an einem Samstag einen Koffer mit zwei Millionen herumgetragen habe. Diesen Betrag mochte der 26jährige Filius Jürgen Hahn indes nicht bestätigen: Der Kujau habe nicht von drei, zwei, sondern von »einer Million« gesprochen, es »könnten aber auch ebensogut zwei Millionen gewesen sein, so eins bis zwei«.(216) Der Rechtsanwalt Strohm hingegen, der die Koffer-Disziplin in Umlauf brachte, beharrte auf der Drei-Millionen-Version: »Der Hahn ist zu mir gekommen und hat mir erzählt, daß der ihm bekannte Fischer (Kujau) da mit drei Millionen im Koffer herumläuft.«(217) Ob drei oder zwei Millionen, der plötzlich reich gewordene Konrad Kujau hatte mit Heidemanns Scheinen noch an anderer Stelle seine ganz persönlichen Probleme:

Gerd Heidemann zahlte Konrad Kujau am 25. Mai 1981 für zwei Hitler-Kladden 170.000,- DM aus. An diese Geldübergabe erinnerte sich Kujau überstürzt während der Vernehmung durch die Kripo am 24. Mai 1983. Warum? Kujau hastig: »Eines Tages, ich weiß nicht die wievielte Übergabe (es war die sechste), hatte ich es sehr eilig, den Zug zu bekommen. Ich hatte, glaube ich, noch 12 Minuten Zeit. Ich bestellte mir aus der neben meinem Sammler-Lokal gelegenen Gaststätte ein Taxi. Da ich sehr nervös war, hatte ich den Briefcouvert mit 80.000,- DM in der Hand.« Dann will Kujau zum Stuttgarter Hauptbahnhof gefahren sein, und da er den Wagen »hastig bestiegen hatte«, vermißte er plötzlich die Tüte mit dem Geld. Der Chauffeur aber wies seinen Fahrgast darauf hin, daß er den dicken Brief in der Hand halte. Kujau war erleichtert und verriet, was in dem Päckchen war: »80.000,- DM.« Als Kujau ausgestiegen war, »verständigte der Taxifahrer die Polizei.«(218) Hatte Kujau die Wahrheit erzählt? Zum Teil.

Das Restaurant, von dem sich Kujau abholen ließ, war eine jugoslawische Gaststätte, die tatsächlich neben Kujaus Militariahandel lag. Die Adresse gab der mißtrauische Taxifahrer der Polizei an, die sich beim Wirt erkundigte und prompt in Erfahrung brachte, wie der Geldbesitzer hieß: Konrad Fischer. Kujau war diese Denunziation unangenehm, verunsichert rief er deshalb in Hamburg bei Heidemann an. Doch der war nicht zu Hause, nur Gina Heidemann. »Was soll ich nur der Polizei sagen?«, erkundigte sich Kujau. Gerd Heidemann weilte in diesem Augenblick in der DDR. Erst am 8. Juni konnte Heidemann wieder mit Kujau telephonieren: Er möge sich keine Sorgen machen, mit Thomas Walde habe er für ihn eine plausible Strategie entwickelt: »Du kannt sagen, daß du für mich die Mussolini-Churchill-Korrespondenz aus Potsdam besorgen sollst und dafür das Geld bestimmt ist.« Kujau: »Okay.« Heidemann: »Das können wir von hier aus immer vertreten.«(219)

Das Taxiabenteuer hatte Konrad Kujau nicht unüberlegt preisgegeben, denn ohne Frage bestand für ihn irgendwann die akute Gefahr, daß die Fahndung — schließlich wird über jeden Polizeieinsatz penibel Buch geführt — von Heidemann als Entlastung vorgebracht werden könnte. Kujaus vorausschauendes Kalkül ging denn auch beizeiten auf. Kujau hatte die Wahrheit gesagt, er schien glaubhaft. Nur der Betrag wurde von ihm um 90.000,- DM gekürzt. Wer geriet als Schwindler in Verdacht? Konrad Kujau nicht, Gerd Heidemann stand im Zwielicht, denn das Tagebuch-Entgelt stimmte nicht mit der Aussage der beiden überein. Da aber alles andere paßte, Taxi und Fahrer, Polizei und Ermittlung, war es unvermeidlich, daß der STERN-Reporter wieder einmal das Nachsehen hatte.

Konrad Kujau verdiente im ersten Tagebuch-Jahr über drei Millionen. Fast ein Drittel dieses Betrages warf er mit vollen Händen aus dem Fenster, Einzahlungen in sechsstelliger Höhe beispielsweise hatte allein die Stuttgarter Volksbank registriert.(220) Doch niemals will er (»Gott ist mein Zeuge«) von Heidemann Millionen kassiert haben. Warum aber wollte er dann in sein altes Metier zurückkehren, warum Eigentümer eines Restaurants werden?

Im Sommer 1981 erschien in der ALLGEMEINEN HOTEL- UND GASTSTÄTTENZEITUNG eine Anzeige (»Einmalige Gelegenheit!«), in der für 850.000,- DM ein »Tanz-Café und Restaurant« umständehalber zu verkaufen war. Die 375 Quadratmeter Nutzfläche lagen »14 Kilometer nordöstlich von Stuttgart«. Interessenten sollten sich an den Makler Werner Burghardt wenden, der in Ludwigsburg in der Asperger Straße residierte.(221) Die Kripo-Außenstelle Kornwestheim setzte sich mit dem Immobilienhändler in Verbindung.

»Soweit ich weiß«, erklärte Burghardt, »hat die Lebensgefährtin von Herrn Kujau (Edith Lieblang) in (dem Lokal 'Remsblick') gelebt und als Bedienung gearbeitet«, mit der Inhaberin sei sie »gut bekannt« gewesen. Anfang Juli 1981 habe Kujau ihn angerufen, der sich für das Objekt sehr interessierte. Doch Burghardt »sagte ihm, daß der Verkauf der Gaststätte 'Remsblick' so gut wie gelaufen ist«. Trotzdem bat Kujau »um einen Besichtigungstermin«, der dann — an einem Sonntagvormittag — im Juli zustande kam. Kujau: Das Areal sei für ihn »wie zugeschnitten«, »die Gaststätte könnte meine Lebensgefährtin betreiben«, »das Tanzlokal würde ich als Galerie benutzen«. Burghardt: Kujau kannte den Kaufpreis, er akzeptierte die 850.000,- DM, »er versuchte nicht, ... zu drücken«, vielmehr behauptete Burghardt, »daß Kujau das Objekt kaufen kann«: »Ich hatte den Eindruck, daß Kujau den Preis zahlen kann.«(222)

Der Tagebuch-Lieferant hatte, bis zum Gespräch mit Burghardt, Heidemann um 1,02 Millionen erleichtert, in diesen ersten fünf Monaten seiner Tagebuch-

Einnahmen aber bereits fast 300.000,- DM offiziell über die Konten abgeführt,[223] die obligatorisch getätigten Schwarzgeschäfte blieben dabei unberücksichtigt.

Als Konrad Kujau mit dem Makler verhandelte, hätte er tatsächlich nur eine Anzahlung leisten können, auf die sich die Inhaberin freilich nicht einlassen wollte. Kujau wäre möglicherweise Restaurantbesitzer geworden, was allerdings vorausgesetzt hätte, daß Heidemann schneller hätte zahlen und Kujau flotter produzieren müssen.

Konrad Kujau lebte über seine Verhältnisse. Erst als ihn Heidemann mit dem Geld des STERN eindeckte, besserte sich seine finanzielle Situation. Statt Tanzcafé erwarb Kujau nun eine billigere Eigentumswohnung und den Laden für seinen Militariahandel in der Schreiberstraße. Diesen Geldsegen begoß Kujau zünftig in Unterwelt-Kaschemmen: an nur elf Tagen hatte der Aufschneider mindestens 44.559,- DM für die Anhebung seines Renommees ausgegeben.[224]

Als Kujau im Februar 1981 die erste Zahlung Heidemanns entgegennahm, da mußte er bis dahin noch genau rechnen, obwohl er bereits Hunderttausende mit dem simplen NS-Sammler Fritz Stiefel für Fälschungen abrechnete. Dieses Geld investierte Kujau tatsächlich in seinen Militariahandel, aber die Käufer seiner Ware waren nicht so zahlreich, wie Kujau stets behauptet hatte. Jetzt besaß er zwar Helme und Uniformen, doch in Wahrheit handelte es sich dabei um totes Kapital, Bares fehlte. Diese mageren Zeiten änderten sich erst mit Heidemanns Auftritt. Zwar stellte sich Kujaus Altwarensammlung als imponierend heraus, aber statt zu verkaufen, erwarb er in erster Linie. Interessenten gab es zwar genug, nur konnten sie die hohen Summen nicht immer bezahlen. Kujaus NS- und Kaiser-Überbleibsel lagen wie Blei, nur vereinzelt konnte er das eine oder andere losschlagen. Kujaus Liquiditätsnot wurde mit Anwachsen der Militaria-Sammlung größer und größer, so auch jene Beträge, die er für den Einkauf der Ladenhüter bei Trödlerkollegen ausgegeben hatte. Kujau marschierte stets an einer Pleite vorbei:

Die Gebäudereinigung Kujau/Lieblang stellte sich kaufmännisch als ein dauerndes Fiasko heraus. Der monatliche Gesamtumsatz für 1974 betrug gerade etwas mehr als 10.000,- DM[225] Kujau konnte nur überleben, indem er ein Subunternehmen »Haug und Kakobeck« erfand und so Lohnsteuer in »erheblichem Umfang hinterzog«, wie die Stuttgarter Steuerfahndung herausbekam.[226] Kujau schnorrte teilweise vom Einkommen Edith Lieblangs, die als Filialleiterin der Stuttgarter »Krawatten-Börse« für zwölf Monate ein akzeptables Gehalt bezog.[227] Dann bugsierten sich Kujau/Lieblang in ihr nächstes Unglück, in ihr Campingplatz-Verderben. In der Saison 1973 hatten sie die »Kantine mit Gartenwirtschaft sowie SB-Laden« gepachtet. Bilanztechnisch hätte auch hier längst Konkurs angemeldet werden müssen: Pachtzins, Strom und Wareneinkauf fraßen die niedrigen Margen auf, Personalkosten nicht mit eingerechnet.[228] Konrad Kujau lebte von der Hand in den Mund, erst durch Gerd Heidemann lernte er den Cäsarenwahn kennen.

»Nachdem Ende 1974 die Umsätze im Gebäudereinigungsunternehmen erheblich nachließen«, resümierten die Steuerfahnder, »widmete sich Herr Kujau intensiv dem Handel mit Militaria-Gegenständen.«[229] Ausgelöst hatte dies Fritz Stiefel.[230] Im April hatte Konrad Kujau sein Geschäft eröffnet. Fünf Monate später erhielt er von Stiefel den ersten Scheck über 1.000,- DM.[231]

Innerhalb von neun Jahren hatte der Tagebuch-Erfinder von dem NS-Sammler, in erster Linie für Kujau-Fälschungen, über eine halbe Million erhalten. Die Steuer-

Finanzamt Stuttgart II — Auftr.Nr.: Steufa -
-Steuerfahndungsstelle- — 177/83 Scho

A k t e n v e r m e r k

vom 5. Oktober 1983

über die bei Herrn Kujau und Frau Lieblang festgestellten Vermögenszuflüsse vom 27. Januar 1981 bis zum 29. April 1983

I. Erwerber Frau Lieblang

1. Eigentumswohnung Wolfschlugen, Kirchstraße 25

Frau Edith Lieblang erwarb diese Eigentumswohnung durch notariellen Vertrag vom 5. Mai 1981 zum Preis von DM 235.000.-- von Herrn Detlef Kolupa, Kirchstraße 25/2, 7441 Wolfschlugen. Im notariellen Kaufvertrag wurde der Preis jedoch nur mit DM 185.000.-- angegeben, DM 50.000.-- am 5. Mai 1981 bar schwarz gezahlt.
Der Kaufpreis sowie die Nebenkosten wurden wie folgt gezahlt:

a) Kaufpreis	DM	
5. 5.1981	50.000.--	Bar an Herrn Kolupa persönlich
25. 5.1981	105.000.--	Bareinzahlung bei der KSK Ruit
30. 6.1981	80.000.--	Bareinzahlung bei der Stuttgarter Voba, dieser Betrag lief über kein Ktc
	235.000.--	

-2-

Steuerfahndungs-Bericht *(über Kujaus Vermögenszuwachs): Total überfordert gewesen* fahndung: »Die Schecks wurden größtenteils auf die Firma E. Lieblang ... ausgestellt und im Betrieb des Herrn Stiefel als fingierte Reinigungskosten zu Unrecht gewinnmindernd gebucht.« Das Finanzamt errechnete 160.000,- DM, die Stiefel nachzuzahlen hatte. Kujau quittierte mit seinem Pseudonym: im Oktober 1974 als »Militaria-Fischer« und dem Namenszug »Fischer«, als Fischer korrespondierte er gelegentlich sogar mit dem Finanzamt.(232) Kujau, der lange vor dem Tagebuch-Gewinn als umtriebiger Kaufherr aufgetreten sein will, erwies sich in Wahrheit als armseliger Hausierer, er hatte nicht mit sechs- oder fünfstelligen Beträgen hantiert, sondern die Summen lagen weit darunter.

Mit dem Deutsch-Amerikaner Schulze vom Mertschinsky will er einmal eine Transaktion in Höhe von 210.000,- DM getätigt haben, auch Kujaus Verteidiger Groenewold legte großen Wert auf diese stolze Leistung, ein Bild für rund 50.000,- DM soll irgendwann dazugekommen sein. Tatsächlich waren aber nur für vier Geschäfte 9.405,- DM von Konrad Kujau auf sein Konto bei der Stuttgarter Volksbank eingezahlt worden.(233) Für einen dreizehntausend Mark teuren Ozelot-Mantel war erst dann Kapital vorhanden, als es dank Heidemann floß, erst mit Heidemann vermochte es Kujau, sich echten Schmuck und echte Gemälde zu leisten.(234)

Der Mann, der Gerd Heidemann zu Fall brachte, war versessen darauf, sich aufzuwerten, vom Krämer zum Großkaufmann aufzusteigen. Daß er oft, statt Bargeld einzunehmen, einfach nur tauschte, hätte seinem Renommee Abbruch tun können, statt dessen ließ er auf seinem Schreibtisch Fünfhundertmarkscheine herumliegen, wie sich ein Reservistenkrugsammler erinnerte.(235) Noch einen anderen Interessenten, den Mechaniker und Helmsammler Bernd Sänger, gab Kujau als Kronzeugen dafür an, daß er ausschließlich mit hohen Summen umging: für 300.000,- DM will er mit ihm innerhalb von zwanzig Monaten ins Geschäft gekommen sein.

»Nein«, erklärte Sänger lächelnd der Kripo, bis 1982 habe er mit dem Konrad Kujau »so gut wie gar nichts gemacht«, lediglich Tauschgeschäfte getätigt. Geldbeträge seien bis dahin nicht geflossen. Erst Anfang 1983 habe er eine preußische Grenadiermütze sowie eine Pickelhaube für 26.000,- DM an Kujau verkauft, schließlich von ihm den Auftrag erhalten, auf Flohmärkten Antiquitäten zu erwerben, sie zu renovieren »und an Herrn Kujau gegen geringen Aufpreis weiterzugeben«: »Insgesamt habe ich nicht mehr als 15.000,- hierfür erhalten.«(236)

Konrad Kujau hatte 1981 privat 800.000,- DM ausgegeben, es war das erste Tagebuch-Jahr. Im zweiten waren es zwar hunderttausend weniger, in den letzten vier Monaten 1983, dem abrupten Tagebuch-Ende, sich immerhin noch rund 200.000,- DM spendiert.(237) Nachvollziehbar für seine Person: 1,7 Millionen. Darunter befand sich zwar auch ein Geschenk für die Lebensgefährtin Lieblang, ein BMW, ausnahmsweise einmal ein Tausender für seinen unehelichen Sohn Henry Pluhar, Maria Modritsch wurde nun plötzlich gleichfalls bedacht, aber Militaria-Artikel nur selten vom Bankkonto bezahlt. Die wurden — wie auch bei Stiefel — entweder schwarz oder mit Hilfe fingierter Rechnungen abgewickelt, aber dann richtig: bar.(238)

Reinhold Maier, Filialleiter der Stuttgarter Volksbank in der Eberhardstraße der baden-württembergischen Landeshauptstadt, brauchte keine Rücksicht auf das Bankgeheimnis zu nehmen. Der Bankier deckte auf: Kujaus Lebensgefährtin Edith Lieblang habe in seinem Institut über zwei Giro-, ein Festgeld- sowie ein Sparkonto verfügt, alleinzeichnungsberechtigt sei Edith Lieblang gewesen.(239) Diese Eröffnung, im Tagebuch-Prozeß öffentlich geworden, war Eingeweihten nicht unbekannt, Kujau-Kennern blieb der plötzliche materielle Erfolg ohnehin nicht verborgen:

Im Mai 1981, Kujau hatte Heidemann inzwischen neun Hitler-Kladden für 765.000,- DM ausgehändigt, erwarb er den ersten Besitz, eine Eigentumswohnung in Wolfschlugen, zwei Monate später kam eine Garage dazu, das Militaria-Domizil in der Schreiberstraße zur selben Zeit. Kujau hatte — ohne Nebenkosten — 483.000,- DM in die Immobilien gesteckt.[240] Ein Jahr darauf kaufte er für 661.500,- DM ein Reihenhaus in Bissingen, mehr als vier Millionen Mark hatte Heidemann bis zu diesem Zeitpunkt für vierunddreißig Tagebücher ausgehändigt.[241] Als Konrad Kujau Heidemann kennenlernte, lebte er bis dahin fast ausschließlich von den Einnahmen durch Fritz Stiefel, die Zahlungen des schrulligen NS-Sammlers an Kujau aber nahmen seit 1979 rapide ab.[242] Kujau mußte zwangsläufig kürzer treten. Dies änderte sich erst wieder mit dem Tag des Tagebuch-Interesses Heidemanns. Jetzt konnte Kujau richtig Geld ausgeben.

Die 1,1 Millionen, die Kujau für Laden, Wohnung und Haus aufgewandt hatte, waren während der Geschäftsbeziehungen mit seinem größten Abnehmer Fritz Stiefel nicht aufzubringen. Erst der spendable Verlag Gruner + Jahr veränderte Kujaus Besitzstand: der Aufstieg zum vielfachen Millionär, von ihm bis heute variationsreich bestritten, war bereits im Oktober 1981, zehn Monate nach Einsetzen des Tagebuch-Handels, erreicht. Was von Kujaus Bekenntnissen zu halten ist, unterstreicht seine Selbstanzeige beim für ihn zuständigen Finanzamt:

Im Auftrag Kujaus erklärte eine Rechtsanwaltskanzlei dem Steueramt in Bietigheim-Bissingen, daß ihr Mandant in dem Zeitraum Januar 1981 bis April 1983 »vom STERN-Reporter Heidemann Provisionen für die Beschaffung der Tagebücher in Höhe von rd. 317.000,- DM erhalten« habe, als »Bote« habe er »ca. 2,5 Mio. DM von Herrn Heidemann erhalten, den Rest aber an einen Dritten weitergegeben«.[243] Bereits neun Tage später korrigierte sich Kujau: An ihn seien von Heidemann direkt 1,577 Millionen gezahlt worden. Die Sachbearbeiter jedoch stellten fest: »Diese Selbstanzeige ist nicht wirksam.«[244] Wie war Kujau zu überführen? Wieviel Millionen hatte er denn nun von Gerd Heidemann bekommen? Gerd Heidemann hatte Gespräche mit Kujau protokolliert, heimlich auf Band aufgenommen. Auf einigen der über hundert Kassetten wird Kujau als Empfänger des STERN-Geldes entlarvt.

Am 22. September 1981 flog Gerd Heidemann um 9.50 Uhr von Hamburg nach Stuttgart. Kujau war soeben in die neuen Räume in der Schreiberstraße gezogen, bezahlt hatte er das Eigentum mit den Honoraren des STERN, Heidemann aber im Glauben gelassen, die Räume nur gemietet zu haben. Wo andere ihre Brieftasche deponieren, da steckte bei Gerd Heidemann ein kleines Bandgerät. Kujau hatte das bisherige »graue, miese Loch« renoviert, in Planung befand sich eine Bar, die Hocker standen schon da. Dann wurde gefachsimpelt. Schließlich ging es zur Sache: Heidemann legte Geld auf den Tisch, Tausendmarkscheine, in Bündeln zu je 20.000,- DM.[245] Er zählte:

»Zwei, drei, vier, fünf, sechs, sieben, acht...« Freudig unterbrach Kujau: »Neun.« Heidemann unbeirrt: »Neun, zehn, sind zwohundert.« Dann legte der STERN-Reporter noch einen Tausender auf den Geldhaufen. Es handelte sich um eine Nachzahlung, denn Kujau hatte zuvor behauptet, nach einer früheren Tagebuch-Aushändigung einen Tausender zuwenig erhalten zu haben.[246] Was war an diesem Tag so bemerkenswert?

Heidemann erkundigte sich bei Kujau, wieviel Bücher er mitnehmen könne. Kujau: »Eine Ladung.« Dann nannte er die Anzahl: »Zwei.« Es wurden aber nicht zwei, sondern nur eins. Aus gutem Grund. Kujau: Sein Bruder, der angebliche DDR-General Fischer, habe ihm »eine Sache mit Heß« geschickt, für die habe ein Amerikaner aber bereits 200.000,- Dollar geboten, handelte es sich doch um ein »ganz kompliziertes Buch«, um eines mit der Unterschrift Martin Bormanns. Heidemann fiel auf: »Das ist aber wieder so dünn.« Kujau wiegelte ab: Dafür würde es eine Sensation enthalten: der Führer habe über den Flug seines Stellvertreters Rudolf Heß Bescheid gewußt. Heidemann: »Toll.« Kujau, so erinnert sich Heidemann, wollte den Preis der berühmt-berüchtigten Heß-Kladde in die Höhe treiben. Im November 1981 erhielt er endlich das begehrte Schriftstück. Kujau, er legte noch zwei Tagebücher dazu, nahm 600.000,- DM ein.(247) Der Sonderband Heß machte im Tagebuch-Prozeß Furore — er desorientierte das ohnehin bereits konfuse Hamburger Landgericht:

An diesem Tag habe Gerd Heidemann zwei Tagebücher statt eines in Empfang genommen, zwar 200.000,- DM überreicht, aber damit, so die Richter, private Militaria-Artikel finanziert. Unverständliches stand deshalb im Tagebuch-Urteil: »Kujau nannte Heidemann einen Preis, der sich aus dem Preis der beiden Tagebücher abzüglich des vereinbarten Rabattes und den großzügig abgerundeten Schulden Heidemanns aus Privatkäufen zusammensetzte. Auf diesen Gesamtpreis zahlte Heidemann DM 200.000,- in bar, wobei offengeblieben ist, ob diese DM 200.000,- den Gesamtpreis darstellen oder ob dieser tatsächlich höher lag, Heidemann aber auf seine Privatkäufe etwas schuldig blieb.«(248) Was wollte die Justiz damit ausdrücken?

Diese von Heidemann aufgezeichnete Unterhaltung hatte sich das Gericht angehört, allerdings weder Nuancen berücksichtigt noch Inhalte begriffen. Bei den genannten Privateinkäufen Heidemanns drehte es sich ausschließlich um zwei Gemälde, zwei Tagebücher spielten überhaupt keine Rolle, sondern immer nur eines. Diese Tatsache wurde überdeutlich durch ein eine Woche später geführtes Telephongespräch, das Heidemann ebenfalls mitgeschnitten hatte:

Heidemann habe »hin- und hergerechnet«, es fehle eine Kladde. Kujau pflichtete bei: »Ja.« Zwanzig Tagebücher waren bis zu diesem Augenblick im Verlagstresor deponiert. Das Hamburger Landgericht, das — einzigartig in jeder Beziehung — Kujau trotz seiner unzähligen Vorstrafen zum braven Bürger erhob (»Zugunsten Kujaus hat sich strafmildernd... ausgewirkt, daß er so gut wie unbestraft ist«),(249) mochte Heidemann keinen Glauben schenken, sondern griff auf Kujaus »verschiedene Notizzettel« zurück: »Kujau nannte einen Betrag von DM 160.000,- oder DM 126.000,-. DM 160.000,- könnte der Preis für die zwei Tagebücher vor Abzug des Rabattes sein, was einen Einzelpreis von DM 80.000,- bedeutete. DM 126.000,- könnte der Preis für zwei Tagebücher nach Abzug von 10% Rabatt sein, was einem Einzelpreis von DM 70.000,- pro Band vor Abzug des Rabattes entspreche.«(250) Wer konnte hier durchblicken?

Die scheinbare Verfilzung, wer wem was wofür bezahlt hatte, hätte rasch aufgelöst werden können. Die Heidemann-Bänder hätten aufgeklärt — wenn nur siebenundzwanzig von der Hamburger Justiz abgespielt worden wären. Statt dessen beurkundete das Hamburger Landgericht Beklemmendes in seinem Urteil: »Das Abhören der Tonbänder hat zu Feststellungen zu Lasten des Angeklagten Kujau nicht geführt.« Warum nicht? »Das einzige Ergebnis«, so krümmten sich die Richter, sei die »Feststellung, daß Heidemann nicht nur etwa 2 Mio ertrogen hat, ... sondern mehr als 4 Mio DM«. Und: »Diese Feststellung belastet Kujau nicht.«(251) Was hätten Heidemanns Bänder zutage befördert?

Wieviel Tagebücher Heidemann zu welchem Zeitpunkt von Stuttgart nach

Hamburg brachte, daß Gerd Heidemann bis zum Schluß nach wie vor an die Echtheit der Tagebücher glaubte, daß Konrad Kujau auch während des Prozesses ungestraft weiter log. Heidemann verfügt über rund 150 Tonkassetten, nicht einmal fünf von ihnen wurden im Gerichtssaal vorgespielt. Daß Konrad Kujau nur über sechsstellige Beträge sprach, hätten die Bänder mit Sicherheit enthüllt: Einmal wollte er seinem angeblichen Bruder in der DDR 220.000,- DM überweisen,(252) dann schlug Heidemann unwidersprochen vor, daß Kujau 100.000,- DM für sich behalten könne und nur 50.000,- DM an die nicht existierenden korrupten Verwandten weiterreichen sollte,(253) ein anderes Mal verlangte Kujau für seinen Bruder von Heidemann 200.000,- DM (»Er muß uff drei verschiedene Stellen« verteilen),(254) nur einen Tag später erzählte Kujau Heidemann, daß die gesinnungslosen DDR-Offiziere »350.000,- DM von mir« haben wollten,(255) was Heidemann akzeptierte: »Sag, das Geld kommt.«(256)

Die Großzügigkeit Gerd Heidemanns hatte, trotz des Geldstroms aus dem Verlag, Grenzen. Heidemann zu Kujau: Der Bruder »hat im Grunde schon soviel gekriegt. Wo läßt er bloß dieses Geld?« Kujau redete sich heraus: »Ich weeß nicht.«(257) Heidemann aber ließ nicht locker, daraufhin erfand Kujau ungarische DM-Konten, die seine unlauteren DDR-Funktionäre dort eingerichtet hätten.(258) Um in Zukunft die Gelder problemloser aus Heidemann herauslocken zu können, ging Kujau ins Detail: »Ich hab' schon wieder eine Anweisung, daß ich nach Ungarn Geld überweisen soll. Die machen sich da drüben ä dickes Leben, du.«(259) Kujau täuschte ohne Unterlaß, seine Finanzlügen garnierte er mit Beilagen: Ein Neffe Kujaus sei Angehöriger der DDR-Staatssicherheit, Kujau nannte den Geheimdienstapparat »Ministerium für MfS«, über das sich Heidemann erst später den Kopf zerbrach, hatte Kujau doch einen hierarchischen Blödsinn verzapft: »Ministerium für Ministerium für Staatssicherheit.« Der STERN sollte dann noch ein »schönes Foto von Mischa« Wolf erhalten, dem inzwischen abgetakelten Chef der DDR-Auslandsspionage.(260)

Um Heidemann zu weiteren Zahlungen zu animieren, zog Konrad Kujau alle Register: Auf Heidemanns Frage, mit wieviel weiteren Büchern aus der DDR in der nächsten Zeit zu rechnen sei, antwortete Kujau: »An der Summe kann ich feststellen, wieviel Bücher kommen.« Das war nicht unschlüssig, denn Kujau suggerierte dem STERN-Reporter, pro Kladde verlangten seine DDR-Partner bis zu 200.000,-DM.(261) Anhand dieser Angaben konnte Heidemann sodann erfahren, wieviel Geld er nach Stuttgart zu überführen hatte. Hin und wieder brachte das Probleme mit sich: Die horrenden Beträge lagen nicht am Bankschalter abrufbereit. Wenn Gruner + Jahr wieder einmal die nächste Tagebuch-Rate bei der Deutschen Bank orderte, weil Kujau Tagebuch-Fortsetzungen noch nicht zu Ende geschrieben hatte und darum behauptete, die Lieferung aus der DDR sei noch nicht eingetroffen, ließ Heidemann auch das Geld auf der Bank liegen, was für das Geldinstitut wiederum Zinsverlust bedeutete. Dafür zeigte Kujau Verständnis.(262) Schrieb er jetzt noch schneller? Oder wurden die Kladden fortan dünner?

Gerd Heidemann hatte Konrad Kujau, weil er sich von Kujau geldgierige DDR-Bonzen einreden ließ, einige Hunderttausende im voraus gezahlt. Von Kujau zugesagte Tagebücher aber trafen nicht ein. Als Kujau wieder mal eine Vorauszahlung über 400.000,- DM für Hitlers »Mein Kampf«, dritter Teil, haben wollte, rechnete Heidemann die inzwischen geleisteten a-conto-Zahlungen oberflächlich durch: Er habe »jetzt ein paar Hunderttausend schon so und so lange Monate im voraus bezahlt«, da müsse nun aber endlich einmal geliefert werden. Kujau:

»Herrgott noch mal, er (sein Bruder) kann doch nichts dafür.« Heidemann ließ sich von Kujau beschwatzen — und zahlte.[263]

Wenn Kujau beim Tagebuch-Dichten in Not geriet, hatte er immer eine passende Ausrede parat: die Fahrbereitschaft der DDR, die angeblich die Kladden in den Westen transportierte, befände sich in irgendwelchen Schwierigkeiten. Um Heidemann zu beruhigen, gab Kujau vor, dieses logistische Problem mit üppigen Anzahlungen wieder wettmachen zu können, händigte dem DDR-Fahrer dann eben mal »hundertfünfzig«-tausend aus,[264] ein anderes Mal »über zweihundert«-tausend,[265] schließlich »zweihundertfuffzig«-tausend.[266]

Allein die von Kujau am Telephon erwähnten oder von ihm nicht widersprochenen Beträge gingen in die Millionen. Die Stimme Kujaus beweist indes noch etwas ganz anderes: Kujau hatte den Empfang der von ihm einvernahmten Millionen Heidemann gegenüber niemals dementiert. Im Gegenteil: Konrad Kujau beurkundete durch sein Echo den Millionen-Transfer.

Bis zum März 1982 hatte Gerd Heidemann dem Stuttgarter bereits über vier Millionen ausbezahlt. Die Tagebuch-Lieferung aber geriet wieder ins Stocken. Heidemann: Kujaus Bruder, der imaginäre DDR-General Fischer, habe inzwischen »zig Millionen, wenn man alles zusammenzählt«, kassiert. Hatte Kujau, der bis dahin von Heidemann nur Almosen in Höhe zwischen fast 900.000,- DM und/oder 2,4 Millionen erhalten haben will, etwa Einspruch eingelegt, dagegen heftig protestiert? Mitnichten. Statt dessen pflichtete Konrad Kujau vielmehr solide bei: »Ja, ja.«[267]

Fast sechs Millionen waren es bis zum August 1982, Kujau kam mit der Tagebuch-Produktion nicht mehr mit. Heidemann appellierte an Kujaus nicht vorhandenes Gewissen: Der Verlag habe »jetzt schon x-Millionen« ausgekehrt[268], die Vermarktung der Tagebücher würde sich in die Länge ziehen, das Geld liege fest, seien Kujaus DDR-Kontaktpersonen mit den Tagebüchern längst überfällig, denn: solange es keine Tagebuch-Veröffentlichung gäbe, müsse Gruner + Jahr auch hohe Zinsen zahlen.[269] Heidemann weiter: Er habe im Auftrag des Verlages Millionen für die Kladden ausgegeben, der Nachschub ließe hingegen auf sich warten. Kujau beruhigte: »Ja, das weiß ich.«[270] An anderer Stelle erwähnte Heidemann Kujau gegenüber: »Uns kost' das ja nun zehn Millionen«,[271] trieb Kujau den Preis des Hitler-Schrifttums erneut in die Höhe (»Ich frag' jetzt gleich mal an, was er (sein Bruder) dafür an Preisvorstellung hätte«).[272] Gerd Heidemann hatte aber inzwischen »wahnsinnigen Schiß vor den Kosten«: Weil Gruner + Jahr die Tagebuch-Investitionen »steuerlich nicht absetzen (könne), kommen sie (der Verlag) natürlich über zehn Millionen Mark so langsam«. Acht Millionen hatte Kujau bis zu diesem Gespräch erhalten. Kujau selbstsicher: »Na ja, aber sie (der Verlag) müssen sich mal überlegen, wenn die die Rechte daran haben, was sie dann einnehmen.«[273] Acht waren gezahlt, Kujau mit der magischen Ziffer zehn konfrontiert worden. Warum?

Der stellvertretende Verlagsleiter Wilfried Sorge hatte mit Gerd Heidemann gesprochen. Thema: die Steuer. Zwischen zwanzig und dreißig Prozent, so vernahm Heidemann von dem Kaufmann, müsse der Verlag möglicherweise für den Staat drauflegen, falls das Finanzamt die Zahlungen in die DDR nicht voll anerkennen würde.[274] Umgehend setzte sich der pflichtbewußte STERN-Reporter mit Kujau in Verbindung.

Als Heidemann dem Tagebuch-Schreiber klar und deutlich die bisher angefallenen Kosten in Höhe von zehn Millionen mitteilte, hatte Kujau seinen bisherigen Verdienst im Kopf gehabt: acht Millionen. Hatte Kujau, als er diesen Betrag hörte,

PRESSE-LEGENDE:
Erst nach BILD veröffentlichte der STERN

Erste Meldung *(BILD, Juli 1954)*

Tschu En Lais Sohn starb als deutscher Soldat

Die heimliche Liebe des chinesischen Premiers

Vor dreißig Jahren Student in Göttingen

BILD am SONNTAG dementiert BILD *(Mai 1983)*

„Stern"-Spürhund fing schon mal eine „Ente"

Vor 29 Jahren (er)fand Heidemann einen deutschen Tschou-Sohn

Heidemann im „Stern"-Prozeß

Nannen entschied: Auch ein falscher Tschu ist Tschu

BILD dementiert BILD
(September 1984)

Die „Stern"-Lüge über Chinas Premier Tschu En-lai (1898–1976): „Chinas roter Diktator hatte in Göttingen eine Geliebte. Sein Enkel ist Schüler in Zittau."

gefragt, woraus sich diese zehn Millionen zusammensetzten? Hatte er Nachzahlungen verlangt, wo er doch angeblich nur höchstens zwei Millionen von Heidemann ausgehändigt erhalten haben will, protestiert, randaliert oder gemeutert? Nichts dergleichen, vielmehr: »Oooh.«(275)

Heidemann wollte die Tagebücher sogleich in Händen halten, damit er nicht so lange »mit dem Geld rumsausen« müsse: »Ich wollte morgen früh zu dir. Ich hab' das Geld bei mir.« Kujau kam das gerade recht, er schien abermals klamm zu sein, schwindelte, weshalb: Sein Bruder müsse »dahin zahlen und da zahlen. Hahwah, der hat mir das schon richtig geschildert«.(276)

Als der STERN seine »Fund«-Geschichte publizierte, begann umgehend die Diskussion »Fälschung oder keine Fälschung«. Noch am 2. Mai 1983 war Heidemann nicht auf die Idee gekommen, daß er von Konrad Kujau hereingelegt worden sein könnte. Heidemann zu Kujau: Wenn sich die Tagebücher als Falsifikate herausstellen würden, dann würde auch er »in der Luft zerfetzt«. Kujau: »Au, was!« Heidemann: »Jetzt haben wir so viele Millionen gezahlt.« Kujau teilnahmsvoll: »Ja.« Heidemann: »Und dann entpuppt sich das als Fälschung.« Kujau besänftigend: »Ach, das gibt's doch gar nicht.«(277)

Im März 1983 hatte Heidemann Kujau wieder einmal 50.000,- DM zuviel bezahlt (Kujau: »Das hab' ich gemerkt«),(278) und nicht Gerd Heidemann hatte Gruner + Jahr die 9,34 Millionen abgejagt, der Schwindelhuber Konrad Kujau eignete sich die Millionen-Beute an.

Auf keinem einzigen Tonband ist ein Aufschrei Kujaus registiert, wenn Heidemann von Geld geredet hat. Daß Kujau dies nicht getan hatte, wird seinen erklärbaren Grund gehabt haben, das Verhalten seines Verteidigers Groenewold förderte die Angst des Tagebuch-Fälschers zutage:

Um seinen Mandanten Kujau nicht mit den tönenden Empfangsbestätigungen auf Heidemanns Tonband-Protokollen zu belasten, hatte er mit Vehemenz das Abspielen von Heidemanns Beweisstücken im Gerichtssaal torpediert — und die umgehende Vernichtung der Kujau entlarvenden Bänder verlangt. Spätestens in diesem Augenblick wäre Konrad Kujau überführt gewesen. Dann aber hätte der STERN, der die Tagebuch-Urteilsverkündung erleichtert zur Kenntnis nahm, nicht triumphieren können: Heidemann habe sich die Millionen also doch »erschwindelt«.(279)

»TSCHU EN-LAI IST ALSO DER GROSSVATER UND HAT EIN DEUTSCHES ENKELKIND« oder: Jürgen Steinhoff macht sich auf, Gerd Heidemann zu erklären

»Gerd Heidemann machte Tschou En-Lai zum Vater des unehelichen Kuno Staufenbiel und verwendete dafür die Lebensdaten des Chinesen Tschu Ling-gui«, behauptete die Direktorin des Göttinger Stadtarchivs, Helga-Maria Kühn. Zwei Jahre zuvor meldete die BILD am SONNTAG (BamS): »Vor 29 Jahren (er)fand Heidemann einen deutschen Tschou-Sohn.« Ausgedacht hatte sich den aber nicht Heidemann, sondern einundzwanzig Jahre früher ausgerechnet das Mutterschiff BILD — sechs Wochen vor der ersten STERN-Veröffentlichung im September 1954: »Tschu En Lais Sohn starb als deutscher Soldat.« Die »heimliche Liebe des

Zusammengefaßter Bericht

über das gesammelte Material in der Angelegenheit

„TSCHOU EN-LAI" - KUNIGUNDE STAUFENBIEL

Am 26.April 1924 wurde in der Göttinger Frauenklinik

KUNO STAUFENBIEL,

der Sohn der unverehelichten Kunigunde Staufenbiel, Hausbedienstete, wohnhaft in Göttingen, Düstere Eichenweg Nr. 18 und des vom 31.1.23 bis 20.6.24 bei Frau Oppermann, Göttingen, Düstere Eichenweg 18, wohnenden Studenten TSCHU (Tsu) geboren.

Kunigunde, in Göttingen „Gundel", in ihrem Heimatdorf Hundeshagen "Junte" genannt, war von Januar 1923 bis April 1924 bei Frau Oppermann in Göttingen als Hausmädchen beschäftigt. Mit dem Studenten Tschu LingGee [illegible] hatte Kunigunde ein Liebesverhältnis. Er war einer von den vielen jungen Chinesen, die zu dieser Zeit in Göttingen studierten. Er zog in die Pension Opperma Düstere Eichenweg 18, während sein Freund, der heutige stellvertretende Vorsitzende der Volksregierung und Stabschef der rotchinesischen Armee Tschu-Teh, ein Zimmer in der Planckstraße bewohnte.

Das Meldeblatt „Tschu En-lais" in Göttingen zeigt folgende Eintragung:

(TSU) TSCHU Ling-Gee, geboren 18.7.1898 in Shansi, vom 31.1.23 - 20.6.24 wohnhaft in Göttingen, Pension Oppermann, Düstere Eichenweg 18, abgemeldet nach Berlin-Charlottenburg, Kaiser Friedrichstraße, bei Brandt,
Einreise 545 , Gültig bis 31/1.23

Schanghai, den 1.November 1922

der deutsche Generalkonsul

(L.S.)

Kunigunde ist am 10.Dezember 1903 in Hundeshagen, Kreis Worbis (Sowjetzone) geboren. Das etwa 1,62 m große und etwas mollige Mädchen mit dunkelbraunem Haar und dunklen Augen, war hübsch und wegen ihres freundlichen und sauberen Auftretens allgemein beliebt. Männer hatten in ihrem Leben noch keine Rolle gespielt.

Als Gundel merkte, daß ihre Lieben Folgen haben würde, sprach die sich mit Herrn Tschu aus. Er versprach ihr die Ehe, sobald er sein Studium beendet und eine Existenz geschafft hätte.

Sechs Wochen vor ihrer Niederkunft ging Kunigunde als sogenannte Hausschwange in die Göttinger Frauenklinik, um sich dort durch Arbeit ein kostenloses Wochbett zu verdienen. Zehn Tage nach der Geburt des Kindes wurde sie aus der Kli entlassen. Ihre Wirtin schalt zuerst: "Du dummes Ding, jetzt hast Du ein Chisenkind am Hals!" Aber vor der Freude des Vaters, der sich nicht sattsehen ko an seinem Sohn und ihn unermüdlich umherschleppte, verstummte sie schließlich. Da ein Hausmädchen mit Baby aber für die Pension nicht das Richtige war, mußt Kunigunde ihre Sachen packen und zurück zu ihren Eltern nach Hundeshagen.

Recherchenbericht Gerd Heidemanns: *Tschou-En-lai nicht verifiziert (Pfeil)* chinesischen Premiers« habe nach den Ermittlungen des Boulevardblattes »vor dreißig Jahren« begonnen, als der Politiker noch »Student in Göttingen« war. Laut BILD ließ Tschou En-lai seine Geliebte nach der Geburt des unehelichen Sohnes sitzen und »ein kleines deutsches Mädel ... mit ihren Tränen zurück«.(280) Die vorgebliche »Traumgeschichte« (BamS) aber hatte in Wahrheit Henri Nannen initiiert, der falsche Tschou En-lai wurde vom STERN-Chefredakteur gefördert, der auch am 21. Juli 1954 im einst von KZ-Häftlingen erbauten Hamburger Pressehaus zu den aufgeschlossenen BILD-Lesern gehörte.

Henri Nannen rief im August 1954 den noch freiberuflichen STERN-Mann Gerd Heidemann zu sich. Nannen: Tschou En-lai habe, als Student in Göttingen, eine deutsche Jungfrau geschwängert. Die Mutter lebe in der Ostzone. Einige der mit dieser Recherche beauftragten Journalisten hätten allerdings gepaßt, weil sich keiner in die russische Zone traute. Ob Gerd Heidemann, der durch seine Photoreportage »Banditen auf Sardinien« Hervorragendes geleistet und bereits großen Mut bewiesen habe, der Redaktion nicht helfen und nach Mitteldeutschland fahren könne, um die Mutter zu photographieren.(281) Selbstverständlich wollte Heidemann — Geld verdienen. Doch es sollte alles anders kommen: Heidemann verifizierte keinen Tschou En-lai, sondern einen Tschu Ling-gui. Letzteren wollte Nannen aber nicht haben, weil dann das deutsch-chinesische Drama nicht im STERN hätte erscheinen können.(282)

Tschou En-lais Geliebte wohnte im Sperrgürtel der sowjetischen Besatzungszone, sieben Kilometer von der Zonengrenze entfernt, in Hundeshagen. Dort war die Staatssicherheit bereits informiert, denn für die Sicherheitsbehörden war die Liaison Tschou En-lais längst zu einem äußerst heiklen Fall geworden, war Tschou seit Gründung der Volksrepublik China 1949 nicht nur Staatsratsvorsitzender, sondern zugleich deren Außenminister. Gerade deshalb begann Gerd Heidemann mit seinen Recherchen.(283)

Heidemann kannte den Namen des Tschou-Sohnes von Henri Nannen: Kuno Staufenbiel, der in der Uniform eines Wehrmachtssoldaten für den Endsieg gekämpft hatte und schließlich »als Sohn Tschu En-lais für Hitler fiel« (so später der STERN). Staufenbiel wurde am 26. April 1924 in Göttingen geboren, Mutter Kunigunde arbeitete als Zimmermädchen in der Göttinger Pension Oppermann, in der ersten Etage quartierte sich am 31. Januar 1923 ein »Tschou Ling-gui« ein, fand Heidemann hingegen heraus.(284) In seinem Recherchenbericht an Henri Nannen notierte Heidemann: »Das Meldeblatt 'Tschu En-lais' in Göttingen zeigt folgende Eintragung: 'Tschu Ling-gui', geboren am 18.7.1898 in Shansi, (sei am 20. Juni 1924) nach Berlin-Charlottenburg, Kaiser-Friedrich-Straße, bei Brandt« verzogen. Nannen ärgerlich zu Heidemann: »Nein, das ist schon der richtige Tschou.«(285)

Heidemann, der Photograph, war jetzt 22 Jahre alt. Von Politik hatte er nur wenig verstanden. Nannens Hintergrundwissen imponierte nicht nur auf Redaktionskonferenzen. Heidemann nahm Nannens Kommentar hin, obwohl Nannens Tschou En-lai nicht in Shansi geboren war, sondern in Huayan zur Welt gekommen war. Doch Heidemann tröstete sich damit, daß der Chefredakteur möglicherweise über andere Informationen verfüge, vielleicht sei Tschou mit einem Decknamen nach Deutschland eingereist.

Der Suchdienst des Deutschen Roten Kreuzes kannte keinen Kuno Staufenbiel, auch die Wehrmachtsauskunftsstelle hatte diesen Namen nicht in der Kartei. Schließlich führte Heidemann der Weg nach Bremen, wo er Freunde Kunos aufstöberte. Heidemann erfuhr, daß Kuno kurz vor seinem Heldentod eine Käthe

Die Geliebte verlassen

Der heute 73-jährige chinesische Ministerpräsident Tschu En-lai studierte 1923 in Göttingen und verliebte sich in das Stubenmädchen seiner Pension. Als seine Freundin ein Kind von ihm bekam, ließ er sie sitzen

Der chinesische Ministerpräsident Tschu En-lai gilt als möglicher Nachfolger Maos, eines der mächtigsten Männer der Welt. Auf seinem Weg an die Spitze des 800-Millionen-Volkes machte er auch einen Abstecher nach Deutschland. Er studierte in Göttingen, verliebte sich in ein Zimmermädchen und bekam von ihm einen Sohn. Inzwischen hat der Premier aus China mehr deutsche Verwandte, als er weiß

Die deutschen Verwandten des Herrn Tschu

Die Geliebte geheiratet

Tschu En-lais Sohn Kuno Staufenbiel heiratete im Dezember 1944 die 18jährige Käthe Findeisen. Sie hatte dem Gefreiten der deutschen Wehrmacht zuvor einen Jungen geboren. Er bekam den Namen Wilfried

Zweiter STERN-Artikel *(1971): »Banditen auf Sardinien«*

Findeisen geheiratet und einem gemeinsamen Sohn Kuno Wilfried das Leben geschenkt hatte. Mutter und Kind lebten nun in Zittau, mit einem kasernierten Volkspolizisten namens Apali sei die ehemalige Frau Staufenbiel die zweite Ehe eingegangen. Was Nannen sich wünschte, das dachte wohl inzwischen auch Heidemann: »Tschu En-lai ist also der Großvater und hat ein deutsches Enkelkind.«(286)

Heidemann wollte nach Zittau reisen, aber eine Einreisegenehmigung erhielt er lediglich für Magdeburg. So fuhr er eben illegal dorthin. Heidemann: »Die Fahrt ging über Magdeburg, Leipzig, Dresden nach Zittau. Ab Leipzig wurde die Fahrt schwieriger. Im Warteraum ertönte über den Lautsprecher, daß jeder die Ausweispapiere bereithalten sollte. Gültige Dokumente hatte ich aber nicht. Ich verließ daher den Warteraum, während am Eingang die Kontrollen bereits begonnen hatte. Zwei Stunden bin ich im Bahnhof spazierengegangen, immer auf der Hut vor kontrollierenden Vopos. Ich wußte, daß auch in den Zügen permanente Kontrollen stattfanden. Nur die von Russen besetzten Dienstzugabteile der II. Klasse blieben verschont. Hier sah ich meine Chance, denn russische Militärstreifen waren ausgesprochen selten. Ich setzte mich also in so ein Dienstabteil, in dem Frauen und Offiziere dösten. Ich täuschte Übermüdung vor. Schließlich kam ich in Zittau an, unbehelligt.«(287)

Heidemann stand vor einer Kaserne. Gegenüber befand sich ein Häuserblock, in dem die Apalis wohnen sollten. Auf der Treppe putzte eine junge Frau Schuhe. Heidemann sprach sie an, erkundigte sich nach Käthe Apali. Die junge Frau war es selber. Heidemann gab sich nicht zu erkennen, sondern als alten Kollegen ihres ersten Mannes aus. Als sie schließlich im Wohnzimmer saßen, erfuhr Heidemann, daß sich Herr Apali auf einer Schulung in Dresden aufhielt. Heidemann fing mit seiner Kamera Motive aus dem Photoalbum auf, fand heraus, daß »Tschous« Sohn Kuno Wilfried bei den Großeltern in Zschirla wohnte. Heidemann: »Nach kurzer Zeit wußte ich, daß die junge Frau mit ihrem ersten Ehemann sehr glücklich war, während die jetzige Ehe mit dem Kommißkopf Apali zu wünschen übrig ließ.« Zschirla liegt an der damals deutsch-polnischen Demarkationslinie. Heidemann konnte seine Gesprächspartnerin überreden, ihm für ihren Sohn einen Brief zu geben, damit er ihn abholen konnte, um ihn nach Hundeshagen zu bringen.(288)

Gegen Mitternacht erreichte Gerd Heidemann das kleine Dorf. Am nächsten Tag reiste er mit dem »aufgeweckten, bildhübschen Jungen mit dunklem Haarschopf« (Heidemann) nach Hundeshagen. Der angebliche Tschou-Enkel wurde von allen Seiten photographiert, bis ins kleinste Detail ließ sich Heidemann von Käthe ihre Erlebnisse mit dem Deutsch-Chinesen berichten. In der Hamburger STERN-Redaktion galt Gerd Heidemann fortan als »unerschrockener Rechercheur«. Die Geschichte ging in Druck, Heidemann erhielt von Nannen einen Scheck über 500,- und einen über 2.000,- DM. Wieder einmal hatte der STERN die BILD übertroffen: Unter der Überschrift »Der Fehltritt des roten Herrn Tschu« wurden auf sechs Seiten 20 Heidemann-Photos abgedruckt, wobei eines gefälscht wurde — von Nannen. Es zeigte Gerd Heidemann mit dem Tschou-Enkel auf einem Spaziergang in der Magdeburger Innenstadt. Doch Heidemann und der kleine »Tschou« waren in die triste Straßenszene lediglich einkopiert. Trotzdem soll das Photo, laut Bildunterschrift, »von einem Passanten« geknipst worden sein. Für normal hielt Heidemann diesen Vorgang nicht, verhindern konnte er diese frühe STERN-Manipulation aber nicht.(289)

Tschou En-lai hatte es inzwischen zu etwas gebracht, in der Weltpresse wurde er als Nachfolger Maos gehandelt. 1971 erinnerte sich Henri Nannen plötzlich an

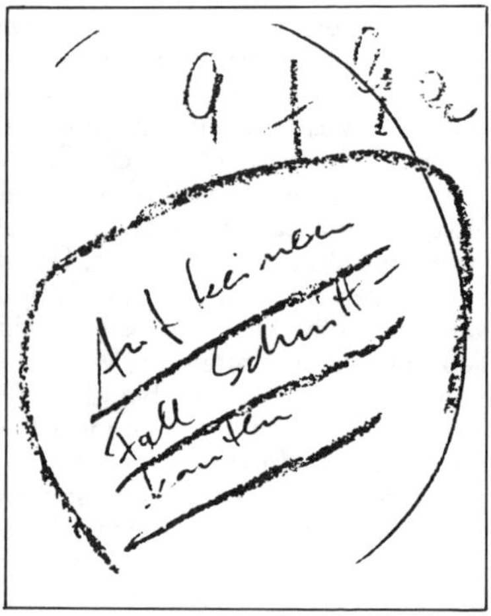

Ein Reporter kam Tschu En-lai auf die Spuren

Hand in Hand mit Tschu En-lais Enkelkind Wilfried Staufenbiel ließ sich Sternreporter Gerd Heidemann 1954 auf der Magdeburger Karl-Marx-Straße von einem Passanten fotografieren. Schon damals deckte Heidemann Tschus deutsche Liebesaffäre auf

***Fälschung des STERN** (Tschou En-lai-Artikel): Gerd Heidemann hatte sich mit Selbstauslöser und Enkelkind auf dem Land aufgenommen (oben links). Dieses Photo wurde in ein Bild Magdeburgs einkopiert (unten). Damit die Fälschung nicht erkennbar wurde, sollten »auf keinen Fall Schnittkanten« sichtbar werden (oben rechts)* die alte STERN-Geschichte aus dem Jahre 1954. Siebzehn Jahre später wärmte er die falsche Tschou-Story erneut auf, diesmal aber mit dem Nebeneffekt, daß beispielsweise die Pariser Zeitung AURORE das Nannen-Märchen nachdruckte. Die französische STERN-Korrespondentin Inge Strecker meldete im November 1971 dem STERN-Journalisten Norbert Sakowski, daß die Illustrierte »im Text lobend erwähnt und unten als Copyright der STERN vermerkt« sei. Triumphierend stellte sie fest: »Für uns hier ist es etwas ziemlich Aussergewöhnliches, dass eine Tageszeitung einen so großen Artikel bringt.«[290] Dann aber starb Tschou En-lai. Im Januar 1976.

Die Stadt Göttingen wollte eine Gedenktafel an jenem Haus anbringen, in dem Tschou En-lai als Student gewohnt hatte. Die Leiterin des Göttinger Stadtarchivs, Helga-Maria Kühn, begann dort zu recherchieren, wo Heidemann bereits 22 Jahre früher begonnen hatte. Und nach Heidemann erfuhr auch Kühn: ein Tschou En-lai existierte nicht, sondern lediglich ein Tschu Ling-gui, zumal inzwischen die Pekinger Botschaft in Ost-Berlin auch die zweite STERN-Veröffentlichung energisch dementiert hatte.[291] In den Göttinger MONATSBLÄTTERN stellte Wolfgang Alexander einige Wochen später fest: »Tschou-en-lai — und wie er in einen falschen Verdacht geriet.«[292]

Als Henri Nannen seinen Starreporter Heidemann mit Hilfe einer Betrugsanzeige ins Gefängnis werfen ließ, der Prozeß um die Tagebücher nicht mehr verhindert werden konnte, wählte die Redaktion Jürgen Steinhoff als Prozeßberichterstatter aus. Diese Wahl hätte überdacht werden sollen, denn Steinhoff verfälschte nicht nur seinen ersten Bericht mit dem Titel »Reporter Heidemann«, er stellte den »Mann, der die 'Hitler'-Tagebücher beschaffte«, möglicherweise bewußt falsch dar, tat also genau das, was er Heidemann unterstellte: Steinhoff fabulierte. »Was ist das für ein Mann,« so fragte er scheinheilig, »der 32 Jahre lang für den STERN fotografierte und recherchierte und oft zu Recht wegen seiner Erfolge gefeiert wurde?« Jürgen Steinhoff dachte sich seinen Gerd Heidemann einfach aus, denn Steinhoffs Absicht war nicht zu verheimlichen: Gerd Heidemann mußte geopfert werden, damit das seriöse Image zum STERN zurückkehren konnte.[293] Jedes Mittel schien dem Journalisten dabei recht. Jürgen Steinhoff machte sich auf, die Biographie Gerd Heidemanns umzuschreiben.

»Seinen ersten Job«, tat Steinhoff den gespannten Lesern kund, »verdankt er dem Umstand, daß Martha Nannen, die Ehefrau von Henri Nannen, als Aushilfskraft im Fotolabor arbeitete und es eines Tages satt hatte, sich von ihrem Mann ständig anblaffen zu lassen. Gerd Heidemann wurde ihr Nachfolger.« Das soll, so verpfändete Steinhoff seinen Ruf, 1951 gewesen sein. Daran stimmte nur, daß absolut nichts stimmte: Heidemann hat Frau Nannen niemals im Labor angetroffen, statt dessen war er in dieser Zeit gelegentlicher Photo-Zulieferer. Erst im Sommer 1955, ein Jahr nach seinen Tschou-Recherchen, vier Jahre nach Steinhoffs Jahreszahl, wurde Heidemann freier fester Mitarbeiter: Eberhard Seeliger, ebenfalls zuständig für das Layout der Photoseiten im STERN, fragte Heidemann, ob er nicht für vier Wochen als Urlaubsvertretung für Kurt Will im Layout-Ressort einspringen wolle. Heidemann willigte ein, erhielt er doch das erste Mal ein regelmäßiges Einkommen. Alsbald bemerkte Henri Nannen, daß Seeliger mit Heidemann keine schlechte Wahl getroffen hatte, denn die technische Qualität der Bildseiten, von Heidemann angefertig, erwies sich als hervorragend. Umgehend wünschte Nannen, den vertragslosen Zustand mit Heidemann in die richtige Form zu bringen: Schriftlich wurde am 5. Oktober 1955 fixiert, daß Gerd Heidemann »sämtliche Themen, die er als freiberuflicher Bildreporter recherchiert, zuerst dem Nannen-

Köln, den 19. Juno 1975

Am 17. Juni 1975 fand im kleinen Sitzungssaal der Deutschen Eisenbahner-Versicherungskasse, Köln, Theodor-Heuß-Ring 19-21 eine Besprechung über den von mir verfaßten Artikel in Sachen Seibert/DEVK/ Appel und Zahn A.G. statt.

Teilnehmer der Gesprächsrunde: Herr Bundestagsabgeordneter Philipp Seibert, der stellvertretende Vorsitzende der Vorstände der DEVK, Dr. Michael Pickel, Rechtsanwalt Steffen, der Pressereferent des Herrn Seibert - Langendorff, ein mir unbekannter Herr, - mein Kollege Schaake und die für mich in dieser Angelegenheit tätige Frau Ursula Bender.

Ziel der Verhandlung seitens des Herrn Seibert und der DEVK war es, die Veröffentlichung des geplanten Artikels zu verhindern.

Herr Seibert bezog sich auf unser gestriges Gespräch im Abgeordnetenhaus, erklärte mir aber dann, es ginge ihm nicht um den Artikel als solchen, sondern um die Denunzianten, die mich mit diesen falschen Angaben bedient hätten. Für deren Köpfe sei er bereit, Geld zu zahlen, und zwar Geld aus eigener Tasche, da damit die Versicherung ja nichts zu tun habe. Ich erwiderte, gestern sei noch von der Versicherung als Zahlerin die Rede gewesen. Darauf erwiderte Seibert, hier ginge es nur um Denunzianten, die ihn politisch erledigen wollten, und dafür zahle er aus eigener Tasche.

Nach einigen von mir angestellten Recherchen vom Diensttelefon des Herrn Dr. Pickel, vor denen ich den Herren bereits erklärt hatte, daß ich zwei Hauptinformanten habe, hat sich dann Herr Dr.Pickel auf Wunsch von Herrn Seibert und mir zurückgezogen. Daraufhin sagte mir Seibert, er wolle die Namen der Informanten. Ich erinnerte ihn an den Ausgangspunkt des Gespräches und bat um Zahlen. Darauf erklärte mir Herr Seibert wörtlich: "Ich zahle Ihnen für die Namen Ihrer Informanten je DM 1o.ooo,--".
Ich:"2o.ooo,-- DM?".
Seibert: "2o.ooo,--DM".
Wir haben uns dann auf Dienstag, den 24. Juni als Termin für die Abwicklung des Geschäftes Zug um Zug geeinigt. An diesem Tage um 12.oo Uhr will Herr Seibert mir im Wartesaal Erster Klasse des Kölner Hauptbahnhofes bei Nennung der Namen DM2o.ooo,-- in bar übergeben. Das Gespräch endete um 17.oo Uhr. Herr Seibert hat mich zum Ausgang begleitet, wo wir vom Pförtner verabschiedet wurden.

Köln, den 19.6.75. Jürgen Steinhoff
(Jürgen Steinhoff)

HINTERLEGT ALS ANLAGE — ZUR
NIEDERSCHRIFT UR-NR. 495/75
VOM HEUTIGEN TAGE.
KÖLN, DEN 19.6.1975

***Verteidigung Jürgen Steinhoffs** (hinterlegt beim Notar): Heftigen Stoß in die Rippen erhalten*

Verlag« anbieten sollte, dafür verpflichtete sich der STERN, »je Monat Beiträge mit einem Gesamthonorar von DM 500,- abzunehmen«.(294) An den Großkampftagen, erinnert sich Heidemann, stets der Mittwoch und der Donnerstag, half er aber nach wie vor bei der Photomontage aus. Doch diese Nebentätigkeit hinderte Heidemann an zwei Tagen in der Woche am Photographieren. Nannen stellte Heidemann darum frei. Fortan hatte er ausschließlich Photos zu machen. Genau das war der Job, der Heidemann ausfüllte.

Jürgen Steinhoff, der Mann, der vom STERN zur Ehrenrettung des STERN abgestellt worden war, nahm seine Aufgabe bitterernst: Gerd Heidemann degradierte er nicht nur zum »Aushilfslaboranten«, sondern drückte ihm obendrein noch den Negativstempel »Gelegenheitsreporter« auf. Derartige Gütesiegel sollten anschaulich suggerieren, daß der STERN auf einen Mitarbeiter hereingefallen sei, der »zwar Filme entwickeln und Vergrößerungen« hatte bewerkstelligen können, der sogar erzählen konnte, »was er bei seinen Foto-Exkursionen erlebt hatte«, aber »druckreife Texte — das war nie sein Fach«. Dies hatte Heidemann auch niemals behauptet, dennoch unterstellte der farblose Steinhoff, Heidemann habe sich mit falschen Federn geschmückt: »Gleichgültig, wie dick sein Name (über einem Artikel) stand« — »nicht einen einzigen« Satz habe er jemals geschrieben. Mit derartigen Steckbriefmethoden sollte der STERN als Heidemann-Opfer dargestellt werden. Steinhoff machte die STERN-Leser darum einseitig sachkundig: »Gerd Heidemann war bis zum Beweis des Gegenteils felsenfest von seiner (Tschou-)Recherche überzeugt«, weshalb die fast drei Jahrezehnte lange treue Mitarbeit Gerd Heidemanns mit Hilfe eines warnenden Resümees von Steinhoff belohnt wurde: »Den Spürhund Gerd Heidemann allein auf die Piste zu lassen, war gefährlich.«

Als Heidemann aber 30 Jahre zuvor statt auf Tschou En-lai auf einen Tschou Ling-gui stieß, mochte Nannen den nicht haben. Warum sollte Jürgen Steinhoff jetzt Heidemanns treffsichere Ermittlungen von damals plötzlich akzeptieren? Stattdessen erfand Steinhoff einen dritten Chinesen: Tschu Ling-gui, den Heidemann einst so akkurat verifizierte, wurde von dem jetzigen STERN-Reporter in einen »Ling-Gui Tschu« umfunktioniert — aus Unkenntnis hatte Steinhoff »Tschu« einfach ans Namensende gesetzt. Das aber war Steinhoffs einziger Fehler nicht. Ihm waren beispielsweise die beiden deutschen Staaten immer noch ein Buch mit sieben Siegeln: Die sowjetische Besatzungszone soll im Jahre 1954 bereits über eine Volksarmee zum Schutz des ersten Arbeiter- und Bauernstaates in der deutschen Geschichte verfügt haben. Doch die Volksarmee hieß, bis zum 17. Januar 1956, noch Kasernierte Volkspolizei. Erst danach wurde die Nationales Volksarmee aus der Taufe gehoben.(295)

Der Heidemann-Beitrag des Jürgen Steinhoff war keine Sternstunde des STERN. Von nicht wenigen wurde die sonderbare Kollegenschelte als maßlos überzogen abgelehnt, zumal Jürgen Steinhoff selbst in die Schußlinie geraten war. Gerade er hatte Veranlassung, Zurückhaltung zu üben, denn vor seiner peinlichen Heidemann-Beschimpfung im STERN hatte er beinahe selbst einen Karrierenknick erlitten.

Am Morgen des 20. November 1974 stürzte in Nairobi der Lufthansa-Jumbo »Hessen« ab. 59 Passagiere der Touristenklasse starben, die der ersten Klasse kamen verhältnismäßig ungeschoren davon. Die VIP-Personen waren allesamt Mitglieder des Vorstandes der Deutschen Eisenbahner-Versicherungskasse (DEKV). Jürgen Steinhoff, Redaktionsmitglied des Kölner EXPRESS, erhielt nach dem Unglück den Hinweis, daß die Gewerkschafter für ihren aufwendigen Flug privat seines Zeugnisverweigerungsrechtes die Aussage, so verstärkt sich der Verdacht, daß Spielmann der Informant sei.

Sagt Herr Steinhoff jedoch - wie bei dem gestrigen Gespräch mit den Herren Vogel, Eickelmann und dem Unterzeichner,- daß er zum Zeitpunkt des Telefonats der Auffassung war, daß Spielmann sein Informant sei, so macht er offenkundig, daß er bereit war, einen Informanten, den er als solchen glaubte wiedererkannt zu haben, zu offenbaren. Diese Aussage wäre ebenso fatal wie die Inanspruchnahme des Zeugnisverweigerungsrechtes.

Weiterhin wird man Herrn Steinhoff bei der letzteren Aussage fragen, aufgrund welcher neuen Erkenntnisse er dann schließlich zu dem Ergebnis gekommen ist, daß Spielmann entgegen seiner ursprünglichen Annahme nicht sein Informant gewesen sei. Welche Erkenntnisquellen standen ihm zur Verfügung? Hatte er nach dem Telefongespräch mit Spielmann mit ihm persönlichen Kontakt? Hat Spielmann ihn gebeten, das Schreiben vom 21.6.75 an ihn zu senden? Hat Steinhoff aus eigener Entschließung dieses Schreiben gesandt? Warum enthält dieses Schreiben erkennbare Unwahrheiten, die von Herrn Dr. Pickel und Herrn Seibert sofort widerlegt werden können?

Beispiele:

a) "Im Rahmen dieser Recherchen" ist mir bekanntgeworden, daß Sie in den Verdacht geraten sind, mir diese Informationen zugetragen zu haben" - wo doch Herr Steinhoff Herrn Spielmann, wenn auch irrtümlich, selbst in diesen Verdacht gebracht hat?

b) Warum hält er es nach dem Vorgefallenen für seine Pflicht, Herrn Spielmann gegenüber zu erklären, daß er zu keinem Zeitpunkt weder direkt noch indirekt mit ihm Kontakt gehabt habe?

c) Warum hat Herr Steinhoff nicht Herrn Dr. Pickel am 21.6.75 oder später gegenüber die Erklärung abgegeben, daß er sich, als er glaubte, die Stimme seines Informanten wiedererkannt zu haben, geirrt habe?

Juristische Stellungnahme des EXPRESS: *»Diese Aussage wäre fatal«*

nicht eine Mark hatten zahlen müssen. Steinhoff textete: »Flogen Manager mit ihren Frauen auf Mitgliedskosten um die Welt?« Ins Visier des Journalisten geriet dabei der Vorsitzende der Gewerkschaft der Eisenbahner Deutschlands(296), Philipp Seibert, zugleich SPD-Bundestagsabgeordneter.

Auf Seite vier des EXPRESS behauptete Steinhoff, daß sich die Bosse »auf Kosten kleiner Bahnbeamter eine Weltreise erlaubt hatten« und enthüllte in einem weiteren Artikel eine »Spesen-Affäre um Bundesbahn«, wobei er den CSU-Bundestagsabgeordneten Dionys Jobst zitierte, der gesagt haben soll: »Angeblich wollten die Herrschaften 'nur' nach Johannesburg. Ich habe aber Informationen, daß sie von dort gemeinsam nach Australien weiterfliegen wollten.« Der Hauptvorstand der Eisenbahner-Gewerkschaft setzte sich mit dem christlich-sozialen Politiker in Verbindung, der nicht das gesagt hatte, was Steinhoff publiziert hatte, sondern: »Ich habe nicht die Behauptung aufgestellt, daß die 'Herrschaften' nach Australien weiterfliegen wollten. Ich habe gesagt, mir lägen Äußerungen von Eisenbahnern vor, wonach die Reisegruppe deshalb nach Australien weiterfliegen wollte, um zu sehen, wie dort die Känguruhs mit leeren Beuteln springen können.«(297)

Steinhoffs Verhalten sei mit der »Berufsethik der Journalisten« wenig vereinbar, hieß es daraufhin in einem Brief der Eisenbahner-Gewerkschaft an den EXPRESS-Redakteur, da er »eine ... ausdrücklich als 'Witz' bezeichnete Anspielung in eine angeblich wörtlich zitierte Tatsachenbehauptung umfrisiert« habe. Am 17. Juni 1975 kamen die Kontrahenten in der Kölner Zentrale der Eisenbahner-Versicherung zusammen. Die Querelen sollten aus der Welt geschafft werden. Es kam aber anders, denn der private und mysteriöse Hausbau des in Afrika abgestürzten Philipp Seibert war inzwischen dazugekommen.

Seibert war wegen geschäftlicher Beziehungen zu der Frankfurter Baufirma Appel & Zahn ins Zwielicht geraten. Diese Firma baute den Bungalow des Gewerkschaftsvorsitzenden, trat aber auch preiswert ein unbebautes Grundstück an ihn ab. Steinhoff vermutete Korruption und konfrontierte Seibert mit der Sachlage.(298)) Anschließend soll der Politiker dem Journalisten ein »vertrauliches Gespräch« angeboten haben. Steinhoff: »Ich habe kurz darauf das Erscheinen des Artikels (über Haus- und Grundstück) telefonisch bei der Redaktion gestoppt und Herrn Seibert vorgeschlagen, mit mir auf den Flur zu gehen, um ihm einige Fragen bezüglich des Artikels stellen zu können, die ihm möglicherweise vor dem versammelten Gremium peinlich gewesen wären.« Seibert lud den EXPRESS-Mitarbeiter für den nächsten Tag in sein Büro im Bonner Abgeordnetenhaus ein, zuvor hatte er sich erkundigt, ob man mit Steinhoff »über alles, aber auch wirklich über alles sprechen könnte«.

Im Restaurant des »Langen Eugen« schlug Seibert vor, Steinhoff solle auf die Veröffentlichung des Artikels verzichten — gegen die Bereitstellung eines bestimmten Betrages versteht sich.(299) Doch Steinhoff will abgelehnt haben, während Seibert behauptete, Steinhoff habe ihn zu erpressen versucht. Ob nun Steinhoff oder Seibert abgelehnt hatte, läßt sich schwer klären. Sicher scheint nur, daß der eine 10.000,- DM geben wollte und der andere, wer auch immer es nun gewesen war, aber 20.000,- DM haben wollte.(300)

Einen Tag nach dem konspirativen Treffen ließ Steinhoff bei dem Kölner Notar Walther Berndorff den von Seibert vorgeschlagenen Deal beurkunden. Am 21. Juni 1975 rief Seibert bei Steinhoff privat an. Steinhoff: »Das gesamte Gespräch wurde an meinem Telefonapparat mitgehört, von Frau Ursula Bender.«(301) Steinhoffs Freundin erinnerte sich, daß sie »früh morgens durch anhaltendes Klin-

EXPRESS

Vermischtes

SEITE ____

Herrn Matthy von: Steinhoff

Die erwartete Geldübergabe hat gestern nicht stattgefunden. Stattdessen wurde ich vom Bundestagsabgeordneten Seibert zu einem weiteren Gespräch gebeten, das heute um 14 Uhr im Verwaltungsgebäude der Eisenbahner-Versicherungskasse zusammen mit dem stellvertretenden Vorsitzenden der Vorstände, Herrn Dr. Pickel, stattfindet.

Trotz der nicht stattgefundenen Geldübergabe bin ich heute morgen um 11 Uhr vereinbarungsgemäß beim Notar gewesen. Wir sind so verblieben, daß wir das Ergebnis des 14-Uhr-Gespräches abwarten wollen. Beurkunden können wir in der Privatwohnung eines der beiden Notare bis 21 Uhr.

Nachfolgend der Entwurf des Inhalts der eidesstattlichen Erklärung bis zum jetzigen Stand:

Am 17. Juni 1975 fand im kleinen Sitzungszimmer der Deutschen Eisenbahner-Versicherungskasse, Köln, Theodor-Heuß-Ring 19 - 21 eine Besprechung über den von mir verfaßten Artikel in Sachen Seibert/DEVK/Appel und Sohn KG statt. Teilnehmer der Gesprächsrunde: Herr Bundestagsabgeordneter Philipp Seibert, der stellvertretende Vorsitzende der Vorstände der DEVK, Dr. Michael Pickel, Rechtsanwalt Steffen, der Pressereferent des Herrn Seibert, Langendorff, ein mir unbekannter Herr, mein Kollege Schaake und die für mich in dieser Angelegenheit tätige Frau Ursula Bender. Ziel der Verhandlung seitens des Herrn Seibert und der DEVK _

Steinhoff-Stellungnahme: *Ansehen gefährdet*

geln des Telefons (um 9.15 Uhr) aus dem Schlaf« gerissen wurde, da »Herr Steinhoff, mit dem ich in Wohngemeinschaft lebe«, ihr »einen heftigen Stoß in die Rippen« versetzt habe.[302] Dann gab die Deutsche Eisenbahner-Versicherung eine Presseerklärung heraus, in der Seibert enthüllte, daß der EXPRESS-Journalist ihn zur Zahlung von Schweigegeld genötigt habe.[303]

Die nächsten Tage waren mit viel Arbeit verbunden: Steinhoff kämpfte um sein ramponiertes Ansehen, Gegenspieler Seibert um seine Reputation. Rechtsanwälte hatten längst die Regie übernommen. Zur »Prozeß-taktischen Situation in Sachen M. Du Mont Schauberg (dem EXPRESS-Herausgeber)./. Seibert« attestierten die Hausjuristen des Verlages Jürgen Steinhoff mangelnde hundertprozentige Glaubwürdigkeit, denn die von ihm angegebenen Zahlungsmodalitäten können sich »trotz des wörtlichen Zitats des Herrn Steinhoffs... wohl nicht so abgespielt haben«, »abgesehen von den Ungereimtheiten« wäre Steinhoffs Aussage über den Informanten »ebenso fatal wie die Inanspruchnahme des Zeugnisverweigerungsrechtes«.[304]

Jürgen Steinhoff, der 1975 selbst in Bedrängnis geriet, zeichnete neun Jahre später auftragsgemäß das stockfinstere Heidemann-Bild. Daß der gutgläubige Heidemann ihm einst mit einer STERN-Veröffentlichung Beistand gegen die Anschuldigungen Seiberts geleistet und somit dafür gesorgt hatte, daß Steinhoff überhaupt einen Job beim STERN erhielt, hatte der inzwischen vergessen.

STERN-Attacke gegen Heidemann (Ausriß des Tschou-En-lai-Artikels): »Den Spürhund allein auf die Piste zu lassen, war gefährlich«

Die Geschichte war so »wasserdicht«, daß sie 22 Jahre hielt. Der STERN hat sie im Jahre 1971 noch einmal aufgegriffen und die Urenkel Tschou En-lais vorgestellt. Sogar in die Literatur ist sie eingegangen. Der Schriftsteller Peter Bamm, der in Göttingen Medizin studiert hatte, erwähnt in seiner Autobiographie »Eines Menschen Zeit«, daß Tschou En-lai bei ihm um die Ecke gewohnt habe. Überschrift des Kapitels: »Schule des Zweifels«.

Die schöne Geschichte platzte, als der chinesische Ministerpräsident Tschou En-lai 1976 starb. Der Göttinger Stadtrat beschloß, zu Tschous Ehren eine Gedenktafel am Hause Düsterer Eichen-Weg 18 anzubringen. Damit alles seine Richtigkeit habe, beauftragte er die städtische Archivdirektorin Dr. Helga-Maria Kühn, alle Daten noch einmal genau zu überprüfen. Nach einem Blick in die alten Karteien des Göttinger Einwohnermeldeamtes war klar, das Tschu nicht Tschou sein konnte.

Tschou En-lai hatte nie in Göttingen studiert.

Der Hamburger Staatsanwalt Dietrich Klein, der in Sachen »Hitler-Tagebücher« die Anklage gegen Gerd Heidemann vertritt, darf jedoch keineswegs glauben, mit der Tschu-Geschichte einen Beweis dafür zu haben, der STERN-Reporter Heidemann sei schon damals ein Betrüger gewesen. Gerd Heidemann war bis zum Beweis des Gegenteils felsenfest von der Richtigkeit seiner Recherche überzeugt. Er war dermaßen davon überzeugt, daß er ein Album für Tschou En-lai zusammenstellte, es mit der Bitte um Weiterleitung an den Ministerpräsidenten nach Peking schickte und sich darüber wunderte, daß keinerlei Reaktion kam.

Wenn die Geschichte vom falschen Tschou etwas beweist, dann dies: Den Spürhund Gerd Heidemann allein auf die Piste zu lassen, war gefährlich. Insgesamt

»Ganz schön! Die Abrechnung mit dem Dritten Reich ergibt summa summarum...«

Vermarktungs-Karikatur *(1981)* und ***STERN*-Autor Jochen von Lang** *(in der zu großen Uniform Görings): »Schöne Reise«*

DIE TOTENGRÄBER DES STERN

Erich Kuby *(in Uganda): »Es entstand ein erotisches Verhältnis zum NS-Müll«*

»WIR HABEN DAS HERRLICHE DRITTE REICH AUFERSTEHEN LASSEN« oder: Erich Kuby will sich vor dem Mailänder Dom nackt ausziehen

In der STERN-Redaktion breitete sich eine ungewöhnliche Hektik aus. In einigen Tagen würden die in Nürnberg abgeurteilten Kriegsverbrecher Albert Speer und Baldur von Schirach das Spandauer Kriegsverbrecher-Gefängnis verlassen können. Henri Nannen war, wieder einmal, überreizt: Würde es dem STERN gelingen, einen oder gar beide unter Vertrag zu bekommen? Am 30. September 1966, dem Tag der Haftentlassung, begann die Jagd auf die einstigen NS-Führer. Die Preise kletterten in die Höhe, schließlich schlug der STERN die Konkurrenz aus dem Feld: der einstige Reichsjugendführer und spätere Statthalter Wiens, Schirach, wurde unterschriftsreif honoriert. Fortan machte der »Scheckbuch-Journalismus« Furore.

Ein »Fernsehmann ... hat die Behauptung verbreitet«, adressierte Nannen an seine »lieben Sternleser«, »der STERN habe für Schirachs Memoiren eine sechsstellige Summe bezahlt«: »Das alles ist barer Unsinn.« Zwar traf es zu, »daß wir Schirach für einen Bericht unter Vertrag genommen haben«, untertrieb Nannen kräftig, aber das »Honorar richtet sich nach dem Verkaufswert der Weltrechte«, da das »von amerikanischen, englischen, französischen und italienischen Verlagen bekundete Interesse ... eine hohe Ziffer als möglich erscheinen« lasse. Daraufhin hagelte es moralische Rügen, meist kamen sie von der weitabgeschlagenen und mißgünstigen Konkurrenz: der STERN honoriere die Taten von Nazi-Mördern. Nannen klärte wütend auf: »Weder Speer noch Schirach gehören zu den Nazimördern«, seien sie doch lediglich Adolf Hitler »gefolgt, sie waren ihm verfallen«. Im übrigen handele es sich bei Speer um einen »hochintelligenten Mann, der auch ohne Hitler ein guter Architekt geworden wäre«, mit Sicherheit in der Bundesrepublik eine »'Führungskraft der Wirtschaft'«, ein Mann, der »ohne Hitler heute vielleicht zur Gruppe 47 gehörte«. Nannen-Resümee: Der STERN wolle »versuchen, die Faszination zu analysieren, der sie erlegen sind«.(1)

Einst war »die Erneuerung des deutschen Menschen ... das Werk des Führers«, wie Nannen im Jahr des Ausbruchs des Zweiten Weltkrieges tatsächlich noch schrieb,(2) ein gutes Vierteljahrhundert später dünkte ihn, »das Wesen des Verführers (Hitler) zu erkennen, (deshalb werde) es nützlich sein, zu lesen, was Schirach und Speer zu berichten haben«.(3) Die zwiespältige NS-Aufbereitung sollte sich wiederholen, siebzehn Jahre später mit den Hitler-Tagebüchern der Höhepunkt erreicht werden. Doch noch galt es, dem Leser anderen NS-Moder auflagenfördernd zu verkaufen.

Der Streit, wie die zwölf Jahre des Dritten Reiches zu verarbeiten seien, hatte zu diesem Zeitpunkt längst skurrile Züge angenommen, gerieten die Akteure in peinliche Argumentationsnöte, hatte all das, was ehedem braun war, nur noch bräunlich zu sein. »Wir werden die Vorwürfe einiger weniger Miesmacher empört zurückweisen«, telexte am 26. Oktober 1966 um 12.35 Uhr das Münchner STERN-Büro an die Hamburger Zentrale »z. Hd. v. Herrn Sakowski«, »die da sagen, die Illustrierten machten Geschäfte mit den Schuldkomplexen ganzer Generationen«: »Wir werden ... all jene bekämpfen müssen, die die SS bisher als Mörder in Uniform ansahen, und wir werden all jenen widersprechen, die da sagen, Nazigrö-

Kuby-Kumpanei mit NS-Größen (im Bordbuch Heidemanns): »Auf dem stillsten Meer, daß ich seit langem sah..., haben wir das herrliche Dritte Reich mit General Wolff auferstehen lassen«

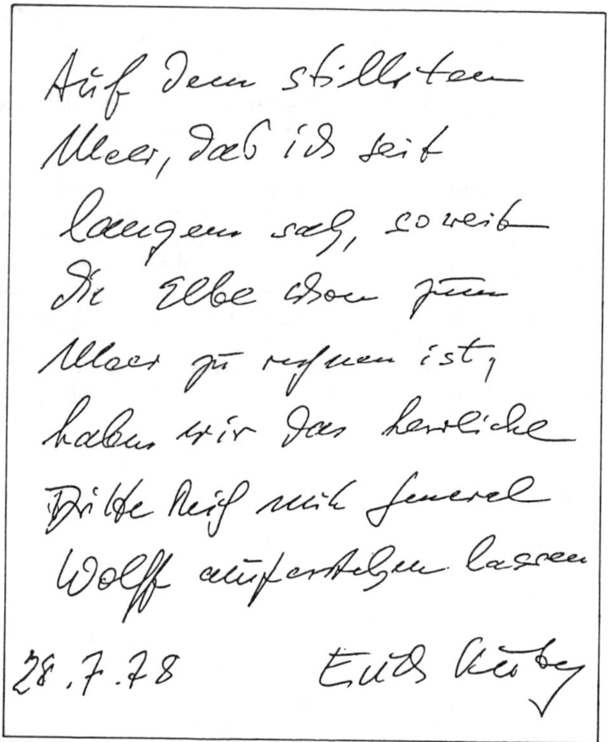

Auf dem stillsten
Meer, daß ich seit
langem sah, soweit
die Elbe schon zum
Meer zu rechnen ist,
haben wir das herrliche
Dritte Reich mit General
Wolff auferstehen lassen

28.7.78 Erich Kuby

Erich Kuby (mit Karl Wolff): »Wir müssen Abbitte leisten«

ßen hätten uns heute nichts mehr zu sagen.« Eine derartige Schutzbereitschaft war von niemandem bisher so geistreich bekundet worden. In bundesdeutschen Illustrierten-Redaktionen erhielten die ehemaligen NS-Größen politisches Asyl: »Wir müssen Abbitte leisten, denn wir waren verblendet«, jetzt »fallen (wir) nicht mehr auf diejenigen herein, die uns von der Banalität des Bösen erzählen«, nein, erst jetzt »werden (wir) erfahren, wie es wirklich war«. Autor dieser alten, aber immer noch aktuellen Glosse: ein vorübergehender Chefredakteur des STERN, Michael Jürgs.(4)

Der STERN machte aus Karl Marx »eine ganz miese Möpp, aus Leni Riefenstahl eine Heldin«, es »entstand ein geradezu erotisches Verhältnis zu diesem NS-Müll«, Henri Nannen sei »schon damals ... in der Brühe seiner eigenen Worte intellektuell ersoffen«: »Der STERN war diesbezüglich von genau der gleichen Impotenz wie die Bundesrepublik im ganzen, und schließlich umarmte er Hitler.« So mitleidlos holzte Erich Kuby gegen den STERN.(5) Wie Manfred Bissinger hatte wohl auch Erich Kuby eine alte Rechnung zu begleichen. Für den STERN hatte er bis 1980 fast fünfzehn Jahre lang gearbeitet. Deshalb veröffentlichte er 1983 im Konkret Literatur Verlag seinen »Fall STERN«, weil der Hamburger Hoffmann und Campe Verlag, mit dem Kuby zuvor einen Vertrag geschlossen hatte, kurzentschlossen das bereits gedruckte, aber böse Kuby-Epos nicht mehr auf den Markt bringen wollte, was Kuby zu der resignierenden Randbemerkung veranlaßte, daß dieser »Vorgang ... in Jahrzehnten deutscher Verlagsgeschichte einzigartig« gewesen sei.(6) Aber auch Kuby selbst agierte beispiellos.

Kubys »Anmerkungen zu Henri Nannen« und die Beschreibung des »überlebensgroßen« Gerd Heidemann waren heuchlerisch. Erich Kuby mußte seine Komplexe abbauen, denn ehedem gehörte der von Nannen Geschundene selbst zu jenen, die mit einer nicht mehr zu überbietenden Scheuklappen-Mentalität auf das Dritte Reich setzten und mit ihm verdienen wollten. Daran aber sollte Kuby schließlich zugrunde gehen, denn die aufwendigen Spesen des einseitigen NS-Rechercheurs wuchsen dem STERN-Chefredakteur über den Kopf. Nannen störte möglicherweise noch etwas anderes: der STERN-Autor nervte mit endlosen Exposés, seitenlangen Briefen und Arbeitsberichten. Kuby hätte wissen müssen, daß Nannen kein leidenschaftlicher Schmökerer war, was Kuby nach einem engbeschriebenen Vierseitenbrief an Nannen nun auch endlich kapierte: »Mein Eindruck ist, daß Sie nicht lesen.«(7)

Nannen wird es wohl auch diesmal unterlassen haben: Kubys theatralische Post glänzte nicht nur durch fehlerhaftes Deutsch, sondern vor allem durch permanente Kleinschreibung. Der tote Benito Mussolini hatte Kubys Fall im STERN beschleunigt.

Gerd Heidemann und Erich Kuby kannten sich seit langem. Für Kuby recherchierte Heidemann die FIBAG-Affäre und mit ihm zusammen beobachtete er Hans Hermann Weyer beim Putsch-Versuch in Afrika. Schließlich trafen sich die beiden auf Heidemanns alter Göring-Jacht »Carin II«. Das war am 28. Juli 1978.

Auf dem Schiff lernte Kuby ein Überbleibsel des Dritten Reiches kennen: den Himmler-Vertrauten und einstigen SS-Obergruppenführer Karl Wolff.(8) Für Kuby war dies eine Sternstunde, denn der rührige Wolff erwies sich als charmanter Plauderer. Es sei nicht nur herumgealbert, sondern auch eine Initialzündung gelegt worden, die einer »journalistisch-historischen Bombe« gleichkäme: Das Liebesverhältnis zwischen dem italienischen Faschistenführer Mussolini und Claretta Petacci als Serie ein weiteres Mal für den STERN zu schreiben.

Mussolini, seit dem 23. September 1943 »Staatschef« der italienischen Rumpf-

Am 29.Sept. übergibt mir H.Heidemann in Hamburg die ersten Bände seiner Tonbanc-Abschriften ,und betont,die lo Tage mit Wolff quer durch die BRD und Suedtirol haetten rund 3ooo Seiten Material ergeben .

Kuby-Text: *Heidemann als fleißigen Mitarbeiter ausgemacht*

Die Recherche

Den Anteil Hademanns an den Recherchen , der groß sein wird, erwähne ich hier nur pauschal.
Rom und Mailand (Kraats ,Hausmann) waren hilfsbereit und nützlich , kommen aber für die eigentliche Recherche nicht in Frage , denn das ist ein full-time-geschaeft .

Kuby-Text: *Heidemanns Recherchen-Anteil als groß herausgestellt*

Ich bat meinerseits H.Heidemann um seine Mitarbeit , wichtig wegen seiner SS-Verbindungen ; H.ist inzwischen, nachdem er eine längere Recherchen-Reise zusammen mit SS-Generaloberst Wolff unternommen hat , mit einem Engagement in die Sache eingestiegen,die jenes des Chefredakteurs noch zu übertreffen scheint .

Kuby-Text: *Heidemann-Engagement höher als das Nannens bewertet*

Fuer einen Teil der Recherchen wäre ein italienischer Heidemann nötig,den es nicht gibt als für uns verfügbar,und ein Archivdurchforster . In beiden Rollen möchte ich selbst in Italien tätig werden , aus dem erwähnten Grund werde ich umfangreiche Unterstützung finden . (Auch bei obersten Leuten der P.C.I .,wenn ich auch dort über bestimmte Komplexe nichts erfahren werde.) Damit die Sache so laufen kann , würde ich , falls sie laufen soll , einen Intensiv-Italienisch-Kurs in Florenz absolvieren müssen (- dort der beste Italiens - was gleichzeitig erlaubte,die Kontakte mit Susmel zu intensivieren. Nach 5 Wochen könnte ich zwar nicht wirklich italienisch,wäre aber imstande zu lesen, zu verstehen,fragen zu stellen, Nuancen,auf die es

Kuby-Text: *Heidemann als einmalig apostrophiert*

Republik von Saló, war ein Gefangener der Deutschen, Karl Wolff in Wahrheit der »Regierungschef«. Kuby war nicht nur von Wolffs Mussolini-Witzen begeistert, sondern da saß ihm doch wirklich ein noch lebender Zeitzeuge gegenüber, der vieles wußte, was andere nicht wußten. Der befähigte Wortverdreher Kuby ließ sich sodann vom ehemaligen Himmler-Adlatus anstecken und zu einem ernsthaften Eintrag in Heidemanns Bordbuch hinreißen: »Auf dem stillsten Meer... haben wir das herrliche Dritte Reich mit General Wolff auferstehen lassen.«(9) Dann eilte er in die STERN-Redaktion, denn er mußte erst die Hürde Nannen nehmen. Daß er den STERN-Chef für das Thema begeistern könnte, schien ihm sicher. Nannen war aber nicht da. Erst später traf er ihn zufällig — in der Kantine.

Dort erzählte Kuby ihm, war er von Wolff gehört hatte. Auf die »Liebesgeschichte« Benito-Claretta fuhr Nannen sofort ab, was ihn wiederum spontan dazu bewog, den Mailänder STERN-Korrespondenten einzuschalten: »Erich Kuby kam neulich ... auf die Idee, noch einmal einen Tatsachenbericht über die Liebesgeschichte zwischen Mussolini und Claretta Petacci zu schreiben«, informierte er. »Ich möchte Sie bitten«, so diktierte Nannen am 10. August 1978 weiter, »alles erreichbare Material ... zu besorgen.« Weil Nannen wieder einmal kurz vor Antritt eines Urlaubs stand, wäre es »mir sehr lieb, wenn Sie mir noch in der nächsten Woche ... kurz sagen könnten, welche Möglichkeiten Sie für diese Sache sehen.«(10) Die Reaktion folgte prompt.

»Ohne mein Zutun«, hielt Kuby fest, »fand ich ... in hohen Stößen historische Mussolini-Fotos auf meinem Schreibtisch aus verschiedenen Archiven.«(11) Nannen war ganz aus dem Häuschen, denn zufällig war ihm die Niederschrift jenes Mannes auf den Schreibtisch gekommen, der Mussolini zu bewachen hatte: die des pensionierten Kripo-Beamten Otto Kisnat. Kuby über die seltsamen Arbeitsmethoden des STERN-Chefs: »Nannen ließ das bedeutsame Schriftstück fotokopieren, leitete das Original aber an den Absender zurück und vertrat die Ansicht, es enthalte kaum etwas von Wert.«(12)

Erich Kuby benötigte Zuarbeiter; die alleinige Fahndung nach Mussolini-Petacci-Material hätte ihn ohne Frage überfordert. So kam kein anderer als Gerd Heidemann in Frage, der »wichtig wegen seiner SS-Verbindung« sei und der Kuby bereits vier Wochen nach Beginn der Recherchen die ersten abgeschriebenen Tonbandprotokolle übergab. Kuby hatte »inzwischen angefangen, einschlägige Literatur zu lesen«, die Dienstreisen des Italienfreundes dehnten sich zwangsläufig auf Rom, Florenz und Mailand aus. Kuby: »Die große Liebesgeschichte (habe) beim Chefredakteur ganz bestimmte Vorstellungen ausgelöst«, von denen »ich jetzt sicher weiß, dass sie so nicht erfüllt werden können« — das Konzept müsse korrigiert werden.(13) In der Tat war Kuby in einer mehr als mißlichen Situation, hatte Gerd Heidemann ihn doch mit Büchern und Dokumenten zugeworfen, so daß plötzlich ein nicht einkalkuliertes Problem auf den Autor zukam: Kuby hätte — unter Zeitdruck — richtig arbeiten müssen, und das konnte nicht sein ausschließliches Ziel sein. Statt sich über Heidemanns herbeigeschleppte Materialien herzumachen, schrieb Erich Kuby lieber Geschichten um die Geschichte Mussolini-Petacci — statt für den STERN-Leser für STERN-Redakteure.

Nannen wünschte nur eine »Schnulze«, er wollte ausschließlich »die typische Maitressenwirtschaft eines italienischen Gockelhahnes« ins Blatt heben. Kuby konnte nicht begreifen, daß »die Beziehung zwischen dem Diktator und der Tochter des Sanitätsrates« die Leser mehr interessieren würde als Kubys Geschichtsschreibung. Er witterte Gefahr: »Da reduziert sich Glanz und Gloria des italienischen Imperiums einzig und allein auf diesen ... Betthasen.« Zwar sah, nach dem

Kuby-Konkurrenz-Titel:
»Adolf und der Hanswurst von Salò«

PETER TOMPKINS

VERRAT AUF ITALIENISCH

Italiens Austritt aus dem Zweiten Weltkrieg

Kuby-Manuskript-Titel:
»Wir können mit einer absoluten Weltsensation aufwarten«

Verrat auf deutsch

Mussolinis SS - Staat am Gardasee

von

Erich Kuby
in Zusammenarbeit mit
Dr.Wolfgang Eitel

Dokumentation und Recherchen:

Gerd Heidemann , Dr.Susanna
Knüpling-Böhme/Genua,Petra
Staehle/Rom

Hamburg/Muenchen/Lučica auf Lošinj
1978 / 1979

gewaltsamen Tod des Liebespaares, die Claretta Petacci »selbst dann noch schön aus, als sie neben (Mussolini) mit dem Kopf nach unten in Mailand als Leiche aufgehängt wurde, während sich der Geliebte in eine Horror-Maske verwandelte«, zwar wurden in der Mussolini-Villa so viele Hormonpräparate gefunden, »dass es für den Wochenumsatz einer Apotheke gereicht hätte«, da sei die »oberste Instanz Hitler selbst um die Entscheidung befragt (worden), ob das grosse Idol... Mussolini mit Claretta ins Bett gehen darf, und wann und wo«, da sei Kuby bei der Sammlung des Materials zwar auch »von dem Bedürfnis gelenkt, die vorkommenden Personen leben, lieben, reden, schreiben, regieren, morden, jubeln« zu lassen — nur so etwas wollte Kuby aber nicht, er wollte historisch Ernsthaftes zustande bringen (Kuby-Arbeitstitel: »Adolf und der Hanswurst von Saló«), denn hierzu »ist meine Arbeit ein Lehrstück. Ich wiederhole: ein Stück deutscher Geschichte auf italienischem Boden, am Gardasee, den Millionen STERN-Leser kennen«, weshalb sich »die Serie romanhaft lesen« lassen würde.(14) Kuby sah voraus, daß die STERN-Redaktion »unter keinen Umständen in diese Sache ernsthaft einzusteigen« bereit sei, statt dessen erwarte sie, polterte der eifersüchtige Kuby, »aus den Heidemann-Recherchen einige 'sensationelle' Enthüllungen«.(15)

Gerd Heidemann hatte gehört, daß Mussolini und der britische Premier Churchill während des Zweiten Weltkrieges heimlich korrespondiert haben sollen. Wenn diese Papiere zu ergattern wären, dann könnten »wir mit einer absoluten Weltsentation aufwarten« (Kuby).(16) Heidemann reiste — im Gegensatz zu Kuby — mit gespitzten Ohren durch Italien und machte schließlich den SS-Bewacher der Claretta Petacci, den SS-Mann Franz Spögler, ausfindig. Dieser hatte es inzwischen zum millionenschweren Hotelier gebracht. Spögler ließ sich von Kuby für dreitausend Mark befragen, während Heidemann die Interviews umsonst bekam. Spögler sei »im Besitz ganz einzigartiger, völlig neuer, unbekannter Dokumente« (Kuby).

Gegen den Unternehmer lief vor langer Zeit ein Gerichtsverfahren wegen Mord an dem Chauffeur der Mussolini-Geliebten. Ein anderer Anklagepunkt: er habe sich die Hinterlassenschaft Mussolinis angeeignet. Doch das stritt er ab. Erst Heidemann konnte ihn dazu bewegen, möglicherweise Dokumente herauszurücken — für 165.000 Mark. Kuby: »Ich habe Schuller (den stellvertretenden Chefredakteur) ausführlich über die Bedeutung des Spögler-Materials informiert« — aus diesen Dokumenten könnte ein STERN-Buch werden, »um ein allerdings sensationelles, und um eine Werbung für den STERN, die ihm vermutlich weitaus mehr wert wäre, als Spögler haben will und bekommen würde«.(17)

Schließlich wurde Kuby noch auf den »Schatz von Dongo« hingewiesen: »Das wir einen Saugbagger am Comosee installieren werden, in der erhärteten Überzeugung, wirklich etwas zu finden, daran glaube ich allerdings nicht.«(18) Der eine oder andere in der STERN-Redaktion schüttelte den Kopf. Bei Kuby, so schien es, sei wohl inzwischen mit allem zu rechnen.

Erich Kuby liebte zwar Italien, nur sprach er kein Italienisch. Und da, wie er sich ausdrückte, für »einen Teil der Recherchen ein italienischer Heidemann nötig wäre, den es nicht gibt«, müsse er (»Damit die Sache so laufen kann«) einen italienischen Sprachkurs belegen. Kuby: »Nach 5 Wochen könnte ich zwar nicht wirklich italienisch, wäre aber imstande zu lesen, zu verstehen, fragen zu stellen, Nuancen, auf die es ankommt, selbst herauszuhören.«(19) Für die Dolmetscherin Susanna Knüpling-Böhme hatte Kuby eine andere Zukunft eingeplant, denn die bekam ein Kind von ihm. Die Frage lautete: Wer hatte den Sprachkurs zu finanzieren?

Erich Kuby   Florenz , 18. Febr. 79

Betr. : SALÒ

3.Arbeitsbericht und nächste Arbeitsplanung .

Mein Sprachkurs begann am 25.1. und endet am kommenden Mittwoch , 21.Februar . Täglich 8 Stunden , davon 4 reine Grammatik , Samstags 4 Stunden , erbrachten das erwünschte Ergebnis . Ich kann Texte lesen und mich verstaendlich machen. Neben dem Kurs war weder viel Zeit noch viel Kraft übrig , am Thema zu arbeiten ausser der Lektüre einiger ital. Bücher zu "Salò" .
Die Wochenende 9./ 11.2 . und 16./17.2. verbrachten H. Dr.Eitel und ich bei Duilio Susmel , einerseits um aus seinem Archiv die für uns sinnvollen Materialien auszusuchen , andererseits um mittels Fragebogen von ihm selbst ergänzende Auskünfte zu bekommen .
Die finanziellen Forderungen von H.Susmel veranlassten mich , telefonisch mir bei H. Schuller Rückendeckung für die Vereinbarung zu verschaffen .
Darueber liegt ein besonderer Bericht anbei .
H. Dr.Eitel kam zu dem ersten Besuch bei Susmel aus Freiburg, wo er sowohl wohnt wie im Militärarchiv für mich gearbeitet hat ; er war dann die Woche über in Mailand in den dortigen Archiven tätig , kam also von Mailand wieder hierher ,und kehrt jetzt zunächst nach Freiburg zurück . Über seine inzwischen geleistete Arbeit wird er ,zusammen mit der nächsten Zwischenabrechnung , selbst berichten .
Die gesamten,inzwischen in Italien erfassten Materialien, einschliesslich jener aus dem Archiv Susmel (u. aus Rom), werden teils durch mich, teils durch H.Dr.Eitel nach Deutschland gebracht.
Ich werde nach meiner Rückkehr bis Dienstag ,den 27.2. in Hamburg bleiben - an den Faschingstagen vorher kann in Muenchen nicht gearbeitet werden.
Am Mittwoch,den 28.2. gehe ich zur weiteren Arbeit nach München . Dorthin kommen gleichzeitig H.Dr.Eitel und H. Heidemann .
(Über die Arbeiten von H.Heidemann wurde ich telefonisch auf dem laufenden gehalten , er wird seine sämtlichen Tonband-Interviews

Kuby-Sprache: *»Ich kann Texte lesen und mich verständlich machen«*

Vom 25. Januar bis zum 21. Februar 1979 lernte Kuby täglich acht Stunden Vokabeln, sowie vier Stunden Grammatik. Das Ergebnis war umwerfend: »Ich kann Texte lesen und mich verstaendlich machen.« Während es in Hamburg naßkalt war, residierte Kuby im warmen Florenz. Das Wetter ging manchen STERN-Leuten aufs Gemüt. Doch als Kuby seinen »3. Arbeitsbericht« in die Redaktion schickte, hat es nicht nur Lacher gegeben, da kam es zu richtigen Wutausbrüchen: Mit einer wahrlich komischen Steifheit verkam der angebliche Star-Autor plötzlich zu einem greisen Buchhaltertyp, der nun hemmungslos sein zukünftiges Schreibpensum multiplizierte: »Wenn ich davon ausgehe, dass wir 14 Folgen drucken, und die einzelne Folge zwischen 20-22 STERN-Blatt lang sein wird, so ergibt sich eine Textlänge von rund 21 x 14 x 17 x 60 Buchstaben = rund 300.000 Buchstaben, das sind, umgerechnet auf normale Manuscriptseiten zu 30 Zeilen x 60 Anschläge nicht ganz 170 Seiten.« Kuby zwang den stellvertretenden Chefredakteur Victor Schuller, sich einen Taschenrechner zu besorgen: Kubys Manuskript werde »insgesamt etwa 350 normale Seiten umfassen = der Buchtext«, aus der »350-Seiten-Fassung kann die 170-Seiten-STERN-Fassung im wesentlichen mit dem Rotstift herausgezogen werden« — »ohne dass ganze Passagen neu geschrieben werden müssten«. Und dann versprach Kuby: »Ich wäre in der Lage, den 50-Personen-Haushalt des Duce... Person um Person zu benennen und zu beschreiben«, nicht nur das, sondern noch: »Für jeden der rund 600 Tage der Republik Saló könnte ich sagen, an welchem Tag Mussolini wen und wie lange empfangen hat.« Da verstünde Kuby »den Leser in die Geschichte hineinzuziehen« — »ohne Details um der Wirkung willen erfinden zu müssen«.(20) Hatte der ausgebildete Diplom-Volkswirt und jetzige »Sachbuch«-Schreiber seine Leser bisher verkohlt?

Im August 1978 hatte Henri Nannen sich für die Serie entschieden. Im Februar 1979 war Kuby immer noch beim Pläneschmieden, inzwischen hatte der Riesenapparat des STERN, der Kuby unterstützend zur Seite stand, immense Kosten verursacht. Gerd Heidemann, auf dessen Mitarbeit Kuby nicht verzichten konnte, hatte in nur wenigen Wochen fast zwanzig Zeugen befragt, Papiere en masse aus allen möglichen Winkeln herbeigeschafft, war längt mit einem anderen Thema beschäftigt. Doch Kuby ließ nichts mehr von sich hören. Nannen riß der Geduldsfaden. Er bat Heidemann zu sich. »Was ist eigentlich mit dem Kuby los?« erkundigte sich der STERN-Boß. Heidemann zuckte mit den Achseln: »Der schreibt.« Nannen: »Ja, Briefe an die Redaktion.« Heidemann: »Ich denke, er soll die Petacci-Serie machen.« Nannen: »Das dachte ich auch.«(21) Heidemann glaubte, Nannen befände sich kurz vor einer Gallenkolik und verließ unter einem Vorwand das Zimmer. Aus kollegialen Gründen unterrichtete Heidemann Kuby über Nannens Laune. Inzwischen hatte Victor Schuller Kuby-Post erhalten. Diesmal hockte Kuby im feinen römischen Hotel Raphael.

Über den Mann, bei dem er eine Weltsensation vermutete — den ehemaligen SS-Mann Spögler —, machte Kuby sich lustig und enthüllte zugleich seine Ansicht über ein deutsches Idol: »Er ist so ein Typ wie Louis Trenker, also falsch, blauäugig, durchtrieben.« Spögler verfüge über »historisch neue, bedeutende Papiere« (»An ihrer Echtheit ist nicht zu zweifeln«), »vielleicht springt (er) noch mal von der Schaufel«, soll heißen: daß Spögler die Unterlagen vielleicht doch irgendwann übergebe.(22) Nannen und Schuller beratschlagten, denn von Peter Koch hatte der im Süden vom STERN ausgehaltene Kuby inzwischen ein Telegramm mit der barschen Aufforderung erhalten, er möge umgehend zu Nannen nach Hamburg fliegen. Kuby ärgerte sich vor allem darüber, daß Nannen ihn nicht selbst eingeladen hatte und antwortete aus seinem Haus in Jugoslawien ungeschickt aber

-4-

Und erst an Hand dieser perfekten Übersetzung kann ich genau beurteilen , ob das Zitat richtig sitzt .
Soweit also die bis jetzt überschaubare Planung . Damit lässt sich aber auch schon eine einigermaßen verlässliche Auskunft über die Arbeit bis zu ihrer Druckreife geben
Ich gehe davon aus ,dass ich etwa 3 Monate mit der Textabfassung beschäftigt sein werde , das wäre Mai,Juni,Juli.
Es wäre unrealistisch anzunehmen, dass nicht einige Quellen- bzw. Informations-"Nachbesserungen" sich als nötig herausstellen werden , und zudem werde ich ohne Zweifel mich veranlasst sehen ,zwar nicht das Ms.im ganzen ,wohl aber gewisse Passagen durch gewisse Experten nachprüfen zu lassen
Auch das braucht Zeit .
Indes,mein seinerzeit eher gefühlsmäßig gemachter Zeit-Vorschlag : 1 Jahr , wird auf keinen Fall überschritten werden .
Wenn ich davon ausgehe , dass wir 14 Folgen drucken ,und die einzelne Folge zwischen 2o - 22 STERN-Blatt lang sein wird , so ergibt sich eine Textlänge von

(rund) 21 x 14 x 17 x 6o Buchstaben
= rund 3ooooo Buchstaben

das sind , umgerechnet auf normale Manuscriptseiten zu 3o Zeilen x 6o Anschläge

nicht ganz 17o Seiten .

Ich werde ein Manuscript (ein druckfertiges) schreiben , dass sowohl auf die Abfolge von 14 Teilen wie auf die im STERN gebotene Länge des einzelnen Teiles Rücksicht nimmt. Es wird dieses Ms. aber insgesamt etwa 35o normale Seiten umfassen (= der Buchtext) . Die erforderlichen Kürzungen können bei dieser Anlage jeweils in den einzelnen "Kapiteln" erfolgen,die dann auf STERN-Serienfolge-Format

Kuby-Rabulistik: *»21 x 14 x 17 x 60 Buchstaben = rund 300.000 Buchstaben«*

nicht unschlüssig: Er halte es für unverantwortlich, das Material für längere Zeit unbeaufsichtigt zu lassen, da sich im Umkreis von vier Kilometern keiner außer ihm befände. Was würde nur geschehen, wenn das Material während seiner Abwesenheit verschwinden würde?[(23)] Dann ging er Nannen frontal an: »Wofür, glauben Sie, haben wir in einem halben Jahr 60.000 Seiten geschriebenes Material und eine Handbibliothek gesammelt?« Kuby erklärte, warum er nicht in der Bundesrepublik schreiben wolle (»Ich wüßte keinen Raum, der groß genug wäre, das Material griffig auszulegen«): »Hier stört mich nichts und niemand und es gibt kein Telefon.« Und noch etwas hatte Kuby zu bieten: »Als ich von Ihrem Kunsthandel hörte, dachte ich: Donnerwetter! Das ist eine noble , eine einleuchtende Wendung und Alterslösung. Aber dieser positive Geist scheint nur partiell von Ihnen Besitz ergriffen zu haben. Sehr schade.«[(24)] Damit war Erich Kuby für den pensionsreifen Nannen und den STERN wohl zum Abschuß freigegeben.

Die Verhandlungen, wie eine einvernehmliche Trennung herbeigeführt werden könnte, zogen sich hin. Im Dezember 1979, fast anderthalb Jahre nach Beginn der Recherchen, hatte der Verlag mit Erich Kuby eine Basis gefunden: Ende 1980 würde er die Redaktion verlassen, zuvor bis zum Herbst überlegen, ob eine weitere Tätigkeit für die eine oder die andere Seite noch sinnvoll sei. Kuby an einen ehemaligen Mitarbeiter: »Es scheint mir unwahrscheinlich, dass ich dazu geneigt sein könnte.«[(25)] Die inzwischen angehäuften, unbearbeiteten Materialien überließ der STERN Kuby großzügigerweise zur Auswertung. Die Serie im STERN war gestorben, das Thema als STERN-Buch ebenfalls, obwohl eine offizielle Option ausgesprochen worden war. Doch Kuby ließ sich nicht unterkriegen: »Da ich über mehrere Buch-Projekte mit einem Verlag abschliessen werde«, würde der STERN-Buchverlag keine Rolle mehr spielen. Allerdings hatte Kuby noch ein Problem zu klären: das von ihm zwei Zuarbeitern gegebene Versprechen, sie an den Einnahmen des Buches zu beteiligen. Die Nutznießer sollten sein: Wolfgang Eitel, den Kuby über den Piper Verlag kennengelernt, der in Italien studiert hatte und für ein vom STERN bezahltes Wochensalär zunächst von neunhundert Mark die italienische Quellenlage erfaßte, sowie Gerd Heidemann, der letztendlich für Kuby das Fundament für das Projekt legte.

Kuby hatte Heidemann an dem »Buchhonorar im Verhältnis 60:40 beteiligt«,[(26)] doch da war Wolfgang Eitel noch nicht im Spiel. Der sollte jetzt auch motiviert werden, und zwar mit zwanzig Prozent, die Kuby von den vierzig Prozent Heidemanns einfach abzog. Begründung: Heidemann spreche kein Italienisch, weshalb ein Historiker mit italienischen Sprachkenntnissen eingeschaltet werden mußte.[(27)] Was sollte sich Heidemann mit Kuby streiten, der faire Umgang stimmte ohnehin nicht mehr. Da in Zukunft feste Einkünfte in Form von STERN-Gehältern ausblieben, mußte Kuby die Absprachen schleunigst korrigieren.

Im Dezember 1979 pausierte Erich Kuby in Keitum auf Sylt. Von dort adressierte er, nicht ungeschickt, eine neue Rechnung an Eitel und Heidemann. Das noch zu schreibende Buch sollte als Autor Erich Kuby nennen, die Unterzeilen »in Zusammenarbeit mit Dr. Wolfgang Eitel« und »Dokumentation und Recherchen Gerd Heidemann« enthalten. Sollten »Sie nicht genannt sein wollen«, schrieb Kuby dem überraschten Eitel, »so hiesse das, dass Sie sich von dem (Manuskript) distanzieren und logischerweise entfiele in diesem Falle auch unsere Abmachung, dass sie mit 2% am Autoren-Honorar beteiligt sind«. Und was erfuhr Heidemann? Wenn auch er im Impressum nicht stehen wolle, bedeute das, »dass Sie sich von "eingedampft" wird, ohne dass der Aufbau im ganzen davon berührt würde.D.h. aus der 35o-Seiten-Fassung kann die 17o-Seiten-STERN-Fassung im wesentlichen mit dem Rotstift herausgezogen werden ohne dass ganze Passagen neu geschrieben werden müssten .

Bei der Materialsammlung wurden (und werden) wir von dem Bedürfnis gelenkt , die vorkommenden Personen leben,lieben, reden,schreiben, regieren,morden, jubeln , verzweifelt sein lassen zu können ohne Details um der Wirkung willen erfinden zu müssen . Jedes szenisch oder im Dialog brauchbare Detail versuchten wir festzuhalten .

Um ein Beispiel zu sagen , so wäre ich in der Lage , den 5o-Personen-Haushalt des Duce in der Villa Feltrinelli Person um Person zu benennen und zu beschreiben , und ich weiss , dass "L'Eccellenza Donna Rachele Mussolini" am 27.11.1943 einen Klavierstimmer in die Villa bestellte . Ich könnte mit dem Leser von Zimmer zu Zimmer gehen . Dass ich weder den Klavierstimmer erwähnen noch die 5o Namen nennen werde (selbstverständlich letzteres auf keinen Fall) steht auf einem andern Blatt . Aber nur diese Detailkenntnis, die sich ,weiteres Beispiel,auch darauf bezieht , dass ich für jeden der rund 6oo Tage der Republik Salò sagen könnte , an welchem Tag Mussolini wen und wie lange empfangen hat , wird mir erlauben, den Leser in die Geschichte hineinzuziehen als ob er sie von innen sähe .

Diese unabdingbare formale Prämisse für die Arbeit gibt der Arbeit nicht ihren Sinn . Lassen Sie mich bezüglich des Sinnes (= Fundament des Leser-Interesses) wiederholen,was ich schon im 1.Arbeitspapier andeutete : Salò ist nur scheinbar eine italienische Geschichte,in Wahrheit aber eine deutsche, denn "Salò" im ganzen ist eine deutsche Erfindung , ist ,neben dem Bunker unter der Reichskanzlei , die zweite Bühne der fascistisch-nationalsozialistischen Götterdämmerung . Fand sie in Berlin nur als Horrorstueck statt , so am Gardasee als eine Mischung von Operette, Krimi,Drama und (auch) Horrorstueck . Was darin Drama ist , bezieht sich auf die Behandlung Italiens und der Italiener durch die Deutschen , ist ein Stueck Wirkungsgeschichte der Verachtung ,mit der bis zum heutigen

Kuby-Eindrücke: *»Einen zeternden alten Mann in die Knie zu zwingen, macht keinen Spaß«*

dem Buch distanzieren; und damit erledigt sich natürlich unsere Vereinbarung«.[28]

Zwar teilte Wolfgang Eitel Kuby mit, daß »(ich) nur noch unter der Bedingung weitergearbeitet habe, daß ich am Buchhonorar mitbeteiligt werde«, wären einzelne Kuby-Kapitel »ohne mich wahrscheinlich gar nicht, oder in sehr reduziertem Umfang geschrieben worden« (»Auf dem Cover dürfen Sie ruhig alleine prangen!«),[28a] Kuby aber konterte, was scherten ihn die Abmachungen von gestern: »In eine Diskussion über schöpferische Anteile einzusteigen, erschiene mir nun allerdings so überflüssig wie sinnlos.«[28b] Eitel mochte Kubys Rechnung nicht nachvollziehen, denn der ehemalige STERN-Zeitgeschichtler will das Material vom STERN zur eigenen Verwertung für 120.000,- DM aufgekauft haben. Eitel: »Mein Anspruch kann durch die Modalitäten Ihres Ausscheidens aus dem STERN in keiner Weise gemindert oder aufgehoben werden.« Nach Kubys Zahlenspiel »würde ich aller Voraussicht nach nie einen Pfennig sehen, jedenfalls nicht vor dem Jahr 2000« — falls der »Kubyische Verrat« ein Longseller werden sollte.[28c]

Erich Kuby bezog, nach seinem Ausscheiden aus dem STERN, eine monatliche »Rente« von 1.200,- DM, der Verlag Hoffmann und Campe überwies ihm für »Verrat auf deutsch« monatlich 2.000,- DM, was Kubys Geiz leicht erklärbar werden läßt: Der ehedem so Spesen-großzügige STERN-Schreiber verfügte über keinen finanziellen Spielraum mehr, was Eitel zu der Äußerung hinreißen ließ, daß er »den alten Geier nicht ins Unglück stürzen« wollte, da »ich seiner neuen Lebensgefährtin, die im August ein Kind erwartet, weiterhin freundschaftlich verbunden bin«. Heidemann, der auf seinen Honoraranspruch längst verzichtet hatte, wollte sich mit Kuby nun auch nicht mehr anlegen. Auch Eitel hatte die Nase voll: »Einen zeternden alten Mann per Gerichtsurteil in die Knie zu zwingen, macht... keinen Spaß!«[28d]

Das peinliche Kuby-Stück rief selbst die Rechtsabteilung des Gruner + Jahr-Verlages auf den Plan, die Partei für Wolfgang Eitel ergriff. Joachim Hagen, sonst eher ein trockener Formulierer, wies Kuby daraufhin, daß »dieser Mann (Eitel) für (Kubys) Buch Leistungen erbracht« habe, »statt Bezahlung hat er sich zufriedengegeben mit einer prozentualen Beteiligung«: »Was Sie sonst noch an Aufwendungen hatten, weil Sie sich Recherchen selbst ersparten, schmälert noch nicht die Leistung von Herrn Dr. Eitel und kann Ihnen auch keinen Grund geben, Zahlungen zu verweigern.«[28e] Kuby indes konnte.

Die um ihr Geld betrogenen Eitel und Heidemann strafte er mit einer »kessen Abwärtsentwicklung der Argumentation« und beschwerte sich anschließend — nach Erscheinen des Buches — bei Henri Nannen, daß sein »Verrat auf deutsch« von der STERN-Redaktion nicht ernstgenommen worden war: »Sie werden ja informiert sein, wie sich die Chefredaktion zu (seinem) Buch verhält — ich kann mir schwer vorstellen, dass Sie selbst der Urheber einer so unqualifizierten Haltung sind.«[28f] Kubys verzweifelter Versuch, »Verrat auf deutsch« über diesen Umweg in die STERN-Spalten zu pauken, erwies sich als kräftige Fehlspekulation. Nannen über Kuby: »Der ist nicht ganz dicht.«[28g]

Der Heidemann-Stoff, aus dem Kubys Träume wahr wurden, erschien erst 1982 unter dem bemerkenswerten Titel »Verrat auf deutsch« bei Hoffmann und Campe in Hamburg, allerdings existierte er bereits — fast themengleich: 1967 verlegte Fritz Molden Peter Tomkins »Verrat auf italienisch« mit dem Wegweiser »Italiens Austritt aus dem Zweiten Weltkrieg«. Plagiator Erich Kuby wählte aber dafür eine mit diesem Untertitel nicht identische Unterzeile: »Wie das Dritte Reich Italien ruinierte.« Viele Einfälle hat Kuby zu der Zeit wohl nicht mehr gehabt, Deutsches auf

Wie ich die STERN-Redaktion kenne , straeuben sich die Haare jener Kollegen,die diesen kleinen zeitgeschichtlichen Exkurs gelesen haben , längst und sie sind bereits fest entschlossen , unter keinen Umständen in diese Sache ernsthaft einzusteigen . Sie sind auf die "Liebesgeschichte" eingestimmt ,diesen Hacken haben sie genüsslich geschluckt ; und zudem erwarten sie sich aus den Heidemann-Recherchen einige "sensationelle " Enthüllungen . (Auf diese werde ich noch eingehen.)

***Kuby-Resignation:** »Verrat auf Kubyisch«*

dem Buchumschlag faszinierte ihn auch 1986, denn da machte er sich nicht sehr einfallsreich über die nationalsozialistische Besatzungsmacht in Polen her: »Als Polen deutsch war.« Er nahm mit diesem 341-Seiten-Werk für sich in Anspruch, eine »akribische Bestandsaufnahme historischer Sachverhalte« vollzogen zu haben. Doch dabei stolperte Kuby über sich selbst. In dieses Thema hatte er sich nicht einmal oberflächlich eingearbeitet; es wurde ein Buch voll historischen Blödsinns,[29] das nur von Kubys STERN-Serie über den Reichstagsbrand übertroffen wurde.[30]

Gerd Heidemann wunderte sich über Erich Kuby längst nicht mehr. Der Kontakt brach ab. Traurig war Heidemann darüber nicht. Doch als er, im Mai 1983, als Held der Tagebücher Adolf Hitlers gefeiert wurde, erinnerte sich Kuby plötzlich wieder an ihn: »Ich freue mich über Ihren großen Erfolg und gratuliere!«[31] Erst als Heidemann von Konrad Kujau in den irdischen Abgrund geschickt wurde, Heidemann von jedermann zur Unperson erklärt worden war, mochte sich ein Erich Kuby ebenfalls nicht mehr ausschließen. Bereits drei Monate nach seinem erstaunlichen Heidemann-Lob war Kuby über jenen Mann hergefallen, der ihm sein Buch »Verrat auf deutsch« erst ermöglicht hatte, wofür Heidemann von Kuby mit keinen einzigen Pfennig belohnt worden war. Nun goß er Kübel voller Schlamm über ihn, bewarf den daniederliegenden Heidemann mit faulen Eiern und schob ihm gleichzeitig einen Napf verfaulter Fischsuppe unter die Nase. Das war ein Kuby, wie ihn die große Gemeinde der Kuby-Kenner kannte: kein Seelsorger, sondern mit dem Gemüt eines dreisten Eisenfressers ausgestattet.

Kuby trimmte, in seinem »Fall STERN und die Folgen«, im Heidemann-Kapitel seinen ehemaligen Kollegen zuallererst auf Walroß, denn von einem STERN-Mann will er erfahren haben, daß dieser mit Heidemann nicht gern im Fahrstuhl gefahren sei, weil »er so ein schwammiger Typ ist«. »Solche Gefühle hatte ich nicht«, entschuldigte sich Kuby aber sogleich.

Zielsicher beschrieb Kuby, daß das »Operationsfeld« Nationalsozialismus für Heidemann »zum endgültigen Wirklichkeitsersatz wurde, weil alles, was er dort zusammentragen konnte, von vornherein den Ruch des Sensationellen an sich hatte«, und als Erich Kuby — während der FIBAG-Recherchen — ein erstes Mal die kleine Wohnung Gerd Heidemanns betrat, hatte er bereits damals einen verheerenden Eindruck, denn der Wunderknabe Heidemann entpuppte sich plötzlich als beschränktes Kind mit einem nicht zu überbietenden militärischen Spieltrieb — »merkwürdige Besonderheiten« machte Kuby aus: eine Art furchterregender Kasernenhof, auf dem lediglich der Befehlshaber der Wehrmacht, Adolf Hitler, fehlte: Die »Zwischenwände waren von 'Schießscharten' durchbrochen; in den

Ecken einiger Zimmer waren Geschützstellungen und ganze Landschaften aufgebaut, quer durch die Wohnung konnten Feuerüberfälle mit Spielzeugkanonen durchgeführt werden«.[32] Doch Heidemann lebte, zu dieser Zeit — 1961 — in einer bescheidenen Hochhaus-Einzimmerwohnung, die zur Neuen Heimat gehörte und in der Nähe des heutigen Hamburger Elbe-Einkaufszentrums lag. Die zu Horrortruppen aufgebauschten Armeen erwiesen sich als typische Kuby-Märchen: Heidemann verfügte lediglich über Plastiksoldaten, die die US-Firma Revell anbot, um menschliche Bastelleidenschaft zu befriedigen. Diese rund zwanzig Uniformierten, noch nicht einmal daumengroß, standen vor der Bücherwand auf einem kleinen Stahlschrank.[33] Es handelte sich um »Blauhelme« — eines UNO-Regiments.

Der ermittelnde Staatsanwalt habe Kuby nach dem Tagebuch-Desaster gefragt, ob Heidemann Akten hätte kritisch beurteilen können, worauf Kuby geantwortet hat: »Nein, das hat er nicht, ... dazu wäre er nicht imstande gewesen.« Warum hat Kuby die studenlangen Diskussionen und Interpretationsversuche des einen oder anderen von Heidemann entdeckten NS-Papiers unterschlagen? Weil er dann von seinem negativen Heidemann-Bild hätte abrücken müssen.[35]

Da soll Heidemann die Bekanntschaft des einstigen Himmler-Vertrauten Wolff betrieben haben, doch es war genau umgekehrt: Kuby bat um die Vermittlung eines Gesprächs auf der alten Göring-Jacht. Weil Heidemann »im Mythos des Nationalsozialismus gewissermaßen ertrunken« sei, habe er schließlich nicht mehr vor der »emotionalen Infektion beim Umgang mit lauter ehrpusseligen Mördern« fliehen können. Statt dessen erinnerten sie sich »gerührt der herrlichen NS-Zeiten«, bis »Heidemanns politisch farbenblinde Augen etwas traumhaft Visionäres annahmen und Braun zur einzigen Farbe wurde, die er wahrzunehmen heute fähig ist«.[36]

Erich Kuby, der im Dritten Reich in Berlin Schmargendorf im selben Haus wie der NS-Schriftsteller Reinhold Köster gewohnt hatte (Ruhlaer Straße 11), der für den damals nicht unbedeutenden Verlag Reimar Hobbing gearbeitet hatte, der großformatige Propagandaschriften im Auftrag des NS-Außenministers Ribbentrop publizierte; Hobbing verlegte auch die »Wurzeln des modernen Bankwesens« unter dem beziehungsreichen Titel »Rasse und Banken« des Alt-Parteigenossen Dr. Helmut Nicolai (Eintritt 1922).[37] Im Gegensatz zu Gerd Heidemann war Kuby bereit gewesen, sich »vor dem Mailänder Dom nackt (auszuziehen)«,[38] wenn der Heidemann-Informant Spögler ihm Einblick in die Mussolini-Unterlagen gewährt hätte. Kuby war, keine Frage, zumindest ebenso besessen wie Heidemann und vollkommen fixiert auf ihn, als es ihm noch erstrebenswert erschien, sich in dessen Windschatten aufzuhalten.

Als Gerd Heidemann den Zenit seiner Karriere, im April 1983, erreicht hatte, schickte ihm Erich Kuby einen Zeitungsausschnitt der italienischen Zeitung REPUBLIKA, denn dort stand, daß Heidemann und Kuby ein vortreffliches Team sei. Die Aussichten, mit dem jetzt weltweit renommierten Namen Gerd Heidemann für sich selbst Werbung machen zu können, erschien Kuby ausgesprochen reizvoll, da sein »Verrat auf deutsch«-Buch noch nicht in Italien erschienen war. Kuby fragte Heidemann, ob er ihn in der italienischen Ausgabe als Rechercheur nennen dürfe. Heidemann hatte aber keine Zeit mehr, darauf zu antworten, denn nicht nur die STERN-Redaktion sei »unter der rowdyhaften Führung (Peter) Kochs seit langem verstummt« (Kuby), sondern auch Gerd Heidemann.[39] Der aber saß nun in Untersuchungshaft, und Kuby funktionierte in diesem Augenblick seine Schreibmaschine zum scharfen Messer um. Auch des Geldes wegen.

»GERD HEIDEMANN IST ZUM GLÜCK MEIN FREUND« oder: Jochen von Lang läuft zur Höchstform auf

Die Tagebücher Adolf Hitlers waren nicht die Tagebücher des Adolf Hitler. Das unangenehme Fälschungs-Testat platzte wie eine Bombe in die Redaktion. Mit hochrotem Kopf irrten aufgeregte Redakteure über die Flure, die bewegungslose Chefredaktion dagegen war nur noch zu Abfindungsgesprächen in der Lage, erstarrte Sekretärinnen am Ende ihrer Kräfte, fassungslos der Herausgeber des STERN, verwirrt vor allem der Vorstandsvorsitzende des Verlages Gruner + Jahr, betreten auch jene, die sich jahrelang auf die Loyalität Gerd Heidemanns hatten verlassen können, durcheinander diejenigen, die abhängig waren — von der Zuarbeit des Reporters. Nun lungerten diese so plötzlich erschrockenen Kollegen herum und wußten anfangs nicht so recht, wie sie auf eine solche Situation reagieren sollten. Ihnen blieb schließlich nur ein Ausweg: Eilig distanzierten sie sich von dem Journalisten, der augenblicklich als Tagebuch-Haupttäter ausgemacht wurde. Erich Kuby ein trauriger Einzelfall? Fast wäre er sogar übertroffen worden.

»Herauszufinden, weshalb der Reporter Heidemann eines Tages begonnen hatte, sich mit Hitler und dessen Trabanten zu beschäftigen«, fabulierte nach Kuby nun auch Jochen von Lang, der sich einst zu Nannens Ärger beim STERN zu einem Redakteur für Zeitgeschichte erhoben hatte, »wäre Aufgabe eines Psychologen.« Nach dem Tagebuch-Desaster sprach von Lang ein beliebtes Machtwort, warum sollte denn gerade ihm Originelleres einfallen: »Heidemann verstand es, mit Fotogerät umzugehen, als er sich beim STERN als freier Mitarbeiter einfand. Weil er gute Bilder anbrachte, schickte ihn die Chefredaktion im Spätherbst 1955 in das Lager Friedland, als dort die letzten Kriegsgefangenen aus der Sowjetunion eintrafen. Da er ohne Hemmung und Freude bewegte Gesichter der Heimkehrer und ihrer Angehörigen auf Filmen festhielt, wurden seine Bilder Dokumente der Zeitgeschichte.«[40]

Jochen von Lang versteckte sich bei seinem Heidemann-Rückzug hinter der gleichen schäbigen Maske wie Erich Kuby: »Als er (Heidemann) sich zeitgeschichtlichen Themen zuwandte, besaß er dazu nur eine schwache Wissensgrundlage. Doch mit beharrlichem Fleiß füllte er Lücken aus, und weil er einen sachkundigen Informanten für ein Thema suchte, in dem auch die SS vorkam, verwies ihn ein Kollege in der Redaktion an jenen SS-General, der immer so viel von sich reden machte, an Karl Wolff.«[41] Was hatte Jochen von Lang bewogen, den Namen jenes Mannes zu unterschlagen, der Heidemann Wolff tatsächlich zugeführt hatte? Lang wäre umgehend in peinliche Turbulenzen geraten, wenn er den preisgegeben hätte, denn kein geringerer als er selbst vollbrachte diese einmalige Tat. Den SS-Brigadeführer und Generalmajor der Waffen-SS, Wilhelm Mohnke, der letzte »Kampfkommandant« der Reichskanzlei, lieferte von Lang bei dem Besitzer der Göring-Jacht »Carin II« als zusätzliches Mitbringsel ab. Was hatte den zum Heidemann-Ankläger avancierten von Lang dazu veranlaßt? Plumpe Selbstsucht. Simpler Geltungsdrang.

Jahrelang wurde Gerd Heidemann von dem eitlen Jochen von Lang nicht wahrgenommen, Berührungspunkte gab es zwischen den Kollegen nicht. Erst als der Reporter Eigner der »Carin II« wurde, hofierte von Lang den bis dahin Gemiedenen: Er würde, so bettelte von Lang, den Mohnke nur allzugern einmal auf die »Carin II« entführen, würde dieser das Schiff doch bereits aus jenen Jahren ken-

Jochen von Lang (auf Heidemanns Jacht): »Als er sich zeitgeschichtlichen Themen zuwandte, besaß er nur eine schwache Wissensgrundlage«

Ausgenommener Karl Wolff *(in der Wewelsburg): »Der Jüngere erwies dem Älteren die Achtung«*

nen, in denen noch der gute alte Reichsmarschall der Kapitän gewesen sei. Heidemann willigte ein. Mohnke aber sollte nicht der einzige NS-Besucher bleiben, noch andere SS-Größen stellte Jochen von Lang Gerd Heidemann vor:

Bruno Steckenbach, ehedem Gestapo-Chef in Hamburg und Personalchef des Reichssicherheitshauptamtes, gehörte zu den Protegés von Langs, ebenso der einstige Nachrichtenoffizier des letzten Reichspräsidenten Großadmiral Dönitz. Den schleppte Jochen von Lang samt Ehefrau und Töchter an Bord. NS-Potential führte von Lang nicht nur Heidemann zu, sondern der STERN mußte es ebenfalls aufnehmen: den arbeitslosen Sohn des Leibphotographen von Adolf Hitler, Heinrich Hoffmann, soll er im Bildarchiv untergebracht haben, der Adjutant Baldur von Schirachs, Fritz Wieshofer, erhielt ebenfalls einen Gruner + Jahr-Vertrag. Zufällig besuchte ein Ribbentrop-Photograph die »Carin II«, es war ein ehemaliger STERN-Korrespondent. Dessen Vergangenheit war Heidemann bis zu diesem Zeitpunkt völlig unbekannt gewesen, er steckte noch nicht so tief im Dritten Reich wie sein Kollege von Lang.(42)

Es hatte sich herumgesprochen, daß die alten NS-Recken sich — dank Jochen von Langs — auf der »Carin II« zum Gedankenaustausch versammelten. In der »Carin II«-Umgebung ließ sich ungezwungen plaudern, Eindrücke sammeln, aber die pensionierten Haudegen des Dritten Reiches erwiesen nicht etwa Gerd Heidemann die Reverenz, sondern sie waren Jochen von Lang ausgesprochen dankbar, hatte doch er es ihnen ermöglicht, die Vergangenheit wieder aufleben zu lassen. Ohne Heidemanns Gastfreundschaft wäre die Renommiersucht von Langs undenkbar gewesen, ohne die »Carin II« möglicherweise das Projekt einer Biographie über den SS-General und Himmler-Adlatus Karl Wolff nicht vorangekommen, jenes Mannes, der — mittellos — jeder materiellen Einflüsterung ausgesetzt war, darum wohl auch auf das falsche Pferd gesetzt hatte: auf Jochen von Lang. Erich Kuby und von Lang, die beide — jeder auf seine Art — von Heidemann profitierten, warfen sich die Bälle zu. Heidemann? Der sei immer ein beschränkter Zeitgenosse gewesen. Und Karl Wolff? Ja, der hätte nur zu Heidemann gepaßt.

Die »erste Gelegenheit für eine schöne Reise« in die NS-Geschichte, so fabulierte Jochen von Lang den angeblichen Einstieg Heidemanns in die faszinierende Welt der Nationalsozialisten herbei, habe dieser durch Kuby erhalten, »der als junger Mann von der SS in ein Konzentrationslager gesperrt worden war und durch schlimme Erlebnisse im Grunde seines Herzens jeden Menschen haßte, der dem Hakenkreuz gedient hatte«. Außerdem soll der arme Karl Wolff noch von der Tagebuch-»Geldschwemme« Heidemanns abgetragen haben und sogar Wolffs Gedanken über den »nazistisch infizierten und historisch unbedarften Heidemann in Kujaus Fälscherfeder« hineingeflossen sein: »Wer sich an Hitlers Restbeständen ergötzt, muß wohl auch mit seinem System sympathisieren.«(43) Was nur hatte sich ausgerechnet Jochen von Lang dabei gedacht?

Eigentlich hätte Erich Kuby Jochen von Lang den Gruß verweigern müssen, angebliche Ressentiments auf NS-Mitläufer erst einmal auf von Lang selbst übertragen müssen, denn der als gutbürgerlicher »Piechocki« zur Welt gekommene von Lang lief im Dritten Reich ungezwungen mit dem Totenkopf auf der Mütze herum, was der rechten NATIONAL-ZEITUNG überhaupt nicht gefiel, die bei jeder sich bietenden Gelegenheit von Langs »wahres Gesicht« präsentierte und ihn verächtlich als »von Lang-Piechocki« auswies. An solch üblen Kampagnen wird er nicht ganz schuldlos gewesen sein: Nicht ohne Stolz berichtete Jochen von Lang auf der »Carin II«, wie er als junger SS-Mann im Großdeutschen Rundfunk Durchhalteparolen angesagt, sogar noch dann ins Mikrophon geschrien habe, als ringsherum bereits die Granaten der Roten Armee einschlugen. Den ehemaligen NS-Amtsträgern stand auf der »Carin II« der blanke Hans in den Augen ob dieser wunderbaren Heldentat.(44)

Als Gerd Heidemann Jochen von Lang noch dienlich sein konnte, favorisierte er genierliches Süßholzraspeln: Im Dezember 1978 wäre er beispielsweise »so gern« bei Heidemann gewesen und zwei Jahre später habe dieser ihm »eine große Freude bereitet«, als er ihm zum fünfundfünfzigsten Geburtstag gratulierte.(45) Dieser Jochen von Lang hatte es sich nun in den Kopf gesetzt, nach seiner Bormann-Biographie ebenfalls eine über Karl Wolff zu verfassen. So einfach aber war das nicht, Hürden standen im Weg.

Jochen von Lang ließ eine »Vereinbarung« ausarbeiten, in der vor allem er brillierte, bereits auf der ersten Seite rückte er sich ins rechte Licht: Er, Jochen von Lang, »verfügt ... über berufliche Erfahrungen auf publizistischem Gebiet, insbesondere auch auf dem Gebiet der Recherche über geschichtliche Vorgänge des Dritten Reiches«, ein umständliches »Außenverhältnis — Innenverhältnis« unter der Überschrift »Autorenbezeichnung« wies darauf hin, daß »noch keine Entscheidung getroffen (sei), ob das Buch als Autobiographie des Karl Wolff oder als Biographie über Karl Wolff, verfaßt von Jochen von Lang, herauskommen soll«. Zwar durfte »ohne Zustimmung von Herrn Wolff ... das Buch als Biographie nicht erscheinen«, wollte Wolff auf jeden Fall siebzig Prozent der Erlöse kassieren, aber von Lang hatte zuvor »zukünftige Vorschüsse ... Herrn Karl Wolff zur Finanzierung seines Lebensunterhaltes« zu ermöglichen.(46) Diesen eigentlich unerfüllbaren Passus funktionierte von Lang rasch in bewegende Menschlichkeit um: Er nahm Wolff vorübergehend bei sich zu Hause auf, quetschte ihn wie eine Zitrone aus und hielt sich den General als »Hofhund«, »wie einen Kammerdiener«, erinnerten sich viele Kollegen.(47) Karl Wolff erhielt von Jochen von Lang kein Geld. Darüber kam es zum Streit.

Jochen von Lang hatte Karl Wolff fleißig ausgefragt, Wolff ihm treuherzig unzählige Tonbänder, Niederschriften, Dokumente und Photos abgeliefert (von Lang: »Zwei vollgefüllte Leitz-Ordner als Dokumenten- und Bild-Bände sowie Bücher«), zwanzig eigenbesprochene Bänder dazugelegt, sein ganzes Leben nun Jochen von Lang offenbart. Karl Wolff hatte seinen Part erfüllt, nur Jochen von Lang blieb den seinen schuldig: das Geld, das von ihm versprochene Honorar, den Vorschuß. Karl Wolff war pleite. Jochen von Lang erging es keineswegs anders.

Er mußte Karl Wolf zur Mitarbeit überreden. Das tat er nicht allein mit guten Worten, sondern er gaukelte dem SS-General eine abenteuerliche materielle Zukunft vor: im Vorwege solle Karl Wolff, laut Wolff, 350.000,- DM Vorschuß erhalten. Dieser Betrag, so will Wolff seinen Partner von Lang vernommen haben, sollte in zwei Raten gezahlt werden: die erste im Mai 1978, die zweite spätestens nach Ablieferung des Manuskripts, »nach Möglichkeit schon zur Buchmesse im Oktober 1978, spätestens aber zu Weihnachten 1978«. Wolff an von Lang: »Ich habe mich auf diese Summen und Zeitabmachungen begreiflicherweise fest verlassen.«(48) Das Geld kam nicht. Daraufhin machte sich Karl Wolff auf den Weg zu Jochen von Lang, der zwar in dem von seiner Frau finanzierten Haus anwesend war, freilich nicht vernehmungsfähig. Wolff:

Jochen von Langs »junger Freund« Hartmut Jetter habe ihn »an Deiner Wohnungstür« abgewiesen, »weil Du erneut entgegen allen Versprechungen wieder Deine 'Phase' hattest, bettlägerig und überhaupt nicht ansprechbar warst«, auch zwei Tage darauf »warst Du trotz des vereinbarten Termins noch in einem Zu-

Karl Wolff
General a. D.

61 Darmstadt, 21. 3. 1979
Wilhelminenstr. 22

An den Chefredakteur des "stern"
Herrn Henri Nannen
Warburgstr. 50
2 000 Hamburg 36

Einschreiben

Sehr geehrter Herr Nannen,

Das Verhalten Ihres Redakteurs Jochen von Lang zwingt mich leider dazu, mich an Sie mit der Bitte um Hilfe zu wenden. Meine vor rund zwei Jahren begonnene Zusammenarbeit mit Herrn Jochen von Lang zur Erstellung meiner Memoiren hat gerade im letzten Teil des vergangenen Jahres zu der sich verstärkenden Annahme geführt, daß Herr Jochen von Lang entgegen der mündlichen Absprache konsequent darauf hingearbeitet hat, die Urheberrechte meines Werkes an sich zu reißen, ohne mir Einblick zu gewähren in den derzeitigen Stand der gemeinsamen Arbeit.

Bei dem Umfang des vorliegenden Sachverhaltes, der auch für Sie von bedeutendem Interesse sein dürfte, bitte ich Sie, mein Anliegen Ihnen persönlich unter Vorlage der Dokumente vortragen zu dürfen. Da ich aus privaten Gründen voraussichtlich erst nach Ostern von einer Auslandsreise zurückkehren kann, wäre ich Ihnen dankbar für die Bekanntgabe eines Ihnen genehmen Termins.

Mit vorzüglicher Hochachtung

Karl Wolff

Beschwerde-Brief Karl Wolffs an Henri Nannen: *»Konsequent daraufhin gearbeitet, die Urheberrechte an sich zu reißen«*

stand, der eine rechtsverbindliche Aussprache unmöglich machte«.(49) Der Alkohol hatte Jochen von Lang damals niedergerungen.(50)Der so abgewiesene Karl Wolff stellte Bedingungen: Es könne nur dann die Zusammenarbeit fortgesetzt werden, wenn endlich ein fairer Vertrag unterschrieben werde, wenn nunmehr auch seine Bank eine Überweisung registriere. Jochen von Lang antwortete mit einer Schimpfkanonade:

Er arbeite schließlich noch an anderen zeitgeschichtlichen Sujets, »die mir wahrscheinlich mehr Freude machen«, habe er niemals von 350.000,- DM Honorar gesprochen, »denn ich weiß — und ich kenne diese Branche —, daß kein Verlag der Welt ein solches Honorar herauswirtschaften könnte«, hingegen hielte er es — im selben Schreiben — aber immerhin für möglich, denn diesen Wahnsinnsbetrag hatte er plötzlich doch »gefordert«. Dann müsse Karl Wolff aber wieder »geträumt« haben, denn die zweimalige Ratenzahlung sei »als sehr illusorisch anzusehen«.(51)

Jochen von Lang drehte den Spieß um: Wenn er nicht alsbald »einen vernünftigen Vorschlag hinsichtlich Deiner Honorarforderungen erhalten« würde, müsse er »schweren Herzens unsere Zusammenarbeit als beendet ansehen«, machte gar einen »rufschädigenden Vertrauensbruch« bei Karl Wolff aus, denn der hatte sich erdreistet, Gerd Heidemann einen Durchschlag des Briefes zu übersenden. Jochen von Lang, die Tagebücher Hitlers waren noch nicht gefälscht: Gerd Heidemann »ist zum Glück mein Freund und so kann ich sicher sein, daß er Deine Beschuldigungen nicht übernehmen oder gar weiterverbreiten wird«.(52) Karl Wolff beschied per Einschreiben mit Rückschein:

Selbstverständlich sei über die Höhe des Honorars gesprochen worden, denn für das Geld sollte gemeinsam das Haus in der Hamburger Schlagbaumtwiete 5 a erworben werden, Jochen von Lang wollte mit Karl Wolff dort einziehen, das Domizil »mit Dir gemeinsam ... von Deiner mit Dir in Scheidung lebenden Frau Gerda-Lisa zum Betrag von ca. DM 600.000,-- (je zur Hälfte) käuflich erwerben«.(53) Wolff energisch: »Zum Schutze meiner Urheberrechte bei der Erstellung meiner Memoiren ersuche ich Dich ..., mir ausdrücklich schriftlich zu bestätigen, daß Du ... (eine Veröffentlichung) ohne meine Genehmigung (nicht) machen wirst.«(54) Das war in der Tat ein hartes Geschütz, hatte Jochen von Lang doch bereits fleißig Zeit investiert. Sollte diese Arbeit umsonst gewesen sein?

Als Jochen von Lang sich mit Karl Wolff noch freundschaftlich duzte, er fest davon ausgehen konnte, daß Wolff ihm bedingungslos vertraute, da hatte er zu »vorgerückter Stunde« Himmlers ehemaligem Adlatus nahegelegt, im Todesfall die gesamten Urheberrechte auf ihn zu übertragen. Die wollte von Lang, im Falle seines Ablebens, sodann seinen Eltern weitervererben. Karl Wolff, Jahrgang 00, war fünfundzwanzig Jahre älter als Jochen von Lang. die Deutsche Verlags-Anstalt, die 1977 Jochen von Langs Bormann-Biographie verlegte und nun auch Karl Wolffs Lebenslauf drucken sollte, lehnte indes ab.(55) Das Buch konnte also erst dann erscheinen, wenn Karl Wolff unter der Erde war. Dorthin kam er 1984, im darauffolgenden Jahr prompt von Langs »Adjutant« — bei Herbig — auf den Markt — »Karl Wolff: Der Mann zwischen Hitler und Himmler« wurde auch ohne Vorschuß möglich. Mit »großer historischer Sorgfalt und penibler Dokumentation« will von Lang die Karriere Wolffs nachgezeichnet haben. Dies aber ist ihm nicht immer gelungen:

Die Mitglieder des »Freundeskreises Reichsführer-SS« hätten ihre Spenden ausschließlich bei Karl Wolff abgeliefert, stand bei von Lang zu lesen. In Wahrheit aber hatte sie der SS-Obersturmbannführer Helmut Fitzner entgegengenommen, der die Beträge zuverlässig auf das Sonderkonto 4/6640 bei der Dresdner Bank einzahlen ließ. Da soll, laut von Lang, die Deutsche Bank Himmlers Tick — der Ausbau der Germanen-Wewelsburg — mit dreizehn Millionen Reichsmark krediert haben. Tatsächlich engagierte sich hier aber die Dresdner Bank. Der Industrielle Fritz Thyssen unterstützte die NSDAP vor der Machtergreifung mit Millionenspenden, dann brach er mit Hitler. Laut Jochen von Lang hieß der aber nicht Thyssen, sondern wider Erwarten Hugo Stinnes. Als Karl Wolff sich im SS-Lazarett Hohenlychen einen Nierenstein entfernen ließ, soll ausgerechnet Himmlers Geliebte Hedwig Potthast an sein Krankenbett geeilt sein, um seine Ehe zu kitten, sie Wolff überreden, sich von seiner Freundin zu trennen, denn sein »Frauenwechsel sei moralisch nicht zu rechtfertigen«.(56) Da hatte die Vertraute Himmlers ihrem Reichsführer längst einen unehelichen Knaben geboren.

Karl Wolff, der niemals einen Pfennig Honorar von Jochen von Lang erhalten hatte, hatte noch mehr Lehrgeld zu zahlen. Als er die Zusammenarbeit mit von Lang aufkündigte, sollte dieser sämtliches Material herausrücken. Doch es existierten Photokopierer und willige Photographen. Die Bilder, die Wolff aus seinem privaten Album für von Lang herausgelöst hatte, wurden von Nicolaus von Gorrisson reproduziert, so daß die seltenen Motive ein Jahr nach Wolffs Ableben in von Langs »Adjutanten« veröffentlicht werden konnten. Im Impressum, in der Rubrik »Bildnachweis«, kam es sodann zu einem merkwürdigen Eintrag: selbst der jugendliche Wolff entstammte nun plötzlich aus einem »Archiv« Gorrisson.(57) Das war nicht nur abgebrüht, das war eine schlichte Fälschung.

Jochen von Lang, der einmal sogar mit Gerd Heidemann in der regionalen TV-»Schaubude« aufgetreten war, um sein Buch über Bormann vorzustellen, während Heidemann über sein Traven-Werk sprach, machte in seinem »Adjutanten« reinen Tisch, indem er Wolff und Heidemann ohne Unterlaß demütigte: »Der Jüngere (Heidemann) erwies dem Älteren (Wolff) die Achtung, die dieser auf Grund seines Ranges beanspruchte, und umgekehrt ließ der General (Heidemann) nicht den gesellschaftlichen Abstand spüren, der sie im Herkommen trennte.« »Heidemann«, so polemisierte von Lang in seinem Machwerk, »wollte sein Wissen über das Dritte Reich erweitern und Sensationen aus jener Zeit ausgraben, und Wolff konnte ihm zudem als Passepartout dienen, der die Türen zu den noch lebenden Würdenträgern aus Hitlers Reich aufschloß.« Von Lang brachte viel durcheinander:

Er hatte — lange vor Gerd Heidemann — Wolff bei sich aufgenommen und ihn auf Tonbänder sprechen lassen. Doch plötzlich soll nicht er es gewesen sein, sondern ausschließlich Heidemann hätte Wolff permanent interviewt, denn »wieder einmal hoffte der General, die richtige Feder für seine Biographie gefunden zu haben«. Nicht Heidemann wollte die schreiben, sondern von Lang. Darum mußte von Lang drehen und verzerren: »Wenn Heidemann es in den Jahren ihrer Bekanntschaft vermied, endlich das von Wolff so sehnlich gewünschte Epos zu verfassen, so hatte er ... Gründe« — »er konnte zwar gut recherchieren, aber keineswegs gut schreiben«.(58) Meinte Jochen von Lang wirklich Gerd Heidemann? Oder hatte er sich selbst im Sinn?

In epischer Breite drosch Jochen von Lang auf Wolff und Heidemann ein, er wollte möglicherweise seine plumpen NS-Spuren verwischen, in die Bildredaktion des STERN hängte er einen Spruch: »Unser Führer Adolf Hitler trinkt keinen Alkohol und raucht nicht.« Erst 1981 verschwand das von-Lang-Fossil von der Wand.

Martin Bormann *(rechts mit Blumen in Führer-Nähe): »Er ist gut beschützt«*

»DANN SAG' DEINEM MARTIN, WIR MACHEN ZWÖLF DOPPELSEITEN« oder: Gerd Heidemann und die Bormann-Gruppe

Der österreichische Bundesminister für Auswärtige Angelegenheiten überraschte seinen Kollegen für Inneres mit einer sensationellen Äußerung des »amtsbekannten« Simon Wiesenthal, der nach untergetauchten Nationalsozialisten fahndete. Mit Wiesenthals Hilfe brachten die Israelis Adolf Eichmann zur Strecke: Der habe sich, in Stockholm, dahingehend geäußert, »dass Martin Bormann noch lebe und sich in Uruguay aufhalte«.(59) Das war 1967. Fünfzehn Jahre später fertigte das baden-württembergische Landeskriminalamt einen »Aktenvermerk«. Vier Monate vor dem endgültigen Tagebuch-Aus tauchten zwei nervöse bundesdeutsche Kripo-Männer bei Wiesenthal in Wien auf: Ein Anrufer habe ihm, Wiesenthal, mitgeteilt, daß Bormann nun über achtzig Jahre als sei und seit Jahrzehnten seinen Ruhestand genieße.(60) War Hitlers Paladin nun tot oder war er es nicht?

Der Chef der chilenischen Interpol signalisierte, im Dezember 1962, »daß in Kürze mit der Festnahme eines großen Nazi-Kriegsverbrechers zu rechnen ist«.(61) Jeder tippte auf Martin Bormann. Neun Jahre später setzte der Gründer des Bundesnachrichtendienstes, Reinhard Gehlen, in die Welt, was er rund zwanzig Jahre zuvor in Erfahrung gebracht haben wollte: »Die Gewißheit, daß Martin Bormann perfekt abgeschirmt in der Sowjetunion lebte«, dort inzwischen verstorben sei. »Als prominentester Informant und Berater der Sowjets arbeitete er für den Gegner schon zu Beginn des Rußlandfeldzuges.«(62) Martin Bormann ein Fabelwesen moderner Gebrüder Grimm?

Der SPIEGEL ließ einen ehemaligen SS-Mann zu Wort kommen, der behauptete, Bormann habe sich »in eine der größten natürlichsten Festungen der Welt zurückgezogen«, in den Dschungel Paraguays. Das Einkommen Bormanns wurde mit Hunderfünfzigtausend pro Monat angegeben. Der SPIEGEL im Jahre 1968: »Bormann befindet sich demnach in einer sehr viel besseren Lage als die anderen gesuchten Kriegsverbrecher, die sich über ganz Südamerika verstreut haben.«(62a) Während der Endkorrektur seines Manuskriptes »Doch die Mörder leben« sah Simon Wiesenthal ein Jahr zuvor Martin Bormann im »Grenzgebiet zwischen Argentinien und Chile« hin- und herreisen: »Er ist gut beschützt.«(63) War Wiesenthal das Alter zu Kopf gestiegen, auch der SPIEGEL einem erfindungsreichen Informanten aufgesessen?

Im Februar 1983, sechzehn Jahre nach Wiesenthals Bormann-Lebt-Meldung, drei Monate vor dem Tagebuch-Skandal, stieg der Reichsleiter erneut aus der Gruft. Das Männer-Magazin LUI verblüffte dieses Mal die Bormann-Gläubigen: Mit »Hochdruck und unter strengster Geheimhaltung« seien zwei Redaktionen dabei, eine Story über den »lebenden Bormann« zu fabrizieren, »denn die jüngste Geschichte wird wieder einmal ganz neu beschrieben«, mit Bormann als Star.(64) Eines dieser Blätter: der STERN. Einer der Bormann-Zuträger des STERN: Herbert John, Autor des seltsamen Bormann-Artikels in LUI. Wie geriet der Bormann-Schreiber an den STERN?

Von einem Mitarbeiter des Verlages Gruner + Jahr wurde Gerd Heidemann auf Herbert John aufmerksam gemacht. Dieser, so erfuhr der Reporter, wisse sehr viel über die NS-Größe, ginge in Südamerika bei ehemaligen Nationalsozialisten ein und aus, schließlich habe er vertraulich verraten: »Martin Bormann überlebte den Zweiten Weltkrieg und entkam nach Argentinien.«(65) Warum sollte Heidemann diesen Hinweis ignorieren, warum John nicht kennenlernen, war dieser doch obendrein Kollege?

Heidemann lud John zu sich nach Hause ein. Chefredakteur der peruanischen Tageszeitung EXPRESO will er gewesen sein, habe für den SPIEGEL in Südamerika gearbeitet, für BILD geschrieben, europäischen und amerikanischen Zeitungen zugeliefert. Alsbald kam das Thema auf Bormann. Was John da heraussprudelte, klang zwar nicht immer überzeugend, dachte Heidemann, aber einige Details schienen zumindest überprüfungswürdig.(66) Ein Bormann-Zeuge lebte in Nordrhein-Westfalen. Den wünschte Heidemann zu sprechen. Am 6. Dezember 1978 standen John und Heidemann vor einem ehemaligen Lehrer an der deutschen Schule in La Paz, Bolivien. Der Pädagoge hieß Willi Reckhorn.

In La Paz sei er von einem gewissen Pater Augustin getraut worden. Dieser Geistliche habe auf ihn, Reckhorn, »einen etwas merkwürdigen Eindruck hinterlassen«, trug unter der »Soutane Langschäfter«. Das sei Reckhorn alles sehr verdächtig vorgekommen, deshalb habe er sich bei einem guten Bekannten nach Pater Augustin erkundigt. Dieser Bekannte, ein gewisser Altmann, der sich später als der berüchtigte Gestapo-Chef in Lyon, Klaus Barbie, entpuppen sollte, habe ihm mitgeteilt, daß Pater Augustin in Wirklichkeit Martin Bormann sei. Doch dem Altmann, so fügte Reckhorn hinzu, könne »man nicht immer alles glauben«. Heidemann legte jene Photos auf den Tisch, die John ihm ausgehändigt hatte und die Martin Bormann in seinem Exil zeigen sollten. Ein auffälliges Bormann-Merkmal, eine Warze auf der linken Gesichtshälfte in Augenhöhe, war deutlich zu erkennen. Reckhorn aber schüttelte den Kopf: Nein, seiner Ansicht nach habe der Pater Augustin anders ausgesehen. John hingegen beharrte darauf, daß die heimlich aufgenommenen Bilder in Argentinien einen »Richard Bauer« zeigten, eben jenen Martin Bormann.(67) Was war jetzt zu tun?

Martin Bormann lebte, wenn es denn tatsächlich wahr sein sollte, im Ausland. Damit fiel die Bormann-Zuständigkeit automatisch in das Auslandsressort des STERN, dem Klaus Liedtke vorstand. Auch Liedtke mochte Johns Bormann-Klatsch nicht sofort als Schmarren abtun, sondern nahm zusammen mit seinem Kollegen Gerd Heidemann die Bormann-Botschaften von John persönlich entgegen. Elf Tage vor Weihnachten 1978 kamen die Interessierten zu dem historischen Bormann-Treffen auf der »Carin II« zusammen. John, ein begnadeter Erzähler, begann mit der Geschichte der Herstellung der falschen Pfundnoten durch die SS, ein Stoff, den der STERN in der Vergangenheit mit Begeisterung immer wieder ins Blatt gehoben und zu einer seitenfüllenden Serie ausgewalzt hatte. Liedtke konnte sich daran noch sehr gut erinnern.

Die Blüten-Logistik habe ein Fritz Paul Schwend auf- und ausgebaut, unter dessen alleiniger Regie seien die vermeintlichen echten britischen Scheine abgesetzt worden. John: »Seit drei oder vier Jahren renne ich herum mit dem Lebenslauf des Schwend«, so recht einsteigen in diese Biographie aber wollten die Wochen-Publikationen nicht. Dann brachte John das Münchner Bankhaus August Lenz & Co. ins Spiel, dessen Mitinhaber Georg Spencer Spitz hieß und als »Chefverkäufer« der SS-Währung in Westeuropa galt. Das Geldinstitut ging als »Unternehmen Bernhard« in die Geschichte ein.(68)

Obwohl der Spitz 1962 plötzlich verstorben sei, habe er — Jahre später — mit Schwend regen Briefkontakt unterhalten, »also sieben Jahre nach seinem Tod«, kommentierte John trocken. Liedtke wurde hellhörig: »Das hört sich ja gut an.« John: Der SPIEGEL-Redakteur Siefried Kogelfranz »schreibt der Witwe Spitz im

Martin Bormann
(1943 in Berlin)

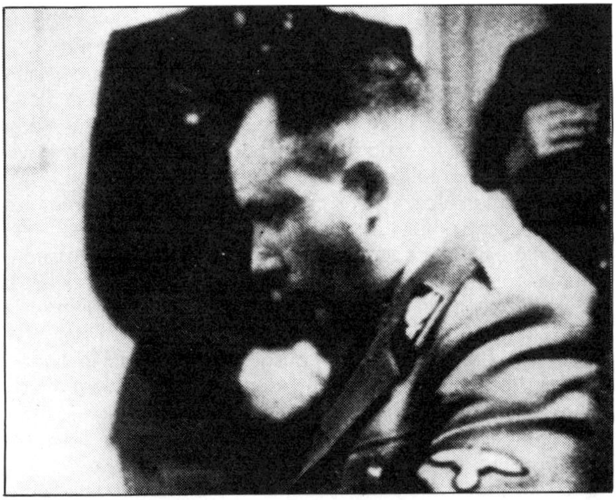

Angeblicher Martin Bormann
(in Südamerika)

»Die jüngste Geschichte wird wieder einmal ganz neu beschrieben«

Jahre 1965 oder 66 einen Brief..., er wollte irgendwas über Traber-Pferde wissen. Und da bekommt er einen Brief zurück von Frau Spitz: ... finde es eine Unverschämtheit, sich wieder an mich zu wenden..., hat mein Mann noch kurz vor seinem Tode mit ihrem Redakteur Claus Jacobi und Kurt Blauhorn ein Abkommen getroffen, daß der SPIEGEL nie wieder sich mit unserer Vergangenheit beschäftigen wird und deshalb hat Herr Jacobi ja auch die fünfzigtausend Mark erhalten«. Klaus Liedtke lachte los. Das sei ja wohl ein dicker Hund, wird er möglicherweise gedacht haben. John: »Ist das nicht gut? Eine gute Geschichte, nicht?«(69) John, das sollte sich später herausstellen, war nicht über den Weg zu trauen. Er log, daß sich die Balken bogen, war Kujau Nummer eins und unterschied sich von diesem nur durch eine Kleinigkeit: Er schrieb fehlerfreieres Deutsch.

Der argentinische Diktator Peron sei von Bormann finanziert worden, enthüllte John. Dann: »Der Alfonso Finot, der heute (1978) der Vize-Außenminister von Bolivien ist, hat unter Zeugen ausgesagt, er sei 1946 Juniorpartner in einer Anwaltskanzlei in Buenos Aires gewesen, die sich mit der Freigabe beschlagnahmten Feindvermögens beschäftigte. Und da sei er ständig mit Fritz Thyssen zusammengewesen. Eines Tages hätte ihm Fritz Thyssen Herrn Bormann vorgestellt. Es klingelte an der Tür. Da stand Martin Bormann und sagte: 'Nun bin ich hier. Nun wollen wir mal wegen fünf Millionen Dollar verhandeln.'«(70) Wofür dieser utopische Betrag? Martin Bormann bot seine Memoiren an. John weiter:

Bormann »hat ein riesiges Vermögen, das heute eines der größten Vermögen der Welt ist — das Vermögen der Exil-NSDAP«, in seinen Zimmern hingen »Rubens, Rembrandts und Dürer, Gemälde, die dem Hitler mal geschenkt worden sind, die hat er alle runtergeschmuggelt«. Eine »Reichsregierung« habe existiert, die »aus ganz alten Knackern bestand«, »die haben alle Verfolgungswahn, die sind alle ganz verrückt«: »Die tagen in einem Hause ... bei Mar del Plata, neunzig Kilometer südlich von Buenos Aires. Dort tagen die so alle drei Monate. Wenn einer von diesen alten Knackern stirbt, gibt es unheimliche Machtkämpfe, wer wird dann Reichsinnenminister im Exil? Es ist gespenstisch.« Bormann sei der »Dr. Kimble auf der Flucht«.(71)

Bei Bormanns Erinnerungen, so wußte John, solle es sich um »Scheißmemoiren« gehandelt haben, »die sind langweilig«. Zwar werde er einiges preisgeben, »aber im Grunde genommen ist alles Scheiße«. John aber hatte noch mehr zu bieten, rund zweihundert Photos über Bormanns Fluchtweg. Liedtke erwartungsvoll: »Wo gibt es die?« John ging einer Antwort nicht ohne Grund aus dem Weg, denn die Bormann-Bilder lagen nicht vor. Liedtke fragte — wider Erwarten — nicht nach. Statt dessen präsentierte John Bormanns Krankenakte: »Als 1954 der Peron kurz vor dem Ruin stand und Bormann das merkte, weil er ein weiser Mann ist, da hatte auch gleichzeitig Bormann eine entscheidende gesundheitliche Krise, denn der Bormann hatte zwei Dinger hinter sich; er hatte sich ja mit seiner Frau und elf Kindern (nach der Kapitulation zur Flucht) verabredet. Sie wollten sich in Bozen treffen. Und er kommt in Bozen an — und seine Frau kriegt plötzlich Krebs. Eine dieser Krebsarten, die — zack, zack — in drei Wochen zum Tode führen. Seitdem kriegt er also jede Woche Krebs. Nun hatte er Anfang 54 eine wirkliche Krise, aber nicht, weil er Krebs hatte, sondern weil er zuviel gesoffen hatte. Und dann hat er gedacht, er stirbt, und Peron war auch im Fallen. Und dann ist er nach Bolivien gegangen: als Monsignore Augustin von Langen.« Klaus Liedtke unterbrach neugierig: »Wann haben Sie denn Bormann das letzte Mal gesehen?« Im letzten Jahr, 1977, flunkerte John. Nun wollte Liedtke es wissen:

»Sagen Sie mal, wenn der Mann lebt, wenn der Mann seine Memoiren veröffentlichen will, dann wäre es doch ganz simpel, daß er sich einen Konfidenten nimmt, der Sie beispielsweise sind, und an eine Zeitschrift, an einen Verlag herantritt und sagt: 'Hier, ich bin bereit, mich zu stellen'.« John: »Die Bedingung ist: (Bormann) hat ein Manuskript, übergibt es. Das Manuskript enthällt Fingerabdrücke auf der ersten Seite und auf jeder anderen Seite 'M.B.'«(72)

Klaus Liedtke wurde nicht mißtrauisch, vielmehr zwang er John in eine Gutachterrolle: »Sie sind davon überzeugt, daß dies Martin Bormann ist und daß es seine echten Memoiren sind?« John siegesgewiß: »Ja.« Wieso denn ausgerechnet John das Vertrauen Bormanns genieße, fragte Liedtke. Das hänge mit gegenseitigem »Respekt« zusammen, begründete der Angesprochene. Liedtke: Warum veröffentliche Bormann sein Buch nicht bei einem rechten bundesdeutschen Verleger, bei Springer sei Bormann doch gut aufgehoben? Den wollte Bormann angeblich nicht, antwortete John. Liedtke: »Würden Sie das Ding mit Daumenabdruck holen? Würde (Heidemann) dann, wenn er mit Ihnen runterfährt, Bormann sehen?« John: »Nein.« Liedtke: Könne Heidemann Bormann photographieren? John: »Nein.« Was dann?

Es müsse erst ein Vorvertrag unterschrieben werden: Bormanns Vertraute verpflichten sich, »innerhalb von neunzig Tagen den Herren Heidemann und John, Repräsentanten des STERN, ein Buchmanuskript zu übergeben«, das den Titel trägt: 'Die Memoiren des Martin Bormann'.«(73) Eigentlich aber war Martin Bormann tot, denn Jochen von Lang war in West-Berlin auf Skeletteile von ihm gestoßen, der STERN hatte daraufhin den endgültigen Bormann-Tod groß herausgebracht. Und jetzt saß Klaus Liedtke einem Mann gegenüber, der genau das Gegenteil behauptete, der dem STERN das Angebot schmackhaft zu machen versuchte, dreizehn Jahre später eine totale Kehrtwende zu riskieren: der einst vom STERN totgeschriebene Bormann sollte nun ausgerechnet im STERN wieder Auferstehung feiern dürfen. So ganz wohl kann Liedtke bei diesem Gedanken nicht gewesen sein, war ihm von Langs damaliger Fund nicht mehr so geläufig: »Sagen Sie mal, was hat denn Jochen von Lang mit dieser Schädelgeschichte da nun herausbekommen?« John biß sich an Liedtkes Kollegen fest: »Also, der Jochen von Lang ist doch nun eine eigentümliche Figur.«

Liedtke: »Wieso?«

John: »Er hat ja nie erklärt, warum er Jochen von Lang heißt.«

Heidemann: »Doch, ich weiß es von ihm.«

John: »Der war ja Bannführer Berlin-Wedding 23, der Joachim Piechocki. Und als Bannführer war er ein besonderer Kotzbrocken. Nun gut, als der DAILY EXPRESS die Geschichte brachte 'Bormann lebt in Südamerika', fand Jochen von Lang im Berliner Untergrund zwei Schädel, und es wurde sofort behauptet, der eine sei vermutlich der Schädel von Martin Bormann.«

Heidemann: »Die hat er aber nicht gefunden, sondern sie sind zufällig bei Bauarbeiten gefunden worden.«

John: »Okay. Es ist ja das Witzige an der Geschichte, daß niemals Experten beauftragt wurden, sondern nur Jochen von Lang und die Staatsanwaltschaft in Frankfurt.«(74) Genau dies schien das Problem.

Das Bormann-Rätsel, Klaus Liedtke brauchte darüber nicht lange nachzudenken, konnte nur einer lösen: Gerd Heidemann, der Spurensucher des STERN, der Fahnder vom Dienst. Zwar wies der Reporter den sichtlich beeindruckten Ressortboß Liedtke darauf hin, daß der STERN nach einer möglichen Entdeckung eines lebenden Bormann eine unangenehme Einhundertachtzig-Grad-Kehrtwende vollziehen müsse, Liedtke aber interessierte das anscheinend gar nicht: die

Bormann-Tot-Nachricht hätten Jochen von Lang und Henri Nannen zu verantworten.(75) Das leuchtete Heidemann ein. Umgehend machte er sich an die Arbeit.

Das STERN-Archiv photokopierte von Langs STERN-Artikel, unzählige Zeitungsausschnitte und die Leserpost. Die Meinungen der Briefschreiber gingen damals weit auseinander. Da wurde zwar von Langs »fast lückenlose Beweisführung« anerkannt, aber dennoch für denkbar gehalten, daß der Reichsleiter überlebt habe. Der STERN heizte, Ende 1965, die Bormann-Thematik noch an, denn er forderte zu »vertraulichen Hinweisen in Sachen Bormann« auf, die »vom STERN selbstverständlich vertraulich behandelt« würden.

Die Legende, Bormann lebe in Südamerika, griff auch der sowjetische Historiker Lew Besymenski auf, der in der UdSSR in einer Auflage von angeblich vierhunderttausend Exemplaren ein Buch mit dem Titel »Auf den Spuren von Martin Bormann« erscheinen ließ. Dort durfte nachgelesen werden, daß der Reichsleiter den Untergang des Dritten Reiches heil überstanden habe. Der STERN hielt das für »eine alte Mär«, deshalb wurde Besymenski von ihm mit dem häßlichen Etikett »Amateur« versehen. Jahre später machte der STERN ihn freilich ungestraft zum Mitarbeiter einer Stalingrad-Reportage.(76) Ein anderer Zeitgeschichtler war der gleichen Meinung: der Amerikaner Ladislas Farago, der 1974 »Martin Bormann und andere NS-Größen in Südamerika« verifizierte. Davon überzeugt war selbstverständlich auch der Hamburger Hoffmann und Campe Verlag, der ein Jahr darauf Faragos Text mit dem Gütezeichen »Scheintot« in einer Auflage von immerhin zwanzigtausend in den Buchhandel drückte.(77) Eine »Vorbemerkung« steuerte der STERN-Informant Herbert John bei:

»Da ich dieses Buch nicht nur übersetzt habe, sondern auch an einem guten Teil der Recherchen beteiligt war und 17 Jahre lang in vielen Teilen Südamerikas gelebt habe«, bliebe nur eine Frage zu beantworten: »Lebt Bormann wirklich? Natürlich nicht, denn es gibt ja einen Schädel, der gegenwärtig in einem Schuhkarton im Asservatenarchiv des Frankfurter Landgerichts lagert.«(78) Und als John Honorare beim STERN verdienen wollte, drei Jahre später, da bot er Tagebücher eines lebenden Bormann an. Wie John so auch der stellvertretende US-Ankläger bei den Nürnberger Prozessen, Robert M.W. Kempner. 1965 zweifelte er noch — im STERN — an Bormanns Weiterleben, zehn Jahre später hingegen identifizierte er sich mit Faragos Bormann-Ente, in dem peinlichen Hoffmann-und-Campe-Elaborat ließ er sich vom Autor feiern: die Bormann-Räubergeschichte war »Professor Robert M.W. Kempner, in großer Bewunderung und Dankbarkeit«, gewidmet.(79) Genau diese Novität trieb Gerd Heidemann in einem Antiquariat auf. Es sollte die Grundlage für seine Bormann-Recherchen sein. Farago rechnete darin mit Jochen von Lang ab:

Über seine Vergangenheit habe der STERN-Mann »verschiedenen Leuten verschiedene Dinge« erzählt, gewiß sei nur, »daß er die letzten Tage des Dritten Reiches an der Seite Hitlers im Bunker der Reichskanzlei verbrachte«, zur damaligen Zeit auch nicht Jochen von Lang geheißen habe, sondern Joachim Piechocki. Farago: Piechocki habe »mit einer Gruppe Hitlerjungen eine Brücke in Berlin verteidigt« und sei zum »Abholen von Eisernen Kreuzen in den Bunker geschickt worden«. Werde von Lang gefragt, warum er sich nunmehr von Lang nenne, »antwortet er, das sei 'alter Schnee'«.(80) Von Wilhelm Höttl, einem der Falschgeld-Initiatoren der SS, erfuhr Heidemann nun wiederum Despektierliches über Farago.

Der »Farago hat seinen Ruf verspielt«, sagte der einstige SS-Obersturmbannführer Wilhelm Höttl, »zwei- oder dreimal war der bei mir und hat mir von Bormann in Südamerika berichtet«, da habe er aber nach »handfesten Beweisen« gefragt. Als Faragos »Scheintot« dann von der Presse verrissen wurde, der SPIEGEL an der Spitze, konnte sich Höttl erklären, warum die Bormann-Schwarte überhaupt erschienen war: »Farago hatte finanzielle Schwierigkeiten, weil er soviele Vorschüsse bekommen hatte. Er hat eine junge Frau und wollte so ein bißchen den tollen Burschen spielen.« John kam bei Höttl auch nicht gut weg: »Es ist kein Wort von dem, was John schreibt, wahr.«(82) Was packte Höttl noch aus? Zum Beispiel enthüllte er die Fluchtorganisation der Nationalsozialisten, die später als »Unternehmen Odessa« bekanntwerden sollte.

Die sei überhaupt nur darum möglich geworden, weil es »sehr starke amerikanische Kontakte« gab, wobei »die Amis mit der Kirche zusammengearbeitet haben«. Heidemann hatte von SS-Fluchthilfenamen »Die Spinne«, »Soziales Friedenswerk«, »Sechsgestirn«, »Edelweiß« und »Odessa« gehört. Höttl stellte richtig: »Die Spinne ist eine Witzorganisation. Ich hatte nach dem Krieg Kontakt zum CIC (dem CIA-Vorläufer) in Gmünden, um denen gegen die Russen zu helfen. Und dazu habe ich mir auch den Erich Kernmayr geholt, den ich vor dem Krieg gut kannte. Und dieser Kernmayr ist der Erfinder der 'Spinne'. Er sagte zu mir: 'Willy, du sitzt hier in Aussee und hältst alle Fäden in der Hand. Du bist die Spinne im Netz.' Wenn also nicht ein anderer die 'Spinne' erfunden hat, war es Kernmayr.«(83)

Der SS war es gelungen, bis zur Kapitulation falsche Pfundnoten im Wert von einhundert Millionen täuschend echt nachzudrucken. Da Wilhelm Höttl das »Unternehmen Bernhard« mitverantwortete, gab er 1955 einen »Tatsachenbericht« unter dem Pseudonym Walter Hagen heraus, der für ihn gleichzeitig ein schönes Zusatzgeschäft bedeutete: zwanzigtausend Mark war es dem Nachkriegs-Bankier Spitz wert gewesen, daß Hagen alias Höttl einige Seiten herausnahm, die sich mit Spitz als SS-Pfund-Verteiler beschäftigten.(84) Die Falsifikat-Geschichte und Bormann-Hintergründe erfuhr Heidemann kostenlos, zugleich witterte der Reporter einen faszinierenden Buchstoff. Heidemann dachte natürlich gleich an ein STERN-Buch.

Nicolaus Neumann, der STERN-Buch-Macher, war ganz begeistert von Heidemanns Vorschlag, die Flucht der Nationalsozialisten nach Südamerika zu beschreiben, vor allem der SS-Arzt Josef Mengele auf sein ungeteiltes Interesse gestoßen. Ausdrücklich bestätigte Heidemann, daß er sich bemühen werde, »vor allem Mengele aufzuspüren, auch wenn dieser ausnahmsweise nicht mit Hilfe des Vatikans« sich hatte absetzen können. Der STERN-Stellvertreter Victor Schuller habe ihn, Heidemann, ebenfalls unterstützt, dieses »Thema rund zu bekommen«. Heidemann schlug vor, einen Vorschuß in Höhe von dreißigtausend Mark anzuweisen. Neumann fand das nicht übertrieben, sondern ausgesprochen preiswert, denn mit Heidemann wollte er noch zusätzlich zwei weitere Bücher — zu einem ähnlichen Niedrigpreis — produzieren: die dreizehn Kriege, die der Reporter im Auftrag des STERN hatte miterleben müssen, sowie — als Koautor — Kubys Mussolini-Projekt. Die Akontozahlung, pro Titel nur zehntausend Mark, benötigte Heidemann für Wolff, der ihm als Türöffner in Südamerika zur Verfügung stehen sollte. Heidemann — so hatten die beiden abgesprochen — sollte für Wolff die Memoiren verfassen, aus diesem Grund bei den Interviews, die Wolff angeblich mit seinen untergeschlüpften Kameraden machen wollte, anwesend sein. Daß es genau umgekehrt war, durfte niemand wissen, schon gar nicht, daß Heidemann für den STERN arbeitete. Nirgends hätte der Reporter mit dieser Visitenkarte Einlaß gefunden.(85)

Vierzehn Tage später wurde der Vertrag geschlossen — gegengezeichnet von dem späteren Hitler-Tagebuch-Förderer Wilfried Sorge, dem rührigen stellvertretenden Verlagsleiter des STERN, dem Mann, der in Wahrheit den Hitler erst richtig im STERN möglich machen sollte.

»Herr Gerd Heidemann«, ließ Sorge diktieren, »wird im kommenden Jahr (1980) ... als alleiniger Autor das Buch 'SS-Export' schreiben«, der »Honorarvorschuß gegen Autorenhonorare und Nebenrechts-Erlöse aufgerechnet«. Auch das Lektorat war bereits beschlossene Sache: Nicolaus Neumann wollte sich da höchstpersönlich einschalten.(86) Dann bestieg Gerd Heidemann mit Karl Wolff das Flugzeug.

Wochenlang flog das Gespann durch Südamerika. Erst nach Santiago de Chile, dann nach Buenos Aires und Cordoba. Heidemann und Wolff sprachen mit entflohenen SS-Männern in Brasilien, in Paraguay, in Chile, in Uruguay, in Bolivien. Wolff vertrug die Höhenluft in Bolivien jedoch nicht, seine Nieren versagten, und er mußte vorzeitig nach Deutschland zurückkehren. Doch zuvor hatte Wolff Heidemann den Weg geebnet, zu den ehemaligen Vollstreckern des Dritten Reiches war er dank des Himmler-Adjutanten tatsächlich vorgedrungen.

In Santiago de Chile lernte Heidemann den einstigen SS-Standartenführer Walther Rauff kennen, der fälschlicherweise als Erfinder der »rollenden Gaskammern« galt und von der bundesdeutschen Justiz gesucht wurde. Die Bundesrepublik (und Israel) verlangten seine Auslieferung. Während die Anträge liefen, begann der Bundesnachrichtendienst Reinhard Gehlens zu zittern, denn Rauff war seit den fünfziger Jahren Mitarbeiter des Geheimdienstes. Gehlen hatte große Pläne: Rauff sollte »unser Mann in Havanna sein«. Damit er vor Gericht »die Schnauze hält«, so gab Rauff Heidemann preis, habe der BND ihm zwanzigtausend Mark in bar ausgezahlt.(87) Rauff wurde nicht abgeschoben, sondern starb in Chile. Noch ein anderer konnte von einem bundesdeutschen Nachrichtendienst eingekauft werden: der ehemalige SS-Sturmbannführer und Chef einer Grenzbefehlsstelle am Comer See, Josef Vötterl. Der hatte, gegen Beamtengehalt, dem bayerischen Landesamt für Verfassungsschutz seine SS-Erfahrungen zur Verfügung gestellt. Kollegen warnten Vötterl, daß ein Ermittlungsverfahren wegen seiner Vergangenheit auf ihn zukommen könne. Er rückte nach Argentinien aus, als Personalchef stand er fortan bei Siemens auf der Gehaltsliste. Auch ihn fand Heidemann.(88) Auf die erste wesentliche Bormann-Spur stieß Heidemann in Argentinien. Dort gab Francisco Ruffinengo Auskunft, der bis 1947 im italienischen Genua untergetauchte Nationalsozialisten nach Südamerika schleuste. Martin Bormann will er einen Dampfer besorgt haben, der den Sekretär Hitlers nach Istanbul brachte.

Bormann sei »nie in Südamerika gewesen«. Denn als er 1947 — als Bormann noch nicht erkennbar — »mit schwarzer Brille« bei Ruffinengo auftauchte, wollte er »nach Kleinasien«. Dorthin aber konnte Ruffinengo ihn nicht schleusen, sondern lediglich einen Paß des Roten Kreuzes ausstellen und ihn an einen ihm gut bekannten Schiffskapitän vermitteln, »der regelmäßig in die Türkei fährt«. Ruffinengo fiel bei Bormann »dieses Latschen« ein, »diese X-Beine«, er habe ihn »damals mager« gefunden, auch sei Bormann »ganz armselig angezogen« gewesen, »kein feiner Mann«, »auch nicht fein beim Essen«, »ein Grobian«. Und dann vegetierte der arme Martin Bormann — vor seiner Überfahrt in die Türkei — noch »anderthalb Jahre ... Tag und Nacht im Wald«: »Tagsüber meistens in einem dicken Baumstamm..., abends brachte ihm (sein) Adjutant Essen, und er konnte sich dann ein bißchen bewegen — furchtbar«.(89) Ruffinengo besaß einen Brief, von Bormann

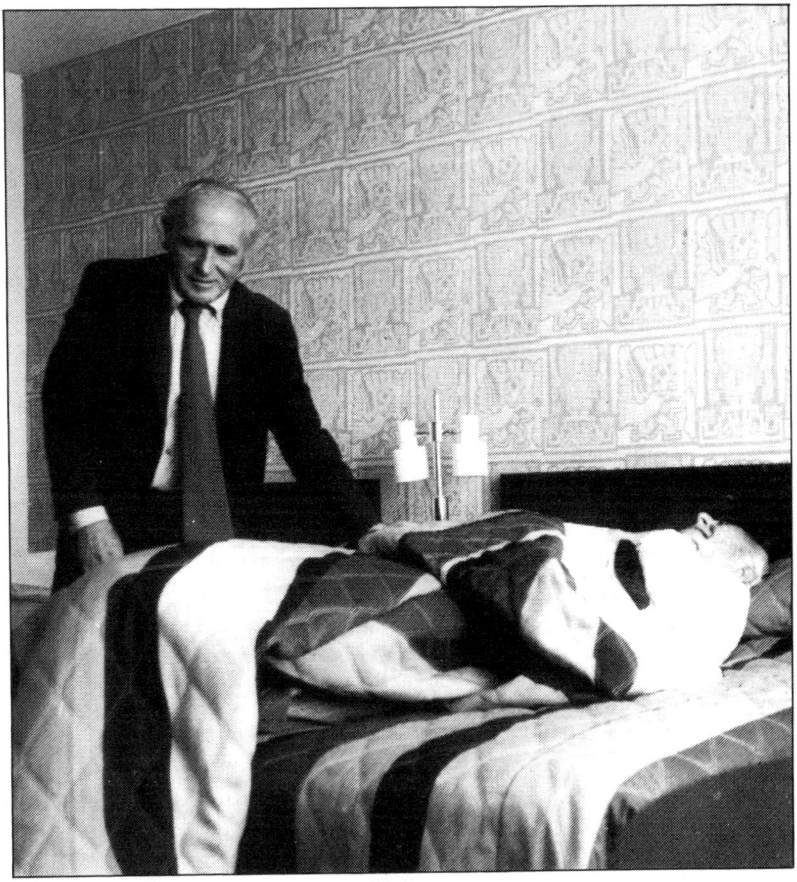

Klaus Barbie *(und kranker Karl Wolff in Südamerika): »Ich bedaure jeden Juden, den ich nicht umgebracht habe«*

eigenhändig unterschrieben. Dankesworte Bormanns. Adressiert an Ruffinengo.

Die wollte Heidemann natürlich sofort lesen, sie mitnehmen, denn »durch Schriftvergleiche könnte man feststellen, ob es wirklich Bormann war«. Ruffinengo zierte sich, ließ sich — einige Tage später — aber überreden. Er legte eine große Ledermappe auf den Tisch. Karl Wolff erhielt ein holziges DIN-A4-Papier überreicht, auf dem in blauer, leicht verblaßter Schreibmaschinenschrift die Zeilen gerade noch zu entziffern waren. Die Unterschrift, so stellte Wolff fest, sei tatsächlich die Bormanns. Das Schreiben, in Genua am 24. April 1947 verfaßt, lobte Ruffinengo: »Immer wieder begegnete ich Ihrem Namen im Mund mancher deutscher Kameraden. Meine Rettung ist nur Ihrer Intervention und Bemühungen zu verdanken.« Als Heidemann den Brief überflogen hatte, warf Ruffinengo ein: »Jetzt verstehen Sie, warum ich immer sage, Bormann ist niemals nach Südamerika gekommen.«(90) Doch das angebliche Bormann-Dokument wurde Heidemann nicht ausgehändigt. Zwar gab Karl Wolff Gerd Heidemann gegenüber zu verstehen, daß dieser Bormann-»Brief echt ist«, aber Heidemann blieb nach wie vor skeptisch. Und was wußte Hans-Ulrich Rudel, der Stuka-Held? Zufällig hielt sich der Ritterkreuzträger in Paraguay auf. Dies entnahm Heidemann der Ortszeitung. In einem Hotel fragte der STERN-Reporter auch ihn über Bormann aus.

Der Mussolini-Befreier Otto Skorzeny »hat mir gesagt, ihm hätte Schellenberg gesagt, Bormann wäre 1953 in einem Kloster in Italien gestorben«, gerüchteweise habe er vernommen, daß »sogar Hitler in Argentinien« untergekommen sei, und Mengele, ja, der »lebt schon lange nicht mehr«.(91) Heidemann hörte ungläubig zu, war in Gedanken aber schon längst bei Klaus Barbie gelandet. Dieser hatte sich bereit erklärt, Wolff und Heidemann zu einem Gespräch zu empfangen. Dem Bormann, ja, dem habe er die Hand geschüttelt. Barbie konnte Bormann nicht leiden, »einer unserer Verderber« sei er gewesen, »gesoffen hat er hier ganz schwer«, »noch heute sehe ich ihn vor mir stehen: die Figur, die Breite, das Untersetzte«, mit »schrägen Beinen, so wie Göring ungefähr, lief er« herum. Bormann hätte »Schießübungen gemacht; ein normaler Pfarrer macht das doch nicht«. Und als sich Bormann von Barbie eines Tages verabschiedete, habe der gesagt: »Heil Hitler, Kamerad.« Als Pater »hat (Bormann) mit Juden Verbindung aufgenommen, hat Juden getauft — oder wollte Juden taufen«.(92) Und als Barbie dann Heidemann und Wolff zum Flughafen von La Paz brachte, wurde er erkannt:

Europäer spuckten vor ihm aus, schrien: »Mörder, Mörder.« Darauf sprang Barbies »Sekretär« Alvaro de Castro, ein Mann aus dem Innenministerium, auf die Protestierenden zu, drängte sie gemeinsam mit herbeigeeilten Sicherheitspolizisten zurück. »Da sehen Sie mal«, meinte Barbie zu Heidemann, »wie die Juden sich hier benehmen.« Barbie versprach dem Reporter: »Wir werden die Personalien feststellen und dann können die etwas erleben.« Den Chef der Flughafenpolizei, der diesen öffentlichen Auftritt nicht hatte verhindern können, wollte Barbie »strafversetzen lassen«, denn »der hätte mit seinen Leuten viel früher eingreifen müssen«. Barbie kalt: »Ich bedauere jeden Juden, den ich nicht umgelegt habe.« Früher, so setzte er seine Attacke fort, »haben sie vor einem auf den Knien gelegen und gebettelt: 'Herr Offizier, nehmen Sie meine Frau. Nehmen Sie meine Tochter — aber verschonen Sie mich', so daß ich sagte: 'Hau ab! Verschwinde!'«(93) An derartige Geständnisse konnte Heidemann sich so schnell nicht gewöhnen. Wie nun hatte der STERN Barbies Leistungen umgesetzt? Zunächst gar nicht. Dann aber plötzlich wieder doch — mit nahezu vierjähriger Verspätung. Dabei heraus kam eine STERN-Manipulation besonderer Art. Manfred Bissinger, abgehalfterter stellvertretender STERN-Chefredakteur, machte sich in

KONKRET über seinen ehemaligen Arbeitgeber her. Er schrieb »etwas über die Produktion aus der Fälscherwerkstatt, ... nicht über die in Pankow, sondern die in der Hamburger Warburstraße«.

Im Oktober 1980 druckte der STERN, daß Barbie 1942 zu einem Sondereinsatz in Südfrankreich ausgerückt sei, Mord und Folter seien an der Tagesordnung gewesen, der SS-Hauptsturmführer Barbie griff erfolgreich bei Widerstandsgruppen durch. Im Februar 1983 verlegte der STERN dieselbe Geschichte um ein Jahr vor und ließ Barbie im selben Fall aber in der Sowjet-Union tätig werden. Bissinger übelte: »Das Fälschen fing nicht eben erst mit Hitler an.«(94) Die Wahrheit allerdings war eine ganz andere. Ein STERN-Redakteur, Jürgen Petschull, hatte einfach nicht richtig hingesehen. Die Tonband-Interviews Gerd Heidemanns wurden von ihm selbst abgeschrieben. Jede Seite, egal wie lang die Protokolle auch immer waren, erhielt eine Überschrift, aus der hervorging, was auf diesem DIN-A4-Blatt zu lesen war. Auf Blatt 54 sprach »Klaus Altmann über seine Tätigkeit während des Krieges in Frankreich«, erwähnte lediglich beiläufig, daß deutsche Soldaten zumeist von solchen Frauen, die »in Rußland in Frauen-Bataillonen« Dienst taten, entmannt worden seien. Das hatte mit Barbies Tätigkeit in Frankreich überhaupt nichts zu tun. Da nun Petschull nicht genau lesen konnte, setzte er den STERN Bissingers Fälschungs-Tiraden aus.(95) Auf eine solch banale Erklärung wollte der STERN-geschädigte Bissinger niemals kommen.

Klaus Barbie, dessen Gestapo-Dienststelle in Lyon in einer ehemaligen Sanitätsschule untergebracht war, gelang es mit raffinierten Methoden, in der französischen Bevölkerung Kollaborateure zu finden. Zweimal fällten französische Gerichte in Abwesenheit ein Todesurteil über ihn. Dann lieferte er sich 1972 quasi selbst ans Messer, denn Barbie konnte seinen Mund nicht halten. In einem Interview machte er sich über die französische Résistance lustig, klagte einen Führer der Widerstandsbewegung als Mitarbeiter der Gestapo an. Dieser Verrat machte Schlagzeilen. Als Gerd Heidemann den Barbie-Stoff im Oktober 1979 anbot, da wollte ihn beim STERN niemand haben. Erst als Barbies Name während eines erneuten Machtwechsels in Bolivien in der Presse auftauchte, zog der STERN nach, tat so, als ob Gerd Heidemann soeben aus Südamerika zurückgekommen sei. Diese Geschichte gefiel Barbie nicht. Heidemann aber, der ihn noch als Zuträger benötigte — Barbie sollte ihm weitere Adressen von alten Kameraden nennen—, blieb nur eines übrig: Er schrieb einen Entschuldigungsbrief, über den selbstverständlich auch Thomas Walde informiert war.

»Als nun aber Ihr Name im Zusammenhang mit dem Militärputsch in Bolivien durch die Presse ging«, so erfuhr Barbie, »verlangte die Chefredaktion die Herausgabe meiner Aufzeichnungen..., die von einem Kollegen benutzt wurden, um daraus eine Geschichte mit einer ganz anderen Tendenz zu machen«, »mir war die Sache unendlich peinlich«: »In der Hoffnung, daß Sie überhaupt noch etwas mit mir zu tun haben wollen, erwarte ich Ihre Antwort.«(96) Nach dem Tagebuch-Reinfall wurde dieser taktische Brief freudig als Heidemann-Anklage mißbraucht. Gerd Schulte-Hillen jedoch übertraf alle:

Vor Gericht, als der Tagebuch-Prozeß die Medien beherrschte, sagte er als Zeuge aus und nannte, nicht wenige waren überrascht, Heidemanns Barbie-Brief als »Hauptgrund« der Kündigung.(97) Henri Nannen freilich war über Barbie ebenfalls informiert. Nur anders als der Gruner + Jahr-Vorstandsvorsitzende: »Obwohl ich keinen Grund habe, Heidemann in Schutz zu nehmen«, adressierte er an die Hamburger Staatsanwaltschaft, »muß ich sagen, daß ich (Heidemanns Brief-Grund) für zutreffend halte«: »Heidemann ist nicht der verblendete Nazi, für den er sich in dem Brief ausgibt.«[97a] Die BUNTE mochte das so nicht abnehmen, Heidemanns Barbie-Strategie apostrophierte sie als peinlichen »Entschuldigungsbrief«.[98] Auch die QUICK wähnte Heidemann als Neonazi. Jeder verfügte über Photokopien des Barbie-Briefes, nur einer nicht: die Tagebuch-gelähmte Hamburger Staatsanwaltschaft.

Die Polizei-Fachdirektion wandte sich hilfesuchend an die BUNTE, an die QUICK: dieser Brief sei nicht ohne Bedeutung für die Tagebuch-Ermittlungen, die Redaktionen mögen ihn bitteschön zur Verfügung stellen — »und den dazugehörigen Artikel«.[99] Die QUICK-Anwälte reagierten vernünftig: »Nach Rücksprache mit der Redaktionsleitung teilen wir Ihnen ... mit«, daß der Verlag seine »Quellen und Informanten nicht preiszugeben« beabsichtige. Nicht einmal ein Freiexemplar rückte die QUICK heraus.[100] Und die BUNTE? Dort werkelte verbittert der Ex-STERN-Mann Norbert Sakowski herum, der auffallend kooperativ die BUNTE-Ausgabe und den Barbie-Brief zur Verfügung stellte. »Mit freundlichen Grüßen«, versteht sich.[101]

Als die Tagebücher im STERN noch als die Tagebücher verstanden wurden, gab die hauseigene Gruner + Jahr-Postille ZEITSCHRIFTEN INTERN eine Heidemann-Laudatio ab: Der Reporter »heftet sich an die Fersen des Alt-Nazis Klaus Barbie alias Altmann, durchkämmt sämtliche Länder Südamerikas. 1980 hat Heidemann Erfolg: Er stöbert den Kriegsverbrecher in Bolivien auf«. Zwangsläufig fänden Heidemanns »Reportagen internationale Beachtung«.[102]

Während der Recherchen in Südamerika wunderte sich Gerd Heidemann über die Israelis, die vergeblich hinter Josef Mengele herjagten. Die geflohenen Diener des Dritten Reiches waren fast alle, schließlich war man heimatverbunden, Abonnenten der rechten NATIONAL-ZEITUNG. Geheimdienstler hätten sich in München lediglich die Bezieherkartei organisieren müssen, dann wären sie einen großen Schritt weitergekommen.

Bevor Gerd Heidemann mit Wolff nach Südamerika geflogen war, hatte er sich bei den Israelis die Fingerabdrücke von Mengele besorgt. Die lagen dem STERN also bereits im Herbst 1979 vor. Aber erst im Februar 1985 fielen sie der vergeßlichen Illustrierten auf: Fingerabdrücke des SS-Arztes, so veröffentlichte der STERN, gebe es überhaupt nicht. Zwei Monate später — im April 1985 — waren sie, dazu auf einer agressiv aufgemachten Doppelseite, plötzlich doch vorhanden: Der STERN habe sie sich, Ende Februar 1985, noch einmal in Tel Aviv besorgt. Daß dieser originelle Fund als Sensation deklariert wurde, verstand sich von selbst. Dann übergab das oft überschätzte Magazin den Mengele-Ausweis, verkündete die Redaktion nicht ohne Stolz, der Frankfurter Staatsanwaltschaft.[103] Das hätte der STERN bereits sechs Jahre zuvor tun können. Aber in diesem Augenblick trieb der Tagebuch-Prozeß seinem Höhepunkt entgegen.

Die Jagd nach dem toten Martin Bormann war ein selten trauriges Kapitel. Trostlos deshalb, weil in diesem Fall mehrere Akteure vom Kaliber Konrad Kujaus auftraten: Nach Herbert John der Amerikaner Ladislas Farago, nach diesem der Renommist Medardus Klapper. Klapper oder Kujau? Erst nach dem Tagebuch-Desaster stellte sich heraus, wer der Schlimmere von beiden war: nicht Konrad Kujau brillierte als Prahlhans, sondern der großmäulige Schaumschläger hieß in Wahrheit Klapper, der bis heute von Kujau unerreicht bleibt.

Auf den Windhund Klapper ist nicht allein Gerd Heidemann hereingefallen, Thomas Walde und Wilfried Sorge waren von ihm länger als Heidemann beeindruckt. Heidemanns Vorgesetzte hatten obendrein sogar einen ordentlichen Vertrag seinetwegen geschlossen, sie dann — als alles zu spät war — ihren Untergebenen freilich allein in den Kujau-Klapper-Sumpf plumpsen lassen. Der Reporter, der nun doppelt »kujauniert« war, stand plötzlich als Ober-Kujau im Mittelpunkt. Der Tagebuch-Skandal war nicht die einzige Bloßstellung des STERN. Die wurde von dem Klapper-Drama übertroffen. Aber wie. Wer nun war Kujaus Konkurrent, quasi sein Doppelgänger?

Während des Dritten Reiches stand der sudetendeutsche Medardus Klapper in der Waffen-SS stramm. Nach der deutschen Kapitulation diente er den Franzosen, verkaufte sich den Engländern, empfahl sich den Amerikanern, ließ sich vom Verfassungsschutz fördern, stufte ihn der Bundesnachrichtendienst als brauchbar ein, das Bundeskriminalamt hörte auf seinen fachmännischen Rat. Klapper trug nicht auf zwei Schultern, er tanzte auf mindestens sechs Hochzeiten. Das BKA beispielsweise führte ihn als V-Mann in Waffen- und Falschgeldangelegenheiten. Klapper kassierte Zoll- und Polizeidienststellen ab, im In- und Ausland. Der Karlsruher Kripo galt er als einer der zuverlässigsten Zuträger. Ob gestohlene Teppiche oder Gemälde — Klapper gab immer ermunternde Tips, machmal auch die richtigen. Die Staatskasse zahlte und zahlte, für eine Nachricht mehrmals, denn Klapper verkaufte die Botschaft, egal ob wahr oder nicht, an alle: an das BKA, an den Zoll, an die Kripo. Privat handelte er mit Jagdgewehren, Luftpistolen, Angelgerät, wenn er beschäftigungslos war, baute er auf Militaria-Messen einen Stand auf und bot, ebenso wie Kujau, NS-Überbleibsel an: Urkunden, Uniformen, Stahlhelme.(104) Diesen zwielichtigen V-Mann nun lernte Gerd Heidemann 1974 durch einen BKA-Mann kennen: den Kriminaldirektor Josef Hartmannsgruber, dubios wie Klapper. Das halbseidene Metier hatte auch seinen Charakter zerstört, der kriminelle Schwarzgeldalltag verführte selbst den Hüter des Gesetzes zum regelmäßigen Handaufhalten.

Den Untergang Großdeutschlands erlebte Hartmannsgruber als Neunundzwanzigjähriger. Es folgten Kriegsgefangenschaft, Zukunftssorgen. Durch Zufall geriet er an einen Vertreter des Bundesnachrichtendienstes, der permanent auf der Suche nach Mitarbeitern war. Die Anwerbung Hartmannsgrubers verlief erfolgreich; was sollte er auch sonst tun. Beim BND aber blieb Hartmannsgruber nur acht Jahre, die Pullacher Geheimdienstzentrale trennte sich von ihm. Die Gründe blieben unklar, sicher war lediglich, daß Hartmannsgruber überraschend beim BKA auftauchte. Ob nun der BND ihn dort als Spion eingeschleust hatte, wird nicht geklärt werden können. Sicher ist nur, daß Hartmanssgruber vorzeitig in Pension geschickt wurde: nach nur zehn Jahren Tätigkeit für das BKA.(105) Jetzt kam er auf dreitausend Mark Rente und war ohne Beschäftigung, aber bereits vorher richtig in die Unterwelt abgestiegen. Er bot bundesdeutschen Zeitungen und Zeitschriften seine honorarpflichtige Mitarbeit an. Der STERN griff zu. Heidemann avancierte befehlsgemäß zu Hartmannsgrubers Kontaktmann.(106) Die erste Geschichte erwies sich allerdings nicht als Vorzeigeknüller:

In Teeplatten soll Rauschgift gepreßt worden sein. Diese Ware, so informierte Hartmannsgruber den STERN, sei einem Medardus Klapper angeboten worden, im Tausch gegen Waffen. Das Landeskriminalamt in Stuttgart war informiert, in Karlsruhe sollte der Deal in Klappers Waffengeschäft zustande kommen. Tagelang erwarteten Ermittler und STERN die Drogenhändler. Die aber ließen sich nicht blicken. Keine Geschichte. Statt dessen wurde die nächste eine.

Der MAD war einem illegalen Rüstungsgeschäft auf die Spur gekommen, jedoch leider ohne den kleinsten Hauch von Fachkompetenz. Der Abwehrdienst der Bundeswehr wandte sich an das BKA und erbat Amtshilfe. Josef Hartmannsgruber wurde an die Kollegen der Bundeswehr ausgeliehen, denn er galt als Spezialist. Zu dieser Zeit war Hartmannsgruber längst auf Nebenverdienste eingestellt. Heidemann erhielt von ihm einen Hinweis, und die Panzer-Story stand prompt im STERN. Bei der Gelegenheit wurde auch der MAD bloßgestellt. Klapper hatte seine Finger ebenfalls im Spiel.(107) Ein weiteres Mal sollten die beiden dem STERN sehr effizient zur Verfügung stehen.

Das SED-Blatt NEUES DEUTSCHLAND meldete einen nahezu unvorstellbaren Einbruch: In der Gemäldegalerie des Potsdamer Schlosses Sanssouci seien unerkannt Männer eingedrungen, um unbezahlbare Kunstwerke zu entwenden. Dies habe sich an einem Sonnabend Ende Januar 1977 abgespielt.(108) Diese Katastrophe hatte die DDR-Behörden dermaßen geschockt, daß sie keinen anderen Ausweg aus ihrer Empörung wußten als die Zeitungsnachricht. Über diesen Umweg, so spekulierten die plötzlich ohnmächtigen Beamten in Ost-Berlin, würden die Diebe möglicherweise dingfest gemacht werden können, denn das die geklaute Ware im Westen verscherbelt werden sollte, war auch den deutschen Sozialisten klar. Und in der Tat: die hilfesuchende Botschaft kam in der kapitalistischen Bundesrepublik an. Im STERN lag sie Gerd Heidemann auf dem Tisch, der umgehend zum Telephonhörer griff und Hartmannsgruber anrief.(109) Der fand alsbald Wissenswertes heraus.

Einige Tage später teilte eine gewisse Angelika Nies aus Hannover Hartmannsgruber mit, »daß der ihr seit Jahren bekannte ehemalige Zuhälter Gerd Wolf in Dortmund die in Potsdam gestohlenen Gemälde« anbiete. Nies arbeitete im Rauschgiftdezernat des Landeskriminalamtes in Hannover und sah sich plötzlich verstrickt in diesen Bilderdiebstahl. Hartmannsgruber bat sie, ihrer Kontaktperson zu erzählen, daß er, Hartmannsgruber, jemanden kenne, der für die heiße Ware Geld erübrigen würde.(110) In nur wenigen Tagen eskalierte der Raub zu einer deutsch-deutschen Posse.

Die Diebe photographierten ihre Beute. Die unentwickelten Filme schickten sie Hartmannsgruber. Der reichte sie an Gerd Heidemann weiter, der wiederum ließ sie im STERN-Labor entwickeln, zehnfach. Mit dieser Art »Identifikationsbeweis« machte sich nun Hartmannsgruber auf den Weg, der Täter habhaft zu werden, aber auch nach Abnehmern zu suchen. In Hehlerkreisen und bis hin zum BKA sprach sich schnell herum, was da für Dilettanten am Werke waren. Das BKA wurde zwar im Vorwege auch von Hartmannsgruber unterrichtet, aber nicht bis ins letzte Detail. Der Verdacht, Hartmannsgruber wolle eine beträchtliche Summe zu seinen privaten Vergnügen einsacken, drängte sich zwangsläufig auf. Über nicht nachvollziehbare Wege geriet er daraufhin vorübergehend in Haft, wurde aber vom BKA alsbald wieder herausgepaukt.(111) Wer spielte hier wieder mit? Medardus Klapper.

Heidemann: »So kam es zu der vertrackten Situation, daß Hartmannsgruber ... festgenommen wurde. Klapper verdächtigte Hartmannsgruber, die gestohlenen Bilder heimlich in die Schweiz weiterverkaufen zu wollen. Das BKA holte seinen früheren Kriminaldirektor zwar sehr schnell wieder aus der Haft heraus, doch das Vertrauensverhältnis war von nun an gestört, zumal sich bald herausstellte, daß er beim STERN und beim BKA alle Spesen doppelt abgerechnet hatte. Diesen Betrug deckte ich mit Hilfe der BKA-Unterlagen auf. Hartmannsgruber verzichtete daraufhin auf die Erstattung der Spesen und zahlte einen STERN-Vorschuß in Höhe von etwa 5.000,- DM in Raten an den Verlag zurück. Von da an arbeitete weder das BKA noch der STERN weiter mit ihm zusammen.«(112) Jetzt war nur noch Klapper da.

Die DDR erhielt ihre Gemälde, mit Hilfe der Frankfurter Staatsanwaltschaft, zu-

Karl Wolff und Medardus Klapper: *»Das Fälschen fing nicht mit Adolf Hitler an«*

rück. Eingefädelt wurde das deutsch-deutsche Unternehmen von dem Ost-Berliner Rechtsanwalt Friedrich Karl Kaul. Klapper und Kaul entpuppten sich als interessantes Duo, die devisenhungrige DDR grub sogar noch auf Befehl Klappers einen NS-Schatz aus, während Gerd Heidemann, wenngleich nur vorübergehend, einer Pioniereinheit der Nationalen Volksarmee unterstand.

Thomas Walde und Gerd Heidemann verkehrten mit Offizieren der DDR-Staatssicherheit. Honeckers Geheimdienst ermöglichte es Heidemann, in Börnersdorf nach der abgestürzten Maschine zu suchen, die angeblich die Tagebücher des Führers transportiert hatte. Bei dieser Gelegenheit machte ein Mitarbeiter des Ministeriums für Staatssicherheit Heidemann darauf aufmerksam, daß Kaul — ohne Namensnennung — den Klapper kenne, der, über das DDR-Kulturministerium, an einen Plan geraten sei, der auf eine verbuddelte Porzellankiste wies, die einst dem Reichsmarschall Hermann Göring gehört hatte. Das zerbrechliche Gut wurde tatsächlich gefunden. Fortan glaubte die DDR, Medardus Klapper verfüge über noch weitere Schatzhinweise. Dafür, daß Gerd Heidemann in der DDR nach den Tagebüchern forschen dürfe, könne er sich revanchieren, machten die Gesprächspartner ihm klar. Er solle sich mal um den Karlsruher Waffenhändler bemühen. Im Erfolgsfall wolle der Arbeiter- und Bauernstaat dem Reporter eine Beteiligung an den Schätzen anbieten, sei selbstverständlich auch zu einem Vertragsabschluß bereit.[113]

Klapper, von Heidemann mit dessen Wissen konfrontiert, dementierte nicht, sondern gab zu, mit dem inzwischen verstorbenen Kaul ins Geschäft gekommen zu sein. Er habe sich von den DDR-Behörden betrogen gefühlt, weil diese ihr finanzielles Versprechen nicht eingelöst hätten. Daraufhin sei er zum SPIEGEL gegangen, habe die Porzellangeschichte ausgepackt, worauf das Nachrichtenmagazin veröffentlichte, daß »weitere Ausgrabungen« daran scheitern würden, »weil der westdeutsche Informant (Klapper) die Pläne nur gegen Finderlohn herausgibt«.[114] In Wahrheit, so erklärte Klapper, ginge es um viel mehr:

Er, Klapper, habe 1979 Besuch von einem alten Mann bekommen. Es wurde sich sehr nett und freundlich unterhalten. Während dieses Gesprächs habe sein Gast, der sich »Dr. Weber« nannte, gebeichtet, im Stolpsee in der Nähe von Berlin im Auftrag Görings Gold und Platin kiloweise versenkt zu haben. An anderer Stelle läge aber noch mehr: achtzig verlötete Zigarettenkanister mit Geheimakten aus dem Archiv des Reichsluftfahrtministeriums. War das alles? Mitnichten.

In einem Luftschutzbunker für ein geplantes, jedoch wegen der anstehenden Niederlage nicht mehr fertiggestelltes Göring-Jagdhaus seien siebenundvierzig Aluminiumkästen mit Hunderten von Gemälden im Wert von einhundert Millionen den Siegermächten vorenthalten worden. Dieser Reichtum befände sich dreißig Kilometer von Karinhall entfernt. Der »Dr. Weber« habe aber auch noch unzählige Orden und Schmuckdolche versenkt und — an zwei anderen Stellen lägen die Kisten mit den ausgebauten Wandplatten des legendären Bernsteinzimmers aus dem Schloß von Katharina der Großen bei Leningrad. Gerd Heidemann war sprachlos.[115] Weil Klapper, wie es auch im SPIEGEL nachzulesen war, der DDR einen wahren Tip gegeben hatte, wollte er mit ihm jetzt ins Geschäft kommen.

Klapper, erinnerte sich Heidemann, »murrte zuerst ein bißchen, wollte mir aber dann die Verhandlungen (mit der DDR) überlassen«. Heidemann legte ihm fünfundzwanzigtausend Mark auf den Tisch. Dafür händigte Klapper Heidemann den »Schatzplan« des Stolpsees aus. Im August 1981, einen Monat nach Erscheinen des tatsächlichen Klapper-Fundes im SPIEGEL, reiste der STERN-Reporter nach Ost-Berlin, Er stieg im »Palast-Hotel« ab und erhielt dort vom »Amt für den Rechts-

Gerd Heidemann *(im Schlauchboot der Nationalen Volksarmee auf dem Stolpsee): »Wehe, wenn ihr den Gerd bescheißt«*

schutz des Vermögens der Deutschen Demokratischen Republik« in der Hermann-Matern-Straße einen fertig formulierten und unterschriebenen Vertrag per Boten zugestellt. Es durfte gelacht werden.

»Im Interesse der Wahrung und Erhaltung von Kulturgut als Teil der humanistischen Weltkultur und in Erwägung, daß die Erhaltung des kulturellen Erbes für alle Völker der Welt von großer Bedeutung ist«, formulierten die DDR-Devisenschürfer, werde zwischen der DDR und Gerd Heidemann eine Vereinbarung geschlossen, »daß beim Auffinden verborgener Wertgegenstände (vermutlich Gold u.a.), an dem von Herrn Heidemann benannten Ort im Stolpsee, eine wertmäßige Abgeltung von 50% erfolgt«. Heidemann hatte, im Falle des Erfolges, keine Steuern abzuführen und zu akzeptieren, »daß eine publizistische Auswertung bis zum Abschluß der Bergung aller in den übermittelten Informationen bezeichneten Gegenstände nicht vorgenommen wird«.(116) Eigentlich wollte das Schalck-Golodkowski unterstehende Amt eine Publizierung überhaupt vermeiden. Da aber mochte Heidemann nicht mitspielen. Schließlich gehörte er zum STERN, aus diesem Grund war auch Heidemanns Ressortchef Thomas Walde nichts verborgen geblieben. Im Gegenteil: Als Walde wieder einmal mit Offizieren des DDR-Ministeriums für Staatssicherheit ungezwungen plauderte, drohte er den Ost-Berliner Geheimdienstlern mit einer bitterbösen STERN-Geschichte für den Fall, daß die DDR seinen »Gerd bescheißen« würde, worauf diese ganz pikiert reagierten: Bislang sei gerade die DDR stets vertragstreu gewesen. Walde nahm das hin, etwas anderes konnte er nicht nachweisen.(117)

Am Stolpsee suchte Heidemann nun nach jenen Punkten, die Klapper ihm mündlich offenbart hatte und die auf der Karte standen. Aber er fand nichts. Aus Ost-Berlin telephonierte Heidemann darum mit Klapper: Er möge »Dr. Weber« anrufen und ihn nach sichtbareren Einzelheiten befragen. Klapper legte sich nicht fest. Inzwischen baggerte die Nationale Volksarmee mit Hilfe eines Schwimmbaggers sämtliche in Frage kommenden Stellen aus. Dabei gab es Probleme: Im Laufe der letzten Jahrzehnte wurden in den Stolpsee dreihunderttausend Kubikmeter Havel-Schlamm abgeladen. Die Suche nach den Preziosen verlief aus diesem Grund ergebnislos. DDR-Vertreter, wie Heidemann immer mehr unter Zugzwang, flehten den Reporter an, Klapper und seinen Bekannten, den »Dr. Weber«, in die DDR zu holen. Kosten spielten keine Rolle. Heidemann nickte und setzte sich mit Klapper in Verbindung und auseinander.

Der »Dr. Weber«, der gar nicht so hieße, sondern Matthias von Walden, befände sich dummerweise gerade in der Schweiz. Heidemann insistierte, Klapper rückte Geburtsdatum und -ort heraus, ein Nest irgendwo in der DDR. Mehr, so Klapper, könne er für Heidemann nicht tun. Der Reporter, erfahren in der Spurensuche, fragte bei Görings Tochter Edda nach, erkundigte sich im Koblenzer Bundesarchiv — ein Göring-Mitarbeiter namens von Walden aber war überall unbekannt, nicht einmal in der einschlägigen Literatur war der Name dieses Referenten des Reichsmarschalls zu finden.(118) Heidemann wurde sauer.

Doch, doch, den von Walden gäbe es. Der sei aber nun nach Südamerika geflogen, um auf seiner Plantage nach dem Rechten zu sehen und geheimste NS-Akten nach Europa zu überführen, denn er, Klapper, habe ihm berichtet, daß Heidemann nicht nur an Gold interessiert sei, sondern auch an Papieren des Dritten Reiches. Die Volksarmee war inzwischen vom Stolpsee wieder abgerückt, da überraschte Klapper erneut: Martin Bormann, der Mann neben Hitler, sei nicht tot, sondern lebe gesund und munter im Norden Mexikos. Er selbst, Klapper, habe mit ihm mehrmals telephoniert.(119)

Das Gold im Stolpsee, Görings Gemälde — eine ausgesprochene Pleite. Heidemann wollte aufgeben, sich schleunigst von Klapper absetzen, ihn wegen Betruges anzeigen, da wurde er wieder aufgemuntert: Der Klapper sei zwar ein Mann, dessen Phantasie oft mit ihm durchgehe, informierten die Gesprächspartner in der DDR den Reporter, aber zugleich sei er bekannt dafür, daß seine Angaben gelegentlich der Wahrheit entsprächen. Und Thomas Walde? Der redete ebenso munter auf Heidemann ein: den Klapper-Kontakt dürfe er keinesfalls aufgeben, da die Bormann-Geschichte so dumm gar nicht klinge, zumal der klapprige Führer-Sekretär laut Klapper inzwischen aus Südamerika ins spanische Madrid übergesiedelt sei.(120) Was sollte Gerd Heidemann tun? Er gewöhnte sich erneut an Klapper. Wurde Gerd Heidemann von Thomas Walde in das Klapper-Bormann-Abenteuer hineingeritten? Er wurde.

Er, Walde, habe nicht nur mitbekommen, »daß Heidemann mit offiziellen Stellen der DDR über die Schatzsuche verhandelte«, ihm war auch »der Vertrag zwischen Heidemann und der DDR im Beisein von (Geheimdienst-)Offizieren der DDR gezeigt worden«, er sollte Klapper obendrein noch persönlich kennenlernen dürfen.(121)

Klapper saß in Heidemanns Elbchaussee-Wohnung, angeblich war er aus Madrid zurückgekehrt, wo Bormann ihm grünes Licht für eine publizistische Ausbreitung im STERN gegeben haben wollte. Heidemann nahm alles auf Tonband auf. Vieles kam ihm zwar ungereimt vor, aber für Bormann war verantwortlich Walde zuständig. Noch am Abend rief Heidemann Walde zu Hause an. Es war ein Sonnabend. Nur selten ließ sich Walde aus seinem Familienleben herausreißen, in diesem Fall schien ihm indes eine Ausnahme notwendig. Er machte sich auf den Weg zu Heidemann, Walde-Kumpel Wilfried Sorge kam ebenfalls. Auch ihn faszinierte der Rentner Martin Bormann. Klapper wiederholte seinen Bormann-Treff. War etwa Walde anschließend mißtrauisch geworden, oder sein Kamerad Sorge vielleicht? Nein, der Bormann wollte sein Testament in die Öffentlichkeit lancieren. Klapper mochten Walde und Sorge nunmehr nicht mehr der Konkurrenz überlassen. Sie schwatzten ihm einen Vertrag mit dem STERN auf.(122) Er selbst, Klapper, könne den allerdings nicht unterzeichnen, sondern die Vereinbarung nur der Notar Martin Bormanns, ein Dr. Iquisabal in Madrid, paraphieren. Am 3. März 1982 kam das historisch einmalige Werk zustande. Auf STERN-Briefpapier wurde ein Sieben-Punkte-Dokument ausgearbeitet, auf zwei Seiten eine STERN-spezifische Lachnummer aus der Taufe gehoben. Sorge und Walde hatten dieses Papier nur feierlich formuliert und unterschrieben — Heidemann damit ins Verderben geschickt: Er, Heidemann, sei »bevollmächtigt, etwaige strittige Punkte für den STERN zu klären. Rückfragen sind ausschließlich an Gerd Heidemann zu richten«.(123)

Da saß er nun, der Reporter Gerd Heidemann, hatte die Beschaffung der Tagebücher Hitlers am Hals und bekam jetzt von seinem Ressortleiter obendrein noch den Auftrag, hinter Bormann herzurasen. Walde gab sogar zu, daß ohne sein autoritäres Verhalten Heidemann auf die Klärung des Falles Bormann verzichtet hätte: »Als Heidemanns Vorgesetzter beauftragte ich ihn dann, dieser Geschichte nachzugehen«, denn die »festgefahrenen Bormann-Recherchen« paßten ihm nicht, er wollte endlich Resultate sehen.(124) Und was war die Aufgabe Sorges? Den zog Walde ebenfalls mit hinein, denn diesen obskuren Handel wollte er nicht allein entscheiden, gehörte er doch nur der Redaktion an, nicht dem Verlag. Aber eben genau die Verlagsetage mußte das anrüchige Geschäft absegnen, das zwar anfangs kein Geld kosten sollte — laut Klapper war Bormann reich genug,

stern

Redaktion

Postfach 30 20 40
2000 Hamburg 36
Telefon (040) 4118 (1)

Besucher: Warburgstr. 50
Telex 02 11 824
Telegramm
sternmagazin Hmb
Deutsche Bank AG Hmb
Konto-Nr. 03/22 800
(BLZ 200 700 00)
Postscheck Hmb 8480-204
(BLZ 200 100 20)

V E R T R A G

zwischen Rechtsanwalt Dr.Iquisabal, Madrid,

und

dem Stern-Magazin, Warburgstr.50, 2 Hamburg 36, nachfolgend Stern genannt,

Über die Verwertung zeitgeschichtlicher Original-Dokumente und -Materialien, insbesondere aus der Zeit 1933 bis 1945 und danach.

1.) Dr.Iquisabal stellt die o.a. Unterlagen dem Stern, und zwar dem Stern-Reporter Gerd Heidemann, exklusiv zur Verfügung und gestattet ihm, sie zeitlich, räumlich und sachlich unbeschränkt (auch zum Zwecke der Werbung) und in jeder Form zu veröffentlichen und zu verwerten.

2.) Stern-Reporter Gerd Heidemann erhält durch Dr.Iquisabal die Gelegenheit, die Original-Dokumente und -Materialien einzusehen und in dessen Gegenwart Ablichtungen anzufertigen.

3.) Den Beweis der Echtheit der betreffenden Dokumente wird Dr.Iquisabal in zur Veröffentlichung geeigneter Form erbringen oder ermöglichen.

-2-

Gruner + Jahr AG & Co
Druck- und Verlagshaus
Hamburg

STERN-Vertrag mit dem angeblichen Notar Martin Bormanns:
»Wollen Sie Bormann ausliefern, wenn Sie ihn treffen?«

Seite 2
(des Bormann Vertrages)

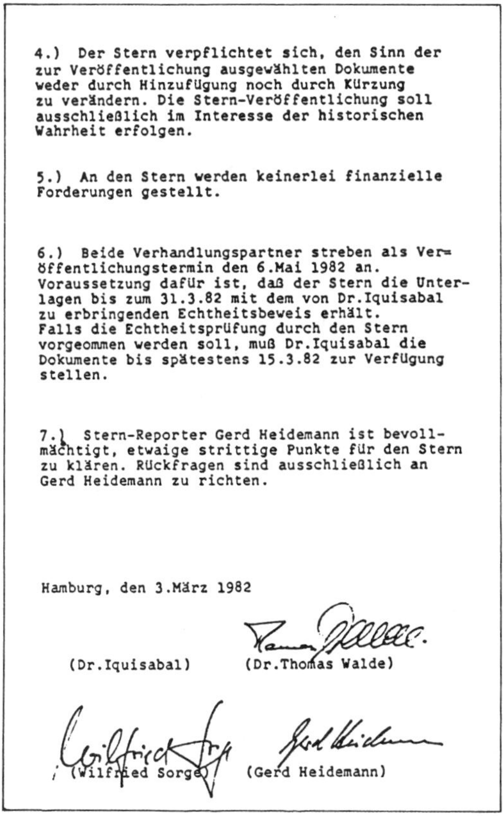

4.) Der Stern verpflichtet sich, den Sinn der zur Veröffentlichung ausgewählten Dokumente weder durch Hinzufügung noch durch Kürzung zu verändern. Die Stern-Veröffentlichung soll ausschließlich im Interesse der historischen Wahrheit erfolgen.

5.) An den Stern werden keinerlei finanzielle Forderungen gestellt.

6.) Beide Verhandlungspartner streben als Veröffentlichungstermin den 6.Mai 1982 an. Voraussetzung dafür ist, daß der Stern die Unterlagen bis zum 31.3.82 mit dem von Dr.Iquisabal zu erbringenden Echtheitsbeweis erhält. Falls die Echtheitsprüfung durch den Stern vorgeommen werden soll, muß Dr.Iquisabal die Dokumente bis spätestens 15.3.82 zur Verfügung stellen.

7.) Stern-Reporter Gerd Heidemann ist bevollmächtigt, etwaige strittige Punkte für den Stern zu klären. Rückfragen sind ausschließlich an Gerd Heidemann zu richten.

Hamburg, den 3.März 1982

(Dr.Iquisabal) (Dr.Thomas Walde)

(Wilfried Sorge) (Gerd Heidemann)

nur er wollte eine Prämie einstecken —, das aber außerhalb von Waldes Kompetenz lag. Es traf sich gut, daß Waldes Kumpel Sorge als stellvertretender Verlagsleiter für derartige Abenteuer leicht zu haben war. Ungezwungen gab Sorge sodann preis, daß der Vertrag mit Klapper »die Zustimmung der Geschäftsleitung« erforderlich mache. Zu der gehöre Sorge.(125) Walde hatte es wieder einmal geschafft, die Chefredaktion zu umgehen. Zwei Tage vor Vertragsunterzeichnung segnete aber auch Gerd Schulte-Hillen diese suspekte Bormann-Vorsorge ab.

Der Chef von Gruner + Jahr war Gastgeber der Tagebuch-Mannschaft. Im Restaurant Cölln, an der Hamburger Außenalster, spendierte er ein fürstliches Mittagessen. Schulte-Hillen wollte sich wieder einmal auf den aktuellen Tagebuch-Stand setzen lassen, wissen, wie es mit der Tagebuch-Aktion vorangehe. Bei dieser hübschen Gelegenheit wurde über den dank Klappers wieder aufgetauchten Martin Bormann gesprochen. »Wollen Sie«, fragte Schulte-Hillen doch wahrhaftig, »Bormann ausliefern, wenn Sie ihn treffen?« Für die Antwort zeigte sich Heidemann zuständig, denn er war schließlich von Walde in diese wichtige STERN-Rolle gedrängt worden. »Warum nicht«, konterte der Reporter, »erst quetschen wir ihn mal aus und dann können wir uns das ja noch überlegen.« Walde grinste und sah seinen Verlagschef ungläubig an. Heidemann alberte: »Bormann rein, Heß raus.« Er spielte auf Rudolf Heß an, der im Spandauer Kriegsverbrecher-Gefängnis seine lebenslange Strafe verbüßte.(126) Warum war Gerd Schulte-Hillen nicht aufgesprungen, Heidemann oder Walde in die Parade gefahren? Die Bormann-Hatz des STERN hätte er doch leicht unterbinden können? Die Erklärung ist denkbar einfach: auch Gerd Schulte-Hillen ließ sich sowohl vom Tagebuch- als auch vom Bormann-Fieber einfangen.

Während sich Schulte-Hillen und Walde anderen Dingen zuwandten (Walde: Er habe »natürlich auch andere Geschichten zu bearbeiten«),(127) geriet Gerd Heidemann immer tiefer hinein in die Affäre, war er jetzt endgültig nicht nur Konrad Kujau alias Fischer ausgeliefert, sondern Klapper führte ihn nun zusätzlich vor. Klapper benötigte wieder Bares, fünfundzwanzigtausend Mark waren ihm von Heidemann bereits überreicht worden. Das Honorar hatte Heidemann von den Tagebuch-Geldern abgezwackt, freilich von jenen, die Schulte-Hillen als Motivations-Prämie auf Heidemanns Konto überwiesen hatte. Klapper hatte bis kurz vor dem Tagebuch-Auffliegen fast zweihunderttausend Mark bekommen. Heidemann zahlte, weil es Klapper geschickt verstand, ihm immer wieder irgendwelche Märchen zu erzählen. Heidemann zahlte, weil auch Walde meinte, über diesen Umweg an Bormann heranzukommen. Er wußte, Heidemann erhielt von Schulte-Hillen die Hunderttausende nachgeworfen. Als Heidemann eines Tages von Klapper erneut die Nase voll, er bereits weit über hunderttausend an Klapper herausgerückt hatte, mischten sich endlich Walde und Sorge ein.

Walde habe »Heidemann mehrfach über die Höhe der Zahlungen stöhnen hören«, gewußt, daß Sorge »einmal mit Klapper telefoniert hat und ihn aufforderte, die Gelder, die Heidemann ihm gegeben hatte, zurückzugeben«, was Sorge bestätigte: »Ich führte ein Gespräch im Beisein von Heidemann, der das Gespräch mitschnitt.« Daraufhin wurde Klapper, wie Sorge sich erinnerte, »sehr kleinlaut«, gab an, »alles in den nächsten Tagen regeln zu wollen«.(128) Gerd Heidemann durfte wieder hoffen und — weitermachen. Die Kollegen Sorge und Walde drückten kräftig die Daumen. Zuvor hatten sie fleißig Trost und Zuversicht gespendet: Mit Klapper werde es schon gutgehen, habe er doch bereits bewiesen, daß er ein zuverlässiger Zuarbeiter sei, das Rätsel um den einstigen SS-Obersturmbannführer Anton Laackmann lösen können. Der kam in Konrad Kujaus Tagebüchern vor.

Am 23. November 1981 überreichte Konrad Kujau Heidemann den Sonderband Heß. Dort dokumentierte Kujaus Hitler, daß sich Hitlers Stellvertreter mit Genehmigung Hitlers nach Großbritannien abgesetzt habe. Kujau wollte für diese Kladde zweihunderttausend Dollar haben, ließ sich aber schließlich umstimmen, statt US-Währung kassierte er Mark. Die vermeintlich historische Sensation war um die Hälfte billiger als ursprünglich befürchtet. Sorge, der das Heß-Dokument entgegennahm, sprach dem Reporter darum erfreut eine Anerkennung aus. Heidemann übertrug das Werk in Maschinenschrift. Einen Namen konnte er nicht entziffern, er las sich wie »Lerckmann« oder »Leretzmann«. Heidemann recherchierte, Walde ebenfalls. Niemand kannte den Unlesbaren. Da kam Heidemann eine Idee: Vielleicht könne Klapper helfen. Einige Wochen später rief Klapper bei Heidemann an.

Er habe inzwischen mit »Martin« gesprochen, der Reichsleiter könne sich an diesen Mann erinnern, vor einem Jahr habe der ihn sogar besucht, freilich hieße der nicht »Laackmann«, sondern »Litzmann«. Später aber händigte Klapper Heidemann plötzlich Original-Personalpapiere eines »Laackmann« aus. Die hatte er,

Angeblicher Martin Bormann und Medardus Klapper *(mit STERN in der Hand): »Der tickt nicht richtig, der will doch tatsächlich mit Martin telefoniert haben.«*

wie sich Jahre später herausstellte, über das West-Berliner US-Document Center erhalten, wo sie gestohlen wurden.[129] Martin bormann war längst kein Einzelfall mehr, Klapper hatte inzwischen eine ganze »Bormann-Gruppe« erfunden.

Im Keller einer Villa bei Madrid habe er, im Auftrag »Martins«, eine Wand aufgestemmt, hinter der Hunderte von Akten verborgen gewesen seien. Klapper habe sie sortiert und für Heidemann dreißig Ordner zusammengestellt. Andere Papiere, die sehr belastend seien, würden nach Denia an der Mittelmeerküste transportiert, wo »Martin« in den Bergen ein altes Haus gekauft habe. Denia? Klapper: »Seit Kriegsende ist das der Treffpunkt aller geflüchteten Nazigrößen. In einem Restaurant wird jedes Jahr Hitlers Geburtstag gefeiert.«[130] Von dieser Neuigkeit wurden sofort Walde und Schulte-Hillen in Kenntnis gesetzt.

Denia, ja, diesen Ort kenne er sehr gut, meinte Schulte-Hillen, er habe bei Denia 1960 ein Grundstück gekauft. Heidemann unterrichtete seine Hitler-Bormann-Schirmherren, daß er urlaubend in Denia mit den Bormann-Ermittlungen beginnen werde. Heidemann: »Um unauffällig recherchieren zu können, schnitt ich mir aus der WELT am SONNTAG ein Inserat aus, in dem ein Haus in Denia angeboten wurde.« So kam es zu dem Grunderwerb.[131]

Jene dreißig Aktenordner, die Klapper für Heidemann zur Seite gelegt haben wollte, seien noch nicht »öffentlichkeitsreif«, denn es handele sich um die »deutschen Atomforschungspläne«, aus denen hervorgehe, »daß die Amerikaner nach dem Einmarsch drei fertige Bomben in Deutschland vorgefunden hätten«: »Eine ist in der Wüste von Nevada zur Explosion gekommen, die beiden anderen über Hiroshima und Nagasaki abgeworfen worden.« Im übrigen dürfe er, Heidemann, die »Akte über die Endlösung der Judenfrage« erwarten, sei »Martin« dem Reporter des STERN sehr, sehr gewogen.[132] Schließlich bot Klapper noch Biblisches an:

Er habe ein schwarzes Buch Hitlers in die Hand bekommen, das genau wie Heidemanns Tagebücher ausgesehen habe. Schnell habe er es an sich gebracht, mit auf die Toilette genommen und darin gelesen. Begonnen habe der unheimliche Text so: »Heute hat mir Himmler die Beweise geliefert, daß die katholische Kirche die Menschheit 2000 Jahre lang belogen und betrogen hat. Jesus ist nicht am Kreuz gestorben.« Als Jesus am Kreuz hing, sei er irrtümlich für tot gehalten worden, in eine Grabkammer gelegt, dort aber herausgeholt und wieder gesund gepflegt worden. Dieser Eintrag stamme aus dem Jahre 1941. Für eine Million würde er dieses umwerfende Dokument herausgeben.[133]

Thomas Walde hörte von dieser Neuigkeit, Wilfried Sorge spitzte die Ohren, Gerd Schulte-Hillen vernahm die Jesus-Kunde. Heidemann möge bitteschön aufklären, ob Klapper sein Honorar wert sei. Er war es nicht, Jesus starb doch am Kreuz.[134]

Bormann lebte, laut Klapper, auch in Zürich. Dort kannte Klapper das Pissoir, das Bormann während seiner Spaziergänge regelmäßig aufsuchen mußte. Die Bank, bei der »Martin« seine unermeßlichen Reichtümer und die Aktenberge deponierte, war ihm gleichfalls ein Begriff. Dort seien nun die NS-Papiere in Safes eingelagert. Dort auch müsse sich Gerd Heidemann diese Dokumente abholen. Walde riet, Heidemann möge sich in Zürich gleichfalls ein Schließfach besorgen: »Laß das Zeugs in der Schweiz. Wir haben hier (in Hamburg) schon genug.« Als STERN-TV in der Züricher Handelsbank die dort in Sicherheit gebrachten Führer-Kladden filmte, orderte Heidemann — Walde wünschte es — einen Safe. Als Referenz gab Heidemann einen Kunden der Handelsbank an: Gruner + Jahr. Der anwesende Wilfried Sorge bekam alles mit, war er doch ebenfalls von der Existenz der Bormann-Materialien überzeugt.(135)

Klapper spendierte Heidemann zwei alte Füllfederhalter, mit denen der Führer alle Briefe und Tagebücher geschrieben haben soll. Dieses nicht unwitzige Präsent zeigte Heidemann Henri Nannen, legte das Schreibgerät auch Gerd Schulte-Hillen auf den Schreibtisch, Walde und Sorge bewunderten die Utensilien. Heidemann schlug einen Gutachter vor, der zu überprüfen habe, ob sich einer der Federhalter durch Hitlers Tagebuch gequält habe.(136) Walde hatte dazu keine Zeit, er vertiefte sich in sein Tagebuch-Manuskript, schließlich wollte er vom Geheimdienst-Kenner zum Historiker avancieren.

Medardus Klapper war zu Höchstform aufgelaufen. Er hatte einen hochdotierten Verlagsmanager an die Wand gespielt, angeblich erfahrene Journalisten auf's Kreuz gelegt und für eine — STERN-interne — Legende herhalten müssen:

Nur wenige in der Redaktion durften erfahren, daß das Ressort Zeitgeschichte Hitlers Tagebücher zubereitete. Geheimniskrämerei wurde, bereits unter der Regie des Schulte-Hillen-Vorgängers Manfred Fischer, beschlossen. Zwar war ein gelegentliches Durchsickern nicht immer zu vermeiden. Aber Thomas Walde kannte einen Ausweg, in solch gefährlichen Situationen sollte mit Martin Bormann von Adolf Hitler abgelenkt werden. Walde vergatterte Heidemann: Wenn er gefragt werde, was er gerade tue, solle er vorgeben, hinter Martin Bormann her zu sein. So konnte es beispielsweise geschehen, daß Heidemann im Fahrstuhl einem Kollegen diese Antwort gab, der zuvor gefragt hatte, ob er sich immer noch mit dem Führer-Sekretär beschäftigte: »Ja, der wartet in der Kantine. Ich esse gleich mit ihm.«(137) Waldes Bormann brach Heidemann trotzdem das Genick.

Herbert Suhr, der trinkfeste Layouter des STERN, bastelte mit vielen Kollegen an der ersten Tagebuch-Folge. Inhaltlich war Bedeutendes nicht vorhanden, deshalb mußte das Schwergewicht auf die Optik gelegt werden. Tagebuch-Finder Gerd Heidemann erklärte Hitler-Photos. Da klingelte das Telephon, die STERN-Sekretärin Hannelore Schustermann war dran und ganz aufgeregt. Heidemann möge bitte sofort seine Frau anrufen. Heidemann wählte seine Privatnummer: »Was willst du?« Der Klapper rufe in einer Tour an, er müsse dringend mit ihm sprechen. Heidemann wählte Klappers Anschluß: »Was ist?« Klapper: »Bormann hat mich angerufen. Der fragt, wieviel Seiten ihr veröffentlichen wollt. Was soll ich Martin sagen?« Heidemann: »Dann sag' deinem Martin, wir machen zwölf Doppelseiten.« In diesem Augenblick kam Suhr auf Heidemann zu: »Mit wem hast du denn da telephoniert?« fragte er nicht mehr ganz nüchtern. Heidemann: »Haste doch eben gehört.« Wenig später, nach dem Testat der Fälschung, rannte Suhr überglücklich in der Redaktion herum, um von Heidemanns »Meise« zu unterrichten: »Der tickt nicht richtig; der will doch tatsächlich mit 'Martin' telefoniert haben.«(138)

Eva Braun *(auf dem Berghof): »Ist sie es nicht, dann ruhe sie in Frieden«*

»DIESER SELBSTERNANNTE PROFESSOR IST AUF DER SUCHE NACH GELD STEIGERUNGSFÄHIG« oder: Werner Maser und Heinrich Hoffmann initiieren Trauerspiele

Er hieß Gerald Paine und kam von ganz weit her gereist. Paine schleppte einen Seesack an, kramte Photos, schriftliche Aufzeichnungen im Original heraus, legte Zeitungsartikel dazu, Fingerabdrücke und eine Haarprobe. Dann gab er Unglaubliches preis: Seine Heimat sei Brasilien, in einem Landstrich an der Grenze zu Paraguay. Dort, mitten im unzugänglichen Urwald, sei er über Jahre mit einer für tot gehaltenen Frau zusammengekommen, die den Untergang des Dritten Reiches überlebt habe — Eva Braun, die Gefährtin Hitlers, sei seine Nachbarin gewesen. Walter Unger, dem STERN-Korrespondenten in New York, der diesen dramatischen Besuch am 15. Juni 1982 erhielt, verschlug es die Sprache: »Ich habe mir alles angesehen, mich aber am Ende konzentriert auf nur wenige Materialien, die uns evtl. die erste und wichtigste Frage beantworten koennten — naemlich: was koennte davon die Existenz Eva Brauns wissenschaftlich belegen?«(139) Unger nahm den Informanten ernst und schickte ihn nicht zurück nach Brasilien, sondern statt dessen sandte Unger in die Hamburger STERN-Zentrale angebliche Überbleibsel der Hitler-Geliebten:

Sieben Handschriftenproben (»Eine in eher deutsch oder europaeischen Handschrift«), Haare »von der angeblichen Eva Braun« (»geborgen nach ihrem Tod«), »ein Foto der angeblichen Tochter« (»Die, das steht ausser Frage, tatsaechlich die leibliche Tochter der 1978 gestorbenen Frau ist«), einen Artikel aus einer brasilianischen Zeitschrift über die Frage, »ob die von den Russen vereinnahmten Gebissteile Eva Brauns identisch sind mit anderen Gebissdokumenten« (»Ergebnis in diesem Artikel: Groesste Zweifel an der Echtheit der russischen«), einen anderen Zeitungsaufsatz, der kurz »nach dem Tod der alten Frau erschien« (»Beschrieben wird darin ihre Lebensgeschichte als Contessa Nora Friz Kirschner von Kirschberg«). Unger sichtlich beeindruckt:

Gerald Paine habe ihm versichert, daß die angebliche Eva Braun nicht nur »auf geheimnisvolle Weise Deutschland verlassen« habe, sondern daß sie »trotz ihres Bemühens, die Kirschberg-Identitaet zu wahren, sich viele Male 'verplappert' hat: sie berichtete dann detaillierte Einzelheiten aus ihrem Leben in Berlin, Muenchen und auf dem Berghof. Dabei beschrieb sie im einzelnen die Räume, die Bewacher sowie Reisen. Alle diese Dinge liessen sich mit Aussagen der Tochter und Aufzeichnungen unseres Informanten rekonstruieren«.(140) Waren das die einzigen Indizien?

Unger: »Die alte Frau hatte auf dem oberen Teil der linken Brust ein Mal, offensichtlich eine Narbe, die sehr wohl von einem Einschuss herrühren koennte. Stimmt es, dass Eva Braun als etwa 23jaehrige mal versucht hat, sich mit einem Schuss ins Herz selber umzubringen?« Und: Dafür, »dass Eva Braun keine Kinder gehabt hat und der Existenz einer angeblichen Eva Braun-Tochter in Brasilien koennte es vielleicht eine Erklaerung geben: Dann naemlich, wenn es stimmt, das Eva Braun fuer laengere Zeit für eine gynaekologische Behandlung unter Verschluss war«. Er, Unger, habe Videoaufnahmen gesehen, »auf denen sie ueber kurze Strecken unverfaelschliches bayerisch spricht. Das Band wurde hergestellt von brasilianischen Reportern, die sie aufforderten, etwas auf deutsch zu sagen.

Das tut sie, indem sie mehr scherzhaft auf bayerisch von sich gibt: der Fuehrer ist verreist, er ist zum Mond gefahren, er hat sich schlafen gelegt«. Wer beim STERN war, zehn Monate vor dem Tagebuch-Skandal, für die gemeinsam mit Adolf Hitler freiwillig in den Tod gegangene Partnerin des Diktators zuständig? Das Ressort Zeitgeschichte, dessen Chef Thomas Walde drei Monate zuvor bereits einen bedenklichen Bormann-Vertrag ins Leben gerufen hatte.

Waldes und damit Heidemanns Interesse für tote NS-Bonzen hatte sich innerhalb des STERN längst herumgesprochen. Und je lebloser die Drahtzieher des braunen Tyrannen waren, desto lebendiger konnte sich der STERN die vorstellen, Unger also davon ausgehen, daß seine Eva-Braun-Nachricht bei Walde und Heidemann gut aufgehoben sein mußte, denn obwohl er wisse, »dass ihr beide von erheblichen Zweifeln geplagt seid«, er über die »ganze Materie nur einen Bruchteil Eures Wissens« verfüge, wäre es aber möglicherweise ein »unverzeihlicher Fehler, das, was wir haben, nicht auf Herz und Nieren pruefen zu lassen«. Sollte das tragische Ableben Eva Brauns aber tatsächlich im Jahr 1945 stattgefunden haben, ja, dann »wissen wir wenigstens: sie ist es nicht, ruhe sie in Frieden«.[141]

Ungers Dokumente erreichten die Zeitgeschichte des STERN per Luftfrachtsendung. Konzentriert las Thomas Walde die dreiseitige Hausmitteilung, dann gab er die Gerd Heidemann weiter: »Was hältst du davon?« Heidemann: »Gar nichts.« Walde: »Willst du das mal überprüfen?« Heidemann: »Da gibt es nichts zu überprüfen.« Warum nicht?

Der Kampfkommandant des Führerbunkers, Wilhelm Mohnke, stand am 30. April 1945 am Eingang der Reichskanzlei, als der Adjutant Hitlers, Otto Günsche, und Hitlers Kammerdiener, Heinz Linge, die Leichen ins Freie trugen, um sie mit Benzin zu übergießen, damit Hitler, der sich mit einer Pistole erschossen hatte und Eva Braun, die Gift genommen hatte, sicherer verbrannten. An diese historische Tatsache erinnerte Heidemann seinen Abteilungsleiter. Und im übrigen, so Heidemann, habe er die »Tagebücher am Hals und muß obendrein noch Martin Bormann suchen«. Walde, der sich ganz fest vorgenommen hatte, Karriere als Historiker zu machen, ignorierte Heidemanns Einwände: Vielleicht sei doch irgend etwas dran an der Geschichte. Dann, erwiderte Heidemann, möge er Leo Pesch den Auftrag geben oder er selbst den »Quatsch um Eva Braun aufklären«. Walde entschied: Jeder Spur müsse nachgegangen werden, auch wenn sie noch so unglaublich erschiene. Unger, der, bevor der STERN ihn in die Staaten geschickt hatte, immerhin Deutschland-Ressortchef gewesen war, von keinem werde seine Seriosität angezweifelt, habe die Fährte schließlich ebenfalls aufgenommen. Heidemann: »Dann mach' das.«[142]

Leo Pesch, der dritte Mann in der Zeitgeschichte, erhielt nun statt Gerd Heidemann von Thomas Walde den Auftrag, herauszufinden, ob die südamerikanische Frau Eva Braun hätte sein können. Pesch wußte eigentlich nicht so recht, wie er das bewerkstelligen sollte. Deshalb ließ er sich von Walde ins Bild setzen: Er möge mit Max Frei-Sulzer in der Schweiz in Verbindung treten, dem ehemaligen Leiter des wissenschaftlichen Dienstes der Stadtpolizei Zürich, der Kujaus Tagebücher auf Grund der Handschrift als diejenigen Hitlers identifiziert hatte. Frei-Sulzer würde über die technischen Voraussetzungen verfügen, dem Mysterium Eva Braun auf die Schliche zu kommen. Wie Heidemann, so auch Pesch: Er tat, was ihm aufgetragen wurde. Frei-Sulzer aber schien an dem Sammelsurium zugrunde gegangen zu sein.

Angekohlte Papierfetzen waren ihm ebenso zugesandt worden wie Haare. Inwieweit Frei-Sulzer Vergleichsmuster vorliegen hatte, läßt sich nicht mehr herausfinden, seine Antwort indes sprach Bände, denn möglicherweise war auch dem Ressort Zeitgeschichte inzwischen klargeworden, daß Obduktionen gar nicht machbar waren. Frei-Sulzer schickte dem STERN die Eva-Braun-Zeugnisse zurück: »Ich bin nicht glücklich darüber, dass keine weiteren Analysen mehr gewünscht werden, da ich lieber mit ausreichendem Material arbeite.« Für seine Mühe legte er eine Rechnung bei und »freue mich auf eine allfällige weitere Zusammenarbeit«.(143) Schließlich waren noch die Tagebücher da.

Hätte sich Gerd Heidemann weisungsgemäß auch noch der Eva Braun angenommen, wären ihm nicht nur die Tagebücher und Bormann zur Last gelegt worden, sondern er hätte sich womöglich einem psychiatrischen Gutachten unterziehen müssen. Wäre es tatsächlich dazu gekommen, Thomas Walde hätte höchstwahrscheinlich die Erklärung zurückgehalten, daß er es gewesen war, der Heidemann die Anweisung zu den Eva-Braun-Recherchen gegeben hatte. Als das Tagebuch-Desaster feststand, setzten sich aber noch andere Zeitgenossen von Gerd Heidemann ab. Heinrich Hoffmann beispielsweise, der vierzehn lange Jahre dem STERN im Photoarchiv gedient hatte und den angeblich Jochen von Lang beim STERN untergebracht haben soll. Heinrich Hoffmann war der Sohn des gleichnamigen Hitler-Leibphotographen und hatte, ab 1938, auch selbst Hitler-Photos schießen dürfen. Er gehörte zu jenen, die von der Existenz der Tagebücher als erste hörten, und zwar bereits am 22. März 1981, die ersten Kladden lagen seit wenigen Wochen vor.

Heidemann wollte mit Hilfe Hoffmanns den Inhalt der Tagebücher überprüfen lassen, zumindest soweit dies möglich erschien. Hoffmann besuchte den Reporter in dessen Wohnung in der Elbchaussee. Heidemann las Hoffmann vor, Hoffmann studierte selbst die Texte, entzückt über eine Stelle, die seine Eltern betraf. »Sie kümmern sich immer sehr um E. (Eva Braun), wie eine eigene Tochter«, nuschelte Hoffmann. Hingerissen kommentierte er: »Na ja, Kunststück. Geplärrt hat sie immer, wenn ich ihr ä Watschen gegeben hab.«(144) Bei Hoffmann brach rührselige Erinnerung durch, er wurde sentimental, als die Gedanken an alte Zeiten ihn geradezu übermannten: »Weißt, das möcht' ich noch erleben, diese G'schicht..., weltweit wird's eine Aufregung geben.« Die Veröffentlichung der Tagebücher, für Heinrich Hoffmann war dies längst beschlossene Sache, denn »soweit ich es betrachte, wird das mit eine der größten Sensationen«.(145) In den Tagebüchern ging Heinrich Hoffmann auf, für ihn war »jedes Jahr wichtig«, das sein Führer der Nachwelt hinterlassen hatte. Selbst die Banalitäten der Texte schreckten ihn nicht ab. Im Gegenteil: Sie waren gerade der Nachweis der Echtheit, denn Hitler »schreibt immer so blöd' die Tatsache rein, das weiß man ja«. Und die Siegel, die auf den Tagebuch-Kladden in unterschiedlichster Weise von der Hitler-Authentizität künden sollten? Auch dieser Umstand machte Hoffmann nicht mißtrauisch, sondern: »Da wurden wir immer vornehmer.«(146)

Mit achtundsechzig Jahren stand Heinrich Hoffmann als wichtiger Zeuge im Tagebuch-Prozeß vor dem Hamburger Landgericht. Der Angeklagte Gerd Heidemann hoffte darauf, daß nun endlich einmal eine Aussage gemacht werden würde, die ihn entlastete. Doch da hatte er sich geirrt, vielmehr mußte er eine weitere Umkehrung der Geschehnisse hinnehmen.

Ob er, Heinrich Hoffmann, denn in die Tagebücher hineingeschaut habe, wollte der Vorsitzende der 11. Großen Strafkammer, Hans-Ulrich Schroeder, erfahren. Nur oberflächlich, verteidigte Hoffmann seine einflußreiche Tagebuch-Rolle, Heidemann habe ihm laufend daraus vorgelesen, er Heidemann »gleich gesagt, daß das nicht Originale sein« könnten, allein »die primitive Kordel und das billige

Heinrich Hoffmann *(staunend beim Tagebuch-Lesen): »Der muß einen literarischen Tag gehabt haben«*

Siegel wie von dem Koppelschloß eines Arbeitsdienstkoppels« habe ihn sofort Verdacht schöpfen lassen, laut und deutlich habe er Heidemann mit dieser Tatsache konfrontiert.(147)

Niemals habe Adolf Hitler so wie in den Tagebüchern geschrieben (»Da muß er einen literarischen Tag gehabt haben«), zweimal sei er (Hoffmann) bei Heidemann privat gewesen, zweimal habe er ihn gewarnt. Hoffmann: »Meine Skepsis war ihm bekannt.« Nach dem Tagebuch-»Reinfall« habe er dann angeblich für Rolf Gillhausen »alle Bücher lesen müssen und sofort festgestellt, daß das niemals von Hitler war«.(148) Dem SPIEGEL-Prozeßbeobachter Günther F. Koch kam das alles nicht geheuer vor: »Der Zeuge ist verwirrt, tut nicht so, er ist es.« Da habe Hoffmann »ständig Namen verwechselt«, sei er »ein alter, bayerischer, großer Klotz mit vollem grauen Krauskopf« gewesen, »etwas stumpf«.(149) Selbst Heidemanns Verteidiger verzichtete auf Hoffmanns Vernehmung, »wegen des offenbar verwirrten Zustandes«, wie Koch lakonisch notierte.(150)

Stundenlang hatte sich Heinrich Hoffmann erinnerungsselig in Heidemanns Wohnung in die Kladden versenkt. Nicht ein einziges Mal trat er als Kladden-Kritiker in Erscheinung. Weder bei Heidemann noch bei Leo Pesch und schon gar nicht bei Thomas Walde. Im Gegenteil. Er reiste sogar mit Gerd Heidemann nach Genf. Dort besuchte Hoffmann einen alten Kumpel, den Francois Genoud, der Urheberrechte an Hitlers Aufzeichnungen für sich reklamierte. Die Klärung dieser juristischen Frage war dem vielseitigen Heidemann von Verlag und Redaktion zusätzlich aufgehalst worden. Der Sohn des prominenten Hitler-Mitläufers Hoffmann hatte, auch wenn er noch so konfus gewesen war, an vorderster Front das Tagebuch-Drama redaktionell mitgestaltet.

Heinrich Hoffmann junior trat das Photoerbe seines Vaters an. Wie kein anderer kannte er die Akteure des Dritten Reiches, war er in der Lage, Personen zu identifizieren, Zeiträume zu bestimmen. Der STERN machte ihn auch darum zum führenden Mitarbeiter des Photoarchivs, weil er die seltensten NS-Bilder retten konnte. So etwas paßte zum STERN. Diesem Fachmann wurde nunmehr von Thomas Walde die Bildbetreuung der Tagebücher übertragen, eine Aufgabe wie auf ihn zugeschnitten.(151) Doch bevor die Tagebuch-Serie begann, wurde Hoffmann krank, in Bad Wiessee kurte er in einem Sanatorium. Trotzdem lieferte er den einzigen photographischen Tagebuch-Beweis, schließlich hatte er danach sein Archiv durchforstet: einen Zimmerausschnitt aus Hitlers Führerhauptquartier Felsennest in der Eifel, sechzig Kilometer von Bonn entfernt. Auf diesem Dokument sollen mehrere der Tagebücher Adolf Hitlers zu erkennen gewesen sein — behauptete der STERN, nachdem Hoffmann ihm dies problemlos eingeredet hatte.

Dieses beweiskräftige Photo lieferte Hoffmann am 13. Oktober 1982 im Ressort Zeitgeschichte ab. Auf dem oberen Bildrand grüßte er seinen »lieben Gerd« und verkündete stolz: »Ich habe die Bilder in Hitlers Schlafzimmer im (Führerhauptquartier) gefunden.« Links, neben Hitlers Schlafcouch, stand eine Art Kommode, auf der einige Kladden-verdächtige Bücher lagen. Hoffmann, längst zum Tagebuch-überzeugten Hitler-Kenner herangewachsen, zeichnete mit einem Filzschreiber einen Pfeil auf das Photo — der beurkundete fortan die Existenz des Hitlerschen Nachlasses und zugleich Hoffmanns festen Glauben an die Tagebücher.(152) Diese optische Beglaubigung kam dem STERN wie gerufen.

Während Hoffmann die Tagebücher auf der rechten Kommodenseite ausmachte, wollten die aufmerksameren STERN-Machen sie dagegen auf der linken entdeckt haben. Hoffmann müsse sich geirrt haben, denn Hoffmanns Kladden seien viel zu dick, die von Heidemann beschafften daneben dünner und somit glaub-

Photographischer Tagebuch-Nachweis (geliefert von Heinrich Hoffmann): »Ich habe sie gefunden«

Oben: **Tagebuch-Pfeil des STERN**
unten: **Tagebuch-Pfeil Hoffmanns**
(mit seiner Handschrift)

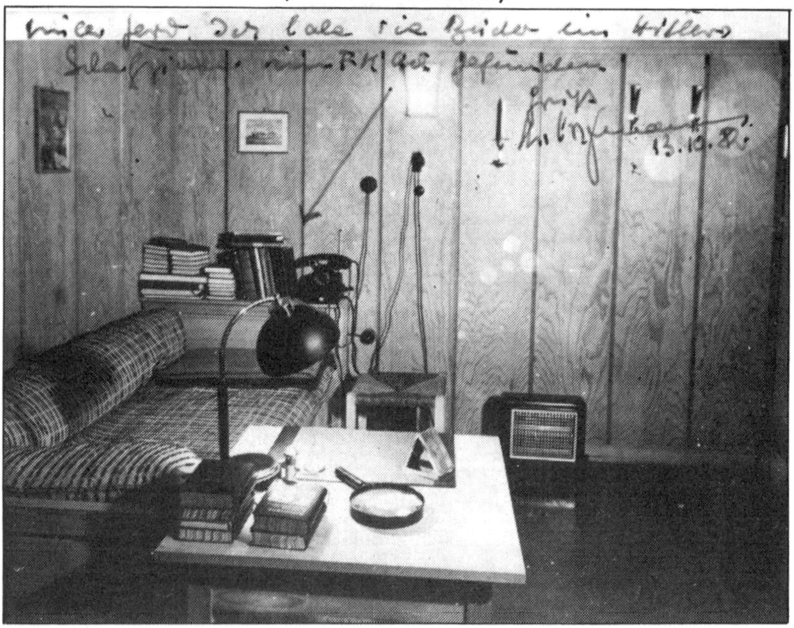

würdiger. Der STERN ignorierte Hoffmanns Pfeil, kopierte — in weiß — seinen eigenen ins Bild ein, mit einem erläuternden Text auf der linken Seite: Hitlers »Tagebuch war immer dabei«, denn Adolf Hitler, dichtete die STERN-Redaktion allwissend hinzu, habe »fast in jeder Nacht ... an seinem geheimen Tagebuch« geschrieben. Mit dieser Mär, die Tagebücher im Reisegepäck Hitlers, ließ sich scheinbar schlüssig untermauern, warum nur ein einziges Photo aufgetaucht war.(153) Trotzdem fielen die Tagebücher in den Brunnen und Hoffmann mußte sich nun offiziell von Heidemann distanzieren, ihm aber gleichzeitig die Stange halten.

Drei Wochen nach der Falsifikat-Überraschung telephonierte Rolf Gillhausen mit Heinrich Hoffmann. Der Noch-STERN-Chefredakteur stellte Fragen zu Gerd Heidemann. Hoffmann antwortete: Die Buchstaben »AH« habe er, in Gegenwart Heidemanns, »als zu kitschig für Hitlers Geschmack« bezeichnet, zwar »freute« er sich über diesen Fund, aber — natürlich — »äusserte ich Gerd gegenüber auch meine Zweifel an der Echtheit«.(154) Und Heidemann? Was bekam er — zur selben Zeit — von Hoffmann zu hören?

Der Reporter saß in Untersuchungshaft, und Hoffmann tröstete und hoffte, »Du verlierst nicht die Nerven«, könne sich gut in die Lage Heidemanns versetzen — »sass ich doch selbst mehrmals, damals bei den Besatzungsmächten, in Einzelhaft«.(155) Einen Tag zuvor hatte er Heidemanns Frau Gina in der Elbchaussee besucht und sie ordentlich beruhigt, von seinem Doppelspiel mit dem STERN nichts gesagt, gleichfalls bewußt verschwiegen, daß er während der Verhandlung durch die Kripo aber lautstark seine Meinung über Heidemann geäußert hatte. Die bösen Intrigen schienen Hoffmann aus geschäftlichen Gründen bitter notwendig, denn er hatte in der Zwischenzeit Gerd Heidemann sein Photoarchiv abgetreten, wollte aber keinesfalls auf eine zukünftige Mitarbeit verzichten.

Die Idee zur Gründung eines »Zeitgeschichtlichen Archivs« wurde zwischen Hoffmann, Heidemann und Michael Hepp, dem freiberuflichen Tagebuch-Zuarbeiter des STERN, geboren. Hepp unterbreitete Vorschläge, Hoffmanns Münchner Anwälte formulierten den Übernahmevertrag, Heidemann unterschrieb und zahlte fünfundzwanzigtausend Mark. Fortan gehörten Gerd Heidemann unzählige NS-Photos sowie eine Einzelfirma, auf deren Namen er bei der Deutschen Bank in Hamburg-Pöseldorf schleunigst ein Konto einrichtete. Prompt flossen die ersten Honorare — der erste Kunde, Heidemanns Arbeitgeber Gruner + Jahr, zahlte ohne Mehrwertsteuer: fünfhundertfünfzig Mark im Januar 1983, fast viertausend bereits im Februar. Buchverlage und Wochenzeitungen, zum Beispiel die ZEIT, bescherten dem neuen Hoffmann-Archiv-Besitzer auf Anhieb schöne Nebenverdienste.(156) Von diesen überraschend hohen Einnahmen, spekulierte Hoffmann, könne er womöglich auch nachträglich noch partizipieren, von Heidemann Geld verlangen, wenn statt Heidemann er weitermache. Während Hoffmann also bei Heidemann den Kameradschaftlichen mimte, packte er bei der Kripo aus.

Die Tagebücher, nein, die habe er überhaupt nicht gelesen, »mich hat nur das Schriftbild interessiert, an den Text kann ich mich nicht erinnern«. Er habe sich quasi aufdrängen müssen, die Eintragungen in den Tagebüchern zu überprüfen, »über die Familie Hoffmann, die Familie Eva Braun«.(157) Über die Echtheit der Kladden sei ebenfalls gesprochen worden. Hoffmann: »Sollte Herr Heidemann an den Fälschungen persönlich beteiligt sein und zum Zeitpunkt meines Besuches bereits von den Fälschungen gewußt haben«, ja, dann sei ihm, Hoffmann, nunmehr endlich klar, warum Heidemann vor allem seine »Meinung über die Echtheit bestimmt« sehr interessiert habe.(158)

Als Gerd Heidemann vorübergehend aus der Untersuchungshaft entlassen wurde, adressierte Hoffmann an den inzwischen gekündigten Reporter überstürzt einen Brief aus München, daß es sich auch in Bayern herumgesprochen habe, »daß du nun wieder unter den Menschen bist«. Nur andeutungsweise ließ Hoffmann die Katze aus dem Sack, denn die Zukunft seiner an Heidemann verkauften Photos stand auf dem Spiel, die bereits auf dem Konto liegenden Honorare zogen ihn magisch an: »Ich kann mir denken, daß du noch andere Dinge im Kopf hast und werde abwarten, bis du mich mal anrufst.«(159) Das aber tat Heidemann nicht. Die Quittung dafür erhielt er ein Jahr später. BILD meldete einen Hoffmann-Spruch, den er angeblich bereits vor der Tagebuch-Veröffentlichung Heidemann gegenüber getan haben will: Heidemann, »gib das Tagebuch zurück, das ist eine heiße Sache«.(160)

Heinrich Hoffmann präsentierte sich als Falschspieler. Zu Heidemann hielt er, weil er sich materiell etwas davon versprach, auch ohne Zuhilfenahme eines Rechenschiebers standen seine finanziellen Chancen vorübergehend gar nicht schlecht. Der Konjunkturritter freilich kam nicht zum Zuge. Heidemann kriegte die Kurve, Hoffmann keinen weiteren Pfennig.

Der Sohn des Leibphotographen war keineswegs der einzige, der sich derart kaltschnäuzig von Heidemann absetzte. Noch ein anderer Scharlatan machte sich auf, Gerd Heidemann das Fürchten zu lehren: ein Historiker namens Werner Viktor Maser. Ihm ging es, wie Hoffmann, gleichfalls ums Geld.

In der Branche verkehrte der Professor stets mit dem Hinweis, er allein sei der Nachlaßverwalter der Hitler-Erben. Diese Botschaft drang zum STERN, der zu prüfen hatte, ob Maser die Wahrheit sagte. Während Walde die Gutachterfrage abklären mußte, sah die Arbeitsteilung für Heidemann vor, die Urheberrechtsseite offenzulegen, denn auch der dubiose Francois Genoud in Genf, dem bereits die einträgliche Vermarktung der Goebbels-Tagebücher gelungen war, machte Führer-Copyright geltend.(161) Wer denn nun wirklich von wem welche Hitler-Lizenzen erhalten habe, erkundigte sich Heidemann bei Maser, den er im Sommer 1981 deshalb ein erstes Mal aufsuchte. Maser gab Auskunft: Die Hitler-Erben hätten sich in zwei Parteien gespalten. Die eine bestand aus dem Cousin Hitlers, Anton Schmidt, bei der anderen Partei handele es sich um Hitlers Stiefschwester Angela Hitler, verwitwete Raubal. Er, Maser, habe nun Verträge mit Anton Schmidt geschlossen, die Papiere lägen bei dem Stuttgarter Advokaten Ferdinand Sieger, dem Spezialisten für rechtlich-komplizierte Unternehmen dieser Art.(163) Doch der bereits im Dritten Reich als Anwalt tätige Sieger verfügte über solche Unterlagen nicht. Maser hatte Heidemann schlicht angelogen. Das konnte der Reporter aber zu diesem Zeitpunkt noch nicht wissen.

Den Weg Heidemanns zu Maser ebnete ein Maser-Schüler, der Münchner Michael Hepp, den der STERN während der Tagebuch-Recherchen vorübergehend beschäftigte. Heidemann war bereit, von Maser für Gruner + Jahr die Hitler-Rechte zu erwerben, allerdings unter der Voraussetzung, daß dieser auch tatsächlich über sie verfügte. Maser verbreitete zwar die Mär, die Unterschriften seien in einem Safe bei Sieger deponiert, legte aber keinen Nachweis vor. Den werde er noch nachreichen, versprach der in Geldnöten steckende Historiker. Zuerst müsse Bares fließen. Der gutgläubige Heidemann vertraute Maser und rückte, am 18. Juni 1981, in Speyer, dem Wohnsitz Masers, zwanzigtausend Mark heraus. Dieser Betrag schien aber zu niedrig. Am nächsten Tag erhielt Maser nochmals fünftausend Mark zusätzlich, dafür stünde Heidemann augenblicklich »das Eigentumsrecht an allen Werken und Schriften Adolf Hitlers, die Herr Heidemann bereits erworben hat oder zukünftig erwirbt«, zur Verfügung.(164) Und die Hitler-Verträge, die Maser bei Sieger hinterlegt haben wollte? Die gab es nicht zu sehen, da sie gar nicht existierten. Statt dessen präsentierte Maser Improvisiertes, das zudem noch ein auffälliges Datum trug: den 3. Juli 1981. Erst zwei Wochen nach Heidemanns Geldübernahme kam der sogenannte Hitler-Vertrag zustande. Maser mutete Heidemann eine — bis heute unübertroffene — Schmierenkomödie zu.

Auf einem DIN-A4-Blatt bestätigte Anton Schmidt »mehrfache ... mündliche Verabredungen«, daß der »Hitler-Forscher und Hitler-Biograph Dr. Werner Maser ... bevollmächtigt ist, die Wahrung meiner Rechte und der Rechte meiner Familie in Zusammenhang mit meinem Cousin Adolf Hitler ... zu überwachen«.(165) Warum vermied es Maser, Ferdinand Sieger aufzufordern, die Hitler-Dokumente einfach zu Heidemann zu schicken? Natürlich weil es sie gar nicht gab.

Jahrelang hatte Maser behauptet, das Erbe Hitlers zu verwalten. Je öfter er damit an die Öffentlichkeit ging, umso mehr nahmen es ihm ab. Diese Strategie, kunstfertig und sehr erfolgreich bereits von Francois Genoud bei Goebbels praktiziert, hatte nur einen Haken: Von den fehlenden Beglaubigungen konnte Maser bislang durch großen Wind ablenken, nun aber geriet er in eine Erbschaftskrise — Heidemann, der Vertreter des STERN, verlangte eisern nach einer Legitimation. Konnte Maser ihm diese jetzt noch länger vorenthalten? Das Spiel schien Maser nicht ungefährlich, denn endlich war es ihm gelungen, Kontakt zum STERN zu finden. Statt Hitler-Bündnispapiere lieferte er aber nur eine Quittung ab.

Der Professor tippte in Speyer den Text in die Schreibmaschine und schickte ihn, mit einem Begleitschreiben, ins österreichische Spittal zu Anton Schmidt zum Unterzeichnen. Für diese Gefälligkeit werde er, Maser, den in ärmlichen Verhältnissen lebenden Anton Schmidt reichlich entlohnen. Nach der Verbüßung seiner Haft aber erfuhr Gerd Heidemann, wie es sich tatsächlich zugetragen hatte. Er war nach Spittal zu Anton Schmidt gereist, der im April 1983 verstorben war. Seine Witwe enthüllte: Ihr Mann habe nur darum unterzeichnet, weil Maser versprochen habe, den Hitler-Verwandten in Zukunft an allen Maser-Werken prozentual zu beteiligen. Das erste Geld, Schilling-Noten, verpackte er in ein Kuvert, das habe Maser aber erst im Dezember 1981 per Post übersandt — etwa ein halbes Jahr nach der Unterschrift von Anton Schmidt. Die finanziellen Leistungen Masers sprachen Bände: einmal siebentausend, einmal zehntausend Schilling. Maser hatte Heidemann vorgegaukelt, die gesamten fünfundzwanzigtausend Mark an das Ehepaar Schmidt weitergeleitet zu haben.(166)

Werner Maser, der in den frühen fünfziger Jahren vorübergehend an der Ost-Berliner Humboldt-Universität tätig war, kam die Bekanntschaft mit Gerd Heidemann gerade recht. Mit dem Reporter, so rechnete er sich kühl aus, ließe sich doch etwas anfangen, denn der selbsternannte Hitler-Forscher war kein reicher Mann, wenngleich er sich äußerlich den Anschein gab. Ihm fehlte ein Mäzen. In diese Rolle sollte nun Gerd Heidemannn schlüpfen — Maser träumte ernsthaft von einer Hitler-Kultstätte, deren oberster Verwalter er werden wollte.

Im österreichischen Leonding stünde nach wie vor unversehrt das Haus, in dem Adolf Hitler einen Teil seiner Jugend verbracht hatte. Dieses Gebäude habe sich zu einem Wallfahrtsort NS-Interessierter entpuppt, vor allem japanische Touristen würden durch diesen Komplex magisch angezogen. Maser: Hier könne eine finanziell einträchtige Gedenkstätte entstehen, hier der Führer samt seinen Taten spektakuläre Auferstehung feiern, Mitglieder der Hitler-Sippe als Köder auftreten. Heidemann lehnte zwar nicht ab, aber zuvor wollte er die Verwandtschaft Hitlers kennenlernen. Das sei ein leichtes, antwortete der Professor. Wenn er, Heide-

***Werner Maser** (mit Gerd Heidemann am Grab der Eltern Hitlers): »Hitler war ein Genie«*

mann, die Reise zahle, würde er, Maser, ihn zum Hitler-Geschlecht führen. Dann reisten sie los:

Erste Station war Braunau am Inn, dann der Obersalzberg. Aber weder in Leonding, auch nicht in Braunau, schon gar nicht auf dem Obersalzberg gelang es Maser, Heidemann die übriggebliebenen Hitler-Angehörigen vorzustellen. Außer einem schönen Ausflug durch das bayerisch-österreichische Hitler-Land kam aus dieser Unternehmung nichts heraus. Das Hitler-Museum-Projekt platzte ohnehin, denn der Stadtdirektor hielt nichts von diesem Plan. Er hatte höflich, aber entschieden, abgelehnt, da das Haus, das der Gemeinde gehörte, längst anderen Zwecken diente — als Sarglager.(168) Als Ersatz versuchte Maser nun, Heidemann Hitlers Geburtsort Braunau anzubieten. Diesmal fiel der Reporter auf den Historiker nicht herein. Mit Maser, so weiß Heidemann heute, hätte er sich niemals einlassen dürfen.

Der Historiker entdeckte in Frankreich einen vermeintlichen unehelichen Sohn Hitlers, den dieser während des Ersten Weltkrieges gezeugt haben soll, woraufhin der STERN — noch zurückhaltend — gemeldet hatte, Maser setze seinen guten Ruf aufs Spiel.(169) Sogar Anne Frank ließ Maser wieder auferstehen. Sie sollte in Zürich leben, wo auch Martin Bormann, laut Medardus Klapper, wirken sollte. Die Schweiz — ein Eldorado, diesmal nicht für Steuerflüchtige!

Maser war jedes Mittel recht, sich in der Öffentlichkeit aufzuspielen. Er schreckte selbst vor einem Interview mit der rechten NATIONAL-ZEITUNG nicht zurück, das der Hitler-Verehrer Gerhard Frey ermöglicht hatte, der — über die ganze Seitenbreite — mit einem schauerlichen Maser-Zitat die Öffentlichkeit erschreckte: »Hitler war ein Genie.« Und im Innenteil seines Blattes ließ Gerhard Frey erleichtert in die Spalten setzen, daß nunmehr endlich das Hitler-»Lügengebäude zusammengebrochen« sei, dank Werner Masers, denn dieser Mann habe »sensationelle Erkenntnisse« gewonnen.(170) Sogar mit Joachim Fest, dem Autor einer Hitler-Biographie und heutigen F.A.Z.-Mitherausgeber, legte sich Maser an. Er warf Fest »Quellenverschleierung« vor, Fest habe »vornehmlich aus anderen Büchern sein eigenes dickes Buch zusammengeschrieben«, selbstverständlich in erster Linie aus Masers.(171) Was trieb Maser dazu, gegen Fest anzutreten? Blanker Neid. Denn Joachim Fest schaffte, was Maser nicht zustande gebracht hatte: mehr Seiten über den Führer zu produzieren. Während Fest das Leben Hitlers in einem einzigen Buch abhandelte, versuchte Maser mit mehreren Titeln Licht in das Dunkel um Adolf Hitler zu bringen. Noch anderes muß Maser getroffen haben: der Medienrummel um den Fest-Hitler. Wenn er, Maser, ein weiteres Hitler-Werk vorlegte, war die Resonanz zurückhaltender.

Der Professor für Geschichte und Völkerrecht wurde nicht besonders ernstgenommen, für Maser ein mißlicher Umstand. In der Öffentlichkeit fiel er immer nur dann auf, wenn er die Konfrontation suchte: je beleidigender, desto wirkungsvoller. Bei Fest hatte er seine Feuerprobe bestanden, während der Tagebuch-Auseinandersetzungen aber geriet er förmlich in eine Ekstase von Krawall und Polemik, denn die Illustrierte hatte den unverzeihlichen Fehler begangen, Werner Viktor Maser als Hitler-Sachverständigen zu übersehen, die Redaktion maßte sich an, von ihm keinerlei Notiz zu nehmen, sie ließ ihn links liegen, Henri Nannen zeigte ihm die kalte Schulter. Maser fühlte sich durch den STERN brüskiert, die Tagebücher von Adolf Hitler wurden ohne honorarpflichtiges Gutachten Masers der Öffentlichkeit präsentiert. Dabei verfügte Maser doch über einen Vertrauten: über den Reporter Gerd Heidemann, dem der in Ostpreußen Geborene obendrein noch vergeblich ein Pferd für fünfzigtausend Mark aufschwatzen wollte.(172)

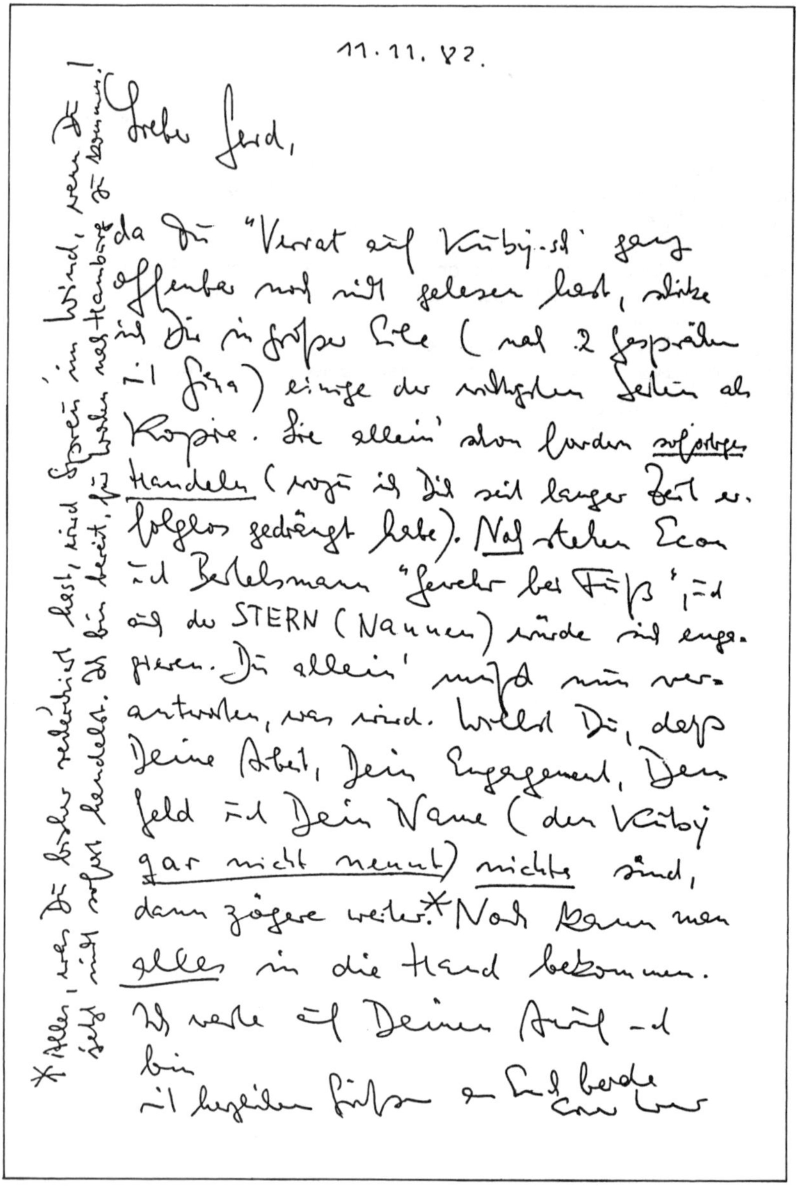

11.11.82.

Lieber Gerd,

da Du "Verrat auf Kübyj-sch" ganz offenbar noch nicht gelesen hast, schicke ich Dir in großer Eile (nach 2 Gesprächen mit Gina) einige der wichtigsten Seiten als Kopie. Sie allein schon fordern sofortiges Handeln (wozu ich Dich seit langer Zeit erfolglos gedrängt habe). Noch stehen Econ und Bertelsmann "Gewehr bei Fuß", und auch der STERN (Nannen) würde sich engagieren. Du allein mußt nun verantworten, was wird. Willst Du, daß Deine Arbeit, Dein Engagement, Dein Geld und Dein Name (den Kübyj gar nicht nennt) nichts sind, dann zögere weiter.* Noch kann man alles in die Hand bekommen.

Ich warte auf Deinen Anruf und bin mit herzlichen Grüßen an Euch beide
Dein Werner

* Alles, was Du bisher verdient hast, wird 'Spreu' im Wind, wenn Du jetzt nicht sofort handelst. Ich bin bereit, für weiteres nach Hamburg zu Besprechungen!

Intrigen-Brief Masers *(an Gerd Heidemann): »Lieber für 150.000 mit dem STERN als für 200.000 Mark mit der BUNTEN«*

Nein, um Masers Reputation stand es ausgesprochen schlecht, obwohl er bei Heidemannn fleißig geackert hatte, STERN-fähig zu werden. Mit allen Mitteln versuchte Maser, sich einzuschleichen. Selbst auf Kosten Erich Kubys.

Maser hatte gehört, daß Gerd Heidemann nicht ohne Erfolg bisher unbekanntes Mussolini-Material für Kuby zusammengestellt hatte. Da er seinem Kollegen nicht viel zutraute, wollte er nun — mit Hilfe von Heidemann — ein eigenes Buch über die letzten Monate des Duce schreiben. Dieses Projekt war allerdings ohne Heidemann unmöglich, deshalb versuchte Maser immer wieder, den Reporter zu überzeugen, mit ihm zusammen den Stoff ein weiteres Mal umzusetzen. Maser zog alle Intrigen-Register, disqualifizierte das Hickhack um Mussolini als »Verrat auf Kubyisch«. Maser zu Heidemann: »Willst Du, daß Deine Arbeit, Dein Engagement, Dein Geld und Dein Name (den Kuby nicht nennt) nichts sind?« Noch könne »man alles in die Hand bekommen«, inszenierte Maser, deshalb: »Ich warte auf Deinen Anruf.«(173)

Gerd Heidemann rührte sich nicht, Verlag und Redaktion hatten ihn längst zur abenteuerlichen Tagebuch- und Bormann-Eile geprügelt. In diesen aufregenden Zeiten spielte Werner Maser keine große Rolle mehr. Von dem Professor hörte Heidemann erst wieder, als dieser ihn bei Henri Nannen anschwärzte. Maser hatte einen tollen Anlaß: Aquarelle von Führers Hand, von denen Heidemann erzählt hatte, daß sich einige Exemplare auch in seinem Besitz befänden. Auf diese Bilder — wie sich später herausstellte, waren die meisten von Konrad Kujau gefälscht worden — fiel einige Wochen vor der Tagebuch-Veröffentlichung der SPIEGEL herein, der mit »Hitler als Aktmaler« überraschte, sich auf ein soeben erschienenes Buch mit dem Titel »Adolf Hitler als Maler und Zeichner« bezog.(173a) Die Hitler-Kunst im SPIEGEL stieß in der Fachwelt zwangsläufig auf ungläubiges Erstaunen. Jetzt schlug die Stunde Masers, Heidemann stellte ihn deshalb zur Rede:

Heidemann: »Was habe ich dir eigentlich getan, daß du mich so schlecht machst?«

Maser: »Ich weiß nicht, ich weiß nicht, was du mir getan hast.«

Heidemann: »Du hast mich bei Walde und Nannen angeschwärzt.«

Maser: »Nicht so, wie du denkst.«

Heidemann: »Du hattest mir doch nie gesagt, daß (die Bilder) Fälschungen sein sollen, wenn ich dir etwas davon erzählt habe.«

Maser: »Nein, nein.«

Heidemann: »Du mußt dir die doch erst einmal angucken, bevor du sagen kannst, daß es Fälschungen sind.«

Maser: »Ja, Gerd. Paß auf, ich möchte mal eines, erst mal, ich hab' jetzt gerade Besuch. Und, äh, die Sache ist auch nicht so wild, wie, wie der Nannen die offenbar gemacht hat. Der ist, der ist ganz anders gekommen. Der wollte was ganz anderes. Und, äh, darüber reden wir am besten, wenn wir uns gegenübersitzen.«

Heidemann: »Ich bin enttäuscht von dir.«

Das Telephongespräch, geführt am 21. April 1983, vier Tage vor Beginn der Tagebuch-Publizierung des STERN, war für Maser unerfreulich. Er mußte seine Intrige abschwächen, Heidemann beruhigen, denn verderben wollte er es sich mit dem einflußreichen STERN-Mann nicht. Wie war der Maser-bedrückte Reporter umzustimmen? Maser fiel Plumpes ein. Er wollte Görings Dampfer, die »Carin II«, für Heidemann verkaufen.

Maser: »Was würde (der) kosten?«

Heidemann: »Ich muß Werftrechnungen einmal zusammenzählen.«

Maser: »Was schätzt du ungefähr? Weil ich also ein konkretes Angebot hab'. Nicht ich, sondern (ein Rechtsanwalt) Graf Lambsdorff hat das.«

Heidemann: »Das müssen wir in Ruhe besprechen.«

Dieses Ablenkungsmanöver schien zu wirken. Maser glaubte, es wieder einmal geschafft zu haben. Nun setzte er an, dem ränkeschmiedenden Henri Nannen die Schuld an Masers Heidemann-Hinterhalt in die Schuhe zu schieben.

Maser: »Um zunächst einmal ein Mißverständnis auszuräumen. Ich habe (zu Nannen) gesagt: 'In Potsdam ist eine Fälscherwerkstatt. Von daher werden viele (Bilder) über München in die Bundesrepublik verkauft'.«

Heidemann: »Ja?«

Maser: »Daß du (die Bilder) hast oder haben kannst — ich hab' sie ja noch nie gesehen.«

Heidemann: »Das klang so, als seist du mein größter Feind. Der nur schlecht über mich redet.«

Maser: »Der Nannen, der spielt ja einen gegen den anderen aus. Das hat er glänzend jetzt wieder versucht ... und der (Nannen) bringt offenbar Dinge so zusammen, wie er sie haben will.«(174)

Werner Maser manövrierte sich in eine peinliche Situation hinein. Über Heidemann, so dünkte ihn, könne er als Autor im STERN Karriere machen: Wenn es bei dem einen (Heidemann) nicht klappen würde, könne er möglicherweise durch den anderen (Nannen) ans STERN-Ziel gelangen. Maser ging davon aus, daß seine Winkelzüge dem Reporter nicht zu Ohren kämen. Aber plötzlich stand der grabende Maser vor einem selbstfabrizierten Scherbenhaufen. Die Heidemann überraschend bekanntgewordene Verschwörung mußte er in den Griff bekommen, dazu benötigte er aber Zeit, zumindest eine Nacht mußte er darüber nachdenken. Daher brach Maser das Gespräch ab (»Gerd, laß uns morgen früh darüber reden«). Das tat Gerd Heidemann denn auch.

Es war ein Freitag, der 22. April 1983. An diesem Tag beschloß die STERN-Chefredaktion, die Kunde von der Existenz der Tagebücher Adolf Hitlers über die Nachrichtenredaktion in die Öffentlichkeit zu posaunen. Als sich Heidemann mit Maser telephonisch ein zweites Mal in Verbindung setzte, wußte der Professor noch nichts von der bevorstehenden Tagebuch-Veröffentlichung. Erst Heidemann weihte ihn endgültig ein.

Maser: »Gerd, und ich, ich fang' jetzt mal an, ja?«

Heidemann: »Ja.«

Maser: »Weil du gestern sagtest: 'Was hast du mir angetan?'«

Heidemann: »Ja.«

Maser: »Ich wunder' mich eigentlich, daß du das fragst.«

Heidemann: »Erst kam Walde zu mir und dann kam Nannen an und sagte, du hättest gesagt, ich hätte nur (Bild-)Fälschungen, ich sei dem Wahn verfallen, Hitler-Wahn. Ausgerechnet ich.«

Maser: »Hab' ich nie gesagt. Dem Hitler-Wahn?«

Heidemann: »Ich verfalle nicht so leicht in einen Wahn.«

Maser: »Das stammt ganz bestimmt nicht von mir. Ganz bestimmt nicht.«

Werner Maser machte seine Sache nicht ungeschickt, brachte er doch erneut den »Carin-II«-Verkauf zur Sprache. Aber dieses Mal ging Heidemann auf das Ablenkungsmanöver nicht ein. Aber der Historiker wollte nun einmal STERN-Schreiber werden. Gemeinsam mit dem einstigen Kommandanten des Spandauer Kriegsverbrechergefängnisses, Eugene Bird, konzipierte er Neues über Heß. Das Projekt lag in der richtigen Sekunde dem STERN vor, sollte der zweite Tagebuch-

Teil doch den Führer-Stellvertreter herausstellen. Maser schien ungeduldig. Eine Entscheidung des STERN, ob seine Heß-Story die Spalten des STERN füllen würde, wollter er geradezu herbeizwingen. Maser verkam zur Parodie, denn er glaubte doch allen Ernstes »der Nannen ... rühmt mein Buch«, sagte er angeblich zu Maser: »Mensch, ist 'ne großartige Sache, auf so was haben wir gewartet.«

Maser: »Und wer macht das, hab' ich (Nannen) gefragt. Darauf hat er nur eine ausweichende Antwort gegeben. Vermutlich Heidemann, nicht?«

Heidemann: »Nee. Ich bin nicht der Ressortleiter.«

Maser: »Na, das hat er nicht jesagt. Aber ich hab' das gedacht. Er (Nannen) sagt: 'Der Heidemann bringt uns gelegentlich großartige Sachen'.«

Heidemann: »Ja?«

Maser: »Sag' mal, du kennst doch deinen Laden da am allerbesten.«

Heidemann: »Ja.«

Maser: »Wie verfährt man da nun in der Sache (Heß), äh, äh, ohne hier am Telefon, weil ich nicht weiß, ob abgehört wird.«

Heidemann: »Ich war gerade im Vorstand mit Nannen und da kam (der von Maser eingeschaltete Literaturagent Fritz) und da sagte Nannen, er sei mit dir am 3. Mai (1983) verabredet.«

Maser: »Ja. 3., 4., 5., sagt er.«

Heidemann: »Am 3. Mai. Und in dem Moment kommt von unten ein Anruf: 'Herr Fritz ruft an. Er gibt Herrn Nannen bis zwei Uhr Zeit, sich zu entscheiden'.«

Maser: »So 'was Blödes.«

Heidemann: »Und da sagt Nannen: 'Was ist denn das nun?' Ich bin (bereits) mit Herrn Maser verabredet und jetzt wird mir wieder die Pistole auf die Brust gesetzt, bis zwei Uhr soll ich mich (wegen Masers Heß-Manuskript) entscheiden'.«

Maser: »So 'was Dummes.«

Heidemann: »Ja, für 150.000 Mark und Auslandsrechte zusätzlich 50.000. Und ihr hattet noch über 300.000 gesprochen, glaube ich?«

Maser: »Ja, ja, ja, ja, ja. Wie kommt (Fritz) dazu, solche Zahlen zu nennen? Ich sitze hier mit, mit Mühe und Not. Arbeite fast Tag und Nacht an dem Buch über die Weimarer Republik. Das heißt 'Republik auf Abruf'.«

Heidemann: »Ja?«

Maser: »Und, äh, ich bin schon ziemlich weit und mit, äh, wird sicher 'n sehr gutes Buch. Und, äh, da hab ich jesagt, der (Herr) Fritz hat mein Nürnberger Buch im Ausland vertrieben, der hat die Vollmachten über alle Auslandsrechte.«

Heidemann: »Ja.«

Maser: »Und, äh, dann ist Walde gekommen nach Berlin. Und die haben diese Summe genannt, 300.000. Und, äh, dann haben wir gesagt, wir übertragen das dem Fritz. Und der soll ausschließlich mit dem STERN sprechen, ob der STERN die Weltrechte haben will oder die deutschen Rechte oder wie. Egal. Und ich hab' ihm (Fritz) gesagt: 'Bitte, schreiben Sie Herrn Nannen einen Brief'.«

Heidemann: »Ja.«

Maser: »Hat der (Fritz) sich ungeschickt benommen wohl. Wie kommt der auch dazu, diese Summe zu ändern.«

Heidemann: »Das ging gar nicht um die Summe, denn die wäre ja für Nannen sympathisch gewesen, meine ich. Aber dieses Ultimatum bis zwei Uhr ...«

Maser: »Na ja, ich mein', das ist ungeschickt.«

Heidemann: »Ja.«

Maser: »Sieh, Gerd. Es ist so: Nun wird mir zum ersten Mal klar, warum (die Russen) den (Rudolf) Heß nicht rauslassen. Denn wenn er raus darf, erzählt er ja.«

Heidemann: »Ja.«

Maser: »Hitler hat den Heß (nach England) geschickt, was sicher ist.«

Heidemann: »Ja.«

Maser: »Um für ihn den Rücken freizuhalten, für, für das Unternehmen 'Barbarossa'.«

Heidemann: »Ja.«

Maser: »Und ... das ergibt hundert bis hundertfünfzig Seiten Text. Der Nannen sagte zu mir, der rief mich an und sagt: 'Wie machen wir das?' Sagt er: 'Es ist als Meldung.' Und dann erst hab' ich mir überlegt, daß wir eine ganze Geschichte daraus machen. Und, äh, der Bird hat sich ja mit (Heß) intim unterhalten. Gerd, das ist eine ganz andere Geschichte, jetzt.«

Heidemann: »Ja, natürlich. Die Engländer stecken ja wohl auch dahinter? Dann mach' das Buch doch ganz schnell.«

Maser: »Buch?«

Heidemann: »Der Fall Heß kommt ja jetzt sowieso hoch.«

Maser: »Und nun das Buch so schnell?«

Heidemann: »Buchvertrag mit irgend jemanden machen.«

Maser: »Das nimmt mir aber Bertelsmann übel, häh. Ich kann, ich kann, ich kann schnell hundert Seiten schreiben. Aber ein Buch würde mir Bertelsmann übelnehmen im Augenblick.«

Heidemann: »Ja?«

Maser: »Ich meine, du kennst Nannen. Würde es sinnvoll sein, daß das ihm nun angeboten würde?«

Heidemann: »Ja.«

Maser: »Na, nicht unter zweihundert(tausend), Gerd.«

Heidemann: »Nicht unter zwei?«

Maser: »Ich muß ja mit dem Bird (teilen).«

Heidemann: »Ja, aber Fritz hat es schon für hundertfünfzig(tausend) angeboten.«

Maser: »Ja, aber die deutschen Rechte wohl nur, nicht.«

Heidemann: »Der STERN ist doch nicht daran interessiert, das in alle Welt weiterzuverkaufen. Das könntest du ja selbst in die Hand nehmen.«

Maser: »Oh, da fehlt mir die Erfahrung.«

Heidemann: »Ja?«

Maser: »Weißt, ich muß jetzt erst einmal die Hälfte teilen. Dann kriegt der Fritz zehn Prozent, und dann sechzig Prozent Steuern, und es bleibt nicht viel übrig.«

Heidemann: »Das ist überall so.«

Maser: »Ich meine, das wäre schnell gemacht. Wir (zusammen mit Bird) kämen nach Hamburg und würden das in acht Tagen zusammenflicken.«

Heidemann: »Ja?«

Maser: »Es wird eine vollständige Geschichte. Die kann hundert bis hundertfünfzig Seiten Text haben, die ist in vierzehn Tagen geschrieben.«

Heidemann: »Ja?«

Maser: »Eine runde Geschichte, die ist in acht Tagen fertig.«

Heidemann: »Ja?«

Maser: »Und daß das nun alles (im Fall Heß) erklärt und, äh, daß wir das sofort machen können. Und, und bitte, daß da keine Mißverständnisse, erst mal daß wir beide uns mal richtig ausgesprochen haben.«

Heidemann: »Ja. Aber ich meine, zwohundert, da werden die (Chefredakteure) immer noch zurückschrecken.«

Maser: »Und was meinst du? Was, was, was? ... Lieber hundertfuffzig von da (vom STERN) als hundertfuffzig von der BUNTEN womöglich.«

Heidemann: »Ja. Ja?«

Maser: »Das wäre das letzte, was ich haben wollte. Ich würde, wenn der STERN hundertfuffzig, die BUNTE zweihundert — würde lieber zum STERN gehen für hundertfuffzig.«

Heidemann: »Ja?«

Maser: »Die BUNTE macht nichts draus. Das wiegt nachher überhaupt nichts mehr. ... Unter allen Umständen beim STERN, soweit wie's geht.«

Heidemann: »Ja. Nur, du kannst dir vorstellen, daß über diesen ganzen Fall Heß auch in den (Hitler-)Tagebüchern alles steht.«

Maser: »Na ja, aber es ist folgendes ... Ich wollte dafür sorgen, daß (Birds Heß-Buch, erschienen in der Ullstein-Gruppe) nochmals neu aufgelegt wird bei Fleissner (dem Verleger).«

Heidemann: »Ja.«

Maser: »Und der Fleissner ist so'n Neunmalschlauer, der hat sich mit dem, mit dem Junior Heß getroffen, und der hat gesagt, na ja, sie hätten sich von Bird distanziert.«

Heidemann: »Ja?«

Maser: »Es ist jetzt alles eine runde Sache. Und das haben wir innerhalb von acht Tagen fertig.«

Heidemann: »Ja?«

Maser: »Und das kannst du jetzt sagen. Das hast du zusammengebracht, denn das haben wir ausdrücklich beim Walde gesagt, nicht. Und da machen wir eine Geschichte, also eine richtige Bombe.«

Heidemann: »Ich fahre in die Redaktion und werd' mit Schmidt reden, wenn Nannen nicht da ist.«

Maser: »Okay.«

Heidemann: »Und dann kann er dich anrufen.«

Maser: »Ja, ist gut.«

Heidemann: »Aber wenn das nicht klappt, Werner, denk' daran, außer diesem, was ich jetzt schon alles geborgen habe, gibt's noch unheimlich viel.«

Maser: »Ja, weißt du...«

Heidemann: »... schriftliches Zeug, was man für die nächsten Jahre ausarbeiten kann.«

Maser: »Ja. Ich verlaß mich, ich verlaß mich darauf.«

Heidemann: »Und zwar keine Kopien, sondern alte Originale, versiegelt. Manche (Tagebücher) sind mehrfach versiegelt und noch mal von Bormann abgezeichnet.«

Maser: »Ja. Ich glaube, es ist ohnehin am besten, wenn wir uns, sobald es geht, zusammensetzen.«

Heidemann: »Klar.«

Maser: »Wir wollen (die Heß-Geschichte) also tunlichst beim STERN lassen und verzichten lieber auf Geld...«

Heidemann: »Ja.«

Maser: »... als daß es bei der BUNTEN womöglich kommt, nicht.«

Heidemann: »Okay.«[175]

Werner Maser, der Mann, der Heidemann in der Chefetage des STERN schlechtmachte, hatte die Katze während dieses Telephongesprächs überdeutlich aus dem Sack gelassen. Stunden nach diesem peinlichen Maser-

Anbiederungsversuch meldeten Rundfunk- und Fernsehstationen, daß der STERN sich im Besitz unglaublicher Tagebücher Adolf Hitlers befände. Als Maser von der nun auch offiziell gewordenen Nachricht hörte, entschied er sich abermals für eine kurzfristige Kehrtwende: er spielte sich als Tagebuch-Enttarner auf. Er wußte, daß er jetzt so richtig von sich reden machen konnte. Es sollte Werner Maser nicht mißlingen.

Er kenne »diese sogenannten Tagebücher Hitlers ... noch nicht«, setzte er sich im Norddeutschen Rundfunk in Szene, um schleunigst den für ihn entscheidenden Punkt anzusteuern, denn der STERN habe ihn nicht konsultiert. Maser war gekränkt: »Interessanterweise hat der STERN ja auch keinen deutschen Historiker« zu Rate gezogen, um dann munter draufloszuschwadronieren: Die dubiosen Tagebücher seien ihm bereits 1976 angeboten worden, schließlich ein weiteres Mal zwei Jahre später. Maser habe sie sofort als Fälschungen erkannt. Und wie? Ganz einfach: »Das Papier war echt, das war Weltkriegspapier aus dem Zweiten Weltkrieg. Die Hitlerschrift war relativ gut. Man konnte darauf reinfallen.« Es war aber genau umgekehrt: das Kladden-Papier wurde nach der Kapitulation hergestellt, Kujaus primitive Hitler-Schrift alsbald als falsch entlarvt und nicht 1976 von ihm geschrieben, sondern erst fünf Jahre später. Maser log hemmungslos, weil ihm die Wahrheit zu peinlich war: man hatte ihn schlicht übergangen.

Nannen habe ihm das Angebot unterbreitet, eine »Untersuchung im STERN zu veröffentlichen über die Fälscherwerkstatt in der DDR«. Der STERN-Herausgeber sei über die Existenz einer solchen DDR-Abteilung »sehr beunruhigt« gewesen, »sehr betroffen«. Im NDR mochte Maser selbstverständlich keine »Einzelheiten preisgeben«, da angeblich »die Untersuchung ... noch nicht ganz abgeschlossen« sei.(176) Die Wahrheit war eine andere: Maser hatte keinerlei Durchblick durch die Fälschungsaffäre.

Als Maser mit Henri Nannen sprach, hatte er ihm in der Tat von der Fälscherzentrale in Potsdam berichtet. An diesem Thema war der Herausgeber des STERN sehr interessiert und entschloß sich, Maser nun auch STERN-Geld hinterherzuwerfen, wenn es diesem gelänge, die Potsdamer Riege zu dokumentieren.(177) Auch das ist Maser bis heute nicht gelungen. Trotz der Offerte im Werte von Hunderttausenden. Die Tagebuch-Legende des STERN unterschied sich in nichts von Masers Räubergeschichten, will Maser doch die Fälscher bereits hautnah erlebt haben, unverbesserliche Nazis und Profifälscher aus der DDR hatte er sich nunmehr ausgedacht.

In der Münchner ABENDZEITUNG beschrieb er die Falsifikatekünstler: »Sehr schneidige Leute, die hätten jederzeit schneidige SS-Offiziere sein können.« Einen will er auf einer Moskauer Reise gar »zufällig« wiedergetroffen haben, andere seien sogar privat bei ihm in Speyer eingefallen. Auch den »Kopf« der Tagebuch-Fälscher hatte Maser längst ausgemacht. Der stammte nur diesmal nicht aus der DDR, sondern seine Spur verlor sich in den letzten Kriegstagen irgendwo in den österreichischen Alpen. Im übrigen sei in einem argentinischen Hotel ebenfalls eine Anlaufstelle der Fälscher gewesen.(178)

Maser, der im September 1981 mit Heidemann zusammen noch zwei Bücher schreiben wollte (»Du weißt, daß ich mit Eva Brauns Schwester Ilse sehr gut bekannt war und einiges über Eva Braun veröffentlicht habe«),(179) versuchte in erster Linie selbst, das Dritte Reich umzudichten, hatte er nicht nur das alberne Abenteuer eines heimlichen Heß-Ausfluges aus dem Spandauer Gefängnis nach Ost-Berlin zu der dann politisch überforderten SED erfunden, sondern obendrein Heinrich Hoffmanns Schwester, Henriette von Schirach, mit seiner Hitler-

Kennerschaft in Bedrängnis gebracht.

Die Tochter eines Schneidermeisters aus München brachte eines Tages eine zweibändige Ausgabe von Hitlers »Mein Kampf« mit einer Widmung zu der vom Reichsjugendführer geschiedenen Henriette von Schirach, erzählte auch von Hitler-Briefen, die ihr vorlägen. Bei diesem Schneidermeister hatte Hitler rund ein Jahr lang gewohnt, bevor er tapfer in den Ersten Weltkrieg gezogen war. Von dieser Rarität wurde der Verleger Bechtle unterrichtet, der daraufhin mit Werner Maser anreiste, dem Hitler-Sachverständigen. Bechtle kaufte das Werk für eintausendfünfhundert Mark mit einem Scheck, den Henriette von Schirach wiederum an die Tochter des Schneidemeisters weitergab. Die Bank löste den Scheck aber nicht ein.

Henriette von Schirach rief empört bei Bechtle an, der die Schecksperre veranlaßt hatte. Werner Maser, so begründete er die überraschende Tat, habe ihn darauf aufmerksam gemacht, daß Hitlers Unterschrift und die Brieftexte von ihr, Henriette von Schirach, gefälscht worden seien. Das war ein tiefer Schlag. Schirach: »Ich bat Bechtle, die Bücher sofort zu mir zu bringen. Einen Tag später kam er wieder zu mir, brachte den Scheck und entschuldigte sich.« Die Schneiderstochter lernte Werner Maser anschließend kennen.

Henriette von Schirach erinnerte sich: Er »wollte von ihr Details aus Hitlers Leben erfahren. Er bedrängte sie, doch zu sagen, dass Hitler Prostituierte in seine, über der (Untermieter-)Wohnung gelegene Kammer mitgebracht« habe. Dieses ungeheuerliche Ansinnen Masers sei aber »entrüstet« zurückgewiesen worden: »Der Herr Hitler hat immer nur viele Bücher, an Lederriemen zusammengehalten, mitgebracht.« Maser brachte Alkohol mit (»Er war nicht fähig, allein nach Hause zu gehen«). Dann habe, laut Henriette von Schirach, ihre Bekannte sie am nächsten Tag angerufen: »Da haben Sie mir aber einen sehr unangenehmen Herrn geschickt.«(180)

Dieses Maser-Erlebnis brachte Henriette von Schirach zu Papier, las es ihrem Bruder Heinrich Hoffmann vor, der seiner Schwester sofort geraten hatte, den Text umgehend Thomas Walde zu senden. Das tat sie, mit dem Hinweis, »dass Maser erst gar nicht Hitlers Schrift als solche erkannt und mich beschuldigte, die Schrift gefälscht zu haben«. Der STERN könne diese Maser-Enthüllung publizieren.(181) Davon nahm die Illustrierte Abstand. Statt dessen erschien, von Peter Koch, etwas anderes über Maser:

Dieser »selbsternannte Professor« sei »auf der Suche nach Geld steigerungsfähig«, habe er dem STERN darum »vor kurzem eine Geschichte angeboten, »wonach die DDR 1952 Heß die Freilassung aus dem Spandauer Verlies anbot, wenn er im Gegenzug den Sozialismus Ost-Berlins preisen würde. Maser nannte als Quelle ein Vier-Augen-Gespräch mit DDR-Ministerpräsident Otto Grotewohl. Sein langes Schweigen begründete er damit, Grotewohl das Versprechen gegeben zu haben, bis zehn Jahre nach dessen Tod zu schweigen. Grotewohl starb 1964. Maser wollte vom STERN dafür 300.000 Mark haben. Belege für seine Behauptungen hatte er nicht. Der STERN lehnte dankend ab«.(182) Kochs Attacke gegen Werner Maser unter dem Titel »Die Fälscher« ging im Donner der Fälschungsdiskussion der Tagebücher buchstäblich unter. Da hatte der Hitler-Artist unglaubliches Glück gehabt, hatte sich inzwischen Kujau als Tagebuch-Dichter entpuppt. Ausgerechnet zu dem sollte sich Werner Maser, der Heilpraktiker Adolf Hitlers, drei Jahre nach dem Tagebuch-Spektakel hingezogen fühlen. Im März 1986 trat das Gespann Maser/Kujau endlich gemeinsam öffentlich auf. In dem Evangelischen Gemeindehaus Eisenberg, einer wahrlich erbaulichen Kulisse. Dort unterschlug Maser tunlichst die Handwerker der DDR-Fälschungsabteilung. Er erinnerte wohlüberlegt auch nicht an die von ihm ins Leben gerufenen Alt-Nazis, deren fälschendes Oberhaupt er im Gebirge ansiedelte, er vermied es auch geflissentlich, erneut die Mär in Umlauf zu setzen, die Falisifikate-Strategen hätten sich ihm zu Hause in Speyer aufgedrängt. Masers Phantasie erlitt wegen der ihm opportun erscheinenden Weglassung keineswegs Abbruch, vielmehr ging sie auf eine andere Hitler-Entdeckungsfahrt. Der Umgang mit Kujau hinterließ zwangsläufig Spuren.

Die Tagebücher des STERN seien »inhaltlich und formal schlecht« gewesen, erinnerte sich der Hitler-Akademiker. Die »Leute vom STERN hätten das schnell entdecken müssen«, die »Echtheitsbezeugung des britischen Historikers Hugh Trevor-Roper ist schlampig gewesen«, was Maser mit einem Hieb unter die Gürtellinie begründete: Das positive Testat stamme doch von einem Mann, »der miserabel deutsch spricht und eine zentimeterdicke Brille trägt«. Erschwerend sei hinzugekommen, daß die Tagebücher »bei schummerigem Licht in einem Kellergewölbe vorgeführt« worden seien. Da hatte Maser den Konferenzraum der Züricher Handelsbank zudem noch unter die Erde gelegt, weil er — statt Trevor-Roper — dort gern gesessen hätte, vor allem traf Maser, daß der STERN ihn nicht zur Abgabe eines Tagebuch-Gutachtens aufforderte, denn: »Ich hätte gefragt werden müssen.« Er wurde aber nicht. Oder wurde er doch?

»Im Vorfeld hatte Nannen von mir wissen wollen«, verkündete er einem verblüfften Publikum, »was ich von den Hitler-Tagebüchern halte. 'Alles gefälscht', hatte ich geantwortet. Nannen ist kreidebleich geworden.«(183) Was unterschied den einen Hitler-Vorzeigekünstler vom anderen? Eigentlich nichts, nur daß der witzigere Hitler-Designer eben nicht Maser war, sondern wieder einmal Konrad Kujau. Es ging um die Urnen und die Asche Adolf Hitlers und die Eva Brauns. Heidemann soll die Überbleibsel bei Kujau bestellt haben, für fünfzigtausend Mark. Der Kurzzeit-Chefredakteur des STERN, Herbert Riehl-Heyse, war zuvor nach einem Besuch bei Kujau Kujau-geweiht in die Redaktion der SÜDDEUTSCHEN ZEITUNG zurückgekehrt, um diese vielzitierte Kujau-Schöpfung nochmals Kujaumäßig aufzuwärmen:

»Genau, wo Sie jetzt stehen«, deklamierte Kujau mit großem Pathos in Gegenwart des gläubigen Riehl-Heyse, habe auch Gerd Heidemann damals gestanden und die Asche des NS-Tyrannen samt seiner Geliebten angefordert. Der »Conny« habe an das Geld gedacht und sich sofort mit einem Friedhofsgehilfen ins Benehmen gesetzt, den er zur »Aushändigung des Inhalts einiger auf dem Kompost geleerter Urnen« überreden wollte.(184) Drei Jahre zuvor hatte Konrad Kujau auch schon Stefan Austs Sympathie erringen können, in der Fernseh-Plattform »Panorama« kam der Hitler-Künstler mit seiner Urnen-Farce voll zum Zuge:

Der Heidemann »kam rein, war kreideweiß, die Haare, ganz aufgeregt, ... rannte hier drinnen rum und ich wußte: Es ist was. Er sagte: 'Stell Dir vor Conny, ich kann die Asche von Adolf Hitler kriegen.' Ich sagte: 'Was kannst Du?' — 'Die Asche. Das sind versiegelte Töpfe. Ein Topf vom Adolf und ein Topf von der Eva Braun.' — 'Wo willst Du die denn her haben?' — 'Der Baur (Hitlers Chefpilot) hat mir gesagt, der schwimmt in Spiritus in Moskau. Weil, der Baur hatte mir erzählt, daß eine angebliche Hitler-Leiche ihm mal vorgeführt wurde in der Lubjanka im vierten Untergeschoß.' — Und da sagt er auf einmal: 'Die Asche krieg ich.' ... Ich sage, naja, ist gut. Was willst Du denn damit machen, krieg ich denn wenigstens einen Löffel?«(185) Auf diesen Kujau-Schmarren mußten die Medien einfach

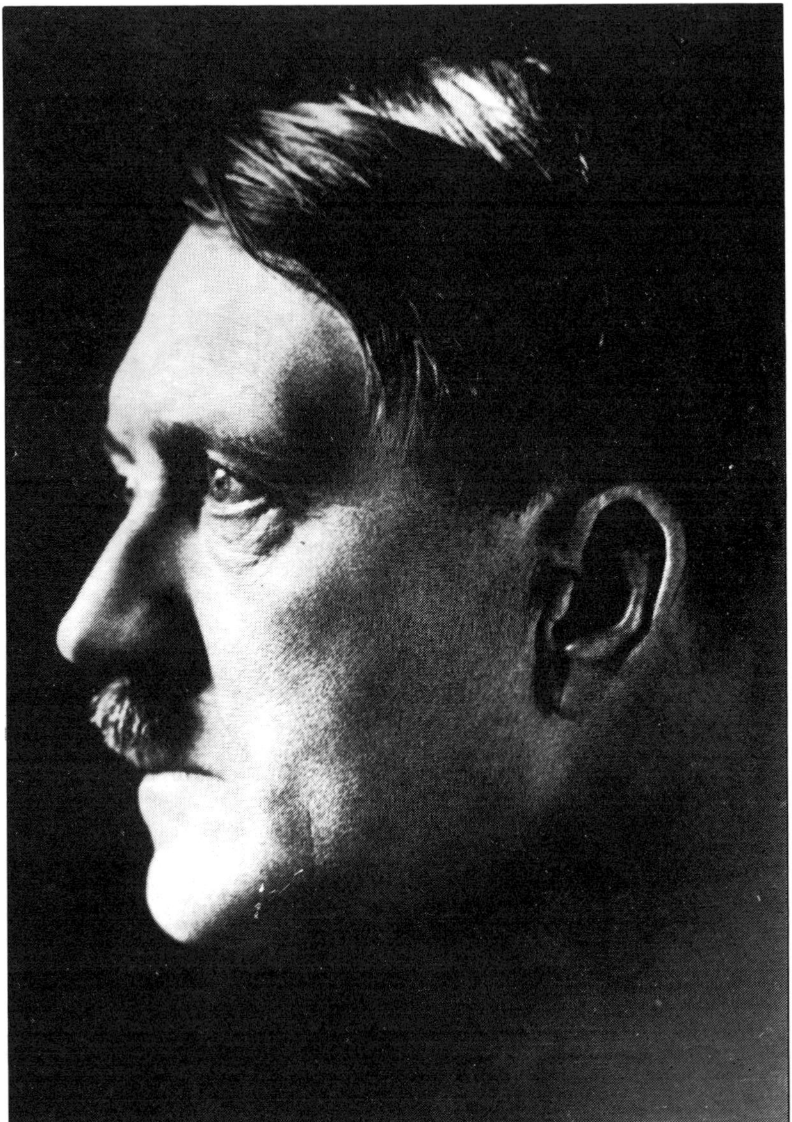

Kujau-Vorbild Adolf Hitler: *»Der läuft rum wie der letzte Bauer«*

NS-Sammlung Kujaus
(in Stuttgart): Urne Hitlers im Angebot geführt

hereinfallen, denn die Geschichte war schlicht zu schön. Wäre sie anders dargestellt worden, keinen Zeitungsleser hätte sie vom Stuhl gerissen, aber so begeisterte sie die Massen.

Konrad Kujau hatte Gerd Heidemann im ersten Tagebuch-Jahr 1981 zwei auf Papier geklebte Photos übergeben. Auf den Bildern, auf denen das zerbombte Reichstagsgelände zu sehen war, hatte, so Kujau zu Heidemann, sein Bruder handschriftlich vermerkt, wo und wann die Leichen Hitlers und Eva Brauns gefunden worden seien. Mit diesen Motiven wollte der geldgierige Kujau beweisen, daß die verkohlten NS-Persönlichkeiten in Urnen von der Sowjet-Union den DDR-Behörden ausgeliefert worden seien. Nach den Kladden nun ein weiteres Kujau-Angebot: Sein Bruder, der Generalmajor Heinz Fischer in der DDR, wolle diese Utensilien über ihn, Konrad Kujau, im Westen verkaufen.[186] Dieses hübsche Geschäft ist dokumentiert, allerdings mit verteilten Rollen: als Verkäufer trat allein Kujau auf.

Heidemann: »Es wäre natürlich schön, wenn dazu irgendwelche Unterlagen ... wären.«

Kujau: »Okay.«

Heidemann: »Daß das auch echt ist.«

Kujau: »Frag' ich ihn (den Bruder Heinz) mal.«

Heidemann: »Daß das später auch bewiesen werden kann.«

Kujau: »Ja, das sag' ich ihm. ... Der (Bruder Heinz) solle mal da nachforschen, ob da ... bei der Verbrennung (der Leichen) ... Protokolle ausgefertigt wurden.«

Heidemann: »Ja, das meine ich.«

Kujau: »Und wenn er an die Originale rankommt, dann soll er die Leute da irgendwie was geben, daß die Fotokopien von diesen Originalen machen.«

Heidemann: »Genau.«

Kujau: »Ich schreib (dem Bruder). ... Es wäre schön, wenn wir dazu Schriftstücke bekommen könnten.«

Heidemann: »Von den Untersuchungsberichten?«

Kujau: »So ist es.«[187]

Diese Offerten-Diskussion fand im November 1981 statt. Die Urnen aber kamen weder aus Moskau noch aus der DDR in die Bundesrepublik, hatte Heide-

Mißtrauischer Adolf Hitler: *Versiegelte Einäscherung entdeckt*

mann inzwischen diese Kujau-Erfindung aus den Augen verloren. Da aber wurde Kujau plötzlich wieder aktiv. Im April 1983. Nicht ohne Grund, denn er hatte von Heidemann von der kurz bevorstehenden Tagebuch-Veröffentlichung im STERN erfahren. Mit Hilfe der Urnen-Arie bereitete der schlaue Fuchs seinen Tagebuch-Rückzug vor, da er ahnte, daß in kurzer Zeit seine Tagebücher als Falsifikate erkannt werden würden. Mit der aberwitzigen Urnen-Legende und anderen Phantasieprotokollen ließe sich ein kranker Heidemann belegen, er selbst stünde lediglich als Opfer da. Kujau setzte die Urnen-Fabel also in diesem Augenblick mit Bedacht um.

Kujau: »Und der (ebenfalls fiktive) Geißler ist ein Militär-General. Den kenne ich noch vom Sehen. Der läuft ja rum, also herrlich. Wie der letzte Bauer. Dem seine Hose schleift immer im Dreck. Also so was mußte der Führer mal sehen.«

Heidemann: »Und hat er (Kujaus Bruder) über die Urnen noch was gesagt?«

Kujau: »Er hat nichts gesagt, er hat nur gesagt, das sind drei Bögen, das ist alles von dem, was ich dir gesagt habe.«

Heidemann: »NKWD (dem sowjetischen Geheimdienst)?«

Kujau: »Anders heißt das. KWD.«

Heidemann: »KGB.«

Kujau: »KGB, kann sein. Mußt Du dann aber übersetzen lassen.«

Heidemann: »In dem Buch von Besymenski, dem russischen Historiker, sind die Obduktionsberichte drin, in deutsch.«

Kujau: »Nur das zur Einäscherung und die Genehmigung und das. Das alles liegt mit viel Siegeln, direkt hier. Mit Stempel von diesem Geheimdienst.«

Heidemann: »Und die Urnen sind auch gesiegelt?«

Kujau: »Ja. Die sind mit Banderole versiegelt. Und überall ist der (Stempel) von der Vereinigung da, von der damaligen, wie der damalige Geheimdienst von Rußland hieß. ... Der (Bruder) hat mir auch was gesagt, was auf dem Siegel draufsteht. Ich habe mir ein bißchen notiert in deutsch. Aber ob ich das richtig ausspreche? Also er hat das studiert, spricht auch russisch. Durch seine Frunse-Universität (Moskauer Militärakademie).«(188)

Das war Konrad Kujau. Das war Gerd Heidemann. Das waren die Tagebücher des STERN.

Affäre

Er lügt und lügt und lügt...

Der SPD-Abgeordnete Karl Wienand tischt immer neue Unwahrheiten auf, um seine dubiose Beratertätigkeit für die Fluggesellschaft Paninternational zu vertuschen

Daß der 1. Untersuchungsausschuß des 6. Deutschen Bundestages in der kommenden Woche den Parlamentarischen Geschäftsführer der SPD-Fraktion, Karl Wienand, 45, erneut nach den Geldern befragen wird, die er von der Münchner Charterfluggesellschaft Paninternational erhielt, hat sich der SPD-Mann selber zuzuschreiben. Denn als Wienand kürzlich zum erstenmal vor dem Ausschuß erschien, benahm er sich wie ein Mann, der bis zum Bauch im Sumpf steckt: So sehr er auch strampelte, er versank nur noch tiefer. Je mehr er seine Bonner Beschützerrolle für die in Bedrängnis geratenen Charterflieger zu verschleiern suchte, desto tiefer verstrickte er sich in neue Lügen.

Gleich zu Beginn seiner Aussagen – der Ausschuß-Vorsitzende Wilhelm Rawe (CDU) hatte den Zeugen eben erst ermahnt, „vollständig und richtig" auszusagen, wenn er eine Freiheitsstrafe nicht unter drei Monaten vermeiden wolle – brachte Wienand von sich aus in einer vorgefertigten Erklärung die Stichworte „Beratervertrag" und „Honorar" zur Sprache. Er eröffnete damit den – an sich nur in Sachen Flugsicherheit tätigen – Untersuchern die Möglichkeit, nunmehr auch die finanziellen Beziehungen zwischen dem Bonner SPD-Geschäftsführer und dem Pleite gegangenen Luftunternehmer Dr. Tassilo Trommer auszuleuchten. Der Vorsitzende Rawe: „Die Frage ‚Honorarverträge oder nicht?' wäre von diesem Ausschuß überhaupt nicht geprüft worden, weil das nicht Gegenstand unseres Untersuchungsauftrages ist. Nachdem aber Herr Wienand selbst diese Dinge zum Gegenstand seiner Aussage gemacht hat, muß der Ausschuß das natürlich in vollem Umfang aufklären."

Für Wienand konnte es nicht schlimmer kommen, denn nun gibt es für ihn kaum noch eine Chance, aus dem Lügennetz zu entkommen, an dem er seit dem „Paninternational"-Unglück im letzten September bei Hamburg strickt. Damals waren 22 Menschen ums Leben gekommen, weil die Triebwerke einer Paninter-Maschine wegen schlampiger Wartung – statt Wasser befand sich Treibstoff in den Kühlwassertanks – gleich nach dem Start versagten.

***Heidemann-Jäger Seufert** (1985); **Artikel des STERN** (April 1972):*
Gerd Heidemann entlarvt Karl Wienand als Lügner

MICHAEL SEUFERT, EIN STELLVERTRETENDER CHEFREDAKTEUR DES STERN, GIBT ANWORTEN ZU GERD HEIDEMANN

LÜGT ER? LÜGT ER NICHT? LÜGT ER DOCH?

stern

Redaktion

Gruner + Jahr AG & Co
Druck- und Verlagshaus
Hamburg

Herrn
Peter-Ferdinand Koch
Elbchaussee 342

2000 Hamburg 52

Postfach 30 20 40
2000 Hamburg 36
Besucher: Warburgstr. 50
Telefon (040) 4118-1
Telefax (040) 4118-3500
Telex 2 11 824
Telegramm
sternmagazin Hmb
Deutsche Bank AG Hmb
Konto-Nr. 03 22 800
BLZ 200 700 00
Postgiro Hmb 8480-204
BLZ 200 100 20

Hamburg, 16. Oktober 1989

Sehr geehrter Herr Koch,

wenn denn mein Brief an den "Kontakter" dazu führt, daß Sie auch die Gegenseite hören, ist ja sein Sinn erfüllt.

Ihre 48 Fragen habe ich beantwortet. Sachverhalte, die ich nicht aus eigeñem Wissen kenne, habe ich bei Herrn Schulte-Hillen und bei Herrn Hübner geklärt. Ich habe es in den Antworten entsprechend vermerkt.

Mit freundlichen Grüßen

M. Seufert

Michael Seufert

Anlage

EINE DOKUMENTATION

Die teilweise falsche Rechtschreibung sowohl bei Seufert als auch bei den Kripo-Vermerken ist bis zur Seite 803 unverändert erhalten geblieben.

Michael Seufert erinnert sich und
DER STERN IST INFORMIERT

FRAGE

Warum haben Sie Henri Nannen nicht erzählt, daß Heidemann Ihnen in der Nacht vom 6. zum 7. Mai 1983 die ihm bekannten Anschriften und Telephonnummern Konrad »Fischers« in Stuttgart und Umgebung und die Namen seiner Verwandten in Löbau gegeben hat, so daß aufgrund dieser Angaben erst die schnelle Aufklärung der Person »Fischer alias Kujau« möglich wurde?

ANTWORT:

Diese Frage geht von mehreren unzutreffenden Sachverhalten aus. Gerd Heidemann hat uns im Gespräch vom 6. auf den 7. Mai 1983 keine Anschriften von Konrad »Fischer« gegeben. Er hat uns in dieser Nacht eine Telefonnummer von »Conny« gegeben. Wir haben anhand der Vorwahl herausgefunden, daß sie Bietigheim-Bissingen betraf. Mit dem Namen Edith Lieblang haben wir die Adresse von »Konrad Fischer« herausgefunden. Mein Kollege Rudolf Müller hat dann vor Ort in kürzester Zeit recherchiert, daß Herr Fischer in Wahrheit Kujau hieß. Eine Tatsache, die Gerd Heidemann angeblich in gut zwei Jahren nicht ermittelt hat. Eine Tatsache, die die ganze Heidemannsche Fundgeschichte mit Fischer West und Fischer Ost zusammenstürzen ließ.

Gerd Heidemann hat uns auch keine korrekten Namen und keine Adressen von Verwandten in der DDR gegeben. Aus seinen Erzählungen, beziehungsweise denen von ihm zitierten Kujau-Erzählungen wußten wir, daß es angeblich einen General Fischer in Köthen (Bruder von Fischer-West) geben sollte und einen Museumsdirektor Krebs (Schwager von Fischer-West) in Löbau. Recherchen am 7. Mai 1983 in der DDR ergaben, daß Fischer-Ost, Heinz Kujau, bei der Reichsbahn in Köthen arbeitete und Helfer der Bahnpolizei ist und daß Schwager Krebs ehemals Hausmeister des örtlichen Museums war und dann als Heizer im Krankenhaus arbeitete.

Herr Nannen ist von mir umfassend informiert worden, auch über die Recherche, die zur Enttarnung von Kujau führte. Es gab keinen Grund, ihm Heidemanns Hinweise zu verschweigen, es wäre auch unsinnig gewesen, weil bei diesem Gespräch mehrere Kollegen anwesend waren, unter anderem der damalige Chefredakteur Felix Schmidt.

(Michael Seufert am 16.10.89 an den Autor)

KOMMENTAR:

Seufert behauptet heute, Gerd Heidemann habe im nächtlichen Gespräch vom 6. auf den 7. Mai 1983 keine Anschriften von Konrad Fischer angegeben. Vor Gericht sah der Zeuge Seufert das am 19.2.1985 noch anders. Wie Heidemanns Rechtsanwalt Daum notierte, sagte Michael Seufert: »Die Adresse in

der Schreiber-und der Aspergstraße erfuhren wir von Heidemann. Er gab uns die Telefonnummer von Konrad Fischer.«
Die vom STERN gefertigte Abschrift des Tonbandes der nächtlichen Vernehmung enthüllt jedoch, daß Seufert heute die Unwahrheit sagt.

Mit Heidemanns Genehmigung wurde in der Nacht ein Tonband-Protokoll angefertigt, das immer dann auf Anweisung von Thomas Walde ausgeschaltet werden sollte, wenn bestimmte Namen oder Verbindungen zum DDR-Ministerium für Staatssicherheit erwähnt wurden. Heidemann wiederholte, was ihm »Fischer« bis zum 6. Mai 1983 über seine Verwandtschaft in der DDR berichtet hatte und was auch Thomas Walde wußte. Dann überreichte Heidemann Ressortleiter Michael Seufert die Tonbandkassette des letzten Telephonates mit Kujau. Ein schwerer Fehler, wie sich später herausstellen sollte.

Heidemann: *Die Schwester des hiesigen Fischers ist die Frau von Krebs, die sich umbringen will.*

Gillhausen: *Krebs ist der Museumsdirektor, nicht der General. Der General ist der Bruder des hiesigen Fischers?*

Heidemann: *Ja.*

Gillhausen: *Und dessen Schwester ist wiederum die Frau eines anderen an diesem Deal Beteiligten?*

Heidemann: *Des Krebs. Das ist ja auch seine Schwester*

Gillhausen: *Hast du eine Idee, wie man ... was man da an dem Ort feststellen kann? Ob die wirklich abtransportiert worden sind?*

Heidemann: *Ja, man ruft von Berlin aus den Herrn Krebs an, in dem Ort, nicht?*

Seufert: *Sind Sie denn sicher, daß es einen Herrn Krebs in Löbau gibt?*

Heidemann: *Das wollen wir jetzt hören, ja.*

Seufert: *Der also Museumsdirektor ist.*

Heidemann: *Ob der..., das können wir ja nun überprüfen.*

KOMMENTAR

Die STERN-Runde kommt nun auf den Wohnort Konrad »Fischers« zu sprechen. Auch hier gibt Heidemann wahrheitsgemäß an, was ihm bekannt ist.

Thieme: *Und der hat die ganze Zeit in Bietigheim gelebt?*

Heidemann: *Mhm... (wird unterbrochen)*

Schmidt: *Kann man sich doch erkundigen, ist doch eigentlich kein Problem.*

Thieme: *Bei Freunden, daß man ein bißchen was erfährt. Wir wissen von dem Mann so gut wie gar nichts eigentlich, außer das, was er Ihnen erzählt hat.*

Heidemann: *...ja, in Ditzingen. Er hat ja sein Haus dort verkauft. Kann man ja die Nachbarn mal fragen. Da soll es Streit gegeben haben mit den Nachbarn, die erzählen mir dann vielleicht was.*

Walde: *Das wäre Straubert (Stuttgarter STERN-Korrespondent). Das sind natürlich alles Tretminen, das ist die Sache.*

Schmidt: *Und was halten Sie davon, wenn wir morgen früh den Herrn Fischer doch in Bietigheim begrüßen?*

KOMMENTAR

Aus der Tonbandabschrift geht eindeutig hervor, daß die Orte Ditzingen und Bietigheim der Chefredaktion zu diesem Zeitpunkt bereits bekannt waren. Hätte Heidemann etwas zu verbergen gehabt, wäre ihm sicher daran gelegen gewesen, der einzige Kontaktmann zu Konrad Fischer zu bleiben.

Schmidt: *Herr Heidemann, zu Ihrem Schutz und zu unserem, werden wir, falls der Herr Fischer-West zurückkehren sollte, woran ich auch nicht mehr so richtig glaube (Anmerkung: Kujau behauptete Heidemann gegenüber, daß er sich in Ost-Berlin aufhalte), uns diesen Herrn ganz massiv vorknöpfen, und zwar mit allem, was uns zur Verfügung steht.*

Heidemann: *Da müssen mal andere hin, und nicht ich!*

Schmidt: *Nein, nein, da brauchen Sie nicht hin.*

KOMMENTAR

Aus diesem Tonband-Protokoll geht zudem noch hervor, daß Gerd Heidemann dem Chefredakteur bereits vor Monaten — und nicht erst in dieser Nacht — alle ihm bekannten Informationen über den Tagebuch-Beschaffer und auch über seine Bormann-Recherchen weitergegeben hatte, denn warum sonst hätte Felix Schmidt mit dem Präsidenten des Bundesnachrichtendienstes, Dr. Klaus Kinkel, gesprochen?

Seufert: *Was macht denn nun ein NS- oder sonstiger General mit ein paar Millionen West-Mark (Seufert irrt; es handelte sich nicht um einen NS-General, sondern um einen angeblichen NVA-General)?*

Schmidt: *Da hatte Herr Heidemann ja schon gesagt, daß ihm (dem NVA-General) die eine oder andere Datscha schon gehört.*

Heidemann: *Ja, am Plattensee haben sie sich alle..., also, er (Kujau) mußte auch hin und wieder (Tagebuch-)Geld auf ein ungarisches Konto (für die NVA-Generale) einzahlen.*

Schmidt: *Also, die Geschichte der korrupten Generalität im Osten ist schön, die muß man wirklich hart machen.*

Heidemann: *Ja, dann müßte einer zum Plattensee und den See abfahren, wo die Datschen stehen.*

Seufert: *Ich war mal am Plattensee. Da steht an jeder Ecke eine Datscha.*

Schmidt: *Da muß der von Datscha zu Datscha gehen.*

Walde: *Haben Sie eine Vorstellung, wie groß der ist?*

Seufert: *So wie der Bodensee.*

Walde: *Aber sehr viel dichter besiedelt. Was stimmt, ist, als man mir das zum ersten Mal erzählte, wollte ich das auch nicht glauben. Inzwischen kannst du's sogar in den Zeitungen lesen, daß dieser Transfer über Ungarn geht. Die hat so praktisch Schweiz-Funktion.*

Heidemann: *Die haben da alle ihre Konten, weil, da kannst du Westmark-Konten haben. Und die haben auch ein Schweizer Bankgeheimnis, auch gegenüber dem Ostblock.*

Seufert: *Wenn man jetzt mal unterstellt, diese Erzählungen des Herrn Fischer-West entsprechen der Tatsache ... Nun ist ja Kinkel leider nicht mehr an der Spitze. Denn es gibt ja nur diese Stelle...*

Schmidt: *Das fällt noch wirklich in eine Zeit, wo der Kinkel an der Spitze war. Der hat mir doch erzählt, als er hier war oder als ich einmal* bei ihm (in Pullach) war, als er mir diese Anlagen gezeigt hat und diese Bormann-Fragen auch gestellt wurden, da hat der Kinkel doch nur gesagt, »Ihre Herren« — also, er meinte Walde und Heidemann, »die fahren öfters mal in die DDR!« Das wußte er, und er sagte: »Ihr habt einen Menschen, der nicht unbedingt euer Freund ist.« Das war der jetzt wohl zu Recht geschaßte Verfassungsschutz-Meier, und der hat es ja offensichtlich ziemlich genau überwacht, was ihr da..., wenn ihr rübergefahren seid. Ich hatte das Gefühl, daß der Kinkel 'ne Menge weiß.

Walde: Der weiß das, was wir hier faktisch pflichtgemäß abgeladen haben...

KOMMENTAR

Und dann weihte — ausgerechnet — Thomas Walde die STERN-Journalisten in die skurrilen Kontakte zum Hamburger Landesamt für Verfassungsschutz ein:

Walde: Es gab eines Tages einen Knall hier im LfV, und ein Mann (gemeint Wilkens) flog raus. Der ist jetzt hier bei einer anderen Behörde (der Hamburger Staatsanwaltschaft). Und zwar flog der raus, weil sie den Kontakt unseren Bedingungen gemäß gemacht hatten, d.h. ihre Aktenvermerke geschrieben, aber sie sich in den Schrank gelegt hatten und nicht nach Köln meldeten. Das flog auf, und dann flog auch einer gleich raus. Und von da an lief es weiter. Dann weigerte sich das LfV praktisch, unsere Annonce überhaupt anzunehmen. Dann habe ich dem Pawelczyk (dem damaligen Innensenator) einen Brief geschrieben, dann haben wir eine Sitzung bei Pawelczyk gehabt, da war Lochte (der heutige Chef des Hamburger LfV) mit dabei, und dann gab es ein Agreement, daß wir halt anrufen und sagen, wir fahren, und wir sind glücklich wieder da. Also, sie wollten keine Details mehr, Berichte in diesem Sinne. Wir haben gesagt, wir fahren da nicht als eure ... Agenten da rüber. Aber sie wollten das nicht mehr haben. Aber von da an haben sie es wahrscheinlich auch dann regelmäßig gemeldet, und dann kannst du davon ausgehen, daß das rundgegangen ist. Aber gut, das waren ja auch Kontakte, die unter einer anderen Motivation stattfanden und immer unter dem Arbeitsthema: »Wir suchen nach verschwundenen Akten aus der Reichskanzlei.«

Seufert: Aber wenn wir jetzt noch mal auf das Thema kommen, das wir möglicherweise jetzt im STERN veröffentlichen können, wäre das natürlich eine Bombengeschichte: »Die korrupten DDR-Generäle.«

Schmidt: Das haben wir schon vor Monaten gesagt, wenn die wahre Geschichte geschrieben werden kann und wenn sie wirklich so stimmt, daß das ganze Geld da rübergegangen ist und daß die das drüben gedreht haben, sich also in dieser Weise bereichert haben, das ist natürlich eine Bombengeschichte.

Heidemann: Dann müssen wir die Häuser fotografieren am Plattensee.

Schmidt: Bloß, ein bißchen komme ich ins Schleudern mit dem Fischer-West. Halten Sie es denn für ausgeschlossen...

KOMMENTAR

Damit ist dokumentiert, daß die gesamte Fundgeschichte Fischer-West und Fischer-Ost neben Walde zumindest auch dem Chefredakteur Schmidt bekannt war. Auch er hatte sie bisher — genauso wie Heidemann und Walde — geglaubt und Heidemann nicht angewiesen, die Person Konrad Fischers genauer zu erklären. Im Gegenteil: Es sollte — während der Beschaffungsaktion — der Tagebuch-Lieferant nicht vergrault werden. Heidemann hätte gar nicht in der Nachbarschaft Kujaus Auskünfte einholen können, wie es von nun an seine Kollegen ungeniert machen konnten, denn dieses hätte die Tagebuch-Aktion gefährden können. Wie sorgte sich Heidemanns Ressortleiter Thomas Walde noch in dieser Nacht, als erörtert wurde, wer nach Bietigheim geschickt werden sollte? — »Das sind natürlich alles Tretminen, das ist die Sache!«

Und wenn Michael Seufert heute behauptet, von Heidemann keine Anschrift Kujaus bekommen zu haben, beweist die vom STERN angefertigte Tonbandabschrift (auf Seite 39) das genaue Gegenteil.

Heidemann: Schreiberstraße 22, das ist, wo er seinen Laden hat.

KOMMENTAR

Und dann nennt Heidemann die Telephonnummer, unter der er besagten Konrad »Fischer« immer angerufen hat:

Heidemann: 07142/32286. Er hat vorher in Ditzingen gewohnt. Das war das, was wir gesucht haben. Jetzt ist er umgezogen, und ich habe immer gesagt, gib mir doch mal deine neue Anschrift. Die wollte er mir immer nicht geben, weil wir uns immer telefonisch verabredeten und uns immer in der Schreiberstraße treffen. Ich bin immer nach Stuttgart geflogen und bin immer in die Schreiberstraße gefahren!

Thieme: Wir rufen jetzt die Auskunft an und fragen, welches Ortsnetz das ist.

Seufert: Was ist es denn für ein Ort?

Heidemann: Bietigheim-Bissingen.

Kommentar

Es war also für die STERN-Rechercheure in den nächsten Tagen ein Leichtes, nach diesen Angaben vorzugehen. Als Henri Nannen am 21. Februar 1985 im Tagebuch-Prozeß als Zeuge gehört wurde, fragte ihn der Vorsitzende: »Wußten Sie denn nicht, daß der STERN nur so schnell den richtigen Namen Kujaus herausfinden konnte, weil Heidemann in der Nacht vom 6. auf den 7. Mai 1983 alle ihm bekannten Namen, Telefonnummern, Adressen und Orte in der DDR genannt hatte?« Henri Nannen: »Nein, das hat mir Herr Seufert nicht erzählt. Er sagte nur, seine Rechercheure hätten all dies herausgefunden.« Henri Nannen wurde vereidigt, Michael Seufert allerdings auch.

Michael Seufert sucht Geld und
DER STERN WIRD WACH

FRAGE

Wie kamen Sie darauf, Recherchen in Paraguay anstellen zu lassen?

1. Version: *Herr Seufert sagte zur Beschaffung der Dokumente folgendes: Er habe in Paraguay Rechercheure damit beauftragt, Karteien und Register nach Eintragungen auf Namen von in diesem Strafverfahren beteiligten Personen abzufragen. Er habe den Leuten nicht mitgeteilt, bei welchen Firmen sie suchen sollten. Die Rechercheure seien nun durch eigenes Nachforschen auf den Namen Gerd Heidemann im Handelsregister von Asuncion gestoßen. Herr Heidemann sei dieser Eintragung zufolge bei der Firma »Productos Paraguayos« mit umgerechnet ca. DM 500.000,- als Teilhaber eingetragen.*

(Vermerk der Kripo am 15.5.84)

2. Version: *Auf Grund von Rückfragen der Polizei hatten wir Hinweise darauf, daß Gerd Heidemann möglicherweise Kontakt mit einer Firma »Productos Paraguayos S.A.I.C.« in Asunción gehabt hatte. Da sich diese Firma mit dem Verkauf von Grundstücken beschäftigte, wollten wir überprüfen, ob Gerd Heidemann dort Geld investiert oder sich an der Firma beteiligt hätte.*

(Michael Seufert am 16.10.89 an den Autor)

3. Version: *Die Polizei muß auf die Firma PP gestoßen sein, da sie uns darauf ansprach.*

(Michael Seufert am 16.10.89 an den Autor)

KOMMENTAR

Seufert fabuliert entweder heute, oder er tat das gegenüber der Kriminalpolizei, oder die Ermittlungsakten sind gefälscht.

Während Seufert am 15. Mai 1984 dem Kriminalbeamten Bähr gesagt haben will, »er habe in Paraguay Rechercheure damit beauftragt, Karteien und Register nach Eintragungen auf Namen von in diesem Strafverfahren beteiligten Personen abzufragen« und damals nicht erklärte, warum man überhaupt in Paraguay recherchieren ließ, behauptete er heute, damals erst durch die Polizei auf die Firma »Productos Paraguayos« in Asuncion aufmerksam gemacht worden zu sein.

Dies klingt plausibler, denn Kriminalpolizei und Staatsanwaltschaft hatten in Heidemanns Müllsack einen zerrissenen Werbeprospekt dieser Firma gefunden; Heidemann hatte vor, eine Reportage über Landkauf in Paraguay zu schreiben, aber belastender hörte sich in den Ermittlungsakten an, daß eine ganze Gruppe von Rechercheuren bei der Überprüfung aller Firmen in einem südamerikanischen Land — endlich — auf einen riesigen Firmenanteil Heidemanns gestoßen sei.

Michael Seufert leitet den Einsatz und
DER STERN GEHT AUF REISEN

FRAGE

Wen beauftragten Sie mit diesen Recherchen, wann flog dieser Rechercheur nach Paraguay, und was sollte er herausfinden?

1. Version: *Herr Seufert sagte zur Beschaffung der Dokumente folgendes: Er habe in Paraguay Rechercheure damit beauftragt... Er habe den Leuten nicht mitgeteilt, bei welchen Firmen sie suchen sollten. Die Rechercheure seien nun durch eigenes Nachforschen...*
(Vermerk der Kripo am 15.5.84)

2. Version: *Hans-Werner Hübner ... Wann er exakt nach Paraguay flog, weiß ich nicht mehr.*
(Michael Seufert am 16.10.89 an den Autor)

3. Version: *Herr Hübner teilt mir mit, daß er in Asuncion Einheimische nicht beauftragt und auch keine Honorare gezahlt habe.*
(Michael Seufert am 16.10.89 an den Autor)

4. Version: *Den ersten Handelsregisterauszug, der sich als falsch herausstellte, besorgte Herr Hübner. Er erklärte mir dazu, daß er mit der Überprüfung des Handelsregisters einen argentinischen Anwalt beauftragt habe.*
(Michael Seufert am 16.10.89 an den Autor)

5. Version: *Herr Hübner erklärte mir hierzu, daß der argentiniesche Anwalt diese Dinge weitgehend selbständig abgewickelt habe. ... Jedenfalls sei er (Hübner) bei der Übergabe der Handelsregisterauszüge nicht anwesend gewesen.*
(Michael Seufert am 16.10.89 an den Autor)

KOMMENTAR

Lügt Michael Seufert? Während er gegenüber der Kripo behauptet hatte, er habe »in Paraguay Rechercheure damit beauftragt«, sagt er heute, der STERN-Mitarbeiter Hans-Werner Hübner sei von ihm auf die schöne Reise geschickt worden. Der aber konnte nur von Hamburg aus in Marsch gesetzt worden sein.

Während Hübner allerdings — nach Seuferts Angaben — einmal keine Einheimischen beauftragt und keine Honorare gezahlt haben will, hat er dann plötzlich doch einen argentinischen Anwalt beauftragt, das paraguayische Handelsregister zu überprüfen und er (Hübner) sei — natürlich — bei der Übergabe der Handelsregisterauszüge gar nicht dabeigewesen.

Die Entfernung zwischen Buenos Aires, der Hauptstadt Argentiniens, und Asuncion, der Hauptstadt Paraguays, beträgt tausend Kilometer. Da darf die Frage erlaubt sein, warum der cle-

vere Hans-Werner Hübner nicht sofort einen Anwalt in Asuncion oder einen deutschen Botschaftsvertreter oder gar den Geschäftsführer der Deutsch-Paraguayischen Handelskammer in Asuncion mit der Überprüfung des Handelsregisters beauftragt hat. Das wäre möglicherweise zu einfach gewesen — da hätte Seufert keinen falschen Handelsregisterauszug bekommen.

Michael Seufert wird »Spürhund« und DER STERN ERMITTELT

FRAGE

Überprüfte man in Paraguay sämtliche Firmen, ob entweder Heidemann oder Kujau dort Beteiligungen hatten?

1. Version:

Herr Seufert sagte zur Beschaffung der Dokumente folgendes: Er habe in Paraguay Rechercheure damit beauftragt, Karteien und Register nach Eintragungen auf Namen von in diesem Strafverfahren beteiligten Personen abzufragen. Er habe den Leuten nicht mitgeteilt, bei welchen Firmen sie suchen sollten.

(Vermerk der Kripo am 15.5.84)

2. Version:

Es wurde nur diese Firma überprüft. Etwaige Kujau-Beteiligungen waren nicht Anlaß der Recherchen, weil es keinen Hinweis auf ein solches Engagement gab. Bei den Recherchen ergab sich auch kein Hinweis auf Kujau.

(Michael Seufert am 16.10.89 an den Autor)

KOMMENTAR

Lügt Michael Seufert? Gegenüber der Kripo hatte Seufert noch behauptet, er habe in Paraguay Rechercheure beauftragt, nun will ihm Hans-Werner Hübner mitgeteilt haben, keine Einheimischen beauftragt und keine Honorare gezahlt zu haben. Dafür will er aber einen argentinischen Anwalt mit den Ermittlungen beauftragt haben. Der wird kaum honorarfrei für den angeschlagenen STERN gearbeitet haben. Und da Michael Seufert bei diesen Recherchen der einfallslose Einsatzleiter war, wird er mit Sicherheit wissen, wieviel Honorare in der Sache Gerd Schulte-Hillens Gruner + Jahr hatte zahlen müssen, zumal ehemalige STERN-Kollegen munkeln, die Reisespesen des Herrn Hübner hätten angeblich weit über 200.000 Mark betragen. Später hätte dieser sich ein repräsentatives Haus in den Vereinigten Staaten kaufen können. Daß Hübner mit einer reichen Frau liiert war, ist nicht allen STERN-Mitarbeitern bekannt gewesen.

Nun wäre allen wieder aufgeflammten Gerüchten in der STERN-Redaktion schnell ein Ende bereitet worden, wenn Gruner + Jahr die Spesenabrechnungen Hans-Werner Hübners zumindest dem Autor vorgelegt hätte. Genau das aber ist nicht geschehen, denn dann wäre offenbart worden, ob Hübner zum

Zeitpunkt des Ausstellens der Handelsregisterauszüge im März 1983 überhaupt in Asuncion gewesen und damit vielleicht doch bei der Übergabe dieser »Dokumente« dabei war.

Eigentlich müßte Hübner während dieser Zeit in der Hauptstadt General Stroessners gewesen sein, da er doch — laut Seufert — meint, »sich zu erinnern, daß er eine Urkunde bei der deutschen Botschaft in Asuncion habe beglaubigen lassen«.

Allerdings trügt diese Erinnerung. In den durch viele beeindruckende Stempel verzierten Papieren fehlt leider ausgerechnet eine solche Beglaubigung der Deutschen Botschaft in Paraguay. Vielleicht trügt auch die Erinnerung in bezug auf die angeblich nicht gezahlten Informationshonorare. Oder fallen Schmiergelder nicht in die vornehme Sparte der »Honorare«?

Laut Michael Seufert soll Günter Bartels dagegen im Oktober 1983 herausgefunden haben, daß einer Angestellten des Handelsregister-Amtes/Behörde angeblich Geld für den ersten Auszug angeboten beziehungsweise gezahlt worden sei. Eine Rückfrage Seuferts bei seinem Kollegen Hübner hätte dem Autor den Glauben an Seufert zurückgegeben. Die Anwort aber wäre möglicherweise ausgesprochen peinlich gewesen.

Michael Seufert rechnet und
DER STERN WIRD FÜNDIG

FRAGE

Wer stieß auf die Firma »Productos Paraguayos«, und wer ließ sich den ersten Handelsregisterauszug geben?

1. Version:

Von Herrn Seufert wurden mir im Gebäude des STERN zwei Dokumente mit den Serien-Nummern 178.924 und 168.012 aus Paraguay im Original übergeben. Bei diesen Dokumenten soll es sich um Auszüge aus dem Handelsregister in Paraguay handeln.

Herr Seufert sagte zur Beschaffung der Dokumente folgendes: Er habe in Paraguay Rechercheure damit beauftragt, Karteien und Register auf Namen von in diesem Strafverfahren beteiligten Personen abzufragen. Er habe den Leuten nicht mitgeteilt, bei welchen Firmen sie suchen sollten. Die Rechercheure seien nun durch eigenes Nachforschen auf den Namen Gerd HEIDEMANN im Handelsregister von Asuncion gestoßen. Herr Heidemann sei dieser Eintragung zufolge bei der Firma »Productos Paraguayos« mit umgerechnet ca. DM 500.000,-- als Teilhaber eingetragen.

(Kripo-Vermerk am 15.5.84)

2. Version:

Wir hatten aus Paraguay einen Handelsregisterauszug, aus dem hervorging, daß sich Gerd Heidemann 1980 mit über 400.000 Mark an einer Grundstücksfirma beteiligt hätte. Dieses Dokument war von Anfang an äußerst dubios, weil Heidemann

1980 nur Schulden hatte. Die Tagebuch-Gelder sprudelten erst ab 1981. Ein zweiter Handelsregisterauszug, mit Hilfe des Geschäftsführers der Deutsch-Paraguayischen Handelskammer beschafft, bestätigte den Verdacht. Heidemann hatte mit dieser Firma nichts zu tun.

(Michael Seufert am 25.9.89 im KONTAKTER)

3. Version:

Die Polizei muß auf die Firma PP gestoßen sein, da sie uns darauf ansprach. Den ersten Handelsregisterauszug, der sich als falsch herausstellte, besorgte Herr Hübner.
Den zweiten Registerauszug besorgte der ihnen bekannte Herr Günter Bartels, der zusammen mit Dr. Hans Riemann, Geschäftsführer der Deutsch-Paraguayischen Handelskammer, am 1. Oktober 1984 das Handelsregister der Firma PP einsah und feststellte, daß es keinen Eintrag über eine Beteiligung des Gerd Heidemann gibt.

(Michael Seufert am 16.10.89 an den Autor)

4. Version:

Herr Hübner erklärte mir hierzu, daß der argentinische Anwalt diese Dinge weitgehend selbständig abgewickelt habe. ... Jedenfalls sei er bei der Übergabe der Handelsregisterauszüge nicht anwesend gewesen. Er meint sich zu erinnern, daß er eine Urkunde bei der deutschen Botschaft in Asuncion habe beglaubigen lassen. Warum eine andere Urkunde in Argentinien beglaubigt wurde, vermag er nicht mehr zu sagen.

(Michael Seufert am 16.10.89 an den Autor)

5. Version:

Außerdem war uns nach Vorlage des ersten Auszugs sofort klar, daß dieses Papier schon deswegen mit großer Vorsicht zu behandeln war, weil Heidemann danach bereits 1980 mehrere hunderttausend Mark investiert haben sollte, zu einer Zeit als er noch kein Bargeld zur Beschaffung der Tagebücher in Händen hatte, sondern erhebliche Schulden.
Da ich von Herrn Nannen beauftragt worden war, alle unsere Recherchen-Ergebnisse in Sachen Heidemann/Kujau der Staatsanwaltschaft beziehungsweise der Polizei mitzuteilen, habe ich den ersten Auszug den Ermittlungsbehörden übergeben, und zwar mit der ausdrücklichen Bemerkung, daß erhebliche Zweifel am Inhalt bestünden. Über den Inhalt des zweiten Bestätigung habe ich die Behörden informiert. Eine Kopie der Handelskammer-Bestätigung hat laut Notiz von mir Herr Bartels an den Kriminalbeamten Beer übergeben.
Herr Bartels sollte das Handelsregister überprüfen. Er erzählte nach seiner Rückkehr, daß den Angestellten des Handelsregisters angeblich Geld für den ersten Auszug angeboten beziehungsweise gezahlt worden sei.

(Michael Seufert am 16.10.89 an den Autor)

KOMMENTAR

Lügt Michael Seufert? Am 15. Mai 1984 übergab er dem Kriminalbeamten Bähr zwei Handelsregisterauszüge, ausgestellt am 21. und 28. März 1983 in Asuncion, mit den Nummern 168.012 und 178.924, im Original, wie der Kriminalbeamte Bähr vermerkte.

Heute behauptet Seufert, er habe seinerzeit aber nur über einen Handelsregisterauszug aus Paraguay verfügt, aus dem hervorgegangen sei, daß sich Gerd Heidemann 1980 mit über 400.000 Mark an einer Grundstücksfirma beteiligt habe. Dieses Dokument sei von Anfang an äußerst dubios gewesen, weil Heidemann 1980 nur Schulden gehabt habe und die Tagebuch-Gelder erst ab 1981 gesprudelt seien. Diesen ersten Handelsregisterauszug habe ihm Hübner herangeschafft. Den zweiten Registerauszug habe dann am 1. Oktober 1984 Günter Bartels besorgt.

Michael Seufert muß der größte Hellseher des STERN sein, wenn er aus dem ersten Handelsregisterauszug, der am 21. März 1982 unten und am 21. März 1984 oben gestempelt wurde (den Unterschied von zwei Jahren sollte selbst er ausmachen können), ersehen konnte, daß Gerd Heidemann 1980 über 400.000.-- DM in diese Firma eingebracht hatte, heißt es doch nur (und das noch dazu mit einer anderen Schreibmaschine als der, auf der das Dokument ausgestellt war, in eine durchgestrichene Leerzeile hineingetippt): »...integrando Gerd Heidemann Gs. 30.000.000.« Der ahnungslose Heidemann-Interessierte konnte gar nicht wissen, wann der Reporter denn nun dieses Geld eingebracht hatte, da selbst in der vom STERN in Auftrag gegebenen Übersetzung dieser Eintrag korrekt lautete: »Gerd Heidemann hat 30.000.000.-- Guaranies eingebracht.«

Woher will Michael Seufert wissen, daß diese dreißig Millionen Guaranies, die bei ihm — je nach Heidemann-Laune — einmal 400.000.-- und ein anderes Mal 500.000.-- DM sind, schon 1980 eingebracht wurden?

Das kann er nur im zweiten Handelsregisterauszug gefunden haben, den aber — laut Seufert heute — der von ihm beauftragte Kaufmann Günter Bartels erst am 1. Oktober 1984 ausstellen ließ.

Hat es — neben Michael Seufert — beim STERN noch weitere Hellseher gegeben, die aus dem ersten Auszug mehr herauslasen, als überhaupt hineingemogelt worden war? So sagt Seufert: »Außerdem war uns nach Vorlage des ersten Auszugs sofort klar, daß dieses Papier schon deswegen mit großer Vorsicht zu behandeln war, weil Heidemann danach bereits 1980 mehrere hunderttausend Mark investiert haben sollte.«

Und da der intelligente Henri Nannen ausgerechnet Seufert den Auftrag erteilt hatte, »alle unsere Recherchen-Ergebnisse in Sachen Heidemann/Kujau der Staatsanwaltschaft beziehungsweise der Polizei mitzuteilen, habe ich den ersten Auszug den Ermittlungsbehörden übergeben, und zwar mit der ausdrücklichen Bemerkung, daß erhebliche Zweifel am Inhalt bestünden«. Der ehemalige STERN-Herausgeber wird wohl vergessen haben, seinen Spürhund Seufert darauf aufmerksam zu machen, daß damit selbstverständlich auch gemeint war, daß derartige Recherchen-Ergebnisse umgehend an die Ermittlungsbehörden weiterzugeben seien, sollten sie doch die angeblich so zügigen Ermittlungen der Staatsanwaltschaft hilfreich unterstützen. So aber übergab Seufert — aus welchen Gründen auch immer — die im März 1984 ausgestellten Handelsregisterauszüge erst am 15. Mai 1984 (!) an die Kriminalpolizei und die von Hans-Werner Hübner im November 1983 in Argentinien beigebrachten Papiere, die einen tollen Tagebuch-Grundstückskauf Heide-

manns belegen sollten, erst am 31. Juli 1984.

Auch das Hamburger Landgericht notierte am 31. Juli 1984, daß rechtzeitig »nach Anklageerhebung« — noch überraschendes Beweismaterial eingegangen sei: »Dokumente aus Paraguay mit Übersetzungen, übergeben von Gruner + Jahr« und »drei Tonbandkassetten (STERN-Vernehmungen vom 7. und 8.5.1983)«.

Eilig hatte es der STERN-Ressortleiter Seufert mit dem Beweismaterial offenbar nicht, saß doch sein früherer Kollege Heidemann sicher in einer Zelle des Hamburger Untersuchungsgefängnisses, unfähig, sich gegen Fälschungen wehren zu können.

Es kann kein Versehen des Kriminalbeamten Bähr gewesen sein, daß er so gar nichts von den Bedenken des Herrn Seufert gegen den ersten Handelsregisterauszug mitbekommen hatte. In seinem Vermerk findet sich nicht einmal die kleinste Andeutung. Wie sollte der erfahrene Kripo-Mann den Handelsregisterauszügen auch mißtrauen, hatten doch, nach Seuferts damaligen Angaben, seine vielen begabten Rechercheure — lediglich und ausschließlich durch beharrliches Fahnden — in den Karteien und Registern den Namen Heidemann als Teilhaber einer Firma verifiziert. Denn, so Seufert damals: »Er habe den Leuten nicht mitgeteilt, bei welchen Firmen sie suchen sollten«, und »die Rechercheure seien nun durch eigenes Nachforschen auf den Namen Gerd Heidemann im Handelsregister von Asuncion gestoßen. Herr Heidemann sei dieser Eintragung zufolge bei der Firma Productos Paraguayos mit umgerechnet ca. DM 500.000.- als Teilhaber eingetragen.« Eine tolle STERN-Leistung.

Oder enthält etwa der nächste Absatz in dem Kripo-Vermerk etwas von Seuferts Bedenken gegen ein geschäftliches Engagement Heidemanns in Paraguay?

»Weiterhin hätten die Rechercheure festgestellt, daß Ronald Heidemann (der Sohn des Reporters) auf keiner Passagierliste von Luftfahrtgesellschaften und auf keiner Einreiseliste in Paraguay und Brasilien verzeichnet sei«, hatte der Kriminalbeamte Bähr STERN-gläubig am 15. Mai 1984 notiert.

Jetzt schien Heidemanns Sohn Ronald also nicht für seinen Vater als Kurier unterwegs gewesen zu sein. Weit gefehlt. So einfach lief die Sache bei dem verhinderten Nick Knatterton des STERN nun auch wieder nicht ab. Seine Kombination sah brillanter aus. Der Kriminalbeamte brachte den Endspurt Seuferts als letzten Satz seines Vermerkes zu Papier. Es ist ein nicht wiederholbarer STERN-Höhepunkt: »Dies wertete Herr Seufert als weiteres Indiz dafür, daß Ronald Heidemann im Besitz eines Spezial-Passes ist, der ihm einen diplomatenähnlichen Status verleiht.«

Wer sich dieser wahrlich genialen Schlußfolgerung anschließt, muß annehmen, daß alle Erdbewohner, die nicht auf Passagierlisten und Einreiselisten nach Paraguay und Brasilien vermerkt sind (und das sind über fünf Milliarden), im Besitz eines paraguayischen »Spezialpasses mit diplomatenähnlichem« Status sind. Vive la diplomatie!

Dank des Kripo-Vermerks vom 15. Mai 1984 ist aber erwiesen, daß Michael Seufert dem Kriminalbeamten Bähr an diesem Tag nicht einen, sondern zwei Handelsregisterauszüge aushändigte. Dieser zweite Auszug trug die Nr. 178.924, war fünf Tage nach der Ausstellung in Asunción mit dem Inlandssteuerstempel vom 28. März 1984 versehen worden, und zwei Tage früher, am 26. März 1984, von verschiedenen paraguayischen Ministerien beglaubigt worden. Damit diese Beglaubigungen die vielleicht notwendige Bestätigung erfuhren, wurden sie im argentinischen Konsulat der Stroessner-Metropole gegengestempelt.

Jeder hätte mit beiden Papieren zur Deutschen Botschaft gehen können, aber dies erfolgte nur bei dem zweiten Papier — allerdings in tausend Kilometer Entfernung. In Buenos Aires wurde erst die Unterschrift des argentinischen Konsularbeamten beim argentinischen Außenministerium und dann die Unterschrift des Beamten aus dem Außenministerium bei der Deutschen Botschaft beglaubigt.

War das ein korrektes Verfahren? Der Diplomat Wagner von der Deutschen Botschaft in Asuncion ist da dummerweise anderer Ansicht: die vom STERN der Hamburger Staatsanwaltschaft vorgelegten Papiere hätten bei der zuständigen Deutschen Botschaft in Paraguay beglaubigt werden müssen. Spätestens hier aber wäre der holprige Satzbau aufgefallen, die unterschiedlichen Jahreszahlen, die Radierungen und die drei unterschiedlichen Unterschriften der Beamtin Aurora L. de Martinez.

Das Beglaubigen des einen Papiers bei der Deutschen Botschaft in Buenos Aires wäre nur dann korrekt gewesen, wenn die Unterlagen für Argentinien gebraucht worden wären. In diesem Fall aber sei eine solche Beglaubigung sinn- und nutzlos gewesen. Und der Mitarbeiter Schnabel von der Deutschen Botschaft in Buenos Aires erklärte, daß die Botschaft der Bundesrepublik Deutschland lediglich die vorhergehende Unterschrift und die Amtssiegel des argentinischen Außen- und Kulturministeriums bestätigt hätte — keinesfalls aber die Korrektheit der Papiere, mögen sie noch so gefälscht gewesen sein. Es sei am 28. März 1984, laut Registerbuch der Botschaft, eine gewisse Maria Luiza Stadelberger, wohnhaft Avenida Pueyrredon 1005 in Buenos Aires, erschienen.

Unter der registrierten Adresse, einem zwölfstöckigen Gebäude mit je sechs Parteien pro Stockwerk, war indes eine Maria Luiza Stadelberger niemals wohnhaft gewesen. Die Bewohner des Hauses hatten diesen Namen noch nie gehört.

Wie kommentiert die paraguayische Beamtin Aurora L. de Martinez die Handelsregisterauszüge des STERN, die ihre Unterschrift tragen?

Die Mittfünfzigerin bestreitet, die Dokumente jemals so ausgestellt zu haben. Zwar sei ihre Unterschrift unter dem einen Dokument echt, doch der Text des Formblattes Nr. 168012, das am 21. März 1984 ausgestellt wurde, ab Zeile vier nach dem Wort »nueve« gefälscht, außerdem sei in die Urkunde mit einer anderen Schreibmaschine hineingeschrieben worden.

Auf diesem zweiten Heidemann belastenden Handelsregisterauszug war aber auch anderes zu ersehen:

Aus dem Schlußpunkt sei ein Doppelpunkt oder Semikolon gemacht worden, der Rest der Zeile frei und mit (-----) Bindestrichen ausgetippt worden. Diese Striche seien vergeblich wegradiert worden, doch sei dies nicht gelungen, so daß sie noch heute auf dem Papier zu erkennen sind. Über diese durchgestrichene Linie sei auf einer anderen Schreibmaschine in spanischer Sprache getippt: »Gerd Heidemann bringt 30.000.000.-- Gs ein.« Der Text ging korrekt weiter bis zum vorletzten Satz, dann folgte wieder ein erfundener Zusatz: »Berichtigt: 30.000.000.-- einundzwanzigster achtzig. Gültig.«

Der Satzbau entspreche weder Behördenformulierung, noch sei er überhaupt in dieser Form üblich. Für den letzten Satz habe der Autor überdies offenbar mehr Text gebraucht, der aber nicht mehr in die Zeile hineinpaßte.

Vor einiger Zeit sei bereits Dr. Hans Riemann, der Leiter der Deutsch-Paraguayischen Handelskammer, bei ihr gewesen, und ihm gegenüber habe sie eine schriftliche Widerrufserklärung vor dem Richter Hunter abgegeben. Auch ein Herr von Interpol sei erschienen, der Einsicht in das Handelsregister genommen habe. Der zweite Handelsregisterauszug mit der Nr. 178924 aber sei vollständig gefälscht.

Die vom STERN in Hamburg in Auftrag gegebene Übersetzung dieses »Dokuments« lautet: »Ich bescheinige, dass im Buch des öffentlichen Handelsregister des Jahres 1979 die Firma 'Productos Paraguayos' unter der Nummer 1510, Blatt 283, eingetragen ist. In der Versammlung vom 26.11.1980 wurden die Statuten geändert, Gerd Heidemann brachte 30.000.000 Guaranies ein. Diese Bescheinigung wird auf Wunsch der Partei und durch Gerichtsbeschluß, in Asuncion, Republik Paraguay, am 23. Tag des Monats März neunzehnhundertvierundachtzig ausgestellt.

Aurora L. de Martinez
Leiterin«

Nur aus dieser zweiten Totalfälschung aber hatte Michael Seufert überhaupt herauslesen können, daß Gerd Heidemann — bereits 1980 — dreißig Millionen Guaranies in Paraguay Tagebuch-investiert haben sollte. Nicht die tölpelhaften Fälschungsmerkmale fielen Seufert, der Kriminalpolizei oder dem flinken Staatsanwalt Klein auf, sondern ausgerechnet die Jahreszahl soll stutzig gemacht haben.

Michael Seufert zählt bis zwei und
DER STERN FÜHRT REGIE

FRAGE

Wer ließ sich den zweiten Handelsregisterauszug geben?

1. Version: Von Herrn Seufert wurden mir im Gebäude des STERN zwei Dokumente mit den Seriennummern 178.924 und 168.012 aus Paraguay im Original übergeben. Bei diesen Dokumenten soll es sich um Auszüge aus dem Handelsregister in Paraguay handeln.

(Vermerk der Kripo am 15.5.84)

2. Version: Ein zweiter Handelsregisterauszug, mit Hilfe des Geschäftsführers der Deutsch-Paraguayischen Handelskammer beschafft, *bestätigte den Verdacht, Heidemann hatte mit dieser Firma nichts zu tun.*

(Michael Seufert am 25.9.89 im KONTAKTER)

3. Version: *Den zweiten Registerauszug besorgte der ihnen (dem Autor) bekannte Herr Günter Bartels, der zusammen mit Dr. Hans Riemann, Geschäftsführer der Deutsch-Paraguayischen Handelskammer, am 1. Oktober 1984 das Handelsregister der Firma PP einsah und feststellte, daß es keinen Eintrag über eine Beteiligung des Gerd Heidemann gibt. Die Unterschrift einer entsprechenden Bestätigung wurde von der Deutschen Botschaft in Asuncion beglaubigt.*

(Michael Seufert am 16.10.89 an den Autor)

KOMMENTAR

Lügt Michael Seufert? Es ist bereits nachgewiesen, daß der zweite Handelsregisterauszug, mit Datum 23. März 1984, gemeinsam mit dem ersten Handelsregisterauszug vom 21. März 1984, dem Kriminalbeamten Bähr am 15. Mai 1984 ausgehändigt wurde.

Der Kaufmann Günter Bartels aber flog erst am 22. September 1984 nach Paraguay und überprüfte gemeinsam mit Dr. Hans Riemann am 1. Oktober 1984 das Handelsregister in Asuncion. Der forsch auftretende Günter Bartels wurde von der Beamtin für einen Interpol-Beamten gehalten.

Allerdings brachte Günter Bartels keinen Handelsregisterauszug mit nach Hamburg, sondern auf Briefbogen der Deutsch-Paraguayischen Handelskammer eine Bestätigung des Geschäftsführers Dr. Riemann. Die Gebühren für dieses Heidemann entlastende Papier hatte sich Bartels von Seufert erstatten lassen. Das Schreiben lautete:

Wen es angeht

Der Unterzeichner hat am 1.10.1984 persönlich das paraguayische Handelsregister (Registro Publico de Comercio) unter der Nr. 1510, Blatt 285, aus dem Jahre 1979 eingesehen. Dort befindet sich eine mehrseitige handschriftliche Eintragung über die Fa. Productos Paraguayos S.A.I.C.; obwohl die entsprechenden Passagen nur schwer leserlich sind, kann an mit Sicherheit grenzender Wahrscheinlichkeit davon ausgegangen werden, daß eine Eintragung »integrando Gerd Heidemann G 30.000.000« nicht vorhanden ist.
Asuncion, den 1. Oktober 1984

Deutsch-Paraguayische Handelskammer

(Unterschrift)
Dr. Hans Riemann
Geschäftsführer

Hans Riemann hatte nur den ersten Handelsregisterauszug überprüft. Der zweite, in dem übrigens die Firma »Productos Paraguayos« unter der Nummer 1510 auf Blatt 283 im Handelsregister vorgerutscht war, wo allerdings eine ganz andere Firma eingetragen ist, war Bartels von Seufert erst gar nicht ausgehändigt worden.

Das Schreiben des Dr. Riemann wurde den Hamburger Ermittlungsbehörden vom STERN nicht ausgehändigt, Seufert will die Behörden nur über den Inhalt informiert haben. In den Ermittlungsakten gibt es darüber allerdings keinen Vermerk.

Michael Seufert läßt recherchieren und DER STERN VERTEILT ROLLEN

Frage:

Wenn sich ein einheimischer Helfer in Asuncion diese Handelsregisterauszüge geben ließ, geschah dieses dann in Anwesenheit des von Ihnen nach Paraguay geschickten Rechercheurs?
Warum ließ man diese Papiere nicht in Asuncion von der Deutschen Botschaft beglaubigen?
Wer flog mit diesen Papieren nach Argentinien und ließ dort die Unterschrift des argentinischen Konsularbeamten von der Deutschen Botschaft beglaubigen?

1. Version: *Von Herrn Seufert wurden mir im Gebäude des STERN zwei Dokumente mit den Serien-Nummern 178.924 und 168.012 aus Paraguay im Original übergeben. Bei diesen Dokumenten soll es sich um Auszüge aus dem Handelsregister in Paraguay handeln. Herr Seufert sagte zur Beschaffung der Dokumente folgendes: Er habe in Paraguay Rechercheure damit beauftragt...*

(Vermerk der Kripo am 15.5.84)

2. Version: *Zeuge Seufert: Da habe man den Kollegen Hübner hingeschickt, der habe nichts gefunden. Dann sei da ein Herr Bartels aufgetaucht, der lebe in Argentinien, der habe eine Bescheinigung von einem Anwalt aus Argentinien mitgebracht, mit vielen Stempeln, daß Heidemann für DM 400.000.- in Paraguay Land habe. Der Anwalt sei aber nicht selbst dagewesen und habe nur telefoniert. Das habe sich aber keineswegs als richtig feststellen lassen.*

(Protokoll des SPIEGEL-Mitarbeiters Günther F. Koch vom 63. Verhandlungstag am 19.2.85)

3. Version: *Herr Hübner erklärte mir hierzu, daß der argentiniesche Anwalt diese Dinge weitgehend selbstständig abgewickelt habe. An die Details, nach denen sie fragen, könne er sich nur noch bruchstückhaft erinnern. Jedenfalls sei er bei der Übergabe der Handelsregisterauszüge nicht anwesend gewesen. Er meint sich zu erinnern, daß er eine Urkunde bei der deutschen Botschaft in Asuncion habe beglaubigen lassen. Warum eine andere Urkunde in Argentinien beglaubigt wurde, vermag er nicht mehr zu sagen. Er will versuchen, dies zu klären.*

(Michael Seufert am 16.10.89 an den Autor)

FRAGE

Beauftragte dieser Rechercheur in Asuncion Einheimische mit bestimmten Ermittlungen und zahlte er dafür Informationshonorar?

1. Version: *Herr Seufert sagte zur Beschaffung der Dokumente folgendes: Er habe in Paraguay Rechercheure damit beauftragt...*

(Vermerk der Kripo am 15.5.84)

2. Version: *Hierzu habe ich keine eigenen Kenntnisse. Herr Hübner teilt mir mit, daß er in Asuncion Einheimische nicht beauftragt und auch keine Honorare gezahlt habe.*

(Michael Seufert am 16.10.89 an den Autor)

3. Version: *Den ersten Handelsregisterauszug, der sich als falsch herausstellte, besorgte Herr Hübner. Er erklärte mir dazu, daß er mit der Überprüfung des Handelsregisters einen argentinischen Anwalt beauftragt habe.*

(Michael Seufert am 16.10.89 an den Autor)

4. Version: *Herr Hübner erklärte mir hierzu, daß der argentiniesche Anwalt diese Dinge weitgehend selbstständig abgewickelt habe. An die Details, nach denen sie fragen, könne er sich nur noch bruchstückhaft erinnern. Jedenfalls sei er bei der Übergabe der Handelsregisterauszüge nicht anwesend gewesen. Er meint sich zu erinnern, daß er eine Urkunde bei der deutschen Botschaft in Asuncion habe beglaubigen lassen. Warum eine andere Urkunde in Argentinien beglaubigt wurde, vermag er nicht mehr zu sagen.*

(Michael Seufert am 16.10.89 an den Autor)

5. Version: *Herr Bartels sollte das Handelsregister überprüfen. Er erzählte nach seiner Rückkehr, daß der Angestellten des Handelsregisters angeblich Geld für den ersten Auszug angeboten, beziehungsweise gezahlt worden sei.*

(Michael Seufert am 16.10.89 an den Autor)

KOMMENTAR

Lügt Michael Seufert? Während Seufert im Prozeß um die gefälschten Hitler-Tagebücher alle Schuld für die gefälschten Handelsregisterauszüge auf einen gewissen »Herrn Bartels« schob, der in Argentinien lebe, hatte er im Frühjahr 1979 gegenüber der Kriminalpolizei noch behauptet, von ihm beauftragte Rechercheure hätten in Paraguay eine Firmenbeteiligung Gerd Heidemanns gefunden.

Nun stand allerdings in dem Vertrag, der am 1. Februar 1984 zwischen dem Verlag Gruner + Jahr und Günter Bartels geschlossen wurde, als Wohnsitz von Bartels Paraguay, Michael Seufert richtete spätere Briefe an Günter Bartels trotzdem an dessen Hamburger Adresse, aber den Richtern hatte dies verborgen bleiben müssen. Sie erfuhren von Seufert nur, Bartels lebe in Argentinien.

In seinen Antworten an den Autor vom 16.10.89 behauptete Michael Seufert hingegen, es sei Hans-Werner Hübner gewesen, der einen argentinischen Anwalt beauftragt habe, das Handelsregister in Asuncion zu überprüfen und/oder der sich die Handelsregisterauszüge geben ließ. Dieser argentinische Anwalt sei aber nicht selbst dagewesen, behauptete Seufert im Prozeß, sondern habe nur telephoniert. Telephoniert mit wem? In Seuferts Zeugenaussage während des Tagebuch-Prozesses soll der Advokat aber in den Diensten des STERN-Mitarbeiters Günter Bartels gestanden haben. Was denn nun, Michael Seufert? Oder hatte der imaginäre Rechtsanwalt die Fälschungen etwa telephonisch bei der Beamtin in der Handelskammer bestellt? Wohl kaum.

Vielleicht gibt es eine Erklärung für Seuferts Eiertanz. Was hatte vor Jahren sein ehemaliger STERN-Kollege Jochen von Lang über eine gelungene STERN-Fälschung durch den Korrespondenten des STERN in Buenos Aires, Hero Buss, in seinem Bormann-Buch »Der Sekretär« (auf Seite 349) geschrieben? Lang: »Mit einem Trick entlarvte Buss auch den Beweiswert der Geheimdienst-Zeugnisse. Für 50 Dollar Schmiergeld ließ er sich von der argentinischen Geheimpolizei dokumentarisch bestätigen, daß Ladislas Farago in Wahrheit Martin Bormann sei. Die Bormann-Jäger verloren daraufhin so langsam die Lust am Erfinden neuer Legenden.«

Michael Seufert fühlt sich gestört und
DER STERN SCHRECKT AUF

FRAGE

Wer spielte anschließend die Information, daß Heidemann eine Firmenbeteiligung in Paraguay habe, der BILD-Zeitung zu? Warum erwähnte man dabei nicht, daß Heidemann dieses Geld aber schon im November 1980, also Monate vor dem Beginn der Hitler-Tagebuch-Beschaffung, in Paraguay, eingezahlt haben sollte?

Antwort:

Woher Herr Kummer seine Informationen über die angebliche Heidemann-Beteiligung in Paraguay hatte, weiß ich nicht. Vom STERN nicht. Eine solche Information hätte weitere Recherchen gestört. Außerdem war uns nach Vorlage des ersten Auszugs sofort klar, daß dieses Papier schon deswegen mit großer Vorsicht zu behandeln war, weil Heidemann danach bereits 1980 mehrere hunderttausend Mark investiert haben sollte, zu einer Zeit als er noch kein Bargeld zur Beschaffung der Tagebücher in Händen hatte, sondern erhebliche Schulden.

(Michael Seufert am 16.19.89 an den Autor)

KOMMENTAR

Lügt Michael Seufert möglicherweise auch hier, wenn er behauptet, der BILD-Chefreporter Jochen Kummer habe seine Infor-

mation nicht vom STERN erhalten? Schließlich hieß es in dem BILD-Artikel vom 14. August 1984 — fast fünf Monate nach Ausstellung der beiden Handelsregisterauszüge: »Stern-Prozeß: Echte Spur nach Paraguay? 'Stern'-Reporter glauben, bei Heidemann eine neue Spur der 'Stern'-Millionen entdeckt zu haben — in Paraguay: Heidemann soll sich mit rund 430.000 Mark an der Firma 'Productos Paraguayos' beteiligt haben.«

Wenn — wie Michael Seufert in seiner Antwort an den Autor behauptet — eine solche Information an BILD weitere Recherchen gestört hätte, da ihm doch seit Vorlage des ersten Auszuges angeblich sofort klargeworden sei, daß dieses Papier mit großer Vorsicht zu behandeln sei, warum hatte dann niemand in der STERN-Redaktion Heidemann entlastende Recherchen unternommen? Ein einziges Fax an das Handelsregister von Asuncion oder an die Deutsch-Paraguayische Handelskammer, mit der Bitte um Überprüfung, hätte doch genügt. Seufert hätte aber Hübner auch in die dortige Deutsche Botschaft schicken können.

Und wenn nun spätestens seit der Überprüfung durch den Hamburger Günter Bartels und Dr. Hans Riemann feststand, daß es sich um Fälschungen handelte, warum log schließlich auch noch der ehemalige Sprecher Heiner Bremer (acht Monate später) das HAMBURGER ABENDBLATT an, das er heute in seiner Stellung als Sprecher des Axel Springer Verlages mit vertreten muß.

Am 10. Juli 1985 meldete das lokale Springer-Flaggschiff unter dem reißerischen Titel »Stern: Erste Spuren vom Tagebuch-Geld entdeckt«: »'Stern'-Sprecher Heiner Bremer sagte: 'Wenn wir die Bücher wiederkriegen sollten, stampfen wir sie sofort ein.' Er fügte hinzu, das Magazin habe in den vergangenen Monaten eifrig nach dem Geld gesucht und sogar erste Spuren in Südamerika und Spanien gefunden: 'Aber von dem Geld haben wir noch keinen Pfennig wiedergesehen'.«

Michael Seufert denkt nach und DER STERN AGIERT

FRAGE

Wer lieferte wann die Originalpapiere den Ermittlungsbehörden?

1. Version: Von Herrn Seufert wurden mir im Gebäude des STERN zwei Dokumente mit den Serien-Nummern 178924 und 168012 aus Paraguay übergeben. Bei diesen Dokumenten soll es sich um Auszüge aus dem Handelsregister in Paraguay handeln. Herr Seufert sagte zur Beschaffung der Dokumente folgendes: Er habe in Paraguay Rechercheure damit beauftragt, Karteien und Register nach Eintragungen auf Namen von in diesem Strafverfahren beteiligten Personen abzufragen. Er habe den Leuten nicht mitgeteilt, bei welchen Firmen sie suchen sollten. Die Rechercheure seien nun durch eigenes Nachforschen auf den Namen Gerd Heidemann im Handelsregister von Asuncion gestoßen. Herr Heidemann sei dieser Eintragung zufolge bei der Firma »Productos Paraguayos« mit umgerechnet ca. DM 500.000,- als Teilhaber eingetragen.

(Vermerk des Krim.-Beamten Bähr am 15.5.84)

2. Version:

Absurd ist der Vorwurf, der STERN oder ich hätte den Ermittlungsbehörden gefälschte Dokumente untergeschoben, um Gerd Heidemann zu belasten. Aus welchen Quellen Herr Koch schöpft, weiß ich nicht. Er hätte in den Gerichtsprotokollen nachlesen können, wie es wirklich war.

(Michael Seufert am 25.9.89 im KONTAKTER)

3. Version:

Da ich von Herrn Nannen beauftragt worden war, alle unsere Recherchen-Ergebnisse in Sachen Heidemann/Kujau der Staatsanwaltschaft beziehungsweise der Polizei mitzuteilen, habe ich den ersten Auszug den Ermittlungsbehörden übergeben, und zwar mit der ausdrücklichen Bemerkung, daß erhebliche Zweifel am Inhalt bestünden. Über den Inhalt des zweiten Bestätigung habe ich die Behörden informiert. Eine Kopie der Handelskammer-Bestätigung hat laut einer Notiz von mir Herr Bartels an den Kriminalbeamten Beer (heißt: Bähr) übergeben.

(Michael Seufert am 16.10.89 an den Autor)

KOMMENTAR

Lügt Michael Seufert? Wenn er gegenüber dem KONTAKTER meint, der Autor habe in den Gerichtsprotokollen nachlesen können, wie es wirklich war, beweist er damit nur, daß er noch nie ein Gerichtsprotokoll gesehen hat. Dort heißt es, wie nur im Strafprozeß üblich, zur Aussage des Zeugen Seufert am 19.2.1985 lediglich: »Der Zeuge Seufert wurde hereingerufen und gemäß § 57 StPO belehrt. Er erklärte zur Person: Michael Seufert, 41 Jahre, Redakteur, wh. in Hamburg. Mit dem Angeklagten nicht verwandt und nicht verschwägert. Der Zeuge sagte zur Sache aus.«

Was der Zeuge aussagte, wurde nicht vermerkt, das geschieht nur in Zivilprozessen. Wußte Michael Seufert dies etwa? Und am Schluß des Protokolls der schlichte Satz: »Auf Anordnung des Vorsitzenden wurde der Zeuge ordnungsgemäß vereidigt und im allseitigen Einverständnis entlassen.« Genau dies kann für Michael Seufert zu einem Problem werden, denn seine Aussage wurde sehr wohl protokolliert, allerdings nicht vom Gericht, sondern von dem im Auftrag des SPIEGEL mitschreibenden Journalisten Günther F. Koch, der nüchtern festhielt, daß bei Seufert nun ein Bartels »aufgetaucht« sei und die dubiosen Dokumente über Heidemanns angebliche Investitionen überreicht habe.

Wenn aber Michael Seufert mit den »Gerichtsprotokollen« die Ermittlungsakten der Kripo bzw. der Staatsanwaltschaft meint, so steht dort (unter dem 15.5.84) klar und eindeutig, daß Seufert an diesem Tag zwei Handelsregisterauszüge — ohne Hinweis auf eine mögliche Fälschung (!) — der Kripo ausgehändigt hat.

Und wenn — laut einer nicht nachvollziehbaren »Notiz« Seuferts — der vom STERN in Verruf gebrachte Bartels eine Kopie der Handelskammer-Bestätigung dem Kriminalbeamten Bähr übergeben haben will, wird sich die Frage anschließen, warum diese Kopie nicht Eingang in die Ermittlungsakten fand.

Hatte Michael Seufert sie nur im Kopf gehabt oder lediglich vergessen, sie einer Sekretärin zu diktieren? Oder waren Kripo bzw. Staatsanwaltschaft schreibfaul?

Michael Seufert ist beschäftigt und DER STERN WIRD NERVÖS

FRAGE

Welche Anstrengungen unternahmen Sie, um herauszufinden, wer mit diesen Fälschungen entweder den STERN hereinlegen oder Heidemann belasten wollte und sich dabei im Datum geirrt hatte?

1. Version:

Auf die Frage des Heidemann-Anwaltes Daum an den Zeugen Michael Seufert, es gäbe doch da eine Recherche des STERN nach Argentinien und nach Paraguay, was das sei, antwortete der Zeuge Seufert: Da habe man den Kollegen Hübner hingeschickt, der habe nichts gefunden, dann sei da ein Herr Bartels aufgetaucht, der lebe in Argentinien, der habe eine Bescheinigung von einem Anwalt aus Argentinien mitgebracht, mit vielen Stempeln, daß Heidemann für DM 400.000.- in Paraguay Land habe. Der Anwalt sei aber selbst nicht dagewesen und habe nur telefoniert, das habe sich keineswegs aber als richtig feststellen lassen.

(Protokoll des SPIEGEL-Mitarbeiters Günther F. Koch vom 63. Verhandlungstag am 19.2.85)

2. Version:

Aus welchen Quellen (der Autor) schöpft, weiß ich nicht. Er hätte in den Gerichtsprotokollen nachlesen können, wie es wirklich war: Wir hatten aus Paraguay einen Handelsregisterauszug, aus dem hervorging, daß sich Gerd Heidemann 1980 mit über 400.000 Mark an einer Grundstücksfirma beteiligt hätte. Dieses Dokument war von Anfang an äußerst dubios, weil Heidemann 1980 nur Schulden hatte. Die Tagebuchgelder sprudelten erst ab 1981. Ein zweiter Handelsregisterauszug, mit Hilfe des Geschäftsführers der Deutsch-Paraguayischen Handelskammer beschafft, bestätigte den Verdacht, Heidemann hatte mit dieser Firma nichts zu tun. So habe ich die Staatsanwaltschaft unterrichtet, so habe ich es vor Gericht ausgesagt. Man muß die Tatsache schon reichlich hinbiegen, um aus einem rechtskräftig verurteilten Betrüger ein unschuldiges Opfer zu machen. Damit richtet sich (der Autor) selbst.

(Michael Seufert am 25.9.89 im KONTAKTER

3. Version: Keine, weil uns die Recherchen in Sachen Heidemann und Kujau vollauf beschäftigten.

(Michael Seufert am 16.10.89 an den Autor)

KOMMENTAR

Lügt Michael Seufert? Er will keine Anstrengungen unternommen haben, um herauszufinden, wer die Fälschungen fabriziert haben konnte, die sein Kollege Hans-Werner Hübner nach einer kostspieligen Südamerika-Reise herbeigeschafft hatte, aber er gibt als Grund an: »...weil uns die Recherchen in Sachen Heidemann und Kujau vollauf beschäftigen.«

So beschäftigt aber war der STERN nicht, unternahm er doch in dieser Sache erst einmal sechs Monate fast gar nichts. Erst dann beauftragte er den Kaufmann Günter Bartels, das Handelsregister in Asuncion zu überprüfen. Was eine einfache Anfrage über die Deutsche Botschaft oder über die Deutsch-Paraguayische Handelskammer erreicht hätte, mußte nun mit einer spesenträchtigen Reise durchgeführt werden.

Die Zeit für eine Anfrage hätte Michael Seufert wohl trotz der angeblich so zeitraubenden Recherchen in Sachen Heidemann und Kujau ohne Frage gehabt — wenn er nur gewollt hätte.

Solange aber der Verdacht bestehenblieb, daß Heidemann über Besitz im Ausland verfügt, blieb Heidemann auch wegen Fluchtgefahr in Untersuchungshaft. War das vielleicht Michael Seuferts Absicht?

Die naive Frage muß erlaubt sein, warum Hans-Werner Hübner nicht von Michael Seufert mit der Überprüfung der von ihm gelieferten Fälschungen beauftragt worden war. Ein Blick in Hübners Spesenabrechnung hätte überdies sofort erkennen lassen, ob er sich zum Zeitpunkt des Ausstellens der beiden Fälschungen in Asuncion aufgehalten hatte und wer der argentinische Rechtsanwalt war, der diese Papiere angeblich für Hübner beschafft haben sollte und wieviel STERN-Taler dafür der Verlag Gruner + Jahr hatte opfern müssen.

Michael Seufert gibt nicht auf und DER STERN KAUFT EIN

FRAGE

Schickten Sie zur Überprüfung deshalb Günter Bartels auf STERN-Kosten nach Paraguay?

1. Version: ...ich bestätige Ihnen hiermit, daß Sie beauftragt sind, für den STERN in Paraguay Erkundigungen über Gerd Heidemann und sein geschäftliches Engagement bei der Firma Productos Paraguayos anzustellen. Ich bitte Informanten, bei dieser Tätigkeit Herrn Bartels behilflich zu sein.
Mit freundlichen Grüßen STERN-Redaktion,
Michael Seufert.

(Schreiben Michael Seuferts vom 17.9.84 an Günter Bartels)

2. Version: *Im September 1984 habe ich von dem »Stern«-Redakteur Herrn Seufert Dokumente von sogenannten Handelsregisterauszügen aus Paraguay erhalten, die Heidemann belasteten. Ich wurde gebeten, diese Dokumente in Paraguay zu überprüfen. Das habe ich gemacht und dabei festgestellt, daß die Dokumente nicht in Ordnung waren. Dieses habe ich auch Herrn Seufert nach Rückkehr meiner Reise mitgeteilt. Mir war nicht bekannt, daß die Dokumente von Mitarbeitern des »Stern« aufgefunden worden sind.*

(Eidesstattl. Versicherung von Günter Bartels am 8.8.89)

3. Version: *Seufert sagte im September 1984: »Wir haben noch viel, viel mehr!«*

(Günter Bartels am 8.8.89 an den Autor)

4. Version: *Zeuge Seufert: Da habe man den Kollegen Hübner hingeschickt, der habe nichts gefunden. Dann sei da ein Herr Bartels aufgetaucht, der lebe in Argentinien, der habe eine Bescheinigung von einem Anwalt aus Argentinien mitgebracht, mit vielen Stempeln, daß Heidemann für DM 400.000.- in Paraguay Land habe. Der Anwalt sei aber nicht selbst dagewesen und habe nur telefoniert. Das habe sich aber keineswegs als richtig feststellen lassen.*

(Protokoll des SPIEGEL-Mitarbeiters Günther F. Koch vom 63. Verhandlungstag am 19.2.85)

5. Version: *Herr Bartels sollte das Handelsregister überprüfen. Er erzählte nach seiner Rückkehr, daß der Angestellten des Handelsregisters angeblich Geld für den ersten Auszug angeboten beziehungsweise gezahlt worden sei.*

(Micheal Seufert am 16.10.89 an den Autor)

KOMMENTAR

Michael Seufert log, wenn das Protokoll des SPIEGEL-Mitarbeiters Günther F. Koch vom 63. Verhandlungstag korrekt ist. Pech für Seufert: Heidemann-Rechtsanwalt Daum bestätigte die Richtigkeit des Kochschen Protokolls. Am 19. Februar 1985 sagte der Zeuge Seufert vor der Großen Strafkammer 11 aus. Von Heidemanns Anwalt Daum befragt, was es mit der Recherche in Argentinien und Paraguay auf sich gehabt hätte, erklärte Michael Seufert: »Da habe man den Kollegen Hübner hingeschickt, der habe nichts gefunden. Dann sei da ein Herr Bartels aufgetaucht, der lebe in Argentinien, der habe eine Bescheinigung von einem Anwalt aus Argentinien mitgebracht, mit vielen Stempeln, daß Heidemann für DM 400.000.-- in Paraguay Land habe.«
Michael Seufert bestreitet heute diese Aussage.
Tatsächlich hatte Seufert am 17. September 1984 den Kaufmann Günter Bartels beauftragt, »für den STERN in Paraguay Erkundigungen über Gerd Heidemann und sein geschäftliches Engagement bei der Firma Productos Paraguayos anzustellen«. Daß die bisher vorliegenden Papiere von STERN-Mitarbeitern beschafft worden waren, erfuhr Günter Bartels — bis heute — nicht. Er hörte statt dessen von Seufert: »Wir haben noch viel, viel mehr!« Bedenken gegen die Echtheit wurden von Seufert selbstverständlich nicht geäußert.

Michael Seufert zeigt nicht an und
DER STERN STELLT SICH DUMM

FRAGE

Wenn (Sie von den Fälschungen gewußt haben), haben Sie Anzeige gegen den Fälscher erstattet?

1. Version: *Zeuge Seufert: Dann sei da ein Herr Bartels aufgetaucht, der lebe in Argentinien, der habe eine Bescheinigung von einem Anwalt aus Argentinien mitgebracht, mit vielen Stempeln, daß Heidemann für DM 400.000.-- in Paraguay Land habe.*
(Protokoll des SPIEGEL-Mitarbeiters Günther F. Koch vom 63. Verhandlungstag am 19.2.85)

2. Version: *Da er (der Fälscher) uns nicht bekannt war, hielten wir das für überflüssig.*
(Michael Seufert am 16.10.89 an den Autor)

KOMMENTAR

Lügt Michael Seufert? Da er laut SPIEGEL-Protokoll im Prozeß die Schuld für die Fälschung auf Günter Bartels geschoben hat, war ihm aber zumindest dieser Name bekannt. Es hätte allerdings auch eine Anzeige gegen Unbekannt erstattet werden können, wenn der STERN überhaupt Wert auf Aufklärung gelegt hätte. Es sei gestattet, diesbezüglich Zweifel anzumelden.

Michael Seufert organisiert und
DER STERN GIBT NICHT AUF

FRAGE

In welchen Ländern haben Sie Recherchen anstellen lassen?

Antwort: *Spanien, Argentinien, Brasilien, Paraguay.*
(Michael Seufert am 16.10.89 an den Autor

FRAGE

Haben Sie die gleichen Recherchen auch in bezug auf Konrad Kujau anstellen lassen?

1. Version: *Herr Seufert sagte zur Beschaffung der Dokumente folgendes: Er habe in Paraguay Rechercheure damit beauftragt, Karteien*

und Register nach Eintragungen auf Namen von in diesem Strafverfahren beteiligten Personen abzufragen.
(Vermerk der Kripo am 15.5.84

2. Version: *Ja, allerdings nicht in den selben Ländern, weil es keine Anhaltspunkte dafür gab, daß Konrad Kujau in diesen Ländern Aktivitäten entwickelt haben könnte. Bei Gerd Heidemann war das anders. Er hatte während einer aufwendigen Reise mit dem SS-General Wolff zahlreiche Kontakte in diesen Ländern geknüpft.*
(Michael Seufert am 16.10.89 an den Autor)

KOMMENTAR

Lügt Michael Seufert? Außer in den von ihm angegebenen Ländern wurden von Hübner Verwandte Heidemanns in New York und Washington befragt.

Während er heute erklärt, man habe zum Beispiel in Paraguay keine Recherchen in bezug auf Konrad Kujau anstellen lassen, versicherte Seufert der Kriminalpolizei am 15. Mai 1984 das Gegenteil, daß er eben doch gegen »sämtliche ... beteiligten Personen« recherchiert habe.

Michael Seufert verrät und
DER STERN SPIELT FALSCH

FRAGE

Wie vereinbart sich Ihre Zusammenarbeit mit der Hamburger Staatsanwaltschaft mit dem Informantenschutz?
Haben Sie jeweils die Informanten befragen lassen, ob sie damit einverstanden sind, daß ihre Namen in den Recherchenberichten den Ermittlungsbehörden zugänglich gemacht werden?

1. Version: *Herr Bartels hat dem STERN Informationen über Verbindungen von Herrn Heidemann nach Argentinien angeboten.*
Die Parteien vereinbaren folgendes:
... 5. Herr Bartels erklärt sich bereit, auf Wunsch des STERN in der Angelegenheit auch im Ausland weitere Recherchen anzustellen. Für diesen Fall wird der STERN Herrn Bartels sämtliche angefallenen Kosten und Spesen gegen entsprechende Belege erstatten.
6. Herr Bartels verpflichtet sich in dieser Angelegenheit Dritten keinerlei Informationen zu geben, weder mündlich noch schriftlich.
7. Der STERN sagt Herrn Bartels Informantenschutz zu.
(Vertrag zwischen Gruner + Jahr AG & Co und Günter Bartels, Paraguay, Hamburg, den 1. Februar 1984)

2. Version: *Gestern, am 7.3.1984, suchte ich den Redakteur Michael Seufert in den Räumen des »stern« auf.*
Herr Seufert übergab mir Copien von Abschriften von Tonbandgesprächen.

Die Gespräche wurden geführt mit dem Kaufmann Günter Amandus Bartels, geb. 05.02.1925 in Cuxhaven, am 21.04.83 abgemeldet nach Paraguay.
... Herr Seufert teilte weiter mit, daß er und Herr Dr. Ruppert übereinstimmend das Gefühl hatte, daß Herr Bartels zu ihnen geschickt worden sei. Sie hatten den Eindruck, daß er versuchen sollte, den »Stern« auf eine evtl. falsche Fährte zu locken. Bei dem Telefongespräch zwischen Herrn Bartels und Herrn Fritz Ruffinengo, dem Bruder von Franz Ruffinengo, hatten Herr Seufert und Herr Dr. Ruppert den Eindruck, daß dieses abgesprochen gewesen sei.

(Vermerk des Krim.-Beamten Bähr vom 8.8.84)

3. Version: *Ja.*

(Michael Seufert am 16.10.89 an den Autor)

KOMMENTAR

Lügt Michael Seufert? Obwohl er mit Günter Bartels Informantenschutz vereinbart hatte, teilte er ohne dessen Genehmigung (wie dem Autor später von Günter Bartels versichert wurde) der Kriminalpolizei nicht nur dessen Personendaten mit, sondern übergab die Tonbänder der mit Bartels geführten Gespräche (auch ein in der STERN-Redaktion heimlich mitgeschnittenes Telephonat zwischen Günter Bartels und Fritz Ruffinengo in Caracas/Venezuela) — machte (gemeinsam mit dem STERN-Rechtsanwalt Andreas Ruppert) den eigenen Informanten obendrein noch schlecht. Das hinderte Michael Seufert allerdings nicht, denselben Bartels zur Überprüfung des Handelsregisters in Asuncion im September 1984 nach Südamerika zu schicken.

Michael Seufert verdrängt und *DER STERN WEISS VON NICHTS*

FRAGE

Sie haben in der Hauptverhandlung ausgesagt, Mitschnitte von Telephonaten seien beim STERN nur üblich, wenn man den Gesprächspartner vorher darauf aufmerksam mache.
Haben Sie sich immer daran gehalten?

Antwort: *Ja.*

(Michael Seufert am 16.10.89 an den Autor)

KOMMENTAR

Lügt Michael Seufert? In Gegenwart Gerd Heidemanns rief er beispielsweise am 10. September 1975 den Bundestagsabgeordneten und Aufsichtsratsvorsitzenden der »Deutschen Eisenbahn-Versicherungskasse« und Präsidenten der Eisenbahn-Gewerkschaft Philipp Seibert an. Das Telephonat wurde — heimlich — mitgeschnitten, ohne daß Seufert dieses Seibert mitteilte, wie aus dem Gespräch hervorgeht:

Seufert: »Schönen guten Tag, Herr Seibert. Hier ist Michael Seufert vom STERN in Düsseldorf. Ich rufe Sie wegen des Artikels im EXPRESS vom Montag, von Herrn Steinhoff, an. Der Titel war: 'Ein ganzer Negerkral sollte vor der Gewerkschaft tanzen.' Da ist ja eine Reihe von Vorwürfen gegen Sie erhoben worden. Wir befassen uns nun mit dem Fall und ich möchte darum gern mal mit Ihnen darüber sprechen. Der Herr Steinhoff hat Sie da ja, auf gut deutsch gesagt, ganz schön angeschossen.«

Seibert: »An..., ja schön. Also, ich kenne den Artikel ... Was hier Herr Steinhoff macht, ist ein unwahre Sache.«

Seufert: »Welche Motive sollte er denn haben?«

Seibert: »Welche Motive? Der Steinhoff? Ganz einfach. Der Steinhoff hat in einer anderen Sache mit einem ehemaligen Vorstandsmitglied der DEVK auch schon zusammengearbeitet. Und dann ist das in nichts zusammengefallen. Nun versucht Herr Steinhoff da eine Story aufzubauen, die nicht abgedeckt ist.«

Die Abschrift dieses mitgeschnittenen Telephongesprächs beträgt siebzehn Schreibmaschinenseiten.

Michael Seufert lügt in seiner knappen Antwort auf die vom Autor an ihn gerichtete Frage heute ebenso, wie er unter Eid am 19. Februar 1985 während des Tagebuch-Prozesses auf die Frage des Vorsitzenden gelogen hat. Und auch die Abhöraktion des STERN während der Schleyer-Affäre in Bonn war Seufert sicherlich nicht unbekannt geblieben.

Michael Seufert schützt und
DER STERN WIRD BELASTET

FRAGE

Glauben Sie, daß das Urteil gegen Ihren früheren Kollegen Gerd Heidemann gerecht war?

Antwort: Den Schuldspruch halte ich für richtig.

(Michael Seufert am 16.10.89 an den Autor)

FRAGE

Ist Ihnen bekannt, daß dieselbe Große Strafkammer in ihrem Urteil davon ausgegangen ist, daß Gerd Schulte-Hillen Ende April 1983 bewußt in Rechnung gestellt hat, die letzten 300.000 Mark für eine Fälschung zu bezahlen?

Anwort: *Ja, nachdem ich die Passage im Urteil (Seite 407) noch einmal nachgelesen habe. Dort ist jedoch nicht Herr Schulte-Hillen genannt, sondern vom Verlag die Rede.*

(Michael Seufert am 16.10.89 an den Autor)

FRAGE

Glauben Sie, daß die Kammer auch in diesem Punkt richtig urteilte?

Antwort: *Ich halte dies lediglich für eine Unterstellung des Gerichts zugunsten von Heidemann. Ich bin aufgrund zahlreicher Gespräche im übrigen davon überzeugt, daß der Verlag damals noch von der Echtheit der Tagebücher ausging.*

Michael Seufert am 10.10.89 an den Autor)

KOMMENTAR

Im Urteil des Hamburger Landgerichts vom 8.7.85 heißt es (auf den Seiten 406 und 407): »Tatsächlich stand der Verlag, was die Echtheitsfrage angeht, jetzt mit leeren Händen da. Aufgrund des Materialgutachtens Dr. Rentz' zum Mussolini-Telegramm war erwiesen, daß die drei Schriftgutachter Dr. Frei-Sulzer, Hilton und das Landeskriminalamt Rheinland-Pfalz einem Fälscher aufgesessen waren.

Die Möglichkeit, daß es sich bei der Parteiamtlichen Mitteilung, die stellvertretend für die Tagebücher stand und aus derselben Quelle stammte, um eine Fälschung handelte, war unabweisbar. Die Kammer geht deshalb davon aus, daß seitens des Verlages bewußt in Rechnung gestellt wurde, für den am 29. April 1983 überlassenen Betrag von 300.000.-- DM gefälschte Hitler-Tagebücher zu erhalten, ein Umstand, der strafmildernd zu berücksichtigen ist. Da die Redaktion, was die Echtheitsfrage angeht, denselben Kenntnisstand wie Heidemann hatte, kann gegen ihn kein straferschwerender Vorwurf daraus abgeleitet werden, daß er nicht warnend auf die sich aus dem Gutachten Dr. Rentz ergebenden Konsequenzen hinwies.«

Michael Seufert will heute nunmehr weismachen, daß nicht Schulte-Hillen, sondern der Verlag vom Gericht Tagebuch-denunziert wurde und daß diese enthüllende Passage lediglich eine Unterstellung des Gerichts zugunsten Heidemanns gewesen sein soll. Ist Seufert wirklich derart simpel gestrickt?

Nun war und ist aber Gerd Schulte-Hillen der Vorstandsvorsitzende des Verlags Gruner + Jahr. Er unterschrieb die Zahlungsanweisung über die letzten 300.000.- DM, und er führte anschließend die weltweiten Verkaufsverhandlungen mit den — nach Meinung des Gerichts — nun gefälschten Hitler-Tagebüchern. Mit dem Begriff »Verlag« kann sich das Urteil nur auf Gerd Schulte-Hillen beziehen.

Zweitens hält Michael Seufert »dies lediglich für eine Unterstellung des Gerichts zugunsten von Heidemann«. Das wiederum unterstreicht, daß Seufert nicht ohne Grund stellvertretender Chefredakteur des STERN geworden ist.

Nach allem, was wir inzwischen von dem heutigen stellvertretenden Chefredakteur des STERN wissen, kommt nun hinzu, daß er nicht einmal in der Lage ist, Zeilen aus dem Gerichtsurteil richtig zu lesen. Auch hier dreht er die Sache um. Die Kammer hatte just das genaue Gegenteil festgestellt.

Weil eben die negativen Gutachten inzwischen vorlagen, glaubte sie, daß seitens des Verlages bereits am 29. April 1983 bewußt in Rechnung gestellt wurde, weitere Gelder für Fälschungen auszukehren. Da die letzten Tagebuch-Materialgutachten aber schon am 23. April 1983 in der Verlagsleitung eingetroffen waren, muß dieser Erkenntnisstand bereits schon zuvor vorhanden gewesen sein, und zwar zu einer Zeit, als die Verkaufsverhandlungen auf Hochtouren liefen. Und erst daraus leitet die Kammer ab, daß dieser Umstand strafmildernd für Heidemann zu berücksichtigen sei.

Michael Seufert würde wohl auch die längste (oder kürzeste?) Zeit stellvertretender STERN-Chefredakteur gewesen sein, wenn er nunmehr zugeben würde, er sei überzeugt, daß die Verlagsleitung seinerzeit ihr weltweites Millionenspiel wissentlich mit den gefälschten Hitler-Tagebüchern betrieben habe.

Ob sich der Verlag einen solchen Dauer-Fabulierer noch lange als stellvertretenden Chefredakteur leisten will, bleibt abzuwarten.

Michael Seufert schwärzt an und
DER STERN BELASTET

FRAGE

Warum versuchten Sie, in der Hauptverhandlung die Schuld für die Fehlinformationen Günter Bartels zuzuschieben und sagten nicht klar aus, wer Ihnen die gefälschten Papiere wirklich zugespielt hatte?

1. Version: Herr Seufert teilte weiter mit, daß er und Herr Dr. Ruppert übereinstimmend das Gefühl hatten, daß Herr Bartels zu ihnen geschickt worden sei. Sie hatten den Eindruck, daß er versuchen sollte, den »Stern« auf eine evtl. falsche Fährte zu locken.

(Vermerk der Kripo am 8.3.84)

2. Version: Zeuge Seufert: Da habe man den Kollegen Hübner hingeschickt, der habe nichts gefunden. Dann sei da ein Herr Bartels aufgetaucht, der lebe in Argentinien, der habe eine Bescheinigung von einem Anwalt aus Argentinien mitgebracht, mit vielen Stempeln, daß Heidemann für DM 400.000.- in Paraguay Land habe. Der Anwalt sei aber nicht selbst dagewesen und habe nur telefoniert. Das habe sich aber keineswegs als richtig feststellen lassen.

(Protokoll des SPIEGEL-Mitarbeiters Günther F. Koch vom 63. Verhandlungstag am 19.2.85)

3. Version: *Diese Frage geht von falschen Voraussetzungen aus. Ich habe am 19. Februar 1985 vor dem Landgericht Hamburg der Wahrheit gemäß ausgesagt. Es gab keinen Anlaß, Herrn Bartels zu belasten. Er hatte den Beweis für unsere Vermutung gebracht, daß der erste Register-Auszug falsch war. Ein von einem Kollegen geführtes Protokoll über meine Aussage hat exakt diesen Inhalt. Ihre Quelle ist falsch unterrichtet.*

(Michael Seufert am 16.10.89 an den Autor)

KOMMENTAR

Lügt Michael Seufert? Schon am 8. März 1984 hatten er und der STERN-Anwalt Andreas Ruppert gegenüber der Kriminalpolizei den Informanten Günter Bartels angeschwärzt. Und in der Hauptverhandlung der Großen Strafkammer 11 hatte der STERN-Zeuge Seufert am 19. Februar 1985 — laut SPIEGEL-Protokoll — Günter Bartels sogar als Lieferanten der gefälschten Handelsregisterauszüge hingestellt. Jetzt schreckt Seufert selbst nicht davor zurück, einen Mitarbeiter des SPIEGEL der Lüge zu bezichtigen.

Michael Seufert kombiniert und DER STERN PHANTASIERT

FRAGE

Warum erzählten Sie den Ermittlungsbehörden, daß Ronald Heidemann, der Sohn Gerd Heidemanns, einen Paß mit diplomatenähnlichem Status haben müsse?

1. Version: *Ermittlungen des »Stern« haben weiter ergeben, daß Ronald Heidemann im Besitz eines Spezialpasses aus Paraguay sein soll, der ihm einen diplomatenähnlichen Status verleiht. Diesen Spezialpaß soll Herr Heidemann durch Beziehungen zu Regierungskreisen in Paraguay erhalten haben.*

(Vermerk der Kripo am 8.3.84)

2. Version: *Herr Seufert sagte ... Weiterhin hätten die Rechercheure festgestellt, daß Ronald Heidemann auf keiner Passagierliste von Luftfahrtgesellschaften und auf keiner Einreiseliste in Paraguay und Brasilien verzeichnet sei. Dies wertete Herr Seufert als weiteres Indiz dafür, daß Ronald Heidemann im Besitz eines Spezialpasses ist, der ihm einen diplomatenähnlichen Status verleiht.*

(Vermerk der Kripo am 15.5.84)

3. Version: *Ronald Heidemann hat seinerzeit nach unseren Recherchen, die aus zwei Quellen bestätigt wurden, einen sogenannten »consularischen Paß« aus Paraguay besessen, ausgestellt von Oberst Pastor, seinerzeit Sicherheitschef unter Präsident Stroessner. Wir meinten, daß die Staatsanwaltschaft dies wissen müsse.*

(Michael Seufert am 16.10.89 an den Autor)

KOMMENTAR

Lügt Michael Seufert? Da er heute behauptet, er habe keine Rechercheure in Paraguay beauftragt, sondern nur Hans-Werner Hübner über den großen Teich geschickt, dieser aber wiederum keine einheimischen Rechercheure beschäftigt, können darum unmöglich »die Rechercheure festgestellt« haben, daß Ronald Heidemann auf keiner Passagierliste von Luftfahrtgesellschaften und auf keiner Einreiseliste in Paraguay und Brasilien verzeichnet sei.

Um Tausende von Flügen nach und von Paraguay und Brasilien zu überprüfen (und dazu noch die Einreiselisten beider Länder durchzusehen), hätte es außer der Zahlung von abenteuerlichen Bestechungsgeldern vieler STERN-fleißiger Ermittler bedurft. Informationshonorare an Einheimische aber will Hans-Werner Hübner — laut Seufert — nicht gezahlt haben.

Nun muß es ein merkwürdiger Paß sein, den Ronald Heidemann besitzen soll. Einmal ist es bei Seufert ein »Spezialpaß« aus Paraguay, der dem Sohn Heidemanns einen »diplomatenähnlichen Status« verleihen soll, ein anderes Mal ist es ein sogenannter »consularischer Paß«, den Oberst Pastor, seinerzeit Sicherheitschef unter Präsident Stroessner, ausgestellt haben soll.

Abgesehen davon, daß ein konsularischer Paß doch wohl nur ein Paß sein kann, der von einem Konsulat ausgestellt wird (dann wäre es allerdings nur ein normaler Reisepaß), kann Seufert mit dieser Bezeichnung doch lediglich andeuten, daß der Lufthansa-Steward in den Rang eines Konsuls mit diplomatenähnlichem Status erhoben wurde.

Daß dafür aber ausgerechnet der Chef der Ermittlungsabteilung der paraguayischen Polizei, Pastor M. Coronel, (den Michael Seufert nur unter dem Vornamen »Pastor« kennt) zuständig sein soll, wird nur Seufert aufklären können.

So entpuppten sich auch in diesem Fall die angeblichen »Ermittlungen des STERN« als STERN-spezifisches Windei. Wie selbst die Polizei feststellte, hatte Ronald Heidemann niemals einen »consularischen« Paß besessen, sondern seinen normalen deutschen Reisepaß. Ein schlichter Anruf bei Pastor M. Coronel unter der Telephonnummer Asuncion 41636 hätte den Mann vom STERN auf die richtige Spur geführt.

STERN-Kronzeuge

PASTOR M. CORONEL
Jefe del Departamento de Investigaciones
de la Policia de la Capital

Pte. Franco 263
Teléf. 41 636

Asunción
Paraguay

Visitenkarte:
Nachname unbekannt geblieben

Michael Seufert wird aggressiv und
DER STERN BESTREITET

FRAGE

Warum haben Sie erst auf Anforderung während der Hauptverhandlung eine Tonbandkassette mit Telephonaten Heidemanns mit Kujau und Edith Lieblang von Anfang Mai 1983 herausgegeben, die sich nach Ihren damaligen Angaben noch in Ihrem Schreibtisch befunden hatte?

1. Version: *Vermerk: Anliegende Tonbandkassette mit der Aufschrift Seite 1: »Frau Sigrid Mayer, Miesbach, C. 5.4., Lieblang 6.4.83« Seite 2: »6.5.83« wurde mir heute von dem »stern«-Journalisten Steinhoff mit dem Bemerken übergeben, sie sei bei einer Nachschau in der Schreibtischschublade des »stern«-Redakteurs Seufert gefunden worden.*

(Staatsanwalt Siegmund am 21.3.85)

2. Version: *Sehr viel Vertrauen zu seiner Recherche scheint Buch-Autor Koch nicht zu haben, sonst hätte er sich wohl nicht gescheut, nach gutem alten Journalistenbrauch die Gegenseite zu hören. Aber so etwas kann eben die schönsten Vorurteile kaputtmachen. Ich hätte dem Heidemann-Autor gern erzählt, daß ich seinerzeit keine Tonbandkassetten in meiner Schreibtischschublade gelagert habe, sondern alle Ergebnisse unserer journalistischen Nachforschungen in der Tagebuch-Affäre an die Staatsanwaltschaft Hamburg beziehungsweise die Kriminalpolizei weitergegeben habe. Polizei und Staatsanwaltschaft würden das Herrn Koch bestätigen, wenn er dort nachfragen würde.*

(Michael Seufert am 25.9.89 im KONTAKTER)

3. Version: *Nach meinen Unterlagen habe ich alle Kassetten, die in meinem Besitz waren, beziehungsweise Kopien davon, bereits im Mai 1983 von mir aus der Staatsanwaltschaft übergeben.*

An die fragliche Kassette, über deren Inhalt im übrigen die »Bild«-Zeitung bereits am 29. Juli 1983 berichtet hat, erinnere ich mich, weil Gerd Heidemann sie Thomas Walde, Leo Pesch und mir bei unserem Besuch am 8. Mai 1983 in seiner Wohnung in Auszügen vorgespielt hatte. Ob er sie mir damals mitgegeben hat, oder ich sie oder eine Kopie davon später von ihm bekam, weiß ich nicht mehr.

Wenn ich sie bekommen habe, habe ich sie mit Sicherheit umgehend an die Staatsanwaltschaft gegeben.

(Michael Seufert am 16.10.89 an den Autor)

4. Version: *Ein heimlich mitgeschnittenes Telefonat vom 9. Mai 1983, in dem Heidemann und Kujau nach Aufdeckung der Fälschung darüber diskutieren, ob die Bücher tatsächlich aus der DDR geschmuggelt sind — darum geht es offensichtlich in ihrer Frage — ist schon am 29. Juli 1983 Gegenstand der Berichterstattung der »Bild«-Zeitung gewesen.*

(Michael Seufert am 16.10.89 an den Autor)

KOMMENTAR

Lügt Michael Seufert? Die Tonbandkassette, auf der Heidemanns Telephongespräche vom 5. und 6. Mai 1983 mit Edith Lieblang und Konrad Kujau aufgezeichnet waren, der Tag, an dem die Tagebuchfälschung platzte, ließ Michael Seufert doch tatsächlich in seiner Schreibtischschublade liegen.

Das bedeutet: Seufert hat eines der wichtigsten Beweisstücke, das seinen Kollegen Heidemann hätte entlasten können, der Staatsanwaltschaft und Kriminalpolizei während des gesamten Ermittlungsverfahrens vorenthalten.

Erst als Gerd Heidemann den vom STERN für den Prozeß ab-

gestellten Reporter Jürgen Steinhoff mehrfach aufforderte, in Seuferts Büro nach weiteren Tonbandkassetten zu suchen, fand sich die gesuchte Aufzeichnung an — und zwar fast zwei Jahre später.

Während im Ermittlungsverfahren Tonbandaufnahmen noch berücksichtigt wurden, hatte sich das Gericht auf Antrag des Kujau-Anwaltes Groenewold inzwischen entschieden, heimlich mitgeschnittene Bandaufnahmen nicht mehr als Beweismittel zuzulassen, so kam dieses entlastende Tonband für Heidemann zu spät.

In dem Vermerk der Staatsanwaltschaft wurden die auf der ersten Seite der Kassette von Heidemann niedergeschriebenen Daten der Aufnahmen zudem noch falsch wiedergegeben. Statt 5.5. und 6.5.83 heißt es in dem Vermerk 5.4. und 6.4.83.

Wie dumm-dreist Michael Seufert auch in diesem Fall lügt, beweist sein Angriff auf den Autor im KONTAKTER, wo er diesem rät, bei der Staatsanwaltschaft und Polizei nachzufragen. Die Staatsanwaltschaft aber wird kaum bestreiten, daß die Unterschrift ihres Staatsanwalts Siegmund unter dem Vermerk vom 21.3.85 echt ist.

Und wenn Michael Seufert heute glauben machen will, daß es sich bei der fraglichen Kassette um die Tonbandaufnahme des Telephonats zwischen Heidemann und Kujau vom 9. Mai 1983 gehandelt habe, deren Inhalt die BILD am 29. Juli 1983 teilweise veröffentlichte, dann strapaziert er die Gutgläubigkeit sämtlicher Tagebuch-Kenner bis aufs äußerste. Denn, so Michael Seufert in seinem Antwortschreiben vom 16.10.1989 an den Autor: »...erinnere ich mich, weil Gerd Heidemann (die Kassette) Thomas Walde, Leo Pesch und mir bei unserem Besuch am 8. Mai 1983 in seiner Wohnung in Auszügen vorgespielt hatte. Ob er sie mir damals mitgegeben hat, oder ich sie oder eine Kopie davon später bekam, weiß ich nicht mehr. Wenn ich sie bekommen habe, habe ich sie mit Sicherheit an die Staatsanwaltschaft gegeben.«

Wie aber sollte Gerd Heidemann eine Tonbandaufnahme, die er von dem letzten Telephonat, das er mit Konrad Kujau am Mittag des 9. Mai 1983 geführt hatte, bereits einen Tag vorher seinen drei Kollegen vorspielen können?

Michael Seufert hört Stimmen und
DER STERN SCHLÄFT EIN

FRAGE

Haben Sie diese Kassette Herrn Nannen oder Herrn Schulte-Hillen oder anderen Personen zum Anhören überlassen oder den Inhalt durch Abschreiben der Telephonate zugänglich gemacht?

1. Version: *Nach Anklageerhebung ist noch folgendes Beweismaterial eingegangen:*
... drei Tonbandkassetten (»Stern-Vernehmungen« 7./8.5.1983)
(Schreiben des Landgerichts Hamburg, Große Strafkammer 11 vom 31.7.84)

2. Version: *Ich habe keine der Kassetten Herrn Nannen oder Herrn Schulte-Hillen vorgespielt. Es sind auch keine Kassetten abgeschrieben worden außer jenen, die in der Nacht vom 6./7. Mai und am 9. Mai 1983 von den Gesprächen mit Gerd Heidemann mit seinem Einverständnis gemacht wurden.*
Ein heimlich mitgeschnittenes Telefonat vom 9. Mai 1983, in dem Heidemann und Kujau nach Aufdeckung der Fälschung darüber diskutieren, ob die Bücher tatsächlich aus der DDR geschmuggelt worden sind — darum geht es offensichtlich in ihrer Frage — ist schon am 29. Juli 1983 Gegenstand der Berichterstattung der BILD-Zeitung gewesen:
»Stern-Heidemann: Geheimes Tonband die Rettung?« In diesem Bericht kündigt Heidemann-Anwalt Schröder an, er wolle dem Haftrichter eine blaue Tonbandkassette vorspielen, die beweise, daß Heidemann bis zuletzt nichts von der Fälschung gewußt habe. Dann druckte die »Bild-Zeitung« Auszüge aus dem Telefonat. Dieses aus der Sicht der Verteidigung entlastende Tonband ist weder Herrn Nannen oder Herrn Schulte-Hillen noch den Millionen »Bild«-Lesern entgangen. Da ich die »Bild«-Zeitung nicht informiert habe, muß sich das Tonband oder eine Kopie außerhalb meines Einflußbereichs befunden haben.
Der Artikel der »Bild«-Zeitung belegt, daß der Heidemann-Verteidiger Schröder schon damals Zugriff auf die Kassette hatte.

(Michael Seufert am 16.10.89 an den Autor)

KOMMENTAR

Lügt Michael Seufert? Es stimmt zwar, daß Seufert keine Tonbandkassetten den Tagebuch-Verantwortlichen im Verlag Gruner + Jahr vorspielen ließ, entlasteten sie schließlich sämtlich seinen Kollegen Heidemann, doch lieferte er die Kassetten auch nicht — wie behauptet — im Mai 1983 bei der Staatsanwaltschaft oder Kriminalpolizei ab.

So behauptet Michael Seufert in seiner Antwort an den Autor, es seien keine Kassetten abgeschrieben worden, außer jenen, die in der Nacht vom 6./7. Mai und am 9. Mai 1983 von den Gesprächen mit Gerd Heidemann gemacht worden seien, aber die Abschrift oder die Tonbandkassette vom 9. Mai 1983 ist der Hamburger Justiz niemals ausgehändigt worden. In dem Schreiben der Großen Strafkammer 11 vom 31. Juli 1984 heißt es lediglich, daß nach Anklageerhebung noch drei Tonbandkassetten (»Stern-Vernehmungen« 7./8.5.1983) eingegangen seien.

Hätte Michael Seufert beispielsweise die Tonbandkassette, die erst auf Heidemanns Drängen hin bei einer Nachschau in seiner Schreibtischschublade am 21. März 1985 gefunden wurde, Henri Nannen oder Gerd Schulte-Hillen vorgespielt, wären diese Herren vielleicht zu einer anderen Erkenntnis gekommen. Konrad Kujau hatte Gerd Heidemann am Morgen des 6. Mai 1983 im Münchner Sheraton-Hotel angerufen, wenige Stunden, bevor die Bundesregierung das endgültige Aus für die Hitler-Tagebücher verkündete.

Er sei in Ost-Berlin, verkündete Kujau dem noch schlaftrunkenen Heidemann — es war erst 7.30 Uhr — und: »Jetzt hole ich mir heute eine Aufenthaltsgenehmigung für zwee Tage. Ich muß runter (nach Löbau), meine Schwester will sich uffhängen!«

Heidemann: »Oh Gott!«

Kujau: »Weil sie ihren Mann geholt haben, den Krebs. Irgendwo muß doch hier gestanden haben, 'Museums-Fritze aus Dresden'. Da haben sie jetzt natürlich da gleich ihn geholt! Jetzt hat die scheinbar zu meiner Schwägerin gesagt, sie hängt sich uff! Aaach, hör auf du, ich werd' noch verrückt!«

Heidemann: »Und wo ist dein Bruder?«

Kujau: »Der ist doch noch auf Rügen! Man erfährt ja überhaupt nischt da bei den Dackeln. Das ist ja schlimmer, wie früher bei der Gestapo! Ich kriege jetzt eine Aufenthaltsgenehmigung für zwei bis drei Tage. Jetzt muß ich ja erst ein Attest haben, daß meine Mutter — äh, Mensch, ich bin schon ganz fertig! —, daß meine Schwester fertig ist, daß sie nervlich nicht..., daß ich sie besuchen kann. Weil, die muß ich aufbauen. Was gloobst du, wenn die sich noch uffhängt, du! Oh! Mir wäre es ja egal, ob sie sich uffhängt, sag' ich dir ganz ehrlich. Die fangen doch alle an zu spinnen.«

Gerd Heidemann erklärte Kujau nun, wie weiter auf dem Tonband zu hören ist, daß ein amerikanischer Schriftgutachter inzwischen ein negatives Gutachten abgegeben habe und daß man nun mit Vergleichsschriften Hitlers aus verschiedenen Quellen weitere Gutachten machen lasen wolle.

Konrad Kujau bot an, von dem Hausmeister des früheren Fallschirmjäger-Kasinos in Stendal eine gerahmte handschriftliche Widmung Hitlers zu beschaffen. Heidemann wies darauf hin, daß der Hausmeister eidesstattlich erklären müsse, daß die Widmung in dem Kasino gehangen hätte.

Aus dem Telephonat ging eindeutig hervor, daß Heidemann noch an die Echtheit der Tagebücher glaubte und schon gar nicht annahm, am anderen Ende der Leitung den Fälscher an der Strippe zu haben.

Auf die Angaben, die Kujau während dieses Gesprächs über seine Verwandten machte, wies Heidemann in dem nächtlichen Verhör achtzehn Stunden später wiederholt hin. Von Seufert aber wurden sämtliche dieser entlastenden Momente beiseite geschoben, und das Beweisstück nicht nur den STERN-Oberen, sondern ebenso den Ermittlungsbehörden fast zwei Jahre lang vorenthalten.

Michael Seufert verdreht und
DER STERN VERLIERT

FRAGE

Wen schickten Sie wann nach Argentinien, um dort Recherchen über eventuelle Grundstückskäufe Heidemanns anstellen zu lassen?

Antwort: *Hans-Werner Hübner*

(Michael Seufert am 16.10.89 an den Autor)

Frage:

Welches Ergebnis hatten diese Recherchen?

1. Version: *Aufgrund einer journalistischen Arbeit, die den Kollegen Huebner in dieser vorwärtsbringen soll, hat man folgendes ermöglicht: A) Am 8. Sept. 1982 wurde im Notariat Edwin Diaz Stukenberg durch den beauftragten Notar Maldonalda (Strasse Mitre und Quagli) einer dritten Person, deren einzige Angaben H. Haydemann lauten, durch eine Generalvollmacht, die in Frankfurt/Main am 13. Nov. 1981 ausgestellt wurde, erlaubt, den Kauf von den Erben des verstorbenen Dr. Micklos für folgende Güter abzuwickel:*

1) Finca Nr.132706 u. Finca Nr.91706
2) Parcela 4-C
3) Parcela 4-D beide der Parcela »Mallin Ahogado gemischte Kolonie »Martin Fierro« Seccion 9 Prov.Rio Negro

Der Gesamtpreis wird in Dollar US 400.000.-- angegeben, entsprechend dem Peso Ley zu diesem Zeitpunkt (Ley 1.882)

(angeblicher Auszug aus dem Grundbuchamt Viedma, 9. November 1983, ohne Unterschrift, am 31.7.84 der Kriminalpolizei Hamburg übergeben.)

2. Version: *Ich bescheinige, dass ich in der Sache »Urkunden über eine Fraktion in El Bolson, Provinz Rio Negro« in einer privaten Akte des Notariats Diaz Stukenberg eine Nota (Vermerk), die wie folgt lautete, gesehen habe: Unterschrieben das Privatabkommen (Privatvertrag) am 28. November 1981 zwischen den Herren HAIDEMANN GERT und ROLANDO RUFFINENGO in der Stadt Buenos Aires, wo Herr HAIDEMANN als alleiniger Besitzer der erwähnten Fraktion anerkannt wird. Bestätigt. Unleserliche Unterschrift. Stempel: Carlos Luis Staffa, Notar.*

(Übersetzung des beiliegenden Notarschreibens in spanischer Sprache und undatiert, von dem Vereidigten Dolmetscher und Übersetzer für die spanische Sprache Heinz Dannheiser in Hamburg, am 22.12.1983, am 31.7.84 vom STERN an die Hamburger Kripo weitergereicht.)

3. Version: *Die nachfolgenden Seiten enthalten Ermittlungen des »stern« und daraus resultierende Ermittlungen der Polizei zum Komplex Argentinien.*

Die Ermittlungen des »Stern« wurden von dem Journalisten Hübner vorgenommen. Er beschaffte auch die Dokumente, die in Übersetzung vorliegen. Demnach besteht die Möglichkeit, daß Herr Heidemann in El Bolson, Provinz Rio Negro/Argentinien Grundbesitz erworben hat. Den Dokumenten zufolge wurde dieser Kauf durch verschiedene Bevollmächtigungen und Verträge schwer durchschaubar gemacht. Demnach soll Herr Heidemann in Frankfurt beim Notar Sommer den Lufthansa-Stewart Francisco Ruffinengo beauftragt haben, ein Grundstück in Ar-

gentinien zu kaufen. Francisco Ruffinengo wiederum hat seine Mutter Elina Ruffinengo beauftragt, den Kauf durchzuführen.

(Vermerk der Kripo am 31.7.84)

4. Version

Konkrete Anhaltspunkte für finanzielle Transaktionen Heidemanns in Südamerika habe ich nicht. Mein Freund Franz Ruffinengo hat mir während meines Besuches bei ihm nichts über derartige Transaktionen erzählt.
Das dem Besitz Ruffinengos benachbarte Grundstück ist etwa 10 Hektar groß. Es soll zwischenzeitlich von Roland Ruffinengo gekauft woren sein, und zwar im Auftrage und mit dem Geld seines Onkels Fritz Ruffinengo aus Venezuela.

(Protokoll der Vernehmung Günter Bartels bei der Staatsanwaltschaft Hamburg am 12.9.84)

5. Version

Frage an Ruffinengo:
Ich habe Ihnen die beiden spanischen Dokumente gezeigt, aus denen hervorgehen soll, daß Sie mit dem beschuldigten Gerd Heidemann vertragliche Beziehungen über ein Grundstück in Argentinien unterhalten haben. Bitte erläutern Sie, wie der Kauf des Grundstückes neben dem Ihrer Eltern vor sich gegangen ist?

Ruffinengos Antwort:
1981 ergab sich die Gelegenheit neben dem Grundstück meiner Eltern ein Grundstück zu erwerben, worauf mein Onkel sich bereit erklärte, uns die Summe von 80.000 Dollar zu geben. Mein Onkel lebt in Caracas/Venezuela. Er hat die Summe von 80.000 Dollar von der Abfindung bei der Kündigung seiner Arbeit erhalten. ... Das Angebot kam durch meine Eltern, die es wiederum direkt vom Eigentümer in Argentinien hatten. Eigentümer ist Rolf Krankenhagen gewesen. Daraufhin flogen Frau Klützing (Ruffinengos Verlobte) und ich in unserem nächsten Urlaub nach Argentinien, schauten uns das Grundstück an und beschlossen zu kaufen. Meine Mutter erhielt eine Vollmacht von mir, durch den Notar Herrn Sommer in Frankfurt, um die ganze Transaktion zu machen. Das Geld wurde teils mit Schecks von meinem Onkel aus Venezuela oder Italien geschickt und ein Teil wurde in Deutschland auf das Konto von Herrn Richter in Bergisch-Gladbach 2 überwiesen. Ich habe mich selbst um den Kauf überhaupt nicht gekümmert, sondern habe alles über meine Mutter abgewickelt.

Frage:
Wie erklären Sie sich das Fernschreiben aus Viedma, in dem es heißt, daß vor dem Notariat Edwin Diaz Stukenberg ein Vertrag zwischen Francisco Ruffinengo und Gerd Heidemann über ein Grundstück geschlossen wurde?

Antwort:
Ich verstehe dieses Schreiben nicht und ich verstehe auch nicht den Zusammenhang, den es zwischen mir und Herrn Heidemann im Kauf dieses Grundstückes gibt. Nach meiner Kenntnis hat Herr Heidemann mit dem Kauf des Grundstücks überhaupt nichts zu tun.

Frage:
Wie erklären Sie sich die Bescheinigung des Notars Carlos Luis Staffa Morris aus Buenos Aires, die besagt, daß er eine Akte des Notariats Stukenberg gesehen habe, in der ein Privatabkommen zwischen Gerd Heidemann und Rolando Ruffinengo über den Besitz des Grundstückes gewesen sei.

Antwort:
1. Ich war am 28.11.1981, als dieser Vertrag abgeschlossen sein sollte, gar nicht in Buenos Aires. 2. Ist eine solche Abmachung völlig unbekannt. Ich habe in Gegenwart der mich vernehmenden Beamten mit der Lufthansa, Herrn Krause, Tel 6963638, telefoniert und mir meine Arbeitsdaten für den 28.11.1981 durchgeben lassen. Demnach habe ich am 27.11.1981 einen Flug von Kairo nach Frankfurt gehabt, hatte am 28.11.1981 frei und am 29.11.1981 war ich anwesend, was so viel bedeutet wie ein Bereitschaftsdienst. Ich kann zu diesem Zeitpunkt also nicht in Buenos Aires gewesen sein.

(Kripo-Vernehmung Rolando Francisco Ruffinengos am 2.10.84 in Offenbach)

Michael Seuferts Version

Keine vor Gericht beweisbaren oder journalistisch verwertbaren.

(Michael Seufert am 16.10.89 an den Autor)

FRAGE

Ist Ihnen bekannt, daß auch in den argentinischen Recherchenberichten nichtexistente Notare als Zeugen für angebliche Grundstückskäufe Heidemanns angegeben wurden?
Können diese frisierten Berichte von demselben Fälscher stammen, der auch die Paraguay-Papiere geliefert hatte?

Nein, dies ist mir nicht bekannt. Auch Herrn Hübner, den ich befragte, ist das nicht bekannt.

(Michael Seufert am 16.10.89 an den Autor)

KOMMENTAR

Michael Seufert sagt hier zwar nicht die Unwahrheit, unterschlug aber dem Gericht etwas, indem er nur von einem in Argentinien lebenden Bartels sprach und daß er seinen Kollegen Hans-Werner Hübner nach Südamerika geschickt habe.

Er verschweigt, daß alle von Hübner in Argentinien beschafften Papiere sich ebenso wie die aus Paraguay herangeschafften als Fälschungen entpuppt hatten.

Es gibt und gab keinen Landkauf Heidemanns, und es gab auch keine notariellen Vermerke darüber, es gibt nicht einmal den in den Hübner-Papieren erwähnten argentinischen Notar.

Angeblich soll am 28. November 1981 ein Privatabkommen zwischen einem »Gert Haidemann« und dem Lufthansa-Steward

Rolando Ruffinengo in Buenos Aires über ein Grundstück abgeschlossen worden sein. Gerd Heidemann hielt sich an diesem Tag in Hamburg auf, wie er belegen kann, und Rolando Ruffinengo konnte anhand seines Dienstplanes bei der Lufthansa nachweisen, daß er am 27. November 1981 auf einem Dienstflug nach Kairo gewesen war und am 28. November 1981 Bereitschaft in Frankfurt/Main gehabt hatte. Und Ruffinengos Eltern stellten fest, daß es in San Carlos de Bariloche gar keinen Notar Diaz Stukenberg gibt.

Während Gerd Heidemann nach dem gefälschten paraguayischen Dokument am 26. November 1980 dreißig Millionen Guaranies, also fast ein halbe Million Mark, in Paraguays Hauptstadt Asuncion in eine Firma investiert haben soll, soll er am 28. November 1981 in Argentiniens Hauptstadt Buenos Aires als alleiniger Besitzer eines Grundstücks im Wert von 400.000 US-Dollar ausgemacht worden sein.

Die Vermutung liegt nahe, daß es sich um denselben Fälscher handelt, der sich in Paraguay nur beim Zahlenjonglieren um ein Jahr geirrt hatte. Denn der 26. und der 28. November liegen gerade so weit auseinander, daß man von Asuncion bequem nach Buenos Aires gelangen kann, um dort das nächste Geschäft abzuschließen.

Genauso lange brauchte der Fälscher, der den getürkten Handelsregisterauszug vom 23. März 1983 drei Tage später bei einigen paraguayischen Ministerien beglaubigen ließ und das nun schon so schön abgestempelte Dokument dem argentinischen Konsulat in Asuncion vorlegte, wiederum einen Stempel mit Datum vom 26. März 1983 bekam und sich dann am 28. März 1983 den notwendigen Steuerstempel auf die Urkunde drücken ließ, die das Ganze erst gültig machte. Dieser Stempel hätte eigentlich schon bei der Ausstellung des Handelsregisterauszuges, sozusagen als Ersatz für eine Gebührenmarke, das Dokument verzieren müssen. Nun nahm der Fälscher die nächstmögliche Maschine von Asuncion nach dem tausend Kilometer entfernten Buenos Aires, muß dann blitzschnell vom außerhalb der Stadt liegenden Flughafen in die Stadt gerast sein, um dort noch vor Schließung des argentinischen Außenministeriums die Unterschrift und den Stempel des argentinischen Konsularbeamten in Asuncion beglaubigt zu bekommen und schaffte es tatsächlich noch an diesem Tag, eine gewisse Maria Luiza Stadelberger zur Deutschen Botschaft zu schicken, um hier wiederum den Stempel und die Unterschrift des argentinischen Ministeriums durch einen deutschen Stempel abgesichert zu bekommen.

Das muß ein strapaziöser Tag für den Fälscher gewesen sein, der obendrein seine Helfer nicht einmal bezahlen konnte, denn — so Michael Seufert: »Herr Hübner teilte mir mit, daß er ... auch keine Honorare gezahlt habe.«

DAS LETZTE WORT

stern

Chefredaktion

Gruner + Jahr AG & Co
Druck- und Verlagshaus
Hamburg

Facta Oblita Verlag GmbH
Herrn Peter-Ferdinand Koch
Elbchaussee 342
2000 Hamburg 52

Postfach 30 20 40
2000 Hamburg 36
Besucher: Warburgstr. 50
Telefon (040) 41 18-1
Telefax (040) 41 18-35 00
Telex 2 11 824
Telegramm
sternmagazin Hmb
Deutsche Bank AG Hmb
Konto-Nr. 03 22 800
BLZ 200 700 00
Postgiro Hmb 8480-204
BLZ 200 100 20

Hamburg, 5. April 1990

Sehr geehrter Herr Koch,

Ihren Brief vom 2. April begreife ich nicht.
Sie hatten mir im vergangenen Oktober eine
Liste von 48 Fragen ...

Botschaft in Asuncion habe beglaubigen lassen. Warum eine andere Urkunde in Argentinien beglaubigt wurde, vermag er nicht mehr zu sagen. Er will versuchen, dies zu klären.

... vermerkt."
Wie Sie diesen Brief nun nach einem halben
Jahr dahingehend interpretieren können,
daß ich "die fehlenden Entgegnungen nach-
reichen" wollte, wird wohl Ihr Geheimnis
bleiben.

Mit freundlichem Gruß

M. Seufert

Michael Seufert

Der Autor erinnerte am 2.4.90 den stellvertretenden STERN-Chefredakteur Michael Seufert an die Beantwortung noch offener Fragen. Diese Zusage hatte Seufert dem Autor gegeben (kleiner Kasten). Statt dessen antwortete Seufert am 5.4.90: »Wie Sie diesen Brief (vom 16.10.89) ... dahingegend interpretieren können, daß ich 'die fehlenden Entgegnungen nachreichen' wollte, wird wohl Ihr Geheimnis bleiben.«

»ES IST WICHTIG, DASS DIESES BUCH GESCHRIEBEN WIRD«
THOMAS WALDE AM 13.01.89 ZU RUDOLF GILLMANN UND GERD HEIDEMANN

DER EHEMALIGE RESSORTCHEF DES STERN, THOMAS WALDE, SAGT, WIE ES WIRKLICH WAR:

»FÜR DIE BEAMTENÄRSCHE IN DER STERN-REDAKTION ODER BEI DER STAATSANWALTSCHAFT EINE LAPPALIE«

Im Juli 1985 wurde Gerd Heidemann verurteilt, zu einer höheren Haftstrafe als Kujau. Das Gericht hielt es für erwiesen, daß der Reporter einen Teil der Tagebuch-Millionen für sich abgezweigt hat, allerdings — ohne je einen Tagebuch-Pfennig bei ihm gefunden zu haben. Die Große Strafkammer 11 des Hamburger Landgerichts hatte mit einer haarsträubenden Zahlenakrobatik »errechnet«, daß Heidemann von den über neun Millionen die Hälfte kassierte. Achtzehn Monate später kommentierte Thomas Walde in einem Brief an Gerd Heidemann das von ihm inzwischen sezierte Urteil. Der damalige Tagebuch-Ressortleiter des STERN stellte die Tagebuch-Affäre plötzlich auf den Kopf, seiner Meinung nach habe sich vieles während des Kladden-Dramas eben doch genauso abgespielt, wie Gerd Heidemann zuvor behauptet hatte — nur damals wollte Heidemann niemand Glauben schenken.

Thomas Walde hätte bereits spätestens dann eine Aufklärung herbeiführen können, als sein Tagebuch-Beschaffer Heidemann in U-Haft saß. Dies aber tat Walde nicht, sondern er reagierte erst — nach der Urteilsrechtskräftigkeit. Die damalige Zurückhaltung begründet Walde so: Er habe zu Richtigstellungen angeblich darum keine Möglichkeit gehabt, weil er halt »zu ganz bestimmten Punkten bei Gericht gar nicht gehört« worden sei. Walde hingegen heute: »Aus vielen Diskussionen und Fragen ist mir klargeworden, daß da erheblicher Nachholbedarf an Aufklärung besteht«, denn nun wünscht selbst Walde, »daß noch mancher Sachverhalt richtig geklärt wird«.

Die jetzige Tagebuch-Korrektur von Thomas Walde zielt auf alle Tagebuch-Bewältiger der Jahre 1983 bis 1985: auf Gerd Schulte-Hillen von Gruner + Jahr, auf den STERN, vor allem aber auf die Hamburger Justiz.

»AUS DEN USA HATTE SCHULTE-HILLEN SEINE WEISHEIT«

Walde enthüllt: *Heidemanns Schatz-Vertrag mit der DDR war Realität. Die Justiz glaubte das nicht; der STERN wollte sich totlachen.*

Walde enthüllt: *Heidemann lagerte die NS-Akten auf Weisung Peter Kochs und Gerd Schulte-Hillens aus. Daraus schloß aber das Gericht, Heidemann wollte die Spuren verwischen — diese Mär kam dem angeschlagenen STERN gerade recht.*

Dr. Thomas Walde

Curslacker Deich 288
2050 Hamburg 80
Telefon 040 / 723 22 48

1986/87

Herrn
Gerd Heidemann
Prof.Brix Weg 4
2000 Hamburg 50

Lieber Gerd,

Du wirst ja inzwischen gelesen haben, daß ich bei Radio Hamburg einen neuen Job gefunden habe - ebenso übrigens auch Seppl Sorge, der unser Geschäftsführer geworden ist. Für Dich in Deiner Lage sind solche Nachrichten vermutlich kein Trost; ich drücke Dir jedenfalls die Daumen und wünsche Dir und uns allen, daß noch so mancher Sachverhalt richtig geklärt wird, wie es eigentlich schon bei Gericht hätte passieren müssen. Vielleicht erfahren wir ja auch noch mal, welche gemeinsamen Interessen das bis heute verhindert haben - das Beispiel Klapper jedenfalls, meine ich, spricht da Bände. Aus der Urteilslektüre, aus vielen Diskussionen und Fragen ist mir klargeworden, daß da erheblicher Nachholbedarf an Aufklärung besteht, und ich frage mich auch, warum ich zu ganz bestimmten Punkten bei Gericht gar nicht gehört worden bin. Einige davon will ich gleich auflisten:

1. Schatz-Vertrag. Ich habe den Vertrag zwischen Dir und der mir heute nicht mehr namentlich bekannten DDR-Behörde selbst gesehen. Das muß im Herbst 1981 gewesen sein, und zwar in Ost-Berlin im Beisein der beiden hinlänglich bekannten MfS-Beamten, die mir die Bedeutung des Dokuments auch bestätigten.

2. Akten-Auslagerung. Aus der Retrospektive gesehen, mag es ein Wahn gewesen sein, aber als unser Material als "echt" galt, war es einhellige Ansicht aller Beteiligten, daß es besonders diebstahlsgefährdet sei. Deshalb ja der lächerliche Panzerschrank am Mittelweg, der dann auf Kochs und Schulte-Hillens Betreiben in einer Hauruck-Aktion mit uns und dem Ressort als Beipack in den 11.Stock im Verlagsgebäude (Anschlagsicher!) und in den riesigen Ex-Versicherungs-Safe im Keller verlagert wurde. Leo Pesch und ich haben noch aus Deiner Milch-

»ICH ERKLÄRE, DER NAME FISCHER WAR MIR BEKANNT, ABER IM VERLAGSHAUS G + J NICHT NUR MIR«

Walde enthüllt: *Heidemann räumte seine Schließfächer bei der Deutschen Bank leer; er entnahm aber nicht die angeblich gehorteten Tagebuch-Millionen, sondern lediglich die sogenannte »Fund«-Mappe — für Barbara Dickmann von STERN-TV.*

Walde enthüllt: *Gerd Heidemann hielt den ihm bekannten Namen des Tagebuch-Lieferanten Konrad Fischer und seiner Lebensgefährtin Edith Lieblang vor Walde nicht geheim, selbstverständlich gab er Walde die Telephonnummer Edith Lieblangs, so daß Redaktion und Verlag jederzeit Heidemanns Angaben hätten überprüfen können. Das Gericht aber war zu einer anderen Erkenntnis gekommen: »... war damit klar, daß der Inhalt seiner Absprache mit Kujau durch den Verlag nicht überprüft werden konnte.«*

- 2 -

straßen-Galerie besonders viele Akten bei unserem Bücher-Abtransport mitgenommen, weil Du für mein Gefühl in puncto Sicherheit etwas lax arbeitetest. Koch wünschte die Akten-Auslagerung aus Mittelweg, Elbchaussee und Milchstraße, weil ihm die Newsweek-Leute bei ihrem Besuch das dringend angeraten hatten. Aus den USA hatte auch Schulte-Hillen seine Weisheit. Und dies nur nebenbei: wäre das verdammte Zeug echt gewesen, wären all diese Vorsichtsmaßnahmen kurz vor Veröffentlichung gewiß auch angemessen gewesen.

3. Fund-Mappen. Meine Fund-Mappe war einundeinhalb Leitz-Ordner, und zwar bestehend zum größten Teil aus Kopien von Originalen, die Du beschafft und in einem Ringbuch zu Deiner Fund-Mappe zusammengestellt hattest, und aus Originalen neueren Datums (wie Wetterkarten etc.), die ich besorgt hatte. Deine Fund-Mappe vagabundierte bei Interessierten bis hinauf in die Konzernspitze - meines Wissens hattest Du davon aber ein Doppel. Sonst hättest Du die vielen Anforderungen nach Originalen und nichts als Originalen im April 1983 gar nicht erfüllen können: für die Demonstration in der Schweiz, für die Herren vom "Times", für die Herren von "Newsweek", für Gillhausen zum Lay-out, für B.Dickmann und K.Harpprecht zum Verfilmen, für Thieme zum Schreiben der Aufmacher-Geschichte, für den Wichtigtuer von Manikowski etc. Ich jedenfalls hatte Dir mehr als einmal nahegelegt, ein Doppel der Fund-Mappe sowie wichtige Akten in Original und Kopie entweder (erreichbar) in einem DB-Schließfach oder (zugriffssicher) in einem Schweizer Depot zu verwahren. So wie ich weiß, daß wir auf Geheiß der Chefredaktion für den TV-Film immer neue Tagebuch-Stellen "freigeben" mußten, so erinnere ich auch noch Barbara Dickmanns heftigen Wunsch nach Brief-Originalen wie Westermann. Und die können sich nur in Deinen Mappen befunden haben.
Daß vieles von dem, was wir in der Echt-Zeit noch in gutem Glauben und in bester Absicht getan haben, hernach durch die Ausdeutung der Oberverdachtschöpfer wie Klein ins genaue Gegenteil verkehrte, macht es schwer, Sachverhalte klarzustellen. Um es zynischer zu sagen: Du hättest Dir eben vom Bankangestellten Deines DB-Schließfaches bestätigen lassen müssen, schriftlich natürlich, daß Du demselben ein oder zwei Stück Original Westermann oder Hitler zwecks Verfilmung entnommen hast und eben nicht die vielen, vielen Mios.

4. Fischer. Ich erkläre, der Name Fischer war mir bekannt, aber im Verlagshaus G & J nicht nur mir. Dieser Name wurde aus Sicherheitsgründen nur nicht benutzt. Mindestens alle Ende Januar 1981 in der Verlagsspitze Versammelten und Beteiligten zum Projekt Tagebuch haben diesen Namen von uns gehört und auch gelesen, denn meine Generalsliste aus dem Gesamtdeutschen Institut habe ich damals vorgelegt.
Du hast mir - ich meine, nachdem Du den Kontakt zu Fischer gefunden hattest - auch den Namen der Lebensgefährtin Lieblang

»DASS ICH (DIE) TELEFONNUMMER VON FISCHER BEKOMMEN MUSSTE, WAR (WEGEN) DER RECHERCHEN ERFORDERLICH«

Walde enthüllt: *Er allein brachte Heidemann mit Offizieren des Ministeriums für Staatssicherheit zusammen.*

- 3 -

genannt und damit unsere vergebliche Telefonbuchsuche im Sommer oder Herbst 198o aufgeklärt. Denn unter Lieblangs Namen war, so Deine Angaben damals, Fischer telefonisch erreichbar. Die Lieblang-Telefonnummer, die Du mir gabst, hatte ich damals so gut versteckt, daß ich sie bis heute nicht gefunden habe.
Vielleicht erinnert sich heute noch jemand daran, daß Du in meine DDR-Recherchen nur einbezogen wurdest, weil ich im Juni 198o bei einem Unfall mit meinem Dienstwagen (Totalschaden) wirklich nur um Haaresbreite mit dem Leben davongekommen war. Daß ich wenigstens Namen und Telefonnummer von Fischer bekommen mußte, war schon im Interesse des Fortgangs der Recherchen erforderlich, jedenfalls für den Fall, daß Dir einmal etwas zustoßen konnte. Unsere Recherchen-Reisen in die DDR waren ja nicht gerade Spaziergänge oder Lust-Reisen, immerhin also Unternehmen mit ungewissem Ausgang - freilich, für die Beamtenärsche in der Stern-Redaktion oder bei der Staatsanwaltschaft eine Lappalie.

Walde enthüllt: *Zu Beginn der Tagebuch-Beschaffung hätte Heidemann noch mehr Millionen im Auftrag Gruner + Jahrs für die Kladden ausgeben können.*

Solchen Sicherheitsüberlegungen entsprach auch mein Auftrag an Dich, Fischers Behausungen bei passender Gelegenheit ausreichend abzulichten. Daß Filme und Kontakte bis zu unserem überstürzten Umzug Mittelweg/Verlagshaus in Deinem Schrank offen (wenngleich für niemand Fremdes identifizierbar) herumlagen und dann im Verlagshaus-Safe verstaubten, bis Herr Klein sie fand, ist nicht mehr als ein Indiz dafür, daß der Sicherheits-/Ersatzmann-Fall nie eintrat.

5. <u>Millionen.</u> Es war allen Beteiligten von Anfang an <u>hinlänglich</u> klar, daß der Preis, den uns der Tagebuch-Lieferant Fischer abverlangte, nicht identisch sein mußte mit dem, was er an seinen DDR-Bruder weitergab. Auf Deinem Schiff jedenfalls haben Verlags-Chef Fischer, sein Stellvertreter Hensmann, Seppl Sorge, Du und ich im Frühjahr 1981 auch über Möglichkeiten gesprochen, die Tagebücher in einem Zug zu beschaffen und dafür notfalls auch erheblich mehr Geld als geplant auszugeben. Der DDR-Bruder sollte mit einem Pauschalbetrag im Mio-Bereich - genaue Summe weiß ich nicht mehr - geködert werden.

Daß zugleich Fischer-West und Fischer-Ost kassierten, machte es ja auch so schwierig, zu einem späteren Zeitpunkt den Verbleib des Geldes ohne Verletzung der damals streng gebotenen Sicherheitsvorkehrungen zu erklären, und sei dies auch nur für das Finanzamt. Aus dieser Zwickmühle heraus entwickelte sich ja die ganz ernstgemeinte Vorstellung, es müsse durch Dich auch mehrmals Geld direkt in der DDR - an wen auch immer - übergeben werden, um eine wahrheitsgemäße, wenngleich nicht erschöpfende Auskunft geben zu können. Und in eben diesem Zusammenhang ist auch die U-Bahn-Übergabe-Idee entstanden, im Jux vorgetragen, aber durchaus ernstgemeint.

»NANNEN WAR AUF TINGELTOUR, SCHULTE-HILLEN WEILTE IN DIESER WICHTIGEN PHASE IM URLAUB«

Walde enthüllt:
Für das Finanzamt sollte Heidemann eine eidesstattliche Erklärung abgeben (siehe auch Seite 807 des Walde-Briefes, letzter Absatz).

- 4 -

Es war allen Beteiligten klar, daß eine Eidesstattliche Versicherung über den Verbleib des Geldes - so denn eines Tages erforderlich - nur von Dir kommen konnte. Die Transfers registriert wurden und sollten werden meines Wissens nur bei Seppl Sorge; eine solche Forderung an Dich kenne ich nicht - sie hätte auch keinen Sinn gemacht, es sei denn, die Verlagsspitze hätte auch die Beigabe von Quittungen gefordert. Ob die Registrierung jedoch immer aktuell erfolgte, bezweifle ich, denn nach meiner Erinnerung hast Du auch bei Herrn Kühsel direkt Geld abgeholt bzw. Tagebücher, weil Seppl Sorge nicht erreichbar war, bei Verlagsleiter Hess oder Herrn Hensmann abgegeben.

6. BKA-Bedenken. Die gutachterliche Vorwegäußerung des Dr. Werner vom BKA ist ein Popanz, ex post aufgeblasen von Werner in der Zeitschrift "Kriminalistik" und vom "Stern", von beiden zur jeweils wohlfeilen Entlastung.
Wahr ist, daß Werner gegen ein oder zwei Schriftstücke einen Blankophore-Verdacht äußerte, einen Verdacht, mehr nicht. Die ihm seit Monaten erlaubten zerstörenden Methoden hatte er nicht angewandt - er hatte seinen Auftrag verschleppt oder verschlafen. Seine "Bedenken" wurden vor dem 28.3.83 und danach uns gegenüber durch die Bundesarchiv-Beamten Oldenhage und Henke nachhaltig zerstreut. Werner forderte eine weitergehende Untersuchung durch die Firma Bayer, deren Ende er nicht terminieren konnte. (Wäre uns, die wir ohnehin gegen die frühe Veröffentlichung waren und die wir unter unerträglichem Termindruck standen, so eine längerfristige Untersuchung nicht sehr recht gewesen?)

Walde enthüllt:
Heidemann war für die Tagebuch-Gutachten nicht verantwortlich, dafür zuständig allein Walde und sein Freund Wilfried Sorge. Über den jeweiligen Gutachterstand informierte Walde nicht nur Heidemann, sondern selbstverständlich Redaktion und Verlag.

Wir - Du und ich - haben Peter Koch informiert, und zwar Du in der Ostermontag-Vorlesung, und ich, weil ich die Zustimmung zu neuerlichen Gutachten-Kosten brauchte. Aus diesem Grunde erfuhr auch Verlagsleiter Sorge davon, ebenso Hensmann. Koch äußerte Vorbehalte gegen die Unparteilichkeit des BKA (dem der Stern mit einer anderen Geschichte zu nahe getreten war) und gegen die Wernersche Bayer-Idee, weil die Chemiefirma durch eine Stern-Umweltschutzgeschichte verprellt war. Herausgeber Nannen war auf privater Tingeltour, und Verlags-Chef Schulte-Hillen weilte in dieser wichtigen Phase der Veröffentlichungsvorbereitung im Urlaub in Florida. Es bedarf solcher lächerlichen Hinweise aber nicht - wir haben Koch und Sorge informiert, das war unsere Pflicht und damit basta. Auch Koch und Sorge haben pflichtgemäß weiterinformiert - woher sonst wußten alle von den in Auftrag gegangenen Rentz-Gutachten, wozu eigentlich hätten diese dienen solle außer zur Aufklärung der BKA-Bedenken?
Was von diesen Bedenken damals zu halten war, erhellt freilich durch nichts besser als durch die geradezu gierige Verhandlungsbereitschaft der Bundesarchiv-Herren Oldenhage und Henke gegenüber dem Verlag zur Übernahme der Hitler-Dokumente, durch kein Wernersches Bedenken irritiert.

»HEBE DIESEN BRIEF GUT AUF — WER WEISS, WOZU ER NOCH ZU GEBRAUCHEN IST«

Walde enthüllt:
Er weiß noch viel, viel mehr.

\- 5 -

Das wär's. Sicher werden mir zu anderen Punkten ebenfalls noch neue, wohl noch nicht vorgetragene Punkte und Erinnerungsfetzen einfallen. Wir können darüber bei Gelegenheit ja auch mal sprechen. Hernach, muß ich sagen, ist es geradezu ein Segen, daß viele Telefonate aufgezeichnet wurden, daß pingelig Briefdurchschriften und anderes aufgehoben wurden. Insofern: Hebe auch bitte diesen Brief gut auf - wer weiß, wozu er noch zu gebrauchen ist. Vor einer anderen Verwendung als Deiner Lektüre solltest Du mich aber fragen.

Schöne Grüße

Der Autor fragte Michael Seufert, ob er »eigentlich jemals Dr. Thomas Walde eingehend befragen (ließ), ob ihm Namen, Anschriften, Telephonnummern des Tagebuch-Lieferanten von Anfang an bekannt waren«. Seufert entgegnete: »Ja, ich habe selbst mit ihm darüber geredet.«

Es ist davon auszugehen, daß Walde Michael Seufert wohl nichts verschwiegen hat. Dennoch behauptet Seufert bis heute, Heidemann habe beispielsweise keine Fischer-Kujau-Details herausgerückt.

Gerd Heidemann

SO IST ER, DER STERN

Eigentlich hätte mein Leben an jenem 6. Mai 1983, kurz nach 14 Uhr, auf der Autobahn Salzburg-München enden müssen.

Die Stimme des Nachrichtensprechers aus dem Autoradio setzte einen Schlußstrich unter mein bisheriges Leben.

Bundesinnenminister Zimmermann hatte soeben öffentlich erklärt, daß die vom Stern publizierten Hitler-Tagebücher eine plumpe Fälschung seien.

Wie erstarrt saß ich hinter dem Lenkrad. Während der Wagen seine Geschwindigkeit beibehielt, schossen mir Fragen, Erinnerungsfetzen und wirre Bilder durch den Kopf. Konnte das wahr sein? So ein Reinfall! So eine Blamage! Verdammter Mist! Wer hatte uns da reingelegt?

Jeder Brückenpfeiler, den ich auf mich zurasen sah, zog mich wie ein Magnet an. War dies nicht die beste Lösung? Ein winziges Schlenkern des Lenkers nach rechts, schon wäre alles vorbei.

Aber was, wenn sich das Tagebuch-bestätigende Materialgutachten als falsch herausstellte? Was, wenn es doch schon vor dem Krieg chemische Papieraufheller gegeben hatte? Sollte ich nicht doch erst die Papierproben aus einer Druckerei in Miesbach abholen, die früher fast ausschließlich für die SS gearbeitet hatte und die noch Muster aus der damaligen Zeit besaß?

Und konnte unser Verlagschef Gerd Schulte-Hillen nicht doch recht haben? Wie hatte er mir kurz zuvor gesagt: »Nach diesem Rummel kann es nicht im Interesse der Bundesregierung sein, daß die Tagebücher echt sind. Wenn ich Zimmermann wäre, wüßte ich schon, wie ich das anstellen würde, daß das Bundeskriminalamt die Bücher als Fälschungen hinstellt.«

Also doch nicht sofort Schluß machen, doch noch weitere Untersuchungen anstellen.

Und nach Herausgabe der Vergleichspapiere aus der NS-Zeit bekam ich in der Druckerei in Miesbach erst einmal einige Obstler eingeschenkt, so daß sich meine Nerven wieder beruhigen konnten.

Auf diese Schnäpse folgten anschließend im Münchener Flughafengebäude einige Gläser Bier und einige doppelte Whiskys. Nun sah alles nicht mehr so schlimm aus.

Mit der Lufthansa durfte ich an diesem Freitagabend nicht nach Hamburg zurückfliegen, die Redaktion wollte mich in München mit einem Charterflugzeug abholen lassen.

An Kosten durfte in diesem Fall bis zum Schluß nicht gespart werden. So ist er nun mal, der Stern.

Daher traf ich erst nach Mitternacht im Verlagsgebäude an der Hamburger Alster ein, bekam in der Nachrichtenredaktion noch zwei Cognacs zur Stärkung eingeflößt und wurde dann in die oberste Etage geschickt, wo Vorstandsvorsitzender Gerd Schulte-Hillen, Herausgeber Henri Nannen und Chefredakteur Felix Schmidt mich seit Stunden erwarteten.

Entweder würde ich mit dem Fälscher unter einer Decke stecken oder ich müsse total verrückt sein, stellte Henri Nannen bei der Begrüßung fest. Was sollte ich darauf antworten? Ich konnte die Herren nur bitten, sich die letzten Tonbandaufzeichnungen mit dem Tagebuch-Beschaffer anzuhören, wenn sie mir schon nicht mehr glaubten.

Es dauerte keine drei Minuten, da war unser Herausgeber in seinem Sessel sanft entschlummert. Das kannte ich schon, das war im Verlauf der Tagebuch-Besprechungen mehr als einmal passiert. Nach einiger Zeit schreckte er hoch, schaute zur Uhr und meinte, nun müsse er aber endlich nach Hause. Ich aber wurde trotz meiner Müdigkeit und des Alkoholkonsums von den Kollegen in dieser Nacht noch stundenlang befragt und durfte mich nur wundern, daß mein Ressortleiter Dr. Thomas Walde offenbar bisher geschwiegen hatte. Dabei hatte er doch über die Tagebuch-Beschaffung den gleichen Wissensstand wie ich. Hatte sein Schweigen einen bestimmten Grund?

Sollte ich den Kollegen, die sich bisher nicht mit dieser Sache befaßt hatten und die nun sämtliche Einzelheiten wissen sollten, wirklich alles erzählen? Immer wieder blickte ich Thomas Walde hilfesuchend an oder forderte ihn auf, endlich auch einmal etwas zu sagen. Sobald aber das Gespräch auf unsere Kontakte zum Ministerium für Staatssicherheit in der DDR kam, verlangte er sogar das Abschalten des Tonbandgerätes.

Irgendwann in den frühen Morgenstunden ließ man mich nach Hause fahren. Als ich endlich im Bett lag, fiel ich in einen bleiernen Erschöpfungsschlaf, der bis zum Spätnachmittag andauerte. Und daß ich an diesem Sonnabend, den 7. Mai 1983, nicht in der Redaktion erschienen war, um mich erneut zu verantworten, war für Henri Nannen das Schuldeingeständnis. Mein Schlafbedürfnis nach einem solchen Schock konnte sich der Tagschläfer Nannen offenbar nicht vorstellen.

So wurde ich zwar am nächsten Tag von den Kollegen, die sich mit mir in meiner Bürowohnung stundenlang zusammengesetzt hatten, gebeten, an der Aufklärung des Falles mitzuwirken, gleichzeitig aber eröffneten sie mir, daß Nannen am Montag, den 9. Mai 1983, Strafanzeige wegen Verdachts des Betruges gegen mich stellen werde. Mein Einwand, daß ich dann wohl kaum noch für den Stern recherchieren könne, leuchtete den Kollegen ein. Also wurde der Verlagschef Schulte-Hillen angerufen, und ich durfte ihm meine Bedenken vortragen.

Er werde noch einmal mit Henri Nannen sprechen und dann zurückrufen, versprach er. Sein Rückruf aber blieb aus. Trotzdem übergab ich den Kollegen noch ein Foto, das Konrad Kujau mit Prof. Eberhard Jäckel und Dr. August Priesack zeigte und das der Stern bald darauf veröffentlichte. Und als Kujau am 9. Mai 1983 ein letztes Mal bei mir anrief, hielt ich mich genau an die Anweisungen, die mir die beiden Ressortleiter Michael Seufert und Thomas Walde für diesen Fall gegeben hatten. Zwar beteuerte Kujau in diesem Telefonat immer wieder, die Tagebücher könnten nicht gefälscht sein, doch ich sagte ihm, er müsse nun einmal davon ausgehen, da man gegen das Gutachten des Bundesamtes für Materialprüfung nicht ankäme. Daß ich in diesem Moment mit dem Fälscher sprach, kam mir überhaupt nicht in den Sinn. Woher sollte ich auch wissen, daß dieser lustige Kerl ein ganz ausgebuffter Halunke war, der seine Mitmenschen mit seinen Fälschungen und Lügengeschichten seit vielen Jahren betrog?

So bat ich ihn, unbedingt in der DDR herauszufinden, wer uns da gelinkt habe. »Sonst bleibt die Schuld bei dir und bei mir hängen, wenn wir nicht beweisen können, wer es gefälscht hat«, beschwor ich ihn. »Conny, versuch', die Wahrheit herauszufinden! Der Stern kann bald einpacken, die Chefredakteure sind zurückgetreten, und ich kann mir eine Kugel in den Kopf schießen.«

Wahrscheinlich habe ich mit diesem Telefonat Kujau das Motiv für all seine späteren Lügereien, die mich belasten sollten, geliefert. Offensichtlich hoffte er, daß ich unter der Last seiner Beschuldigungen zusammenbrechen und meinem Leben ein Ende setzen würde.

Aufgrund meiner Adressenangaben und Namensnennung in der Nacht von Freitag auf Sonnabend konnten Stern-Rechercheure sehr schnell herausfinden, daß der mir als Konrad Fischer bekannte Mann in Wirklichkeit Konrad Kujau heißt, daß sein Bruder Heinz kein DDR-General, sondern ein Gepäckträger und Beauftragter der Volkspolizei in Köthen und sein Schwager Krebs kein Museumsdirektor, sondern in dem Museum lediglich eine Art Hausmeister gewesen war.

Alles Lügen, die Kujau seit Jahren Historikern und Kaufinteressenten weisgemacht hatte, um die Herkunft der Hitler-Schriften und -Bilder zu erklären.

Daß ich so etwas nicht sofort durchschaut hatte, wurde nun von den neunmalklugen Kollegen als Beweis meiner Schuld angesehen. Und das auch heute noch, obwohl das Hamburger Landgericht mich wenigstens in diesem Punkt entlastet hatte, denn immerhin war Kujau elf Jahre lang mit Erfolg unter dem falschen Namen Konrad Fischer in der Bundesrepublik herumgelaufen.

Wo war denn aber nun der angeblich so eindrucksvolle Recherchen-Apparat des Stern, mit seinem weltweiten Korrespondentennetz? Wie ist das Ergebnis der jahrelangen Ermittlungen? Von über neun Millionen Mark ist bis heute keine einzige wiedergefunden worden. Wenn ich wirklich, wie das Gericht schätzte, 4,7 Millionen oder mehr abgezweigt hätte, wäre es doch wirklich ein Armutszeugnis für den angeblich so mächtigen Stern, daß es seinen cleveren Jungens bis heute nicht gelungen ist, davon auch nur ein paar Stern-Taler zu entdecken. Und eigentlich wäre es die größte Blamage für dieses oft so anmaßende Bilder-Blatt, wenn ich heute sagen würde: »Ja, ich habe die Millionen — und ihr seid zu dämlich, sie zu finden!«

Aber dann müßte ich so wie Konrad Kujau und viele andere, die in diesem Verfahren eine Rolle gespielt haben, lügen können.

Und weil es so nicht war, ist die Sache viel einfacher. Der Stern konnte deshalb nichts finden, weil es bei mir keine versteckten Millionen gibt. Weder habe ich irgendwo Geld vergraben — darum kann ich auch ruhig schlafen, wenn es bald neue Geldscheine gibt — noch habe ich es in irgendwelchen Schließfächern liegen, noch ist es in Firmenbesitz, Aktien, Edelmetallen oder Grundbesitz angelegt.

Ich besitze kein Bankkonto im In- oder Ausland, erst recht kein Nummernkonto, und auch keiner meiner Verwandten und Bekannten hat irgendwelche Gelder von mir versteckt.

Und weil der Stern nur bei mir und nicht bei Kujau gesucht hat, konnte er eben auch nichts finden, so einfach ist das.

Dabei hätte alles so leicht sein können. Henri Nannen hätte nicht gegen mich, sondern gegen Unbekannt Strafanzeige erstatten müssen. Dann hätte die Kripo zuerst mich vernommen, und ich hätte umfassend Auskunft geben müssen.

Anschließend hätten Kollegen und ich gemeinsam recherchieren können, denn auf den Tonbandaufnahmen meiner Gespräche mit Konrad Kujau gab es genügend Hinweise auf dessen Geschäftspartner und Orte, wo man nach dem verschwundenen Geld suchen konnte. Den Kollegen hätte ich durch entsprechende Vollmachten die Möglichkeit gegeben, auch mich zu überprüfen.

Und wenn die Recherchen bei Kujau ergebnislos verlaufen wären, hätte sich der Verdacht der Staatsanwaltschaft sowieso gegen mich gerichtet, und sie hätte von sich aus ein Ermittlungsverfahren eingeleitet.

Statt dessen aber wurde völlig einseitig vom Stern gegen mich ermittelt. Bereits in den ersten Recherchenberichten war von den »beiden Gaunern Heidemann und Kujau« die Rede, Dokumente wurden zu meinen Lasten verfälscht, entlastende Tonbandgespräche jahrelang von dem beim Stern mit den Ermittlungen betrauten Ressortleiter Michael Seufert den Ermittlungsbehörden vorenthalten und erst während der Hauptverhandlung auf meine Aufforderung hin herausgerückt. So ging dieser Mann mit wichtigem Beweismaterial um. Sollte einer wie er diesen komplizierten Fall klären können? Dafür reichte es gewiß nicht. Es reichte lediglich, die Karriereleiter bis zur Stern-Chefredaktion zu erklimmen.

Ich möchte nicht den Eindruck erwecken, als sei ich allzu verbittert, will aber auch nicht heucheln. Natürlich enttäuschte es mich, daß Kollegen und angebliche Freunde kübelweise Schmutz über mich ausgegossen haben. Gott sei Dank haben andere Freunde, wenn auch nur wenige, bis heute zu mir gehalten.

Als ich verwundet und angeschlagen war, sind dafür andere wie reißende Wölfe über mich hergefallen. Das ist nun mal üblich in unserer Branche. Hier gilt nicht, wie bei den Juristen oder Medizinern, das Sprichwort: »Eine Krähe hackt der anderen kein Auge aus«, hier wird ein daniederliegender Kollege genüßlich verhackstückt. Denn schließlich lebt man ja vom Unglück der anderen und kann damit noch ein paar Buch- oder Zeilenhonorare einstreichen.

Als mich Peter-Ferdinand Koch bat, ich solle für seinen Verlag ein Buch über die Tagebuch-Affäre schreiben, habe ich abgelehnt. Daraus würde doch nur eine Rechtfertigungsschrift werden, und das wollte ich nicht. Wo sollte ich auch anfangen, wo aufhören? Für mich ist dieser Fall noch lange nicht abgeschlossen.

Nein, wenn ein Buch, dann sollte es ein anderer schreiben. Einer, der es auf sich nehmen würde, sich mit aller Welt anzulegen, mit Medienriesen und Justiz, einer, der vor allem nicht die Mühe scheute, sich durch Hunderte von Aktenordnern zu lesen und diese auch noch gedanklich zu verarbeiten. Und der auch meine Schwächen und Fehler nicht verschweigen würde.

Peter-Ferdinand Koch, der eigentlich mein Verleger werden wollte, wurde nun sein eigener Autor. Er nahm all das auf sich, was unter Hunderten wohl nur einer durchgestanden hätte. Und er löste die sich selbst gestellte Aufgabe mit Bravour.

Man kann ihm vorwerfen, das Buch sei überdokumentiert, und man kann ihm vorwerfen, er sei über meine Fehler mit zu viel Wohlwollen hinweggegangen. Darum möchte ich an dieser Stelle ausdrücklich betonen: Natürlich habe auch ich während der Tagebuch-Beschaffung große Fehler und Unterlassungen begangen, die ich später bitter bereut habe. Und leider hat mich mein Instinkt für Halunken und Verbrecher bei einigen der handelnden Personen verlassen, und deshalb bin ich auf ihre Lügengeschichten hereingefallen, ohne, wie sonst, das gelieferte Material genau zu überprüfen. Aber hinterher ist man immer klüger, und darum versichere ich:

Ich werde niemals wieder auf falsche Tagebücher hereinfallen, aber auch niemals wieder auf die falschen Sprüche von Ressortleitern, Chefredakteuren, Herausgebern und Verlagsbossen. Erst recht nicht auf jene, deren Devise lautet: »Was kümmert mich mein Geschwätz von gestern!«

QUELLENVERZEICHNIS

DER JOURNALIST GERD HEIDEMANN

1) das Schulzeugnis vom 13.3.48 liegt vor ***2)*** »Vereinbarung« des Jugendamtes Altona vom 1.2.33, Datum unleserlich ***3)*** Interview mit G. Heidemann, 6.11.89 ***4)*** ebenda, Unterlagen liegen vor ***5)*** siehe: 3) ***6)*** Tagebuch Heidemanns (»1948«), S. 6 ***7)*** ebenda, S. 7 ***8)*** ebenda ***9)*** ebenda ***10)*** ebenda ***11)*** ebenda, S. 15 ***12)*** ebenda ***13)*** »Ausbildungszeugnis«, Weidenbaum-Studio, 21.1.49 ***14)*** die Belegexemplare liegen vor, teilweise auch die Honorar-Anweisungen ***15)*** der zweiseitige Vertrag liegt vor ***16)*** siehe: 14) ***17)*** STERN 32/51 ***18)*** STERN 24/52 ***19)*** STERN 25/52 ***20)*** Urkunden liegen vor ***21)*** Bescheinigung des Blankeneser Finanzamtes liegt vor ***22)*** DIE STRASSE, 5.10.50 ***23)*** Tagebuch Heidemanns (»Reise nach Rumänien«), S.4 ***24)*** ebenda ***25)*** ebenda, S. 6 ***26)*** ebenda, S. 7 ***27)*** ebenda, S. 8 ***28)*** ebenda, S. 10 ***29)*** ebenda, S. 11, 12 ***30)*** STERN 37/53 ***31)*** STERN 34/84 ***32)*** STERN 32/52 ***33)*** die Belege liegen vor ***34)*** HÖREN UND SEHEN, September 54 ***35)*** MÜNCHNER ILLUSTRIERTE, 6.11.54 ***36)*** siehe: 3) ***37)*** ILLUSTRIERTE WOCHE 47/54 ***38)*** FRAU IM SPIEGEL, 14.11.54 ***39)*** Belege liegen vor ***40)*** siehe: 3) + Vertrag vom 5.10.55 ***41)*** die Unterlagen liegen vor ***42)*** ebenda + STERN 52/55 ***43)*** STERN 43/55 ***44)*** STERN 1/56 ***45)*** STERN 50/55 ***46)*** STERN 7/56 ***47)*** STERN 5 + 9/56 ***48)*** STERN 19/56 + Unterlagen liegen vor ***49)*** NBI 23/56 ***50)*** STERN 11 + 12/56 ***51)*** STERN 17/56 ***52)*** STERN 26/56 ***53)*** STERN 23/56 ***54)*** STERN 48/56 ***55)*** STERN 3/57 + Manuskript Heidemanns ***56)*** siehe: 3) ***57)*** STERN 14/57 ***58)*** STERN 15/57 ***59)*** STERN 31/57 ***60)*** STERN 34/57 ***61)*** STERN 23/57 ***62)*** STERN 39/57 ***63)*** ebenda ***64)*** STERN 35/57 ***65)*** STERN 44/57 ***66)*** STERN 41/57 ***67)*** STERN 42/57 ***68)*** FRAU IM SPIEGEL 42/57 ***69)*** die Unterlagen liegen vor ***70)*** siehe: 3) + STERN 14 + 16 + 23/58 ***71)*** das Exemplar liegt vor ***72)*** »Fußball-Delikatesse«, 2 Seiten ***73)*** die Dokumente liegen vor ***74)*** ZEIT, 14.11.58 ***75)*** Telephon-Notiz des STERN, 2.11.58 ***76)*** »Ermittlungsbericht« Heidemanns, 17.11.58 ***77)*** ebenda ***78)*** siehe: 75) ***79)*** Interview mit G. Heidemann, 15.11.89 ***80)*** ebenda ***81)*** bis ***86)*** entfallen wegen Text-Kürzungen ***87)*** siehe: 79) ***88)*** STERN 3/59 ***89)*** »Kaufmann Carl Helfmann«, Ausarbeitung Heidemanns, 16.2.59 ***90)*** siehe: 79) ***91)*** Zeitungen vom 22.8.59 liegen vor ***92)*** Schreiben vom 25.8.59 liegt vor ***93)*** Hausmitteilung, 5.4.61 ***94)*** Interview G. Heidemann vom 30.4.59 + STERN 27/59 ***95)*** Interview liegt vor, undatiert ***96)*** Interview mit dem Ehepaar Böttcher, 6.2.60 + STERN 18/60 ***97)*** STERN 48/59 ***98)*** STERN 30 + 31/60 ***99)*** STERN 21/59 ***100)*** STERN 18/59 ***101)*** STERN 51 + 52/59 ***102)*** G. Heidemann: »Barbara Valentin über Curd Jürgens«, 15.2.59 ***103)*** Interview mit G. Heidemann, 2.1.90 ***103a)*** STERN 31/60 ***104)*** STERN 32 + 33/60 ***105)*** STERN 34/60 ***106)*** STERN 35/60 ***107)*** STERN 36/60 ***108)*** STERN 37/60 ***109)*** STERN 38/60 ***110)*** STERN 34/60 ***111)*** STERN 40/60 ***112)*** STERN 45/60 ***113)*** siehe: 89) ***114)*** »Betrifft: Recherchen 'Die Super-Schells'«, 19.11.63 + STERN 49 + 50 + 51 + 52/63 ***115)*** Gespräch mit G. Heidemann, 3.1.90 ***116)*** STERN 42/62 + 15/68 ***117)*** Gespräch mit G. Heidemann, 5.1.90 ***118)*** ebenda ***119)*** ebenda + STERN 42/62 ***120)*** ebenda ***121)*** »Themenliste« + »Adressenliste«, undatiert ***122)*** G. Heidemann: »Gespräch mit O.W. Fischer«, 18.3.64, Vernate, Schweiz ***123)*** G. Heidemann: »Gespräch mit dem Filmjournalisten Fred E. Uetrecht«, 21.3.64, München, S. 4 ***124)*** ebenda, S. 5 ***125)*** ebenda, S. 9 - 11 ***126)*** G. Heidemann: »Interview mit Frl. Herma Koehn über Thomas Fritsch«, 11.5.64, Hamburg, S. 3 - 6, 20 ***127)*** ebenda, S. 37 - 38 ***128)*** ebenda, S. 26 ***129)*** ebenda, S. 28 - 31, 40 ***130)*** G. Heidemann »Interview mit Karin Hübner«, 19. + 21. + 24.5.64, S. 42, 45, 83 ***131)*** Gerd Heidemann: »Interview mit Lilo Katzke«, 13.3.64, S. 3, 5, 8 ***132)*** siehe. 117) ***133)*** Schreiben Gerd Heidemanns an Peter Haage, 11.3.75 ***134)*** ebenda ***135)*** das Traven-Material Gerd Heidemanns befindet sich in insgesamt 73 Aktenordnern; aus Einfachheitsgründen werden die Quellen aus Gerd Heidemanns Traven-Buch zitiert: »Postlagernd Tampico«, Blanvalet Verlag, München, 1977, S. 8 ***136)*** ebenda, S. 11 - 16 ***137)*** ebenda, S. 18, 22 - 27 ***138)*** ebenda, S. 28 ***139)*** ebenda, S. 29 - 32 ***140)*** ebenda, S. 39 - 39 ***141)*** ebenda, S. 40 ***142)*** ebenda, S. 41 ***143)*** ebenda, S. 44 - 54 ***144)*** ebenda, S. 58 - 61 ***145)*** ebenda, S. 73 - 74 ***146)*** ebenda, S. 82 ***147)*** ebenda, S. 83 - 85 ***148)*** ebenda, S. 91 - 93 ***149)*** ebenda, S. 94 - 95 ***150)*** ebenda, S. 104 - 107 ***151)*** ebenda, S. 113 - 141, 152 ***152)*** ebenda, S. 154 ***153)*** ebenda, S. 170, 209 ***154)*** ebenda, S. 248 ***155)*** STERN 19/67 ***156)*** STERN 34/84 ***157)*** Bericht des Untersuchungsausschusses des STERN, Kapitel »Einzelberichte« (»Heidemann«), S. 16 ***158)*** Wilfried Ahrens: »Herrn Nannens Gewerbe«, Ahrens Verlag, Sauerlach, 1984, S. 225 ***159)*** siehe: 117) ***160)*** Ankündigung des WDR in: INTERMEZZO, 5/67 ***161)*** siehe: 117) ***162)*** siehe: 155 ***163)*** siehe: 161) ***164)*** ebenda ***165)*** »Kleine Enzyklopädie Weltgeschichte«, VEB Verlag Enzyklopädie, Leipzig, 1965, S. 470 f ***166)*** Gerd Heidemann: »Commando 52«, unveröffentlicht, S. 6 ***167)*** Fischer Weltalmanach, 1964 + 1965 + 1966 ***168)*** Brief G. Heidemanns an seine spätere Ehefrau Barbara Hermann, 19.9. 64 ***169)*** siehe: 166), S. 3 - 4 ***170)*** ebenda, S. 5 + 168 ***171)*** siehe: 166), S. 13 ***172)*** ebenda, S. 14 - 15 ***173)*** ebenda, S. 16 ***174)*** ebenda, S. 18 ***175)*** ebenda, S. 27, 30 - 34 ***176)*** ebenda, S. 37 ***177)*** ebenda, S. 41 ***178)*** ebenda, S. 42 - 43 ***179)*** ebenda ***180)*** ebenda, S. 47 ***181)*** ebenda ***182)*** ebenda, S. 48 - 50 ***183)*** ebenda, S. 52 - 54 ***184)*** ebenda, S. 53 ***185)*** ebenda, S. 57 ***186)*** ebenda, S. 58 ***187)*** ebenda, S. 74 - 76 ***188)*** ebenda, S. 81 ***189)*** STERN 47 + 48 + 49/64 ***190)*** ebenda + STERN 47/62 + 46/66 ***191)*** siehe: 166), S. 104, 111, 113 ***192)*** ebenda, S. 112 ***193)*** ebenda, S. 105, 115 ***194)*** ebenda, S. 114 ***195)*** bis ***196)*** entfallen wegen Text-Kürzungen ***197)*** ebenda, S. 113 + Heggemann-Brief liegt vor ***198)*** siehe: 166), S. 118 ***199)*** ebenda, S. 120 - 122 ***200)*** entfällt wegen Text-Kürzung ***201)*** siehe: 166), S. 132 - 133 ***202)*** Gespräch mit G. Heidemann, 12.1.90 ***203)*** ebenda ***204)*** Telegramm und Urkunde liegen vor ***205)*** »Presse-Information«, undatiert ***206)*** KÖLNER STADT-ANZEIGER, 18.12.65 ***206a)*** KONKRET 1 + 2/65 ***207)*** siehe: 202) ***208)*** STERN 1/65 ***209)*** zahlreiche Briefe, an den STERN adressiert, liegen vor ***210)*** siehe: 208) ***211)*** siehe: 159) ***212)*** John Barron: »KGB«, Scherz Verlag, Bern und München, 1974, S. 396 ***213)*** Heiner Emde: »Verrat und Spionage in Deutschland«, Ringier, München/Zürich, 1980, S. 189 ***214)*** siehe: 212), S. 399 f ***215)*** siehe: 213) ***216)*** siehe: 212), S. 401 f ***217)*** ebenda, S. 397 ***218)*** Reinhard Gehlen: »Der Dienst«, v. Hase & Koehler Verlag, Mainz-Wiesbaden, 1971, S. 282 ***219)*** ein Teil des Rebet-Nachlasses liegt vor ***220)*** G. Heidemann: »Interview mit Inge Pohl bzw. Inge Staschynski«, 2. - 3.11.62, Karlsruhe, S. 1 ***221)*** ebenda, S. 2 ***222)*** ebenda, S. 3 - 4 ***223)*** ebenda, S. 4 - 18 ***224)*** Peter-Ferd. Koch (Herausgeber): »Himmlers Graue Eminenz - Oswald Pohl«, Facta Verlag, Hamburg, 1988, S. 309 f ***225)*** »Auskunft« des SD, 21.7.43, im Besitz des Verlages ***226)*** Dr. Max Horn: »Lauter Geschichten«, Band V, unveröffentlicht, S. 183, 194 - 195 ***227)*** Gespräch mit Max Horn, 18.3.87, geführt vom Autor ***228)*** siehe: 220), S. 21, 36 - 38 ***229)*** ebenda, S. 40 - 41 ***230)*** ebenda, S. 1 ***231)*** ebenda, S. 47 ***232)*** ebenda, S. 49 ***233)*** ebenda, S. 53 - 61 ***234)*** ebenda, S. 64 - 68 ***235)*** ebenda, S. 69 - 70 ***236)*** ebenda, S. 71 ***237)*** ebenda, S. 81 ***238)*** ebenda, S. 82 - 83 ***239)*** ebenda, S. 88 - 89 ***240)*** ebenda, S. 91 - 93 ***241)*** ebenda, S. 94 - 95 ***242)*** ebenda, S. 103 ***243)*** ebenda, S. 104 ***244)*** ebenda, S. 107 - 108 ***245)*** ebenda, S. 110 - 111 ***246)*** ebenda, S. 116 ***247)*** siehe:

212), S. 400 **248)** siehe: 220), S. 118 **249)** ebenda, S. 122 - 127 **250)** ebenda, S. 122 - 127 **251)** ebenda, S. 140 - 142 **252)** ebenda, S. 147 **253)** ebenda, S. 153 - 180 **254)** ebenda, S. 181 - 183 **255)** S. 205 - 246 **256)** ebenda, S. 248 - 252 **257)** ebenda, S. 253 - 254 **258)** ebenda, S. 260 - 261 **259)** ebenda **260)** ebenda **260a)** STERN 7/66 **261)** siehe: 212), S. 396 - 403 **262)** Ladislav Bittmann: »Geheimwaffe D«, Verlag SOI, Bern, 1972, S. 35 **263)** Hausmitteilung von G. Bucerius, 7.4.64 **264)** Schreiben »Atlas« an den STERN vom 22.4.64 **265)** Schreiben der G + J-Rechtsabeilung an Achterfeld, 21.4.64 **266)** Eidesstattliche Erklärung Dagmar Haders, 28.4.64 **267)** Heidemann-Interview mit Franz Karl, 29.4.64 **268)** Hausmitteilung, 14.4.65 (an »alle Redakteure«) **269)** Gespräch mit G. Heidemann, 8.1.90 **270)** STERN 47/66 **271)** Schreiben Schröder-Sonnensterns, 16.1.65 **272)** siehe: 269) **273)** STERN 27/65 **274)** STERN 10/65 **275)** Heidemann-Interview mit Eva Kaufmann, 25.7.65, auf Mallorca, S. 1, 69 **276)** ebenda, S. 2 - 5 **277)** ebenda, S. 6 - 7 **278)** ebenda, S. 9 - 10 **279)** ebenda, S. 12 **280)** ebenda, S. 13 -14 **281)** ebenda, S. 12, 15 **282)** ebenda, S. 23 - 24 **283)** STERN 38/65 **284)** siehe: 275), S. 57 **285)** ebenda, S. 23, 27 **286)** ebenda, S. 31 **287)** ebenda, S. 44, 58 **288)** S. 52 - 53 **289)** ebenda, S. 55 **289a)** Schreiben Eva Kaufmanns an G. Heidemann; Kontoauszüge liegen vor **290)** siehe: 275), S. 65 **291)** STERN 38/65 **292)** Konrad Vogelsang: »Film-Musik im Dritten Reich«, Verlag Facta Oblita, Hamburg, 1990, S. 273 **293)** STERN 39/65 **294)** STERN 36/65 **295)** Gespräch mit G. Heidemann, 23.1.90 **296)** STERN 24/66 **297)** STERN 16/66 **298)** STERN 27/66 **299)** STERN 29 + 30/66 **300)** die Recherchen-Unterlagen im Fall Neubert liegen vor **301)** Hausmitteilung Schneiders, 2.8.67 **302)** STERN 28/66 **303)** Gespräch mit G. Heidemann, 30.1.90 **304)** Munzinger Archiv, 18.7.64 + Porst-Bilanzen, im Verlagsbesitz **305)** ebenda **306)** WamS, 17.5.64 + STERN 45/67 **307)** Interview mit Franz Brandt, 27.10.67 **308)** Heidemann-Interview mit Hanns Porst, 26.10.67 **309)** STERN 45/67 **310)** Abschrift der Report-Sendung vom 30.10.67 **311)** die Dokumente zur Porst-Geschichte liegen vor **312)** siehe: 308) **313)** ein Dossier »Böhm, Karl u. Hans« liegt vor **314)** Interview mit Käte Pilny, 28.10.67 **315)** siehe: 309) **316)** siehe: 295) **317)** Karl Wilhelm Fricke: »Die Staatssicherheit«, Verlag Wissenschaft und Politik, Köln, 1982, S. 87, 180, 189 **318)** siehe: 313) **319)** SPIEGEL 43/69 **320)** STERN 19/69 **321)** »Reiseabrechnung«, 12.5.69 **322)** Heidemann-Interview mit mit dem Ehepaar Marggraf, 11. - 12.4.69 **323)** ebenda **324)** siehe: 319) **325)** bis **334)** entfallen wegen Text-Kürzungen **335)** Heidemann-Interview mit Anneliese Lage, 21.4.69 **336)** Heidemann-Interview mit Wolfgang Hochrieser, 22.4.69 **337)** BamS, 2.3.69 **338)** Heidemann-Interview mit Margarete Redlin, 24.4.69, S. 1 **339)** ebenda, S. 2 - 3 **340)** ebenda, S. 12 - 15 **341)** STERN 27/69 + SPIEGEL 43/69 **342)** Heidemann-Interview mit Arsen Schweizer, 6.5.69 **343)** siehe: 269) **344)** Heidemann-Interview mit Hans Hermann Weyer, 2. - 11.1.68 + »Recherchenbericht«, München, Hamburg, S. 2 **345)** ebenda, S. 3 **346)** ebenda, S. 6 **347)** Gerd Heidemann: »Staatsstreich«, unveröffentlicht, S. 1 **348)** ebenda, S. 3 - 5 **349)** ebenda, S. 7 **350)** ebenda, S. 10 **351)** ebenda, S. 11 **352)** ebenda, S. 13 **353)** siehe: 344), S. 157 **354)** die Verträge liegen vor **355)** siehe: 347), S. 25 - 26 **356)** Tonbandabschrift liegt vor; sie umfaßt 14 Seiten **357)** siehe: 344), S. 179 - 198 **358)** die Tonbandabschrift vom 24.1.68 liegt vor **359)** STERN 17/68 **360)** ebenda **361)** BamS, 26.5.68 **362)** TZ, 6.5.72 + STERN 28/72 **363)** Reisekostenabrechnung, 1.8.68 **364)** »Bescheinigung« des DRK, 11.7.68 **365)** STERN 47/66 + 17/70 **366)** Reisekostenabrechnung, 29.10.68 **367)** Heidemann-Interview mit Heger, 13.9.68 **367a)** WELT, 5.10.71 **368)** STERN 39/70 **369)** STERN 43/70 **370)** Hausmitteilung, 8.9.70 + Reisekostenabrechnung, 10.10.70 **371)** STERN 39/70 + Telex, undatiert, an Egon Vacek **372)** Telex STERN Bonn an Bissinger, 25.9.70 + dpa-Meldung vom gleichen Tag **373)** dpa-Telex an Sakowski, 25.9.70 **374)** dpa-Meldung, 27.9.70 **375)** Vernehmung Braumanns durch die Kripo, 16.6.83, S. 1 - 2 **376)** STERN 41/70 **377)** Schreiben Braumanns an den Bundespräsidenten, 25.5.71 **378)** siehe: 376) **379)** STERN 42/70 **380)** siehe: 377) **381)** Gespräch mit Braumann, 9.2.90 **382)** G. Heidemann: »Bordgespräche«, I. Teil, unveröffentlicht, S. 3 - 9 + Hausmitteilung Heidemanns an das G + J-Versicherungsbüro, 5.10.70 **383)** die fiktive Geschichte Lehmanns liegt vor, undatiert, wahrscheinlich aus dem Jahre 1979 **384)** STERN 1/2-71 **385)** ebenda **386)** STERN 5/71 **387)** STERN 30/73 **388)** Gespräch mit G. Heidemann, 28.1.90 **389)** Heidemann-Interview mit Dr. Amina Khalil Shocair, 26 Seiten, 28.7.71, Tripolis **390)** siehe: 388) **391)** Schreiben des AA an die Deutsche Botschaft in Lybien, 26.3.71 **392)** die Dokumente liegen vor **393)** siehe: 388) + Widmung liegt vor **394)** STERN 39/71 **395)** Briefe liegen vor **396)** Telex liegt vor, Datum nicht verifizierbar **397)** STERN 29/71 **398)** siehe: 388) **399)** Heidemann-Interview mit Dietrich Paul Fersch, 28.4.71, Teheran **400)** SPIEGEL 13/71 + 12/73 + STERN 46/71 **401)** STERN 46/71 **402)** DIE POST, Teheran, 3.5.71 **402a)** Recherchenbericht Weidles, undatiert, wahrscheinlich Anfang September 1971 **402b)** ebenda **403)** Recherchenbericht Jacobis, undatiert, wahrscheinlich Anfang September 1971 **404)** Interview Petschulls mit Heinz Ruhnau, undatiert **405)** CAPITAL 11/71 **406)** Hausmitteilung Liedtkes an Maaß, 7.9.71 **407)** Heidemann-Interview mit Karsten Heneicks, 23.9.71 **408)** der vierseitige Recherchenbericht liegt vor; er ist ohne Datum und ohne Autorenzeile **409)** »Aus erster Hand«, 14.10.71 **410)** Telegramm Wienands an den Chefredakteur Oskar Hatz, 29.9.71 **411)** Telex Knapes an Koch, 29.9.71 **412)** STERN 4/65 **413)** Gesprächsprotokoll Wienand, 9.10.71, S. 19 **414)** ebenda, S. 1 **415)** ebenda, S. 19 - 24 **416)** ebenda, S. 31 - 34 **417)** Gespräch mit G. Heidemann, 18.12.89 **418)** »Vereinbarung« zwischen Kuehnel und Heidemann, 22.10.71 **419)** Telephongespräch Heidemanns mit Schabmayer, 10.11.71 **420)** Heidemann-Interview mit Dietmar Schabmayr, 5. - 6.10.71, München, S. 36 **421)** ebenda, aber vom 20.10.71; während des Gesprächs stieß der Informant zufällig dazu; Heidemann fragte ihn prompt aus **422)** Telephongespräch Heidemanns mit Wienand, 10.10.71 **423)** Telephongespräch Heidemanns mit Jansen, 9.10.71 **424)** Telex der Münchner Redaktion an die Hamburger Nachrichtenredaktion, 17.10.71 **425)** STERN 16/72 **426)** Strafanzeige der Bonner Kanzlei Neumann, 7.4.72 **427)** WELT, 16.10.72 **428)** QUICK 30/73 **429)** SPIEGEL 35/73 **430)** Gesprächsprotokoll mit der Steuerfahndungsstelle, 12. + 13.11.74 **431)** STERN 49/74 **432)** STERN 43/71 **433)** STERN 46/75 **434)** BILD, 21.11.75 **435)** SPIEGEL 11/72 + STERN 35/73 **436)** SPIEGEL 11/72 **437)** die Gespräche Heidemanns mit Etta Schiller wurden mit ausdrücklicher Genehmigung Etta Schillers auf Band aufgezeichnet und umfaßte den Zeitraum 28.8. -2.9.73 **438)** STERN 35/73 **439)** BamS, 6.7.75 + WELT, 5.7.75 **440)** Gespräch mit G. Heidemann, 17. - 18.2.90 **441)** das Telegramm vom 29.11.71 liegt vor **442)** Spesenabrechnung, 19.2.72 + Gespräch mit G. Heidemann, 17.2.90 **443)** siehe: 440) **444)** Hausmitteilung von Maaß an Heidemann, 21.4.72 **445)** STERN 5/72 **446)** siehe: 440) **447)** ebenda **448)** Visitenkarte und Brief, undatiert, liegen vor **449)** siehe: 440) **450)** ZEIT, 28.9.73 **451)** siehe: 440) **452)** Hausmitteilung Schneiders, 11.9.69 **453)** Elten: »Operation Großmutter«, undatiertes Manuskript **454)** siehe: 440) **455)** ebenda **456)** STERN 11/72 **457)** SPIEGEL 27/72 **458)** STERN 27/72 **459)** KRESS REPORT 13/72 **460)** siehe: 440) **461)** ebenda **462)** ebenda **463)** SPIEGEL 27/72 **464)** siehe: 459) **465)** siehe: 440) + Material über Hans Habe liegt vor **466)** STERN 51/71 **467)** Telex Liedtkes an Peter Ebel, 18.9.75 **468)** siehe: 440) **469)** G. Heidemann: »Ergebnis der Lockeed-Recherchen«, unveröffentlicht, S. 2 - 3 **470)** die »Vereinbarung« liegt vor, undatiert **471)** siehe: 469), S. 4 **472)** ebenda, S. 8 **473)** ebenda, S. 9 - 10 **474)** siehe: 440) **475)** siehe: 469), S. 11 - 12 **476)** ebenda, S. 19 - 21 **477)** das Material für Peter Koch aus dem SPIEGEL-Archiv liegt vor **477a)** STERN 26/76 **478)** Hausmitteilung Liedtkes an Peter Koch, 12.2.76 **479)** siehe: 440) **480)** Gespräch mit Braumann, Oktober 89 **481)** siehe: 440) **482)** ebenda **483)** BILD, 10.4.79 **484)** siehe: 440) **485)** STERN 18/79 **486)** ebenda **487)** ebenda **488)** ebenda **489)** Bericht Heidemanns, undatiert + STERN 17 + 18/79 **490)** Brief vom 26.7.76 liegt vor **491)** die Amin-

Briefe liegen vor **492)** Brief liegt vor **493)** die Korrespondenz liegt vor **494)** siehe: 440) **495)** STERN 44/77 **496)** die Abschriften der Lauschoperationen des STERN liegen vor **497)** ebenda **498)** STERN 45/77

DIE STERN-STASI-CONNECTION

1) Peter-Ferd. Koch (Herausgeber): »Himmlers Graue Eminenz - Oswald Pohl«, Verlag Facta Oblita, Hamburg, S. 174 ff **2)** Schreiben Himmlers vom 21.9.37 (Archiv G. Heidemann) **3)** NATUR 5/86 **4)** NATUR 10/86 + Lieferschein des Ringier Verlages **5)** Manfred Bissinger: »Hitlers Sternstunde«, Rasch und Röhring, Hamburg, 1984, S. 9, 12, 23, 82 **6)** Gesprächsprotokoll G. Heidemanns, 11.5.89 + QUICK 24/73 **7)** ebenda **8)** Aktennotiz »Deckname 'Handwerker'«, 5.6.73 **9)** siehe: 7) **10)** ebenda + »Gespräch mit Herrn Julius Steiner, früherer Bundestagsabgeordneter der CDU«, 19.6.73, München **11)** »SPD-Information«, 18.6.73 (»Betr.: Widersprüche QUICK-Geständnisse«) **12)** STERN 44/73 **13)** SPIEGEL 30/75 **14)** Sonderdruck QUICK, 1975 **15)** ebenda **16)** siehe: 7) + Reisekostenabrechnung, 17.7.75 **17)** das Schreiben liegt vor **18)** Auskunft Heinz von Nouhuys, 11.5.89 **19)** siehe: 7) **20)** siehe: 5), S. 39 **21)** ebenda, S. 57 - 62 **22)** ebenda **23)** ebenda **24)** ebenda, S. 8 **25)** ebenda, S. 39 - 49 **26)** ebenda, S. 50 - 51 **27)** ebenda **28)** NATIONAL-ZEITUNG, Ost-Berlin, 11.3.89 **29)** in diesem Zusammenhang weist eine vorliegende Akte daraufhin, daß Konrad Kujau als Militaria-Zwischenhändler nicht registriert ist **30)** WIRTSCHAFTSWOCHE, 45/75 **31)** FACTS 43/73 + TEXT INTERN 134/73 + KRESS-REPORT 22/73 **32)** SPIEGEL 44/73 + Aussage Knapes vor dem Münchner Oberlandesgericht, 7.5.79, S. 5 **33)** Manfred Schell: »Protokoll eines Komplotts«, v. Hase & Koehler, Mainz, 1980, S. 26 - 58 **34)** die Personalien liegen vor **35)** siehe: 33), S. 59 - 85 **36)** Exposè: »Vorwurf, N. habe 200.000,- DM erhalten«, Verlagsarchiv **37)** siehe: 3) **38)** siehe 35) **39)** ebenda + siehe 34 **40)** ebenda **41)** Deutsches Institut für Militärgeschichte: »Auf antisowjetischem Kriegskurs«, Deutscher Militärverlag, Ost-Berlin, 1970, S. 425 - 470 **42)** die Personalakte Charisius liegt vor **43)** die Personalakte Glaser liegt vor **44)** die Personalakte von Witzleben liegt vor **45)** siehe 32) - 34) **46)** Bernt von Kügelgen: »Die Front war überall«, Verlag der Nationen, Ost-Berlin, 2. Auflage, S. 460 - 509 **47)** zitiert wurden das NEUE DEUTSCHLAND und der seinerzeit wöchentlich erscheinende HORIZONT + Albert Norden: »Fälscher«, Dietz-Verlag, Ost-Berlin, 1963, S. 272 - 309 **48)** dem Autor liegt eine umfangreiche Ausarbeitung über die Fälscherstrukturen der DDR vor; die 42 Seiten berücksichtigen etwa den Zeitraum bis 1982 **49)** ebenda **50)** ebenda **51)** ebenda + das Buch erschien 1969 im Deutschen Militärverlag, Ost-Berlin, in einer Erstauflage von 30.000 Exemplaren **52)** das Buch wurde im Piper-Verlag in der Reihe »Sozialwissenschaft« als Band 6 im Jahre 1971 veröffentlicht **53)** die biographischen Angaben wurden Maders Klappentexten entnommen bzw. stammen von den Waschzetteln der Mader-Verlage sowie den Mader-Rezensionen aus der DDR-Presse **54)** siehe: 48) **55)** Telex der Bonner SPIEGEL-Redaktion an die Hamburger Redaktion, 23.5.74 **56)** CAPITAL 6/74 **57)** KRESS REPORT 11/74 **58)** SPIEGEL 22/74 **59)** ebenda **60)** STERN 41/74 **61)** »Widerruf«-Begehren des Nollau-Anwaltes Dr. Ahlberg **62)** der Vorgang liegt vor; ein Gespräch mit Thomas Walde am 1.6.89 bestätigte die Zusammenarbeit mit Nollau **63)** SPIEGEL 22/74 **64)** der Brief liegt vor **65)** diese Spekulation geht aus einem nachrichtendienstlichen Papier hervor **66)** ebenda **67)** Aussage Waldes vor dem Oberlandesgericht München, 10.5.79, S. 2 **68)** Aussage Ebelseders vor dem Oberlandesgericht München, 4.12.79, S. 9 - 10 **69)** siehe: 67), S. 3 **70)** Aussage Nollaus vor dem Oberlandesgericht München, 4.12.79, S. 5 **71)** siehe: 67), S. 4 **72)** ebenda **73)** die Daten gehen aus einer Dokumentation hervor, die dem Autor vorliegt **74)** »Die Geschichte des MfS«, 1974, unveröffentlicht **75)** ebenda + siehe: 70), S. 9 - 10, 12 **76)** siehe: 74) + SPIEGEL 16/65 **77)** siehe: 18) **78)** Recherchen-Bericht von G. Heidemann, 23.5.74 **79)** ebenda **80)** der Vertrag wurde von Walde am 20.8.74 unterschrieben **81)** siehe: 61) **82)** die Vorgänge liegen vor und wurden von Walde in einem Gespräch am 1.6.89 bestätigt **83)** ebenda + Gespräch mit Walde am 14.6.89 **84)** Gespräch mit G. Heidemann, 30.5.89 **85)** Recherchen-Bericht Heidemanns, 31.6.80, S. 1 **86)** bis **87)** entfallen wegen Text-Kürzungen **88)** siehe: 85), S. 3 **89)** ebenda, S. 4 - 5 **90)** ebenda **91)** das Interview hat einen Umfang von 21 Seiten; es ist auf Manuskriptpapier des STERN geschrieben **92)** die dreiseitige Hausmitteilung ist undatiert **93)** ebenda **94)** entfällt wegen Text-Kürzung **95)** Gespräch mit T. Walde und G. Heidemann, 1.6.89, 14.6.89 **96)** STERN 20/80 **97)** die Zusammenhänge gehen aus Dokumenten hervor; von Walde in einem Telephongespräch vom 15.6.89 bestätigt **98)** siehe: 96) **99)** ebenda **100)** Telex, 16.7.80 **101)** Gerd Heidemann: »Bordgespräche«, 2. Kapitel, unveröffentlicht, S. 27 **102)** ebenda, S. 29 + Gespräch mit G. Heidemann, 15.6.89 **103)** G. Heidemann: »Bericht über unsere Reise nach Ost-Berlin«, 22.11.80, unveröffentlicht, S. 1 **104)** Peter-Ferd. Koch (Herausgeber): »Die Tagebücher des Doktor Jospeh Goebbels, Geschichte und Vermarktung«, Verlag Facta Oblita, Hamburg, 1988, S. 189 **105)** siehe: 103), S. 3 **106)** ebenda, S. 4 **107)** ebenda, S. 5 **108)** dem Autor liegt eine Ausarbeitung vor, die die Dresdner MfS-Strukturen offenlegt und die möglichen Konsequenzen beschreibt **109)** siehe: 103), S. 6 **110)** ebenda, S. 8 **111)** ebenda, S. 10 **112)** ebenda, S. 10 - 11 **113)** siehe: 101), 3. Teil, S. 18 - 20 **114)** ebenda, S. 11 - 12, 21 - 25 **115)** ebenda, S. 13 **116)** S. 24 - 25 **117)** ebenda, S. 28 **118)** ebenda, S. 15 **119)** ebenda, S. 16 **120)** ebenda, S. 21 **121)** ebenda, S. 20 **122)** ebenda, S. 21 **123)** ebenda, S. 23 **124)** ebenda, S. 29 - 34 **125)** ebenda, S. 1 **126)** zweite Ausarbeitung von G. Heidemann über den Aufenthalt in Ost-Berlin, S. 1 **127)** ebenda **128)** ebenda, S. 2 **129)** ebenda, S. 3 - 4 **130)** ebenda, S. 6 **131)** ebenda, S. 7 **132)** ebenda, S. 8 **133)** ebenda, S. 9 **134)** ebenda, S. 10 **135)** ebenda, S. 11 **136)** dienstliche Erkenntnisse vom 13.4.81: »Betr.: Dr. Walde, Thomas, geb. 23.01.1941, Ressortleiter Zeitgeschichte im STERN«, S. 1 -2, 5, 7 + Erklärung Waldes vom 18.8.89 **137)** ebenda, S. 3 + Telephongespräch mit Walde vom 10.9.89 + Erklärung Waldes vom 18.8.89 **138)** siehe 136) S. 2 - 3 **139)** ebenda, S. 3 **140)** ebenda + Befragung Waldes durch Mitarbeiter des Hamburger Landesamtes für Verfassungsschutz, 10.12.79, S. 5 **141)** Vorlesungsverzeichnis der Karl-Marx-Universität Leipzig 65/66, S. 161 **142)** siehe: 136), S. 4 **143)** Befragung Waldes (durch LfV), S. 5 - 6 **144)** ebenda, S. 5 **145)** ebenda, S. 7 + Walde-Erklärung vom 18.8.89 und 13.9.89 **146)** ebenda **147)** siehe: 136), S. 5 **148)** ebenda, S. 3, 6 - 7 + Walde-Erklärung vom 18.8.89 und 13.9.89 **149)** siehe 136), S. 7 **150)** ebenda, S. 8 + Walde-Erklärung vom 18.8.89 **151)** siehe: 136), S. 9 **152)** ebenda, S. 10 **153)** ebenda, S. 11 **154)** siehe: 143), S. 8 - 9 **155)** ebenda, S. 11 - 12 **156)** ebenda, S. 10 **157)** ebenda, S. 11 **158)** ebenda **159)** ebenda, S. 4 **160)** ebenda **161)** die Personalien Geyers liegen vor **162)** ebenda **163)** siehe: 143), S. 12 **164)** ebenda, S. 13 + Personalkarte Horst Peinzger + Walde-Erklärung vom 21.9.89 **165)** siehe: 143), S. 13 **166)** ebenda, S. 14 **167)** ebenda, S. 15 **168)** ebenda, S. 16 **169)** siehe: 136), S. 15 **170)** ebenda, S. 12 **171)** ebenda, S. 14 - 16 **172)** siehe: 143), S. 16 **173)** ebenda, S. 17 **174)** ebenda + Vermerk des Generalbundesanwaltes, 8.11.80, S. 2 **175)** Vermerk, S. 2 **176)** ebenda, S. 2 - 5 **177)** es handelt sich um eine Drei-Seiten-Notiz **178)** Beurteilung, 1.10.81 **179)** der umfangreiche Vorgang liegt vor; Telex-»Erlaß«, 4.5.83 **180)** siehe: 136), S. 12 -23 **181)** ebenda **182)** Niederschrift Waldes, undatiert **183)** das Schreiben liegt vor **184)** siehe: 182) **185)** G. Heidemann: »Bericht über meine Reise nach Börnersdorf/DDR«, undatiert, S. 1 **186)** ebenda, S. 2 - 3 **187)** ebenda, S. 4 **188)** G. Heidemann: »Recherchen Börnersdorf«, Mai 1981, S. 1 **189)** siehe: 185), S. 6, 9 - 10, 12 **190)** die Abschrift des auf Band genommenen Gesprächs liegt vor; es geschah mit ausdrücklicher Genehmigung Waldes **191)** siehe: 185) **192)** G. Heidemann: »Atomraketen-Plan der Bundesrepublik«, undatiert **193)** STERN 8/83 +

Dossier Panzinger liegt vor **194)** SCHWÄBISCHE ZEITUNG, 17.2.83 **195)** Waldes Gruß an Heidemann liegt vor **196)** HAMBURGER MORGENPOST, 16.11.84 **197)** WELT, 30.11.84 **198)** SZ, 24.11.84 **199)** stenographisches Protokoll des Tagebuch-Prozesses (31.VH-Tag), 15.11.84, S. 8 **200)** ebenda, S. 4 **201)** Beschluß 44/15/84, Anlage 13, Protokoll vom 12.10.84), S. 3

DER STERN SETZT AUF DIE TAGEBÜCHER DES ADOLF HITLER

1) »Schlußbericht« der Stuttgarter Kripo, 2.4.75, S. 1 **2)** Kripo-Protokoll, 13.2.75 **3)** Kripo-Protokoll, 2.4.75 **4)** siehe: 1) **5)** Schreiben vom 2.4.75 an das Gewerbeaufsichtsamt **6)** Kripo-Protokoll, 3.3.75 **7)** siehe: 1, S. 2 - 4 **8)** Ermittlungsakte »Kujau, Konrad« (A/G 7443/61), 23.8.61 + Vernehmungsprotokoll, 24.8.61 **9)** Kopien der »Strafnachrichten« an das Bundesstrafregister liegen vor **10)** Kripo-Ermittlungs-»Vermerk zum Lebenslauf von Konrad Kujau« (3353/83), 12.12.83 **11)** das »Abschlußzeugnis« liegt vor **12)** das »Arbeitsbuch« (Nr. 1210/03700 D) ist ausgestellt worden am 31.3.58 **13)** FDJ-»Beurteilung«, 10.10.55 **14)** siehe: 1) + nach einem Bericht des damaligen Untersuchungsausschusses freiheitlicher Juristen, West-Berlin, konnte der genaue Fluchttag des Kujau nicht festgestellt werden **15)** Kripo-Vernehmungsprotokoll, 14.3.68 **16)** Kripo-Vernehmung, 29.3.68 **17)** Kripo-Vernehmungsprotokoll, 24.8.61 **18)** Tagebuch-Urteil (Js 279/83), S. 8 **19)** siehe: 15) **20)** Kripo-Vernehmungsprotokoll, 20.12.60 und 21.12.60 **21)** ebenda **22)** Anzeige des Eugen Seitz, 23.8.61 **23)** Kripo-Vernehmungsprotokoll, 24.8.61 **24)** Kripo-Schlußbericht, undatiert **25)** Schreiben der Kripo an die Staatsanwaltschaft (II/Kfz/2198/61) vom 21.9.61 **26)** »Vernehmung des Beschuldigten«, 25.3.62 **27)** Aussage Johannes Hänle, 25.3.62 **28)** siehe: 26) **29)** Anzeige des Anton Sax vom 9.1.64 gegen »Fischer, Konrad« **30)** Ermittlungsakte »Fischer, Konrad«, Januar bis März 1964 **31)** Kripo-Vernehmung »Fischer, Konrad«, 7.10.67 **32)** Kopie des Schreibens liegt vor **33)** ebenda + Schreiben vom 21.3.68 **34)** siehe: 30) + 32) + 33) **35)** Kripo-Vernehmung Kujaus, 4.2.80 **36)** »Aktenvermerk« (E-Akte) des Kripo-Kommissars Bachert, 15.10.79 **37)** Kripo-Vernehmung, 7.3.80 **38)** Zusatz-»Vermerk« zur Kujau-Vernehmung, 7.3.80 **39)** siehe: 36) + 37) **40)** das Manuskript befindet sich im Besitz von G. Heidemann, ebenso wie der Schaub-Nachlaß **41)** die Dokumente befinden sich im Besitz von G. Heidemann **42)** Kripo-Vernehmung Nannens, 1.6.83, S. 12 **43)** Hans Baur: »Mit Mächtigen zwischen Himmel und Erde«, Verlag K.W. Schütz, Preuss. Oldendorf, S. 116, 268 **44)** ebenda, S. 272 **45)** die Dokumente liegen vor **46)** Christa Schroeder: »Er war mein Chef«, Langen Müller, München, 3. Auflage, 1985, S. 213 - 214, 117 **47)** DER ALLGÄUER, 27.4.83 **48)** siehe: 42), S. 6 **49)** Gespräch mit G. Heidemann, 11.7.89 **50)** siehe: 42), S. 6 **51)** Untersuchungsausschuß des STERN (»Chronologie«), S. 6 **52)** Gespräch mit G. Heidemann, 13.7.89 **53)** Schreiben Manikowskys an den Untersuchungsausschuß des STERN, 26.8.83 **54)** Schreiben Waldes an den Untersuchungsausschuß des STERN, 7.9.83, S. 5 **55)** siehe: 52 **56)** siehe: 53) **57)** ebenda **58)** Schreiben Nannens an den Untersuchungsausschuß des STERN, 30.8.83, S. 15 **59)** siehe: 52) **60)** siehe: 58) **61)** die Verträge liegen vor **62)** G. Heidemann: »Bordgespräche«, Teil II, unveröffentlicht, S. 5 - 8 **63)** ebenda + Gespräch mit G. Heidemann, 15.7.89 **64)** siehe: 18), S. 56, 61 **65)** die Verträge liegen vor **66)** Gespräch mit G. Heidemann, 13.7.89 **67)** Schreiben Tiefenthälers an G. Heidemann vom 11.9.79, 4.11.79, 25.12.79, 20.1.80 **68)** siehe: 62), S. 8 **69)** siehe: 66) **70)** siehe: 62), S. 9 **71)** ebenda **72)** siehe: 18), S. 57 **73)** Schreiben des Personalchefs Herbert Ludz, 1.9.80 **74)** Zeugenvernehmung Stiefels durch die Stuttgarter Kripo vom 27.5.83, S. 1 **75)** ebenda, S. 2 - 3 **76)** Aufstellung der Kripo, 3 Seiten, undatiert **77)** Kripo-Vernehmung Lieblangs, 19.5.83 + und 74), S. 9 **78)** siehe: 74), S. 7 - 8, 10 **79)** Anklageschrift der Hamburger Staatsanwaltschaft, S. 41 **80)** siehe: 18), S. 20 **81)** siehe: 62, S. 22 - 23 **82)** ebenda, S. 13 **83)** ebenda, S. 14 + siehe: 18), S. 59 **84)** siehe: 62), S. 14 **85)** G. Heidemann: »Finanzierung«, undatiert, S. 1 **86)** ebenda, S. 2 - 3 **87)** siehe: 18), S. 60 **88)** siehe: 62), S. 29 - 31 **89)** bis **93)** entfallen wegen Text-Kürzungen **94)** siehe: 62), S. 31 + Gespräch mit G. Heidemann, 16.7.89 **95)** ebenda, S. 32 **96)** ebenda **97)** ebenda, S. 34 **98)** ebenda **99)** Gespräch mit G. Heidemann, 16.7.89 **100)** ebenda + siehe: 62), S. 35 **101)** G. Heidemann: »Bilderdiebstahl in Sanssousi«, unveröffentlicht **102)** ebenda **103)** siehe: 62), S. 37 **104)** ebenda, S. 38 a **105)** ebenda, S. 39 - 40 **106)** ebenda, S. 40 + 18), S. 12 **107)** siehe: 62), S. 41 **108)** ebenda, S. 42 - 43 **109)** ebenda, S. 45 - 49 **110)** ebenda, S. 52 - 58 **111)** ebenda, S. 59 - 60 **112)** der Brief liegt vor **113)** Aufzeichnung des Telephongesprächs Waldes und Heidemanns mit Tiefenthähler vom 10.12.80; Gesprächsnotizen liegen gleichfalls vor **114)** Kripo-Vernehmung Baurs, 23.6.83 **115)** Kripo-Vernehmung Tiefenthälers, 28.5.83 **116)** ebenda **117)** siehe: 62), Teil III, S. 1 - 3 **118)** ebenda, S. 5 **119)** siehe: 117), S. 6 **120)** Gespräch mit G. Heidemann, 18.7.89 **121)** siehe: 117), S. 1 - 3 **122)** siehe: 18), S. 73 **123)** Karte Sorges und Hitler-Zeichnung liegen vor **124)** Kripo-Vernehmung Hess, 30.5.83 **125)** Schreiben Waldes an G. Heidemann, Jahreswende 86/87, S. 2 - 3 **126)** Heidemann-»Expose« für Fischer, 24.1.81 **127)** Gespräch mit G. Heidemann, 22.7.89 **128)** Gespräch mit G. Heidemann, 22.7.89 **129)** Kripo-Vernehmung Kühsel, S. 1 **130)** ebenda, S. 6 **131)** Gespräch mit G. Heidemann, 23.7.89 **132)** Kripo-Vernehmung Manfred Fischers, 16.6.83, S. 2 - 3 **133)** siehe: 62), Teil I, S. 1 - 3 **134)** ebenda, S. 4 - 7 **135)** siehe: 128) **136)** siehe: 133) **137)** ebenda, S. 22 **138)** ebenda, S. 34 - 35 **139)** ebenda, S. 36 **140)** ebenda, S. 39 - 40 **141)** ebenda, S. 141 **142)** siehe: 125) **143)** siehe: 62), Teil I, S. 42 **144)** ebenda, S. 43 - 44 **145)** ebenda, S. 45 **146)** ebenda, S. 45 - 46 **147)** das Schreiben liegt vor **148)** siehe: 62), Teil IV, S. 7 **149)** ebenda, S. 6 **150)** ebenda **151)** ebenda, S. 9 **152)** siehe: 18), S. 76 **153)** siehe: 148), S. 11 **154)** ebenda, S. 13 **155)** ebenda, S. 15 - 16 **156)** ebenda, S. 17 - 19 **157)** »Das Außenministerium der DDR«, 1982, unveröffentlicht, S. 230, 344 **158)** siehe: 148), S. 19 **159)** ebenda, S. 21 **160)** ebenda, S. 23 **161)** ebenda, S. 25 - 28 **162)** ebenda, S. 29 **163)** ebenda, S. 32 - 33 **164)** G. Heidemann: »Ausgaben für den STERN«, Oktober 1988 **165)** siehe: 148), S. 35 - 36 **166)** ebenda, S. 39 - 40 **167)** ebenda, S. 47 - 51 **168)** ebenda, S. 51 - 52 **169)** siehe: 18), S. 77 - 80, 314 - 316 **170)** siehe: 148), S. 52 - 53 **171)** ebenda, S. 54 **172)** Gesprächsprtokoll G. Heidemanns, 6.2.81 **173)** ebenda **174)** Gesprächsprotokolle G. Heidemanns, 6.2.81, 21.5.81, 18.4.83 **175)** siehe: 18), S. 83 **176)** siehe: 62), Teil V, S. 10 -11 **177)** ebenda, S. 1 **178)** ebenda, S. 7, 13 **179)** Stellungnahme Heidemanns + Wehrpaß Waldes, ausgestellt am 15.12.60 vom Kreis-Wehrersatzamt in Lüneburg **180)** Gespräch mit G. Heidemann, 12.12.89 **181)** der Vertrag liegt vor, 7 Seiten; er ist undatiert **182)** Untersuchungsausschuß des STERN (»Chronologie«: »17.2.81«) **183)** ebenda, »18.2.81« **184)** ebenda **185)** Gesprächsprotokoll G. Heidemanns, 23.7.81 **186)** Notiz G. Heidemanns, 11.5.84 **187)** ebenda **188)** »Ergänzung« vom 11.6.82 liegt vor **189)** Vertrag liegt vor **190)** Kripo-Vernehmung Waldes, 6.6.83, S. 22 **191)** die Hochrechnung Sorges trägt das Datum vom 19.11.82 **192)** der Brief liegt vor **193)** Exposé: »Qualität der Verträge Gruner + Jahrs«, 10 Seiten **194)** Kripo-Vernehmung Waldes, 6.6.81, S. 1 + stenographisches Protokoll (38. VH-Tag), 5.12.84, Kripo-Vernehmung Sorges **195)** Sorges Denkmodell liegt vor; es umfaßt eine Seite **196)** Exposé: »Betr.: Hitlers Erben« **197)** Gespräch mit G. Heidemann, 11.9.89 + Untersuchungsausschuß des STERN (»Vermarktungsstrategie«), S. 128 **198)** Stellungnahme Masers, 17.7.81 **199)** ebenda **200)** die Vereinbarung liegt vor **201)** die Korrespondenz liegt vor **202)** Peter-Ferd. Koch (Herausgeber): »Die Tagebücher des Doktor Joseph Goebbels, Geschichte und Vermarktung«, Verlag Facta Oblita, Hamburg, 1988, S. 166 - 169 **203)** Gutachten des Ferdinand Siegers, 14.3.83 + Stellungnahme der Rechtsabteilung Gruner + Jahrs, 15.3.83, unterzeichnet von Andreas Ruppert **204)** Gespräch mit G. Heidemann, 11.9.89 **205)** Untersuchungsausschuß des STERN (»Urheberrechte«), S. 130 **206)** ebenda (»Chronologie«): »12.3.81« **207)** Gesprächsprotokoll G. Heidemanns, 5.3.81 **208)** ebenda, 20.3.81 **209)** Stellungnahme G. Heidemanns, undatiert **210)** siehe: 18), S. 146 **211)** ebenda, S. 149 **212)** ebenda **213)** ebenda, S. 150 **214)** Schreiben Waldes an das Bundesarchiv, 6.4.82 **215)** ebenda **216)** ebenda **217)** Kripo-Vernehmung Priesacks, 22.6.83 + Walde-Stellungnahme zum Untersuchungsausschuß, 5.9.83, S. 6 **218)** Gespräch mit G. Heidemann, 11.9.89 **219)** Walde-Stellungnahme zum Untersuchungsausschuß, 5.9.83, S. 8 **220)** die Dokumente liegen vor **221)** siehe: 218) **222)** entfällt wegen Text-Kürzung **223)** das Gutachten vom 11.6.82 liegt vor **224)** das Gutachten vom 11.5.82 liegt vor **225)** Schreiben vom 26.5.82 liegt vor **225)** siehe: siehe: 218) **226)** Schreiben Waldes an das Bundesarchiv vom 2.6.82 **227)** Schreiben Henkes an Leo Pesch, 7.12.82 **228)** Gesprächsprotokoll G. Heidemanns, 10.3.83 **229)** Gegendarstellung Waldes (STERN), 12.11.84, S. 2 **230)** ebenda + Telex, 22.3.83 **230a)** KRIMINALISTIK, 10/84 **231)** entfällt wegen Text-Kürzung **232)** siehe: 229) + 197) **233)** Gespräch mit G. Heidemann, 15.9.89 **234)** siehe: 226) **235))** ebenda **236)** Gespräch mit G. Heidemann, 2.9.89 **237)** ebenda **238)** siehe: 226) **239)** ebenda **239a)** die STERN-Mitteilung liegt vor **240)** ebenda **241)** Schreiben Waldes vom 20.4.83 **242)** KRIMINALISTIK 10/84 + STERN 45/84 **243)** STERN 26/76 **244)** siehe: 62), Teil I, S. 37 **245)** das Hfet liegt vor **246)** ebenda + 224) **247)** die Firmen-Unterlagen liegen zum Teil vor, ebenso ein Teil der Titel **248)** die Personalien befinden sich im Archiv des Autors **249)** im Archiv des Verlages **250)** ebenda **251)** Untersuchungsausschuß des STERN (»Lizenzverhandlungen«), S. 125 **252)** ebenda, S. 126)**253)** ebenda **254)** ebenda, S. 127 **255)** ebenda **256)** ebenda **257)** ebenda, S. 128 **258)** das Hess-Exposé liegt vor **259)** Manuskript »Plan III«, 2. Kapitel, S. 6 - 7, 11 **260)** ebenda, S. 19 - 20 **261)** ebenda, S. 21 **262)** ebenda, S. 21, 24 - 25 **263)** ebenda, S. 25 - 27 **264)** siehe: 251), S. 132 - 133 **265)** ebenda, S. 132 - 133 **266)** ebenda, S. 135 - 135 **267)** ebenda, S. 135 **268)** ebenda **269)** ebenda **270)** ebenda, S. 136 **271)** ebenda **272)** ebenda, S. 137 **273)** ebenda **274)** ebenda, S. 137 a **275)** ebenda **276)** ebenda, S. 136 **277)** Hausmitteilung, 7.4.83 **278)** siehe: 202), S. 192 - 201 **279)** Gespräch mit G. Heidemann, 14.9.89 **280)** Fax Doinets, 25.4.83, an die Nachrichtenredaktion des STERN **281)** Schreiben des Rauchfalls vom 23.4.83 **282)** Schreiben von Hannelore Merzenich, 23.4.83 **283)** Untersuchungsausschuß des STERN (»Chronologie«: »Ende September 1982«) **284)** Stellungsnahme Waldes Untersuchungsausschuß, 5.9.83, S. 9 **285)** Stellungsnahme Pesch Untersuchungsausschuß, 5.9.83, S. 1 **286)** siehe: 283), »Mitte/Ende Februar 1983« **287)** siehe: 284), S. 10 **288)** siehe: 283), »08.03.1983« **289)** ebenda, »09.03.1983« **290)** ebenda, »11.03.1983« **291)** ebenda, »16.03.1983« **292)** »Aktenvermerk« Waldes, 16.3.83, S. 1 **293)** ebenda **294)** Gespräch mit G. Heidemann, 18.4.89 **295)** siehe: 283), »Heidemann«, S. 15, 18, 26, 28, 31 **296)** ebenda, S. 19, 23, 31 **297)** siehe: 292), S. 2 **298)** ebenda **299)** bis **300)** entfallen wegen Text-Kürzungen **301)** Schreiben G. Heidemanns vom 17.3.83 an G. Schulte-Hillen + Hausmitteilung Waldes an Sorge für Schulte-Hillen, 5.3.83 **302)** siehe: 283), »Chronologier«: »Ende März 1983« + 285) **303)** siehe: 284), S. 13 - 14 **304)** ebenda **305)** entfällt wegen Text-Kürzung **306)** siehe: 283), S. 125 **307)** ebenda, S. 124 **308)** Kripo-Vernehmung Dickmann, 15.12.83 **309)** Gespräch mit G. Heidemann, 30.8.89 **310)** siehe: 283), »Chronologie« **311)** ebenda **312** ebenda **313)** Günther Schönfeld: »Ablauf zur STERN-Pressekonferenz am 25.4.83«, 2 Seiten **314)** ebenda **315)** »Eingangsstatement« Peter Kochs, undatiert **316)** siehe: 283), S. 141 - 142 **317)** SPIEGEL 18/83 **318)** STERN 19/82 **319)** SPIEGEL 19/83 **320)** ebenda **321)** siehe: 202), S. 199 - 203 **322)** siehe: 319) **323)** BILD, 26.8.84 **324)** BUNTE, Erscheinungsdatum auf der Photokopie nicht auszumachen **325)** FRANKFURTER RUNDSCHAU, 14.5.83 **326)** STERN 21/83 **327)** HAMBURGER RUNDSCHAU, 11.5.83 **328)** RHEINISCHER MERKUR, 13.5.83 **329)** SPIEGEL 34/83 **330)** STERN 53/83 **331)** Wilfried Ahrens: »Herrn Nannens Gewerbe«, Ahrens Verlag, Sauerlach, 1984, S. 147 **332)** bis **333)** enfallen wegen Text-Kürzungen **334)** ebenda, S. 149 **335)** Schreiben Ziesels an Nannen, 20.6.63 **336)** ebenda **337)** ebenda **338)** siehe: 331), S. 144 **339)** Urteil des Hanseatischen Oberlandesgerichts, 22.10.64, S. 34 - 39 **340)** ebenda, S. 21 **341)** ebenda, S. 36 **342)** »Sperlings Zeitschriften- und Zeitungs Adreßbuch«, Verlag des Börsenvereins, Leipzig, 1935, S. 149 **343)** SPIEGEL 1/71 **344)** ebenda **345)** Schreiben Bissingers an den Redaktionsbeirat des STERN, 4.1.78, S. 7 **346)** ebenda, S. 10 - 11 **347)** ebenda, S. 12 - 13 **348)** ebenda, S. 15 - 16 **349)** ebenda, S. 16 **350)** Strafanzeige Nannens vom 9.5.83 **351)** BILD, 10.5.83 + SÜDDEUTSCHE ZEITUNG, 10.3.83 **352)** Schreiben Seuferts an die Kripo, 11.5.83 + Kripo-Vermerk, 11.3.83 + »Vermerk« Kleins, 11.5.83 + »Vermerk« von Holst, undatiert + Schreiben Sorges an die G + J-Rechtsabteilung, 19.5.83 **353)** Kündigungsschreiben, 15.5.83 **354** Schreiben, 15.5.83 **355)** Schreiben, 17.5.83 **356)** Kripo-Vermerk, 19.5.83 **357)** Kripo-Vermerk, 7.6.83 **358)** die Dokumente liegen vor **359)** BILD, 7.2.84 **360)** ABENDZEITUNG, 7.5.83 + WELT, 13.5.83 **361)** Gesprächsprotokoll, 6.5.83 **362)** Notiz G. Heidemanns »9. Mai 1983«, undatiert **363)** Gesprächsprotokoll, 9.5.83 **364)** Kripo-Vernehmung Lieblang, erster Teil, 17.5.83, S. 14 **365)** ebenda, S. 15 **366)** ebenda, S. 21 **367)** ebenda, S. 22 **368)** »Sicherstellung des PKW Edith Lieblang«, LKA Baden-Württemberg, 20.5.83 **369)** siehe: 364), zweiter Teil, S. 4 + Kripo-Vernehmung Modritsch, 17.5.83, S. 21 **370)** siehe: 368) **371)** Vermerk »Betr.: Anruf eines Herrn Aust«, Kripo Stuttgart, 9.5.83 **372)** Kripo-Vermerk, 11.5.83 **373)** Vernehmung des Zeugen Thiele, 11.5.83 **374)** Vermerk der Stuttgarter Kripo: »Betr.: STERN-Affäre«, 11.5.83 **375)** Vermerk, 13.5.83 **376)** Vermerk Kleins, 13.5.83 **377)** »Kurzbericht« Kleins, 14.3.83 **378)** Protokoll Kleins (»Zur Person Konrad Kujaus«), undatiert (geschah bei dem Staatsanwalt sehr oft) **379)** ABENDZEITUNG, 31.8.84 **380)** Kripo-Vermerk, 29.7.83 **381)** Kripo-Vermerk, 1.6.83 **382)** siehe: 62), Teil IV, S. 9 **383)** ebenda, S. 11 - 12 **384)** ebenda **385)** Gespräch mit G. Heidemann, 3.11.89 **386)** ebenda **387)** Kripo-Vermerk, 8.11.84 **388)** Aktenvermerk der Stuttgarter Kripo, 8.11.84 **389)** »Bericht« des baden-württembergischen LKA, 13.11.84 **390)** ebenda **391)** Antrag auf Erlaß einer einstweiligen Verfügung durch RA Egon Geis, 15.5.83 **392)** Beschluß des Hamburger Landgerichts, 15.5.83 **393)** der Haftbefehl liegt vor **394)** Kripo-Vernehmung, 20.5.83, S. 21 **395)** Kripo-Vernehmung, 25.5.83, S. 1 **396)** ebenda, S. 29 **397)** »Übersicht zum Urteil vom 8.7.85« **398)** Kripo-Vernehmung Kujaus, 24.5.83, S. 30 - 33, 35, 37 **399)** siehe: 397) **400)** ebenda **401)** siehe: 398) + Uwe Bahnsen: »Der STERN-Prozeß«, v. Hase & Koehler, Mainz, 1986, S. 183 **402)** STRAFVERTEIDIGER 5/89 **403)** Gesprächsprotokoll G. Heidemanns, 9.5.83 **404)** Kripo-Vernehmung, 19.5.83 **405)** ebenda **406)** ebenda **407)** dem Verlag liegt eine »Kujau«-Akte aus den 50er Jahren vor **408)** siehe: 398) **409)** ebenda **410)** ebenda **411)** Kripo-Vernehmung E. Lieblangs, 17.5.83, S. 2 + Anklageschrift, S. 37 **412)** Kripo-Vernehmung E. Lieblangs, 17.5.88, S. 1 **413)** ebenda, S. 2 - 4 **414)** siehe: 398), S. 5 **415)** ebenda, S. 9 **416)** ebenda, S. 6 **417)** ebenda **418)** siehe: 412), S. 3 **419)** ebenda, S. 8 **420)** Kripo-Vernehmung E. Lieblangs, 19.6.83, S. 1 **421)** siehe: 398), S. 11 **422)** ebenda, S. 4 + siehe: 420), S. 1 - 2 **423)** siehe: 398), S. 13 **424)** ebenda **425)** Aktenvermerk des Stuttgarter Finanzamtes, 15.6.83, S. 1 - 11 **426)** siehe: 398), S. 12 **427)** ebenda, S. 18 - 20 **428)** ebenda, S. 22 **429)** ebenda, S. 23 **430)** bis **442)** die Zitate entstammen den Vernehmungen Kujaus und Lieblangs sowie dem Tagebuch-Buch von Uwe Bahnsen **443)** Niederschrift der PANORAMA-Sendung, S. 41 - 42 **444)** entfällt wegen Text-Kürzung **445)** Kripo-Vernehmung Kujaus, 20.5.83, S. 10 **446)** ebenda, S. 9 - 11 **447)** ebenda, S. 12 **448)** ebenda, S. 13 **449)** ebenda, S. 15 **450)** ebenda, S. 16 **451)** Aktenvermerk, 25.5.83 **452)** Kripo-Vernehmung Kujaus, 25.5.83, S. 1 **453)** ebenda, S. 1 - 3

DIE TAGEBÜCHER DES STERN WIRKEN

454) Untersuchungsausschuß des STERN (»Schäden und Spätfolgen«), S. 170 c **455)** ebenda, S. 170 d **456)** ebenda **457)** ebenda **458)** ebenda, S. 170 a **459)** ebenda, S. 168 **460)** ebenda, S. 168 - 170 b **461)** ebenda **462)** ebenda **463)** ebenda **464)** ebenda (»Vorwort«), S. 2 **465)** ebenda, S. 6 **466)** ebenda (»Arbeitsbericht«), S. 1 **467)** ebenda, S. 7, 10 **468)** ebenda, S. 3 **469)** ebenda, S. 3 - 4 **470)** ebenda, S. 5 **471)** ebenda, S. 4, 7, 11 **472)** entfällt wegen Text-Kürzung **473)** ebenda, S. 11 **474)** ebenda, S. 10 **475)** ebenda (»Chronologie«), S. 1 **476)** ebenda, S. 5 **477)** Stellungnahme G. Heidemanns, 30.8.89 **478)** siehe: 475), S. 4 **479)** Schreiben von G. Heidemann an Henri Nannen, 14.11.79 **480)** Untersuchungsausschuß, S. 6 **481)** ebenda, S. 7 **482)** ebenda, S. 7 - 8, 10 **483)** ebenda, S. 12 **484)** ebenda, S. 26, 29, 32 **485)** ebenda, »Darlehen und Verträge«, S. 46 **486)** ebenda, S. 47 - 48 **487)** ebenda, S. 50, 54 - 55 **488)** SÜDDEUTSCHE ZEITUNG, 7.7.83 **489)** »Arbeitsbericht«, S. 9 **490)** Schreiben Waldes an den Untersuchungsausschuß, 5.9.83 **491)** ebenda **492)** ebenda, aber vom 7.9.83 **493)** Walde-»Stellungnahme zu Einzelpunkten« **494)** ebenda, S. 6 - 7, 9, 13 **495)** ebenda, S. 13 - 15 **496)** Brief Nannens an den Untersuchungsausschuß, 30.8.83, S. 7 **497)** ebenda, S. 1, 3, 5, 8, 11 **498)** ebenda, S. 2, 6, 11, 13 - 14, 17 - 18 **499)** entfällt wegen Text-Kürzung **500)** WELT, 16.12.83 **501)** ebenda **502)** Schreiben RAe Müller-Horn an Barbara Beuys, 15.9.83 **503)** ebenda **504)** siehe: 502), 1.9.83, 6.9.83 **505)** Schreiben Schulte-Hillens, 31.8.83 **506)** Schulte-Hillens Stellungnahme liegt vor **507)** die vom 26.4.83 datierte Postkarte liegt vor **508)** das gleiche gilt für die mit dem Datum vom 7.5.83 **509)** Schreiben vom 29.4.83 liegt vor **510)** Hausmitteilung Tomkowitz, 2.5.83 **511)** das Schreiben vom 26.4.83 liegt vor **512)** Hausmitteilung Blumenthals an Brandenburg, 3.5.83 **513)** STERN 29/85 **514)** ebenda **515)** entfällt wegen Text-Kürzung **516)** STERN 17/84 **517)** Belege liegen vor **518)** siehe 513) **519)** BUNTE 37/84 **520)** das undatierte Schreiben liegt vor **521)** stenographisches Protokoll des Tagebuch-Prozesses (60. Verhandlungstag), 7.2.85, 4 Seiten **522)** Beispiel: STERN 45/84 **523)** siehe: 521) **524)** Prozeß (52. VH-Tag), 16.1.85, 2 Seiten **525)** ebenda, (66. VH-Tag), 26.2.85, 2 Seiten **526)** ebenda, (21. VH-Tag), 13.11.84, S. 4 **527)** ebenda, S. 3 **528)** ebenda (86. VH-Tag), 5.6.85, 5 Seiten **529)** ebenda (83. VH-Tag), 2.5.85, 4 Seiten **530)** ebenda **531)** Stellungnahme des SPIEGEL-Mitarbeiters Günther F. Koch, 4.4.85 **532)** ebenda **533)** siehe: 531) **534)** ebenda **535)** ebenda **536)** JOURNALIST 8/85 **537)** TAZ, 10.6.85 **538)** STERN 28/72 **539)** ebenda **540)** die Abschriften liegen vor **541)** siehe: 18), S. 50 **542)** ebenda, S. 51 **543)** ebenda, S. 52 **544)** ebenda, S. 54 **545)** STERN 3/88 **546)** siehe: 18), S. 407 **547)** STRAFVERTEIDIGER 5/89 **548)** die diesen Fall betreffenden Veröffentlichungen liegen vor

DER STERN JAGT GERD HEIDEMANN

1) Auskunft der Dektei Schimmelpeng an Gruner + Jahr, 12.4.68 **2)** »Lebenslauf« des G. Bartels, 25.4.68 **3)** das anonyme Schreiben liegt vor **4)** Schreiben Groenewolds an die Hamburger Kripo, 30.9.83 **5)** BILD, 6.12.83 **6)** Gespräch mit G. Heidemann, 27.7.89 **7)** STERN 27/83 **8)** die Hübner-Charakterisierung eines Kollegen liegt vor **9)** siehe: 6) **10)** die Papiere liegen vor **11)** die Dokumentation liegt ebenfalls vor **12)** Kripo-Vermerk, 15.5.84 **13)** siehe: 6) **14)** Vertrag liegt vor, 1.2.84, S. 2 **15)** ebenda, S. 1 - 2 **16)** Honorar-Anweisung liegt vor, 1.2.84 **17)** Kripo-Vermerk, 8.3.84, S. 1 **18)** ebenda, S. 2 **19)** Gespräch mit G. Bartels, 26.7.89 **20)** Schreiben des Landgerichts, 31.7.84 **21)** BILD, 14.8.84 **22)** siehe: 19) **23)** ebenda **24)** Schreiben Seuferts an Bartels, 17.9.84 **25)** Reisekostenabrechnung, 18.9.84 **26)** Vorgang liegt vor **27)** ebenda **28)** siehe: 14) **29)** siehe: 19) + KONTAKTER 39/89 **30)** siehe: 19) **31)** ebenda + stenographisches Protokoll, 63. VH-Tag, 19.2.85 **32)** BILD, 4.10.84 **33)** siehe: 6 + SPIEGEL 29/82 + Unterlagen liegen vor **34)** Kripo-Vermerk, 8.3.84 **35)** Kripo-Vermerk, 15.5.84 **36)** Kripo-Vermerk, 31.7.84 **37)** ebenda **38)** der Antrag datierte vom 24.9.84, ihm wurde am nächsten Tag stattgegeben **39)** Kripo-Vernehmung Ruffinengos, 2.10.84 **40)** 30.5.84 **41)** Aktennotiz Ruperts, 2.6.83 **42)** Kaufvertrag, 29.7.82 **43)** Absichtserklärung Hübners, 8.6.83 **44)** Hausmitteilung, 9.6.86 **45)** Kontoauszüge liegen vor **46)** Gesprächsprotokoll, 22.6.82 + Gespräch mit G. Heidemann, 31.7.89 **47)** Gespräch mit G. Heidemann, 31.7.89 **47a)** AP, 9.7.85 **48)** Heidemanns Tagebücher liegen vor **49)** bis **51)** ebenda **52)** Schreiben Nannens an Heidemann, 30.8.56 **53)** ebenda, 14.12.56 **54)** Verträge liegen vor **55)** Schreiben Heidemanns an Schuller, 6.6.61 **56)** Schreiben liegen vor **57)** Schreiben Heidemanns an Nannen, 27.2.66 **58)** Schreiben Heidemanns an Bezold, 8.9.66 **59)** Kündigungsschreiben Heidemanns, 8.9.66 **60)** Gespräch mit G. Heidemann, 17.6.89 **61)** Schreiben der Personalabteilung liegt vor **62)** Vertragserweiterung bzw. -änderung liegt vor **63)** Schreiben der Personalabteilung, 1.1.70 **64)** Verträge liegen vor **65)** »Bescheinigung fuer das Finanzamt« liegt vor **66)** das Ausgabenbuch Heidemanns liegt vor **67)** Dokumente liegen vor **68)** Brief liegt vor + Gespräch mit G. Heidemann, 5.8.89 **69)** Unterlagen liegen vor **69a)** Vorverträge liegen vor **70)** bis **71)** ebenda **72)** Untersuchungsausschuß des STERN (»Darlehen und Verträge«), S. 46 **73)** ebenda, S. 47 - 49 **74)** Brief Nannens an den Untersuchungsausschuß, 30.8.83, S. 11 + Kripo-Vernehmung Nannens, 1.6.83, S. 12 **75)** Kripo-Vernehmung Kochs, 15.6.83, S. 7 - 9 **76)** Gespräch mit G. Heidemann, 21.7.89 + stenographisches Protokoll (51. VH-Tag), 15.1.85, S. 6 **77)** ebenda **78)** siehe: 75) S. 10 **79)** siehe: 76) + Unterlagen liegen vor **79a)** »Kreditbericht« der Deutschen Bank, 1.10.82 **79b)** Kontoauszüge liegen vor **80)** STERN 20/83 **81)** STERN 21/83 **82)** WELT, 30.7.84 + Gespräch mit G. Heidemann, 21.7.89 **83)** stenographisches Protokoll (75. VH-Tag), 2.4.85, S. 3 **84)** der Informant will nicht genannt werden **85)** siehe: 83), 87. VH-Tag, Plädoyer Kleins, 6.6.85, S. 2 - 5 **86)** SPIEGEL 25/85 **87)** Gegendarstellung, 1.6.83 **88)** Goebbels-Tagebücher (Geschichte und Vermarktung), S. 5 - 9 **89)** siehe: 83, 32. VH-Tag, 22.11.84, S. 9 **90)** Reisekostenabrechnungen liegen vor **91)** ebenda **92)** Gespräch mit G. Heidemann, 8.8.89 **93)** eidesstattliche Versicherung Heidemanns, 4.8.84 **94)** Gesprächsprotokoll Heidemanns, 23.7.81 **95)** siehe: 93) **96)** Tagebuch-Urteil, S. 140 **97)** Gespräch mit G. Heidemann, 2.8.89 + Gespräch mit T. Walde, 8.8.89 **98)** siehe: 96), S. 141 **99)** Sorge-»Stellungnahme zum Ausschußbericht«, S. 1 **100)** BILD, 13.12.84 **101)** HAMBURGER ABENDBLATT, 13.12.84 **102)** BILD, 19.9.84 **103)** siehe: 83), 45. VH-Tag, 20.12.84, S. 5 **104)** bis **105)** entfallen wegen Text-Kürzungen **106)** siehe: 83), 41. VH-Tag, 12.12.84, S. 4 - 5 **107)** siehe: 72), S. 28 **108)** siehe: 83), 33. VH-Tag, 23.11.86 **109)** QUICK 30/84 **110)** QUICK 33/84 **111)** BUNTE 34/85 **112)** Schreiben Rupperts an Heidemann, 28.8.85 **113)** Beschluß des Hamburger Landgerichts, 5.9.85 **114)** die eidesstattlichen Erklärungen liegen vor **115)** Schreiben Waldes an Heidemann (datiert: »1986/87«) **116)** JA 12/87 **117)** Kripo-Vernehmung, 26.5.83, S. 2 **118)** ebenda, S. 3 **119)** ebenda, S. 4 - 5 **120)** ebenda, S. 5 **121)** ebenda, S. 8 **122)** ebenda, S. 9 **123)** ebenda, S. 10 - 12 **124)** ebenda, S. 13 **125)** Interview Gitta Serenys mit Wolfgang Schulze von Mertschinsky, 20.11.83, S. 37 **126)** Kripo-Vernehmung E. Lieblangs, 17.5.83, Teil III, S. 4 - 5 **127)** siehe: 83), 26. VH-Tag, 6.11.84, S. 2 **128)** siehe: 126), S. 13, 16 - 17 **129)** Vereinbarung zwischen Stiefel und Fischer/Kujau, 1.4.76 **130)** die Postkartengrüße liegen vor **131)** Aussage des Sax, 9.1.64, S. 2 **132)** Kripo-Vermerk, Stuttgart, 14.2.64 **133)** Stuttgarter Polizeipräsidium, 7.10.67 **134)** Vermerk Stuttgarter Kripo, 27.6.67 **135)** »Strafnachricht«, 22.1.68, AG Stuttgart **136)** Kripo-Fahndung vom 14.3.68 **137)** Schreiben des Kriminalamtes an das Stuttgarter Polizeipräsidium, 20.3.68 **138)** Kripo-Vermerk, 29.3.68 **139)** Schreiben vom 2.4.75 **140)** Vermerk Stuttgarter Kripo, 15.10.79 **141)** siehe: 125), zusammen mit Walter Unger, 20.11.83, S. 8, 20 - 21, 24, 28, 41 **142)** siehe: 96), S. 7 - 8 **143)** G. Heidemann: »Antworten auf die 5 Fragen des Redaktionsausschusses des STERN«, undatiert, S. 1 **144)** die Postkarte wurde im Juli 1981 an Heidemann geschickt **145)** siehe: 83), 38. VH-Tag, 5.12.84, S. 2 **146)** Kripo-Vernehmung Sorges, 26.5.83, S. 3 **147)** siehe: 83), 45. VH-Tag, 20.12.84, S. 3 **148)** ebenda, 33. VH-Tag, 23.11.84, S. 2 **149)** Kripo-Vernehmung Waldes, 9.6.83, S. 6 **150)** Gesprächsprotokoll Heidemanns, 10.12.80 **151)** siehe: 149) **152)** Kripo-Vernehmung Peschs, 30.5.83, S. 1, 4 **153)** siehe: 115), S. 2 **154)** entfällt wegen Text-Kürzung **155)** STERN 21/83 **156)** Esposé Heidemanns, 22.5.85 **157)** Kripo-Vernehmung Nannens, 2.6.83 + siehe: 156) **158)** siehe: 156) + Tonbandabschrift, 7.5.83, handschriftliche Ergänzungen von Wolf Thieme **159)** ebenda **160)** STERN 21/83 **161)** Recherchen-Bericht, 9.5.83 **162)** ebenda **163)** Schreiben liegt vor **164)** STUTTGARTER ZEITUNG, 9.5.83 **165)** Exposé Heidemanns, 22.2.85 **166)** der elfseitige Recherchen-Bericht vom 1.6.83 liegt vor **167)** ebenda, aber vom 10.6.83 **168)** STERN 21 + 22/83 **169)** STERN 21/83 **170)** telephonische Niederschrift durch RA Kersten liegt vor **171)** der Kassiber ist nicht datiert **172)** Kommentar vom 26.2.85 **173)** siehe: 166) **174)** Unterlagen liegen vor + BILD, 27.2.85 **175)** ebenda **176)** STERN 25/85 **176a)** siehe: 83), 87. VH-Tag, 6.6.85 **177)** siehe: 96), S. 253 **178)** bis **179)** ebenda **180)** ebenda + Abrechnungen der Heidemann-Bezüge liegen vor **181)** siehe: 96), S. 253 **182)** ebenda, S. 254 **183)** ebenda **184)** ebenda (»Inhaltsverzeichnis«), S. 4 - 5 **185)** ebenda, S. 217 - 218 **186)** SPIEGEL 11/84 **187)** Interview-Niederschrift, S. 59 **188)** Kripo-Vernehmung Kujaus, 25.5.83, S. 29 **189)** Kripo-Vermerk, Vermerk der Staatsanwaltschaft, jeweils vom 7.6.83 **190)** BILD, 22.9.83 **191)** Kripo-Vernehmungen vom 19.5.83 und 29.7.83 **192)** Kripo-Vernehmung E. Lieblangs, 17.5.83, S. 14 **193)** siehe: 96), S. 218 **194)** Kripo-Vernehmung Kujaus, 20.5.83, S. 21 **195)** ebenda, 25.5.83, S. 28 + G. Heidemann: »Hitler-Tagebücher« (»Übernahmen, Zahlungen«), S. 2 **196)** Kripo-Vernehmung Kujaus, 19.5.83, S. 5 - 6, 11, 13 **197)** Kripo-Vernehmungen Kujaus, 24.5.83 (S. 2) und 25.5.83 (S. 29) **198)** Kripo-Vernehmungen Kujaus, 24.5.83 (S. 18) und 25.5.83 (S. 26 - 27) **199)** ebenda, S. 29 (Vernehmung vom 25.5.83) **200)** ebenda, S. 5 **201)** ebenda, S. 1 **202)** Vermerk Kleins, 26.5.83, 7 Seiten **203)** die Vernehmungsprotokolle liegen vor **204)** die Zahlungslisten liegen vor **205)** Vermerk Kleins, 7.6.83 **206)** ebenda **207)** G. Heidemann: »Hitler-Tagebücher« (»Übernahmen, Zahlungen«) **208)** Vermerk Kleins, 9.6.83 **209)** Schreiben der RAe Strohm, Wiedmann, 13.5.83 **210)** Beweisantrag RA Daum, 3.4.85 **211)** Beschluß des Hamburger Landgerichts, undatiert **212)** siehe: 83), 77. VH-Tag, 4.4.83, S. 2 - 3 **213)** Anlage Nr. 151 zum Protokoll, 16.4.85 **214)** HAMBURGER ABENDBLATT, 11.4.85 **215)** siehe: 83), 78. VH-Tag, 10.4.85, S. 2 **216)** ebenda, 82. VH-Tag, 30.4.85, S. 2 - 3 **217)** ebenda, 81. VH-Tag, 25.4.85, S. 2 **218)** Kripo-Vernehmung Kujaus, 25.5.83, S. 21 - 22 **219)** Gesprächsprotokoll Heidemanns, 8.6.81 **220)** »Festgestellte Einzahlungen und Ausgaben Kujaus und Lieblangs«, im Verlagsbesitz **221)** Anzeige liegt vor **222)** Kripo-Vernehmung Burghardts, 28.5.85, S. 1 - 3 **223)** siehe: 220) **224)** Aktenvermerk Steuerfahndung Stuttgart II, 6.11.83, S. 2 - 4 **225)** Steuerfahndungs-Ermittlungen Finanzamt II, Stuttgart, 17.4.84, S. 3 **226)** ebenda, S. 4 **227)** ebenda **228)** ebenda, S. 6 - 7 **229)** ebenda, S. 7 **230)** Kripo-Vernehmung Stiefels, 27.5.83, S. 2 **231)** siehe: 225), S. 9 **232)** ebenda, S. 9, 11 **233)** ebenda, S. 13 - 14 **234)** ebenda, S. 22 - 25 **235)** Kripo-Vernehmung Schaichs, 24.6.83, S. 3 **236)** Kripo-Vernehmung Sängers, 29.8.83, S. 2 - 3 **237)** siehe: 220) **238)** ebenda **239)** siehe: 83), 83. VH-Tag, 2.5.85, S. 3 - 4 **240)** siehe: 225), S. 17 - 18 **241)** ebenda, S. 19, 22 **242)** ebenda, S. 10 a **243)** ebenda, S. 18 **244)** ebenda **245)** Gesprächsabschrift vom 22.9.81 umfaßt 72 Seiten **246)** ebenda **247)** ebenda + siehe: 225) **248)** siehe: 96), S. 133 **249)** ebenda, S. 387 **250)** ebenda, S. 133 **251)** ebenda, S. 308 a **252)** Tonband-Gespräch, 17.11.81 **253)** ebenda, 29.3.82 **254)** ebenda, 12.4.82 **255)** ebenda, 13.4.82 **256)** ebenda, 14.4.82 **257)** ebenda, 15.4.82 **258)** ebenda **259)** ebenda, 25.5.82 **260)** ebenda, 28.5.82 **261)** ebenda **262)** ebenda **263)** ebenda, 25.9.82 **264)** ebenda, 12.10.82 **265)** ebenda, 22.10.82 **266)** ebenda, 25.11.82 **267)** ebenda, 29.3.82 **268)** ebenda, 29.9.82 **269)** ebenda **270)** ebenda, 12.10.82 **271)** ebenda, 20.2.83 **272)** ebenda, 13.3.83 **273)** ebenda, 17.3.83 **274)** Stellungnahme Heidemanns, 17.8.89 **275)** siehe: 273) **276)** siehe: 245), 11.4.83 **277)** ebenda, 2.5.83 **278)** ebenda, 3.3.83 **279)** STERN 29/85 **280)** SPIEGEL 14/85 + BamS, 8.5.82 + BILD, 21.7.54 **281)** Heidemann-Niederschrift, undatiert **282)** »Zusammengefaßter Bericht über das gesammelte Material in der Angelegenheit Tschou En-lai/Kunigunde Staufenbiel«, undatiert **283)** ebenda + siehe: 281) **284)** siehe: 282) **285)** Gespräch mit G. Heidemann, 10.4.89 **286)** siehe: 281) **287)** ebenda **288)** ebenda **289)** ebenda **290)** STERN 46/71 + Hausmitteilung, 16.11.76 **291)** WELT, 29.10.76 **292)** MONATSBLÄTTER, Göttingen, 12/76 **293)** STERN 34/84 + Gespräch mit G. Heidemann, 13.4.89 **294)** Vertrag vom 5.10.55 + Gespräch mit G. Heidemann, 14.4.89 **295)** siehe: 293) + 294) **296)** STERN 39/75 + SPIEGEL 38/75 **297)** Schreiben der Eisenbahner-Gewerkschaft an Steinhoff, 27.5.75 **298)** Aktennotiz Steinhoffs, undatiert **299)** Notarielle Urkunde (495/75) des Notars Walter Berndorff, 19.6.75 **300)** ebenda **301)** »Exposé« Steinhoffs, 21.6.75 **302)** Erklärung der Ursula Bender, 29.6.75 **303)** Pressemitteilung, 25.6.75 **304)** »Prozeßtaktische Situation«, 4.7.75

DIE TOTENGRÄBER DES STERN

1) STERN 42/66 **2)** KUNST UND VOLK 7/39 **3)** siehe: 1) **4)** Telex, 26.10.66: »Der Wahrheit eine Gasse« **5)** Erich Kuby: »Der Fall stern und seine Folgen«, Konkret Literatur Verlag, Hamburg, 1983, S. 36, 41, 53, 139 **6)** ebenda, S. 4 **7)** Schreiben Kubys an Nannen, 5.4.79, S. 2 **8)** Gespräch mit G. Heidemann, 12.5.89 **9)** Heidemanns Bordbuch liegt vor **10)** Hausmitteilung Nannens, 10.8.78 **11)** Arbeitsbericht Kubys, Oktober 1978, S. 1 **12)** ebenda, S. 2 **13)** ebenda, S. 2 - 3 **14)** ebenda, S. 3 - 4 + »3. Arbeitsbericht«, 18.2.79, S. 3, 5 - 6 **15)** siehe: 11), S. 12 **16)** ebenda, S. 13 **17)** Kuby-»Dokumentation«, 7.4.79, S. 6 **18)** siehe: 11) **19)** ebenda, S. 18 **20)** »3. Arbeitsbericht«, 18.2.79, S. 1, 4 - 5 **21)** siehe: 8) **22)** Kuby-Schreiben am 28.3.79 von Schuller **23)** siehe: 17), S. 7 **24)** siehe: 7), S. 3 - 4 **25)** Schreiben Kubys an W. Eitel, 6.12.79 **26)** siehe: 17), S. 3 **27)** siehe: 8) **28)** Schreiben Kubys an Heidemann und Eitel, 6.12.79 **28a)** Schreiben Eitels an Kuby, 16.5.82 **28b)** Schreiben Kubys an Eitel, 20.5.82 **28c)** Schreiben Eitels an Kuby, 23.5.82 **28d)** Schreiben Kubys an Eitel und Heidemann, undatiert + Schreiben Heidemanns an Eitel, 30.5.82 **28e)** Schreiben der G + Jahr-Rechtsabteilung an Kuby, 23.6.82 **28f)** Schreiben Kubys an Eitel, 27.6.82 + Schreiben Kubys an Nannen, 10.10.82 **28g)** siehe: 33) **29)** Peter-Ferd. Koch (Herausgeber): »Himmlers Graue Eminenz - Oswald Pohl«, Verlag Facta Oblita, Hamburg, 1988, S. 7 - 10 **30)** Goebbels-Tagebücher (Geschichte und Vermarktung), S. 8 - 19 **31)** Schreiben Kubys an Heidemann, 25.4.83 **32)** siehe: 5), S. 122 - 124 **33)** Gespräch mit G. Heidemann, 15.5.89 **34)** entfällt wegen Text-Kürzung **35)** siehe: 5), S. 125 **36)** ebenda, S. 126, 130 - 131, 135 **37)** siehe: 29), S. 9 **38)** siehe: 17), S. 9 **39)** siehe: 31) + 5), S. 139 **40)** Jochen von Lang: »Der Adjutant«, F.A. Herbig, München/Berlin, 1985, S. 346 **41)** ebenda **42)** Gespräch mit G. Heidemann, 3. - 5.3.90 **43)** siehe: 40), S. 347, 352, 354 **44)** NATIONAL-ZEITUNG, 16.5.86 und 7.3.86 + siehe: 42) **45)** Schreiben von Langs an Heidemann, 1.12.78 und 3.6.80 **46)** der fünfseitige Vertrag liegt vor; er ist nicht unterschrieben worden **47)** siehe: 42) **48)** Schreiben Wolffs an von Lang, 5.2.79, S. 1 **49)** ebenda, S. 2 **50)** siehe: 42) **51)** Schreiben von Langs an Wolff, 13.2.79, S. 1 - 2 **52)** ebenda, S. 3 - 4 **53)** Schreiben

Wolffs an von Lang, 13.3.79, S. 3 ***54)*** ebenda, S. 6 ***55)*** Schreiben der DVA an von Lang, 3.1.79 ***56)*** siehe: 29), S. 10 - 12 ***57)*** siehe: 42 ***58)*** siehe: 40, S. 346 - 348 ***59)*** Schreiben vom 30.10.67 (ZL 337.530-11/67) ***60)*** Aktenvermerk des LKA, 26.1.83 ***61)*** ABENDPOST, 7.12.62 ***62)*** Reinhard Gehlen: »Der Dienst«, v. Hase & Koehler, Mainz, 1971, S. 48 -49 ***62a)*** SPIEGEL 2/68 ***63)*** Simon Wiesenthal: »Doch die Mörder leben«, Droemer, Knaur, München, 1967, S. 420 ***64)*** LUI 2/83 ***65)*** siehe: 42) ***66)*** ebenda, 9.3.90 ***67)*** Gesprächsnotiz Heidemanns, 6.12.78 ***68)*** »Die Dresdner Bank und der Reichsführer-SS«, Verlag Facta Oblita, Hamburg, 1987, S. 102 ***69)*** Abschrift des Interviews mit John, 13.12.78, S. 5 - 6 ***70)*** ebenda, S. 38 ***71)*** ebenda, S. 39 ***72)*** ebenda, S. 40 - 44 ***73)*** ebenda, S. 48, 52 - 53, 56 - 57 ***74)*** ebenda, S. 67 -68 ***75)*** siehe: 42) ***76)*** STERN 47/65, 51/65, 16/66 ***77)*** Ladislas Farago: »Scheintot«, Hoffmann und Campe, Hamburg, 1975 ***78)*** ebenda. S. 19, 21 ***79)*** STERN 51/65 ***80)*** siehe: 77), S. 7, 305 - 306 ***81)*** entfällt wegen Text-Kürzung ***82)*** Interview Heidemanns mit Höttl, Juni 1979 ***83)*** ebenda ***84)*** siehe: 42) ***85)*** Schreiben Heidemanns an Nicolaus Neumann, 10.5.79 ***86)*** »Vereinbarung«, 31.5.79 + »Aufteilung der Lektoratsarbeiten«, 8.8.79 ***87)*** siehe: 42) ***88)*** siehe: 82) ***89)*** Interview Heidemanns mit Ruffinengo, Juli 1979 ***90)*** ebenda ***91)*** Interview Heidemanns mit Rudel, 26.7.79 ***92)*** Interview Heidemanns mit Barbie, 15.9.79 ***93)*** ebenda ***94)*** BUNTE 19/83 ***95)*** siehe: 42) ***96)*** Schreiben vom 22.8.81 ***97)*** siehe: 42) ***97a)*** Schreiben Nannens an die Hamburger Staatsanwaltschaft, 13.5.83 ***98)*** siehe: 94) ***99)*** Schreiben an die BUNTE und QUICK, 10.2.84 ***100)*** Schreiben RA Romatka, 15.2.84 ***101)*** Schreiben der BUNTEN, 16.2.84 ***102)*** ZEITSCHRIFTEN INTERN, 27.4.83 ***103)*** siehe: 42) + STERN 9 und 18/85 ***104)*** das Dossier »V-Mann Klapper« liegt vor ***105)*** Schreiben Hartmannsgrubers an das BKA, 27.4.77, 16 Seiten ***106)*** G. Heidemann: »Medardus Klapper«, 20.12.83, S. 1 ***107)*** ebenda ***108)*** NEUES DEUTSCHLAND, 1.2.77 ***109)*** Gerd Heidemann: »Bilderdiebstahl«, S. 1 ***110)*** siehe: 105) ***111)*** ebenda ***112)*** siehe: 106), S. 3 ***113)*** ebenda, S. 6 ***114)*** SPIEGEL 28/81 ***115)*** siehe: 106), S. 8 - 9 ***116)*** Vertrag liegt vor ***117)*** siehe: 106), S. 10 ***118)*** ebenda, S. 11 ***119)*** ebenda, S. 13 ***120)*** ebenda, S. 14 ***121)*** Kripo-Vernehmung Waldes, 22.1.87, S. 1 - 2 ***122)*** siehe: 106), S. 14 ***123)*** Vertrag vom 3.3.82 ***124)*** siehe: 121), S. 1, 4 ***125)*** Kripo-Vernehmung Sorges, 22.1.87, S. 1 ***126)*** siehe: 42) ***127)*** siehe: 121), S. 2 ***128)*** ebenda, S. 4 + siehe: 125), S. 2 ***129)*** G. Heidemann: »Betr.: SS-Hauptsturmführer Laackmann», undatiert, S. 2 - 5 ***130)*** siehe: 106), S. 15 ***131)*** ebenda ***132)*** ebenda, S. 16 ***133)*** ebenda, S. 23 ***134)*** ebenda ***135)*** ebenda, S. 25 ***136)*** ebenda, S. 28 ***137)*** siehe: 42) ***138)*** ebenda ***139)*** Hausmitteilung Ungers, 15.6.82, S. 1 ***140)*** ebenda, S. 2 ***141)*** ebenda, S. 3 ***142)*** Gespräch mit G. Heidemann, 23.3.90 ***143)*** Schreiben Frei-Sulzers an Leo Pesch, 15.9.82 ***144)*** Gesprächsprotokoll, 22.3.81, S. 6 ***145)*** ebenda, S. 7 ***146)*** ebenda, S. 8 - 10 ***147)*** stenographisches Protokoll (64. VH-Tag), 20.2.85, S. 1 ***148)*** ebenda, S. 2 - 3 ***149)*** ebenda, S. 4 ***150)*** ebenda, S. 5 ***151)*** G. Heidemann: »Aussage des Zeugen Hoffmann«, 22.2.85, S. 1 - 3 ***152)*** das Photo liegt vor ***153)*** STERN 18/83 ***154)*** Bestätigungsschreiben Hoffmanns an Gillhausen, 29.5.83 ***155)*** Schreiben Hoffmanns an Heidemann, 21.6.83 ***156)*** die Korrespondenz Oktober bzw. November 1982 liegt vor; ebenfalls die Bankauszüge und Überweisungen ***157)*** Kripo-Vernehmung Hoffmanns, 14.6.83, S. 4 ***158)*** zweite Vernehmung Hoffmanns, 16.6.83, S. 2 ***159)*** Schreiben Hoffmanns an Heidemann, 27.9.83 ***160)*** BILD, 21.2.85 ***161)*** Goebbels-Tagebücher (Geschichte und Vermarktung), S. 185 ***162)*** entfällt wegen Text-Kürzung ***163)*** Auskunft Siegers an Heidemann in der G + J-Rechtsabteilung, Gespräch mit G. Heidemann, 19.3.90 ***164)*** eidesstattliche Verrsicherung Michael Hepps, 31.8.81 ***165)*** das Schreiben liegt vor ***166)*** das Gespräch mit der Witwe Anton Schmidts, Maria, wurde von G. Heidemann auf Band aufgezeichnet ***167)*** entfällt wegen Text-Kürzung ***168)*** siehe: 161), S. 86 ***169)*** STERN 47/77 ***170)*** NATIONAL-ZEITUNG, 7.10.66 ***171*** SPIEGEL 42/73 ***172)*** siehe: 142) ***173)*** Schreiben Masers an Heidemann, 11.11.82 ***173a)*** SPIEGEL 6/83 ***174)*** Gesprächsprotokoll, 21.4.83 ***175)*** ebenda, 22.4.83 ***176)*** Interview des NDR (»Kurier am Mittag«), 25.4.83 ***177)*** siehe: 142) ***178)*** ABENDZEITUNG, 7.5.83 ***179)*** Schreiben Masers an Heidemann, 27.9.81 ***180)*** Henriette von Schirach: »Beispiel, dass Herr Maser sich in Bezug auf Hitlers Handschrift gewaltig irren kann«, 1.5.83 ***181)*** das Schreiben liegt vor ***182)*** STERN 19/83 ***183)*** DIE RHEINPFALZ, 22.3.86 ***184)*** SÜDDEUTSCHE ZEITUNG, 12.7.86 ***185)*** die Abschrift des PANAROMA-Interviews liegt vor ***186)*** siehe: 142) ***187)*** das Gespräch zwischen Heidemann und Kujau fand am 25.11.81 statt ***188)*** ebenda, 12.4.83

PERSONENREGISTER

Wegen des ständigen Bezuges sind folgende Namen nicht in das Personenregister aufgenommen worden: Gerd Heidemann, Henri Nannen, Thomas Walde, Konrad Kujau alias Fischer und Adolf Hitler, ebenfalls nicht aufgenommen worden sind die Personen auf den Seiten 763-809.